베이루트에서 예루살렘까지
From Beirut to Jerusalem

FROM BEIRUT TO JERUSALEM
Copyright ⓒ 1989 by Thomas L. Friedman
Epilogue copyright ⓒ 1990 by Thomas L. Friedman
All rights reserved.

Korean Translation Copyright ⓒ 2010 by Book21 Publishing Group
Korean translation rights arranged with Creative Artists Agency
through EYA Co., Ltd.

이 책의 한국어판 저작권은 EYA Co., Ltd를 통해
Creative Artists Agency와 독점 계약한 ㈜북이십일에 있습니다.
저작권법에 의하여 한국 내에서 보호받는 저작물이므로
무단전재와 무단복제를 금합니다.

FROM BEIRUT TO JERU- SALEM

베이루트에서 예루살렘까지

토머스 프리드먼 지음 | 이건식 옮김

21세기북스

나의 부모님 해럴드 프리드먼,
그리고 마거릿 프리드먼에게 드립니다.

"허크, 너 정말 그를 죽이고 싶었던 거야?"
"물론 그랬지."
"그 사람이 너에게 어떻게 했는데?"
"그 사람? 나한테 어떻게 한 건 아무것도 없어."
"그러면 그를 왜 죽이고 싶었던 거야?"
"왜냐고? 그냥 그랬어. 앙숙이니까."
"앙숙이 뭐야?"
"너 어디서 자랐니? 앙숙이 뭔지 몰라?"
"한 번도 들어본 적이 없어. 말해봐."
허크가 말했다. "음, 앙숙이란 이런 거야. 어떤 사람하고 다른 사람 사이에 싸움이 일어났는데, 그 사람이 다른 사람을 죽이게 돼. 그러면 죽은 사람의 형이 '그 사람'을 죽이지. 양쪽에서 다른 형제들이 서로 하나씩 상대편을 죽이고, 그 다음에는 '사촌' 형제들이 가담하게 되는 거야. 이렇게 시간이 오래 흐르다보면 사람들이 다 죽게 되고 그러면 앙숙이 끝나는 거야. 그런데 모두 끝나려면 좀 오래 걸려."

"너희 앙숙도 오래된 거야?"

"글쎄, '계산' 좀 해봐야겠어! 30년 전쯤 시작했지. 뭔가 문제가 있었는데 그걸 둘러싸고 소송이 있었대. 소송에서 한쪽이 졌는데, 진 사람이 이긴 사람을 총으로 쐈어. 그거야 너무 당연한 거지. 누구라도 그렇게 했겠지."

"허크, 어떤 문제였는데? 토지?"

"아마 그런 것도 같고. 나도 잘 몰라."

"흠, 그러면 누가 먼저 총을 쏜 거야? 그레인저포드? 아니면 세퍼드슨?"

"아이쿠 그걸 내가 어떻게 알아? 너무 오래된 일이야."

"누구 아는 사람 없어?"

"아 맞다. 아빠가 아는 것 같아. 그리고 나이 많은 다른 사람들도. 그런데 처음에 소송이 뭐에 관한 거였는지는 아마 모를 거야."

마크 트웨인(Mark Twain)
『허클베리 핀의 모험 Adventures of Hurkleberry Finn』

| 옮긴이의 말 |

　제1차 세계대전이 끝나자 전쟁에서 패한 오스만 제국의 영토를 영국과 프랑스가 분할합니다. 영국은 팔레스타인과 요르단에 해당하는 지역 대부분을, 그리고 프랑스는 현재의 레바논과 시리아에 해당하는 지역 대부분을 실질적으로 지배하게 됩니다.
　우여곡절 끝에 시리아와 레바논, 요르단이 독립합니다. 수니파 이슬람교도가 압도적 다수를 차지하는 시리아와 요르단의 경우 민주주의와는 거리가 멀지만 일단 정치적으로 안정된 체제를 이룹니다. 이 책에서도 자세히 소개하고 있지만 시리아가 정치적 안정을 이루는 과정은 상상하기 힘든 폭압을 동반합니다.
　레바논의 인구 구성은 처음부터 시리아 혹은 요르단과 달랐습니다. 프랑스의 주도 아래 기독교 세력이 주축이 되어 레바논이라는 국가를 건국할 당시, 기독교도가 인구의 절반을 조금 넘었고 나머지 절반이 이슬람교도였습니다. 이슬람 세력을 레바논이라는 국가의 틀 안으로 포섭해야 할 필요성 때문에 권력의 분점이 시도됩니다. 기독교 세력이 대통령을 맡고 의회 안에서 기독교와 이슬람의 비율을 6 대 5로 하며, 수니파 이슬람이 총리를, 시아파 이슬람이 의회 대변인을 언제나 맡는다는 등의 협약이었습니다.
　그러나 시간이 지남에 따라 레바논의 인구구성에 급격한 변화가 일어납니다. 건국 초 인구 구성에서 기독교도와 수니파 이슬람교도에 비해 숫자가 적었던 시아파 이슬람교도의 수가 엄청나게 불어나 결국 레바논에서 가장 큰 집단으로 부상하게 됩니다. 인구의 3분의 2를 차지하게 된 이슬람 세력은 기존의 권력분점 방식에 문제를 제기하고 이슬람이 더 큰 몫을 차지해야 한다고 주장하기 시작합니다. 가장 커다란 집단이면서도 정치적으로 소외되고 주로 농촌지역에서 빈곤하게 살아가는 시아파의 불만이 특히 큽니다. 레바논이 결국 내전으로 치닫게 되는 배경입니다.

그런데 기독교도와 이슬람 세력 사이에 벌어진 레바논 내전에 이스라엘이 개입합니다. 이스라엘 북부지역은 레바논 남부와 국경을 사이에 두고 마주합니다. 인접국의 내부 문제에 이스라엘이 군사적으로 개입하게 된 이유가 있습니다. 레바논의 이슬람 세력이 기독교도와의 전쟁에서 의지했던 군사력이 바로 팔레스타인 민족해방기구의 군대였기 때문입니다.

요르단에서 쫓겨난 PLO는 레바논의 수도 베이루트에 사령부를 두고 레바논 남부지역에 산재하는 팔레스타인 난민촌들을 근거지로 삼아 세력을 확장합니다. 간헐적인 군사공격과 자살폭탄, 국제무대에서의 외교전 등 다양한 방식으로 이스라엘과의 전쟁을 수행합니다. 그리고 레바논 내전에서 이슬람 세력의 군대로 깊숙하게 개입합니다. PLO와 전쟁을 벌이던 이스라엘로서는 인접국 레바논이 PLO와 합세한 이슬람 국가가 되는 것을 방관할 수 없었던 것입니다. 이에 이스라엘은 레바논의 기독교 세력과 손을 잡고 레바논을 군사적으로 침공합니다. 결국 이스라엘의 군사력에 압도당한 PLO는 레바논을 떠나 튀니지로 후퇴합니다.

이스라엘은 레바논 내전에 개입하여 PLO를 내쫓는 등 성공을 거둔 것처럼 보였지만, 레바논의 내부 문제를 해결하지는 못합니다. 인구비율에서 이슬람은 여전히 압도적 다수를 차지합니다. 기독교 세력은 이스라엘의 군사 개입과 PLO의 추방에 환호했지만, 이슬람교도들에 대한 정치적 양보를 통해 정치를 안정시키자는 이스라엘의 제안에는 냉담했습니다. PLO 군대가 떠남으로써 약화된 것은 사실이지만 이슬람의 저항은 여전합니다. 레바논을 이스라엘에 우호적이고 정치적으로 안정된 국가로 만드는 일은 PLO를 쫓아내는 것보다 훨씬 어려운 일이라는 점이 곧 드러납니다. 결국 이스라엘 군대는 남부 레바논을 점령한 상태에서 수렁에 빠져듭니다. 군사작전이 아니라 경찰로서의 임무를 떠안아야만 했던 상황이 만들어낸 필연적인 결과입니다. 이스라엘은 궁극적 목표를 달성하지 못하고 일방적으로 철수합니다.

이 책의 저자 토머스 프리드먼이 특파원으로 베이루트에 처음 가게 된 시기는 레바논 내전이 지지부진하게 이어지던 1979년입니다. 3년 후인 1982년 이스라엘이 레바논을 침공합니다. 1984년 예루살렘 특파원으로 자리를 옮길 때까지 저자는 레바논 내전을 비롯한 무수한 사건들을 취재했습니다.

저자가 베이루트 특파원으로 활동하던 시기를 중심으로 하는 이 책의 전반부가 레바논 내전으로 대표된다면, 예루살렘 특파원으로 재직하던 시기의 경험을 서술하는 책의 후반부는 요르단 강 서안과 가자지구에 거주하는 팔레스타인 사람들의 저항, 즉 인티파다로 집약됩니다. 이스라엘과 팔레스타인 사람들 사이의 갈등이라는 측면에서 보면, 전반부는 이스라엘과 팔레스타인 난민들과의 싸움이고, 후반부는 이스라엘과 점령지 팔레스타인 사람들과의 싸움인 셈입니다.

성경 속의 고향 팔레스타인 지역에 조국을 세우려는 유대인들의 노력으로 1917년 영국 외무장관 밸푸어는 유대국가의 건국을 승인할 것이라고 선언하며, UN이 팔레스타인 지역을 분할해 서쪽 지역에는 유대인 국가를, 동쪽 지역에는 아랍국가를 세우자는 결정을 합니다.

팔레스타인에 거주하던 아랍인들은 물론 유대인들 역시 이 결정에 심한 반감을 갖습니다. 양측 모두 팔레스타인 지역 전체를 아우르는 자신들만의 국가를 세우고자 했기 때문입니다. 결국 유대인들은 UN의 결정을 받아들여 1948년 반쪽의 팔레스타인 지역에 이스라엘을 건국합니다. 반면 팔레스타인 아랍인들은 UN 결정을 거부합니다. 유대인들은 반쪽의 팔레스타인 지역에 일단 국가를 건설하고 이를 기반으로 나머지 지역을 차지하겠다는 속셈이었고, 팔레스타인의 아랍인들은 주변 아랍국가들의 도움으로 유대인을 완전히 몰아낸 이후 팔레스타인 전 지역을 포괄하는 국가를 세우겠다는 계획이었습니다. 여전히 진행 중인 이스라엘과 팔레스타인 사람들 사이의 갈등이 현재와 같은 모습으로 형성된 역사적인 순간입니다.

유대인을 완전히 몰아내려던 팔레스타인 아랍인들의 계획은 물거품이 되었습니다. 적어도 현재까지는 그렇습니다. 반면 UN의 결정을 받아들이고 나머지 지역마저 차지하려는 이스라엘의 속셈은 반쯤 실현되었습니다. 이집트, 시리아, 요르단을 상대로 했던 1967년의 6일 전쟁에서 승리한 이스라엘이 아랍국가를 세우도록 UN이 할당한 지역마저 점령했기 때문입니다. 요르단 강 서안과 가자지구를 점령한 것입니다.

이스라엘과의 갈등 속에서 오랫동안 살던 팔레스타인 지역을 떠나 아랍권의 여러 지역을 떠돌게 된 팔레스타인 사람들은 레바논 남부를 비롯한 여러 난민촌들에 정착합니다. 이들 팔레스타인 난민들이 아라파트가 이끄는 PLO의 핵심 지지기반을 형성하여 이스라엘에 대한 가장 전투적인 투쟁을 벌입니다. 그러나 이스라엘의 레바논 침공으로 PLO가 튀니지로 떠난 이후 팔레스타인 난민들의 전투적인 투쟁은 점차 그 힘을 잃어갑니다.

팔레스타인 난민들이 이스라엘과의 싸움에서 비교적 격렬한 전투를 주도하는 동안, 팔레스타인 지역을 떠나지 않고 머물던 아랍인들은 하루하루 어려운 생활을 이어나갑니다. 그들 역시 유대인들을 몰아내고 팔레스타인 전지역에 그들의 아랍국가를 건설하고 싶지만, 이스라엘 군대의 감시 아래 살아가야만 하는 입장에서 난민들처럼 전투를 벌이기는 쉬운 일이 아닙니다. 이스라엘 군대의 거미줄 같은 감시망이 이들을 지켜보고 있으며, 작은 저항에도 무자비한 보복을 예상해야 하기 때문입니다. 게다가 생계를 이어가야 하는 점령지역의 팔레스타인 사람들은 일자리를 찾아 이스라엘로 들어가야만 합니다. 대부분의 일자리가 이스라엘에 있기 때문입니다. 매일 점령지역에 있는 자신의 집에서 일어나 이스라엘로 일을 하러 갔다가 저녁에 돌아옵니다. 이스라엘로 들어가는 데 필요한 신분증은 많은 팔레스타인 사람들에게 생명줄이나 다름없습니다. 결국 생존을 위해 이스리엘의 점령에 순응할 수밖에 없습니다. 토머스 프리드먼은 점령지역 팔레스타인 사람들의 몸과 마음이 따로 움직인다고 표현했습니다. 생계를 위해 몸은 순응하지만, 유대인을 몰아내고 그들의 아랍국가를 건설해야 한다는 마음을 버리지 않기 때문입니다.

PLO를 중심으로 하는 난민들의 투쟁이 지속되는 동안 점령지역의 팔레스타인 사람들은 그저 마음속으로 응원할 수밖에 없었습니다. 매일 유대인들과 상대해야 하는 이들의 고통이 난민들이 겪는 어려움보다 어쩌면 더 클지도 모르지만 말입니다. PLO가 레바논에서 쫓겨나자 이스라엘을 상대로 하는 팔레스타인 사람들의 싸움은 이제 동력을 잃은 듯했습니다.

그러나 아라파트와 PLO가 해내지 못했던 다른 형태의 싸움이 점령지역 내부에서 벌어집니다. 총이나 자살폭탄을 동원하지 않고, 중무장한 이스라엘 군인들을 향해 기껏해야 돌팔매질을 하는 것이 고작이지만 점령지역의 팔레스타인 사람들이 비폭력에 가까운 전면적이고 대중적인 저항에 나선 것입니다. 바로 인티파다입니다.

이스라엘인들을 상대로 장사를 하던 팔레스타인 상인들이 하나가 되어 상점을 일찌감치 닫아버립니다. 이스라엘 물건을 취급하지 않고 되도록 팔레스타인에서 만든 물건만 취급하려고 합니다. 경제적으로 이득이 되지 않고 이스라엘의 유대인들에게 커다란 타격을 줄 수도 없지만, 팔레스타인 상인들이 보내는 메시지는 이스라엘이 정해놓은 규칙대로 움직이지 않겠다는 것입니다. 스스로 규칙을 정하겠다는 의미입니다. 이스라엘 정보당국의 앞잡이로 활동하던 동료 팔레스타인인들을 공동체 안에서 적발하고 벌주었으며, 일부 앞잡이들은 스스로 자신의 잘못을 털어놓고 용서를 구합니다. 시도 때도 없이 여러 곳에서 대중적인 시위가 벌어집니다. 심지어 열 살도 채 되지 않은 어린이들까지 돌팔매질에 가담합니다. 메시지는 분명합니다. 팔레스타인 사람들은 유대인과 이스라엘에 동화되지 않았고 실체를 지닌 하나의 민족이라는 것입니다. 이 과정에서 팔레스타인 사람들은 스스로에 대한 존엄과 민족의식을 고취시킵니다.

인티파다에 대응해야만 하는 이스라엘의 입장은 PLO나 아라파트를 상대할 때보다 더욱 곤혹스럽습니다. 이스라엘 내부의 근본적인 문제와 직접적으로 관련되기 때문입니다. 프리드먼은 이스라엘이 세 가지의 커다란 목표를 추구한다고 합니다. 유대국가를 건설하는 일, 민주주의를 이루어내는 일, 그리고 팔레스타인 지역 전체를 차지하는 일입니다. 그런데 이스라엘은 이 중 두 가지는 이룰 수 있지만 세 가지 목표 전부를 성취할 수는 없다고 저자는 평가합니다.

요르단 강 서안과 가자지구에서 철수하지 않고 팔레스타인 전체를 차지하면서, 점령지역의 아랍인들을 억압하여 유대인이 지배하는 국가를 건설할 수는 있지만 이럴 경우 민주주의는 버려야 합니다.

1948년 건국 당시의 이스라엘 영토, 즉 UN이 유대인들에게 할당한 팔레스타인 지역의 반쪽에 만족한다면 민주주의가 실현되는 유대국가를 건설할 수 있지만 점령지역에서 철수해야만 합니다. 즉 팔레스타인 전체를 차지할 수 없게 되는 것입니다.

점령지역을 포기하지 않고 팔레스타인 지역 전체에 거주하는 유대인과 아랍인 모두에게 동등한 선거권을 부여한다면 팔레스타인 전 지역을 아우르는 민주국가를 건설할 수 있지만, 그 국가는 더 이상 유대국가가 아닐 것입니다. 이 지역의 아랍인 숫자가 유대인의 숫자보다 더 많아질 것이기 때문입니다.

따라서 이스라엘이 추구하는 세 가지의 커다란 목표를 모두 이루기 위해서는 팔레스타인 지역에 거주하는 아랍인들을 이스라엘과 유대인 사회에 동화시키지 않으면 안 됩니다. 이와 같은 사실을 잘 알고 있는 이스라엘의 정치지도자들은 오랫동안 팔레스타인 민족이란 그 실체가 없다는 입장을 취해왔습니다. 팔레스타인 지역에 거주하는 아랍인이 존재할 뿐이라는 것입니다. 점령지역의 팔레스타인 사람들이 이스라엘에 순응하는 동안 이스라엘이 바라는 바가 성취될 수도 있을 것 같았습니다. 그러나 인티파다는 이와 같은 이스라엘의 희망을 산산이 깨뜨렸습니다. 팔레스타인 민족이 실제로 존재하며 시간이 갈수록 민족으로서 더욱 단단하게 뭉치고 있다는 사실을 만천하에 드러냈기 때문입니다.

이 책의 전반부와 후반부가 어떤 역사적인 상황 속에서 쓰인 것인지를 개략적으로 소개했습니다. 해당 지역의 복잡한 역사와 주변 상황을 고려한다면 과도한 단순화의 위험이 있지만, 배경지식이 거의 없는 독자들을 위해 간략한 설명을 적었습니다.

이스라엘과 팔레스타인을 둘러싼 갈등, 나아가 이스라엘과 범아랍권의 갈등을 다루는 서적은 많습니다. 이 책에서 얻을 수 있는 지식보다 훨씬 자세하게 중동역사의 전개과정을 소개하는 전문서적도 있을 것입니다. 그러나 이 책은 갈등의 현장을 살았던 인물들의 생생한 육성이 그대로 담겼다는 점에서 특별합니다.

실질적인 무정부상태에서 오래도록 전개되는 레바논 내전을 살아내야만 했던 사람들이 증언하는 좌절과 슬픔, 그리고 희망은 읽는 이의 가슴을 먹먹하게 만듭니다. 거의 대부분의 사람들이 영문도 모른 채 죽어간 가족이나 친척, 친구를 갖고 있습니다. 자신이 언제 어디서 죽음을 맞게 될지 알 수 없는 삶을 살아가는 사람들이 느끼는 심리적인 공황상태, 극단적인 두려움의 포로가 되지 않고 평정심을 유지하기 위해 끌어들이는 어처구니없는 자기합리화의 논리가 그들의 입을 통해 그대로 전달됩니다.

증언은 계속됩니다. 레바논의 일반시민뿐만 아니라 아라파트를 비롯한 PLO 지도부, 레바논의 기독교 세력과 이스라엘 지도자, 이스라엘 일반시민, 그리고 팔레스타인의 아랍인 등 거의 모든 당사자들의 생생한 목소리를 들을 수 있습니다. 저자가 유대인이면서도 대단히 중립적인 시각을 유지할 수 있었던 것은 기자로서의 프로페셔널리즘과 함께 그곳에서 살아가는 사람들의 입을 통해 현실을 전달하는 방식 때문일 것입니다.

인터뷰를 통해 생생한 실상을 전달하는 방식은 자칫 개인의 특수한 경험을 과도하게 일반화한다거나 전체적인 그림을 놓치는 위험에 노출되기 쉽습니다. 프리드먼은 이를 잘 알고 있었던 것으로 보입니다. 해당 지역의 전문연구자들, 그리고 정치 및 종교지도자들과의 심층 인터뷰를 적절하게 배치함으로써 독자들이 전체적인 시각을 가질 수 있도록 배려합니다. 이 책이 특별한 또 하나의 이유일 것입니다.

독자 여러분께서는 여기서 언급하지 못한 많은 이야기들을 본문에서 발견하실 겁니다. 미국의 유대인과 이스라엘의 관계, 미국 해병대의 개입과 좌절, 그리고 팔레스타인과 중동지역을 둘러싼 풍부한 역사적 사실들이 그것입니다. 그리고 저자 특유의 유머감각 역시 책읽기를 즐겁게 해줄 것으로 믿습니다.

책의 마지막 부분은 이스라엘과 팔레스타인 사이에 평화를 정착시키기 위한 일종의 정책 제안을 담고 있습니다. 양측이 단기적 혹은 중기적으로 취할 수 있는 액션 플랜과 시나리오를 제시하고자 하는 만큼, 이스라엘과 팔레스타인 사람들 사이에 조성된 기존의 힘의 균형상태를 주어진 것으로 받아들이는 측면이 보입니다. 먼 미래를 위해 눈앞의 가시적인 성과를 희생할 준비가 되어 있는 사람들에게는 편파적으로 보일 수 있을 것입니다. 압도적인 힘의 우위를 누리고 있는 이스라엘의 입장을 대변하는 것이 아닌가 하고 의심할 수도 있을 것입니다. 그러나 무언가를 주어진 것으로 고정시키지 않고 내놓을 수 있는 정책 대안이란 사실상 없습니다. 가능한 한 모든 경우들의 나열이 될 것이기 때문입니다. 유대인으로서 저자가 갖고 있는 편견이라기보다는 정책 제안 자체의 내재적 한계로 보아야 할 것입니다.

저자는 본문에서 이렇게 인정합니다. 한때 베이루트의 모든 세력들을 두루 꿰고 있다고 생각했지만 그렇지 않다는 것을 깨달았다는 것입니다. 미국 최고의 언론사에서 파견된 기자에게 자기세력의 입장을 전달하려는 사람들은 넘쳐났습니다. 저자가 특별히 노력하지 않아도 스스로 찾아오는 취재원들이 줄을 이었고, 필요에 의해 인터뷰를 계획하면 거의 모든 경우 필요한 인물에게 접근할 수 있었습니다. 베이루트에서 뉴스 가치가 있는 인물과 정보 모두에 접근할 수 있다는 자신감이 지나친 자만이 아니었던 것입니다. 그러나 저자가 인정하듯이 미국에서 온 특파원에게 접근하려는, 어떠한 의도나 계획도 없는 소리 없는 세력이 존재합니다. 그리고 진정으로 큰 뉴스는 종종 그들의 행동에서 나옵니다. 레바논과 이스라엘, 팔레스타인을 둘러싼 갈등을 가감 없이 보여주려는 저자의 노력에도 불구하고 어쩌면 빈틈이 있을 수도 있다는 점이 독자들이 유의해야 할 대목이라고 하겠습니다.

이스라엘과 팔레스타인 사이의 갈등을 이해하는 데 이 책처럼 흥미진진하면서도 전반적인 시각을 놓치지 않는 책은 그리 많지 않을 것으로 생각합니다. 독자 여러분에게 즐겁고도 유익한 시간이 되기를 기대해봅니다. 일천한 경력의 번역가를 강력하게 추천해주신 21세기북스 이승희 대리님과 계속 늦어지는 번역작업에도 기다려주신 강근원 실장님께 다시 감사의 말씀을 전합니다.

CONTENTS

옮긴이의 말 · 8

중동역사 연표 · 18

1장　머리말: 미니애폴리스에서 베이루트로 · 23

1부 베이루트

2장　지금 식사하시겠습니까? 전투가 잠시 멈출 때까지 기다리시겠습니까? · 45

3장　베이루트: 서로 다른 진실이 대립하는 도시 · 80

4장　하마의 규칙 · 113

5장　테플론 게릴라 · 147

6장　변화무쌍한 세계에 발을 담그다: 이스라엘의 레바논 침공 · 172

7장　포커: 베이루트 스타일 · 211

8장　단테의 지옥에서 맛보는 베티 크로커 · 249

9장　종말을 맞은 과거 레바논의 영광 · 278

10장　떠나야 할 시간 · 315

2부 예루살렘

11장 측면을 때리는 강한 바람 · 323

12장 이 나라의 주인은 누구인가? · 364

13장 공동체 사이의 균열 · 414

14장 용암의 분출 · 468

15장 서구언론의 주목 · 542

16장 미국과 이스라엘의 유대인들: 누가 누구를 동경하는가? · 573

3부 워싱턴

17장 베이루트에서 예루살렘으로, 그리고 워싱턴으로 · 627

18장 어느 예루살렘 잡화상인과의 대화 · 651

19장 평화를 정착시키기 위한 첫걸음 · 671

감사의 글 · 724

| 중동역사 연표 |

1882년　1년 전 러시아와 루마니아에서 일어난 유대인 박해의 결과, 유대인의 대규모 팔레스타인 이주가 최초로 시작됐다.

1891년　예루살렘의 아랍 저명인사들이 콘스탄티노플의 오스만 정부에게 유대인의 팔레스타인 이주와 토지구입을 금지시켜줄 것을 청원했다.

1896년　현대 시오니즘의 창시자이자 오스트리아 언론인이었던 테오도어 헤르츨(Theodor Herzl)이 『유대인 국가 The Jewish State』라는 소책자를 발간했다. 그는 '유대인 문제'는 팔레스타인 혹은 다른 곳에 유대인 국가를 세워, 유대인들이 박해의 위협 없이 자유롭게 살 수 있어야 해결될 수 있다고 주장했다. 1년 후 헤르츨은 유대인의 팔레스타인 이주를 촉진하기 위해 스위스 바젤에서 제1회 시오니스트 대회를 개최했다.

1908년　최초의 팔레스타인 아랍어 신문이 등장했다. 예루살렘의 『알 쿠즈 Al-Quds』와 자파의 『알 아스마이 Al Asma'i』였다.

1916년　제1차 세계대전에서 패한 오스만 제국의 영토를 분할하는 사이크스-피코(Sykes-Pico) 협정이 영국과 프랑스, 러시아 사이에 체결됐다. 협정에 의해 영국이 팔레스타인, 프랑스는 현재의 레바논과 시리아에 해당하는 지역에 대한 실질적인 통제권을 갖게 됐다.

1917년　영국 외무장관 아서 밸푸어(Arthur J. Balfour)가 밸푸어선언을 발표하고 팔레스타인에 유대인의 '민족국가(national home)'를 건설하자는 의견을 승인했다.

1920년　프랑스가 대(大)레바논(Greater Lebanon)이라는 새로운 국가가 세워졌음을 법률로 공포했다. 마운트 레바논 지역과 베이루트, 트리폴리, 시돈, 티레, 아카르, 베카 계곡이 포함됐다.

1936~1939년　다른 아랍민족주의운동에 고무된 팔레스타인의 아랍인들이 팔레스타인에 유대인의 조국을 건설하려는 시도를 중지시키기 위해 반란을 일으켰다. 유대인 이주민과 영국군을 모두 공격했다.

1943년　레바논의 기독교와 이슬람 지도자들이 '국민협약(National Pact)'에 합의했다. 권력을 공유하고, 서구에 우호적인 세력과 이슬람 사이에 균형을 맞추며 프랑스로

	부터 독립된 국가를 만들고자 했다.
1947년	UN이 투표를 통해 팔레스타인을 두 지역으로 나누기로 결정했다. 유대인 지역과 아랍인 지역으로 나누어졌고 예루살렘은 국제적으로 고립된 영토가 되었다.
1948년	영국이 팔레스타인으로부터 철수했다. 주변 아랍 국가들은 UN의 팔레스타인 분할계획을 이행하지 않고, 팔레스타인 지역의 아랍인들과 합세해 유대인 국가의 등장을 저지하려고 했다. 그러나 이스라엘이 건국을 선포했다. 요르단이 요르단 강 서안을, 이집트가 가자지구를 점령했다.
1956년	이스라엘이 영국 군 및 프랑스 군과 함께 가말 압델 나세르(Gamal Abdel Nasser)의 이집트를 공격하여 시나이 반도 대부분을 점령했다. 미국과 러시아의 압력으로 이스라엘은 이후 철수했다.
1958년	제1차 레바논 내전이 발발했다. 상황을 안정시키기 위해 약 1만 5,000명의 미군이 베이루트에 투입되었다.
1964년	나세르를 비롯한 아랍 정상들이 카이로에 모여 팔레스타인해방기구(Palestine Liberation Organization, PLO)를 창설했다.
1967년	이스라엘이 이집트, 시리아, 요르단에 대한 선제공격을 감행했다. 이들 나라들이 유대인 국가에 대한 전쟁을 준비 중이라는 이유에서였다. 이스라엘이 시나이 반도와 골란고원, 가자지구, 요르단 강 서안을 점령하면서 6일 전쟁이 끝났다.
1969년	알 파타(al-Fatah) 게릴라조직의 지도자였던 야세르 아라파트(Yasir Arafat)가 PLO 의장으로 선출됐다.
1970년	요르단 통치를 둘러싼 내전에서 아라파트의 PLO가 후세인(Hussein) 왕의 군대에 패배했다.
1973년	이집트와 시리아가 이스라엘에 대한 기습공격을 감행하여 시나이반도와 골란고원을 점령했다.
1974년	모로코의 라바트에서 개최된 아랍 정상회의는 PLO가 팔레스타인 사람들의 '유일하고도 정통성을 지닌 대표'라고 확인했다.
1975년	레바논 내전이 다시 발발했다.
1977년	안와르 사다트(Anwar Sadat) 이집트 대통령이 예루살렘을 방문하여 이스라엘 의회에서 연설했다. 그는 이스라엘이 시나이반도에서 완전히 철수하는 조건으로 완전한 평화를 제시했다.
1979년	이집트와 이스라엘 사이에 평화조약이 체결됐다.
1982년 2월	시리아 정부는 하마에서 일어난 이슬람의 반란을 진압하는 과정에서 수천 명에 달하는 자국민을 학살했다.

1982년 6월~9월 이스라엘이 레바논을 침공했다. 팔랑헤(Phalangist) 민병대 지도자 바시르 게마엘(Bashir Gemayel)이 레바논 대통령에 당선된 후 암살당했다. 이스라엘 군대가 베이루트에 위치한 사브라와 샤틸라 난민수용소를 포위하고 있는 동안 팔랑헤 민병대가 수용소의 팔레스타인 사람 수백 명을 학살했다. 미국 해병대가 다국적 평화유지군의 일원으로 베이루트에 도착했다.

1983년 베이루트의 미국 대사관과 미국 해병대 사령부가 자살폭탄차량에 의해 폭파됐다.

1984년 2월 서베이루트에서 시아파 이슬람과 드루즈파가 레바논 군대에 반란을 일으킨 이후 아민 게마엘(Amin Gemayel) 대통령의 레바논 정부가 분열했다. 레이건 대통령이 레바논 재건의 희망을 포기하고 해병대의 철수를 명령했다.

1984년 9월 7월 선거가 교착상태로 끝난 후 이스라엘의 노동당(Labor Party)과 리쿠드당(Likud Party)이 함께 국가연립내각을 형성했다.

1985년 이스라엘이 레바논 대부분 지역으로부터 일방적으로 철군했다.

1987년 12월 요르단 강 서안과 가자지구에서 최초의 반(反)이스라엘 저항운동, 즉 인티파다(Intifada)가 발생했다.

1988년 7월 PLO와 아랍세력의 압력, 그리고 점령지역의 반이스라엘 저항운동에 직면한 요르단 후세인 왕이 요르단 강 서안과의 법적, 행정적 관계를 부인했다.

1988년 12월 PLO가 UN 결의안 242호와 338호를 받아들여 이스라엘을 인정하고 테러리즘을 부인함에 따라, 레이건 행정부가 PLO와 대화를 개시했다.

1989년 11월 베를린 장벽이 열렸다.

1990년 6월 부시 행정부가 PLO와의 대화를 단절했다. 이스라엘에 대한 PLO 과격분파의 테러공격을 아라파트가 제지하지 못했다는 이유였다.

1990년 8월 이라크가 쿠웨이트를 침공했다.

1991년 1월 미국이 이끄는 다국적군이 쿠웨이트에서 이라크를 몰아내기 위해 공중폭격을 개시했다.

1991년 1월 이라크의 첫 번째 스커드 미사일이 이스라엘을 폭격했다.

1991년 2월 미국이 이끄는 다국적군이 지상전에 돌입하여 이라크 군대를 쿠웨이트에서 몰아냈다.

1991년 10월 미국과 소련이 마드리드 평화회의를 소집했다. 역사상 최초로 이스라엘이 요르단, 레바논, 시리아, 팔레스타인과 동시에 마주앉아 회담을 하게 됐다.

1991년 12월 보수적인 공산주의자들이 시도한 쿠데타가 실패로 돌아간 이후 소비에트 연방이 해체됐다.

1991년 12월 마드리드 평화회의 이후 이스라엘, 요르단, 시리아, 레바논, 팔레스타인이 워싱턴에서 최초의 양자회담을 시작했다.

1992년 11월 빌 클린턴(Bill Clinton)이 조지 부시(George Bush)를 꺾고 미국 대통령에 당선됐다.

1992년 12월 미국 국무부가 후원한 아랍-이스라엘 회담이 성과 없이 끝나자 이스라엘과 PLO 사이에 '오슬로 채널'이 비밀리에 개설됐다.

1993년 8월 이스라엘과 PLO가 오슬로에서 '원칙의 선언(Declaration of Principles)'에 비밀리에 가조인(假調印)했다는 사실이 세상에 알려졌다. 이스라엘이 가자지구와 예리코(Jericho)를 팔레스타인 사람들에게 양도하고, 100만 명이 넘는 팔레스타인인들이 일상적인 일들에 대한 통제권을 가진다는 내용이었다. 미국인들이 전혀 예상하지 못한 소식이었다.

1993년 9월 백악관에서 아라파트와 라빈(Rabin)이 '원칙의 선언(Declaration of Principles)'에 서명하고 역사적인 악수를 나눴다.

1994년 5월 이스라엘과 PLO가 가자지구와 예리코에서의 팔레스타인 자치를 위한 세부사항을 이행했다. 이스라엘 군대가 이 지역에서 철수했다.

1994년 7월 후세인 왕과 라빈 수상이 46년에 걸쳐 진행된 양국 사이의 전쟁상태를 종식시키는 조인식을 클린턴 대통령과 함께 워싱턴에서 가졌다. 양국 정상은 평화조약에 서명할 것이라고 밝혔다.

1994년 8월 워싱턴 정상회담을 마치고 귀국하는 후세인 왕을 태운 비행기가 이스라엘 전투기의 호위를 받으며 이스라엘과 예루살렘 상공을 지나가는 전례 없는 일이 일어났다.

1994년 10월 시리아 외무장관 파루크 알 샤라(Farouk al-Sharaa)가 시리아 정부 관료로서는 최초로 이스라엘의 텔레비전 방송과 인터뷰를 가졌다.

1994년 10월 하마스(Hamas)가 텔아비브의 심장부에서 버스를 폭파시켰다. 22명의 이스라엘인이 사망했다.

1994년 10월 라빈 이스라엘 총리와 압둘-살람 알 마잘리(Abdul-Salam al-Majali) 요르단 총리가 양국의 접경에 위치한 아라바에서 클린턴 대통령이 참석한 가운데 평화조약에 서명했다.

1장
머리말: 미니애폴리스에서 베이루트로

1979년 6월, 나는 아내 앤(Ann)과 제네바에서 베이루트로 가는 비행기에 몸을 실었다. 흰색 바탕에 붉은색 무늬의 중동항공(Middle East Airlines) 707편이었고 베이루트까지 4시간이 소요될 예정이었다. 10년 가까운 중동으로의 여정이 시작되는 순간이었다. 이 책의 주제이기도 하다. 비행기에 오르는 순간부터 충격이 시작됐다.

탑승구의 금속 탐지기를 통과하기 위해 사람들이 줄지어 서 있었다. 우리 앞에는 떡 벌어진 어깨에 코밑수염을 기른 세 사람의 레바논인들이 있었다. 금속 탐지기에 한 사람씩 올라서는데 갑자기 경보음과 함께 빨간 경고등이 번쩍이기 시작했다. 마치 핀볼게임이 시작되려는 순간 같았다. 스위스 경찰이 즉시 투입되어 수색을 소사했다. 총과 나이프를 소지한 비행기 납치범이 아니라는 것이 드러났지만, 그 사람들이 상당량의 금속을 소지한 것은 사실이었다. 보석상을 하는 아르메니아인 가족으로 베이루트로 가져갈 금덩어리를 가지고 있었다. 남자 아이들은 각자 여섯 개의 금덩어리를 넣은 특수 전대를 허리에 찼고, 그중 한 아이는 귀금속으로 가득한 구두상자까지 손에 들었다. 이 가족은 비행기 맨 뒤편 나와 앤 바로 옆 좌석에 앉았는데, 비행 중에 가끔 금덩어리를 꺼내서 가지고 놀기도 했다.

마침내 비행기가 베이루트 국제공항에 착륙했다. 터미널의 깨진 유리창과 총탄에 긁힌 흔적들, 그리고 무장 경호원들이 돌아다니는 모습이 눈에 들어왔다. 갑자기 두려움이 몰려오며 다리가 후들거리기 시작했다. 지난 수년간 중동지역을 취재하는 해외 특파원이 되기 위해 준비했었다. 그러나 공항에 도착하는 순간 내가 준비한 것이 전혀 없다는 것을 깨달았다.

나는 미네소타 주 미니애폴리스에서 태어나고 자랐다. 노스웨스트 항공의 이코노미 석에서 금덩어리를 주고받으며 장난하는 사람을 본 일이 없다. 내 가족은 미국의 전형적인 중산층 유대인 가족이었다고 생각한다. 아버지는 볼베어링을 판매했고 어머니는 파트타임 회계원이자 주부였다. 어렸을 적에는 히브리 학교에 다녔다. 그러나 유대교의 성인식인 바르 미츠바(bar mitzvah)를 13세에 치른 이후부터는 유대교회당인 시나고그에 별 관심이 없어졌다. 1년 중 오직 3일만 유대인이었다. 이틀은 유대교 신년제인 로쉬 하샤나(Rosh Hashanah)였고 나머지 하루는 속죄일인 욤키푸르(Yom Kippur)였다. 1968년 큰누나 셸리(Shelley)가 대학 2학년 때 1년간을 텔아비브대학에서 보냈다. 이스라엘이 6일 전쟁에서 극적인 승리를 거둔 이듬해였다. 당시 이스라엘은 미국 유대 청년들의 마음을 사로잡는 곳이었다. 1968년 크리스마스 연휴 기간 동안 부모님은 나를 데리고 큰누나를 만나러 이스라엘에 갔다.

이스라엘 여행은 이후 내 삶을 바꿔놓았다. 당시 나는 15세에 불과했고 세상사에 대해 겨우 눈을 뜨고 있던 시기였다. 예루살렘 여행으로 나는 위스콘신보다 먼 곳에 처음 가봤고 비행기도 처음 타봤다. 새로운 경험 때문이었는지, 아니면 여행 중에 나를 사로잡은 무언가가 있었는지 정확하게 알 수는 없다. 그러나 이스라엘과 중동은 내 가슴과 머리를 사로잡았다. 그 지역과 거기에 사는 사람들, 그리고 그곳에서 벌어지는 갈등에 마음을 온통 빼앗겼다. 이후 다른 무엇인가에 관심을 가져본 일이 없다. 첫 번째 날부터 예루살렘의 옛 성을 걸으며 그곳의 정취에 젖었다. 미로처럼 이어진 골목길에서 서로 다른 피부색을 가진 수많은 사람들을 만나면서 더욱 깊이 빠져들었다. 나는 그곳에서 고향을 느꼈다. 분명 나는 전생에 그곳에 살았음에 틀림없었다. 어쩌면 중동시장 바자의 상인, 프랑크 족의 병사, 터키의 군사령관이었는지도 모른다. 아니면 적어도 중세의 유대인 연대기 작가였을지도 모른다. 예루살렘 여행은 외국에 나가본 첫 번째 경험이었지만, 1968년 예루살렘을 여행하는 순간 나는 알 수 있었다. 나는 미네소타보다는 중동에 어울리는 사람이었다.

여행에서 돌아온 이후 나는 이스라엘에 관해 손에 넣을 수 있는 모든 것을 닥치는 대로 읽기 시작했다. 같은 해 이스라엘의 유대인 기구(Jewish Agency)가 일종의 이동 외교사절이자 신병 모집인이기도 한 '샬리아(Shaliach)'를 미니애폴리스에 최초로 보냈다. 나는 열렬한 지원자가 되어 이스라엘 설명회에서 시위운동에 이르기까지 모든 일을 도왔다. 그는 내가 고등학교에 다니는 3년 동안 여름방학마다 3개월씩 하이파 남쪽 해변 지역의 이스라엘 집단농장인 하호트림(Hahotrim) 키부츠에서 지낼 수 있도록 주선해주었다. 1971년 고등학교 졸업반이었던 나는 자유 과제물로 이스라엘이 어떻게 6일 전쟁에서 이길 수 있었는지에 대한 슬라이드 쇼를 준비했다. 고등학교 심리학 수업의 과제물로는 친구 켄 그리어(Ken Greer)와 함께 키부츠에서의 생활을 담은 슬라이드 쇼를 제출했다. 슬라이드의 마지막 부분은 「황금의 예루살렘 Jerusalem of Gold」의 감동적인 선율이 배경음악으로 흐르는 가운데 모든 연령대의 이스라엘 사람들의 사진이 빠르게 지나가는 몽타주로 장식됐다. 강한 눈빛을 지니고 있는 이스라엘 모범 시민들의 사진이었다. 사실 나의 고등학교 생활이란 이스라엘의 6일 전쟁 승리를 찬양하고 널리 알리는 3년이었다고 해도 과언이 아니다. 당시를 떠올리면 지금도 참으로 당황스럽다. 1년의 기간 동안 나는 장래 프로골퍼를 꿈꾸던 나약한 소년에서 훈련을 쌓고 있는 이스라엘 전문기기 되었다.

아무도 나를 말릴 수 없었다. 13명의 유대인이 다마스쿠스에서 시리아에 체포되었을 때 나는 '다마스쿠스의 13명을 석방하라(Free the Damascus 13)'는 문구가 적힌 단추를 몇 주 동안 달고 다녔다. 고등학교 친구들 대부분은 그 문구가 시카고에서 일어났던 시위를 공모한 혐의로 기소된 7명의 피고를 지칭하는 '시카고 7'의 지하분파 정도로 생각했다. 어느 일요일 아침 컨트리클럽 식사모임에 나가던 내가 그 단추를 다는 것을 보고 어머니가 부드럽게 묻던 기억이 난다. "꼭 그럴 필요가 있는 거니?" 미네소타대학에서 인턴 교사가 와서 고등학교 지리 과목을 한 달간 가르친 적이 있었다. 당시 나는 중동지역의 군사지도를 훤하게 꿰고 있었다. 수업 중 인턴교사가 가르치는 내용을 내가 자꾸 지적하고 바로잡으려 하자 피곤해진 인턴교사는 내게 앞으로 나와서 골란고원과 시나이반도에 대해 학생들에게 말해줄 것을 요청하기도 했다. 내가 이야기하는 동안 인턴교사는 내 책상에 앉아 있었다. 1968년 내가 다니던 고등학교 신문에 기사를 기고했다. 저널리스트로서 최초 경험이었다. 기사는 미네소타대학에서 들은 강연에 관한 내용이었는데, 강연을 한 사람이 당시에는 잘 알려지지 않았지만 1967년 전쟁에서 중요한 역할을 수행한 이스라엘 장군이었다. 그의 이름은 아리엘 샤론(Ariel Sharon)이었다.

고등학교를 졸업하고 그해 여름을 이스라엘에서 보냈다. 나사렛에서 이스라엘에 살고 있는 아랍인 몇 명을 알게 됐는데 그들과의 우연한 만남으로 나는 아랍어 기본회화 책을 구입하고 아랍세계 전반에 대해 읽기 시작했다. 대학에 입학하자마자 아랍어와 아랍문학을 수강하기 시작했다. 대학 2학년이었던 1972년 히브리대학에서 한 학기를 보내게 되었는데, 예루살렘으로 가는 도중 카이로에 두 주간 머물렀다. 카이로는 사람들로 북적대고, 지저분하고, 이국적 냄새가 물씬 나고, 참기 힘든 곳이었다. 나는 그곳을 너무나 좋아하게 됐다. 오븐에서 갓 구은 뜨겁고 납작한 빵 피타가 좋았다. 편안하게 웃는 이집트 사람들의 미소가 좋았다. 회교사원과 첨탑이 만들어낸 카이로의 독특한 스카이라인이 좋았다. 심지어 게지라 스포츠클럽의 캐디도 좋았다. 그는 내게 골프공도 팔고 마약의 일종인 해시시도 팔았다. 첫 번째 라운드에서 내가 40타를 깰 수 없을 것이라고 하며 얼마든지 내기할 용의가 있고도 했다(9번 홀 페어웨이에서 내가 샷을 하려고 할 때 두 마리의 경주마가 어슬렁거리지만 않았더라면 내기에서 이길 뻔했다).

대학 3학년이 끝나고 4학년이 시작되기 전이었던 1974년 여름, 한 학기 동안 카이로에 있는 아메리칸대학에서 아랍어 강의를 수강하기 위해 이집트로 다시 갔다. 브랜다이스대학교로 돌아와서 나는 이집트에 관한 슬라이드 강의를 했다. 청중석에 있던 유대인 대학원생 한 명이 강의가 진행되는 동안 계속 질문을 던지며 나를 괴롭혔다. "유대인이 이집트에 가서 도대체 무얼 하자는 것인가?" "어떻게 감히 그 사람들을 좋아할 수 있는가?" 더 심한 질문들이 이어지면서 나는 극도로 흥분하게 되었고 강의는 잊지 못할 파국으로 치달아버렸다. 그러나 그 일로 두 가지 중요한 교훈을 얻었다. 첫째, 중동과 관련된 토론을 하게 되면 사람들이 일시적으로 제정신이 아니라는 점이다. 두 사람 이상을 대상으로 중동문제에 대해 이야기하고자 한다면 철저히 준비해야만 한다는 것을 알게 됐다. 둘째, 중동과 관련된 일을 하거나 연구하는 유대인은 항상 외로울 것이란 점이다. 아랍 사람들의 완전한 신뢰를 받을 수 없고 그들의 일원으로 받아들여지지 않는다. 유대인들에게도 똑같은 대접을 받게 된다.

1975년 브랜다이스대학을 졸업하고 영국으로 건너가 중동연구로 석사학위를 받기로 결정했다. 옥스퍼드대학의 세인트 앤터니 칼리지에서 현대 중동의 역사와 정치를 전공하고 석사학위를 받았다. 세인트 앤터니는 정규교육에서 바랄 수 있는 모든 것을 갖춘 곳이었다. 그러나 강의실에서 배운 것만큼 많은 것을 식당에서도 배울 수 있었다. 영국 중동연구의 중심이었던 세인트 앤터니 칼리지에는 아랍세계와 이스라엘로부터 최고의 학생들이 모여 들었다. 칼리지의 학생이 125명에 불과했고 매일 세 끼 식사를 함께 했기 때문에 우리는 서로를 잘 알 수 있었다. 브랜다이스에서 나는 중동에 대해 상당히 잘 아는 편에 속했었다. 그러나 세인트 앤터니에서는 완전 초보였다. 말하기보다는 열심히 들어야만 했다. 들을 만한 이야기가 너무도 많았다.

세인트 앤터니에 재학하는 동안 레바논 내전이 시삭됐다. 나는 레바논 출신 시아파 교도인 모하메드 마타르(Mohammed Mattar)와 샤워실을 함께 썼다. 대단히 똑똑한 친구였다. 점심식사는 레바논 출신 기독교인 학생들, 그리고 팔레스타인 친구들과 함께 했다. 세인트 앤터니에서 가장 친했던 친구는 이라크 출신 유대인 요세프 사순(Yosef Sassoon)이었다. 세탁실에서 그의 아내 태피(Taffy)와 함께 있는 그를 우연히 만났다. 이 모든 학생들이 서로 이야기를 나누고 말다툼을 벌이고, 강의실에서 서로를 반박하고, 식사 중에 자리에 없는 친구를 비난하는 것 등을 보면서 중동에 대해 내가 배울 것이 생각보다 훨씬 많다는 점을 알게 됐다. 단지 아랍과 유대인의 대립을 넘어서는 다양한 주

1장 · 머리말: 미니애폴리스에서 베이루트로 **27**

제가 있었다. 그들의 반목을 지켜보기만 하는 아웃사이더로서 나는 그들 모두와 친근한 관계를 유지했다. 캠퍼스의 이스라엘 학생들과도 마찬가지였다.

영국에서 공부하는 동안 저널리스트로서의 일을 시작했다. 1976년 8월 어느 날 런던에서 거리를 걷는데 『이브닝 스탠더드 Evening Standard』의 헤드라인이 눈에 들어왔다. '카터가 유대인들에게: 당선되면 닥터 K는 해고다'라고 적혀 있었다. 신문기사는 지미 카터(Jimmy Carter) 대통령 후보가 당선되면 국무장관 헨리 키신저(Henry Kissinger)를 물러나게 하겠다고 약속했다는 이야기를 다뤘다. 사상 최초의 유대인 국무장관을 해고하겠다는 공약으로 미국 유대인의 표를 끌어 모을 수 있다고? 참으로 뜻밖이라는 생각이 들었다. 나는 그 이례적인 일을 설명하는 칼럼을 기고하기로 결정했다. 당시 내 여자 친구이자 지금의 아내인 앤 벅스바움(Ann Bucksbaum)이 마침 『드모인 레지스터 Des Moines Register』의 사설 편집자 길버트 크랜버그(Gilbert Cranberg)와 잘 아는 사이였다. 앤이 나의 글을 그에게 가져갔다. 크랜버그는 내 글을 흡족하게 평가했고 1976년 8월 23일 지면에 실었다. 내가 중동 특파원이라는 천직에 한 걸음 다가선 순간이었다. 이후 2년간 비슷한 기사를 더 썼고 세인트 앤터니를 졸업할 즈음에는 그동안 기고한 기명칼럼 리스트가 제법 그럴듯하게 보였다.

옥스퍼드를 졸업하기 직전인 1978년 6월, UPI 런던 지국에 구직신청서를 제출했다. 상아탑이 내가 있을 자리가 아니라는 판단이었다. 그리고 중동문제를 계속 다루려면 우선 그곳에 살면서 경험을 해야만 한다고 생각했다. UPI 런던 지국장 리언 다니엘(Leon Daniel)이 내게 수습기자로 출발할 기회를 주었다. 화재사건 하나도 제대로 다뤄보지 않은 내게는 행운이었다. 첫 주에는 너무도 긴장한 나머지 계속 코피를 쏟았고 결국 병원신세를 져야만 했다. 희끗희끗한 머리에 가끔은 술에 취해 나타나기도 하는 UPI의 베테랑 기자들은 그런 나를 보며 즐거워했다. '저널리스트가 될 수 있을 거라고 생각하는 그 옥스퍼드 풋내기' 이야기를 하며 즐겁게 웃는 정도는 넘었던 것으로 기억한다. 내가 했던 첫 번째 취재는 록 그룹 『더 후 The Who』의 드럼 주자 키스 문(Keith Moon)이 마약 과다복용으로 사망한 사건이었다. 바라던 종류의 기사는 아니었다. 그러나 기회는 생각보다 훨씬 빨리 찾아왔다.

내가 UPI에 입사한 지 얼마 되지 않아 이란혁명이 일어났고, 세계 원유시장의 상황이 주요 기삿거리가 됐다. 당시 UPI에는 원유 전문기자가 없었고 내가 빈자리를 메우게 됐다. 그때까지 내가 접해본 기름이라고는 샐러드 드레싱과 엔진오일이 전부였다. 운 좋게도 UPI가 입주한 건물 위층에 미국의 석유산업 주간정보지 PIW(Petroleum Intelligence Weekly) 런던 지국이 있었다. PIW의 직원들과 어울리면서 원유 전문가로 행세하기 위해 필요한 특수용어를 익혔다. 1979년 봄 내게 큰 기회가 찾아왔다. UPI 베이루트 지국에 빈자리가 난 것이었다. 베이루트 지국의 두 번째 선임 특파원이 레바논을 떠나겠다고 결정했다고 했다. 보석상을 털던 강도가 쏜 총에 귀를 다친 후였다. 베이루트 지국으로 가겠냐는 제안과 함께 이런 취지의 이야기를 들었다. "톰, 전에 일하던 친구는 총에 맞았대. 뭐 신경 쓸 건 없어. 우리 생각에는 자네가 적임자야."

불안한 마음이 없지 않았지만 나는 그 제안을 벅찬 마음으로 받아들였다. 가족과 친구들은 모두 내가 제정신이 아니라고 생각했다. 유대인이? 베이루트에? 주변의 이런 반응에 딱히 대답할 말이 내게 없었다. 실제로는 나 자신도 베이루트에서 나를 기다리고 있는 것이 무엇인지 몰랐다. 아는 거라곤 이게 바로 내게 진실의 순간이라는 점뿐이었다. 아랍세계와 이스라엘에 대해 6년간 연구해왔다. 지금 그곳에 가지 않는다면 영원히 갈 일이 없을 것이다. 그래서 나는 가기로 했다.

사람들은 한때 레바논을 중동의 스위스라고 불렀다. 산이 많고 풍요로웠으며 다양한 문화가 있는 곳이었다. 그리고 이 모든 것이 경이적으로 조화를 이루는 곳이기도 했다. 적어도 우편엽서에서 보는 이미지는 그랬다. 1979년 나와 앤을 맞은 레바논은 그런 곳이 아니었다. 우리가 도착했을 때 레바논은 1975년에 시작한 내전이 여전히 진행 중이었다. 베이루트의 코모도어 호텔에서 보낸 첫날 저녁, 호텔 바로 앞길에서 총격전이 벌어지는 소리를 들으며 누워 있던 기억이 난다. 내 생애 처음으로 총소리를 들은 날이었다.

레바논에 거주하는 대부분의 외국인 기자와 마찬가지로 우리도 이슬람교도들이 모여 사는 서(西)베이루트에 아파트를 구했다. 그곳에 대부분의 정부 기관과 외국 대사관이 자리 잡고 있었다. 앤은 인근의 은행에 일자리를 구했다가 시간이 조금 지난 후 아랍의 정치연구단체로 옮겼다. '서베이루트에서의 험난한 시절'이었다. 내전이 한창 진행 중이긴 했지만 전투가 맹렬한 양상은 아니었다. 베이루트의 동쪽과 서쪽을 가로지르는 도로는 개방되어 있었고, 저격과 납치의 와중에서도 상업을 비롯한 경제활동은 계속됐다.

UPI 특파원으로 2년여를 베이루트에서 보낸 1981년 『뉴욕타임스 New York Times』에서 일자리를 주겠다는 제안이 들어왔다. 신문사 경험을 쌓기 위해 맨해튼으로 돌아오라는 조건도 함께였다. 뉴욕에서 11개월을 보낼 무렵인 1982년 4월 『뉴욕타임스』 편집국은 나를 베이루트로 되돌려 보내기로 결정했다. 레바논 특파원 자격이었다.

베이루트에 돌아가서 보니 도시가 두 가지 소문으로 술렁이고 있었다. 하나는 얼마 전 발생한 시리아의 폭력사태였고, 다른 하나는 곧 터질 거라고 예상되는 이스라엘에서의 폭력사태였다. 대부분의 사람들은 너무 황당한 이야기라면서 믿으려 들지 않았지만, 시리아에 대한 소문은 이랬다. 시리아에서 네 번째로 큰 도시 하마에서 반란이 일어났는데 시리아 정부가 이를 진압하면서 2만 명의 시민을 죽였다는 것이다. 이스라엘을 둘러싼 소문은 팔랑혜 민병대 지도자 바시르 게마엘과 관련되었다. 그가 메나헴 베긴(Menachem Begin) 수상이 이끄는 이스라엘 정부와 힘을 합쳐 PLO와 시리아인들을 레바논으로부터 영구적으로 추방하는 데 합의했다는 것이었다. 두 소문 모두 사실로 드러났다.

이후 26개월 동안 하마 학살사건, 이스라엘의 레바논 침공, 사브라와 샤틸라 난민촌의 팔레스타인 사람들 학살사건, 베이루트로부터의 PLO 철수, 미국 평화유지군 도착, 베이루트 미국 대사관과 해병대 사령부에 대한 자살폭탄테러, 레바논으로부터의 미국 해병대 철수, 그리고 위에서 열거한 모든 사건들과 관련된 레바논 내전을 취재했다.

베이루트에서 격동의 시간을 보낸 나는 『뉴욕타임스』 이스라엘 특파원 자격으로 예루살렘에 가라는 발령을 받았다. 1984년 6월이었다. 당시 외신 편집자였던 에이브 로젠탈(Abe M. Rosenthal)은 아랍세계를 거의 5년간 취재한 기자가 이스라엘 사회를 어떤 눈으로 보게 될지 지켜보는 것이 '흥미로운' 일이라고 생각했다고 한다. 또한 에이브는 유대인을 예루살렘 특파원으로 쓰지 않는다는 『뉴욕타임스』의 오랜 불문율을 깨고 싶었다고도 한다. 에이브는 사실 5년 전 나의 전임자 데이비드 시플러(David K. Shipler)를 예루살렘에 보냈을 때 이미 불문율이 깨졌다고 생각하고 있었다. 그런데 어느 날 편집자 회의에서 에이브가 자랑스럽게 그 이야기를 꺼내자 사람들이 그에게 말해줬다. 시플러는 개신교도라고 말이다. 에이브 눈에는 시플러가 전형적인 유대교 지도자 랍비처럼 보였던 것이다.

베이루트에서 예루살렘으로 가는 길에 나는 아랍인과 유대인이 운전하는 택시를 여러 번 갈아타며 육로로 이동했다. 예루살렘까지는 모두 합쳐서 6시간밖에 걸리지 않았지만, 차를 타고 이동한 시간만으로 두 도시 사이에 존재하는 실질적인 거리, 즉 이들이 얼마나 유사한가를 유추해서는 안 된다. 어떤 면에서 두 도시는 거의 똑같은 문제를 지니고 있는 동일한 도시나 다름없었다. 그러나 다른 면을 본다면 두 도시는 전혀 다른 세계이기도 했다.

이 책은 두 세계 사이를 오고 간 나의 여정을 담고 있다. 그 과정에서 겪었던 사건들, 그리고 만났던 사람들을 내가 어떻게 이해하고 있는지를 전달한다. 먼저 이 책의 내용은 미네소타에서 베이루트로 가게 된 한 청년이 이전에 전혀 경험할 수 없었던 세계에 맞닥뜨리는 이야기다. 또한 이 책은 중동정치를 전공한 한 학생이 졸업과 함께 현장으로 달려가서, 교과서에서 배운 냉정하고 논리적이며 사람 냄새가 안 나는 그런 세계와는 전혀 다른 세계를 발견한다는 이야기를 담고 있다. 또 다른 측면에서 이 책은 이스라엘에 대한 갖가지 이야기와 민요, 그리고 신화를 배우며 자란 한 유대인이 1980년대 예루살렘으로 찾아가 이스라엘의 실상을 알아가는 이야기다. 어린 시절 다녀온 여름캠프와 전혀 다른 곳이란 점을 깨닫고, 나아가 아랍세계의 한가운데서 유대인들이 국가를 이루어 모여 사는 것이 대담하지만 아직 해결되지 않은 실험이라는 점을 알게 되는 이야기다. 마지막으로 이 책은 베이루트, 그리고 예루살렘에 살고 있는 사람들에 관한 이야기다. 이들 모두는 자신이 과

연 누구인가에 대한 정체성을 확고하게 갖지 못하는 매우 유사한 위기에 처해 있음을 알았다. 새로운 것과 이전부터 내려오던 것 사이의 갈등 속에 이들은 갇혀 있다. 한편으로 이들은 새로운 사상과 새로운 관계, 그리고 스스로 세우려는 새로운 국가를 고려해야만 한다. 그러나 다른 한편으로는 고대로부터 내려온 경험과 물려받은 열정, 그리고 오래전에 시작된 반목이 이들을 끊임없이 과거로 회귀하게 만든다.

베이루트에서 예루살렘까지 가는 길은 낯설고 흥미진진하며 때로는 폭력적이고 언제나 예측불가능한 길이다. 그리고 나는 성인이 된 후 대부분의 시간을 그 길에서 보냈다.

* * *

10년에 가까운 기간 동안 내가 중동에서 목격한 일들을 이해하기 위해서는 그 지역의 역사에 대한 이해가 필요하다.

이 책 전반부의 배경이 되는 레바논 내전의 뿌리는 레바논의 성립까지 거슬러 올라간다. 제1차 세계대전 이후 근대적 레바논 공화국은 당시 그 지역에서 큰 세력을 가졌던 두 개의 종교파벌이 결합하면서 성립했다. 수니파 이슬람교도와 마론파 기독교도였다. 마론파는 15세기 마론(Maron)이라는 수도자가 시리아에 세운 동방정교회의 한 종파다. 이들은 로마 교황과 가톨릭교회의 주권을 인정하지만 고유의 예배의식을 고수한다. 이슬람으로 둘러싸인 지역에서 마론파가 수세기에 걸쳐 살아남을 수 있었던 것은 바위투성이의 마운트 레바논 지역에 숨어들어 생활했고, 서방의 기독교로부터 정기적으로 도움을 받거나 연합했기 때문이다. 그 역사는 십자군 전쟁으로부터 제1차 세계대전 후 프랑스의 위임통치에 이른다. 1700년대 말 마론파는 마운트 레바논 지역에서 가장 강력한 종교공동체가 됐다. 인구가 증가하고 근대화에 적극적이었으며 수준 높은 공동체 조직을 유지할 수 있었던 결과다. 레바논 지역에서 당시 두 번째로 영향력이 큰 종교세력은 드루즈파였다. 이슬람의 한 종파로 그들이 가진 종교적 믿음의 정확한 내용은 공동체의 비밀이다. 드루즈파 역시 산악지역으로 들어와 생활할 수밖에 없었는데, 정복당하지 않고 그들의 신념을 외로이 지키기 위해서였다.

제1차 세계대전이 끝나고 약 400년에 걸쳐 중동을 지배했던 오스만 제국이 붕괴하자, 현재의 시리아와 레바논 지역은 프랑스의 통제 아래 들어갔다. 1920년 마론파 지도부가 프랑스를 설득해 이 지역에 국가를 세웠다. 마론파와 군소 기독교 종파가 연합하여 지배하는 나라였다. 그러나 이 국가는 너무 협소해 경제적으로 자립하기 힘들었다. 따라서 마론파 지도자들은 다시 프랑스에 요청해 더 넓은 지역을 아우를 수 있도록 했다. 전통적인 근거지였던 마운트 레바논을 비롯해 수니 교도가 거의 대부분인 해변 도시들(베이루트, 트리폴리, 시돈, 티레)과 시아파가 많이 거주하는 남(南)레바논(아카르와 베카 계곡)을 포함하는 넓은 지역이었다. 이로써 대레바논이 형성됐다. 1932년 인구조사에 따르면 대레바논에서 마론파를 비롯한 기독교 종파는 인구의 약 51퍼센트를 넘는 정도였다.

'대레바논'이라는 새로운 국가를 세우면서 수니파와 시아파 이슬람교도들에게 새로운 나라와 함께 할 것인지의 여부를 묻는 절차는 없었다. 상당수의 이슬람교도는 이에 깊이 분노했다. 아랍어를 사용하고 이슬람교도가 대부분이며 문화적으로 가까운 시리아의 일부가 되기를 바란 이슬람교도가 많았기 때문이다.

이슬람세계는 오랫동안 다수파인 수니파와 시아파로 나뉘어 있었다. 이슬람교의 창시자인 예언자 무함마드(Muhammad)가 사망한 직후인 7세기, 누가 그의 정신적, 정치적 후계자, 즉 칼리프가 돼야 하는지를 놓고 분쟁이 일어났다. 한 그룹은 지역 공동체의 연장자들이 선거와 합의로 후계자를 지명해야만 한다고 주장했다. 이 방법이 당시의 전통과도 부합한다는 것이었다. 이들이 다수파였다. 아랍어로 수나(Sunna)라는 말은 전통을 의미한다. 이러한 견해를 가진 이슬람교도들이 수니파다.

그러나 소수 분파의 주장은 달랐다. 후계자는 무함마드의 가족과 후손 중에서만 나올 수 있다는 것이었다. 따라서 이들은 무함마드의 사촌이자 사위였던 알리(Ali)가 지도자로 지명되어야 한다고 주장했다. 이와 같은 견해를 지닌 이슬람교도를 아랍어로 시아(Shia), 즉 알리의 '추종자'라고 부른다. 시아파는 이슬람교가 형성되기 이전 페르시아(이란) 왕국의 왕권신수설의 영향을 받았음이 명백하다. 수니파는 알리의 지지자들을 물리치고 스스로 선택한 칼리프를 옹립했다. 그러나 수니와 시아의 분열은 이후 이슬람의 역사를 통해 계속됐다. 이 과정에서 두 종파 사이에 신학적인 차이가 점점 체계화됐고 나아가 문화적인 차이까지 생겨났다. 이슬람 전문가 에드워드 모티머(Edward Mortimer)는 그의 책 『신앙과 권력 Faith & Power』에서 이와 같은 차이를 다음과 같이 요약했다. "수니 이슬람이 권력과 성취의 교리인 반면 시아의 교리는 저항입니다. 시아파 교리의 출발점은 패배입니다. 알리와 그 혈통의 패배인 것입니다. …… 따라서 시아파의 교리는 패배한 사람들, 그리고 억압받는 사람들에게 호소력을 가집니다. 이슬람세계의 패배자들, 특히 가난하고 소외된 사람들의 슬로건에 시아파의 교리가 자주 등장하는 것은 바로 이 때문입니다."

1930년대와 1940년대 레바논의 수니파는 마론파에 이어 두 번째로 큰 종교공동체였고, 레바논의 이슬람교도들 중에서 대체로 부유하고 도시화되었으며 교육수준이 높은 편이었다. 세 번째로 큰 종교집단인 시아파는 대부분 시골에 거주하고 경제수준이나 교육수준도 낮았다. 마론파가 주도하는 대레바논으로의 편입에 대해 처음에는 수니파와 시아파가 못마땅하게 생각했다. 그러나 1943년 두 종파의 지도자들은 기독교 세력과 정치적 이해를 같이하게 되었고, 이로써 레바논은 프랑스로부터 독립할 수 있었다. 이슬람교도들은 시리아와의 통일을 더 이상 요구하지 않기로 했고, 마론파는 프랑스와의 관계를 단절하고 레바논이 '아랍' 국가가 된다는 생각에 동의했다. '국민협약'이라고 알려진 구두합의에는 세부적인 권력기구 배분과 관련된 조항도 담겨 있었다. 먼저 기독교의 주도적 위치를 보장하기 위한 합의사항이 있었다. 레바논의 대통령이 항상 마론파에서 나오고, 의회 내에서 기독교와 이슬람의 비율을 언제나 6 대 5로 유지한다는 것이었다. 반면 레바논이라는 국가의 성격이 아랍과 이슬람이라는 점을 보장하기 위한 합의도 포함됐다. 수니파 이슬람에서 총리직을 항상 맡고 시아파 이슬람은 언제나 의회 대변인을 배출한다는 것이었다.

이와 같은 상호이해는 마론파를 비롯한 기독교 세력이 인구의 절반을 차지하고 있는 동안 유지됐다. 그러나 1970년대에 이르자 이슬람 인구의 빠른 증가로 레바논이 크게 흔들렸다. 기독교도의 비율이 겨우 3분의 1을 넘길 정도로 줄었고, 이슬람과 드루즈교도의 비율이 3분의 2를 차지했다. 그리고 이제 레바논에서 가장 큰 종교공동체는 시아파였다. 총리에게 더 많은 권한을 부여함으로써 이슬람의 영향력을 증가시키는 것을 골자로 하는 정치개혁을 이슬람 측이 요구했다. 마론파는 이에 응하지 않았다. 레바논이라는 국가 형태를 유지하려면 권력분점에 관한 애초의 약속이 지켜져야만 하며, 만일 협약이 깨진다면 레바논은 더 이상 존재할 수 없다는 것이 마론파의 입장이었다. 마론파는 기득권을 유지하기 위해 별도의 군대를 만들기 시작했다. 이 중 피에르 게마엘(Pierre Gemayel)이 창설하고 이후 그의 아들 바시르가 이끈 팔랑헤 민병대, 전임 레바논 대통령 카밀 샤문(Camille Chamoun)이 만들고 그의 아들 대니(Danny)가 이끈 타이거 민병대(Tigers Militia)가 가장 유명하다. 레바논의 이슬람교도와 드루즈파 역시 이들과 유사한 별도 군사조직을 만들었다. 그들이 원하는 정치개혁을 강제하기 위해서였다.

비슷한 시기인 1970년대 초반 레바논 사회에 내재하던 기독교와 이슬람의 긴장이 고조됐다. 팔레스타인의 아랍인들과 유대인들 사이의 대립과 함께 중동에서 가장 큰 공동체간 갈등의 하나가 이렇게 달아오르기 시작했다. 공교롭게도 두 가지 갈등이 베이루트에서 결합되는 순간 내가 그곳에 있게 됐다.

유대인과 팔레스타인 아랍인 사이의 긴장은 19세기 후반, 그리고 20세기 초에 시작됐다. 세계 곳곳으로부터 유대인들이 성경 속 그들의 고향으로 속속 모여들기 시작하면서부터다. 시온주의라고 부르는 유대민족의 현대 이데올로기가 여기에 큰 영향을 주었다. 전 세계에 흩어진 유대인들이 팔레스타인에 모여 다른 나라들과 어깨를 나란히 할 수 있는 유대민족국가를 세워야 한다고 시온주의자들은 주장했다. 시온주의자들은 팔레스타인에 이미 거주하고 있던 아랍인들의 존재를 아예 무시하거나, 이들을 매수하면 된다고 생각했다. 결국 유대인의 지배에 복종하게 되리라 여기기도 했다. 제1차 세계대전이 끝나자 팔레스타인은 영국의 통제 아래 들어갔다. 프랑스가 레바논을 지배하게 된 것과 마찬가지였다.

1921년 영국이 팔레스타인이라고 부르는 넓은 지역을 두 개의 정치체로 분할했다. 하나는 요르단 강 동쪽의 팔레스타인 지역으로 처음의 명칭은 '트랜스요르단 영주국(Emirate of Transjordan)'이었다가 이후 간단히 '요르단' 이라고 부른다. 영국은 이 지역을 이스탄불에서 교육받은 베두인 족의 지도자 압둘라 이븐 후세인(Abdullah ibn Hussein)에게 다스리게 했다. 후세인의 가족은 지금의 사우디아라비아 사람들로부터 환영받았다. 요르단의 최초 인구는 대략 30만 명 정도였다. 이중 절반 정도가 유목민인 베두인 족이었고 나머지 반이 '동안 사람들(East Bankers)', 즉 요르단 강의 동안(東岸)에 거주하던 팔레스타인 아랍인들이었다.

지중해와 요르단 강 사이에 위치한 팔레스타인 서쪽에서는, 영국의 통치를 받는 동안 팔레스타인 아랍인들과 유대인들이 더 많은 영향력을 장악하기 위해 싸웠다. 제2차 세계대전이 끝나고 유대인 생존자들이 유럽으로부터 대규모로 이주해오면서 팔레스타인 사람들과 유대인 사이의 갈등이 증폭됐다. 영국은 팔레스타인 서쪽 지역으로부터 철수하고 지역의 통치권과 관련된 문제에서 손을 떼겠다고 발표했다. 런던은 이 분쟁 지역의 운명에 대한 책임을 UN에 넘긴 것이다. 1947년 11월 29일 UN 총회가 팔레스타인 서쪽 지역을 유대와 아랍의 두 개 국가로 분할 독립시키는 안건을 결의했다. 33개국이 찬성, 13개국이 반대, 그리고 기권이 10개 나라였다. 유대 국가가 될 지역은 네게브 사막, 텔아비브와 하이파 사이의 평야지대, 그리고 갈릴리 북부 중 일부를 차지했다. 팔레스타인 아랍인들의 국가가 될 지역은 요르단 강 서안이 대부분을 차지하고 가자지구와 자파, 그리고 갈릴리의 아랍인 거주지역을 포괄했다. 유대인과 이슬람교도 모두 성지(聖地)로 소중하게 여기는 예루살렘은 UN의 관리구역이 됐다.

예루살렘을 포함하는 팔레스타인 서쪽 지역 전체에 걸쳐 유대 국가를 수립하는 것이 시온주의자들의 바람이었지만, 당시 다비드 벤구리온(David

Ben-Gurion)이 이끌던 시온주의 지도자들은 분할 안을 받아들였다. 반면 팔레스타인의 아랍인들과 주변 아랍 국가들은 분할 안을 거부했다. 이들은 팔레스타인 전체가 자신의 것이라고 생각했다. 유대인은 외국에서 느닷없이 찾아온 불청객에 불과하고, 자기들에게 유대인을 몰아낼 힘이 있다고 생각했다. 1948년 5월 14일 영국이 스스로 약속한 철수를 완료하기 직전, 시온주의자들은 건국을 선언했다. 다음날 요르단과 이집트, 시리아, 레바논, 사우디아라비아, 그리고 이라크 군대의 지원을 받은 팔레스타인 사람들이 유대 국가의 독립을 저지하고 팔레스타인 서부지역 전체를 장악하기 위해 전쟁을 시작했다.

이 전쟁에서 시온주의자들은 UN이 자신에게 할당한 지역 모두를 지켜냈을 뿐만 아니라 팔레스타인 사람들에게 돌아간 지역의 일부를 장악했다. UN이 팔레스타인 아랍인들에게 할당한 지역 중 나머지 부분은 요르단과 이집트가 점령했다. 요르단이 요르단 강 서안을 합병했고 이집트가 가자지구를 실질적으로 통치했다. 아랍 국가들 역시 이 지역에 팔레스타인 사람들의 국가를 허용하지 않은 것이다. 사실상 요르단 강 서안 합병으로 요르단의 민족 구성에 큰 변화가 생겼다. 1948년 전쟁 이전 요르단은 45만 명의 베두인 족과 요르단 강 동안의 팔레스타인 사람으로 구성되어 있었다. 그러나 서안의 합병으로 이 지역의 팔레스타인 사람들 40만 명과 이스라엘이 세워진 지역으로부터 도망하거나 쫓겨온 약 30만 명의 팔레스타인 난민이 요르단에 더해지게 됐다. 1951년 불만을 품은 팔레스타인인이 압둘라 왕을 예루살렘에서 암살했다. 즉시 손자 후세인이 왕위를 계승했고 지금까지 요르단을 통치하고 있다.

1948년 전쟁 이후 이스라엘은 이집트, 레바논, 요르단, 시리아와 각각 휴전협정을 맺었다. 그러나 협정에도 불구하고 아랍 국가들은 팔레스타인 사람들이 이스라엘에 저항하는 데 그들의 영토를 사용할 수 있도록 허용하는 일이 잦았다. 이집트가 점령한 가자지구로부터 이스라엘에 대한 공격이 특히 많았다. 1964년 아랍연맹(Arab League)이 이집트 대통령 가말 압델 나세르(Gamal Abdel Nasser)의 주도 아래 다양한 팔레스타인 저항집단들을 하나의 체계로 묶었다. 이후 팔레스타인해방기구라고 불리게 되는 조직이 만들어진 것이다. 처음 만들어질 당시 PLO는 기존 아랍정권들의 수단이라는 성격을 강하게 가졌다. 팔레스타인 사람들을 돕는 역할도 했지만 이들을 통제하는 기능 또한 이에 못지않게 중요했다.

　1967년 6월 이스라엘이 이집트와 시리아, 요르단에 대한 선제공격을 감행했다. 이집트 대통령 나세르가 시리아 및 요르단과 군사동맹을 맺고 유대 국가를 소멸시키겠다고 선언한 후였다. 나세르는 또한 이스라엘과의 국경지역에 병력을 집결하고 이스라엘의 항구 엘리아트를 봉쇄한다는 계획을 발표했다. 이스라엘의 기습공격으로 시작된 6일 전쟁은 이스라엘이 이집트의 시나이반도, 시리아의 골란고원, 요르단 강 서안을 점령하면서 끝났다.

　아랍 국가들이 전쟁에서 크게 패하자 혁명의 분위기가 아랍세계 전체를 휩쓸기 시작했다. 이런 분위기의 가장 직접적인 결과가 PLO의 변화였다. 독립적이고 급진적인 팔레스타인 지하 게릴라조직이 아랍 국가들이 가지고 있던 PLO의 통제권을 가져오는 데 성공했다. 페다인(fedayeen)이라 불리는 이 조직은 1950년대 후반과 1960년대에 세력을 키웠고 아랍 정부들의 통제에서 벗어나 있었다. 1969년 팔레스타인 게릴라조직 알 파타(al-Fatah, 승리를 의미하는 아랍어)의 지도자로서 당시에는 잘 알려지지 않았던 야세르 아라파트가 PLO 집행위원회 의장으로 선출됐다. 이후 오늘날까지 PLO는 상이한 정치성향을 지니는 다양한 팔레스타인 게릴라조직들을 광범위하게 포괄했다. 아라파트가 PLO 집행위원회 의장이라는 직함으로 활동하기는 했지만 그가 PLO 내부의 다양한 분파에 대해 완전한 영향력을 행사한 적은 없다.

　아랍 국가들은 PLO 게릴라 그룹들을 경제적으로 많이 지원했다. 직접 전투에 참여하지 않으면서 이스라엘과의 전투를 수행하고자 했기 때문이다. PLO는 이러한 아랍 국가들의 경제적 지원과 정치적 후원을 바탕으로 다소 허약한 아랍 국가들의 팔레스타인 난민촌을 장악했다. 레바논과 요르단에서 이런 일이 많이 일어났다. PLO는 장악한 난민촌을 다시 이스라엘을 공격하는 기지로 사용했다. 팔레스타인 게릴라들은 이스라엘과 국경을 맞댄 요르단과 레바논 남부의 일부 지역에서 정부에 준하는 권력을 행사했다. 이들의 공격은 이스라엘의 보복으로 이어졌고, 이에 따라 팔레스타인인들과 레바논인 및 요르단인들 사이에 긴장을 가져왔다.

1970년 9월 요르단에서 긴장이 최고조에 달했다. 팔레스타인 급진 게릴라들이 세 대의 항공기를 납치해 요르단에 착륙시키고 요르단 군대의 접근이나 승객구출 노력을 차단했기 때문이다. 권좌에서 밀려날 위기에 처한 후세인 왕은 PLO가 지배하는 팔레스타인 난민촌과 요르단의 수도 암만 인근에서 아라파트와 그의 수하를 완전히 몰아내려는 토벌작전을 시작했다. PLO 게릴라들은 이에 맞서 후세인을 권좌에서 끌어내려 요르단을 그의 손에서 되찾자고 호소했다. 결국 후세인 왕의 승리로 끝났다. 그는 베두인 족이 압도적 다수를 차지하는 군대, 그리고 후세인이 가져다준 질서와 번영을 높이 평가한 요르단 강 동안의 팔레스타인인들의 지지를 받았다. 아라파트는 아랍 여인으로 변장하고 암만으로부터 탈출할 수밖에 없었다.

그러나 아라파트의 시련은 이것으로 끝나지 않았다. 아라파트와 PLO는 즉시 베이루트와 레바논 남부의 난민지구에 그들이 건설한 '국가 안의 국가'에 의지했다. 레바논 내부의 갈등이 이스라엘과 팔레스타인의 갈등과 한데 얽히기 시작한 시점이 바로 이때다. 레바논의 이슬람교도와 드루즈파는 아라파트와 대부분 이슬람교도인 그의 동료들을 환영했다. 이들은 우선 PLO의 대의에 동의했다. 그러나 더욱 중요한 점은 마론파 기독교도들과의 싸움에서 PLO를 이용하려고 했던 것이다. 더 많은 권력을 장악하기 위한 싸움에서 PLO를 마론파에 대한 압력으로 사용하려고 했다. PLO가 레바논을 이스라엘에 대한 공격거점으로 이용하자 이스라엘은 보복공격으로 레바논을 황폐하게 만들었다. 이미 심각한 상태였던 기독교도와 이슬람교도 사이의 레바논 내부 갈등이 1970년대 초반 더욱 고조됐다. 레바논의 기독교도들은 요르단에서 후세인 왕이 했던 것과 마찬가지로 레바논 군대가 영내의 PLO를 일소해야 한다고 주장했다. 기독교도들이 PLO의 추방을 원했던 것은 단지 이들이 레바논 사람들의 삶에 혼란을 가져오기 때문만은 아니었다. 팔레스타인 게릴라들이 없다면 레바논의 이슬람 세력이 더 많은 권력을 요구하지 못할 것이라고 판단했기 때문이기도 했다. 이슬람교도들은 PLO에 대한 어떠한 공격에도 반대했다. PLO가 사실상 그들의 군대가 되었기 때문이다.

이와 같은 정치적 교착상태로 말미암아 레바논 정부와 군대는 마비됐다. 아라파트에게 유리한 상황이 아닐 수 없었다. 이제 기독교도들은 팔레스타인인들에 맞서기 위해 그들의 별도 군사조직, 특히 팔랑헤 및 타이거 민병대에 의존하지 않을 수 없었다. 1975년 4월 13일 베이루트 동부 교외에 위치한 기독교도 거주지역 아인 라마나의 한 교회당에 정체불명의 괴한들이 차를 몰고 지나가면서 총을 발사했다. 이 사건으로 두 명의 팔랑헤 민병대원을 비롯한 네 명이 사망했다. 사건이 있던 날 몇 시간 후 팔랑헤 민병대원들이 동(東)베이루트에서 버스를 습격해 팔레스타인 민간인 승객 27명을 살해하는 복수를 저질렀다. 다음날 아침 이슬람 민병대의 지원을 받은 팔레스타인 게릴라들이 팔랑헤 및 타이거 민병대의 기독교도들과 정면으로 시가전을 벌였다. 결국 레바논 정규군 중 기독교 분파가 기독교도의 편에 섰고, 이슬람교 정규군 역시 이슬람 편에 섰다. 레바논이 내전에 휩싸였다.

레바논 내전은 교착상태에 빠졌다. 어느 편도 상대에게 자신의 정치적 입장을 강제할 수 없었다. 그러나 내전의 와중에 수천 명에 달하는 민간인 희생자가 나왔다. 내전의 가장 큰 희생자는 모든 권력을 사실상 잃어버린 레바논 정부, 그리고 비공식적으로 분할된 국토였다. 레바논 남부와 이슬람교도가 압도적으로 많은 베이루트 서쪽 지역이 PLO와 다양한 이슬람 민병대의 거점이 됐다. 반면 동베이루트와 마운트 레바논 지역의 기독교도 거주지역을 비롯한 북부와 동부는 팔랑헤 민병대와 그 연합세력에게 돌아갔다. 트리폴리 항구를 중심으로 한 북부와 베카 계곡 등 레바논의 나머지 지역은 시리아의 통제 아래 들어갔다. 시리아는 1976년 4월 레바논 내전을 끝내겠다는 표면상의 이유를 내세워 이 지역에 군대를 파견했고 이후 철군하지 않고 있다.

1976년부터 1979년까지 베이루트는 찢겨진 상태를 지지부진하게 이어갔다. 간헐적인 전투가 벌어지긴 했지만, 레바논 내전 최악의 대결 상황은 지났고 정상화를 위한 조치들이 취해졌다. 시리아인과 기독교인이 팔레스타인인들을 상대로 일정 기간 전투를 벌이기도 했다. 시간이 조금 지나고 나면 시리아인과 팔레스타인인이 기독교도를 상대로 싸움을 벌이기도 했다. 간헐적인 전투를 제외하면 일상적인 삶이 지속됐다. 경제활동은 종교나 민족과 관계없이 활발했다. 레바논 전역에 걸쳐 수많은 사병(私兵) 조직이 퍼져 있었고, 이들이 서로 다른 아랍 정권으로부터 막대한 자금지원을 받는 가운데 달러는 풍부했다. 레바논 통화 역시 정치적 무정부상태에도 불구하고 매우 안정적으로 가치를 유지했다.

한편에서는 벤츠 자동차가 달리고 다른 한편에서는 러시아제 AK-47 자동소총 칼라시니코프가 난무하는 기묘한 이 도시가 바로 내가 여정을 시작했던 바로 그곳이다.

1부
베이루트

2장
지금 식사하시겠습니까?
전투가 잠시 멈출 때까지 기다리시겠습니까?

베이루트에서 한 남자가 납치되는 것을 목격한 적이 있다. 단 몇 초 사이에 일어난 일이었다.

베이루트 국제공항으로 가던 중 교통정체로 택시가 멈춰 섰다. 벨트에 권총을 찬 네 명의 사내가 어떤 남자를 운전석에서 끌어내리고 있는 모습이 갑자기 오른쪽에 보였다. 열려진 차 문이 만들어낸 그늘에는 남자의 아내로 보이는 한 여인이 목욕 가운을 꼭 움켜쥔 채 눈물을 흘리며 서 있었다. 공포에 질린 눈을 한 남자는 온 힘을 다해 저항하며 발버둥쳤다. 마치 경기에서 승리한 미식축구 선수들이 코치를 들쳐 메고 경기장 밖으로 나가는 듯한 모습을 연상시켰지만, 내가 목격한 장면에서 축하의 기쁨이란 찾아볼 수 없었다. 사내들이 대기하던 다른 차에 남자를 거칠게 밀어 넣기 직전, 아주 짧은 순간 불운했던 그 남자의 눈과 내 눈이 마주쳤다. 그의 눈빛에 '도와달라'는 메시지는 없었다. 오직 공포만이 가득했을 뿐이다. 내가 도울 수 없다는 사실을 그도 알고 있었다. 그곳은 베이루트였으니까 말이다.

잠시 후 교통정체가 풀리고 택시는 공항을 향해 다시 움직였다. 레바논 사람이었던 택시기사는 그 일이 벌어지는 동안 마치 얼어붙은 듯 앞만 보고 있었다. 차가 다시 출발한 이후에도, 곁눈질로 충분히 볼 수 있었던 그 끔찍한 사건에 대해서는 단 한마디도 하지 않았다. 대신 그는 자신의 가족과 정치

등 바로 옆에서 벌어졌던 일을 제외한 다른 이야기들을 했다. 택시기사가 이야기하는 중에도 내 머릿속은 온통 납치된 그 희생자뿐이었다. 그는 누구였을까? 그가 무슨 일을 했던 것일까? 어쩌면 그는 나쁜 사람이고 다른 사내들이 좋은 사람들이었을까? 아니면 그 반대였을까?

베이루트는 얻을 수 있는 해답보다 훨씬 많은 의문을 갖게 하는 도시였다. 그곳에 사는 사람들에게나 외부 사람들에게나 마찬가지였다. 내 글을 읽는 독자들이나 고향 친구들이 던지는 질문 중에는 '어떻게'로 시작하는 것들이 가장 많았다. 어떻게 생활을 해? 어떻게 살아남아? 내전으로 14년 동안 10만 명이 죽임을 당하는 도시에서 도대체 사람들이 어떻게 삶을 이어나가지?

내 대답은 항상 이랬다. 베이루트에서 살아남기 위해서는 많은 것들이 필요했다. 그런데 그중에서 가장 중요한 것은 말도 안 될 정도의 상상력이었다. 공항으로 가는 도중에 혹은 골목길의 식품점에 가는 동안, 언제 어디서고 단 한 번도 본 적이 없고 상상조차 해본 적도 없는 일이 눈앞에서 순식간에 벌어질 수 있기 때문이다. 베이루트 같은 곳에서 맞닥뜨리게 되는 기절할 만큼 놀라운 일들에 익숙해지고 이를 이해할 수 있는 사람은 비교적 잘 지낼 수 있었다. 그러나 베이루트의 어느 골목길에서든 마주칠 수 있는 충격적인 일들을 진정으로 이해할 수 없었던 사람들은 대가를 톡톡히 치러야만 했다. 미 해병대와 이스라엘인들이 그랬다.

이 점을 내게 가르쳐준 사람은 당시 명석한 이스라엘 육군 소장이었고 이후 군사정보 책임자의 자리에 오른 암논 샤하크(Amnon Shahak)였다. 그는 남동쪽에서 베이루트를 굽어보는 슈프 산악지역에 배치된 1개 사단을 이끌고 있었다. 1982년 6월 이스라엘이 레바논을 침공한 이듬해였다. 샤하크 장군이 이 지역의 사령관으로 부임하기 직전 드루즈파와 팔랑헤 기독교 민병대는 슈프지역을 차지하기 위해 수단과 방법을 가리지 않는 지독한 전투를 벌이고 있었다. 전투용 도끼와 바주카포, 그리고 탱크를 동원했다. 양측 모두를 포위하고 있는 이스라엘 군의 존재도 개의치 않았다. 샤하크 장군이 그가 레바논에 처음 부임했던 날 벌어진 일을 언젠가 내게 말해준 적이 있다. 자신이 그 지역에 대해 얼마나 무지한가를 깨닫게 된 날이라고 했다. 전투 중 수많은 사람들이 죽어가는 모습을 보며 단련된 군인이었고, 그 자신도 조금의 망설임 없이 적을 죽이기도 했지만, 베이루트와 레바논에서 필요한 만큼의 상상력은 없었다는 점을 시인했다.

샤하크가 당시를 회상했다. "여기에 도착한 첫날 밤 저는 슈프지역의 알리라는 곳에 있었습니다. 그곳은 우리가 사령부로 사용하는 곳이었죠. 밤 9시쯤 드루즈파 원로 몇 명이 사령부로 찾아와 나와의 면담을 요구하고 있다는 말을 들었습니다. 그들은 상당히 화가 나 있었다고 했어요. 그 사람들은 도대체 무슨 일이 있었다는 건지 말을 하려 들지 않았습니다. 그저 같은 말만 반복했죠. '부탁합니다. 제발 부탁합니다. 우리와 함께 가봐야 합니다.'라는 말만 계속 했습니다. 저는 방금 도착한 상태였지만 그 사람들이 너무 화가 나 있어서 함께 가봐야 할 것 같았습니다. 제가 병원에 도착하자 병원 건물 바로 앞에 약 100여 명의 드루즈파 사람들이 모여 있었습니다. 그들은 들고 있는 무기를 흔들며 뭐라고 계속 외쳐댔죠. 그들이 나를 이끌고 사람들 사이를 지나 건물 앞까지 데리고 갔습니다. 입구 계단에 오렌지를 담는 상자가 세 개 놓여 있었습니다. 첫 번째 상자에는 목이 잘린 사람의 머리들이, 두 번째에는 몸통들이, 그리고 마지막 상자에는 팔과 다리가 들어 있었습니다. 그들이 말했죠. 상자에 담긴 사람들은 기독교도가 기습해서 살해하고 몸을 절단한 드루즈파 장로들이라고 말입니다. 거기 모인 사람들도 제 눈에는 죽은 장로들과 다름없어 보였습니다. 잘린 머리들에는 모두 검은 턱수염이 덥수룩했으니까요."

샤하크가 이야기를 계속했다. "저는 너무나도 큰 충격을 받았습니다. 군대에 있는 동안 단 한 번도 그런 일을 목격한 적이 없었으니까요. 많이 늦은 시간이었지만 베이루트에 있는 팔랑헤 민병대의 사령부로 내려가 어찌된 일인지 설명을 들어야겠다고 생각했습니다. 그래서 지프에 올라 베이루트로 내려갔습니다. 팔랑헤 민병대장들 중 한 사람인 푸아드 아부 나데르(Fuad Abu Nader)가 부하 몇 명과 함께 저를 기다리고 있었습니다. 그는 의사였어요. 저는 설명을 요구했죠. 아부 나데르는 내 말을 듣는 동안 별다른 감정의 동요를 보이지 않았습니다. 내가 어찌된 상황인지를 모두 설명하고 나자 그가 내게 말했습니다. '아, 그건 속임수입니다.' 그의 말에 따르면 그날 나데르의 부하 몇 명과 드루즈파 사이에 전투가 벌어졌다고 합니다. 그리고 슈프에 있는 팔랑헤 민병대를 공격하던 드루즈파 몇 명이 전투 중에 죽었다고 했습니다. 죽은 드루즈인들은 전투가 있었던 곳에 방치됐다고 합니다. 죽은 드루즈인들의 시신을 드루즈파가 수습해 가서는 마치 마론파가 그런 것처럼 보이도록 시신을 훼손하고 다른 드루즈인들을 선동하기 위해 토막 난 시신을 알리로 가져간 것이라고 말했습니다. 저는 그저 고개를 저을 수밖에 없었습니다. 저는 그때 깨달았습니다. 제가 이해하지 못하는 게임의 한가운데 제가 서 있다는 사실을 말입니다."

베이루트에서 거의 5년 가까운 시간을 보낸 후에야 나는 도시에서 살아가는 데 필요한 상상력을 가질 수 있었다. 베이루트라는 도시는 정글의 법칙조차 적용되지 않는 도시의 정글이었다. 상상할 수 없는 인간의 추악함이 그 깊이를 드러내지 않는 거대한 지옥이라는 생각이 들었다. 그런 지옥을 경험하고 남은 것이 상처만은 아니었다. 새로운 '힘'도 생겨났다. 베이루트의 생활을 견뎌내고 나면 살아가면서 놀라거나 충격에 휩싸일 일은 별로 없다. 감정에 방탄복을 입게 되는 것이다.

그러나 베이루트에 살았던 다른 사람들 모두와 마찬가지로 나 역시 쉽지 않은 과정을 거쳐야만 했다.

1982년 6월 8일이었다. 이스라엘의 레바논 침공이 48시간 전에 개시됐다. 『뉴욕타임스』 베이루트 지국의 운전사이자 보조기자로 1953년부터 일해온 모하메드 카스라위(Mohammed Kasrawi)와 나는 이스라엘과 시리아 사이에 벌어진 초기 전투를 취재하기 위해 레바논 남부에 머물고 있었다. 그날 저녁 우리는 내 아파트로 돌아왔다. 아파트는 화려하게 꾸며지고 지붕이 높은 6층짜리 식민지시대 건물로 지중해를 마주보고 있었다. 차에서 내려 보니 가정부 나디아(Nadia)가 발코니에서 우리를 내려다보고 있었다. 그런데 완전히 겁에 질린 모습이었다.

손님이 와 있었다.

주차장에는 대가족의 팔레스타인 사람들이 서 있었다. 남편과 아내, 그리고 할머니가 각자 갓난아이를 하나씩 안고 있었고 그들 옆에는 다양한 나이의 아이들이 서 있었다. 그들의 눈에도 마찬가지로 두려움이 가득했다. 마치 자동차 헤드라이트를 마주한 사슴을 연상시켰다. 그들은 캔에 담긴 음식을 넣은 가방과 터질 것같이 꽉 채운 옷가방을 가지고 있었다. 벌어진 옷가방 사이사이로 완전히 담기지 못한 옷자락이 삐져나온 상태였다. 그러나 가장 기억에 남는 것은 아이들의 아버지가 로켓추진 수류탄을 어깨에 메고 가족들 사이에 서 있는 모습이었다. 그 사람들의 모습은 마치 그랜트 우드(Grant Wood)의 작품 「아메리칸 고딕 American Gothic」의 베이루트 버전처럼 보였다. 다른 수천 명의 팔레스타인 및 레바논 가족들과 마찬가지로 우리 앞에 서 있던 대가족 역시 팔레스타인 난민촌과 베이루트 남쪽 지역으로부터 쫓겨왔다. 이스라엘 군의 공습과 포격 때문이었다. 팔레스타인 대가족은 아직 전투가 시작되지 않은 서베이루트 중심부에서 빈 아파트를 필사적으로 찾고 있었다. 다른 팔레스타인 난민 세 가족은 내 아파트가 있는 건물의 빈 아파트를 이미 무단점거 중이었다. 그중 한 가족은 건물 주인이 비워놓은 꼭대기 층 펜트하우스를 차지했다. 이탈리아산 수입 대리석으로 바닥을 깔고 '루이 드 레바논(Louis de Lebanon)'의 화려한 가구들로 치장된 곳이었다. 이전에도 난민들이 무단으로 들어온 일이 있었기 때문에 건물 주인이 다시는 그런 일이 없도록 5센티미터 두께의 강철 안전문을 설치해두었지만 소용없었다. 난민 가족은 문을 부수기 위해 다이너마이트를 사용했다. 주차장에 서 있던 가족은 내가 사는 아파트에 들어오려고 시도했다. 그러나 나디아가 그들의 접근을 잠시 막고 있던 참이었다. 나디아는 그들에게 그곳에 대단히 중요한 외국인이 살고 있는데 '인맥'이 있는 사람이라고 위협했다고 했다. 베이루트에서 이 은어는 사람들을 살해하는 집단과 연결돼 있다는 의미였다.

모하메드와 내가 나타나자 그 가족은 물러섰다. 그러나 이스라엘이 레바논을 침공한 지 3일 만에 벌어진 이 일로, 나는 코모도어 호텔로 숙소를 옮기는 것이 훨씬 안전할 것 같다는 생각을 하게 됐다. 외국에서 온 언론사 직원 대부분이 그곳에 자리 잡고 있었다. 아내 앤은 아직 베이루트에 도착하지 않앉다. 뉴욕에서 하던 일을 마무리하고 있는 중이었다. 『뉴욕타임스』와 나에게 항상 충실하게 대해주던 모하메드가 자진해서 자신의 두 딸을 내 아파트에 데려다 두겠다고 했다. 13명의 자녀들 중 둘로 13세 아지자(Azizza)와 7세 하난(Hanan)이었다. 난민들이 문을 부수려 하는 일이 다시 벌어지면 모하메드의 딸들에게 완벽한 팔레스타인 억양으로 자신들 역시 난민이고 아파트를 점거 중이라고 말하게 할 셈이었다.

이 같은 계획은 6월 11일 금요일 저녁까지 효과가 있었다. 그날 나는 『뉴욕타임스』에 보낼 기사를 끝내고 평소와 다름없이 서베이루트에 있는 로이터 통신사의 텔렉스로 기사를 편집자에게 송고했다. 코모도어 호텔로 돌아가야 할 늦은 밤이었다. 로이터 통신사가 들어선 건물의 계단은 칠흑같이 어두웠다. 전쟁 둘째 날부터 전기가 끊어졌기 때문이다. 동료 빌 패럴(Bill Farrell)과 나는 어두운 계단을 마치 맹인처럼 벽을 더듬거리며 내려왔다. 거의 다 내려갔을 무렵 사람의 검은 형체가 보였다. 로비의 계단을 두 칸씩 뛰어오르느라 헐떡거리고 숨을 몰아쉬는 사람이었다.

"톰? 거기 톰 맞아요?" 친숙한 목소리가 들리면서 『뉴욕타임스』의 현지 팔레스타인 기자 이산 히자지(Ihsan Hijazi)가 어둠 속에서 모습을 드러냈다.

"나예요, 이산. 나 톰이에요. 톰 맞아요." 나는 태연스레 대답했다.

"오, 하느님. 살아 있었군요." 이산이 내 어깨를 움켜쥔 채 나를 빤히 바라보며 말했다. "압둘이 방금 전화했어요. 라디오에서 들었대요. 누군가가 당신 아파트를 박살내버렸답니다."

"뭐라고요? 모하메드의 아이들이 거기 있단 말이에요. 아이들 보러 간다고 모하메드도 방금 출발했어요." 나는 숨이 막혀왔다.

우리는 모두 계단 아래로 몰려 내려왔다. 건물 로비에는 난민들이 발 디딜 틈도 없이 빼곡했다. 매트리스를 깔고 휴대용 가스버너로 음식을 만들었다. 난민들 틈을 까치발로 조심스럽게 지나 현관 밖으로 빠져나온 후 이산의 구형 닷지 자동차에 올랐다. 한때 사치스럽던 마나라(등대) 지구에 있는 내 아파트를 향해 이산이 최고 속도로 차를 몰았다. 거리는 텅 비어 있었다. 아파트로 가는 차 안에서 나는 계속 생각했다. '이런 일이 내게 일어나다니. 말도 안 된다. 나는 그저 기자일 뿐이고 방관자다. 왜 내 아파트란 말인가? 베이루트에서 기자들이 죽어나가는 것은 맞다. 그렇지만 나는 여기 온 지 겨우 몇 주밖에 안 되지 않았나.'

빌과 이산, 그리고 내가 아파트에 도착했을 때 가장 먼저 눈에 들어온 것은 박살난 파란색의 철제 창문 조각들이었다. 폭발의 힘으로 20미터 이상을 날아와 주차장 너머에 있는 나무 옆 부분에 새둥지처럼 박혀버렸다. 아파트 건물도 반이 날아가버렸다. 내부를 모두 드러내고 서 있는 건물의 남은 부분은 마치 거대한 인형집처럼 보였고, 여기저기에 콘크리트 조각이 매달려 있었다. 안쪽이 훤히 들여다보이는 어떤 아파트 안쪽 부엌의 벽면에는 스테인리스 냄비와 팬이 폭발에도 아랑곳없이 매달려 있었다. 내가 살던 곳 위층에는 레바논 여인이 살고 있었는데, 큰 키에 금발, 그리고 대단한 미인이었고 남편이 약사였다. 그녀가 살던 집의 두 벽은 폭발로 서로 겹쳐 있었고, 그녀는 아들을 안은 채 벽 사이에 끼어 있었다. 마치 기괴한 인간화석과 같은 모습이었다. 그 아래로 그의 남편이 멍한 얼굴로 비틀거리며 다른 아들을 찾고 있었다. 마치 시체가 돌아다니는 것과 다름없는 모습이었다. 폭발로 주저앉은 반쪽의 건물은 10미터 가까운 콘크리트더미를 이룬 채 불타고 있었다. 건물을 지지하던 철근과 책들, 옷가지, 그리고 시체가 주차장에 서 있는 차들 위로 어지럽게 널려 있었다. 내 명함도 여기저기 흩뿌려져 있었다. 이미 적십자사에서 자원봉사자들이 나와 쇠로 만든 지렛대를 들고 뒤엉킨 건물더미를 헤치고 있었다. 생존자를 찾고 있던 이들은 누군가 건물더미 속에 아직 살아 있는지 확인하기 위해 확성기를 여기저기 틈 사이에 대고 고함을 질러댔다.

다음으로 눈에 들어온 것은 모하메드였다. 그는 소방차 뒤에 앉아 얼굴을 양손에 묻은 채 흐느끼고 있었다. 빌이 다가가 긴 팔로 모하메드를 감싸 안았다. 모하메드는 슬픔에 잠겨 울부짖었다. "나는 전쟁하고 관계없는 사람이에요. 나는 아무도 해쳐본 적이 없어요. 아무도."

흐느끼는 목소리로 모하메드가 그동안 있었던 일을 설명했다. 이제 나이 50인 그의 아내 나지라(Nazira)가 두 딸과 아들 아메드(Ahmed)를 보기 위해 몇 시간 전 아파트로 왔다. 18세 된 아메드는 여동생들이 잘 있는지 확인하려고 잠시 들른 상태였다. 아메드가 오후 5시쯤 떠나고 몇 분 후 빌딩이 폭발로 산산조각 났다. 아내 나지라와 두 딸 아지자와 하난이 건물 안에 있었다. 모하메드가 이들을 보기 위해 가는 중에 일어난 일이었다.

무너진 건물의 파편은 너무 무거워 구조대원들이 들어낼 수 없었다. 기중기가 와서 건물의 파편들을 들어내고 시신을 수습하기 위해서 다음날 아침까지 기다려야만 했다. 맑고 화창했던 토요일 아침 빌과 모하메드, 그리고 살아남은 모하메드의 아이들이 나무 아래 앉아 기중기가 불쾌한 소음을 내며 건물더미를 헤집는 장면을 보고 있었다. 파란 철제 창문 조각이 폭발로 날아와 박힌 그 나무 아래였다. 나지라가 맨 먼저 수습됐다. 그 다음이 아지자, 그리고 마지막이 이제 막 뺨에 여드름이 나던 어린 하난이었다. 누군가 복도에 폭약을 설치했을 때 이들은 나의 사무실에서 TV를 시청하고 있었던 것이 틀림없었다. 문에서 멀리 떨어지지 않은 곳이었던 것 같다. 우리는 그들이 어디에 앉아 있었는지 쉽게 알 수 있었다. 하난의 작은 손가락이 아직도 나의 검정색 텍사스 인스트루먼트 디지털시계를 쥐고 있었기 때문이다. 폭발로 벽이 이들을 덮쳤을 때 하난은 내 책상에 앉아 디지털시계를 가지고 놀고 있었음이 분명했다. 시계는 아직도 가고 있었다.

하난의 시신이 마지막으로 수습되자 모하메드는 마음이 찢어지는 아픔을 느꼈다. 겨우 7세밖에 안 된 하난은 그가 13명의 자식들 중 가장 애지중지하던 딸이었다. 하난은 1975년 4월 레바논 내전이 시작된 직후 태어나 이후 계속된 무정부상태의 레바논에서 자랐다. 단 하루도 평화가 무엇인지 보지 못한 채 죽어갔다.

다음날 우리는 베이루트 공항으로 가는 길목에 위치한 팔레스타인 공동묘지에 그들을 묻었다. 6월의 더위에 이미 부패하기 시작한 세 사람의 시신을 하얀 천으로만 감싸 PLO가 장례식장에 숨겨둔 130밀리미터 대포 아래 눕혔다. 몇 구의 시신을 앞에 두고, 붉은 색 터번을 두른 쉰 목소리의 이슬람 장로가 아랍어로 몇 마디 기도를 했다. 장로의 기도에는 슬픔은 물론 어떤 감정도 담겨 있는 것 같지 않았다. 기도가 끝나자 모하메드의 사위가 나지라,

아지자, 그리고 어린 하난을 하나의 무덤에 차례로 눕혔다. 이들 모두를 함께 묻을 수밖에 없었다. 시신이 넘쳐나는 공동묘지에서 세 구의 시신을 따로 안장할 공간이 없었다.

누구의 짓인가? 며칠 후 인근 지역의 경찰에 따르면, 내가 살던 건물에 머물던 팔레스타인 가족들 사이에서 아파트를 서로 차지하기 위해 싸움이 벌어졌다고 했다. 그들은 각자 PLO의 다른 분파와 관련되었다고 경찰이 주장했다. 싸움에서 진 쪽이 그들의 PLO 그룹을 찾아갔고 플라스틱 폭약을 지닌 누군가가 와서 건물을 날려버렸다는 것이다. 폭탄의 퓨즈에 불을 붙이기 직전 그들과 친한 사람들에게 미리 경고를 했고, 이들은 건물 밖으로 우르르 몰려나간 것이 분명하다고 했다. 건물에 있던 다른 사람들은 미리 피할 여유가 없었다. 결국 19명의 사람들이 베이루트식 죽음을 맞았다. 내 아파트 아래층에 살던 네덜란드 출신 은행가와 그가 키우던 커다란 도베르만 경호견, 이름도 알 수 없었던 위층의 아름다운 금발 여인, 그리고 난민들이었다. 세상에 이처럼 어처구니없고 불명예스런 죽음이 또 있을 수는 없었다. 아무 이유 없는 죽음이었다.

아무런 의미도 없이 언제라도 죽임을 당할 수 있는 베이루트는 두려운 곳이었다. 레바논 내전이 시작한 이래 베이루트에서 일어나는 대부분의 싸움은 먼 거리에서의 저격 혹은 포격으로 이뤄졌다. 싸움을 하는 당사자들도 자신의 총탄이나 포탄이 어디에 떨어질 것인지 알지 못했다. 신경 쓰지도 않았다. 1970년대 후반 차량 폭탄의 사용이 크게 늘자 베이루트 거리는 훨씬 위험한 곳이 됐다. 거리를 걸으면서 지나치게 되는 차량은 수도 없이 많았다. 잠시 자동차에 몸을 기댈 수도 있었고 주차장에 세워진 차들도 많았다. 이 중 어느 차가 어떤 정신 나간 민병대원이 설치해놓은 90킬로그램짜리 다이너마이트가 터져 불덩이로 변할지 알 수 없는 노릇이었다.

내 아파트에서 벌어진 일을 제외하고 베이루트에서 목격한 최악의 죽음은 1982년 8월에 일어났다. 이스라엘 전투기가 서베이루트에 있는 8층 건물을 폭격했다. 그 속에는 수백 명의 팔레스타인 난민들이 살고 있었다. 건물은 그대로 주저앉았다. 마치 카드로 만든 집 같았다. 안에 있던 사람들은 한 사람도 빠짐없이 생매장됐다. PLO가 건물 지하실에 통신센터를 운영하고 있었다는 소문이 돌기도 했지만, 이를 입증할 만한 증거를 찾을 수 없었다. 내가 현장에 도착한 직후, 그 건물에 살고 있던 한 여인이 집으로 돌아왔다. 그녀의 머릿속에는 건물 파편더미 안에 파묻혀 있을 가족들 생각뿐이었다. 그녀는 무너진 건물더미로 달려들었다. 누군가 그녀의 한쪽 팔을 잡았고 그녀는 이를 뿌리치고 건물더미로 달려들려고 했다. 그녀의 반대편 팔은 무너진 건물을 향해 길게 뻗은 상태였고 얼굴은 고통으로 일그러졌다. 이 극적인 장면이 사진에 담겼다. 그녀의 사진이 찍히고 나서 한 시간 후 한 블록도 떨어지지 않은 곳에서 작은 차량 폭탄이 터졌다. 정보통신부(Ministry of Information) 길 건너편이었다. 무너진 건물더미 앞에서 울부짖었던 그 여인이 우연히 차량 폭탄 옆에 서 있었다. 그녀 역시 즉사했다.

이곳이 바로 베이루트였다. 어떤 사람인지 전혀 중요하지 않았다. 어떻게 살아왔건, 예의바른 사람이건 아니건, 죄를 지은 사람이건 성자처럼 사는 사람이건 아무 관계가 없었다. 베이루트에 사는 사람들은 여자건 남자건 한두 번 혹은 서너 번 고통스런 비극을 겪지 않은 사람이 없었다. 그러나 그것으로 끝이 아니었다. 몇 번 더 비극을 감내해야 할 운명이었다. 모하메드의 가족이 내 아파트에서 죽어간 날 저녁 우리는 인근 블리스 스트리트에 있는 경찰서로 급히 찾아갔다. 건물더미에서 구조돼 병원으로 옮겨진 사람들 중에 모하메드의 아내와 아이들이 있을지도 모른다는 실낱같은 기적을 바라면서였다. 그곳에는 경찰관이 단 한 명뿐이었다. 그는 철제 의자에 앉아 TV를 시청하고 있었다.

우리들과 TV를 번갈아 바라보면서 그가 말했다. "죄송합니다. 아직 신원파악이 안 됐네요." 어느 누구도 생존자와 사망자 목록조차 작성할 생각도 하지 않았다. 아무도 기록하지 않았다. 베이루트에서는 죽음에 대한 어떠한 반향조차 없었다. 어느 누구의 삶도 베이루트라는 도시에 흔적을 남길 수 없었다.

베이루트의 아메리칸대학에서 만난 하나 아부 살만(Hana Abu Salman)이라는 젊은 심리학도가 자신과 함께 수업을 듣는 학생들을 대상으로 연구를 한 적이 있었다. 인터뷰를 통해 학생들이 가지고 있는 가장 깊은 불안을 연구하는 프로젝트였다. 이들이 보인 가장 큰 두려움은 이름 없이 죽어가는 것이었다. 자기가 묻힌 묘지에 풀이 돋기도 전에 누군가 자신의 비석을 가져다 현관 계단으로 사용하지나 않을까 하는 불안이었다.

하나는 이렇게 말했다. "미국에서 누군가 교통사고로 사망하면 희생자의 이름이라도 TV에서 한 번쯤 언급합니다. 그러나 베이루트에서는 아무도 사망자의 이름을 언급하지 않습니다. 사람들은 그저 이렇게 말합니다. '30명이 죽었다' 라고요. 도대체 어떤 30명이란 말인가요? 사망자의 이름을 알려줄 생각도 안 합니다. 적어도 이름만이라도 알려줘야 합니다. 나는 내가 죽었을 때 한 구의 시체 이상으로 취급되기를 바랍니다."

베이루트에서 벌어지는 정치적 사건들보다는 사람들이 어떻게 느끼고 받아들이는지가 뉴스기사로서 훨씬 흥미 있었다. 베이루트에 살면서 두렵지 않느냐는 질문을 항상 받았다. 물론 두려운 순간들이 있었다. 그러나 그런 것들을 생각할 여유가 없었다. 현실세계로 내려온 스키너 상자(Skinner Box)에 갇힌 사람들의 행동을 관찰하는 것이 너무도 흥미로운 일이었기 때문이다.

17세기 영국의 정치사상가 토머스 홉스(Thomas Hobbes)는 그의 저서 『리바이어던 Leviathan』에서 '자연상태'를 묘사했다. 정부가 존재하지 않고, 무수한 많은 고립된 개인들로 가득 차 정글의 법칙이 지배하는 사회. 이와 같은 상태를 홉스는 이렇게 그렸다. "만인 대 만인의 투쟁이 벌어진다. …… 산업이란 존재하지 않는다. 생산물을 얻을 수 있을지가 불분명하기 때문이다. 결국 지구상의 문화도 없다. 항해도 없고 해상운송을 통해 수입되는 상품을 사용할 수도 없다. 널찍한 건물이나 이동 혹은 운반을 위한 수단도 없다. 이들은 많은 힘을 필요로 하기 때문이다. 예술이나 문자, 사회도 존재하지 않는다. 그러나 최악은 언제라도 폭력적인 죽음을 맞이할 수도 있다는 두려움이 끊이지 않는다는 점이다. 인간의 삶은 고독하고 곤궁하며 비열하고 잔인하며 단명하다."

글을 쓸 당시 홉스는 절대왕정의 이념을 옹호하려고 했다. 비열함과 잔인함이라는 자연상태로부터 벗어나기 위해서는 절대권력을 지닌 유일한 권력자에게 통치권을 위임하는 사회를 만들어야 한다고 홉스는 믿었다. 사람은 오직 사회라는 환경에서만 도덕적일 수 있다고 그는 주장했다. 따라서 폭력을 기반으로 하는 국가가 사람들을 사회화시키고 이들의 야만적 본능을 억제하며 만인 대 만인의 투쟁이라는 무정부적 행위를 방지해야만 한다.

베이루트가 홉스가 이야기하는 완전한 자연상태는 아닐지도 모르겠다. 그러나 오늘날 세계에 존재하는 다수의 사회 중에서 베이루트가 이에 가장 가까운 도시일 가능성이 크다. 만일 이것이 사실이라면, 그런 사회의 삶이 '비열하고 잔인하며 단명' 일 것이라는 홉스의 주장이 맞다. 그러나 '곤궁' 하고 '고독' 할 것이라는 홉스의 주장은 틀렸다. 베이루트에 살면서 얻은 교훈이 있다면 이렇다. 권위가 해체되고 사회가 붕괴해 자연상태에 이르게 될 경우, 사람들은 곤궁함과 고독을 회피하기 위해 무슨 일이든 한다는 것이다.

심지어 무정부상태에서도 자신의 삶을 조화롭고 안락하게 만들려는 인간의 본능적인 욕구야말로 베이루트의 독특하고도 기묘한 특성을 잘 설명한다. 어느 레바논 사교계 여성이 나의 미국인 친구 한 사람을 크리스마스이브 저녁식사에 초대했다. 그녀가 파티에서 한 말은 베이루트의 모습을 잘 보여준다. 크리스마스이브 연회는 그녀의 아파트에서 열렸다. 그곳은 이슬람교도가 다수를 점하는 서베이루트와 기독교도가 더 많이 사는 동베이루트의 경계선이었다. 불타버린 건물들만 연이어 있을 뿐 아무도 살지 않는 곳으로부터 멀지 않은 곳이었다. 파티가 열린 1983년의 크리스마스이브에도 기독교도와 이슬람교도 민병대원들 사이에는 연이은 포격과 기관총 소리가 초저녁부터 들려왔다. 아파트 인근 지역 전체가 진동했다. 파티를 주최한 여주인은 상황이 진정되기를 바라며 식사를 미뤘다. 손님들은 점차 더 허기지고 불안해져 가기만 했다. 마침내 여주인이 손님들에게 물었다. 그것은 에밀리 포스트(Emily Post)의 에티켓 책에서는 찾아볼 수 없는 제안이었다. "지금 식사 하시겠습니까? 전투가 잠시 멈출 때까지 기다리시겠습니까?"

신문에 난 사진이나 60초짜리 텔레비전 뉴스를 통해 베이루트를 지켜본 외부인들은 도시에서의 삶이 아침부터 밤까지 학살의 연속이라고 생각할 수도 있다. 사실은 그렇지 않았다. 시도 때도 없는 폭력사태가 무차별적으로 터져 나오는 경우도 있었지만, 대부분 간헐적이었고 계속 이어지지는 않았다. 몇 시간 혹은 며칠간 이어지는 경우가 많았다. 그러나 일주일 이상 계속되는 경우는 매우 드물었다. 인근에서 총성이 멈추는 순간 상점 주인들은 재빨리 쇠로 만든 셔터를 올렸고 거리에는 즉시 사람들이 몰려나왔다. 사람들은 마치 정상적인 삶을 조금이라도 더 누리고 싶어 하는 듯한 모습이었다. 한 시간 혹은 하루 후에는 다시 총성이 울릴 것을 모두가 알고 있었지만 말이다. 베이루트 사람들은 언제나 안전과 위험, 그리고 전쟁과 휴전 사이의 회색지대에서 살았다. 자신의 삶을 추구할 수 있는 조용한 시간을 충분히 가질 수 있지만 그것이 마지막이 아닐 거라는 확신을 가질 수는 없었다.

베이루트의 삶은 여러 곳에서 찾아볼 수 있다. 그중 하나가 베이루트 컨트리클럽 첫 번째 코스의 파5 홀이었다. 앤과 나는 베이루트 클럽의 멤버였고 성적도 상당히 좋았다. 사람들이 첫 번째 홀을 '위험한 파5'라고 부르는 데는 이유가 있었다. 컨트리클럽의 회원 중 여럿이 백스윙을 하다가 총탄에 맞았기 때문이다. 460미터에 이르는 첫 번째 홀은 PLO의 사격훈련장과 직각으로 마주보고 있었다. 내가 친 공이 모래 벙커에 빠졌을 때 안도감을 느꼈던 골프코스로는 베이루트 클럽이 유일하다. 벙커가 첫 번째 홀의 코스 중 가장 안전한 지역이었기 때문이다. 1982년 여름 이스라엘 군이 베이루트까지 진격했을 당시, 이스라엘 군 복장을 하고 있는 병사들을 실어 나르는 호송차 한 대가 첫 번째 홀 페어웨이 위까지 거침없이 올라왔던 적이 있다. 이 상황을 즐기는 컨트리클럽의 회원은 아무도 없었다.

1982년 여름 베이루트 클럽의 게시판에 붙었던 공고 역시 베이루트 상황을 잘 보여줬다. 공고에는 이렇게 씌어 있었다. "상황 변화로 클럽 챔피언십이 연기되었습니다."

인기 있는 영자(英字) 주간지 『먼데이 모닝 Monday Morning』의 미용사 광고와 결혼식 알림 사이에 그럴듯한 문구의 광고가 보였다. '날아오는 유리파편으로부터 당신과 주위 분들을 보호하기 위해' 유리창이 깨져도 다치지 않도록 해주는 유리코팅 광고였다. 이어서 광고 문구는 다음과 같은 경고를 하고 있었다. "언제라도, 어디서나, 폭발이 일어날 수 있습니다."

동베이루트의 어떤 다리 아래에는 다음과 같은 경고문구가 쓰여 있었다. '탱크는 지나갈 수 없음.'

레이오백(Ray-O-Vac) 건전지가 레바논의 텔레비전 광고에 나온 적이 있었다. '오래가는 건전지'라는 용어가 전혀 새로운 의미로 사용되도록 만든 광고였다. 남루하게 보이는 민병대원이 미모의 젊은 여인이 몰고 가던 차를 세웠다. 민병대원은 도로에 바리케이드를 설치해놓고 있었는데, 베이루트에서 흔히 볼 수 있는 모습이었다. 민병대원이 젊은 여자를 비스듬히 바라보며 손전등을 그녀의 얼굴에 비췄다. 여자는 머리 위에 있는 실내등 스위치를 딸깍하고 켰다. 민병대원이 뭔가 암시하는 듯한 태도를 보이며 아랍어로 노래했다. "당신은 어떤 건전지를 쓰시나요?" 젊은 여인은 역시 노래로 답했다. "레이-오-백." 총을 든 민병대원이 미소 지으며 더 이상 이러쿵저러쿵하지 않고 여자를 보내줬다. 건전지가 오래간다는(long life) 의미를 생명을 지속시켜준다는 암시로 재치 있게 바꾼 광고였다.

베이루트에는 구디스 슈퍼마켓이라는 곳이 있다. 미식가들이 즐겨 찾는 이곳은 메추리알에서부터 집오리의 간으로 만든 요리 푸아그라에 이르기까지 다양한 음식을 제공한다. 모두 프랑스 파리에서 당일 날아온 것들이다. 항상 침착함을 유지하고 낙관적이었던 구디스의 소유주 아미네 할와니(Amine Halwany)는 자신의 사업이 베이루트 같은 도시에 대단히 적당하다고 내게 말하곤 했다. 어떤 상황 아래서도 고객들에게 물건을 공급할 수 있다는 이유였다.

아미네가 이렇게 설명했다. "상황이 악화되면 사람들이 빵과 물, 그리고 통조림 식품을 원합니다. 쉽게 준비할 수 있고 냉장보관이 꼭 필요하지 않은 식품들이죠. 음식을 만드는 데 들이는 사람들의 노력이 최소한으로 됩니다. 상황이 어려울 때는 단것과 견과류도 많이들 삽니다. 긴장한 상태로 집에 앉아서 하나씩 집어먹을 수 있는 음식이죠. 그러나 며칠간 조용한 날이 지속되면 철갑상어의 알인 캐비아, 훈제 연어 같은 음식을 사러 오는 부유한 손님들의 발길이 이어집니다."

실제로 베이루트에서 가장 부유한 사람들은 음식을 사러 모두 구디스로 몰려들었다. 주차장은 메르세데스 벤츠로 꽉 찼다. 구디스와 관련해서 이런 일화도 전해 내려온다. 부스스한 차림의 한 청년이 어느 날 구디스에 들어오더니 계산대로 다가가 라이플총을 꺼내 들고 있는 돈을 다 내놓으라고 요구했다. 근처에 있던 세 여자가 구찌 핸드백에서 순식간에 권총을 뽑아들더니 강도를 향해 총탄을 쏟아 부었다. 그러더니 세 여자는 물건들이 가득 쌓인 진열대를 향해 쇼핑 카드를 다시 밀기 시작했다는 것이다.

베이루트 공항 서편의 해변에 서머랜드 호텔이 있다. 1979년에 지어진 이 호텔은 내전이 진행되는 지역 안에서 휴가를 보내는 '유행'을 즐기는 사람들을 겨냥해서 만든 리조트 호텔이었다. 이후 서머랜드에 몇 번의 보강 공사가 있었는데, 그중 하나가 1만 2,000갤런을 저장할 수 있는 연료탱크를 설치한 것이다. 이로써 호텔은 한 달 이상 발전기를 가동하여 필요한 전기를 스스로 얻을 수 있게 됐다. 시에서 공급하는 전기가 완전히 끊어질 경우를 대비한 조치였다. 단전은 베이루트에서 종종 벌어지는 상황이었다. 또한 서머랜드는 3,400갤런의 가솔린을 저장할 수 있는 탱크도 설치했다. 호텔에서 자체적으로 운영하는 택시와 직원들의 자가용을 위한 것이었다. 가솔린이 부족한 상황이 자주 벌어져도 직원과 고객이 시내를 돌아다니는 데 문제가 없게 됐다. 이뿐만이 아니다. 서머랜드의 지하주차장은 폭격이 있을 경우 대피시설로 활용할 수 있도록 두 배의 크기로 만들어졌다. 지하수의 수압으로 물이 뿜어져 나오는 아르트와식 우물과 자체 정수 시스템, 소방서를 갖췄으며 호텔에서 필요로 하는 어떠한 개보수 공사도 수행할 수 있는 관리업체까지 두었다. 151개의 객실을 운영하는 호텔이라면 통상 네 개의 대형 냉장고가 필요할 뿐이다. 그러나 서머랜드가 보유한 냉장고는 18개였다. 파리에서 공수해온 송아지 고기와 쇠고기, 그리고 훈제연어를 여름 내내 공급할 수 있을 만큼 저장하기 위해서였다. 호텔 수영장과 레스토랑이 베이루트의 유명 인사들로 가득 찼을 경우를 대비한 것이었다. 가장 눈에 띄는 점은 서머랜드 호텔의 소유주가 자체 민병대를 가지고 있었다는 사실이다. 민병대는 서베이루트 지역의 다른 민병대 및 갱단과 호텔 측의 '외교관계'를 담당하는 동시에 경비역할도 수행한다.

서머랜드에 머물 당시 나는 통통한 얼굴의 호텔 총지배인 칼레드 사브(Khaleb Saab)에게 무장한 직원들에 대해 물어본 적이 있다. 그는 나의 표현에 난색을 표했다. "민병대라니요. 그건 아니죠. 무장한 십여 명의 사람들이 호텔에 와서 문제를 일으키려고 하면 그저 이들을 상대할 뿐입니다."

1975년 이후 베이루트의 '상황' 때문에 외국인 관광객들이 더 이상 서머랜드를 찾을 수 없었다. 이에 호텔은 수영장 주변에 있는 오두막을 모두 레바논 사람들에게 분양해버리고 놀이공원으로 전환했다. 인근 지역 사람들을 고객으로 삼는 전략이었다. 오늘날까지도 서머랜드는 돈 많은 레바논 사람들이 베이루트의 악몽으로부터 벗어나 몇 시간 혹은 며칠을 보낼 수 있는 곳으로 운영되고 있다. 그 안에 모든 것이 구비되고 안전이 완벽히 보장되는 환상적인 휴양지다. 총탄 흔적으로 여기저기 파인 도로에서 벗어나 서머랜드의 현관으로 들어서는 순간 꿈같은 여정이 시작된다. 연미복을 입은 도어맨이 고객을 반긴다. 물론 도어맨의 뒷주머니에는 리볼버 권총이 꽂혀 있다.

서머랜드를 찾는 고객이 대체로 어떤 사람들인지 칼레드 사브가 설명한 적이 있다. "우리 고객은 다양합니다. 레바논 여행객, 외국에서 비즈니스를 위해 온 사람, 정치가, 마약(해시시) 재배업자, 무기상인, 해적, 도박꾼 등이 옵니다. 호텔에 머무는 동안 이들 모두가 신사답게 행동하죠. 1980년에는 글로리아 게이너(Gloria Gaynor)가 와서 노래한 적도 있습니다. 게이너가 「나는 살아남을 거야 I Will Survive」를 열창했는데 정말이지 환상적이었어요."

레바논의 상황이 나빠질수록, 레바논 사람들은 결핍된 삶에 대한 거부감을 더 강하게 갖게 되는 것 같다. 이스라엘 군이 레바논을 침공하고 결국 국토의 반에 해당하는 남부 전역을 점령했을 때의 일이다. 이스라엘이 레바논 항구 시돈의 운영을 재개해도 좋다는 허가를 내리자 항구에 가장 먼저 도착한 배에 실린 물건은 비디오카세트 녹화기였다. 시돈의 상당 부분이 파괴되었고, 사람들이 시멘트와 주택보수에 필요한 물품, 그리고 기본 식료품을 절실히 필요로 하는 시점에 항구로 들어온 어마어마한 양의 물건이 바로 일본에서 들여온 VCR이었던 것이다. 현실로부터 벗어나 상상의 세계로 들어가기 위해 필요한 물품이었다. 가장 시급한 일이 그것이었는지도 모른다.

베이루트가 극단적인 무정부상태에 빠졌던 시기에도 무정부상태가 초래하는 예측불허를 이용해 경제적 이득을 취하는 방법을 레바논 사람들은 알아냈다. 이들은 그들의 통화인 레바논 파운드를 투기에 이용했다. 베이루트에서는 정부가 환전을 관리할 수 없었기 때문에 사람들은 두 통화의 가치가 등락할 것을 예측하면서 레바논 파운드와 달러를 끊임없이 바꿨다. 예컨대 평온한 시기가 오기 직전 달러를 레바논 파운드로 바꾸면 큰 이득을 취할 수 있었다. 경제가 안정되면서 레바논 파운드의 가치가 오르기 때문이다. 차량폭탄이 터지기 몇 시간 전 레바논 파운드를 달러로 바꿀 경우에는 횡재를 했다. 상황이 악화될 가능성이 커지면 달러의 가치가 급등하고 레바논 파운드는 급락하기 때문이다.

차량폭탄이 폭발했다는 소식이 전해졌을 때 가장 많이 들리는 질문은 "누구 짓인가?" 혹은 "얼마나 많은 사람들이 죽었는가?" 등이 아니다. "달러가치가 어떻게 될까?"라는 질문이다.

이처럼 환경에 대처하는 방법을 배울 이유가 도대체 무엇이란 말인가?

수천 명에 이르는 베이루트 시민은 분명 배우려 들지 않았다. 이들은 도시를 빠져나갔다. 그러나 더 많은 사람들이 여전히 베이루트에 남았다. 일부 시민들에게 베이루트는 고향이고 삶의 질이 아무리 나빠진다고 하더라도 다른 곳에서 살아간다는 것은 상상조차 해보지 않은 일이다. 일부는 그들이 가진 재산의 포로다. 일생을 들여 쌓아올린 집과 사업이 베이루트에 근거하고 있다. 이들에게 다른 곳에서 새롭게 시작할 여유란 없다. 프랑스의 파리에 가서 안전하지만 곤궁하게 사는 것보다 베이루트에서 항상 위협에 시달리지만 경제적 여유를 가지고 생활하는 것이 낫다고 이들은 말한다. 어떤 사람들은 국외로 탈출하고 싶어도 그러지 못한다. 레바논 사람들에게 내줄 수 있는 비자 할당량이 이미 모두 소진됐기 때문이다. 이러저러한 이유로 베이루트 시민들은 적응하는 법을 배운다. 다른 선택의 여지가 없다.

조지 비버(George Beaver)라는 장밋빛 뺨을 가진 영국인과 베이루트에서 골프를 즐기곤 했다. 조지는 중동지역의 국제곡물기업의 판매담당 일을 했었는데 1950년대부터 베이루트에서 살았다. 베이루트에 사는 이유에 대해 그는 이렇게 말했다. "세금이 없고 집안일을 도와줄 사람을 구하기 쉽죠. 게다가 위스키 가격도 저렴합니다." 은퇴할 시기가 되자 조지는 베이루트에 남기로 결정했다. 1979년 내가 그를 알게 되었을 때 그는 이미 89세였지만 내전이 시작된 이후 하루도 빠짐없이 혼자 골프를 즐겼다. 조지는 오직 세 개의 골프채만을 가지고 코스를 돌았다. 드라이버와 5번 아이언, 그리고 퍼터였다. 가끔 그는 코스를 반대 방향으로 돌기도 했고, 어떤 날은 자신이 좋아하는 홀만 골라서 돌기도 했다. 때로는 한 홀을 건너뛰어야만 했는데 그린에 폭탄 파편이 널려 있었기 때문이다. 레바논 내전 중 가장 극심한 폭격이 있었던 1982년 여름에만 조지는 잠시 골프를 중단했다. 내가 조지에게 위험할지도 모르는데 왜 골프를 계속하느냐고 묻자, 그는 어깨를 으쓱하면서 이렇게 말했다. "나도 내가 미친 짓을 한다는 것을 알죠. 그렇지만 그거라도 하지 않으면 아마도 더 미쳐버릴 겁니다." 베이루트 시민 모두가 입에 달고 사는 말이었다.

몇 해 전 노환으로 사망한 조지는 베이루트의 폭력에 대처하는 비밀을 이해했다. 이는 폭격을 피해 지하실에 몸을 숨기는 것보다 훨씬 복잡하다. 일상생활에 셀 수 없이 많은 작은 변화를 줄 필요가 있고, 엄청난 두려움 속에서도 마음의 여유를 갖기 위해서는 게임을 하고 있다는 생각을 할 필요가 있다. 무수히 많은 작은 게임들이다. 모든 베이루트 시민들이 상황에 대처하는 법을 터득할 수 있는 것은 아니다. 베이루트에 위치한 아메리칸대학의 행동연구소장이며 베이루트에 오래 거주한 테리 프로스로(Terry Prothro)는 그곳 사람들이 겪는 스트레스에 관해 다음과 같이 말했다. "레바논 사람들이 겪는 스트레스는 정신과의사나 심리학자들이 다른 지역에서 다루었던 것과는 전혀 다릅니다. 히로시마를 뒤흔들었던 원폭투하는 단 한 번으로 끝났습니다. 북아일랜드의 상황조차도 베이루트에 비할 바는 아닙니다. 그곳에서는 그래도 중앙정부가 존재하고 정부가 제공하는 갖가지 서비스가 계속됩니다. 벨파스트에서 벌어지는 폭력의 정도도 여기에 훨씬 미치지 못하고 또한 빈도도 낮습니다. 인간의 회복력이란 참으로 대단해서 사람들은 가끔씩 일어나는 폭력으로부터 항상 회복하곤 하죠. 그러나 베이루트는 다릅니다. 이곳의 폭력은 14년간 계속되었습니다. 수년간 지속되는 스트레스를 버텨낸다는 것을 생각해본 사람은 없습니다. 재난에서 입은 마음의 상처를 다스리는 방법에 대한 책을 저도 몇 권 낸 적이 있습니다만, 베이루트 시민들에게 충고할 만한 방법을 담고 있지는 못합니다. 이곳에서 어떻게 하는 것이 좋겠다는 처방이란 없습니다."

레바논 사람들은 처방을 스스로 만들어냈다. 비인간적인 조건에 대처하는 자신만의 방식을 개발하고 수년간을 버텨냄으로써 그 효과를 입증했다.

베이루트 시민들이 가장 많이 사용하는 대처법은 상황을 일종의 게임이라고 생각하는 것이다. 외적인 위험을 실질적으로 줄일 수는 없지만 불안감은 많이 완화시킬 수 있다. 디알라 에제딘(Diala Ezzedine)은 대학생으로 적십자사의 자원봉사단원으로 일하고 있었다. 그녀를 만난 것은 내 아파트가 폭발로 무너졌을 때 그녀가 건물더미 안에서 생존자를 찾는 작업을 하는 중이었다. 한차례 폭력이 휩쓸고 지나가는 와중에서 그녀는 스스로를 진정시키기 위해 머릿속으로 확률을 계산한다고 했다. 누군가는 잘잘못을 따지고 있다고 스스로를 안심시킨다는 것이다.

"스스로에게 말하곤 합니다. 레바논에는 400만 명이 살고 있다. 그리고 내게도 많은 가족이 있다. 내 가족 중 누군가가 죽임을 당할 확률이란 얼마일까?" 디알라의 설명은 진지했다. "최근에 제 사촌이 죽었어요. 그의 죽음에 많이 슬펐죠. 어쩌면 이렇게 말하는 것이 말도 안 되는지도 모릅니다만, 저는 일종의 안도감도 느꼈습니다. 이런 식의 생각이죠. 우리 가족에게는 여기까지다. 확률적으로 우리 가족 중 누군가가 죽임을 당하는 것은 여기까지라고 말입니다. 이렇게 확률계산을 하다보면, 항공여행을 해야 할 때마다 폭탄을 지니고 비행기에 오르는 남자에 대한 농담이 생각나곤 합니다. 비행기 한 대에 두 개의 폭탄이 있을 확률이 훨씬 적다는 거죠."

디알라가 마음속으로 하는 게임은 단순한 확률계산을 훨씬 넘어선다. 그녀는 종종 건물에 대해서도 따져본다. "건물 안에 있을 때는 가끔 이런 생각을 합니다. 만일 지금 당장 폭탄이 터진다면 어디에 서 있어야 가장 안전할까? 문틀에 서 있어야 할까? 계단 옆이 나을까? 아니면 벽 가까이에 서 있어야 하나? 제가 실제로 할 수 있는 일이란 아무것도 없음을 잘 압니다. 그렇지만 이런 생각을 멈출 수가 없습니다. 그리고 조금씩 제 행동을 생각에 맞춰 조정하곤 합니다."

위험한 주변 상황에 대처하기 위해 레바논 사람들이 많이 하는 또 하나의 게임은 '음모론'이다. 내가 베이루트에 머무는 동안 차량폭탄이나 암살 혹은 살인을 저지른 범인이 검거되고 처벌되는 것을 본 것은 한두 번에 지나지 않는다. 베이루트에서의 삶이 더 불안한 건 이 때문이다. 언제 어디서 폭력이 발생할지 알 수가 없다. 게다가 적어도 살인자 하나가 더 이상 거리를 활보하지 못하고 갇혔다는 소식을 들으면서 마음의 평화를 찾을 수도 없다. 베이루트에는 범죄만 있고 처벌은 없다. 서베이루트 혹은 동베이루트에서 차량폭탄이 폭발한 후 검거는커녕 어느 집단도 자신의 소행임을 주장하지 않는 일이 비일비재하다.

이 같은 상황이 가져오는 불안감을 완화하기 위해 레바논 사람들은 주변에서 일어나는 일들에는 다 이유가 있을 것이라는 단순한 설명을 하곤 한다. 누군가가 왜 죽임을 당했는지 혹은 어떤 전투가 왜 벌어졌는지에 대해 납득하기 힘든 극단적 음모론을 상상해낸다. 레바논 사람들이 만들어내는 음모론에 자주 등장하는 인물들이 있다. 이스라엘과 시리아, 미국과 소련, 그리고 헨리 키신저까지 나온다. 모두 레바논 사람들이 아니다. 음모론은 아무도 간섭하지 않으면 평온했을 레바논을 혼란에 빠뜨린 주범들로 이들을 지목한다.

1983년 앤과 나는 당시 베이루트의 아메리칸대학 총장이었던 말콤 커(Malcolm Kerr)의 초대로 그의 집에서 열린 디너파티에 갔다. 저녁식사를 하면서 이야기를 나누던 중 누군가가 지난 이틀 밤 연이어 베이루트를 강타했던 우박을 동반한 폭풍을 언급했다. 베이루트에서는 대단히 드문 일이었다. 이야기를 꺼낸 사람은 지난 이틀간의 궂은 날씨에 대해 나름대로 기상학적인 설명을 하고 있었다. 그때 말콤이 손님 중 레바논 사람에게 장난스럽게 웃으며 물었다. "혹시 시리아 사람들이 그랬을 거라고 생각했어요?"

명석하며 사람들에게 호감을 주던 인물인 커는 그로부터 몇 개월 후 암살됐다. 슬픈 일이었다. 그를 살해한 범인은 잡히지 않았다. 그러나 레바논 사람들은 각자 그가 왜 죽었는지에 대한 나름대로의 완벽한 스토리를 가지고 있었다. 그러나 제각기 다른 설명에 등장하는 범인은 모두 달랐다. 기독교도, 시아파 교도, 이스라엘, 시리아, 그리고 팔레스타인 사람들까지 말이다.

왜 내가 아니라 다른 사람이 죽었는지에 대한 '합리적인' 설명도 많이 있었다. 주위에서 일어나는 폭력이 완전히 무작위적이고 자신의 생존이 오로지 운명 탓이라는 진실을 받아들이는 베이루트 사람들을 본 일이 없다. 이웃의 죽음을 잘못된 장소 탓으로 돌리는 사람들도 많았다. "알다시피 그 사람이 살았던 곳은 위험한 곳이었어요. 내가 살고 있는 지역보다 훨씬 더 위험에 노출될 가능성이 많은 곳이었죠." 이렇게도 말했다. "그가 살던 곳은 PLO 바로 옆이었어요. 아시죠?" "전투가 멈춘 후 15분 만에 차를 몰고 나가지 말았어야죠. 20분 정도는 기다렸어야 했어요. 다들 그래야 한다는 것을 알고 있죠." 삶을 지속하기 위해서 베이루트 사람들은 언제나 자신은 희생자와 다르다고 생각할 무언가를 찾았다. 그리고 누군가가 죽임을 당하는 데는 그만한 논리적인 이유가 있다고 주장했다. 주의하기만 한다면 비슷한 상황에서도 생명을 구할 수 있다는 것이었다. 이런 합리화 없이는 아무도 집 밖으로 나갈 수 없었.

사람들은 종종 그와 같은 합리화를 미리 생각해내려고 노력하기도 했다. 나는 은행 계좌에서 돈을 인출하기 위해 베이루트에 있는 뱅크오브아메리카(Bank of America) 지점에 가끔 들르곤 했다. 나이가 지긋하고 통통한 경비원 두 사람은 내가 엘리베이터에서 내리는 것을 보면 벌떡 일어서곤 했다. 존경심에서 나온 행동은 아니었다. 그들은 내게 무언가 새로운 소식을 원했던 것이다. 외국에서 온 저널리스트였던 나는 정보의 원천이었다. 사람들이 내게 무엇을 요구할지 쉽게 예상할 수 있는 일이었다. 어느 날 은행 직원 사미르(Samir)가 레바논 파운드 한 묶음을 세면서 자신에게 문제가 있노라고 내게 털어놨다. 그는 아내와 함께 폴란드의 여기저기를 돌아보며 휴가를 보낼 계획이라고 했다. 1983년 6월 24일부터 1983년 7월 8일까지였다. 내게 몇 가지 질문을 던졌다. 전투가 언제 시작될 것인가? 자신이 떠나기 전인가? 아니면 떠난 후? 그것도 아니라면 휴가에서 돌아온 다음에 시작될 것인가? 어디가 가장 위험할 것 같은가? 서베이루트 혹은 동베이루트? 베카 계곡? 아니면 슈프 산악지역? 포격이 심할 것 같은가? 아니면 그다지 심하지 않을 것인가? 이 모든 질문을 던지고 난 후 그가 정말 걱정하는 질문이 나왔다. 아이들을 두고 휴가를 다녀와도 괜찮을까?

사미르가 낮은 목소리로 말했다. "정말이지 알아야만 해요. 그래야 아이들 걱정 없이 다녀오죠. 당신은 잘 아시잖아요."

베이루트 사람들이 마음속으로 하는 게임 중에서 가장 많이 하는 것은 자신의 환경을 선택적으로 바라보는 법을 배우는 것이다. 1980년대 초 아메리칸대학에서 가르쳤던 예리하고 감수성이 풍부한 심리학자 리처드 데이(Richard Day)가 학생들을 대상으로 상황에 대처하는 심리 과정을 연구한 적이 있다. 이스라엘의 베이루트 침공 과정에서 정신적으로나 육체적으로 가장 건강하게 생존한 학생들은 자신이 통제할 수 없는 주변 상황에 완전히 눈을 감고 스스로 통제할 수 있는 주변의 일에만 집중하는 법을 터득한 학생들이었다는 것이 그의 결론이었다. 그렇게 함으로써 '시스템 과부하'를 방지할 수 있었다고 한다. 주변 상황을 선택적으로 본다는 의미를 데이는 이렇게 설명했다. "나는 테니스를 치러 가는 중이다. 그런데 이스라엘의 F-15 전투기가 머리 위로 날아간다. 내가 전투기를 어떻게 할 수 있을까? 그렇지 않다. 전투기가 내게 폭탄을 떨어뜨릴까? 그럴 것 같지 않다. 따라서 나는 내 갈 길을 가서 테니스를 친다."

나 역시 이렇게 생각하는 법을 잘 터득했다. 1982년 여름 오후 늦게 로이터 지국에서 뉴스기사를 타이핑하고 있었다. 갑자기 길 건너 공원에서 기관총 소리가 들려오기 시작했다. 지국에 있던 어느 미국인 기자가 창가로 달려가 무슨 일인지 살펴보았다. 베이루트에 도착한 지 얼마 안 되는 기자였다. 레바논의 어느 민병대원이 꽤 떨어진 곳에 있는 누군가를 향해 기관총을 쏴대는 모습을 그 기자는 얼어붙은 자세로 바라보고 있었다. 시간이 어느 정도 지나고 나자 그 기자는 창가에서 물러나 나에게 달려왔다. 그리고 흥분해서 말했다. "봤어요? 그 민병대원 봤어요? 이만한 기관총을 자기 배에다 걸치고는 누군가를 향해 마구 쏴댔어요. 봤어요?"

타자기를 치던 나는 고개를 들어 그 기자를 보고 말했다. "그 민병대원이 당신을 향해 쏘던가요? 아니죠. 그러면 저에게 쐈나요? 그것도 아니죠. 그러니 나 일 좀 하게 내버려두세요."

베이루트에서 주변 상황을 선별적으로 본다는 것이 자살행위를 한다거나 전투가 벌어지는데도 아랑곳하지 않고 걸어 다닌다는 의미는 아니다. 머릿속이 위험에 대한 두려움으로 가득하지 않도록, 위험을 인식하지만 마음 한 구석에 분리해두고, 자신에게 닥친 위험이 어느 정도인지를 잘 계산하고 피할 수 없다면 이를 무릅쓰는 것이다. 위험한 주변 상황에서도 삶을 지속하기 위해서다. 도로를 따라 차를 몰고 가다보면 앞에 있는 차들이 끽 소리를 내며 멈추고선 급히 차를 돌려 반대방향으로 가는 것을 볼 때가 많다. 어떤 운전자들은 반대방향으로 차를 돌리지도 않고 시속 80킬로미터를 넘는 속도로 바로 후진하기도 한다. 지나가는 행인에게 무슨 일이냐고 물어보면 '저격수' 혹은 '차량폭탄'이 있다는 답을 들을 수 있다. 다른 도시에서라면 이 같은 상황을 겪은 사람들은 집으로 돌아가 몸을 숨기고 모든 창문을 닫을 것이다. 그러나 베이루트에서는 현장에서 두 블록 정도 떨어진 길로 우회하여 제 갈 길을 간다. 마치 도로보수를 담당하는 부서가 공사를 하고 있는 정도라는 듯이 말이다.

내 동료 이산 히자지가 이렇게 말한 적이 있다. "처음 내전이 시작됐을 때 80킬로미터 떨어진 베카 계곡에서 전투가 벌어지고 있다는 소식을 듣고는 불안해하면서 아이들을 학교에 데려다 주고 데려오곤 했어요. 14년 전 일이죠. 요즘은 시내 어디에서 전투가 벌어졌다는 소식이 들려도 그냥 무시합니다. 건물 밖에서 총소리가 들리면 창문에서 떨어져 좀 더 안전한 사무실로 가죠. 그러고는 걱정을 하기 시작합니다. 혹시 문밖에서 전투가 벌어지면 어떻게 할 것인가를 걱정합니다. 말 그대로 바로 문밖이죠. 그런 경우가 아니라면 전투는 저와 관계없는 일입니다. 그저 무시하고 TV 볼륨을 올리는 정도죠."

베이루트 사람들은 다른 세계의 사람들이 날씨 이야기를 하듯 폭력에 대해 이야기한다. 베이루트에서 "밖이 어때?"라고 묻는 것은 비가 올 확률을 묻는 질문이 아니다. 얼마나 안전한가를 묻는 질문이다. 레바논의 라디오 방송국들 역시 시장 점유율을 높이기 위해 서로 경쟁하는데, 시내 어느 길이 안전하고 어느 길이 그렇지 않다는 것을 가장 빠르고 정확하게 보도하려는 경쟁이 치열하다. 미국의 지역 방송국들이 교통사정을 알려주는 것과 유사하다. 베이루트의 라디오 방송에서는 이런 식의 뉴스 속보를 들을 수 있다. "베이루트의 동서를 잇는 주요 교차로가 두 사람의 택시 운전사 사이에 벌어진 총격사건으로 오후 5시부터 통행금지됐습니다. 운전하시는 분들은 우회하시기 바랍니다." 베이루트의 운전자들은 방송국에서 말하는 용어도 잘 알고 있다. 도로를 '아미나'라고 표현하면 군대나 경찰이 경비를 서고 있는 안전한 길을 의미한다. '살리카'라고 말하면 저격수나 납치범이 없기는 하지만 경찰력이 안전을 확보하고 있는 상태는 아니라는 뜻이다. '하테라'는 통행할 수는 있지만 저격수나 납치범을 만날 확률이 약 30퍼센트 정도 되는 길을 의미한다. 마지막으로 '가이르 아미나'는 어떤 속도로 길을 통과하든 안전하지 않은 도로를 지칭한다.

베이루트에서 살다보면 어쩔 수 없이 목격하게 되는 끔찍한 장면에 무감각해지는 법을 배우는 것도, 주변 환경을 선택적으로 바라보는 법을 터득하는 방법의 일부다. 아메리칸대학의 심리학자 테리 프로스로는 적어도 베이루트에서는 감정을 억누르는 것을 병적인 증상으로 해석할 필요가 없다고 말하곤 했다. 건전하고도 유익한 생존 방식이기 때문이다.

그의 말은 내게도 해당됐다. 내가 베이루트에서 취재한 차량폭탄 사건은 10여 개에 이른다. 시간이 지나면서 나는 사건현장에서 소름끼치는 장면 이상을 보려고 의식적으로 노력했다. 베이루트 차량폭탄 사건에 가장 많이 사용되는 죽음의 메르세데스가 갑자기 불덩어리로 변할 때 우연히 근처를 지나가다가 얼굴에 피를 흘리며 쇼크에 빠진 행인에만 눈길을 주지는 않게 됐다. 차량폭탄 바로 옆에 있다가 화재로 새카맣게 그을려 아직도 연기를 피워 올리는 자동차들만 눈에 들어오는 것이 아니었다. 또 사망자와 생존자를 들어내기 위해 깨진 유리창과 비틀린 자동차 부품 사이를 바쁘게 오가는 구조대원들이 벌이는 아수라장만 보이는 것이 아니었다. 시간이 지남에 따라 나 자신이 차량폭파 사건의 현장과는 어울리지 않는 것들에 더 많은 주의를 기울이고 있음을 깨닫게 됐다. 가까운 곳에 있던 레스토랑에서 튕겨져 나와 길바닥에 흩어져버린 먹음직스런 통닭이 눈에 들어왔다. 아직도 충분히 먹을 만한 것들이었다. 선반에 가득한 조니워커 병들이 깨지면서 흘러내린 위스키의 냄새도 맡을 수 있었다. 시간이 더 지나고 차량폭탄 사건을 경험하게 되자 마침내 나뭇잎에까지 주의를 기울일 수 있게 됐다. 100여 개의 다이너마이트를 한데 묶은 폭탄이 들어 있던 차량이 행인이 많은 거리에서 폭발하면 주변의 나뭇잎들은 후폭풍으로 모조리 떨어진다. 길거리는 떨어진 나뭇잎으로 수북하게 덮인다. 마치 가을에 볼 수 있는 잔디밭과 흡사한 장면이다. 레바논 적십자사에서 일하던 친구들은 자신들이 목격했던 한 남자에 대해 아직도 말하곤 한다. 그 남자는 정보통신부 근처에서 벌어진 차량폭탄 현장에서 가슴속이 다 드러나는 중상을 입었다. 그의 입안은 피로 가득했지만 작은 공기방울이 계속 올라오는 것으로 봐서 그가 아직 살아 있음을 알 수 있었다. 그들이 기억에서 지울 수 없었던 장면은 두 개의 나뭇잎이 나무에서 떨어져 그 남자의 얼굴에 살며시 내려앉던 장면이라고 한다. 양쪽 눈에 하나씩 내려앉았다고 한다.

　모든 사람들이 모든 상황에서 감정적인 자기방어를 잘 할 수 있는 것은 아니다. 자기방어에 실패할 때가 바로 베이루트에서의 삶이 정서적으로 무너지는 순간이다. 선택적으로 상황을 보기 힘들어지고 스스로 통제할 수 없는 주변의 모든 위험이 눈에 들어오기 시작하면 전혀 중요하지 않은 일상의 자질구레한 일들마저 공포로 가득하게 된다. 레바논 작가인 린다 미카다디(Linda Mikadadi)라는 여성이 있었다. 두 딸의 엄마인 그녀는 베이루트에 아주 오래 살았다. 차량폭탄을 제외하면 그녀가 두려워하는 것은 없었다.

　"저격수나 포격은 전혀 신경 쓰지 않아요. 그렇지만 내가 정말 두려워하는 것은 폭발물을 숨겨둔 차량이죠. 차를 몰고 시내에 나갔다가 교통 혼잡으로 도로에 꼼짝 못하고 있으면 저는 거의 미칠 지경이 됩니다. 자동차 경적을 누르기 시작하죠. 빠져나올 때까지 계속 누르고 있어요. 아이들은 뒷좌석에서 비명을 지르기 시작합니다. 왜 엄마가 경적을 계속 울리는지 이해하지 못하기 때문이에요. 저는 아이들에게 이유를 말하기가 두려워요. 주변에 있는 수많은 차량들 사이에 꼼짝 못하고 갇혀 있는 상태에서 그저 벗어나고만 싶어요."

주변 상황을 선택적으로 보긴 하지만, 그 선택이 정반대가 되는 경우도 물론 있다. 1982년 여름 이스라엘이 베이루트를 포격 중이던 어느 날 밤이었다. 이산 히자지와 의과대학생인 그의 딸 야스민(Yasmin)은 서베이루트에 위치한 아파트의 5층 그의 집에 머물고 있었다. 이스라엘 군의 포격으로 주변 지역에는 포탄이 비 오듯 쏟아졌다. 팔레스타인 난민촌 위의 밤하늘은 종횡으로 날아다니는 이스라엘 전투기들이 떨어뜨린 폭탄으로 오렌지색 화염에 휩싸였다. 마치 권투시합을 위해 마련된 링을 지붕의 스포트라이트가 비추는 듯한 모습이었다. 전기는 이미 끊겼다. 이산과 야스민은 아파트의 중앙에 위치한 방에 자리 잡고 촛불에만 의지했다. 밖에서 날아올지도 모를 날카로운 파편이나 유리조각을 피하기 위해서였다.

그때 그들 눈에 한 마리의 쥐가 보였다. 회색의 작은 설치류 동물이 벽 아랫부분의 느슨해진 널빤지 뒤쪽에서 기어나와 반들반들한 눈으로 이산과 야스민을 말똥말똥 쳐다보았다.

이산은 이렇게 회상했다. "야스민과 나는 당시 주변 상황을 완전히 잊어버렸어요. 폭격을 참을 수는 있었지만 집 안에 들어온 쥐를 참아낼 수는 없었죠. 야스민이 손전등을 움켜쥐었고 나는 커다란 파리채를 잡았어요. 아파트에서 찾을 수 있는 무기란 그것들뿐이었죠. 그런 다음 우리는 쥐를 쫓아서 사방을 돌아다녔죠. 심지어는 발코니까지 따라갔어요. 이스라엘 비행기는 거들떠보지도 않았습니다. 우리가 두려워한 것은 바로 그 작은 생쥐였어요."

베이루트에 사는 사람들이 주변 환경을 선택적으로 바라보는 데 능숙한 것은 사실이지만, 14년이라는 긴 시간 동안 내전이 지속되자 일부 사람들은 선택적으로 반응하는 법에 너무도 능숙해져서 아예 세상 돌아가는 일에 무관심한 정도에 이르기도 했다. 이는 위험한 일이다. 단지 정신적으로 위험할 뿐만 아니라 육체적으로도 위험하다. 마치 마약처럼 자기보호본능을 마비시키기 때문이다(레바논에서는 발륨이라는 정신안정제를 의사의 처방 없이도 약국에서 구입할 수 있다. 레바논 사람들의 1인당 진정제 소비량은 세계에서 가장 높다고 한다). UPI 베이루트 특파원으로 일할 당시 나는 저녁 늦게까지 사무실에서 일을 하고 밤 11시경 집으로 혼자 걸어서 돌아가곤 했다. 사무실에서 숙소까지 여덟 개 블록을 걸어가는 것을 운동 삼아 즐겼다. 어느 날 밤 같은 시간대에 앤과 함께 영화를 보고 집으로 돌아오는 길이었다. 아내와 손을 잡고 인도를 걷고 있는데 한 남자가 바로 옆집 1층 창문에서 껑충 뛰어나오더니 바로 우리 앞에 떨어졌다. 마치 고양이가 착지하는 듯했다. 그는 무언가를 담은 자루를 한 손에 쥐고 다른 손에는 은색 리볼버를 들고 있었다. 우리는 그를 바라보았다. 그도 우리를 바라보았다. 우리는 너무 놀라서 한마디도 할 수가 없었다. 이것을 본 그 남자는 재빨리 뛰어서 사라졌다. 베이루트는 너무나 위험한 곳이어서 심지어는 범죄자들조차 해가 진 뒤에는 거리로 나서려고 하지 않았다. 밤늦게 걸어서 집으로 돌아가곤 했던 내 생활을 이제 와서 되돌아보면 당시 내가 정말 그랬다는 것이 믿어지지 않는다.

베이루트의 밤거리에서 있었던 일을 생각할 때면 항상 테리 프로스로가 내게 해준 이야기가 떠오른다. 베이루트에서의 힘든 삶에 얼마나 더 스스로를 맞추면서 살 수 있겠느냐고 물었더니 그가 해준 말이었다. "생물이 얼마나 쉽게 적응할 수 있는지를 보여주기 위해 학생들과 함께 했던 실험이 있습니다. 양동이에 물을 담고 그 속에 개구리를 넣습니다. 그리고 서서히 양동이를 가열합니다. 개구리는 천천히 변화하는 온도에 계속 적응합니다. 결국 물이 끓어 죽을 때까지 적응은 계속됩니다. 적응하는 것에 너무도 익숙해져서 양동이에서 뛰어나올 생각도 하지 않는 겁니다. 나 스스로가 바로 그 개구리가 아닐까 하는 생각이 들기도 합니다."

이런 느낌은 프로스로만 갖는 것은 아니었다. 베이루트 바비르 병원의 응급실 책임자였던 아말 샴마(Amal Shamma) 박사에게는 세상에 더 이상 놀랄 만한 일이 없었다. 어느 날 진동으로 침대가 흔들려 잠에서 깨어난 적이 있다고 그녀가 말했다. "그날 늦은 밤 베이루트에 리히터 규모로 5.5를 기록한 지진이 발생했어요. 집 전체가 흔들렸죠. 자리에서 일어나 혼잣말을 했죠. '아, 지진이구나.' 그리고 바로 다시 잠들었어요. 다음날 아침 사람들이 모두 해변으로 피신했다는 것을 알았어요. 지금 생각해보면 아찔합니다."

폭력이 난무하는 도시에서 적응하는 사람들의 삶을 들여다보면, '자연상태'에서의 삶이 '고독'할 것이라는 홉스의 예언은 틀린 것 같다. 이스라엘이 서베이루트를 점령했을 때, 그리고 레바논 내전이 최악의 상태로 치달았을 때, 베이루트 사회는 완전히 무너지고 모든 공적인 법과 질서는 사실상 사라진 것처럼 보였다. 그러나 대다수 베이루트 시민들이 보여준 첫 번째 본능이 자기 멋대로 행동하는 것은 아니었다. 이웃의 아내를 범하거나 길모퉁이의 식료품점에서 물건을 훔쳐내는 그런 행동이 아니었다. 물론 절도나 은행 강도, 그리고 몸값을 노린 납치와 같은 일들이 많이 일어났던 것은 사실이다. 그러나 당시 상황에서 사람들 모두가 이같이 행동할 수도 있었다는 점을 고려한다면 그런 일들이 광범했다고 말할 수 없다. 노상강도를 한다거나 다른 사람들 집에 침입하는 등의 사건은 매우 드물었다.

베이루트 사람들의 행위를 살펴보면 인간의 자연상태가 홉스의 예측과 달리 사회적 동물의 그것일 수도 있다는 생각을 갖게 한다. 큰 규모의 정부와 사회가 사라지면, 사람들은 스스로 공동체와 사회구조를 찾아내거나 창조하기 위해 최선의 노력을 기울이는 것 같다. 베이루트는 다수의 이웃으로 구성된 모자이크로 나뉘어졌다. 그리고 각각의 이웃은 가족과 친구, 종교를 통해 서로 연결됐다. 대규모의 베이루트 사회와 정부가 붕괴하자 사람들은 본능적으로 작은 사회로 단결했다. 이웃과 아파트, 종교, 가족이라는 연계를 기반으로 삼았다. 이런 소규모 사회들은 정부가 통상적으로 제공하던 서비스와 질서, 위안을 가져다주었다. 또 사람들이 생존하고 현실을 직시하고 정직할 수 있도록 도움을 주었다. 때로는 작은 사회들이 자신을 돕고 있다는 것을 알지도 못했다.

서베이루트에 거주하는 기독교도 엘리자베스 자루비(Elizabeth Zaroubi)는 1982년 여름 이전에는 의식하지 못했던 것을 가족과 이웃에게서 찾을 수 있었다고 말했다. "저는 부모님과 같은 건물에서 살고 있었어요. 전쟁이 나기 전, 제가 부모님과 마주하는 시간은 하루에 5분 정도였죠. 그러나 전투가 시작되자 우리는 몇 시간 동안 같이 앉아 있기도 하고 함께 식사를 준비하고 카드놀이도 하고 다른 이웃들과 이야기를 나누곤 했습니다. 이스라엘에게 점령당했을 당시 누군가 딸기나 빵, 오이 등을 발견하면 이웃들 모두를 위해 많은 양을 사오곤 했어요. 모두 모여서 같이 먹었죠. 전에는 길거리에서 이웃을 마주쳐도 그냥 지나쳤어요. 이제는 다릅니다. 이웃의 사생활에 대해 시시콜콜 알게 됐고 아이들도 잘 알죠. 이웃을 만나면 이제 물어볼 것들이 많습니다. 이제 우리는 전에 가지지 못했던 공통점이 많아요. 어려운 시절을 함께 이겨낸 누군가를 무시할 수는 없는 거죠. 전에는 이웃에 신경 안 쓴다는 말을 자주 하곤 했습니다. 이제는 더 이상 그렇지 않아요."

이웃이 아닌 낯선 외부인과 만나게 되는 경우에도 본능적으로 친근한 관계를 가지려고 노력하는 일이 많다. 말하자면 소규모-소규모 사회인 셈이다. 테리 프로스로는 1976년 내전의 와중에 도난당한 페르시아 카펫 소장품들을 되찾으려고 노력하던 중에 이와 같은 점을 발견했다.

테리는 레바논인으로 드루즈파 교도인 그의 아내와 딸을 데리고 그해 안식년을 맞아 미국에 갔다. 집을 떠나면서 테리는 그의 애장품 페르시아 카펫을 장모의 작은 아파트에 보관했다. 드루즈파 교도들이 많이 사는 서베이루트의 어느 마을이었다. 테리의 장모는 베이루트에서 잘 알려진 사회사업가였고 다양한 자선활동에 참여했다.

테리는 당시를 떠올렸다. "카펫은 그녀의 아파트 부엌 위 창고에 있었습니다. 장모님이 어느 날 외출하셨는데 누군가 들어와서 모두 훔쳐가버렸어요. 장모가 집에 돌아와 카펫이 도난당한 사실을 알게 되자 처남이 이웃을 돌아다니며 묻기 시작했죠. 카펫을 훔친 사람이 누군지를 말입니다. 결국 범인들이 누군지 알게 됐습니다. 처남이 갱단의 창고에 가서 그들을 만났죠. 처남은 화가 많이 나서 그들에게 말했다고 합니다. '너희들이 뭘 한 건지 알아? 너희들은 레바논 아동자선단체 회장이자 과부인 이 여인의 집에 침입한 거야.' 카펫을 훔쳐간 사람들은 드루즈파 교도는 아니었어요. 하지만 처남이 장모에 관해 이야기하는 것을 듣는 순간 그들은 처남이 하려는 말이 무엇인지를 즉시 알아들었죠. 그리고 바로 사과했어요. 자기들은 그 집이 누구의 집인지 몰랐다고 말입니다. 갱단의 두목이 처남에게 말했어요. '우리는 그냥 훔치고 다녔어요. 누구에게 해코지하려는 마음은 전혀 없었습니다.' 갱단이 처남을 창고로 데려가서 말했죠. '어느 카펫인지 가져가세요.' 창고는 바닥에서 천장까지 카펫으로 가득했답니다. 제 카펫을 모두 찾으려고 처남이 하나하나 일일이 확인했어요. 처남은 더도 덜도 아니고 정확히 도난당한 카펫만 찾아왔어요. 나중에 제가 처남을 놀렸죠. 부카라(Bukharas) 카펫을 좀 더 집어오지 그랬냐고요. 장모가 그 지역 네트워크의 일부라고 생각하는 순간 갱단은 장모를 도둑질의 표적이 아닌 친구로 대했습니다."

사회가 무질서에 빠지고 개개인이 고립된 상황에서도 모두는 아니지만 대부분의 사람들은 그들에게 닥친 삶을 최대한 질서 있고 의미 있게 만들기 위해 본능적으로 최선을 다했다. 혼란을 이용하려 하지 않고 매 순간 혼란과 싸웠다.

미르나 무그르디치안(Myrna Mugrditchian)은 쾌활하고 야무진 아르메니아 출신 치과대학생이었다. 내가 그녀를 처음 만난 것은 그녀가 적십자사의 자원봉사자로 아파트 폭발사고 현장에 구조하러 왔을 때였다. 이후에도 나는 그녀를 차량폭탄 현장에서 자주 볼 수 있었고 친구가 됐다. 어떤 이유로 그처럼 스트레스를 많이 받는 일에 자원하게 됐느냐고 물어본 적이 있다. 다른 사람들을 돕겠다는 생각이 사실은 아니라는 대답이 돌아왔다. 뭔가 항상 바쁘게 해야 할 일을 자신에게 만들어주고 삶의 목적을 갖기 위해서라고 했다. 미르나의 설명은 이렇다. "제가 선택한 일이죠. 집에 하루 종일 앉아서 가족과 말다툼하고 항상 화가 나고 그럴 수도 있었어요. 그렇지 않으면 거리로 나설 수도 있었고요. 집에서 나올 방법이란 자원봉사자가 되거나 전투원이 되는 거였죠. 자원봉사자가 되기로 선택했어요."

엘리자베스 자루비는 그녀의 연로한 아버지에 대해 말했다. 이스라엘이 베이루트를 포위했던 1982년 8월 그녀의 아버지는 매일 아침 집에서 나가 동네 아이들을 불러 모아서 세제로 길을 청소했다고 한다. 전쟁 중이건 아니건 그는 더러운 환경에서 사는 것을 참을 수 없었던 것이다. 그녀의 아버지만 그랬던 것이 아니다. BBC 베이루트 특파원 제럴드 버트(Gerald Butt)의 사무실은 아르트와식 분수를 바라보는 곳에 있었다. 1982년 여름 이스라엘이 동베이루트에 있는 수도 회사에서 오는 식수를 끊어버리자 분수가 지역의 중요한 식수원이 됐다. 매일 아침 수십 명의 서베이루트 사람들이 양동이를 들고 자신과 가족이 하루 동안 버틸 물을 얻으려고 줄을 섰다.

당시 상황을 버트가 설명했다. "매일 아침 일하러 가면 사람들을 봤습니다. 대부분 엄마와 아이들이었는데 모두 깡통이나 양동이를 들고 있었죠. 사무실 창가에 서서 사람들을 바라보곤 했습니다. 어느 날 한 남자가 줄을 섰어요. 맨 앞에 다다르자 남자는 깡통에 물을 채우더니 바로 자신의 택시로 걸어가서 물을 몽땅 차에다 붓는 거였습니다. 저는 웃기 시작했어요. 이스라엘이 베이루트를 둘러싸서 베이루트가 포위되었는데, 택시 운전사는 세차를 하고 있는 상황이었습니다."

혼돈이라는 보이지 않는 적과 싸우는 과정에서 많은 베이루트 사람들은 자기 자신, 그리고 타인에게서 좋은 면을 실제로 찾아냈다. 베이루트에서 겪은 혹독한 시련이 아니었더라면 결코 발견할 수 없었던 것들이다.

리처드 데이가 이렇게 말했다. "시련을 겪으면서 사람들은 자신의 내부에 숨어 있던 힘을 찾아냈습니다. 마치 금속이 가장 높은 온도에서만 진정으로 단단해질 수 있는 것과 마찬가지입니다."

베이루트에 있는 유일한 정신과 클리닉인 아스푸리에(Asfourieh) 신경정신병원 원장인 안트라닉 마누키안(Antranik Manoukian) 박사가 1982년 여름이 지나고 베이루트에서 열린 심포지엄에서 이스라엘의 극심한 폭격과 포격을 겪는 와중에 환자들이 정신적으로 많이 회복했다고 발표했다. 환자들은 전투가 끝나고 난 후보다 오히려 전투가 진행되는 동안 약에 덜 의존하고 치료도 덜 필요로 했다고 한다. 환자들이 혼돈에서 살아남는 데 정신을 집중함으로써 실제로 더 건강해졌기 때문이다. 이와 같은 논리는 다른 레바논 사람들에게도 어느 정도 해당된다. 내전이 끝나고 평화가 찾아오고 나서야 레바논 사람들에게 심각한 정신건강상의 위기가 닥쳐온 이유를 알게 해준다. 주변에 대한 경계를 풀고 자신이 무엇을 잃었는지를 온전한 정신으로 따져보고 나서야 사람들은 진정으로 미쳐갔다. 그러기 전까지 레바논 사람들은 단지 살아남기만 한 것이 아니라 오히려 더 정신적으로 더 단단해졌다.

헨리 슈로더 상업은행(J. Henry Schroder & Sons merchant bank)의 베이루트 지점 이사 앤서니 애슬리(Anthony Asseily)는 1982년 여름 이스라엘의 침공이 시작되자 지점을 폐쇄하고 직원들을 런던으로 철수시켰다. 지점에 남은 사람은 직원과 고객들을 위해 커피 심부름을 하던 32세의 문제르 나짐(Munzer Najm)이었다. 애슬리가 문제르에게 내린 지시는 단 한 가지였다. 지점을 최대한 잘 감시하라는 것이었다. 애슬리가 알기로는 문제르가 아랍어 외에는 할 줄 몰랐다.

이스라엘의 서베이루트 포위가 한창이었던 어느 날 애슬리가 런던 사무실에 앉아 있는데 갑자기 텔렉스가 작동하기 시작했다. 그가 당시를 회고했다. "베이루트였습니다. 저는 제일 먼저 그곳 상황이 어떤가를 물었습니다. 답이 왔습니다. '좋지 않습니다.' 내가 말했죠. '잠시만요. 지금 말하는 사람이 누구죠?' 답이 왔어요. '문제르입니다.' 처음에는 믿을 수가 없었습니다. 누군가가 문제르의 머리에 총을 들이대고 타이핑을 하라고 협박하고 있는 줄 알았습니다. 결국 상황을 알게 됐어요. 아무도 없는 지점을 혼자 할 일도 없이 지키던 문제르가 스스로 영어를 배우고 텔렉스 작동법을 익혔던 겁니다." 애슬리는 나중에 이런 언급도 했다. 커피 심부름을 하던 문제르가 텔렉스를 훔쳐 아무나 가장 높은 가격을 부르는 사람에게 팔아먹을 수도 있었다고 말이다. 그가 텔렉스 사용법을 배웠기 때문에 팔기도 수월했을 것이다. 아무도 문제르를 막을 수 없었다. 경찰도 없었고 감옥이나 법원도 없었다. 그러나 문제르는 그렇게 하지 않았다!

오늘날 레바논 사람들의 문제는 적응 게임에 너무 능숙해졌다는 점이다. 너무나 능란해져서 이제는 문제점과 치유책의 구분이 명확지 않게 되어버렸다. 레바논 사람들 개개인은 전통적으로 자신의 정체성과 정신적 후원을 가족이나 이웃, 종교와 같은 태생적인 인간관계에서 찾았다. 전체로서의 국가가 이러한 역할을 한 예는 드물다. 레바논 사람이기 이전에 드루즈파, 마론파 혹은 수니파 교도였다. 나아가 드루즈파 교도이기에 앞서 아르슬란(Arslan) 드루즈 혹은 줌블라트(Jumblatt) 드루즈였고, 마론파 교도이기 이전에 게마엘(Gemayel) 혹은 프란지에(Franjieh) 마론파였다. 내전과 이스라엘 침공의 결과 가족이나 마을, 종교공동체같이 긴밀한 인간관계를 바탕으로 하는 소규모 사회를 삶의 중심으로 삼는 경향이 심화됐다. 국가 전체로 보았을 때 각각의 소규모 사회는 점점 더 멀어졌다.

정부가 사라진 상태에서 개개인들이 시련을 극복하도록 사람들을 결속시켜준 가족과 마을, 종교공동체는 다른 한편으로 강력한 정부와 민족적 정체성이 완전히 형성되지도 또한 지속되지도 못하게 하는 결과를 가져왔다. 시 당국의 식수공급이 끊기자 베이루트 시민들은 스스로 우물을 팠다. 전기공급이 끊기자 스스로 발전기를 구입해 가정에 필요한 전기를 생산했다. 경찰이 사라지자 사람들은 민병대의 보호를 받았다. 사회학자 사미르 칼라프(Samir Khalaf)는 다음과 같이 요약했다. "많은 레바논 사람들이 자신이 살고 있는 좁은 지역이나 그들이 속한 공동체로부터 물질적이고 정신적인 지원을 얻습니다. 그런데 지역이나 공동체가 때로는 사회규범을 위반하는 사람들의 행위를 부추기는 원천이 되기도 합니다. 달리 말하면, 한편으로 사람들을 더욱 인간답고 사회적으로 바람직하게 살 수 있도록 하는 힘이 다른 한편으로는 규범으로부터 벗어나도록 합니다. 요컨대 레바논의 형성과 해체가 그 뿌리를 같이한다는 것입니다."

붕괴한 레바논 사회를 가족과 이웃 혹은 종교공동체의 임시적 기능이 성공적으로 대체할 수 있다는 말이 아니다. 베이루트 사람들이 정상적으로 작동하는 정부보다 소규모 사회를 더 바람직하다고 생각한다는 의미도 아니다. 이들은 레바논이 겪는 문제의 실질적인 해결책이 아니다. 오직 일시적 완화책일 뿐이다. 마치 국가는 암에 걸렸는데 일회용 반창고를 붙인 것과 유사하다. 이들은 베이루트라는 정글에서의 삶이 사람들이 생각하는 만큼 고독하거나 비열하고 무자비하며 단명하지 않도록 해줄 뿐이다. 그러나 여전히 놀라울 정도의 기능을 수행하는 것은 사실이다.

　베이루트에서 얻은 교훈 중 아직까지도 내 마음속 깊이 남아 있는 것은 문명이란 인간의 삶을 둘러싸고 있는 대단히 얇은 껍데기에 불과하다는 점이다. 사람들 사이의 결속은 참으로 쉽게 해체될 수 있다. 여러 세대에 걸쳐 중동의 스위스라고 불리던 사회가 순식간에 갈가리 쪼개져 사람들은 서로서로에게 낯선 존재가 될 수 있다. 베이루트에서의 삶을 경험한 이후 나는 세상을 전혀 다르게 보게 됐다. 마치 바위나 전선다발의 아래쪽을 들춰보거나 컴퓨터 안에 숨겨 있는 칩을 본 것과 같은 느낌이다.

　스티븐 스필버그(Steven Spielberg)가 「폴터가이스트 Poltergeist」라는 영화를 만든 적이 있다. 시 외곽에 위치한 아담한 주택에 관한 이야기다. 그 집은 공동묘지 위에 지어졌는데 집에 살고 있는 가족은 이 사실을 알지 못한다. 죽은 사람들의 혼령이 그들의 무덤 위에 집을 지었다는 사실에 분노하고 땅 속에서 기어나와 집에 출몰하게 되면서 가족은 집 아래 무엇이 있는지를 알게 된다. 마침내 가족이 악마 연구 전문가의 힘을 빌려 화난 혼령들을 집에서 쫓아내기로 결정한다. 악령들이 드나드는 통로가 2층의 벽장이라는 사실을 퇴마사 여인이 알아낸다. 머리를 쪽진 작은 몸집의 퇴마사가 벽장의 문을 조심스럽게 여는 모습이 영화의 가장 극적인 장면이다. 벽장 속에서 사나운 괴물이 괴성을 지르고 입에서 불을 뿜으며 튀어나온다. 미친 듯이 날뛰는 분노와 폭력의 화신이다. 악령은 앞을 가로막는 모든 사람을 쓰러뜨린다.

　레바논을 떠난 이후 어디에 있건 내가 그 집에 살고 있다고 느꼈다. 언제 벽장문이 갑자기 열어젖혀지고 내가 베이루트에서 목격한 펄펄 끓는 혼돈의 구렁텅이 한복판에 서게 될지도 모른다는 느낌이었다. 야구경기나 영화관에 갈 때면 점잖게 앉아 있는 사람들을 둘러보며 스스로에게 의문을 던져본다. 이곳이 베이루트처럼 돌변하는 것이 얼마나 쉬운 일일까라고 말이다. 베이루트에서의 삶은 내 자신에게 악몽이었다. 그러나 강한 내면을 갖게 하는 원천이기도 하다.

　예루살렘에서 보낸 첫 주가 생생하게 기억난다. 1984년 6월 앤과 나는 마침내 베이루트를 떠나 예루살렘으로 갔다. 이스라엘의 수도에서 앤과 함께 영화관에 갔던 첫 번째 토요일 밤이 생각난다. 주변 지리에 어두웠던 우리는 셰러턴 호텔에서 택시를 집어타고 운전사에게 에디슨 극장으로 가자고 했다. 나중에 알고 보니 극장은 호텔에서 아주 가까운 곳에 있었다. 그러나 이스라엘 택시기사는 미터기를 작동하지 않고 터무니없는 요금을 요구하며 우리를 속이려 들었다.

우리는 그가 요구하는 요금의 25퍼센트를 지불하겠다고 말했다. 택시기사가 이를 거절하더니 소리를 지르기 시작했다. 우리는 돈을 좌석에 두고 걷기 시작했다. 화가 나서 얼굴이 시뻘겋게 달아오른 기사는 차 문을 박차고 나와 우리에게 고함을 질러댔다. 때려눕히든지 경찰을 부르든지 우리를 혼내주기 위해 뭐든지 하겠다고 말이다.

앤과 나는 운전사를 쳐다보고 나서 우리끼리 마주보고선 웃기 시작했다.

나는 내 가슴을 손가락으로 가리키며 운전사에게 영어로 소리쳤다. "내가 어디서 왔는지 아시오? 우리가 어디서 살다 온 사람들인지 아느냐고요? 베이루트에서 살다 왔어요. 그 빌어먹을 베이루트에서. 무슨 말인지 알아듣겠어요?"

홉스가 말한 정글로부터 막 **빠져나온** 사람들에게 경찰을 들먹이며 위협을 하다니!

히브리어와 아랍어로 온갖 저주를 퍼붓는 운전사를 뒤로한 채 앤과 나는 낄낄거리며 극장 안으로 들어갔다. 우리는 이미 모든 것을 겪었기 때문에 운전사가 뭔가 새로운 것으로 우리를 위협할 만한 것은 아무것도 없었다.

우리는 베이루트에 살다 온 사람들이었다.

3장
베이루트: 서로 다른 진실이 대립하는 도시

베이루트에 진실이란 없다. 오직 서로 다른 주장만 있을 뿐이다.
– 빌 패럴, 『뉴욕타임스』 중동 특파원

    1983년 겨울, 내 친구인 『필라델피아인콰이어러 Philadelphia Inquirer』의 데이비드 주치노(David Zucchino), 그리고 댈러스『타임스헤럴드 Times Herald』의 빌 배럿(Bill Barrett)이 함께 서베이루트에서 택시에 올랐다. 두 사람은 레바논 군대에서 탈영한 몇몇 드루즈파 고위 장교들을 추적하기 위해 슈프 산악지역에 있는 드루즈 마을 함마나로 가는 길이었다. 당시 이들의 탈영은 함께 가는 두 동료가 특종을 하고 싶어 할 만큼 큰 뉴스거리였다. 택시가 함마나 외곽에 도착했을 때의 일을 데이비드가 나중에 내게 말해줬다. 마을 외곽에 서 있던 쓰러져가는 드루즈 검문소를 보지 못한 택시기사가 속력을 전혀 줄이지 않고 검문소를 쌩하고 지나 마을로 진입하기 시작했다.

    데이비드가 당시를 떠올렸다. "드루즈 사람들이 화가 머리끝까지 났어요. 그런데 택시기사가 그냥 달리는 거예요. 우리는 한가하게도 '야, 재미있는 곳이구나.'라는 생각을 하고 있었죠. 그런데 갑자기 백미러를 보니까 차 한 대가 따라오고 있었어요. 차에는 여러 명의 드루즈 전사들이 타고 있었는데 모두들 턱수염을 바람에 휘날리며 총을 차창 밖으로 삐죽이 내밀고 있었죠. 그들의 차가 우리를 앞지르더니 우리를 세웠어요. 우리가 차를 멈추자 드루즈 전사들이 우리를 에워싸더니 뭐라고 마구 고함을 지르고 주먹을 흔들고 하더니 아랍어로 빠르게 뭐라고 하면서 총을 우리 차 안으로 들이밀었어요.

순간 우리는 큰일이 벌어졌다고 생각했죠. 우리는 즉시 큰 소리로 말했어요. '사하피(Sahafi), 사하피(아랍어로 저널리스트라는 뜻이다). 그러고선 드루즈에서 발행한 기자신분증을 흔들었죠."

드루즈 민병대원들은 증명서를 이리저리 검사하더니 자기들끼리 긴 논의에 들어갔다.

데이비드가 이야기를 이어갔다. "저는 정말 긴장하기 시작했죠. 정말이지 너무 긴장했어요. 어쩌면 민병대원들은 누가 제일 먼저 우리 머리에 총알을 박아 넣을 것인지를 상의하고 있을지도 모른다는 생각이 들었죠. 그런데 턱수염이 제일 길게 난 민병대원 하나가 갑자기 머리를 우리 차 안으로 들이밀더니 말했죠. '댈러스에서 온 사람이 누구요?' 배럿이 대답했죠. '나요.'"

그러자 눈이 이글거리는 그 민병대원이 들고 있던 AK-47 소총을 들이밀고 배럿을 향해 겨누면서 정말 심각한 표정으로 물었다. "J.R.을 죽인 사람이 누구요?" (미국 방송국 CBS에서 1978년부터 13년에 걸쳐 방영한 TV 시리즈 「댈러스」의 여러 에피소드 중 하나의 제목이다. -역자)

잠시 후 밖에 있던 민병대원 모두가 한바탕 웃음을 터뜨리며 두 기자에게 말했다. "환영합니다. 우리 마을에 온 것을 환영해요."

이와 같은 사건들을 겪으면서 베이루트 취재의 첫 번째 원칙을 세웠다. 농담을 여유 있게 받아들이지 못한다면 베이루트에 와서는 안 된다는 것이다. 베이루트 같은 곳에서 취재하려면 유머감각을 절대로 잃어서는 안 된다. 그렇지 않을 경우 정신적으로 참아내기 힘들어질 뿐만 아니라, 더 중요하게는 레바논 사람들에게서 찾을 수 있는 핵심적인 무언가를 놓치게 된다. 레바논 사람들은 가장 암담한 순간에도, 어쩌면 그런 순간들 때문인지도 모르지만, 결코 웃음을 잃는 일이 없다.

그러나 베이루트에서 기자로 활동하는 데에는 삶의 불합리함을 인식하는 것 이상이 요구된다는 점을 곧 알게 되었다. 내가 베이루트로 파견된 것은 UPI에 취직한 지 11개월 만이었기 때문에, 저널리스트가 된다는 것이 진정으로 어떤 의미인지를 알게 된 것은 베이루트에서였다. 생각하기에 따라서는 베이루트가 저널리즘을 훈련하기 위한 최적의 장소일 수도 있겠고 가장 좌절감을 느낄 만한 곳이기도 했다. 그러나 어떤 시각에서 보더라도 절대로 잊을 수 없는 곳이었다.

베이루트에서의 취재를 가장 힘들게 했던 점은 그곳에는 중심이라고 할 만한 곳이 없다는 사실이었다. 정치적으로도 그러했고 중심으로 삼을 만한 건물 같은 것도 없었다. 통치기능을 담당하는 통합된 정부가 없었기 때문에 권위를 가진 기관도 없었다. 뉴스가 될 만한 이야기를 점검할 공식기관이 없었으므로, 기자들 입장에서는 받아들일 만한 혹은 비판할 만한 권위 있는 공식 버전의 현실이 존재하지 않았다. 베이루트는 정부관리, 즉 '공식적인 인사'가 없는 도시였다. 1975년 내전이 발발한 이후 레바논의 중심이란 다수의 정치세력과 이들의 사병(私兵)들로 분할된 바둑판과 같은 곳이 되었다. 각 세력은 현실에 대한 자신의 시각을 가지고 있었다. 서로 다른 버전으로 포장된 현실은 각 세력의 대변인과 라디오 방송국을 통해 전파되었다. 레바논에서 어떤 뉴스기사의 '진실'을 규명하기 위해 밝은 빛을 비추면 파벌과 정치세력이라는 프리즘에 의해 항상 굴절되었고, 이를 통과한 색색의 분광이 벽에 비춰지듯 머릿속을 혼란스럽게 만들었다. 기자들은 어떤 곳에서는 다소 붉은색 안경을 다른 곳에서는 파란색 안경을 끼고 현실을 바라봐야 했고, 취재를 마친 후 가장 진실에 가깝다고 판단되는 그림을 그려내는 식으로 기사를 작성해야만 했다. 무언가의 진상을 규명해냈다는 만족감을 느낄 수 있는 경우는 거의 없었다. 마치 칠흑같이 어두운 동굴 속에서 촛불 하나에 의존하여 일하는 것과 같았다. '진실'을 조명하는 빛을 찾았다고 생각하고 그 빛을 따라가서 결국 발견하는 것은 한 개의 촛불을 들고 진실의 빛을 찾아 헤매는 또 다른 사람일 뿐이었다.

이와 같은 취재환경에 매우 당황스러움을 느낀 몇몇 기자들은 공식적인 것처럼 비춰질 수 있는 질서를 스스로 만들어내기 시작했다. 빛이 없는 곳에서 스스로 빛을 만들어낸 것이다. 이들이 뉴스를 날조하지는 않았지만, 대단히 재미있는 취재원(取材源)을 인용하고는 했다. 예컨대 어느 통신사는 베이루트에서 일어난 전투와 관련된 기사를 내보내며 다음과 같이 취재원을 인용했다. "정부당국의 규제로 신원을 밝힐 수 없는 베이루트 경찰의 대변인이 이렇게 전했다." 베이루트에 경찰 대변인이란 없었다. 만약 있다고 하더라도 대변인에게 자신의 이름을 밝히지 말 것을 명령하는 정부의 규제는 존재하지 않았다. 이 통신사는 정치 관련 기사를 내보내며 취재원으로 어떤 '좌파' 인물을 종종 인용하곤 했다. 도대체 베이루트에서 '좌파' 취재원이란 누구를 지칭하는가? 당시 나는 의아스럽게 생각하곤 했다. 왼손잡이 인물일까? 베이루트 서쪽에 거주하는 사람들 중 약 반 정도는 좌파라고 할 만했다. 베이루트에서 취재원으로 '좌파'를 인용하는 것은 마치 이스라엘에서 '유대인'을 취재원으로 밝히는 것처럼 무의미한 일이다. 그러나 정부관리가 없는 도시에서 뉴스기사에 다소의 권위를 부여하기 위해 기자들은 이 같은 취재원을 인용하곤 했다.

그렇지만 베이루트에서의 취재활동을 흥미진진하게 만드는 것 또한 이와 같은 혼돈이었다. 베이루트에서 기자로 활동한다는 것은 마치 연극을 보러온 관객이 아무 때나 무대에 올라, 대사를 큰 소리로 외우거나 극적인 장면을 연습 중인 배우들과 실시간 인터뷰를 하는 것과 같았다. "햄릿, 양아버지에 대해 어떤 감정이 들어요?" 이 같은 행위를 막을 안내인은 없었다. 기자단 같은 조직도 없었고 인터뷰를 하기 위해 사람들에게 접근하는 데에도 제한이 없었다.

다른 국가에서라면 공식적인 발표 뒤에 숨겨져서 쉽게 알 수 없는 충돌이나 장면을 목격하고 묘사할 수 있었던 것은 이 때문이었다. 이스라엘의 침공이 시작된 이튿날 보조기자 모하메드와 나는 베카 계곡으로 차를 몰았다. 시리아와 이스라엘이 교전을 시작했다는 소식을 눈으로 확인하기 위해서였다. 전쟁의 초기단계에서는 교전이 확실히 시작됐는지의 여부를 아무도 확신할 수 없었다. 레바논 남부 카룬 호수에 가까워졌을 때, 여섯 문의 130밀리미터 대포가 정렬된 채 이스라엘 국경을 향해 발포하고 있는 모습이 보였다. 근처 나무 아래에는 포격을 지켜보고 있는 여러 명의 남자들이 보였다. 전투가 벌어지고 있는 현장의 모습과는 전혀 어울리지 않게 잘 맞지 않는 신사복을 입고 있었다. 시리아 군의 정보요원들 같았다. 우리는 차를 몰아 그들에게 다가가 조용히 물었다. "실례합니다만 시리아 군이 포격하는 있는 중인가요?"

"맞습니다." 그들이 대답했다.

"그럼 저쪽에 떨어지는 포탄이 이스라엘 군이 쏜 것인가요?" 450미터 남짓 떨어진 산허리를 가리키며 우리가 다시 물었다.

"맞습니다." 그들이 고개를 끄덕이며 대답했다. 필요한 정보를 얻은 우리는 얼른 차에 몸을 싣고 전속력으로 베이루트를 향해 달렸다. 정보요원들이 다음과 같은 질문을 하기 전에 그곳을 벗어나야 했기 때문이다. "그런데 저기 두 남자는 뭐하는 사람들이지?"

기자들이 스스로의 용기를 시험한다 싶을 정도로 오래 머무르며 필요한 정보를 얻다보면 불가피하게 선을 넘는 경우가 있다. 1978년 이스라엘이 레바논 남부를 침공하여 리타니 강까지 올라왔을 당시, 『맨체스터 가디언 Manchester Guardian』의 데이비드 허스트(David Hirst)와 『크리스천 사이언스 모니터 Christian Science Monitor』의 네드 템코(Ned Temko), 미국의 소리(Voice of America) 방송의 덕 로버츠(Doug Roberts)는 전투 현장을 직접 보기 위해 베이루트에서 차를 몰고 내려갔다. 이들은 시돈에 주둔한 PLO 게릴라들로부터 PLO가 하다타 인근의 마을에서 이스라엘 군을 방금 몰아냈다는 이야기를 들었다. 세 기자는 그 말이 사실인지 직접 확인하기로 했다. 그런데 실제로는 이스라엘 군이 하다타에서 팔레스타인 사람들을 몰아내고 마을을 소개시켰다는 것을 알게 됐다. 세 사람의 기자가 차를 몰고 오는 모습을 본 이스라엘 병사들은 이들이 다시 마을로 돌아오는 팔레스타인 게릴라라고 생각하고 여러 차례에 걸쳐 일제사격을 가했다. 사격은 8시간에 걸쳐 띄엄띄엄 계속되었다. 다음날 아침 세 사람은 인근 언덕 꼭대기에 주둔하고 있던 이스라엘 부대에 '항복'했다. 이스라엘 군은 이들을 보호한다며 세 사람을 이스라엘로 데려갔다. 세 사람이 국경을 넘자마자 이스라엘의 라디오 방송국 기자가 데이비드 허스트에게 다가와 물었다. 이스라엘 군에 구조된 기분이 어떠냐는 질문이었다.

"이스라엘 군이 우리에게 사격을 멈춘 다음부터는 괜찮았소."라고 데이비드가 대답했다.

전투현장으로의 접근이 언제나 무제한적으로 허용되지는 않았다. 어떤 전투현장에 가려고 할 때는 전투를 지켜보는 장소에 함께 있게 될 민병대로부터 기자신분증을 얻어두는 것이 현명하고 또 필요했다. PLO, 팔랑헤, 드루즈, 시아파 아말 민병대는 모두 각자 기자신분증을 발행했다. 때로는 이들의 대변인들이 고무인과 잉크 스탬프를 들고 전선을 돌아다니기도 했다. 급히 신분증이 필요한 기자들을 위해서였다. 하루에도 여러 곳의 전선을 취재해야만 하는 기자들은 왼쪽 상의 주머니에는 '좌파' 민병대가 발행한 신분증을 넣고 오른쪽 주머니에는 '우파' 민병대의 것을 가지고 다니기도 했다. 예컨대 PLO 검문소에서 팔랑헤 민병대가 발행한 신분증을 제시하지 않기 위해서였다. 신분증을 잘못 내밀 경우 문제가 생길 수도 있는데, 최소한 예의 없다는 박대는 예상해야 했다.

베이루트에서 통용되는 기자증이란 백악관 출입에 사용하는 신분증과는 좀 다르다. 급진 시아파에 대한 책을 쓰던 미국 기자 로빈 라이트(Robin Wright)는 두려움을 몰랐다. 그는 '신의 정당(Party of God)'이라는 의미를 가진 급진 헤즈볼라 민병대가 관할하는 마을에 수시로 드나들었다. 여성에게 이는 대단히 위험한 일이었다. 그래서 어느 날 로빈은 헤즈볼라의 고위 장교를 찾아가 말했다. "이봐요. 나는 미국인인데, 우리가 당신들을 이해하는 데 도움이 될 만한 이 책을 쓰고 있어요. 그런데 기자신분증이 없는 상태로 운전하며 여기저기 다니기가 무척 불안하네요. 무슨 조치를 좀 취해줄 수 없겠어요?"

헤즈볼라는 저널리스트를 인정해주기보다는 납치하는 데 더 능한 사람들이었다. 로빈이 말을 이어갔다. "내가 부탁했던 그 장교는 기자신분증이 뭔지 잘 이해하지 못하는 것 같았어요. 그렇지만 내게 뭔가 편의를 주고 싶어 했죠. 장교가 헤즈볼라 포스터가 잔뜩 붙어 있는 벽으로 걸어가더라고요. 주먹을 불끈 쥐고 있거나 AK-47 소총을 쥐고 있는 사람들의 그림이 그려진 포스터들이었죠. 그가 포스터 하나를 벽에서 약간 들더니 헤즈볼라의 상징이 인쇄된 아래쪽 귀퉁이를 찢는 거예요. 그러더니 내게 그 포스터 조각을 건네줬죠. 장교가 말했어요. 사람들에게 이 상징을 보여주세요. 아무 문제 없을 겁니다. 내가 장교에게 말했죠. 이 종잇조각에다 날짜를 써준다든지 아니면 당신의 이름을 써준다든지 뭐 그런 거 없을까요? 장교는 그저 어깨를 으쓱할 뿐이었어요. 그런데 그 포스터 조각이 효과가 있더라고요! 며칠 후 헤즈볼라 검문소에서 검문을 당했어요. 포스터 조각을 꺼내서 보여줬더니 그들이 만면에 웃음을 띠며 즉시 보내줬어요. 베이루트에서 돌아오면서 그곳에서 사용하던 기자신분증을 많이 가져왔는데 바로 그 포스터 조각이 가장 애지중지하는 신분증이죠. 언제 또 편리하게 사용할 수 있을지 누가 알겠어요."

* * *

나도 신분을 증명하는 데 곤란을 겪었던 적이 있다. 신분을 증명해야 하는 일은 언제고 닥칠 수 있는데 신분증명서를 가지고 있지 않을 때였다. 어느 날 나는 데이비드 주치노와 함께 택시를 타고 베이루트와 다마스쿠스를 잇는 고속도로를 달리고 있었다. 슈프 산악지역에서 벌어진 드루즈와 팔랑헤 사이의 전투를 취재하기 위해서였다. 산악지역을 중간쯤 올라갔는데 급조한 검문소 하나가 보였다. 그곳에서 10대 소년 몇 명이 꼭 끼는 캘빈클라인 청바지를 입고 허리띠에 권총을 찬 채, 지나가는 차를 세우고 일부 사람들에게 차에서 나와 길가로 가라고 손짓하고 있었다. 드루즈파가 마론파 사람들을 납치하는 것인지 아니면 그 반대 상황인지 우리는 전혀 알 수 없었다. 그러나 차에서 내리는 불쌍한 레바논 사람들은 납치하는 사람들이 누구든 자기들이 죽을 운명이란 점을 알고 있는 듯했다. 인질 중 몇몇은 도로변에 앉았다. 자신의 운명을 받아들인다는 듯 어깨가 축 처지고 머리를 가슴 쪽으로 숙이고 있었다. 애처로운 모습이었다.

10대 중 하나가 우리가 타고 있는 택시 차창 안으로 머리를 들이밀며 낮은 소리의 아랍어로 물어왔다. "당신들 종교가 뭐요?"

머릿속에서 생각이 오갔다. 만일 내가 기독교인도 아니고 드루즈파도 아니며 유대인이라고 진실을 말한다면 그는 절대로 내 말을 믿지 않을 것이다. 그러나 그렇게 말하지 않을 거라면 도대체 뭐라고 해야 하는가? 나는 그가 기독교도인지 드루즈파인지 모른다. 그가 어떤 답을 원하고 있는지 몰랐다.

그런데 택시기사가 참으로 현명했다. "당신들 종교가 뭐요?"라고 10대 민병대원이 다시 물어오자 택시기사가 퉁명스럽게 대답했다. "이 사람들은 저널리스트들이에요. 종교와 상관없어요." 다행스럽게도 그날은 10대 민병대원들이 저널리스트를 납치하려는 날이 아니었던가보다. 그들은 우리를 통과시켰다. 택시가 속도를 높여 검문소를 벗어나자 그곳에 남은 인질들이 우리 쪽을 부러워하며 바라보던 시선을 잊을 수 없다.

1980년대 초반 서베이루트에서 미국 출신 유대인 기자로 활동한다는 것이 때로는 어려운 일이기도 했다. 특히 이스라엘의 침공이 격렬했던 시기에 더욱 그랬다. 친구든 정부 관료든 누구라도 내 종교가 무엇인지를 물어오는 경우 나는 유대인임을 숨기는 일이 없었다. 그러나 누가 묻기도 전에 스스로 돌아다니며 "안녕하세요. 나는 톰 프리드먼이라고 합니다. 유대인이죠."라고 하는 일은 없었다. 유대인임을 밝혔을 때 누군가 내게 총을 쏘지 않을까 두려워서 스스로 말하고 다니지 않았던 것은 아니다. 내 종교가 취재에 방해가 되기를 원치 않았기 때문이다. 사람들이 내가 누구인가보다는 내 글을 보고 나를 평가하기를 바랐다.

그러나 베이루트에서 지내면서 내가 누구인가를 예민하게 의식하지 않았던 적은 단 한순간도 없었다. 베이루트에 도착하고 나서 처음 몇 주 동안 나는 마치 내 머리 위에 네온사인이 번쩍거리고 있는 듯한 느낌을 항상 받았다. "유대인입니다. 유대인이요. 이 사람은 유대인입니다."라고 말하는 네온사인 말이다. 그러나 누군가가 베이루트에 있다면 그는 유대인일 수 없다고 사람들이 생각한다는 점을 곧 알게 됐다. 제정신을 가진 유대인이 도대체 어떻게 베이루트에 온다는 말인가? 골드버그(Goldberg)라는 이름을 가진 사람을 만나도 레바논 사람들은 그저 이방인이라고만 생각했다. 한번은 알제리 비자를 신청하러 간 적이 있었는데, 대사관 직원이 내가 제출한 신청서에 '종교란'이 비어 있는 것을 보더니 내게는 묻지도 않고 '기독교'라고 채워 넣었다. 서구 사람들 눈에는 프리드먼이라는 이름이 쉽게 알 수 있는 유대인 이름이었지만, 아랍어권에 사는 사람들은 서구식 이름에 그다지 친숙하지 않았다. 피부색이 지중해 연안에 사는 사람들처럼 짙고 코밑수염을 기르고 있었기 때문에 레바논 사람들은 내게 아랍 계통이냐고 항상 물어왔다. 내 대답은 이랬다. "아뇨. 나는 미국인입니다. 100퍼센트 미국인이죠." 그러면 사람들은 다시 물었다. "미국인이 되기 전에 뭐였냐고요? 프리드먼이란 어떤 계통의 이름이죠?" 나는 다시 대답하곤 했다. "루마니아 사람이었어요." 친할아버지가 루마니아에서 미국으로 이민왔기 때문이다. 그러고 나면 사람들은 더 이상 물어보지 않았다. 그 정도에서 대체로 만족할 만한 대답을 얻은 듯했다. "루마니아." 사람들은 그렇게 말하고 나서 고개를 끄덕이곤 했다. 그 대답으로 모든 의문이 풀렸다는 듯이 말이다.

그러나 내 마음속에는 항상 팽팽한 긴장이 존재했다. 내가 아는 나 자신과 남들이 생각하는 나 자신 사이에 큰 괴리가 있었기 때문이다. 민병대의 지도자 혹은 아랍 정치인들을 인터뷰할 때면 내 가슴이 걷잡을 수 없이 두근거렸다. 이 사람이 내가 누구인지를 알게 되면 어떻게 할 것인가? 1966년 미니애폴리스 아다스 여수룬 유대교회당에서 내가 성인식을 치렀다는 사실을 알게 된다면 이를 중요하게 여길까? 내 큰누나가 루바비치파 하시딕 유대인으로 일곱 명의 자녀와 함께 마이애미 해변에서 살고 있다는 것을 알게 된다면 충격에 빠질까?

이와 같은 생각을 마음에서 최대한 지워버리기 위해, 대화가 종교문제로 이어지려고 하면 주제를 바꾸는 데 아주 능하게 됐다. 그러나 이 방법이 항상 성공한 것은 아니다. 내가 레바논에 있을 때, 저명인사였던 레바논 중앙은행장 미셸 쿠리(Michel Khouri)가 해변에 위치한 베이루트 호텔에서 개최한 저녁식사 파티에 나와 앤을 초대했다. 나는 레바논 건설부장관의 부인 옆자리에 앉게 됐다. 서로 소개를 마치자마자 그녀는 질문하기 시작했다. "프리드먼, 프리드먼, 어떤 계통의 이름이죠?" 대답을 얼버무리려는 나의 이러저러한 방어벽을 허물고 그녀는 내가 유대인이란 점을 알아냈다. 그 순간 나는 그녀에게 날씨에 관해 물어보려 했다. 정말로 그랬다. "날씨가 정말 좋죠? 그렇지 않은가요?"

그녀가 장난기 가득한 목소리로 대답했다. 눈은 즐거움으로 반짝였다. "주제를 바꾸시려는 거죠?"

악의가 느껴지지는 않았지만 그녀는 나에 대해 좀 더 이야기하고 싶어 했고 내 출신에 대해 좀 더 따져보려고 했다. 어쩌면 테이블에 앉은 다른 사람들과 함께 문제를 풀어보려고 할지도 모를 일이었다. 그런데 내가 이에 응하지 않은 것이었다. 그녀가 질문해왔을 때 주제를 다른 곳으로 돌리려는 나의 시도가 다소 매끄럽지 않아 오히려 그녀의 호기심만 키워버린 꼴이었다. 그녀와 나는 웃기 시작했다. 나는 두 팔을 들고 장난스럽게 졌다는 제스처를 취했다. 그러곤 활짝 웃으며 그녀에게 말해줬다. 내가 아주 잘하는 게임에서 그녀가 이겼다고 말이다.

그리고 나서 나는 주제를 바꿨다.

내가 필요 이상으로 유대인이라는 사실에 대해 걱정했던 것이 사실이다. 어쩌면 레바논은 미국 국적을 지닌 유대인이 기자로 활동할 수 있는 최적의 나라일 수도 있다. 레바논에 사는 사람들은 다양한 종교공동체와 함께 살아가는 데 대단히 익숙하기 때문이다. 레바논에 사는 유대인은 카타르에서 살아가야 하는 유대인과 다르다(카타르 인구의 95퍼센트가 수니파 이슬람교도다.-역자). 내가 베이루트에 도착할 즈음 그곳에 거주하던 거의 대부분의 유대인들이 다른 곳으로 이민 갔던 것은 사실이지만, 사정이 나쁘지 않던 시절에는 베이루트의 유대인도 다른 종교공동체와 마찬가지로 도시를 구성하는 한 부분이었다. 나의 친한 레바논 친구들은 내가 유대인이라는 사실을 모두 알고 있었지만 그것 때문에 달라진 것은 조금도 없다. 오히려 그들은 내가 혹시라도 불편함을 느낄까봐 더 세심하게 신경 쓰려고 했다. 사실 나는 미니애폴리스에서 보낸 고등학교 시절보다 레바논의 친구들과 있을 때 훨씬 편안했다. 미니애폴리스에서는 학생들의 압도적 다수가 기독교도였다. '인색한 유대인들'이 동전을 줍는지 보겠다고 우리에게 1페니 동전을 던지던 반유대주의 아이들도 많았다(이와 관련된 내 기억 중 가장 오래된 것은 초등학교 때의 일이다. 어느 기독교도 아이가 다른 기독교도 아이에게 혀 짧은 소리로 '더러운 유대인'이라고 했다가 둘이 싸우게 된 일이었다).

내가 유대인이라는 사실을 전혀 모르는 사람들과 함께 있는 자리에서도 반유대주의가 유대인들에 대해 일삼는 저속한 표현을 쓰는 사람을 베이루트에서는 거의 보지 못했다. 유대인들이 사업에 능하다거나 미국을 조종한다거나 하는 헛소문이 많았다. 전직 레바논 수상이었던 사에브 살람(Saeb Salam)이 이런 말을 종종하곤 했는데, 그의 의도는 현실을 묘사하고자 함이 아니었다. 유대인에 대한 반감이라기보다는 두려움에서 나온 언급이었다. 수니파 이슬람교도인 살람은 내가 유대인이란 사실을 잘 알았다. 우리가 가끔 그 문제에 관해 의견을 주고받았기 때문이다. 그는 나와 친구라는 점을 항상 자랑스럽게 생각했던 것 같다. 그리고 그와 그의 가족은 언제나 나를 돌봐주려고 애썼다. 그러나 가끔 살람은 자신의 지인들에게 내 정체를 밝혀 그들을 놀라게 하며 즐거워하곤 했다. 어느 날 살람을 만나기 위해 기다리고 있었다. 살람은 눈매가 매서운 어느 이슬람 장로에게 고함을 지르며 야단치고 있었다. 지난 금요일 장로가 이슬람 교회당에서 행한 설교가 레바논 군대에 너무 적대적이라는 이유였다. 붉은색과 흰색으로 된 터번을 두르고 엷게 턱수염을 기른 작은 몸집의 장로가 사무실을 나서려고 할 때, 살람이 나를 그에게 억지로 소개했다. 그는 장로에게 나를 이렇게 소개했다. 이 사람은 『뉴욕타임스』에서 온 기자이고, 퓰리처상을 받은 바 있으며, 아랍어를 할 줄 알고, 게다가 '유대인'이라는 것이었다.

살람의 말이 끝나고 아주 잠시 정적이 흐르더니 장로의 눈이 휘둥그레졌다. 마치 턱수염이 떨어져나가는 듯한 모습이었다. 아마도 그 장로는 지금까지 코란을 두드리며 유대인을 저주하는 설교를 했을 것이지만, 실제로 유대인을 만난 것은 내가 처음임이 확실했다. 맥 빠진 악수를 나누더니 장로는 서둘러 사무실을 빠져나갔다.

내가 정기적으로 취재한 대부분의 PLO 관리들과 게릴라들은 내가 유대인이라는 사실을 알았다. 그리고 그들은 신경도 쓰지 않았다. 그들에게 나는 『뉴욕타임스』 기자였고 그것으로 끝이었다. 그들은 '반유대주의자'가 아니라 '반시온주의자'로서 충실했다. 그러나 나의 종교가 PLO와의 관계에서 문제가 된 적이 있었다.

1982년 7월 초 이스라엘이 베이루트를 포위하고 있던 시기에, 나와 모하메드는 당시 야세르 아라파트의 개인 대변인이었던 마무드 라바디(Mahmoud

Labadi)에게 의장과의 인터뷰를 부탁했다. 그가 유대인을 좋아하지 않는다는 소문을 알고 있었고 실제로 그와의 관계는 항상 어색했다. 어쩌면 나라는 존재가 1982년 여름 그에게는 악몽일지도 몰랐다. 당시는 PLO에게 대단히 중요한 시기였다. 세계무대에 PLO의 존재를 명확하고도 널리 알릴 필요가 있었다. 그런데 미국의 가장 중요한 신문사에서 파견한 기자가 바로 유대인이었다. 자기혐오에 빠진 유대인도 아니고 시온주의에 반대하는 유대인도 아닌 평범한 보통 유대인이었다. 나는 최대한 객관적 태도를 유지하려고 노력했고 라바디 역시 이를 알고 있었다. 그러나 그는 내가 PLO에 우호적인 기자가 아니라는 점도 알았다. PLO의 주장에 거의 의문을 제기하지 않고 그대로 전달하는 기자들이 있었다. 주로 유럽에서 온 기자들이었다.

며칠 후 나는 아라파트와의 인터뷰를 신청했다. 라바디가 내 보조기자였던 (팔레스타인 사람인) 모하메드를 한쪽으로 데려가더니 이렇게 말했다. 인터뷰를 허용할 것이지만 내가 아니고 '키 큰 기자'가 하도록 하겠다는 것이다. 호리호리하고 키가 큰 내 동료 빌 패럴을 지목한 것이다. 나는 모하메드에게 지시해서 이렇게 전하라고 했다. 내가 지국장이고, 인터뷰는 내가 하든지 아니면 없던 일로 하겠다고 말이다. 하룻밤 생각해보더니 라바디가 제안을 받아들였다. 인터뷰 날이 다가왔다. 내가 아라파트와 함께 방에 들어서려는 순간 라바디가 나를 팔꿈치로 밀며 한쪽 구석으로 데려가서 말했다. "알려줄게 있소. 내가 뉴욕에 있는 우리 사무소에 지시해서 당신이 우리에 대해 보도하는 것 모두를 꼼꼼하게 평가하라고 했소."

내가 대답했다. "좋아요, 마무드. 나는 아무것도 숨길 게 없어요."

인터뷰는 순조롭게 진행됐다. 인터뷰 기사는 1면에 실렸고 일주일이 지났지만 라바디에게는 아무 연락이 없었다. 그러던 어느 날 빌 패럴이 PLO에서 발행한 기자신분증을 연장하기 위해 라바디의 사무실을 찾았다. 이는 항상 위험한 일이었다. 언제 이스라엘 공군이 주변을 공습할지 모르는 상황이었기 때문이다. 빌이 기자증에 스탬프를 받는데 라바디가 사무실에 들어와서는 빌 앞에 텔렉스 뭉치를 던졌다. PLO의 UN 대표부에서 보내온 것이었다. 내가 쓴 기사를 평가하는 글이었는데 대체로 공정하고 균형 있는 기사였다고 했다. 그러나 『뉴욕타임스』가 때때로 '팔이 안으로 굽는' 보도 태도를 보이기 때문에 PLO에 대한 지지가 미온적이라고 넌지시 지적했다. 『뉴욕타임스』의 원소유자가 유대인이었다는 사실을 지칭한 것이 확실했다. 라바디는 빌에게 당장 나를 만나야겠다고 말했다. 나는 빌에게서 이야기를 전해 듣고, 여름 내내 억누르고 있던 심한 의구심이 걷잡을 수 없게 됐다. 혹시 누군가가 왈칵 문을 열고 들어와 내 머리를 총으로 날려버리지는 않을까 걱정하면서 잠을 이룰 수가 없었다. 충실한 동료이자 보조기자인 모하메드가 상황을 설명하며 나를 진정시키려 했다. "그들은 당신을 압박해보고 싶은 거예요." 모하메드는 두 손을 맞잡고 비틀어 물에 젖은 헝겊조각에서 물을 짜내는 듯한 모습을 취하며 말했다.

다음날 아침 모하메드와 나는 라바디를 찾아갔다. 그가 텔렉스를 내게 건넸다. 나는 끝까지 다 읽고 소리 내어 한 번 더 읽었다.

텔렉스를 무릎에 내려놓으며 내가 말했다. "괜찮은 것 같은데요, 마무드."

"괜찮지가 않소." 라바디가 냉정하게 말했다.

이때 모하메드가 끼어들었다. 여름에 쓴 내 원고를 단어 하나하나 모두 읽어보았는데 기사는 '매우 공정'하다고 말했다. 라바디가 모하메드의 말을 중간에서 잘랐다. 그리고 모하메드의 영어실력이 부족해 내가 쓴 원고의 뉘앙스를 이해하지 못한다고 말했다.

잠시 사무실 안에는 정적만이 감돌았다. 나는 텔렉스를 내 무릎에 내려놓은 채 라바디를 응시했다. 라바디는 나를 응시했다. 모하메드는 빈곳을 바라보며 걱정스러운 듯 의자 안에서 이리저리 자세를 고쳤다. 내가 가진 카드를 모두 꺼내야 하는 시점이라는 판단이 들었다.

내가 말했다. "마무드, 까놓고 얘기해봅시다. 나는 유대인이오. 당신도 이미 알고 있듯이 말이오. 여기 오기 전 편집부에서 내게 물었소. 어떻게 유대인을 베이루트 특파원으로 보낼 수가 있는지 말이오. 나는 아무 문제가 없을 거라고 대답했소. PLO를 취재하는 데 종교문제로 어려움을 겪은 적이 한 번도 없다고 편집부에 말했소. 만일 PLO의 정책이 달라진 거라면 알려주시오. 그렇다면 나도 즉시 코모도어 호텔로 돌아가 짐을 싸겠소."

"아뇨. 아뇨. 그럴 필요까지는 없죠. 우리는 유대인에게 어떠한 악감정도 가지고 있지 않아요. 단지 앞으로는 좀 더 잘 해달라는 얘기요." 라바디가 손을 흔들며 말했다.

"좋아요. 앞으로 공정하게 보도하려고 노력하겠소. 지금까지도 그래왔지만 말이오." 내가 말했다.

만남이 끝나고 나서 라바디가 모하메드를 한쪽으로 데려가 말했다. "우리는 저 기자가 나쁜 사람이 아니라는 것을 알아요. 그저 좀 더 잘 해달라는 의미요."

1982년 7월 초의 일이었다. 사브라와 샤틸라에서 학살이 일어나기 전이었다. 그해 여름이 다 지나기 전까지 라바디와 나는 다섯 단어 이상 얘기를 나눈 기억이 없다.

사람들이 내게 정중하게 대했지만 팔레스타인과 이스라엘의 갈등에서 종교가 기본요소가 아닐지도 모른다는 환상을 가져본 적은 없다. 그럴 수밖에 없었다. 이들의 갈등은 같은 땅을 차지하려는 두 국가만의 싸움이 아니었다. 신학적으로 오랫동안 적대시해온 이슬람과 유대라는 두 종교공동체가 배후에 있었다. 팔레스타인 사람들끼리 대화하면서 이스라엘 사람들을 이스라엘 사람들이라고 부르는 법은 없다. 언제나 '유대인'이라고 부른다. 이스라엘인을 경멸하기 위해서가 아니다. 그들이 이스라엘 사람들을 어떻게 바라보는지에 대한 솔직한 표현일 뿐이다. 언제나 이슬람의 통치 아래서 살아왔고, 예루살렘과 이슬람 땅에 국가를 세울 자격이 없는 종교공동체로서의 유대인이다. 나는 객관적인 태도를 견지하는 기자로서 양측의 싸움에서 제3자의 입장을 취하려고 최대한 노력했다. 그러나 본능적인 무언가가 마음 한구석을 항상 아프게 했다. 이 싸움이 마치 본능과도 같이 사람들의 마음속 깊이 뿌리박고 있으며 공동체 사이의 갈등이라는 점을 떠올리게 했다. 그리고 내가 그중 하나의 공동체에 속한다는 사실도 일깨웠다.

1983년 가을 PLO 내부에서 아라파트의 지도력을 전복하려는 반란이 일어났다. 나는 레바논 북쪽에 위치한 트리폴리로 가기로 결정했다. 그곳은 아부 무사(Abu Musa)와 시리아가 지원하는 팔레스타인 지도자 아흐메드 제브릴

(Ahmed Jebril)의 연합세력이 아라파트를 그의 마지막 근거지였던 바다위 (Badawi) 난민촌으로부터 패퇴시킨 장소였다. 나는 주간지 『타임 Time』의 임시특파원 배리 힐렌브랜드(Barry Hillenbrand)와 함께 택시를 타고 곧장 바다위로 향했다. 제브릴과 그의 부하들은 4층짜리 조립식 아파트 두 개 동을 차지하고 있었다. 밖에 보초를 서고 있는 게릴라 몇 명에게 제브릴을 인터뷰할 수 있을지를 타진했다. 안에 들어가 인터뷰가 가능한지 알아보는 동안 밖에서 기다리라는 답이 돌아왔다.

우리가 기다리고 있는데, 20대 초반으로 보이는 두 명의 젊은 팔레스타인 여인이 대단히 조심스럽게 보초에게 다가갔다. 나는 그들의 대화를 엿들을 수 있었다. 두 여인은 아파트 한 동의 지하에 살고 있었는데 이주일 전 전투를 피해 건물에서 나왔다고 했다. 이제 이들이 다시 돌아와서 자신의 아파트라고 주장하며 물건이 잘 있는지 확인하고 싶다는 말이었다. 이들은 들어갈 수 있었을까? 게릴라들은 처음에는 안 된다고 퉁명스럽게 대답했다. 그러나 여인 중 하나가 울음을 터뜨리자 보초들은 마음이 누그러져 이들을 들여보냈다.

게릴라 중 한 명이 말했다. "들어가시오. 그렇지만 아무것도 가지고 나오면 안 됩니다."

안으로 들어가고 2~3분이 지나지 않아서 여인들은 아파트에서 뛰어나왔다. 분노로 가득한 비명을 지르고 자신들의 옷깃을 손으로 찢을 듯이 움켜쥐고 슬픔에 울부짖었다. 여자 한 명은 어떤 게릴라에게 달려들어 그의 가슴을 마구 때리기 시작했다.

그녀가 아랍어로 고함쳤다. "부끄러운 줄 알아야지. 부끄러운 줄을. 우리더러 아무것도 가지고 나가면 안 된다고? 뭐가 하나라도 있어야 가지고 나오든지 말든지 하지. 우리가 10년을 일해서 모은 것들이야. 10년을 일했다고. 무엇 때문에? 이렇게 되려고? 다 없어졌어. …… 너희들이 다 가져갔다고!"

가슴 아픈 장면이었다. 나는 눈물이 나오려고 했다. 그때 다른 여인이 분노에 주먹을 움켜쥔 채 게릴라들을 향해 목청이 터지도록 소리를 질렀다. "우리는 유대인이 아니야! 우리는 유대인이 아니라고! 우리는 유대인이 아니란 말이야! 우리에게 왜 이러는 거야?"

필요는 발명의 어머니라고들 한다. 베이루트의 혼돈 속에서 저널리스트들이 필연적으로 개발한 가장 중요한 발명품은 지역 출신 '해결사'였다. 이들은 대개 레바논 사람이거나 팔레스타인 사람이었는데, 베이루트라는 아라베스크 무늬의 미로를 요리조리 뚫고나가 적절한 사람에게 적절한 액수의 뇌물을 적절한 시기에 전달할 줄 아는 사람들이었다. 물론 적절한 수고비도 포함됐다.

내가 해결사를 고용한 적은 없지만 때로는 유사한 역할을 모하메드에게 부탁했다. 사실상 모하메드는 못하는 일이 없었다. 전봇대에 오르는 일에서부터 전투 중에 망가진 전화선 수리, 그리고 우리가 사용하는 텔렉스 선을 잘라버리겠다는 건물 주인과의 협상에 이르기까지 모든 일을 했다. 실제로 우리 텔렉스 선이 지붕을 통과하게 되자 건물 주인이 7,000달러를 내지 않으면 선을 자르겠다고 위협했다. 이스라엘 군의 서베이루트 포위가 가장 극심했던 1982년 여름 어느 날 모하메드는 우리 차에 넣을 가솔린을 구하느라 온종일 거리를 헤맸다. 연료탱크를 가득 채우는 가격은 150달러였다. 마침내 모하메드가 가솔린을 팔 사람을 찾았다. 그날 밤 우리는 로이터 지국으로부터 차를 몰고 집으로 가는 중이었다. 함라 스트리트에서 지프 옆에 서 있던 두 명의 팔레스타인 게릴라들이 우리를 세웠다. 한 명은 총을 들고 있었고 다른 한 명은 빈 물병과 긴 고무호스를 들고 있었다. 그들이 아주 정중하게 물었다. 지프를 다시 운행할 수 있도록 우리 연료통에서 가솔린을 조금만 빨아내면 안 되겠느냐는 요청이었다. 지프의 연료가 바닥났던 것이다. 가솔린을 구하기 위해 하루 종일 고생한 모하메드가 쉽사리 내주려고 하지 않았다. 눈도 깜짝하지 않고 모하메드가 고함을 지르기 시작했다. 우리 연료탱크 역시 거의 바닥이라서 집에 갈 수 있다는 것만도 행운이라고 했다. 만일 믿지 못하겠다면 가까이 와서 연료게이지를 확인해도 좋다는 말도 덧붙였다.

연료게이지는 연료가 가득 찼음을 잘 보여주고 있었다. 나는 모하메드가 무슨 짓을 하는지 믿을 수가 없었다. 나는 자리에 긴장한 채 앉아 멍청한 웃음을 짓고 있을 뿐이었다. 속으로는 게릴라 중 하나가 모하메드 말대로 게이지를 한번 보겠다고 하지 않기를 기도하고 있었다. 다행스럽게도 그들은 모하메드를 믿었다. 차가 출발하고 게릴라들로부터 멀어졌을 때 모하메드에게 떨리는 목소리로 말했다. 조금 전처럼 가솔린을 얻으려는 게릴라들이 차를 세우는 일이 다시 벌어지면 그들이 얼마만큼을 원하든 가솔린을 내주라고 말이다. 그렇게 하지 않는다면 내가 연료통에서 가솔린을 직접 호스로 빨아서 그들에게 줄 것이란 말도 덧붙였다.

만일 베이루트에서 활동했던 해결사들을 기리는 명예의 전당이 있다면 압둘 와두드 하자즈(Abdul Wadud Hajjaj)가 최고의 영예를 차지했을 것이다. 내가 베이루트에서 취재활동을 하던 당시 압둘은 『뉴스위크 Newsweek』와 UPI 텔레비전 뉴스의 해결사로 활약하고 있었다. 내가 만나본 사람들 중에서 성격이 가장 쾌활하고 누구에게도 미움 받지 않을 그런 인물이었다. 압둘의 해결사로서의 경력은 1985년 갑자기 끝났다. 『뉴스위크』와 UPI가 대단히 관료적인 태도를 가진 기자들을 베이루트에 파견하면서부터다. 새로 온 기자들은 베이루트라는 거친 곳에서 아서 앤더슨(Arthur Andersen)과 같은 컨설팅 회사의 회계기준을 주장하면 안 된다는 점을 전혀 이해하지 못했다.

압둘은 책상 서랍에 사용하지 않은 영수증을 가득 지니고 있었다. 베이루트에 있는 모든 택시회사의 영수증이었는데 많은 기자들이 이런저런 잘못 사용한 공금의 사용처를 회사 측에 설명하는 데 이용했다. '베이루트에서 시돈까지 택시비용'이라는 영수증 철에 샴페인을 곁들인 저녁식사, 그리고 카지노 뒤 리반(Casino du Liban)에서 보낸 밤이 얼마나 많이 포함됐을지를 생각하면 몸이 떨린다. 어쨌거나 누군가 뭔가를 필요로 하면 압둘이 구해줄 수 있었다. 전화기나 운전면허증 심지어는 야세르 아라파트의 자필서명이 담긴 사진에 이르기까지 모든 것이었다.

압둘이 사용했던 속임수 중에는 출생지를 다르게 표기한 레바논 여권이 있었다. 그는 서베이루트에서 어떤 세력이 우세한지에 따라서 적절하게 여권의 출생지를 바꿨다. 팔레스타인이 되기도 했고 레바논이 되기도 했다. 오늘날까지도 나는 그가 태어난 곳을 정확하게 모른다. 레바논인지 팔레스타인인지 말이다. 사실 출생지는 문제가 되지 않았다. 압둘은 가고자 하는 곳은 어디든지 갈 수 있었다. 그의 사무실에는 사진이 여러 개 걸려 있었는데 그가 유명

인사, 그리고 악명 높은 인사들과 함께 포즈를 취한 사진들이었다. 그중에는 압둘이 테드 케네디(Ted Kennedy)와 악수하는 사진도 있었다. 1960년대에 찍은 이 사진은 케네디가 아메리칸대학의 베이루트 캠퍼스를 방문했을 때 찍었다고 하는데, 압둘은 기독교 학생회의 대표로 케네디를 맞았다고 했다.

압둘은 이슬람교도였다.

이런저런 서비스를 제공하고 나서 압둘이 친구들로부터 요구하는 것은 신뢰, 그리고 가끔씩 대신 기사를 써주는 것이었다. 압둘은 글쓰기를 지독히 싫어했다. 『뉴스위크』 특파원이 잠시 베이루트를 비워서 압둘이 기사를 써야만 할 경우, UPI에서 일하던 우리가 힘을 합쳐 압둘의 이름으로 『뉴스위크』에 기사를 써주곤 했다.

아랍사회에서 신발의 바닥을 상대방에게 보이는 것은 예절에 어긋난다. 압둘의 사무실에 가면 나는 그의 책상 앞에 의자를 하나 끌어다 놓고 앉아 두 발을 책상 위에 있는 장부더미 위에 턱하니 올려놓는 것을 즐기곤 했다. 압둘에게 보이는 것은 오직 신발 바닥뿐이었다. 그는 아랍어로 온갖 저주를 내게 퍼부어대곤 했다. 그러고 나서 우리는 둘 다 배를 잡고 웃었다.

그러나 모든 사람들이 압둘을 재미있는 인물이라고 생각했던 것은 아니다. 압둘을 비판하는 사람들 중 하나가 당시 UPI 베이루트 지국의 사진기자였던 클로드 살하니(Claude Salhani)였다. 그는 압둘이 사용한 다양한 속임수 때문에 곤란을 겪었던 적이 있었다. 압둘은 누구에게나 약간씩 자신에게 신세를 졌다고 생각하도록 만들고 싶어 했다. 해결사 역할을 하려면 언제 누구의 도움이 필요할지 모르기 때문이었다. 클로드는 동베이루트에서 가족과 함께 살았고 기독교인이다. 내전 초기 압둘은 클로드에게 이렇게 말하곤 했다. PLO 게릴라들이 자신을 찾아와서 클로드에 대해 물었는데, 자기가 클로드가 괜찮은 사람이라고 말하고 그를 해치지 말라고 했다는 것이다. 이 말이 거짓임을 안 클로드는 언제나 압둘에게 복수할 적절한 기회를 엿보고 있었다. 어느 날 클로드는 그 해결사를 해결해버릴 방법을 찾을 수 있었다.

1982년 여름이 끝나갈 무렵 PLO가 떠나버린 서베이루트는 이스라엘 군대와 레바논 군대가 완전히 장악하고 있었다. 당시 압둘은 휴가를 위해 서베이루트를 비운 상태였다. 압둘이 없는 동안 클로드가 압둘의 사무실에 들어가 벽에 있던 사진을 없애버렸다. 압둘의 사무실은 UPI 지국과 홀을 사이에 두고 마주보고 있었다. 사진 하나는 압둘과 아라파트가 서로 팔짱을 끼고 있는 모습이 담겨 있었고, 다른 하나는 팔레스타인인민해방전선(Popular Front for the Liberation of Palestine)의 지도자 조지 하바시(George Habash)와 압둘이 함께 찍은 사진이었다. 마지막은 압둘 자신의 폴라로이드 사진이었다.

클로드가 시간이 지난 후에 나에게 털어놓은 이야기는 이랬다. "제가 소문을 퍼뜨렸죠. 두 사람의 사복형사가 찾아와서 압둘에 대해 몇 가지를 물어보더니 사진을 가져갔다고요. 어느 날 휴가를 보내던 압둘이 사무실에 전화를 했는데, 그의 비서가 압둘에게 그 이야기를 전했죠. 소식을 들은 압둘은 안절부절못했어요. 휴가를 마치고 베이루트에 돌아온 압둘은 즉시 UPI 지국으로 저를 찾아와서 두 명의 사복형사가 누구였는지를 물었죠. 제가 압둘에게 말했어요. 사복형사들은 자기들의 신분은 제가 신경 쓸 일이 아니라고 했다고요. 그리고 압둘에게 또 말했죠. 형사들이 엄청나게 많은 총을 지니고 있더라고 말입니다. 몇 주 동안 압둘은 제게 계속 물어댔어요. 사복형사들에 대해서 좀 더 자세히 말해보라고요."

이 모든 일들이 벌어지는 동안 클로드는 사진들을 자신의 서랍 안에 감춰두었다. 몇 달 후 이스라엘과 레바논은 이스라엘의 철군과 관련된 협상을 시작했다. 회담은 베이루트 남쪽 인근에 위치한 칼데의 어느 호텔에서 열렸다. 회담장에서 사진을 촬영하던 클로드는 거기 있던 이스라엘 장교에게 부탁했다. 압둘의 사진 뒷장에 관공서의 것으로 보이는 히브리어 스탬프를 찍어줄 것과 이스라엘 정부의 상징이 인쇄된 편지지에 '원래 소유자에게 반환함'이라고 써달라고 요청했다. 클로드가 꾸민 속임수에 대해 설명을 들은 이스라엘 장교가 즐겁게 승낙했다. 클로드는 이후 사진꾸러미를 베이루트를 떠날 때까지 거의 2년간 더 책상 속에 보관했다. 그가 베이루트를 떠나는 날 클로드는 자신의 후임자에게 사진꾸러미를 건네주며 부탁했다. 클로드가 완전히 베이루트를 벗어날 즈음 건물의 배달원을 시켜 사진을 사무실에 있을 압둘에게 전해달라고 말이다.

클로드가 말했다. "연극은 완벽했어요. 배달원이 압둘의 사무실에 들어가 말했답니다. 누군가가 소포를 가져와서 압둘에게 전하라고 했다고 말입니다. 압둘은 즉시 소포를 뜯어보고는 사진 여기저기에 이스라엘 스탬프가 찍힌 것을 보고 안색이 백짓장처럼 하얘졌다고 하더군요. 그 자리에서 극도로 두려움에 빠진 압둘이 아말 민병대에 바로 전화를 했다고 합니다(아말 민병대가 당시 베이루트를 통제하고 있었다). 압둘은 민병대에 사진을 보여주고 자신이 실제로 이스라엘의 위협에 시달리고 있다는 점을 보여주고 싶었던 거죠. 아직도 압둘은 제가 그랬다는 걸 모릅니다. 이스라엘이 자신에 대해 무얼 알고 있었는지도 전혀 모르죠. 아주 속 시원한 복수였습니다."

베이루트에서 활동하던 모든 해결사들의 근거지는 코모도어 호텔이었다. 물론 훌륭한 기자들과 속이기 좋아하는 택시 운전사들의 근거지이기도 했다. 모든 전쟁에는 호텔이 하나씩 등장하게 마련인데, 레바논 내전에서는 코모도어 호텔이었다. 코모도어는 광기의 바다 위에 떠 있는 광란의 섬이었다. 호텔의 기묘한 분위기는 여러 가지의 조합이었다. 딱히 어느 하나를 집어낼 수는 없었다. 호텔 바의 앵무새들은 날아오는 포탄이 만들어내는 휘파람 같은 소리를 완벽하게 따라했다. 프런트에서 투숙객을 맞는 직원은 동베이루트를 면하고 있어서 '포격을 볼 수 있는 쪽'의 객실을 원하는지 아니면 해변을 바라볼 수 있는 조용한 객실을 원하는지를 묻곤 했다. 숙박료 계산서는 바에서 먹은 술값을 모조리 '드라이클리닝' 비용으로 '세탁'해서 청구했다. 1982년 여름에는 호텔 로비에 이런 안내문도 붙어 있었다. "호텔 주변에서 총격전이 벌어질 경우, 텔레비전 카메라맨이나 사진기자들은 사진을 찍으려고 시도하지 마시오. 이런 행위는 자신의 목숨뿐만 아니라 다른 투숙객이나 호텔 직원의 생명까지 위험에 빠뜨립니다. 협조하지 않는 투숙객에게는 호텔에서 나가줄 것을 요청할 수 있습니다." 호텔의 분위기는 전체적으로 제정신이 아니었다. 1982년 여름 게리 트루도(Gary Trudeau)가 연재만화 『둔스베리 Doonesbury』에서 코모도어 호텔에 대한 시리즈를 그렸는데, 호텔의 분위기가 잘 표현되어 있다. 이 중에서 내가 가장 좋아하는 만화는 작품 속에서 텔레비전 취재기자로 등장하는 롤런드 버튼 헤들리 주니어(Roland Burton Hedley Jr.)가 코모도어 호텔의 자기 객실에서 프런트에 전화를 거는 장면이다.

"내게 온 메시지 혹시 있어요?" 헤들리가 프런트 직원에게 묻는다.

"어디 보자. …… 네 있습니다. 살해 위협이 몇 건 더 있네요. 우편함에 넣어둘까요?" 직원이 말한다.

"그러세요. 아참 그러고요. 그런 전화가 또 오면 그 사람들에게 좀 전해주세요. 나는 유선방송하고만 일한다고요." 헤들리가 말한다.

코모도어 호텔에 묵는 이유는 객실이 좋아서가 아니다. 일단 호텔에 투숙하면 16퍼센트의 봉사료를 내야 하고, 푸른색과 금색이 섞인 거친 바닥 깔개, 그리고 무엇이든 그저 있는 대로 받아들여야 한다. 로비에는 빈틈없이 놓여 있는 등받이 없는 소파, 호텔 바, 오르간이 양철냄비 두드리는 소리를 내는 디스코텍으로 추정되는 장소, 그리고 커다란 창고를 하나 가득 채울 만큼 많은 싸구려 여자들이 있었다. 중국식당과 오래된 식당도 있었는데 서비스는 언제나 불만족스럽고 음식의 질은 더 형편없었다. 1984년 시아파가 서베이루트를 장악하고 훨씬 근본주의적 정책을 강요했을 때는 코모도어 역시 호텔 바의 문을 닫고 7층에 라마단을 위한 별도의 방을 마련해야만 했다(라마단은 이슬람에서 금식기도의 달이다). 금식기간 중에 투숙객들은 주류를 밀매하는 무허가 술집에 들어갈 때와 같이 최대한 조심스럽게 라마단실의 문을 두드렸다. 바텐더였던 유니스(Yunis)가 문을 살짝 열고는 혹시나 이슬람 율법학자가 술병을 박살내려고 온 것은 아닌지 확인하고 들여보내줬다. 안에 들어가면 어두컴컴한 가운데 손님이 등 없는 소파에 앉아 술을 홀짝홀짝 마시고 호텔 지배인 푸아드(Fuad)가 이리저리 왔다 갔다 하며 "아무 문제도 없어요. 아무 문제도 없습니다."라는 말을 입에 달고 다닌다.

전투현장을 직접 가보는 일에 싫증이 나면 코모도어 호텔 로비에 앉아서 전선이 찾아오기를 기다리기만 하면 된다. 1984년 여름 어느 조용한 토요일, 전날 현장을 돌아보던 기자들이 긴장을 풀고 바에 모여 있었다. 유니스가 부지런히 술을 돌리고 있는데 로비 밖에서 여러 발의 총소리가 들려왔다. 기자들은 모두 바의 안쪽으로 들어가 몸을 숨겼다. 총을 든 드루즈파 사람들이 현관과 주방 쪽에서 밀려들었다. 그들은 어느 신사복 차림의 남자를 쫓고 있었다. 드루즈파의 마약 밀매사업에 끼어든 사람이 틀림없었다. 총을 든 사람들이 사내를 로비에서 찾아내 끌고 가려고 했다. 이들과 함께 가면 무슨 일이 벌어질 것인지를 뻔히 아는 사내는 로비에 놓인 소파 다리에 팔을 두르고 버텼다. 사내를 끌어내기 위해 드루즈파 한 사람이 권총으로 사내를 몇 번 내리치더니 허벅지에 총탄을 발사했다. 로비에서 이런 일이 벌어지고 있던 바로 그 순간 내 동료 데이비드 주치노가 엘리베이터에서 나왔다.

당시 상황을 주치노는 이렇게 회상했다. "로비에는 한 불쌍한 사내가 하나밖에 없는 목숨을 부지하기 위해 소파에 매달려 있었죠. 총을 든 남자들이 그를 끌어내려고 했고요. 한편에서는 호텔 바의 높다란 의자 뒤에서 이 장면을 뚫어지게 쳐다보는 기자들의 눈이 보였습니다. 프런트에서는 총을 든 두 사람이 호텔 직원을 때리고 있었어요. 그 직원은 아말에게 도움을 청하는 전화를 하려고 했었죠. 그러나 아직까지 가장 기억에 남는 것은 CBS 특파원 래리 핀택(Larry Pintak)이 기르던 달마시안의 모습입니다. 평소 그 개는 목줄을 하고 로비에 놓인 AP 전신장치에 묶여 있었죠. 그런데 총소리에 흥분해서 날뛰다가 목줄이 풀어졌어요. 그러더니 로비 바닥에 흥건한 사내의 피를 핥기 시작하는 거였어요. 속이 메스꺼웠죠! 총을 든 남자들이 결국 떠나고 나서야 사내는 소파에서 팔을 풀었죠. 그리고 엄청난 충격을 받은 채 바의 의자에 앉았죠. 곧바로 푸아드가 나타나선 말했어요. '아무 문제도 없어요. 괜찮아요.'"

그렇다면 제정신이 박힌 저널리스트라면 왜 코모도어에 묵는 것인가? 첫 번째 이유는 레바논 내전 초기에 서베이루트에 있던 대부분의 고급 호텔이 파괴됐기 때문이다. 그러나 이보다 더욱 중요한 이유는 코모도어의 소유주 유세프 나잘(Yousef Nazzal)이었다. 팔레스타인 사람으로 기독교도인 유세프는 1970년 이 싸구려 호텔을 인수했다. 노름빚을 갚지 않으면 팔이 잘리게 된 레바논 친구들이 급히 현금을 구하기 위해 호텔을 팔아치운 것이었다. 유세프는 저널리스트들이 원하는 것을 제공할 수 있는 천재였다. 기자들이 호텔의 고급스러움보다 훨씬 절실하게 필요로 하는 것이 기사를 송고하는 데 필요한 통신장비와 텔레비전 카메라가 배경으로 쓸 수 있는 장소라는 점을 그는 잘 이해하고 있었다. 엄청나게 많은 뇌물을 이용해서 유세프는 국제 텔렉스와 전화선을 호텔에서 언제나 사용할 수 있도록 했다. 전투상황이 아무리 악화돼도 사용할 수 있었다. 1982년 여름 그는 사람을 시켜 중앙우체국에 침입해 샤피크 알 와잔(Shafik al-Wazan) 총리가 사용하던 텔렉스를 뽑아버리고 코모도어 호텔의 텔렉스 선을 연결하도록 한 적도 있었다. 유세프는 정치나 인생을 심각하게 생각하는 법이 없는 인물이었다. 기사송고 마감시간 즈음에 로비의 등받이 없는 딱딱한 소파에 앉아 그곳에 설치된 텔렉스들이 한꺼번에 돌아가며 내는 소리를 들으며 즐거워하곤 했다. 1분에 25달러짜리였다. 그는 내 옆으로 슬쩍 다가와 말하곤 했다. "톰, 어떤 사람들은 먹고 살기 위해 애쓰는데 다른 사람들은 죽이기 위해 혈안이군요. 세상이 그러네요."

당시 전혀 기능하지 못하는 레바논 정보통신부의 빈자리를 메우고 있었다는 것도 코모도어 호텔의 중요한 특징이었다. 코모도어는 원하는 모든 것을 제공할 수 있었다. 물론 '약간의 보수'가 필요했다. 팁이라고도 하고 뇌물이라고도 알려졌다. 공항에 가지고 갈 비자, 노동허가증, 거주허가증, 기자신분증, 신속한 이혼절차 혹은 결혼증명서 등 원하는 것은 모두 다 제공했다. 심지어는 원하기만 한다면 유대교의 성인식을 주선할 수도 있을 정도였다. 돈만 있다면 코모도어에서 살 수 없는 것은 없었다. 물론 돈이 없다면 아무것도 얻을 수 없었다.

이스라엘을 지지하는 성향을 지닌 비평가들은 코모도어 호텔이 'PLO 호텔'이라고 불만을 터뜨리곤 했다. 팔레스타인 대변인들 상당수가 호텔에 드나들었다는 것은 사실이다. 그러나 이스라엘 군대가 서베이루트를 공격했을 때 코모도어의 레스토랑에서 저녁식사를 했던 이스라엘 장교도 상당수였다. 이들은 기자들을 만나는 장소로 코모도어를 이용했다. PLO가 했던 그대로였다. 코모도어의 표어는 이랬다. 왕은 죽었다. 왕이여 만수무강하소서. 오늘날 아야톨라 호메이니(Ayatollah Khomeini)의 사진이 호텔 프런트에 걸려 있더라도 나는 놀라지 않을 것이다.

베이루트에서 비중 있는 민병대는 모두 대변인과 부대변인을 뒀다. 기독교와 이슬람, 팔레스타인과 레바논 민병대 모두가 그랬다. 베이루트에서 활동하는 기자들에게 민병대 대변인들은 가장 먼저 접촉해야 할 정보의 통로였다. 우리 모두 그 사실을 알고 있었다. 만약 민병대의 고위 인사와 인터뷰를 원한다면 그 민병대의 대변인과 좋은 관계를 유지해야만 했다. 일부 대변인들은 정직하고 청렴하다는 평판을 쌓았다. 기자들은 이런 대변인에게서 얻은 정보가 사실일 가능성이 크다고 생각했다. 일부는 일류 거짓말쟁이들이었다. 이들이 주는 정보는 재차 확인하고 삼차 확인까지 해야만 했다. 대변인들도 이른바 약간의 팁을 아예 받지 않는 것은 아니었다. 어느 게릴라 단체의 대변인은 자신의 결혼선물로 냉장고를 하나 사달라고 기자들에게 요청하기도 했다.

 기자들이 가장 많이 찾는 사람은 위에서 언급한 바 있는 PLO 대변인 마무드 라바디였다. 1982년 여름 라바디는 사무실에서 나와 마치 휴가를 즐기는 여행객처럼, 길가에 접이식 의자를 내다놓고 앉아 있는 일이 많았다. 인적이 끊기고 잡다한 것들로 뒤덮인 길이었다. 부서진 건물의 부스러기와 깨진 유리창, 포탄의 파편, 탄약통, 그리고 여기저기 진흙구덩이가 있는 거리였다. 그를 찾아온 기자들은 의자를 한 개 더 갖다놓고 그와 마주 앉아 브리핑을 듣기도 했다. 취재가 끝나고 나면 길가에 라바디가 만든 박물관에 새로 들어온 물건이 있는지 둘러보곤 했다. 이스라엘 군대가 PLO와 서베이루트에 떨어뜨린 갖가지 폭탄과 탄피를 모아놓은 곳이었다. 그곳에는 갖가지 군수품들이 기괴하게 전시되어 있었다. (야구공 크기와 거의 비슷한) 폭발하지 않은 소형 집속탄들도 노획한 이스라엘 군의 철모 안에 담겨 있었다. 어느 날 오후 UPI 베이루트 지국장 비니 쇼돌스키(Vinnie Schodolski)가 기자신분증을 갱신하기 위해 라바디의 사무실을 찾았다. 훌륭한 기자였던 그는 가끔 마술사 흉내를 잘 내는 인물이었다. 사무실로 가는 길에 비니는 철모 안에 있던 집속탄을 몇 개 집어 들고는 공중에 던졌다 받았다 하며 저글링을 하기 시작했다. 여전히 라바디의 사무실로 가기 위해 걷는 중이었다. 집속탄이 아직 폭발하지 않은 상태라는 것을 몰랐던 것이다. 비니가 공연을 하듯이 사무실로 들어서는 순간 라바디는 텔렉스 앞에 앉아 있었다. 비니의 손과 공중에서 춤추는 집속탄을 본 라바디는 당황해서 한마디 말도 하지 못했다. 라바디의 그런 모습을 보기는 참으로 힘든 일이었다. 비니가 후에 그 일을 떠올리면서 말했다. 라바디가 내뱉은 단 한마디는 "어이쿠!"였다고 말이다.

이스라엘 사람들은 베이루트의 PLO 대변인 사무실이 뉴욕 매디슨 애비뉴에 밀집했던 광고회사들의 홍보국과 유사하다고 묘사하는 일이 많았다. 그러나 이는 전혀 사실이 아니다. 기자들은 라바디의 대변인 사무실에서 흘러나온 이야기 때문이 아니라 그런 정보에도 불구하고 PLO를 심층취재하려는 경향이 강했다. PLO는 기자들이 신경 쓰는 기사 마감시간이나 뉴욕과 베이루트의 시간차이 등을 전혀 고려하지 않았다. 아라파트의 기자회견 방식은 토요일 밤 늦게 기자들을 불러들이는 것이었다. 일요일 신문의 마감시간을 놓치기 십상인 시간이었다. 그래서 아라파트가 한 말은 월요일 아침에 가서야 신문에 나는 일이 많았다. 베이루트에서 활동하는 기자들은 PLO 정보국이 IBM 원칙에 따라 일을 처리한다고 말하곤 했다. 여기에는 그만한 이유가 있었다. 아라파트가 오늘 참석할 것인가? 그들이 대답한다. 인샬라(Inshallah, 신의 뜻이다). 오늘 못 온다면 언제 오는가? 그들의 답은 이렇다. 부크라(Bukra, 내일). 만일 내일도 아니라면? 답은 말레시(Maalesh, 걱정하지 말라)다. 인샬라, 부크라, 말레시. 그래서 IBM 원칙이다.

진정으로 중요한 뉴스를 PLO 대변인이 전하는 대로 써본 일은 거의 없다. 오히려 소규모 PLO 분파 대변인의 언급을 중요시했다. 팔레스타인 해방을 위한 마르크스주의민주전선(Marxist Democratic Front for the Liberation of Palestine, DFLP)의 나예프 하와트메(Nayef Hawatmeh) 혹은 인민해방전선(PFLP)의 조지 하바시의 언급을 더 경청했다. DFLP 와 PFLP에는 자신이 속한 단체와 PLO를 위해 동시에 일하는 흥미로운 인물들이 많았다. 이들 중 일부는 최고의 교육을 받은 지식인들로 유럽에서 훈련된 마르크스주의자들이었다. 이들은 PLO에서도 일했기 때문에 일어나고 있는 모든 일들에 대해 잘 알고 있었다. 나아가 이들이 주로 활동하는 분파는 규모가 작았기 때문에 관료주의의 냄새가 훨씬 덜했고, 내부정보를 알려주는 데 별로 주저하지 않았다. 1982년 여름 서베이루트에서 민주전선의 정보책임자 자밀 힐랄(Jameel Hillal)을 만났던 일은 오랫동안 기억에 남는다. 그는 런던대학에서 정치철학으로 박사학위를 받은 인물로 내가 그의 사무실을 찾은 것은 해가 진 직후였다. 며칠 밤에 걸쳐 나는 그와 대화를 나눴다. 힐랄은 책상에 앉아 가스램프를 켜고 파헬벨(Pachelbel)의 '캐논' 테이프를 들으며 무언가를 항상 읽고 있었다. 실제 대포소리가 멀리서 들려오고 있는 때가 많았다. 나도 이 곡에 푹 빠졌다. 이스라엘의 포위가 끝나고 가장 먼저 한 일 중의 하나가 런던의 레코드점에 들러 '캐논' 테이프를 산 것이었다.

자존심이 없는 기자들은 대변인들의 말을 마치 절대진리라도 되는 것처럼 그대로 기사화했다. 우리는 대변인들이 전하는 정보의 객관성에 대해 어떤 환상도 가지지 않았다. 정보를 얻을 수 있는 취재 대상 중 하나일 뿐이었다. 이들은 종종 자신이 아는 것보다 더 많은 정보를 가진 듯한 인상을 주려고 노력했다. 내가 베이루트의 UPI 특파원으로 일할 때는 PLO 사무소를 여러 번 접촉하기도 했다. 이스라엘에 대한 공격이 발생했을 경우 PLO가 자신이 한 일이라고 주장하는지 혹은 그렇지 않다면 사건에 대해 어떤 반응을 보이는지 알아보기 위해서였다. 우리는 PLO 사무소에 전화를 걸어 이렇게 묻곤 했다. "예루살렘에서 발생한 버스 공격이 PLO가 한 일인가요?" 다음과 같은 답변을 듣는 적이 꽤 많았다. "무슨 공격이죠? 공격이 있었어요? 한번 알아볼게요. 한 시간 후에 전화하세요." 한 시간 후에 전화를 다시 하면 '무함마드 알리 대대의 용감한 전사들'이 이러저러한 기습공격을 감행했다는 말을 들었다. 하나의 공격에 대해 둘 이상의 단체가 서로 자기가 한 일이라고 주장하는 경우도 종종 있었다. 베이루트에서 활동하는 통신사 기자들은 이러저러한 사건에 대한 PLO의 반응을 알아보는 데 너무 익숙해져서, 존 웨인(John Wayne)이 사망했을 때 당시 UPI 기자였던 네드 템코는 라바디에게 전화를 걸어 그의 반응을 알아보고 싶은 충동을 이기지 못한 적도 있다.

라바디는 존 웨인이나 카우보이 영화를 좋아하지 않는다고 말했다. 그리고 자기로서는 카우보이가 보고 싶으면 그저 창밖을 보면 된다고 덧붙이기도 했다.

베이루트에서 뉴스가 될 만한 정보를 수집하는 일과 이를 기사로 종합하는 일은 별개였다. 저널리스트들이 그곳에서 직면하는 중요한 제약을 언급하지 않고 베이루트에서의 취재를 이야기하는 것은 한계가 있다. 물리적 위협이었다. 베이루트에서건 워싱턴에서건 기자들은 정치적 공백상태에서 활동하는 것이 아니다. 객관적 보도를 하기 위해서 주변 상황과 타협해야만 한다. 한편으로 취재 대상을 진정으로 이해하기 위해 취재원에 대한 접근성을 높이고 인간적인 친밀감을 쌓아야 한다. 다른 한편으로 기자들은 취재 대상을 비판적으로 평가하기 위해 취재원과 이해관계에 얽혀서는 안 되고 충분한 거리를 둬야만 한다. 이는 대단히 미묘한 균형을 유지하는 것인데, 객관적 보도를 위해서는 필수적이다. 취재 대상을 진정으로 이해하지 못하고서는 개인이나 집단에 대해 공정하고 객관적 태도를 유지하는 것이 사실상 불가능하다. 그러나 여타 개인이나 집단과의 관계를 고려하지 않고 취재 대상만을 이해하는 것 역시 공정할 수 없다. 이해관계에 얽힌 친근함은 어느 쪽을 편드는 잘못으로 이어진다. 판에 박힌 기사와 오해의 원인이 되는 것이다. 친밀함과 거리두기 사이의 균형을 유지하는 것은 언제나 기자들에게 어려운 과제다. 베이루트 같은 곳에서 이런 균형을 유지하는 일은 특히 힘들었다. 여러 집단 사이에 갈등이 벌어지는 상황에서 그중 한 집단이 통제하는 지역에서 활동해야만 했기 때문이다. 그리고 다른 모든 집단과 마찬가지로, 기자가 활동하는 지역을 관할하는 집단 역시 저널리스트들에게 신체적 위해를 가할 수 있었다. 자기들에게 과도하게 비판적이거나 혹은 그들의 적들에게 너무 동정적인 기자들이 주요 대상이었다.

시리아와 PLO, 팔랑헤, 그리고 40여 개에 달하는 레바논의 민병대에 관해 무엇인가를 알게 되고 이를 기사화할 것을 고려하거나 기사화한 서베이루트의 기자들 중에서 걱정과 제약, 위협을 느껴보지 않은 사람은 없다. 누군가에게 1.98달러, 그리고 10장의 상점쿠폰만 주면 사람 하나를 죽일 수 있다는 것을 베이루트의 기자들은 모두 알고 있었다. 신문사는 죽은 기자의 이름을 붙인 장학금을 하나쯤 만들어줄 것이다. 그것으로 끝이다. 한 번도 위협을 당해본 일이 없다거나 이런 환경의 영향을 전혀 받지 않았다고 말하는 기자가 있다면 그는 정신이 이상하거나 아니면 거짓말쟁이다. 나의 동료 존 키프너(John Kifner)가 썼듯이 베이루트에서 취재하는 기자들은 항상 두려움을 지니고 다녔다. 마치 기자들이 노트북이나 펜을 지니고 다니는 것처럼 말이다.

내 기억으로는 시리아인들, 그리고 시리아를 극단적으로 지지하는 팔레스타인 단체들이 가장 큰 위협이었다. 시리아 사람들은 농담을 받아주는 일이 없었다. 1970년대 후반과 1980년대 초반 베이루트에서 활동하는 시리아 측 첩보원들이 다수의 아랍 및 서방 저널리스트를 살해했다. 이 중에는 유명한 아랍어 주간지 『이벤츠 Events』의 편집자 살림 알 로지(Salim al-Lawzi)도 포함된다. 그는 1980년 베이루트에서 납치돼 얼마 후 시체로 발견됐다. 머리에 총을 맞았고, 글을 쓰던 손은 염산에 담가졌다가 잘린 상태였다. 분위기가 흉흉해졌고 많은 레바논 사람들은 '시리아'라는 말을 사람들이 모인 장소에서 입 밖에 꺼내기조차 꺼렸다.

당시 유행했던 농담이 있었다. 어떤 레바논 남자가 경찰관에게 달려가 말했다. "경관님, 경관님, 스위스 사람이 제 시리아 시계를 훔쳐갔어요."

경찰이 그 남자를 황당하다는 듯이 바라보며 말했다. "무슨 말이죠? 스위스 사람이 당신의 시리아 시계를 훔쳐갔다고요? 시리아 사람이 당신의 스위스 시계를 훔쳐갔다는 말이겠죠."

레바논 남자가 경찰을 바라보더니 웃으며 말했다. "그 말 경관님이 하신 겁니다. 제가 한 거 아니에요."

PLO의 주요 분파와 팔랑헤, 그리고 다양한 이슬람 민병대들은 시리아처럼 그렇게 직접적이고 민감하지는 않았다. 그러나 이들이 매우 심각하고 중요한 기사도 너그럽게 넘어갈 것이라는 환상을 가진 사람은 없었다. 서베이루트에서 가장 큰 수니파 이슬람 민병대는 무라비툰(Murabitoon)이었다. 이들은 정치단체라기보다는 나세르주의 이데올로기 색채를 약간 풍기는 노상 폭력단에 가까웠다. 그러나 그들은 스스로를 대단히 중요한 단체라고 생각했고, 서베이루트를 민병대가 통제하던 시기에는 가장 세련된 홍보사무실을 운영하기도 했다. 무라비툰이 건달에 지나지 않는 그들의 지도자 이브라힘 콜레이라트(Ibrahim Koleilat)를 비중 있는 정치가로 포장하려고 하는 노력은 종종 웃음을 자아냈다. 콜레이라트의 홍보를 담당했던 젊은 여성은 대단한 미모를 지닌 인물이었다. 1980년 어느 날 그녀가 UPI 사무실로 찾아왔다. 내가 아직 통신사 특파원으로 근무할 때였다. 그녀가 내게 말했다. "당신네 로마 지국이 콜레이라트 씨의 이탈리아 방문을 당연히 취재하겠죠?" 콜레이라트는 이탈리아 외무부의 레바논 담당창구에서 하위관리 하나를 만나기로 예약을 한 상태였다.

"아, 네. 물론이죠. 로마 지국이 분명히 방문을 취재할 겁니다." 나는 말을 더듬었다.

그녀가 사무실에서 나가자마자 나는 로마 지국에 메시지를 보냈다. 내가 지중해의 물고기 밥이 되는 걸 보고 싶지 않다면 콜레이라트가 로마에서 배회한 이야기를 적은 가짜 기사를 하나 보내라고 말이다. 콜레이라트가 이탈리아를 방문했고 로마 지국은 그에 대한 기사를 하나 써냈다. 모든 신문사들이 읽는 일반 뉴스로 올리지 않고 베이루트 지국으로 보내는 메시지로 보내왔다. 그런 말도 안 되는 기사를 올릴 수는 없었기 때문이다. 콜레이라트의 수하들은 물론 이를 몰랐다. 예상한 대로 그들은 사무실로 찾아와 뉴스를 보려고 했고, 우리는 통신으로 받은 완전히 진짜처럼 보이는 UPI 기사를 그들에게 내밀었다. 그들은 즉시 기사를 사진기로 찍고 서베이루트에 있는 신문사마다 배포했다. 기사화하지 않으면 가만 두지 않겠다는 협박과 함께였다. 콜레이라트에 대한 엉터리 기사는 다음날 아침 베이루트의 모든 신문에 올랐다. 무라비툰은 만족했고 우리는 그들로부터 벗어났다. 그런데 문제는 거기서 끝나질 않았다.

같은 해 크리스마스 시즌에 그 여인이 다시 사무실을 찾았다. 금색 종이로 겉을 싼 상당히 크고 둥근 꾸러미를 가지고 온 것이었다. 사무실 안으로 들어온 그녀는 나를 찾더니 이렇게 말했다. "콜레이라트 씨가 당신에게 이걸 전하랍니다." 내가 제일 먼저 확인한 것은 혹시 그 꾸러미 안에서 똑딱거리는 시계 소리가 나는지의 여부였다. 레바논 동료 데이비드 제니안(David Zenian)과 나는 만화에 나올 만한 모습을 연출했다. "당신이 열어봐요. …… 싫어요. 당신이 열어요. …… 싫다니까요. 당신이 열어요." 결국 내가 직위로 밀어붙여 데이비드가 조심스럽게 열었다. 우리가 발견한 것은 고급 유리

컵과 그 안에 가득 담긴 초콜릿이었다. 무라비툰이 보내온 감사의 표시였다. 안에서 폭발물이 터지지 않았다는 사실에 너무나도 안도한 나머지 우리는 초콜릿이 만들어진 지 1년도 더 지났다는 사실조차 보지 못했다.

베이루트가 위협적인 장소라는 말은 그곳의 기자들이 위협 때문에 완전히 침묵해야만 했다는 의미는 아니다. 어떤 비평가들은 이렇게 주장했다. 서베이루트에서 활동하는 기자들은 시리아와 PLO의 위협을 받기 때문에 진실을 알릴 수 없고, 따라서 진실이 바깥 세상에 전해지지 않고 있으며 이스라엘의 이미지 역시 편향됐다는 것이다.

베이루트 주재 기자들이 위협적인 분위기를 민감하게 느꼈던 것은 사실이지만, 그렇다고 이들이 민감한 주제가 나오면 바로 타자기를 치워버린 것은 아니다. 뉴스를 전달하는 간접적인 방법을 사용하곤 했다. 시리아 사람들을 비롯한 많은 단체나 개인이 기자를 살해하는 정도까지 이르게 되는 이유가 무엇인가? 자신들에 관해 부정적인 기사를 쓰는 기자들을 위협하고 협박하는 데 실패했음을 의미한다. 중요한 뉴스거리를 알게 되었음에도 불구하고 위협 때문에 의식적으로 못 본 체한 기자가 있었다는 이야기를 들은 적은 단 한 번도 없다. 기자들이 위협에 시달린다는 사실을 포함해서 말이다.

베이루트의 기자들은 스스로를 보호하면서도 진실에 다가가고 이를 기사화할 수 있는 새로운 방법을 고안했다. 종종 우리는 기사의 작성자를 생략했다. 시리아인들이 저널리스트를 살해했다는 기사가 여기에 해당했다. 때로는 베이루트에서 작성했다는 사실을 숨기기 위해 발신지와 날짜를 뉴욕 혹은 키프로스 등으로 바꿨다. 지역 민병대의 라디오 방송을 인용하는 방법도 사용했다. 우리도 사실을 알고 있었지만 가장 먼저 보도한 사람으로 주목받고 싶지 않았기 때문이다. 그러나 대부분의 경우 우리는 PLO와 시리아 혹은 팔랑헤 민병대에 대한 비판기사를 그냥 썼다. 그리곤 우리가 쓴 기사에 대해 아랍의 언론이 반박하지 않기를, 자극받을 만한 사람들이 기사를 보지 않기를 바랐다. 모든 뉴스가 다 그런 식이었는가? 그렇지 않다. 취재에 이상적인 분위기였는가? 그렇지 않다. 뉴스를 은폐했는가? 역시 그렇지 않다.

베이루트의 위협적인 분위기 때문에 주요 뉴스가 어떤 방식으로든 다뤄지지 않는 일은 없었다는 것이 내 주장이다. 그러나 두려움 때문에 다소 긴박한 뉴스는 아니지만 여전히 중요한 이야기가 의도적으로 무시되는 경우가 있었다. '내 탓이오'를 말하는 첫 번째 사람이 되려고 한다. 다음과 같은 주제에 대해 베이루트의 기자들은 얼마나 심도 있는 기사를 썼던가? 이미 잘 알려진 PLO 지도부의 부패와 자금횡령, 그리고 PLO 조직이 게릴라만큼이나 많은 관료들로 가득한 기업이 돼버렸다는 사실 등이다. 1982년 여름 이후 일어난 아라파트에 대한 반란의 원인이 바로 이런 사실들이다. 그러나 이스라엘이 베이루트를 침공하기 이전, 언론에서 이런 기사를 접하기는 거의 불가능했다. 서방의 언론이 이스라엘과 팔랑헤 혹은 미국의 행위를 낱낱이 파헤친 것과 같은 기준을 PLO에 들이댄 적이 전혀 없었다는 점은 진실이다. 어떤 베이루트 주재 특파원에게도 게임의 법칙은 PLO와 좋은 관계를 유지하는 것이었다. 그렇지 않고서는 본사에서 가끔 내려오는 외신담당 편집자와 아라파트의 인터뷰를 성사시킬 수 없었기 때문이다. PLO를 과도하게 조명하고, 그리고 벌어지는 사건들에 대한 PLO의 반응에 너무 초점을 맞춘 나머지, 남부 레바논을 전투장으로 만들어버린 팔레스타인 사람들에 대한 레바논 시아파의 들끓는 분노를 무시하게 됐다.

서구언론이란 단지 '시온주의자들의 정보원'에 불과하다는 불평을 끊임없이 해대는 아랍의 비평가들이 있다. 그들에게 단 두 가지만 지적하고자 한다. 1982년 8월 4일에 있었던 이스라엘의 베이루트 포격을 취재한 내 기사에서 '무차별적'이라는 단어를 발견한 편집자가 그 말을 빼버렸다. 여기에 나는 서면으로 강력히 항의했다. 거의 해고감이었다. 당시 편집진은 '무차별'이라는 단어가 사실이 아니라 '의견'이라고 느꼈다. 나는 그 단어가 그날 있었던 사실을 정확하게 묘사하는 것으로 생각했고 따라서 이를 삭제하는 것이야말로 '의견'이라고 판단했다. 아직도 그 생각에 변함이 없다. 결국 내가 해고되는 일은 없었다. 돌이켜 생각하면 내가 베이루트에서 작성한 기사 중에서 편집진에 의해 변경된 유일한 단어였다. 나아가 1982년 여름 이스라엘이 서베이루트를 무자비하게 공격하고 팔레스타인의 대의가 존폐의 위기에 빠졌을 때 도시를 제일 먼저 빠져나간 기자들은 아랍 사람들이었다. 쿠웨이트, 사우디아라비아, 카타르 등지에서 왔던 기자들은 이스라엘의 포위가 최고조에 달했을 때 아무도 보이지 않았다. 서베이루트에 남아 소식을 전해줬던 기자들은 오직 '시온주의자들이 보낸 서방언론' 뿐이었다. 사브라와 샤틸라에서 벌어진 학살을 4페이지에 걸쳐 재구성하는 기사를 내보내, 세계 어느 매체보다 상세하게 보도한 신문이 바로 '시온주의자들의 『뉴욕타임스』였다.

도대체 왜 베이루트 같은 곳에서 취재하는 일을 참고 견디느냐고 누군가 의아해할지도 모를 일이다. 더군다나 거의 5년씩이나 말이다. 사실 나 자신도 스스로에게 그런 질문을 여러 번 던져본 적이 있었다. 특히 동료 기자들이 납치당하기 시작하면서 그런 의문은 더해갔다. 가장 먼저 납치된 동료는 CNN의 제러미 레빈(Jeremy Levin)이었다. 같은 아파트 건물 두 층 위에 살던 그는 1984년 3월 7일 사무실로 걸어가던 중 사라졌다. 레빈은 CNN 베이루트 지국 직원들과 관계가 좋지 않았다. 그가 특파원으로 부임할 당시, CNN 지국은 다른 언론사의 지국과 마찬가지로 현지에서 선발한 직원들 거의가 친척들이었고 회계는 상당히 '창조적'이었다. 최소한만 언급해도 그랬다. 그런데 그는 이런 지국을 투명하게 만들고 직원들의 근무수칙을 세우려고 노력했다. 레빈의 노력은 마치 소돔과 고모라에 근무수칙을 세우는 일과도 같았다. 그의 납치는 대체로 이것 때문인 듯했다. 레빈의 납치소식을 들었을 때 맨 처음 내 머리에 떠오른 생각은 CNN 지국에서 일하는 레바논인 직원 중 하나가 그의 발에 시멘트로 만든 장화를 신겨 물속에 가라앉히려는 음모를 꾸민 것은 아닐까라는 의심이었다. 레빈이 사라진 날 CNN은 두 명으로 구성된 카메라 팀을 내 아파트로 보냈다. 그들은 레빈의 새로울 것도 없는 편지함을 근접 촬영했다. 나는 혹시 지국의 직원이 그를 납치한 것이 아닌지 물어봤다. 그들은 그저 웃기만 할 뿐이었다.

레빈을 납치한 것은 시아파 극단주의자들이라는 것이 나중에 드러났다. 그리고 다행스럽게도 레빈은 11개월 만에 납치범들로부터 탈출했다.

레빈을 시작으로 이후 벌어진 수십 차례에 이르는 납치사건에서 나는 베이루트에서만 배울 수 있는 중요한 저널리즘의 교훈을 얻었다. 침묵에 유의하라는 것이다. 베이루트는 수많은 대변인이 활동하고 많은 수의 라디오 방송국이 저마다 목소리를 내며, 수도 없이 많은 사람들이 지국과 기자를 찾아 그들의 이야기를 들려주는 도시다. 이곳에서 얼마간 있다 보면 도시에서 살아가는 모든 사람들을 알게 된 듯한, 그리고 모든 사람들이 나 자신을 알고 있는 듯한 느낌을 갖게 된다. ABC 텔레비전의 기자 찰스 글라스(Charles Glass)가 1987년 6월 17일 납치됐을 때, 글라스가 베이루트에서 위험을 무릅쓰고 취재를 계속했다는 사실을 변호하고자 했던 동료들은 이렇게 말했다. "찰스는 모든 사람을 알았어요." 진실은 이렇다. 글라스는 그에게 다가와 이야기한 사람들을 모두 알았던 것이다. 그러나 기자들에게 자신을 소개한다거나 뒷골목 술집에서 함께 잔을 기울이지 않는 사람들이 있다. 이들이 기자를 납치하고, 미국 대사관과 해병대 기지를 폭파하며, 영국에서 온 인질협상 전문가 테리 웨이트(Terry Waite)를 납치하는 인물들이다. 납치하고 살해하고 나서 기자들에게 달려와 떠벌이지 않고 집에서 조용히 터키 커피를 마시며 음미하는 그런 종류의 사람들이다. 이들은 기자들과 의기투합하는 일도 없고 일상생활에서 만날 일도 없는 그저 길거리에서 지나치는 젊은이들이었다.

    베이루트에서 납치가 시작된 이후 내가 베이루트에서 실제로 아는 부분이 얼마나 피상적인 부분에 그치는가를 깨닫게 됐다. 또한 진정한 뉴스는 소란의 와중이 아니라 침묵 속에서 찾을 수 있다는 점도 깨달았다. 많은 중요한 뉴스를 놓친 이유도 바로 이 때문이었다. 그루초 막스(Groucho Marx)의 유명한 말이 있다. 자신을 멤버로 받아주는 클럽에는 가입할 생각이 없다는 것이다. 그의 말을 조금 변형시켜 나의 좌우명으로 삼았다. 중동에서 나와 기꺼이 대화를 나누고자 하는 사람과는 대화할 가치가 없다는 것이 내 버전이다. 그런 사람은 벌어지고 있는 사건의 중심에 있을 리가 없다. 내가 진정으로 만나고 싶은 사람들은 내게 말을 걸어오지 않는 인물들이다.

4장
하마의 규칙

> 마치 소가 끄는 짐수레에서 나는 듯한 삐걱거리는 소리가 강둑에서 끊임없이 올라와 좁은 길로 스며들더니 마을 전체에 퍼져나간다. 멀리 떨어져 있는 요새에서도 들리는 소리다. 하마의 수차가 만들어내는 소리다. 이슬람 사원에서 사람들에게 기도시간을 알리는 신호처럼 거칠고 구슬프게 울려 퍼지는 끊임없는 '울음'이다.
> – 장 위로(Jean Hureau)의 1977년 여행가이드
> 『오늘날의 시리아 SYRIA TODAY』 중 하마 마을에 관한 부분에서

하마는 대단히 조용한 마을이었다. 내가 도착했을 때 수차가 고장났기 때문이다. 사원에서 기도시간을 알리는 목소리는 여전히 거칠었지만, 좁은 길에 울려 퍼지는 울음소리는 학살에서 살아남은 남편 잃은 여인들과 고아들의 것이었다.

대량 학살이 일어나고 두 달여가 지난 후 도착했음에도, 오론테스 강으로 아직 씻겨 내려가지 않은 피가 여기저기 보였다. 도시를 가로질러 뱀처럼 구불구불 흐르는 오론테스 강은 한때 하마를 시리아에서 가장 아름다운 곳이라고 불리게 한 독특한 풍경을 가지고 있었다. 거의 아무도 지나다니지 않는 거리를 걸어가면서 내가 기자라는 사실을 사람들이 알지 못하도록 노트북을 등에 짊어진 가방에 넣었다. 처음에 나는 너무도 충격적이어서 누구와도 이야기를 나눠볼 생각을 하지 못했다. 사실 그럴 필요도 없었다. 무너진 아파트가 즐비한 마을의 모습은 1982년 2월 첫 주에 여기에서 어떤 일이 일어났는지를 소리 없이 증언하고 있었다. 마치 허리케인이 마을 구석구석을 반복해서 오가며 일주일간 휩쓸어버린 듯한 모습이었다. 그러나 이는 대자연이 빚어낸 참사는 아니었다.

오늘날까지 얼마나 많은 사람들이 무너진 집과 콘크리트더미 속에 파묻혔는지 정확히 알지 못한다. 1983년 11월 국제사면위원회가 시리아에 관해

제출한 보고서에 따르면 1만 명에서 2만 5,000명이 사망했다고 추정됐다. 거의 대부분이 민간인이었다. 수천 명의 생존자도 집을 잃었다. 학살을 자행한 하페즈 알 아사드(Hafez al-Assad) 대통령이 이끄는 시리아 정권은 이러한 추정치에 반론을 제기하지도 않았고, 1982년 5월 하마에서 다마스쿠스에 이르는 간선 고속도로를 다시 개방할 때까지 하마를 청소하지도 않았다. 아사드는 시리아 국민들이 하마의 참사를 두 눈으로 똑똑히 보고 그곳의 침묵을 가까이서 경험하고 그 고통의 의미를 따져보기를 원했던 것이라고 나는 확신한다.

내가 하마에 들어갈 수 있었던 것도 바로 그런 시리아 정권의 의도 때문이었다. 『뉴욕타임스』 특파원으로 하마를 돌아보기 위해 몇 주 일찍 베이루트에 도착했다. 하마에 들어가기 전 사건에 대해 알아볼 시간이 조금 있었다. 어떤 일이 일어났는지 정확히 알고 싶었다. 아랍 정부가 자국의 가장 큰 도시 중 하나를 파괴하곤 하는, 종종 일어나는 그런 사건이 아니었다. 중동정치에 관한 대부분의 교과서들은 하마에서의 사건과 같은 일들을 무시하는 경향이 있다. 우선 교과서의 설명은 이런 사건을 정상적인 정치 과정을 벗어난 돌출상황으로 치부하는 일이 많다. 혹은 정치학의 전문용어를 사용해 그 폭력성을 감추기도 한다. '시스템의 과부하'가 발생했다거나 '정통성의 위기'가 있었다고 설명하는 식이다. 나는 하마를 파괴한 이 사건이 돌출된 사건인지, 즉 한 번 일어나고 그칠 일인지, 그렇지 않다면 중동정치에서 찾을 수 있는 보다 본질적인 특성에 연유하는 것인지를 알고 싶었다. 이후 하마에서 많은 유용한 교훈을 얻을 수 있었다. 베이루트에서 예루살렘에 이르는 여정을 헤쳐나가는 데 너무도 유익한 교훈들이었다.

다마스쿠스로부터 북서쪽으로 약 190킬로미터 지점에 위치한 하마에는 약 18만 명의 주민이 살고 있었다. 시리아 중앙평원에 자리 잡은 하마는 수니파 이슬람교도의 도시로서 깊은 신앙심으로 유명했다. 베일로 얼굴을 가린 여인들이 많았고 남자들 역시 서양식 양복이나 넥타이보다는 길고 헐렁한 전통의복 간두라를 더 즐겨 입었다. 시리아의 현대사를 돌아보면, 하마는 언제나 세속적인 중앙정부에 적대적인 보수적 이슬람 근본주의 단체들의 근거지였다. 1979년 11월 16일 당시 국방장관이었던 하페즈 아사드가 쿠데타로 정치권력을 장악한 이후, 하마가 아사드에게 큰 골칫거리였다는 점은 놀랄 일이 아니다. 아사드는 시리아의 항구도시 라타키아 인근의 마을이자 자신의 출생지였던 카르다하에서 열렬한 환영을 받았다. 아사드 자신과 그의 지지 세력은 수니파 이슬람이 아니라 알라위파(Alawites)였다. 이슬람의 한 분파인 알라위파는 내부가 비밀에 쌓여 있고, 심지어는 교리가 기독교와 유사한 면이 있다고도 한다. 이들은 레바논 북부지역과 시리아의 산악지역에 고립된 채 수세기 동안 살아왔다. 알라위파는 1,100만에서 1,200만 명 정도로 시리아 인구의 약 10~12퍼센트를 차지한다. 그러나 부족과도 같은 강한 결속력을 바탕으로 1960년대 후반 이후 시리아 군대와 국가의 주요기관, 그리고 집권야당인 바트당을 주도해왔다. 인구의 70퍼센트를 차지하는 수니파 이슬람교도들은 영향력이 제한됐고 좌절감을 느끼는 경우가 잦았다. 종교적 성향이 강한 수니파 그룹은 알라위파를 이슬람 내의 이교도 혹은 세속화된 급진세력 정도로 치부했다. 많은 토지를 보유한 수니파 전통 귀족들 역시 이들을 다마스쿠스를 지배할 자격이 없는 산악지역의 농부들이라고 생각했다.

무슬림형제단(Muslim Brotherhood)은 이슬람 근본주의 게릴라 그룹들의 느슨한 지하 연합체로 1930년대 후반부터 시리아에서 이따금씩 출몰했다. 아사드가 정권을 잡자 알라위파가 주도하는 정권을 무너뜨리기 위해 형제단이 활동하기 시작했다. 무자비한 암살과 폭탄테러가 주요 활동이었다. 형제단의 지도부는 대체로 지방의 이슬람 종교지도자들인 울라마로 충원됐고, 하부는 도시의 빈민층 청년과 수니파 중산층이 차지했다. 이들은 아사드가 추진하는 시리아 사회의 서구화와 세속화, 그리고 근대화 과정에서 소외됐거나 경제적으로 타격을 입은 계층이었다. 1979년과 1980년에 이르자 사태는 심각한 양상으로 접어들었다. 정부기관이나 소련의 국영항공회사 사무소 인근에서 폭탄이 터지고 소련이 파견한 고문이나 바트당의 고위관리가 백주대낮에 총격을 받는 일이 적어도 일주일에 한 번은 일어날 정도로 일상화됐다. 심지어는 아사드 대통령의 개인 통역관이 납치됐다. 형제단의 문서는 아사드를 '알라의 적' 혹은 '마론파 교도'라고 불렀다. 아사드 정권은 이에 맞서 비상사태를 선포하고 상대방에 대한 암살과 납치로 대응했다. 주요 표적은 저명한 이슬람 종교지도자들이었다. 나아가 정권은 충실한 바트당원들에게 무기를 배급해 이슬람 도시게릴라 소탕을 돕도록 했다. 내전은 피할 수 없을 것으로 보였다.

형제단은 종종 알레포와 하마의 이슬람 노조를 비롯한 단체의 지원을 받았다. 정부에 만연한 부패와 경제적 실패, 그리고 자유의 억압에 대한 반발이었다. 1980년 초 하마에 모인 종교 및 노조 지도자들은 다수의 요구사항을 담은 성명서를 발표했다. 이 중에서 가장 중요한 사항은 아사드 대통령이 인권헌장을 존중하고 비상사태를 해제해야 하며 자유선거를 실시해야 한다는 것이었다. 이러한 청원은 이슬람 사원에 널리 회람되었고 '신앙심이 없는' 정부에 대한 총파업 요구라는 반향을 불러일으켰다. 시리아에서 이는 전쟁의 선포와 다름없었다. 그러나 청원은 정권에 아무런 영향도 미치지 못했다. 패트릭 실(Patrick Seale)은 아사드 대통령에 관한 권위 있는 전기를 저술했는데 아사드 자신도 여기에 협조한 바 있다.* 1979년 말과 1980년 초에 걸쳐 소집된 바트당 대의원회에서 강경파인 아사드의 동생 리파트(Rifaat)가 무슬림형제단과의 전면전을 요구했다고 패트릭은 기록했다(리파트는 사라야 알 디파(Saraya al-Difa)라고 부르는 '방위부대(Defense Companies)'를 지휘하고 있었다. 이는 중무장한 정예병사로 이루어진 근위대였다. 알라위파 사람들이 주축이었고 내부의 적들로부터 아사드 정권을 보호할 책무만을 지고 있었다).

바트당의 어떤 모임에서 리파트는 스탈린이 볼셰비키 혁명을 지켜내기 위해 1,000만 명을 희생시켰다는 언급을 했다고 패트릭은 전했다. 시리아 역시 비슷한 희생을 준비해야만 한다. 리파트는 무슬림형제단을 무찌르기 위해 '100번의 전쟁을 치루고, 적의 근거지를 100만 개 파괴하고, 100만 명의 순교자를 희생시킬 것'이라고 맹세했다고 패트릭은 덧붙였다. 양측의 싸움은 강심장이 아니라면 도저히 발을 들여놓을 수 없는 성질의 전투였다. 1980년

―――――

* 『아사드: 중동을 위한 투쟁 Asad: The Struggle for the Middle East』(캘리포니아대학교 출판부, 1988).

6월 26일 다마스쿠스의 외빈을 맞는 궁전에서 아사드는 말리에서 오는 국가원수를 기다리고 있었다. 무슬림형제단의 암살자들이 수류탄 두 발을 아사드 대통령을 향해 던지고 기관총을 난사했다. 경호원 한 명이 수류탄 하나를 감싸 안은 채 폭사하고 아사드 자신이 다른 하나의 수류탄을 발로 멀리 차버리는 덕분에 그는 목숨을 구할 수 있었다. 몇 시간 지나지 않아 아사드 측의 복수가 시작됐다. 다음날 6월 27일 새벽 3시 리파트의 방위부대원 약 80명이 타드무르(팔미라) 감옥으로 향했다. 감옥에는 이전 해 연행된 수백 명의 무슬림형제단원들이 수감돼 있었다. 국제사면위원회는 방위대원들의 행동을 다음과 같이 보고했다. "10명이 한 조로 움직였다. 감옥 안으로 들어가면 독방과 일반감방을 가리지 말고 살해하라는 명령을 받았다. 약 600에서 1,000명에 이르는 수감자들이 살해당했다고 보도됐다. …… 학살이 끝나자 시체를 끌어내 감옥 밖에 커다란 무덤을 만들고 한꺼번에 묻어버렸다."

하마와 알레포, 그리고 여타 무슬림형제단의 근거지에 대한 기습적인 수색이 다음해 내내 주례행사처럼 계속됐다. 검거가 진행되는 동안, 이슬람 지하조직에 가담했는지의 여부로 의심스런 젊은이들을 길가에서 즉결처형하는 일이 자주 일어났다. 하마 사람들이 잠에서 깨어나 보면 길가 혹은 마을 중앙 광장에서 총탄에 벌집이 된 시체를 발견하는 일이 여러 번 있었다. 군인들이 나이 든 이슬람 성직자들이 기른 콧수염의 반을 깎아버리고, 턱수염을 불태웠으며, 아사드 대통령의 '만수무강'을 빌며 길에서 춤을 추도록 강요하기도 했다고 무슬림형제단이 주장하기도 했다. 그러나 정부 감옥에 보내진 불행한 사람들의 운명에 비하면 이는 아무것도 아니었다. 알레포에서 연행돼 투옥됐던 어떤 학생은 국제사면위원회에서 투옥된 사람들이 '알 아브드 알 아스와드(al 'Abd al Aswad)', 즉 '검은 노예(Black Slave)'에게로 끌려 간다고 증언했다.

다음은 그 학생이 국제사면위원회에 증언한 내용이다. "고문할 때는 언제나 옷을 다 벗으라고 명령합니다. 방에는 여러 가지 고문기구가 있습니다. 전기기계 장치와 손톱을 뽑는 러시아제 기구, 생살을 뜯어내는 데 사용하는 펜치와 가위, 그리고 '검은 노예(Black Slave)'라고 부르는 기구가 있었습니다.

그들은 고문당하는 사람을 '검은 노예' 위에 앉게 합니다. 기구의 전원을 켜면 매우 뜨겁고 날카로운 금속 꼬챙이가 등 뒤에서 천천히 찌릅니다. 살을 태우면서 계속 앞으로 나가 내장에 닿을 때까지 전진합니다. 그리고 뒤로 돌아갑니다. 그러고선 다시 찌릅니다."

무슬림형제단 역시 비슷한 방법으로 복수에 나섰다. 1981년 11월 29일 아사드 정권은 이슬람 게릴라들이 다마스쿠스 중심가에 차량폭탄을 터뜨려 64명의 무고한 행인을 죽이고 135명에게 부상을 입혔다고 비난했다. 두 달 후 하마 학살이 일어나기 몇 주 전 아사드는 알라위파가 이끄는 정부를 전복시키려는 공군 내부의 음모를 적발했다. 이슬람 무슬림형제단 영향을 받은 것으로 추정됐다. 정부 전복음모에 연루된 공군 장교를 심문하는 과정에서 무카바라트(Mukhabarat, 이름만 들어도 시리아 사람들이 등골이 서늘해진다는 정보당국이다)라고 불리는 시리아 정보당국은 음모에 무슬림형제단이 관련됐다는 명백한 정보를 얻었다.

1982년 2월 아사드 대통령은 하마 문제를 단번에 해결할 것을 결정했다. 아사드는 슬픈 듯한 눈과 의미를 알아내기 힘든 소리 없는 웃음을 짓는 인물이었다. 그는 인간의 본성에 대한 어떠한 환상도 버린 인물처럼 보였다. 1970년 권력을 장악한 이후 그는 제2차 세계대전 이후 시리아를 통치한 어느 누구보다도 더 오래 권좌에 머물렀다. 그가 이토록 장기집권할 수 있었던 까닭은 그 자신만의 통치 방법을 따랐기 때문이다. 아사드가 하마에서 보여줬던 바로 그 철권통치였다.

* * *

1982년 2월에 벌어졌던 일의 자세한 내막은 오늘날까지도 완전히 알려지지 않았다. 학살이 벌어지는 동안 어떤 기자도 현장에 접근할 수 없었다. 생존자 대부분은 학살 이후 뿔뿔이 흩어지거나 침묵을 강요받았다. 아사드 정부는 하마에서 벌어진 일에 대한 질문에 답변을 거부했다. 다음에서 제시하는 하마 학살에 대한 묘사는 대체로 다섯 종류의 정보를 종합한 것이다. 다마스쿠스 주재 외교관들, 나의 하마 방문, 학살에 관한 국제사면위원회의 보고서, 이스라엘 방송국의 아랍 문제 전문기자 에후드 야리(Ehud Ya'ari)가 이스라엘 정보국에 부분적으로 의존하여 잡지에 기고한 분석(『모니틴 Monitin』, 1985년 8월), 그리고 1984년 이집트의 무슬림형제단 출판사 다르 알 이티삼(Dar al-I'tisam)에서 출간한 『하마: 우리 시대의 비극 Hama: The Tragedy of Our Time』이라는 책이다. 무슬림형제단에서 발간한 이 책의 표지에는 검게 그을린 도시를 배경으로 하페즈 아사드가 피에 손을 담그고 있는 그림이 그려져 있는데, 하마에서 어떤 일이 일어났는지에 관한 형제단의 자체 평가다. 지금까지 출간된 것들 중에서 하마 학살에 관한 가장 자세한 묘사임에 틀림없다. 물론 무슬림형제단이 쓴 작품이긴 하지만 진실에 대단히 가깝다.

다마스쿠스에 주재하는 외교관들에 의하면 아사드 대통령은 하마를 길들이는 모든 책임을 리파트에게 맡겼다. 야리에 따르면 리파트의 첫 번째 조치는 약 1만 5,000명의 방위부대원들을 하마의 건물들에 소리 없이 침투시킨 것이었다. 열성 바트당원을 배출하는 학교인 대형 경기장과 문화센터였다. 이와 동시에 알리 하이다르(Ali Haydar) 대령의 특수부대 소속 특공대원 1,500명을 하마 외곽에 위치한 댐 근처로 보내 텐트로 캠프를 차리고 헬리콥터 착륙장을 만들게 했다. 나중에 사용할 목적이었다. 알라위파의 나딤 압바스(Nadim Abbas) 대령이 지휘하는 47 독립기갑여단과 정보부대가 T-62 탱크를 앞세우고 하마 시의 내부와 주변에 주둔했다.

하마 시의 '일제 소탕' 작전은 2월 2일 화요일 새벽 1시에 개시될 예정이었다.

춥고 이슬비가 내리는 겨울밤이었다고 한다. 베이루트나 예루살렘에서 자주 겪는, 바람이 불고 비가 내려 뼛속까지 한기를 느끼게 하는 날씨였다. 사람들은 되도록 밖에 나가고 싶어 하지 않는 그런 날씨였다. 하마 주민들은 문을 꼭 닫고 집 안으로 들어가 기름 스토브나 스팀 난방기로 몸을 덥히고 있었다. 리파트의 방위부대원 약 500명과 많은 무카바라트 요원들이 오론테스 강 서안에 위치한 유서 깊은 마을 바루디를 포위하면서 작전을 개시했다.

좁은 골목과 아치로 덮인 도로를 따라 다닥다닥 들어선 벌집 같은 주택가에 신앙심 깊은 하마 주민들이 살던 곳이었다. 오론테스 강 동안에는 야외시장이 자리 잡았고 정부가 건설한 아파트에 공무원들이 많이 살았다. 서안에 비해 문제를 일으키는 일이 훨씬 적은 지역이었다.

바루디 지구에 들어서는 시리아 군인들 손에는 주요 인물들의 이름을 적은 리스트, 그들이 쫓는 사람들의 은신처 및 이슬람 반군의 무기 은닉처로 의심되는 주소들이 들려 있었다. 그러나 시리아 군인들은 단 한 명에게도 은밀히 접근하지 못했다. 다마스쿠스에 주재하는 외교관들에 따르면 정권의 공격이 이루어질 것임을 미리 탐지한 무슬림형제단이 마을의 지붕 위 여러 곳에서 망을 보고 있었다. 시리아 군인들이 거미줄과 같은 골목길로 깊숙이 들어갔을 때 경보가 울렸고 무슬림형제단은 기관총으로 일제사격을 가해 이들을 격퇴했다. 사격은 '알라후 아크바르(Allahu Akbar)'라는 고함에 맞춰 중지됐다. 알라는 (적보다) 위대하다는 뜻이다. 무슬림형제단의 다른 그룹은 오론테스 강 동안에서 서쪽으로 넘어오는 다리에 바리케이드를 설치해 정부군의 지원 병력을 차단했다. 이들은 인근 마을의 방위부대까지 공격했다. 동틀 무렵 시리아 군대는 모두 후퇴할 수밖에 없었다. 사망한 군인들의 시신과 함께였다.

이슬람 사원의 첨탑에 설치된 마이크를 통해 빠르게 소식이 전파됐다. 바루디를 지켜냈고 하마는 '해방'되었다는 소식이었다. 아사드 정권은 비틀거렸다. 무슬림형제단은 지금이야말로 정권을 무너뜨릴 시기라고 생각했다. 아사드와 그의 바트당에 저항하는 성전(聖戰), 즉 '지하드'에 대한 요구가 하마 전역에서 터져 나왔다.

2월 2일 새벽이 밝자 수천 명에 달하는 추가 정부병력이 하마로 신속히 이동했다. 47 기갑여단에게는 하마 외곽에서 도시로 진격하라는 명령이 떨어졌다. 같은 날 아침 무슬림형제단 사령관을 맡고 있던 셰이크 아디브 알 카일라니(Adib al-Kaylani) 장로가 단원들에게 침대 아래, 그리고 은닉처에 숨겨둔 총을 들고 지하에서 나와 '신앙심 없는' 아사드 정권을 하마에서 내쫓고 권좌에서 몰아낼 것을 요구했다고 형제단은 전했다. 알 카일라니는 전국적인 규모의 반란에 불을 지피려 했던 것이 분명했다. 앉아서 기다리다가 투옥되고 고문받고 결국 처형되기보다는 '이슬람 제단'의 순교자가 되는 것이 올바른 길이라고 그는 형제단원들에게 말했다. 무슬림형제단과 아사드 정권의 갈등이 시작된 이래 직접 얼굴을 맞대고 백주대낮에 전투를 벌인 일은 처음이었다. 상대방을 완전히 패퇴시켜야만 끝나는 전쟁이라는 점을 양측 모두 잘 알고 있었다.

아사드 정권이 자행한 기존의 하마 탄압은 종교적 색채를 지니지 않았던 인근의 많은 젊은이들조차 정권에 반대하는 세력으로 만들었다. 이들의 도움으로 초기에는 무슬림형제단이 기선을 잡았던 것이 사실이다. 마을 여기저기에서 방위여단의 주둔지를 공격하고 바위와 쓰레기 등으로 바리케이드를 설치했다. 사원 첨탑의 마이크에서는 같은 메시지가 반복됐다. "궐기하라. 신앙심 없는 자들을 하마에서 몰아내라." 이와 함께 형제단은 스스로 소규모 학살을 시작했다. 다마스쿠스 주재 외교관들에 따르면, 무슬림형제단은 분대규모로 인원을 나눠 거리를 누비며 지역에 위치한 무기고와 경찰서를 약탈하고 바트당 고위관리의 집으로 쳐들어갔다고 한다. 적어도 50명에 달하는 지방정부 관리와 바트당 고위 당직자가 침대에서 기관총에 벌집이 되거나 여러 명이 휘두른 칼에 찔려 사망했다. 불행하게도 지역을 잘못 찾아 들어간 무카바라트 요원들은 거리를 몰려다니는 젊은이들에 의해 차와 지프에서 끌어내려져 길가에서 살해됐다.

군대는 추가병력을 요청했다. 특히 반란군이 쳐놓은 바리케이드를 뚫기 위해 탱크가 필요했고, 무슬림형제단의 기습을 군인들에게 공중에서 경고하기 위해 헬리콥터를 불러야 했다. 일부 병력에게는 하마와 여타 도시를 잇는 전신전화선을 단절하도록 지시했다. 그리고 간선도로를 장악해 도시를 두 지역으로 단절시켜 형제단 세포조직들이 각자의 마을에서 고립되도록 만들었다.

다음날인 2월 3일 아침 정부군의 탱크들이 형제단이 거점으로 삼고 있는 마을의 구불구불한 도로와 골목으로 침투하려고 시도했다. 매우 비좁은 도시 한가운데서 작전을 수행해야 했기 때문에, 최초 시리아 군은 탱크에게 포탑에 설치된 기관총만을 사용하라고 명령했다. 그러나 형제단의 타격 팀은 이들을 매우 효과적으로 무력화시켰다. 로켓추진 수류탄과 화염병이었다. 그날 밤 리파트는 압도적인 화력만이 반란군을 진압할 수 있다는 판단에 도달한 것이 확실했다. 그는 21 기계화여단에게 하마 전투에 참가할 것을 명령했다. 21 기계화여단의 병력 중 하마 출신 병사들은 모두 제외됐고, 알라위파의 푸아드 이스마일(Fouad Ismail) 사령관이 여단을 이끌고 사이드 이븐 알 아스 거리를 따라 하마로 진입했다.

형제단에 따르면, 2월 4일 약 20대의 탱크가 무거운 쇳소리를 내며 거리를 따라 진격하다가 길을 막고 있는 바리케이드를 향해, 그리고 길과 마주한 집들을 향해 무차별 포격을 가했다고 한다. 여러 층으로 이루어진 건물들은 화염 속에 무너졌고 거리 한복판에 있던 커다란 사원은 집중포화 속에 붕괴됐다. 몇 시간 지나지 않아 바리케이드를 쳐두었던 곳 주변의 건물 대부분이 파괴됐다. 이때부터 리파트의 전술이 변했다. 무슬림형제단의 근거지가 되는 마을에서 단원들을 색출하는 방법을 버리고 마을 전체를 파괴함으로써 단원과 저항하는 모든 사람들을 함께 몰살시키는 전술이었다. 이를 위해 탱크와 헬리콥터를 이용한 공격, 그리고 하마를 에워싼 시리아 군대가 집중 포격을 시작했다. 무슬림형제단의 세력이 가장 강고하다고 알려진 바루디와 카일라니, 하드라, 카미디아 마을이 주요 타깃이 됐다. 리파트가 부하에게 다음과 같이 무전기로 명령하는 것을 감청했다고 형제단은 주장했다. "단 하나의 집도 남김없이 모두 불태우라."

이후 내가 목격한 바에 따르면 리파트는 결과에 만족했을 것 같다. 하마에 있는 거의 모든 건물이 파괴됐기 때문이다. 오론테스 강둑에 있는 1,200년 된 카일라니 가문의 궁전은 하마에서 고고학적으로 가장 유명한 곳이었지만 완전히 폐허가 됐다. 이슬람 사원과 첨탑은 하나도 남김없이 무너져 내렸다. 형제단의 저격수들이 첨탑을 저격 장소로 이용했다는 점을 생각하면 놀랄 일은 아니다. 그러나 이 같은 무자비한 전술에도 불구하고 2월 7일부터 17일까지 무슬림형제단은 오론테스 강 서편에 위치한 오래된 마을 상당수를 여전히 장악하는 데 성공했다. 셰이크 알 카일라니 사령관이 이곳저곳으로 옮겨 다니면서 코란을 읽으며 전투원을 독려하는 와중에 형제단은 인구가 밀집한 지역으로 침투하려는 시리아 군의 특수임무 팀을 번번이 격퇴했다.

오론테스 강의 동쪽에서는 무슬림형제단이 저항을 포기할 수밖에 없었다. 시리아 군은 '평화를 회복한' 마을에 남아 있는 집들을 약탈했다. 가구를 잔뜩 실은 트럭 행렬이 지나가는 것을 목격했다고 형제단은 말했다. 어느 시리아 장교가 죽임을 당했는데 그는 350만 시리아 파운드를 몸에 지니고 있었다고 형제단은 주장했다(당시 100만 달러에 상당하는 금액이었다). 가족 중 한 명이 형제단과 관련됐다고 시리아 정보부의 리스트에 오른 경우 가족 모두가 집에서 끌려나와 거리에서 모조리 총살됐다. 땅 밑의 하수구를 통해 달아나려고 시도하거나 시리아 군대가 하마 주변에 쳐놓은 포위망을 뇌물을 주고 빠져나가려던 민간인들이 있었지만 성공한 사람들은 거의 없었다.

2월 17일 무슬림형제단의 셰이크 알 카일라니 사령관이 박격포탄의 폭발로 사망했다. 그러나 바루디 지역에서 형제단의 마지막 저항을 완전히 진압하는 데는 이후 열흘이 더 걸렸다. 2월 22일 바트당 하마 지부가 아사드 대통령에게 지원을 요청하는 전신을 보냈다고 시리아 정부가 발표했다. 무슬림형제단 전투원들이 바트당 당직자들을 죽이고 신체가 절단된 이들의 시체를 거리에 버렸다고 전신 메시지가 언급했다. 그리고 치안부대가 형제단에 가차 없는 보복을 가해 '그들의 숨을 완전히 끊어놓았다'고 덧붙였다.

이후 몇 주간 아사드 정권이 시리아에서 네 번째로 큰 도시에 대한 그간의 원한을 푸는 기간이 이어졌다. 그 결과 많은 사람들이 더 죽어갔다. 하마에서 기록된 대부분의 사상자는 이 시기에 나왔다. 시리아 군의 엔지니어들은 '형제단' 마을에 아직 남아 있는 건물은 무엇이든 다이너마이트로 폭파하기 시작했다. 안에 사람이 있건 없건 신경 쓰지 않았다. 무슬림형제단이 성장할 수 있는 사회조직이었던 하마의 유서 깊은 지역과 시장, 기술이 발달했던 지역, 그리고 이슬람 사원이 완전히 말살됐다. 군대의 소탕작전이 진행됨에 따라 아직 살아남았거나 도망가지 못했던 사람들이 무카바라트 정보국이 급조한 임시 구금시설에 잡혀와 취조를 받았다. 자백하기를 망설이는 죄수들은 쇠못이 촘촘하게 박힌 '솔로몬의 의자'라고 불리는 기구로 데려갔다. 두 손을 용접기로 지져버린 죄수들도 있었다. 야리에 따르면 리파트의 보좌관 모하메드 나시프(Mohammed Nassif) 대령이 고문과 취조를 이끌었다.

　무슬림형제단이 많이 거주하던 지역에 살던 사람들을 사방으로 흩어지게 만들고, 정부의 허락 아래 새로운 집과 직업을 갖도록 강제하기 위해 리파트는 불도저들을 그 지역으로 보내 이미 포격으로 쓸 수 없게 된 건물들을 완전히 뭉개버렸다. 그런 다음 증기롤러를 장착한 중장비로 건물 파편을 마치 주차장과 같이 평평하게 만들었다. 국제사면위원회와 무슬림형제단에 따르면, 시리아 군은 반정부 성향을 가진 것으로 의심되는 죄수들을 구금시설에서 모두 끌어내 기관총으로 한 자리에서 단체로 사살하고 이미 파놓은 구덩이에 한꺼번에 매장한 다음 그 장소에 아무런 표시도 하지 않았다. 나아가 시안화 가스를 담은 커다란 통을 가져와 고무파이프를 연결해놓고, 반란군이 안에 있는 것으로 의심되는 건물의 입구에 대고 가스를 살포해 안에 있는 사람을 모두 죽였다는 주장도 사면위원회는 인용했다. 이슬람 사원의 장로와 교사, 관리인에 이르기까지 사실상 모든 이슬람 종교지도자는 전투에서 살아남았다고 하더라도 이후 이러저러한 방법으로 죽음을 맞았다. 대부분의 반정부 노조지도자들의 운명 역시 같았다.

　2월 2일 작전이 시작된 시점부터 시리아 정부는 기자의 접근을 일체 금지했고 심지어 하마로 접근하는 것조차 허락하지 않았다. 그리고 하마에서 무슨 일이 벌어지고 있느냐는 질문에 일체의 자세한 설명을 거부했다. 3월 초 군사작전이 끝나자 시리아 정부는 하마 인근의 마을에서 신학생들을 하마로 데려와 거리를 청소하고 핏자국을 지우게 했으며 폭격으로 파괴된 마을을 배회하던 개들을 잡도록 시켰다고 형제단이 말했다.

　5월 말 내가 차를 타고 하마에 들어갔을 때 도시 안에서 완전히 평평하게 된 지역이 세군데 있었다. 각각은 축구장 4개 정도의 크기였는데 약간 노란색을 띤 부서진 콘크리트로 덮여 있었다.

　택시 운전사와 나는 평평하게 된 곳 중 하나를 따라가고 있었다. 그곳의 지면은 아직 푸릇푸릇한 오론테스 강둑으로부터 약간 경사져서 위로 펼쳐져 있었다. 우리가 탄 택시는 평평하게 된 곳의 정 중앙에 멈췄다. 잠시 동안 나는 머리가 어질어질한 느낌을 받았다. 얼음낚시를 하기 위해 미네소타의 얼어붙은 호수 위 한가운데 차를 세웠을 때 받은 느낌과 같았다. 그 위에 서지 말아야 한다는 점을 잘 알고 있는 그런 곳에 섰을 때 느끼게 되는 불편함이었다. 딛고 서 있는 바닥을 발로 차보았다. 테니스 운동화와 너덜너덜한 책, 그리고 헝겊조각이 나왔다. 약간 떨어진 곳에서는 나뭇조각인지 철근 끄트머리인지 모를 무언가가 먼지가 풀풀 날리는 지면 위로 솟아 있었다. 마을 전체는 마치 봄철의 옥수수 밭처럼 완전히 갈아엎어져 평평하게 돼 있었다. 모든 것이 그 안으로 들어갔다. 택시 운전사와 내가 되돌아오는 길에 어깨가 축 늘어진 노인 한 사람이 보였다. 체크무늬의 터번을 두르고 헐렁한 녹색 옷을 입고 있었는데, 죽음의 땅 위에서 발을 질질 끌며 걸어가는 중이었다.

"여기 원래 있던 집들은 모두 어디로 갔나요?" 우리는 차를 세우고 노인에게 물었다.

"발아래 있소." 노인이 말했다.

"그러면 그곳에 살던 사람들은 어디로 갔죠?" 내가 물었다.

"그 사람들 중 일부는 아마도 발아래 같이 있을 거요." 노인은 중얼거리듯 말하고 나서 다시 발을 끌며 갈 길을 가기 시작했다.

그러나 하마 학살에도 논리가 있었다. 이후 몇 년간 나는 그 논리를 찾으려고 노력했다. 하마에서 벌어진 사건을 이해하기 위해서는, 세 개의 정치적 전통이 중동정치에서 상호작용한다는 점을 알아야 한다고 생각한다.

첫 번째이자 가장 오래된 전통은 중동정치의 부족(部族)적인 특성이다. '부족적'이라는 용어는 무자비하고 생존지상주의를 지향하며, 왕족에 대한 헌신과 같이 전통적인 충성심에 집착하는 전근대적인 형태의 정치적 상호작용을 지칭한다. 부족적 집단이란 그 내용이 다양하다. 때로는 실제 부족일 수도 있지만 훨씬 광범한 스펙트럼을 포함한다. 현재의 집권세력일 수도 있고 집권을 추구하는 세력일 수도 있다. 때로는 씨족, 종교분파나 마을의 구성원, 특정 마을의 친구들, 지역에 기반을 둔 단체, 그리고 단위부대 등이 부족적 집단이 될 수 있다. 이들 집단들이 결합하여 부족적 집단이 될 수도 있다. 실제 집단의 구성이 다양함에도 불구하고 이들 모두가 공통적으로 지니는 부족적 특성은 구성원들이 가지는 정신적 결속이다. 구성원들이 공유하는 절대적인 의무감과 서로에 대한 강한 신뢰라는 부족적 연대감이다. 이는 민족공동체 혹은 민족국가에 대한 충성에 우선한다.

오늘날 중동에서 부족주의가 정치에 미치는 영향을 가장 잘 이해할 수 있는 방법은 사막의 베두인 유목민들에게서 볼 수 있는 순수하고 원형에 가까운 부족주의를 살펴보는 것이다. 시나이와 네게브 사막의 베두인을 전문적으로 연구하는 이스라엘인 클린턴은 다음과 같이 묘사했다. 사막에서의 삶은 항상 가장 중요한 두 가지 사실에 큰 영향을 받는다. 첫째, 사막에는 물과 방목에 필요한 목초지가 언제나 제한되기 때문에 "모든 사람은 스스로 늑대가 돼야 한다. 자신이 생존하기 위해서는 다른 부족을 희생시켜야 한다는 점을 언제나 염두에 둬야만 한다. 충분하지 않은 우물과 목초로 모두를 동시에 만족시킬 방법이란 없다. 마지막으로 남은 풀잎 하나를 누가 차지할 것인지가 문제가 되는 경우가 잦다. 마지막 목초를 자신이 차지해야만 하는 것이다. 사막에서는 모든 사람이 포식자이자 동시에 먹이라는 것을 의미한다."

둘째는 사막에 외부의 중재인이나 정부가 존재하지 않는다는 사실이다. 어느 부족이 살아남기 위해 다른 부족을 제물로 삼는 일이 벌어졌을 경우, 법을 강제한다거나 분쟁을 조정하는 등 중립적으로 해결할 방법이 없다. 가족과 씨족, 그리고 부족만이 사막에서 홀로 목초지를 찾는다. 건기에 말라 있는 개울이나 계곡을 정기적으로 둘러보는 순찰차는 없다. 곤란에 빠져도 119에 전화를 걸 수도 없다. 사막에서는 스스로 자신을 돌보는 수밖에 없다.

이처럼 고독한 세계에서 생존할 수 있는 유일한 길은 타인에게 확실히 알리는 것이다. 누군가가 어떤 방법으로든 자신의 앞길을 방해하면 그에 대한 대가를 치러야 하고 그 대가는 끔찍할 것이라는 점이다. 메시지를 보내는 가장 일차적이고 효과적인 방법은 동맹이다. 동맹은 가장 기본적인 혈연관계인 가족에서 시작하여 씨족, 부족, 그리고 다른 부족과의 연합으로 커진다. 자신이 살아가는 세계의 본질을 잘 알기 때문에, 모든 베두인은 다른 어떠한 의무보다 혈족의 결속을 우선해야 한다는 점을 잘 이해한다. 이렇게 행동하지 않는 사람은 망신거리가 된다는 점도 이해한다. 이를 잘 표현하는 베두인의 아랍어 속담이 있다. "형과 나는 사촌에 맞서 싸운다. 형과 나와 사촌은 낯선 자에 맞서 싸운다." 레바논과 요르단의 농촌 부족 중 상당수는 그들의 이름을 복수 형태로 바꿨다. 사람들이 자신의 부족을 실제보다 더 큰 집단으로 인식하기를 원했기 때문이다.

그러나 동맹이 언제나 충분한 보호막이 되지는 않는다. 동맹의 핵심부와 멀리 떨어져 사막 한가운데 있는 경우, 타부족은 사막에서 지키는 규칙을 어기고 싶은 충동을 느끼게 된다. 따라서 누군가가 부족 사이의 규칙을 어떤 방식으로 어기더라도 심지어는 하찮은 공격에 지나지 않는다 하더라도, 이에 합당한 벌을 주는 것을 넘어서서 주위의 가족과 씨족, 그리고 부족들 모두에게 명확한 신호를 보낼 수 있을 만큼 처벌해야만 한다. 누구라도 자신의 집단을 부정하게 대할 경우 어떤 일이 벌어지는지를 명료하게 보여줘야만 한다. 사막의 신조는 이것이었다. "물러서라. 나는 스스로를 능히 방어할 수 있다."

부족은 둘 중 하나의 방식으로 이 같은 평판을 얻는다. 규칙을 어긴 자들에게 물리적 폭력을 사용해 확실한 타격을 입히거나, 주변 지역의 가족과 씨족, 그리고 부족 모두가 규칙위반자에게 무거운 벌금을 물림으로써 베두인의 정의를 실현하는 것이다(이 같은 방법이 사막에서 살아가는 부족에게만 해당되지는 않는다. 스코틀랜드의 상징인 엉겅퀴 밑에는 다음과 같은 문구가 있다. "그 누구도 다치지 않고서 나를 해칠 수는 없다."). 둘 중 어느 방식을 사용하든, 가장 중요한 일은 감히 자기 집단을 밟으려고 하는 자들을 끝까지 쫓아가 그 대가를 치르게 하는 능력이다. 이는 가족이나 씨족 혹은 부족 모두에 해당한다.

물론 부족은 여타 경쟁 부족에게 양보를 할 수도 있고 타협할 수도 있다. 그러나 양보는 오직 승리를 통해 자신의 힘과 아량이 입증된 후의 일이다. 1977년 11월 이집트 대통령 안와르 사다트가 역사적인 이스라엘 방문에 나섰다. 1973년 전쟁에서 그가 이끄는 이집트 군대가 수에즈운하를 건너간 이후의 일이었다. 사다트 자신이 이스라엘에게 대가를 치르게 할 수 있음을 주변 모든 나라들에게 입증한 후였다. 따라서 예루살렘 방문은 두려움이 아니라 자신감에서 나온 행위가 된다. 예루살렘 방문을 마치고 카이로에 돌아와 의회에서 이스라엘 방문을 설명하던 사다트가 자신의 지지자들을 '오, 위대한 10월의 국민이여(Ya, Sha'ab October)'라는 말로 표현한 데는 이유가 있다. 전쟁 초기인 1973년 10월 이집트가 이스라엘을 상대로 거둔 승리를 지칭한 말이었다. 오직 승리를 거둘 수 있는 국민만이 타협할 수 있다는 뜻이다. 의회에서 연설하는 동안 사다트는 이 말을 18번이나 사용했다.

사막에서 결코 허용해서는 안 되는 일이 자의적인 양보다. 누군가가 자신의 식수 중 반을 훔쳐갔을 경우 이렇게 말해서는 안 된다. "이번에는 봐주겠다. 그러나 다시는 내 눈에 띄는 일이 없어야 할 것이다." 고독한 늑대가 우글거리는 세계에서 남들 눈에 양으로 비쳐지는 사람은 커다란 곤경에 처한다. 어느 노인과 칠면조에 관한 베두인 족의 전설은 이 점을 잘 보여준다. 전설의 내용은 이렇다. 어느 날 나이 많은 베두인 남자가 칠면조를 먹으면 젊음을 회복할 수 있다는 사실을 알게 됐다. 그래서 그는 칠면조 한 마리를 구입해 자신의 천막 주변에서 키웠다. 그는 칠면조를 배불리 먹이면서 생각했다. '와, 나는 아마 황소처럼 힘이 넘치게 될 거야.' 그런데 어느 날 누군가 칠면조를 훔쳐갔다. 노인은 아들들을 불러 모아 말했다. "얘들아 우리가 위험에 빠졌다. 그것도 아주 커다란 위험이다. 칠면조를 도난당했다." 아들들이 웃으며 말했다. "아버지, 도대체 칠면조로 뭘 하시게요?" 노인이 답했다. "그건 상관없다. 그건 전혀 관계없는 일이다. 지금 중요한 건 누군가 칠면조를 훔쳐갔다는 사실이고 우리가 칠면조를 도로 찾아와야만 한다는 점이다." 그러나 대화가 끝난 후 자식들은 아버지의 말을 무시해버렸고 칠면조에 대해 잊었다. 몇 주 후 노인의 낙타가 도난당했다. 자식들이 아버지에게 와서 말했다. "아버지, 누군가 낙타를 훔쳐갔어요. 어떻게 해야 할까요?" 그러자 노인이 말했다. "내 칠면조를 찾아라." 몇 주 후 이번에는 말이 없어졌다. 자식들이 노인에게 물었다. "아버지, 말이 없어졌어요. 어떻게 할까요?" 노인이 답했다. "내 칠면조를 찾아라." 몇 주가 더 지나갔다. 이번에는 누군가 노인의 딸을 겁탈했다. 노인은 자식들에게 이렇게 말했다. "이 모든 것이 칠면조 때문이다. 그들이 내 칠면조를 가져갈 수 있다는 점을 알았을 때 우리는 모든 것을 잃었다."

하마는 하페즈 아사드의 칠면조였다. 하마에서의 충돌이 기본적으로는 알라위파와 수니파 이슬람 사이에서 벌어진 부족적 성격의 갈등이라는 것을 하페즈는 처음부터 이해했다. 만일 수니파 무슬림형제단이 하마에서 단 한 개 마을이라도 장악하도록 방치한다면, 얼마 지나지 않아 강물은 알라위파의 피로 물들고 시리아의 모든 반대세력이 정권을 먹어치울 것이란 점을 그는 이해했다. 아사드가 반란을 진압하는 데 그치지 않은 이유가 바로 이것이다. 20세기의 현대무기를 동원한 그의 복수는 철두철미했고 이후 시리아 사람들은 모두 하마에서 벌어진 일을 가슴에 새겼다.

어느 레바논 사업가가 여러 차례에 걸쳐 리파트 아사드와 거래할 기회를 가졌다. 그 사업가는 리파트와 하마에서의 반란에 관해 이야기를 나눈 적이 있다고 한다.

"하마에서 7,000명 정도 죽였지요?" 사업가가 리파트에게 물었다.

정치인이라면 통상적으로 그런 끔찍한 사건을 축소하며 이렇게 말했을 것이다. "전혀 아닙니다. 우리가 7,000명을 죽였다니요. 무슨 말씀이세요. 그건 우리 적들이 하는 선전일 뿐입니다. 문제를 일으키는 반란분자들을 수백 명 정도 죽였을 뿐입니다." 그러나 리파트는 자신이 하마에서 벌인 일의 성격을 잘 알고 있었다. 리파트는 레바논 사업가에게 이렇게 답했다고 한다. "7,000명이라고요? 천만에요. 3만 8,000명입니다."

리파트는 그 숫자를 대단히 자랑스러워했다고 레바논 사업가가 말했다. 리파트는 숫자를 부풀리고 싶어 했다. 시리아와 같은 부족적 성격의 사회에서는 상대를 처리하지 않으면 상대에게 당하는 것이 게임의 규칙이었다. 따라서 리파트는 상대를 처리했다. 그리고 적들은 물론 친구들에게도 자신이 상대를 처리했음을 명확하게 알리고 싶어 했다. 고독한 늑대들이 득실거리는 세계에서 다른 사람들의 사랑을 받기보다는 두려움의 대상이 되는 것이 훨씬 안전하다는 것을 리파트는 이해하고 있었다. 오래전 마키아벨리(Machiavelli)가 이미 설파한 바였다. 사람들은 마음이 내키는 대로 타인을 사랑하거나 사랑을 거둔다. 그러나 두려움이란 어깨를 짓누르는 손과도 같아서 몸을 흔든다고 쉽게 떨어지지 않는다.

위협에 대처하는 아랍 정권의 부족적 대응은 하마 학살에 그치지 않는다. 1988년 3월 이라크 대통령 사담 후세인(Saddam Hussein)은 이라크 북동부에 거주하는 쿠르드인들과 갈등을 겪었다. 수년간 쿠르드인들은 이란의 도움을 얻어 독립하기를 원했다. 쿠르드인들이 독립국가를 얻기 위한 움직임을 다시 시작하자, 이란과의 전쟁으로 쿠르드 지역에 많은 병력을 보낼 여유가 없었던 사담은 다른 방법을 택했다. 몇 대의 비행기를 보내 겨자와 시안화가스의 혼합물이 들어 있는 화학무기 탄두를 이라크 북동부에 위치한 쿠르드 마을에 떨어뜨리도록 지시했다. 할라브자를 비롯한 인근 마을들이었다. 화학공격이 있은 후 할라브자를 방문한 기자들에 따르면 적어도 수백 명, 아마도 수천 명에 이르는 남자와 여자, 그리고 아이들이 질식사했거나 노랗고 하얀색의 가스구름에 폐가 녹아 사망했다. 아무런 사전경고도 없었다. 고양이들마저 죽어갔다. 1917년 독일군이 이프르에서 이와 유사한 치명적 유해가스로 적군을 섬멸한 이후 가장 많은 양의 독가스를 이용한 화학공격이었다고 한다.

중동이 오늘날에 이르러서도 이와 같은 부족적 성격의 갈등에서 헤어나지 못하는 이유 중 하나는 이스라엘의 유대인을 포함한 이 지역 사람들이 겉으로는 현대적 국민국가에 살고 있지만 실제로는 원시적인 정체성으로부터 벗어나지 못했기 때문이다. 비교적 최근에 형성된 그들의 민족국가는 아직 추상적인 개념에 머물고 있다. 그 이유에 대해서는 곧 설명할 것이다. 하페즈 알 아사드가 시리아의 대통령임에도 불구하고 자국민 2만 명을 살해하라는 명령을 내릴 수 있었던 것은 이 때문이다. 아사드는 하마에 거주하는 수니 이슬람교도를 어떤 면에서는 국가의 일부 혹은 동료 시민으로 간주하지 않았기 때문이다. 그는 이들을 다른 부족의 구성원으로 여겼다. 자신의 칠면조를 강탈하려는 사막의 이방인으로 보았던 것이다.

중동정치에 깊은 뿌리를 둔 두 번째 전통은 권위주의로, 정치권력이 한 사람의 지배자 혹은 엘리트에 집중되고 헌법과 같은 장치에 구속되지 않는다.

하마에서도 이를 발견할 수 있었다.

중동에서 전통적인 권위주의적 지배자는 칼의 힘에 의거해 권력을 얻거나 세습했고, 백성들은 고분고분하게 권력에 복종해야만 했다. 중동에서 이러한 권위주의 정치가 오래 지속되는 이유는 부족적 사회관계의 끈질긴 존속과 관련된다. 원시적인 부족적 충성심이 사람들의 정체성과 정치태도를 깊이 지배했기 때문에, (세계 여타 지역에서도 수세기에 걸쳐 그랬듯이) 중동 사람들은 내부적으로 국가적 통치 시스템을 확립하고 외부적으로 외부의 적을 막아낼 수 있을 만한 민족국가를 형성하는 일이 드물었다. 부족과 씨족, 분파, 마을, 도시, 배후지(背後地) 등을 단위로 하는 부족적 집단들은 각자 내부적인 응집력을 가졌다. 그러나 다른 집단과의 관계에서는 항상 대립의 연속이었다. 민족국가를 운영하기 위해서는 모든 사람들이 동의하는 중립적인 규칙과 가치가 필요하지만, 부족적 집단들은 내부의 응집과 민족 국가적 요구 사이에서 적절한 조화를 이룰 수 없었다. 민족국가와 같은 정치체를 형성하기 위해 필수적인 합의에 도달할 수 없었던 것이다. 씨족이나 분파가 자발적으로 다른 씨족이나 분파의 지배를 받아들이는 일은 거의 없었다. 크고 작은 부락이나 촌락이 배후지의 지배를 자발적으로 받아들이거나 그 반대의 경우는 더욱 찾기 힘들다.

이런 정치전통의 결과는 오로지 물리적 폭력으로 복종을 강요하는 것이다. 강력한 아랍 부족이나 군인집단이 다른 부족이나 도시 혹은 지역에 복종을 강요한다. 아라비아 반도 출신의 우마이야(Umayyads) 가문이 7세기 레반트를 지배한 것이 그 사례다. 아랍 내부에서가 아니라 외부의 제국 세력이 힘으로 복종을 강요하는 경우도 있었다. 페르시아와 몽고, 오스만투르크가 그랬다. 위의 모든 사례에서 위로부터 강요된 통치형태는 세계의 다른 지역에서 행해진 권위주의와 크게 다르지 않다. 지배자는 낯선 사람일 경우가 많았다. 사람들은 지배자를 두려워했고 때로는 몸서리치기도 했으며, 마주치지 않으려고 노력했고 복종했다. 때로는 반란을 일으키기도 했다. 그러나 지배자를 존경하는 일은 드물었다. 지배자와 사회 전체 사이에는 커다란 간극이 존재했다.

중동에서 권위주의는 두 가지 형태로 발달했다. 관대한 권위주의와 무자비한 권위주의가 그것이다.

가장 오랜 기간 지속된 관대한 권위주의의 사례는 중동지배가 절정에 달했을 당시의 오스만투르크로 1500년대 초반에서 제1차 세계대전 발발시점까지 계속됐다. 오스만 왕조의 창시자들은 아랍과 이슬람세계에 힘으로 복종을 강요했다. 그러나 중동의 피지배층 사이에서 오스만의 지배자들이 점차 정통성을 획득했다. 지배자들이 보여준 신앙심과 올바른 행동거지, 그리고 훌륭한 통치 때문이었다. 결국 노골적인 칼의 지배가 점차 사라지고 그 자리에 협상을 통한 통치가 자리 잡았다. 이로써 오스만 권위주의는 중동에서 피지배층의 비교적 자발적인 복종을 끌어낼 수 있었다. 시간이 지나면서 피지배층으로부터 더욱 광범한 지지를 받게 되자 오스만 지배자들은 폭력에 의존하지 않고 권위주의를 유지하려고 노력했다. 핵심 지배층과 사회 주요 부문과의 교류를 늘리고 관직에 참여할 수 있는 길을 열어주었다. 반대세력을 발본색원하는 대신 언제나 빠져나갈 여지를 열어줌으로써 언젠가 같은 편이 될 수 있도록 배려했다. 이 같은 정책으로 더욱 확고한 정통성을 획득하게 된 오스만 술탄은 폭력을 더욱 억제하고 이슬람의 신성한 교리에 부합하는 방식으로 통치하게 됐다(관대한 권위주의라고 묘사하는 오스만 전통은 가장 이상적인 통치형태를 보여준 제국의 황금기를 지칭한다. 오스만 제국이 점차 분권화되고 결국 쇠퇴기를 맞이하게 되었을 때 일부 술탄이나 지방의 오스만 통치자들은 다른 어떤 권위주의적 지배자들에 못지않게 무자비했다).

그러나 가장 관대한 오스만 지배자도 때로는 질서를 바로잡기 위해 칼을 휘둘러야 한다는 점을 항상 이해했고 필요한 경우 그렇게 했다. 분파와 부족, 씨족, 그리고 부락으로 나뉘어 갈등하는 지역에서 특히 그랬다. 오스만 제국이 팔레스타인 남부와 네게브 사막을 통치했던 방식을 보면 이 같은 점이 선명하게 드러난다. 이곳은 죽음을 각오한 싸움을 끊임없이 벌이던 베두인 족의 거주지역이었다. 19세기 내내 네게브 사막에서 벌어졌던 부족 사이의 전쟁이 1890년 비로소 끝난 것은 루스툼 파샤(Rustum Pasha)라는 오스만 통치자에 이르러서라고 한다. 그는 가차 없는 통치자로 유명했고 '아부 자리다(Abu Jarida)'라는 별명으로 불렸다. '자리다'라는 말은 종려나무의 긴 잎으로 만든 나뭇가지를 의미하는데 루스툼 파샤는 베두인 족이 규율에 따르게 하기 위해 자주 이 막대기를 휘둘렀다. 이 시기 베두인은 루스툼 파샤를 비롯한 관리들에게 집요하게 뇌물을 먹이면서 질서를 확립하려는 노력을 방해했다. 팔레스타인 역사학자 아리프 엘 아리프(Arif el-Arif)에 따르면 베두인의 지도자가 뇌물을 건네려고 할 때마다 루스툼 파샤는 그를 사무실로 불러 의자에 앉혔다고 한다. 그러고선 이 오스만 통치자는 술이 달린 붉은색 남성용 모자인 타부시를 꺼냈다(때로는 페즈(fez)라고도 알려진 타부시는 챙이 없고 원추 모양이지만 윗부분이 평평한 모자다. 대부분 양털을 비롯한 짐승의 털을 눌러 만든 펠트로 만드는데, 지중해 동쪽 지역에서 점잖은 사람들이 즐겨 쓰던 머리장식물이다. 오스만 통치자의 상징이기도 했다). 루스툼 파샤는 타부시를 받침대 위에 올려놓고는 베두인 앞에서 모자와 대화를 시작했다.

그는 모자를 향해 이렇게 말하곤 했다고 한다. "오, 타부시. 어떤 것을 골라야만 하나? 돈(풀루스, fulous)? 법? 아니면 질서(나무스, namous)?"

루스툼 파샤는 잠시 가만히 있다가 목소리를 바꿔 타부시 대신 답했다. "질서를 원합니다." 대답이 끝나면 루스툼 파샤는 자리다를 들고 앉아 있는 베두인을 머리부터 발끝까지 호되게 매질하곤 했다.

이것이 네게브에서 부족 사이의 질서를 유지한 방법이었다.

그러나 중동의 독재자들이 모두 오스만 술탄과 같은 정통성을 누릴 수 있었던 것은 아니다. 이 지역의 역사가 '무자비한 권위주의'의 사례로 가득한 이유다. 대다수의 무자비한 독재자들은 질서를 유지하는 데 종려나무 가지에 의지하지 않았다. 이들은 직업 군인들로서 피지배층의 지지를 얻을 수 있을 만큼 오랫동안 권좌에 있을 수 없었다. 따라서 이들은 전제적이고 자의적이며 가차 없는 통제형태에 의지했다. 이슬람 교리를 위반하는 통치형태였다. 이슬람 역사에서 최초의 무자비한 권위주의적 지배를 실시한 통치자 중 하나는 바그다드에 압바스 왕조를 세운 아불 압바스 알 사파(Abul-Abbas al-Saffah)였다. 그는 750년부터 754년까지 권좌에 있었다. 그의 이름이 의미하는 바는 '피의 아불 압바스'였다. 그가 스스로에게 자랑스럽게 붙인 이름이었다. 지배하는 아랍 부족들로부터 동의를 얻지 못한다는 사실을 잘 알고 있던 그가 자신에게 도전할 경우 어떠한 자비도 없을 것임을 아랍부족에게 알리고 싶었기 때문이다. 그의 왕실재판소 구성원 중에는 사형집행인도 포함돼 있었다.

중동역사에서는 무자비한 권위주의적 통치 사례가 너무 많기 때문에, 이슬람 정치를 설명하려는 이론 중에는 이러한 통치형태를 정당화하려는 연구가 대단히 많다. 그러나 이는 공정하고 대화를 통한 통치를 요구하는 이슬람의 교리를 정면으로 위반하는 것이다. 중동사회는 근본적으로 상업을 기본으로 했다. 위로부터의 통제가 없어졌을 경우 생길 모든 부족과 파벌의 적나라한 상호투쟁 상태를 두려워하고 혼돈을 지극히 경계했다. 따라서 이슬람의 정치사상가들은 이렇게 주장하기 시작했다. 아무리 잔혹하고 정통성도 없으며 이슬람의 교리에 어긋나는 전제군주라고 하더라도, 어느 정도의 질서를 제공하는 한 끊임없는 내전과 약탈에 방치된 사회에서 볼 수 있는 사악함보다는 낫다고 말이다. 오랜 아랍의 속담은 이렇게 말한다. "60년간의 전제정치가 단 하루의 무정부상태보다 낫다."

이슬람 역사학자 버나드 루이스(Benard Lewis)는 그의 책『이슬람의 정치언어 Political Language of Islam』(1988)에서 다음과 같이 기술했다. "복종이라는 원칙을 설파하면서도 (이슬람) 법학자들과 신학자들은 문제가 되는 억압적 정부에 대해 호의나 존경을 표하는 태도를 취하지는 않았다. 억압성을 은폐하려는 어떠한 시도조차 하지 않았다. 오늘날 학자들이 자주 인용하는 13세기 후반에서 14세기 초에 걸쳐 활동했던 시리아의 법학자 이븐 자마(Ibn Jama'a)의 표현은 대단히 직설적이다. '이맘(이슬람의 교리에 따라 통치하는 정신적이고 정치적인 지도자)이 존재하지 않고 자격 없는 자가 이맘으로 자처하고자 하면서 힘과 군대로 사람들을 강제하려고 할 경우 …… 그에 대한 복종은 의무다. 이슬람의 단일성과 이슬람교도들이 공유하는 합의를 유지하기 위해서다.' 지배자가 야만스럽고 부도덕한 자라고 할지라도 이는 여전히 옳다."

두 가지 형태의 권위주의적 전통은 현대 중동에서도 여전히 찾아볼 수 있다. 자비로운 오스만식 통치와 피의 아불 압바스처럼 무자비하고 반이슬람적인 통치형태다. 오스만 제국과 같이 관대한 권위주의의 전통은 다음과 같은 아랍 국가에서 그 명맥을 잇고 있다. 이집트나 튀니지처럼 대단히 동질적인 아랍 국가, 후세인(Hussein) 왕의 요르단과 하산(Hassan) 왕의 모로코, 파드(Fahd) 왕의 사우디아라비아 및 걸프지역에 산재하는 토후국(土侯國) 등이다. 이들 국가 역시 칼을 지니고 있지만 대체로 노골적이지 않다. 국민은 통치자에게 상당한 정통성이 있다고 생각한다. 따라서 지배자들은 국민을 관대하게 다스릴 여유가 있다. 반대파를 정부요직에 기용하거나 심지어 권력을 어느 정도 공유하기도 하며 언론과 표현의 자유 역시 일정 한도 내에서 허용한다. 이들 아랍 국가에서 느낄 수 있는 전반적으로 관대한 분위기는 바로 이 때문이다. 적어도 최고권력자에게 도전하는 것이 아니라면 말이다.

그러나 사회가 분파와 씨족 및 부락 등 자기중심적인 다양한 부족적 집단으로 분열되고 통치자가 상당한 수준의 정통성을 획득하지 못한 아랍 국가에서는 무자비한 권위주의 전통이 훨씬 뚜렷하게 나타난다. 시리아와 이라크, 레바논, 남북 예멘이 대표적인 사례다. 이들 국가에서 권력자의 자기억제나 관대함은 오직 사치일 뿐이다. 권좌는 전혀 안전하지 않다. 아랍 국가들 중에서 스스로에 대해 가장 농담을 잘하는 이집트와 튀니지가 가장 동질적인 사회라는 점은 우연이 아니라고 나는 믿는다. 시리아 대통령 아사드에 관해 농담을 들어본 것은 단 한 번이다. 어느 레바논인이 한 말이었는데 내용은 대충 이렇다. 전국 단위의 선거가 끝나고 보좌관이 아사드 대통령에게 다가가 말했다. "각하, 선거에서 99.7퍼센트의 절대적 지지로 승리하셨습니다. 이 나라 국민 1퍼센트 중에서 반대표를 던진 사람이 10명 중 3명밖에 안 된다는 의미입니다. 더 이상 무엇을 바라겠습니까?" 아사드가 이렇게 대답했다. "그놈들 명단을 가져와."

무자비한 형태의 권위주의는 오늘날 대단히 위험하다. 불안과 긴장을 떨칠 수 없는 독재자들이 자신에 대한 위협에 단지 칼이나 종려나무 가지와 같은 과거의 수단으로 대응하지 않기 때문이다. 이제 그들은 화학무기와 현대화된 군대, 그리고 상상하기 힘든 파괴력을 지닌 무기로 그들의 영토를 훨씬 넘어서는 광범한 지역에 피해를 줄 수 있다.

여기에 생각이 미치게 되면 다시 하마를 떠올리게 된다. 하마 학살은 알라위파와 수니파라는 두 개의 부족적 분파가 싸움으로 결말을 보고자 결정하면서 일어난 사건만은 아니었다. 국민으로부터 충분한 정통성을 획득하지 못한 중동의 현대적 독재자가 자신의 권위에 대한 도전을 20세기의 무기로 무자비하게 짓누른 사건이기도 했다. 하페즈 아사드는 소련제 T-62 탱크와 미그기를 사용한 피의 아불 압바스였다.

아사드와 사담 후세인은 시리아와 이라크의 현대사에서 다른 어떤 독재자보다 오래 권좌를 지켰다. 아사드는 1970년 이후 권력을 쥐고 있고 후세인은 1968년부터 권좌에 앉아 있다. 이들의 장기집권은 단지 그들이 무자비했기 때문만은 아니었다(전임자들 역시 그들만큼이나 무자비했다). 이들은 무자비하고 또한 영리했다. 이들에게는 친구가 없었다. 오직 정보원과 적들만 존재했다. 이들은 복수의 정보기관을 운영하며 상호 간에 감시하게 만들었다. 다른 나라에 대한 간첩활동은 물론 자국의 군대와 국민 역시 감시한다. 정부의 통제 범위를 최대한 넓히기 위해 20세기에 가능한 모든 감시기술을 사용한다. 국가의 어느 한 구석도 이들의 감시에서 자유로운 곳은 없다. 유대인이나 공산주의자들처럼 그들이 증오하는 사람들을 죽이는 데 결코 시간을 허비하지 않는다. 권좌를 유지하는 데 위험한 인물만을 제거한다. 가장 가까운 사람들도 예외가 아니다. 언제 반대편을 끝까지 추적해야 하는지 잘 알고 있을 뿐만 아니라 도를 넘지 않기 위해 언제 추적을 중지해야 하는지도 안다. 아사드와 사담 같은 인물은 위험하고도 끈질기다. 언제 중지해야 하는지를 알고 있는 극단주의자이기 때문이다. 이들은 희귀종이다. 대부분의 극단주의자들은 언제 멈춰야 하는지를 모른다. 이들이 너무 오래 너무 멀리 나갔다가 결국 자멸하는 이유다. 그러나 아사드와 사담은 정적 하나의 심장에 서슴없이 칼을 꽂아 넣고도 다른 정적들을 저녁식사에 초대하는 법을 잘 알고 있다.

1979년 7월 16일 11년 동안 이라크 정치의 2인자 자리를 지키던 사담 후세인이 이 모든 교훈을 실행에 옮겼다. 당시 병을 앓던 자신의 상관이자 대통령 아흐마드 하산 알 바크르(Ahmad Hasan al-Bakr)를 밀쳐내고 후세인은 스스로 대통령직에 올랐다. 권력을 잡을 당시 후세인은 자신과 가까운 친구들 가운데 적어도 다섯 명이 그의 권력승계에 유보적인 태도를 가지고 있다는 사실을 알고 있었다. 대통령직에 오르기 전날 밤 이 중 한 명을 연행했다. 이라크 바트당의 총서기였던 무히 아브드 알 후세인 알 마쉬하디(Muhyi Abd al-Husayn al-Mashhadi)였다. 알 마쉬하디는 고문 끝에 이라크의 지도자급 인사 몇 명과 힘을 합쳐 사담을 끌어내릴 음모를 꾸몄다고 자백했다.

7월 22일 사담의 진정한 연출가적 재능이 발휘됐다. 그는 이라크 바트당 지역의회 특별회의를 소집했다. 알 마쉬하디의 자백을 듣는 자리였다. 특별회의는 생중계됐다. 마쉬하디가 날조된 음모에 대해 이야기를 이어나가면서 이에 관련됐다는 지도급 인사의 이름을 언급했다. 지목된 인물은 자리에서 일어나야만 했고 경호원들이 그를 회의장에서 질질 끌고 나갔다. 마쉬하디가 공모자로 지목한 네 명은 이라크 최고 국가기관인 혁명평의회의 구성원들이었다. 이들은 '우연하게도' 사담이 자신의 권력승계에 미온적이라고 생각했던 네 명과 일치했다. 마쉬하디의 자백을 촬영한 비디오테이프는 각급 부대는 물론 이라크 전역의 바트당 지구당에 배포됐다. 불법복제판 몇 개는 쿠웨이트와 베이루트까지 건너갔다.

레바논 친구 한 명이 테이프를 보고 나서 내게 이렇게 말했다. "그 남자가 자백하면서 어떤 사람에게 다가가서 말했어요. '그리고 나서 우리는 모하메드를 찾아가 음모에 같이 참여하라고 제안했습니다.' 그 모하메드라는 인물이 회의장 안에 앉아 있는 거예요. 모하메드는 자리에서 일어나야 했죠. 모하메드는 일어서서 눈물을 흘려요. 무릎이 후들거리고 거의 서 있을 수조차 없어요. 그 남자가 다시 말했어요. '그런데 모하메드는 우리를 돕지 않겠다고 거절했습니다.' 서 있던 모하메드는 자신의 의자에 털썩 주저앉았어요. 기진맥진해서 살았다는 안도감을 느끼죠. 경호원들은 자백을 하는 남자가 지목하는 다음 사람에게 몰려갑니다. 나는 이 테이프를 보고 나서 몇 달간 악몽에 시달려야 했죠. 꿈속에서 내가 음모에 관련됐다고 지목되고 나는 일어서야만 했어요. 꿈속이긴 하지만 그들은 내가 음모에 '협력' 했다고 주장했어요. 경호원들이 나를 질질 끌고 나갔죠."

1979년 8월 7일 음모를 꾸민 주요 인물 5명, 그리고 추가로 17명이 유죄와 함께 '민주적 처형수단'에 의한 사형판결을 받았다. 마리온 파루크 슬루그레트(Marion Farouk-Sluglett)와 피터 슬루그레트(Peter Sluglett)가 함께 저술한 이라크에 관한 권위 있는 역사책 『1958년 이후의 이라크 Iraq Since 1958』(1988)에 의하면, 판결이 내려진 다음날 사담 후세인과 바트당의 지도급 인사로 이루어진 총살 집행인들은 전복음모로 사형선고를 받은 사람들을 처형했다. 소형 경기관총을 사용했음이 분명했다. 사형집행이 끝나자 사담의 권력승계에 관해 '정통성' 문제를 제기하는 사람은 이제 아무도 없었다. 사담이 자신의 아름다운 딸 라그흐드(Raghd)를 왜 자신의 경호대장인 후세인 카멜(Hussein Kamel)과 결혼시켰는지에 대해 의문을 제기하는 사람도 없어졌다.

책의 저자들은 이렇게 지적했다. "처형된 사람들 중 많은 이들이 사담 후세인과 가장 친밀한 동료들이었다는 점에서, 음모와 관련된 사건은 대단히 주목할 만하다. 특히 함다니(Hamdani)는 아주 오랫동안 후세인의 절친한 친구였다."

그러나 부족주의와 권위주의만으로는 하마 학살사건이나 오늘날의 중동 정치를 완전히 설명할 수 없다. 중동에서 작동하는 세 번째 정치전통이 있다. 20세기 초 영국이나 프랑스, 이탈리아 같은 제국주의 침략자들이 이 지역에 강요한 전통이다. 바로 민족국가다.

권위주의 왕조가 널리 퍼져 있던 중동에서 민족국가는 전혀 새로운 것이었다. 오스만과 압바스, 그리고 여타 어떤 권위주의 왕조의 오랜 전통에서도 사람들은 그들이 속한 제국 혹은 국가에 애국심을 갖거나 정체성을 느끼지 않았다. 버나드 루이스의 설명은 이렇다. "특정한 명칭을 가진 국가나 민족이 존재했고 사람들이 여기에 일정한 감정을 가지고 있기는 했다. 그러나 사람들이 자신이 국가나 민족에 속한다는 정치적 소속감이나 정치적 충성심을 느끼지는 않았다." 적어도 현대 서구적 의미의 정체성이나 충성심은 없었다. 제국과 그 지배자들은 실생활로부터 멀리 떨어져 있고 때로는 이질적인 존재였다. 정치적 소속감은 종교나 살고 있는 지역의 가까운 집단으로부터 나왔다. 부족, 씨족, 촌락, 부락, 분파, 지역 혹은 직업적 연계 등이었다.

그러나 제1차 세계대전이 발발하자 영국과 프랑스는 그들의 제국주의 펜을 꺼내 들고 아직 오스만 제국으로 남아 있던 지역을 분할하고, 서구 모델에 따라 중동에 일련의 민족국가들을 만들어냈다. 국가들 사이의 경계는 깔끔한 다각형이 됐다. 직각으로 그려진 국경은 이곳에 거주하는 사람들의 혼돈에 가까운 실생활과는 아무런 관계가 없었다. 오늘날 중동 국가들의 국경은 이 과정에서 그어졌다. 오늘날의 시리아, 레바논, 이라크, 팔레스타인, 요르단, 그리고 걸프 만의 여러 산유국들 사이의 경계가 그렇다. 심지어 이들 국가의 명칭조차 외부에서 주어졌다. 오늘날의 대부분 중동 국가들이 탄생한 것은 그곳에 사는 사람들의 의지와 무관했고, 공통의 역사적 경험이나 민족적 혹은 언어적 결속이 체계적으로 발전한 결과가 아니라는 의미다(외부에서 강요한 민족국가 성립과 국경획정을 따르지 않은 중동 국가로는 이집트가 대표적이다). 중동 국가들은 지배자와 피치자 사이에 이루어진 사회계약의 산물이 아니다. 국토의 모양과 정부 구조 역시 제국주의 권력에 의해 위로부터 강요됐다. 현재 중동 국가들의 형태는 이 지역의 중세나 고대 정치와 거의 아무런 관련이 없다. 이 지역을 지배하게 된 서구 식민세력이 자신의 외교정책과 통신, 그리고 원유 획득의 필요성에 의해 국가 사이의 경계를 획정했을 뿐이다. 종족이나 부족, 언어 혹은 종교적인 연속성에는 거의 주의를 기울이지 않았다. 결과적으로 각 국가는 다양한 종족과 종교공동체가 함께 올라탄 구명보트와 유사하게 됐다. 식민세력은 서로 다른 삶의 경험과 게임의 규칙을 가진 각 집단에게 일단 같은 배를 탄 이상 함께 노를 저어야 하고, 하나의 민족이 돼야 하며, 같은 축구팀을 응원해야 하고 똑같은 국기에 경의를 표해야 한다고 강요했다. 민족을 기반으로 국가를 형성하는 것이 아니라, 국가를 던져주고 여기에서 각 집단이 민족을 형성하라고 했다.

이 같은 방식으로 20세기에 새로운 민족국가가 생겨난 이후 벌어진 일은 특정 부족적 집단의 권력 장악이다. 스스로 권력을 장악하거나 아니면 영국이나 프랑스의 후원으로 권력을 장악하고, 다른 모든 집단을 지배하려고 했다. 예컨대 레바논에서는 마론파가, 사우디아라비아에서는 사우디 부족이 지배 집단이 됐다. 오늘날 시리아에서는 알라위파가, 이라크에서는 사담 후세인이 자신의 고향인 티크리트의 동료들과 함께 권력 쟁탈전에서 승리했다. 요르단에서는 영국이 후세인 왕의 할아버지 압둘라(Abdullah)가 권력을 유지하도록 허용했고 후세인이 왕조를 이어받았다. 페르시아 만의 다른 많은 군주 및 왕족과 유사한 경우였다. 특정 가문이나 집단이 초기에 사회와 관료제도를 장악할 수 있도록 만든 요인은 이들 집단이 가진 부족적 결속이었다.

식민세력은 아랍 국가들의 경계만 인위적으로 강요했던 것이 아니다. 정치제도 역시 마찬가지였다. 영국과 프랑스는 서양식 교육을 받은 현지 엘리트와 함께 서구의 자유민주주의 정치제도를 마련하기 위한 갖가지 장치를 들여왔다. 의회, 헌법, 국가(國歌), 정당, 내각 등이었다. 그러나 제국주의 세력은 이러한 정치제도가 뿌리를 내리기 전 이들 국가로부터 떠났다. 수입된 정치제도가 사회에서 진정한 의미를 가지는 데 필요한 정치와 경제 및 사회적 개혁을 경험하기 이전에 떠나버렸던 것이다.

그러나 대부분의 아랍 국가들이 인위적으로 만들어지긴 했지만, 얼마 지나지 않아 주어진 국가의 테두리 안에서 실체를 지닌 기득권이 생겨났다. 하나의 깃발 아래 개별적인 부족과 씨족, 부락, 종교분파 등이 단순히 모인 집합이 더 이상 아니었다. 얼마간 시간이 지나자 민족주의가 어느 정도 실체를 갖추게 됐다. 시리아, 레바논, 이라크, 예멘, 요르단, 사우디 모두 마찬가지였다. 범이슬람주의와 범아랍주의가 여전히 언급되지만 사람들은 자국의 축구팀을 응원하는 법을 어느 정도 배우게 됐다. 레바논의 역사학자 케말 살리비(Kemal Salibi)는 이와 같은 현상을 간결하게 표현했다. "각국에서 정치적 야망이 있는 사람들이 권력과 지위를 차지하기 위한 투쟁을 시작하고 나라마다 제각기 지배층과 행정 관료가 형성되자 각 국가의 지배층을 갈라놓는 경계가 생겨나고 공고해지기 시작했다. 여기에는 어떠한 자연적, 역사적 배경이 없었다."

이런 이유 때문에 하페즈 아사드와 사담 후세인 같은 인물을 단지 부족적인 집단의 수장이라거나 무자비하고 권위주의적인 지배자라고만 볼 수 없다. 이들은 살리비가 언급한 정치적 야망을 가진 인물들이었다. 즉 현대적인 관료들로서 새로운 민족국가를 공고히 하고 더욱 발전시키기 위해 노력했다. 두 사람은 시리아와 이라크의 경제발전에 대한 그들의 업적을 주장할 만하다. 현대식 고속도로의 건설로부터 저렴한 공공주택의 공급에 이르는 시리아의 노력, 교육과 의료를 무상으로 제공한 이라크의 정책 등이 여기에 포함된다. 이런 정책으로 양국의 정권은 어느 정도 정통성을 획득할 수 있었다. 시리아에서 새로운 도로와 의료시설, 새로 지은 학교, 그리고 광범하게 뻗어나간 전기와 전화선 등을 구비한 도시가 넓게 펼쳐져 있는 것을 쉽게 발견할 수 있다. 비교적 안정을 찾은 아사드 정권의 업적이다. 그런 도시를 방문하면 알라위파 출신의 아사드 대통령 사진을 벽에 걸어둔 수니파 이슬람교도 주민을 찾기가 어렵지 않다. 단순히 그 지역 정당 혹은 정보기관원의 환심을 사기 위한 것은 아니다. 아사드가 알라위파의 일원으로서 혹은 권력에 굶주린 독재자로서가 아니라 국익을 염두에 둔 그들의 대통령으로서 행동한다고 진정으로 느끼기 때문이다.

하마 학살을 바라보는 세 번째 관점이 여기서 나온다. 즉 현대화를 추진하는 신생 민족국가의 정치인이 이를 가로막고 과거로 회귀하고자 하는 이슬람 근본주의의 시도를 차단하고자 하는 자연스런 대응이라는 점이다. 시리아를 20세기형의 탈종교적 공화국으로 만들기 위해 그동안 이룬 모든 것을 이슬람 근본주의가 무너뜨리려 한다고 아사드는 판단했다. 만약 하마 학살 이후 객관적인 여론조사를 실시할 수 있었다면, 아사드가 반란군에 취한 조치에 대한 지지가 반대 여론을 상당한 차이로 눌렀을 것이다. 이는 많은 수니파 이슬람교도 사이에서도 마찬가지였다. 그들 역시 이렇게 말했을지 모른다. "14년 내내 레바논과 같은 내전을 겪느니 한 달 동안의 하마가 낫다."

국민들이 가지고 있는 민족감정을 더욱 고취시키기 위해 아사드와 후세인은 부족적 집단의 대표자라는 기존의 이미지를 점차 벗고 국가 전체 혹은 민족 전체의 대표자로서의 이미지를 획득하기 위해 노력했다. 사담 후세인 이라크 대통령의 원래 이름은 사담 후세인 알 티크리티(Saddam Hussein al-Tikriti)다. 티크리트는 사담의 고향이자 그가 권력을 쟁취하게 된 1968년 쿠데타의 주요 인물들의 고향이기도 하다. 사담과 그의 파벌이 권력을 장악하고 몇 해가 지나자 티크리트 인근 출신 이라크 사람들은 너도나도 자신의 이름에 알 티크리티를 붙였다. 정권에 좀 더 가까운 사람으로 비쳐지고 싶어서였다. 이라크 군대와 정보당국, 그리고 집권 바트당의 주요 직책에 티크리티라는 이름을 가진 사람들이 압도적으로 많아지는 현상을 보면서 이라크 역사학자 한나 바타투(Hanna Batatu)는 이렇게 말했다. "바트당이 티크리트 사람들을 통해 이라크를 지배하는 것이 아니라 티크리트 사람들이 바트당을 통해 지배하는 날이 머지않아 올 것이다."

그러나 1970년대 중반 사담의 태도가 돌변하면서 많은 사람을 놀라게 했다. 이라크 국영방송에게 대통령의 이름에서 알 티크리티라는 명칭을 빼고 오로지 사담 후세인이라고만 부를 것을 명령한 것이다(사실상 후세인은 그의 중간이름으로 아버지의 이름이었다). 하루아침 사이에 일어난 일이었다. 정권의 부족적 대표성을 탈색하고 좀 더 국가 전체적인 이미지를 쌓고자 함이었다. 이스라엘의 아랍어 방송은 이 같은 이름의 변경이 있고 나서도 수년 동안 후세인을 '사담 후세인 알 티크리티'라고 불렀다. 후세인을 자극하고 이라크 국민에게 정권의 부족적 성격을 상기시키기 위해서였다.

인위적으로 강제한 국경과 정치제도가 자리를 잡아가기 시작했다는 점에는 의문의 여지가 없다. 아사드와 후세인이 지향하는 통합적 민족주의 이데올로기와 정책이 여러 세대에 걸쳐 계속된다면, 정권은 충분한 정통성을 획득하고 이제 국민들과 진정한 사회계약에 이르렀다고 편안하게 느낄 만큼 안정을 찾을 수도 있을 것이다. 그렇게 된다면 이들 국가에도 진정한 의미를 지니는 공공의 영역이 생겨날 수 있다. 모든 사람들이 평등한 시민으로 참여하고 부족적인 편협성을 지양하는 중립적인 토론 공간이 생겨나고 서로 합의한 법에 의해 통치하는 정치를 이룰 수 있을 것이다. 그렇게 된 연후에야 '의회'와 '헌법', '정당'이라는 단어가 국가와 국민에게 진정한 의미를 가질 수 있다.

그러나 아직은 멀었다. 남예멘의 알리 나시르 무함마드(Ali Nasir Muhammad) 대통령이 이끌던 마지막 내각의 생존자들이 이를 증언한다.

1986년 1월 13일 아침, 알리 나시르가 '내각 전면개편'이라는 표현에 전혀 새로운 의미를 부여하려는 참이었다.

『뉴욕타임스』 동료 존 키프너는 사건이 있던 날로부터 며칠 후 예멘을 방문했고 어떤 일이 있었는지를 자세히 전했다. 알리 나시르는 15명으로 구성된 '정치국' 회의를 오전 10시에 소집했다. 아덴 항 인근에 위치한 그의 사령부가 회의 장소였다. 사령부는 파스텔 톤의 녹색 건물이었다. 각 부 장관들은 회의실의 테이블에 둘러앉아 알리 나시르가 도착하기를 기다렸다. 그때 대통령 경호원 중 하나가 보온병에서 차를 따라 장관들에게 돌리기 시작했다. 하산(Hassan)이라는 이름의 다른 경호원이 회의 테이블의 사회자석으로 가더니 대통령 수행비서가 들고 다니는 샘소나이트 트렁크를 열었다. 평소에는 알리 나시르가 준비한 서류를 꺼냈지만 이번에는 달랐다. 그는 트렁크에서 스콜피온 경기관총을 꺼내 부통령 알리 안타르(Ali Antar)의 등을 향해 위아래로 난사했다.

잠시 후 다른 경호원들이 나머지 장관들을 해치우기 위해 AK-47 돌격용 자동소총을 들고 회의실로 밀려들어 왔다. 그러나 예멘의 정치국은 다른 나라의 그것과는 달랐다. 알리 나시르 대통령의 내각 구성원들 역시 권총을 차고 있었고 이들은 경호원들을 향해 반격을 시작했다. 며칠 후 정치국 회의실을 방문한 키프너는 그곳이 적나라한 부족정치를 고스란히 보여주는 소름끼치는 현장이라고 묘사했다. 벽의 이곳저곳, 그리고 카펫에는 아직 피가 흥건했고 벽과 의자에는 총탄이 만들어낸 구멍이 무수히 뿌려져 있었다. 장관들 각각은 서로 다른 부족을 대표했다. 내각 회의실에서 벌어진 총격전에 대한 소식이 퍼져나가자 아덴의 거리에서는 훨씬 큰 규모의 전투가 시작됐다. 대통령을 지지하는 측과 반대편 사이에 벌어진 부족 간의 전투에서 5,000명이 사망한 것으로 추정됐다. 싸움이 벌어진 기간은 일주일도 채 안 됐다. 일부는 대구경 기관총과 대포로 무장했다고 한다. 6만 5,000명에 이르는 부족민들이 이웃 북예멘으로 탈출해야만 했다. 회의실 탁자 밑에서 살아서 기어나온 세 사람의 장관 중 하나인 알리 살렘 알 베드흐(Ali Salem al-Beedh)가 이렇게 말했다고 키프너는 전했다. "동료가 그런 짓을 하리라고 누가 생각이나 했겠습니까? 지난 6월 정치국은 결의안을 채택했습니다. 내부적인 정치분쟁을 폭력으로 해결하려는 사람이 있다면 그를 범죄자로 또한 조국을 배신한 자로 간주하자는 내용이었습니다."

그렇게 말한 베드흐 자신도 본심이 아니었다고 나는 믿는다. 그가 그렇게 순진했을 리가 없기 때문이다. 그러나 불행하게도 서구에서 중동을 관찰하러 온 사람들은 그렇지 않다. 이들은 이 지역의 정치에 내재하는 서로 다른 전통을 올바로 인식하지 못한다. 의회나 국기, 그리고 민주주의 원리에 입각한 미사여구 등 표면상 이들 나라를 민족국가처럼 보이게 하는 것들이 이곳의 정치를 모두 설명해줄 수 있을 것이라고 가정한다. 부족주의나 무자비한 권위주의는 이제 한물간 과거의 일이라거나 정상을 벗어난 일시적 현상이라고 생각한다. 하마와 할라브자, 그리고 남예멘에서 벌어진 일들은 이런 생각이 틀렸음을 보여준다.

레바논의 역사학자 케말 살리비는 이렇게 주장한다. "서구의 자유주의 전통에서 중동을 바라보는 사람들은 현지인들이나 이곳의 약자들의 행위가 서구적 전통에서 나오는 특정한 입장에 입각한 것으로 이해하려고 한다. 그러나 이곳에는 그런 관념적 입장이 존재하지 않는다. 서구인들은 중동 사람들을 마치 장 자크 루소(Jean-Jacques Rousseau)가 상정했던 '문명에 오염되지 않은 야만인' 정도로 생각하고 싶어 한다. 중동에서 우리가 목격하는 것은 민족국가를 건설하려는 과정에서 벌어지는 갈등으로 서구의 경험에서 본다면 오래전에 겪은 일들이라고 그들은 말하지 않는다. …… 중동정치에 관한 한 미국의 자유주의자들은 무지개를 쫓는 일이 많다. 착각 속에 빠져 있는 것이다."

하페즈 아사드와 사담 후세인의 비범한 재능은 중동의 세 가지 정치전통 사이를 오가는 놀랄 만한 능력이다. 부족의 대표자에서 무자비한 독재자로, 그리고 현대화를 추진하는 대통령으로 눈 깜짝할 사이에 힘들지 않게 변신한다. 미국인들이 한 번에 한 칸씩 움직이는 다이아몬드게임을 하는 동안 이들은 항상 세상을 상대로 3차원 체스게임을 벌인다.

아사드와 후세인이 보여주는 변신의 타이밍은 주목할 만하다. 이들은 언제 부족의 대표자로 자처해야 하는지, 언제 하마와 할라브자를 평정하는 무자비한 독재자가 돼야 하는지, 그리고 언제 현대화를 추진하는 대통령으로서 의회로 하여금 저렴한 공공주택으로 도시를 재건하도록 명령해야 하는지를 정확하게 안다(아사드는 학살 이후 하마를 대부분 재건했다. 새로운 병원과 놀이터, 학교, 아파트, 그리고 두 곳의 이슬람 사원까지 새로 들어섰다. 그러나 사원 운영은 철저하게 정부의 통제 아래 있어서 다시는 이슬람 근본주의자들의 양성소로 기능할 수 없도록 확실한 조치를 취했다. 패트릭 실에 따르면 하마 스포츠클럽의 여자 탁구팀은 1985년 시리아 전국대회에서 우승했다고 한다). 아사드는 어느 날 전직 미국 대통령 지미 카터(Jimmy Carter)를 영접하면서 시리아 대통령으로서 자신은 오로지 자국민과 중동을 위해 '평화'를 실현하기를 바란다고 말하고, 다음날 바로 레바논 드루즈파의 왈리드 줌블라트(Walid Jumblat)를 만날 수 있는 인물이다. 왈리드의 아버지 케말은 1977년 공개적으로 아사드에 반기를 든 이후 시리아 정보원에게 살해당했다고 한다. 이후 왈리드는 시리아 대통령과 만났던 일을 기억에 남을 만한 특별한 기억으로 친구들에게 들려주기를 즐겼다. 아사드의 넓은 집무실로 안내된 왈리드의 눈에 책상에 앉아 있는 대통령이 멀리서 보였다. 멀리서 보이는 아사드가 마치 쿠션에 앉은 완두콩처럼 보였다고 왈리드는 말하곤 했다. 왈리드가 다가서자 아사드는 전통 아랍식 인사로 왈리드를 따뜻하게 맞이했다. "아흘란 와 사흘란, 아흘란 와 사흘란(내 집을 당신 집처럼 편히 여기시오)." 두 사람은 곧 대화를 시작했다. 아사드가 간접적으로 왈리드를 위협했다. 레바논에서 벌어지고 있는 어떤 상황에서 왈리드가 다르게 행동하기를 바랐다는 것이다. 왈리드가 약간의 거부감을 내보였다. 왈리드에 따르면, 아사드는 어느 순간인가 얼굴에 엷은 미소를 지은 채 자신을 부드럽게 바라보며 말했다고 한다. "왈리드. 자네가 거기 앉아 있는 걸 보니 마치 아버님하고 꼭 닮았군. 정말 훌륭한 분이셨지. 아버님께서 여기 우리와 함께 계실 수 없다니 참으로 안타까운 일이야. 아흘란 와 사흘란."

왈리드는 아사드의 제안을 거부할 수 있는 상황이 아님을 단박에 알아차렸다. 다음과 같은 레바논 속담이 괜히 있는 것이 아니다. "자신이 죽인 사람의 장례행렬에 참가한다."

아사드와 후세인이 세 가지 중동정치의 전통 중 어느 쪽을 겉으로 취하고 있든 그들은 사회 밑바닥에 깔려 있는 부족적, 독재적 본질을 잊어본 일이 없다고 나는 확신한다. 신기루와 오아시스의 차이가 무엇인지, 실제와 언어가 어떻게 다른지, 그리고 말과 행동의 차이가 무엇인지를 그들은 항상 이해한다. 결정적인 순간이 도래하고 민족국가라는 겉치레가 벗겨져 나가면 결국 하마의 규칙으로 귀착된다. 지배하느냐 아니면 죽느냐. 한 사람이 승리를 거두고 상대방은 눈물을 흘린다. 나머지는 그저 이러쿵저러쿵하는 사람들에 지나지 않는다. 하페즈 아사드가 이제까지 두려워했던 이스라엘인이 단 한 사람 있음이 분명하다. 아리엘 샤론이다. 샤론 역시 하마의 규칙대로 행동할 것임을 아사드가 잘 알기 때문이다. 아사드는 샤론을 매우 잘 알고 있다. 매일 아침 거울을 들여다볼 때마다 샤론을 볼 수 있었기 때문이다.

레바논 출신의 시아파 이슬람교도이자 저명한 정치학자인 푸아드 아자미(Fouad Ajami) 교수는 그의 아버지가 감탄의 눈길로 바라봤던 어떤 사람에 관해 이야기하곤 했다. 푸아드의 아버지는 베이루트의 지주였고 감탄의 대상이라는 사람 역시 마찬가지였는데, 아버지 말로는 그 사람이 정말로 터프한 인물이라는 것이었다. 푸아드의 아버지는 그 사람이 얼마나 터프한지 계란을 먹어도 그냥 먹지 않는다고 했다. "그 사람은 계란을 먹고 껍데기도 먹는단다. 다른 사람에게는 무엇 하나라도 남겨주는 법이 없지. 심지어는 계란 껍데기도 안 남겨줘."

이것이 바로 하마 학살의 핵심이다. 시리아, 레바논, 예멘, 이라크에서 자주 벌어지는 정치의 핵심이기도 하다. 계란 '그리고' 껍데기를 움켜쥐어야만 한다. 둘 다를 차지하지 못하면 자신이 죽임을 당할지도 모른다는 두려움에 떨어야 한다.

5장
테플론 게릴라

『플레이보이』: 수년 동안 전 세계의 많은 사람들이 TV를 통해 당신이
PLO를 상징하는 인물이란 것을 잘 알고 있습니다.
아마도 당신은 세계에서 가장 유명한 인물 중 하나일 것입니다.
야세르 아라파트: 그렇게 생각하세요?
『플레이보이』: 사람들은 당신의 얼굴과 팔레스타인 모자를 바로 알아봅니다.
어쩌면 훗날 사람들이 지미 카터나 로널드 레이건의 얼굴은
기억 못할지도 모르지만, 아마도 당신 얼굴은 잊지 않을 겁니다.
야세르 아라파트: (만면에 웃음을 지으며) 고맙습니다. 그것 참 좋은 일이죠. 아닌가요?
— 야세르 아라파트와의 인터뷰, 『플레이보이 Playboy』, 1988년 9월

지도자와 대중 사이의 관계는 진심에서 우러나오는 작은 행동에서 잘 드러나는 경우가 많다. 어느 날 야세르 아라파트가 베이루트의 어떤 거리를 당당하게 걸어 내려오던 모습을 내가 흥미롭게 지켜봤던 것은 이 때문이다. 지팡이를 손에 들고 걷는 그의 뒤로 아이들과 엄마들, 할아버지들, 할머니들, 그리고 게릴라들이 모여들었다. 아파트에서 나와 아라파트의 뒤를 따랐다. 마치 팔레스타인의 피리 부는 사나이 같았다. 이 장면은 1980년대 초반 서베이루트의 모습으로, 이스라엘 전투기들이 파카니(Fakhani) 마을을 폭격한 직후였다. 이곳에 위치한 고층 아파트 지하 어딘가에 PLO가 정치 및 군사 사령부를 운영하고 있다고 이스라엘이 주장한 곳이었다. 이스라엘 전투기가 떨어뜨린 폭탄 하나가 길모퉁이에 있는 아파트 한 동을 정통으로 맞췄다. 마치 케이크 조각을 누군가 주먹으로 내리친 듯한 모습이었다. 무너진 아파트더미 속에는 민간인들이 여러 명 갇혀 있었다. 어느 노파의 네 자녀도 그 속에 갇혔다. 아라파트가 다가갔을 때, 노파는 거의 이성을 잃은 채 잃어버린 자식을 찾기 위해 콘크리트더미를 헤집고 있는 중이었다. PLO 의장이 왔다는 것을 알아챈 순간 노파는 즉시 하던 행동을 멈췄다. 그녀는 콘크리트더미에서 기어 내려와서 아라파트에게 달려갔다. 그러더니 아라파트가 쓰고 있던 황록색 전투모를 잡아서 벗겨내고 그의 대머리에 입을 맞추기 시작했다.

노파가 흐느끼면서 말했다. "제 아이 네 명이 저 콘크리트더미 안으로 사라져버렸어요. 그래도 아직 자식이 아홉 명 더 있습니다. 모두 당신을 위해 목숨을 바칠 겁니다."

나는 거의 10년에 걸쳐 야세르 아라파트에 관해 기사를 썼다. 그가 세상에서 가장 별난 인물 중 하나라는 점은 의문의 여지가 없다. 세계를 무대로 이목을 집중시킬 정치가처럼 보이지는 않는다. 여러 가지 면에서 그는 팔레스타인의 로널드 레이건(Ronald Reagan)이다. 국가를 변화시킬 상징적 인물로 인식되고, 팔레스타인 사람들의 영혼을 완벽하게 이해하는 위대한 연기자이며, 대중이 가진 미래에 대한 환상을 어떻게 활용해야 하는지를 아는 인물이다. 무엇보다 아라파트는 테플론(Teflon) 게릴라였다(테플론 대통령 혹은 테플론 정치 등에서 온 용어다. 테플론으로 코팅한 프라이팬에 음식이 눌어붙지 않는 것처럼, 실책이나 실언 등으로 비판받고 스캔들에 연루되어도 정치적으로 큰 상처를 입지 않는 현상을 지칭한다. 이란-콘트라 사건 등 많은 스캔들에 연루됐던 레이건 대통령이 정치적으로 큰 상처를 입지 않았던 점을 빗댄 말이다.-역자). 아무것도 야세르 아라파트에게 들러붙을 수 없었다. 총탄이나 비판, 정치적인 입장, 그리고 무엇보다 그가 저지른 실패도 그의 인기를 떨어뜨릴 수 없었다. 어떤 실수를 저질러도, 수많은 군사적 실패를 초래하더라도, 팔레스타인 지역을 회복하는 데 아무리 오랜 시간이 걸려도 대중은 그를 용서했고 아라파트는 PLO 수장의 위치를 지킬 수 있었다. 꺼칠한 턱수염을 기르고 떠돌이생활을 하는 이 남자는 모든 팔레스타인 사람의 마음을 사로잡았다. 사람들은 아라파트를 아랍어로 알 키트야르(Al-Khityar), 즉 '위대한 노인(the old man)'이라는 애정 어린 별명으로 불렀다. 팔레스타인 버전의 '지퍼(the Gipper)'인 셈이었다. 미국인들이 그랬던 것처럼 팔레스타인 사람들은 언제나 또 한 번의 승리를 '지퍼'에게 바치고 싶어 했다('지퍼'는 1920년 25세의 젊은 나이로 사망한 노트르담대학의 미식축구 선수 조지 깁(George Gipp)의 애칭이다. 그는 죽기 직전 병원 침대에서 동료 선수들에게 전하는 말을 남겼다고 한다. 자신을 위해 한 번 더 승리해달라는 부탁이었다. 로널드 레이건은 영화배우 시절, 조지 깁의 생애를 다룬 영화 「지퍼에게 영광을」에서 깁 역할을 맡았다.

레이건은 이후 대통령 선거유세에서 영화의 제목이자 짐이 마지막으로 남겼다는 이 말을 선거구호로 사용했다. - 역자).

이처럼 아라파트가 갖가지 곤경에도 불구하고 정치적으로 상처받지 않은 이유는 무엇인가? 얼굴이 잘생겼다거나 매력적인 웃음으로 사람들을 사로잡았을 리는 없었다. 162센티미터를 조금 넘는 키에 눈은 툭 튀어나오고, 언제나 3일은 깎지 않은 듯한 수염에 배불뚝이였다. 아라파트는 풍채가 좋다거나 강력한 지도자의 이미지를 가진 인물이 아니었다. 오늘날이 텔레비전 시대라는 점을 고려한다면, 아라파트의 외모나 언행은 팔레스타인의 선전전략상 골칫거리가 아닐 수 없다. 군사적 업적 역시 별 볼일 없었다. 전투를 이끄는 지도자로서의 아라파트는 조지 패튼(George S. Patton)보다는 조지 커스터(George A. Custer) 장군과 공통점이 훨씬 많았다.

아라파트의 정치적 성공과 오랜 승승장구의 비밀은 팔레스타인의 역사 속에서 그의 위치를 파악해야만 이해할 수 있다. 간단히 요약하면 이렇다. 아라파트의 위대한 업적은 팔레스타인 사람들을 아무도 알지 못하는 사막으로부터 끌어내 '세계의 이목'을 받는 존재로 만들었고, 동시에 팔레스타인이 끊임없는 관심의 대상이 될 수 있도록 만드는 제도를 확립했다는 점이다. 다르게 표현하면, 시온주의자들이 유대인들을 위해 했던 일을 아라파트는 팔레스타인 사람들을 위해 해낸 것이다. 정치적으로 아무런 중요성을 지니지 못하던 팔레스타인 사람들을 국제정치의 전면에 설 수 있도록 만들었다.

아라파트가 무대에 등장하기 훨씬 이전에도 팔레스타인 민족은 분명 존재했다. 그러나 역사는 이들에게 우호적이지 않았다. 두 차례의 세계대전을 거치는 급변하는 시기에 많은 민족들이 자신의 국가를 얻었다. 그러나 팔레스타인 사람들은 민족국가를 세우는 대열에 참여하지 못했다. 지도자들의 실책과 형제 아랍국들의 방관 때문이었다. 1948년 중동전쟁 이후 이스라엘이 건국되었을 당시, 요르단과 이집트는 UN이 팔레스타인 민족국가를 위해 할당한 지역을 차지해버렸다. 국민으로서 팔레스타인 사람은 거의 사라졌다. 이스라엘에 남아 있는 팔레스타인 사람들은 이스라엘의 아랍인이 되었다. 이스라엘 이외 지역에 있던 사람들은 요르단, 레바논, 이집트, 시리아의 팔레스타인 난민이 되었다. 아라파트가 자주 말했듯이 팔레스타인 사람들은 보호구역에 갇힌 아메리칸 인디언과 같은 신세가 됐다. 아랍인들에게 기만당하고 유대인에게 패배했으며 세계로부터는 잊혀졌다. 아라파트는 이처럼 죽어가는 팔레스타인 민족에 활기를 불어넣고 결속시켜 국제적으로 인정받는 민족해방운동의 주체로 만들었다. 이제 팔레스타인 민족은 텐트가 필요한 난민이 아니라 주권을 요구하는 민족으로 세계무대에 당당하게 등장했다.

팔레스타인 사람들이 이전에는 가져보지 못한 그런 조직으로 PLO를 변모시킨 것은 아라파트의 업적이다. 그의 노력으로 PLO는 네 가지의 특성을 지니게 됐다. 독립적이고, 팔레스타인 민족의 유일한 대표성을 지니며, 무시못 할 존재감을 지니게 됐고, 대단한 연출능력을 갖게 됐다.

그러나 팔레스타인의 대의에 다시 활력을 불어넣고 팔레스타인 국가를 세우기 위한 노력에 사람들을 규합하는 눈부신 성과에도 불구하고, 아라파트는 그가 약속한 궁극적인 목표를 가져다주지는 못했다. 팔레스타인 사람들이 지배할 수 있는 영역과 국가, 그리고 땅이다. 내가 베이루트와 예루살렘에서 깨달은 바는 이렇다. 팔레스타인 사람들을 망각으로부터 세계무대의 전면에 당당히 등장시킨 아라파트의 능력과 자질, 팔레스타인 사람들이 세계무대의 전면에서 팔레스타인으로 입성하지 못하게 만드는 족쇄가 되기도 했다는 점이다.

아라파트는 PLO에 여러 가지 특징을 가져다줬다. 중산층의 열망을 담아내고 제도화를 지향했다. 정치적 수완은 물론 연출가적 역할에도 많은 신경을 썼으며 음모에도 능했다. 팔레스타인에 헌신하고, 여타 아랍 국가들과의 게임에서 동등한 위치를 차지할 필요가 있다는 점을 깊이 인식했다. 이와 같은 PLO의 성격은 아라파트의 젊은 시절과 그가 등장한 시대의 정치상황과 깊이 관련된다.

야세르 아라파트는 1929년에 태어났다(카이로 아니면 가자지구인데, 그는 사람들에게 자신의 출생지에 대해 두 곳 모두를 언급한 적이 있다). 그의 아버지는 성공한 팔레스타인 상인이었고 아라파트를 포함해 일곱 명의 자식을 두었다. 아라파트의 이름은 원래 모하메드였으나 오래지 않아 야세르라는 별명을 얻었다. '편안하다(easy)'라는 뜻이었다. 그가 네 살 때 어머니가 사망하자, 아버지는 아라파트를 예루살렘으로 보내 결혼한 삼촌과 함께 살도록 했다. 아라파트는 예루살렘 구시가(the Old City)의 성벽 안쪽에서 자랐다. 그가 살았던 집은 유대인들이 성지로 숭배하는 제2성전의 서쪽 벽 바로 옆에 있었다. 1967년 전쟁 이후 이스라엘이 서쪽 벽 앞에 있던 광장을 치우면서 자신이 살던 집을 부쉈다고 아라파트는 자주 언급했다. 초등학교를 마친 그는 카이로에 이주해 재혼한 아버지와 함께 살았다. 앨런 하트(Alan Hart)는 그가 지은 아라파트의 전기 『아라파트: 테러리스트인가 평화의 중재자인가? Arafat: Terrorist or Peacemaker?』(1984)에서 아라파트의 누나인 이남(Inam)의 말을 인용한다. 동생이 태어나는 순간부터 팔레스타인과 아랍 민족주의에 심취했다는 것이다.

그녀는 이렇게 말했다고 한다. "야세르는 (언제나) 주변 지역에 사는 아랍 아이들을 끌어모았죠. 아이들을 몇 개 그룹으로 나눠 훈련을 시키고 행진을 하게 했어요. 막대기를 들고 명령에 복종하지 않는 아이들을 때리곤 했죠. 집 안마당에 캠프를 만드는 것도 즐겼습니다. …… 제가 (학교에) 데려다 주는 일이 많았지만 학교를 빠져나오곤 했어요. 집에 데려오려고 학교에 가보면 없는 거예요. 야세르가 열심히 공부하는 것처럼 보인 유일한 시간은 저녁에 친구들과 함께 집에 있을 때였습니다. 그저 시늉만 하고 있었죠. …… 제가 방에 들어가면 야세르와 친구들은 숙제를 하고 있는 척했지만, 사실은 정치나 군사적인 문제를 놓고 토론을 벌이고 있었습니다."

결국 아라파트는 카이로대학에 들어가 토목공학으로 학위를 받았다. 그러나 시간이 날 때마다 팔레스타인 민족주의 학생단체에서 활발하게 활동했다. 예루살렘 남쪽 지역과 가자지구에서 시온주의자들과 맞서 싸운 1948년의 전투에 참가했던 것이다. 그러나 1948년 전투에서 패한 직후 팔레스타인 민족주의 운동은 끝났다고 아라파트는 생각했다. 시기를 놓쳤다는 것이었다. 카이로에서 함께 공부했던 다른 모든 아랍 친구들은 그들의 국가를 얻게 될 것이었지만 아라파트와 팔레스타인 친구들은 그렇지 않았다.

1988년 『플레이보이』 9월호에 실린 인터뷰 기사에서 아라파트는 이렇게 말했다. "저는 매우 실망했습니다. …… 그 시기에 중동을 완전히 떠나려고 마음먹었습니다. 어디든 다른 곳으로 가서 학업을 이어가려고 했었죠. …… 텍사스대학에서 입학허가서를 받았습니다. 제 기억으로는 텍사스대학입니다. 어쨌든 저는 가지 않았습니다."

미국으로 떠나는 대신 아라파트는 동쪽으로 향했다. 쿠웨이트 정부에서 1년간 일한 그는 건설 회사를 설립했다.

인터뷰에서 아라파트가 말했다. "사업은 잘됐습니다. 그렇게 나가면 백만장자가 되는 것은 시간문제였을 겁니다. 우리는 길을 만들고 고속도로와 다리를 건설했죠. 대규모 건설 프로젝트를 했습니다. …… 그 당시 …… 제게는 자동차가 네 대나 됐어요. 아무도 믿지 않지만 사실입니다. 시보레가 두 대, 선더버드가 한 대, 그리고 폴크스바겐이 하나였죠. 그러나 투쟁에 다시 합류하기 위해 쿠웨이트를 떠날 때 사람들에게 다 나눠줬죠. 폴크스바겐 한 대만 남기고요."

실제로 폴크스바겐을 타고 다니는 아라파트의 모습은 베이루트의 아랍 신문사들 사이에서 아주 익숙한 모습이었다. 1956년 아라파트와 쿠웨이트에 거주하던 일부 중산층 팔레스타인 사람들은 팔레스타인 해방운동에 다시 전념하기로 결정하고 알 파타('승리')라는 지하 게릴라조직을 결성했다. 이 단체의 대변인으로 임명된 아라파트는 건설 회사를 그만두고 베이루트와 암만에서 활동하기 위해 쿠웨이트를 떠났다. 그는 알 파타 게릴라들이 행했던 이스라엘에의 군사행동에 관한 '공식 성명서'를 신문에 실어달라고 부탁하기 위해 베이루트의 아랍 신문사에 종종 모습을 드러내곤 했다. 신문사들은 대체로 그를 문전박대했다. 1960년대 초까지만 해도 이스라엘에 대항한 투쟁은 아랍 국가들의 몫이라는 견해가 대부분이었다. 팔레스타인 사람들이 자신들의 힘으로 팔레스타인을 회복한다는 생각을 신중하게 받아들인 사람은 거의 없었다. 아랍 국가들의 지도자들은 1964년 팔레스타인 사람들을 통제하고 나아가 그들 자신의 군사적이고 정치적인 목적을 달성하는 데 이용하기 위해 팔레스타인 해방기구를 결성했다. PLO 초대 의장을 지낸 아메드 슈케리(Ahmed Shukery)는 상류층 출신으로 그저 시키는 대로만 하는 허풍쟁이에 지나지 않았다.

아라파트와 그의 동료들이 팔레스타인 해방이라는 대의를 아랍 국가들의 지도자들로부터 되찾아오려고 애쓴 것은 당연했다. 그러나 그들도 무리하게 일을 추진하지는 않았다. 팔레스타인 민족해방운동에 대한 주도권이 팔레스타인 사람들에게 주어져야만 한다는 점을 주장할 필요가 있었다. 그러나 아랍 국가들의 지원을 잃을 만큼 강력하게 요구하지는 않았다. 아랍 국가들의 지지 없이 군사적, 외교적으로 이스라엘에 효과적으로 대항한다는 것은 불가능했기 때문이다. 역설적이게도 아라파트와 동료들에게 팔레스타인 해방기구의 주도권을 차지할 수 있는 기회를 가져다준 것은 1967년 이스라엘이 거둔 전쟁에서의 승리였다. 1967년 이스라엘이 이집트와 요르단, 시리아의 연합군을 참패로 몰아넣자 지배층에 대한 불신이 아랍세계 전역에서 일어났다. 팔레스타인 해방기구를 차지하고 있는 아첨꾼들 역시 이를 피할 수 없었고, 이에 따라 대중의 지지를 전혀 받지 못하는 지도력 부재상태에 빠져들었다. 1967년의 패배 이후 아랍세계는 새로운 희망, 그리고 과거의 영광을 되찾아줄 새로운 인물을 간절히 갈구했다. 지하에 있던 팔레스타인 게릴라들이 밖으로 나와 속속 이 같은 역할을 맡기 시작했다. 당시 아라파트가 이끌던 알파타는 그동안 수차례 이스라엘 군대와 용맹스런 전투를 벌임으로써 신생 게릴라조직들 중에서 가장 명망이 높았다. 1969년 아라파트는 대중의 신뢰를 상실한 아랍 국가들로부터 PLO를 빼앗아올 수 있었다. 그는 PLO를 극우에서부터 극좌에 이르기까지 모든 팔레스타인 게릴라 단체들을 포괄하는 조직으로 변모시켰다. 이후 PLO는 특정 아랍 국가의 지배를 받은 적이 없다. 팔레스타인 사람들이 PLO를 자랑스럽게 여기는 한 가지 이유였다. PLO는 야세르 아라파트의 지도 아래서 팔레스타인 사람들의 진정한 독립된 조직으로서는 처음으로 팔레스타인 민족해방운동을 이끌게 됐다.

일단 PLO를 장악하자 아라파트는 조직의 독립성을 유지했다. 이를 가능하게 만든 가장 중요한 요인은 아라파트 자신의 타고난 정치적 재능이었다.

중동 상인의 아들로 태어난 그는 마치 야바위꾼과도 같이 사람들의 혼을 빼는 기술을 가졌고, 바넘 앤 베일리(Barnum & Bailey) 서커스단의 외줄타기 광대와 같은 균형 감각을 지녔으며, 무엇보다 주변 상황에 맞춰 자신의 정치색을 자유자재로 바꿀 수 있는 카멜레온과 같은 능력을 지녔다. 뱀이 우글거리는 구덩이와 같은 아랍 국가들 간의 정치적 대립 속을 발끝으로 헤쳐나가면서 시리아와 요르단을, 그리고 이라크와 이집트를 서로 대립시키고 여기서 PLO가 자유롭게 활동할 수 있는 조그만 공간을 얻어내는 수완을 보였다.

아라파트는 자신의 이름을 팔레스타인 민족의 열망과 동의어로 서서히 만들어갔다. 아랍과 이슬람, 그리고 더 나아가 제3세계 정치에서 팔레스타인의 대의는 가장 신성한 가치를 상징했기 때문에, 아라파트는 스스로를 아랍의 교황과 같은 존재로 변신시켰다. 아라파트가 지팡이로 한 번만 건드려주면 아무리 비열한 아랍의 독재자라 할지라도 아랍 사람들의 눈에 정통성 있는 지도자로 비쳤다. 아라파트는 『플레이보이』와의 인터뷰에서 다음과 같이 말했다. "사람들이 저를 자유를 위해 싸우는 전사 '이상'으로 생각한다는 점을 아마도 잘 모르실 겁니다. 어떤 사람들은 저를 저항의 상징으로 생각합니다. 저를 테러리스트라고 부르는 사람들은 극소수에 지나지 않습니다. …… 아실지 모르겠습니다만, 저는 이슬람제국회의기구(Organization of the Islamic Conference)의 영구 의장직을 가지고 있습니다. 공동의장은 3년마다 교체되지만 저는 영구 공동의장이죠. 또한 비동맹운동(Nonaligned Countries Movement)의 영구 부의장이기도 합니다. 혹시 모르실까봐 말씀드리는 겁니다."

아랍의 정치지도자들에게 정통성을 부여할 수 있는 그의 위치는 아라파트가 독립적으로 활동할 수 있는 여지를 크게 신장시켰다. 그가 위기에 빠질 때면 도움의 손길을 내밀 아랍 지도자가 항상 몇몇은 있었기 때문이다. 예컨대 이집트의 호스니 무바라크(Hosni Mubarak) 대통령은 이집트가 이스라엘과 평화조약을 체결한 이후, 카이로가 아랍세계에서 고립될 것을 우려해 항상 아라파트를 포용하려고 노력했다. 끊이지 않는 이란과의 전쟁으로 1980년대 중반 대중의 지지가 크게 낮아지자 사담 후세인 이라크 대통령은 아라파트에게 바그다드에 사령부 사무실을 제공하겠다고 제안하기도 했다. 아라파트와 함께 소파에 나란히 앉아서 찍은 사진을 걸어두는 것은 어느 아랍 지도자에게도 절대로 불리한 일이 아니었다.

아라파트로 인해 PLO가 갖게 된 특성 중 독립성만큼이나 중요한 것이 팔레스타인 사람들의 유일한 대표조직이라는 성질이다. 팔레스타인은 극심한 분열의 오랜 역사를 지녔다. 사분오열된 대립이었다. 기독교도와 이슬람교도, 헤브론 출신과 예루살렘 출신, 요르단 지지파와 민족주의자, 그리고 급진파와 온건파가 대립했다. 따라서 세계무대에는 여러 개의 상호모순되는 팔레스타인의 목소리가 나올 수밖에 없었다.

아라파트는 거의 모든 팔레스타인 내부의 분파들을 PLO라는 조직 안으로 포섭하고 이를 유지할 수 있었다. 이를 위해서는 몇 가지 재능이 필요했다. 첫 번째는 그의 개인적인 능력으로 팔레스타인 내부에 존재하는 서로 다른 모든 운동에 대해 소외감을 느끼지 않도록 하는 것이었다. 8개의 상이한 PLO 분파의 대표자들과 한 자리에 마주 앉아, 당면한 곤란한 상황을 어떻게 타개해나갈 것인지에 대해 서로 다른 의견을 제시하는 대표자들 각각의 말을 경청하고 나서 자신이 생각한 대로 밀고나가는 능력을 아라파트는 지녔다. 방 안에 함께 앉은 그 누구도 자신이 완전히 무시되었다거나 자신의 의견을 완전히 관철시켰다고 느끼지 않도록 만든다. 마치 수은 덩어리와도 같이 아라파트는 여러 가지 모양을 자유자재로 취할 수 있었다. 그러나 이렇듯 유연한 태도를 취하기 위해 그는 모순된 이야기를 하는 일이 잦았다(이 때문에 신뢰성에 상처를 입는 일이 많았고, 후일 이스라엘이 자신의 입장을 신중하게 고려해줄 것을 원할 때 어려움을 겪기도 했다).

PLO의 유일한 대표성을 유지하기 위해 아라파트가 취한 또 하나의 전술은 PLO의 이데올로기를 단순화시킨 것이다. 예컨대 조지 하바시와 같은 PLO 마르크스주의자들이 요구한 아랍 자본가들에 대항하는 '계급투쟁'을 아라파트는 거부했다. 나아가 PLO를 특정한 아랍의 블록에 편입시키려는 시도 역시 반대했다. 다음과 같은 말은 아라파트의 노선이 실제로 무엇인지를 보여준다. "나는 팔레스타인 난민촌의 아들들을 우리 군대에 데려다 쓸 것이고, 팔레스타인 백만장자의 돈으로 PLO의 관료제도를 운영할 것입니다. PLO의 문은 모두에게 언제나 개방될 것입니다."

요르단과 레바논에서 활동하는 수년 동안 아라파트가 고수한 단 하나의 확고한 이데올로기는 팔레스타인 정치의 최소 공통분모였다. 극좌에서 극우까지, 요르단 강 서안이나 가자지구와 같이 이스라엘 점령지에 사는 사람부터 아랍세계 전역에 흩어져 사는 난민에 이르기까지 모든 팔레스타인 사람들이 받아들일 수 있는 공통분모였다. 팔레스타인은 아랍 사람들의 땅이며 유대인들이 이곳에 그들의 국가를 세울 권리를 절대로 인정해서는 안 된다는 원칙이다. 이 같은 입장은 1964년 카이로에서 제정된 PLO 헌장에 잘 나와 있다. 아라파트에게 이 원칙은 한계선이었다. 이를 넘어서는 부분에 대해서 그는 이데올로기적으로 '느슨한' 태도를 견지했다. 상황에 따라 가능한 모든 외교적 수단을 사용하기 위해 바람이 부는 대로 유연하게 대처하기 위해서였다. 아라파트는 특정한 정치적 주의주장을 읽거나 쓰는 데 시간을 보내는 인물이 아니었다.

아라파트가 베이루트에서 활동했던 시기, 그의 주요 지지층은 레바논과 요르단, 그리고 시리아의 난민촌에 거주하는 팔레스타인 사람들이었다는 사실을 기억할 필요가 있다. 그가 이끄는 게릴라조직의 전사와 관리들은 이들로부터 충원됐다. 이들이 바로 PLO의 도약을 뒷받침한 토양이었다. PLO의 대의에 지지를 보낸 대부분의 난민들은 1967년 이전 이스라엘의 영토가 되어버린 마을과 부락에서 온 팔레스타인 사람들이었다. 하이파와 자파 혹은 갈릴리 출신이었다. 이들은 요르단 강 서안 혹은 가자지구에 팔레스타인 국가를 세우는 데 별 관심이 없었다. 이곳은 그들의 고향이 아니었기 때문이다. 가자지구는 이들에게 베이루트만큼이나 고향에서 떨어진 곳이었다. 따라서 이들은 가장 비타협적인 팔레스타인의 정치적 입장을 지지하는 경향이 있었다. 언젠가는 이스라엘을 내쫓고 그들의 고향으로 돌아가겠다는 꿈이었다. 1960년대와 1970년대 아라파트가 대변했던 정치적 입장은 이들 난민들의 바람이었다. 아라파트는 이들의 바람에 호소했던 것이다. 이스라엘이 점령한 요르단 강 서안과 가자지구에 거주하는 팔레스타인 사람들은 좀 더 현실적인 접근을 원했다. 하루하루 이스라엘과 맞부딪혀야만 하는 현실을 겪어야 했기 때문이다. 그러나 1960년대와 1970년대 이들이 PLO에 미치는 영향력은 제한됐다. 직접 이스라엘에 맞서 싸우고 죽어가야만 했던 요르단 강 서안과 가자지구의 팔레스타인 사람들은 스스로 앞길을 개척해나갈 수밖에 없었다.

또한 아라파트가 PLO를 팔레스타인 사람들을 대표하는 유일한 조직으로 유지할 수 있었던 것은 PLO에서 활동하는 사람들에게 장기간에 걸쳐 임금을 지급할 수 있었던 사상 최초의 팔레스타인 지도자였기 때문이기도 하다. 급료는 많지 않았고 때로는 늦게 지급되기도 했다. 그러나 여전히 지급되는 것은 사실이었고, 임금으로 받은 수표가 부도 처리되는 일도 없었다. 아라파트는 아랍 지도자들을 상대로 한 사람이 악역을 맡으면 다른 사람이 중재에 나서 사태를 봉합하는 식의 게임에 천재적인 재능을 보였다. 예컨대 PLO 내부의 마르크스주의 급진파가 항공기를 납치하거나 피의 보복을 선언한 직후 그는 사우디아라비아로 날아가 이런 식의 이야기를 늘어놓았다. "잘 보세요, 친구들. 나는 지금 막 터져 나오려는 화산 꼭대기에 앉아 있는 것과 마찬가지예요. 만일 내게 무슨 일이 생길 경우 이 사람들은 정말이지 통제 불가능이 될 겁니다. 무슨 일을 벌일지 아무도 모릅니다. 사람들이 화가 많이 났습니다. 분노한 사람들이란 미친 짓을 하게 마련이잖아요. 그러니 저를 도와주세요. 지원해주세요. 마음의 평안을 얻는 데 아주 약간의 비용을 지불하는 겁니다." 이런 식으로 모은 속죄 헌금으로 아라파트는 수십억 달러에 이르는 투자 포트폴리오를 만들었다. 이를 기반으로 연간 2억 달러가 넘는 비용을 지출했다. 사회복지, 장학금, 신문사와 라디오 방송국 운영, 의료, 교육 프로그램, 노동조합, 외교, 무기 구입, 그리고 베이루트를 비롯한 중동 전역의 PLO 게릴라와 직원들의 임금 등이다. 이로써 60만 가구 이상의 팔레스타인 가족이 아라파트와 PLO에 그들의 경제생활을 의존하게 됐다.

아라파트가 PLO에 가져온 세 번째 특징은 무시할 수 없는 존재감이었다. PLO 조직을 정비하고 단일한 대표성을 유지함으로써 팔레스타인을 하나의 깃발 아래 통합한 아라파트는 그 누구도 무시할 수 없을 정도에 이르는 다수의 팔레스타인 사람들을 PLO의 대의 아래 집결시켰다. 1950년대나 1960년대와는 전혀 다른 상황이었다. 그러나 PLO를 무시 못할 존재로 만든 것이 단지 지지자의 숫자만은 아니었다. 1973년 중동전쟁과 더불어 발생한 원유 가격의 폭발적 인상으로 아랍 국가들은 1970년대 세계적인 금융세력으로 등장했다. 아라파트는 이러한 영향력을 교묘하게 이용해 UN과 세계 100여 개에 이르는 나라들이 PLO가 팔레스타인을 대표하는 유일하고 정통성을 지닌 대표라는 점을 인정하고 PLO 외교관을 받아들이도록 설득할 수 있었다. 전례 없는 석유시장의 호황으로 어느 국가도 아랍세계를 무시할 수 없었다. 이는 아랍이 소중히 여기는 대의 역시 무시할 수 없었다는 말과 마찬가지다. 1974년 유가가 사상 최고치를 경신하고 아라파트가 최초로 UN 연설을 위해 초대된 것은 우연의 일치가 아니었다. 석유수출국기구(OPEC)의 영향력 증대를 살펴보지 않고 PLO의 국제적 위상 제고를 이해할 수는 없는 일이다. 아라파트의 전략에 힘입어, 민족자결을 요구하는 팔레스타인의 목소리는 세계 무대에서 절대로 빠지지 않게 됐고 모든 국제 포럼에서도 주요하게 논의됐다. PLO의 정통성은 마치 눈덩이가 불어나듯 해가 갈수록 확고해졌다.

팔레스타인의 주장에 귀 기울이지 않는 사람들에게는 PLO의 존재감을 더욱 부각시켰다. 이스라엘 군인과 민간인에 대한 게릴라 전쟁뿐만 아니라, 중동 이외 지역에서의 테러리스트 공작도 시도했다. 아라파트에게는 쿠르드족 반군지도자 무스타파 바르자니(Mustafa Barzani)에게서 얻은 교훈이 있었다. 누군가 바르자니에게 이런 질문을 한 적이 있다. 그가 이끄는 쿠르드 민족해방운동은 왜 팔레스타인 사람들의 민족해방운동처럼 세계의 이목을 집중시킬 수 없느냐는 것이었다. 바르자니가 내놓은 대답은 간단했다. "언제나 우리 땅 안에서만 싸우고, 우리의 적들만 죽이기 때문입니다." 아라파트가 이끄는 PLO는 이와 같은 실수를 저지르지 않았다. 직접적으로 관련이 없는 나라에서도 팔레스타인 전쟁을 벌였다. 갈등과 아무런 관련이 없는 사람들은 물론 비전투원까지도 살해했다. 중동에서 싸우는 만큼이나 세계를 무대로 언제나 싸웠고, PLO는 이로부터 일관되게 이득을 얻을 수 있었다.

그러나 팔레스타인 역사에서 아라파트와 PLO를 전례 없이 성공하게 만든 독립성과 단일성, 존재감이라는 특성은 PLO의 무기력증을 가져온 요인이기도 했다. 1960년대부터 1980년대 초반에 걸쳐 아라파트의 주요 지지층은 이스라엘이나 요르단 강 서안, 그리고 가자지구 밖에 거주하는 난민들이었기 때문에, 아라파트가 PLO의 단일한 대표성을 유지할 수 있는 유일한 방법은 이스라엘이 존재할 권리를 공식적으로 부인하는 것이었다. 만약 이를 지키지 않는다면, 조직 전체가 산산조각 날 위험에 처한다. 아라파트는 언제나 팔레스타인 사람들의 합의를 대변하는 지도자였지 적극적으로 합의를 만들어내는 존재는 아니었다. 그는 요르단 왕 압둘라와 이집트의 안와르 사다트가 어떤 일을 당했는지 목격했다. 민족의 기대로부터 너무 멀리 벗어나는 지도자들의 운명을 알고 있었던 것이다.

이는 아라파트가 진퇴양난에 빠졌음을 의미했다. 다른 해석이 불가능할 정도로 명확하게 이스라엘의 존재를 인정하지 않는 한, 협상을 통해서는 팔레스타인 땅을 단 한 뼘도 회복할 희망이 없었다. 적어도 1967년 이전의 국경 안에서 유대 국가가 존재한다는 사실을 총체적으로 인정하지 않는 한, 이스라엘은 팔레스타인과의 어떠한 협상안도 고려하지 않을 것이기 때문이었다. 동시에 전쟁을 통해서는 팔레스타인 땅을 손바닥만큼도 되찾을 가망이 없었다. PLO만으로는 이스라엘과 대적할 수 없었고, 아랍 국가들이 경제적 지원에는 적극적이었지만 아라파트에게 사단병력을 보내려 하지 않았기 때문이다. 따라서 아라파트는 스스로 내릴 수 없는 정치적 결정, 즉 이스라엘의 존재를 인정하는 결단과 이길 수 없는 전쟁 사이에 갇혀버렸다. 중동정치라는 게임에서 역사가 그의 손에 들려준 카드는 두 가지뿐이었다.

아라파트는 PLO와 팔레스타인 정치에 마지막 특성을 부여함으로써 딜레마에서 벗어나려고 했다. 완전히 벗어나지 못한다면 적어도 진퇴양난의 상태를 완화하고자 했다. 연출능력이다. 아라파트는 팔레스타인 사람들에게 희망과 슬로건, 미래에 대한 환상을 끊임없이 불어넣었다. 그날이 올 때까지 팔레스타인 운동을 이어가기 위해서였다. 아랍 국가들이 팔레스타인의 대의에 완전히 공감하고 싸움에 동참하는 날, 그리고 서방이 그들의 대의가 올바르다는 점을 깨닫고 이스라엘에 압력을 행사해 팔레스타인 땅의 일부라도 돌려주도록 하는 날이다. 그날이 멀지 않았음을 민족 전체가 믿도록 해야만 했다. 다음번 정상회담 이후가 될 수도 있고 전쟁을 한 번만 더 치르면 될지도 모를 일이라는 식이었다. 조금만 더 버티고 신념을 잃지 않는다면 그날이 곧 올 것임을 믿도록 용기를 불어넣는 아라파트는 연기자였다.

팔레스타인 운동을 이어가기 위해 그는 여러 가지 배역을 연기했다. 대중이 가진 환상뿐만 아니라 자신의 마음속에 가진 환상을 동시에 연기했다. 그가 맡은 배역 중 하나는 '여행가'였다. 아라파트가 연간 방문하는 나라는 세계 어느 정치가보다 많았다. 비교가 안 될 정도로 많았다. 이주의 자유가 엄격하게 제한된 상태에서 살아가야만 하고 심지어는 여권조차 없는 팔레스타인 사람들에게, 여권도 없이 세계 어느 곳이나 자유롭게 여행할 수 있는 지도자를 갖는 것은 간접적인 꿈의 실현이다. 그뿐만이 아니었다. 공항에서 팔레스타인 사람이라는 이유로 세관 직원에게 몸수색을 당하거나 묻는 말에 대답해야 하는 절차도 없었다. 그를 맞는 것은 21발의 예포와 자동차 행렬, 악대, 붉은 양탄자, 그리고 바람에 나부끼는 팔레스타인 국기들이었다. 아라파트는 타국에 도착하는 행사를 좋아했다. 의장대를 사열하고 다른 아랍 국가들의 지도자와 동등한 대접을 받았다. 아라파트가 맡은 또 다른 배역은 '장군'이었다. 실질적인 군사력이라고는 사실상 가져본 일이 없고 오랫동안 무장해제 상태에서 살아야만 했던 팔레스타인 사람들에게, 아라파트는 스미스 앤 웨슨(Smith & Wesson) 권총을 언제나 허리에 차고 다니는 총사령관이었다. 권총은 장전되어 있었을까? 잘 모르겠다. 그리고 신경 쓸 사람도 없다. 권총을 차고 있다는 것이 중요했다. 아라파트는 '혁명가'로서의 역할 역시 연기했다. 죽은 듯이 조용한 마을에서 오래도록 내려오는 수수한 아랍식 주택에 살며 주로 상업에 종사하던 팔레스타인 사람들의 이미지를 하루아침에 '혁명가'로 만들었다. 마오쩌둥 주석과 함께 테이블을 마주하고 젓가락으로 식사할 수 있는 그런 혁명가의 이미지였다. 아라파트는 '미스터 유니버스'로서의 배역도 수행했다. 세계무대에서 오랫동안 눈에 띄지 않는 민족이었고, 세계 모든 나라들이 잊어버리고 싶어 하는 민족이라고 느끼던 팔레스타인 사람들에게 아라파트는 미국 대통령만큼이나 세계적으로 유명한 인물이었다.

그가 연기해야 할 배역에는 PLO '의장'도 있었다. 항상 바쁘다. 언제나 서류를 뒤적거리고 이리저리 움직인다. 뭔가 일이 잘못되어간다거나 해결책이 곧 나오지 않을지도 모른다는 생각을 사람들이 할 틈을 주지 않는다.

1989년 2월 아라파트는 자신의 전용제트기를 『배너티 페어 Vanity Fair』기자와 함께 타고 가면서 인터뷰를 하며 이렇게 말했다. "서류! 서류! 서류! …… 서류 작업이 끝나질 않아요. 내가 국가수반이긴 하지만 다른 직원들보다 두 배는 일을 해야 합니다. 행정업무도 봐야 하고 혁명과업도 추진해야 하기 때문이죠. …… 저기 큰 상자가 보이시나요? 일급 비밀서류가 아닙니다. 저쪽 알루미늄 가방도 보이시죠? 일급 비밀서류들이 들어 있습니다. 나는 우리가 갖춘 통신 시스템이 아주 자랑스럽습니다. 많은 돈을 들여 장만한 거죠. 일본 회사 샤프(Sharp Corporation)는 PLO가 최고의 고객이라고 말할 정도니까요. 그렇지만 많은 돈을 들일 만한 가치가 있습니다. 세계 각지에서 활동하는 우리 외교사절과 30분 이내에 연락할 수 있습니다."

아라파트가 연기하는 마지막이자 가장 중요한 역할은 '예언자'다. 그는 사람들에게 세계란 오직 마법의 수정 구슬을 통해서만 들여다볼 수 있다고 말한다. 오로지 아라파트만이 가지고 있는 수정 구슬이다. 이스라엘과 아랍 국가들 사이에서 진퇴양난에 빠진 팔레스타인 사람들의 곤경은 해결할 수 없다는 점이 분명하다. 모든 가능성을 면밀하게 조사할 방법이란 없다. 여기에 현미경을 들이대고 볼 방법도 없다, 현실세계에서 가능한 여러 가지 경우를 경험적으로 실험해볼 방법이란 없다. 만일 이러한 조사가 가능하다면 많은 사람들은 비탄에 빠질 것이고 누군가는 사임을 해야 할 것이다. 따라서 팔레스타인을 둘러싼 현상들은 수정 구슬을 통해서 들여다봐야만 한다. 환상과 현실 사이의 차이가 흐려지고 왜곡되며 균형감각은 실종된다. 상상력을 발휘한 해석이 차지하는 비중이 커지고, 패배를 승리라고 선언할 수 있으며, 완벽한 어둠이 터널 끝에 한줄기 빛이 보이는 상태로 둔갑하기도 한다.

환상이 없는 삶은 견디기 힘들다. 난민들의 입장에서는 더욱 그렇다. 아라파트는 팔레스타인 사람들에게 온갖 착각을 가져다주었다. 물론 그 속에 약간의 진실도 담겨 있었다. 이로써 각지에 흩어져 살아가야만 하는 팔레스타인 사람들은 그들의 삶이 그래도 견딜 만하다고 생각했다. 그러나 이 같은 아라파트의 접근법이 효과가 있으려면 아주 특별한 도시가 필요했다. 온갖 환상이 허용되고 예언자를 배척하지 않으며, 법의 구속에서 자유롭고, 팔레스타인을 되찾을 때까지 즐겁게 기다릴 수 있는 그런 특별한 도시가 필요했다. 1970년 아라파트와 동료들이 요르단의 암만을 장악하려다 후세인 왕에게 내쫓긴 이후, 피신한 곳은 베이루트였다. 바로 이곳에서 그들은 그동안 찾아 헤매던 바로 그 특별한 도시를 발견했다. 적어도 아라파트와 동료들은 그렇게 생각했다.

나는 베이루트에서 처음 열렸던 PLO의 기자회견을 잊을 수 없다.

1979년 6월이었다. 아라파트와 여러 명의 PLO 고위급 인사들이 서베이루트의 허름한 아파트에서 브리핑을 하고 있었다. 그들이 무슨 말을 했는지는 하나도 기억나지 않는다. 내가 기억하는 것은 자동차였다. 기자회견 장소로 들어가려는데 회견장 밖에 커다란 검은색 캐딜락 엘도라도가 서 있었다. 옆에 커다한 날개가 달린 1960년대 후반 모델이었다. 나는 옆에 있던 기자에게 물었다. 밖에 주차돼 있는 배트맨 차 임자가 누구냐고 말이다. 그가 대답했다. "그 혁명적인 자동차는 주하이르 모흐센(Zuhair Mohsen) 거예요." 모흐센은 PLO 내의 친시리아분파 알 사이카(al-Saiqa)의 지도자였다. 모흐센은 은발에 둔해 보이는 인물로 실질적으로 하는 일은 없이 그저 안락의자에 앉아 탁상공론이나 하는 혁명가였다. 베이루트에서 그는 '미스터 카펫'이라고 불렸다. 레바논 내전기간 동안 그와 부하들이 훔친 페르시아 카펫들 때문이었다. 혁명을 이끌어가는 일이 험난하게 되자 모흐센은 레바논을 떠나 프랑스 동남부 리비에라 해안도시 칸(Cannes)에서 부동산 가격이 가장 비싸기로 유명한 라 크루아제트 프롬나드(La Croisette Promenade)에 있는 자신의 아파트로 이주했다.

1979년 7월 라이베리아에서 개최된 아프리카통일기구(Organization of African Unity) 정상회담에서 PLO 대표단을 이끌며 '과로'했던 모흐센은 자주 휴양을 즐기곤 했던 칸에 들렀다. 팜비치 카지노의 블랙잭 테이블에서 긴 밤을 보낸 모흐센은 7월 25일 새벽 1시 으리으리한 그레이 드 앨비온(Gray d' Albion) 건물에 있는 그의 아파트로 걸어서 돌아갔다. 그의 아내가 문을 여는 순간 '아랍인으로 보이는' 젊은 사내가 어둠 속에서 걸어 나와 32구경 권총을 모흐센의 머리에 발사했다. 대리석으로 만든 복도는 터져 나온 모흐센의 뇌로 범벅이 됐다. 사건이 일어난 다음날 나는 베이루트에 위치한 PLO의 통신사무소로 갔다. 사무실에 있던 PLO 관련 인물이 노골적으로 비꼬는 듯한 성명서를 발표했다. 팔레스타인 혁명의 위대한 '영웅이자 순교자'가 '전투 현장으로 가는 도중' 살해당했다고 말이다.

모흐센을 찬양하는 사람들은 물론 그를 비꼬는 사람들에게서조차 나는 역겨움을 느꼈다. 그러나 숨진 게릴라 지도자 모흐센과의 만남으로 나는 베이루트에 관한 중요한 교훈을 얻을 수 있었다. 베이루트는 신화로 쌓아올린 도시였다. 매일 밤 그곳에서는 1,001개의 아라비안나이트 이야기 중 하나가 펼쳐졌다. 유혹적이고 극적이며 환상 가득한 이야기들이었다. 베이루트에서는 말과 행동의 구분이 종종 사라졌다. 타인에게 보여주기 위한 문화로 가득한 도시였다. 마치 놀이공원의 요술거울처럼 키가 작은 사람은 크게, 뚱뚱한 사람은 날씬하게, 그리고 별 볼일 없는 사람은 중요한 인물로 보여주는 도시였다. 그곳의 사내들은 낮에는 혁명전사로 밤에는 상인 혹은 도박꾼으로 보이려고 노력했다. 베이루트에서는 삶이 예술을 모방하지 않았다. 삶 자체가 예술이었다. 약간의 돈과 등사기만 있으면 어떤 신분증도 살 수 있었다. 붐비는 고속도로 아무 곳에나 검문소를 만들고 10대 소년 두 명만 데려다 놓으면, 4성 장군도 될 수 있고 정당도 구성할 수 있으며 세금 징수원도 될 수 있었다. 원하기만 하면 스스로 팔레스타인 해방운동 자체가 될 수도 있었다. 레바논 정치의 논리는 이랬다. '나는 검문소를 하나 가지고 있다. 고로 나는 존재한다.'

아라파트와 그의 PLO만큼 베이루트의 매력과 족쇄에 빠져버린 사람은 아무도 없었다. 한편으로 베이루트는 아라파트에게 신이 보낸 선물이었다. 이곳에서 아라파트는 레바논의 이슬람교도와 기독교도를 반목시키고 그 와중에서 이득을 취하는 교묘한 기술을 발휘할 수 있었다. 두 집단 사이에서 자신만의 작은 국가를 만들고 더욱 독립적인 위치를 굳힐 수 있었다. 파카니와 사브라, 그리고 샤틸라는 아라파트가 차지한 최초의 준주권국가가 됐다. 다양한 아랍 정권으로부터 가해지는 압력을 피해 언제든지 달려가 몸을 숨길 수 있는 곳이었다. 마치 나무 위에 지은 집과도 같았다. 베이루트는 또한 아라파트의 존재감을 향상시켰다. 이곳에서 PLO는 세계 각지에서 몰려온 엄청나게 많은 수의 기자들과 접촉할 수 있었다. 대부분의 기자들이 PLO에 그다지 비판적이지 않았기 때문이다. 기자들 중 상당수는 PLO를 약자라고 생각하고 1960년대의 혁명세력과 유사하다고 여겼다. 동시에 베이루트는 아라파트와 PLO에게 다양한 작전의 근거지를 제공했다. 게릴라들이 이스라엘을 직접 타격할 수 있는 기지가 됐다. 세계의 이목을 집중시킬 여객기 납치 혹은 1972년 뮌헨 올림픽 당시 발생한 학살과 같은 작전을 수행한 요원을 충원하고 훈련시키는 근거지가 됐다. 실제로 뮌헨 올림픽 참사는 세계가 더 이상 팔레스타인의 대의를 무시할 수 없는 것으로 인식하게 만드는 성과를 거두기도 했다. 마지막으로 베이루트는 아라파트가 PLO의 유일한 대표성을 유지하는 데 크게 도움이 됐다. 사실상 거의 모든 PLO 분파들이 레바논에 사령부를 두고 있었고(아라파트가 레바논에 근거지를 두고자 했던 이유와 동일하다), 이러한 상황에서 PLO 의장이 이들 분파들을 제한적이지만 물리적, 경제적으로 지배할 수 있었기 때문이다. 아라파트의 알 파타 조직이 베이루트에서 가장 강력한 힘을 가졌다는 점과 관련된다.

그러나 베이루트가 아라파트의 특이한 리더십을 향상시킨 것은 사실이지만, 그의 정치적 무기력증을 강화하는 결과를 가져오기도 했다. 왜 그런가? 착각과 환상의 도시 베이루트는 마치 고도(Godot)와도 같이 오지 않을 무언가를 기다리는 일을 즐겁게 해주었기 때문이다. 이는 PLO가 평화를 위한 양보를 계속 회피하기 쉽게 만들었고, 이스라엘과의 협상을 통해 해결책에 도달하지 못하는 결과를 초래했다. 나아가 실제로는 아무것도 하는 일이 없으면서 이스라엘과의 전쟁을 준비하고 있는 듯한 태도를 계속 취하도록 했다.

베이루트와 아라파트가 그 속에 세운 작은 국가는 PLO 지도부로부터, 그리고 부분적으로는 일반 대원들로부터 팔레스타인 전체 혹은 일부라도 최대한 빨리 되찾아야만 한다는 정신적 긴장감을 느슨하게 만들었다. 대외적으로 선포한 목표를 최대한 빨리 달성해야만 한다는 압박감, 즉 다른 민족해방운동에서 통상 찾아볼 수 있는 그런 마음가짐이 없어진 것이었다. 밤이면 찾을 수 있는 유흥가, 레스토랑, 그리고 흥미진진하게 벌어지는 지적인 논쟁을 겪으면서, 베이루트는 PLO 대원들이 말하는 완탄 알 바딜(wantan al-badeel), 즉 제2의 고향이 됐다. 베이루트는 PLO 대원들의 아버지 세대가 자란 무미건조한 갈릴리 마을보다 여러 가지 면에서 훨씬 신나는 곳이었다. 아라파트의 수석 군사보좌관으로 '투쟁의 아버지'란 의미의 아부 지하드(Abu Jihad)란 가명을 쓰던 칼릴 알 와지르(Khalil al-Wazir)가 왜 이스라엘과 타협하지 않느냐는 질문에 다음과 같이 선언적으로 답변하는 일은 비교적 쉬운 일이었다. "우리는 시간에 쫓겨 섣불리 타협하지는 않을 것입니다." 그는 베이루트에 살고 있었던 것이다.

이들이 시간에 쫓길 이유가 도대체 무엇인가? 1970년대는 위대한 제3세계 혁명정치의 시기였고, PLO 역시 마치 잼버리와 같은 흥겨운 대열에 합류했다. PLO의 윤전기는 거창한 선언을 쏟아냈고, 실크스크린 제작자들은 드라마틱한 포스터를 찍어냈다. 팔레스타인 지도 위에 총들이 겹쳐져 있고 팔레스타인 남녀가 영웅적인 포즈를 취하고 있는 포스터들이었다. 때는 바야흐로 서베이루트의 체 게바라(Che Guevara) 시대였던 것이다. 조지 하바시는 조선의 위대한 혁명가 김일성과 세계혁명에 관해 토론하기 위한 여행에 나섰다. 급진 PLO 게릴라 지도자 나예프 하와트메(Nayef Hawatmeh)는 브레즈네프(Brezhnev)와 함께 레닌(Lenin)을 논했다. 아라파트 역시 카스트로(Castro)에서 마오쩌둥에 이르기까지 동료 혁명투사들에게 조언을 구했다. 팔레스타인 지식인들은 서베이루트에 있는 파이살 레스토랑에 둘러앉아 혁명의 방향에 관해 토론하고 그들의 적인 시온주의자들의 간교함에 대해 논의했다. 모두들 이라크 술 아라크와 이집트 콩을 삶아 양념한 중동 음식 후머스 등의 최고급 음식을 먹으면서였다. 아라파트의 고위급 정보담당자였으며 실크 와이셔츠와 맞춤양복을 대단히 즐겨 입던 알리 하산 살라메(Ali Hassan Salameh)는 조르지나 리즈크(Georgina Rizk)와 결혼했다. 한때 미스 유니버스에 선발되기도 했던 마론파 출신의 레바논 미녀였다. 그녀와 같은 도시에서 살아간다는 사실만으로도 많은 남성들은 베이루트의 삶을 즐겁게 느꼈다. 그러나 알리 하산은 이스라엘에서 보낸 암살단에 의해 짧은 삶을 마감했다. 1972년 뮌헨 올림픽에서 이스라엘 선수들을 학살하는 데 그가 참여했다는 사실에 대한 보복으로 이스라엘은 베이루트 중심가에서 차량폭탄으로 그를 날려버렸다.

아라파트가 스스로 부당하게 이득을 취하지는 않았지만 그는 부하들의 부패를 눈감아줬다. 오랜 기간 아라파트의 정보책임자를 지냈고 아부 자임(Abu Zaim)이라는 가명을 썼던 아탈라 모하메드 아탈라(Atallah Mohammed Atallah)는 베이루트의 베시르 케사르(Beshir Kessar) 거리에 있는 사치스런 아파트에 살았다. 실제로 그는 세 채의 아파트를 소유했는데, 하나는 자신이 사용하는 엄청나게 큰 아파트로 온통 거울로 뒤덮여 있었다. 다른 두 채는 22명에 달하는 그의 경호원들이 썼다. 경호원들의 한 달 봉급은 일인당 대략 300달러였다. 아부 자임은 두 명의 아내를 뒀다. 한 사람은 요르단에 있었고, 다른 한 사람은 메르세데스 벤츠를 타고 서베이루트를 누비던 마론파 레바논 여성이었다. 나는 아부 자임에 관해 많은 이야기를 들었다. 가장 친한 내 친구 중 한 명이 아부 자임의 경호실장과 잘 아는 사이였기 때문이다. 그 경호원은 내 친구에게 보스의 과도한 행동을 전해주면서 즐거워하곤 했다. 즐겨 들려주던 이야기 중의 하나가 아부 자임이 파티를 열던 날 밤 생긴 일이었다. 그날 밤 아부 자임은 인터콤으로 경호실장을 호출하더니 베이루트에서 유명한 식품 판매점 만다린에서 캐비아 1킬로그램을 구해오라고 명령했다.

"캐비아가 뭐죠?" 순진한 경호원이 물었다.

"그게 뭐든 신경 쓰지 말고 가서 캐비아를 달라고 해." 아부 자임이 그에게 말했다.

그러나 시간은 밤 10시였고 경호원이 만다린에 도착했을 때 상점은 이미 문을 닫은 후였다. 경호원과 부하들이 주변에 사는 사람들을 깨워 상점 주인이 어디 사는지 알아냈다. 그의 아파트로 간 경호원 일행은 문을 두드렸다. 문에 나 있는 조그만 구멍으로 밖을 내다본 주인은 무장한 사내들 한 무리를 발견하고는 살려달라고 빌기 시작했다.

"우리는 아부 자임이 보내서 왔소. 캐비아를 가져오라고 했소." 경호원이 주인을 안심시켰다.

이 말을 들은 만다린 주인은 안도하더니 옷을 급히 입고서 상점으로 갔다. 그러고선 경호원 일행에게 2킬로그램의 캐비아를 줬다고 한다. 그 경호원은 친구에게 말하기를 '캐비아라고 불리는 그것'에서 나는 냄새가 얼마나 지독한지 아부 자임의 숙소까지 들고 가면서 팔을 쭉 뻗어 몸에서 최대한 떨어지게 한 채 들고 갔다고 말했다. 마치 썩은 생선을 들고 가듯 했다는 것이다.

이처럼 고향으로 의지할 수 있는 도시가 있었다는 점을 고려한다면, 아라파트가 이스라엘과 평화공존을 선언할 수 있는 기회를 지나쳐버린 것이 그리 놀랄 일이 아니다. 1974년 11월 13일 UN이 그에게 연설할 기회를 제공한 때였다. 전 세계가 그가 하는 말에 이목을 집중하던 순간을 놓친 것이다.

평화를 어떻게 이룰 것인지에 대한 아라파트의 제안은 1974년 6월 9일을 상기시키는 것이었다. 그날 PLO의 망명 의회인 팔레스타인민족평의회(Palestine National Council)는 '해방된 팔레스타인 모든 지역에 거주하는 팔레스타인 사람들을 위한 독립적이고 전투적인 민족국가'를 설립하는 데 전념할 것임을 결정했다. 요르단 강 서안과 가자지구에 세워질 국가를 받아들이겠다는 점을 아라파트식으로 암시한 것이었다. 이스라엘은 물론 전 세계가 그가 말하려던 바를 놓친 것은 놀랄 일이 아니다.

5년 후 아라파트는 다시 한 번 절호의 기회를 날려버렸다. 이집트 대통령 안와르 사다트가 캠프데이비드에서 이스라엘과 체결한 협정 속에, 요르단 강 서안과 가자지구에서 팔레스타인의 자치권을 인정한다는 조항이 포함됐던 것이다. 이는 향후 팔레스타인 국가를 만드는 데 발판이 될 수 있었다.

PLO 지도자들조차 PLO가 베이루트에 자리 잡은 1970년대 이후 한 일이라고는 현상유지밖에 없다는 점을 인정하는 경우조차 있었다. PLO에서 정치 서열 2위였던 살라 칼라프(Salah Khalaf)는 아부 이야드(Abu Iyad)라는 가명을 썼었는데, 쿠웨이트 신문 『알 안바 Al-Anba』와의 인터뷰(1988년 9월 7일)에서 이렇게 언급했다. "1974년 이후 우리는 팔레스타인의 독립국가를 세우는 데 있어서 단 한 발자국도 앞으로 나가지 못했다."

PLO가 베이루트에서 후머스와 밤 문화만 즐겼던 것은 아니다. 이들에게는 실질적인 권력이 있었고, 따라서 팔레스타인으로 되돌아가는 일이 그리 급하지 않았다. PLO는 서베이루트의 이슬람교도 위에 군림했다. 일부 PLO 대원들은 이런 권력을 너무도 좋아했다. 아랍인들과 팔레스타인 상류층으로부터 평생 박대받으며 살아야 했던 난민의 자식들이 드디어 기회를 잡았던 것이다. 뉴욕에서 브롱크스 남부 출신의 노상 갱이 파크 애비뉴를 휘젓고 다니듯이 이들은 교묘하고도 즐겁게 상황을 즐겼다. 1970년대 초반 이후 PLO는 서베이루트에서 가장 강력한 민병대가 됐다. 팔랑헤로부터 팔레스타인 민간인들을 보호하기 위해서이기도 했고, 기독교도와의 내전에서 이슬람의 군대가 되어달라는 요청 때문이기도 했다. 결국 PLO는 레바논의 국내 갈등에서 너무나 큰 부분을 차지하게 되었다. 아부 이야드는 예루살렘을 해방하는 길은 '주니야(Juniyah)를 거치게 될 것'이라고 선언하기도 했다. 주니야는 동베이루트에 위치한 요새로 팔랑헤 민병대가 장악하고 있었다. 달리 말하면 예루살렘을 해방시키기 위해서는 먼저 주니야를 손에 넣어야 한다는 뜻이었다. 아라파트는 사실상 서베이루트의 시장이 됐다. 서베이루트가 대체로 개방적이고 서구화된 장소가 된 것은 아라파트 덕분이기도 했다. 그러나 PLO의 여타 분파는 아라파트와 달랐다. 팔랑헤 민병대 혹은 이스라엘 군과 전투를 치르지 않을 경우 이들은 레바논의 시아파, 수니파와 자주 시가전과 영역다툼을 벌였다. 베이루트와 시돈, 레바논 남부가 주요 갈등지역이었다. 1982년 6월 이스라엘의 침공에 PLO가 깊숙하게 관여하게 된 이유였다.

레바논 정치학자 가산 살라메(Ghassan Salame)는 다음과 같이 정확하게 지적했다. "PLO 지도자들은 전형적인 소시민층이었다. 이들은 팔레스타인의 상류층이 아니었고 교육받은 전문가 층도 아니었다. 아부 이야드와 같이 학교 교사였고 아라파트처럼 엔지니어였다. 권력도 재산도 없이 좌절한 계층 출신이었다. 따라서 레바논의 다른 모든 민병대와 마찬가지로 PLO는 일정한 계층의 사람들이 사회적으로 출세하는 도구가 됐다. 팔레스타인 상류층 자식들에게 명령을 내릴 수 있는 지위를 그들이 즐겼다는 점을 절대로 잊어서는 안 된다. 레바논에서 PLO는 출세에 눈이 먼 나머지 팔레스타인 민족을 더 이상 걱정하지 않게 됐다."

베이루트의 PLO에게는 백파이프 밴드가 있었다. 1979년 9월 제시 잭슨(Jesse Jackson)이 아라파트를 방문하기 위해 베이루트에 왔을 때, 밴드가 의장대 환영행사에서 연주하는 것을 들은 적이 있다. 밴드 구성원들은 팔레스타인 사람들로 영국군에게 훈련받은 요르단 군에서 도망쳐온 사람들이었다. 이들은 스코틀랜드 고문으로부터 악기를 다루는 법을 배웠음에 틀림없었다. 대원들은 각자 서로 다른 게릴라 위장복을 입은 오합지졸처럼 보였다. 잭슨을 맞이하는 그들의 연주는 눈으로 보나 귀로 들으나 불협화음이었다.

베이루트에서 타락하기 이전 PLO는 금욕적이고 믿을 만하며 나아가 용맹스러운 젊은이들의 게릴라조직이었다. 남부 레바논의 산악지역에 자리 잡고 이스라엘에 대항한 무장투쟁을 이끌기 위해 노력했다. 이제 이들은 부유하고 군살만 덕지덕지한 부패한 준군사조직이자 국가로 변했다. 백파이프 밴드와 은색 메르세데스 벤츠 리무진, 그리고 입에서 나오는 말만 배부른 소리가 아니라 실제로도 배가 툭 튀어나온 책상물림 혁명가들로 가득 찼다. 가능한 한 가장 효율적이고 유일한 방식, 즉 일반대중과 함께 이스라엘에 대항한 고생스러운 전쟁의 길을 걷는 대신 PLO는 양 극단으로 표류했다. 두 극단 모두 PLO의 활력을 약화시켰다.

팔레스타인 사람들이 점차 레바논 정치게임의 일부가 되고 군복을 입고 거리를 활보하고 싶어 하는 심리상태에 빠지게 되자, 이들은 전통적인 아랍의 군대로 발전하려고 시도했다. 소련제 구형 T-34 탱크를 구해서 스스로 장교와 하사관, 그리고 운전기사로 구성된 소규모 군대를 만들어냈다. 길거리에서 만나는 PLO 대원들 둘 중 하나는 자신의 계급을 대위 혹은 대령으로 소개했다. 한국전쟁에서나 쓰였을 법한 낡은 탱크와 대령들로 구성된 군대는 레바논이라는 극장에서 폼을 잡는다거나 레바논 내의 여타 민병대와 전쟁을 벌이는 데는 유용했지만, 초현대식 무기로 무장한 이스라엘 군과의 전통적인 전투에서는 아무 쓸모도 없다는 것이 드러났다.

다른 한편으로 일부 PLO 분파들은 또 다른 극단으로 치달았다. 전통적인 전쟁은 어떤 형태가 됐든 피하고 다음날 뉴스 헤드라인을 장식할 테러공격이나 이스라엘 안팎의 항공기 납치, 그리고 간헐적인 갈릴리 포격을 해댔다. 테러리즘은 또 다른 형태의 연극무대였다. 텔레비전 시대에 이목을 집중시키기 위한 수단은 됐지만 전쟁을 승리로 이끌 수 있는 방법이 되지는 못했다. 팔레스타인과 관련된 이슈를 무시하는 편이 더 편안하다고 세계가 느낄 시기에 이와 같은 극적인 작전은 이스라엘과 세계에 팔레스타인의 대의를 다시 논의하도록 만들었다는 점에는 의문의 여지가 없다. 이런 면에서 비록 테러리즘이 도덕적으로 비난받아 마땅하지만, 어떤 목적을 이루기 위한 시발점으로서는 PLO에게 유용한 전술이었다고 나는 믿는다. 문제는 극적인 테러작전이 정치적인 해결책을 얻어내려는 더 큰 투쟁의 수단이 아니라 그 자체로서 끝나버린다는 데 있었다.

이런 미디어 테러리즘은 결국 PLO에 이득보다 손실을 더 많이 가져다주었다. PLO 지도자들이 신문기사를 모으는 데만 혈안이 됐기 때문이다. 팔레스타인 대중과 함께 하는 진정으로 의미 있는 정치군사적 움직임 대신, PLO 지도자들은 헤드라인에 실린 소식을 통해 그들의 힘이 강력하다는 점을 과대 포장하는 자족감에 빠졌다. 뉴스기사를 실질적인 권력과 혼동했고, 항공기 납치와 같은 극적인 작전을 이스라엘과의 진정한 전쟁과 혼동했다. 역사는 자기들 편이고 PLO는 나날이 강력해지고 있으며 따라서 이스라엘에게 양보할 시기가 아니라는 착각에 빠졌다.

1979년 어느 날 오후 나는 베이루트에 만연한 냉소적인 분위기, 그리고 극적인 사건만을 추구하려는 경향을 한꺼번에 목격할 수 있었다. 누군가가 차량폭탄으로 기독교 지도자 카밀 샤문을 살해하려고 시도한 직후였다. 폭탄은 몇 초 늦게 터져 샤문을 죽이지 못했다. 다음날 나는 그를 인터뷰하기 위해 동베이루트에 있는 그의 아파트로 갔다. 아파트 거실은 샤문의 건강을 기원하는 꽃다발로 가득했다. 이중 상당수에는 보낸 사람의 명함이 붙어 있었다. 샤문을 기다리면서 둘러보니 거실 구석에 엄청나게 큰 화환이 놓여 있었다. '야세르 아라파트'라고 적힌 흰색 명함과 함께였다. 아라파트가 샤문에게 쾌유를 기원하는 화환을 보냈던 것이다. 두 사람은 각자 개인적 권력과 지위를 지키기 위해 수많은 젊은이들을 상대방에게 보냈고 죽음으로 몰아넣었다. 그리고 이제 그들은 꽃다발을 보내는 것이다. 이것이 베이루트였다. 베이루트는 하나의 거대한 연극무대였고 아라파트는 자신이 그곳에서 영원히 스타로 남아 있을 수 있다고 생각했다.

그런데 어느 날 베이루트라는 극장에 외부인이 밀고 들어왔다. 입장권조차 구입하지 않았다. 이 외부인은 몸집이 크고 살집이 좋았다. 그리고 그는 연극의 논리를 이해하지 않았다.

6장
변화무쌍한 세계에 발을 담그다: 이스라엘의 레바논 침공

친구란 모두 허상이고, 모든 적들은 현실이다.
− 멕시코 속담

아리엘 샤론은 야세르 아라파트에게 꽃을 보낸 적이 없다.

전직 이스라엘 장군이자 국방장관인 그에 관한 평가는 다양하지만, 어쨌든 샤론이 적들과 게임을 한 적은 없다. 샤론은 적을 죽였을 뿐이다. 베이루트에서 몇 년 지내고 나서 나는 국가를 갖게 된 유대인들에 반해 팔레스타인 사람들은 왜 국가를 갖지 못했는지를 약간 이해하게 됐다. 이스라엘을 건국한 유럽 출신의 유대인들은 첨예한 대립을 몸으로 겪은 사람들이었다. 냉혹하고 강인한 이들은 성공과 실패, 그리고 말과 행동 사이의 차이를 언제나 잘 알았다. 항상 세계 각지에 흩어져 살아야 했던 유대민족은 스스로의 자율적인 제도를 만들어내고 유대인이라는 부족적 의미의 결속감에 의존했다. 하나의 목적의식을 갖게 됐다. 그들은 조국을 차지할 수 없다면 어떤 협상에도 절대 응하지 않았다. 이들에게 삶이란 이전까지 세계 각지에서 영위하던 생활을 지중해 연안으로 장소만 옮겨 지속하는 것이 아니었다. 그들이 믿는 조국을 얻을 수 없을 경우 이를 운명으로 받아들일 사람들이 아니었다.

유럽의 시온주의자들이 지닌 고집스러움에는 잔혹한 면도 있었다. 이들은 유대인 강제거주지구 출신으로, 외부세계의 사람들이 이들에게 차 한 잔 같이 하자고 초대하는 일이 없었다. 유대인들은 레바논에서처럼 오늘의 적이 내일의 친구가 되는 변화무쌍한 중동의 삶을 경험한 일이 없었다. 유럽에서 건너온 유대인들에게 오늘의 적이란 내일의 적일 뿐이었다. 이들은 세계를 둘로 나눴다. 유대인과 이방인 혹은 이교도였다. 시온주의자들에게 아랍인들은 이교도로서 다시 두 집단으로 나뉘었다. 앞잡이거나 적이었다. 앞잡이에게는 명령을 내리고 적들은 살해했다.

아랍세계에서 삶의 리듬은 끊임없는 변화였다. 아랍 남성은 항상 유연하려고 애썼다. 이들의 삶은 직각이 아니라 다수의 모호한 반원으로 이루어졌다. 서구의 종교적 상징은 십자가이고 유대교의 상징은 별이다. 둘 다 날카롭고 각진 모서리로 구성된다. 이에 반해 동방에 자리 잡은 이슬람교의 상징은 초승달이다. 폭이 넓고 부드러우며 모호한 곡선이다. 아랍사회에서는 실패하더라도 적당한 미사여구로 체면치레를 할 수 있는 방법을 찾을 수 있고, 가장 첨예하게 대립하는 적이라고 할지라도 마주 앉아 차 한 잔 나눌 수 있으며 심지어는 상대방에게 꽃다발을 보내기도 한다.

내가 베이루트에 살고 있을 때, 건물 주인이었던 파스트 에디 가눔(Fast Eddy Ghanoum)은 발코니에서 바리톤 목소리로 나를 항상 부르곤 했다. "토마아~~~~~스, 와서 커피 한 잔 하세요." 그가 이렇게 부를 때마다 나는 그 초대를 뭔가 용건이 있으니 이야기를 하자는 것으로 받아들였다. 일종의 아라비아풍의 협상을 위해 에디의 회계사무실로 나를 부르는 것이었다. 언제나 에디는 내게 뭔가를 원했다. 월세를 올려달라거나, 계약서를 새로 쓰자는 것이거나, 세금을 줄이는 데 필요하니 가짜 영수증을 하나 써달라는 요청 등이었다. 한번은 자필 서명이 들어간 로널드 레이건의 사진을 부탁하기도 했다. 무엇이 됐든 그가 나를 부를 때면 뭔가 용건이 있는 것이었다. 언제나 커피 한 잔을 마시면서 우리는 해결책을 짜내곤 했다.

내 친구 푸아드 아자미가 어렸을 때, 그의 아버지는 베이루트에서 건물 주인이었는데 세입자들에게서 월세를 받아오라는 심부름을 푸아드에게 자주 시켰다고 한다. 푸아드가 이렇게 내게 말한 적이 있다. "심부름을 가기 전에 아버지는 이렇게 말씀하시곤 했어요. '무슨 일이 있어도 그 누구와도 절대 커피를 같이 마시지 말거라. 너는 월세를 받으러 가는 거다. 가서 커피를 얻어 마시면 절대로 월세를 받아올 수 없다.' 이슬람사회에서는 언제나 사람들에게 거미줄을 던져 꼼짝 못하게 만들죠. 그렇지만 유럽의 시온주의자들은 전혀 다른 문화, 그리고 신념을 가지고 있습니다. 그들은 이슬람세계에서 효과가 있는 그런 거미줄에 전혀 얽매이지 않죠. 그들이 국가를 세울 수 있었던 것은 바로 이 때문입니다. 아랍에 거주하던 유대인들인 세파르딤(Sephardim)이 이스라엘을 건국하는 것은 불가능했을 겁니다. 팔레스타인 사람들과 커피를 한 잔 나눴을 테니까요."

아리엘 샤론은 유럽에서 온 시온주의자들의 잔혹한 고집스러움을 전형적으로 보여줬다. 1982년 이스라엘의 베이루트 침공이 있기 5개월 전 그가 동베이루트를 비밀리에 방문했던 이야기를 내게 들려준 적이 있다. 나는 그의 이야기를 절대 잊지 못할 것이다.

기묘하다는 태도를 보이며 샤론이 당시를 회상했다. "나는 팔랑헤 민병대를 현지에서 보고 싶었습니다. 그들이 현지에서 어떻게 활동하고 있는지를 직접 보고 싶었죠. 가장 기억에 남는 것은 이겁니다. 밤에 주니야 항구로 가는데, 항구 주변이 엄청나게 밝은 겁니다. 그래서 그들에게 물었죠. 이 불빛이 도대체 뭡니까? 그들이 대답했습니다. '우리 배에서 나오는 불빛입니다.' 다시 물었습니다. 무슨 배를 말하는 겁니까? 답변이 돌아왔어요. '우리 배요. 우리는 장사를 하잖아요. 배들이 여기서 물건을 내려놓습니다. 물건은 멀리 사우디아라비아와 걸프 만을 비롯해서 안 가는 데가 없죠.' 그들이 또 내게 말했습니다. '아릭(Arik), 전쟁은 전쟁이고 비즈니스는 비즈니스예요.' 이후 우리는 베이루트 시내를 여기저기 차를 타고 돌아봤습니다. 바시르 게마엘이 나를 자기 차에 태우고 다녔죠. 경호원도 거의 없이 우리는 베이루트 시내를 돌았습니다. 아름다운 아가씨들을 비롯해서 베이루트의 모든 것을 봤어요. 전쟁 중이었지만 사람들은 경제활동을 계속 하고 있더군요. 우리도 그들처럼 살아갈 수 있을까요? 그렇지 않습니다. 레바논에서는 모든 것이 타협입니다. 문제는 우리 유대인들도 이곳에서 타협하면서 살 수 있을까 하는 것이었습니다. 그리고 나의 대답은 그렇지 않다는 것이었습니다. 레바논과 같은 국가가 전쟁에서 패한다면, 그 결과는 많은 사상자와 자존심의 상실 같은 것들일 겁니다. 레바논 사람들에게는 끝이라는 것이 없습니다. 어느 무엇도 최종적이지 않아요. 그러나 유대인들에게는 끝일 수 있습니다."

말을 멈춘 샤론은 내게 들려준 자신의 분석을 잠시 곰곰이 생각하는 듯했다. 그리고 낮은 목소리로 짧게 내뱉었다. "그 끝은 파국일 겁니다."

따라서 아리엘 샤론은 그 누구와도 커피를 함께 마시지 않았다. 그의 레바논 침공은 확고한 목표 아래 이루어졌다. 그러나 착각과 환영으로 가득한 거울로 만든 집에 들어가기는 쉬워도 빠져나오기는 어려운 법이다. 레바논이 바로 그랬다. 아라파트는 적어도 베이루트를 이해했다. 베이루트가 어떤 도시인지 자신이 왜 그곳에 있는지 알았다. 비밀스런 방문에도 불구하고 샤론은 베이루트가 어떤 도시인지에 관해 전혀 알 수 없었다. 다른 이스라엘 사람들 역시 마찬가지였다. 샤론과 그의 군대가 허겁지겁 레바논을 빠져나왔던 모습과 과격하게 침공을 개시할 때의 방식이 닮은꼴인 이유는 바로 이 때문이었다.

나는 이스라엘의 침공과 퇴각을 모두 보았다. 그들은 참으로 기묘한 침략군이었다. 베이루트에 도착했다가 3년 후 떠나간 이스라엘 군은 마치 외국에 천진난만하게 왔다가 화가 머리끝까지 치밀어 떠나버리는 여행객과도 같았다. 노상강도와 사기를 당하고, 여행자 수표가 들어 있는 수하물을 잃어버리고선 떠나가야만 하는 여행객과 같은 모습이었다.

* * *

1982년 6월 13일 10시경 동베이루트에 위치한 팔랑헤 민병대의 방송국이 전하는 속보가 라디오에서 칙칙거리며 흘러나왔다. 우리는 로이터 사무실에 있는 구형 독일제 라디오 주변에 모두 모여 들려오는 소식에 어안이 벙벙했다. 이스라엘 군대가 베이루트 코앞까지 왔다는 것이었다.

이스라엘 군이 아랍 국가의 수도를 포위했다는 사실이 당시 얼마나 놀랍고도 충격적인 소식이었는지 오늘날의 사람들은 이해하기 힘들지도 모른다. 이스라엘의 침공이 있고 나서 일주일 후 이스라엘 탱크 행렬과 무장군인을 실은 트럭이 베이루트 도심에서 5마일 떨어진 곳에 도달했다. 베이루트 전체를 훤하게 들여다볼 수 있고 바브다(Baabda)에 위치한 레바논 대통령궁에서 압박을 느낄 만한 곳에 주둔한 것이었다. 그 결과 베이루트와 다마스쿠스를 연결하는 고속도로는 사실상 봉쇄됐다. 레바논 남부로부터 베이루트로 들어오는 모든 도로는 이미 차단됐기 때문에 베이루트는 사실상 포위됐다.

다음날인 6월 14일 아침 나는 코모도어 호텔의 숙소를 일찌감치 출발해 내가 거주하고 있는 이슬람교도 지역인 서베이루트의 경계선을 넘어 기독교도들의 지역인 동베이루트로 가보려고 했다. 기자들과 비전투원들은 여전히 자유롭게 경계를 드나들었다. 군대와 민병대원, 그리고 독자적으로 활동하는 저격수들의 위험을 무릅쓸 각오가 되어 있다면 말이다. 솔직하게 말하자면 나는 이스라엘 군대를 직접 눈으로 확인하고 싶었다. 베이루트 코앞에서 텐트를 치고 이슬람교도들은 물론이고 내게도 두려운 마음을 불러일으키는 나와 같은 민족인 유대인들을 보고 싶었다. 베이루트에 올 때 내가 그곳에서 유일한 유대인일 것이라고 생각했다. 그런데 갑자기 유대인들이 많아진 것이었다.

먼지에 뒤덮인 갈색의 이스라엘 병력 수송트럭 약 30대가 바브다로 향하는 도로 위에 일렬로 정렬해 있었다. 먼지로 뒤덮인 회색 턱수염과 헝클어진 머리카락의 몇몇 이스라엘 병사들이 탱크의 궤도에 기댄 채 쉬고 있었다. 졸고 있는 병사도 있었고 깡통에 담긴 뭔가를 아침으로 먹고 있는 병사도 있었다. 몇몇은 베이루트의 모습을 자동카메라로 담았다. 나는 노트북을 한 손에 들고 차량들 사이를 걸어갔다. "여기 누구 영어할 줄 아는 사람 있어요?" 병사들은 대부분 적대적인 눈길로 나를 바라보았다. 병력 수송용 장갑차 위에 앉아 있던 어려보이는 병사 하나가 내게 외쳤다. "내가 할 줄 알아요. 어디서 오셨어요?"

"『뉴욕타임스』에서 왔어요." 내가 대답했다.

"아, 『뉴타임스』! 빌 패럴을 아세요?" 그 병사는 미국식 억양의 영어로 소리쳤다.

이후 암으로 사망한 빌은 당시 나를 도와 레바논에서 취재 중이었다. 수년 전 그는 『뉴욕타임스』 이스라엘 지국장으로 근무했었다.

"그럼요. 나와 함께 베이루트에 있죠." 내가 말했다.

"그렇군요. 빌은 예루살렘에 있는 제 지인들을 알아요. 빌에게 로즈 와인버그(Rose Weinberg)의 아들이 인사를 전하더라고 말해주세요." 병사가 말했다.

이스라엘의 레바논 침공을 생각할 때마다 나는 그날 해가 쨍쨍하던 아침 자신을 내게 소개하던 잘생기고 붉은 뺨을 가졌던 로즈 와인버그의 어린 병사를 생각하게 된다. 앳된 얼굴과 따뜻하고 순박한 눈을 가졌던 그 병사는 마치 자파의 오렌지 광고 전단에 나올 법한 용모를 지니고 있었다. 그러나 여름이 채 지나기도 전에, 레바논의 상황은 우리가 더 이상 그날처럼 웃으면서 인사할 수 없을 만큼 악화됐다.

오늘날 이스라엘 사람들 중 열에 아홉은 그들이 처음부터 이스라엘의 레바논 침공을 반대했다고 말할 것이다. 말도 안 되는 이야기다. 물론 초기부터 레바논 침공을 대놓고 반대한 몇몇 사람들이 있었던 것은 사실이다. 그러나 샤론 국방장관과 메나헴 베긴 총리가 침공을 시작하면서 가졌던 잘못된 믿음과 두려움, 그리고 기대는 이스라엘 사람들로부터 보다 광범한 공감을 불러일으켰다. 우파의 리쿠드당뿐만 아니라 전통적으로 중도좌파 노선을 견지하는 노동당 역시 마찬가지였다. 아마도 노동당이 스스로 레바논 침공을 주도하는 일은 없었을 것이다. 그러나 일단 공격이 시작되자 침공의 초기 몇 달 동안 노동당 역시 시류에 편승했고 공범이 되기를 주저하지 않았다. 이들이 침공을 지지했던 이유는 전쟁에 관해 리쿠드당과 인식을 같이했기 때문이다. 그들의 적, 즉 PLO가 대표하는 팔레스타인 사람들과의 오랜 투쟁에서 살아남기 위한 또 한 번의 전쟁이라는 인식이었다. 이스라엘 사람들이 가졌던 일치된 의견은 이랬다. 아라파트와 그의 무리들은 레바논 남부에 너무 많은 군사력을 집중시켜놓고 북부 이스라엘을 지난 몇 년간 너무 많이 포격했으며, 서베이루트에 세운 작은 국가를 기반으로 얻은 국제적인 정통성이 도를 넘는다는 생각이었다. 레바논에 있는 PLO 게릴라들의 공격 때문에 실제로 발생한 이스라엘 사상자가 지극히 미미하다는 사실은 염두에 없었다(침공이 시작되기 전 12개월 동안 단 한 명이 사망했다). PLO가 베이루트에서 이렇다 할 목표를 정하지 못하고 레바논 내의 이슬람 민병대, 특히 시아파와 싸우는 데 시간을 거의 보내고 있었다는 사실도 고려하지 않았다. 실질적인 위협이라 기보다는 심정적으로 더 큰 위협이었던 아라파트의 세력이 더 커지기 전에 손을 봐줘야만 했다. 노동당 출신 전임 총리였던 이츠하크 라빈(Yitzhak Rabin)이 침공이 시작된 첫 달 서베이루트 외곽까지 찾아와 샤론에게 베이루트 포위를 '강화'하고 식수공급을 차단할 것을 촉구한 것도 같은 이유 때문이었다. 히브리대학의 정치 철학자이자 노동당의 대표적 이론가였던 슐로모 아비네리(Shlomo Avineri)가 이스라엘 군의 교육대에서 예비군 장교들을 대상으로 행한 강연에서 이스라엘 군대가 PLO를 제거하기 위해 베이루트의 심장부에 진입한 것은 정당화될 수 있다고 말했다고 전해지는 이유 역시 같다. 전황이 악화되고 전쟁이 지지부진해지고 나서야 노동당 지도자들은 자기들은 오직 40킬로미터 정도만 진격하기를 원했고 아무도 그렇게 '깊숙하게 진격할 무모한 계획'을 말해주지 않았다고 목소리를 높였다. 그들은 베이루트 심장부까지 공격하는 전면전을 원하지 않았다는 것이다. 그러나 만일 '무모한 계획'이 성공적이었다면 라빈과 여타 노동당 지도자들 역시 함께 환호했을 것이다. '무모한 계획'이 기반을 둔 비현실적인 믿음과 바람은 리쿠드당은 물론 노동당에도 광범하게 퍼져 있었기 때문이다. 전쟁이란 한두 사람이 시작하고 수행할 수 있는 것이 아니다. 이스라엘의 레바논 침공 역시 예외가 아니었다. 레바논과의 전쟁은 단지 베긴만의 전쟁이 아니었고 샤론만의 전쟁 역시 아니었다. 이스라엘의 전쟁이었다. 레바논 침공을 세밀하게 다시 살펴볼 필요가 있는 이유다.

침공이 시작되고 일주일간 이스라엘의 어린 병사들은 레바논에서 흥분된 날들을 보냈다. 새로운 것들 천지였고, 그들은 새로운 친구들을 사귀고 있다고 생각했다. 레바논에서 내가 만난 이스라엘 병사들 둘 중 하나는 레바논에서 새로 알게 된 사람들이 있다고 말했다. '피에르(Pierre)' 혹은 '레일라(Leila)' 등의 이름을 가진 레바논인들이었다. 자신이 레바논의 로렌스(Lawrence)가 된 듯한 착각에 빠진 이스라엘 장교들도 적지 않았다. 이스라엘 군이 점령한 이런저런 레바논 마을을 책임지게 되고, 마을 사람들은 레바논의 새로운 점령자들에게서 환심을 사기 위해 그들에게 선물을 바치며 마치 신처럼 대했다. 눈앞에 펼쳐진 광경을 끊임없이 카메라에 담지 않는 이스라엘 병사는 아무도 없는 것처럼 보였다. 산꼭대기에 지어진 대저택들, 스위스 초콜릿 포장지로 덮어놓은 듯한 풍경, 지중해 생선을 요리하는 주니야 항구의 레스토랑들, 그리고 풍만한 가슴과 클레오파트라의 눈을 지니고 세련된 비키니를 입고서 상상할 수 있는 모든 것을 보여주는 듯한 레바논의 처녀들이 그들의 눈을 사로잡았다. 눈동자가 가운데로 쏠린 듯이 보이는 베두인 족과 군화도 없이 돌아다니는 이집트 병사들로 가득한 시나이가 아니었다. 그곳은 세계에서 가장 큰 면세점이었다. 침공이 시작된 첫 주에 이스라엘 병사들은 패스트리와 비디오, 체리, 그리고 심지어는 세계적으로 이름난 레바논의 마약 해시시 등을 잔뜩 가지고 돌아왔다. 상당수의 병사들은 이런 물건을 밀수하는 데 그들의 메르카바(Merkava) 탱크의 강철판 표면 안쪽의 빈 공간을 이용했다. 도대체 누가 전쟁을 지옥이라고 했는가?

네리 호로위츠(Neri Horowitz)는 예루살렘 출신의 젊은 이스라엘 병사로 레바논과의 전쟁에 낙하산병으로 참전했다. 그는 전쟁에서 보이는 부조화들에 대해 날카롭게 인식하고 있었는데, 자신이 베이루트에 대해 가장 먼저 기억하는 것은 전투가 아니라 흥청망청하는 쇼핑이라고 내게 말한 적이 있다.

호로위츠는 이렇게 말했다. "저희 어머니께서는 덴마크 버터쿠키와 영국산 홍차를 너무나 좋아하셨죠. 베이루트에 있다가 처음 고향에 돌아갈 수 있게 되었을 때 저는 어머니에게 홍차와 쿠키를 가져다드리고 여동생에게는 레바논 삼나무가 그려진 T셔츠를 가져갔습니다. 마치 제가 유럽이라도 다녀온 듯한 분위기였어요. 저는 그저 어느 날 바브다에 있는 슈퍼마켓에 들러서 샀을 뿐이었습니다. 쇼핑 카트 하나를 밀고 진열대 사이를 다니면서 레바논의 주부들 사이에서 쇼핑을 했죠. 갈릴리 소총을 어깨에 멘 채였습니다."

얼마 후 미국에서 유대인들이 도착했다. 미국의 시온주의 여성단체 허대서(Hadassah)의 여성회원들과 친이스라엘 단체인 유대인연합(United Jewish Appeal)에 큰돈을 기부한 사람들이 버스를 타고 동베이루트로 왔다. 이스라엘 군은 이들에게 전선을 돌아볼 수 있도록 특별히 배려했다. 그들은 진흙투성이 탱크 위에서 방탄복을 입고 사진을 찍고 쌍안경을 통해 '테러리스트'들에게 포격을 퍼붓는 생생한 현장을 볼 수 있었다. 연간 10만 달러 이상의 거액을 기부한 사람들에게는 해당 지역의 지도를 앞에 걸어두고 특별 정보 브리핑이 실시됐다. 미국에 거주하는 유대인들에게 기부를 유도하는 방법으로는 이들에게 이스라엘 군이 승리하는 모습을 실제로 보여주는 것보다 더 좋은 방법이 없었기 때문이다. 이런 방법은 나무를 심는다거나 키부츠에 가서 이스라엘 농부가 한 번에 젖소 30마리에게서 젖을 짜내는 것을 보여주는 것과는 달랐다. 이스라엘의 힘, 오로지 유대인의 힘을 보여주었고 미국에서 온 유대인들은 자신이 그 권력의 일부라는 느낌을 가졌다. 레바논 어느 곳을 가든 유대인들이 사진을 촬영하는 모습을 볼 수 있었다. 당시 레바논은 전쟁 중인 나라가 아니라 여행 중인 나라였다. 물론 사진촬영을 망쳐버릴 험악한 전투가 없었던 것은 아니다. 레바논 남부의 항구도시 시돈 주변 팔레스타인 근거지 여기저기에서 저항이 있었다. 그러나 이들은 곧 '일소'되곤 했다. 이스라엘 사람들은 '일소'한다는 말을 즐겨 사용했다. 레바논이란 그저 더러운 마룻바닥에 불과하고 이스라엘 사람들이 이를 깨끗하게 청소하여 원래의 반짝반짝한 모습을 회복시킨다고 생각했던 것이다.

이스라엘의 레바논 침공에서 선봉에 섰던 정예부대 골란 여단에 소속된 젊은 장교 테디 랩킨(Teddy Lapkin) 대위는 열정적이고 신념에 찬 인물이었다. 그가 이끌던 부대가 처음 레바논 국경을 넘던 순간을 랩킨이 이렇게 회상했다. "우리는 타이베(Taibe) 마을 근처에 있었습니다. 그곳에서 보이는 언덕 꼭대기에는 뷰포트 성채(Beaufort Castle)가 있었어요(레바논 남부에 위치한 PLO의 근거지로 산 정상에 자리 잡고 있었다). 우리 전투기 스카이호크 여러 대가 그 위로 날아와 폭격을 했습니다. 또한 지상에서도 포격을 가했는데 성채가 여기저기 무너지는 것이 보였습니다. 그것을 보면서 우리는 생각했죠. '됐다. 이제 시작하자.' 우리가 국경을 지나자마자 그곳에 있던 UN 관측소 옆을 지나가던 때가 생각납니다. 관측소에 있던 미국인 대위 한 명이 걸어 나왔어요. 우리 탱크들이 도로 위에 엄청나게 많아서 아주 혼잡하고 속도를 빨리 낼 수가 없었죠. 그래서 나는 그 대위와 이야기를 나누기 시작했습니다. 자신만만하고도 거만하게 대위에게 말했죠. '우리는 이 망할 놈의 골칫거리를 단번에 해결할 것이다.'"

랩킨의 회상이 이어졌다. 두 달 후 레바논에서의 첫 번째 임무를 마치고 돌아왔을 때, 그는 그 '망할 놈의 골칫거리'가 그렇게 쉽게 끝나지 않을지도 모른다는 것을 어렴풋이 알게 되었다고 했다. 그러나 대부분의 이스라엘 사람들에게 레바논은 여전히 가볼 만한 곳이었다. 그곳에 살고 싶지는 않다고 해도 말이다.

랩킨은 기억을 더듬었다. "7월 말 베이루트로 가기 위해 예비군 부대의 차를 얻어 탔습니다. 예비군들은 레바논에 처음 가는 길이었어요. 저는 그 예비군 부대가 남쪽 사령부 소속이라고 생각했습니다. 그들은 마치 여행길에 오른 사람들 같았죠. 카메라를 꺼내들고는 이렇게 외쳐대곤 했어요. '기사 양반, 버스 좀 세워줘요. 사진 좀 찍어야겠어요.' 저는 아주 깜짝 놀랐죠. 이들의 행동은 마치 런던에 단체로 놀러온 여행객 같았습니다. 저는 아무 말도 하지 않았어요. 그렇지만 속으로 생각했죠. 이 사람들은 지금 무슨 일을 하고 있는지 도대체 알기나 하는 걸까? 아시겠지만 9월까지는 레바논에서의 생활이 재미있던 시기가 있었습니다. 그 시기에는 주니야 항구 근처에 있는 기독교도들의 지역을 둘러보기도 하고, 지프에 올라타고서는 상급 장교에게 이렇게 얘기해도 괜찮았어요. '헤이 요시(Yossi), 근처 레스토랑에 생선 좀 사러 가는데 지프 좀 사용할게요.' 베이루트 북쪽에 위치한 마을 몬테 베르데(Monte Verde)의 여성들과 바람을 피운 이스라엘 군인들이 한둘이 아니었습니다. 레바논 여인들은 대부분 정말 아름다웠고 그들의 남편들은 일을 하기 위해 브라질에 가 있었죠. 이스라엘 사내들은 이렇게 말했어요. '눈이 오면 이곳으로 스키를 타러 오면 좋겠네.' 이스라엘의 레바논 침공에서 그 시기는 마치 인디언 서머와 같았습니다. 가을로 완전히 들어서기 전에 여름 날씨가 기승을 부리는 것과 같았죠. 곧 도로변에 몰래 묻은 폭탄이 등장하기 시작했습니다."

레바논이라는 곳이 참으로 마음에 드는 곳이며, 곧 스키를 타러 올 수 있을 것이라는 이스라엘 사람들의 태도는 레바논 사회가 어떤 곳이며 그곳에서 어떤 사람들과 싸워야 하는지를 전혀 모르는 이스라엘 사람들의 무지를 반영하고 있었다. 1982년 침공 이전 레바논에 대한 학술적 연구와 정보는 극도로 미미했다. 레바논은 이전에 이스라엘에게 실질적인 적이었던 적이 없었고, 따라서 이스라엘 군대와 연구단체들은 레바논에 관한 연구를 거의 하지 않았다. 무엇보다도 이스라엘에 정착한 레바논 출신의 유대인들 역시 거의 없었기 때문에 레바논을 이해하고 그곳의 정치가 지니는 미묘함을 이해하는 사람이 너무 적었다. 레바논에 관해 정통하다는 몇 안 되는 전문가들조차 대부분 신문 스크랩이나 라디오에서 들은 바를 토대로 레바논의 내부 상황을 평가했다. 레바논 정치의 다양한 측면과 허위성에 관해 미디어를 통해 알 수 있는 바는 거의 없었다. 따라서 이스라엘이 알고 있는 레바논은 거대한 가부키와도 같았다. 출연자들은 모두 마스크를 쓰고 있었고, 정치인들은 거의 언제나 자신의 말과 정반대 행동을 하고 있었다.

언젠가 나는 이스라엘 군의 낙하산부대 장교로 레바논 남부에서 복무했던 아브라함 부르그(Avraham Burg)에게 질문을 한 적이 있다. 레바논 침공이 얼마나 준비된 상태였다고 생각하느냐는 질문이었다. 그의 대답은 이스라엘 정부 장관이나 군대 고위급 장교를 비롯한 대부분의 이스라엘 사람들이 얼마나 이웃나라에 관해 알고 있었는지를 단적으로 보여준다. "우리는 레바논 남부에 기독교도들이 살고 있다는 사실을 알았습니다. 그러나 그 위로 무엇이 있는지는 전혀 몰랐습니다. 우리는 레바논을 다소 복잡한 중동의 벨파스트로 생각했습니다. 다양한 부족이 있을 것으로 생각했습니다만, 그게 무슨 의미가 있으리라고는 생각하지 않았습니다. 우리는 시아파와 수니파의 차이가 무엇인지 몰랐습니다. 어쨌거나 우리는 갑자기 그곳으로 밀고 들어갔습니다. 마치 이런 상황과도 같았습니다. 여기 창문이 하나 있습니다. 우리는 창문 너머에 뭔가 있다는 것을 알기는 하지만 그게 무엇인지는 모르고 있습니다. 어쨌거나 우리는 창문을 통해 들어가는 식이죠. 결국 우리는 창문 너머에 있는 세상이 끊임없이 모습을 바꾸는 변화무쌍한 세계라는 것을 알게 됐습니다."

레바논 사회와 국민에 대한 진정한 지식과 이해를 결여한 채 이스라엘은 그저 쳐들어갔다. 한편으로는 탱크와 대포, 전투기를 앞세우고 다른 한편으로는 잘못된 믿음을 가지고서였다. 잘못된 믿음은 다양했다. 하나의 국가로서 레바논의 본질, 이스라엘의 동맹이라는 마론파 기독교도의 성격, 팔레스타인 사람들, 그리고 중동을 재편할 수 있을 것이라는 이스라엘 자신의 힘에 관한 잘못된 믿음 등이었다. 결국 3개월 만에 이스라엘은 강력한 군사력으로 이룩한 모든 것들을 잃어버렸다.

하나의 국가로서의 레바논에 관해 이스라엘 사람들이 이해하지 못한 것은 레바논이 실제로 두 개의 나라라는 점이었다. 적어도 두 개였다. 머리말에서 이미 소개했듯이, 레바논은 실제로 기독교 분파를 대표하는 마론파와 다양한 이슬람 분파를 대표하는 수니파의 결합을 토대로 세워졌다. 서로 동등한 힘을 가진 집단 사이의 결합이었다. 이와 같이 단순한 사실을 이해하지 못한 이유는 이스라엘 사람들의 레바논에 관한 생각이 1982년이 아니라 1930년대 혹은 1940년대에 형성되었기 때문이다. 팔레스타인의 시온주의 지도자들과 마론파의 기독교 대표들의 접촉이 베이루트에서 이뤄졌던 시기였다. 표면적으로 마론파와 유대인들은 그들 사이에 공통점이 대단히 많다고 생각했다. 일부 마론파 교도는 그들 스스로를 현대의 페니키아인들이라고 생각했고, 세계 각지로 흩어져버린 모든 페니키아인들을 다시 레바논으로 불러들이는 중이라고 보았다. 시온주의자들이 유대민족을 위해 하려는 일과 동일했다. 그들은 힘을 합쳐 고대 지중해 문명을 복원하려고 했다. 다른 마론파 교도들과 유대인들은 스스로를 여전히 암흑기에서 살고 있는 불쌍한 다수의 아랍 이슬람교도들에게 빛을 가져다줄 '서구문명으로의 인도자'로서 서로 유사하다고 생각했다. 이와 같이 일찍이 이루어진 레바논 마론파들과의 접촉을 통해, 초기의 시온주의자들 사이에는 레바논에 대한 시각이 자리 잡게 됐다(레바논의 이슬람교도들은 유대인들에 관심이 없었고, 유대들 역시 마찬가지였다). 시온주의자들의 사회가 유대인 사회를 이루는 것과 마찬가지로 레바논은 기독교도들의 사회라는 생각이었다. 시온주의자들의 생각은 이랬다. 물론 레바논에도 아랍 이슬람 '소수파'가 존재한다. 이는 이스라엘의 상황과 마찬가지다. 그러나 근본적으로 레바논은 기독교도가 지배하는 나라이고, 중동지역에서 유대인의 국가를 인정하는 다른 아랍 국가가 하나라도 나온다면 즉시 레바논도 흔쾌히 인정할 것이다.

1948년 전쟁 이후 다른 모든 아랍 국가들과 마찬가지로 레바논은 이스라엘과의 국경을 봉쇄하고 모든 관계를 단절했다. 결과적으로 마론파 기독교도와의 최초 접촉에서 처음 형성된 이스라엘 사람들의 레바논에 관한 낭만적인 생각이 고정되고 이후 바뀌지 않았다고 나는 믿는다. 1948년과 1982년 사이에 이스라엘 사람 누구에게 레바논에 관해 어떻게 생각하느냐고 물어보아도 그들은 판에 박힌 대답을 내놓았다. "아랍 어느 나라가 우리와 가장 먼저 평화조약을 맺을 것인지 우리는 알 수 없습니다. 그렇지만 두 번째 국가는 분명 레바논이 될 것입니다."

레바논에 있는 이스라엘 병사들에게 레바논에는 이슬람교도들 역시 존재한다는 점을 말할 때마다, 그들의 반응은 이스라엘에도 아랍인들이 있다는 정도였다. 그들은 이렇게 말하곤 했다. "물론 저도 알고 있습니다. 그렇지만 '실질적인' 레바논인은 기독교도들이죠." 이스라엘 사람들이 스스로를 '실질적인' 팔레스타인 지역의 소유자로 생각하는 점과 같았다. 누가 이들을 비난할 수 있단 말인가? 레바논에 들어간 모든 이스라엘 병사들은 이스라엘군 교육대가 발간한 붉은색과 흰색 바탕에 제목이 '레바논'이라고 적힌 팸플릿을 받았다. 총 14페이지로 구성된 팸플릿은 레바논 역사를 간략히 요약했는데, 1980년대 레바논에서 가장 큰 종교집단인 시아파에 관해 단 두 번 언급하고 지나가는 데 그쳤다. 레바논 침공의 정치적 목표에 관해 팸플릿은 이렇게 말했다. "레바논에서 활동하는 이스라엘의 목표는 기독교도의 안전을 확보하고 레바논이 주권을 회복할 수 있는 정치 상황을 만드는 데 있다."

실제로는 두 개의 레바논이 존재한다는 점을 이스라엘 사람들이 이해했다면, 기독교도를 지원하고 야세르 아라파트와 PLO 게릴라를 몰아내는 것이 레바논에 안정과 주권을 회복하는 유일한 길이 아니라는 점 역시 이해했을 것이다. PLO의 존재는 레바논이 앓고 있는 병의 증상일 뿐이었다. 물론 PLO가 상태를 악화시키고 있는 것은 사실이지만 병의 원인은 아니었다. 레바논이 겪고 있는 문제의 진정한 원인은 기독교도와 이슬람교도라는 두 개의 레바논이 자주 대립했고, 두 집단이 스스로 문제를 해결해야만 하는 상황에 직면하게 되면 결국 국가의 기반 자체가 문제가 된다는 점에 있었다. PLO와 시리아, 이스라엘 모두 레바논의 기독교도와 이슬람교도들에 의해 레바논 문제에 얽힌 적이 있었다. 한 편이 상대편에게 패배할지도 모른다고 느낄 경우 외부에서 도움을 청했기 때문이다. 레바논이 상대적으로 평화롭고 안정적이었던 시기는 이슬람과 기독교 사이에 힘의 균형이 이루어졌을 때뿐이었다. 레바논 사람들이 스스로 그렇게 말하기를 즐기듯이 '승자도 없고 패자도 없는 상태'인 경우 양측 모두 외부의 도움을 요청할 필요를 느끼지 않았다.

레바논이 실제로는 두 개로 이루어져 있다는 점을 이해했다면, 이스라엘 사람들은 레바논이 유대인 국가와 평화조약을 체결하는 두 번째 아랍 국가가 될 것이라는 편안한 생각을 절대 하지 않았을 것이다. 레바논은 서구와 아랍세계를 잇는 중계무역을 경제활동의 기본으로 삼았고, 대단히 성공적이었다. 베이루트는 서구에서 오는 상품이 거쳐가는 거점 혹은 최종생산물로 가공되는 곳이었고, 이곳을 거친 상품은 비행기나 트럭에 실려 사우디아라비아, 쿠웨이트, 시리아, 멀게는 오만까지 운반됐다. 레바논 사람들은 서구에서 교육받고 돌아와 아랍세계의 여기저기에서 호텔을 비롯한 다양한 사업을 벌였다. 사우디아라비아와 쿠웨이트, 시리아, 그리고 여타 아랍 국가들은 그들의 재정을 관리하기 위해 베이루트의 금융 시스템을 사용하고, 베이루트의 교육시설을 이용해 자식을 교육시켰으며, 한여름에는 레바논의 산악지역에서 휴식을 취했다. 아랍과 이슬람세계에 크게 의존해야만 한다는 점을 고려한다면, 레바논은 이스라엘과 가장 늦게 평화조약을 맺을 수밖에 없는 운명이었다. 다른 모든 아랍 국가들이 유대 국가와 화해를 해야만 레바논도 평화조약을 체결할 수 있는 여유가 비로소 생길 것이기 때문이다.

한 가지 잘못된 믿음은 또 다른 착각으로 이어지는 법이다. 이스라엘은 레바논의 본질에 관해 잘못된 믿음을 가졌기 때문에, 바시르 게마엘과 그가 이끄는 마론파 팔랑헤 민병대에 대해서도 잘못 생각했다. 1982년 여름 이스라엘은 PLO와 싸우기 위해 팔랑헤와 힘을 합쳤다. 1977년부터 1983년까지 이스라엘 수상을 지낸 메나헴 베긴은 레바논이 기본적으로 기독교 국가이며 단지 이슬람교도에게 위협받는다고 생각했기 때문에, 마론파와 여타 레바논의 기독교 분파를 유대인과 유사하다고 여겼다. 레바논에서 이슬람교도들에게 동료 기독교인들이 '도륙' 되고 있는데 전 세계의 기독교도들은 왜 이에 대해 입을 다물고 있는지 베긴은 항상 의문을 제기했다. 레바논의 기독교도들은 1940년대 동유럽의 유대인들과 같은 처지라고 생각했고 이스라엘이 그들을 구하겠다는 것이다. 베긴의 측근 중 한 사람이 내게 이렇게 말한 적이 있었다. "베긴이 가톨릭 국가인 폴란드에서 자랐다는 점을 언제나 염두에 둬야만 합니다. 그가 어린 소년이었을 때 베긴은 가톨릭교도들에게 박해받았습니다. 그는 이제 자신이 레바논에 있는 가톨릭교도들을 구해줄 수 있는 입장에 있다는 점을 매우 흡족하게 생각했습니다. 그는 스스로 성 조지(St. George)가 되려고 했습니다. 유럽 가톨릭교도들의 코를 납작하게 해주려는 것이었습니다. 그에게 최고의 복수였습니다. 마론파는 기타를 어떻게 다뤄야 하는지를 알듯 베긴을 어떻게 요리해야 하는지를 알았습니다. 마론파 사람들은 베긴에게 성서에 나오는 (레바논 남부의 항구인) 티레의 히람(Hiram) 왕 이야기를 언제나 들려주곤 했습니다. 솔로몬 왕의 궁전에 삼나무를 보냈던 인물이었죠. 그들은 그 이야기를 완벽하게 외우고 있을 정도였고 베긴은 그 이야기를 들을 때마다 행복해했습니다."

베긴은 자신이 믿는 바에 너무 빠진 나머지 다른 이스라엘 사람들과 마찬가지로 그들이 구하려고 하는 '기독교도들' 이 포위당한 수도원에서 두건을 쓰고 생활하는 수도사들이 아니라 부패하고 많은 재산을 가지고 있으며 돈을 따라 행동을 바꾸는 마피아 두목과 같은 인물들이라는 점을 알아차리지 못했다. 이들은 금목걸이와 강한 향수, 방탄 메르세데스 벤츠를 좋아하는 사람들로, 그들이 기독교도라는 점은 영화 속의 대부가 기독교도였던 것과 마찬가지였다. 두려움과 탐욕에 의해 움직였던 이들 기독교도들은 1943년 국민협약으로 그들이 차지한 정부에서의 우세한 위치를 유지하기 위해 수단과 방법을 가리지 않았다. 국민협약이 이루어진 이후 수십 년 동안 이슬람교도가 레바논의 압도적 다수를 차지하게 되었다는 사실은 전혀 아랑곳하지 않았다.

이들 기독교도들이 죽임을 당했을 때 세계는 소리 높여 이를 성토하지 않았다. 이슬람교도에게 죽임을 당하기도 했지만 기독교도들 사이의 전쟁으로 죽어간 경우가 대단히 많았기 때문이다. 자신이 지배하는 영역을 넓히고 더 많은 전리품을 차지하기 위한 그들 사이의 전쟁이었다. 이스라엘의 침공이 시작되기 불과 2년 전 사람들이 '긴 칼의 날(Day of the Long Knives)'이라고 부르는 그 사건을 나는 직접 볼 수 있었다. 1980년 7월 7일 바시르 게마엘은 동베이루트에서 그의 최대 동맹군이자 라이벌이기도 한 민병대를 완전히 없애 버리려고 시도했다. 대니 샤문(Danny Chamoun)이 이끄는 타이거 민병대였다. 싸움은 교리 혹은 경전의 해석을 둘러싼 문제가 아니었다. 어느 민병대가 불법으로 운영되는 항구를 관리할 것인지, 관직을 차지할 것인지, 그리고 뒤를 봐주고 돈을 챙길 것인지를 둘러싼 것이었다. 게마엘의 부하들은 샤문의 타이거 민병대원들이 휴식을 취하는 막사와 사프라 비치 클럽(Safra Beach Club)을 기습 공격했다. 현장을 지켜본 사람들은 팔랑헤 민병대원들이 비치 클럽의 풀장 주변까지 들이닥쳐 물속에 있던 샤문의 부하들 머리에 총을 발사했다고 전했다. 기관총을 난사해서 샤문의 부하들을 죽이기도 했다. 하필 그날 아침 클럽에서 일광욕을 즐기던 무고한 사람들과 함께였다. 사프라 호텔 건물 창밖으로 비명을 지르면서 떨어지다가 공중에서 총을 맞은 샤문의 부하들도 있었다. 마치 게임장에서 날아가는 오리를 맞추는 게임처럼 말이다. 게마엘은 암흑가의 살인에 능한 인물이었다. 1978년 6월 13일 그는 당시 라이벌이었던 기독교도에게도 똑같은 일을 저질렀다. 전임 마론파 대통령 술레이만 프란지에(Suleiman Franjieh)의 아들 토니 프란지에(Tony Franjieh)였다. 마론파 의과대학생 사미르 좌좌(Samir Geagea)가 이끄는 암살 팀이 새벽 4시 에흐데네(Ehdene) 마을 북부에 있는 토니의 침실로 쳐들어가 기관총으로 잠들어 있는 그와 아내 베라(Vera)를 벌집으로 만들었다. 프란지에의 3개월 된 아기 제하네(Jehane), 하녀와 운전사, 그리고 집에서 기르던 개도 마찬가지 운명에 처했다. 게마엘은 하마의 규칙을 거리낌 없이 따랐던 것이다. 이스라엘 텔레비전의 아랍 문제 전문기자 에후드 야리가 언젠가 드루즈파에 대해 부당한 대우를 했다고 게마엘을 비난한 적이 있었다. 그는 이렇게 답변했다고 한다. "에후드, 여기는 노르웨이나 덴마크가 아니오."

이스라엘이 그들의 동맹인 마론파가 실제로 어떤 집단인지 보지 못했던 또 다른 이유가 있다. 이스라엘은 그들에게 우호적인 태도를 보이는 사람들에게 지극히 약했기 때문이다. 적대적인 아랍인들의 바다에 둘러싸여 살아온 그들의 역사를 고려한다면 이해할 만한 일이다. 이스라엘이 자신을 웃음으로 대해주는 사람들에 목말라 있었다는 점은 너무도 자연스런 일이었다. 좀 더 편한 마음으로 살아가기 위해서는 이스라엘의 존재를 인정해주는 사람들이 필요했던 것이다. 이처럼 적대적인 환경에서 어느 날 예상하지 못했던 누군가가 그들에게 미소를 지어 보였다. 그의 이름은 바시르 게마엘이었다. 그는 미소만 지어 보인 것이 아니었다. 그는 이스라엘에게 자신과 힘을 합쳐 레바논을 재편하고 평화조약을 맺자고 속삭였다. 이스라엘 정보기관 모사드의 전직 비밀요원은 이렇게 전했다. "마론파는 우리를 술과 음식으로 풍성하게 대접했습니다. 그들은 우리에게 PLO에 관한 정보를 줬죠. 누가 거절할 수 있었겠습니까? 바보가 아니라면 말입니다. 적당한 선을 지켜야 했지만 우리는 도를 넘었습니다. 마약과도 같았죠. 중독이었습니다. 주니야를 비밀리에 방문하면 항구에서 아름다운 여성들을 볼 수 있고 아랍의 상류층과 어울리게 되며 게다가 PLO에 대한 정보까지 얻게 됩니다. 그리고 이 같은 동지애가 더욱 깊어졌습니다. 비밀요원 중 일부가 그곳에 남아 게마엘의 부하들을 훈련시키고 그 생활에 매혹됩니다. 이전에는 상상하지 못했던 아랍세계로 들어섰던 것입니다. 마치 제임스 본드(James Bond)가 된 듯한 기분이었습니다. 아무도 거절할 수 없었을 겁니다."

이스라엘과 마론파 민병대 사이의 접촉이 긴밀해져 갈 무렵인 1970년대 말 텔아비브에 위치한 데이비드 킴체(David Kimche)의 집에 머물렀던 일을 이스라엘 친구가 내게 말해준 적이 있다. 당시 모사드 고위관료였던 킴체는 이스라엘과 게마엘의 초기 동맹관계를 설계했던 사람 중 하나였다. 어느 날 저녁 킴체가 대니 샤문을 그의 집으로 불러 접대하면서 여러 명의 이스라엘 사람들을 논의에 초대했다. 저녁이 깊어가자 사람들은 포도주를 연신 마셨고 샤문은 점점 더 풀어져갔다. 어느 순간 샤문이 내 친구를 한쪽으로 데려가더니 술 취한 목소리로 이렇게 말했다. "이봐요, 절대로 잊어서는 안 되는 사실이 있소. 당신들 이스라엘 사람들은 우리에게 도구에 불과하다는 거요. 당신네들이 우리를 돕지 않겠다면 우리는 시리아에 도움을 요청하면 그만이오."

그 친구가 말했다. "나는 즉시 킴체에게 다가가 샤문이 한 말을 전했습니다. 그런데 킴체가 나를 나무라는 듯한 태도로 내 말을 들으려 하지 않았죠. 그가 이렇게 말했습니다. '그가 하는 말에 너무 신경 쓰지 말아요. 그는 취했잖아요.'"

샤문이 취한 것은 사실이었지만 그의 말은 진지했다. 그의 말에 주의를 기울였어야만 했다. 그러나 킴체를 비롯한 모사드의 요원들은 신중하게 경청할 준비가 되어 있지 않았다. 팔랑헤 지도자들이 팔레스타인 사람들에 대해 뭔가를 말할 때면 언제나 등골이 오싹할 만한 표현을 사용하곤 했다. 과장된 표현을 곧이곧대로 믿은 이스라엘 사람들은 팔레스타인 사람들에 대한 마론파의 증오를 실제보다 훨씬 크다고 믿었다. 사실상 팔랑헤 지도자들은 레바논의 드루즈파나 수니파 혹은 시아파에 대해서도 팔레스타인 사람들에 관해 말할 때처럼 험한 말을 했다. 이스라엘의 지도자들은 이 사실을 몰랐다. 팔랑헤 민병대의 입장에서는 1982년 이스라엘의 레바논 침공이 1975년 시작된 내전의 또 다른 국면에 지나지 않았다. 그들의 주된 목표는 PLO를 레바논에서 몰아내는 것이 아니라, 레바논 내전을 완벽한 승리로 이끌어 이슬람 세력에게 권력을 양보할 필요가 없는 상태를 만드는 것이었다. 레바논의 여느 부족과 마찬가지로 마론파는 계란과 껍데기 '모두'를 원했다. 그들은 이스라엘이 그 둘 다를 가져다줄 봉이라고 생각했다. 이들은 어떻게 이스라엘의 도움을 요청해야만 하는지를 정확하게 알았다. 마치 굶주린 새 앞에 지렁이를 흔들어대듯이 이스라엘의 눈앞에 팔레스타인을 들이댄 것이었다.

레바논과의 전쟁에 낙하산병으로 복무했던 이스라엘 친구 하나는 자신이 덫에 걸려들었음을 깨달은 날에 대해 이렇게 말했다. "우리 대대는 알레이

(Aley) 인근의 슈프 산악지역에 본부를 차리고 있었습니다. 어느 날 팔랑헤 민병대 장교 한 사람이 슈프지역에 있던 우리 부대 연락장교에게 찾아와서 특별한 정보를 전해주겠다고 말했습니다. 우리 부대에서 길을 따라 내려가다 보면 보이는 집에 (친시리아 PLO 분파인) 사이카 팔레스타인 테러리스트 네 명이 머물고 있다는 것이었죠. 우리는 그 집을 없애라는 명령을 받았습니다. 우리는 그 집을 완전히 불바다로 만들었습니다. 로켓을 비롯한 가용한 무기를 모두 퍼부었습니다. 공격이 끝나고 무너진 집더미를 헤집어 보니 네 구의 시신이 있더군요. 그들은 모두 드루즈파였습니다. 우리는 정말 기분이 좋지 않았습니다."

팔랑헤 민병대는 마지막 한 명의 이스라엘 병사까지도 이용하려고 했다. 전쟁이 일어나고 처음 세 달 동안 그들은 뒷짐을 지고 이스라엘 군대가 팔레스타인 캠프에서 온갖 궂은 일을 모두 처리하도록 했다.

이스라엘의 낙하산병이었던 네리 호로위츠는 이렇게 회상했다. "1982년 8월 저는 경계선에서 그리 멀지 않은 동베이루트의 바브다 인근 어느 기독교도의 지붕 위에 주둔하고 있었습니다. 근처에 이스라엘 탱크 한 대가 있었어요. 우리는 혹시 팔레스타인 사람들이 이 집 저 집으로 탄약을 옮기지는 않는지를 감시하려고 경계선 너머 서베이루트를 주시하고 있었습니다. 만약 그런 움직임이 포착되면 어느 집을 타격하라고 탱크에게 연락을 하게 되어 있었습니다. 우리가 주둔하고 있던 집의 주인은 언제나 우리 비위를 잘 맞추는 인물이었는데 탱크가 특정 집을 타격할 때면 옥상으로 올라와 쌍안경으로 그 모습을 지켜보곤 했습니다. 이스라엘 탱크가 무언가를 맞추면 그는 환호성을 지르며 펄쩍펄쩍 뛰었죠. 그러던 어느 날 팔레스타인 측이 우리가 무엇을 하고 있는지 알아내고 우리에게 포격을 가했습니다. 그 기독교도의 집이 조금 피해를 받았습니다. 집주인은 즉시 옥상으로 올라오더니 우리에게 소리를 지르기 시작했습니다. '나가시오. 여기서 당장 나가시오. 꺼져버리란 말예요.'"

골란 여단의 대위였던 테디 랩킨은 1982년 여름이 끝나갈 무렵 베카 계곡 남부에 위치한 이슬람교도의 마을 마쉬가라(Mashghara)로 팔랑헤 부대와 함께 들어가라는 명령을 받았던 때를 떠올렸다. PLO와 그 지역 이슬람교도들이 무기를 비축했던 지역이었다. "우리는 포로를 몇 명 잡았습니다. 제 부하 한 명이 포로들의 팔을 뒤로 묶었습니다. 그러자 팔랑헤 민병대원들이 포로들을 마구 때리기 시작했죠. 제가 나서서 그들을 말려야만 했습니다. 말리지 않았다면 아마 포도들은 맞아 죽었을 겁니다. 저는 포로들을 방 하나에 모두 몰아넣고 부하를 시켜 이들을 감시하도록 했습니다. 팔랑헤 대원들이 그들을 죽이지 못하도록 한 것이었습니다. 팔랑헤 민병대원들은 스스로를 과시하는 데 아주 능했습니다. 옷을 아주 잘 입었죠. 마치 잘 무장한 미용사들 같았습니다. 민병대원들이 모여 있는 모습을 보면 마치 그들이 군복 패션쇼를 하는 듯한 느낌이 들었습니다. 누군가 칼라시니코프 소총에 저격용 조준기를 달고 나타나면 모두 환호성을 질렀고, 멋진 단검을 차고 오면 화제의 중심이 됐습니다. 그들은 입김만 세게 불어도 모두 쓰러져 나갈 명목상 군인이었을 뿐이었습니다. 그러나 그들은 우리를 어떻게 이용해야 하는지 정확하게 알고 있었습니다."

팔랑헤 민병대원들의 행동에 관한 이스라엘 장교들의 불만이 터져 나올 때마다 이를 억제하는 말이 상부에서 나오곤 했다. "바시르를 화나게 하지 말라." 레바논의 이스라엘 사령부에서 가장 많이 나오는 말이었다. 이스라엘의 어느 정보 장교는 다음과 같이 설명했다. "레바논에 들어서자 우리는 많은 것들을 발견하게 됐습니다. 우리가 좋아할 만한 것들이 아니었죠. 그러나 돌이키기에는 이미 늦었습니다. 팔랑헤가 우리를 인도해야 할 필요가 있었습니다. 누가 누군지를 우리에게 알려줘야만 했습니다. 레바논에서 우리의 유일한 동맹은 팔랑헤뿐이었으니까요. 그러나 사실상 우리는 바시르에게 거의 전적으로 의존해야만 했습니다. 모든 일이 그를 중심으로 돌아갔습니다."

이스라엘이 레바논을 침공하면서 가졌던 잘못된 믿음은 그들의 동맹인 팔랑헤에 관한 것만이 아니었다. 많은 이스라엘 사람들은 스스로 이렇게 확신했다. 팔레스타인 지역의 어느 한 부분이라도 자신의 것으로 정당하게 주장할 수 있는 정통성을 지닌 팔레스타인 국가란 없다는 것이었다. 이들에게 팔레스타인 사람들이란 그저 분화되지 않은 아랍 대중 전체의 일부일 따름이었다. 모로코에서 이라크에 이르기까지 분포하고, 팔레스타인 지역에 연결될 만한 특정한 문화와 역사 혹은 민족적 정체성이 없는 아랍 대중의 일부였다. 이러한 잘못된 믿음은 시온주의 역사에서 가장 오래되고 또한 흔들리지 않는 생각 중 하나였다. 20세기 초 시온주의 운동이 막 시작됐을 당시 이러한 믿음은 꼭 필요했을지도 모른다. 모스크바와 요하네스버그, 뉴욕, 멕시코시티, 런던, 몬트리올 등지에 살고 있는 유대인들에게 힘을 불러일으키고 자신이 살던 곳을 떠날 수 있는 확신을 주기 위해 시온주의자들은 어느 정도 아랍인들에 관한 정보를 줘야만 했다. 만일 시온주의자들이 세계 각지의 유대인들에게 다음과 같이 말했다면 어떻게 됐을 것인가? "여러분, 우리는 당신들이 팔레스타인으로 이주하기를 바랍니다. 그렇지만 한 가지 알아두셔야 할 점이 있습니다. 여러분이 가려는 곳에는 이미 정당하게 그곳에서 살고 있는 민족이 있다는 것입니다. 팔레스타인 사람들입니다. 이들은 그 땅이 자기들의 것이라고 주장합니다. 그들은 또한 팔레스타인을 지키기 위해 죽기를 각오하고 싸울 것입니다." 상당수 유대인은 결코 이주하지 않았을 것이다. 따라서 시온주의자들은 당시 했던 주장을 스스로 믿어야만 했다. '땅이 없는 민족'이 '민족이 없는 땅'으로 간다는 것이었다. 자신의 목표를 이루는 최적의 방법이, 어쩌면 유일한 방법이 사실을 무시하고 잘못된 믿음에 의거해 살아가는 것임을 이해했던 중동의 정치 지도자가 아라파트 혼자만은 아니었다. 이와 같은 잘못된 믿음이야말로 합리적인 계산과 상식을 가지고서는 결코 시작할 수 없는 과업에 사람들이 뛰어들도록 하는 수단이다.

그러나 유대역사에 길이 남을 영향을 미친 이스라엘 건국의 아버지 다비드 벤구리온은 야세르 아라파트나 여타 이스라엘 지도자들과 달랐다. 그는 시온주의 운동을 시작하기 위해서는 현실을 일부 무시해야 한다는 점도 이해하고 있었지만, 시온주의 운동이 진행되어가는 어느 시점에서는 무시했던 현실을 다시 직시해야 한다는 점 역시 예리하게 인지했다. 시작을 위해 불가결했던 잘못된 믿음을 현실과 조화시키지 않는다면 결국 목적을 이룰 수 없다는 점을 잘 알고 있었던 것이다. 따라서 벤구리온은 1930년대부터 팔레스타인을 두 개의 지역으로 분할한다는 생각을 받아들였다. 유대인을 위한 지역과 팔레스타인 아랍인들을 위한 지역으로의 분할이었다. 이 계획은 결국 1947년 UN에서 채택되었다. 유대인이 자신의 국가를 얻기 위해서는 국제적으로 정당성과 지지를 확보해야만 하며, 이를 이루기 위한 유일한 방법이 타협이라는 점을 벤구리온은 인식했다.

당시 벤구리온의 최대 라이벌이었던 메나헴 베긴은 현실을 결코 받아들이려고 하지 않았다. 그는 UN의 분할 안을 거부했고, 지중해에서 요르단 강, 그리고 그 너머에까지 이르는 이스라엘의 고대 땅에 유대인의 주권을 주장했다. 시온주의의 애초 목표를 버리지 않았던 것이다. 베긴의 리쿠드당이 1977년 선거에서 처음으로 노동당을 물리치자 그는 수상이 됐고 그 기회를 이용해 많은 이스라엘인들이 자신과 같은 입장을 갖도록 했다. 그리 어려운 일이 아니었다. 심지어는 노동당을 지지하는 사람들 중에서도 팔레스타인인들이 그곳에서 살아갈 정당한 이유가 있고 따라서 이스라엘이 그들과 땅을 나눠야만 한다는 점을 진실로 믿는 사람들이 많지 않았기 때문이다. 전임 노동당 출신 총리 골다 메이어(Golda Meir)는 1969년 런던 『선데이타임스 The Sunday Times』와의 인터뷰에서 팔레스타인 사람들에 대한 질문을 받자 이렇게 답변했다. "그들은 존재하지 않습니다." 노동당이 1947년의 분할 안을 지지한 이유는 다분히 전술적인 것이었다. 일단 국가를 얻게 되면 많은 노동당 지지자들 역시 팔레스타인 사람들을 '아랍 난민'에 불과하다고 여길 것이라고 생각했다. 결국에는 이스라엘과 평화조약을 맺게 될 주변 아랍 국가들에 다시 정착할 수밖에 없는 아랍 난민이라고 말이다. 1967년 이스라엘이 요르단 강 서안과 가자지구를 점령하고 수많은 팔레스타인인들과 다시 대립하게 된 이후에도 대부분의 이스라엘 사람들은 팔레스타인 사람들을 대면하지 않기를 원했다. 베긴이 그랬듯이 이들을 '이스라엘 땅에 사는 아랍인들'이라고 불렀다.

베긴은 팔레스타인 사람들이 자신의 땅임을 정당하게 주장할 수 있는 정통성을 가지고 있다는 관념 자체를 거부했다. 따라서 그에게는 '실체가 없는' 팔레스타인 민족주의를 내세우며 행한 그 어떤 정치적 혹은 군사적 행위도 정당성을 결여한 잠재적인 범죄였을 뿐이다. 그러나 PLO가 베긴의 눈앞에 제기한 위협은 단지 물리적인 것만이 아니었다. 시온주의의 존재 자체를 부정하는 대단히 곤란한 위협이었다. PLO는 팔레스타인 땅의 소유권을 주장하는 팔레스타인 민족주의를 공식적으로 구현하는 조직이었다. 이는 팔레스타인이 자신의 것임을 내세우는 시온주의자와 유대인의 주장을 정면으로 부정하는 것이었다. 이스라엘이 어디를 가든 PLO가 그 뒤를 따랐다. 이스라엘이 팔레스타인에 어떤 짓을 했는지를 낱낱이 제시하며 그 땅이 유대인의 것이 아니라는 점을 누구에게나 설파했다. 내가 PLO에 관해 이야기할 때마다 샤론은 PLO가 이스라엘 사람들의 머리 위를 떠나지 않는 '먹구름' 같은 근심거리라고 말했다. 그렇게 말하고 나서 샤론은 마치 구름을 쫓아버리려는 듯 손을 들어 머리 위를 휘휘 젓고는 했다.

  간단히 말하자면, 베긴과 샤론, 그리고 많은 이스라엘 사람들은 '팔레스타인 문제'를 동등하게 정통성을 지닌 유대와 팔레스타인의 두 민족이 서로 팔레스타인에 조국을 건설하려는 문제로 생각하지 않았다. 그들에게 팔레스타인 문제란 아랍의 약탈자들이 유대인을 살해하고 테러를 저지르며, 나아가 지중해로부터 요르단에 이르는 이스라엘의 땅에 유대인이 신으로부터 부여받은 권리를 부정하는 것이었다. 이스라엘인들을 살해하고 유대인의 땅을 자기들의 것이라고 그럴듯하게 주장하는 데 가장 큰 책임을 갖고 있는 아랍 단체는 바로 PLO였다. 따라서 PLO가 바로 팔레스타인 문제였다. 샤론과 베긴은 PLO를 제거하는 것이 바로 팔레스타인 문제를 없애는 것이라고 생각했다. PLO만 가로막지 않는다면 요르단 강 서안과 가자지구에 거주하는 팔레스타인인들이 더 이상 독립을 요구하지 않을 것이고 캠프데이비드 협정에 의거한 제한적인 자치형태를 받아들일 것이라고 믿었다. 그렇게 되면 이스라엘은 팔레스타인 전 지역을 지배할 수 있고 그곳에 거주하는 어떤 '아랍인'과도 땅을 나눌 필요가 없게 될 것이었다. 이슬람교도와 권력을 나눌 필요 없이 레바논 전체를 지배하겠다는 마론파의 입장과 동일했다.

  팔레스타인 사람들의 물리적 위협, 그리고 시온주의 자체를 위협하는 도전을 한 번에 완전히 끝내버릴 수 있다는 생각은 대다수 이스라엘인들에게 대단히 매력적이었다. 베이루트를 향한 이스라엘 군의 행진에 샤론과 베긴을 비롯한 수많은 이스라엘 사람들이 열광했던 이유가 바로 이것이다. 다른 모든 중동의 부족들과 마찬가지로 이스라엘 민족 역시 계란과 껍데기 모두를 어떻게 손에 넣을 수 있는지를 알고 있었다.

그러나 레바논 침공을 성공적으로 수행하기 위해서는 잘못된 믿음이 한 가지 더 필요했다. 권력에 대한 잘못된 믿음이다. 1913년에 태어난 베긴은 젊은 시절의 성장기를 폴란드에서 보냈다. 당시는 반유대주의가 휩쓸던 시기였고 유대인들에게 침을 뱉던 곳이었다. 그는 자신과 조상이 수세기에 걸쳐 겪어내야만 했던 불명예를 바로잡을 기회를 열망하면서 살았다. 베긴은 유대인의 권력, 유대인 장군, 유대인의 탱크, 유대인의 자존심 등을 생각하는 것을 너무나 좋아했다. 이와 같은 생각은 그에게 포르노와 같았다. 민족의 존엄을 되찾고 유대인의 무기력함으로 받은 모든 상처를 단번에 날려버리기 위해 그는 전쟁을 원했다. 베긴은 50만의 유대인 병사를 이끌고 아라파트와 맞서 전투를 벌이기를 원했다고 나는 확신한다. 베긴에게 아라파트는 유대인을 도륙해온 역사상의 수많은 악당들 중 최근에 등장한 인물일 뿐이었다. 전투가 고조될 무렵 아라파트를 포위한 베긴이 '벙커에 은신한 히틀러'를 쫓고 있는 느낌이라고 열정적으로 선언한 것은 놀랄 일이 아니었다.

권력에 관한 환상을 가졌을 뿐만 아니라 자기 스스로가 희생자라고 생각하고 있다는 점에서 베긴은 더욱 위험한 인물이었다. 자신이 희생자라고 생각하는 사람은 자기 스스로를 도덕적 관점에서 평가해보거나 자신의 행위에 어떤 제한을 두는 법이 없다. 왜 그래야만 하는가? 자기 자신이 희생자인데 말이다. 전쟁 중 어린 레바논 소년이 부상을 당했고, 이는 이스라엘 전투기의 폭격 때문이라고 전해진 일이 있었다. 레이건 대통령은 다친 소년이 붕대를 감고 있는 모습이 담긴 사진을 집무실 책상 위에 두었다고 한다. 이를 전해들은 베긴은 자신도 어린 유대인 아이의 사진을 그의 책상 위에 가져다 놓았다. 제2차 세계대전 중 촬영된 유명한 사진으로, 유대인을 상징하는 별이 새겨진 노란 완장을 찬 아이가 두 팔을 높이 들고 나치 병사에게 항복하는 모습을 담고 있었다. 베긴은 언제나 내게 버너드 괴츠(Bernhard Goetz)라는 맨해튼 사람에 관한 이야기를 상기시켰다. 백인이었던 그는 뉴욕 지하철에서 자신에게 강도짓을 하려던 흑인 네 명을 총으로 쏘아 죽였다. 괴츠가 그랬던 것처럼 여러 번 강도를 당한 사람이 흑인 아이들의 머리를 날려버리는 일이 벌어진다고 해도, 누구도 그에게 그럴 자격이 없다고 말할 수는 없다는 논리였다. 심지어는 그에게 강도짓을 하려고 마음만 먹은 경우에도 마찬가지라는 것이었다. 그러나 베긴은 권총 한 자루만 들고 있는 피해자가 아니었다. 그는 F-15 전투기를 가진 버너드 괴츠였다.

전쟁을 치러야 한다는 욕망은 가득했지만 베긴에게는 나라와 군대 전체를 움직일 수 있는 배짱도 지식도 없었다. 아리엘 샤론은 두 가지 전부를 갖춘 인물이었다. 샤론은 베긴처럼 피해자라는 강박관념에 사로잡혀 있지는 않았지만, 그 역시 권력에 관한 자신만의 환상을 가지고 있었다. 샤론은 이스라엘이 얼마나 강한지 잘 알고 있었다. 그리고 그는 뿌리 깊고 복잡한 정치의 실타래를 거의 기계적인 방식으로 단번에 해결할 수 있는 군사적인 힘이 이스라엘에 있다고 믿었다. 이스라엘이라는 작은 국가가 모든 것을 해낼 수 있다고 믿었던 것이다. 레바논에서 PLO 축출, 바시르 게마엘을 대통령으로 옹립, 시리아와 레바논 이슬람교도의 정치적 중립화, 레바논과 평화조약 체결, 그리고 요르단 강 서안과 가자지구에 거주하는 팔레스타인 사람들의 이스라엘 지배 인정 등 모든 것이 포함됐다. 그러나 이런 샤론의 믿음은 잘못된 것이었다. 하페즈 아사드와 달리 샤론은 언제 멈춰야 하는지를 알지 못했다. 레바논과 같이 분열되고 예측하기 힘든 곳에서 힘은 한계를 가진다는 점을 이해하지 못했다. 아사드는 잔인한 현실주의자였고 그의 목표는 극도로 제한된 것이었다. 생존이었다. 샤론 역시 잔인한 현실주의자였지만, 그는 전략적 설계도를 가지고 있었다. 이스라엘의 정치학자 야론 에즈라히(Yaron Ezrahi)는 이렇게 표현했다. "전술적인 측면에서 샤론은 현실주의자였습니다. 그러나 전략적 차원으로 올라가면 샤론은 스스로 신화를 만들어내고 자신이 만들어낸 신화에 사로잡혀버리는 인물이었습니다." 레바논에서 샤론을 위험에 처하게 했던 점은 바로 이 때문이었다. 그는 단호하고 흔들리지 않는 방향감각을 가지고 행동했다. 자신이 전략적으로 어디로 가는지 정확하게 파악하고 있는 것처럼 보였다. 그러나 실제로 샤론은 자신이 뛰어든 곳이 어떤 세계인지 아무것도 알지 못했다. 레바논에 대한 그의 전략계획은 완전한 자신만의 착각에 기반을 둔 것이었다. 결국 이스라엘이 실패하게 된 것은 이 때문이다. 샤론은 그릇된 리더십의 고전적인 사례였다.

그러나 일부 사람들은 샤론을 역사적으로 대단히 매력적인 유형의 인물이라고 생각했다. 그중 하나가 메나헴 베긴이었다. 샤론은 베긴이 전쟁을 원한다는 점을 잘 알고 있었다. 아랍을 혐오하는 참모총장이었던 라파엘 에이탄(Rafael Eitan) 중장의 도움과 격려 속에 샤론은 베긴에게 전쟁계획을 제공했다. 지도와 계획, 그리고 이스라엘을 돕고자 하는 동맹까지도 제공했다. 그러나 샤론은 이스라엘 국민이 자신의 원대한 계획을 받아들이지 않으리라는 점을 이해하고 있었다. 바시르 게마엘을 대통령으로 만들어주기 위해 피를 흘리려 하지는 않을 것이기 때문이었다. 이에 샤론은 레바논 침공을 갈릴리 평화작전(Operation Peace for Galilee)이라고 명명했다. 이스라엘 북부 국경지역에서 PLO를 몰아내는 작전이라는 의미였다. 이는 단순하고 적당하면서도 논리적인 명칭이었다. 노동당과 리쿠드당 모두가 지지할 작전으로 포장됐다. 전쟁이 어떻게 진행될지는 나중에서야 알게 될 것이었다.

이로써 지도를 손에 쥔 인물이 명예를 회복하려는 피해자에게 합세했다. 이들은 이스라엘을 레바논으로 끌고 들어가면서 약속했다. 전쟁이 끝나고 나면 '40년간의 평화'가 올 것이라고 말이다.

이스라엘 군대가 레바논을 침공하는 순간, 착각으로 이루어진 아라파트의 세계는 무너지기 시작했다. 제일 먼저 무너진 착각은 PLO가 여전히 아랍 민족주의를 부활시키는 선봉이며 아랍세계의 양심이라는 생각이었다. 아라파트는 이러한 생각을 수많은 연설에서 반복했기 때문에 스스로 이를 확신하고 있었다. 아라파트가 인식하지 못했던 점은 아랍세계가 1973년부터 1982년 사이에 분열하고 있었다는 것이었다. 아랍세계는 부유함으로 인해 혹은 위협 때문에 분열했다. 부유한 국가들은 혁명을 늘어놓는 PLO의 미사여구와 끊임없이 이어지는 모호한 태도, 그리고 돈만 잡아먹는 작전에 지쳐갔다. 이와 동시에 1979년 아야톨라 호메이니에 의한 이란 혁명은 이슬람 급진주의라는 위협을 등장시켰다. 부유한 아랍 국가들의 입장에서 이슬람 근본주의의 위협은 군사적으로나 이데올로기적으로 이스라엘의 위협에 비교할 수 없을 정도로 큰 것이었다.

팔레스타인 사람들이 그들의 목표를 달성하는 데 필요한 충분한 자원을 공급하고 희생할 의지가 없는 아랍 국가들은 대신 돈과 미사여구를 제공했다. 암만과 레바논 등지에서 PLO가 저지른 모든 실패를 성공적이었다고 칭송하고 꽃다발을 보냈으며, 혁명을 이야기하는 그들의 허세를 모두 받아주었다. 힘없고 피해를 입은 민족으로서 팔레스타인 사람들이 필요로 하는 보상이었다. 그러나 아랍 국가들이 절대로 하지 않는 일이 하나 있었다. 아라파트를 옆으로 데리고 가서 이렇게 말해주는 법은 결코 없었던 것이다. "이보게 친구, 현실적인 힘의 구도는 자네에게 너무나도 불리하네. 자네 민족은 시온주의 운동이라는 아주 고약한 폭풍 앞에 서 있다네. 그렇게 나쁜 상황은 우리 중 누구에게도 일어날 수 있었던 일이긴 했네만, 자네에게 일어난 것이 현실이네. 만일 자네가 팔레스타인 민족을 진정으로 돕고 싶다면 당장 유대인들과 가능한 최선의 협상을 하게. 손에 넣을 수 있는 땅을 최대한 얻어내고 나머지는 잊어버리도록 하게." 이와 같은 상황을 푸아드 아자미는 이렇게 묘사했다. "아랍인들은 팔레스타인 사람들에게 영원히 충실할 것을 맹세하면서 팔레스타인의 대의를 버렸다."

1970년대 아라파트는 팔레스타인 게릴라들은 마치 '바다 속의 물고기'와도 같이 아랍세계 전역으로 퍼져나갈 것이라고 자랑하곤 했다. 그러나 아랍 국가들의 무관심으로 1982년 여름 그들은 나무통 속의 물고기 신세가 됐다. 사우디아라비아의 왕 파이살(Faisal)은 1973년 전쟁에서 원유를 무기로 싸웠다. 그러나 9년 후 그의 후계자 파드(Fahd) 왕이 이스라엘의 베이루트 포위를 해제시키기 위해 한 일은 레이건 대통령에게 전화를 걸어 서베이루트에 식수공급을 재개하게 해달라고 호소한 것이 전부였다. 이스라엘의 레바논 침공 하이라이트와 1982년 여름 진행되고 있던 월드컵 축구

경기 중에서 대부분의 아랍인들은 축구경기를 선택했다. 많은 팔레스타인 사람들에게 이 같은 현상은 쓰라린 충격이었다. 결국 아무도 오지 않았고 PLO는 자신만의 전쟁을 하게 된 것이었다. PLO가 맞은 것은 샤론 이외에는 아무도 없었다.

아라파트에게 이런 냉정한 현실전쟁을 처음으로 뼈저리게 느끼도록 만든 것은 아랍 지도자들이 아니었다. 레바논에 있는 아랍의 대리인들, 즉 서베이루트에 있는 수니파 이슬람 지도자들이었다. 서베이루트의 수니파는 PLO를 레바논 내전에서 자신들의 무기로 이용했고, 반대로 PLO는 베이루트에 계속 머물기 위해 수니파를 이용했다. 그러나 이스라엘 군대가 서베이루트에 대한 폭격을 시작하자 이들 사이의 거래는 깨지고 말았다. 레바논의 수니파로서는 PLO를 지원하는 비용이 감당하기에 너무 커져버렸던 것이다. 이스라엘 군의 서베이루트 포위가 거의 한 달 동안 계속되자 이슬람 지도자들은 1982년 7월 3일의 극적인 전투 와중에 마침내 떠나줄 것을 아라파트에게 요청했다.

이는 역사적인 순간이었다. 그 배경에는 전임 레바논 총리 사에브 살람(Saeb Salam)의 3층짜리 대저택이 있었다. 그 저택은 1912년 살람의 아버지가 오스만 의회 의원이었을 당시 지은 것이었다. 7월 3일 토요일 오후 서베이루트에서 대표적인 수니파 이슬람 지도자 여덟 명은 바닥이 대리석으로 된 살람의 식당에 모였다. 포위된 서베이루트에서 PLO가 떠나도록 어떻게 설득할 것인지를 논의하는 자리였다. 아라파트와 그의 수석 정치고문 하니 알 하산(Hani al-Hassan)이 낮 12시 30분 회의에 초대됐다. 살람은 후일 내게 회의 장면을 전해줬다.

아라파트가 잘 다려진 황록색 군복 차림에 모자를 쓰고 도착했다. 아라파트 일행은 식당으로 안내됐고, 곡선이 많고 장식이 화려한 치펜데일풍의 긴 식탁에 둘러앉았다. 천장에는 고풍스런 샹들리에가 불을 밝히고 있었다. 77세의 교활한 정치가였던 살람이 먼저 입을 열었다. 그는 우선 아라파트를 칭찬했고, 그의 부하들이 가망이 없는 전투를 훌륭하게 치렀다는 점을 지적했다. 살람이 이렇게 말했다. "PLO는 영광으로 가득하다. 지금은 명예롭게 떠날 때다."

　아라파트는 살람의 오른쪽 좌석에 앉았고 모자를 식탁 위에 벗어두었다. 수니파 지도자들이 PLO가 왜 베이루트를 포기해야만 하는지에 관해 이러러러한 언급을 하는 동안 아라파트는 듣고 있었다. 그리고 반론을 제기했다. PLO의 존엄과 명예가 걸린 문제라고 아라파트는 선언했다. 베이루트를 떠날 것인지의 여부는 '체면'과 관련된 문제이고 PLO는 이스라엘인들 앞에서 체면을 구기는 일을 결코 하지 않겠다는 것이었다. PLO 전사들은 불명예스럽게 서베이루트를 떠나느니 길거리에 싸우다 죽기를 원할 것이라고 아라파트가 말했다. 부드럽게 말해서는 원하는 결과를 얻지 못할 것이란 점을 알아차린 살람이 목소리를 높이기 시작했다. 그가 소리를 질렀다. 군사적인 의미의 전투는 이미 종료됐고, 지금이야말로 PLO가 순수하게 정치적인 조직으로 전환해야만 할 때라는 것이었다. PLO 자신을 위해서도 그렇고 서베이루트에 사는 사람들을 위해서도 마찬가지라는 논리였다.

　마음이 상한 것이 분명했고 또한 방어적인 태도를 취해야만 했던 아라파트가 소리를 지르며 맞받아쳤다. "우리를 몰아내려는 거요? 맞아요?"

　살람이 더 큰 목소리로 더듬거리며 외쳤다. "당신과 당신들의 대의를 위해 우리가 치른 희생을 생각한다면 우리에게 그런 식으로 말할 수는 없소. 명예롭게 떠나는 것이 당신들과 우리 모두를 위해 최선이오."

　떠들썩한 논의가 4시간 반 동안 계속됐다. 다른 참석자들은 과열을 막기 위해 가끔 끼어들 뿐이었다. 회의가 진행되는 도중 레바논 텔레비전 방송국에서 그날 회의를 취재하기 위해 도착했다. 회의 모습을 보여주기 위해 참석자들이 잠시 포즈를 취해주면 되는 취재였다. 그러나 카메라가 현장을 촬영하는 중에도 아라파트와 다른 참석자들 사이에 고함이 오갔다. 회의에 참석했던 수니파 이슬람 지도자 중 한 사람이 레바논 텔레비전 방송국에 자신의 영향력을 발휘해 저녁뉴스에 나가기 전에 필름을 없애야만 했다. 저녁 5시 15분 아라파트는 그날 논의된 내용에 대해 연구해보고 이를 PLO 지도부 회의에서 논의할 것에 동의했다. 당시는 이슬람교도가 동틀 무렵부터 해가 질 때까지 금식하는 라마단 기간이었기 때문에 살람은 아라파트에게 일단 떠났다가 금식 후 먹는 음식인 이프타르(Iftar)를 함께 먹으러 저녁에 오라고 제안했다.

두 시간 후 아라파트와 하니 알 하산이 돌아왔다. 이들은 수니파 명망가들, 그리고 살람의 가족과 함께 저녁식사 테이블에 둘러앉았다. 다진 고기와 찬 요구르트, 그리고 가지 요리를 먹는 동안 정치에 관한 이야기를 누구도 하지 않기로 합의했다. 다른 참석자들이 이런저런 이야기를 하는 동안 아라파트는 잠자코 듣고 있었다. 그는 긴 테이블 한가운데 놓인 검은 빛깔의 올리브 외에는 거의 먹지 않았다. 저녁식사가 끝난 후 독실한 이슬람교도였던 아라파트가 다른 참석자들에게 저녁기도를 홀로 하기 위해 먼저 자리에서 떠나도 괜찮겠느냐고 양해를 구했다. 그는 살람의 서재로 들어가 남쪽의 메카를 마주보고 흰 카펫 위에서 홀로 기도를 했다. 기도를 마치고 식당으로 돌아온 아라파트가 뭔가 할 말이 있다고 했다. 그는 상의 주머니에서 항상 가지고 다니는 메모장을 꺼내고 나서 다시 여러 번 접은 PLO 편지지를 꺼내 들었다. 고뇌에 가득 찬 듯이 보이는 아라파트는 검은색 테의 안경을 쓰고 PLO 총사령관의 마크가 찍힌 편지지 위에 스스로 갈겨쓴 글을 읽기 시작했다. 그는 힘차고 울려 퍼지는 목소리로 읽어나갔다. "우리의 형제 샤피크 알 와잔 (레바논) 총리에게. 우리가 나눴던 논의와 관련하여 팔레스타인 사령부는 다음과 같이 결정했습니다. PLO는 더 이상 레바논에 남아 있기를 원하지 않습니다."

역사적으로 커다란 중요성을 갖는 짧은 글을 다 읽은 후 아라파트는 문서를 살람에게 건네주었다. 살람은 즉시 사진을 찍었다. 그날 저녁 살람은 아라파트의 메모를 필립 하비브(Philip C. Habib) 미국 특사에게 전달했다.

그러나 오래된 잘못된 믿음이란 쉽게 사라지지 않는 법이다. 그 믿음의 스케일이 클수록 더욱 그렇다. 나는 아라파트의 발표가 시간벌기 전술이라고 확신했다. 외부의 힘들이 이스라엘에 제동을 걸어 결국 PLO가 베이루트에 머물 수 있도록 하기 위한 시간벌기 전술이라고 생각했다. 아라파트가 서베이루트를 떠날 용의가 있음을 밝히고 나서 3일 후 나는 PLO의 대변인실에서 그를 인터뷰했다. 포탄의 파편이 여기저기 흩어진 길가에 위치한 사무실이었는데 서베이루트 인근 파카니 마을에 위치하고 있었다. 아라파트는 자신감 있는 태도를 보여주었다. 그러나 전쟁은 분명 그에게 큰 피해를 주고 있었다. 그의 붉게 충혈된 눈, 그리고 말을 하면서 신경질적으로 발끝을 바닥에 두드리는 그의 행동은 그가 초조해하고 있다는 사실을 보여주었다. 인터뷰 도중 나는 아라파트에게 이스라엘의 레바논 침공 이후 아랍 국가들이 보여준 반응에 실망했느냐고 물었다. 그는 내 눈을 응시하더니 즉답을 하지 않고 내게 오히려 질문을 던졌다. "아랍 국가들이 얼마나 오래 침묵하고 있을까요?"

아라파트의 어조는 그가 여전히 아랍세계가 전쟁에 뛰어들어 PLO를 지원하든지, 아니면 PLO가 살아남기 위해 투쟁하는 동안 이스라엘의 압력을 경감시킬 의미 있는 조치를 취할 것이라고 믿고 있음을 보여줬다. 이스라엘의 서베이루트 포격과 폭격이 한 달 더 지속되자 아라파트는 더 이상 그와 같은 환상을 가질 수 없었다. 다른 모든 팔레스타인 사람들 역시 마찬가지였다.

1982년 8월의 마지막 주, PLO 게릴라들이 더 이상 베이루트에 머물 수 없다는 것이 명백해졌다. 스스로를 아유브(Ayoub)라고 칭하는 어떤 익명의 인물이 두꺼운 종이에 아랍어로 메시지를 적어 여러 상점의 셔터와 손잡이에 걸어두기 시작했다. 서베이루트의 가장 큰 상점가 인근인 함라(Hamra)에서 벌어진 일이었다. 누군지 알 수 없는 아유브의 메시지는 매일 아침 바뀌었다. 나와 이산 하자지는 아침 일찍 거리로 나가 상점 주인들이 종이를 없애기 전에 메시지를 읽어보았다. 메시지는 실의에 빠진 팔레스타인 시인의 작품이 분명했다. 메시지에는 팔레스타인 민족 전체의 괴로움이 담겨 있었다. 팔레스타인 민족에게 공공의 적인 이스라엘에 대한 분노가 아니라 스스로 가족이라고 인정하는 아랍인들에 대한 좌절을 표현했다. 팔레스타인 사람들이 도움을 절실히 필요로 하는 시기에 손끝 하나 까딱하지 않는 가족에 대한 분노가 담겨 있었다.

어떤 메시지는 이랬다. "오늘날에는 두 가지 유형의 아랍인들이 있다. 겁을 먹은 아랍인과 양처럼 순한 아랍인이다. 그러나 우리는 서베이루트에서 홀로 역사를 만들고 있다 – 아유브."

다음과 같은 메시지도 있었다. "오늘은 우리가 피난민이다. 그러나 내일은 아랍 지도자들이 시시케밥(shish-kebab)을 굽는 꼬챙이에 꿰어질 것이다 - 아유브."

그러나 내가 가장 흥미롭게 생각했고 또한 가장 자주 반복된 메시지는 팔레스타인 사람들과 PLO가 1982년 여름 스스로의 존재가 없어지는 것이 아닌지를 걱정하는 자포자기 심정을 표현한 것이었다. 메시지는 이랬다. "자식들에게 이스라엘인들이 어떻게 했는지 전하라. 자식들에게 아랍인들이 어떻게 했는지 이야기해줘라. 자식들에게 세계가 행한 일을 말하라 - 아유브."

아유브는 욥(Job)의 아랍어식 이름이다. 끊임없이 고통을 감내하는 성서 속의 인물이다.

이스라엘이 깨뜨린 또 하나의 허황된 믿음은 PLO가 실질적인 군사력을 지녔다는 생각이었다. 이스라엘의 침공을 예견하고 있었다는 이야기가 여기저기서 흘러나왔지만 PLO는 이스라엘의 공격에 전혀 준비를 하지 못했다. 많은 팔레스타인 게릴라들이 용감하게 싸웠음에도 불구하고 이스라엘 군은 거침없이 진격하여 일주일도 안 되는 사이에 비교적 쉽게 베이루트까지 도달했다. 전투다운 전투는 시돈의 난민캠프와 슈프 산악지역 정도에서만 벌어진 정도였다. 이곳에서는 시리아에서 들여온 탱크부대가 포진하고 있었던 것이다. 이스라엘이 정치적인 이유 때문에 서베이루트로의 진입을 회피하지 않았다면 혼란에 빠진 PLO가 완전히 패배하는 데는 며칠 걸리지 않았을 것이다.

그러나 많은 팔레스타인 사람들에게 스스로가 전투에서 압도당했다는 사실이 그리 중요하지는 않았다. 언제나 이를 보상할 만한 무언가, 즉 바딜(badeel)이 있었다. 일부 팔레스타인 게릴라들에게는 유대인에 맞서 싸웠다는 것 자체가 보상이었다. 1948년 그들의 아버지와 할아버지들이 할 수 없었던 일이었다. 이번에는 중간에 개입한 아랍 국가의 군대가 없었다. 오로지 유대인과 팔레스타인 사이의 정면대결이었다. 이스라엘 군대가 레바논 남부에 자리 잡은 PLO 근거지를 모조리 파괴하고 난 며칠 후 나는 팔레스타인 인민해방전선의 지도자 조지 하바시를 만났다. 서베이루트의 어느 아파트 건물 지하에 만든 벙커 안에서였다. 전직 소아과의사였던 그는 21세였던 1948년부터 이스라엘에 맞서 싸웠고 팔레스타인 지도자들 중에서 가장 영향력 있는 인물 중 하나였다. 벙커 안의 공기는 퀴퀴하고 곰팡내가 났다. '조지 박사'는 젊은 열혈 게릴라들에 둘러싸인 채 작은 테이블을 마주하고 꼿꼿하게 앉아 있었다. 레바논 남부에서 벌어진 전투에서 패배했다는 점은 그에게 전혀 문제가 되지 않는 듯 보였다. 가장 중요한 일은 전투가 있었다는 사실 그 자체였다. 이스라엘 군대가 팔레스타인 게릴라와 싸우기 위해 군대 전체를 집결시켰다는 것은 팔레스타인의 존재를 이스라엘이 인정한다는 점을 분명하게 보여주는 것이었다. 침침한 불빛 아래 하바시의 회색 머리카락이 반짝였다. 그는 왼팔로 테이블을 내리치면서 인터뷰를 마쳤다. 공중으로 약간의 먼지가 솟았다.

"나는 신에게 감사합니다." 위대한 아랍의 마르크스주의자가 절대자를 끄집어내는 것은 분명 역설적이었지만 어쨌든 하바시는 그렇게 외쳤다. 테이블 아래로 주먹을 불끈 쥐며 그가 말을 이어갔다. "팔레스타인 군대가 이슬라엘 군에 맞서 싸우는 날을 보게 해주신 신에게 감사합니다. 나는 더 이상 봐야 할 게 이제 없습니다." 그는 젊은 전사들을 향해 팔을 흔들면서 이렇게 덧붙였다. "여기 있는 젊은이들에게 무슨 일이라도 생긴다면 나는 무척 슬플 것입니다. 그러나 이제 나는 죽을 수 있습니다. 이스라엘에 맞서 진정으로 싸워봤기 때문입니다."

하바시는 죽지 않았다. 아라파트 역시 마찬가지였다. 그들은 대단히 강경하게 여러 가지 이야기를 늘어놓기는 했지만 결국 서베이루트를 떠나는 데 동의했다. 그들이 떠나는 이유는 베이루트를 살리기 위해서라고 말했다. 그러나 이를 믿는 아랍 사람은 없었을 것이라고 나는 믿는다. 심지어는 팔레스타인 사람들조차 이들의 말을 믿지 않았을 것이다. 그들이 떠나는 이유는 포위됐기 때문이고 또한 목숨을 부지하고 떠날 수 있는 행운이 있었기 때문이다. 진정한 비극은 그들의 온갖 연출과 잘못된 계산이 거짓 없는 팔레스타인 대중을 배경으로 펼쳐졌다는 점이었다. 게릴라와 난민, 그리고 관료 등 PLO를 선택하고 이들을 따라 요르단과 시리아, 그리고 여타 난민촌에서 떠나온 순수한 남녀들이 그 배경이었다. 이들은 그들에게 주어진 것보다 훨씬 큰 지도력을 가질 자격이 있는 사람들이었다.

아라파트는 1982년 8월 21일부터 그의 게릴라들을 베이루트를 떠나보내겠다고 동의했다. 그날 나는 일찌감치 베이루트 항구에 도착했다. PLO 게릴라가 떠나는 것을 호위할 국제평화유지군이 항구에 도착하는 모습을 지켜보기 위해서였다. 항구에 처음 도착한 평화유지군은 프랑스 군이었다. 나는 프랑스 군을 따라갔다. 그들은 서베이루트에서 항구로 가는 도로의 큰 교차로를 통제하기 위해 넓게 전개했다. 시리아가 지배하는 PLO의 인민해방군으로부터 통제권을 넘겨받기로 약속돼 있는 곳이었다. 그러나 이곳을 책임지고 있던 인민해방군 장교들은 사령부와 몇 주째 연락을 할 수 없었고 프랑스 군이 교차로 통제권을 넘겨받으러 온다는 연락조차 받지 못한 상태였다. 인민해방군 장교는 프랑스 군의 장교에게 일단 앉아서 자신에게 편지 형식의 문서를 하나 써줄 것을 요구했다. 팔레스타인 장교가 '명예롭게' 교차로를 넘겨줬다는 내용의 편지였다. 프랑스 군 장교는 내게 종이와 펜을 빌려 또박또박 편지를 적어나갔다. 그러자 팔레스타인 장교가 그곳을 넘겨주는 공식적인 의식이 있어야 한다고 요구했다. 그는 한쪽에 인민해방군 병사들을 길게 도열시켰다. 하층민으로 이루어진 병사들은 지난 수주간 몸을 씻지 못한 듯이 보였고, 대부분은 서로 다른 헬멧과 군복을 입고 있었다. 햇볕에 검게 그을린 프랑스 외인부대원들이 이들을 마주보고 섰다. 외인부대원들은 모두 거울처럼 번쩍이는 짙은 선글라스를 쓰고 깨끗한 카키색 군복을 입었으며, 셔츠의 소매를 걷어 올려 팔뚝의 근육을 드러내고 있었다.

양측은 의전에 필요한 구호를 외치고 총을 한쪽 어깨에서 다른 쪽으로 옮기곤 하면서 몇 분 동안 마주보고 서 있었다. 의식이 끝나자 팔레스타인 장교는 병사들을 해산시켰다. 해산하는 병사들이 뛰기 시작했다. 그런데 한 명이 발이 걸려 넘어지고 다른 병사들이 넘어진 병사 위에 쓰러졌다. 마치 「키스톤 캅 Keystone Kops」에 나오는 경찰관들과 유사한 우스꽝스런 모습이었다 (「키스톤 캅」은 1912년에서 1917년 사이에 제작된 무성영화로 무능한 경찰관들을 소재로

한 코미디물이다.–역자). 그러나 아무도 웃지 않았다. 게릴라들에 대한 사람들의 인식, 그리고 몇 주간에 걸쳐 많은 지역을 지켜온 후 공식적인 의식을 요구했던 해방군의 태도는 킥킥거리며 비웃을 수 있는 것이 아니었다. 이 광경을 보던 나는 해방군이 보여준 신념에 찬 행동을 목격하면서 경외심에 고개를 가로저을 수밖에 없었다. 그들은 서베이루트로 가는 길목을 그동안 지키고 있었다. 기껏해야 로켓추진 수류탄을 메고 세상의 첨단무기로 무장한 이스라엘 군에 맞섰던 것이다. 실질적으로 자살특공대의 임무였다. 그들은 나이 어린 소년에 불과했지만, 그들의 눈은 끝까지 싸울 것임을 알게 했다. 그들의 지도자라는 사람들과는 달랐다.

PLO가 베이루트에 들어왔던 초창기부터 취재해왔던 『맨체스터 가디언』의 데이비드 허스트 기자가 말했다. "아라파트는 기회를 놓쳤습니다. PLO는 진정으로 영웅적 투쟁을 할 수 있는 순간에 있었죠. 대중들은 준비되어 있었습니다. 그가 기회를 날렸어요."

당시 아라파트가 주장했던 바와 같이 PLO는 후일을 도모하기 위해 베이루트를 떠나는 것이 현명했는지도 모른다. 그러나 레바논을 포기한 이후 PLO는 이전과 전혀 다른 조직이 되었다. 아랍세계 역시 이전과 전혀 달라졌다. 1982년 8월 30일, 아라파트가 그리스의 유람선「아틀란티스 Atlantis」호를 타고 아테네로 떠나던 날 아랍세계에서는 중요한 무언가가 사라졌다(아라파트는 아랍 국가에 배가 정박하는 것을 거부했다. 그가 아랍인들에 얼마나 역겨움을 느꼈는지를 보여주는 것이었다).

아라파트의 후퇴는 아랍정치의 한 시대가 끝났다는 것을 상징했다. 1967년의 대실패 이후 PLO는 불사조같이 등장해 아랍 민족이 잃은 명예를 되찾겠다고 약속했다. 한때는 실제로 약속을 완수할 수 있을 것처럼 보인 적도 있었다. 게릴라들은 혁명을 이끌어 기존 정권들의 부패를 일소하고 아랍을 아무도 무시하지 못할 세력으로 다시 만들 것으로 기대됐다. 아랍의 젊은이들에게 이는 정치적 낭만주의의 시기였다. 그리고 OPEC의 원유혁명 덕분으로 돈이 넘쳐났고 서방의 아첨꾼들은 무모한 기대와 착각을 부추겼다. 그러나 베이루트의 전투를 통해 PLO가 스스로 전승자임을 주장했던 아랍 민족주의의 꿈은 산산이 부서져, 남은 것이라곤 선전 문건이나 만드는 한 무리의 영웅들과 공허한 슬로건밖에 없었다.

아라파트가 왈리드 줌블라트의 집에서 이슬람 동료들에게 이별을 고할 때, 팔레스타인과 레바논 피를 반씩 물려받은 작가 리나 미카다디(Lina Mikadadi)가 옆에 있었다. 그녀는 체 게바라 스타일의 아랍 민족주의가 전성기에 이르렀던 시기에 성장기를 보낸 인물이었다. 동맹휴학과 항의시위, 그리고 혁명적 태도가 널리 퍼졌던 시기였다. 그녀의 책『포위된 베이루트에서의 생존 Surviving the Siege of Beirut』(1983)에서 미카다디는 당시의 장면을 이렇게 묘사했다. "왈리드 줌블라트의 집에서 두 사내가 여전히 용감함을 과시하려고 했습니다. 왈리드 줌블라트가 이렇게 말했죠. '제 아버지(암살당한 드루즈파 지도자 케말 줌블라트(Kemal Jumblat))께서 오늘 이 자리를 보지 않으신다는 점이 기쁩니다.' …… 허세는 계속됐어요. 힘없이 짓는 웃음을 지어보려고 했고 분위기를 맞춰보려고도 해봤지만 아무 소용이 없었습니다. 마음속에서 분노와 실망이 끓어올랐습니다. 아라파트는 살아서 빠져나갈 수도 있겠죠. 그렇지만 우리는 패배했습니다. 그것도 아주 철저히 유린당했어요. 그런 식으로 생각해보지 않으려고 노력해봤습니다. 상황을 달리 해석해보려고 시도해봤죠. 이스라엘 군은 서베이루트 중심부로는 들어오지 못했다고 말입니다. 아라파트가 떠나기 위해 일어섰습니다. 저는 목이 메어 흐느꼈어요. 마치 이별을 고하는 마지막 몸짓으로 쌀을 던지는 여인과 같았습니다. 실종된 아랍 민족주의와 아랍세계의 무관심, 그리고 베이루트 공항에 이스라엘 군이 있다는 생각에 울었습니다."

레바논 역사학자 케말 살리비는 그날 아라파트가 실제로 배에 타는지 지켜보기 위해 베이루트 항구로 갔다. 살리비가 당시를 떠올렸다. "왈라비 줌블라트가 가장 기억에 남습니다. 그는 아라파트와 그리 친밀한 인물이 아니었습니다. 그렇지만 줌블라트는 아라파트와 함께 배까지 동행했어요. 아라파트가 떠나려고 하는 순간, 왈리드는 권총을 빼들더니 공중을 향해 발사했습니다. 수많은 군중 속에서 그는 예포를 울린 것이지요. 그 일은 대단히 상징적인 의미가 있었다고 생각합니다. 아라파트 개인에 대해서가 아니라 아라파트가 대표한 많은 것들에 대한 예의였습니다. 서베이루트는 아랍 민중의 마지막 양심의 보루가 되었던 것입니다. 그해 여름의 마지막 한 주 동안 많은 서베이루트 시민이 실제로 PLO를 동정하기 시작했던 것은 바로 이 때문이었습니다. PLO가 서베이루트에서 떠나주기를 간절히 원했지만, 사람들은 이스라엘 군이 아라파트의 목숨을 앗아가기를 결코 바라지 않았습니다. PLO와 함께 이스라엘에 대항하는 것이 마지막 남은 아랍의 명예를 지키는 것임을 서베이루트 시민들이 깨달았던 것입니다. 그해 여름의 마지막 주 서베이루트에 있었다는 사실은 자부심의 상징이 되었습니다. 제가 서베이루트에 머물렀던 이유도 마찬가지였습니다. 저 역시 그곳에 있고 싶었습니다. 서베이루트에 당시 머물고 있다는 사실은 감동을 불러일으켰고 왈리드가 눈물을 흘린 이유 역시 그것 때문이었습니다. 왈리드가 이렇게 말했습니다. '아랍세계에 대해 우리가 알 게 뭐냐. 우리야말로 마지막 남은 아랍인들이다.' 유일한 아랍인들은 서베이루트에 있던 사람들이었습니다."

배에 오르기 직전 아라파트는 레바논의 지인들에게 대단히 솔직하게 말했다. 의도적인 행동은 아닌 듯했다. "서베이루트를 방어하는 영예를 가질 수 있었다는 점에 대해 나는 대단히 자랑스럽게 생각합니다. 나는 이 도시를 떠나지만, 내 마음은 여전히 이곳에 있을 겁니다."

PLO가 서베이루트를 떠난 지 얼마 후 나는 케말 살리비를 만나기 위해 요르단 암만으로 향했다. 살리비는 진정한 아랍 민족주의자였다. 그는 베이루트와 이 도시가 상징하는 모든 것을 마음속 깊이 사랑하는 인물이었다. 살리비와 함께 이탈리아 레스토랑에 마주 앉았을 때 나는 그에게 1982년 8월 아라파트가 떠나던 순간을 회상해달라고 요청했다. 아라파트 개인과 PLO, 그리고 아랍 정치의 60년대 세대에게 의미하는 바는 무엇인가라는 질문이었다. 살리비는 내 물음에 직접 답변하는 대신 퍼시 비시 셸리(Percy Bysshe Shelley)의 시 「오지만디아스 Ozymandias」를 암송했다. 웨이터가 식탁 옆에서 수프 두 접시를 들고 기다리는 동안 살리비는 그 시를 읊었다.

고대의 땅에서 온 여행자를 만났네.

그가 말하길,

"몸통 없는 거대한 돌다리 두 개가 사막에 서 있다 하네.

그 옆에는 모래에 반쯤 파묻힌 채

부서진 얼굴 하나가 놓여 있는데

찌푸린 눈살, 주름진 입술, 차가운 명령의 비웃음은,

이것을 만든 조각가가 그 정열을 잘 읽었음을 보여준다네.

그 정열은 이 생명 없는 물체에 새겨진 채 아직도 남아 있네.

그것을 조롱하는 손길과 그것을 키운 마음.

받침대에는 이런 말이 새겨져 있다네.

'내 이름은 오지만디아스, 왕 중의 왕,

강한 이들이여, 내 이룬 것들을 보고 절망하라!'

그밖에 남은 것은 없다네.

거대한 잔해가 무너진 주위로

끝도 없이 헐벗은 채로

외롭고 평평하게 모래만 너르게 펼쳐져 있을 뿐."

아라파트는 종종 서베이루트를 스탈린그라드로 만들겠다고 공언하곤 했다. 그러나 그는 이를 실행하는 대신 튀니스로 건너가, 5성 호텔인 살와(Salwa) 비치 호텔에 PLO 사령부를 차렸다. 나는 PLO가 서베이루트를 떠난 직후 그곳을 방문했다. 그곳에서 낯선 장면을 목격할 수 있었다. 공작새들이 점잔을 빼며 거닐고 있는 식물원을 로비에 설치한 객실 200개짜리 호텔에 PLO 관리들이 묵고 있었고, 끊임없이 체스와 탁구를 치는 은퇴한 게릴라들에게 웨이터는 아랍 커피를 계속 가져다줬다. 내가 베이루트에서 왔다는 사실을 알게 되자 그곳에 머물던 사람들은 오로지 서베이루트에 대해서만 물어봤다. 그들 중 상당수에게는 유일한 고향이었다. 진짜 팔레스타인은 꿈과 같은 희망일 뿐이었다. 그들에게는 레바논이 현실에 존재하는 팔레스타인이었다. 그들은 그곳에서 삶을 영위했고, 학교를 다녔고, 거리를 통제했다. 사람들은 끈질기게 베이루트 소식을 물어댔다. 친구와 가족, 그리고 그들이 자주 드나들던 곳들에 대해 알고 싶어 했다. 해변에 마련된 의자에 둘러앉자 지중해의 산들바람이 입구에서부터 호텔 건물까지 펼쳐진 핑크색 미니 골프코스를 가로질러 불어왔다. 골프코스에는 아무도 없었다. 사람들의 분위기는 다소 우울했다. 무언가가 이미 끝나버렸고 기회가 지나가버렸다는 그런 분위기였다.

아라파트의 선임 보좌관 중 한 명이 이렇게 말했다. "베이루트에서 우리는 망명 중이었습니다. 이제 이곳에서 우리는 망명지로부터 망명 중입니다."

7장
포커: 베이루트 스타일

　PLO가 베이루트에서 철수한 직후 이스라엘의 앞길에는 승승장구만이 남은 것처럼 보였다. 아라파트와 그의 동료들은 그들이 작전을 수행하는 데 독립적으로 사용할 수 있었던 마지막 근거지로부터 뿌리가 뽑혔다. 그들은 중동의 이곳저곳으로 흩어졌고 다른 아랍 국가들의 통제 아래 있다. 이제 그들은 이스라엘에 직접적인 위협이 되지 않았다. 동시에 시리아 공군과 대공포 부대는 이스라엘과의 교전으로 크게 파괴돼 회복에 수년이 걸릴 것이었다. 오랜 역사를 가지고 있는 시리아의 레바논 정치에 대한 영향력이 파괴될 위험에 처했다. 약 1만 4,000명에 달하던 PLO와 시리아 전투원들이 베이루트에서 철수하자, 레바논의 이슬람교도는 상당 수준 무장해제 상태에 놓이게 되었고 따라서 이스라엘을 등에 업은 팔랑헤 민병대의 독재 치하에 들어가게 됐다. 이 같은 상황 변화로 이스라엘과 팔랑헤는 레바논 의회 의원들을 위협과 추적 불가능한 돈가방으로 '설득'했다. 이로써 1982년 8월 23일 레바논 공화국의 새로운 대통령으로 바시르 게마엘이 선출됐다. 바시르의 단독 출마였다. 베긴과 샤론은 바시르가 6년간의 재임기간 동안 이스라엘이 레바논을 침공하고 나서 3개월 동안 이룬 모든 군사적 성과를 확고히 해주기를 기대했다. 이스라엘 군이 철수하고 나서도 레바논이 침공 이전의 모습으로 되돌아가기를 원하지 않았기 때문이다. 레바논 군대를 다시 확립해 이스라엘 군을 대신하고, 시리아인들이 베이루트에 발붙이지 못하게 하며, PLO가 다시 팔레스타인 난민촌에 뿌리를 내리지 못하도록 하고, 무엇보다도 유대인 국가와 평화조약을 맺기를 기대했다. 베긴과 샤론은 바시르에게 모든 것을 걸었고, 이제 바시르의 승리가 가져다줄 성과를 챙길 수 있을 것처럼 보였다. 그들이 이스라엘 국민들에게 약속했던 '40년간의 평화'가 목전에 닥친 것처럼 보였다.

그러나 포커란 재미있는 게임이다. 밤새 따기만 하다가 마지막 판이 온다. 킹 넉 장을 들고선 자신만만해져서 가지고 있는 돈을 모두 걸어버린다. 잃을 수가 없는 판이라고 생각한다. 그런데 갑자기 딜러가 살짝 미소를 띠더니 한 장 더 가져간다고 말한다. 맨 아래 있는 카드 한 장을 가져가는 딜러의 움직임이 보인다. 그러더니 그는 자신의 카드를 테이블 위에 펼쳐놓는다. 에이스 넉 장이다.

여름 내내 시리아 대통령 하페즈 아사드는 레바논에서 잃기만 했다. 바시르가 대통령에 당선되자, 아사드는 이스라엘이 완전히 승리했고 다시는 회복하지 못했다고 시인해야만 할 것처럼 보였다. 그러나 중동이라는 포커게임에서 엄청난 판돈이 걸리게 되면, 규칙이 사라진다. 유일한 규칙은 하마의 규칙인데, 이는 규칙이 존재하지 않는다는 의미다. 여름이 끝나갈 무렵 아사드는 이스라엘이 들고 있던 넉 장의 킹을 에이스로 맞받아쳤다. 가장 아래서 빼낸 카드가 바로 에이스였던 것이다. 이스라엘은 경찰을 불러야 한다고 소리쳤고 아사드는 웃었다.

아사드가 이스라엘 사람들에게 말했다. "이곳에서는 내가 경찰이오."

1982년 9월 14일 오후 4시 10분 동베이루트의 아시라피예(Ashrafiye)에서 열린 파티에서 팔랑헤 민병대원 일부를 만나고 있었다. 바시르는 파티가 열린 3층짜리 아파트를 매주 화요일 오후마다 방문했다. 그 주 만남은 팔랑헤당과 민병대가 어떻게 바시르 정부에게 권력을 넘겨줄 것인가, 그리고 바시르의 통제 아래 있게 될 레바논 군대에 관해 세부사항을 논의하는 자리였다.

그런데 바시르가 몰랐거나 무시했던 사실이 있었다. 아파트 건물에는 하비브 타니오스 샤르토니(Habib Tanious Shartouni)라는 26세 청년의 친척들이 살고 있다는 점이었다. 시리아와 레바논, 그리고 팔레스타인의 합병을 주장했고 시리아 정보부의 활발한 대리인 역할을 했던 친다마스쿠스 시리아진국사회당(National Syrian Socialist Party, NSSP)의 당원 중 하나가 샤르토니였다. 그 청년은 상급자로부터 건물에서 바시르가 드나드는 것을 관찰하라는 지시를 받았다. 샤르토니의 누나가 건물에 살고 있었기 때문에 팔랑헤 민병대원들은 그에게 별다른 주의를 기울이지 않았다. 전직 이스라엘 군정보부의 고위장교였고 텔아비브대학에서 바시르 게마엘에 관해 박사논문을 썼던 자크 라이니히(Jacques Reinich)의 분석에 따르면, 시리아는 바시르가 대통령에 당선된 직후 취임선서 전에 바시르를 제거하기로 결정했다고 한다. NSSP 고위당직자 나빌 알 알람(Nabil al-'Alam)이 샤르토니에게 서베이루트로 올 것을 명령했다. 샤르토니는 서베이루트에서 폭발장치 다루는 법을 교육받았다. 차고 문을 여닫는 리모컨 크기의 원격 조정장치로 옷가방 크기의 폭발물을 터뜨리는 교육이었다. 9월 11일 샤르토니는 누나의 집을 방문하는 것처럼 꾸며 폭발물을 바시르가 오기로 되어 있는 아파트 건물 안으로 옮겼다. 라이니히에 따르면, 9월 13일 샤르토니는 로마에 있는 '시리아 정보요원'으로부터 전화 한 통을 받았다. 다음날 오후 바시르를 암살하라는 연락이었다. 샤르토니는 폭발물을 누나 집 거실 바닥에 설치했다. 바시르가 오기로 되어 있는 집의 바로 위층이 그의 누나 집이었다. 그는 폭발물의 디지털 송신장치를 '51'에 맞췄다. 예정된 무선신호를 송신할 경우 바로 폭발하게 만드는 번호 코드였다.

다음날 오후 늦게 샤르토니는 그의 누나에게 전화를 걸어 즉시 자신의 집으로 오라고 말했다. 누나에게는 자기가 스스로 손을 자를 것이라고 말했다. 누나를 건물로부터 나오게 하기 위한 간단한 속임수였다. 샤르토니는 인근 아파트 건물 옥상에 올라가 바시르가 부하들과 함께 나타나기를 기다렸다.

라이니히에 따르면 바시르는 레바논의 첫 번째 대통령이었던 비샤라 알 쿠리(Bishara al-Khouri)를 기리기 위해 한 해 전 세웠던 조각상에 대한 이야기로 회의를 시작했다고 한다. 알 쿠리 대통령의 아들들은 조각상이 아버지를 별로 닮지 않았다고 불평을 해왔고, 조각상을 만든 사람은 이들에게 '곧 익숙해질 것'이라고 말했다고 한다. 바시르는 모여 있던 팔랑헤 민병대원들에게 이렇게 말했다. "내가 대통령이라는 것을 별로 좋아하지 않는 사람들은 곧 그 사실에 익숙해질 것이다."

잠시 후 샤르토니가 리모컨의 버튼을 눌렀고 무선신호가 폭탄을 터지게 만들어 아파트 건물이 내려앉았다. 건물은 산산조각 났고 구름 같은 먼지가 피어올랐다. 『워싱턴포스트 The Washington Post』 중동 특파원이었던 동료 기자 조너선 랜들(Jonathan Randal)은 바시르의 갈기갈기 찢겨진 시체를 찾을 수 있었던 유일한 방법이, 남아 있는 그의 큰 코와 뺨의 보조개, 그리고 6각형의 결혼반지뿐이었다고 전했다. 샤르토니는 얼마 지나지 않아 체포됐고 자신의 범죄를 털어놨다.

이스라엘은 즉시 공황상태에 빠졌다. 이유 있는 반응이었다. 레바논 침공의 전체 계획에서 바시르는 빼놓을 수 없는 기본요소였다. 바시르를 잃은 베긴과 샤론은 이스라엘이 직접 서베이루트에 들어가 군사적이고 정치적인 위협인 PLO를 일소하는 임무를 완결하겠다고 결정했다. 그 외의 정치적 목표는 나중에 처리하기로 한 것이었다. PLO가 떠나면 서베이루트에 입성하지 않겠다고 미국에 구두로 약속했지만, 이스라엘 군대는 9월 15일 일찍 레바논 수도의 서쪽으로 진격하기 시작했다.

샤론의 군대는 두 가지 타깃을 특별히 겨냥했던 것 같다. 하나는 PLO 연구센터였다. 그곳에는 총이나 탄약은 물론 전투원도 없었다. 그러나 거기에는 훨씬 위험한 무언가가 분명 존재했다. 팔레스타인에 관한 책, 팔레스타인의 가족들에 대한 오래된 기록과 토지권리증, 팔레스타인의 아랍 생활에 관한 사진, 팔레스타인 아랍 공동체에 대한 역사자료, 그리고 무엇보다 지도였다. 1948년 이스라엘이 팔레스타인으로 들어와 사람들을 쫓아내기 이전 모든 아랍 마을이 표시되어 있는 지도들이었다. 연구센터는 팔레스타인의 전통을 보관한 노아의 방주와도 같았다. 팔레스타인이 민족으로서 충분한 자격을 갖췄다는 증명서 중 일부였다. 어떤 의미에서는 샤론이 베이루트에서 가져오고 싶었던 가장 중요한 것이었다. 연구소 벽에 이스라엘 병사들이 남긴 낙서에서도 이를 알 수 있었다. '팔레스타인 민족? 그런 게 있나? 팔레스타인인들 뒈져라. 그리고 아라파트, 네 어미를 욕보이겠다.' (PLO는 이후 1983년 포로교환의 일환으로 이스라엘로 하여금 자료 전체를 반환하도록 상세했다.)

다른 하나의 타깃은 사브라와 샤틸라에 위치한 팔레스타인 난민촌이었다. 1970년 PLO가 베이루트에 도착한 이후 이들을 지지하는 가장 강력한 근거지가 된 곳들이었다. 샤론은 PLO가 이들 두 난민촌에 2,000 내지 3,000명의 게릴라를 남겨두고 떠났다는 정보를 입수했다고 주장했다. 아마도 팔랑헤 민병대 측에서 이스라엘에 그렇게 알린 것이 아닌지 의심된다. 민간인을 보호하고 장래의 조직화를 위한 세포의 필요성 때문에 PLO가 대원을 베이루트에 남겨둔 것은 의심할 여지가 없는 사실이지만, 샤론이 주장한 숫자는 터무니없이 과장된 것이라고 나는 확신한다. 사실이 어찌되었든 이스라엘 군은 사브라와 샤틸라에 진입하지는 않고 에워싸기만 했다. 그해 여름 이스라엘 군은 레바논 남부의 항구 시돈에 자리 잡은 난민촌을 직접 통제하려다가 많은 인명손실을 입었다. 이번에는 동맹군을 시켜 일을 할 차례였다. 1982년 9월 16일 목요일 바시르가 사망하고 이틀 후, 이스라엘 군의 수뇌부는 베이루트에 주둔한 이스라엘 부대에 제16호 명령이라는 운명적인 지시를 내렸다. 명령은 다음과 같았다. "(사브라와 샤틸라) 난민촌에는 진입하지 말라. 난민촌에 대한 수색과 일소는 팔랑헤와 레바논 군대가 담당한다."

PLO의 철수가 끝나고 나는 휴가에 들어갔다. 며칠 더 휴가를 즐기려고 런던으로 가기 위해 뉴욕 케네디 공항의 TWA 터미널에 있는데 연락이 왔다. 편집자가 짧은 스타카토로 연락을 했다. "바시르 게마엘이 암살당했어요. 당장 베이루트로 가세요. 통관을 거치거나 200달러를 반환받는 데 시간을 허비하지 마세요." 베이루트 공항이 폐쇄됐기 때문에 나는 다마스쿠스로 날아가 그곳에서 택시를 타야 했다. 다마스쿠스에서 베이루트까지는 택시로 통상 세 시간이 걸리지만, 바시르의 장례 때문에 팔랑헤 민병대가 도로를 여기저기 통제하는 바람에 공항에 도착한 날 밤을 택시 운전사의 집에서 보내야 했다. 베카 계곡에 위치한 집으로 반쯤 지어진 상태였다. 택시 운전사의 집에서 내가 어디 있는지 전혀 알 길이 없었다. 기억되는 것이라곤 주위에 불빛이 거의 없어서 밤하늘의 별들을 모두 볼 수 있었다는 것뿐이다.

택시 운전사와 나는 다음날 아침 일찍 일어나 베이루트로 향했다. 1982년 9월 17일 금요일이었다. 우리가 레바논 산의 길게 이어진 등성이를 넘자 멀리 아래에 도시가 보였다. 샤틸라 난민촌으로 보이는 마을 위로 누군가가 인탄(燐彈)을 발사하고 있었다. 하얀 연기로 그것이 인탄이란 점을 알 수 있었다. 도대체 무슨 일이 벌어진 것인지 의아했다. 마침내 코모도어 호텔에 도착해 몇몇 미국 기자들을 만났다. 그들은 내게 샤틸라에 팔랑헤 민병대가 들어갔다는 소문이 있다고 전해줬다. 샤틸라 난민촌은 이스라엘 군대에 의해 봉쇄됐기 때문에 아무도 들어갈 수 없는 지역이었다. 그날 밤 저녁식사를 하는데 『타임』 매거진의 로버트 수로(Robert Suro) 기자가 말했다. 그날 아침 일찍 샤틸라에 최대한 가까이 가봤는데 느낌이 안 좋았다는 것이었다. 서쪽에서 샤틸라를 내려다볼 수 있는 쿠웨이트 대사관 근처 로터리까지 갔는데, 이스라엘 군이 제공한 음식을 먹으면서 쉬고 있는 팔랑헤 민병대원들을 봤다는 것이다.

로버트가 말했다. "비행기 조종사 안경을 쓰고 있는 팔랑헤 민병대원이 있었는데 책임자인 것 같았습니다. 그래서 그에게 다가가서 말을 붙여보았지요. 키가 아주 크고 호리호리한 인물이었습니다. 그와 얘기하고 있던 도중 갑자기 난민촌 쪽에서 여러 발의 총소리와 폭발음이 들려왔어요. 그런데 그 민병대원은 전혀 놀란 기색이 없는 겁니다. 모든 것이 완벽하게 정상적이라는 듯이 행동하고 있었어요. 난민촌 안에서 무슨 일이 벌어지고 있는 거냐고 제가 물어봤더니 그는 그저 조용히 웃기만 했습니다. 우리가 얘기하던 자리에서 멀지 않은 곳에 이스라엘 병사가 탱크에 앉아 있었어요. 난민촌에서 총소리가 들려오는데 그들은 한가롭게 왔다 갔다 하고 잡지를 읽고 커다란 휴대용 스테레오라디오에서 흘러나오는 사이먼과 가펑클의 노래를 듣고 있었습니다. 무슨 일이 일어나고 있든 팔랑헤의 책임 아래 이루어지고 있다는 것은 분명했습니다. 그래서 팔랑헤 장교에게 제가 물어봤습니다. 도대체 사브라와 샤틸라를 어떻게 하려고 하느냐고요. 장교의 대답을 잊을 수가 없습니다. '쇼핑센터로 만들 작정입니다.'"

우리가 몰랐던 사실이 있었다. 하루 전날 약 1,500명의 팔랑헤 민병대원이 트럭을 타고 동베이루트에서 베이루트 공항으로 이동했다는 점이었다. 그들은 그곳을 주둔지로 이용했다. 팔랑헤는 약 150명의 작은 단위로 분산돼 사브라와 샤틸라로 이동했다. 이스라엘 군은 밤새 조명탄으로 난민촌을 밝혔다. 팔랑헤 민병대원들은 단지 바시르의 죽음에 대한 복수만을 원했던 것이 아니었다. 팔레스타인 게릴라에 의해 그 이전에 벌어졌던 부족 간의 살해에 대한 복수도 함께 하고자 했다. 베이루트 남쪽의 기독교도 마을 다무르(Damour)에서 1976년 2월 벌어졌던 팔레스타인 게릴라의 학살 등에 대한 복수였다. 팔랑헤 민병대원들에게 기회를 제공한 것은 샤론이었다. 9월 16일 목요일부터 9월 18일 토요일 아침까지 팔랑헤 대원들은 사브라와 샤틸라 난민촌을 샅샅이 뒤지며 눈에 띄는 사람은 모조리 없앴다.

9월 18일 토요일 이스라엘은 팔랑헤가 지난 3일 동안 난민촌의 팔레스타인 사람들을 학살했다는 사실을 '발견'했다. 이스라엘 군은 팔랑헤 민병대에게 난민촌으로부터 떠날 것을 명령했고, 학살과 연관되는 일이 없도록 난민촌으로부터 최대한 멀리 부대를 이동시켰다. 이로써 우리는 토요일 아침 소문을 확인하기 위해 난민촌으로 들어갈 수 있었고, 무슨 일이 일어났는지 자세히 기록하는 우리를 막는 사람은 없었다.

내가 샤틸라에서 처음 만난 사람은 잘 다듬어진 하얀 턱수염을 기르고 나무로 만든 지팡이를 옆에 둔 나이가 매우 많은 노인이었다. 90세 가까이 되어 보였다. 노인을 보았을 때 그는 몇 시간 전에 죽어 있었다. 아주 깨끗한 솜씨였다. 단 한 방의 총알이 가까이에서 발사돼 좌측 관자놀이 중앙에 구멍을 냈고 그 주변의 피는 말라 있었다. 아마도 살인자는 그 노인의 눈을 마주 보면서 방아쇠를 당겼을 것이다. 노인이 팔을 벌리고 누워 있던 곳은 난민촌으로 들어가는 서쪽 입구 근처였다. 죽음의 냄새가 진동하는 앞길에 무엇이 있을지를 짐작하게 했다. 훨씬 안쪽에 젖가슴이 잘린 여인이 있었다. 급히 파놓은 붉은 흙의 무덤에서는 누군가의 팔과 다리가 삐죽이 나와 있었다. 마치 자신을 잊지 말아달라고 사정하는 듯했다. 심지어는 말들조차 배가 총알로 벌집이 돼 터져버렸다. 그러나 내가 발견했던 대부분의 시체는 20대와 30대의 남자들로, 팔과 발이 묶인 채 벽을 보고 일렬로 서서 마치 암흑가에서 그러하듯 기관총의 집중사격을 받고 살해됐다. 도대체 베이루트에 남았다는 2,000명의 PLO 전투원들은 어디에 있다는 말인가? 그들이 실제로 존재했다면 그런 식으로 살해당하지는 않았을 것이다.

슬픔으로 제정신이 아닌 것이 분명한 어느 나이 든 여성 한 사람이 누추한 갈색 드레스를 입은 채 부풀어 오른 시체 옆에서 한 손으로는 스카프를 흔들고 다른 손에는 편지를 들고 있었다. 그녀는 아랍어로 연신 비명을 질렀다. "이, 이, 내 남편 맞아요? 신이시여 저를 도와주소서. 아들들은 다 죽었습니다. 내 남편도 죽었습니다. 저는 어떻게 해야 합니까? 오, 신이시여. 신이시여. 신이시여."

길 건너에서 또 다른 중년 여성이 시체가 널려 있는 곳의 자기 집에서 나왔다. 색이 바래버린 컬러사진 한 장과 잉꼬가 들어 있는 새장을 들고서였다. 사진 속의 인물은 그녀의 아들 아부 파디(Abu Fadi)였다. 새는 새장 안에서 춤추며 지저귀는데 여인은 비틀거리며 걸어오면서 울부짖었다. "아부 파디, 어디 있니? 내 사랑하는 아들을 누가 좀 데려다 주실래요?"

3일간의 학살 동안 얼마나 많은 사람이 살해됐는지 아무도 정확하게 알 수 없었다. 얼마나 많은 사람들을 팔랑헤 민병대원들이 트럭으로 싣고 가서 다른 곳에서 죽였는지 역시 알 수 없었다. 사망자 숫자에 관한 유일한 공식 집계는 적십자 국제위원회가 밝힌 것이 유일했다. 그들은 210구의 시체를 학살 며칠 후 공동으로 매장했다. 140명의 남성과 38명의 여성, 그리고 32명의 어린이였다. 대부분의 희생자들은 이보다 일찍 친지들에 의해 매장됐기 때문에, 사망자가 800명에서 900명 사이일 것으로 추정된다고 적십자 직원이 말했다.

이후 이스라엘 군인들은 난민촌에서 무슨 일이 일어났는지 그들은 모른다고 주장했다. 학살당한 사람들의 비명이나 고함소리를 듣지 못했다고 했다. 무고한 사람들을 마구잡이로 살해하는 모습을 쌍안경으로도 보지 못했다고 했다. 만일 그런 일이 있는 것을 알았다면 즉시 중지시켰을 것이라는 말도 했다.

그들이 말한 것은 모두 사실이다. 이스라엘 병사들은 무고한 민간인이 학살당하는 것을 보지도 못했고, 무고한 어린이들이 무덤이 될 장소로 끌려가면서 지르는 비명도 듣지 못했다. 그들이 본 것은 '일소' 되는 '우글우글한 테러리스트들'과 이리저리 뛰어다니는 '테러리스트 간호사들' 그리고 스스로를 방어하려는 '테러리스트 어린이들'이었다. 그들이 들은 것은 비명을 지르는 '테러리스트 여성들'이었다. 이스라엘 병사들의 마음속에 '테러리스트'를 구한다는 것은 있을 수 없었다. '테러리스트들'이 학살당한다는 것도 성립하지 않았다.

많은 이스라엘인들은 팔레스타인 사람들을 인간으로 생각하지 않는 사고방식에 오랫동안 익숙해졌다. '팔레스타인 사람'이라는 말은 'PLO', 그리고 '테러리스트'라는 말과 거의 같은 의미로 라디오와 텔레비전에서 사용됐다. 이들 마음속에서는 팔레스타인 전사와 팔레스타인 민간인의 구별, 전투원과 비전투원의 구별이 사라졌다. 후일 사브라와 샤틸라 사건을 조사한 이스라엘 정부의 카한(Kahan) 위원회는 학살이 시작된 후 초기 몇 시간 동안 팔레스타인 민간인의 살해에 관한 팔랑헤 민병대의 언급을 우연히 들은 이스라엘 장교들이 다수 있다는 사실을 밝혀냈다. 일부 장교들은 이러한 정보를 상급자에게 보고하기까지 했지만 답변을 듣지 못했다. 이 중에서 최악은 이스라엘 준장 아모스 야론(Amos Yaron)의 일이었다. 사브라와 샤틸라를 포위하고 있던 부대의 사령관이었던 야론은 학살이 시작되고 두 시간 후인 목요일 저녁 이스라엘 정보장교로부터 보고를 받았다. 이스라엘 군과의 연락을 담당하는 팔랑헤 민병대의 장교가 45명의 팔레스타인인들을 잡고 있다고 무전연락을 해왔다는 것이다. 팔랑헤 연락장교가 이들을 어떻게 처리할 것인지 명령을 내려달라고 했다. 이스라엘 장교의 대답은 '신의 뜻대로 하라'였다. 이와 같은 보고를 듣고 나서도 야론은 작전을 중지하도록 명령을 내리지 않았다.

사브라와 샤틸라를 팔레스타인 테러리즘의 근거지 이상으로 인식하지 않은 이스라엘인들은 그곳에 사는 사람들 중 일부는 가난한 시아파 레바논인이었다는 사실도 알 수 없었다. 난민촌에 살았지만 돈을 꽤 모을 수 있었던 사람들은 판자촌을 벗어나 도시로 이주했고, 시골에서 올라온 시아파 레바논인들이 이들의 콘크리트 집을 사서 난민촌으로 이주했던 것이다. 사실상 학살이 시작된 샤틸라 난민촌의 거리는 시아파 레바논 사람들이 대부분이던 곳이었다. 학살이 알려진 다음날 발행된 『아스 사피르 As-Safir』에 실린 사진은 난민촌을 갈가리 찢어놓은 팔랑헤 민병대원들의 맹목적인 부족주의적 광란을 보여줬다. 신문의 1면을 대부분 차지한 그 사진은 한쪽 손을 찍은 것이었다. 손에는 신분증이 쥐어져 있었는데 쉽게 읽을 수 있었다. 일함 다히르 미크다드(Ilham Dahir Mikdaad)라는 32세의 시아파 여성의 것이었다. 그녀의 가족은 대략 40명 정도였는데 팔랑헤 민병대에게 몰살당했다. 가슴을 가로질러 총알구멍이 일렬로 나 있는 그녀의 시신은 샤틸라의 중앙 도로에서 발견됐다. 무슨 일이 벌어졌는지는 명확했다. 그녀는 자신의 신분증을 꺼내들고 팔랑헤 민병대원에게 자신은 팔레스타인 사람이 아니라 시아파 이슬람교도인 레바논인이라는 점을 말하려고 했다. 그러나 민병대원은 그녀의 가슴을 향해 자동소총을 발사해버렸다.

사브라와 샤틸라에서 벌어진 사건은 내게도 개인적으로 정신적인 어려움을 안겨줬다. 베이루트 외곽에서 만났던 이스라엘인들은 내가 그동안 생각했던 영웅이 아니었다. 언제나 '무기의 순수성(purity of arms)'을 들먹이던 이스라엘이 현실세계에서는 하마의 규칙에 의해 행동하는 법을 배웠던 것이다. 중동의 다른 모든 민족과 다를 바 없었다. 팔랑헤 민병대를 난민촌 안으로 들여보내면서 이스라엘인들은 그들이 무엇을 하고 있는지 정확하게 알고 있었다. 카한 위원회의 보고는 다음과 같다. 바시르 게마엘과 이스라엘 모사드 비밀요원들과의 회의에서 이스라엘 장교는 이렇게 증언했다. "(바시르가) 말한 바는 의심의 여지가 없었습니다. 그 팔랑헤 지도자는 권좌에 오르게 되면 팔레스타인 문제를 완전히 해결할 생각이었습니다. 비록 그렇게 하기 위해 팔레스타인 사람들을 비정상적인 방식으로 다룬다고 할지라도 말입니다."

학살에 관련되었다는 점에 대해서 이스라엘 사람들은 자체조사를 벌였다.

이는 시리아의 사정보다 나은 것이었다. 그러나 이스라엘의 조사에도 불구하고 그 결과는 무엇인가? 카한 위원회가 난민촌에서 벌어진 사건에 대해 '개인적 책임'이 있다고 결론을 내린 샤론은 국방징관에서 물러나 무임소장관이 됐다. 그러나 차기 이스라엘 정부에서 샤론은 산업통상부장관(Minister of Industry and Trade)이 됐다. 라파엘 에이탄 참모총장은 난민촌에서 일어난 일로 비난을 받았고 이스라엘이 팔랑헤 민병대를 난민촌 안으로 들어갈 수 있도록 허용했느냐는 질문을 받고 수십 명의 기자들에게 거짓말을 했지만, 명예롭게 임기를 마칠 수 있었다. 이후 그는 이스라엘 의회 의원에 당선됐다. 야론 준장은 다시는 야전 사령관의 직책을 맡지 못할 것이라는 말을 들어야 했다. 그러나 곧 소장으로 진급했고 이슬라엘 군의 모든 인사문제를 다루는 인력부서의 책임자에 임명됐다. 인사담당자로서의 역할을 마친 뒤인 1986년 8월에는 누구나 탐내는 직책을 차지할 수 있었다. 워싱턴 주재 상무관이었다.

이와 같은 '처벌'로 끝날 조사를 심각하게 받아들일 사람은 아무도 없다. 베이루트와 예루살렘을 거치는 동안 내가 종종 목격한 전형적인 형태의 위선을 처음 보는 순간이었다. 레바논 친구 하나는 이를 '도덕적 이중장부'라고 즐겨 불렀다. 중동에서는 게임에 참가하는 사람들이 모두 그렇게 한다. 그들은 한 손에 외부에 보여주기 위한 도덕책을 한 권 들고 있다. 이 책은 그들이 얼마나 정의로운 사람들인지를 보여준다. 다른 한 손에는 끼리끼리 돌려 읽을 도덕책이 들려 있다. 그들이 얼마나 잔인한 존재인지를 보여주는 책이다.

그러나 당시 나는 아직 그런 종류의 도덕적 분식회계를 이해하지 못했다. 나는 사브라와 샤틸라 학살이 이스라엘과 유대인들에게 심각한 오점이 되리라고 생각했다. 이후 내 마음은 분노로 끓어올랐고, 두 난민촌에서 정확하게 어떤 일이 벌어졌는지를 내가 동원할 수 있는 모든 방법을 통해 보도했다. 그 결과 나온 기사는 학살을 시간 단위로 재구성한 것이었는데 1982년 9월 26일자 『뉴욕타임스』에 네 페이지를 꽉 채운 분량으로 실렸다. 이 기사로 나는 국제보도 부문 퓰리처상을 수상했다. 나는 그 기사에 밤낮없이 매달렸다. 잠자는 시간이라고는 기사를 타이핑하고 잠시 쉬는 시간이

전부였다. 돌이켜보면 당시 내 마음속에는 서로 상충하는 두 가지 감정이 있었던 것 같다. 한편으로 나는 베긴과 샤론에게 타격을 주고 싶었다. 그들의 군대가 베이루트의 학살에 관련되었다는 것을 한 점의 의혹도 없이 증명해 이들을 물러나게 하고 싶었다. 당시 나는 두 사람이 진정한 책임자라고 판단했다. 잘못된 생각이었다. 다른 한편으로 나는 알리바이를 찾고 있었다. 베긴과 샤론이 무고하다는 점을 밝혀 이스라엘은 학살에 관해 알 수 없었음을 증명하고 싶었다. '객관적인' 저널리스트라면 그와 같은 감정을 가져서는 안 되겠지만, 사실상 나는 그런 감정 때문에 더 나은 기자가 될 수 있었다.

  학살이 끝나고 일주일 후 나는 레바논의 이스라엘 군을 총지휘했던 아미르 드로리(Amir Drori) 소장을 인터뷰했다. 서방 기자에게 인터뷰를 허용한 유일한 사례였다. 그들은 차에 나를 태우고 베이루트 북서쪽 어느 쿠웨이트 토후의 여름 궁전에 자리 잡은 이스라엘 군의 사령부로 향했다. 나무로 만든 긴 회의용 탁자에서 인터뷰를 했다. 드로리는 상석에 앉았고 테이블에는 야론 준장을 비롯한 그의 참모들이 둘러앉았다. 나를 그곳으로 안내한 장교 역시 배석했다. 스튜어트 코헨(Stuart Cohen)이라는 이름의 그 장교는 잉글랜드 출신의 예비역으로 온화한 이스라엘인이었는데, 나는 그를 전날 이스라엘 군이 본부로 사용하던 사브라와 샤틸라 인근 아파트 건물 옥상에서 만났다. 이스라엘 군이 사용하던 첨단 장비에는 훨씬 못 미치는 것이었지만 나는 내가 가진 싸구려 쌍안경으로 그곳에서 난민촌이 얼마나 잘 보이는지 보여줬다. 시신을 묻기 위해 팔랑헤 민병대원들이 새로 만든 공동묘지의 흙이 아직 선명하게 보였다. 스튜어트는 충격을 받았다. 그가 사령부에서 들었던 이야기와 전혀 달랐기 때문이다.

  드로리 소장과의 인터뷰를 진행하는 동안 내가 기자로서 완전히 중립적인 감정을 유지하지 못했다는 점을 인정해야만 할 것 같다. 나는 테이블을 주먹으로 내리치고 드로리에게 고함을 질렀다. "도대체 어떻게 이런 일을 할 수 있는가? 어떻게 못 볼 수가 있는가? 어떻게 모를 수가 있는가?" 그러나 실제로 내 마음속에서 하는 말은 이랬다. 대단히 이기적이고 개인적인 것이었다. "나쁜 놈, 어떻게 내게 이럴 수 있단 말인가? 나는 당신은 다를 것이라고 항상 생각했다. 나는 항상 '우리'는 다르다고 생각했다. 나는 서베이루트에 주재하는 기자들 중 유일한 유대인이다. 이제 사람들에게 나는 뭐라고 해야 하는가? 나 스스로에게 뭐라고 해야만 하는가?"

드로리는 아무 대답이 없었다. 나는 그가 알고 있었다는 것을 알았다. 이스라엘 병사들은 그곳에서 벌어지고 있는 일들을 알고도 아무 조치를 취하지 않은 것임에 틀림없었다. 백번 양보한다고 하더라도 그들이 몰랐다는 것은 적어도 이치에 맞지 않았다. 베이루트로 돌아오는 차 안에서 나는 말 그대로 구토가 나왔다. 코모도어 호텔로 돌아간 나는 『타임』의 외신담당 편집자 크레이그 휘트니(Craig Whitney)에게 전화를 걸었다.

"크레이그, 그 사람은 대답하지 않았어요. 나는 이 더러운 사건에서 손을 떼고 싶어요. 누군가 다른 사람에게 기사를 쓰게 하세요." 내가 말했다.

"왜 그래요. 당신이 거기 갔잖아요. 당신 말고 누가 쓸 수 있겠어요." 크레이그가 부드럽게 말했다.

물론 그곳에 간 것은 나였고 내가 써야만 한다는 점을 나도 알고 있었다. 다음날 아침 나는 『뉴욕타임스』 1면에 아미르 드로리를 매장시킬 만한 기사를 썼다. 이 기사와 함께 내가 유대인 국가에 대해 가지고 있었던 착각도 남김없이 사라졌다.

* * *

몇 주 후 나는 요르단의 암만에서 야세르 아라파트를 만났다. 1982년 10월 9일이었다. 사브라와 샤틸라의 주검은 모두 매장됐고, 아라파트는 후세인 왕을 만나기 위해 그곳에 왔다. 1970년 작은 키의 후세인 왕이 아라파트를 몰아낸 후 처음으로 요르단의 수도를 방문한 것이었다. 도착한 첫날 밤 아라파트는 암만의 PLO 본부에서 열린 자신을 환영하는 집회에서 연설했다. 연단에 선 그는 자신을 만나러 나온 수천 명의 팔레스타인 사람들 앞에서 두 팔을 휘두르며 엄청난 분노를 터뜨렸다. "우리는 사브라와 샤틸라에서

5,000명을 잃었습니다. 그러나 우리는 조국을 되찾을 때까지 5만 명을 희생할 각오가 되어 있습니다." 아라파트는 사브라와 샤틸라에서 살해당한 사람들의 숫자를 언제나 과장했다. 그의 과장은 실제로 죽어간 사람들의 삶을 더 값싸게 만들고 PLO를 위한 또 하나의 통계로 바꿔버린다는 느낌을 받았다. 실제 죽어간 사람들의 숫자도 끔찍한 것이기는 마찬가지였다. 아라파트가 연설했던 10월 그날 저녁 암만에서 모인 사람들은 아라파트가 제시하는 숫자에 전혀 개의치 않았다.

내가 가장 또렷하게 기억하는 것은 모든 사람들이 아라파트의 몸에 손을 대보고 싶어 했다는 점이다. 아라파트는 마치 콘서트를 마친 록 스타 같았다. 팔레스타인 사람들은 그의 옷과 턱수염, 그리고 그가 머리에 두른 아랍 남성의 두건인 체크무늬 카피에를 만져보려고 했다. 마치 아라파트는 수많은 사람들의 손과 팔에 흠씬 두들겨 맞는 것처럼 보였다. 아라파트가 연단을 떠날 때는 경호원들이 밀려드는 사람들 틈에 낀 그를 빼내야만 했다. 그가 내 앞을 지날 때 내가 본 것이라고는 사람들의 많은 손들 틈새로 보인 그의 머리와 웃는 얼굴뿐이었다.

팔레스타인 사람들은 무엇에 그렇게도 열광했던 것인가? 아라파트는 이미 정치생명이 끝났어야 마땅했다. 팔레스타인 사람들이 그렇게도 만져보려고 했던 것은 무엇인가? 그들이 만져보려고 했던 것은 어떤 면에서 그들 자신이었다고 나는 생각한다. 그들이 아직 건재하게 살아 있고 세계가 무시 못할 존재라는 점을 확인하고 싶었던 것 같다. 어느 면에서 보더라도 아라파트는 1982년 여름 실책을 범했다. 세계의 다른 민족해방운동에서라면 그는 지도자의 자리를 박탈당했을 것이다. 그러나 아라파트는 여러 가지 사건들 때문에 정치생명을 유지했다. 아랍세계의 팔레스타인인 포기, 사브라와 샤틸라에서 팔랑헤 민병대에 의한 팔레스타인 사람들 학살, 그리고 몇 달 후 아라파트를 PLO에서 몰아내려던 시리아 대통령 아사드의 시도 등이 아라파트와 팔레스타인 사람들의 결속력을 10배는 강하게 만들었다.

온갖 실패에도 불구하고 자신을 제거하려는 세력에 맞서 살아남아 자신의 자리로 복귀할 수 있었던 아라파트의 능력은 팔레스타인 사람들에게 하나의 상징이었다. 아랍과 이스라엘의 세력이 팔레스타인의 대의를 제거하고 팔레스타인 사람들을 잊힌 존재로 만들려고 해도 이에 굴하지 않겠다는 팔레스타인인들의 각오를 상징했다. 팔레스타인 사람들은 아랍과 이스라엘이라는 맹수에게 아라파트의 머리를 바치지 않을 것이었다. 설혹 아라파트가 이들 맹수의 밥이 되어도 마땅한 실수를 저지른다고 하더라도 팔레스타인 사람들은 아라파트를 포기하지 않을 것이었다.

1982년 여름 이후 팔레스타인 사람들의 상징으로서의 아라파트의 역할은 더욱 강해졌다. 세계무대에서 사라지기를 거부하는 그들의 상징이었다. 어쩌면 아라파트에게는 오직 상징적 역할만 남은 것인지도 모를 일이었다. 팔레스타인 사람들은 아라파트를 평가함에 있어서 그가 이룬 실질적인 업적보다는 그가 무엇을 대표하고 있는가를 기준으로 판단했다. 요르단 강 서안에 위치한 비르자이트(Bir Zeit)대학의 팔레스타인인 여학생보다 이를 더 잘 표현한 사람은 없었다. 나는 그녀에게 아라파트는 팔레스타인 사람들에게 패배 이외에는 가져다준 것이 없는데 왜 그를 지지하느냐고 물었다. 그녀는 두 눈에 눈물이 고인 채 답했다. "아라파트는 우리가 세상을 향해 던진 돌멩이입니다."

팔레스타인 사람들의 생존을 상징하는 아라파트의 능력, 팔레스타인을 상징하는 인간 깃발로서의 그의 능력은 그가 PLO 지도자의 역할을 여전히 수행할 수 있도록 만들었다. 이는 1982년 여름의 사건이 없었다고 해도 마찬가지였을 것이다. 민족해방운동이 지도자를 몰아내는 경우는 있을지 모르지만, 운동의 깃발을 내리는 일이란 없는 법이다. 1983년 2월 알제리의 수도 알제에서 개최된 PLO 망명 의회인 팔레스타인민족평의회(Palestine National Council, PNC)에서 이와 같은 점은 분명해졌다. 이스라엘이 레바논을 침공한 이후로 처음 열린 1983년 회의에서 PLO가 행한 레바논에서의 실책을 심각하게 비판하는 일은 없었다. 'PLO가 베이루트에서 거둔 빛나는 승리'를 축하하는 허풍스런 축제만이 있었을 뿐이다. 당연히 PLO 지도부의 변화는 전혀 필요하지 않았다. 헝가리에서 온 참관인은 아라파트에게 동으로 만든 트로피를 선사했고, 중국 대표는 붉은 책을 선물했다. 요르단 강 서안에서 참석한 대표들은 아라파트에게 팔레스타인을 상징하는 깃발과 같은 색으로 짠 스카프를 전했다.

PLO 내부의 온건파 이삼 사르타위(Issam Sartawi)가 회의에서 발언권을 요청하자 아라파트는 그를 막아섰다. 사르타위는 이에 대한 저항으로 조직을 탈퇴했다. 그는 회의장으로부터 거칠게 나오면서 내게 이렇게 말했다. "레바논의 상황을 온통 영광스런 승리라고 말하는 PLO 지도부 전체에 정말이지 분통이 터집니다. 레바논에서의 상황은 우리에게 재앙입니다. 레바논에서 적들과 맞서 싸운 동지들의 용기에 나는 머리가 숙여집니다. 만일 베이루트가 저들이 말하는 것처럼 혁혁한 승리였다면, 우리가 할 일이란 그저 베이루트 같은 승리를 몇 번 더 거두는 것이겠지요. 그러다 보면 아마도 다음 회의는 피지에서 열리게 될 것입니다."

이스라엘이 평화롭게 그곳에서 살아갈 권리를 암묵적으로 인정하는 브레즈네프의 중동평화안을 PLO가 이미 받아들였다고 사르타위는 덧붙였다. 그리고 그가 물었다. 이스라엘을 인정한다는 점을 대외적으로 밝히고 이로부터 얻을 수 있는 정치적 이득을 왜 취하지 못하느냐는 것이었다. 두 가지만 꼽더라도 미국과 이스라엘 내부의 평화진영의 지원을 얻어낼 수 있다는 것이었다. 물론 베긴이 PLO와의 협상 '일체'를 거부함으로써 이를 어렵게 만들고 있는 것은 사실이었다. 그러나 베긴의 태도는 이스라엘을 대외적으로 인정하는 PLO의 전략을 더욱 강력하게 만들 수도 있었다. 이스라엘을 궁지로 몰아넣기 때문이었다. 그러나 현실과의 타협도 이를 주장하는 사르타위도 버텨낼 수 없었다. 사르타위가 PNC 회의장을 박차고 나간 지 약 두 달 후인 1983년 4월 10일 총을 든 팔레스타인 사내가 사르타위에게 다가가 여섯 발의 총탄을 몸 가까이에서 발사했다. 포르투갈의 해변 휴양지 알부페이라(Albufeira)에 위치한 어느 호텔 로비에서 벌어진 일이었다. 사르타위는 당시 제16차 사회주의자 인터내셔널에 참석 중이었다. 팔레스타인 급진파 아부 니달(Abu Nidal)이 다마스쿠스에서 자신이 암살을 주도했다고 주장했다. 그는 사르타위가 'CIA와 모사드, 그리고 영국정보부의 비열한 앞잡이'였다고 비난했다.

알제에서 개최된 PNC는 사르타위의 조언을 받아들이는 대신 팔레스타인 사람들이 '람(la'am)'이라고 부르는 접근법을 채택했다. 이는 아랍어로 '그렇다'와 '아니오'를 혼합한 용어로 이후 수년 동안 지속될 PLO의 정책 방향을 정확하게 묘사했다. '람'은 당시 논의되던 레이건의 중동평화안과 기타 움직임을 기본적으로 거부하지만, 단정적으로 부인하지는 않는 것이었다. 아라파트가 중동평화협상에서 완전히 배제되거나 후세인 왕이 아라파트를 대신해 팔레스타인의 협상자로 자리 잡지 못하도록 하기 위한 전략이었다.

나는 회의에서 보다 나은 전략이 채택되기를 기대할 만큼 순진했다. PNC가 열린 알제의 클럽 데팽(Club des Pins)의 로비에는 많은 사진들이 전시되어 있었다. 15미터가 넘게 전시된 사진들에는 사브라와 샤틸라 학살에서 희생된 남녀와 어린이들의 끔찍한 모습이 담겨 있었다. 희생된 사람들의 사진이 아니라 요르단 강 서안에 자리 잡은 모든 이스라엘 정착촌의 확대사진을 전시했어야 했다는 생각이 들었다. 그러나 PLO는 희생자들을 전시하고 싶어 했다. 희생자를 비난하는 법은 없기 때문이었다. PLO 지도자들은 요르단 강 서안에서 어떤 일이 일어나고 있는지에 관해 사실상 알리고 하지도 않았다. 사실을 안다는 것은 이에 대해 무언가 실질적인 조치가 있어야만 함을 의미했기 때문이다. 아부 지하드의 말을 빌리자면 '시간에 쫓겨야만' 한다는 것을 의미했다. 실질적인 조치란 둘 중의 하나였다. 평화를 위해 양보하거나 아니면 전쟁을 준비해야만 한다. 베이루트에서 철수한 이후에도, 아라파트에게는 둘 중 어느 것을 할 능력도 의사도 없었다. 그는 여전히 시간이 그들 편인 듯 행동했다. 적어도 아라파트의 시각에 의하면 그러했다. 시온주의자들은 팔레스타인에 뿌리가 전혀 없다. 이스라엘이란 서방이 중동에 떠맡긴 홀로코스트 이후의 단기적인 현상에 지나지 않았다. 시간이 지나면 다른 모든 식민지 시대의 외부 정착민이 그랬듯이 사라져버릴 것이었다. 1988년 9월 『플레이보이』와 가진 인터뷰에서 아라파트는 질문을 받았다. 팔레스타인을 회복하기 위한 투쟁이 이렇게 오래 지속될지 알았느냐는 것이었다. 알았다면 언제 알게 되었느냐는 질문도 함께였다.

아라파트가 대답했다. "잘 알고 있었습니다. 우리의 슬로건은 처음부터 이랬습니다. '우리의 투쟁은 소풍이 아니다. 길고 어려운 싸움이 될 것이다.' 베트남 사람들은 35년 동안 끊임없이 싸웠습니다. 알제리인들은 150년, 로디지아 사람들은 약 100년, 사우디아라비아는 500년 동안 싸웠습니다. 그러나 처음부터 우리는 조만간 목적을 이룰 수 있다는 점을 확신했습니다. 우리는 역사의 커다란 물줄기와 '함께' 가고 있기 때문입니다. 이스라엘은 역사를 '거스르고' 있습니다."

 이스라엘과 관련된 현실을 정확하게 분석하고 이로부터 즉시 취해야만 할 정치적 선택을 내리는 대신 아라파트는 항상 그가 하는 일을 반복했다. 자신이 대표하는 팔레스타인 난민들의 고통에 의미를 부여하고 이들에게 희망과 슬로건을 제시하는 일이었다. 이스라엘의 존재를 공식적으로 인정하는 일은 각지의 팔레스타인 사람들에게 40년 동안 그들이 겪었던 고통, 그리고 베이루트에서의 죽음이 수포로 돌아갔음을 알리는 것이었다. 레바논과 요르단, 시리아에 거주하지만 자파와 하이파, 갈릴리가 고향인 모든 난민들에게 그러했다. 이스라엘을 공식적으로 인정하지 않고 모든 허상을 조금도 버리지 않은 채, 아라파트는 팔레스타인 사람들에게 말하고 있었다. 고향에서 추방당한 현재의 상태를 참고 견디면 결국 해방이 올 것이라고 말이다. 사람들에게 현실을 직시하고 내키지 않을 두 가지 선택을 강요하는 것보다는 고통에 의미를 부여하는 일이 언제나 쉬운 법이다. 나쁜 것과 더 나쁜 것 중의 선택만이 있을 뿐이다. 요르단 강 서안의 한 부분에 작은 독립국가 혹은 요르단과의 연방국가를 세우든지 아니면 아무것도 얻지 못하든지 둘 중 하나다.

 아라파트의 시간관념으로 본다면 베이루트의 사건은 작은 좌절에 불과하고 기나긴 역사에 비추어 보면 일시적인 어려움에 지나지 않았다. 역사적인 양보는 물론 긴급히 결정을 요구하는 상황이 전혀 아니었다. 클럽 데팽의 로비에 서 있던 나는 시계를 들여다보면서 사실상 이렇게 묻고 있었다. "왜 팔레스타인 민족은 이제 마음의 결정을 내리고 이스라엘이 존재할 수 있는 권리를 받아들이지 않는가? 민족을 위해 챙길 수 있는 최대한을 확보해야 하는 것 아닌가?" 그러나 아라파트와 그의 동료들 역시 시계를 보면서 그들 자신의 계산을 하고 있었던 것이다. 그들이 시간관념이 없었던 것이 아니다.

내 시곗바늘은 분과 시를 가리켰지만 그들의 시곗바늘은 10년과 100년을 가리킨다는 차이가 있을 뿐인 것 같았다.

1982년 9월 1일 제시된 레이건의 협상안에 관한 논의를 마무리짓기 위해 PLO 의장이 암만으로 요르단 왕 후세인을 방문했던 1983년 4월, 현실을 직면하고 선택할 능력이 아라파트에게는 없지 않은가라고 내가 그동안 가졌던 의혹이 말끔히 사라졌다. 레이건의 제안은 요르단과 연계한 상태에서 요르단 강 서안과 가자지구에 팔레스타인의 자치를 실현하는 것이었다. PLO가 이스라엘의 권리를 공식적으로 부정하는 한, 이 제안은 PLO에게 어떠한 직접적인 역할도 부여하지 않았다. 그러나 간접적인 역할을 부여하기는 했다. 제안에 따르면 요르단 강 서안의 반환 문제를 이스라엘과 협상할 요르단과 팔레스타인 합동 대표단이 구성되어야만 했다. 이는 아라파트가 이끄는 팔레스타인 대표가 합동 대표단 내에서 승인되어야 한다는 의미라고 모두가 이해했다. 단도직입적으로 말하면, 레이건의 평화안은 캠프데이비드 이후 줄곧 의제가 됐던 이스라엘의 점령에 종지부를 찍고 팔레스타인 사람들이 요르단 강 서안과 가자지구를 회복할 수 있는 최고의 기회였다. 더욱 중요하게는 미국 대통령이 제안을 공정하게 뒷받침하고 있다는 점이었다. 독립된 국가 혹은 이와 매우 유사한 무언가로 향후 발전할 수 있는 정치독립체를 형성할 절호의 기회였다. 후세인 왕은 아라파트에게 공식적으로 요구했다. 암묵적으로 이스라엘의 존재를 인정하는 UN 결의안 242호를 PLO가 받아들이든지, 베긴이 극렬하게 반대하고 있는 레이건 평화안에 관한 협상을 개시하기 위해 요르단 측에 어떤 형태로든 권한을 위임해달라는 것이었다. 만일 아라파트가 둘 중 어느 하나라도 동의한다면 베긴은 어쩔 수 없이 이를 받아들여야만 했다. 그러나 아라파트와 PLO 지도자들은 후세인 왕과 레이건 모두의 제안에 거부를 분명히 했다. PLO 지도부가 왜 그런 결정을 하게 됐는지 나와 동료 기자들이 아부 지하드에게 집요하게 묻자, 그는 우리에게 이렇게 고함을 질렀다. "PLO에 득이 될 게 무엇인가?" 당장은 거의 없을 수도 있었다. 그러나 팔레스타인 민족에게 잠재적으로 이득을 가져올 만한 것이 엄청나게 많았다. 특히 요르단 강 서안과 가자지구에 거주하는 팔레스타인 사람들에게는 더욱 그러했다.

레이건 평화안을 거부하기 직전 아라파트는 암만의 PLO 본부에서 기자회견을 가졌다. 본부는 4층 건물에 자리 잡고 있었는데 취재하러 온 기자들이 너무 많아 회의실에 이르는 계단이 취재진으로 아수라장이 됐다. 밀쳐대는 카메라맨들 사이에서 샌드위치가 되어 서 있는데, PLO의 공식 대변인이자 정치적으로 비중 있는 인물이기도 한 야세르 아베드 라보(Yasir Abed Rabbo)가 계단을 내려왔다. 내 옆을 지나다가 회의실로 들어가기 위해 계단에서 서로 떠미는 수십 명의 취재진을 목격한 그의 얼굴이 환해졌다. 함박웃음을 지은 그는 고개를 크게 앞뒤로 끄덕이더니 말했다. "좋아, 아주 좋아." 미디어의 황금시간대가 다시 한 번 팔레스타인으로 장식될 것이 틀림없었다.

이스라엘 온건파를 만족시키게 될 평화를 위한 실질적인 양보를 하지 않고도, 또한 팔레스타인 강경파가 환영할 진정한 전쟁준비를 하지 않고도 영원히 자신의 방식대로 할 수 있을 것이라고 아라파트가 생각했다는 점은 명백하다. 그는 '무장투쟁'을 언급했고 실제로 후세인 왕과 시험 삼아 맞붙어 보기도 했다. 그러나 실질적으로 세계를 변화시킬 정도로 무력투쟁을 밀고 나간 일은 없었다. 그러나 1983년 봄 이후, 베이루트를 떠난 이후 아라파트가 양보와 무장투쟁 사이에서 균형을 잡기 위해 의지했던 기반이 서서히 무너지기 시작했다.

어려움은 1983년 5월 내부 반란으로 시작됐다. 아라파트 자신의 근거였던 알 파타에서 터져 나왔다. 아라파트의 오랜 반대자였고 알 파타를 이끌던 사에브 아부 무사(Saeb Abu Musa) 대령이었다. 아부 무사의 반란은 그 기원을 살펴보았을 때 진정한 저항운동으로 베카 계곡에 자리 잡은 알 파타 게릴라 사이에서 시작됐다. 반란이 터져 나온 계기는 아라파트가 그의 오랜 친구 두 명을 베카 계곡과 남부 레바논의 사령관으로 임명한 일이었다. 하즈 이스마일(Hajj Ismail) 대령은 남부 레바논의 사령관이었는데 전쟁이 발발한 이튿날 앰뷸런스를 타고 부대에서 도망쳤다. 그의 수하에 있던 게릴라들은 지휘를 받지 못한 채 싸우도록 내버려두고 사령부만 안전하게 피신한 것이다. 또 다른 인물은 아부 하젬(Abu Hajem) 대령으로 알려졌는데, 오랫동안 혁명은 아랑곳 하지 않고 사치스런 생활을 즐기는 사람으로 유명했다. 이스라엘과의 전쟁을 심각하게 받아들이는 사람이라면 그 누구도 이 같은 인물들을 사령관 직책에 임명하지는 않았을 것이다. 아랍어 주간지 『알 키파 알 아라비 Al-Kifah al-Arabi』와의 인터뷰에서 널리 존경받는 게릴라 전사였던 아부 무사는 자신이 왜 PLO 지도부에 변화가 있어야 한다고 생각하는지를 설명했다. "아라파트는 팔레스타인 혁명을 하나의 관료제도로 변질시켰습니다. 어느 저개발 국가의 관료집단도 이처럼 부패하지는 않았습니다. 이런 제도를 가지고 전투를 수행할 수 없다는 점은 당연합니다. 전쟁이 발발하자 지도부는 도망치고 일반 전사들이 그 대가를 치러야만 했던 것은 이 때문입니다."

나아가 아부 무사는 PLO가 혁명운동이어야만 한다는 점 역시 지적했다. 무슨 일을 하건 지도자가 평생 자리를 보전하는 다른 아랍 정권과는 달라야 한다는 것이었다. "아라파트는 아버지로부터 PLO 의장직을 물려받은 것이 아닙니다." 아부 무사는 이 점을 여러 차례 언급했다.

직업군인이었던 아부 무사의 눈에 자신이 합류한 PLO 군대는 자신이 떠나온 요르단 군대보다 더 부패한 상태였다. 그러나 그에게는 한 가지 문제가 있었다. 아부 무사가 몸담은 곳은 정직한 사람에게 그만한 보상을 주는 곳이 아니었다는 점이다. 아부 무사가 반란을 선언하자마자 시리아와 리비아는 그를 지지하고 나섰다. 이데올로기적인, 그리고 현실적인 이유에서였다. 아라파트는 시리아와 리비아의 지원을 반란의 명분을 완전히 깎아내리는 데 이용했다. 1983년 9월 레바논 북부의 트리폴리에서 시리아의 지원을 받은 아부 무사의 전사들이 아라파트의 부하들을 궁지에 몰아넣었다. 나 역시 그곳에 있었다. 전투를 독려하기 위해 배를 타고 트리폴리로 온 아라파트는 기자들 여러 명을 트리폴리 외곽의 올리브 숲으로 불러 기자회견을 열었다. PLO 게릴라 한 무리가 먼저 도착해 일종의 의장대를 형성했고, 아라파트는 녹색 메르세데스 벤츠를 타고 왔다. 지팡이를 들고 차에서 내린 그는 올리브 숲에 도열한 의장대 사이를 당당하게 걸어 들어와 나무 아래에서 기자회견을 했다. 단독 인터뷰를 약속받은 『뉴스위크』 특파원 짐 프링글(Jim Pringle)은 나무 뒤에 혼자 서 있을 수 있었다. 우리가 아라파트에게 아부 무사에 관해 질문하자 그는 손을 저으며 말했다. "꼭두각시나 트로이의 목마에 관해서는 내게 묻지 마십시오."

우리는 다시 질문했다. 아라파트는 반란에 대해 어떻게 생각하고 있는가? 그러자 그는 상의 주머니에서 미국산 고급 만년필 크로스 펜을 꺼내더니 높이 들고 말했다. "바로 이것입니다. 아사드는 나의 펜을 원합니다. 팔레스타인 사람들의 결정을 원하는 것입니다. 그러나 나는 그들이 원하는 바를 들어 주지 않을 것입니다."

대단히 영리한 전략이었다. 아라파트는 자신의 지도력에 도전하는 정당한 저항운동을 팔레스타인 사람들에 대한 시리아의 음모로 바꿨다. 아사드는 졸지에 아라파트를 도운 꼴이 돼버렸다. 아라파트와 시리아 둘 중에서 골라야만 하는 상황에서 시리아 편을 들 팔레스타인 사람은 없었다. PLO가 내부적으로 깨끗해질 필요가 있고 또한 아라파트가 개자식이라는 사실을 팔레스타인 사람들 역시 알고 있었다. 그러나 그 개자식이 우리 편이고 게다가 세계적으로 인지도가 있고 인정받는 유일한 개자식이었는데 어쩌랴. 아라파트는 다시 한 번 살아남았다. 자신이 이룩한 어떤 생산적인 성과가 아니라 그가 상징하는 것을 통해서였다. 이것이 바로 테플론 게릴라로서의 아라파트가 가진 핵심이고 아부 무사의 반란이 그에게 달라붙지 못한 이유였다.

베이루트에 대해서 그랬던 것처럼 아라파트는 트리폴리를 자신의 '스탈린그라드'로 만들겠다고 공언했다. 그러나 이번에는 프랑스의 보호 아래 자신과 4,000명의 게릴라를 안전한 곳으로 수송할 배가 도착하자, 그는 순교자로서의 죽음이 아니라 상징으로서의 삶을 다시 선택했다. 당시 댈러스 『타임스 헤럴드』의 중동 특파원이었던 빌 배럿은 북부 레바논에서 철수하기 직전 아라파트를 인터뷰했다.

배럿이 이렇게 회상했다. "혹시 전에 알라모에 대해 들어본 일이 있느냐고 제가 의장에게 물었습니다. 아라파트가 대답했어요. '그럼요. 물론이죠. 텍사스에 있는 유명한 요새죠.' 그래서 다시 물었습니다. 알라모가 그가 겪고 있는 어려움과 어떤 유사점이 있는가라고 말이죠. '그렇습니다. 유사하지요.' 의장은 그렇게 대답했습니다. 그러더니 용기, 적들에게 포위된 상황, 그리고 대의를 위해 싸우는 것이 왜 중요한지 따위의 말을 이어나갔습니다. 아라파트는 그 주제에 관해 열변을 토해냈습니다. 그에게 다시 물었습니다. 알라모 요새에 있던 사람들이 한 사람도 빠짐없이 죽었다는 사실을 아느냐는 질문이었습니다. 잠시 정적이 흘렀습니다. 꽤나 긴 정적이었죠. 그리고 아라파트가 말했습니다. '이제 생각해보니 알라모와 우리 상황은 그다지 비슷한 점이 없네요.' 말을 마친 아라파트는 다른 주제로 넘어갔습니다."

트리폴리를 포기한 아라파트는 마지막으로 의지할 수단마저 잃었다. 이제 그에게는 팔레스타인 사람들과 일상적으로 연결되는 통로가 없었다. PLO가 탄생하게 된 근거지였고, 동시에 PLO에 의해 힘을 얻었던 팔레스타인 사람들, 즉 레바논과 요르단, 그리고 시리아에 거주하는 팔레스타인 난민들과의 일상적 연결이 끊어진 것이었다. 어떤 면으로 보더라도 이제 아라파트가 이들을 직접 이끌 수는 없었다. 오로지 대리인을 통하는 방법 외에는 없었다. 이와 함께 아라파트는 이스라엘과 직접 대면할 수 있는 마지막 통로 역시 잃었다. 유대인 국가에 의미 있는 군사적 압력을 가할 수 있는 방법이 없어진 것이었다.

그러나 역사란 예상한 대로만 흘러가는 법이 없다. 샤론은 베이루트로 진격하고 아라파트를 제거함으로써 요르단 강 서안과 가자지구를 영구적인 이스라엘의 지배 아래 둘 수 있을 것이라고 생각했다. 그러나 샤론이 이해하지 못한 점이 있었다. PLO를 너무도 저주한 나머지 그는 베이루트가 극장무대에 불과하고 아라파트는 오랫동안 그곳에서 스타가 되고 싶어 했다는 점을 이해하지 못했다. 아라파트가 원했던 것은 오로지 자신과 팔레스타인인들이 권력을 휘두를 수 있는 자그마한 구역과 아랍연맹 의회에서 의장직을 수행할 수 있는 권력 정도였다. 아라파트는 베이루트에서 그가 원하던 바를 얻었다. 그의 입장에서는 팔레스타인을 획득한 것이 아니었지만 베이루트에서 얻은 것으로도 참을 만했다. 베이루트가 제2의 조국이 되었던 것이다. 만일 샤론이 내버려뒀다면 PLO는 여전히 베이루트에 있었을 것이다. 그러나 샤론은 레바논이라는 극장무대를 심각하게 받아들였다. 아라파트와 게릴라를 몰아냄으로써 다시 이들을 조국이 없는 처지로 전락시키고 떠도는 신세로 만들었다. 아라파트와 동료들에게는 다른 대안이 없었다. 이제 무장투쟁 대신 오로지 외교에 온 힘을 기울이는 수밖에 없었다. 샤론이 이스라엘의 지배 아래 두고자 했던 바로 그 지역, 즉 요르단 강 서안과 가자지구를 회복하기 위한 외교노력이었다. 팔레스타인 사람들이 집중적으로 거주하는 최대 지역이자 이스라엘과의 직접 대결이 지속될 곳이었다.

아라파트는 요르단 강 서안의 팔레스타인 사람들과 접촉을 유지해야만 했다. 요르단의 후세인 왕이 서안의 주민들 혹은 이스라엘과 협상을 시도함으로써 PLO를 배제하지 못하도록 하기 위해서였다. 후세인 왕을 억제하고 요르단 강 서안에 접근할 수 있는 육로를 확보하기 위해 아라파트는 1985년 2월 11일 요르단과 공동협상전략에 합의했다. 조지 하바시를 비롯한 PLO 강경파는 이 합의에 격렬하게 반대했지만, 결국 또 하나의 '댐'이 생겨났다. 예컨대 2월 11일의 합의는 이스라엘이 점령지를 포기해야 평화를 이룰 수 있다는 원칙을 확인했지만, 후세인 왕은 아라파트로부터 세부사항에 대한 확실한 약속을 얻지 못했다. UN 결의안 242호 혹은 요르단과의 연합을 받아들일 것인지는 불분명했다. 아라파트는 후세인 왕이 관심을 가지지 않을 수 없을 정도의 의제를 제기했지만 그렇다고 이스라엘과의 관계를 완전히 해결할 만큼 무언가를 제공할 생각은 없었다. 1년 후 후세인은 아라파트와의 합의를 취소하고 PLO를 요르단 밖으로 몰아냈다. 아라파트는 다시 어려운 상황에 처했다. 그러나 의지할 곳이 모두 무너져가는 상황에서도 아라파트는 그대로 주저앉지 않았다. 자신이 여전히 대표하는 민족의 독립이란 염원에 힘입어 뉴델리와 카이로, 프라하, 제네바 등지로 활동무대를 옮겼다.

돌이켜 생각해보면 1982년 8월 베이루트를 포기한 순간 아라파트는 자신의 역할을 찾는 배우와 같은 신세가 됐다. 그는 자신의 연극무대를 잃었고, 기술자들과 조연들 역시 사실상 사라졌다. 민족을 약속의 땅으로 이끌어가는 모세와 같은 스타가 되고 싶었던 아라파트에게 베이루트를 포기한 후 주어진 역할이란 오로지 위대한 생존자였던 노아였다.

내가 트리폴리에서 아라파트를 봤을 때, 5년 후 그가 새로운 연극무대에서 새로운 역할을 맡게 되는 장면을 가까이에서 지켜보리라고는 전혀 생각하지 못했다. 새로운 역할은 아라파트가 레바논에서 이끌있던 또 다른 팔레스타인 사람들이 그에게 부여할 것이었다. 1987년 12월 이스라엘이 점령하던 요르단 강 서안과 가자지구에서 팔레스타인 사람들이 이스라엘에 맞서 일어났던 것이다. 이곳의 팔레스타인 사람들은 누군가 그들의 목소리를 세계에 전해줄 인물이 필요했다. 아라파트가 스타로서의 역할을 맡았다. 그러나 한 가지 조건이 있었다. 그는 요르단 강 서안과 가자지구의 팔레스타인 사람들이 작성한 글을 그대로 전달해야만 한다는 것이었다. 베이루트에서도 팔레스타인 사람들을 대신해 세계를 무대로 발언했지만, 이번 임무는 그것과 상당히 다르고 또한 어려운 일이었다. 아라파트는 그들을 위해 발언했고 이는 세계무대에 그가 복귀하는 길을 마련하는 계기가 됐다. 실패할 것이 뻔한 인물이 다시 한 번 돌아오는 것이었다. 여기에 관해서는 나중에 다시 언급하겠다.

레바논 전쟁으로 인해 메나헴 베긴 역시 궁지에 빠질 운명이었다. 그러나 그는 복귀할 수 없었다.
이스라엘이 레바논을 침공한 날부터 바시르 게마엘이 암살당하기 전까지는 베긴과 샤론이 레바논과 팔레스타인 사람들, 그리고 그들 스스로에 관해 어떤 잘못된 믿음과 환상을 가졌는지가 전혀 문제되지 않았다. 레바논과의 전쟁은 재래식 무기를 동원한 전쟁이었고, 이스라엘은 싸움터에서 압도적인 힘의 우위를 가졌기 때문에 실수나 잘못된 인식이 있더라도 목적한 바를 달성하기 위해 밀어붙이면 그만이었다.
그러나 바시르가 암살당하자 이스라엘은 바로 철수할 수 없었다. 이스라엘의 가치 없는 폭력이 철수하고 난 후의 공백을 메우게 하려던 바시르의 폭력에 의존할 수 없었기 때문이다. 이스라엘은 레바논에서 손을 뗄 수 있는 길을 찾아내야만 했다. 이 과정에서 레바논에 대해 가졌던 잘못된 믿음과 인식이 그들을 내내 괴롭혔다.
레바논이 '전쟁 이전의 상태'로 돌아가지 않도록 할 만큼 강력하고 안정된 정부를 만들어낼 방법이란 단 두 가지였다. 한 가지 방법은 레바논의 정치적 불안을 끊임없이 생산하는 원인을 치유하는 것이었다. 기독교도와 이슬람교도 사이에 어떻게 권력을 나눌 것인가에 대한 합의가 없다는 점이었다. 팔랑헤 민병대가 레바논 내전에서 완전하게 승리하도록 돕는 것이 이 문제를 해결할 가장 효과적인 방법은 아니었다. 이스라엘의 도움 없이 팔랑헤가 권력을 유지할 수 없었기 때문이다. 이슬람교도에게 더 많은 권력을 할당하는 것을 골자로 하는 개헌을 팔랑헤 측이 받아들이도록 종용하고, 동시에 이슬람교도의 요구수준을 최대한 낮추도록 해야 해결 가능한 문제였다. 그래야만 두 종교공동체 모두 어느 정도 강력한 중앙정부의 출현이 스스로에게 이득이 될 것이라고 느낄 것이었다. 이와 같은 해결책을 이끌어내는 것은 진정 지혜로운 권력자에게조차 지극히 어려운 일이 아닐 수 없다. 전략적인 정치 행위에 많은 노력을 기울여야만 하고, 교묘하고도 세련된 방식으로 당근과 채찍을 사용해야만 한다. 나아가 이스라엘과 레바논 사이에 평화조약을 공식적으로 체결한다는 계획 역시 포기하고, 그 대신 조용한 가운데 사실상의 평화적 질서를 모색할 수도 있다. 쉽게 깨질 수 있는 레바논의 정치적 합의 수준을 고려할 때 평화조약은 과도한 부담이 될 것이기 때문이다.

또 하나의 방법은 훨씬 간단하다. 불안을 일으키는 근원을 치유하는 대신 고질적인 무법상태라는 증상에 매달리는 것이다. 레바논이라는 피라미드의 맨 위에 강력한 인물을 앉히고 위로부터 철권통치를 하도록 만들면 된다.

베긴과 샤론이 이 방법을 선택한 것은 당연하다. 그들은 레바논에서 어떻게 정치를 해야 하는지에 관한 인식이 전혀 없었고, 베이루트에 오래 머물 여유도 없었으며, 나아가 이슬람교도들에게 정치적으로 양보해야 할 필요가 있다는 점을 팔랑헤 민병대 측에 말할 용기도 없었기 때문이다. 이스라엘은 바시르를 대신할 수 있는 '강력한 지도자'를 찾았다. 엉성한 모조품이긴 했지만 결국 한 사람을 찾아냈다. 바시르의 형인 아민 게마엘(Amin Gemayel)이었다. 바람둥이에 기업가였던 그는 전혀 능력이 없는 인물이었다. 당시 40세였던 아민은 바시르가 사망한 직후 대통령으로 선출됐다. 그는 바시르의 약점을 모두 가졌던 반면 바시르의 강점은 하나도 가지지 못했다. 젊었을 적 아민은 동베이루트에서 미스터 2퍼센트로 통했다. 동베이루트에서 성사되는 거의 모든 주요 사업에 아민과 그의 팔랑헤 충성파가 끼어들었기 때문이다. 그는 바시르가 가졌던 살해본능을 지니지 못했다. 심각한 국가문제보다는 잘 빗어 넘긴 머리에 언제나 신경을 쓰는 인물이었다. 아민이 그의 생애에서 이룬 가장 큰 일은 팔랑헤당의 창시자인 피에르 게마엘의 아들로 태어났다는 것이었다. 동생에 비해 상대적으로 '온건파'로 알려졌던 그는 대통령이 되자마자 바시르가 그랬던 것처럼 레바논의 이슬람교도들, 특히 드루즈파 지도자 왈리드 줌블라트와 시아파 아말 민병대 지도자 나빈 베리(Nabin Berry)에 대한 경멸을 표출했다. 그 이유는 다음 장에서 설명하겠지만, 아민은 레바논의 시아파와 드루즈파를 대단히 심하게 다뤄 이들을 시리아에 의지하게 만들고 벌겋게 달아 있던 레바논 내전에 불을 당겨버렸다. 1983년 봄이 되자 이스라엘은 불타오르는 집을 점령하고 있다는 사실을 알게 됐다.

 침공을 정당화하기 위해 레바논과의 평화조약을 맺어야 한다는 생각에 사로잡힌 베긴은 레바논이 화염 속으로 빠져들고 있다는 사실을 거의 인지하지 못했다. 국민에게 40년의 평화를 약속했던 그로서는 650명의 이스라엘인이 사망한 사실을 비롯한 실책을 모면하기 위해 평화조약 문서가 꼭 필요했다. 베긴은 사용할 수 있는 모든 수단을 동원해 아민을 압박했다. 베긴은 마치 자신에게 빚을 진 사람에게서 돈을 받아내겠다고 단단히 결심한 것처럼 보였다. 다른 사람들은 모두 그가 돈이 없다는 사실을 잘 알고 있는데도 말이다. 책략에 능란한 레바논 사람들은 베긴에게 기꺼이 위조수표를 써주기로 했다. 1983년 5월 17일 아민 게마엘의 레바논 정부는 이스라엘과의 평화조약에 서명했다. 이스라엘 북쪽 국경을 보호하기 위한 세부적인 사항 역시 담겨 있었다. 그러나 평화조약에 명시되었던 조항들은 단 한 개도 법제화되지 못했다. 시리아는 레바논 내부의 동맹자들을 통해 아민에게 엄청난 압력을 가했고, 아민은 조약을 이행할 생각조차 할 수 없었다.

 이스라엘의 레바논 침공 1주년 기념일에 베긴은 이미 자신이 곤경에 처했음을 알았어야 했다. 바시르 게마엘은 실제로 죽었고, 아민 게마엘은 정치적으로 사망한 상태였다. 이제 이스라엘이 이용할 정치적 실력자는 없었다.

이스라엘에게 남은 선택은 둘 중 하나였다. 하나는 나쁜 선택이었고 다른 하나는 더 나쁜 선택이었다. 나쁜 선택이란 전쟁에서 얻은 군사적 이득을 유지하기 위해 레바논에 무한정 주둔하는 것이었다. 더 나쁜 선택은 평화조약 혹은 안전을 보장할 공식적이고 제도적인 장치 없이 일방적으로 철수하는 것이었다. 그러나 선택권은 더 이상 베긴에게 있지 않았다. 아라파트가 그랬던 것처럼 베긴 역시 깨달았다. 현실을 점차 받아들여 기존의 잘못된 믿음을 수정하지 않는다면, 현실의 제물이 된다는 사실이었다. 1983년 여름이 끝나갈 무렵 베긴은 이와 같은 현실의 반격에 놀라지 않을 수 없었다. 1982년 11월 사랑하는 아내 알리자(Aliza)의 사망으로 인한 아픔이 채 가시기도 전에 찾아온 일이었다. 두 가지 일로 베긴은 다시는 헤어나지 못할 깊은 우울증 속으로 빠져들어갔다.

1983년 8월 30일, 바싹 마르고 우울증에 빠진 69세의 이스라엘 수상이 그의 마지막 국무회의를 소집했다. 그의 말은 짧았다. "더 이상 계속할 수가 없습니다." 2주 후 베긴은 공식적으로 사임했다. 그는 책상을 비우고 예루살렘의 제마흐 가(街) 1번지에 위치한 자신의 아파트에 틀어박혔다. 이후 그가 집 밖으로 나오는 일은 거의 없었다. 정치사에서 가장 주목할 만한 사례 중 하나가 아닐 수 없었다. 심지어 태어나기도 전부터 정치에 투신했던 이스라엘의 위대한 웅변가가 하루아침에 침묵에 들어갔다. 이스라엘 신문들은 베긴에게 '제마흐 가의 죄수'라는 별명을 붙였다. 적절하지 않은 별명이 아니었다. 어떤 측면에서 보더라도 메나헴 베긴은 자신을 재판하고 유죄를 선고하고 감옥에 스스로를 가둔 것 같았다.

일부 사람들은 베긴이 그렇게 된 것은 숫자 때문이라고 말한다. 시민단체 피스 나우(Peace Now)가 이끄는 이스라엘의 반전 운동가들은 베긴의 아파트 앞에 엄청나게 큰 플래카드를 걸어놓았었다. 거기에는 레바논에서 죽어간 이스라엘의 어린 병사들의 숫자가 적혀 있었고 계속 사망자가 늘어날 때마다 숫자는 늘어났다. 매일 사무실로 가기 위해 집을 나설 때마다 베긴은 이 숫자와 대면해야만 했다. 베긴은 자신이 평화를 가져오는 인물로 기억되기를 원했다. 나라를 전쟁으로 몰아넣은 사람으로 인식되기를 원치 않았다. 베긴은 두 가지 인격의 소유자였다. 한편으로 그는 광적인 측면을 가졌다. 깃발과 메달, 상징을 깊이 사랑했고, 젊은 시절 자신이 향유할 수 없었던 명예를 유대민족에게 되돌려주려는 확고한 결심이 그에게 있었다. 다른 한편으로 베긴은 침착하고 꼼꼼하며, 법에 의한 통치를 신봉하는 변호사와 같은 면을 지녔다. 첫 번째 측면이 그를 베이루트로 보냈고 두 번째 측면은 그를 집에 은거하도록 했다. 첫 번째 측면은 전쟁을 요구했다. 커다란 전쟁을, 나아가 위대한 전쟁을 원했다. 두 번째 측면은 전쟁의 실제 비용이 모두 드러난 후 처벌을 요구했다. 자신이 내뱉은 현란한 언어가 어떤 결과를 실제로 가져왔는지를 목격한 그는 침묵으로 들어갔다.

적지 않은 수의 중동정치가들은 베긴이 남긴 교훈을 잘 이해했다. 아랍인이든 유대인이든 할아버지가 당한 수모를 치유할 수는 없다는 것이었다. 죽은 자를 되살릴 방도는 없다. 오로지 살아 있는 사람의 명예를 회복시킬 수 있을 뿐이다. 아버지가 당한 모욕을 갚겠다고 벼르는 사람은 자신이 처한 현실세계에서 기회를 포착하지 못하는 법이다.

5월 17일 평화조약이 의미 없는 것으로 판명되자 이스라엘은 1983년 9월 레바논에서 일방적으로 철수하기 시작했다. 철수의 첫 단계로 이스라엘 군은 베이루트를 굽어보는 슈프 산악지역에서 내려와 시아파 교도가 압도적으로 많이 거주하는 레바논 남부의 아왈리(Awali) 강변에 자리 잡았다. 이스라엘 북쪽 국경을 지키기 위해 그곳에서 언제까지라도 주둔할 것이라고 이스라엘은 공언했다. 레바논이 이스라엘 군을 위해 경찰력을 제공하지 않는다면 스스로 경찰의 역할을 할 것이라고 했다. 그러나 말이 쉽지 실제로 그렇게 하기란 여간 힘든 일이 아니었다. 레바논의 시아파 이슬람교도들은 초기에 이스라엘 군을 환영했다. 마을을 싸움터로 만들어버리고 걸핏하면 마음에 드는 집이나 자동차 혹은 생산물을 차지해버린 PLO로부터 시아파 이슬람교도들을 해방시켰기 때문이다. 그러나 이스라엘이 남부 레바논에 계속 주둔하려고 한다는 점을 알게 되자 시아파의 보복이 시작됐다. 설상가상으로 이스라엘은 시아파의 분노를 악화시키기만 했다. 치안을 유지하는 데 인근의 기독교 민병대원을 이용했고, 시아파의 종교 감정에 너무도 무감각하게 대처했다. 이스라엘에 거주하는 시아파 이슬람교도가 사실상 없었기 때문에 이스라엘 병사들은 시아파가 어떤 종교인지도 몰랐다.

레바논의 시아파를 이스라엘의 잠재적 동맹군에서 돌이킬 수 없는 적으로 만든 대표적인 사건이 발생했다. 1983년 10월 16일 남부 레바논 나바티야(Nabatiya)라는 마을의 시장에서 일어난 소동으로 언론을 통해 많이 알려지지는 않았다. 그날 5만에서 6만 명에 이르는 시아파 교도들이 마을 한가운데로 모였다. 680년 예언자 무함마드의 손자 후세인의 순교를 추모하는 기념일로 시아파에게 종교적으로 가장 중요한 아슈라(Ashura)였기 때문이다. 시아파 교도들은 매년 아슈라를 맞이하면 부당한 정치권력에 맞서 싸우다 죽은 후세인을 추모한다. 심지어는 피를 흘릴 정도로 스스로에게 매질을 하기도 한다. 아슈라 의식이 진행되던 중 이스라엘 호위대가 차를 타고 나바티야를 지나가면서 모여 있던 사람들에게 길을 비키라고 경적을 울려댔다. 이는 마치 속죄일인 욤키푸르 기념의식이 진행되고 있는 유대성당에 커다란 스테레오를 크게 틀어댄 것과 마찬가지였다.

시아파 교도들은 이스라엘 병사들의 침입을 자신의 가장 성스러운 순간에 대한 노골적인 침해로 간주했고, 따라서 이스라엘 군의 차량 행렬에 즉시 돌과 병을 집어던지기 시작했다. 일부 사람들은 차량을 전복시키기까지 했다. 이스라엘 병사들은 극심한 공포에 빠져 군중을 향해 총을 발사했다. 적어도 두 사람이 사망하고 15명이 부상당했다. 1980년대 초반 남부 레바논에서 UN 정전감시단의 일원으로 활동했던 오거스터스 리처드 노턴(Augustus Richard Norton)은 이렇게 평가했다.* 사상자의 숫자로만 따진다면 나바티야 사건이 그리 중요하게 보이지 않겠지만, 남부 레바논에 이스라엘 군이 주둔하게 됨으로써 점차 쌓여가던 이스라엘에 대한 적의와 분노가 구체화되는 계기가 되었다는 것이다. 아슈라 사건이 발생하기 전에도 이스라엘 군에 대한 시아파의 공격이 있었지만, 대체로 간헐적이고 극히 일부의 분파 소행에 국한되

---

*오거스터스 리처드 노턴, 『아말, 그리고 시아 Amal and Shia』(텍사스대학교 출판부, 1987).

었다. 아말 민병대로 대표되는 시아파 공동체의 주류는 행동을 취하지 않고 관망하고 있었다. 그러나 나바티야 사건 직후 남부 레바논의 시아파 성직자들은 누구든 이스라엘과 거래하는 자는 '지옥의 불구덩이에 내던져질 것'이라고 경고했다. 이제 아말 민병대 역시 여타 시아파 민병대와 함께 누가 더 많은 이스라엘의 사상자를 낼 수 있는지 경쟁하게 됐다.

이스라엘에 대한 시아파의 공격은 수단과 장소를 가리지 않았다. 매복을 통해 치고 달아나기도 했고, 긴 못이 들어간 수제 폭탄을 사용하기도 했으며, 자살폭탄차량과 대로변의 폭발물 매설, 짐 속에 폭탄이 들어 있는 당나귀, TNT로 가득한 적십자 앰뷸런스, 그리고 저격수 등을 이용했다. 시리아와 이란은 이들에게 기꺼이 조언과 필요한 물품을 제공했다. 시아파의 공격은 가차 없고 냉혹한 것이었다. 이스라엘은 그동안 상대했던 아랍의 적들로부터 한 번도 그런 공격을 경험하지 못했다. 시아파는 단지 죽일 준비가 되어 있는 것이 아니었다. 그들은 죽을 준비가 되어 있었던 것이다. 그들은 싸움이 끝날 때마다 공식성명을 발표하는 일도 없었다. 그저 조용히 성공을 즐길 뿐이었다. 남부 레바논은 이스라엘 병사들에게 무시무시한 장소로 변했다. 바위나 덤불 혹은 나무 등 어떤 물체가 바로 옆에서 터질지 모른다는 공포 때문에 부대 밖으로 나가기를 꺼렸다. 1984년 초 이스라엘에서는 팔레스타인의 위협이라는 말은 쏙 들어가고 '이스라엘과 시아파 사이의 갈등'이 논의되기 시작했다. 이스라엘 사람들이 2년 전에는 알지도 못했던 시아파와의 갈등이었다.

끓어오르는 저항에 맞서 남부 레바논을 고수하려는 이스라엘 군은 가혹한 조치를 취할 수밖에 없었다. 차량검문과 검문소, 여행제한과 거래제한 등이 그것이었다. 시아파의 분노를 더욱 악화시킬 조치들이었다.

시아파가 얼마나 분노했는지를 테디 랩킨 대위보다 더 생생하게 경험한 사람은 없었다. 그는 1984년 아왈리 강변의 산속에 위치한 바데르엘슈프(Baader-el-Shouf)라는 마을에서 이스라엘 군의 검문소를 지휘했다. 테디는 직업군인이었지만 미국에서 성장했기 때문에 베트남이 어떤 곳이었는지 알고 있었다. 이스라엘 군이 슈프 산악지역에서 아왈리 강변으로 철수하자, 바데르엘슈프는 레바논 남북부를 오갈 수 있는 유일한 통로가 됐다. 좌절에 빠진 병목이 된 것이다. 레바논 사람들은 이곳을 통과하기 위해 경우에 따라 최대 3일까지 기다려야만 했다. 농부들은 차에 실은 농산물 전체를 바닥에 내려야 하는 일이 잦았다. 이스라엘 병사들이 숨긴 무기가 있는지 확인하기 위해 오이나 수박더미 속을 수색해야 했기 때문이다. 두 차례에 걸쳐 검문소로 자살폭탄차량이 접근해 폭발했다. 폭발물이 실린 차량을 몰고 온 사람들은 물론 이스라엘 병사들과 주변에 있던 레바논 사람들이 함께 사망했다.

랩킨이 당시를 회상했다. "우리는 좌절에 빠졌습니다. 제 스스로 그곳에서 무슨 일을 하고 있었는지 몰랐다고 말하고 싶지는 않습니다. 그렇게 말하면 베트남이 떠오르니까요. 제가 무슨 일을 하고 있었는지는 스스로 알고 있었습니다. 그러나 그게 현명한 작전이었는지에 대해서는 의문이 듭니다. 어떤 측면에서 당시의 작전은 사람을 비인간적으로 만들었습니다. 시아파 한 사람을 찾아내 죽여야만 기뻐할 수 있는 성질의 작전이었으니까요. 처음 드는 느낌은 결국 보복을 해냈다는 감정이었습니다. 본능적인 만족감이었죠. 그러나 다시 곰곰이 돌이켜보면 내가 죽인 한 사람이란 아직 활동하는 150명 중 하나일 뿐이라는 생각에 이르게 됩니다. 헛된 일이죠. 좌절이란 말보다는 헛된 일이었다는 표현이 더 정확합니다. 동료들이 죽어가는데 스스로 이렇게 질문합니다. '죽어간 동료들 가족에게 뭐라고 말할 것인가?' 우리는 게릴라전에 휘말렸는데 그들이 이겼습니다. 레바논 사람들의 진심어린 지지를 얻어낼 방법이 없었습니다. 처음부터 질 수밖에 없는 전쟁이었죠. 그래서 손실을 최소화하기 위해 빠져나왔습니다. 어쩌면 우리는 처음부터 기독교도가 아니라 시아파와 동맹을 맺었어야 했는지도 모릅니다."

"제진(Jezzine)이라는 마을에 갔던 날을 잊을 수가 없습니다. 우리는 그 마을이 남쪽으로 가는 사람들이 침투 경로로 이용한다는 것을 알았습니다. 그래서 그곳에서 매복을 하기로 결정한 겁니다. 정찰임무를 받은 우리는 지프를 타고 제진에서 아랍 셀림(Arab Selim)으로 이동하려고 했습니다. 그런데 길이 너무 좋지 않아서 중간에 더 이상 진행할 수가 없었죠. 다음날 병력수송 장갑차와 함께 다시 갔습니다. 전날 누군가가 우리를 목격한 것이 틀림없었습니다. 전날 밤 누군가 길에 지뢰를 매설했습니다. 가장 앞서 가던 장갑차가 우연히 지뢰가 매설된 곳으로부터 몇 미터 전방에서 정차했죠. 우리와 함께 가던 베두인 수색병이 저를 멈추지 않았다면 지뢰를 밟을 뻔했습니다. 그 지뢰는 방금 매설한 것이었습니다. 그래서 우리는 매설한 자를 추적하기 시작했습니다. 무려 7시간 동안 수색을 계속했습니다. 마침내 그를 발견했습니다. 그는 바위 틈새에 숨어 있었는데, 제 눈에 손가락 끝이 보였던 것입니다. 그를 향해서 총을 몇 발 발사했더니, 손을 들고 나오지 않고 도망가려고 했습니다. 그래서 그를 쐈죠. 그 남자는 시아파 교도였는데, 뭐라고 계속 말을 했습니다. 시아파 교도들이 외우는 광신적인 주문인지 아니면 시아파 버전의 성모송인지 알 수 없었습니다. 그저 계속해서 '알라후 아크바르, 알라후 아크바르(신은 적보다 위대하다)'라는 말만 반복했습니다. 그는 염주를 손에 들고 있었습니다. 폐에 총을 맞았는데, 그러면 입에서 피를 뿜게 됩니다. '알라후 아크바르, 프프트투'라는 소리를 내면서 피를 뿜어내더군요. 우리는 그의 생명을 구하려고 했습니다. 주사도 놓고 헬리콥터까지 요청했습니다만, 후송 도중 사망했습니다. 도착했을 때 이미 죽어 있었던 겁니다. 그는 도망가지 말았어야 했어요. 도망가지만 않았다면 그를 쏘는 일도 없었을 겁니다. 그런데 손에 라이플 소총을 지니고 있더군요. 어차피 결과는 마찬가지였을지도 모릅니다."

"전쟁의 후반기였던 당시 그들이 우리를 몰아내기 위해 온몸을 바쳤다는 점은 의심의 여지가 없습니다. 이스라엘의 입장에서 본다면, 특정한 목표를 이루기 위한 전쟁이 이미 아니었습니다. 오로지 복수를 위한 전쟁이었습니다. 완전히 개인적인 전쟁이 된 겁니다. 살아남아야 하고 기회가 오면 복수하는 거죠. 그들이 우리를 몰아낼 때까지 살아 있어야만 하는 전쟁이었습니다. 그렇게 잔인한 순환을 멈출 방도가 우리에겐 없었습니다."

베긴이 사라지고 1년 후인 1984년 7월의 선거는 다행스럽게도 무승부로 끝났다. 동일한 의석을 차지한 리쿠드당과 노동당은 시몬 페레스(Shimon Peres)와 이츠하크 샤미르(Yitzhak Shamir)가 이끄는 국가연립내각을 함께 구성할 수밖에 없었다. 내가 '다행스럽게도'라는 표현을 사용한 이유는 이렇다.

베긴이 없는 상태에서, 레바논 전쟁이 대실패였다는 점을 스스로 인정하고 아무 성과도 없이 철군을 단행할 도덕적 용기가 리쿠드당에게는 없었다. 그들의 실패를 정치적으로 누그러뜨리기 위해 노동당의 협력이 필요했다. 심지어는 국가연립내각 안에서도 대부분의 리쿠드당 장관들은 레바논으로부터의 철군에 반대표를 던졌다. 이스라엘 북부지역이 끊임없는 로켓 공격에 노출될 것이라는 이유에서였다. 그러나 이들은 근소한 차이로 표결에서 패배했다. 1985년 4월 이스라엘 군은 레바논으로부터 아무런 조건 없이 완전히 철수했다. 이스라엘의 북부지역을 보호하기 위해 국경을 따라 설정한 좁은 안전구역에 남겨놓은 병력만이 예외였다.

그 즈음 나는 베이루트에서 이스라엘로 옮겨갔다. 당시 레바논에 관한 이스라엘의 공식 논의 안에 씁쓸한 유머가 스며들어 있다는 사실을 발견했다. 그들이 이미 당했던 일에 다른 사람들이 또 달려드는 것을 보면서 비웃는 듯한 유머였다. 이스라엘이 레바논에서 철수한 직후 이스라엘 외무부로 이츠하크 리오르(Itzhak Lior)를 방문했던 일이 기억난다. 외무부에서 중동문제를 담당하던 리오르는 한때 동베이루트에서 연락사무소의 책임자로 일하기도 했다. 내가 리오르를 방문했던 시기는 마침 마론파 광신도이자 의과대학생이었던 사미르 좌좌가 팔랑헤 민병대의 통제권을 장악하고 인근 기독교도 마을에서 시돈의 이슬람교도에게 포격을 시작했던 때였다. 그가 포격을 했던 이유는 아직까지도 분명하지 않다. 장기간 지속할 수도 없었고 특정한 정치적 이득을 얻을 수도 없었던 좌좌의 포격은 그에게 부정적인 결과를 가져왔다. 포격으로 단결하게 된 시돈의 이슬람 민병대들은 좌좌와 그의 부하들을 후퇴하도록 만들었을 뿐만 아니라 그 지역의 기독교도 마을 상당수를 괴멸시키도록 했다. 수년 동안 이슬람교도와 평화롭게 공존하던 기독교도들은 삶의 터전에서 쫓겨나고 말았다.

나는 머리를 긁적이며 말했다. "이츠하크, 내게 좀 말해줘요. 좌좌가 왜 그랬던 거죠? 그가 왜 시돈을 포격한 겁니까? 그 지역의 기독교도들에 대한 보복을 불러올 것이 명백한데 말이죠."

리오르는 자신의 수염을 만지면서 잠시 생각하더니 파이프 담배를 한 모금 빨고 말했다. 너무나도 당연하다는 말투였다. "포탄이 충분해서 그랬을 겁니다."

이스라엘이 철수하자마자 레바논은 비성상적인 상태로 돌아갔다. 레바논 내전은 밀리고 밀렸다. 팔레스타인 게릴라들은 점차 남부 레바논으로 돌아와 가끔씩 북부 이스라엘에 로켓을 쏴댔다. 이스라엘의 레바논 침공이 있기 이전과 마찬가지였다. 이스라엘의 입장에서 가장 모욕적인 일은 1986년 겨울에 일어났다. 베이루트에서 팔랑헤 민병대가 PLO 대원들에게 입국 비자를 팔기 시작했다는 소식이 전해진 일이었다. 시아파가 레바논을 지배하는 데 가장 큰 위협이라고 생각하게 된 팔랑헤 민병대가 이들과 맞서 싸우는 남부의 팔레스타인 사람들을 지원하기 위해서였다. 아랍의 속담에 이런 말이 있다. "적의 적은 나의 친구다." 아라파트와 팔랑헤 민병대는 그래서 다시 친구가 됐다. 변화무쌍한 정치는 그랬다.

* * *

1982년 여름 이후 PLO와 아랍세계는 이전으로 돌아갈 수 없었다. 이스라엘과 유대세계 역시 마찬가지였다. 레바논을 '청소'하는 과정에서 이스라엘 역시 활기를 잃었다. 에스터 쾨닉스버그 벤기기(Esther Koenigsberg Bengigi)는 미국에서 태어난 심리학자로 1970년대 후반 이스라엘로 건너가 그곳에서 낙하산병과 결혼해서 살고 있었다. 언젠가 그녀는 내게 이스라엘의 레바논 침공은 아랍이 아니라 이스라엘에 관한 자신의 감정을 변화시켰다고 언급했다. 그녀와 비슷한 느낌을 받은 유대인이나 이스라엘인은 많았다.

벤기기는 이렇게 말했다. "이스라엘이 올바르고 현명하며 언제나 일처리를 바르게 한다는 느낌이 제게는 항상 매우 중요했습니다. 특히 베트남 전쟁 기간에 미국에서 성장하며 정부에 완전히 농락당했다고 느낀 저로서는 더욱 그랬죠. 사람들은 제게 이스라엘은 누구보다 평화를 원한다고 말했습니다. 주변에서 이스라엘을 그저 가만히 놔두기를 바랄 뿐이라고 말입니다. 레바논 침공 이후 모든 것이 불분명해졌습니다. 저는 정말 분노했어요."

그러나 대부분의 이스라엘 사람들은 무감각했던 것 같다. 누구나 레바논 전쟁을 잊어버리고 싶어 했다. 이스라엘 군의 정보국장을 지낸 슐로모 가지트(Shlomo Gazit)는 내게 이렇게 말한 적이 있다. "레바논 전쟁과 관련된 이스라엘의 국방부 기밀문서란 전혀 없었습니다. 대단히 많은 사람들이 이에 대한 책임이 있습니다." 너무 많은 사람들, 그리고 과도한 정치가 개입됐다고 그는 설명했다. 가지트가 말을 이었다. "그것은 일종의 게임의 규칙이었습니다. 우리는 끝까지 서로를 당황하게 만들지 말았어야 합니다. 우리에게는 레바논에 관한 위원회를 구성할 여유도 없었습니다. 그저 잘 해나갈 수 있을 것이라고 막연히 기대했습니다. 자신이 완전히 비도덕으로 행동하지 않도록 스스로를 제어해야만 했던 것이죠. 결국 전쟁으로부터 아무런 교훈도 배울 수 없다는 비용을 지불해야만 했습니다. 위원회가 있었다고 하더라도 아무 것도 배우지 못했을지 모릅니다."

이스라엘인들은 전쟁으로부터 교훈을 얻고자 하는 대신 각자 자신의 정치적 입장에 따라 해명하려고만 했다. 그저 전쟁에 관해 사람들이 잊어줬으면 하는 바람에서 나오는 궁색한 해명이었다.

노동당 내부에서 가장 많이 이용했던 설명은 베긴과 샤론이 전적으로 전쟁에 대한 책임을 져야 한다는 것이었다. 두 사람은 제정신이 아니었다는 것이다. 베긴은 스스로를 집 안에 가둠으로써 이를 증명했다고도 했다. 두 사람이 이제 폐기처분됐으니 걱정할 것이 없다는 논리였다. 리쿠드당에서 자주 사용된 두 번째 설명은 레바논에서의 대실패는 오로지 노동당의 실책이라는 것이었다. 샤론이 원하던 무자비한 전쟁을 자기들은 승인한 적이 없다는 주장이었다. 그러나 리쿠드당 사람들은 이어지는 질문을 항상 회피하려고 했다. 샤론이 레바논 전역을 무자비하게 때려 부술 수 있었다는 점을 인정한다고 하더라도, 샤론의 철권이 거둬들여진 이후 그 자리를 대신한 사람이 과연 누구였는가?

그러나 사람들이 가장 많이, 그리고 가장 오래 사용했던 설명은 레바논 침공이 엉망이 되어버린 것은 이스라엘의 잘못이 전혀 아니라는 주장이었다. 레바논에 책임이 있다는 논리였다. 이스라엘이 어떤 정책을 펼쳤는지는 전혀 문제가 아니었다. 레바논에 관해 이스라엘 사람들이 가졌던 생각이 얼마나 수박 겉핥기식이었는지, 그리고 이스라엘 군의 레바논 주둔이 상황을 얼마나 악화시켰는지를 인정하려 들지 않았다. 애초 가졌던 레바논에 대한 자신의 잘못된 생각을 전혀 버리지 않고 그저 레바논은 제정신이 아닌 곳이라고 주장했다. 유대인을 경멸하는 또 하나의 국가일 뿐이라는 설명이었다. 사람들이 레바논 침공에 관해 이런 식의 설명을 할 때마다 나는 전쟁 초기 팻 올리펀트(Pat Oliphant)가 그린 한 컷짜리 만화가 생각났다. 당시 중동에서는 '이스라엘이 당신을 찾아가기 전에 이스라엘로 오세요.'라는 농담이 유행했다. 올리펀트의 만화는 이랬다. 이스라엘 탱크 한 대가 티베트 국경에 서 있었고 두 명의 병사가 거대한 분수령을 굽어보고 있었다. 다른 편에서는 두 명의 티베트 어린아이가 돌진하는 이스라엘 군인들에게 새총을 쏘아대는 모습이었다. 아래쪽에 그려진 거위가 이렇게 말했다. "상상이 되시나요? 반유대주의가 여기까지 퍼졌다는 것을?"

레바논이 이성을 상실한 국가라는, 이스라엘 사람들 사이에 널리 퍼진 생각은 비록 의도적인 것은 아니었겠지만 「시돈에서 날아온 승전보」라는 영화에 고스란히 담겨 있다. 1985년 이스라엘 군이 제작한 이 영화는 레바논에서 전투 중인 병사들을 위한 것이었는데, 영화가 완성되고 난 직후 군대가 철수해버렸다. 어쨌든 영화는 병사들에게 상영되었다. 그런데 너무 인기가 좋아서 이스라엘 군은 일반대중에게도 공개했다. 내가 가장 좋아한 장면은 이제 사관학교를 갓 졸업한 가디(Gadi) 중위가 남부 레바논의 어느 부대에 도착해서 호기심이 가득한 눈으로 다른 병사에게 레바논의 정치 상황에 대해 알려달라고 하는 부분이었다. 레바논과의 전쟁에서 닳고 닳은 병사인 게오르기(Georgie)는 야외취사장에 앉아 감자 껍질을 벗기면서 레바논 전쟁에 대해 설명한다.

게오르기가 말한다. "이봐, 내가 진실을 알려줄게. 사실은 나도 어제까지 무슨 일이 벌어지는지 몰랐어. 그런데 어제 아랍전문가 한 사람을 데려왔더라고. 그 사람이 우리에게 현재 상황에 대해 강연을 했어. 이제 나도 완전히 이해하게 됐지. 레바논의 상황은 대충 이런 식이야. 기독교도는 드루즈파와 시아파, 수니파, 그리고 팔레스타인 사람들을 증오해. 드루즈파는 기독교도를 아주 싫어하지. 아니다. 아참 그렇지. 드루즈파는 기독교도, 시아파, 그리고 시리아 사람들을 미워하지. 그래서 시아파는 오랫동안 이들 모두에게 당하는 바람에 모든 사람들을 증오해. 수니파는 지도자들이 증오해야 할 대상이라고 알려주는 사람들을 누구든 미워하지. 팔레스타인 사람들은 자기들끼리도 증오하지만 다른 집단의 사람들도 싫어해. 그런데 레바논의 모든 집단들은 한 가지 공통점을 지니고 있어. 그들 모두 우리 이스라엘인들을 증오한다는 거야. 기회만 있으면 우리를 산산조각 내려고 하지. 그렇지만 이스라엘 군 때문에 그렇게는 못하지. 이스라엘 군대 전체 때문은 아니고, 레바논에 주둔하고 있는 놈들 때문이야."

8장
단테의 지옥에서 맛보는 베티 크로커

> 그들의 귀환은 평안했다.
> – 베이루트에서 살해된 해병대원을 비롯한 241명의 전사자를 기리는 기념비에 새겨진 비문, 노스캐롤라이나 주 잭슨빌에 위치한 캠프 존슨

레바논은 기묘한 나라가 아닐 수 없었다. 한 나라의 군대가 짐을 싸서 황급히 철수하자마자 다른 나라의 군대가 거들먹거리며 들어와서는 자리를 잡았다. 누군가는 항상 안으로 들어오기 위해 문을 두드리고, 또 다른 누군가는 빠져나가려고 혈안이 된 듯하다. PLO나 이스라엘과는 달리 미국 해병대는 '평화유지군'으로 베이루트에 들어왔다. 심지어 이들은 평화유지군임을 스스로 입증하기 위해 어떤 상황에서 발포할 것인지에 대한 10가지 수칙까지 마련했다.

1982년 8월부터 1984년 2월까지 지속된 미 해병대의 레바논 주둔을 돌이켜 생각해볼 때마다 타데우시 보로프스키(Tadeusz Borowski)가 지은 책에서 읽은 놀랄 만한 장면이 떠오른다. 『신사숙녀 여러분, 가스실은 이쪽입니다 This Way for the Gas, Ladies and Gentlemen』라는 제목의 그 책은 폴란드의 시인이자 나치 치하의 정치범이었던 보로프스키가 나치수용소에 관해 쓴 작품이었다. 제2차 세계대전이 끝나고 아우슈비츠 수용소가 미군에 의해 해방되었을 때, 한 무리의 수감자들이 나치의 SS 친위대원을 잡아 어떻게 갈기갈기 찢어놓았는지를 묘사하는 장면이 있다.

보로프스키는 이렇게 서술했다. "마침내 그들은 독일군 막사에서 (SS 친위대원을) 잡았다. 친위대원이 창문틀에 기어오르려는 순간이었다. 아무 소리도

내지 않는 완전한 침묵 속에서 그들이 병사를 바닥으로 끌어내렸다. 증오에 가슴을 떨면서 어두운 골목으로 그를 질질 끌고 갔다. 아무 말도 하지 않는 조용한 군중에 둘러싸인 채 그들은 악착같이 손을 뻗어 그를 공격하기 시작했다. 갑자기 수용소 입구로부터 낮게 속삭이는 경고가 입에서 입으로 전해졌다. (미군) 병사 1개 중대가 소총을 장전하고 몸을 앞으로 약간 숙인 채 죄수복을 입고 군데군데 모여 있는 사람들 사이를 이리저리 피하면서 수용소의 큰 길을 따라 뛰어오고 있었다. 군중은 흩어져서 건물 안으로 사라졌다."

사람들은 나치 친위대원도 끌고 갔다. 수감자들은 독일 병사를 질질 끌고 건물 안으로 들어가 침대 위에 그를 놓고서 담요로 덮은 다음 그 위에 걸터앉았다. 아무 일도 없는 듯이 앉아 미군 병사들이 나타나기를 기다렸다.

보로프스키의 묘사는 계속됐다. "건물로 들어오는 문 주변이 잠시 소란스럽더니 머리에 양철로 만든 헬멧을 쓴 미군 장교가 들어섰다. 그는 호기심 어린 눈으로 침대와 테이블을 둘러봤다. 장교는 새 군복을 입고 있었다. 허벅지 쪽을 향해 차고 있던 권총집에는 리볼버 한 자루가 꽂혀 있었다. …… 건물 안에 있던 수감자들이 조용해졌다. …… 친근한 웃음을 지어 보이며 장교가 말했다. '여러분, …… 엄청난 어려움을 겪어내야만 했고 목격한 여러분이 지금까지 괴롭혔던 사람들에 대해 얼마나 깊은 증오를 느끼실지 물론 잘 알고 있습니다. 그러나 우리 미군과 여러분을 비롯한 유럽 사람들은 무법천지에 법을 바로 세우기 위해 지금까지 싸웠습니다. 우리는 법을 존중해야만 합니다. 여러분께 약속드립니다. 죄를 지은 자들은 그 대가를 치르게 될 것입니다. 여러분이 계신 수용소에서, 그리고 다른 모든 곳에서 죄를 지은 자들 모두가 처벌받게 될 것입니다.' …… 침대에 있던 사람들로부터 박수와 함께 함성이 터져 나왔다. 그들은 대서양을 건너온 젊은이에게 미소와 몸짓으로 그의 말에 동의한다는 친근한 표현을 했다. …… 그 미군 장교는 …… 수감자들에게 편히 쉴 것과 속히 소중한 사람들과 다시 만날 것을 빌어주었다. 수감자들의 우호적인 목소리가 웅성거리는 것을 뒤로 한 채 장교는 그 건물을 떠나 다음 막사로 이동했다. 장교가 다른 건물들을 모두 돌아보고 사령부로 돌아가자마자 우리는 침대에서 친위대원을 끌어내렸다. 담요로 씌워

놓은 데다가 그 위에 앉아 있던 우리들의 몸무게로 반쯤 질식상태였다. 그의 얼굴은 짚으로 만든 매트리스에 묻혀 있었다. 난로 아래쪽 시멘트 바닥으로 그를 질질 끌고 갔다. 침대에 있던 수감자들은 모두 그곳으로 모여들어 증오에 가득 차 낮게 으르렁대며 그를 밟아 죽였다."

베이루트에 주둔했던 미 해병대 역시 마찬가지였다. 우윳빛 얼굴의 선량한 청년들이 열정으로 가득한 갈등의 한가운데 발을 들여놨다. 싸움의 역사에 관해 아는 바가 없었고, 그들이 얼마나 위험할 수 있는지는 상상조차 하지 못했다. 해병대가 베이루트에 도착하고 몇 달 후 레바논인들은 칼을 뽑았다. 목소리를 낮췄고 마음속의 증오를 억누르고 있었다. 그러나 머나먼 땅에서 찾아온 말쑥한 차림의 청년들은 현지인들에게 민주주의와 자유, 그리고 애국이 갖는 의미에 관해 이야기했다. 그러나 얼마 지나지 않아 이들의 말은 지루해지기 시작했고 난폭한 야생의 대지가 눈을 떴다. 보로프스키의 이야기에 나오는 나치수용소의 희생자들과 달리 레바논 사람들은 미국인들의 강의가 끝나기도 전에 너무도 익숙하고 본능적인 반목의 길로 돌아갔다.

해병대는 어떤 일이 있어도 흥정을 해서는 안 된다는 교육을 받았지만 이를 체득하기까지 숱한 어려움을 겪어야만 했다. 베이루트에 들어왔던 다른 모든 사람들과 마찬가지였다.

베이루트에 주둔한 해병대를 관찰하는 과정에서 내가 항상 놀랐던 점은 병사들이 적절한 식사를 하는지에 관한 미국 국민의 걱정이 이만저만이 아니었다는 것이다. 상하기 시작한 부리토(밀가루나 옥수수가루로 빈대떡처럼 만든 토르티야에 콩과 고기, 치즈 등을 넣고 둘둘 말아서 만든 멕시코 요리-역자)의 사례를 놓고 보자면 상상을 초월할 정도의 걱정이었다.

베이루트에 파견된 마지막 해병대가 됐던 24 해병상륙부대의 조지 슈미트(George T. Schmidt) 중령은 비행기로 공수돼온 멕시코 음식을 언급하면서 이렇게 말했다. "우리는 누가 그 음식을 보냈는지 알지 못했습니다. 베이루트에 도착한 첫날이었죠. 우리가 얼마나 우왕좌왕하고 있었는지 아마 상상이 가실 겁니다. 한창 바쁘게 돌아가는 와중에 전화가 한 통 걸려왔어요. 공항에 우리에게 온 물건이 있다는 것이었습니다. 공항으로 갔더니 대략 3,000개가량의 부리토가 있었습니다. 누가 보낸 건지 알 수가 없었습니다. 전혀 짐작도 못하겠더라고요. 부리토는 겉에 물기가 없고 뜨거웠습니다. 그래서 병사들을 보내 가져오라고 했습니다. 그런데 그러는 와중에 부리토가 상하기 시작했어요. 결국 군의관이 가서 온도계를 부리토 안에 넣어보더니 말했습니다. '이거 상했네요.' 전부 버렸습니다. 언론에는 그 사실을 알리지 않았습니다. 미니애폴리스에서 누군가가 보낸 햄버거 2,000개를 버렸을 때 언론이 얼마나 그 일을 떠들썩하게 만들었는지 알고 있었기 때문입니다. 우리가 3,000개, 5,000개, 아니면 몇 개가 되었든 엄청나게 많은 부리토를 쓰레기로 만들었다는 사실을 알게 되면 아마도 언론은 기삿거리가 생겼다고 춤을 췄을 겁니다. 아직까지도 누가 부리토를 보냈는지 모릅니다. 젊은 병사들이 잘 먹고 있는지를 걱정한 어느 인심 좋은 미국인이 보냈을 거라고 생각합니다."*

부리토는 시작에 불과했을 뿐이다. 베이루트 국제공항의 본부에 자리 잡은 해병대 대변인의 사무실은 언제나 미국 국민이 보내온 물건들로 가득했다. 초콜릿 칩 쿠키와 초콜릿 케이크, 그리고 집에서 만든 케이크가 들어 있는 종이상자들이 천장까지 쌓였고, 해병대원들이 성공적으로 임무를 수행하기를 기원하는 15미터가 넘는 편지가 벽을 장식했다. 편지는 학교와 마을에서 받은 사람들의 서명으로 가득했다. 나는 해병대 대변인의 사무실을 방문하기를 즐겼다. 그곳에 가면 구운 빵이나 쿠키 등을 먹을 수 있기 때문이었다. 그렇지만 그곳에 갈 때마다 베이루트의 전반적인 상황과 동떨어져 있는 듯한 낯선 느낌을 받을 수밖에 없었다는 점을 인정해야만 했다. 마치 단테의 지옥에서 베티 크로커 초콜릿 케이크를 오물거리는 것 같았다(베티 크로커(Betty Crocker)는 미국의 식품회사 제너럴 밀스(General Mills)가 제품 이미지를 위해 만들어낸 가상의 여인이자 일종의 브랜드다. -역자). 나는 손에 들고 있던 초콜릿 케이크가 터져버리지는 않을까 하는 의구심을 언제나 마음 한구석에 가졌다.

---

* 슈미트 중령과의 인터뷰는 해병대 구술역사 프로그램의 기록보관소에서 인용한 것이다. 인터뷰는 1983년 3월 17일 해병대 구술역사 프로그램의 책임자 베니스 프랭크(Benis M. Frank)가 했다. 그가 모은 보물과도 같은 인터뷰를 열람할 수 있도록 허락해준 프랭크에게 감사한다.

베이루트에 너무 오래 머물렀던 것이다. 그러나 해병대원들은 그렇게 느끼지 않았다. 어머니가 보내온 쿠키의 냄새를 기분 좋게 즐기는 그들의 모습은 급변하는 레바논 거리를 아무것도 모른 채 걸어가는 의심 없고 순진한 그들을 보는 듯한 느낌을 내게 주었다.

해병대가 레바논에서 행한 올바른 일과 잘못된 일을 모두 관통하는 한 가지 정서가 있었다면, 그것은 단순하고 순진한 낙관론이었다. 미 해병대가 애초부터 어떻게 레바논에서의 작전에 휘말리게 됐는지를 살펴보면 낙관적 태도가 처음부터 그 모습을 드러내고 있었다는 것을 알 수 있다. 해병대가 맡았던 베이루트 임무의 가장 큰 아이러니는 미군을 레바논에 보내자고 처음 제안한 사람이 후일 미군을 철수시키자고 제안한 사람과 동일인이라는 점이다. PLO 의장 야세르 아라파트였다. 미국 외교관들에 따르면, 1982년 여름 PLO가 베이루트에서 철수하는 문제를 협상하던 아라파트는 미군이 프랑스와 이탈리아 군대와 함께 자신과 부하들이 이스라엘 군에 포위된 서베이루트를 떠나는 과정을 감독해야만 한다고 주장했다. 아라파트는 바보가 아니었다. PLO가 서베이루트를 떠나기 위해 경계를 허술히 할 수밖에 없는 상황에서 이스라엘이 약속을 어기고 서베이루트로 진격하는 일이 벌어지지 않도록 할 수 있는 최선의 방법이 미국의 보호라는 점을 아라파트는 이해하고 있었다.

PLO의 철수를 조속히 이끌어내고자 했던 레이건 대통령은 1982년 8월 25일 800명의 해병대원을 베이루트 항구로 파견하기로 동의했다. 레바논 사람을 중재자로 이루어졌던 미국 특사 필립 하비브와 PLO 사이의 철수동의안에 의하면 미군은 최장 30일 동안 레바논에 머물기로 예정되어 있었다. 그러나 1만 4,000명의 PLO 게릴라와 시리아 전투원들의 철수가 9월 첫째 주 성공적으로 마무리되었고, 하비브는 미 해병대가 베이루트에서 여타 임무에 휘말리게 하지 않겠다는 입장을 확고하게 했기 때문에 대통령은 9월 10일 해병대에 철수 명령을 내렸다. 30일의 기한이 마감되기 2주 전의 일이었다. 프랑스와 이탈리아 군 역시 신속히 이를 따랐다.

그들이 곧 다시 돌아오게 될 것이라고 짐작한 사람은 아무도 없었다.

9월 14일 해병대의 의장대 사열을 받은 지 단 5일 후 레바논의 대통령 당선자 바시르 게마엘이 폭탄테러로 사망하고 이스라엘이 서베이루트로 진격했다. 이틀 후에는 사브라와 샤틸라에서 학살이 벌어졌다. 사브라와 샤틸라의 불결한 거리에 도살당한 팔레스타인 사람들의 시신이 여기저기 쓰러져 있는 사진은 커다란 충격이었고, 이는 워싱턴까지 영향을 미쳤다. 메시지는 명백했다. 해병대가 30일의 시한이 끝나기도 전에 서둘러 빠져나오지 않았더라면 학살은 일어나지 않았을 것이란 점이었다. 레이건 행정부는 죄책감에 해병대를 다시 보내지 않을 수 없었다. 그렇게 느낄 수밖에 없는 상황이었다. 그러나 이스라엘이 서베이루트로 진격하지 못하게 할 것임을 미국 정부가 아라파트에게 약속했다는 사실을 국민들 앞에 인정할 수는 없었다. 당시 베이루트의 미국 대사관 고위관료는 이렇게 말했다. "우리는 해병대를 다시 베이루트로 보냈습니다. 난민촌에서 벌어진 사건에 관해 우리가 죄책감을 느꼈기 때문입니다. 물론 이를 공식적으로 인정할 수는 없었습니다. 따라서 해병대를 다시 베이루트로 보내는 결정을 하면서, 워싱턴은 이에 대한 근거를 급조해냈습니다."

해병대를 다시 보내야만 한다는 점을 뒷받침할 백악관의 논리는 학살이 세상이 알려졌던 9월 18일 토요일부터 9월 20일 월요일 사이, 주말에 만들어졌다. 월요일에 백악관은 미국 국민에게 미국의 새로운 레바논 정책을 밝혔다. 레이건 대통령은 미 해병대를 베이루트로 다시 파병할 것임을 선언하면서 이렇게 말했다. "레바논 정부가 수도에서 완전한 주권을 회복하는 것을 돕는 것이 해병대의 임무가 될 것입니다. 이는 레바논 전역에 걸친 주권회복에 전제조건을 만드는 작업입니다." 미 해병대는 레바논의 중앙정부를 지원하는 '주둔군'으로서 기능할 것이라고 레이건은 말했다. 재파병에 동의한 프랑스와 이탈리아 군이 서베이루트 한복판에 자리 잡기로 했던 반면, 1,500명의 미 해병은 레바논 군부대 바로 옆이자 사람이 거의 살지 않는 베이루트 국제공항 인근에 주둔지를 정했다. 미 해병대가 레바논에서 얼마나 오래 머물지는 정해지지 않았다.

주말 동안 정책 방향을 바꾼 동기는 지극히 미국적인 것이었다. 미국 국민의 정서 깊숙한 곳에서 나온 태도였다. 합리적으로 대처하기만 한다면 모든 문제의 해결책을 찾을 수 있을 것이라는 믿음, 즉 할 수 있다는 낙관주의였다.

초기에 미국의 낙관적 태도는 일리가 있는 듯했다. 미 해병대가 도착했다는 사실 하나만으로도 베이루트 사람들은 당시 7년여를 끌어오던 악몽 같은 레바논 내전이 곧 끝날 것이고 과거의 레바논을 다시 세울 수 있을 것이라는 확신을 가졌다. 세계 최강의 미국이 레바논의 중앙정부와 군대를 다시 세우는 데 전념하기로 결정했다는 점을 알았기 때문이다. 레바논 사람들이 미국에 대해 가졌던 인상은 대체로 영화에서 얻은 것들이었다. 영화에서는 구원부대의 도착이 늦는 법이 없었다. 해병대가 서베이루트에 주둔하자 거리에는 두려움이 사라지고 낙관론이 퍼져나갔다. 베이루트의 동과 서를 잇는 주요 고속도로가 몇 년 만에 다시 열렸다. 건축가들은 도심을 재정비할 계획을 내놓았고 동서 베이루트를 가르는 경계선을 없애기 위해 불도저가 도심으로 들어왔다. 미국에서 교육받은 인물로 베이루트의 대표 신문 중 하나인 『안 나하르 An-Nahar』의 발행인 가산 투에니(Gassan Tueni)는 해병대가 도착하고 며칠 지난 어느 날 오후 내게 이렇게 자랑했다. "레바논 정치에서 체 게바라 시대는 이제 끝났습니다. 사람들이 급진주의를 버렸어요. 턱수염과 청바지는 이제 끝입니다. 이제 넥타이가 대세예요."

해병대원들은 베이루트에서 이슬람교도와 팔레스타인 사람들과 자유롭게 어울릴 수 있었다. 레바논 여인들의 뒤꽁무니를 따라다니기도 했는데, 여인들도 기꺼이 이에 응했다. 해병대원들이 온종일 하는 일이라고 마치 드라이브를 즐기듯이 순찰을 돌고 거리에서 만나는 레바논 아이들에게 풍선껌을 나눠주는 일뿐이었다. 공항에 자리 잡은 해병대 막사에서 멀지 않은 곳에 시아파 교도가 많이 모여 사는 마을 하이 에스 살람(Hay es Salaam)이 있었다. 무슨 이유에서인지 그 마을은 미군에게 지급한 지도에 표시되어 있지 않았다. 그래서 병사들은 그 마을을 정감 있는 미국의 작은 도시 같다는 의미로 '올빼미 마을'이라고 불렀다. 해병대 주둔지 주변에는 꿀로 만든 케이크부터 머리 장식물에 이르기까지 온갖 물건을 갖고 와서는 미군에게 '헤이, 조'라며 호객을 하는 장사꾼들이 줄지어 모여들었다. 이들은 마치 그 주변이 자기들의 영역이라도 되는 양 몰려다녔다. 처음 베이루트에 도착한 해병대원들은 레바논 사람들을 상당히 신뢰했다. 일부 장교를 비롯한 100명이 넘는 미군이 드라이클리닝을 한다는 코밑수염을 한 사내에게 군복을 맡겼다. 그 사내는 다시 나타나지 않았다.

그러나 해병대원들이 드라이클리닝을 한다는 사내에게 옷을 맡긴 것은 단지 레바논 사람들을 통해서만은 아니었다. 베이루트에서 해병대의 인기가 높고 병사들이 느슨하게 풀어져 있던 당시에는 온갖 중요 인물들과 공연예술가들이 베이루트로 몰려와 병사들과 사진을 찍곤 했다. 그러나 고향에서 멀리 떨어진 청년들에게 이렇게 기분전환거리를 만들어주기 위한 비용은 대단히 큰 것이었다고 슈미트 중령이 설명했다. "사실 우리는 여기에 왔던 사람들에게 지불해야 할 비용이 아직 2,000달러 남았습니다. 아시겠지만 지난번에 왔던 컨트리그룹은 돈이 한 푼도 없었어요. 말 그대로 땡전 한 푼도 없었습니다. 그 다음주인가 두 주 후인가 로스앤젤레스 램스에서 왔던 치어리더들이 왔었어요. 역시 한 푼도 없이 왔습니다. 그 치어리더들이 레바논에 입국하는 비용을 우리가 부담해야 했고, 세관에서는 테이블 아래로 일인당 50달러씩 뇌물을 찔러줘야만 했습니다. 호텔비와 식비도 우리가 내야만 했죠. 그들이 말했죠. '돌아가면 바로 돈을 보내드릴게요.' 라고요. 글쎄요. 그 말을 지난 1982년 12월에 들었습니다. 지금 1983년 3월이죠. 아직까지 1센트도 받지 못했습니다."*

해병대를 베이루트로 파병한 미국 관리들은 다른 모든 문제와 마찬가지로 레바논의 문제 역시 비교적 쉬운 해결책을 찾을 수 있을 것이라고 믿었던 것 같다. 또한 해결책 역시 미국적인 사고방식으로 이해할 수 있을 것이라고 생각했다. 레바논을 들여다본 미국인들은 그 나라에 '대통령'과 '의회', 그리고 '사령관'이 있음을 알게 됐다(익숙한 것들 아닌가?). 그리고 이렇게 생각했다. "이 나라에는 모든 제도가 제대로 갖춰져 있군. 한 가지 문제라면 이들 제도가 너무 허약하다는 것뿐이야. 중앙정부와 군대를 재건하도록 도와주면 우리와 비슷해지겠어."

---

* 해병대 구술역사 프로그램 자료모음. 1983년 3월 17일자 인터뷰다.

달리 말하면 레이건 행정부는 레바논을 이해하고 미군의 주둔을 합리화하기 위해 레바논이 미국이 알고 있는 것의 연장이라고 생각했다. 그들에게 익숙한 미국의 정치문화와 애국심, 그리고 하느님 아래 하나의 국가라는 관념이었다. 따라서 해병대가 도착하고 며칠 후 케네디와 같이 젊은 레바논 대통령 아민 게마엘이 미군을 찾아와 단지 '주둔'이라는 상징적인 역할에 머물지 말고 레바논 군대를 훈련시키고 능력을 향상시키는 중요한 역할도 담당해달라고 요청하자 레이건 행정부는 이를 승낙했다. 게마엘이 언급한 레바논 군대는 그 자신과 마론파 사령관 이브라힘 타누스(Ibrahim Tannous)의 직속부대로 언젠가는 레바논 전역을 차지하려 들지도 모를 군대였다.

1982년 12월에 시작된 훈련 과정은 레바논 군대와 미 해병대의 공생관계를 만들어냈다. 해병대가 마련한 미군 훈련 과정을 이수한 레바논 병사들에게는 카키색 위장복이 지급됐다. 미 해병대가 입은 군복과 거의 똑같아서 검문소에서 이들을 분간하기란 사실상 어려웠다. 이와 동시에 미군 특전사 고문 몇 명이 기독교도가 모여 사는 동베이루트 인근 야르제(Yarze)에 위치한 레바논 국방부에 사무실을 두고 근무하게 됐다. 레바논 군의 장군들은 수시로 이들을 불러 병력이동작전을 비롯한 다양한 문제에 조언을 구했다. 미군 고문관들은 아무런 의심 없이 이들에게 조언했다.

이와 같은 군사협력관계는 궁극적으로 레바논에서 미군의 임무를 위태롭게 만드는 일이었다. 1982년 12월 미국이 이해하지 못한 점이 있었다. 미국이 레바논을 자신들이 알고 있는 국가 관념의 연장선상에서 파악하고 있던 것처럼 레바논 사람들 역시 미군을 자신들이 알고 있는 정치의 연장선상에서 역으로 생각하고 있었다는 점이다. 미군을 조정하고 레바논 정치에 완전히 녹아들게 만들기 위해 레바논인들은 미 해병대를 그들 정치의 연장으로 이용했다. 레바논의 정치란 집단 간의 반목과 투쟁이었다. 게마엘 대통령은 해병대를 국가를 재건하는 데 필요한 버팀목으로 사용하는 대신 이슬람 반대세력을 내리치는 곤봉으로 이용하기 시작했다. 그는 미국의 지지를 바탕으로 서베이루트의 이슬람과 드루즈 지도자들과 정치적 협약을 마련하는 노력을 하지 않았다. 이들이 아직 시리아와 한편이 되지 않았고 여전히 낮은 수준의 타협이 가능한 시기였음에도, 게마엘은 실행 가능한 실질적인 국가 통합을 이루는 대신 전형적인 부족적 논리에 의거해 행동하기 시작했다. 논리는 이러했다. 우리 편이 허약한 상태에서 어떻게 타협을 이룰 수 있단 말인가? 우리가 강하다면 타협할 이유가 도대체 무엇인가?

당시 게마엘은 자신이 강하다고 생각했다. 그의 국가안보 보좌관이었던 와디아 하다드(Wadia Haddad)는 레바논 대통령에 대한 미국의 지원을 너무나 확신했던 나머지 시리아의 리파트 알 아사드에게 다음과 같이 자랑을 늘어놓았다고 한다. "미국은 내 손안에 있습니다." 두 사람의 대화하는 모습을 지켜볼 수 있었던 아랍 외교관의 전언이었다. 아민의 보좌관들은 이슬람과 기독교 정적들에게 여러 차례 경고했다. "규율을 따르라. 우리는 혼자가 아니다."

게마엘은 시아파 아말 민병대의 지도자 나빈 베리가 그의 의중을 타진하기 위해 보낸 인물들을 철저하게 무시했다. 만일 레바논 대통령이 이스라엘의 침공으로 심각하게 파괴된 서베이루트 남부 교외의 시아파 거주지역을 재건하는 데 약간의 자원을 제공했더라면 베리의 지지를 쉽게 얻어낼 수 있던 상황이었다. 게마엘 정부는 시아파 거주지역을 재건하는 데 2만 레바논 파운드를 책정했다(약 4,000달러에 해당한다). 침실이 세 개 딸린 아파트를 수리하는 데 충분한 정도의 예산이었다. 이뿐만이 아니었다. 게마엘 정부가 처음 실시했던 정책 중 하나는 남부 교외지역에서 판잣집을 불도저로 밀어버리도록 레바논 군대에 명령을 내린 것이었다. 판잣집들이 도로 한 편을 차지했다는 이유였다. 다시 말하자면 게마엘은 베이루트에서 주택을 가장 필요로 하는 지역에서 집을 부숴버린 것이었다. 이 상황을 지켜봤던 젊은 시아파 지도자 알리 하마단(Ali Hamadan)은 이렇게 전했다. "아민의 관심은 오로지 국방부를 통해서만 우리를 상대하는 것이었습니다. 교육부나 공공사업부 혹은 사회복지부 관리를 우리 마을에 보내려고 하지는 않았습니다."

레바논 시아파 교도로 나의 친구이기도 했던 푸아드 아자미 교수가 1983년 10월 CBS 방송의 프로그램 「페이스 더 네이션 Face the Nation」에 출연했다. 해병대 사령관 켈리(P. X. Kelley) 장군, 그리고 아민 게마엘 정부의 워싱턴 주재 대사 압둘라 부하비브(Abdullah Bouhabib)와 함께였다. 켈리는 미 해병대가 레바논 군 사령관 이브라힘 타누스와 협조해 '어떤 전투'에도 함께 했다는 점을 성심껏 발언했다. 부하비브는 아민 게마엘의 레바논 정부가 국가를 재건하는 데 미국의 지원이 얼마나 요긴한지를 번드르르하게 쏟아냈다. 그러나 이슬람 교도를 대변했던 푸아드는 레바논의 이슬람교도들이 게마엘 정부로부터 학대당하고 있다고 느끼고 있으며, 미국은 스스로 이해하지 못하는 레바논 내분 속으로 빠져들고 있다고 미국 국민에게 경고했다. 몇 주 후 「페이스 더 네이션」의 프로그램 관계자가 푸아드에게 방송된 쇼의 녹취록과 스튜디오에서 세 사람의 토론자가 사회자 레슬리 스탈(Leslie Stahl)과 함께 찍은 사진을 보내왔다. 얼마 후 푸아드는 자신의 친구 중 한 사람이 워싱턴의 부하비브 대사를 만나러 갔다가 같은 사진을 본 일이 있다고 그에게 말해줬다고 했다. 그런데 워싱턴에서 본 사진에는 단 두 사람만 있었다고 했다. 켈리 장군과 부하비브 대사였다. 푸아드의 모습을 사진에서 잘라버린 것이었다. 그런데 푸아드의 팔꿈치는 사진에 아직 남아 있어서 뭔가 마무리가 덜된 사진처럼 한쪽 옆에서 튀어나온 모습이었다고 한다. 시아파 교도였던 푸아드의 친구는 참지 못하고 부하비브에게 질문했다고 한다. "압둘라, 저거 누구 팔꿈치죠?" 아민 게마엘과 마론파가 보고 싶은 세상을 잘 보여주는 사진이었다. 오로지 자기들만 미국과 함께 레바논의 미래를 만들고 싶었던 것이다. 혼자서 말이다.

게마엘은 드루즈파 지도자 왈리드 줌블라트를 레바논의 미래에서 완전히 제거하려고 했다. 그를 산악지역에 사는 농부 정도로 취급하고 대통령궁에 초대조차 하지 않았다. 그뿐만이 아니었다. 팔랑헤 민병대원들이 누가 과연 레바논 산의 지배자인지를 둘러싸고 벌어졌던 오래된 원한을 갚으려고 할 때, 게마엘은 그저 옆에서 지켜보기만 했다. 아마도 부추겼을 가능성이 컸다. 드루즈파는 당시 레바논 산의 남쪽 슈프 산악지역의 대부분을 지배했다. 반면 마론파는 베이루트 동쪽과 북쪽의 넓은 케수란(Kesuran) 지역을 장악했다. 두 공동체 사이의 반목과 협력의 오랜 역사를 낳았던 명확하지 않은 산악지역의 영역 구분은 레바논 전체를 통한 기독교도와 이슬람교도들 간의 더 큰 힘의 균형을 결정하는 기초가 됐다.

그러나 이스라엘이 레바논을 침공한 이후 팔랑헤 민병대는 이스라엘의 도움을 바탕으로 슈프 산악지역을 드루즈파로부터 빼앗으려고 했다. 마론파는 단지 슈프에 있는 기독교도의 마을을 보호하기 위한 조치일 뿐이라고 주장했지만, 이들 기독교 마을들은 수년간 드루즈파와 평화롭게 공존하고 있었다. 레바논에서 유일하게 확보한 자신의 영역이 위협받고 있다고 느낀 드루즈파는 팔랑헤 민병대의 침입에 격렬한 무력으로 대응했다. 아민 게마엘이 1982년 9월 대통령직에 취임한 지 한 달밖에 지나지 않은 시기에 슈프 산악지역을 둘러싼 팔랑헤와 드루즈파 사이의 초기단계 부족전쟁이 이미 진행 중이었다.

게마엘은 서베이루트의 보수적인 수니파 이슬람교도조차 소외시키려고 했다. 이들은 사실상 그의 대통령직 수행을 지지하고 있었는데도 불구하고 그랬다. 게마엘이 집권하고 나서 1년 동안 약 1,000명의 이슬람교도와 팔레스타인 사람들이 서베이루트에서 사라졌다. 군인들에게 끌려가 재판도 없이 감옥에 수감되었거나 팔랑헤 민병대에 끌려가 생사가 알려지지 않았다. 처음에는 법과 질서에 목말랐던 서베이루트의 이슬람교도들이 기독교도가 이끄는 레바논 군대가 PLO를 대신한 것에 환영했다. 그들은 군대의 행동이 과도해도 참으려고 했다. 동베이루트에서도 비슷한 탄압이 있을 것이라고 예상했기 때문이다. 그러나 동베이루트에서는 그런 사례가 발생하지 않았다. 서베이루트에 거주하는 이슬람교도들의 불만이 서서히 높아졌고 일부는 군대를 공격하기 시작했다. 게마엘은 저녁 8시에 통행금지를 실시하는 것으로 대응했다. 그러나 불법으로 항구를 운영하는 등 자신의 아버지가 창설한 팔랑헤당과 민병대가 동베이루트에서 벌이는 일들에 대해서는 눈감아줬다. 공권력을 행사하기는커녕 동베이루트에는 군대조차 배치하지 않았다. 서베이루트의 이슬람교도가 밤에 집에 갇혀 아무것도 못하지는 않았다. 라디오에서 흘러나오는 팔랑헤 방송을 들으며 '24시간 내내' 춤을 출 수 있는 동베이루트의 호화판 디스코텍 선전을 들을 수 있었다.

결국 게마엘은 시리아를 무시하고 예루살렘과 직접 협상에 돌입했다. 이스라엘 군대의 철수, 그리고 양국 간의 안보와 통상 및 여행에 관한 조약을 체결하기 위해서였다.

게마엘로부터 소외당하지 않은 레바논의 이슬람 공동체는 없었다. 적어도 내가 아는 한 하나도 없었다. 게마엘의 황소고집은 곧 미국의 책임이 됐다.

레바논에 파견된 미 해병대의 첫 번째와 마지막 부대의 일원으로 참가했던 호세 메디나(José Medina)는 내게 이렇게 말했다. "우리가 처음 베이루트에 도착했을 당시는 정말 대단했습니다. 레바논 사람들은 언제나 우리를 멈춰 세우고는 무언가를 줬어요. 사람들이 상당히 고마워하고 있다는 느낌을 받았습니다. 미군을 이스라엘로부터 자기들을 지켜주는 존재로 보았던 겁니다. 그러나 결국 사람들은 분노하기 시작했어요. 그리고 무슨 이유에서인지 그들은 우리가 적이라고 생각했습니다."

전혀 놀랍지 않은 변화였다. 해병대가 게마엘의 레바논 군대를 훈련시키고 지원하는 일을 계속하자 베이루트의 이슬람교도들은 점차 미군이 정권과 한패라고 생각하게 됐다. 미군은 이들의 변화를 도보순찰에서 가장 먼저 감지했다. 해병대가 도착하고 6개월이 지나자, 길거리에서 레바논의 사내아이들이 미군에게 돌을 던지고 상스런 욕설을 퍼붓는다는 보고가 갑자기 올라오기 시작했다. 베이루트에서는 그 누구도 오랫동안 돌만 던지지는 않는다. 1983년 3월 16일 서베이루트에서 수류탄의 폭발로 다섯 명의 해병대원이 부상당했다. 미 해병대는 이런 상황에 전혀 준비되어 있지 않았다. 미군은 베이루트에 오면서 어떻게 무기를 사용해야 하는지를 정한 '교전수칙'을 가지고 왔다. 10개 항의 교전수칙 중 일부는 다음과 같다.

❶ 차량이나 도보를 이용해 순찰 중일 경우 장전된 탄창을 화기에 장착한다. 노리쇠는 잠그고 화기를 안전모드로 하며, 약실을 비운다.
❷ 권한을 지닌 상관의 명령 없이 약실에 탄환을 장전하지 않는다. 즉각적인 자기방어를 해야 할 경우에는 화기 사용이 허가된다.
❹ 자기방어를 위해 현지의 군대 혹은 경찰에 도움을 요청하고 사령부에 보고한다.
❼ 적으로부터 유효사격을 받을 경우 응사한다. 가능하면 저격수를 이용한다.

3월 16일 수류탄 공격이 있고 나서 몇 주 후, 레바논 정치에 체 게바라 시대가 다시 활짝 열렸다. 미 해병대가 베이루트식 교전수칙에 처음으로 노출될 수밖에 없는 시기가 온 것이었다. 사건은 1983년 4월 18일 오후 1시 31분에 일어났다. 당시 나는 새로 구한 아파트의 사무실에 앉아 있었다. 폭발로 날아간 아파트에서 아주 가까운 곳이었다. 책상 위에 발을 올린 채 느긋하게 앉아 BBC 월드뉴스를 보는 중이었다. 뉴스가 시작하고 3분이 지났을 즈음 내가 있던 건물을 마치 방울뱀 꼬리처럼 빠르게 흔들어놓는 엄청난 폭발에 트랜지스터라디오가 넘어졌다. 아래층으로 달려 내려가 현관 밖으로 나가서 보니 멀리 해변 쪽에서 치솟아오르는 잿빛 버섯구름이 보였다. 생각할 틈도 없이 나는 바로 그쪽으로 내달렸다. 나는 달리고 또 달렸다. 점점 폭발지점에 가까워지면서 스스로에게 묻기 시작했다. "아닐 거야. …… 그럴 수가 있을까?"

누군가가 폭탄이 가득한 시보레 픽업트럭을 베이루트 주재 미국 대사관 정문 앞으로 몰고 가서 자폭했다. 커다란 불덩어리로 변한 트럭은 빌딩의 앞면을 산산조각 냈고 안에 있던 60명이 넘는 사람들을 살해했다. 현장에 도착한 나는 부서진 건물 4층에서 한 남자가 거꾸로 대롱대롱 매달려 있는 모습을 보며 입을 다물 수 없었다. 아래층 사무실에서는 연기와 화염이 밖으로 나오고 있었다. 마치 고통에 빠진 용이 기침이라도 하는 듯한 모습이었다.

확실한 부족적 전통을 지닌 레바논에서 이슬람교도 혹은 친시리아 그룹의 누군가가 아민 게마엘에게 연기 신호를 보냈던 것이다. 메시지는 간단했다. 당신의 친구라는 미국이 당신이 생각하는 것처럼 절대로 패배하지 않는 존재는 아니다. 조심하라.

대사관에 대한 공격이 일어나고 한 달 후인 1983년 5월 17일 미국은 게마엘 정부와 이스라엘 사이의 평화조약을 중재했다. 비록 실행 불가능한 조약이긴 했지만 이스라엘에게 일방적으로 유리한 내용이었다. 레바논 이슬람교도들의 분노는 더욱 깊어졌다. 조지 슐츠(George P. Shultz) 국무장관이 1983년 4월 몸소 중동으로 건너와 마지막 조율을 위해 베이루트와 예루살렘을 오갔다. 슐츠 장관과 함께 협상을 진행하는 과정에서, 미국이 산파 역할을 맡은 이스라엘과의 조약체결에 반대하는 거리의 분위기가 점점 악화되고 있다고 경고한 게마엘 측 고위관리는 단 한 사람이었다. 서베이루트에 거주하는 레바논 이슬람교도이자 총리였던 샤피크 알 와잔이었다. 그는 워싱턴에 거듭 재촉했다. 안보와 통상, 그리고 외교관계를 공식적으로 해결하자는 이스라엘의 요구를 자제시키고, 그 대신 조용히 해결책을 찾아야만 한다는 것이었다. 모두를 위해 그렇게 해야 한다고 그는 주장했다. 1983년 5월 8일은 슐츠가 두 도시를 오가는 마지막 날이었다. 국무장관은 바브다에 위치한 대통령 궁에서 협상안을 마지막으로 다듬기 위해 레바논의 고위관리들과 회동했다. 모든 작업이 끝나자 사람들은 서로 악수를 나누고 등을 두드리며 축하했다. 와잔만이 예외였다. 그 자리에 참석했던 관리에 따르면 와잔은 국무장관의 얼굴을 똑바로 바라보며 이렇게 선언했다고 한다. "오늘은 내 생애에서 가장 슬픈 날이라는 점을 알아주었으면 좋겠소. 이는 명예로운 합의가 아니오. (이스라엘의 무리한 요구를 억제하는 데) 미국이 최선을 다했다고 믿지 않소. 나는 지금 매우 슬픈 심정이오."

그해 여름 내내, 그리고 가을이 시작될 무렵까지, 곧 떠나갈 로버트 딜런(Robert S. Dillon) 미국 대사는 게마엘 대통령에게 레바논 내부의 정치적 반대자들에게 화해조처를 취하라고 촉구하기 시작했다. 게마엘에 반대하는 이슬람 및 기독교도들은 점차 시리아에 기울고 있었다. 국가적 차원의 화해 없이 레바논 군대를 확립하는 일이란 마치 시멘트를 사용하지 않고 벽돌로만 건물을 짓는 것과 다름없다는 사실을 딜런은 이해하고 있었다. 게마엘은 그의 제안을 차갑게 거부했고, 둘 사이의 관계는 급속히 악화됐다. 딜런이 10월 베이루트를 완전히 떠날 때, 레바논 대통령이 백향목 명예훈장을 수여하는 것이 관례였지만 게마엘은 이를 거부하고 외무장관 엘리 살렘(Elie Salem)에게 훈장 수여를 대신하도록 지시했다. 일부러 모욕하기 위해서였다.

1983년 9월 4일 이스라엘이 슈프 산악지역에서 남부 레바논 아왈리 강변으로 철수하기로 결정한 후, 레바논의 이슬람교도에게 그나마 남아 있던 미국에 대한 신뢰는 완전히 사라졌다. 이스라엘 군은 베이루트를 굽어보는 슈프 산악지역에 1년 동안 주둔하면서 아민에게 평화조약에 서명하라고 압력을 가했다. 그러나 아민에게 평화조약을 이행할 능력이 없다는 것을 알게 되자, 이스라엘 군은 즉시 슈프에서 떠나 레바논 남부로 이동했다. 베이루트에서의 뒤처리는 미 해병대에게 맡겨버린 채였다. 이스라엘 군이 떠나면서 슈프에 공백이 생기자 너도나도 이를 차지하기 위해 달려들었다. 왈리드 줌블라트 장군이 이끄는 드루즈파가 그중 하나였다. 줌블라트는 이스라엘의 철수가 팔랑헤가 침범한 선조들의 고향을 되찾을 기회라고 생각했다. 다른 한편에서는 팔랑헤 민병대와 게마엘의 레바논 군대가 슈프를 차지하고자 했다. 전략적으로 중요한 슈프지역을 마침내 기독교도와 정부가 통제할 수 있는 기회라고 그들은 간주했다. 시아파와 수니파, 그리고 시리아는 드루즈파를 지원했다. 이제 레바논 군대와 완전히 한데 얽힌 미 해병대로서는 게마엘을 지원하는 수밖에 없었다. 레이건 행정부의 정책결정자들은 전 국토에 주권이 미치게 하려는 레바논 정부의 정당한 권리를 지원하는 것이라고 믿었음에 틀림없다. 그러나 게마엘이 사실상 지원하고자 했던 바는 드루즈파를 지배하고자 하는 기독교도의 '권리'일 뿐이었다.

해병대를 중립적인 평화유지군에서 레바논의 한 분파로 전락시킨 사건이 슈프 산악지역의 외진 마을 수크 엘 가르브(Souk el-Gharb)에서 일어났다. 1982년 9월 슈프를 차지하기 위한 전투가 시작된 직후, 레바논 군의 총사령관 타누스는 미 해병대가 레바논 군대와 좀 더 직접적으로 협력했으면 좋겠다는 뜻을 군사 고문들에게 넌지시 전달하기 시작했다. 시리아가 드루즈파를 활발하게 지원하고 있다는 이유에서였다. 미군은 일관되게 이를 거절했다. 그러나 1983년 9월 19일 새벽 2시경 시리아와 팔레스타인인들의 지원을 받은 드루즈파 부대가 전략적으로 중요한 레바논 군대의 진지에 대규모 포격과 지상공격을 시작했다. 수크 엘 가르브에 위치했던 그 진지는 베이루트를 내려다볼 수 있는 기다란 능선을 통제할 수 있는 곳이었다. 만일 드루즈파 동맹군이 수크 엘 가르브를 차지한다면, 그들은 바브다에 위치한 대통령궁과 야르제의 국방부, 그리고 팔랑헤가 통제하는 동베이루트를 직접 사정권 안에 둘 수 있었다. 9월 19일 아침 7시에서 8시 사이 군사훈련을 담당하는 미군 고위장교들과 중동특사 로버트 맥팔레인(Robert McFarlane)의 보좌관 칼 스타이너(Carl Stiner) 준장이 레바논 국방부의 작전회의실에 모였다. 흥분한 타누스 장군이 스타이너 장군에게 다가와 소식을 전했다. 수크 엘 가르브의 레바논 군대에 '대규모' 공격이 진행 중인데 '30분'을 더 버티지 못할 상황이란 것이었다. 그리고 레바논 군대가 보유한 세 개의 곡사포 부대 중 하나가 수크 엘 가르브를 지원하고 있지만 포탄이 떨어졌다는 말도 덧붙였다. 타누스는 미국의 지원이 당장 필요하다고 말했다.

인근 미국 대사의 숙소에 머물던 맥팔레인은 심한 포격으로 잠들지 못하고 있다가 스타이너 장군의 보고를 받았다. 타누스가 전한 상황을 별도로 확인하는 절차 없이 맥팔레인은 베이루트의 해병대 사령관 티머시 제라티(Timothy Geraghty) 대령에게 해병대가 보유한 군함에서 레바논 군을 지원하는 포격을 실시하라고 명령했다. 제라티 대령은 명령에 격렬하게 반대했다. 명백한 내부 분쟁에 해병이 끼어드는 결과가 되며, 이슬람교도들은 해군 함정이 아니라 지상의 해병대에게 복수할 것이란 점을 이해하고 있었기 때문이다. 그러나 제라티 대령의 의견은 맥팔레인과 스타이너에 의해 묵살당했다. 9월 19일 아침 일찍 구축함 래드퍼드(Radford), 유도탄 탑재 순양함 버지니아(Virginia), 존 로저스(John Rodgers), 보엔(Bowen)은 5인치 포탄 360발을 드루즈-시리아-팔레스타인 병사들에게 퍼부었다. 레바논 부대에 대한 포위를 풀어주기 위해서였다. 다음날 아침 미국인들은 전날 하루 종일 벌어진 전투에서 단 8명의 레바논 병사가 사망하고 12명이 부상당했다는 사실을 알게 됐다.

미군이 속았던 것인가? 게마엘이 고의적으로 그랬는지의 여부는 아무도 알아낼 방법이 없다. 그러나 미군 고위장교 한 사람은 후에 내게 이렇게 말했다. "게마엘로서는 그동안 간절히 원하던 것을 얻어낼 좋은 기회였습니다." 게마엘이 원했던 것은 미군을 내전의 한 부분으로 만드는 것이었다. 그리고 그는 그렇게 만들었다.

누군가가 5.5톤이 넘는 다이너마이트를 실은 노란색 메르세데스 벤츠 자살폭탄트럭을 몰고 베이루트의 대대급 상륙단(Battalion Landing Team, BLT)의 사령부가 사용하던 4층짜리 건물로 돌진했다. 1983년 10월 23일 동틀 무렵이었다. 현장을 목격한 해병대 보초는 에디 디프랑코(Eddie DiFranco) 병장이 유일했다. 디프랑코는 운전자의 머리카락 색깔이나 얼굴 형태를 기억하지 못했다. 뚱뚱했는지 말랐는지도, 피부색이 짙었는지 흰 편이었는지도 기억하지 못했다. 241명의 미군을 날려버리기 위해 자기 앞을 지나쳐 차를 몰고 가던 그 가미카제 이슬람교도에 대해 디프랑코가 기억하는 것이라곤 한 가지가 전부였다. "그는 제 얼굴을 똑바로 마주 봤습니다. …… 그리고 미소를 지었습니다."

경계담당 하사관이었던 스티븐 러셀(Stephen Russell)은 운전자의 미소를 볼 수 없었다. 그는 오로지 트럭의 커다란 엔진소리를 들었을 뿐이었다. 그는 사령부 정문에 모래 부대로 만든 진지에 서 있었다. 갑자기 주차장에서 엄청나게 큰 트럭이 빙빙 돌고 있는 모습이 보였다. 운전자는 스피드를 높이기 위해 엔진의 회전속도를 높이고 있었다. 부대 주변에 쳐놓은 담장을 뚫고 들어가 건물의 현관으로 질주하기 위해서였다. 미 해병대의 역사가 베니스 프랭크는 이렇게 전했다. "러셀은 영내에서 트럭이 무엇을 하고 있는지 의아하게 생각했습니다. 그는 위험이 다가오고 있다는 점을 바로 알아차릴 수 있었습니다. 그는 위병소에서 로비를 가로질러 뒷문으로 달려가면서 외쳤습니다. '엎드려! 엎드려!' 어깨 너머로 힐끗 보니 트럭이 자신이 서 있던 위병소를 돌파하고 있었습니다. 몇 초 후 트럭이 폭발했습니다. 러셀은 공중으로 솟구쳐 건물 밖으로 내동댕이쳐졌습니다."*

제라티 대령은 지척에 있는 그의 사무실에서 아침뉴스를 점검하고 있었다. 그의 사무실 유리창은 폭발에 모두 깨져버렸다. 밖으로 나가자 사방이 자욱했다.

"저는 모퉁이를 돌아 건물 뒤편으로 뛰어갔습니다. 그곳 역시 짙은 안개가 낀 듯했고 부스러기가 떨어졌습니다. …… 그리고 …… 안개와 같은 먼지가 걷히고 나서 저는 뒤를 돌아봤습니다. …… 사령부가 온데간데없이 사라

---

* 베니스 프랭크, 『레바논에서의 미국 해병대, 1982~1984 U.S. Marines in Lebanon, 1982~1984』(미국 해병대 역사자료사단, 1987).

졌습니다. 그 당시 느꼈던 감정을 설명할 길이 없네요. 정말이지 믿을 수가 없었습니다."*

내게도 마찬가지였다. 아침 6시 22분이었다. 나는 서베이루트의 도심으로부터 약 16킬로미터 떨어진 곳에서 자고 있었다. 거리가 꽤 되었음에도 불구하고 해병대 사령부의 폭발은 우리를 흔들어 깨웠다. 먼저 앤이 일어나고 내가 일어났다. 우리는 지진일 것이라고 생각했다. 집을 비슷하게 흔들었던 진동이 몇 달 전에도 있었기 때문이다. 앤과 나는 그런 상황에서 항상 하는 대로 했다. 침대에 미동도 하지 않고 가만히 누워 사이렌 소리가 들리는지 기다리는 것이었다. 사이렌 소리가 들리지 않으면, 그것은 폭발이나 지진이 아니라는 의미였다. 이스라엘 전투기들이 베이루트 상공을 날아가면서 음속을 돌파할 때 들리는 소리일 뿐이었다. 수도 없이 많이 들을 수 있는 소리였다. 약 1분 정도가 지나자 온 방향에서 사이렌 소리가 들리기 시작했다. 보조기자 모하메드에게 연락을 취하기에는 너무 이른 시간이었다. 그래서 앤과 나는 피아트에 올라타 거리에서 처음 만나는 소방차를 따라갔다. 아무도 없는 베이루트 거리를 질주하면서 소방차는 결국 우리를 프랑스 군의 낙하산병 막사로 인도했다. 10층짜리 아파트 건물이었는데 자살폭탄차량으로 완전히 파괴됐다. 운전자는 폭탄을 실은 차량을 지하주차장으로 몰고 들어가 폭파시켰던 것이다. 그곳에서 약 한 시간가량 사람들을 인터뷰했다. 그런데 누군가가 해병대가 '로켓에 맞았다'는 말을 했다. 그래서 우리는 해병대로 여유롭게 차를 몰았다. 피 묻은 군복차림으로 비틀거리며 상륙단 건물이 있던 자리를 돌아다니며 무언가를 줍고 있는 해병대원들이 보였다. 그날 오후 그곳에서는 미국식 바비큐 파티가 있을 예정이었다. 폭발이 있고 나서 몇 시간이 지나자 공기압으로 작동하는 드릴과 용접용 버너를 든 구조팀이 무너진 콘크리트 기둥더미에서 미친 듯이 작업을 하기 시작했다. 사상자를 꺼내기 위한 필사적인 노력이었다. 그러나 그들의 노력을 방해하는 자들이 있었다. 신원을 확인할 수 없는 저격수들이 구조대원들에게 계속 총을 쏴댔던 것이다.

---

* 해병대 구술역사 프로그램 자료모음. 1983년 5월 28일 실시된 인터뷰.

레바논 사람들을 보호하기 위해 베이루트로 왔던 미 해병대가 이제는 거꾸로 보호를 필요로 하는 입장에 처한 듯이 보였다. 레바논 친구는 이렇게 말했다. "기저귀 안에 또 기저귀를 찬 꼴이군."

해병대 사령부 폭발사건 직후 많은 논의가 있었다. 주로 자살공격을 방지하기 위해 해병대는 장애물과 위병소를 더 많이 설치하지 않았는지를 놓고 벌인 논의였다. 그러나 공격을 설명할 수 있는 것은 보안기술상의 문제가 아니라 정치문화적인 문제였다. 베이루트에 파견된 해병대는 레바논의 내부 사정을 모른 채 그들을 돕겠다는 선의만을 가졌기 때문에, 워싱턴의 고위관리들이 시키는 대로 아민 게마엘을 돕는 일이 결국은 오래된 레바논 내부의 공동체 간 전쟁에 휘말리는 결과가 된다는 사실을 깨닫는 데 오랜 시간이 걸렸다(일부는 끝까지 이를 이해하지도 못했다). 상륙단에 대한 자살폭탄 사건 직후 나는 『뉴욕타임스』에 기사를 실어 해병대가 또 하나의 레바논 민병대로 변질되었다고 주장했다. 베이루트의 해병대 대변인은 그 기사를 오려 게시판에 붙여두었다. 해병대원들은 그 기사에 온갖 상소리를 휘갈겨놨다. "톰, 엿이나 먹어." "고맙다. 개자식아." 그러나 해병대가 부족 간의 전쟁에 휘말렸다는 사실을 인지하고 난 후에도 해병대는 자살폭탄차량 등을 방지하는 데 필요한 사전준비를 다 하지 못했다. 그와 같은 위협은 통상적인 미군의 훈련과정에 포함되어 있지 않았기 때문이다. 맨슨 콜먼(Manson Coleman) 병장은 거구의 해병대원으로 따뜻한 미소와 미국의 시골마을에서 볼 수 있음직한 상냥한 태도를 가진 인물이었다. 그는 베이루트에서 초병으로 근무했다. 해병대 사령부 폭발사건 직후 어느 날 그는 내게 이렇게 말했다. "테러리스트들이 우리를 공격하기 위해 이러저러한 일들을 계획할지 모른다는 보고를 매일 받곤 했습니다. 어느 날 TNT를 배에 두른 개를 조심해야 한다는 말을 들었죠. 며칠 동안 우리는 보이는 대로 여기저기서 개를 사살했습니다. 누군가가 개의 배에 TNT를 매달기 위해 몸을 한껏 숙여 웅크리고 있는 모습이 상상이나 되시나요? 이제 우리는 사람들을 죽이는 영리한 방법들을 알고 있습니다. 그렇지만 우리는 제네바협정에 따른 제한을 받습니다. 그런데 여기 사람들에게는 협정이란 게 전혀 없어요."

엄격하고 스스로를 언제나 완벽하게 통제하며 진정한 품위를 느끼게 하는 제라티 대령 역시 베이루트에서 겪어야 하는 놀랄 만한 일들에 부하들보다 잘 준비된 것은 아니었다. 그렇지만 누가 그를 비난할 수 있을 것인가? 그는 공통점이라고는 전혀 없는 서로 다른 정치문화 사이에서 갈피를 잡지 못하고 있을 뿐이었다. 미국에서 가장 규모가 큰 해병대 훈련기지 캠프 레전(Camp Lejeune)에서 배울 수 있는 것이 아니었다. 레바논에는 교전수칙 자체가 없었다. 자살공격의 가능성을 예상했느냐는 질문에 제라티 대령은 단호하게 답했다. "아닙니다. 전혀 예상하지 못했습니다. 새로운 형태였습니다. 전례가 없었습니다. 우리는 지금까지 100가지 종류 이상의 차량폭탄 위협을 경험했습니다. 픽업트럭, 앰뷸런스, UN 차량 등 수많은 종류의 위협이었습니다. 이런 위협들에 대해서는 …… 적절한 대응조치를 이미 마련했습니다. 그러나 5내지 7톤의 폭약을 적재한 5톤 트럭이 80내지 100킬로미터로 대담하게 돌진해오는 자살폭탄차량에 대해서는 생각해본 적이 없습니다. 막아낼 수 있는 능력 범위를 가볍게 넘어서는 위협입니다. 그만한 크기의 폭탄에 대해 들어보신 적이 있나요?"

제라티 대령이 이렇게 덧붙였다. "트럭을 운전한 사람이 미치광이였을지도 모릅니다. 그러나 저는 확신합니다. 사건을 계획하고 실행에 옮긴 인물은 냉정하고 결의에 차 있으며 정치적이고 또한 빈틈없는 인물이었음에 틀림없습니다."

공격을 실행한 인물을 보낸 쪽이 시리아 혹은 이란인지 아니면 양쪽 모두인지는 결코 밝혀지지 않을 것이다. 그러나 모든 증거자료를 수집했던 미국 정보부 관리들은 둘 중 한 나라가 관련되었음에 틀림없다고 확신한다. 이것이 사실이라면 해병대가 준비하지 못한 것이 하나 더 늘어난다. 해병대는 함정에 빠진 것이다. 해병대의 순진함이 스스로를 희생자로 전락시켰다는 점은 사실이다. 그러나 해병대를 그와 같은 어쩔 수 없는 상황으로 몰아넣은 관료들의 책임이 더욱 컸다. 허약하고 냉소적이며 때로는 이권에 좌지우지됐던 레이건 행정부의 고위관리들이 보여준 무지와 오만함이었다. 레이건과 슐츠, 맥팔레인, 국방장관 캐스퍼 와인버거(Casper Weinberger), 그리고 CIA

국장 윌리엄 케이시(William Casey) 등 모두는 그들이 해병대에 어떤 일을 저질렀는지 역사에 답변해야 할 것이다. 맹목적으로 아민 게마엘을 지원함으로써 이스라엘이 미군의 무기를 들고 아무 거리낌 없이 레바논을 침공하도록 사실상 허용했다. 또한 베이루트에서 체결된 평화조약에 대한 이스라엘의 요구를 억제하지 않음으로 인해, 이슬람을 비롯한 다른 모든 집단을 도외시하고 오직 하나의 부족, 즉 마론파에게 유리한 상황을 만들었다. 워싱턴은 많은 사람들에게 고통을 가져다주는 과정에 도움을 제공했다. 그리고 그 대가를 치러야만 했던 것이다. 해병대 사령부에 재앙이 닥친 그날 아침 아파트를 나서던 나는 레바논 사람들이 모여 클레이 코트에서 테니스를 치던 모습을 잊을 수가 없다. 폭발은 그들이 딛고 있던 테니스 코트 역시 분명 뒤흔들었을 것이다. 그러나 그들은 경기를 멈추지 않았다. 그들이 마치 이렇게 말하고 있는 듯했다. "어이, 미국. 너희는 여기에 오면서 공정한 중재자라고 주장했지만 결국 편을 들고 말았어. 이곳에서 한쪽 편을 들면 그런 일이 일어나는 법이야. 자, 어서 달려가 죽은 사람이나 묻어줘. 우리는 테니스나 치게 내버려두라고."

이스라엘의 레바논 침공, 그리고 레바논과 이스라엘 사이에 체결된 5월 17일의 평화조약을 지원함으로써, 미국은 시리아의 영향력을 약화시키는 결과를 가져왔다는 사실을 레이건 행정부가 이해하기까지 너무 오랜 시간이 걸렸다. 시리아는 레바논을 자신의 전통적인 영향권이라고 생각했다. 결국 미국은 이 부분에 관해서도 대가를 치러야만 했다. 미국이 너무 늦게 이해하게 된 것이 하나 더 있었다. 미국이 오랫동안 팔레비왕조를 지원한 것에 대해 멀리 테헤란에서 아야톨라 호메이니가 이를 갈고 있다는 사실이었다. 이란에서 미국을 몰아낸 호메이니는, 이를 밀고나가 미국을 중동 전역에서 완전히 몰아내고자 했다.

이처럼 미국에 좋지 않은 감정을 가진 모든 집단이 미국에 맞서 싸울 것을 결심했다. 그들이 알고 있는 투쟁방식을 통해서였다. 그들의 방식은 제네바 협약을 따르지 않았다. 나는 그들이 한 일들이 정당하다고 변호할 생각이 없다. 그러나 그들의 행위에 아무런 논리가 없다고 말할 수는 없다. 제라티 대령이 옳았다. 냉정하고 빈틈없는 인물들이 벌인 일이다.

　미국의 거만함이란 힘에서 나오는 거만함이었다. 미국이 베이루트에서 얻은 교훈은 살상무기의 민주화가 상당 수준 진행되었다는 것이다. 어쩌면 베트남에서보다 더욱 확실하게 알게 되었을 것이다. 미국은 처음 200년 동안 세계의 다른 지역으로부터 고립된 채 번영을 누렸다. 우선 두 개의 커다란 대양이 미국을 보호했다. 독립을 쟁취한 이후 외국과의 심각한 무력충돌은 멕시코, 스페인과의 전쟁이 전부였다. 두 전쟁 역시 심각한 무력충돌이라고 부를 만한 정도는 아니었다. 미국으로서는 외교의 혐오스런 측면이나 스파이, 비밀작전 등 세계에서 생존하기 위해 필요한 것들을 배울 필요가 사실상 없었다. 20세기에 들어서자 미국 역시 두 차례의 세계대전에 완전히 휩쓸리지 않을 수 없었다. 그러나 당시는 미국의 힘과 비중이 너무도 압도적이어서 교활함과 간교함이 부족하더라도 엄청난 군사력이 이를 쉽게 보완했다. 아이오와(Iowa)나 뉴저지(New Jersey) 같은 전함이 시보레 승용차 크기의 포탄을 쏟아낼 수 있는데 교활할 이유가 무엇인가? 500킬로그램에 육박하는 고릴라는 어디에 앉게 될까? 아무데나 고릴라가 앉고 싶은 곳이 정답이다.

　베트남 전쟁이 일어나기 전까지의 상황은 그랬다. 그러나 미국의 군사적, 경제적 힘은 세계 여타 지역과 비교해 상대적으로 점차 약화됐다. 게다가 전쟁의 양상 역시 변했다. 이제 일자무식의 농부라도 어깨에 메는 스팅어 미사일로 50만 달러짜리 전투기를 떨어뜨릴 수 있다. 시리아와 이란 등의 소규모 귀력, 심지어는 그보다 훨씬 소규모인 민병대조차도 자살폭탄차량과 같이 대단히 변칙적인 수단을 통해 미국의 레바논 정책을 무력화할 수 있다. 5톤 남짓의 다이너마이트, 그리고 훔친 트럭이 필요할 뿐이다. 갑자기 미국의 힘은 수천 가지에 이르는 방식으로 견제받기 시작했다. 그러나 해병대가 레바논에서 직면했던 상황이 잘 보여주듯이 미국에게는 아직 변화된 세계에 대한 명확한 이해가 부족했다. 힘과 외교를 어떻게 세련되고 미묘하며 교활하게 사용할 것인지를 배우지 못했다. 세계는 이미 변했지만 미국은 이에 준비하지 못했다.

　미 해병대는 상세한 지도와 야간투시경 등 첨단장비로 중무장했기 때문에 베이루트 같은 곳에서 군사적 우위를 점하지 못할지도 모른다는 것을 상상조차 하지 않았다. 해병대를 파견한 미국 정부관리들, 그리고 해병대원들 역시 마찬가지였다. '뉴저지'나 전투기와 같은 무기를 사용하고 때로는 여기에 언어적인 위협을 가미한다면 현지 세력을 겁주는 데 충분할 것임을 믿어 의심치 않았다. 미국은 전통적인 의미에서 전쟁과 힘을 생각했던 것이다. 미군은 심지어 누가 적인가에 대한 자신의 관념까지도 레바논 상황에 적용했다. 어느 날 해병대는 주위에서 '바르샤바 조약기구의 군복'을 입은 사람들을 목격했다고 발표했다. 러시아 군인들이라니! 레바논에서 군복의 색깔을 보고 그 사람의 정치성향을 판단하는 것은 눈동자 색깔로 이를 예측하는 것과 마찬가지라는 점을 그들은 이해하지 못했다. 상륙전용 헬리콥터 수송 함정인 USS 괌에서 베이루트를 떠나는 해병대원을 인터뷰한 적이 있었다. 젊은 병사 하나가 나를 옆으로 데려가더니, 주변의 동료들이 들을 수 없는 낮은 목소리로 진지하게 물었다. '드루즈파는 모두 공산주의자'라는 말이 사실이냐는 질문이었다.

해병대 사령부의 폭탄공격이 일어난 직후, 레바논 주재 이탈리아 대사 프랑코 루치올리 오티에리(Franco Lucioli Ottieri)가 내게 말했다. "사람들은 언제나 마지막 전쟁을 치르는 법이라고 말하는 것 아세요? 당신네 미국인들은 동부전선의 전투에서 준비를 아주 잘 했습니다. 아주 잘 했죠. 소련과의 동부전선은 이제 안정됐습니다. 그러나 미국은 제3세계에서의 전쟁에서는 개탄스러울 정도로 준비가 안 된 상태입니다. 미국은 커다란 코끼리 같아요. 다른 코끼리하고 맞붙는 경우 아주 잘 하죠. 그러나 뱀하고 싸워야 한다면 곤란에 직면합니다. 미국이 가진 심리상태나 청교도적인 엄격함 등이 이제 방해가 됩니다. 레바논은 뱀들이 우글우글한 곳입니다."

해병대가 베이루트에 도착하고 나서 몇 달 후 게마엘 대통령은 전임 수상 사에브 살람을 워싱턴으로 보내 레이건 대통령에게 편지를 전달하도록 했다. 편지 자체는 아무런 의미도 없었다. 중요한 것은 편지를 가지고 간 사람이었다. 살람에게 레이건 대통령을 만날 기회를 준 것은 자신의 대통령직을 지지해준 데 대한 보답이었다. 베이루트의 아메리칸대학에서 교육받은 수니파 이슬람교도인 살람은 미국을 지지하는 제3세계 정치인의 전형이었다. 수년간 심지어는 수백 년 동안 확고한 국가를 세울 능력이 없는 지역에서 태어나고 자란 많은 정치가들과 마찬가지로 살람은 확신했다. 세계 어딘가에 거역할 수 없는 명령과 군사력을 강제할 수 있는 누군가가 있을 것이라고 말이다. 살람이 태어났을 당시 그 권력자는 오스칸 투르크였다. 그가 자라날 때는 영국과 프랑스가 권력자의 자리를 이어받았고, 성년이 되었을 때는 미국이었다. 권력을 휘둘러보지 못한 사람들은 권력자가 실제로 할 수 있는 일들에 관해 환상을 품게 마련이다. 중동에서 해결되어야 할 여러 가지 문제를 내가 언급할 때마다 살람은 고개를 저으며 이렇게 말했다. "미국. 미국이 나서야 합니다. 미국이요."

살람의 미국 방문은 레바논의 모든 신문의 1면을 장식했다. 그가 레이건에게 편지를 전해주고 베이루트로 돌아온 후 나는 서베이루트에 위치한 거대한 그의 저택을 방문했다. 문에서 나를 맞아주던 살람은 흰색 카네이션으로 장식한 말쑥한 회색 정장을 입고 있었다.

"사에브, 그 카네이션을 왜 옷에 달았어요?" 내가 약간 놀라서 물었다.

"레이건을 만났기 때문이죠. 그리고 레이건이 말했습니다. 미국의 레바논 정책에 후퇴는 없을 거라고요." 살람이 눈을 반짝이면서 대답했다.

마침내 살람의 흰색 카네이션은 시들고 꽃잎 역시 떨어졌다. 미국의 정책은 결국 후회하게 됐고 사에브 살람은 크게 실망했다. 그가 다시 흰색 카네이션을 옷에 다는 일은 걸고 없었을 것이다. 살람의 일에서 나는 귀중한 교훈을 하나 얻었다.

레이건 대통령이 사에브 살람에게 레바논 정책에 '후퇴'가 없을 것이라고 말했던 것은 국가원수가 손님을 배웅하면서 상대방에게 예의상 던지는 통상적인 인사말이었음에 틀림없다. 레바논에 개입하는 미국의 정책결정에서 말로 하는 표현이란 언제나 보충에 지나지 않는다. 나는 레이건이 사에브 살람에게 한 말을 기억조차 하지 못할 것이라고 확신한다. 그러나 살람은 그 말을 잊으려 들지 않았다. 레이건으로부터 그 말을 듣고 와서 마치 복권에라도 당첨된 양 카네이션을 옷에 달았다. 다른 레바논 사람들은 한술 더 떴다. 해병대가 도착하고 나서 몇 달간 베이루트에 거주하는 사람들은 너도나도 다음과 같은 이야기를 했다. "미군이 온다는 이야기를 듣고 나는 이렇게 했어요." 가장 친한 내 레바논 친구 중 하나는 이슬람교도로 아메리칸대학의 강사였는데, 은행에 가서 그동안 모았던 예금 2만 5,000달러를 모두 레바논 파운드로 환전했다. 미국의 보호 아래서 레바논 파운드의 가치가 즉시 치솟을 것이라고 확신했던 것이다. 잘못된 생각이었다. 당시 환율은 1달러당 4 레바논 파운드였다. 오늘은 1달러당 500 레바논 파운드다.

내가 아는 젊은 레바논 부부가 있었다. 나빌 야쿠브(Nabil Yacoub)와 그의 아내 비키(Vicky)였는데, 그들은 레바논 내전이 발발한 이후 아부다비에 살았다. 야쿠브는 그곳에서 전기회사를 차려 돈을 모으며 언젠가 전쟁이 끝나면 베이루트로 돌아갈 날을 꿈꿨다. 해병대가 도착하자 나빌과 비키는 전쟁이 끝났다고 판단했다. 1982년 가을 야쿠브 부부는 은행에서 그동안 모은 예금을 모두 찾았다. 아부다비에서 베이루트로 이주하고 새로 회사를 설립하는 데 7만 달러를 지출했고, 침실이 세 개 딸린 아파트를 구입하는 데 15만 달러를 썼다. 나빌이 재건축 전문 컨설팅 회사를 열려고 했던 함라 스트리트에서 아주 가까운 아파트였다.

그들 부부의 새 아파트를 방문해 거실의 소파에 앉아 대화를 나누는데 나빌이 내게 이렇게 말했다. "미국이 모든 일들을 사전에 계획했을 것이고 무언가가 잘못되리라고는 전혀 생각하지 않았습니다. 미국은 그들이 계획을 가지고 있고 이를 반드시 성취할 것이라고 거듭 강조했습니다. 미국의 후원 아래서 레바논에 새로운 질서가 확립될 것이라고 생각했어요."

그러나 나빌과 비키가 마침내 베이루트에 정착했던 1983년 여름, 레바논과 해병대의 상황은 꼬이기 시작했다. 레바논 경제는 약세로 돌아섰다. 누구도 감히 재건축에 투자할 엄두를 낼 수 없는 상황이었다. 내가 마지막으로 나빌을 만났을 때 그는 실직상태였다. 그가 내게 했던 마지막 말은 농담이었지만 반은 진심이었다. "나는 레이건을 상대로 소송을 준비하고 있어요. 결과적인 손해에 대해서죠. 기회를 잃었고 정신적으로도 피해를 입었어요. 미국 사람들은 우리에게 확신을 줬다는 사실을 이해하지 못하네요. 미국은 우리가 내린 결정에 직접적인 영향을 줬어요."

아메리칸대학에서 학생들을 가르친 적이 있는 정치학자 가산 살라메는 미국 백악관이나 국무부의 일일 브리핑이 베이루트 현지 언론에서 얼마나 큰 역할을 했는지 내게 알려줬다. 미 국무부의 브리핑은 대략 한 시간가량 지속된다. 한 시간 동안 레바논에 관한 질문이 한 번 정도 나오고 대변인은 미국의 입장과 의지에 대해 판에 박힌 답변을 했다. 미국 언론에서는 이 같은 대변인의 언급이 스쳐지나가는 기사조차 될 수 없다. 그러나 베이루트에서는 1면을 장식한다. 만일 1983년 레바논에서 이름이 가장 많이 알려진 사람을 선발하는 대회가 있었다면 당시 미 국무부 대변인이었던 앨런 롬버그(Alan Romberg)가 우승했을 것이다. 가산은 이렇게 말했다. "제가 가르치는 학생들은 모두 레이건이 레바논에 관해 매일 무언가를 언급한다고 생각했습니다."

게마엘 대통령 역시 예외가 아니었다. 당시 레바논 주재 미국 대사관의 고위관료 한 사람은 게마엘에 대해 이렇게 전했다. "그는 미국이 어느 수준까지 자신을 지원할 것이라는 가정을 항상 하곤 했습니다. 우리가 그에게 말한 바와는 일관되지 않는 가정들이었죠. 그러나 사실 우리도 게마엘에게 명료하게 언질을 준 적이 없습니다. 명확하게 한계를 그어줘야만 했지만 그러지 않았습니다. 그러나 레바논과 '언제까지나' 함께 하겠다는 대통령의 그저 두루뭉술한 발언이 게마엘에게 잘못된 인식을 심어줬다는 점은 분명합니다."

여기서 우리는 무엇을 배울 수 있을까? 내 친구 푸아드 아자미의 말이 핵심을 보여준다고 생각한다. "다른 모든 중동 사람들과 마찬가지로 레바논 사람들은 상상력이 대단히 풍부한 민족입니다. 막대한 권력을 가진 국가가 중동의 어느 누구에게도 눈짓을 하면 안 되는 이유가 바로 이 때문이죠. 중동에서는 사소해 보이는 눈짓이 커다란 의미를 지닙니다. 아리엘 샤론에게 눈짓을 하면 그는 베이루트까지 침공해올 것입니다. 게마엘에게 눈짓을 한다면 그는 베이루트 외곽의 시아파를 쓸어버리려고 할 것입니다. 모두가 미국의 인가를 원합니다. 미국의 자원, 그리고 미국의 승낙을 원합니다. 모두들 자신의 음모에 미국을 연루시키고자 합니다. 그들은 큰 도움을 원하지만 보답은 적게 하려고 합니다. 숫처녀를 데려와서 매춘부로 만들어 되돌려 보내려고 합니다."

1984년 초반 슈프 산악지역을 차지하기 위한 드루즈파와 마론파의 전쟁이 격화됐다. 이제 미 해병대는 부족적 투쟁이 노골적으로 드러나는 레바논의 참모습을 목격해야만 했다. 부정확한 지도와 '교전수칙', 그리고 세상 물정에 어두운 미국식 낙관주의를 가지고 베이루트에 도착한 지 18개월이 지나자, 해병대 역시 마침내 이해하게 되었다. 그들은 레바논의 중심을 지원하러 왔지만, 그곳에는 중심이 존재하지 않는다는 사실이었다. 오직 분파만이 있을 뿐이었다. 이 같은 사실을 깨닫는 순간 해병대가 할 일이란 아무것도 없었다. 그저 모래주머니 뒤에 구덩이를 파고 들어앉아 레바논 사람들 사이의 격렬한 충돌을 멀리한 채, 레이건이 승리를 선언하고 그들을 고향으로 불러들일 때까지 기다릴 뿐이었다. 해병대는 레바논 정부군을 지원하기 위한 포사격을 중단했다. 누군가가 해병대에 총격을 한 번 가하면 두 배로 갚아주는 것 외에는 아무것도 하지 않았다. 교전수칙일랑 잊어버리고 당한 만큼 되갚자고 그들은 말했다. 영국과 프랑스, 이탈리아에서 온 '평화유지군' 역시 유사한 접근법을 취했다. 레바논 일간지 『아스 사피르』는 다국적 평화유지군을 '다국적 민병대'라고 부르기 시작했다. 명예롭게 퇴각하기까지 수주일 동안 해병대원들과 이야기하는 것이 대단히 재미있는 일이 됐다. 그들이 레바논 정치를 미국 정치의 연장으로 더 이상 간주하지 않고, 미국 정치의 정반대라고 말하기 시작했기 때문이다.

내가 해병대원 제프리 로버츠(Jeffrey Roberts) 병장에게 레바논에서 어떤 일이 일어나고 있다고 생각하느냐고 묻자 그가 이렇게 설명했다. "제가 보기에 레바논은 내전 중입니다. 단지 북부와 남부의 싸움만이 아니죠. 북과 남이 싸우고, 동부와 서부가 싸우고, 북동부와 남동부가 싸웁니다. 우리 해병대 주변에서 이 모든 싸움이 일어나고 있습니다. 서로 다른 편이 너무 많아요. 우리가 한쪽을 편들면, 우리를 적대하게 되는 집단이 네 개가 생기는 겁니다."

해병대 대변인 키스 올리버(Keath Oliver) 대위의 말은 상황을 훨씬 더 간결하게 요약했다. 레바논 민병대 사이에 벌어지는 포격소리가 마치 북소리처럼 멀리서 들려오고, 그와 내가 해병대 영내를 걸으며 대화를 나눌 때였다. "저 사람들은 악보도 다른 걸 쓰나봐요."

사실 그들은 음악을 연주하는 것이 아니었다. 해병대의 베이루트 공항 사령부 주위는 모래언덕과 키 작은 덤불로 둘러싸여 있었다. 레바논 소년들이 매일 와서 비둘기 사냥을 즐기는 곳이었다. 해병대원들이 경계를 서고 있어도 소년들은 방어선 주변에서 기를 쓰고 사냥을 했다. 결국 해병대 장교가 그들에게 이야기를 하기 위해 밖으로 나갔다.

"얘들아, 우리는 해병대인데 여기서 비둘기 사냥을 하면 안 돼! 알아들었어?" 장교가 아이들에게 설명했다.

그러나 아이들은 매일 다시 와서 총구 쪽으로 탄환을 장전하는 구식 소총을 들고 비둘기를 잡았다. 그럴 때마다 해병대에서는 경보가 울리고 병사들은 긴장해야만 했다. 어느 날 검문소에서 내게 그 문제를 전해주던 해병대 병장은 작은 소리로 투덜거렸다. "그거 아세요? 그냥 총으로 다 쏴버려야 해요. 도대체 말로는 아무것도 안 돼요."

모든 것이 가능하고 모든 것을 이해할 수 있다고 생각하며 베이루트에 발을 들여놓았던 해병대가 그곳에서는 아무것도 가능하지 않고 아무것도 이해할 수 없다고 느끼며 짐을 쌌다. 그들이 겪어야만 했던 터무니없는 곤경을 마침내 누군가가 시로 노래했다. 베이루트 공항 경계에 있던 에코 중대(Echo Company) 막사의 문틀로 사용된 가로세로 4인치짜리 각목에 파란색 볼펜으로 쓴 시였다. 그 시를 암기하고 있는 해병대원들도 꽤 있었다.

> 그들은 우리를 베이루트로 보냈지.
> 상대를 쏠 수 없는 총알받이로
> 친구들은 아까운 나이에 스러져 가겠지.
> 누군가 이들에게 이유를 말해줬을까?

9장
종말을 맞은 과거 레바논의 영광

에스트라공(Estragon): 나 이런 생활 계속 못하겠어.
블라디미르(Vladimir): 그런 얘긴 누구나 하지.
에스트라공: 서로 헤어지는 게 어때? 좀 낫지 않을까?
블라디미르: 내일 목매달기로 하지. (잠시 후) 고도가 오지 않는다면 말이야.
에스트라공: 오면 어쩌지?
블라디미르: 우린 구원받게 되는 거지.
— 사뮈엘 베케트(Samuel Beckett), 『고도를 기다리며 Waiting for Godot』

해병대 사령부의 폭발사건이 일어나고 약 한 달 후인 1983년 11월 어느 날 아침, 갈색 정장을 입은 어떤 남자가 아파트 현관 앞 주차장에서 자살했다. 아래층에 사는 데이비드 주치노의 어린 딸 에이드리언(Adrien)이 발코니에 있다가 그를 처음 발견했다. 에이드리언이 발코니 난간을 통해 그 남자를 손가락으로 가리켰고 에이드리언의 엄마가 와서 시체라는 것을 알아차렸다. 이웃 몇몇 사람들은 갈색 정장을 입은 남자가 해골, 그리고 교차된 뼈가 그려진 캔에 담긴 독약을 마시며 주차장을 배회했다고 나중에 말했다. 그는 반대편 손에 플라스틱 백을 쥐고 있었다. 그가 몸을 굽히며 경련을 일으키자 사람들은 멀리서 그를 바라보았다. 결국 누군가가 경찰을 불렀다. 베이루트 시의 경찰이 약 40분 후 도착했을 때 그의 눈동자는 위로 돌아가버렸고 몸은 이미 차가웠다. 경찰은 언제나 목격자가 적고 보고서를 짧게 쓰는 것을 좋아했다. 경찰이 그가 들고 있던 플라스틱 백을 열어보자 안에는 수백 장에 달하는 레바논 파운드 지폐가 빼곡하게 담겨 있었다. 잠시 상의를 하더니 경찰은 남자는 남겨두고 돈만 가지고 갔다. 잠시 후 경찰은 검시관과 함께 돌아왔다. 검시관은 죽은 사내의 사진을 찍어야 했지만 그의 카메라가 말을 듣지 않았다. 결국 이웃 중 한 사람이 분홍색 천으로 갈색 정장의 사내를 덮어줬고, 시간이 좀 더 지나자 앰뷸런스가 와서 그를 싣고 갔다.

가까운 곳에서 이발소를 운영하며 손님들에게 스포츠머리를 해주면서 철학 강의를 늘어놓기를 좋아하던 마이크(Mike)는 죽은 남자가 바다를 내려다볼 수 있는 그 아파트 주차장에서 자살한 세 번째 사람이라고 내게 말했다. 내가 그 이유를 묻자 그는 어깨를 으쓱하며 말했다. "경치가 좋잖아요."

건물 앞에서 목격한 우울하고 어처구니없는 자살은 1983년 말과 1984년 초 베이루트의 분위기를 상징하는 듯했다. 희망은 산산조각 났고 완전히 자포자기 상태였다. 해병대는 베이루트로 오면서 레바논에 활력과 침착함, 안보와 평온함을 제공하려고 했다. 그들의 노력에 발맞춰 레바논은 스스로 내부의 차이를 극복하고 민족국가를 재건하기를 바랐다. 그러나 모든 계획은 웃음거리가 됐다. 해병대 사령부에 자신이 몰던 트럭을 돌진시키면서 웃음지었던 자살공격 운전자에 의해서였다. 슈프에서 불붙기 시작한 공동체 사이의 전쟁에 의해서이기도 했다. 미국에 걸었던 모든 희망, 그리고 이후 벌어진 일련의 사태를 모두 겪어낸 레바논 사람들이 결국 충격적으로 깨달은 것은 과격단체의 발호가 전혀 끝나지 않았다는 사실이었다. 콧수염과 청바지, 그리고 원시적인 부족의 열정은 사라지지 않았다. 미국의 계절이 지나가기를 기다리면서 잠복하고 있던 것이다.

미국의 계절이 지났다는 점을 레바논 사람들에게 말해줄 필요는 없었다. 그들은 이미 뼛속까지 이 사실을 느끼고 있었다. 당시 상황에 대해 자문을 구하기 위해 베이루트에서 내가 가장 좋아하는 정치 분석가를 찾아갔다. 리야드 히잘(Riyad Hijal)이었다. 히잘은 정치학을 공부한 적이 없다. 사실 어떤 분야에 대해 많은 공부를 한 인물이 아니었다. 그는 창유리를 판매했는데, 베이루트의 여론을 알아내는 데 있어서 그는 갤럽 여론조사에 버금가는 정보를 제공했다. 히잘의 사업이 번창한다는 것은 베이루트 사람들이 앞날을 긍정적으로 본다는 의미였다. 그들은 폭탄으로 깨진 유리창을 새것으로 갈아 끼웠다. 그의 사업이 어렵다는 의미는 정치상황에 대해 확신을 갖지 못하는 사람들이 샌드위치를 싸는 비닐 랩으로 깨진 유리창을 가린다는 것이었다. 유리로 갈아 끼우는 것보다 훨씬 저렴했기 때문이다. 히잘은 팔리지 않은 창유리더미 사이에 앉아 있었다. 미군에 대한 자살공격이 전환점이었다고 그는 말했다. 그 사건 이후 사업이 급속도로 악화됐다는 것이다. 베이루트에서 그런 시기에 유리창에 돈을 들이는 사람은 바보였다.

히잘이 이렇게 한탄했다. "벌써 몇 주 동안 유리를 팔지 못했어요. 지금 상황이 실제로 얼마나 안 좋은지 알고 싶으세요? 사실 제 아파트 유리창도 총탄에 모두 깨져 있어요. 저도 유리창을 갈아 끼우지 않고 있어요. 그만큼 안 좋아요. 사실이에요. 아파트 유리창이 깨진 건 이번이 네 번째인데, 이번에는 그냥 비닐로 덮어놨어요. 매일 로켓이 날아다니는데 무슨 수로 그때마다 유리를 갈아 끼워요."

정말로 그랬을까? 폭탄공격으로 해병대에서 버섯구름이 피어오르고 슈프 산악지역의 싸움이 베이루트까지 퍼져나가던 1984년, 나 역시 이러다가는 베이루트 시민 전체가 갈색 정장차림의 사내처럼 비참한 죽음으로 인생을 끝내지 않을까 걱정하기 시작했다.

그런데 도시 전체가 죽건 말건 걱정할 이유는 무엇인가?

그 이유는 베이루트는 단지 하나의 도시가 아니었기 때문이다. 베이루트는 하나의 표상이었다. 레바논 사람들만이 아니라 아랍세계 전체에 관해 무언가를 의미하는 표상이었다. 오늘날 '베이루트'라는 단어는 현실에 존재하는 지옥이라는 이미지를 불러일으키지만, 수년간 베이루트는 전혀 다른 무언가를 상징했다. 어쩌면 사실과 다를 수도 있었지만, 그것은 온화함이라고 표현할 수 있을 만했다. 공존이라는 관념과 관용의 정신이었다. 시아파, 수니파, 기독교도, 드루즈파 등의 다양한 종교공동체가 각자의 정체성을 간직한 채 같은 도시, 같은 국가에서 더불어 살아갈 수 있고 나아가 번영할 수 있음을 상징했다.

베이루트의 정신은 레반트의 정신(Levantine spirit)이라고 불렸다. '레반틴'이라는 단어는 '떠오르다(rising)'라는 의미를 지닌 프랑스 고어 '레반트(levant)'에서 파생된 말이다. 태양이 떠오르는 곳인 레반트는 지중해의 동쪽을 면하고 있는 모든 나라들을 지칭하는 지리적인 명칭이 됐다. 지중해 동쪽 연안 국가에서 자연스럽게 형성된 레반트의 정치 이념은 다양한 부족과 부락, 그리고 종교분파를 가진 집단들을 어우를 만큼 독창적이었다. 베이루트 사람들에게도 영감을 줬고 궁극적으로는 레바논 사람들 전체가 17개에 달하는 기독교와 이슬람, 그리고 드루즈 분파를 모두 융합하는 근대적 아랍 공화국을 건설할 수 있을 것이라는 믿음을 갖게 했다. 사람들이 각자의 부족적 전통과 단절할 수 없다고 하더라도, 적어도 그들이 살아가는 도시에서는 각자의 부족적 전통을 자제할 수 있을 것이라고 레반트의 정신은 가정했다. 전성기의 베이루트가 그랬다. 옥스퍼드대학 시절 내 은사였던 레바논 출신 역사학자 앨버트 후라니(Albert Hourani)의 말을 빌리면 베이루트는 이랬다. "조상으로부터 물려받은 종교적 신념과 가족적인 연계라는 점에서는 여전히 상이한 다수의 공동체가 살아가는 다원적 사회였다."

산업혁명 이후 새롭게 등장한 레바논의 비단 무역과 증기선의 발명이 결합하면서 미국과 서유럽으로부터 많은 사람들이 레반트로 유입되자 베이루트에서는 레반트의 정신이 점차 발전했다. 서유럽에서 건너온 정착민들은 다양한 부류였다. 가톨릭과 기독교 선교사, 외교관, 상인, 유대 무역업자, 여행자, 의사 등이었다. 그들은 서유럽의 상업과 예의범절, 사상, 그리고 무엇보다 삶과 다른 문화에 대한 온화하고 개방적이며 관용적인 태도를 가져왔다. 현지인들 중 엘리트들이 먼저 그들의 생활습관과 예의범절을 점차 모방하기 시작했다. 이들은 이미 내부에 관용의 전통을 보유한 아랍과 그리스, 터키의 고유문화에 서구의 사상을 조화시키는 지성을 발휘했다. 후라니는 이렇게 썼다. "레반트의 사람이 된다는 것은 어느 특정 세계에 속하지 않으면서 두 개의 세계 혹은 그 이상의 세계를 동시에 살아가는 것이다."

베이루트에서 레반트의 정신을 상징적으로 보여주는 것은 도시의 중심이었다. 리야드 엘 솔(Riyad el-Solh) 광장을 수놓은 갖가지 모습은 공존이라는 레반트의 정신을 생산하고 재생산했다. 지붕을 얹은 시장과 돌로 만든 아치가 있는 골목길, 붉은 지붕의 주택, 공예가의 상점, 아라베스크 문양의 오스만 분수, 헌책방 등 베이루트 구시가지의 모습들이었다. 한때 베이루트 도심에는 7,000개에 달하는 상점들이 어깨를 맞대고 들어서 있었다. 마론파 교도의 구두수선가게 옆에 정육점을 하는 드루즈파 사람과 그리스 정교회 교도인 환전상이 영업을 하고, 그 옆에는 수니파 커피판매상인과 시아파 청과물상, 그리고 아르메니아인 보석상이 있는 식이었다. 베이루트 도심은 각자의 공동체가 모여 사는 산악지역이나 부락으로부터 온 다양한 레바논 사람들을 동질적으로 만들어 세계주의에 입각한 국가를 건설하는 대형 믹서와도 같았다.

레바논의 사회학자 살림 나스르(Salim Nasr)는 이렇게 말했다. "제가 아주 어렸을 적 기억하는 레바논 사회의 모습은 그곳은 한 국가가 세계와 만나는 곳이었고 또한 국가 내부의 다양한 요소가 서로 만나는 그런 곳이었습니다."

제1차 세계대전 이후 오스만 제국이 멸망하자 레반트의 정신은 점차 숨을 쉴 공간을 찾기 힘들었고 결국 사멸하고 말았다. 스미르나(Smyrna), 바스라(Basra), 살로니카(Salonika), 알렉산드리아(Alexandria), 알레포(Aleppo)에서 사라졌다. 그리스와 터키, 그리고 아랍의 민족주의자들은 지난 시대의 여러 종류의 요소가 공존하는 문화와 관용의 정신을 너그럽게 보아줄 인내심이 없었고 관심도 없었다. 그러나 베이루트에서는 그 정신이 명맥을 유지했다. 기독교와 이슬람의 엘리트들에 의해서였다. 레바논의 기독교도와 이슬람교도는 상호 혼인관계를 맺고 교류했으며 사업을 함께 하기도 했으며 새로운 관념을 만들어내기도 했다. 이들이야말로 베이루트를 아랍세계의 세계주의적 맨해튼으로 만든 사람들이었다. 정치적 급진주의자들의 피난처이자 아랍의 전위대를 배출하는 곳이었다. 쿠데타로 권력을 잃은 아랍의 정치가들은 베이루트로 와서 비망록을 저술했고 열정에 불타는 예술가와 시인은 아랍의 브로드웨이에 서기 위해 그곳으로 향했다.

베이루트는 이와 같은 레반틴 정신이 살아남는 데 온실과 같은 역할을 했다. 이슬람교와 기독교 분파들 사이에서 거의 완벽한 힘의 균형이 이루어져 어느 한 집단이나 한 민족의 이데올로기가 다른 집단을 강제한다거나 레반트 사회를 유지하는 데 필수적인 여러 문화의 융합을 질식시킬 수 없었기 때문이다. 나아가 베이루트에서 레반트 사회는 경제에 의해 강력한 뒷받침을 받았다. 베이루트에는 사실상 천연자원이 없었다. 가지고 있는 것이라고는 여러 언어를 사용할 줄 아는 주민, 그리고 유럽과 아랍세계 사이에서 다리 역할을 함으로써 돈을 벌어들이는 이들의 수완과 능력뿐이었다. 따라서 베이루트 시민은 아랍의 동방과 기독교의 서방을 중개하는 역할을 함으로써 경제적 이득을 취하기 위해 도시 안에서 서로 평화롭게 공존하고 협력하는 법을 배워야만 했다. 비밀엄수에 철저한 금융 서비스, 카지노, 그리고 열정적이고 음란한 밤 문화는 베이루트의 이러한 역할을 강화했다. 아직 런던이나 마르베야(Marbella)를 경험하지 못한 아랍세계에서 베이루트는 매력적인 오아시스였다. 지구상 어느 지역을 가든 규칙으로부터 자유롭고 일상적으로 도덕적 타락이 행해지고 돈만 있으면 무엇이든 또 누구든 살 수 있는 그런 곳이 하나쯤은 있는 법이다. 아시아에는 홍콩이, 유럽에는 모나코가, 중동에는 베이루트가 그런 곳이었다.

 1975년 4월 시작해서 1978년 말까지 지속된 레바논 내전의 첫 번째 라운드는 베이루트에 상처를 입혔지만 치명적인 것은 아니었다. 초기 레바논 내전은 주로 동베이루트의 마론파 팔랑헤 민병대와 서베이루트의 팔레스타인 사람들 사이의 싸움이었다. 후일 시리아인이 된 팔레스타인 사람들로 그다지 많지 않은 숫자의 레바논 이슬람 민병대의 지원을 받았다. 레바논 내부 사람들 사이의 싸움은 사실상 그리 크지 않았다. 그럼에도 불구하고 시가전은 베이루트라는 믹서를 반으로 갈라놓았다. 동쪽과 서쪽 베이루트의 전투원들은 경계선이라고 불리는 양측 사이의 주된 대치선을 기준으로 갈라졌다. 경계선은 베이루트 시내 중심을 정확히 관통했다. 이로써 베이루트 중심가는 불타버린 건물들이 즐비한 유령마을이 됐다. 베이루트의 일치단결을 상징하던 중심가가 이제 불일치의 상징이 되어버렸던 것이다. 그러나 도시가 동과 서로 갈라지기는 했지만 국가기구와 정부부처, 중앙은행, 항공사, 베이루트의 아메리칸대학도 어느 정도 제 기능을 하고 있었다. 경계선의 양쪽 지역 각각에서는 다문화적인 베이루트의 모습이 어느 정도 살아남았다. 싸움이 잠잠해지면 경계선을 넘어 서베이루트로 일하러 가는 동베이루트의 레바논 기독교도가 많았고, 레바논의 이슬람교도들 역시 반대 방향으로 이동하는 데 전혀 거리낌이 없었다. 국가가 물리적으로 분할된 것에 비한다면 심리적 분할은 덜했다. 많은 레바논 사람들은 '외부의 선동가들'이 제거되기만 한다면 그들의 나라가 예전과 거의 다름없는 모습으로 복귀할 것임을 진심으로 믿었다.

베이루트와 레바논이 갈가리 찢기는 일이 1984년 초 일어났다. 이번에 칼날을 휘두른 사람은 '외부의 선동가' 가 아니었다. 레바논 사람들이 자신의 손으로 국토를 분할하고 깃발을 찢었다.

국가를 자멸의 길로 들어서게 만든 것은 슈프 산악지역을 둘러싼 전쟁의 격화였다. 슈프에서 드루즈파에 대한 팔랑헤 민병대의 공격은 적나라한 힘의 논리에 의거했다. 팔랑헤의 무자비한 공격이 오래 지속될수록 마음속 깊이 내재한 드루즈파의 연대의식과 자기보존본능이 눈을 떴다. 드루즈파와 마론파 사이의 전쟁에서 적을 생포하는 일이란 없었다. 따라서 포로 역시 없었다. 슈프 산악지역의 전투가 진행되던 시기에 팔랑헤의 황록색 전투복을 입고 있는 드루즈파 민병대원을 본 일이 있었다. 그날 아침 자기가 죽인 팔랑헤 민병대원의 옷이었다. 드루즈파 민병대원은 팔랑헤 전투원의 카키색 군복과 목이 길고 잘 닦여진 검은색의 구치 신발을 훔쳤던 것이다. 마치 인디언이 상대방의 머리 가죽을 전리품으로 챙겨온 듯했다. 내가 그에게 물건들이 어디서 났느냐고 묻자 그는 마치 잉꼬를 방금 삼켜버린 고양이처럼 엷게 미소 지었다.

양측 민병대가 알고 있는 전투방식이란 오로지 학살밖에 없는 듯했다. 상대편의 부락을 공격하는 것은 물론이고 공격을 마치고 떠나기 전에는 마을 전체에 불을 질러 검은 잿더미로 만들었다. 그 지역에 주둔하던 이스라엘 고위장교는 드루즈와 팔랑헤 사이에서 포로교환을 시도해본 일이 있었다. 양측이 잡고 있던 민간인 인질들이었다.

이스라엘 장교가 이렇게 말했다. "어느 날 드루즈파가 여러 명의 기독교도를 납치했습니다. 그러자 팔랑헤 민병대원들이 나가서 여덟 명의 드루즈파 사람들을 납치했죠. 슈프지역의 기독교도 측 사령관이었던 사미르 좌좌 박사가 제 사무실에 있었습니다. 부하들이 납치한 여덟 명의 드루즈파 사람들의 명단을 가지고 있었습니다. 우리가 협상을 하고 있는데 전화벨이 울렸어요. 좌좌의 부하로부터 걸려온 전화였는데, 드루즈파가 기독교도 인질 14

명을 살해했다는 소식이었죠. 좌좌가 머리를 가로젓더니 이렇게 말했습니다. '그들이 14명을 죽였다면 나는 적어도 20명을 죽여야만 합니다.' 그러더니 제 앞에서, 말 그대로 제 바로 앞에서 연필을 꺼내더니 자신이 들고 있던 드루즈파 인질 명단에 표시를 하기 시작했습니다. 살해할 인질들의 명단이었습니다. 감정이란 전혀 느낄 수 없었습니다. 마치 장사하는 사람이 장부 내용을 기입하는 듯한 모습이었습니다."

슈프지역에서의 전쟁은 공동체 간의 긴장을 마치 바이러스처럼 퍼져나가게 했다. 먼저 베이루트로, 그리고 레바논 전체로 퍼져나갔다. 1984년 초 슈프에서의 전투가 격화되자 기독교도가 이끄는 게마엘의 정부군이 서베이루트의 시아파를 공격했다. 산악지역에서 싸우고 있는 드루즈파를 지원하지 못하도록 예방하기 위해서였다. 시아파는 이에 맞서 어디서건 보이는 대로 기독교도를 공격하기 시작했다. 그리고 베이루트에서 최대한 많은 숫자의 마을들을 정부군으로부터 빼앗아 통제 하에 두었다. 시아파와 드루즈파가 서베이루트에서 자신의 영역을 삼켜버리는 모습을 본 수니파 이슬람교도들은 민병대를 보내 영역을 지키려고 했다. 수니파 민병대와 시아파 및 드루즈파 사이에 총격전이 벌어졌다. 베이루트는 순식간에 모두가 모두를 상대로 싸우는 전쟁터로 변했다. 이스라엘과 시리아, 팔레스타인에서 온 외부인들이 갑자기 옆에서 지켜보는 처지가 되고, 레바논 사람들 사이의 전쟁이 됐던 것이다. 레바논 사람들은 모두 자기 자신이 누구인지, 그리고 이웃이 누구인지를 의식하기 시작했다. 정치적인 견해와 무관하게 신분증에 기록된 종교 때문에 죽음을 맞을 수 있다는 사실을 알게 됐다. 따라서 안전을 확보하기 위한 최선의 방법은 같은 종교분파의 사람들에 다가가 그들과 함께 머무르는 것이었다.

기독교도로 젊은 레바논 저널니스트인 나딘 카멜-투에그(Nadine Camel-Toueg)는 당시 서베이루트에 살고 있었다. 그녀는 슈프에서의 전쟁이 병적인 흥분상태에 다다랐을 때의 분위기를 이렇게 요약했다. "모든 공동체가 그들만의 지역으로 모이지 않을 수 없었습니다. 이제 사람들은 기독교를 옹호하는 이슬람교도가 된다거나 시아파를 두둔하는 기독교도가 더 이상 될 수 없었습니다. 세밀한 차이가 설 자리가 없었죠. 저는 베이루트에서 이슬람교도와 기독교도로 이루어진 언론 팀에서 일하고 있었습니다. 그리고 팀원들 대부분은 솔직하게 말한다면 아랍과 팔레스타인에 동정적인 태도를 가진 사람들이었습니다. 그러나 슈프지역의 전쟁이 벌어지자 팀원들은 한 사람도 빠짐없이 자신의 진정한 색깔을 드러냈죠. 마치 이전부터 항상 내심으로는 그랬으면서 그동안 감춰온 듯 보였습니다. 남자 팀원 한 사람은 기독교도였는데 평소 팔랑헤에 반대했습니다. 그런데 갑자기 팔랑헤와 한편이 되더군요. 또 다른 남자는 갑자기 시아파로 변하기 시작했죠. 너는 누구냐? 시아파인가? 그럼 시아파 무리에 합류하라. 너는 누구냐? 기독교도인가? 그럼 너희 무리에 들어가라. 이런 식이었습니다. 중간은 없었습니다. 레바논 정부조차 각료회의를 할 수가 없었습니다. 누구나 동의할 수 있는 중립지대로 존재하지 않았으니까요."

슈프와 베이루트에서의 전투는 1984년 2월 6일 절정에 달했다. 서베이루트에서 아민 게마엘에 대한 억눌렸던 분노가 결국 터져 나왔을 때였다. 그 전날 게마엘 정부의 각료들 모두가 사퇴했다. 각료들을 개인적으로 후원하고 지지하는 사람들의 압력 때문이었다. 서베이루트에 증원부대를 보내려던 시도가 시아파와 드루즈파 민병대에 의해 좌절되자 정부군이 시아파 교도들이 모여 사는 마을에 무차별 포격을 가한 지 일주일 후였다. 2월 5일 저녁 아민 게마엘은 이슬람과 기독교 정적들에게 뒤늦은 연락을 취해 화해를 위한 회담과 모든 정파가 참여하는 거국내각의 구성을 제안했다. 너무 늦었고 제안한 조치들 역시 기대에 훨씬 미치지 못했다. 텔레비전으로 중계된 게마엘의 평화 제안을 떠올릴 때 가장 기억에 남는 것은 그의 연설시간이 당시 매주 방영되던 「댈러스」 바로 다음으로 잡혔다는 점이다. 당시 「댈러스」는 미국에서만큼이나 베이루트에서도 인기 있었다. 게마엘의 연설이 계속 지연되자 방송국은 「댈러스」를 무려 4시간 동안 반복해서 방영했다. 나는 로이터 뉴스사무국에서 연설을 기다리고 있었다. 우리가 「댈러스」를 네 번째 시청하고 있을 때 어느 레바논 로이터 기자가 말했다. 만일 게마엘이 이렇게 연설한다면 당시 상황에 꼭 들어맞을 것 같다는 의견이었다. "현재 상황에서

「댈러스」를 시청하는 것이 참으로 시의적절합니다. 레바논이 겪는 문제점을 그대로 드러내고 있습니다. 모든 사람이 다른 모든 사람들과 대립하고 있습니다. 누구도 이 싸움에서 이기지 못하고 아무것도 이루지 못한 채 대립이 꼬리에 꼬리를 물고 이어지고 있습니다."

정확한 지적이었다. 다음날 아침 게마엘의 레바논 정부군은 공권력을 강제하기 위한 필사적인 시도를 마지막으로 했다. 서베이루트에 대한 통행금지를 즉시 실시하도록 명령했던 것이다. 한 시간 후부터 누구라도 거리에서 발견되면 즉시 총살될 것이었다. 드루즈파와 아말 민병대는 명령을 무시했고 정부군을 거리에서 맞아 마지막 총격전을 벌였다. 사람들은 엄청난 공황 상태에 빠져 일터를 빠져나와 집으로 돌아갔다. 자동차들이 과속으로 후진을 하다가 서로 부딪히고, 여인들은 길거리에서 놀고 있는 아이들을 안아서 집으로 들어갔다. 슈퍼마켓으로 사람들이 몰려들어 먹을 수 있는 것이면 무엇이든 한 아름씩 집어 들었다. 나는 신문사 사무실에 있는 앤을 데려오기 위해 달렸다. 막무가내로 아내를 팔에 안고 이렇게 말했다. "이건 실제상황이야." 그러고선 아내의 동료들이 놀라서 아무 말도 못하는 사이 그녀를 끌고 문밖으로 나왔다. 우리는 전투가 시작되기 직전 코모도어 호텔에 도착할 수 있었다. 외곽에서 아득하게 들리기 시작한 포성은 파도가 밀려오듯 연이어 포효하며 도심을 때렸다. 나는 그날 밤 화장실에 몸을 숨기고 뉴스기사를 작성했다. 깨져서 날아올지 모르는 유리창으로부터 스스로를 보호하기 위해 매트리스를 내 쪽으로 기대놓은 채였다.

그날 밤 우리는 호텔 지하의 디스코텍에서 200여 명의 사람들과 함께 잠을 자야만 했다. 우리는 정부군에 속해 있던 드루즈파, 시아파, 수니파 병사들이 떼지어 부대를 이탈해 각자 종교공동체의 민병대에 합류하는 일이 거리에서 벌어졌다는 것을 알 수 없었다. 그들은 남은 게마엘의 정부군을 서베이루트에서 영원히 몰아내려고 했다. 게마엘이 제안했던 평화에 대한 그들의 답변이었다. 슈프지역에서는 드루즈파가 팔랑헤를 끝장내버렸다. 이에 더해 팔랑헤 민병대원의 시신을 차량 뒤에 매달고 질질 끌고 다니기도 했다. 이스라엘 군과 정부군의 지원을 받지 못하는 팔랑헤 민병대는 양철병정에 지나지 않는다는 사실이 드러났다. 모든 사람들이 생각하던 그대로였다. 해병대가 재건하려고 시도했던 레바논 정부와 군대는 대혼란에 빠졌다. 해병대가 뒷받침하고자 했던 '중심'은 더 이상 존재하지 않았다. 레이건 대통령조차도 그 사실을 알 수 있었다. 레이건은 즉시 병사들의 철수를 명령했다.

해병대가 철수를 완료한 1984년 2월 26일 작전장교 어니스트 밴 허스(Ernest Van Huss) 중령과 그의 지휘관 팻 포크너(Pat Faulkner) 대령은 해병대가 사용하던 베이루트 공항의 벙커와 포병진지를 아직 남은 정부군에게 인계하는 의식을 갖기로 결정했다. 해병대와 레바논 정부군은 베이루트 공항에 합동사령부를 운영하고 있었다. 합동사령부의 벽에는 성조기와 레바논 국기가 교차된 채 걸려 있었다. 해병대로서는 그저 성조기를 내리기를 원치 않았고 깃발을 내리는 의식을 원했던 것이다. 해병대 사령관은 걸려 있던 성조기를 본국으로 가져가 레바논에서 마지막으로 사망한 병사의 아내에게 바치려고 계획했다.

반 허스 중령은 나중에 이렇게 말했다. "성조기를 남겨두고 오고 싶지 않았습니다. 사람들이 성조기를 욕보이거나 무시하는 등의 행위를 할지도 몰랐기 때문입니다. 국기는 미국의 권위를 상징합니다. 누군지도 모르는 레바논 정부 관계자가 성조기를 기념품으로 챙겨가도록 놔둘 수는 없었습니다."

문제는 레바논 정부군의 사령관이 공항으로 갈 수 없었다는 점이다. 서베이루트에서 쫓겨났기 때문이다. 마침 공항 주변에 별다른 일 없이 머물던 레바논 정부군 대위와 패잔병들이 오전 8시 15분 열린 의식에 참가했다. 해병대 관계자는 참가했던 사람들 중 반은 모르는 사람들이었고, 정부군인지 아니면 이슬람 민병대의 우두머리인지조차 알 수 없었다고 내게 말했다. 해병대는 레바논 정부군 인사가 참석했다는 점을 확실하게 하기 위해 미군과의 연락장교 직책을 맡고 있던 파힘 퀴오르타바위(Fahim Qortabawi) 대령을 동베이루트로부터 헬리콥터로 오도록 했다.

포크너 대령은 레바논의 협력에 감사한다는 인사말을 짧게 하고 미군 측이 '깃발을 내릴 것'을 허용해달라고 요청했다. 미국 국기는 깃대에 매달려 벽에 붙어 있었다. 붉은색과 흰색, 그리고 녹색으로 이루어진 레바논 국기와 교차된 상태였다. 해병대 장교들이 팔을 뻗어 성조기를 조심스럽게 깃대로부터 떼어내 미군의 규칙에 따라 최대한의 예의를 갖춰 삼각형으로 정확하게 접었다.

반 허스 대령은 내게 자랑스럽게 말했다. "미국 국기에 보여야 할 모든 예를 갖췄습니다. 레바논 군인들은 우리 행동을 대단히 자세히 지켜봤습니다. 우리가 하는 일에 압도된 것 같았습니다."

성조기를 접는 의식을 미군이 모두 끝내자, 퀴오르타바위 대령이 팔을 뻗더니 레바논 국기를 벽에서 떼어내 대충 접어서 포크너 대령에게 건네면서 말했다. "부탁입니다. 우리 국기도 가져가시는 게 나을 듯합니다."

마론파였던 퀴오르타바위 대령은 분한 듯한 표정을 지으며 반 허스 대령에게 물었다. "떠나시나요?"

반 허스 대령이 대답했다. "그렇습니다. 우리는 이제 정말 떠납니다. 동부에 자리 잡았던 부대는 이미 본대로 복귀했습니다. 이제 떠날 준비가 끝났습니다. …… 승선만 남아 있는 상태입니다. 퀴오르타바위 대령님, 우리는 이제 정말 떠납니다."

퀴오르타바위는 아래를 내려다보며 하고 싶은 말을 꺼냈다. "저는 돌아갈 방법이 없습니다. 복귀하려면 이슬람 민병대의 검문소를 여러 군데 거쳐야만 합니다. 헬리콥터로 저를 국방부까지 태워다 주실 수 있으십니까?"

반 허스는 불운한 레바논 장교에게 말하던 장면을 떠올렸다. "'그렇게 해드리겠습니다.' 그래서 퀴오르타바위 대령은 우리와 함께 떠났습니다. 국방부 건물까지 헬기로 그를 데려다 주었죠. 그는 (레바논 정부군 사령부에) 복귀했고 그것으로 모든 것이 끝이었습니다."

대다수의 레바논 사람들은 베이루트 도심의 세계주의적 생활을 기억하기에는 너무 젊거나 이를 즐길 만큼 부유하지 못했다. 따라서 세계주의적 삶이 사라지는 것에 대해 슬퍼하지 않았다. 그러나 베이루트의 아름다운 면을 진정으로 향유했던 기독교와 이슬람교의 부르주아지에게는 삶이 예전과 결코 같아질 수 없었다. 베이루트에서 누릴 수 있던 '삶의 기쁨'은 시아파 교도와 팔레스타인 사람들, 나아가 기독교도 하층계급에 의존한 것이었지만, 부르주아지는 결코 이들에게 관심을 기울여본 적이 없는 것이 사실이다. 이들은 레바논의 민주주의에 대해 스스로 바랄 수 있는 정도 이상의 믿음을 가졌다. 그러나 그들은 내 친구들이었다. 그들의 세계가 가차 없이 무너졌을 당시를 목격할 수 있었다.

내전이 발발하고 오랜 시간이 흐른 후에도 이들 진정한 베이루트인들 중 상당수는 이미 파괴된 도심 사무실의 주소가 인쇄된 편지지를 그대로 사용했다. 과거에 대한 애착과 미래에 대한 기대에서였다. 몇 년이 흐르자 기독교도와 이슬람교도들이 서로 분리되고 고립된 각자의 지역에서 살아가는 베이루트를 견디지 못한 일부는 레바논을 빠져나갔다. 그러나 더 많은 사람들이 베이루트에 머물렀고 오늘날 이들은 전혀 새로운 베이루트의 난민층을 형성했다. 그들은 살던 곳을 떠나지 않은 난민이자 집을 잃은 영혼이고 국내의 유배자였다. 레바논의 시골 모습을 목가적으로 표현한 그림이 벽에 걸린 아파트에 여전히 머물며 익숙한 슬리퍼를 신고 익숙한 의자에 앉는다. 그러나 그곳은 더 이상 그들의 고향이 아니고 앞으로도 그럴 것이다. 그들은 베이루트를 떠나지 않았다. 베이루트가 그들을 떠났다.

이런 부류들 중에서 나와 가장 친한 인물은 나빌 타바라(Nabil Tabbara)였다. 건축가이자 아메리칸대학의 건축학 교수였던 그는 아주 잘 웃어서 얼굴이 항상 상기되어 있었다. 사에브 살람의 조카였던 타바라는 그 또래 사람들과 마찬가지로 아버지를 따라 베이루트 도심에 자주 가면서 어린 시절을 보냈다. 시장의 냄새, 향료와 빵, 색깔과 소리, 그리고 무엇보다 사람들이 서로 어울리는 따뜻한 분위기는 그에게 자신이 누구인지를 알게 만들어주는 것들이었고 베이루트를 고향으로 느끼게 해줬다. 1976년 내전이 절정으로 치달았을 때 오래된 도심의 돌로 만든 우아한 아치가 있던 길과 시장이 영원히 파괴될 것처럼 보였다. 자신이 아끼던 베이루트에 관한 개인 자료집을 만들기 위해 타바라는 건축 일을 1년간 쉬고 내전의 와중에서 도심에 남아 있던 것들을 완전히 사라지기 전에 스케치와 사진으로 담기로 결정했다.

이같이 위험한 일을 하게 된 개인적인 동기가 무엇인지를 묻자 타바라는 이렇게 설명했다. "베이루트 구시가지에 무엇이 남게 될지 알 수가 없었습니다. 저는 나치가 침공했을 당시 바르샤바 시민들이 취했던 행동을 항상 기억했습니다. 그들은 시의 자료보관소에 침입해 바르샤바 도심에 관한 계획과 도면을 모두 감췄습니다. 훗날 도심을 재건하는 데 이용했죠."

니콘 카메라와 연필, 스케치북만 들고서 타바라는 경계선을 따라 서로 싸우고 있던 다양한 이슬람과 기독교 민병대로부터 통행증을 얻기 위해 한 달을 보냈다. 전투가 벌어지는 지역에 자유롭게 접근하기 위해서였다. 그리고 자신과 젊은 시절을 함께 했던 것들 중 마지막 흔적을 담기 위해 출발했다.

타바라가 당시를 떠올렸다. "저는 매일 아침 페니키아 호텔로 차를 몰고 가 주차시키고선 경계선을 향해 걸어갔습니다. 처음에는 총을 든 민병대원들이 이렇게 말하곤 했어요. '로켓 포탄과 총알이 옆에서 날아다니는데 저 바보는 파편더미 위에 앉아 스케치를 하고 있네.' 그들은 제가 완전히 정신이 나갔다고 생각했습니다. 그러나 시간이 좀 더 흐르자 그들도 제가 무슨 일을 하고 있는지를 진정으로 이해했어요. 제가 위험한 거리를 가로질러 뛰어갈 수 있도록 사격 중이던 기관총을 잠시 내려놓아주기도 했습니다. 건물 지붕에서만 볼 수 있는 경치를 제가 볼 수 있도록 그 건물로 들어가는 입구를 강제로 열어준 적도 있었죠."

3개월의 작업 끝에 타바라는 스케치와 사진 작업을 모두 끝냈다. 할 수 있는 경우에는 유명한 길의 표지판도 모아서 잘 보관해두었다. 1976년 말 내전이 진정되자 정부가 도심을 예전처럼 곧 재건할 것이라고 생각했다. 그러나 그런 일은 일어나지 않았고, 타바라의 스케치와 사진, 표지판은 서랍 속에서 잠자고 있었다. 이스라엘이 침공하자 레바논 정부가 실제로 도심을 재건하기 시작했다. 경계선이 이제는 지워질 것만 같았다. 그러나 그때 슈프에서 전쟁이 터졌고, 희망은 완전히 사라졌다.

1984년 2월 레바논 정부군이 와해된 직후 나는 서베이루트의 사나이예(Sanaiyeh) 공원 맞은편에 있는 타바라의 아파트를 찾아갔다. 우리는 거실에 앉아 하녀가 테이블 가득 준비한 레바논 샐러드를 먹으며 몇 마일 떨어진 곳에서 그의 과거가 결국 완전히 불타버리는 상황에 대해 이야기를 나눴다.

타바라는 한탄했다. "제게 가장 소중한 무언가가 소멸하는 것을 지켜보는 느낌이었습니다. 베이루트는 우리 세대에게 뿌리였습니다. 저는 뿌리를 영원히 잃는 느낌이었죠."

그러한 상황에서 사람들은 의외의 행동을 하게 마련이다. 남아 있는 과거의 조각들을 간직하기 위해 타바라는 그림을 그렸다. 서랍 밑바닥에서 8년간 잠자던 스케치와 사진을 꺼내 이를 지표삼아 자신이 기억하는 베이루트 옛 도심의 길과 상점들을 수채화로 그렸다. 몇몇 그림에서 부서진 건물을 보이기도 했지만 밝게 채색된 풍경은 손으로 만질 수 있을 것 같은 느낌과 따뜻함, 그리고 고요함으로 가득했다.

타바라가 그림을 천천히 하나씩 벗기면서 말했다. "이 그림들은 나 자신의 기쁨을 표현합니다. 제가 기억하는 것들 중에서 가장 중요한 부분은 바로 분위기이기 때문입니다. 다양한 상점이 맞붙어 있는 모습은 활력, 그리고 함께 살아간다는 느낌을 줬습니다. 이제 사람들은 자신의 종교분파만 모여 사는 마을에 속해 있습니다. 이곳에서 사람들은 마을의 구성원일까요? 강제거주지역에 불과할 뿐입니다."

대화를 나누던 도중 타바라의 어린 딸들이 방 안으로 뛰어 들어왔다. 아이들은 그림에 담긴 것이 무엇인지 그림들이 자신에게 어떤 의미를 지니는지 전혀 알지 못한다고 타바라는 탄식했다. 아이들은 그림을 '아빠의 이상한 취미'라고 불렀다. 그러나 타바라와 함께 성장했던 친구들은 모두 그림을 사고 싶어 했다. 일부는 아무리 비싼 값을 치르더라고 그림을 갖고 싶어 했다. 그림을 얻고자 했던 친구들의 애원에는 어떤 절박함이 담겨 있었다. 기억의 작은 부스러기라도 얻고자 하는 어른들이었다. 그들이 어디로 가든 얼마나 오래 그곳에 살든 다시는 고향을 느낄 수 없을 것임을 아는 사람들이었다.

레바논 사람들은 내가 내전이 시작되기 이전 베이루트를 방문해본 적이 있냐고 항상 물어왔다.

나는 이렇게 답했다. "아닙니다. 그런 기쁨을 한 번도 맛보지 못했습니다." 그러면 사람들의 눈동자에는 아련한 추억이 뿌옇게 깃들고 먼 곳을 바라보는 눈길을 지었다. 그리고 점점 목소리가 커진다. "그때는 삶이 참으로 아름다웠습니다. 레바논은 정말이지 중동의 스위스였죠." 우편엽서에서 볼 수 있는 레바논은 실제로 그랬다. 산의 정상은 아직 눈으로 덮여 있었고, 길모퉁이마다 은행이 자리 잡았고, 유럽식 민주주의의 모든 것을 갖춘 의회가 있었다. 그런데 어떻게 도시가 하루아침에 천국과 같은 모습에서 지옥으로 변할 수 있는가? 사실은 레바논의 아름다운 옛 모습은 진실이 아니었기 때문이다. 전성기의 베이루트가 서 있던 기반은 진정한 토대가 아니었다.

내가 베이루트의 진정한 바닥을 처음 볼 수 있었던 것은 1984년 2월 7일 코모도어 호텔의 바에서였다. 드루즈파와 시아파의 아말 민병대가 레바논 정부군으로부터 서베이루트 통제권을 빼앗은 다음날이었다. 친이란계의 새로운 급진 시아파 조직으로 '신의 정당'이라는 의미를 가진 헤즈볼라(Hizbullah) 소속의 시아파 민병대가 그날 아침 여러 무리로 나뉘어 거리를 휩쓸었다. 서베이루트의 함라 거리 바로 인근에 위치한 이교도의 술집과 매음굴을 샅샅이 뒤지고 다녔다. 몇몇 곳에는 불을 질렀고 다른 곳들은 쇠로 만든 지렛대를 이용해 부숴버렸다.

그날 코모도어의 레스토랑에서 '조용히' 점심식사를 즐기고 있을 때 로비에서 왁자지껄한 소리가 들려왔다. 돌아봤더니 키가 크고 건장해 보이며 검은 콧수염에 사나운 눈을 가진 시아파 민병대원이 손에 M16 소총을 든 채 바로 향하고 있었다. 그가 술을 한잔 하려고 다가가는 것이 아님은 명백했다. 이런 상황을 예견했던 바텐더 유니스는 술병을 모두 카운터 아래 숨겨두고 펩시콜라와 광천수 페리에 캔들을 커다란 피라미드 모양으로 조심스럽게 쌓아놓았다. 우스꽝스런 모습이었다. 민병대원은 속지 않았다. 바의 뒤로 돌아간 그는 유니스를 옆으로 밀어붙이고 술병과 잔을 소총의 개머리판으로 깨뜨리기 시작했다. 단 한 개도 남김없이 모두 깨뜨렸다. 일을 마친 민병대원은 로비에서 나가 다른 곳으로 향했다. 바닥에는 흘러내린 술이 흥건했고 크게 놀란 기자들은 의자에 앉아 꼼짝도 하지 않았다.

그 장면은 여러 측면에서 두려운 것이었다. 개머리판으로 술병을 하나씩 차례로 깨뜨리던 민병대원의 잔인함을 목격한 나는 그가 앞을 가로막는 사람들의 머리 역시 거리낌 없이 술병처럼 취급할지도 모른다는 불편한 느낌을 받았다. 신의 정당에 소속된 그는 자신의 믿음이 진실한 것이라고 확고하게 믿었다. 아무도 그를 말릴 수 없었다. 그러나 이러한 생각만큼이나 나를 불안하게 만든 점은 그 민병대원이 바로 주변에 사는 이웃 중 하나라는 것이었다. 입을 꼭 다물고 팔짱을 낀 채 당시 장면을 지켜봤던 코모도어 직원들 역시 마찬가지 심정이었을 것이다. 그는 시리아 혹은 이스라엘로부터 온 침략자가 아니었다. 그는 레바논 사람이었고 아마도 베이루트 시민이었을 것이다. 그는 우리와 함께 수년간 베이루트에서 거주했을 것이고, 어쩌면 같은 마을에 살면서 그를 전혀 몰랐을 수도 있다. 이는 그의 잘못이 아니라 우리의 잘못이다. 그 민병대원이 소총의 개머리판으로 후려친 것은 단지 코모도어의 바뿐만이 아니었다. 사실은 베이루트의 진정한 토대가 아니었지만 사람들이 그렇다고 생각했던 허위의 바닥을 산산조각 내버린 것이기도 했다. 나빌 타바라의 그림에서 발견할 수 있었던 품위 있는 레반트의 정신은 이제 순식간에 갈가리 찢겼다. 그 속에서 모습을 드러낸 것은 수십 년간 보이지 않는 깊은 곳에서 강렬하게 쌓여온 부족적 분노의 호수였다. 그동안 베이루트의 삶에서 사실상 아무런 역할을 하지 못했던 사람들, 어떤 역할을 했다고 하더라고 가면을 쓰고 있던 사람들의 분노였다.

휘몰아치는 분노의 호수는 대부분 레바논의 시아파 교도로 이루어졌다. 레바논의 시아파는 언제나 하층계급이었다. 농촌지역에 거주하는 사람들로 수백 년 동안 레바논에서 수레를 끄는 짐승의 역할을 묵묵히 받아들였다. 그러나 1970년대와 1980년대 남부 레바논에서 벌어진 팔레스타인과 이스라엘의 싸움이 수천 명의 시아파 교도를 그들의 고향마을에서 베이루트 근교의 판자촌으로 내몰았다. 사람들은 이곳을 '비참한 지역(Belt of Misery)'이라고 불렀다. 적절한 표현이었다. 그들은 베이루트로 들어가는 길목에 살았다. 그러나 도시는 그들을 받아들인 적이 사실상 없었다. 사회적으로나 정치적으로, 그리고 경제적으로 받아들이지 않았다. 1980년대 초에 이르자 시아파는 레바논에서 단일한 종교공동체로서는 최대 집단이 되었다. 전체 인구의 약 절반가량을 차지했다. 그러나 정부에서 이들을 대표한 사람들은 부패한

봉건영주와 같은 인물들이었다. 시아파 교도는 마론파는 물론 수니파의 상류층으로부터 멸시당했다.

1984년에 이르자 레바논의 시아파는 도시의 문호가 자신들에게 개방되기를 기다리는 데 지쳤다. 이스라엘의 침공과 슈프지역에서의 전쟁으로 그들은 레바논이라는 국가가 얼마나 허약한지를 알게 됐다. 이란에서의 이슬람혁명은 이들에게 세계에서 시아파가 행사할 수 있는 권력을 보여줬다. 호메이니라고 불리는 피리 부는 사나이가 멀리서 불어주는 피리소리에 고무된 레바논의 시아파는 이제 아무 말도 못하고 당하기만 하는 시대를 끝내겠다고 결심했다. 과거의 치욕을 씻어내야 할 시기였다. 이제껏 거부당해온 그들이 스스로 베이루트의 주인임을 주장할 때였다. 그리고 그들은 이를 실행에 옮겼다. 이후 서베이루트는 시아파가 지배하고 있다.

그러나 그 사내가 복수하기 위해 박살낸 코모도어 호텔의 바는 단지 이제껏 자신을 받아들여주지 않았던 무언가를 상징하는 것만이 아니었다. 아마도 그가 한 번도 이해하지 못했던 무엇인가를 상징하는 것이기도 했다. 타바라와 그의 친구들이 이해하지 못했던 점은 그들이 향유하던 레반트의 정신이 시골지역에 거주하는 다른 레바논인들에게는 거의 스며들지 않았다는 것이다. 레바논에서 가장 현대적이고 종교적 색채를 탈피했으며 또한 도시화된 계층이었던 그들은 레반트의 정신이 도시의 경계를 넘어서지 못했다는 사실을 이해하지 못했다. 레바논 남부에 거주하는 시아파만이 아니었다. 베이루트에서 널리 떨어진 곳에 사는 수니파 이슬람교도와 기독교도 사이에서도 마찬가지였다. 도시의 경계 너머에서는 그들의 조상들로부터 물려받은 정신이 여전히 사람들을 지배하고 있었다. 그들은 스스로를 베이루트 시민이라거나 레바논 사람이라고 불렀지만, 이러한 정체성이란 도심에서 일하기 위해 입는 유니폼에 불과했다. 이들은 베이루트의 거리를 걸으며 품위 있는 레반트의 언어를 흉내냈다. 그러나 집으로 돌아가면 그들의 언어를 사용했다. 슈프에서의 전쟁과 같이 공동체 사이의 긴장이 고조되는 상황이 왔을 때 그들은 기꺼이 부족의 요구에 부응할 준비가 되어 있었다. 이들에게는 레바논이 중동의 스위스였던 적이 없었다. 언제나 바벨탑이었을 뿐이다.

해병대가 베이루트를 떠나는 날 나는 그들의 상륙지점인 그린 비치로 내려가 보았다. 마지막 해병대 파병부대가 수륙양용 병력수송선을 타고 모함으로 돌아가는 모습을 지켜보기 위해서였다. 해병대는 미리 시아파의 아말 민병대와 협상을 마쳐뒀다. 아말 민병대가 베이루트 공항으로부터 철수함으로써 해병대의 방어선을 침범하지 않기로 약속했다. 그 대신 해병대는 그동안 사용하던 벙커와 기관총 거치진지, 그리고 그린 비치의 선착장을 민병대 측에 넘겨줬다. 그린 비치에 도착하자, 워키토키로 해병대의 이동 상황을 사령부에 보고하는 아말 민병대원이 보였다. 잠시 후 해병대의 마지막 병력수송선이 지중해의 하얀 파도 쪽을 향하더니 바다로 멀어져갔다. 아말 민병대원이 해병대가 모두 사라졌다고 무전기에 대고 소리쳤다. 얼마 후 기관총을 장착한 지프 한 대가 그린 비치로 질주하며 들어섰다. 사나운 눈을 가진 시아파 젊은 병사 하나가 머리카락을 바닷바람에 날리며 필사적으로 기관총을 움켜쥐고 있었다. 지프가 하얀 모래 위에 멈추자 대기하고 있던 기자들이 모두 차량으로 달려가 운전자에게 마이크를 들이댔다. 지역을 접수한 인물이 무엇이라고 말할 것인가? 해병대가 떠난 것에 대해 어떻게 생각하느냐고 내가 물었다.

운전자는 어린 소년이었다. 그는 나를 난처한 듯이 바라보다가 눈을 가늘게 뜨고 코를 찡그리더니 싱긋 웃으며 대답했다. "나는 영어를 할 줄 모릅니다."

해병대가 베이루트를 떠나가자 레바논 사람들은 이제 그들을 구해줄 외부 세력이란 존재하지 않는다는 것을 깨달았다. 그리고 그들이 처한 곤란한 상황을 더 이상 '외부 선동세력' 탓으로 돌릴 수도 없음을 알았다. 베이루트 시민의 낙담이 가장 컸다. 어려움을 겪더라도 『뉴욕타임스』의 1면을 장식하는 것과, 28페이지에 캘커타에서 버스가 다리 아래로 추락했다는 기사 바로 옆에 두 단락으로 보도되는 것은 분명 달랐다. 베이루트의 신문 『안 나하르』 발행인의 비서였던 사미아(Samia)는 해병대가 떠난 직후 이렇게 내게 말했다. "라디오에서 뉴스를 듣다가 이란과 이라크 사이의 전쟁 이야기가 나오면 라디오를 꺼버리는 그런 사람들 아시죠? 세계가 레바논 사람들을 대하는 태도가 바로 그렇습니다. 포격을 당하는 것보다 더 안 좋은 일이 딱 한 가지 있어요. 포격을 당하고 나서 다음날 아침 BBC 방송을 틀었을 때 그 사실이 뉴스에 보도조차 안 되는 일입니다."

그러나 내가 가장 유감스럽게 생각한 사람들은 사미아와 그녀의 친구들이 아니었다. 그들은 스스로 잘못된 믿음을 가지고 살아왔고 이제 그 대가를 치르는 중이었다. 그들의 자녀들은 달랐다. 이들은 오직 대가만을 치러야 했다. 나는 베이루트의 고등학생 및 대학생들과 정기적으로 모임을 갖고 그들의 삶에 대해 이야기를 나누곤 했다. 베이루트를 떠나기 직전 나는 아메리칸 대학에서 그런 토론 모임을 가졌다. 대화가 시작되었고, 나는 학생들에게 한 사람씩 이름과 나이를 물었다. 다른 사람이 대답하기도 전에 사회학과 대학원생인 25세의 여학생 리마 콜레이라트(Rima Koleilat)가 나직한 목소리로 혼잣말을 했다. "우리는 모두 백 살이죠."

내전이 시작됐을 당시 아홉 살과 열 살이었던 레바논 젊은이들은 잃어버린 세대로서 그렇게 느꼈을 법하다. 이제 겨우 세상에 눈을 떠 신문을 읽고 정치를 이해하고 장래 희망을 꿈꾸기 시작할 무렵인 1975년 내전이 엄습했고, 전쟁은 그들의 사춘기를 망쳐버렸다. 어느 날 아이였던 그들은 다음날 어른이 되어버렸다. 시간에 따른 연령이란 베이루트에서 아무런 의미가 없었다. 레바논의 젊은이들에게 '정상적인' 삶이란 포성보다 더 크게 라디오 음악채널을 틀어두고 기말고사 준비를 하는 것이었다. 그들에게 '정상적인' 삶이란 밤이 되면 절대 바깥출입을 삼가는 것이었다. 그들에게 '정상'이란 무참하게 죽어간 친구가 적어도 세 명이고 친척이 한 명인 상황이었다. 이들은 척 베리(Chuck Berry)와 리틀 리처드(Little Richard)를 구분하고 못했고, 초기의 비틀스(Beatles)가 후기의 비틀스와 어떻게 다른지 몰랐다. 그러나 15세 생일을 맞을 무렵이면 포탄이 날아오는 소리만 듣고도 그것이 카추샤 로켓 포탄인지 155밀리미터 박격 포탄인지 구분할 수 있었다. 그들의 부모는 전혀 다른 삶에 대해 알고 있었고 그런 삶을 잃은 생활에서 결코 편안함을 느낄 수 없었지만, 자녀들은 다른 삶이란 없었고 따라서 그런 삶이 없는 불편함을 느낄 수조차 없었다.

포부가 큰 레바논 영화제작자 나다 세나위(Nada Sehnaoui)와 어느 날 저녁 식사를 함께 하고 있는데, 그녀가 그러한 공허감을 정확하게 요약했다. 우리가 나누던 대화의 주제가 그녀의 부모님으로부터 그녀가 꿈꾸는 색다른 상상으로 넘어갔을 때였다. 세나위가 아무 감정도 섞이지 않은 메마른 목소리로 이렇게 말했다. "사람들은 대부분 우리가 좋은 시절을 아깝게 놓쳐버렸다고 말하죠. 저희 어머니는 50년대와 60년대 놀랄 만큼 좋은 시절을 보냈어요. 어머니는 항상 이렇게 말씀하시죠. '오, 너는 어떤 시절을 놓친 건지 모를 거다.' 그저 우리가 잘못된 시기에 잘못된 장소에 태어났다고만 생각해요. 이탈리아 사람이었다면 좋았을 거라고 생각하곤 했어요. 아니면 이집트 사람도 좋죠. 아니에요, 이탈리아가 좋겠어요. 정말 어느 곳이든 말이죠. 어느 곳이든 여기만 아니고 지금만 아니면 좋겠어요."

레바논의 잃어버린 세대는 단지 그들의 사춘기만을 놓친 것이 아니었다. 그들은 조국을 가져볼 기회 역시 잃었다. 이들에게 레바논의 대부분 지역은 외국이었다. 다락방에 있는 오래된 달력이나 책상 서랍에 들어 있는 색이 바랜 엽서의 사진일 뿐이었다. 경험하지도 냄새를 맡아보지도 손으로 만져보지도 못했다. 시리아와 이스라엘의 침공, 그리고 종교 종파에 따른 레바논의 분할로 국가의 일정 부분들은 각 종파에게 사실상 접근할 수 없는 지역이 됐다. 이슬람교도였던 하산 탄니르(Hassan Tannir)는 베이루트 유니버시티 칼리지의 학생이었다. 내가 그를 만난 것은 탄니르가 적십자의 자원봉사요원으로 일할 때였는데, 그는 구조대원으로 일하지 않았다면 기독교도가 모여 사는 동베이루트, 세련된 항구 주니야가 어떻게 생겼는지 전혀 몰랐을 것이라고 말했다.

탄니르가 말했다. "제 남동생은 항상 제게 물었습니다. 경계선 너머에는 무엇이 있는지, 그리고 주니야와 북쪽으로 가는 고속도로는 어떻게 생겼는지 등입니다. 동생은 전혀 몰랐어요. 동생은 산악지역에 있는 우리 집도 몰랐죠. 태어나서 한 번도 나무에 기어오른 적도 없었습니다."

좀 더 정상적인 삶에 대한 아련한 기억조차 없는 열 살 미만의 어린아이들이 가장 큰 상처를 입은 것은 사실이었다. 이런 아이들이 커서 어떤 어른이 될지 상상만 해도 끔찍한 일이다. 예컨대 내가 베이루트를 떠난 1984년 두 살이었던 람시 칼라프(Ramsi Khalaf)는 천둥소리조차 전혀 다르게 들을 것이었다. 마을 주변에 포격이 심해졌을 때 람시의 부모인 사미르와 로잔느(Rosanne)는 아이를 안심시키기 위해 번쩍이는 빛과 아파트를 뒤흔드는 큰 소리를 천둥번개라고 말했다. 그러나 얼마 후 람시 역시 뭔가 이상하다는 것을 깨달았다. 어느 날 저녁 포격이 아주 심해지자 람시가 아빠를 올려다보며 물었다. "아빠, 또 물방울도 없는 비가 내리는 건가요?" 레바논의 대학 교수였던 소피아 사아데(Sofia Saadeh)는 어느 날 학교에서 집으로 돌아와 보니 그녀의 열 살, 그리고 네 살짜리 아들 둘이 아파트에서 '베이루트' 놀이를 하고 있더라고 내게 말했다. 아이들은 방과 방 사이마다 두꺼운 판지로 검문소를 만들어놓고 다른 방으로 가려면 신분증을 보이라고 엄마에게 하더라는 것이었다.

잃어버린 세대는 스스로를 잃어버리는 경험을 어떻게 최초로 경험하는 것일까? 1984년 2월 어느 날 나는 슈프 산악지역에 올랐다. 드루즈파가 팔랑헤로부터 슈프지역을 완전히 장악한 직후였다. 그곳에서 어느 가장과 대화를 나눴는데, 그의 말에서 나는 의문에 대한 완벽한 답을 얻을 수 있었다. 드루즈파 상인으로 54세였던 그 사내는 나비(Nabih)라는 이름을 가지고 있었다. 그는 카브르 샤문(Qahr Chamoun)이라는 마을에 있는 자신의 상점 밖에 열다섯 살 난 그의 아들 람시와 함께 서 있었다. 상점은 수주간에 걸친 팔랑헤의 포격과 기관총 사격으로 파괴된 상태였다. 유리창은 모두 날아가버렸고 천장도 파손돼 전선줄이 대롱대롱 매달려 있고 철심이 드러났다. 그는 팔랑헤가 한 짓을 '만행'이라고 부르며 그들이 마을을 장악하려고 마을을 어떻게 유린했는지를 자세히 설명했다. 그러더니 자랑스럽다는 듯이 손을 아들의 어깨에 올리며 말했다. "제 아들이 보이시죠? 이 아이도 함께 전투를 했습니다."

아들 람시가 이야기를 이어받았다. 무덤덤하고 무미건조한 목소리였다. "저는 학교에 있었죠. 수업을 중단하고 이곳으로 왔어요. 그들이 우리를 죽이고 있었기 때문이에요. 우리가 맞서 싸우지 않으면 그들은 우리를 모두 죽여요."

 아들의 대답을 듣고 나비는 자랑스럽다는 듯이 밝게 미소 지었다. 레바논의 아버지들은 그렇게 하는 것이다. 몇 주 후 나는 점심식사를 함께 하던 아메리칸대학의 심리학자 리처드 데이에게 그 이야기를 들려줬다. 그리고 레바논에 평화를 가져오려면 사람들의 심리가 어떤 종류의 혁명적 변화를 겪어야만 하겠느냐고 리처드에게 물었다. 전쟁으로 마음에 상처를 받은 레바논 학생들을 상담하는 일도 수행했던 리처드는 대답 대신 내게 질문을 바로 던져왔다. 냉소가 가득한 목소리였다. "레바논에 언제쯤 평화가 찾아올까요? 레바논 사람들이 서로를 증오하는 감정보다 자녀를 사랑하는 마음이 더 커질 때입니다."

 세계가 손을 떼고 스스로 문제를 해결해야 하는 상황이 되자, 레바논의 이슬람과 기독교 군사 지도자들은 1984년 3월 스위스의 로잔에서 시리아의 후원 아래 평화회의를 소집했다. 레바논 안에서는 모두가 동의할 수 있는 중립 지역이 남아 있지 않았기 때문에 전혀 다른 나라에서 모일 수밖에 없었다. 게마엘 대통령을 비롯한 다양한 분파의 대표들이 제네바 호수의 기슭에 자리 잡은 우아한 호텔 보 리바지(Beau Rivage)에 모였다. 잘 맞지 않는 양복을 걸치고 상의 주머니가 불쑥 나오도록 뭔가를 잔뜩 집어넣은 경호원들을 대동한 레바논 민병대 지도자들이 호텔 로비의 금속 탐지기를 통과하기 위해 다이아몬드 목줄을 한 푸들을 데리고 다니는 귀부인들 뒤에 줄을 섰다. 스위스 측은 호텔 주변에 철조망으로 두르고, 모래부대로 진지를 만들어 기관총을 거치했으며, 회의장의 창문은 6미터짜리 강철판으로 가렸다. 이 모든 조치가 침입자를 들어오지 못하게 하려는 것인지 아니면 레바논 사람들을 안으로 들이기 위해서인지 알 수가 없었다.

 몇 달 전 패션잡지 『보그 Vogue』가 보 리바지 호텔에서 사진촬영을 예약했는데, 마침 레바논 회의와 일정이 겹치게 됨으로써 호텔의 기상천외한 분위기는 더욱 가관이 됐다. 사업수완이 좋은 『보그』 사진사들은 기회를 포착하는 데 천부적이었다. 호텔 로비를 경호하는 두 명의 스위스 병사가 파리의 패션 디자이너가 만든 최신 드레스를 입은 모델에게 수갑을 채우는 장면을 찍었다. 레바논의 군사 지도자들이 회의장 안에서 입씨름을 벌이는 동안, 밖에서 스위스 경호원들은 '필사적'으로 달아나려는 붉은 머리의 매력적인 모델을 로비에서 끌고 다녔다. 『보그』의 사진사는 빠르게 셔터를 눌러대며 모델을 독려했다. "좋아. 아주 좋아. 훌륭해. 이쪽을 봐. 카메라를 봐." 언론사에서 나온 사진기자들이 두 사람을 사진에 담기 시작했다. 이를 지켜보던 기자들은 즐거워하며 스위스 병사들에게 외쳤다. "한 번 더 때려. 한 번 더."

이 장면이 그날 회의의 절정이었다. 드루즈파 지도자 왈리드 줌블라트가 자신의 좌석 앞에 레바논 국기 대신 드루즈파의 깃발을 놓아야겠다고 주장하면서 회의는 어렵게 출발했다. 이후 회의는 내리막이었다. 왈리드는 자신의 스위트룸에서 『플레이보이』와 인터뷰하며 시간을 대부분 보냈다. 협상이 시작될 때마다 그는 경호원들에게 이렇게 말했다. "오케이, 이제 뭔가 보여줄 시간이군. 가지." 고집스런 레바논 정치인들은 서로 어떤 양보도 하지 않으려 했다. 종종 훈제 연어와 비스크 스프 등을 즐길 연회 때문에 중단되는 것을 제외하고는 9일간 계속됐던 평화회의는 아무런 성과도 없이 와해됐다. 두꺼운 안심 스테이크로 배를 채우는 정치가들의 사진 바로 옆에 최근에 벌어진 시가전으로 신체가 절단된 아이들의 사진을 함께 실음으로써 베이루트의 신문들은 공개적으로 이를 조롱했다.

로잔에서의 회의가 대실패로 돌아가자 회의에 참석했던 지도자들은 서둘러 베이루트로 돌아갔다. 레바논 내전의 다음 단계에 대비하기 위해서였다. 시아파와 드루즈파 민병대에게 레바논 정부군이 패배하고 로잔에서의 회의가 실패로 돌아가자 아민 게마엘은 자기 혼자 레바논을 통치할 수 없다는 사실을 받아들여야만 했다. 시리아의 압력 아래 게마엘은 1984년 4월 30일 구성되고 라시드 카라미(Rashid Karami)가 이끌던 내각에 민병대 지도자들을 임명해야만 했다. 시아파 아말 민병대의 지도자 나비 베리가 수력발전 및 법무부장관이 됐고, 왈리드 줌블라트는 교통, 여행 및 공공사업부 장관이 됐다. 마론파 지도자 카밀 샤문이 재정 및 주택부장관, 팔랑헤 민병대의 창시자 피에르 게마엘은 우정 및 보건부장관에 임명됐다. 시아파 지도자 아델 오세이란(Adel Osseiran)은 국방부장관이 됐는데 파킨슨병을 심하게 앓고 있던 그에게는 참으로 완벽한 자리가 아닐 수 없었다. 이제 모든 민병대가 단지 국토의 일부를 그들의 영역으로 차지했을 뿐만 아니라 자신의 군대와 정부의 일부를 갖게 됐다. 결국 닭장을 늑대들이 장악했던 것이다. 당분간 그들끼리 더 이상 싸울 이유는 없었다.

그러나 경계선을 사이에 두고 동과 서베이루트의 전투는 계속됐다. 때로는 아주 가끔 전투가 벌어지긴 했지만 여전히 지속됐다. 처음에는 누구도 그 이유를 이해하지 못했다. 나 역시 마찬가지였다. 아메리칸대학의 베이루트 병원에서 내과의사로 일하는 이웃 사람 무니르 샴마(Munir Shamma'a) 박사에게 전투가 계속되는 이유를 묻자, 그는 마치 포기했다는 듯이 두 손을 들더니 이렇게 말했다. "지금 우리는 전쟁을 하고 있는 것이 아닙니다. 이건 지진이에요. 지진으로부터 무언가를 배울 수는 없는 법입니다. 지진이 일어나면 사람들은 그저 죽어갑니다. 지금 우리 상황이 정확히 그래요. 전투를 계속하는 데 어떤 명백한 이유가 있는 것이 아니라는 거죠. 그저 계속될 뿐입니다. 비가 오나 눈이 오나 바다에서든 산에서든 그저 일어납니다. 마치 지진과도 같죠."

나의 보조기자 이산 히자지는 외국으로 휴가를 떠났다가 이런 전쟁에 휩싸인 베이루트로 다시 돌아왔을 때 느낀 감정을 이렇게 표현했다. "모든 사람들이 다른 모든 사람들을 상대로 싸우고 있는데 그중 누구도 싸우는 이유를 모르고 있다는 점을 뻔히 알면서도 그 방 안으로 다시 들어가는 듯한 느낌입니다. 문 입구에서는 시리아와 이스라엘 사람들이 안으로 들어오는 사람들 모두에게 각자 총알세례를 퍼부으면서 말하죠. '여기 이것 좀 맞아봐라. 이게 더 아플걸. 죽이는 데는 이게 낫지.' 일단 안으로 들어가면 방 안에 있는 다른 모든 사람들과 싸움을 시작합니다. 살아남는 유일한 방법은 방의 구석으로 들어가 벽에 등을 대고 있는 겁니다."

그 즈음 동과 서베이루트 사이에 하루 종일 포격을 심하게 주고받는 일이 있었다. 양쪽 마을들이 쑥대밭으로 변해버렸다. 포격이 끝난 후 나는 이산의 사무실로 걸어가고 있었다. 길가에는 포격으로 불탄 차들이 줄지어 있었다. 집중 포격이 끝난 후 불타버린 어느 차량의 주인이 나와서 자신의 차가 폐차장에서도 받아주지 않을 정도로 망가져서 시커먼 재로 변했다는 사실을 확인했던 모양이다. 그는 엉망이 되어버린 차량의 삐죽이 튀어나온 깨진 유리에 아랍어로 갈겨쓴 쪽지를 걸어두었다. 원래 앞유리가 있던 자리에 걸린 쪽지에는 이렇게 씌어 있었다.

우리가 무슨 짓을 했기에 이런 꼴을 당하는가?
우리는 인간이다.
제발 누군가 우리를 도와 이 전쟁을 끝내다오.

그러나 항상 그런 것처럼 이런 지진에도 논리가 있었다. 레바논은 더 이상 하나의 내전에 휩쓸린 것이 아니라는 논리였다. 레바논은 동시다발적인 내전 속에 빠졌다. 누구도 상황을 제대로 이해할 수 없었다. 전투를 벌이고 있는 병사들 역시 마찬가지였다.

동시에 진행하는 여러 개의 내전 중에서 가장 먼저 발생했고 또 가장 규모가 큰 전쟁은 1975년에 시작해서 1984년 슈프 산악지역에서 절정에 달한 것이었다. 기독교도와 이슬람교도 사이에서 레바논 정부를 누가 장악할 것인기를 둘러싸고 벌어진 내전이었다. 바로 이 대결로 베이루트와 레바논은 두 동강이 나버렸다. 두 번째 내전은 1970년대 후반 둘로 나뉜 각 진영 내부에서 일어났다. 각자의 영역에서 누가 패권을 차지할 것인가를 두고 이슬람교도와 기독교도 내부에서 전쟁이 벌어졌다. 두 번째 내전의 양상은 이랬다. 월요일에는 서베이루트의 어느 도로를 쟁탈하기 위해 드루즈파와 시아파 사이에 싸움이 벌어지고, 화요일에는 인근 도로를 두고 시아파와 수니파가 싸웠다. 경계선 너머 동베이루트의 사정 역시 마찬가지였다. 팔랑헤 민병대와 기도교도가 이끄는 레바논 정부군, 그리고 다수의 소규모 기독교 분파들 사이에 싸움이 벌어졌다.

세 번째 전쟁은 조용한 내전이었는데 나는 이 내전을 가장 흥미 있게 지켜봤다. 1980년대 초반 시작된 이 내전은 첫 번째나 두 번째 내전만큼이나 사람들의 열정에 휩싸이도록 만들었다. 기독교 혹은 이슬람을 불문하고 무정부상태에 빠진 레바논으로부터 이득을 얻은 민병대원들을 한편으로 하고 피해를 입은 레바논의 모든 민간인을 다른 한편으로 하는 전쟁이었다.

레바논 내전이 시작되고 처음 10년간 기독교와 이슬람의 다양한 민병대는 각각의 종교공동체의 이익을 대변하는 사병(私兵)이었을 뿐만 아니라 레바논의 하층계급 출신이 사회경제적으로 신분상승을 할 수 있는 통로의 역할도 담당했다. 내전이 오래 지속될수록 이들 하층계급 출신의 민병대원들이 레바논 사회를 전통적인 상층 귀족이나 금융업자 혹은 산업자본가로부터 빼앗아 올 수 있었다. 시시한 저질 사기꾼이었던 이슬람 민병대 지도자 이브라힘 콜레이라트, 중산층 출신의 좌절한 변호사였던 시아파 민병대 지도자 나비 베리, 공립학교 교사였던 시아파 극단주의자 후세인 무사위(Hussein Musawi), 그리고 의과대학생이었던 팔랑헤 지도자 사미르 좌좌(그는 후에 '사미르 박사'라고 알려졌는데, 이는 그가 임명되고 난 후 팔랑헤 총사령관이 소급해서 그를 의과대학 졸업생으로 부르면서부터였다) 등은 하루아침에 지역의 저명인사가 됐다. 내전은 이들에게 최상층으로 올라가는 통로를 제공했다. 내전이 없었다면 그들이 이와 같은 통로를 이용하는 일은 불가능했을 것이다. '성공'하기 위해 경영학이나 경제학 학위를 따는 일이 갑자기 불필요해졌다. 심지어는 가족의 연고조차 필요하지 않게 됐다. 프랑스어를 구사할 줄 알아야 할 필요도 없어졌고 베이루트의 아메리칸대학 학위도 쓸모없어졌다. 능력이 있건 없건, 수입업자건 수출업자건 아무 관계가 없었다. 오직 한 가지 중요한 점은 민병대와 관련이 있느냐의 여부였다.

레바논에서 금융업에 종사하던 나의 친구 엘리아스 사바(Elias Saba)에 따르면 벼락부자가 된 도둑, 상업에 열중하는 민병대원, 그리고 정치적 성명서 아래로 기관총을 숨긴 폭력단원들은 '전쟁의 상류사회(the war society)'를 형성했다고 한다. 전쟁의 상류사회 회원들인 기독교와 이슬람교도들이 서로 싸우기는 했지만 모든 정치적인 차이에도 불구하고 그들 사이에 공통의 이익이 있다는 점을 본능적으로 이해했다는 것이다. 레바논의 정부와 군대, 경찰이 다시는 제 역할을 할 수 없어야만 한다는 것이었다. 전쟁의 상류사회 회원들에게는 그들 고유의 '공식' 차량도 있었다. 대체로 은색의 메르세데스 세단이었는데, 마치 이발을 해야 할 필요가 있는 머리처럼 보일 정도로 많은 무선 안테나를 언제나 달고 다녔다.

불법적인 사설 항구와 고속도로 검문소를 운영하는 민병대 상인들(militia merchants)은 군사적인 힘을 이용해 공급망을 장악함으로써 돈을 벌었다. 이들이 다루는 재화와 서비스는 해시시에서 국가에서 보조하는 가솔린에 이르기까지 다양했다. 이런 시스템이 구체적으로 어떻게 작동하는지 사바가 설명했다. "제가 운영하는 은행은 북부 레바논에 위치한 마을이자 제 고향인 쿠라(Kura)에 작은 지점이 있습니다. 그 지역에서 가장 영향력 있는 민병대는 시리아 사회주의 국민당(National Syrian Socialist Party)의 지부입니다. 어느 날 그들이 와서는 제가 지점장을 임명할 때 자신들이 승인할 수 있는 권리를 달라고 요구했어요. 그러고는 제게 직원이 몇 명이나 필요하냐고 물었습니다. 제가 15명이라고 대답했죠. 그들이 이렇게 말했어요. '좋소. 우리가 그중 5명을 임명하겠소.' 그리고 덧붙였습니다. 은행에 불상사가 일어나지 않도록 해줄 테니 대신 매월 '보험료'를 지급하라는 것이었습니다. 가솔린의 경우도 마찬가지였어요. 가솔린은 국가에서 정한 가격으로 국가가 팔기로 되어 있었습니다. 가솔린은 동베이루트로부터 왔어요. 운송트럭이 서베이루트로 들어오면 바로 민병대원들을 만나게 됩니다. 민병대에서 트럭 전체를 사버립니다. 예컨대 100만 파운드에 몽땅 삽니다. 운전사는 그들에게 가솔린을 팔고 정부가 받아야 할 몫을 입금합니다. 이제 민병대원들이 가솔린을 도시 곳곳으로 가지고 다니면서 정부가 정한 가격의 세 배를 받습니다."

나는 동베이루트에서 활동하는 건축 도급업자를 한 사람 알았다. 그는 해변에 고급스런 고층 아파트를 짓고 싶어 했는데, 정부는 그에게 4층까지만 짓도록 허가했다. 그가 팔랑헤 민병대에 100만 파운드를 지급하자 그들은 5층까지 한 층 더 올릴 수 있는 허가증을 가져다주었다. 얼마 후 아민 게마엘 대통령의 아버지 피에르가 사망했다. 아민은 아버지의 고향마을 비크파야

(Bikfaya)에 그를 기리는 동상을 건립하기로 결정했다. 건축 도급업자는 비크파야에서 온 사람에게 동상 건립에 사용하라는 명목으로 100만 파운드를 또 건넸고 6층을 지을 수 있는 허가를 받았다. 동베이루트에서 활동하는 민병대원의 숫자가 엄청나게 많다는 점을 생각하면, 그 도급업자는 지불할 돈만 있었다면 아마 초고층 빌딩을 짓는 것도 가능했을 것이다.

오늘날 레바논에서 재화와 서비스를 공급하는 일에 관련된 사람 주변에는 민병대원과 그 민병대원의 형제, 사촌, 그리고 친구까지 우글거린다.

전쟁의 상류사회가 발달하는 것과 더불어 기독교도와 이슬람교도의 비전투원을 아우르는 평화 공동체 역시 형성됐다. 정부의 내각과 경제를 민병대들이 장악하자 레바논은 최초로 붕괴의 위기를 맞았다. 내가 베이루트를 떠날 때 1달러는 5 레바논 파운드였다. 그러나 단 3년 후 1달러는 500 레바논 파운드가 됐다. 경제를 피해나갈 수 있는 사람은 없었다. 기독교도건 이슬람교도건, 동베이루트에 거주하건 서베이루트에 살건 마찬가지였다.

경제가 붕괴하는 것을 방지해줄 정부를 재건해야 한다는 열망은 기독교도와 이슬람교도 모두에게 해당됐다. 이에 따라 전쟁의 상류사회에 대한 노골적인 증오 역시 종교를 넘어섰다. 1984년 봄 『베이루트 데일리 스타 Beirut Daily Star』가 기자와 사진기자를 도시의 길거리로 보내 행인들에게 무작위로 질문을 했을 때 그러한 분위기가 잘 나타났다. 질문은 이랬다. "국정을 운영할 수 있는 위치에 오른다면 어떻게 하시겠습니까?" 8명의 대답이 신문에 인용되었는데, 그중 4명이 모든 정치인을 죽이겠다고 대답했다. 가장 노골적으로 답변한 30세의 학생 아말 타윌(Amal Tawil)은 이렇게 말했다. "제가 대통령이라면 정치지도자라는 인간들을 한 명도 남김없이 처형해서 시체를 바다에 던져버릴 겁니다."

이 같은 태도는 레바논의 평화 공동체를 하나로 뭉치게 했고 전쟁의 상류사회에 공개적으로 도전할 용기를 갖게 만들었다. 그러나 처음부터 불리한 싸움이었다. 평화 공동체는 오직 분노와 도덕적 설득력만을 가졌기 때문이었다. 레바논에서는 평화운동조차도 스스로를 지켜낼 민병대를 필요로 했다.

1984년 온화한 봄날 평화 공동체가 전쟁을 선포하는 장면을 우연히 지켜볼 수 있었다. 경계선에서 아무런 이유도 없는 싸움이 의례적으로 일어나고 있는데, 마침내 민간인들이 나서서 크게 외쳤다. "이제 그만." 정치나 민병대와는 아무 관련이 없는 익명의 민간인들이었다. 양쪽에서 사냥꾼들의 총질이 계속되는데 오리들이 더 이상 못 참겠다고 외쳤던 것이다. 해병대도 레바논의 정치인들도 그들을 구하지 못했다. 이제 그들 스스로 자신을 구하려고 했다. 이들의 반란을 '평화운동'이라고 불렀다. 레바논 사람들이 삶의 권리를 되찾고자 벌인 진정한 운동이자 최초의 운동이었다. 이후 더 많은 시도가 이어졌다.

평화운동은 서베이루트에 거주하는 29세의 유치원 교사 이만 칼리프(Iman Khalife)의 집 거실에서 시작됐다. 최초의 내전이 일어난 지 9년이 되기 3일 전인 1984년 4월 10일 오후였다. 그녀의 사무실에서 이루어진 인터뷰에서 칼리프가 말했다. "저는 도서관에서 사용할 아랍어로 된 아동용 도서를 집에서 검토하고 있었습니다. 그런데 밖에서 엄청난 포격이 있었어요. 그때 저는 노란 메모지를 들고 있었는데요, 속으로 이렇게 말했습니다. '집에 조용히 들어앉아 있는 모든 사람들에게 뭔가를 쓰고 싶다.'"

칼리프는 마음속에 떠오르는 대로 시를 써내려갔다. 평화행진을 제안하는 내용이었다. 그녀가 언론계에 종사하는 친구에게 그 시를 보여주자, 그 친구는 만일 50명이 사인을 받을 수 있다면 지역 신문사에 시를 배포하겠다고 말했다. 며칠 후 아랍어로 지은 시 한 편이 대부분의 베이루트 신문 1면을 장식했다. 시는 이렇게 시작했다.

전쟁이 시작하고 9년이 흘렀다.
그리고 우리는 모든 해결책이 사라지는 것을 목격했다.
피난처에 숨어서 …… 먹고 …… 마시고 …… 잠을 잤다.
스스로에게 물어볼 때가 되지 않았는가? 이제 어디로 가야 하나?
언제까지란 말인가?
10년째가 되는 올해도 우리를 죽이도록 내버려둘 것인가?

> 우리는 두려워하는가? 두려워할 것이 아직 남았나?
> 밖으로 나가 사람들의 침묵에 우리의 목소리를 들려주자.
> 울려 퍼지는 절규가 되어 돌아오도록.
> 침묵 속에서 걸어 나와 한 목소리로 절규하자.
> 전쟁을 반대한다고. 10년째에도 전쟁을 할 수는 없다고.

칼리프는 한사코 자신의 종교가 무엇인지를 내게 밝히려고 하지 않았다. 동과 서베이루트에 거주하는 친구들을 연락망으로 활용해 칼리프는 1984년 5월 6일을 평화행진의 날로 정했다. 이를 알리기 위해 베이루트의 양쪽에서 조직위원회가 구성됐다. 심지어 그들은 '전쟁이 아닌 생명을(YES TO LIFE, NO TO WAR)'이라고 적힌 포스터와 스티커도 만들었다. 칼리프의 계획은 동베이루트와 서베이루트 사람들이 당시 개방된 유일한 도로인 베이루트 국립박물관 앞 교차로에 모여 자발적인 포옹을 나눈다는 것이었다.

그녀는 장난기어린 희미한 빛을 눈에 담은 채 말했다. "만약 우리가 많이 흥분하게 된다면 바리케이드를 모두 무너뜨릴지도 모르죠. 사람들이 제게 말했어요. '행진을 하면 우리는 죽는다.' 그래서 제가 말했죠. '좋아요, 우리 함께 죽어요. 매일매일 일을 하러 가거나 물건을 사러 갈 때마다 우리는 목숨을 걸잖아요. 적어도 우리가 하고 싶은 말을 하는 데 목숨을 걸지 못할 이유가 뭐예요?" 경찰이나 민병대로부터 행진에 대한 허가를 신청해봤느냐고 묻자, 그녀가 날카롭게 반응했다. "반란을 일으키는 데 허가가 필요하다고 생각하세요?"

당연히 그렇지 않다. 그러나 그들에게는 총이 필요하다. 서베이루트에서는 5월 6일이 다가오기도 전에 소속에 관계없이 민병대원들이 도시 전체를 돌아다니며 '전쟁이 아닌 생명을'이라고 적힌 포스터를 찢었다. 민병대원들은 그 포스터가 그들 자신을 겨냥하는 것이라고 생각했다. 5월 5일 밤 동과 서베이루트의 민병대는 서로 약속이나 한 듯 경계선 너머로 대포와 박격포탄을 날리기 시작했다. 내전이 시작된 이래 가장 끔찍한 포격 중 하나였다. 단 몇 시간 동안 경계선 근처에 거주하는 22명의 사람들이 목숨을 잃었고 132명이 부상당했다. 평화행진의 싹을 자르려는 시도였다. 칼리프와 친구들은 민병대가 더 많은 민간인들을 학살하는 일을 막기 위해 시위를 취소하기로 결정했다. 라디오에서 행진이 취소됐다는 소식이 전해지자 몇 분 후 포격이 멈췄다. 아메리칸대학의 강사로서 행진을 조직한 사람 중 하나인 나와프 살람(Nawaf Salam)은 그 소식을 전해주기 위해 내게 전화를 걸어왔다. 전화통화에서 그는 다소 고통스럽게 덧붙였다. "우리가 생각했던 큰 목표 중 하나는 이뤘습니다. 우리가 행진을 취소하자마자 모든 민병대가 싸움을 멈췄고, 베이루트는 지난 수개월 중에서 가장 조용한 밤을 보낼 수 있었으니까요."

칼리프는 너무나 실의에 빠져 내게 말조차 하지 않으려고 했다. "사람들은 제가 어떻게 느끼고 있을지 압니다." 그녀는 이렇게 말하곤 전화를 끊었다. 다음날 아침 살람과 여섯 명의 다른 조직위원들은 그들이 무언가 해야만 한다고 결정했다. 그들은 차를 몰아 박물관 앞 교차로 근처에 있는 경계선으로 갔다. 나는 차를 타고 따라갔다. 맨 먼저 그들은 2미터가 조금 안 되는 크기의 흰색 대리석판을 치웠다. 아랍어로 '전쟁이 아닌 생명을' 이라고 새겨진 그 대리석판은 그들이 전쟁의 잔해 위에 세워뒀던 것으로 그날 아침 공개하려고 했었다. 그 장면은 마치 장례식 같았다. 어떤 여인이 휴지를 꺼내 눈물을 닦았고, 살람과 나지브 아부 하이다르(Najib Abu Haidar) 박사는 석판을 들어 자동차의 트렁크에 조심스럽게 올렸다. 마치 석판이 총격전 속에 방금 쓰러진 희생자라도 되는 듯했다. 자리를 떠나기 전 그들은 잠시 묵념을 올렸다. 석판을 위해, 그들 자신을 위해, 그리고 베이루트를 위해서였다. 이어 아무도 듣지 않는 허공에 대고 성명서를 낭독했다. "5월 6일 위원회는 행진을 취소하도록 만든 상황에 대한 저항으로 대리석판을 제거하기로 결정했다."

그들이 낭독을 끝내려는 순간 후줄근한 복장의 레바논 정부군 병사 두 명이 터덜터덜 걸어 포격으로 엉망이 된 아무도 없는 거리를 걸어왔다. 행진이 취소됐다는 사실을 듣지 못한 것이 분명한 그들은 앞쪽에 핑크색 카네이션이 달린 플래카드를 높이 들고 오는 중이었다. 플래카드에는 영어로 된 문구

가 검은색 펜으로 씌어 있었다. 문구의 내용은 이랬다. '지금 당장 한 조각을(Piece Now).'

베이루트를 떠나기 직전이었던 1984년 6월 나는 베이루트 국립박물관에 무엇이 남아 있는지 눈으로 확인하려고 마음먹었다. 박물관은 경계선 바로 위에 자리 잡고 있었다. 지긋한 나이의 박물관장 에미르 모리스 셰하브(Emir Maurice Chehab)는 너무도 기쁜 마음으로 안내했다. 잊지 못할 관람이었다.

레바논 내전이 시작되고 얼마 후 박물관은 양측의 십자포화 한가운데 들게 되었다. 가장 귀중한 소장품들은 박물관 밖으로 옮겨 숨겨두었다. 그러나 커다란 조각상이나 양각한 작품, 그리고 주 전시관에 있는 석비(石碑)는 옮기는 것이 불가능했다. 이에 셰하브는 이 작품들 주변에 나무로 만든 틀을 세우고 여기에 콘크리트를 부어, 값을 매길 수 없을 정도로 귀중한 작품들이 30센티미터의 콘크리트 보호막에 둘러싸이도록 만들었다. 총탄이나 포탄으로부터 보호하기 위해서였다. 전쟁이 끝나면 콘크리트를 떼어낼 참이었다. 이로써 전시관의 모습은 기묘하게 변했다. 지하에 자리 잡은 람세스 진열실에 들어갔을 때 보이는 것은 높이가 다양한 커다란 사각의 시멘트 기둥들이었기 때문이다. 그러나 오랫동안 박물관장으로 일했던 셰하브는 작품 하나하나를 모두 외우고 있었고, 그 외양이야 어쨌건 나를 안내했다. 그는 높이 4.5미터에 너비 1.5미터의 시멘트 기둥을 가리키더니 말했다. "여기 보세요. 비블로스(Byblos)에서 발견된 찬란한 이집트 조각상입니다." 셰하브는 몇 걸음 더 걸어가더니 똑같이 생긴 시멘트 기둥을 가리키면서 열정이 가득한 목소리로 말했다. "그리고 이것은 현재까지 가장 잘 보존된 초기 페니키아 문자가 쓰인 석비입니다." 자신의 설명을 강조하기 위해 그는 기둥을 두드리기도 했다. 한 시간 정도 지나자 셰하브가 묘사하는 시멘트 기둥들이 실제 작품이라는 생각이 들기 시작했다.

오늘날 레바논을 생각할 때마다 나는 박물관을 돌아봤던 기억을 떠올린다. 그곳에는 진정한 레반트 정신의 핵심이 있었다. 비록 수년간에 걸친 내전의 흉터로 겹겹이 둘러싸여, 이를 보기 위해서는 시멘트 외피를 끌로 쪼아내야 하겠지만 말이다.

1988년 9월 아민 게마엘의 대통령 임기가 끝났다. 그러나 이슬람교도와 기독교도로 이루어진 의회는 후임자를 합의하지 못했다. 게마엘은 레바논 정부군의 마론파 장군 미셸 아운(Michel Aoun)을 선거가 실시될 때까지 잠정적 국가원수로 지명했다. 그러나 이슬람교도들은 아운을 인정하지 않고 총리였던 셀림 알 호스(Selim al-Hoss)를 행정부 수반 직무대행으로 임명했다. 이 글을 쓰는 현재 서베이루트에 하나의 레바논 정부가 있고 동베이루트에도 레바논 정부가 하나 있다. 이 같은 분열에도 불구하고 국가를 공식적으로 분할하자고 주장하는 기독교와 이슬람의 급진파는 거의 지지를 받지 못한다. 양측은 지금까지 레바논이라는 국가의 외양과 합법성을 유지해야 한다고 주장해왔다. 또한 재통일을 위한 방안을 주장했다. 대다수의 사람들에게 가장 이상적인 레바논의 정치적 미래는 새롭고 개선된 형태이긴 하겠지만 여전히 과거의 통합된 레바논인 것으로 보인다.

레바논의 대다수 시아파는 마론파가 되기를 원한다. 종교적으로 그렇다는 것이 아니다. 사회적으로, 정치적으로, 교육수준에서, 그리고 물질적으로 마론파처럼 되기를 원했다. 레바논의 옛터를 물려받은 대부분의 시아파는 전통적으로 내려오는 무언가를 얻고자 하는 것 같다. 국토의 상당 부분을 차지하게 된 그들은 자신들이 차지한 곳이 다시 번성하기를 바라는 것 같다.

서베이루트의 젊은 기독교도 저널리스트 나딘 카멜-투에그는 1987년 내게 말했다. 그녀의 아파트 건물 입구에서 조지라는 기독교도가 여러 해에 걸쳐 현관 안내인으로 일했었는데, 슈프지역에 전투가 벌어지자 동베이루트로 도주했다고 한다. 조지가 일하던 자리를 레바논 남부의 어느 마을 출신인 독실한 시아파 교도 하산이 이어받았다. 어느 날 아침 나딘이 거실에 앉아 있는데 관리인 하산이 올라와 문을 두드렸다.

나딘이 당시를 회상했다. '하산이 문가에 종이를 한 장 들고 서 있었어요. 그가 제게 말하더군요. ˝여기 신청서가 있는데 제 대신 작성해주시면 안될까요?˝ 제가 말했어요. ˝물론 해드리죠.˝ 신청서를 읽어봤더니 상당히 비싼 학교에 지원하는 서류더군요. 칼리지 프로테스탄트라는 학교였죠. 하산은 딸이 아이보리코스트에 살고 있는데 그곳에는 좋은 프랑스 학교가 없다고 말했어요. 그래서 하산의 딸은 자신이 버는 돈으로 베이루트에 있는 좋은 프랑스 학교에 아이들을 집어넣고 싶어 한다고 하더군요. 그러더니 제게 말했습니다. '아시겠지만 우리가 남부 레바논에 살고 있었다면 그곳에는 아주 훌륭한 프랑스 학교가 있습니다. 베이루트에 있는 학교들보다도 나을 겁니다. 그곳에서는 휴식시간에도 아랍어로 말하는 것을 허락하지 않아요.' 하산은 시아파 교도였고, 자신이 관리하는 문 주변 여기저기에 '알라만이 유일한 신이다'라는 문구를 아랍어로 써놓은 인물이었어요. 그런데 그가 아이들을 프랑스 학교에 보내고 싶어 하는 겁니다. 아랍어를 한마디도 하지 못하게 하는 학교에 말이죠. 제 이야기에서 뭔가 느끼시는 게 있을 겁니다."

1975년 이후 레바논에서 벌어진 일이 단지 부족 사이의 내전만은 아니라고 레바논 역사가 케말 살리비는 주장한다. "문명화된 삶을 획득하기 위한 싸움이라고 부를 수도 있을 것입니다. 시아파가 기독교도와 여타 이슬람교도에게 말하려는 바는 이렇습니다. '우리도 당신들처럼 살고 싶다. 어쩌면 우리 행동이 세련되지 못할 수도 있다. 스스로를 어떻게 표현해야 하는지를 우리는 모르기 때문이다. 그러나 우리도 게임의 일부가 되고 싶다.' 나의 가족은 기독교도입니다. 1866년 그들은 산악지역에서 염소를 치고 살았습니다. 당시 가족은 다른 집단과의 다툼에 휩쓸려 끊임없이 서로 죽이는 싸움을 벌였고 다른 부족과도 싸웠습니다. 그러다가 가족은 베이루트로 왔고 세대가 세 번 지나고 나서야 기존의 생활방식대로 살기를 멈췄습니다. 수니파 역시 마찬가지일 것이라고 생각했습니다. 그들 역시 촌뜨기들이었지만 이제 부르주아지입니다. …… 누가 미래에 대해 단정할 수 있을까요?"

내가 이 책의 집필을 끝내기 직전 런던에서 가장 친한 레바논 친구와 다시 만나는 기회가 있었다. 레바논의 골수 낙관주의자 나와프 살람이었다. 그는 수니파 학자로서 시아파가 등장하기 전까지 서베이루트를 장악했던 상층 살람 문중의 일원이기도 했다. 그는 서베이루트에서의 삶을 포기하기는커녕 결코 떠나려고도 하지 않았는데, 그곳에서의 삶의 실상을 내게 설명했다.

살람이 말했다. "허황된 믿음은 이제 모두 사라졌습니다. 어쩌면 이것이

지혜를 얻게 되는 시발점인지도 모릅니다. 바로 이 점이 우리 같은 사람들이 계속 그곳에서의 삶을 이어가게 만드는 것이기도 합니다. 우리가 한때 가졌다고 믿었던 민주주의가 사실은 민주주의가 아니라는 점을 이제 잘 압니다. 분파 사이의 힘의 균형에 불과했습니다. 자유는 진정한 자유가 아니었고 일종의 조직된 무정부상태였습니다. 그리고 언론의 다양성이란 크게 본다면 아랍세계의 보조로 지탱되는 서로 다른 목소리들의 불협화음이었습니다. 그러나 모든 것이 산산조각 난 상황에서도 작지만 개방된 사회가 여전히 존재합니다. 통합된 레바논이 아직 마론파의 첫 번째 선택입니다. 분열된 국가가 아닙니다. 시아파의 첫 번째 선택 역시 통합된 레바논입니다. 이슬람교 국가가 아닙니다. 마실 물도 없고 전기도 없으며 경찰도 없지만, 아랍세계의 다른 나라에서는 찾을 수 없는 일정 수준의 질 높은 삶을 향유하고 있습니다. 아랍세계의 다른 어떤 곳보다 베이루트에서 출판되는 서적이 많습니다. 아랍세계의 어느 곳보다 많은 언론자유를 누리고 있습니다. 심지어는 오늘날에도 저는 암만대학보다는 베이루트의 아메리칸대학을 선택할 것입니다. 시리아 일간지 『알 바트 Al-Baath』보다는 『안 나하르』를 택할 것입니다. 모든 것이 파괴되었지만 베이루트의 정신은 아직 살아 있습니다. 이제 우리의 과제는 허위의 토대가 아니라 진정한 기반 위에 베이루트를 재건하는 것입니다."

어떤 사람들은 스스로의 힘으로는 바꿀 수 없는 시대를 타고난다고 한다. 저녁식사 테이블을 사이에 두고 살람의 말을 경청하면서 나는 그의 운명을 생각해봤다. 험악한 마을에 태어난 훌륭한 인품의 인물, 자신이 바꿀 수 없는 어려운 시기에 태어난 낙천적인 영혼의 소유자가 그의 운명인 듯했다. 그의 열정과 낙관적 전망을 들으면 들을수록 레바논에 대한 사망선고를 미루는 것이 낫겠다는 생각이 들었다.

런던에서 살람을 만난 직후 나는 『예루살렘 포스트 Jerusalem Post』에 실린 연합통신의 기사를 읽었다. 1980년대 후반 베이루트의 삶에 관한 이야기였다. 그 기사에 따르면 1987년 시리아 군대가 이슬람교도가 지배적인 서베이루트로 돌아와 법과 질서를 회복하는 데 도움을 준 결과, 시아파 근본주의를 신봉하는 전투원들이 지하로 숨어들고 정상적인 삶이 다소 회복됐다고 한다. 새로운 술집과 레스토랑이 기존의 것들이 무너진 자리에 새로 문을 열고 있다는 것이었다.

기사는 이렇게 전했다. "간선도로에서는 차량폭탄이 폭발하고 …… 행인들이 죽고 부상당하는 끝없는 폭력의 순환이 레바논에서 여전히 계속된다는 점은 분명하다. 서로 대립하는 민병대 사이에 벌어지는 포격과 총격이 베이루트의 양편에서 며칠이 멀다 하고 일어난다. …… 전화가 불통일 때가 많고 외국에서 오는 우편이 배달되는 데에는 수개월이 걸린다. …… 그러나 신문에는 세련된 의복과 파리 향수, 그리고 나이트클럽의 쇼 광고가 가득하다. 함라와 마즈라(Mazraa)를 잇는 고속도로에는 도발적인 란제리를 선전하는 광고판이 줄지어 섰다."

그 기사를 읽으면 문득 머리를 스치는 생각이 있다. 레바논의 희망이란 한 송이 꽃이 아니라 한 포기 잡초일지도 모른다는 생각이다. 한 줄기 햇빛과 작은 물방울 하나만 있어도 베이루트의 파편들 틈에서 우뚝 솟아나와 번식하는 잡초일지도 모른다. 과거의 레바논은 이제 사라졌다. 옛 모습 그대로 레바논을 재건하는 것은 불가능하다. 마치 깨진 계란을 다시 꿰맨 모습으로 만들 수는 없는 것과 같다. 그러나 과거의 레바논을 닮은 무언가를 만드는 것도 불가능할까? 나는 이에 대해 희망적이다. 과거 레바논의 핵심 중 일부는 여전히 파편과 폐허 아래 남아 있다. 누가 알겠는가? 어느 날 새로운 형태로 다시 나타날지도 모른다. 모든 것이 사라지는 것을 목격했다고 말하지 않고 중요한 무언가가 종말을 맞는 것을 지켜봤다고 내가 주장하는 이유가 바로 이것이다. 나와프 살람과 같은 사람들이 여전히 살아가고, 전쟁의 상류사회 아래 평화 공동체가 여전히 존재하면서 잡초를 틔워낼 수 있는 한 말이다.

10장
떠나야 할 시간

 1984년 어느 비 오는 날 밤 나는 베이루트를 떠나야 할 시간이라고 판단했다. 아내 앤은 수백 명의 다른 미국인들과 함께 해병대의 헬리콥터로 베이루트를 이미 빠져나갔다. 시아파가 봉기한 2월의 일이었다. 따라서 나는 횅한 아파트에 홀로 남았다. 드루즈파는 근처 건물에 그물을 치고 50구경 기관총을 거치해뒀다. 해변으로 가까이 접근하는 팔랑헤 혹은 이스라엘 군의 전함을 쫓아내려는 것이었다. 한밤중에 50구경 기관총 소리를 들으며 일하는 것보다 아드레날린을 더 빨리 분비시킬 일이란 없었다. 그 소리를 들을 때마다 마치 이성을 잃은 민병대원 한 무리가 내 아파트로 몰려오는 듯한 느낌이 들었다. 기관총이 불을 뿜는 소리가 나자마자 몸을 두 번 굴러 침대에서 빠져나와 침대 아래로 숨는 동작을 완벽하게 숙달했다.

 4월의 그날 저녁 엄청난 폭풍우가 베이루트를 덮쳤다. 천둥소리가 잠시 멎은 틈을 타서 가까스로 잠이 들었는데, 새벽 2시 건물이 흔들리는 진동에 잠이 깼다. 여러 차례에 걸친 폭발로 건물이 흔들리고 창문이 덜컹거렸다. 아직 잠이 덜 깬 나는 그것이 천둥 때문인지 포격 때문인지 분간할 수 없었다. 정신을 차리고 잠시 귀를 기울여 보니 박격포탄이 날아오는 소리가 휘파람처럼 들려왔다. 서베이루트 전체가 동베이루트에서 날아온 포탄세례를 받고 있었던 것이다.

나는 본능적으로 침대에서 벌떡 일어나 아파트 한가운데 위치한 화장실로 들어갔다. 창문이 달려 있지 않은 유일한 곳이었기 때문이다. 머리를 두 손에 파묻고 변기 위에 앉아 포격이 멈추기를 기다렸다. 나와 마찬가지로 화장실로 대피한 아래층 여인의 울부짖는 소리가 파이프를 통해 들려왔다. "신이시여 구해주소서. 더 이상은 견딜 수가 없습니다." 포격이 점점 심해지자 기자로서의 직업 본능이 살아났다. 나는 무릎을 꿇고 손을 바닥에 짚은 채 기어서 화장실에서 나와 사무실로 갔다. 그리고 뉴욕에 위치한 『뉴욕타임스』 외신 편집부로 전화를 걸었다. 그러나 누군가 전화를 받기 전에 나는 수화기를 내려놨다.

혼자 생각을 했다. 참으로 바보 같군. 이런 식의 포격은 내전이 시작된 이후 매일 밤 벌어진 일이야. 9년 동안 말이야! 오늘 밤에는 단지 네가 사는 곳 주변에서 벌어진 일일 뿐이야. 뉴스가 아니라고. 다른 곳에서 벌어진 일이라면 아마 베개로 귀를 막고 다시 자러 들어갔을걸.

나는 다시 기어서 화장실로 돌아와 변기 위에 앉아 포성이 멎을 때까지 기다렸다. 내가 생각할 수 있는 것은 이것뿐이었다. '이건 정말 말이 안 된다. 나는 『뉴욕타임스』 베이루트 특파원이다. 내가 포격을 받고 있는데, 뉴스거리도 아니다. 이제 떠나야 할 때다.'

실제로 베이루트를 떠나기까지는 몇 달 더 걸렸다. 그러나 떠나는 날이 가까워짐에 따라 나는 다시 생각해보기 시작했다. 나는 마치 나방이 촛불에 달려들듯이 베이루트 취재에 빨려들었다. 베이루트에 왔던 몇몇 동료들은 돌아갈 수 없었다. 스스로의 열정과 흥분에 사로잡혔고, 신문의 1면과 저녁뉴스의 맨 앞자리를 차지할 만한 뉴스를 매일 전할 수 있었기 때문이다. 나 역시 그런 흥분에 무감각하지 않았다. 그러나 언제나 그보다 더 중요한 무언가가 내게 있었다. 이제 와서 베이루트 시절을 돌이켜보면, 내가 구사일생으로 살아남을 수 있었다거나 극단적인 흥분에 황홀감을 느꼈던 경우를 거의 기억할 수 없다. 다른 순간들이 더 또렷하게 기억에 남았다. 인간이란 무엇인지, 그리고 사람들은 무엇으로 살아가는지를 내게 가르쳐주었던 사람들과의 만남과 그들의 상호작용들이었다. 내가 베이루트로 가기 이전 살았던 25년의 세

월보다 훨씬 많은 교훈을 얻을 수 있었다. 인간이 가질 수 있는 연민의 한계와 그 끝을 알 수 없는 잔인함, 인간의 독창적인 능력과 한없는 어리석음, 그리고 그들의 광기와 무한한 참을성을 두 눈으로 볼 수 있었다.

내가 기억하는 순간에 등장했던 레바논 사람들이 감동을 느꼈던 것은 물론 아니다. 그들에게는 아무것도 느낄 수 없는 생존을 위한 일상사였고 때로는 상황의 급변으로 종말을 맞기도 했다. 내가 기억하는 순간들은 대체로 그들에게 악몽이었다는 점을 결코 잊지 않는다. BBC 베이루트 특파원 제럴드 버트가 1982년 여름이 끝나갈 무렵 일어났던 일을 내게 이야기해준 적이 있다. 나 역시 절실히 공감할 수 있는 이야기였다. 한 그룹의 의사와 간호사들이 서베이루트에서 경계선을 통해 동베이루트에 이르는 항의행진을 하기로 결정했다. 서베이루트에 의료품 부족 사태를 가져온 이스라엘의 베이루트 포위를 세계에 알리기 위해서였다. 행진은 동과 서베이루트 사이에 위치한 갈릴리 사마안(Galirie Sama'an) 교차로에서 벌어졌다. 2킬로미터 정도 이어진 도로 주변에는 반쯤 파괴된 아파트 건물들만 서 있었고 저격병을 제외하면 인적이 없는 황량한 곳이었다.

후일 버트가 당시를 회상했다. "당시 저는 행진이 위험할 거라는 생각은 조금도 하지 않았습니다. 그저 취재거리가 생겼다고 생각하고 행진대열에 끼어들었죠. 의사와 간호사가 모두 20명 정도 있었는데 맨 앞에 있는 사람이 적십자 깃발을 들고 있었어요. 경계선을 향해서 반쯤 걸어갔을 때였습니다. 주위를 돌아보니 숨을 곳이란 아무 데도 없었어요. 우리가 경계선 한복판에 서 있었던 겁니다! 인근에서는 포격소리가 들리고 저격수들이 주변 곳곳에 있는데 의사들과 함께 걷고 있었던 거죠. 혼잣말을 했어요. '도대체 내가 지금 여기서 무얼 하고 있는 거지?' 그러다가 뒤를 돌아보니 불과 몇 미터 뒤에 어떤 레바논 사내가 흰 말을 끌고서 우리를 따라오고 있었어요. 하얀 말이었어요! 경주마처럼 보이더군요. 그 사내는 경계선을 가로지르는 행진이 있을 것이란 말을 듣고 행진 대열을 방패삼아 자기 말을 서베이루트에서 가지고 나가려고 했던 것이 틀림없었습니다. 아마도 식량과 물이 부족해서 말을 먹일 수가 없었던 모양입니다. 의사들과 적십자 깃발, 포격, 그리고 하얀 경주마를 끌고 행렬을 뒤따르는 사내의 모습이란 참으로 기상천외한 장면이었습니다."

바로 이 같은 순간들 때문에 기자들은 베이루트로 모여든다. 그리고 자신의 이성이 스스로에게 이제 떠나야 할 시간이라고 말해주고 나서도 한참을 더 그곳에 머무는 이유다. 1면을 장식하고 자기 이름을 달고 나갈 6단짜리 기사들은 당시로서는 짜릿한 전율이었다. 그러나 그런 짜릿함은 오래 가지 않는다. 오직 경험했던 순간들이 기억에 오래도록 남을 뿐이다.

나는 이 교훈을 배웠다. 베이루트에 있던 다른 모든 기자들과 마찬가지로 아주 힘들게 배웠다. 애초 나는 1982년 여름 PLO가 완전히 철수하는 날까지 베이루트에 머물기로 편집자와 합의했었다. 그러고서 바로 정신적인 스트레스를 풀기 위해 휴가에 들어갈 계획이었다. 베이루트의 상황이 클라이맥스에 이를 때까지 베이루트에 머무는 것이 내게 개인적으로 매우 중요하다는 점을 편집자는 이해했다. 이스라엘의 레바논 침공이 시작되는 것을 지켜본 목격자로서 이야기의 결말을 직접 확인하고, 『뉴욕타임스』에 PLO가 베이루트에서 보낸 마지막 순간을 다룬 기사를 직접 쓰고 싶었다.

위에서도 서술했던 바와 같이, PLO의 철수가 시작되던 1982년 8월 21일 나는 프랑스의 평화유지군이 상륙하는 장면을 지켜보기 위해 항구로 일찌감치 내려갔다. 몇 시간 후 PLO 전투원들을 실은 트럭들이 도착하기 시작했다. 어디서 구했는지 나로서는 알 수 없지만 그들은 모두 새 전투복을 입은 것처럼 보였다. 눈물의 이별 장면이 없었던 것은 아니지만 대체로 승리의 브이 사인이 주를 이뤘고, 축하의 총탄을 공중으로 얼마나 많이 쏴댔던지 내 발 앞 땅바닥에는 놋쇠로 만든 탄피가 수북하게 쌓였다. 트럭들이 꼬리를 물고 항구로 들어와서 게릴라들이 튀니지로 향하는 키프로스 국적 카페리에 차례로 오르는 것을 지켜봤다. 몇 시간 안에 모든 과정이 끝났다.

나는 한 시대의 결말을 상징했던 그 장면을 음미하기 위해 항구에 좀 더 머물렀다. 그러다가 형제들에게 작별을 고한 팔레스타인 청년 몇 명과 대화를 나누게 됐다. 그들과 벌인 토론에 너무나 몰입했던 나머지 마침내 대화를 마치고 그들에게 작별인사를 했을 때는 두 사람을 제외하고는 아무도 거리에 남아 있지 않았다. 아서 블레시트(Arthur Blessit)와 그의 아들 조슈아(Joshua)였다. 사람들은 아서 블레시트를 선셋대로의 전도사(Sunset Boulevard Preacher)라고 불렀다. 아래쪽에 바퀴가 달린 4미터에 달하는 나무 십자가를 끌고 이스라엘에서 베이루트까지 가면서 평화를 위해 기도했기 때문이다. 그의 어린 아들 조슈아는 비슷하게 생긴 작은 십자가를 어깨에 메고 있었다. 다소 함부로 말하자면, 아서는 베이루트의 전쟁에 몰려드는 미치광이 중 하나였다. 그와 조슈아 역시 PLO의 철수를 지켜보기 위해 그곳으로 왔다. 내가 항구를 떠나려고 하는데, 아서가 그의 커다란 십자가를 집어서 어깨 위에 살며시 걸치며 아들에게 말했다. "조슈아, 우리가 보려고 했던 평화를 본 것 같구나. 이제 집에 가야 할 시간이다."

나 역시 마찬가지였다. 오후 4시경이었다. 나는 즉시 로이터 사무실로 가서 3개월 동안 길고도 힘들게 기다렸던 기사를 작성했다. 나는 정열적으로 기사를 쓰고 또 썼다. 그리고 그 기사가 중요한 역사적 기록의 한 부분이 될 것임을 알았다. 기자로서 겪어야만 했던 악몽이 빛을 보는 순간이었다.

기사 작성을 모두 끝내는 순간 서베이루트와 세계를 이어주는 모든 통신 라인이 꺼져버렸다. 심지어는 코모도어 호텔의 통신마저 끊겨버렸다. 텔렉스를 포함한 모든 통신이 작동하지 않았다. 결딴나버렸고 끝났다. 1982년 여름에 대해 쓴 마지막 기사를 손에 들었는데 뉴욕으로 전송할 방법이 없던 것이다. 베이루트의 우편, 전신, 그리고 텔렉스를 작동시킬 발전기가 모두 타버렸지만, 토요일 오후 이를 고치기 위해 감히 경계선에 접근할 사람은 아무도 없었다. 그해 여름 베이루트가 세계로부터 완벽하게 차단된 것은 당시가 처음이었다. 고립은 24시간 동안 계속됐다. 나는 로이터 사무실에 있던 텔렉스로 내 기사를 모두 텔렉스 테이프에 미리 쳐두었다. 갑자기 통신이 재개될 경우 『뉴욕타임스』에 기사를 전송하기 위해서였다. 그러나 그런 일은 일어나지 않았다. 『뉴욕타임스』는 통신라인이 끊어지기 전 그날 일찍 전송된 AP통신의 기사를 사용했다. 내가 작성했던 PLO에의 작별인사와 선셋대로의 전도사 이야기는 아무도 읽지 않을 그저 나만의 기념품이 됐다. 나는 아직도 그 기사를 상자 속에 보관하고 있다. 그러나 더욱 중요한 사실은 내가 그 순간을 함께 했다는 것이고, 색이 누렇게 바랜 신문 스크랩보다 그 순간을 더욱 소중하게 여긴다는 점이다.

나는 이제까지 많은 이야기를 기록했다. 그러나 베이루트에는 내가 설명하지 못하는, 심지어는 스스로에게조차 설명하기 힘든 무언가가 있었다. 그것은 언론인이라면 대부분 한두 번 느꼈을 법한 매력이었다. 베이루트를 취재하면서도 이를 즐기는, 보통 사람이라면 말도 안 되는 미친 짓이라고 여길 만한 비이성적인 매력이었다. 내가 그 매력을 친구들에게 설명하려고 할 때마다, 나는 우디 앨런(Woody Allen)이 영화 「애니 홀 Annie Hall」의 후반부에서 전하고자 했던 이야기가 생각난다.

어떤 남자가 의사를 찾아가 이야기한다. "선생님, 선생님, 심각한 문제가 있어요. 제 형이 자기가 닭이라고 생각해요."

의사가 말한다. "말도 안 돼. 당신 형은 닭이 아니에요. 형에게 그렇게 말해요."

그러자 사내가 말한다. "그럴 수는 없어요. 저는 계란이 필요하거든요."

베이루트를 취재했던 많은 기자들에게도 해당되는 이야기였다. 베이루트에 머무는 것이 말도 안 된다고 생각하는 경우가 많았다. 그러나 우리는 베이루트로 여전히 돌아오곤 했다. 계란이 필요했기 때문이다.

2부
예루살렘

11장
측면을 때리는 강한 바람

> 그 선지자들이 허탄한 묵시를 보며 거짓 것을 점쳤으니 내 손이 그들을 쳐서
> 내 백성의 공회에 들어오지 못하게 하며 이스라엘 족속의 호적에도 기록되지 못하게 하며
> 이스라엘 땅에도 들어가지 못하게 하리니 너희가 나를 여호와인 줄 알리라.
> 이렇게 칠 것은 그들이 내 백성을 유혹하여 평강이 없으나 있다 함이라
> 어떤 사람이 담을 쌓을 때에 그들이 회칠을 하는도다.
> 그러므로 너는 회칠하는 자에게 이르기를 그것이 무너지리라 폭우가 내리며
> 큰 우박덩이가 떨어지며 폭풍이 몰아치리니. 그 담이 무너진즉
> 어떤 사람이 너희에게 말하기를 그것에 칠한 회가 어디 있느냐 하지 아니하겠느냐.
> – 에스겔 13장 9절~2절

> 국가가 끊임없는 내전에 시달리지 않게 할 유일한 방법은 이웃의 존재다.
> – 폴 발레리(Paul Valéry)

1984년 6월 1일 아침 나는 차를 타고 베이루트를 떠나 예루살렘으로 향했다. 택시는 일찍 도착했다. 나와 모하메드는 지중해를 굽어보는 모래로 된 주차장에서 작별을 고했고 건물 주인 에디는 발코니에서 우리를 지켜봤다. 나는 베이루트에 도착한 이후 어느 때보다 더 많이 울었다. 모하메드와 함께 겪었던 모든 일들을 떠올리며 눈물을 흘렸고, 내가 떠나고 난 이후에도 여전히 무너진 도시의 폐허에서 살아가며 모든 것을 감내해야 할 모하메드를 위해 눈물을 흘렸다.

베이루트에서 나를 태운 택시 운전사는 줄곧 남쪽으로 달려 아왈리 강 근처 이스라엘 군의 경계선까지 나를 데려갔다. 그곳에서 나는 가방과 골프채를 들고 택시에서 내려 이스라엘 군의 검문소로 갔다. 그리고 나를 이스라엘과의 접경 도시 로쉬 하니크라(Rosh Hanikra)까지 태워다 줄 레바논 택시로 갈아타기 위해 1.6킬로미터 정도를 걸었다. 남부 레바논을 지나는 동안 검문소에서 택시를 멈춰 세웠던 기독교와 이슬람교 민병대원들은 내 골프채에서 눈을 떼지 못했다. 한쪽 끝에 망치 모양의 머리가 달린 기다란 강철봉은 틀림없이 무기라고 생각하는 듯했다.

골프채는 이스라엘과 레바논의 국경 검문소에서 내게 도움을 주기도 했

다. 그곳을 지키던 젊은 이스라엘 여군들은 골프채를 '알아'보기는 했지만, 홉스의 정글에서 누군가가 윌슨 골프채 세트를 어깨에 메고 왔다는 사실을 믿으려 들지 않았다. 그들은 총알이나 밀수품을 숨긴 것은 아닌지 확인하기 위해 피칭웨지의 헤드를 비틀어서 떼어내 보려고 시도하기도 했다. 그런 다음 그들은 골프가방의 맨 아래쪽에 담겨 있던 골프공을 모두 꺼내 테이블 위에 얹어두려고 했다. 골프공들이 바닥으로 떨어져 세관의 여기저기로 튀어 오르기 시작하는 데는 단 몇 초도 걸리지 않았다. 젊은 여군들과 나는 공을 주워 담으려고 허겁지겁 공을 쫓아다녔다. 골프공이 다시 레바논으로 돌아가기 전에 주워야 했기 때문이다.

소지품을 모두 챙긴 후 나는 예루살렘으로 가기 위해 택시에 올랐다. 이스라엘 농촌의 들판을 지나면서 머릿속은 베이루트에 관한 기억으로 가득한데, 절대로 잊지 못할 도로 표지판이 눈에 들어왔다. 하이파와 텔아비브를 잇는 고속도로 위에 서 있던 히브리어로 쓰인 표지판에는 대충 이런 뜻의 문구가 적혀 있었다. '측면에서 불어오는 바람을 조심하라.'

도로 표지판을 지나치면서 속으로 생각했다. 마치 파리 목숨과도 같이 사람들이 죽어가는 나라를 떠나서 바람을 조심하라고 경고하는 나라에 왔다니! 이제야 제대로 된 국가에 온 것이 아닌가?

그러나 표지판이 말하는 바람이 도대체 어떤 바람을 이야기하는 것인지 내가 알지 못한다는 것을 깨달았다. 표지판은 날씨에 관한 경고를 하는 것이 아니었다. 정치적으로 주의를 환기시키는 문구였다. 이스라엘과 레바논, 그리고 예루살렘과 베이루트는 내가 상상했던 것보다 공통점이 훨씬 많다는 사실을 곧 깨달았다.

이스라엘과 레바논의 공통점은 1960년대 이후 두 나라 모두 가장 기본적인 질문에 답해야만 하는 상황에 직면했다는 사실로부터 나온다. 우리는 어떤 국가를 원하는가? 국가의 경계선, 권력구조, 그리고 기본 가치는 어떠해야 하는가? 내가 지켜본 레바논의 경우는 인구구성과 사회적 변화가 이와 같은 기본적 문제들을 새롭게 다뤄야만 했다. 이스라엘이 근본적인 질문에 답하도록 강제한 것은 전쟁의 성패였다는 점을 나중에 알게 됐다. 그 원인이 무엇이든 레바논과 이스라엘 국민들은 이 같은 기본적인 문제에 관한 내부의 차이를 극복하지 못했고, 두 나라 모두 정치적인 마비상태를 맞았다.

차이점이 있다면 마비상태의 형식이었다. 레바논에서는 다양한 정치 분파가 서로 맞서고 거리에서 노골적으로 전투를 벌임으로써 정부가 마비됐다. 이스라엘에서는 정당들이 서로의 차이를 드러내지 않고 얼버무린 상태에서 현 상태를 유지하기 위한 실용주의적 타협책을 찾았기 때문에 정부가 마비됐다. 레바논의 내각은 그 누구도 대변할 수 없었기 때문에 무기력했다. 이스라엘의 내각은 모두를 대표하려고 했기 때문에 마찬가지로 무기력했다. 레바논에서는 마비상태를 '무정부상태'라고 불렀다. 이스라엘에서는 이를 '민족적 통일성'이라고 부른다. 그러나 결과는 동일했다. 정치적인 교착상태였다.

이스라엘이 무기력증에 빠진 원인을 완전히 이해하기 위해서는 국가의 성립부터 살펴봐야만 한다. 이스라엘의 기반을 마련했던 시온주의 유대인들은 그들이 세우고자 하는 나라에 관해 세 가지 기본 목표를 염두에 두었다고 이스라엘의 정치학자 아르에 나오르(Areyh Naor)는 내게 즐겨 말했다. 유대인의 국가, 민주국가, 그리고 유대민족의 역사적 고향, 즉 이스라엘 땅에 자리 잡은 나라를 세우고자 했다는 것이다. 엄밀하게 따지자면 유대민족의 고향은 지중해로부터 요르단 강에 이르는 팔레스타인 전역, 그리고 오늘날 요르단이 사리 잡은 요르단 강 동쪽의 일부 지역까지 포함하고 있다. 1947년 11월 UN이 이 지역의 약 절반을 유대인 국가를 위해 제공하고 나머지 절반은 팔레스타인의 아랍인들에게 주겠다고 제안하자 시온주의 지도자들은 근본적인 질문에 답해야만 했다. '우리는 어떤 국가를 원하는가?' 당시 팔레스타인 지역의 시온주의 운동의 지도자이자 진정한 정치가였던 다비드 벤구리온은 유대민족 앞에 그들이 취할 수 있는 선택들을 명확하게 제시하고, 자신이 가장 올바르다고 생각하는 선택을 유대민족이 취하도록 지지자를 규합하는 데 주저하지 않았다. 벤구리온이 유대민족에게 보낸 메시지는 본질적으로 이랬다. "현실세계에서 우리는 세 가지 목표 중 두 가지만을 달성할 수 있습니다. 우리에게 유대민족의 국가, 그리고 민주국가를 세울 수 있는 기회가 주어졌습니다. 그러나 이스라엘 땅의 일부분에 불과합니다. 우리는 이스라엘 땅 전부를 위해 저항을 계속 할 수 있습니다. 그러나 그러다가 모든 것을 잃을 수도 있습니다. 만일 우리의 목표를 두고 타협할 수밖에 없는 상황이라면, 이스라엘 땅 전체를 얻는 일은 내버려둡시다. 현재로서는 절반을 얻는 것으로 자리를 잡고 나머지에 대해서는 미래를 꿈꿔봅시다."

이에 따라 1948년과 1967년 사이 시온주의는 원래 목표 중 두 가지, 그리고 절반을 이루고 살아갔으며 번창했다. 이스라엘은 유대인이 압도적 다수를 차지하는 유대 국가였고 민주국가였으며, 전체가 아닌 이스라엘 땅의 일부를 차지했다.

그리고 1967년 6월이 왔다. 6일 전쟁의 과정에서 이스라엘은 요르단 강 서안과 가자지구를 점령했다. 시온주의가 애초에 추구하던 역사적인 이스라엘 땅을 사실상 모두 차지한 것이었다. 이 순간부터 이스라엘 사람들은 다시 한번 역사적으로 중대한 질문에 봉착했다. '우리는 어떤 국가를 건설하려고 하는가?' 또다시 세 가지 목표 중에서 두 가지만 가능했다. 하나의 선택은 요르단 강 서안과 가자지구를 포함하는 이스라엘 땅 전체를 계속 차지하고 여전히 유대인의 국가로 남는 것이었다. 그러나 그럴 경우 이스라엘의 민주주의가 손상될 수밖에 없었다. 이스라엘이 요르단 강 서안과 가자지구에 거주하는 팔레스타인 사람들을 영구적으로 지배하는 유일한 길은 이들을 물리적으로 억압하고 정치적인 권리를 부여하지 않는 것이기 때문이다.

이스라엘이 취할 수 있는 두 번째 선택은 요르단 강 서안과 가자지구를 합병하고 민주주의 국가를 유지하는 것이었다. 그러나 이는 유대인 국가를 포기함으로써만 가능했다. 이스라엘의 점령지역에 거주하게 되는 100만 명이 넘는 팔레스타인 아랍인들과 이스라엘에 거주하는 50만 명의 아랍인들에게 투표권을 부여할 경우 21세기 초반 이들의 숫자가 유대인을 넘어설 것이었다. 현재의 출산율과 이주 경향이 지속된다면 말이다.

이스라엘의 세 번째 선택은 여전히 유대 국가와 민주주의를 유지하는 것이었다. 그러나 이는 둘 중 하나의 조건을 충족시켜야만 가능했다. 하나는 요르단 강 서안과 가자지구의 넓은 지역을 포기하는 것이고, 다른 하나는 21

세기에도 유대인이 다수를 차지하도록 하기 위해 점령지역의 아랍인들을 없애는 것이었다. 그러나 세계는 이스라엘이 팔레스타인 사람들을 강제로 내쫓는 조치를 허용하지 않을 것이기 때문에, 결국 세 번째 선택은 사실상 점령지역의 포기로 좁혀진다.

따라서 6일 전쟁의 일곱 번째 날, 승리의 기쁨에 깃발을 흔들던 이스라엘 사람들은 중대한 문제에 봉착했던 것이다. 그들은 누구인가? 유대민족이 이스라엘 땅 전체를 차지했지만 민주주의는 없는 국가인가? 이스라엘 땅 전체에 세운 민주주의 국가이지만 더 이상 유대 국가가 아닌 나라인가? 아니면 유대인의 국가이며 민주국가이지만 이스라엘 땅 전체에 세우지 못한 나라인가?

세 가지 선택 중에서 하나를 명확하게 취하는 대신 두 주요 정당인 노동당과 리쿠드당은 1967년부터 1987년까지 선택을 회피한 채 시간만 보냈다. 단지 논쟁을 했던 것이 아니라 실질적으로 그랬다. 문서상으로 시간을 허비한 것이 아니라 매일매일의 현실에서 시간만 보냈다. 베이루트에서 오는 길에 보았던 표지판에서 읽은 바와 같이 나는 측면에서 불어오는 강풍을 예상하며 예루살렘에 도착했다. 그러나 내가 발견한 것은 아무런 변화의 바람도 없는 예루살렘이었다.

내가 예루살렘에 도착한 1984년 7월에 마침 이스라엘 총선거가 실시됐다. 나는 이 선거를 생각할 때마다 서프보드에 올라 파도타기를 하는 이스라엘인들이 생각난다. 노동당과 리쿠드당 모두 이스라엘이 당면하고 있던 핵심 문제, 즉 이스라엘의 존립과 관련된 문제에 텔레비전 선거광고의 초점을 맞추지 않았다. 요르단 강 서안과 가자지구를 어떻게 할 것인가라는 문제였다. 각 당은 활짝 웃는 사람들과 펩시콜라를 즐기며 자라났을 세대의 이스라엘인들이 뛰어다니는 모습을 내보냈다. 이들은 광고에 나와 무미건조한 목소리로 리쿠드당이 이끌던 시기 이스라엘의 삶이 얼마나 훌륭했는지, 노동당이 이스라엘을 이끌고 간다면 얼마나 삶이 좋아질지에 대해 말했다. 내가 가장 흥미롭게 봤던 부분은 이스라엘 사람들이 텔아비브 해변에서 와이키키에서나 볼 만한 크기의 파도를 타며 서핑을 즐기는 짧은 영상이었는데 양 당에서 모두 내보냈다. 마치 서핑이 이스라엘에서 가장 인기 있는 스포츠이고, 아직 어느 당을 지지할지 결정하지 않았지만 선거결과를 좌우하게 될 유권자들은 해변에 있고, 그들을 사로잡는 가장 좋은 방법이 서핑이라도 되는 듯한 형국이었다. 서핑 영상은 양당이 의도하지는 않았지만 결국 두 주요 정당의 행태에 관한 좋은 비유라는 사실을 나중에야 깨달았다. 그들은 연이은 사건들을 쫓아가기에만 급급했고 커다란 파도 아래 숨어서 고통스러운 선택을 요리조리 피하고 있었던 것이다.

1984년 선거운동으로 나는 이스라엘의 주요 정치인들을 당연히 인터뷰해야 했다. 첫 번째로 만난 인물은 야당인 노동당의 지도자 시몬 페레스였다. 그를 만난 곳은 텔아비브 해변이 보이는 노동당 사무실이었다. 페레스는 대화가 끝날 때까지 긴장한 듯 담배를 피워댔다. 내가 요르단 강 서안과 가자지구에 관한 그의 입장을 묻자 그는 단어를 매우 조심스럽게 고르기 시작했다. 마치 발끝으로 지뢰밭을 지나가는 사람 같았다. 그와의 인터뷰에서 내가 가장 놀란 부분이었다. 좀 더 구체적으로 언급해달라고 내가 수차례 재촉했지만 페레스는 '영토의 양보(territorial compromise)'라는 말을 입에 담기를 끝내 거부했다. 노동당이 평화와 땅을 교환하려고 한다고 내가 인용하기를 거부했던 것이다. 놀란 우파 유권자들이 노동당으로부터 멀어지는 것을 두려워했기 때문이라고 페레스의 보좌관이 후일 내게 말했다. 요르단 강 서안과 가자지구에 관한 정책에서 노동당이 리쿠드당과 어떤 점에서 차별화된 조치를 취할 것인지 말해달라고 압박하자, 그는 노동당이 '인구가 조밀한 아랍인들의 지역에 대한 이주정책을 중지' 할 것이라고 대답했다. 현 상태를 타개해나갈 유력한 대안으로서는 별다른 설득력이 없어 보였다. 나를 더욱 놀라게 만든 것은 페레스가 요르단 강 서안을 리쿠드당이 즐겨 사용하는 성경 용어인 '유대와 사마리아(Judea and Samaria)'(유대는 팔레스타인 남부에 있었던 고대 로마령을, 사마리아는 고대 팔레스타인의 북부지방을 각각 지칭한다. -역자)라고 불렀다는 점이다. 어떤 이슈에 명칭을 부여하게 되면 그 이슈는 그 명칭이 함축하는 바에 따라 규정되고 만다. 이스라엘의 종교적, 민족적 우파가 사용하는 명칭으로 요르단 강 서안을 지칭하는 일은 대다수의 이스라엘 사람들에게 이 지역을 포기하도록 설득하려는 정치인이 택할 용어는 전혀 아닐 것 같았다.

몇 주 후 나는 리쿠드당 총리 이츠하크 샤미르를 인터뷰했다. 기억할 만한 가치가 있는 그의 언급은 거의 없었다. 그러나 1967년 UN 안보리 결의안 242호를 여전히 고수하느냐는 질문에 대한 그의 답변은 결코 잊을 수가 없을 것이다. 그 결의안은 이스라엘이 1967년 전쟁 이전 지역으로 철수할 것과 그 대신 아랍세계는 이스라엘이 '안전하고 인정된 경계' 안에서 살아갈 권리를 암묵적으로 인정하라고 요구했다. 샤미르가 내게 말했다. "우리는 더 이상 그 처방을 받아들이지 않습니다." 이스라엘은 요르단 강 서안 전역에서 유대인 정착촌 건설을 '일체의 중단 없이' 계속 해나가야만 한다고 그는 말했다.

나는 속으로 생각했다. 이스라엘이 그렇게까지 우경화되었는지 이전에는 깨닫지 못했다. PLO가 결의안 242호를 받아들인다고 아라파트가 말하도록 하려는 기자들의 지루한 게임이 수년간 이어진 베이루트에서 예루살렘에 도착해보니 이스라엘 수상도 다른 이유에서이지만 이를 받아들이지 않는다고 했다.

1984년 총선거는 노동당과 리쿠드당의 무승부라는 적당한 결과로 끝났고, 따라서 이들은 거국연립내각(national unity government)을 구성해야만 했다. 몇 달 후 이스라엘의 저명한 자선가 기타 셔오버(Gita Sherover)의 우아한 예루살렘 집에서 저녁식사 파티에 참가했다. 토요일 저녁이었는데 그곳에는 노동당 소속 국방장관 이츠하크 라빈이 있었다. 파티 중간에 전화벨이 울리더니 하녀가 와서는 라빈 씨에게 긴급한 전화가 왔다고 말했다. 그는 방을 나갔다가 몇 분 후 돌아와 조용히 자리에 앉았다. 기타가 참지 못하고 무슨 전화였냐고 라빈에게 물었다.

라빈이 리쿠드당 소속 전임 국방장관 에제르 와이즈만(Ezer Weizman)을 투덜거리듯 언급하면서 말했다. "와이즈만에게서 온 전화였어요. 콰와스메의 가족들이 파드 콰와스메(Fahd Qawasmeh)의 시신을 헤브론(Hebron)에 들여와 묻고 싶다고 한답니다. 그를 추방했던 것에 대해 와이즈만이 죄책감을 느끼고 있어요."

파드 콰와스메는 요르단 강 서안의 도시 헤브론의 전임 시장이었다. 유대인 정착민이 살해당한 사건이 발생한 후 1980년 5월 와이즈만은 그를 추방했다. 1984년 12월 콰와스메는 암만에서 암살당했다. 사람들은 시리아 비밀요원의 짓이라고 믿었다. 그가 암살 대상이 된 이유는 팔레스타인과 이스라엘의 협상에 대한 그의 중도적인 접근 때문임이 분명했다. 그가 살해된 다음날 콰와스메의 가족은 와이즈만에게 부탁했다. 라빈에게 부탁해 최소한 그를 고향에 묻게 해달라는 요청이었다.

"그래서 와이즈만에게 뭐라고 했어요?" 기타가 라빈에게 물었다.

"안 된다고 했죠. 저는 시위가 다시 벌어지는 것을 원치 않거든요." 라빈이 손사래를 치며 말했다.

라빈이 대답하자 잠시 테이블에는 불편한 침묵이 흘렀다. 라빈의 목소리가 냉정했기 때문이다. 라빈에게 사망한 사람에 대한 동정이 전혀 없었다는 점에 놀란 손님이 나만은 아니었다. 그의 가족은 단지 콰와스메를 조상 대대로 살아온 땅에 안장하기를 원했을 뿐이었다. 어떤 유대인이라도, 그리고 노동당의 누구라도 분명 이해해줄 만한 것이었다.

테이블에 앉은 사람들의 마음을 읽은 기타가 그녀의 수프에 잠길 듯한 부드러운 목소리로 정적을 깼다. "이곳에 그를 묻게 해준다고 한들 뭐가 그리 안 좋아지겠어요?"

이와 같은 일들을 겪으면서 나는 스스로에게 반문하기 시작했다. 노동당과 리쿠드당의 차이가 도대체 무엇인가? 라빈과 샤미르, 샤미르와 페레스, 아니면 페레스와 라빈의 차이는 도대체 무엇이란 말인가? 그들 모두 요르단 강 서안을 '유대와 사마리아'라고 불렀다. 그들 모두 이스라엘의 군사점령이 폭력적이지 않다고 믿었다. '역사상 가장 문명화된' 점령이라고 믿었다. 그들 모두 내부의 이데올로기적인 차이를 제쳐두고 언제까지라도 현 상태를 유지해야 한다고 생각했다.

왜 그런가?

요르단 강 서안과 가자지구의 처리문제를 둘러싼 질문에 이스라엘의 지도자들이 답하기를 꺼리는 경향은 어쩌면 수년간 인근 아랍 국가들이 이스라엘이 답변하도록 만들 수도 있는 명확한 태도를 취하지 않았기 때문일 수도 있다. 아랍세계는 이스라엘이 점령지역에서 철수하더라도 여전히 자국의 안전을 유지할 수 있을 것이라는 느낌을 갖도록 해준 일이 결코 없다. 따라서 이스라엘 사람들은 어떤 대가를 치르더라도 점령지에 주둔하려고 했다. 아랍세계는 이스라엘이 현 상태를 대체할 수 있는 대안을 만들 수 있도록 격려했던 적이 없다. 전쟁이 끝나고 3개월 후인 1967년 8월과 9월 아랍 국가들은 수단의 하르툼(Khartoum)에서 정상회담을 개최했다. 이 자리에서 그들은 이스라엘을 인정하지 않기로, 이스라엘과는 협상하지 않기로, 그리고 이스라엘과 평화를 유지하지 않기로 결의했다. PLO가 이후 수년간 고수할 정책이었다.

오직 이집트가 이와 같은 접근법에서 1978년 과감히 이탈했다. 이집트는 이스라엘이 회피할 수 없는 제안을 제시했다. '완전한 평화를 대가로 점령 중인 시나이 사막 전역에서 철수할 용의가 있는가?' 이 같은 방식으로 질문을 제기하자 이스라엘은 긍정적인 답을 내놨다. 그러나 최근까지 이는 예외적인 상황일 뿐이다.

1987년 겨울 이슬비가 내리던 어느 날 오후 나는 쇼핑을 위해 예루살렘 시내로 나갔다. 코트의 두건을 단단히 여미고 사무실로 돌아오는데 20명 정도 되는 사람들이 시온광장에 둥그렇게 모여 있는 것이 보였다. 둘러서 있는 사람들 안쪽에 두 명의 이스라엘 청년이 있었는데 그중 한 사람이 영어로 적은 피켓을 들고 있었다. '군사점령을 중단하라. 이스라엘은 야만행위를 중단하라.' 라는 문구였다. 두 청년은 그들을 둘러싸고 있던 사람들과 입씨름 중이었다. 내리는 비에 모인 모두 젖었지만 아무도 개의치 않는 것 같았다. 사람들은 정말로 분노했다. 다소 과격한 주장에 이르러서는 목의 핏줄이 곤두서고 침이 튀었다. 나는 언쟁의 부분 부분만을 알아들을 수 있었지만 많이 들어본 이야기들이었다. "아랍인들은 우리를 죽이려고 한다." "당신은 너무 순진하다." "파시스트." 모여든 많지 않은 숫자의 사람들은 길가에서 논쟁을 하고 있었지만, 지나가는 많은 이스라엘 사람들과 아랍인들조차 언쟁에 끼어들기는커녕 주의도 기울이지 않았다. 그 자리를 떠나오면서 나는 방금 본 장면에는 무언가 상징적인 점이 있다고 스스로 생각했다. 이스라엘 사람들끼리 비를 맞으며 하는 언쟁은 1988년 이전 이스라엘과 팔레스타인 사이의 대화라는 큰 이미지를 상기시키는 무언가가 있었다.

그 장면은 점령지역을 어떻게 처리할 것인가라는 질문을 둘러싸고 이스라엘 정치가 교착상태에 빠졌다는 점을 어느 정도 설명해주기는 했지만 그게 전부는 아니었다. 1967년 6월 아랍세계가 협상 테이블로 나와 평화와 점령지를 맞바꾸는 대화에 임하기를 이스라엘 사람들이 기대하고 희망했던 것은 사실이지만, 요르단 강 서안과 가자지구를 조속히 되돌려줘야만 한다고 생각한 이스라엘 사람이 거의 없었다는 점 역시 진실이다. 이스라엘은 자신의 행동양식에서 탈피해 팔레스타인 사람들이나 PLO가 진지한 질문을 내놓도록 애쓰지는 않았다.

그 이유는 오늘날 리쿠드당 우파 세력의 중추를 형성한 노동당과 헤루트당(Herut Party)이 모두 점령지역을 지극히 사랑했기 때문이다. 결국 예루살렘의 옛 성, 예리코(Jericho), 헤브론, 나블루스(Nablus), 그리고 요르단 강 서안의 모든 마을들은 성서에 나오는 극적인 사건들이 펼쳐진 무대였고 오랜 역사 속에서 유대인의 의식에 자리 잡은 핵심 지역이었다. 해변에 위치한 텔아비브나 하이파가 아니었다. 건국의 아버지인 시온주의자들이 되찾고자 했던 핵심적인 이스라엘의 땅이었고, 이들 도시를 언급하는 것만으로도 이스라엘 사람들은 영혼 깊숙한 곳에서 무언가가 움직이는 느낌을 받았다. 리쿠드당원이나 노동당원 모두 마찬가지였다. 실제로 노동당은 이스라엘 땅 전체에 대해 정신적인 유대를 느꼈다. 더하지는 않았더라도 우익 반대파만큼이나 크게 유대감이 컸다. 노동당의 시온주의 강령의 핵심이 바로 이스라엘 땅 전역을 되찾고 전 지역에서 정착하려는 태도였다. 미국에 거주하는 유대인들 대부분은 이해할 수 없었던 부분이었다.

벤구리온과 베긴의 차이는 목적이 아니라 전술이었다. 노동당의 청년당원들이 성서를 지도삼아 이스라엘 땅을 자전거로 돌아보는 일은 시온주의가 태동한 이래 주례 행사였다. 벤구리온이 1937년 처음 분할이라는 아이디어를 받아들였을 때 그는 깊은 유감을 표했다. 1937년 8월 7일 취리히에서 개최된 제20차 시온주의 의회(Zionist Congress)에서 행한 연설에서 벤구리온은 이렇게 밝혔다. "시온주의를 실현하려는 관점에서 나는 유대 국가를 즉시 세우는 것이 낫다고 생각합니다. (요르단 강 서편 팔레스타인 지역) 이스라엘 땅 중에서 오직 서쪽 부분에서만이라도 말입니다. 이스라엘의 서쪽 땅 전체 …… 영국령 팔레스타인을 계속 주장하는 것보다 부분적인 이스라엘 땅에서의 즉시 건국을 선호합니다. 그러나 왜 이런 선택을 해야만 하는지를 해명하기 전에 먼저 원칙에 대해 언급해야겠습니다. 만일 우리에게 주어진 선택이 이스라엘 땅 전체에 대한 역사적 권리를 포기하는 대신 이스라엘의 서쪽에 유대 국가를 세우는 것이었다면, 저는 국가건설을 뒤로 미뤘을 것입니다. 이스라엘 영토 전체에 대한 유대민족의 권리를 포기할 수 있는 자격을 가진 유대인은 한 명도 없습니다. 어떤 유대인에게도 이를 포기할 수 있는 권한은 없습니다. 오늘날 생존하고 있는 유대민족 전체라고 하더라도 이스라엘 땅의 어떤 부분을 포기할 권리가 없습니다."

모셰 다얀(Moshe Dayan)이나 이츠하크 라빈, 모르데하이 구르(Mordechai Gur), 우지 나르키스(Uzi Narkiss), 다비드 엘라자르(David Elazar) 등 벤구리온의 정치적 후계자이자 1967년 전쟁을 직접 수행했던 노동당의 장군들에게 예루살렘과 요르단 강 서안으로의 진출이 마치 전혀 알지 못하는 여인을 만나는 것과 같이 낯설지 않았던 까닭이기도 했다. 그 반대였다. 서로의 품에 안기는 순간 마음속 깊이 억눌렸던 수많은 열정이 되살아나는 옛 애인과의 재결합 같았다. 1967년 전쟁 직후 이스라엘 사람들의 분위기는 후세인 왕과의 협상과 관련된 노동당 국방장관 모셰 다얀의 언급에 잘 드러나 있다. "후세인 왕이 대화를 원한다면, '그는 내 전화번호를 알고 있습니다.' 대화를 원치 않는다면, 이스라엘은 기꺼이 현 상태를 유지할 것입니다."

시몬 페레스와 이갈 알론(Yigal Allon) 등 장관들의 도움으로 요르단 강 서안의 유대인 정착촌을 기초한 레비 에슈콜(Levi Eshkol), 골다 메이어(Golda Meir), 이츠하크 라빈 등 1967년에서 1977년의 총리들은 노동당이었다. 리쿠드당이 아니었다. 최초 노동당 지도자들은 안보를 이유로 정착촌의 필요성을 주장했다. 요르단 강 계곡과 예루살렘 주변과 같은 곳이었다. 그러나 노동당이 전쟁 직후 예루살렘의 옛 성과 성전 산(Temple Mount)을 병합함으로써 성서 속의 과거와 현대 이스라엘의 융합에 일단 동의하자, 이는 요르단 강 서안 곳곳에 성서에 의거해 정착촌이 들어서는 결과를 가져왔다. 유대인 정착촌이 우후죽순으로 곳곳에 들어서는 일은 단지 시간문제일 뿐이었다.

유월절 이브였던 1968년 4월 4일 랍비 모셰 레빈저(Moshe Levinger)와 엘리에제르 왈드만(Eliezer Waldman)이 이끄는 정통 유대교 가족들이 자녀들을 데리고 헤브론으로 갔다. 그들은 파크 호텔(Park Hotel)이라는 아랍인 소유의 작은 호텔을 휴일 동안 빌렸다. 이스라엘 관리들에게는 유월절을 포함한 한 주 동안만 호텔에 머물 것이지만 좀 더 머물 가능성이 있다고 말했다. 호텔을 넘겨받은 방문객들은 유대 율법에 맞는 음식을 만들었다. 휴가가 끝나자 이들은 이스라엘 민족의 조상 아브라함과 이삭, 그리고 야곱이 묻혔으며 아브라함이 400셰켈의 은으로 팔레스타인(가나안)에 최초의 땅을 사들였던 그 마을에서 누구도 자신들을 쫓아내지 못할 것이라고 단언했다. 후일 랍비 왈드만은 이렇게 말했다. "애초에 우리는 좀 더 머물 가능성이 있다고 생각했었습니다만 이곳에서 영원히 머물기로 마음먹었습니다."

이들 유대인 정착민들에게 가장 먼저 달려가 지지를 표명한 이스라엘 관리 중 하나가 바로 키부츠 회원이었던 노동당 총리 이갈 알론이었다. 그는 이렇게 말했다. "폭력적으로 추방당하기 전까지 헤브론에는 언제나 유대인이 살았습니다. 이곳은 유대민족의 요람이지요. …… 민족의 조상이 살던 도시에 유대인의 거주를 금지한다는 것은 생각할 수 없는 일입니다."

결국 노동당이 이끌던 정부는 엇갈린 감정을 가진 채 정착민들에게 굴복하고 이들을 헤브론의 군사기지에 머물게 하고 훗날 키르야트 아르바(Kiryat Arba)라고 불리는 유대인 정착촌을 건설하도록 허용했다. 내가 랍비 왈드만에게 물었다. 그와 동료들이 어떻게 노동당이 이끌던 정부를 그들의 입장에 쉽사리 동조하도록 만들었냐는 질문이었다. 그의 답변은 단 두 단어였다. "유대민족의 뿌리."

키르야트 아르바에 있는 자신의 아파트에 앉아 왈드만이 설명했다. "우리는 유대민족의 뿌리를 찾아서 왔습니다. 모셰 다얀과 이갈 알론은 누가 우리의 후원자가 될 것인가를 두고 서로 경쟁했죠. 헤브론으로 오기 전에 우리는 (노동당 총리인) 에슈콜과 접촉했습니다. 안 된다거나 가지 말라는 말을 그가 한 적이 없습니다. 그는 기다리라는 말만 반복했습니다. 그런데 어느 날 이갈 알론이 결국 우리에게 말했습니다. '사건을 만들어내지 않는다면 아무것도 이루어지지 않을 겁니다. 정부의 승인을 기다리지 마세요. 그냥 가서 행동하세요.' 알론은 각료회의가 열릴 때마다 우리에게 연락을 취해서 상황을 전해줬습니다. 한 가지 더 알려드리죠. 알론이 (요르단 강 서안의 절반을 아랍에게 되돌려주는) 알론 플랜을 발표했을 때 우리는 경악했고 상처받았습니다. 우리가 그를 찾아갔습니다. 그랬더니 이갈 알론이 우리에게 말했습니다. '유대인은 영리해야만 합니다. 내 제안을 받아들일 아랍인이란 없습니다.' 알론이 말한 건 그게 전부였어요. 이갈 알론은 그런 인물입니다."

알론과 노동당이 유대 정착민들의 강렬하고도 이데올로기적인 헌신에 휩쓸린 측면이 있는 것은 사실이다. 지친 노동당 지도자들에게 정착민들은 열정적으로 무언가를 진실하게 믿고 모닥불 주위에서 춤을 추던 자기들의 젊은 시절을 연상시켰을 법하다. 내가 중동에서 배운 것이 한 가지 있다면, 유대인이든 이슬람교도든 이른바 극단주의자 혹은 열성파라는 사람들이 우리가 생각하는 것만큼 극단적이지는 않다는 점이다. 사람들이 그들을 용인하고 나아가 그들이 성공할 수 있는 이유는 사람들이 광범하게 공유하는 감정과 갈망을 기반으로 이들이 행동하기 때문이다. 이스라엘 정치학자 에후드 스프린자크(Ehud Sprinzak)가 적절하게 지적했듯이 이른바 극단주의자들이란 각 사회에 깊게 근본적으로 뿌리박고 있는 빙산의 일각에 지나지 않는 일이 많다.

요르단 강 서안의 유대 정착민들 역시 예외가 아니었다. 1967년 이후 이스라엘이 점차 현대적이고 물질적이며 박력이 부족하고 미국화되어가자, 다수의 이스라엘인들은 소총을 들고 철조망을 넘어 요르단 강 서안의 거친 산악 지역에 올라 멀리 보이는 아랍인들 무리를 감시하는 그런 사람들을 마음속에서 자신과 동일시하게 됐다. 점차 부르주아지가 되어가기는 하지만 다시 한 번 개척자가 되고자 하는 이스라엘 사람들의 억제된 갈망을 정착민들이 대신 실현했다. 노동당 지도자들은 정착민들의 강렬한 행동에 휩쓸렸고, 스스로도 이들의 주장에 맞설 만큼 강력한 이데올로기를 사실상 가지지 못했기 때문에 정착민들을 막을 수도 없었고 장기적인 결과를 조사할 수도 없었다. 나아가 많은 정착민들의 열정이 사실은 정부의 보조를 받고 있다는 사실을 인지하지도 못했다. 텐트와 이동주택에서 살아가기는 하지만 수영장과 도로건설, 군대의 보호, 세금감면, 목장 스타일의 교외 주택 등을 정부에 요구하고 관철시켰다.

이후 수십 년간 헤브론에서 벌어진 상황이 요르단 강 서안의 모든 지역에서 반복됐다. 유대 정착민들은 행동으로 실제 상황을 만들어냈고 정부는 내키지 않는다는 듯이 이들을 지원했다. 일부 노동당 총리들은 공개적으로 정착민들을 지지하기까지 했다. 정부와 정착민들 사이에는 일종의 모호한 타협이 이루어진 듯한 모습이 있었다. 정부는 정착민들이 새로운 지역에 머무는 행위를 눈감아주고, 새로운 정착민들은 또 다른 실제 상황을 창조하기 위해 다른 곳을 향했던 것이다.

요르단 강 서안과 가자지구를 점령함으로써 이스라엘이 봉착하게 된 딜레마에 노동당 지도자들이 정면으로 맞서지 않도록 만든 것은 과거에 대한 기억만은 아니었다. 그들은 스스로가 가진 권력에 취해 있기도 했다. 세심한 계획 아래 벽돌을 한 장씩 올리고 땅을 조금씩 넓혀가는 식으로 해야만 새로운 현실을 창조할 수 있다는 철학과 실용적인 시각이야말로 노동당 시온주의의 오래된 강점이었다. 유대인들이 국가를 세우고 6일 전쟁에서 3개국의 아랍 군대를 무찌를 수 있었던 것은 냉혹하게 개미탑을 쌓아가는 방식으로 정치와 군사계획에 접근했기 때문이다.

그러나 이스라엘 철학자 다비드 하르트만(David Hartman)이 주장했듯이, 노동당은 이 같은 실용적 접근 덕분에 1967년 전쟁에서 승리했지만 이를 망각함으로써 전쟁의 해석에 실패했다. 전쟁을 시작하기 전 많은 이스라엘 사람들은 또 다른 홀로코스트가 될 것이라고 생각했고 실제로 미리 무덤을 파기도 했다. 이스라엘의 승리는 압도적이었고 이전의 분위기와 전혀 달랐다. 이스라엘 사람들은 스스로 해낸 전쟁의 승리를 믿을 수가 없었다. 하르트만에 따르면 그 결과는 이랬다. "이스라엘 사람들이 이야기를 하기 시작했습니다. 대체로 이런 내용이었습니다. '시나이 사막 한가운데서 5,000명의 이집트 병사들과 맞서고 있었어요. 우리는 탱크 한 대와 단 6명의 병사였죠. 공중으로 몇 차례 대포를 발사했고 기도를 올리고 함성을 질렀어요. 갑자기 기적이라도 일어난 듯 이집트 병사들이 달아나기 시작했어요.' 정예병사와 수년에 걸친 면밀한 준비, 그리고 수없이 연습한 폭격 등에 관해서는 아무도 이야기하지 않았습니다. 사람들은 아우슈비츠가 그들을 기다린다고 생각했습니다. 그런 일이 일어나지 않은 것은 오직 기적이라고 사람들은 생각했던 겁니다."

당시 이스라엘의 외무장관이었던 아바 에반(Abba Eban)에 따르면 취약함으로부터 전능함으로의 갑작스런 변화는 '도취상태'를 만들었다. 1967년의 승리에 대해 그가 설명했다. "그것은 막대한 정치적 이득을 가져온 군사적 구원이었지만 …… 심리적으로는 완벽한 실패였습니다. 왜냐하면 이스라엘의 승리가 신의 섭리이자 구세주의 힘으로 해석되었기 때문입니다. 일단 구세주가 이룬 업적이 되는 순간 정부와 의회는 더 이상 주권을 가진 존재가 아니었습니다. …… 비록 전쟁에서 패하긴 했지만 아랍 정권들이 여전히 건재하다는 사실을 놓쳤습니다. 우리의 승리는 최종적인 것이 아니었습니다. 그러나 우리의 어법은 이제 단호해졌습니다. '우리는 그렇게 될 것이고, 우리가 그렇게 할 것이고, 우리가 그렇게 요구한다.'"

당의 지도자들과 장군들, 특히 라빈과 다얀, 알론 등 한때 엄격한 개척자들이 세계적으로 유명한 인물들이 됐다. 이들은 미국과 유럽의 최고 명사들의 모임에서 함께 축배를 들었다. 키부츠에서 일하던 소년이 갑자기 리무진을 타게 된 것이다. 세상 사람들은 다얀의 안대에 푹 빠졌다. 당시의 도취상태에 빠져 노동당은 현실감각을 잃었다. 민족이 어디로 가고 있는지에 대한 비전을 제시하지 못했다. 어떻게 그곳에 도달할 수 있는지에 대한 현실적인 지침은 당연히 없었다. 무엇을 할 것인지를 알고자 할 때 그들은 여론조사를 했다. 대다수의 이스라엘 사람들이 새로 얻은 땅을 지극히 사랑한다고 여론조사 결과는 말했다. 깊이 생각해본다면 누구도 통치하지 않는 상황이었다. 이스라엘의 위대함에 도취된 분위기는 너무도 광범하게 퍼져 1967년 전쟁 당시 참모총장이었던 라빈은 이스라엘의 총리 골다 메이어가 '다비드 왕이나 솔로몬 왕보다 더 나은 국경을 가지고 있다'고 1973년 8월 선언했다.

이 같은 도취감은 라빈이 자신만만하게 선언한 지 단 두 달 후 현실에 맞닥뜨리면서 끝났다. 1973년 10월 욤키푸르 휴일 이집트와 시리아가 동시에 이스라엘을 공격했다. 수에즈운하에서 이스라엘의 방어선은 단 90분 만에 이집트의 수중으로 넘어갔다. 이스라엘 병사들은 기습을 전혀 눈치 채지 못했다. 사실상 하루아침에 이스라엘 사회는 광적인 황홀감에서 깊은 낙담으로 빠져들었다. 4년 후 노동당은 건국 이래 최초로 정권을 놓칠 운명이었다. 이미 여러 차례 재정적인 스캔들로 오명을 뒤집어쓴 노동당은 당시 총리였던 이츠하크의 아내 레아 라빈(Leah Rabin)이 워싱턴에 은행계좌를 불법으로 가지고 있었음이 드러나자 결국 무너지고 말았다. 당연한 결과였다.

메나헴 베긴의 리쿠드당이 노동당을 대체했다. 1973년 전쟁에서 잃은 이스라엘의 1967년의 위풍당당함과 영광을 회복하겠다고 사실상 약속함으로써 리쿠드당은 정권을 잡았다. 베긴과 리쿠드당 역시 기적이라는 이야기를 사랑했다. 그런데 1973년의 패배 이후 이데올로기적인 교착상태에서 출발했던 구시 에무님(Gush Emunim, 충실한 신도연합)이라는 메시아적 유대 정착민 운동에 힘입어 이들은 기적을 약간 다른 시각에서 해석했다.

구시 에무님은 1967년의 승리가 두 개로 나뉜 이스라엘 땅을 다시 합치기 위해 신이 행한 일이 틀림없다고 설명했다. 이스라엘의 재통일은 유대민족의 구원, 나아가 궁극적으로는 인류의 구원으로 나아가기 위한 첫 단계라고 구시 랍비들은 주장했다. 따라서 이스라엘 땅을 포기하는 일은 신의 명령을 거역하는 일이자 구원의 대변혁에 등을 돌리는 행위였다.

리쿠드당은 구시 에무님의 철학에서 두 가지 측면에 매력을 느꼈다. 첫 번째는 전부가 아니면 아무것도 아니라는 관점이었다. 전체를 손에 넣지 않는다면 아무것도 가진 것이 아니라는 생각이었다. 만일 유대인이 요르단 강 서안을 포함한 이스라엘 땅 전체를 차지할 수 없다면 조국에 완전히 돌아온 것이 아니라고 리쿠드 민족주의자들은 생각했다. 유대인이 이스라엘 땅 전체를 차지하지 않는다면 구원이란 없다고 구시 에무님의 메시아주의자들은 주장했다. 두 입장 모두 단 한 뼘의 영토에 관한 타협도 허용하지 않았다. 그러나 또 하나의 주요한 측면이 있었는데, 구시 이데올로기가 리쿠드당에 역사에 관한 새로운 해석을 제공했다는 점이다. 이스라엘 땅 전체를 차지할 수 있다는 믿음을 준 해석이었다. 1967년의 승리가 신의 작품이라고 주장하는 기적에 관한 구시의 해석은 이스라엘 정치를 좀 더 구원의 영역으로 끌고 갔다. 현실에 대한 인식이 아니라 믿음이 위력을 발휘하는 영역이었다. 이스라엘 사람들이 유대민족이 조국으로 돌아가는 구원의 임무를 믿는 한 그들은 자신이 원하는 무엇이든 취할 수 있었다. 그리고 유대민족이 아닌 누군가가 원하는 바를 무시할 수 있었다. 요르단 강 서안에 정착촌을 만드는 일이 구원을 위한 과정의 일부가 되자 이를 지속하는 데 합리적인 논리가 설 자리는 더 이상 없었다. 일군의 히브리대학 교수들이 점령지역에 170만 명의 아랍인들이 살고 있으며 이들의 숫자가 점차 늘어나고 있는 현실에 어떻게 대처할 것인지를 따지자 베긴은 이렇게 간단히 답변했다. "당신들을 이해할 수 없습니다. 1920년대 초반 우리가 단 10만 명에 불과했을 당시 아랍인들은 100만 명이었습니다. 우리는 당시에도 희망을 버리지 않았습니다. 우리가 1 대 10으로 불리했을 때조차 희망을 버리지 않았는데, 우리가 다수를 점하는 오늘날 왜 포기해야 합니까?"

날리 말하면 왜 결과를 걱정하느냐는 대답이었다. 우리의 대의가 객관적 현실을 극복한 역사적 경험을 가지고 있다면, 우리가 믿음을 잃지 않는 한 언제라도 또 현실을 극복할 수 있을 것이라는 주장이었다. 신화에 대한 믿음이 조금이라도 흔들리거나 아무리 적은 것이라 할지라도 현실과 타협하는 순간 모든 것을 잃게 된다는 논리였다. 이 같은 철학은 우파 극단주의자들 사이에 너무나 깊이 뿌리를 내리고 있어서, 어느 순간부터는 현실에 기반을 두지 않은 것으로 보이는 정책일지라도 사실상 모두 정당화할 수 있는 어처구니없는 지경으로 나아갔다. 1984년 유대 정착촌의 지도자가 이스라엘은 레바논으로부터 절대로 철수해서는 안 된다고 내게 말했다. 그 비용이 얼마가 들든, 그리고 아무리 쓸모없이 보인다고 할지라도, 군대가 점령지역을 지켜낼 수 있을 거라는 믿음을 잃는다면 이는 결국 요르단 강 서안을 포기하게 되는 데까지 이르게 된다는 것이었다. 1987년 이스라엘이 수십억 달러에 이르는 라비(Lavi) 전투기 제작 사업을 밀고 나가야 한다고 주장한 이들도 같은 사람들이었다. 전투기 사업을 지속하면 국가가 도산할 것이 명확해진 후였지만 이들은 그렇게 주장했다. 불가능한 일을 할 수 있다는 믿음을 잃는 순간 이스라엘인들은 가능한 것을 수행할 힘도 잃게 될 것이란 논리였다.

매년 할로윈과 유사한 퓨림절(Purim Holiday)에 국영 이스라엘의 소리(Voice of Israel) 라디오 방송은 청취자들에게 재미를 선사하기 위한 가짜 뉴스를 내보낸다. 1988년 퓨림절 이스라엘의 소리 방송은 뉴스 첫머리에 이스라엘에서 가장 인기 있는 농구팀 마카비 텔아비브(Maccabi Tel Aviv)가 미국의 유대인 거부에게 매각됐으며, 팀을 매입한 새로운 구단주는 선수들을 모두 뉴욕으로 이주하게 하고 팀의 이름 역시 브루클린 사브라스(Brooklyn Sabras)로 개명할 예정이라고 전했다. 그 보도는 너무도 진짜처럼 보였다. 미국으로 옮겨가게 돼서 얼마나 기쁜지 모르겠다고 말하는 선수들과의 인터뷰까지 포함됐다. 그러자 이스라엘 정치인 여러 명이 팀을 이스라엘에 계속 머물 수 있도록 할 만한 조치를 요구하기 시작했다. 그중에서 내가 가장 흥미롭게 여겼던 정치인의 반응은 극단적 민족주의를 표방하는 테히야당(Tehiya Party)의 유발 니만(Yuval Neeman)의 말이었다. 사람들이 모두 라디오 뉴스에 속고 있다는 사실을 눈치 채지 못했던 그는 전국에 방송된 인터뷰에서 이렇게 선언했다. "만일 우리가 오늘 마카비 텔아비브를 잃는다면, 우리는 내일 유대와 사마리아를 잃게 될 것이다."

노동당이 집권하는 동안에는 유대 정착촌 건설운동이 인구가 밀집하지 않은 요르단 강 계곡이나 강한 이데올로기를 가진 정착민들이 '억지로' 선택한 고립된 지역에 제한됐다. 그러나 노동당이 베긴의 리쿠드당에 의해 실각하자, 베긴이 할 일이라곤 요르단 강 서안에 시온주의의 정신을 불어넣는 노동당의 전례를 유지하고 나아가 이를 확대하는 논리적 귀결로 나아가는 것뿐이었다. 오늘날 동예루살렘에는 14만 명 이상의 이스라엘 유대인들이 거주하고, 요르단 강 서안과 가자지구에는 130개의 유대인 도시 및 정착촌이 존재한다. 이 중 4분의 3은 1977년 이후 건설됐다. 리쿠드당과 극우파 연합은 노동당의 논리를 확장시켰을 뿐만 아니라 개척자로서의 상징성 역시 노동당으로부터 빼앗았다. 1984년 선거에서 유대 정착촌의 확대를 강력하게 주장하던 테히야당은 작고한 야코브 샤브타이(Yakov Shabtai)의 사진을 선거운동 포스터로 사용했다. 마치 태평양전쟁 중 미 해병대가 일본의 화산섬 이오지마에서 그랬듯 야코브 사브타이가 이스라엘 국기를 게양하는 모습이었다. 이 사진은 1949년 샤브타이가 노동당의 청년캠프에 참가하던 시절 촬영된 것으로 젊은 개척자의 상징이 됐다. 재능 있는 문필가였던 샤브타이는 후일 열렬한 이스라엘 평화운동가가 됐다. 그 의지가 너무도 강렬했던 나머지 그는 요르단 강 서안에 발을 딛는 것조차 거부했다. 그러나 그의 사진은 민족의 자부심과 정착촌에 대한 청년의 열정을 잘 요약하고 있었기 때문에 테히야당은 그 사진을 사용했다. 샤브타이의 아내는 변호사를 통해 소송을 제기하겠다고 으름장을 놓음으로써 테히야가 그녀의 남편을 그들의 상징으로 삼는 일을 그만두게 만들 수 있었다.

베긴이 강경노선을 견지했지만, 사실 그 역시 노동당 지도자들과 마찬가지로 좀 더 실용적인 접근을 위해 스스로의 이데올로기를 일정 부분 포기할 수밖에 없었다. 베긴의 민족주의 이데올로기는 요르단 강 서안의 합병을 요구했지만, 1977년 권좌에 오른 이후 그는 자신의 프로그램을 수행할 수 없다는 점을 알았다. 미국과 국내의 압력, 그리고 지역 내에서의 제약 때문이었다. 더욱 중요한 요인은 이집트와 평화협정을 체결할 필요성이었다. 베긴은 1978년 캠프데이비드 협정에 동의해야만 했는데, 여기서 이스라엘은 '팔레스타인 민족의 정당한 권리'를 인정하고 팔레스타인 사람들이 요르단 강 서안과 가자지구에 과도기적인 자치정부를 수립하도록 허용할 것이며 이 지역의 최종적 지위는 협상으로 해결하도록 하는 데 동의해야만 했다.

요르단 강 서안을 합병하지 못했지만 캠프데이비드에서 약속했던 진정한 자치권을 팔레스타인 사람들에게 허용할 생각 역시 없었던 베긴은 기존의 노동당이 펼쳤던 실용적이고 편리한 접근법을 취했다. 요르단 강 서안의 지위를 공식적으로 미해결로 방치한 채, 지역에 전혀 새로운 현실을 만들어나가는 것이었다. 이스라엘로 통하는 도로를 더 많이 건설하고, 더 많은 토지를 수용하며, 유대인 정착촌의 숫자를 늘려나갔다. 노동당과 리쿠드당 모두 이와 같은 실용적인 정책이 점령으로부터 제기되는 실체적이고도 윤리적인 문제를 회피하는 편리한 방편이라고 여겼다. 노동당 관리들은 요르단 강 서안의 '법률상' 지위를 지적하며 모든 가능성이 열려 있다고 스스로에게 말하면서도 동시에 현 상태를 즐겼다. 요르단 강 서안의 시장에서 주말마다 즐길 수 있는 저렴한 쇼핑, 텔아비브와 예루살렘에서 가까운 요르단 강 서안 지역이 새로운 교외가 됨으로써 제공되는 값싼 주택, 영토가 넓어짐으로써 누릴 수 있는 안보상의 이점, 그리고 모세의 후계자 여호수아(Joshua)가 밟고 지나갔던 언덕을 걸으며 느끼는 심리적인 행복감 등이었다. 반면 리쿠드당 관리들은 점령지역의 '사실상' 상태를 지적하며 가능성이 모두 사라졌다고 스스로에게 말하면서 점령지역은 실질적으로 합병되었다고 말했다. 그러나 합병을 공식화하지 않았기 때문에 그들은 국내외에서 커다란 정치적 대가를 치르지 않으면서도 원하는 만큼 유대인 정착촌을 늘려나갈 수 있었다. 최종적인 해결에 도달하기 전에는 모든 것이 '임시적'일 뿐이라고 그들은 세계를 향해 말했다. 그리고 나서는 작은 소리를 이렇게 덧붙였다. "임시적인 상태가 모두 영구화될 것입니다."

  1980년대 초반에 이르자 요르단 강 서안에 관한 노동당과 리쿠드당의 대부분의 차이는 결과적으로 전혀 다르지 않다는 점이 분명해졌다. 단지 표현상의 차이가 있을 뿐이었다. 나는 헤브론에서 피스 나우의 시위를 취재한 적이 있었다. 유대인 평화운동가들이 온건파 팔레스타인 지식인들과 함께 나섰다. 전투적인 유대 정착민들 일부가 연좌시위를 함으로써 피스나우의 시위를 방해하려고 했다. 내가 현장에 도착했을 때는 10여 대의 피스나우 버스들이 모두 헤브론으로 가는 고속도로에서 발이 묶여 있었다. 20명가량의 정착민들이 도로 한복판에 앉아 인기 있는 민족주의자들의 노래인「암 이스라엘 차이 Am Yisrael Chai(이스라엘 사람들의 나라)」를 불렀고 20명의 군인들이 이들을 에워싸고 있었다. 그날 본 장면 중 내가 가장 또렷하게 기억하는 것은 이제 기껏해야 18세 정도 됐을 여군 한 명이 동료 남성 병사들과 함께 경호 업무를 수행하는 모습이었다. 자신의 키보다도 커 보이는 소총을 어깨에 둘러메고 있었다. 정착민들이 손뼉을 치며 열정적으로 노래를 부르자 시위를 해산시키기 위해 그 자리에 있던 그녀는 정착민들이 부르는 노래를 따라 불렀다. 가사를 따라 부르면서 위아래로 조용히 움직이던 그녀의 입술은 노동당과 리쿠드당의 차이를 정확하게 보여줬다. 리쿠드당은 목청껏 소리 높여 요르단 강 서안이 자신의 것이라고 외치고 싶어 했고, 노동당은 그 말을 조용하지만 기꺼이 입으로 따라 부를 준비가 되어 있었던 것이다.

노동당과 리쿠드당 안에서 이렇게 뻔히 들여다보이는 수작을 거부하고, 각 당의 강령이 규정한 이데올로기적 입장을 인정하라고 지도자들에게 요구한 사람들은 당에서 쫓겨날 뿐이었다. 노동당은 이스라엘의 요르단 강 서안 점령이 노동당의 이데올로기적 핵심인 비종교적이고 인본주의적인 윤리에 어긋난다는 현실을 직시하고 싶어 하지 않았다. 이와 비슷하게 리쿠드당은 '유대와 사마리아'를 합병한다는 것이 결코 가능하지 않다는 점을 인정하고 싶어 하지 않았다. 따라서 베긴이 1979년 이집트와의 평화조약에 서명하자 리쿠드당 내부의 진정한 합병론자들은 리쿠드당을 박차고 나와 그들만의 정당을 만들었다. 리쿠드당원이었던 게울라 코헨(Geula Cohen)과 유발 니만이 이끄는 테히야당이었다. 한편 노동당 내부에서 세속주의와 자유주의, 그리고 영토에 대한 타협이라는 원칙을 진정으로 고수하던 사람들은 아바 에반과 같이 의회를 뛰쳐나오거나, 슐라미스 알로니(Shulamith Aloni)와 요시 사리드(Yossi Sarid), 암논 루빈스타인(Amnon Rubinstein)과 같은 인물들은 새로운 정당으로 분리해나갔다. 진정한 인본주의적 정치와 점령지에서의 철수를 요구한 정당들로, 변화를 위한 민주주의 운동(Democratic Movement for Change, DASH), 시민의 권리당(Citizen's Rights Party, RATZ)이었다. 다비드 하르트만은 이렇게 말했다. "다수 의석을 점한 정당들은 이스라엘의 모든 도덕적 예언가들을 방출해 군소 분파로 나눠버렸고, 이제 황량한 벌판에서 잘 들리지 않는 이들의 목소리를 쉽게 무시할 수 있었습니다. 노동당과 리쿠드당은 각자의 이데올로기적 신념을 편리한 실용주의와 바꿨습니다." (노동당과 리쿠드당이 결국 거국연립내각을 함께 구성하는 것이 가능할 뿐만 아니라 용이하다는 것을 알게 된 이유가 바로 이것이다. 여러 가지 측면에서 두 정당은 서로 많은 공통점을 지녔다. 극단적인 군소정당들과의 공통점보다 훨씬 더 컸다.)

이스라엘 의회 크네세트(Knesset)에서 벌어지는 논쟁을 외부에서 지켜보는 사람들은 온갖 정치인들이 서로 벌이는 언쟁을 보면서 이스라엘이 대단히 건강한 민주주의를 가진 나라라고 놀랄 수도 있었다. 그러나 실제로 진행되는 상황이란 좌우의 양 극단에 존재하는 두 군소정당이 중앙에 존재하는 거대하고 움직이지 않는 노동당-리쿠드당의 편리한 실용주의 연합을 사이에 두고 서로 소리를 질러대는 모습이었다. 누구나 떠들어대지만 아무도 듣지 않는 독백의 합창이었다. 미국에서 광고가 가장 치열하고 경쟁적인 분야는 거의 동일한 상품 사이에 벌어진다. 개의 먹이 혹은 아침식사용 시리얼과 같은 시장이다. 노동당과 리쿠드당 사이에도 똑같은 논리가 적용됐다. 두 정당은 상대 당의 강령을 가리키며 말했다. "보시오. 우리가 그들과 얼마나 다른지를." 그러나 일상을 들여다보면 그들은 똑같은 개의 먹이를 팔고 있었다.

노동당과 리쿠드당 사이에 존재했던 실용주의에 관한 암묵적인 양해는 레바논 전쟁에 의해 일시적으로 붕괴했다. 리쿠드당의 국방장관 샤론은 전쟁이 '갈릴리의 평화'를 위한 것이라고 설명했지만, 전쟁은 이스라엘의 한 지역인 갈릴리와는 아무런 관계도 없었다. 베이루트로 진격했던 샤론은 요르단 강 서안과 가자지구에 거주하는 170만 명의 팔레스타인 사람들이 이스라엘 사회에 제기하는 국가의 존립과 관련된 딜레마를 해결하려고 노력했던 것이 사실이다. 팔레스타인의 대표기구인 PLO를 제거함으로써, 요르단 강 서안과 가자지구에 거주하는 팔레스타인 사람들이 독립국가에 대한 요구를 포기하고 이스라엘이 제공하는 제한된 자치권을 받아들이도록 하려는 것이 그의 희망이었다. 이스라엘이 팔레스타인 사람들의 자기결정권을 침해한다는 죄책감을 느끼지 않고도 요르단 강 서안을 영원히 차지할 수 있도록 하기 위한 것이었다.

샤론이 세계를 상대로 하고자 했던 말은 이랬다. "보십시오. 우리 지역에 거주하는 팔레스타인 사람들은 자치권을 보유하고 있습니다. 우리는 유대 국가이자 민주국가이며, 나아가 요르단 강 서안과 가자지구를 포함한 이스라엘 땅 전체를 차지하고 있습니다. 도대체 누가 세 가지 목표 중에 둘만 이룰 수 있다고 했다는 말입니까?"

따라서 레바논 침공은 이스라엘이 안고 있는 근본적인 문제들을 다시 제기했다. '이스라엘은 어떤 사회가 될 것인가? 이스라엘은 어떤 가치를 표방할 것인가? 요르단 강 서안의 조국 땅에서 팔레스타인 사람들을 영원히 지배하는 유대 버전의 남아프리카공화국이 될 것인가? 주변 국가 모두를 항상 협박하는 유대인의 프러시아가 될 것인가? 이웃 나라들과 평화롭게 공존하면서도 안보와 민주주의, 그리고 유대 국가를 유지해야 한다는 고려사항을 최우선으로 하는 그런 국경을 가진 국가가 될 것인가?

모든 문제가 갑자기 테이블 위에 다시 오르자, 레바논 전쟁은 노동당과 리쿠드당이 이들 문제에 확실하게 대답할 수 없는 또 다른 이유가 드러났다. 실질적이고 강렬한 이데올로기적 차이에 대면할 수밖에 없는 상황이 온다면 레바논과 같은 지경에 빠질 수도 있다는 점을 양 당이 알고 있었기 때문이다. 의회에서 시작된 언쟁이 거리로 이어질 것이었다. 이스라엘의 지도자들에게 노골적으로 '이스라엘은 무엇인가?' 라는 질문을 던지는 것은 내전을 하자는 말과 마찬가지였다.

1983년 2월 10일 이스라엘 사람들은 모두 상황이 이러하다는 점을 명확히 알게 됐다. 33세의 피스나우 활동가 에밀 그룬즈웨이그(Emil Grunzweig)가 예루살렘에서 레바논 전쟁에 반대하는 시위를 벌이던 중 베긴을 광적으로 지지하는 자가 던진 수류탄에 의해 살해됐다. 『예루살렘 포스트 Jerusalem Post』에 따르면, 수류탄 폭발로 부상당한 피스나우 시위대가 샤레이 제데크(Shaarei Zedek) 병원으로 이송되었을 때 일부 리쿠드당 지지자들이 응급실로 들어가는 시위 참가자들을 향해 욕설을 퍼부었다고 한다.

『예루살렘 포스트』는 한 사내가 이렇게 외쳤다고 전했다. "그들을 모두 날려버리지 못해서 아깝군."

몇 년 후 당시 사건으로 경미한 부상을 입었던 젊은 노동당원 아브라함 부르그는 그룬즈웨이그의 살해가 이스라엘 정치의 중대한 전환점이 됐다고 내게 말했다. 극단적인 양측은 일촉즉발의 위기에서 한 발 물러났고, 이는 노동당과 리쿠드당이 이스라엘의 존립과 관련된 문제를 어쩔 수 없이 언급할 수밖에 없어 보이던 시기에 뒤로 물러나게 하는 결과를 가져왔다.

부르그가 말했다. "그룬즈웨이그에게 어떤 일이 일어났는지 사람들이 봤습니다. 그리고 말했죠. '맙소사. 이건 너무 심하다.' 사람들은 우리 내부의 차이가 실제로 얼마나 깊은 것인지를 볼 수 있었습니다. 그리고 뒤로 물러나기로 판단했습니다. 너무도 두려웠으니까요."

실제로 레바논 침공과 그룬즈웨이그 사건 이후 이스라엘 사람들은 진실보다 통합을 원했다. 이스라엘의 존립과 관련된 문제를 고통스럽지 않은 조용한 방식으로 논의하기를 원했다. 정치인들은 이러한 분위기에 기꺼이 따랐다. 내가 이스라엘에 도착했을 때, 1984년 7월에 있을 선거에 대비한 캠페인에서 노동당과 리쿠드당이 선거광고의 초점을 파도타기를 즐기는 사람들에게 맞추고 다수당을 차지하게 된다면 거국내각을 구성하겠다고 공약한 이유가 바로 이것이었다. 이스라엘의 정치인 아바 에반이 언급했던 새로운 합의의 정의가 점점 더 많은 사람들에게 받아들여졌던 것은 우연이 아니었다. 에반은 합의의 의미를 이렇게 말했다. "개인적으로는 아무도 믿지 않는 것을 모든 사람이 함께 말하기로 동의하는 것이다."

이스라엘 사람들이 깨닫지 못하는 사이, 그들의 국가는 레바논과 마찬가지로 거의 지도자가 부재한 상태에 빠졌다. 1984년 9월 구성된 거국연립내각 아래서 두 당은 풀기 어려운 문제들을 모두 뒤로 미루고 경제회복 등과 같이 합의할 수 있는 이슈만을 다루기로 동의했다. 이는 사실상 진정한 정치를 모두 뒤로 미루는 것과 같았다. 힘든 선택을 하려고 하지 않는다면 그것이 도대체 정치인가? 대중에게 명확한 대안들을 제시하고 그중 어느 것을 선택해야만 한다고 촉구하려 하지 않는 인물이 지도자인가? 페레스와 라빈, 그리고 샤미르는 너무도 두려웠던 나머지 이스라엘을 기존의 상태로부터 어딘가로 이끌고 가려는 시도를 하지 못했다. 너무나 두려웠던 나머지 요르단 강 서안의 현실을 국민들에게 정확하게 보여주고 즉시 취해야만 할 대안을 제시하지 못했다.

 이스라엘 지도자들은 두 부류로 갈렸다. 용기가 없는 온건주의자들과 공허한 대의만을 주장하는 영웅들이었다. 샤미르는 이스라엘이 유대와 사마리아에 '영원히' 머물러야만 하며, 21세기 초반이면 팔레스타인 사람들의 숫자가 이스라엘인들을 넘어설 것이란 사실로부터 유대 국가를 해방시켜줄 '무언가가 일어날 것'이라고 약속했다. 러시아가 자국 내의 유대인들을 추방하거나 미국에서 유대인 학살이 일어날 것이란 말인가? 어쨌든 그는 무슨 일이 일어날 것이라고만 했다. 반면 페레스는 이스라엘이 요르단 강 서안과 가자지구에 무언가를 할 수 있을 것이고 또한 해야만 한다고 선언했다. 그리고 어려운 상황을 빠져나갈 그 방법은 고통스럽지 않을 것이라고도 약속했다. PLO와 팔레스타인의 독립 요구에 맞닥뜨리지 않고, 요르단을 설득해 요르단 강 서안의 일부를 회복하는 대신 완전한 평화를 이스라엘에 약속하도록 만들되, 길고 긴 과도기 후에 그렇게 한다면 가능할 수도 있을 것이다. 달리 말하면 페레스와 샤미르는 국민을 이끄는 데 실패했을 뿐만 아니라 이스라엘 사람들을 바보로 만들었다. 믿을 수 없는 것을 믿게 만들고, 절망적인 것을 기대하게 하고, 이스라엘의 힘이 강할 때 약하다고 느끼게 만들고, 힘이 약할 때 강하다고 느끼게 하고, 사실은 역풍을 맞고 있는 상황에서 바람이 뒤를 받쳐준다고 믿게 만들었다

 다비드 벤구리온은 자신의 첫 번째 기반이 현실이며 두 번째 지지기반이 대중이라는 점을 언제나 이해했다. 유대민족의 주관적인 의지는 현실에 맞게 조정되어야만 했다. 샤미르와 페레스는 정반대로 세상을 바라봤다. 여론조사를 통해 정기적으로 세심하게 점검하는 대중의 주관적 의지를 첫 번째 기반으로 삼았다. 현실이란 대중의 분위기에 따라 조정돼야만 했다. 페레스와 라빈, 샤미르와 같은 인물들은 무능하지 않았다. 그들은 모두 전문성을 갖춘 관료들이었고 능력을 입증한 인물들이었다. 이들은 무에서 국가를 건설하는 과정에 일조했다. 통찰력 있는 이스라엘 건국의 아버지들이 그들 대부분을 참모나 군사적 요직에 등용했다. 행정능력과 온화하고 정치적으로

흠이 없는 인격 때문이었다. 그들은 언제나 자신에게 주어진 임무가 타인의 원대한 계획을 수행하는 것으로 여겼고, 미래에 대한 비전을 스스로 제시하는 것을 자신의 역할로 생각하지는 않았다. 세 사람 모두 로드아일랜드 혹은 델라웨어의 주지사 역할이라면 훌륭하게 수행했을 것이다. 그러나 로드아일랜드나 델라웨어는 존립과 관련된 역사적인 문제에 직면하고 있지도 않았고, 엄중한 도덕적 딜레마에 빠져 있지도 않았다.

1980년대 후반에 이르자 이스라엘의 지도자들과 그들이 이끄는 민족 사이에는 무기력한 공생관계가 형성된 것 같았다. 국가가 직면하고 있는 정치와 안보상의 주요 이슈들은 양자 모두에게 너무도 두렵고 섬뜩하며 다루기 힘들었다. 지도자와 대중 어느 누구도 진정한 해결책을 내놓기 힘들다고 느꼈다. 이에 이스라엘의 정치가들은 대중을 이끌어가는 듯한 제스처를 취했지만 사실은 개개의 사건에 대응했을 뿐 주도권을 쥐고 선도하는 법이 없었다. 반면 이스라엘의 대중은 감정의 동면으로 들어갔다.

이스라엘 사람들 사이에서는 대화를 회피하면서 이렇게 말하는 경우가 많았다. "제발 부탁인데요, '그 상황'에 대해서는 이야기하지 맙시다."

1987년 가을 이스라엘 국영 라디오와 TV 네트워크가 거의 두 달간에 걸쳐 파업에 돌입했을 당시 대부분의 이스라엘 사람들은 너무 기뻐했다. 정치인들이 서로를 향해 질러대는 아무 내용도 없는 고함소리를 듣지 않아도 되기 때문이었다. 정치인들이 진정한 뉴스라고 생각해줄 수 있을 만한 내용의 이야기를 더 이상 하지 못하게 된 지가 오래됐다는 사실을 대중은 잘 알았다. 따라서 미디어의 파업으로 그들이 놓치는 뉴스가 없다는 것도 잘 알았다. 이스라엘 정치는 마치 낮시간에 방영하는 연속극과 같았다. 유대인판 「세상이 흐르는 대로 As the World Turns, ATWT」와 같았다. 두 달 정도 보지 않다가 다시 봐도 놓친 내용은 하나도 없었다.

매일 신문의 1면을 장식하는 기사 제목들이 아랍과 이스라엘의 갈등에서 빠져나갈 '출구가 없다'는 점을 명백히 보여주자, 이스라엘의 예술가들 역시 점차 정치적인 주제를 멀리하고 추상적이고 반지성적이며 포스트모던의 경향으로 흘렀다. 작품 속에서 대상은 아무런 메시지도 전하지 않았다. 적어도 명확한 메시지는 없었다. 10년간의 신랄한 반전 저항예술 후에 일어난 현상이었다. 저항예술의 최고 작품 중 일부는 이제 머리가 벗겨져가는 중년 화가 모셰 게르슈니(Moshe Gershuni)의 것이었다. 레바논 전쟁이 정점에 달했을 시기 그는 피처럼 시뻘건 색채를 많이 사용한 유화를 그렸다. 이삭의 희생이 주제였는데, 18세의 이스라엘 소년이 이삭이었다.

레바논 전쟁이 시작되고 7개월 후 매일 발표하는 전사자의 숫자가 가장 많던 무렵 그는 별안간 이삭의 희생이라는 주제를 버리고 오직 꽃을 그리기 시작했다고 게르슈니는 내게 말했다. 대부분 시클라멘과 아네모네였다. 내가 이유를 묻자, 게르슈니 자신도 스스로에게 같은 질문을 던졌었다고 말했다. "스스로에게 물었죠. '도대체 너는 무엇을 하고 있는가? 도대체 제정신인가?' 그런데 그때 저는 깨달았습니다. 계속하면 스스로가 파멸에 이르고 말 것이라는 사실이었습니다. 유대의 역사와 관련된 모든 짐을 내려놓고 저 자신을 돌볼 때였습니다. 그래서 더 이상 신문을 보지 않았고 라디오를 듣는 일도 그만뒀습니다. 이제 저는 더 이상 정치적 동물이 아닙니다."

다른 많은 이스라엘 사람들 역시 마찬가지였다. 1987년 중반 게르슈니와 이야기를 나누고 나서 얼마 후 나는 이스라엘의 영화제작자 암논 루빈스타인을 찾아갔다. 그는 이스라엘 영화계에서도 똑같은 경향이 생겨났다고 내게 말했다. "사람들은 더 이상 알고 싶어 하지도 듣고 싶어 하지도 않습니다. 우리는 헤어날 길이 없는 상황에 빠졌고 아무도 해결책을 제시할 수 없다고 느낍니다. 마치 어두운 터널 안에 갇힌 듯한 느낌입니다. 주위를 둘러보니 유일한 빛이 보이는데, 바로 우리를 향해 달려드는 기차에서 나오는 불빛인 듯합니다."

* * *

이스라엘의 노련한 종교 정치인 요세프 부르그(Yosef Burg)는 철학에 관해 토론을 벌이는 두 명의 이스라엘인에 관한 농담을 즐겼다. 한 사람이 다른 사람에게 말한다. "당신은 낙관주의자입니까? 아니면 비관주의자입니까?"

상대방이 대답한다. "물론 저는 낙관주의자입니다. 제가 확실히 알고 있는 점은 내일보다는 오늘이 나을 거라는 겁니다."

내가 알고 있던 모든 이스라엘 사람들은 이 농담을 듣고 웃었다. 그들은 스스로가 처한 상황에 대해 냉소하는 내용이란 점을 알았기 때문이다. 이스라엘의 정치 시스템이 오늘날 무기력증에 빠진 것은 단지 지도층의 명확성과 지도력이 부족해서만은 아니다. 이스라엘의 적인 팔레스타인 사람들이 이스라엘의 존립과 관련된 문제에 관해 명확한 문제제기를 해오지 않아서도 아니다. 유대역사의 근저에서 스며 나오는 뿌리 깊은 숙명론 때문이기도 하다.

유대인들은 강제거주지구에서 오랜 세월 동안 스스로를 나약하고 힘없는 피해자라고 생각했다. 시온주의 혁명의 목적 중 하나는 유대인을 이와 같은 정신상태로부터 해방시키는 것이었다. 유대인들이 세계의 객체일 수밖에 없는 암울한 운명을 타고난 것이 아니며 스스로 주체가 될 수 있음을 증명하려고 했다. 현실과 운명이 언제나 외부의 힘에 의해 결정되던 유대민족이 스스로의 정치사를 창조할 수 있는 능력을 지닌 선택의 공동체가 될 수 있음을 보이려고 했다. 이를 달성하기 위한 수단이 유대 시민, 유대 정부, 유대 군대, 유대 내각, 유대 대통령을 만들어내고 히브리어를 부흥시키는 일이었다. 시온주의 혁명의 비극이자 아이러니는 그들이 목적했던 모든 수단과 제도를 홀로코스트의 잿더미 위에 창조했지만, 유대인이 피해자라는 공동체의 자기 이미지를 뿌리 뽑지 못한 점이었다. 자신의 언어를 말하고 고개를 꼿꼿이 세운 채 걷지만, 오늘날 많은 이스라엘 사람들은 여전히 스스로를 상황의 희생자이며 빌려온 시간 속에서 여분의 삶을 살아간다고 느낀다. 과거 유대인 강제거주지구에 살던 사람들과 마찬가지였다. 그들은 과거의 감옥으로부터 진정으로 벗어나지 못했다.

세계에서 가장 강력하고 첨단 장비로 무장한 육군과 공군을 보유하고 있으면서도, 국가의 지도층은 요르단 강 서안과 가자지구를 비롯한 문제에 스스로 새롭고도 긍정적인 대안을 만들어내는 데 압도적인 힘을 사용하지 못하는 이유가 바로 이것 때문이다. 이스라엘 사람들은 여전히 스스로를 역사를 창조하는 것이 아니라 역사에 반응하는 민족으로 생각한다. 지도자들은 언제나 아랍세계로부터 전화가 걸려오기를 기다리기만 한다. 스스로 수화기를 들고 전화를 걸 줄 하는 지도자는 거의 없다. 캠프데이비드 협상조차 사다트가 시작한 것이다. 베긴은 절대로 그러지 못했을 것이다. 만일 내가 오늘날 이스라엘의 캐리커처를 그린다면 아마도 그것은 해변의 구조원이 될 것이다. 구조원은 머리부터 발끝까지 멋진 근육을 자랑하지만, 누군가 그를 물속에 빠뜨릴 경우 고작 하는 일이라고는 꼿꼿이 몸을 세운 채 제자리헤엄을 칠 것이 분명하다.

아바 에반이 이렇게 말했던 적이 있다. "모든 것이 참으로 이상합니다. 우리가 진정으로 허약하고 외부의 공격에 취약하고 객관적으로도 파멸의 위험에 노출되어 있을 당시, 우리는 지금보다 훨씬 여유 있고 낙천적이었으며 자신감에 차 있었습니다. PLO가 이스라엘을 파멸시킬지도 모른다고 생각하는 것은 어이없는 일입니다. 그러나 여전히 우리가 외부의 공격에 취약하다는 긴장감이 있습니다. 우리가 가진 현실적인 힘이 사람들의 마음속에는 전혀 자리 잡지 못한 것 같습니다. 이스라엘이 위험에 처해 있고 전투태세를 갖춰야만 한다는 생각, 그리고 '와해', '몰살', '파멸'과 같은 용어는 전 국민이 사용하는 말의 일부가 됐습니다. 이스라엘 국민들이 모두 그렇게 말하자, 미국의 친구들 역시 그렇게 이야기하기 시작했습니다. 마치 이스라엘은 무장 해제된 코스타리카이고, PLO는 나폴레옹 보나파르트와 알렉산더 대왕, 훈족의 왕 아틸라를 합쳐놓은 것처럼 생각합니다. 이스라엘 사람들이 하는 말은 오늘날의 현실이 아니라 과거에 대한 유대인의 기억이 반영된 것입니다. 그리고 이것이 바로 지도층의 실패입니다."

1970년대 이스라엘의 중동연구에서 가장 중요한 저작 중 하나는 전임 군 정보부 책임자 예호샤파트 하르카비(Yehoshafat Harkabi)가 쓴 『아랍의 전략과 이스라엘의 대응 Arab Strategy & Israel's Response』이다. 나는 책 제목이 마음에 들었다. 아랍세계는 전략을 가졌지만 이스라엘은 단지 이에 대응을 할 뿐이었다. 이스라엘 외교부의 홍보국이 내놓곤 하던 중동지도 역시 이와 유사했다. 지도에는 아랍 국가들이 이스라엘의 작은 영토를 에워싸고 있고, 각 아랍 국가 위에는 대포와 탱크를 조그맣게 그려놓았는데 모두 이스라엘 쪽을 겨눴다. 아랍세계를 향해 총구를 겨누고 있는 이스라엘의 대포를 지도에 그려 넣는 법은 없었다.

오늘날 이스라엘의 어느 곳을 가든 과거가 사람들의 마음속에 가득하다는 것을 느낄 수 있다. 마치 늦은 오후의 파도가 사람들에게 속삭이는 것 같다. 이스라엘인들의 운명은 모든 유대인의 운명이 그렇듯이 희생자라고 말이다. 기억의 날이라는 의미의 욤 하지카론(Yom Hazikaron)은 이스라엘이 치른 전쟁에서 죽어간 이들을 추도하는 날인데 매년 독립기념일 하루 전에 찾아온다. 이날이 올 때마다 이스라엘 사람들이 느끼는 피해의식을 가장 잘 느낄 수 있다. 이날 정오가 되면 북부의 메툴라(Metulla)에서 남부의 에일라트(Eilat)에 이르기까지 이스라엘 전역에 사이렌이 울려 퍼지고 사람들은 모두 하던 일을 중단한다. 내가 이스라엘에서 취재를 시작한 첫해, 사이렌 소리가 울렸을 때 나는 사진기자 미하 바르-암(Micha Bar-Am)과 함께 차를 타고 고속도로를 달리는 중이었다. 내게 아무 설명도 없이 미하가 갑자기 방향을 바꿔 갓길로 향하더니 차를 끽하는 소리가 나도록 멈췄다. 차 문을 황급히 연 미하는 자동차 옆으로 나가 차렷자세를 취했다. 고속도로를 달리던 다른 차량들의 운전사들도 모두 똑같이 했다. 놀랍고도 섬뜩한 광경이었다. 모든 사람들의 마음이 마치 외계로부터 날아온 신호에 갑자기 사로잡힌 듯했다. 자동차에 앉아 있는 사람은 나 혼자뿐이었다. 다음해에도 똑같은 장면이 반복되는 것을 목격했다. 예루살렘 한복판이었다. 교차로 안에서 차들이 갖가지 각도로 멈춰 섰다. 인도에서도 사람들은 얼어붙은 듯 행동을 멈추고 부동자세로 추모에 들어갔다. 점심식사 테이블, 강의실, 그리고 묘지 등 모두 마찬가지였다. 그들은 1948년, 1956년, 1967년, 1973년, 1982년, 그리고 이들 전쟁 사이의 모든 전쟁에서 사망한 전사자들을 추모했다. 사이렌이 울리고 사람들은 자리에 멈춰 섰다. 아무 말도 없고 보이지도 않는 과거가 이들을 거미줄처럼 감싸고 있었다.

다비드 하르트만은 이렇게 설명했다. "오늘날 거리를 걸어가는 많은 이스라엘 사람들은 자신이 아우슈비츠나 베르겐 벨젠(Bergen-Belsen) 혹은 이집트 군대가 1973년 기습한 날 수에즈운하에 있지 않았던 사실이 우연일 뿐이라고 느낍니다. 이스라엘 사람들은 홀로코스트 장면을 보면서 스스로에게 이렇게 말합니다. '신의 은총이 아니었다면 내가 저곳에 있었을 것이다.' 온갖 전쟁에서 사망한 벗들의 장례식에 참석하면서 그들은 자문합니다. '나는 왜 아직 죽지 않았을까?' 자신이 그 자리에 살아서 존재한다는 사실이 주위환경과 자연스럽게 어울리지 못한다는 생각이 이스라엘에 팽배합니다. 뿌리를 내리지 못했다고 생각합니다. 모두의 뜻에 반해 존재한다고 생각합니다. 진정한 휴식을 결코 느낄 수 없습니다. 지도자들은 아침에 일어나 그들의 상상력을 발휘하면서 이렇게 말하지 못합니다. '내가 사용할 수 있는 권력이 이렇게 많다. 오늘은 어떤 가능한 대안들을 탐색해볼 것인가?' 그들은 그저 하루를 넘기고, 한 주를 넘기고, 한 달을 넘기기만 할 뿐입니다. 그들의 정신이 뻗어나갈 수 있는 한계는 여기까지입니다. 기억의 날 다음날인 독립기념일을 축하하는 일을 상상해보십시오. 어느 날 사람들은 온갖 전쟁으로 남편을 잃은 여자들과 고아들의 울부짖음을 지켜봅니다. 그리고 다음날, 말 그대로 바로 다음날 사람들은 이제 밖으로 나가 축하하자는 말을 듣습니다. 참으로 즐거운 독립기념일이지요! 무엇을 해야 할지 아무도 모릅니다. 그래서 사람들은 밖으로 나가 우스꽝스런 플라스틱 망치로 서로의 머리를 툭툭 칩니다. 이런 상황에서 어떻게 정상적이라고 느끼고 즐거워할 수가 있겠습니까? 그야말로 난데없는 축제입니다. 매년 사람들은 화산의 가장자리에서 축제를 합니다. 사람들은 매일 비석 위에서 춤을 추고 있습니다."

어떤 경우에는 말 그대로였다. 나는 텔아비브에 있는 보난자라는 술집에서 열린 파티에 참석한 적이 있었는데, 이스라엘의 록 스타 예후다 에데르(Yehuda Eder)가 또 한 명의 록 스타 대니 샌더슨(Danny Sanderson)에게 나를 소개했다.

에데르가 엄지손가락을 세워 올리며 말했다. "톰, 이쪽은 대니 샌더슨이에요. 저와 함께 1973년 전쟁 때 함께 연주했죠."

나는 웃지 않을 수 없었다. 그의 말은 아주 자연스러웠다. "저와 함께 몬터레이 재즈 페스티벌에서 함께 연주했죠."가 아니었다. "우드스탁에서 함께 연주했어요."도 아니었다. "저와 함께 1973년 전쟁 때 함께 연주했죠."였다. 세계 어느 곳에서 록 스타가 그런 식으로 누군가를 소개할 수 있다는 말인가? 이스라엘의 음악가들은 전쟁 중 병사들에게 즐거움을 선사하기 위해 특수부대에 배치됐다. 그리고 대니와 예후다와 같은 이들에게 군대에서의 연주활동은 스타덤으로 오르는 발판이 됐다. 그들이 당시 연주를 음악적으로나 감정적으로 가장 격렬했던 순간으로 기억한다는 점은 말할 필요조차 없었다.

이스라엘의 소설가 다비드 그로스만(David Grossman)은 자신의 결혼식에서 가장 기억에 남는 장면을 내게 자세히 말했다. "이트카(Itka) 아주머니가 참석했습니다. 아우슈비츠 생존자였는데 팔에는 숫자가 문신되어 있었습니다. 결혼식장에 참석하셨는데, 보니까 숫자에 붕대를 감고 계신 겁니다. 붕대를 왜 두르셨냐고 제가 물었죠. '혹시 다치셨어요?' 아주머니가 그렇지 않다고 말씀하셨습니다. 사람들이 그 숫자를 보고서 즐거운 순간을 망치지 않도록 하기 위해서라고 말씀하셨어요. 그 붕대가 바로 이스라엘입니다. 이스라엘 사람들은 모두 그와 같은 붕대 위에서 살아간다는 것을 압니다. 붕대 아래쪽에는 언제라도 사람들이 떨어질 수 있는 홀로코스트라는 나락이 있습니다."

많은 이스라엘인들이 여분의 삶을 살고 있다고 느끼는 감정은 이스라엘의 일상생활에서 그다지 유쾌하지 않은 모습들을 설명한다. 신호등이 녹색으로 변하자마자 앞에 서 있는 차량이 움직이지 않으면 경적을 울려대는 운전자의 행동에서 상행위 및 개인 간의 거래에서 대충 대충하는 모습에 이르기까지 모든 것이 그렇다. 정중함 따위는 아예 신경 쓰지 않는다. 만약 내일이 존재한다는 사실을 스스로 믿지 않는다면 고객이 내일 다시 오건 말건 걱정하지 않는다.

예루살렘에서 녹음기능이 있는 라디오를 산 적이 있다. 1년 동안 보증되는 제품이었다. 약 9개월 후 라디오가 망가졌고 나는 교환을 하기 위해 판매점을 찾았다. 내가 여러 번 그곳에서 물건을 구입한 적이 있기 때문에 상점 주인은 나를 잘 아는 인물이었다. 나는 라디오를 계산대 위에 올려놓고 주인에게 말했다. "교환을 해주셔야겠습니다." 그는 라디오가 작동하지 않는다는 것을 확인하고 보증서를 읽어보더니 그저 머리를 가로저으며 말했다. "토머스 씨, 만일 라디오가 구입한 지 한 달 후에 망가졌다면, 아니 석 달 후에 망가졌다면 흔쾌히 교환해드렸을 겁니다. 그렇지만 9개월 후에? 죄송합니다."

"아니죠. 아닙니다. 이해를 못하시는 것 같네요. 이 라디오에는 1년의 보증기간이 있습니다. 1년이라는 말은 1년을 의미합니다. 마음대로 해석하는 게 아닙니다. 당신이 재량껏 판단할 문제가 아니에요." 내가 말했다.

상점 주인은 그저 머리를 가로저을 뿐이었다. 그는 1년의 의미를 이해하지 못했다. 일본의 제조업자가 뭐라고 하든 그의 마음은 그렇게까지 멀리 볼 수가 없었다. 상점 주인의 그 같은 정신상태와 싸우기에는 내가 이미 이스라엘에 너무 오래 머물렀다. 결국 우리는 중동식 흥정으로 상황을 마무리했다. 나는 그에게 망가진 라디오와 수백 셰켈을 건네주고 대신 좀 더 큰 새 라디오를 받았다.

새 라디오 역시 1년간 보증되는 제품이었다.

이스라엘 역시 마찬가지였다. 이스라엘은 1년의 보증기간을 가진 나라이지만 아무도 그것이 지켜질지 확신하지 못한다.

만약 이스라엘이 그와 같은 숙명주의적 시각에 기반을 두지 않았더라면 나라를 세울 수 있었을까?

오스트리아의 언론인이자 시온주의의 창시자라고 생각되는 테오도어 헤르츨의 모토는 그가 유대민족에게 불어넣고자 했던 선택과 주도적 역할의 정신으로 구체화됐다. 그는 이렇게 말했다. "하고자 하는 의지가 있다면 그것은 이미 꿈이 아니다."

1909년 선구자들에 의해 설립된 최초의 유대인 키부츠 집단농장 데가니아(Degania)는 헤르츨의 좌우명을 보여준 기념비였다. 건국 초기 이스라엘에서 태어난 유대인들 사이에서는 홀로코스트에서 사망한 유대인들, 나아가 심지어는 홀로코스트에서 살아남은 유대인들을 경멸하는 분위기가 있었다. 시온주의자들이 영국과 아랍에 맞서 싸우며 유대 국가를 세웠던 반면, 홀로코스트의 희생자들은 그저 순한 양처럼 도살장으로 끌려갔다고 생각했기 때문이다.

히브리대학의 교육대학 연구자이자 이스라엘 고등학생을 위한 홀로코스트 교육전문가이기도 했던 루트 피레르(Ruth Firer)는 건국 초기의 분위기를 회상했다. 피레르는 시베리아에서 출생했는데 그녀의 부모가 제2차 세계대전 중에 러시아에 의해 추방된 곳이었다. 추방 덕분에 그녀의 가족은 홀로코스트에서 살아남았다. 그러나 부모의 친척들은 모두 죽임을 당했다. 1949년 그녀의 아버지가 가족을 이끌고 이스라엘로 건너왔다.

예루살렘에 위치한 그녀의 아파트에서 어느 날 오후 커피를 마시며 피레르가 설명했다. "1950년대 제가 이곳에서 학생이었을 당시 홀로코스트는 우리 가족만의 비밀이었습니다. 부끄러운 일이었던 것입니다. 당시 이스라엘에서는 홀로코스트에 대해 거의 가르치지 않았습니다. 사람들의 감정과 분위기는 온통 과거를 딛고 미래의 승리를 쟁취해야만 한다는 것이었습니다. 부모님과 우리 자식들 모두 일어났던 일을 감추려고 노력했습니다. 당시 우리가 홀로코스트에 대해 가르쳤던 것은 바르샤바의 유대인 강제거주지구에서 있었던 영웅적인 행위들이었습니다. 그것으로 끝이었습니다."

불행하게도 연이어 일어난 충격적인 사건들이 복합적으로 작용해서 홀로코스트의 정신과 그것이 유대인의 역사에서 대변하는 모든 것을 모든 이스라엘 사람들의 영혼에서 다시 일깨웠다. 그 과정에서 이스라엘의 모토는 헤르츨이 말했던 '하고자 하는 의지가 있다면 그것은 이미 꿈이 아니다.'에서 '카하 마 라소트?(Kacha, Ma Laasot?)'로 변했다. '그것이 현실이다. 우리가 어떻게 할 수 있겠는가?'라는 의미다. 달리 말하면 미래는 이미 정해져 있다는 것이다. 적대적인 세계에 맞서 생존을 위해 영원히 투쟁하는 수밖에 없다.

1961년 나치 전범 아돌프 오토 아이히만(Adolf Otto Eichmann)의 재판과 함께 변화가 시작됐다고 나는 믿는다. 재판은 홀로코스트와 생존자를 이스라엘의 환한 세상 밖으로 끄집어냈다. 나이 든 사람들은 그들의 감정을 새롭게 되돌아봐야 했고, 생존자들의 충격적인 증언을 빠짐없이 들은 이스라엘의 새로운 세대는 이전에는 언급할 수조차 없었던 가족사의 한 부분에 관심을 갖게 됐다.

피레르는 이렇게 말했다. "생존자들의 이야기가 최초로 공개됐고 사람들의 공감을 얻었습니다. 모든 사람이 법정의 증언과 신문을 통해 생존자들의 이야기를 알게 됐죠. 이제 그들은 더 이상 도살장에 끌려간 순한 양이 아니었습니다. 많은 이들이 저항했다는 사실도 드러났습니다. 상당수는 영웅이었고, 우리 이스라엘인들이 이해할 만한 영웅이었습니다. 그들의 행위는 살아남기 위한 투쟁이었습니다. 이제 우리는 그들을 존경합니다."

아이히만의 재판 이후 고등학교들은 홀로코스트 생존자들을 초청해 강연을 들었다. 홀로코스트에 관한 과목이 고등학교 12학년 커리큘럼에 최초로 채택됐다. 그러나 1967년 5월에 이르러서야 이스라엘 사람들 모두가 홀로코스트의 냄새가 어떤지를 직접 맡아볼 수 있었다. 오늘날 1967년 6월 전쟁이 일어나기 한 달 전을 잊기 쉽다. 당시 이집트 대통령 가말 압델 나세르가 전쟁을 향한 북을 두드리기 시작했고 요르단과 함께 연합군을 형성해 이스라엘을 지구상에서 지워버리겠다고 위협했다. 많은 이스라엘 사람들이 여분의 삶은 이제 끝났다고 확신했다. 1967년 5월은 이스라엘의 역사에서 가장 중요한 한 달 중 하나였다. 점차 확산되던 홀로코스트에 관한 이해가 이스라엘인들이 당면한 곤경과 결합하기 시작한 한 달이었다.

전쟁이 터지기 직전 『예루살렘 포스트』의 헤드라인들을 쭉 훑어보기만 해도 1967년 5월, 종말이 임박했다는 생각이 이스라엘에 널리 퍼졌다는 것을 알 수 있다. 예컨대 1967년 5월 27일자 기사제목은 다음과 같았다. '수용소에 대한 점검이 이루어졌다.' '종교부장관이 의회에서 찬송가 시편을 낭송했다.' '3,000명이 (조국을) 떠났다.' '물건을 사려는 사람들이 몰려들자 대형 도매점이 밤새 문을 열었다.' '유대교회당에 율법을 적은 두루마리들이 채워질 것이다.' '유대 율법학자단은 오늘 특별 기도회를 요구했다.' 마지막 기사제목의 내용은 이랬다. "율법학자 최고평의회는 오늘 오후 4시 30분 전국의 유대교회당에서 특별기도회를 가질 것을 어제 요구했다. 예배는 시편 20장, 35장, 38장으로 시작해서 아비누 말카이누(Avinu Malkainu, 신의 위대함과 자비로움을 찬양하는 기도) 및 로쉬 하샤나와 욤키푸르 사이 열흘간의 참회일에 암송하는 참회기도로 이어질 것이다." 다음날인 5월 26일 『예루살렘 포스트』는 이렇게 보도했다. "중년의 자칭 발명가가 어제 자신의 특허 세 개를 군대에 제공하겠다고 제안했다. 우주 살인광선과 엔진 없는 비행기, 그리고 즉석에서 물의 염분을 제거하는 기계다. 그의 제안은 국방부에 밀려들어 오는 다수의 제안 중 하나다."

피레르가 말을 이었다. "이 나라에서 누구도 6일 전쟁 직전의 한 달간을 잊을 수 없을 겁니다. 주변의 모든 아랍 국가들이 우리를 멸망시키기 위해 군사동맹을 맺고 있었습니다. 우리는 집 주변에 모래주머니를 쌓았고 음식을 양껏 쌓았습니다. 도처에서 사람들은 우리가 진정으로 도륙될 것이라고 두려워했습니다. 홀로코스트에 가장 절실하게 공감했던 시기였습니다. '하고자 하는 의지가 있다면 그것은 이미 꿈이 아니다.'라는 말이 사실이 아니라는 것만을 갑자기 깨달은 것은 아니었습니다. 우리는 우리가 통제할 수 없는 상황에 사로잡혔다는 느낌을 갖게 됐습니다. 홀로코스트에 처했던 사람들과 마찬가지였습니다. 홀로코스트가 바로 이곳에서 다시 일어날 수도 있다고 사람들이 생각했습니다. 제3성전(聖殿)은 짧은 경험으로 지나가고 유대역사는 반복될지도 모른다고 생각하게 됐습니다."

그녀는 잠시 숨을 고르더니 이렇게 덧붙였다. "우리 모두는 어깨에 과거를 짊어지고 있습니다. 상당히 무거운 짐입니다."

1967년의 승리가 그 부담을 다소 경감시켰지만, 이집트와 시리아가 욤키푸르에 행한 1973년의 기습공격은 이스라엘 사람들이 느끼는 짐을 이전보다 더 무겁게 만들었다. 이후 상황은 변하지 않았다. 사실상 모든 이스라엘 사람들이 어깨에 그 짐을 지고 있다. 이스라엘에 들어올 때 그런 부담이 없었던 사람들도, 태어나면서부터 이를 물려받지 않았던 사람들도 이제는 그 부담을 지고 있다. 골다 메이어와 메나헴 베긴, 그리고 이츠하크 샤미르를 비롯한 이스라엘의 지도자들은 이스라엘 사람들의 정신상태가 '홀로코스트 시절로 되돌아가는 것'에 맞서 싸우기는커녕 사실상 이런 경향을 부추겼다. 이들은 팔레스타인 사람들을 새로운 나치로, 이스라엘을 세계와 분리된 현대의 바르샤바 유대인 강제거주지역으로 만들었다. 다른 어떤 지도자보다 베긴의 역할이 컸다. 그는 이스라엘 사람들의 일상적인 대화에 희생자로서 유대인이라는 전통적 화법을 다시 도입했다. 역사상의 모든 유대인과 마찬가지로 홀로 살아가야만 하는 유대인이었다.

불행한 일이지만 오늘날 홀로코스트에 관한 교육은 이스라엘 고등학교 교육과 이스라엘 군 장교교육 과정의 핵심적 요소다. 이제 누구도 데가니아 키부츠에 가지 않는다. 내가 만났던 대부분의 이스라엘 젊은 층은 데가니아가 표상했던 바가 무엇인지 전혀 알지 못한다. 데가니아를 이스라엘로 통하는 문이라고 보지 않는다. 데가니아가 한때 했던 역할은 이제 예루살렘의 언덕 위에 세워져 홀로코스트에서 죽임을 당한 600만 명의 유대인 희생자를 추모하는 거대한 기념관 야드 바셈(Yad Vashem)으로 넘어갔다. 이스라엘 정부가 외국의 공식 방문객을 맞이하는 장소가 어디인가? 야드 바셈이다. 오늘날 이스라엘 젊은이들 모두는 견학 장소로 야드 바셈만을 찾는 것이 아니다. 수백 명씩 무리를 지어 폴란드로 견학을 떠난다. 아우슈비츠와 마이다네크(Majdanek), 트레블링카(Treblinka) 등 죽음의 강제수용소를 가장 먼저 방문하기 위해서다. 이런 행동에 잠재하는 메시지는 분명하다. 이들 강제수용소야말로 바로 이스라엘의 현재 상태라는 것이다.

어느 날 나는 신문 『다바르 Davar』에서 전형적인 이스라엘의 17세 소년의 이야기를 우연히 읽었다. 그 소년은 군 입대를 준비 중이었는데 홀로코스트에 관한 하루 동안의 야드 바셈 세미나에서 감명을 받았다는 내용이었다. 기사의 내용은 아래와 같았다.

홀론(Hollon)에 위치한 ORT 학교의 컴퓨터 전자 프로그램에 재학 중인 12학년 학생 아비 레비(Avi Levy)는 자신의 미래를 이스라엘에서 설계하려고 생각하지는 않았다. 비록 그는 이스라엘에서 태어났지만 이곳에서의 삶이 안락하지는 않을 것이라고 생각했다. 여행객을 대상으로 미국과 유럽을 홍보하는 선전이 그의 마음을 흔들었고, 그는 때가 되면 이스라엘을 떠나야겠다고 마음먹었다. 그에게는 군에 입대하기 전 이스라엘을 떠날 기회가 있었다. 그러나 그는 말했다. "내가 이곳에서 살 수 있도록 하기 위해 사람들이 죽었다. 나는 후손들에게 기꺼이 봉사하고 기여하고자 한다." 야드 바셈 홀로코스트 교육국의 텔아비브 지역책임자 아비그도르 에프론(Avigdor Efron)의 강연을 비롯하여 하루 동안 진행된 여러 가지 교육 프로그램을 듣고 …… 아비는 마음을 바꿔야겠다고 확신했다. 물론 이날 프로그램에 참여하기 이전에도 그는 홀로코스트에서 어떤 일들이 벌어졌는지 알고 있었다. 600만 명의 희생, 유대인 학살캠프, 그리고 가스 등에 관해 이미 알고 있었다. 그러나 이와 같은 내용을 진정으로 소화하지는 못했다. 야드 바셈에서 본 사진들이 그의 의식 속으로 완전히 흡수되지는 않았던 것이다. 아비가 말했다. "저는 다소 소원한 감정을 느꼈습니다. 저 자신이 그들 중 하나라고 생각해본 일이 없습니다. 그런데 강연을 듣는 도중 그들이 사실은 나 자신이라고 느꼈습니다. 갑자기 학살캠프에 서 있는 제 자신을 보았습니다. 만일 이스라엘을 떠난다면 그런 일이 제게도 일어날 수 있겠다는 느낌을 받았습니다." 오늘 그가 말한다. "저는 이스라엘을 떠나지 않을 것입니다. 이곳은 제 조국입니다. 이곳은 하나밖에 없는 진정한 조국이며 구체적으로 실재하는 조국입니다." 그는 마지막 말을 강조했다.

1988년 여름 내가 이스라엘을 떠날 무렵 가장 유행했던 팝송 음반 중 하나가 홀로코스트를 주제로 하는 노래들을 수록한 것이었다는 사실은 내게 충격이 아니었다. 음악가 예후다 폴리케르(Yehuda Poliker)와 시인 야코브 길라드(Ya'acov Gilad)의 작품들이었다. 그 음반의 타이틀은 『유골과 먼지 Ashes and Dust』였고, 수록된 곡들 중에서 가장 인기 있던 노래의 제목은 「트레블링카의 작은 기차역 The Little Station Treblinka」이었다. 약 75만 명의 유대인들이 가스실에서 학살당한 것으로 추정되는 트레블링카 수용소로 가는 죽음의 열차 이야기를 담은 노래였다. 노래 가사 중에서 다음 구절이 특히 내 마음에 남았다.

기차가 때로는
다섯 시간 사십오 분을 달린다.
그리고 기차는 때로

죽음에 이를 때까지 평생 달린다.

오늘날의 이스라엘은 공군력을 갖춘 야드 바셈이 되어가고 있다. 유대인들의 과거 역사가 시온주의 혁명만큼이나 영향력을 갖게 됐고, 어쩌면 더 큰 영향력을 가지는 과정인지도 모른다. 홀로코스트가 이스라엘 사회를 규정하는 특징으로 자리 잡고 있다. 스페인이나 북아프리카, 그리고 동양의 이슬람 국가에서 이스라엘로 건너온 유대인들은 홀로코스트를 겪은 경험이 전혀 없었지만 이들마저 홀로코스트를 가족사의 한 부분으로 여겼다. 홀로코스트 문학에 관한 이스라엘의 전문가 시드라 에즈라히(Sidra Ezrahi)는 이렇게 말했다. "홀로코스트는 더 이상 이스라엘의 특정 가족에게만 영향을 미치는 정신적 장애가 아닙니다. 이제 홀로코스트는 나라 전체에 작용하는 집단적 병리 현상입니다."

한마디 불평도 없이 정부가 부과하는 거의 모든 어려움을 기꺼이 감내하려는 이스라엘 사람들의 태도는 부분적으로 그녀의 설명으로 이해할 수 있다. 더 많은 세금을 내야하건 매년 예비군 활동을 30일간 더 해야 하건 이스라엘인들은 그저 받아들이는 것 같다. 이스라엘에서 태어난 시드라의 남편 야론(Yaron)이 그 이유를 설명했다. "가스실과 유대인에 대한 대량학살만 아니라면 어떤 것이든 감내하려는 사람들이 많은 듯합니다."

다행스럽게도 이스라엘의 '야드 바셈화'가 완전히 끝난 것은 아니다. 유대인의 능력에 대한 모든 이스라엘 사람들의 생각이 시온주의가 등장하기 이전으로 회귀한 것은 아니다. 적절하고 건전한 지도층의 노력이 있다면 현재의 경향을 되돌릴 여지가 있다. 이는 내가 하트제림(Hartzerim) 공군기지를 방문한 후 들었던 생각이다. 공군기지에 머무는 동안, 1981년 이라크 바그다드의 핵원자로를 제거했던 F-16 폭격기 비행중대를 지휘하는 이스라엘 공군의 전투기 조종사를 인터뷰할 수 있는 기회가 있었다. 지금 그는 공군 비행학교에서 이스라엘의 모든 조종사를 훈련시키는 직책을 맡고 있다(나는 그의 이름을 밝히지 않겠다고 약속했다). Z대령은 하이파 인근의 키부츠에서 나고 자랐다. 잘생긴 얼굴과 지적인 눈매, 그리고 꼿꼿한 파일럿의 몸가짐을 가진 그는 공군 입대자를 구하는 포스터에서 막 걸어 나온 듯한 인물이었다. 다른 많은 이스라엘 군 장교들과 마찬가지로 그는 미래를 스스로 만들어나갈 수 있을 이스라엘의 실제 힘과 능력에 대해 한 치의 의심도 없었다. 정치인들이 구사하는 종말론적 수사에 완전히 물들지는 않았다.

조종사들 중에서 누가 600만의 학살에 대해 더 많이 알고 있는지를 겨루는 '홀로코스트 퀴즈'를 공군이 후원했다는 말을 친구로부터 들었다고 말하면서 나는 그와 대화를 시작했다.

Z대령이 말했다. "끔찍한 일이었지요. 저는 공군 책임자였던 아비후 비눈(Avihu Binun) 장군에게 가서 호소했습니다. '허용해서는 안 됩니다. 말도 안 되는 일입니다.' 이런 질문들도 실제로 나왔습니다. '트레블링카에서 죽임을 당한 유대인은 몇 명인가? 부헨발트(Buchenwald) 수용소에서 얼마나 많은 사람들이 학살당했는가?' 사람들이 숫자를 확실히 알게 되기를 그들은 원했습니다. 리비아에 세운 집단수용소에는 몇 명의 유대인이 있었는지를 묻는 질문도 있었습니다. 어느 청년이 50만 명이라고 답했습니다. 정답은 500명이었습니다. 아시겠지만 모든 것들을 온통 과장해서 커다란 무언가로 만들고 나면 결국 제대로 된 시각을 잃게 됩니다. 5명 혹은 6명의 유대인이 죽임을 당했을 때 사건의 의미가 무엇인지를 파악할 수 없게 됩니다. 세 살 적부터 몽둥이로 항상 맞으면서 자란 아이는 18세가 되어도 두려움을 느낍니다. 우리의 기본적인 시각은 얻어맞으면서 자란 아이의 시각과 같습니다. 바로 이것이 오늘날 이스라엘의 기본적 정신상태입니다. 보세요. 제 이름은 나치에게 살해된 루마니아 출신 할아버지의 이름을 따랐습니다. 저는 유대인이 얻어맞던 이야기를 들으며 자랐습니다. 아직까지도 어느 정도 열등감을 가지고 있습니다. 이성적으로 생각해보면 그런 열등감을 가져서는 안 되지만 어쩔 수가 없습니다."

이스라엘 공군의 능력으로 무엇을 할 수 있는지를 잘 알고 있는 그가 전 국민을 상대로 연설을 할 수 있는 기회를 얻는다면 사람들에게 무엇이라고 말할 것인가? 내가 그에게 던진 질문이었다.

그가 거리낌 없이 답했다. "저는 사람들에게 우리가 타협할 수 있는 힘을 가졌다고 말하겠습니다. 강력하고 확신에 찬 민족은 품위 있는 양보를 할 수 있다고 말할 것입니다. 만일 사람들이 제가 알고 있는 것들을 알게 된다면 그들의 양보에 대한 두려움이 훨씬 덜해질 겁니다. 스스로를 힘없는 희생자라고 항상 생각하다보면 자신의 힘을 보지 못하게 되며 가능한 대안들을 볼 수 없습니다. 이 때문에 우리는 많은 기회를 놓쳤습니다. 저 자신 역시 이런 점을 아들에게 가르쳐주려고 노력하지만 쉬운 일은 아닙니다."

쉽지 않을 것이다. 나는 쉽지 않을 것이라고 생각한다. 화산의 분화구 언저리 혹은 야드 바셈의 오싹한 복도에서 삶을 영위하고 있다고 스스로 생각하는 국가는 미래를 설계하지 않는다. 담대한 제안을 내놓을 수도 없다. 그저 필사적으로 견딜 뿐이다.

이츠하크 샤미르가 1986년 총리에 선출된 직후 나는 당시 『뉴욕타임스』 편집주간이었던 에이브 로젠탈과 함께 그를 방문했다. 홀로코스트에서 가족을 모두 잃었던 샤미르는 미래에 대한 비전이 지나간 과거에 있는 이스라엘 지도자의 전형이었다.

총리 사무실에서 가진 인터뷰가 끝나갈 무렵 에이브가 샤미르에게 질문을 던졌다. 국가의 수장을 인터뷰할 경우 기자들이 자주 던지곤 하는 포괄적인 질문이었다. 가상의 지평선 너머로 손을 움직이며 에이브가 물었다. "미스터 샤미르, 지금부터 2년 후 당신의 임기가 끝날 무렵 국민이 당신에 관해 어떻게 말했으면 좋겠습니까?"

샤미르는 몸을 앞으로 당기고 양손을 하나로 모아 쥐고는 에이브의 눈을 응시하며 말했다. "제가 모든 일을 조용히 처리했다고 사람들이 말하기를 바랍니다."

12장
이 나라의 주인은 누구인가?

최근 예루살렘에서 버스를 타고 킹 조지 스트리트를 따라 내려가고 있었다.
버스 맨 뒷자리에 (급진 유대교파인) 하레디파 유대 남성이 앉았고, 그 옆에는
젊은 여성이 앉았는데 특별히 눈에 띄는 모습은 아니었다. 남자는 검은 모자를 쓰고
긴 턱수염을 길렀고 여인은 샌들을 신고 소매가 달린 웃옷을 입고 있었다.
그저 일상적으로 볼 수 있는 장면처럼 보였다. 휴가를 나가는 병사,
바부시카 스카프를 머리에 쓴 노파, 배낭을 등에 맨 다섯 살짜리 꼬마,
약속시간에 늦어 서두르는 미국인으로 보이는 듯한 랍비 등이 보였다.
젊은 여인이 하레디파 교도에게 창문을 좀 닫아달라고 조용하고
정중하게 요청하는 소리에 나는 보고 있던 신문에서 눈을 떼고 남자를 보았다.
남자는 여인 쪽을 바라보더니 평범한 목소리로 이렇게 말했다.
"실례지만 옷소매를 좀 내려주시겠어요?"
"여보세요, 열린 창문 때문에 불편하다고요."
그녀의 분노를 보여주듯 높아진 목소리가 그녀에게서 나왔다.
"부인, 당신의 맨살을 드러낸 팔이 저를 불편하게 하네요." 그가 응수했다.
그녀의 표정이 완전히 굳었고 결연해졌다. 그녀는 차 안에 있는 사람들 모두가
똑똑히 들을 수 있도록 천천히 또박또박 한 단어씩 말했다.
"이 팔이 나의 팔입니까? 아니면 당신 팔입니까?"
– 랍비 슐로모 리스킨(Shlomo Riskin), 1988년 5월 20일 『예루살렘 포스트』 기사에서

    1930년대 텔아비브 무그라비(Mughrabi) 광장에는 앞면을 덮는 유리가 없는 커다란 시계가 있었다. 전하는 말에 따르면 어느 날 메이어 디젠고프(Meir Dizengoff) 시장이 시계를 없애버리라고 명령했다고 한다. 인근에 사는 주민들이 시장에게 그 이유를 물었더니, 디젠고프 시장은 시계 옆을 지나는 유대인들이 저마다 자신의 시계를 보고서 그 시계의 시간을 새로 맞추기 때문이라고 설명했다.
    내가 그 이야기를 들은 것은 예루살렘에 도착한 직후였다. 그러나 이스라엘에서 한동안 살고 난 후에야 그 이야기가 여전히 옳다는 것을 이해했다. 이전 장에서 묘사한 다양한 이유로 인해, 이스라엘 사람들은 그들의 국가가 정치적인 측면에서뿐만 아니라 종교적 측면에서도 무엇을 상징해야만 하는지를 결정하지 못했다는 점을 나는 알게 됐다.

세계 유일의 유대 국가에서 발견할 수 있는 가장 놀라운 사실은 유대인이란 무엇이며 유대 국가가 대표해야만 하는 유대인의 삶이 정확히 무엇인가라는 문제에 대해 시민들 사이에 깊고 근본적인 의견의 불일치에도 불구하고 그 나라가 세워졌고 하나로 결합되었다는 것이다. 나는 미국이나 서유럽에서 건너온 유대인들 중에서 이스라엘에 오고 나서야 스스로가 유대인이라는 점을 '알게 되었다'고 말하는 사람들을 많이 만났다. 유대인으로서의 정체성을 스스로 정립하는 데 있어서 이스라엘은 세계에서 가장 혼란스러운 곳일 것이라고 나는 그들에게 항상 말했다. 이스라엘은 유대인으로서의 자기 정체성을 상실하는 곳이다. 이곳에 도착하기 이전에 스스로가 누구인지를 알지 못한다면 이스라엘 땅에 발을 딛는 순간 직면하게 되는 무수한 옵션들의 미로 속에서 완전히 길을 잃기 때문이다.

미국에 거주하는 대부분의 유대인들과 마찬가지로 나 자신도 국토가 없는 유대주의 속에서 성장했다. 2천 년 전 팔레스타인 땅에서 로마인들에게 추방된 이후 유대인들이 지켜왔던 바로 그 유대주의였다. 시나고그와 기념일, 그리고 지역사회의 유대인 모임 등을 통해 이어 내려온 유대주의였다. 종교적인 관점에서 본다면, 팔레스타인을 떠나 타지에서 살아가는 유대인들은 종교의식을 얼마나 엄격하게 준수하느냐의 차이로 나뉘었다. 정통파와 보수파, 개혁파로 나뉘었는데, 정통파가 가장 엄격하게 종교의식을 준수했고 개혁파가 가장 느슨했다.

이스라엘에서의 사정은 달랐다. 이스라엘에 거주하는 유대인들은 어느 시나고그에 소속되어 있는가는 물론 이스라엘 땅과 국가에 대한 태도에 의해서도 나뉘었다. 그들의 땅, 그리고 현대적 국가건설과 유대민족이 다시 결합되자, 스스로를 유대인으로 정의하는 전혀 새롭고 다양한 방식이 대두됐다. 이 중 상당수는 이스라엘 땅을 떠나서 살아가는 유대인들에게는 전혀 제기되지 않은 것들이었다.

유대인으로서의 정체성을 규정할 수 있는 무수한 방식은 네 가지 큰 부류로 나눌 수 있다. 첫 번째이자 가장 큰 부류는 종교적 색채가 적고 종교의식을 강조하지 않는 시몬 페레스와 이츠하크 샤미르와 같은 사람들이다. 이들이 새로운 국가 이스라엘을 세웠다. 이들 세속화된 시온주의자들이 이스라엘로 건너온 부분적인 이유는 동유럽의 게토에서 정통파 시나고그를 중심으로 했던 유대주의, 그리고 할아버지 세대에 대한 반기였다. 세속적 시온주의자들에게는 이스라엘 땅으로의 복귀, 근대사회와 군대의 건설, 그리고 유대 기념일 준수가 엄격한 종교의식과 믿음을 대신했다. 그들은 이렇게 말했다. 이스라엘에서는 하늘이 유대의 것이고, 농구도 유대의 것이며, 국가와 공항 역시 유대의 것이다. 시나고그에 가야 할 필요가 무엇인가? 이스라엘 땅으로 복귀해서 '정상적인' 삶을 영위한다면 유대인으로서의 정체성을 유지하기 위해 종교의식을 계속할 필요가 없다고 그들은 생각했다. 과학과 기술, 그리고 사막을 초원으로 변모시키는 것이야말로 그들의 새로운 율법이었다.

　이스라엘 유대 인구의 약 50퍼센트를 차지하며 자녀를 국가가 운영하는 일반 학교에 보내는 세속적 이스라엘인들은 그들 자신이야말로 이스라엘의 미래라고 확신했고 과거의 전통에 얽매인 유대인들은 유대역사에서 지나간 과거로 기억될 것이라고 생각했다. 이들은 새로운 국가에서 시민이 되어 살고자 하는 세계의 어떤 유대인들에게도 즉시 이를 기꺼이 허용하려고 했다. 유럽에서든 예루살렘에서든 자기들끼리만 모여 사는 초정통파 유대인들이 되찾은 땅으로 돌아와 살아간다면, 한 세대가 지나기도 전에 스스로 검은 모자와 외투를 벗어던지고 시온주의 혁명에 참여할 것이라고 확신했기 때문이다. 이들 탈종교적 시온주의자들은 스스로에게 이렇게 반문했다. 근대적 유대 국가 내부에서 중세 폴란드의 게토를 다시 만들어낼 이유가 어디 있는가라고 말이다. 어린 시절 아버지 손에 이끌려 예루살렘의 초정통파 유대교도의 거주지역인 메아 셰아림(Mea Shearim)에 가서 아버지로부터 이런 식의 말을 들은 경험이 있다는 이스라엘 사람들을 만난 적이 한두 번이 아니었다. "이 사람들을 잘 봐두거라. 이들은 역사의 유물이고, 역사의 밑바닥을 경험한 시대에 뒤떨어진 사람들이란다. 지금 잘 봐두거라. 한 세대가 더 지나면 이들은 사라질 것이다."

　두 번째로 큰 부류는 종교적 시온주의자들이다. 전통적으로 내려온 혹은 근대적 정통파 유대인들로 세속적 시온주의 국가를 전폭적으로 지지하지만,

국가가 시나고그를 대체할 수는 없는 일이라고 주장한다. 이들은 국가와 시나고그를 각각 하나의 생활양식으로 간주하고 율법의 가르침에 의거하면 두 가지 생활양식이 완전하게 양립가능하다고 생각한다. 이스라엘의 건국이 종교적 사건이라고 믿으며, 20세기에 걸맞게 재해석한다면 유대주의는 근대적 유대 국가에서도 꽃필 수 있다고 생각한다. 유대 인구의 약 30퍼센트를 차지하는 종교적 시온주의자들은 군대에서 복무하고 이스라엘 건국일을 새로운 종교기념일로 축하하며 자녀를 국가가 운영하는 종교 교육기관에 보낸다.

세 번째 부류 역시 종교적 시온주의자들이지만 좀 더 메시아적 성격을 강하게 가진다. 이들 메시아적 시온주의자들은 유대 인구의 약 5퍼센트를 차지하는데 요르단 강 서안에서 벌어지는 구시 에무님 정착촌 건설운동의 핵심을 이룬다. 이들에게 유대 국가의 재건은 단순한 종교적 사건이 아니라 메시아의 강림으로 절정에 도달할 과정의 첫 단계일 뿐이다. 이들의 관점에 따르면 국가는 메시아를 맞아들이기 위해 필요한 수단일 뿐이며, 이스라엘의 정치와 국방, 그리고 외교정책 역시 모두 이를 위해 복무해야만 한다. 이는 특히 이스라엘 땅 모든 곳에 유대인 정착촌을 만드는 것을 의미한다.

마지막 부류는 초정통파로서 시온주의자가 아닌 유대인들이다. 이들은 히브리어로 하레딤(Haredim)이라고 불리는데 '신에 대한 외경심으로 가득한 사람들'이라는 의미다. 유대 인구의 약 15퍼센트를 차지한다. 이들은 율법을 엄격하게 준수하지만 이스라엘이라는 국가의 재건에 종교적으로 중요한 의미를 두지 않는다. 메시아가 강림하고 유대의 법에 의한 지배가 완전하게 실현된 이후라야 유대 국가를 종교적으로 찬미할 가치가 있다고 믿는다. 그런 상태에 도달하기까지 이들은 이스라엘 땅에서 살아가는 것에 만족한다. 누가 다스리는가는 문제가 되지 않는다. 세속적 시온주의자이든 영국인이든 아무런 관계가 없다. 이스라엘 땅에서 살아감으로써 신에 좀 더 가까이 다가선다고 믿기 때문이고, 계율을 좀 더 충실하게 이행할 수 있다고 믿기 때문이며, 메시아가 왔을 때 그곳에 있기 위해서다.

2천 년 전 팔레스타인에서 추방된 이후 18세기와 19세기, 그리고 20세기에 동유럽의 유대 마을과 게토에서 이룩한 탈무드 교육기관 예시바(yeshivas)

와 랍비의 위대한 왕국이야말로 유대인이 성취한 삶과 배움의 절정이라고 하레딤은 믿는다. 이들 마을과 게토는 주변의 이교도 세계와 떨어진 고립된 장소들이었다. 동유럽에서와 똑같은 삶을 이스라엘에서도 다시 창조해내고자 이들은 노력한다. 18세기 동유럽 신사들이 걸쳤던 검은 외투와 가죽 모자를 남자들이 아직 착용하는 이유도 바로 이 때문이다. 심지어 그들은 이스라엘로 떠나오기 전 거주했던 동유럽 마을의 이름을 예시바에 붙이는 경우도 많다. 이들은 또한 히브리어가 아닌 동유럽 유대인의 언어인 이디시(Yiddish)로 말하기를 선호하고, 자녀에게 군복무를 하지 않도록 하는 경우가 대부분이며, 이스라엘 건국일을 축하하지도 않는다. 그러나 이스라엘 의회활동에는 기꺼이 참여한다. 이스라엘 사회를 좀 더 종교적으로 만들고자 하는 그들의 운동을 촉진하고, 예시바의 네트워크로 이루어진 그들의 사립교육을 지원하기 위한 국가 보조금을 얻기 위해서다.

40년 전 탈종교적 성향의 아버지들이 아들을 메아 셰아림으로 데려가서 하레딤이 사라지기 전에 그들을 보여줬을 당시 이들이 알지 못한 점이 있었다. 하레딤 역시 '그들의 자식들'을 데리고 예루살렘의 세속적 유대인 마을을 찾아 이렇게 말했다. "이들 지각없는 유대인들을 잘 봐두거라! 한 세대가 지나기도 전에 이들은 깨달을 것이다. 유대인이 그들의 땅에 되돌아온 것은 정치적인 행위가 아니라 종교적인 사건이며, 사람들은 이에 영적으로 응답해야만 한다는 사실을 말이다. 지금부터 40년이 지나가면 저들도 모두 우리와 같아질 것이다."

이스라엘인의 정체성에 관한 커다란 논쟁에서 네 집단 각각은 자신과 다르게 생각하는 여타 집단들은 소멸될 것이라고 확고하게 믿었다. 따라서 이스라엘 민족에게 국가로서의 이스라엘, 그리고 이스라엘 땅이 무엇을 의미하는지에 관해 마주 앉아 토론을 통해 합의에 이르려는 노력을 하지 않았고 할 수도 없었다. 서로 다른 시각이 나란히 커나갔다. 이스라엘의 탈종교적인 경향과 정통파적 경향, 그리고 세속적 경향과 메시아적 경향은 동시에 심화됐다. '새로운 유대인으로서의 정체성' 혹은 '새로운 유대인'을 만들어내기는커녕 이스라엘은 지난 3천 년 동안 유대역사 속에서 제기되었던 모든 종교적인 대안을 끄집어낸 것 같았다. 이스라엘은 유대역사의 살아 있는 박물관이 되어버렸다. 과거 리투아니아에서보다 더 많은 리투아니아 스타일 하레디 예시바가 이스라엘에 존재하고, 동시에 유일한 유대인 게이클럽과 서프보드 상점이 있는 이유가 바로 이 때문이다.

지난 40년간 이스라엘이라는 온실에서 자라난 극단적으로 상이한 유대의 경향을 가장 극적으로 보여준 것은 1988년 11월 총선거를 앞두고 펼쳐진 선거운동이었다. 이스라엘 의회 크네세트의 120개 의석을 둘러싸고 경쟁에 뛰어든 정당의 숫자가 27개에 달했다. 브루클린에 거주하던 루바비치파의 레베(Rebe, 레베는 루바비치파의 정신적 지도자를 의미한다.-역자) 메나헴 멘델 슈니어슨(Menachem Mendel Schneerson)은 결선투표에서 초정통파 정당인 아구다트 이스라엘(Agudat Yisrael Party, 이스라엘 동맹당)을 지지했다. 슈니어슨은 아구다트에 대한 자신의 지지를 밝히면서 이스라엘의 신문들에 전면광고를 시리즈로 실었다. 유권자들이 아구다트에 투표했음을 서약하는 쿠폰을 적어 자신에게 보내오면, 그 대가로 유권자의 축복을 빌어주겠다고 약속했다. 유권자의 '건강, 장수, 행복, 그리고 모든 일에서의 성공' 등이었다. 한편 슈니어슨의 가장 강력한 라이벌 중 하나인 전직 세파르디(Sephardic)* 최고 랍비 오바디아 요세프(Ovadia Yosef)는 텔레비전 광고에 출연해 그의 샤스당(Shas Party)에 지지표를 주는 사람에게는 누구에게나 축복과 함께 '아들을 많이 낳도록' 빌어주겠다고 약속했다. 랍비 요세프의 광고 중 일부는 선거위원회에 의해 금지되기도 했는데, 그가 이런 경고를 한 대목이었다. '샤스에 투표하지 않은 자는 그 누구라도 그리스도가 내리는 벌을 받을 것이다. 찬미할지어다.' 아구다트 이스라엘은 이에 지지 않고 우편엽서를 만들었다. 엽서에는 죽은 모로코의 유대인 성자 바바 살리(Baba Sali)의 그림이 그려져 있었다. 환자를 치유하고 예언하는 능력이 있다고 사람들이 따랐던 파더 디바인(Father Divine, 스스로 신으로 자처했던 흑인 종교지도자 조지 베이커 주니어(George Baker Jr.)의 다른 명칭이다.-역자)의 이스라엘판 인물이었다. 엽서의 뒷면에는 이런 문

---

* 스페인 혹은 포르투갈계의 유대인.

구가 인쇄됐다. '아구다트 이스라엘을 지지하고 여기에 표를 주는 사람들 모두를 바바 살리가 천국에서 축복하고 있다는 것은 의심의 여지가 없습니다.' 다른 두 개의 초정통파 종교분파는 선거가 끝날 때까지 과일을 먹지 않겠다고 선언했다. 그들과 경쟁관계에 있으며 과일나무를 상징으로 사용하는 정당인 데겔 하토라(Degel Hatorah)에게 불운을 빌기 위해서였다. 이스라엘의 정치적 스펙트럼에서 초정통파의 반대편인 세속적이고 자유주의적인 진영에서는 시누이(변화)당이 전면광고를 실었다. 그다지 매력적으로 보이지 않는 초정통파 유대교 지도자가 옆머리를 길게 기른 모습이 보이고 아래에는 이렇게 쓰여 있었다. '이 사람은 군복무를 하지 않습니다. 게다가 여러분을 끊임없이 괴롭힙니다.'

이런 선거광고를 지켜보면서 나는 어느 이스라엘 친구가 내게 했던 다음과 같은 말을 비로소 이해하기 시작했다. "추방당한 사람들과 함께 살기보다는 그들을 위해 기도하는 편이 훨씬 쉽다."

이스라엘의 유대인으로 살아가는 일이 말 그대로 사람을 기진맥진하게 만드는 것이란 점 역시 이해하기 시작했다. 1988년 6월 어느 날 오후, 나는 라마트 아비브(Ramat Aviv)에 위치한 이스라엘의 역사학자 야코브 샤비트(Ya'cov Shavit)의 집에 앉아 이스라엘이 대체 어떤 시점에 와 있는지를 생각해보고 있었다. 열린 문으로 산들바람이 부드럽게 불어오고 샤비트의 17세 딸 노가(Noga)가 주방에서 점심을 준비하는 동안 샤비트는 모든 사회적 경향들이 여전히 적나라하게 제 모습을 드러내고 있는 나라에서 살아가면서 겪어야 하는 긴장에 대해 이야기했다.

그는 내게 이렇게 털어놨다. "이 이야기를 꼭 해야겠습니다. 저는 독일에서 2년간 머무르다 얼마 전에 돌아왔습니다. 독일은 낙원이었어요. 그곳이 독일이었지만 낙원이었다는 말입니다. 뉴스가 없었어요. 메시아를 기다리는 사람도 없었습니다. 너무도 편안했어요. 이곳에서 우리는 격변하는 국가에 살고 있습니다. 항상 모든 일에 개입되어 있죠. 언제나 뉴스를 듣습니다. 좌파의 유토피아적 열망 혹은 메시아를 기대하는 우파로부터 벗어날 방법이 없습니다. 한순간도 편하게 쉴 수가 없어요. 사람들은 언제나 자신의 정체성에 대해 입씨름을 벌입니다. 자신이 누구인지를 결정하라는 요청을 항상 받습니다. 당신은 유대인인가요? 어떤 종류의 유대인입니까? 당신은 시온주의자인가요? 어떤 종류의 시온주의자인가요? 텔레비전을 켜면 국경을 둘러싼 논쟁, 그리고 국가와 종교의 구분에 대한 논쟁이 끊이지 않습니다. 이곳에서는 단 한 가지도 해결되는 일이 없습니다. 도대체 쉴 수가 없습니다."

그때 노가가 조용히 감자껍질을 벗기던 주방에서 고개를 내밀더니 방에 있는 아버지를 향해 큰 소리로 말했다. "아빠, 그게 바로 이곳에서 맛볼 수 있는 재미잖아요."

"그래, 그게 재미구나." 샤비트는 눈동자를 굴려 위를 바라보며 생각에 잠겼다. 그런 재미는 좀 적었으면 하고 바라는 듯한 모습이었다.

자신이 말하려는 바를 정확히 하기 위해 노가가 덧붙였다. "아빠, 아무튼 세계에서 자살하는 사람들이 가장 많은 나라가 스위스라는 것을 모르세요?"

이스라엘은 사람들이 자살에 이르게 할 만큼의 지루함을 걱정할 필요가 전혀 없었다.

이스라엘에서 살아가는 유대인의 정체성을 두고 서로 경쟁하는 네 가지의 주요한 시각에 대해 좀 더 잘 이해하기 위해 나는 네 사람의 이스라엘 지인들에게 질문을 던졌다. 이들은 모두 한때 미국인이었고, 유대인으로서 이스라엘에 왔지만 그 이유는 서로 전혀 달랐다. 질문은 이것이었다. 도대체 이 나라는 누구의 나라인가?

텔아비브에 자리 잡은 이스라엘 최초이자 유일한 로큰롤대학인 리몬재즈현대음악원(Rimon School of Jazz and Contemporary Music)에 학교를 상징하는 문장(紋章)이 있었다면, 문장 한가운데에 화려한 히브리 문자로 이렇게 표어를 적어두었을 것이다. '유대인은 즐기고 싶을 뿐이다.'

리몬 음악원은 세속적이고 서구화된 많은 이스라엘 사람들이 공유하는 유대의 미래상을 구현한 곳이다. 모든 종교적인 의무로부터 벗어난 상태로, 프랑스 사람들이 정상이라고 느낄 만한 그런 정상적인 삶을 지향한다. 행복함을 느끼는 정상적인 삶, 따분하게 느껴지는 정상적인 삶, 그리고 주말이면 해변에 나가 맥주 캔을 따는 그런 정상적인 삶이다. 이와 같은 미래상을 공유하는 사람들이 이스라엘에서 가장 좋아하는 부분은 유대 공동체 안에서 거주하면서 맛볼 수 있는 따뜻함, 그리고 가족과 함께 있을 때에나 느낄 수 있을 법한 안전함이다. 그러나 이들은 유대 공동체의 따뜻함을 원하지만, 게토가 지니는 세상으로부터의 고립과 끊임없는 질풍노도, 그리고 무엇보다도 랍비가 없는 유대공동체를 원한다. 이들이 원하는 것은 리몬 음악원인 것이다.

    리몬 음악원 캠퍼스는 마치 버려진 군대막사처럼 보인다. 페인트가 벗겨지고 있는 낮은 막사와 수개월 동안 손질하지 않은 잔디가 보인다. 그곳은 한때 정신장애가 있는 사람들을 위한 학교였다. 초정통파 이스라엘인 중 일부는 아직도 그렇다고 생각한다. 록 뮤직을 연습하는 교실은 콘크리트와 철골로 만들어진 방공호인데 캠퍼스에서는 '헤비메탈 학과(Heavy Metal Department)'라고 부른다. 내가 그곳을 방문했던 날 나는 그곳에서 임시로 구성된 밴드가 '조니 비 구드(Johnny B. Goode)' 그리고 모세가 이스라엘 사람들을 이끌고 홍해를 건넌 이후 히브리어로 최초로 만든 파도타기 노래라는 「나와 내 서프보드 Me and My Surfboard」를 비롯한 이스라엘 사람들의 애창곡들을 힘차게 연주하며 60센티미터에 달하는 벽을 뒤흔드는 것을 보았다. 그 밴드는 로큰롤 시온주의 그 자체였다. 헐렁한 스웨터에 목이 긴 빨간 운동화를 신은 검은 눈의 리드보컬은 튀니지 이민자였다. 색소폰 연주자의 가족은 아르헨티나에서 건너왔다. 리드 기타리스트는 롱아일랜드에서 이주했다. 전기 오르간 연주자의 가족은 그 뿌리가 폴란드였다. 리몬 음악원은 엘비스 프레슬리(Elvis Presley)의 영혼이 테오도어 헤르츨의 비전과 만나는 곳이었다.

    리몬 음악원은 현대음악에 관심 있는 이스라엘 젊은이들에게 본격적인 교육 프로그램을 제공하겠다는 목적으로 네 명의 이스라엘 재즈 및 록 스타들이 1984년 문을 열었다. 이들의 제공하는 교육 프로그램 중 몇 개만 나열해도 작곡 및 성악, 재즈 기타, 록, 그리고 편곡 등이었다. 1988년에 이르자 음악원은 25명의 교수와 135명의 학생을 갖게 되었고 3년에 걸친 프로그램의 첫 번째 졸업생을 배출했다. 부분적으로는 이스라엘 교육부의 지원 역시 받았다. 누가 이스라엘이 영혼을 잃어버렸다고 말하는가? 사람들은 단지 어디에서 영혼을 찾아야 하는지를 모를 뿐이다. 성악과 학생이자 음악원의 순회 연주그룹 '아카펠라'의 일원이기도 했던 유발 나다브 하이모비츠(Yuval Nadav Haimovitz)는 리몬 음악원이 시온주의가 어떠해야 하는지 그 핵심을 보여주고 있다는 점을 확신한다고 내게 말했다.

"헤르츨이 음악원을 봤다면 매우 기뻐했을 것이라고 생각합니다. 헤르츨은 우리나라가 다른 국가들과 마찬가지의 모습을 지니길 바랐을 것이라고 저는 생각해요. 우리가 리몬 음악원과 같은 학교를 가질 수 있다는 것은 이스라엘이 헤르츨이 염두에 두었던 그런 나라가 되었다는 것을 의미합니다." 하이모비츠가 강한 확신을 가지고 내게 한 말이었다.

그런 나라가 제브 하페츠(Ze'ev Chafets)가 염두에 두었던 나라였던 것은 분명했다. 리몬 음악원에 관해 내게 가장 먼저 이야기한 사람이 제브였다. 만일 헤르츨과 재니스 조플린(Janis Joplin, 미국의 백인 여성 블루스 가수로 거침없는 음악 스타일과 여가수라는 관습적 제약에서 벗어난 것으로 유명하다. -역자) 사이에서 아이가 태어났다면, 그 아이는 틀림없이 제브였을 것이다. 디트로이트에서 태어난 하페츠는 보통 사람들을 움직이는 것이 무엇인지를 알아내는 현장 철학자의 감각을 가졌고, 무엇이 사람들을 춤추게 하는지를 아는 실패한 록 스타의 섬세한 귀를 가진 인물이었다. 내가 제브를 처음 알게 된 것은 그가 메나헴 베긴이 이끄는 이스라엘 정부의 공보 책임자로 있던 1980년대 초반이었다. 오늘날 그는 책을 저술하는 일을 직업으로 하고 있다. 그가 가장 즐겨 찾는 동네 술집이었던 텔아비브의 디젠고프(Dizengoff) 거리 옆에 위치한 보난자(Bonanza)에서 골드스타(Goldstar) 맥주 한 잔을 마시면서 이제 40대 초반이 된 하페츠는 두툼한 시가를 피우며 연기를 한 모금 훅 뿜더니 자신이 생각하는 이스라엘에 관해 이야기했다. 그저 삶을 만끽하기를 원하는 유대인들을 위한 이스라엘이었다.

하페츠가 말했다. "저는 1967년 이곳으로 왔습니다. 당시 저는 미시간대학에 재학 중이었죠. 한편으로 저는 이곳에서 학업을 계속하면서 히브리어를 배우려고 했습니다. 랍비가 되려고 생각했어요. 잘 아시겠지만 종교와 관련된 그런 생각을 했던 거죠. 당시 미국은 1960년대였고 모든 사람들이 어디론가 갔습니다. 친구들 중 몇몇은 학교를 그만두었고, 일부는 캐나다로 떠났고, 몇몇은 평화봉사단에 참여했습니다. 그리고 일부는 잘 알려지지 않은 곳으로 떠나 그들만의 자유를 찾아보려고 했죠. 저도 다른 사람들과 마찬가지로 여행을 했습니다. 그러다가 우연히 이곳으로 온 겁니다. 이곳에 정착하게 된 과정은 영화 「이지 라이더 Easy Rider」(1960년대 미국 젊은이들이 기성세대의 권위에 반발하고 나름의 자유를 찾으려는 모습을 그린 영화-역자)와 유사합니다."

자신이 이스라엘에 오게 된 과정은 이렇게 설명되지만, 그를 이곳에 머물게 한 것은 쉽게 설명할 수 없는 무엇이라고 그는 말했다. 사실상 부족적인 그 무엇이었다는 것이다. 미국의 유대인들이 엘 알(El Al) 이스라엘 항공의 비행기가 텔아비브에 무사히 착륙하는 것을 보고 환호했을 때의 감정과 같았다. 유대 여객기가 유대 공항의 유대 활주로에 착륙했다는 당연하게 보이는 사실에 그들은 환호했다. 1948년 이전이었다면 그런 일이 일어날 것이라고 누가 상상이나 했겠는가? 다수의 이스라엘 사람들을 이스라엘 땅에 결합시키는 것은 바로 이런 감정이다. 성경이나 종교가 아니라 유대인의 공항을 노래하는 시(詩)다.

술집 안의 다른 손님들이 하페츠에게 큰 소리로 인사를 건넸다. 여기서 모두 소개하기에는 적절치 않은 인사들도 있었다. 그런 와중에 하페츠가 설명했다. "이곳의 밑바닥에서 사람들을 진정 하나로 뭉치도록 만드는 것은 민주주의가 아닙니다. 이데올로기도 아니고 어떤 시스템 역시 아닙니다. 유대인이라는 부족적 연대의식입니다. 이 사람들 모두는 2천 년 동안 나라를 갖게 해달라고 신에게 울부짖으며 간청했습니다. 저는 그 나라를 보고 싶었습니다. 그런데 이곳에 도착하자 이스라엘이 제 마음을 흔든다는 것을 알게 됐습니다. 저는 바로 알아차렸습니다. 이곳 사람들은 제가 성장하면서 만났던 사람들과 다르지만 고향과 같은 편안함을 느끼게 해준다는 것을 말입니다. 모로코에서 처음으로 이스라엘로 온 유대인들은 항상 길을 걷곤 했다고 합니다. 사람들은 그 이유를 묻곤 했었죠. 모로코에서는 사람들이 걸어 다닐 인도가 없었는가? 아니죠. 이곳이 '그들의' 나라였기 때문이었습니다. 이곳에는 식민지의 주인이 없습니다. 이제 그들은 그 빌어먹을 길 위로 마음껏 걸어 다닐 수 있었던 겁니다. 저 역시 비슷한 감정을 느낀 일이 있습니다. 이스라엘이란 유대인들이 식민지로부터 벗어났을 때, 즉 이방인들의 감시를 더 이상 받지 않을 경우 행위하는 방식입니다. 미국 사람들이 이곳에 대해 불평하곤 하는 모든 것들을 저는 좋아합니다. 저는 사람들의 무례한 태도를 좋아합니다. 사람들의 직선적인 태도, 그들의 열광과 다혈질을 좋아합니다. 저는 이 사람들과 함께 있을 때 편안함을 느낍니다. 이것이 무엇인지 정확하게 정의할 수는 없었지만 언젠가 비행기에서 내리면서 부지불식간에 그런 생각이 들었습니다. 바로 이곳이다. 이곳이 내가 있어야 할 곳이다."

삶을 즐기기 위해서는 무엇을 하는가?

"저는 아주 즐거운 삶을 살고 있습니다. 예를 들면 저는 이스라엘의 최고 음악가들과 함께 어울리고 로큰롤을 연주합니다. 때로는 성대한 파티에서 연주하기도 합니다. 왜냐고요? 미국에서는 꿈도 꾸지 못할 일들이기 때문입니다. 매년 욤키푸르가 다가오기 전에 바텐더인 샤울(Shaul)과 저, 그리고 몇몇 사람들은 디젠고프 거리에 앉아 후무스를 안주 삼아 맥주를 마십니다. 그러다 보면 사람들이 지나갑니다. 아는 사람일 경우, 그리고 더 많이 취했을 경우에는 모르는 사람들일지라도 우리는 그들을 불러 세워 말합니다. '올해 내가 당신에게 잘못한 일이 있었다면 사과합니다. 용서해줘요.' 그렇게 하는 것은 참으로 재미있는 일입니다. 사람들은 미소 짓거나 크게 웃으며 말하죠. '친구, 나도 마찬가질세. 나도 용서해줘.' 그러곤 그들은 갈 길을 갑니다. 저는 토요일 아침에 일어나 친구들과 함께 해변에서 시간을 보내는 일을 좋아합니다. 튀니지에서 온 여성이 운영하는 이 허름한 술집에서죠. 여기서는 이스라엘의 지중해 향취를 느낄 수 있습니다. 느긋한 삶의 템포와 아름다운 여인, 따스함과 색채 등입니다. 이스라엘은 푸에르토리코 아가씨들조차 모두 유대인인 유일한 나라입니다. 1977년 이스라엘 농구팀이 러시아를 꺾는 것을 지켜보는 것도 좋았습니다. 이겼다는 것뿐만 아니라 그들에 맞선 우리의 승리였다는 점이 신나는 일이었습니다. 한편으로 그 경기는 이스라엘 농구팀의 스타 플레이어였던 탈 브로디(Tal Brody) 및 동료들 모두가 강대국에서 온 러시아 팀을 물리친 것이었습니다. 모두 기억하고 있는 일이죠. 다른 한편으로는 저의 할아버지가 그들을 때려눕힌 것이기도 했습니다. 코사크인들에 대한 오랜 원한을 갚아준 승리였습니다. 우리 모두 그렇게 이해했습니다. 아무도 이를 입에 올릴 필요가 없었습니다. 서로 그렇게 이야기했다면 아마도 진부하게 들렸을 테지만 우리는 모두 그렇게 이해했습니다."

내가 하페츠를 항상 좋아했던 점이자 그를 일부 이스라엘 사람들 사이에 널리 퍼진 경향을 대표하는 전형적인 인물로 만들었던 것은 하페츠가 언제나 이스라엘에 대한 유머감각을 잃지 않는다는 것이었다. 그는 대부분의 이스라엘인들이 경건한 사람들이 아님은 물론 영웅이 아니며 그렇게 되고자 원하지도 않는다는 점을 인정한다. 이스라엘 사람들은 그저 앞에 닥친 한 달 한 달을 견뎌내고 삶에서 근근이 작은 행복을 찾아내려는 사람들이며 (언제나 자신의 배우자와 함께는 아니지만) 사랑을 나누고 3년에 한 번은 미국을 방문하기를 원하는 이들이었다. 그들이 가진 이데올로기란 군복무와 국기에 대한 경례를 비롯한 모든 일을 유대인 국가에서 하고 있다고 인지하는 정도다.

하페츠는 내가 하려던 질문을 스스로 던지며 말을 이었다. "이렇게 물어볼 수 있겠지요. 그토록 삶을 즐기기를 원했다면 왜 캘리포니아로 가지 않느냐고 말입니다. 왜 이스라엘에서 살아가느냐고 물을 수 있을 겁니다. 저는 삶을 즐기고 싶었고 또한 유대 국가에서 살며 거기에 참여하고 싶었습니다. 시온주의자로서 저의 목표는 유대 국가에서 살아가는 것이라고 말해도 무방합니다. 특정한 형태의 유대 국가에서 살아가는 것이 목적은 아닙니다. 나의 가족이 주인으로서 나라를 운영하는 그런 국가에서 살아가는 것으로 제게는 충분합니다. 만일 가족이 마약밀매를 그만두고 가죽밀매를 하려고 결정한다 해도 저로서는 아무 상관이 없습니다. 이곳에 어떤 정부가 있든 제게는 사실 크게 다를 바 없기 때문입니다. 가끔 사람들이 이렇게 말하는 것을 들을 겁니다. 만일 샤론이 총리가 된다면 나는 이 나라를 떠나겠다고 말입니다. 어떤 상황이 오더라도 저는 떠나지 않을 것이라는 것이 저의 감정입니다. 아무도 자신이 속한 곳에서 떠나지 않으려고 하는 것과 마찬가지입니다. 영화 「프렌치 커넥션 The French Connection」을 보면 미국에서 온 형사 포파이 도일

(Popeye Doyle)과 프랑스 경찰관이 이야기를 나누는데, 프랑스 경찰이 마르세유에 관해 자랑을 늘어놓자 포파이가 이렇게 말합니다. '마르세유 시장이 되느니 뉴욕 쓰레기통의 뚜껑이 되겠소.' 다른 나라를 모욕하려는 의도는 전혀 없습니다만, 다른 어느 나라에 사느니 저로서는 이곳의 쓰레기통 뚜껑이 되고 싶습니다."

"미국에서 성장하면서 미국이 훌륭한 국가라고 생각하기는 했지만, 불일치를 잘 알 수 있었습니다. 그럴듯한 말과 실제 성과 사이, 그리고 이데올로기와 현실 사이의 불일치였습니다. 따라서 저는 삶을 즐길 수 있을 만한 곳이 되기 위해서 이 나라가 완벽해져야 한다고 생각하지는 않습니다. '완벽한 여인이 아니라면 함께 살 수 없다.'라고 말하는 사내와 '글쎄요, 그 여자는 약간 뚱뚱하고 어쩌면 좀 모자랄지도 모릅니다. 그렇지만 그게 어쨌다는 겁니까? 나는 그 여자를 사랑해요.'라고 말하는 다소 태평스런 사내의 차이와 비슷합니다. 이것이 바로 제가 이스라엘에 대해 느끼는 감정입니다. 20년 전 제가 처음 이곳에 왔을 당시 사람들은 머릿속에 여전히 원대한 국가를 그리고 있었습니다. 그러나 대부분의 사람들이 이와 같은 생각을 유지하기에는 너무도 엄격하고 도를 넘는 것이었습니다. 우리가 지금 목격하고 있는 상황은 규율과 이데올로기의 강한 결속이 점차 느슨해지는 현상입니다. 마치 파티가 끝난 후 여인이 거들을 벗는 것과도 유사합니다. 사람들은 오랫동안 희생을 했습니다. 이제 그들은 다소나마 삶을 즐기고 싶어 합니다. 이스라엘에 관해서 제가 얻은 가장 중요한 교훈 중 하나는 유대인들이 보통 사람들이라는 것입니다. 우리는 고정관념에서나 존재하는 그런 사람들이 아닙니다. 우리는 버나드 맬러머드(Bernard Malamud, 유대계 소설가로 제2차 세계대전 이후 미국 전후 소설의 대표적 작가 중 한 사람이다.—역자)의 창조물이 아닙니다."

이제는 술집을 꽉 채운 사람들을 향해 엄지손가락을 세우며 하페츠가 이렇게 단언했다. "여기 있는 사람들이 바로 우리 유대인들입니다. 유대인들만 들어찬 술집을 한 번이라고 보신 적이 있으신가요?"

유대 율법을 완전히 무시하면서 어떻게 유대 국가에서 살아가는 일이 그의 마음에 그토록 깊은 반향을 불러일으킬 수 있는지를 내가 질문했다. 마치 이스라엘의 하늘은 유대의 것이기 때문에 일단 그곳에서 살게 되면 율법을 더 이상 지킬 필요가 없다고 말하는 사람들처럼 들린다는 말도 덧붙였다.

하페츠의 대답은 이랬다. "그렇죠. 그 말에 일리가 있습니다. 이스라엘이 제게 환상적인 이유 중 하나는 바로 제가 더 이상 유대인이 아닐 수 있도록, 그리고 더 이상 율법을 준수하지 않아도 되도록 허용해준다는 것입니다. 매달 집세를 지불해야만 하는 사람과 주택을 소유한 사람과의 차이와도 유사합니다. 이곳은 제 소유입니다. 이교도들로부터 자신을 구별하기 위해 경건한 유대인이 되어야 할 필요가 없습니다. 이곳에 있으면 내가 만나는 여인이 유대인인지의 여부를 알아내기 위해 고민할 필요가 없습니다. 그 여인이 실제로 유대인인지에 관해 신경조차 쓰지 않습니다. 이곳에서 그녀를 만났다는 것은 그녀가 히브리어를 할 줄 알고 이 사회에서 살고 있다는 뜻입니다. 저로서는 그것만으로도 충분히 그녀를 유대인으로 생각할 수 있습니다. 저는 같은 음식을 먹는다는 유대인으로서의 연대를 보여주기 위해 유대 음식을 먹어야 한다는 점을 걱정할 필요가 없습니다. 유대인임을 보여주기 위해 유대 율법에 따른 식품을 필요로 하지 않습니다. 똑같은 이유로 제게는 시나고그가 더 이상 필요치 않습니다. 나라 전체가 제게는 시나고그입니다. 제가 시나고그에서 가장 좋아했던 장소는 예배장소가 아니라 사교실과 주방이었습니다. 무슨 말씀인지 잘 아실 겁니다. 저는 이곳에서의 삶에서 큰 안도감을 느낍니다. 저는 저 자신이면서도 유대인일 수 있습니다. 항상 그 둘 사이의 관계에 대해 생각할 필요가 없습니다. 만일 미국에서 살아가는 유대인이 되고자 원한다면 미국의 유대인들이 지키는 규칙에 따라야만 하는 것이 사실입니다. 규칙을 잘 지키는 양순한 사람이 되어야 한다는 겁니다. 길들여질 필요 없이도 유대인으로 살 수 있는 유일한 나라가 바로 이스라엘입니다. 안과의사 혹은 변호사가 되고 싶은 마음이 없지만 여전히 유대인으로 살아가고 싶다면 이곳이 바로 그곳입니다."

번지수가 잘못된 곳에 신문 가판대를 설치하려고 시도하지는 말라.

시몬 침헤(Shimon Tsimhe)는 한때 브네이 브락(B'nei B'rak)에서 가장 잘 팔리는 신문 가판대를 운영했었다. 폭격 전의 일이었다. 현재 그는 중동의 야채 샌드위치 중 하나인 팔라펠(falafel)을 팔아 근근이 생활한다.

브네이 브락은 텔아비브 외곽으로 오직 초정통파 하레딤만이 거주하는 지역으로 술집 보난자에서 차로 단 20분 정도 걸리는 곳에 위치한 곳이다. 정확히 말하면 20분하고도 약 200년 정도 떨어진 곳이다. 오늘날 브네이 브락에서 살아가는 유대인들의 삶은 18세기 리투아니아의 유대인의 삶과 흡사하기 때문이다. 텔아비브 북쪽에 거주하는 어떤 유대인 마을의 삶보다도 훨씬 공통점이 많다. 만일 「헤스터 스트리트 Hester Street」(1975년에 제작된 영화로 19세기 말과 20세기 초 뉴욕에 거주하던 유대 이민자들의 생활상을 세밀하게 그려낸 것으로 유명하다.-역자)를 이곳에서 촬영했다면 그 많은 소품과 의상을 가져올 필요가 없었을 것이다.

내가 브네이 브락을 처음 방문한 계기는 침혜에 관해 『예루살렘 포스트』에 실린 짧은 기사 때문이었다. 브네이 브락의 하레딤 몇 명이 인근에서 종교적이지 않거나 시온주의에 동조하는 신문을 판매하는 가판대를 없애기로 결정했다. 이스라엘의 종교공동체들은 각자 그들의 신문을 발행했다. 이들 신문들은 어느 예시바를 어떤 랍비가 맡게 되었다는 소식이나 결혼중매인의 광고와 같이 그들에게 중요한 뉴스를 싣는 것은 물론, 자신의 종교적 입장에서 판단할 때 가장 경건한 광고만을 실었고 세속화되는 사회 상황에 대해서는 비관적인 입장을 취했다.

침혜는 이와 같은 사실을 배우는 데 값비싼 대가를 치러야만 했다. 그는 튀김용 프라이팬에 으깬 이집트 콩을 던져 넣으면서 검은 외투를 입은 초정통파 신도가 혹시 우리 대화를 엿듣지나 않을까 연신 앞뒤를 살피며 말했다. "저는 한때 신문을 많이 팔았습니다. 엄청나게 많이 팔았죠. 인근 지역에서 가장 많이 팔았습니다. 브네이 브락에서만 그랬던 것이 아닙니다. 매주 금요일 저는 『예디오트 아흐로노트 Yediot Achronot』와 『마리브』를 500부씩 팔곤 했습니다. 한 부당 15퍼센트가 제 수입이었죠."

"그런데 그때 협박이 시작됐습니다." 정통파 남자가 기도할 때 쓰는 테 없는 작은 모자 야물키(yarmulke)를 머리에 어색하게 얹은 채 깡마른 침혜가 말했다. 그러고선 폭탄이 등장했다. 아주 작은 크기의 폭탄이었다. 누군가가 침혜의 가판대 바로 옆에 폭탄을 가져다 뒀다. 폭발은 신문 가판대를 완전히 파괴할 정도는 아니었지만 폭탄의 파편과 부스러기를 길 건너편까지 날려 보내 양복점의 창문을 깨뜨릴 만큼 위력이 있었다. 양복점 주인은 불안해했고 침혜는 겁에 질렸다. 어느 날인가는 하레딤 몇 명이 신문 가판대 뒤로 침혜를 가둬놓고 『예디오트』와 『마리브』 같은 이스라엘 일간지를 팔지 않는 것이 이로울 것이라고 설득하려 했다. 누군가는 다짜고짜 스프레이 페인트로 이렇게 갈겨썼다. '신문 판매를 중단하라.'

    시(市) 당국에 사실을 알리지 않으셨나요? 나는 믿기지 않는다는 듯이 그에게 물었다.

    침혜가 말했다. "제가 더 이상 신문을 판매하지 않는 것이 더 나을 것 같다고 그 사람들은 말했습니다. 팔라펠을 파는 것이 더 나을 것이라고 말했어요."(시 역시 하레딤이 운영하고 있었다.)

    그렇게 말하고 나서 침혜는 마치 할로윈 가면과도 같은 웃음을 지으며 초정통파 고객 한 사람에게 팔라펠을 팔기 위해 돌아섰다. 그리고 갑자기 내게 말했다. "이제 제발 가주세요. 저는 이미 어려움을 충분히 겪었습니다."

    브네이 브락의 대로를 걸어 내려오면서 침혜의 판매대에서 멀어지자 나는 인도에서 조그만 실험을 해보기로 결정했다. 나는 현대적인 차림새를 하고 서류가방을 들고 있던 정통파 사내 한 사람을 불러 세웠다. 그는 뜨개질로 만든 야물커를 쓰고 있었는데, 이는 신앙심이 깊으면서 시온주의자인 유대인들이 주로 사용하는 차림이었다.

    내가 큰 소리로 그에게 말했다. "실례합니다. 『마리브』를 구할 수 있는 곳을 혹시 아시나요?"

    사내의 눈이 휘둥그레졌다. 마치 내가 함께 저녁을 보낼 매춘부를 어디 가면 구할 수 있느냐고 묻기라도 한 표정이었다. 그는 걸음을 멈추지 않았지만, 고개를 끄덕이는 신호를 보내 조용히 말해줄 테니 가까이 오라는 몸짓을 했다.

    그가 나직한 소리로 내게 말했다. "브네이 브락에서 무슨 일이 벌어지고 있는지 모르시오? 테러가 벌어지고 있어요. 초정통파 테러가요."

그러더니 여전히 걸음을 멈추지 않고 성큼성큼 걸으면서 자신이 들고 가던 서류가방 안에 있는 종이로 만든 얇은 서류철을 내려다보라는 눈짓을 했다. 그는 서류철의 윗부분을 열더니 끄트머리만 살짝 내게 보였다. 마치 마약 암거래상이 코카인의 냄새만 조금 맡게 해주는 듯했다. 서류철의 열린 틈 사이로 이스라엘에서 가장 많이 팔리는 신문인 『예디오트』 한 부가 보였다. 서류철로 감싸두었던 것이다. 그는 은밀하게 씩 웃더니 저벅저벅 급히 걸어가버렸다. 그리고 검은 옷과 외투를 입은 사람들 틈으로 사라졌다.

이 모든 일들이 나를 불편하게 했다. 하레디 공동체 내부에서 극단주의가 점차 힘을 얻고 있음을 보여주었기 때문이다. 나는 그 일을 기초로 『뉴욕타임스』에 하레딤과 세속화된 유대인 사이의 투쟁에 관한 긴 기사를 하나 썼다. 기사를 쓴 직후 미국과 이스라엘의 초정통파 유대인들로부터 증오하는 내용을 담은 편지가 쇄도했다. 내가 그들의 공동체에 관해 악의적으로 기사를 썼다고 생각하는 사람들로부터였다. 그들에 따르면 침혜를 하루아침에 신문 판매상에서 팔라펠 상인으로 만든 그런 사람들은 오직 일부에 지나지 않는다고 했다. 나는 그들에게 답장을 보내 다시 물었다. 만일 이스라엘의 초정통파 교인들이 그들이 말하는 것처럼 온건하다면, 왜 그들 중 많은 사람들이 혹은 누구라도 나서서 신문을 판매할 수 있는 침혜의 권리를 옹호하지 않았느냐고 물었다. 아무런 답장도 받지 못했다. 그렇지만 그들이 내게 보내왔던 편지들 중에서 하나가 잊히지 않았다. 편지를 보내온 사내는 정중했고 마음을 끄는 면이 있기도 했다. 그러나 그는 하레디 공동체의 장점을 내게 설득하려는 점에 있어서는 한 치의 양보도 없었다.

나는 랍비 노타 실러(Nota Schiller)가 하려는 일의 우선순위 중 첫 번째가 아니었다. 예루살렘에 위치한 오르 소마야흐(Ohr Somayach) 예시바는 유대주의로부터 멀어진 유대인들에게 다시 율법을 배우도록 하는 일을 전문으로 하는 초정통파의 기관으로 실러가 책임자였다. 어떤 사람들은 유대인을 세뇌하는 공장을 운영하고 있다고 실러를 비난했다. 그러나 실러는 일부 유대인들이 세뇌되었을 수도 있겠다는 농담을 하면서도 이와 같은 비난을 격렬하게 부인했다. 오르 소마야흐는 아마도 이스라엘의 하레디 유대주의 중에서 가장 자유주의적 얼굴을 하고 있을지 모른다. 오르 소마야흐가 보여주는 온건함과 개방성은 하레디 공동체의 전형적인 모습이 아니기 때문이다. 그러나 하레딤이 다른 시온주의와 마찬가지로 이스라엘의 미래에 관한 활력에 넘치고 설득력이 있으며 강압적이지 않은 비전이 있다는 점을 증명하려고 실러가 나를 그의 예시바로 초대했을 때 나는 그의 제안을 받아들이기로 결정했다.

 존스홉킨스대학에서 영문학과 심리학 학사학위를 받은 브루클린 출신의 그 랍비는 정통파 유대주의를 전파하는 데 있어서 미국 광고산업의 중심지인 매디슨 애비뉴의 전문가와도 같이 사람의 마음을 끄는 수완이 있음을 나는 단박에 알아차릴 수 있었다. 1972년 설립되어 예루살렘의 프렌치 힐(French Hill) 인근 현대식 아파트 단지에 자리 잡은 그의 예시바에서 우리는 대화를 시작했다. 실러는 그가 속한 공동체를 왜 사람들이 비방하는지를 먼저 설명하기 시작했다.

 1961년, 20세의 학생으로 처음 이스라엘에 왔던 실러가 말했다. "만일 유대인들이 동유럽의 예시바에서 교육받지 않았더라면, 그리고 이 나라를 세운 세속화된 시온주의자들의 할아버지 세대가 지금의 우리와 같은 방식으로 살았던 사실이 없었더라면 유대인들은 이곳 해변으로 결코 오지 못했을 겁니다. 이스라엘 사람들이 유대인으로서 아직 이곳에서 살아갈 수 있는 단 한 가지 이유는 할아버지들이 정통파의 생활양식을 영위했기 때문입니다. 할아버지 세대가 은행에 예금을 했고, 지금 세대는 할아버지들의 예금을 기초로 수표를 발행하는 것과 마찬가지입니다. 따라서 세속화된 유대인들은 할아버지 세대가 살았던 삶의 방식에 빚을 지고 있는 셈입니다. 우리를 시대에 역행하는 미친 집단이라고 간주하는 사람들의 생각은 전혀 진실이 아닙니다. 우리는 단지 이렇게 말할 뿐입니다. 우리가 살고자 하는 방식대로 살자고 말입니다. 나는 누구에게도 나와 같은 삶을 살라고 요청하지 않습니다. 내가 요청하는 것은 단지 이것입니다. 내가 고수하는 입장에는 유대인의 역사에 뿌리를 둔 분별력과 일관성이 있다는 점, 그리고 사람들은 그 입장에 빚을 지고 있다는 점을 인정하라는 것입니다. 그 빚이 있다는 것을 고려해서, 함께 협상을 통해 일정한 타협에 도달하자고 요청하는 것입니다. 유대인의 법에는 이런 사례가 있습니다. 누군가 랍비에게 질문을 합니다. 좁은 해협을 통과하려는 두 척의 배가 동시에 반대방향에서 오고 있다면 어떻게 해야 하느냐는 것입니다. 배 한 척은 짐을 가득 실었고 다른 배는 비어 있습니다. 누가 양보를 해야 할까요? 이스라엘 최초의 위대한 랍비 중 하나인 렙 아브람 예사야우 크렐리츠(Reb Avram Yeshayau Krelitz)는 벤구리온을 상대로 하레디 공동체의 요구를 좀 더 신중히 고려해줄 것을 요청하면서 이 사례를 들었습니다. 크렐리츠는 빈 배가 짐을 가득 실은 배에게 양보해야 한다는 것이 랍비들의 결정이었음을 벤구리온에게 말했습니다. 그리고 벤구리온에게 이렇게 말했습니다. '생각해보시오. 우리는 수천 년에 걸친 짐을 짊어지고 있소. 당신들은 아직 빈 배요. 당신들이 우리에게 양보해야만 하오.'"

하레딤은 침혜와 같은 사람들의 생활방식에 대해 신중한 태도를 취하고 있는 것 같지 않다는 견해를 피력하자, 실러는 바로 반박했다. 세속화된 사람들의 공동체에 너무나 오랫동안 하레딤이 부당한 대우를 받았기 때문이라는 것이었다.

실러의 설명은 이러했다. "세속화된 이스라엘 사람들이 하레딤을 바라보는 시각은 세 가지입니다. 극단적으로 세속화된 사람들은 하레딤에게 이스라엘을 떠나달라고 요청해야 한다고 말합니다. 시대착오이자 황당한 요구입니다. 이들은 나라의 성장을 저해하고 있습니다. 이들은 나라의 병든 팔다리와 같습니다. 우리는 이들을 잘라내야만 합니다. 다른 그룹은 우리를 '지붕 위의 바리올린'으로 간주합니다. 이들은 유대인의 게토 이미지에 정서적으로 애착을 느끼는 세속화된 이스라엘 사람들입니다. 미국에 디즈니랜드가 있는 것과 마찬가지로 이스라엘에는 메아 셰아림이라는 테마 파크가 있다고 생각합니다. 멋지고 흥미진진한 장소로 여행객들로부터 약간의 돈을 벌어들여 나라에 보탬이 될 수도 있고 나아가 할아버지 세대를 돌아볼 수 있게 해주는 곳이라고 봅니다. 그러나 우리를 진지하게 생각하는 법은 없습니다. 마지막 그룹은 이렇게 생각합니다. 안식일의 이방인(Shabbos goy, 안식일에 시나고그에 와서 유대인들을 위해 불을 대신 켜주는 이교도인)이 있는 것과 마찬가지로 안식일의 유대인이 존재하는 것 역시 가능하다는 것입니다. 세속화된 이스라엘 사람들은 누군가가 그들을 대신하여 안식일을 지켜주기를 원합니다. 바로 우리가 그 역할을 한다고 생각합니다. 율법을 지키지 않는 그들의 자손들이 세속적이긴 하지만 유대인이라는 정체성을 유지하기 위해서는 진정한 유대주의를 충분히 접해야 한다고 보기 때문입니다."

좋다. 나는 그의 주장이 옳을지도 모른다고 인정했다. 정통파 유대주의가 수세기에 걸쳐 유대민족과 전통을 지켜내지 않았더라면 유대주의는 결코 지금까지 살아남을 수 없었을지도 모른다는 것이 그의 주장이었다. 그런데 내가 궁금하게 생각하는 점은 정통파 유대주의만으로 유대민족이 다가오는 50년 동안 살아남을 수 있는가라는 것이었다. 정통파 여성의 전부, 그리고 실질적으로 남성 거의 모두가 군복무를 하지 않는다. 사실상 거의 모든 정통파 예시바들은 이스라엘 독립일을 휴일로 인정하지 않고, 이를 축하하기 위해 독립일에 쉬는 일도 없다. 어쩌면 가장 중요한 것은 정통파가 유대주의 내부의 개혁과 보수적 경향의 타당성을 한 치도 인정하지 않는다는 점이다. 그럴 경우 20세기의 수많은 유대인들은 유대주의로부터 떨어져 나가게 될 것이다. 정통파는 그들의 생활방식을 내쫓아야만 하는 것으로 평가할 것이기 때문이다. 도대체 왜 그렇게 까다롭습니까? 내가 물었다. 한 걸음 더 나아간다면, 당신의 설교에 따라 플레이하는 야구선수는 도대체 어떤 모습일 것 같습니까?

실러는 나의 마지막 질문에 대한 답변부터 시작했다. "브루클린 다저스 (Brooklyn Dodgers)의 첫 번째 유대인 야구선수였던 칼 아브람스(Cal Abrams) 같은 선수일 것입니다. 1950년대 좌익수로 활약했죠. 당시 저는 브루클린에 사는 10대였는데 다저스는 항상 좌익수가 문제였습니다. 그런데 아브람스를 투입하자 시즌 전반기에 그는 4할7푼7리의 타율을 보였습니다. 친구들과 저는 칼 아브람스가 앞으로 메시아가 될 것이 틀림없다고 생각했습니다. 유대인 선수가 4할7푼7리를 쳐낼 수 있다는 것을 설명할 수 있는 방법은 그것밖에 없었으니까요. 그는 왼손잡이였는데 항상 좌전안타만을 쳤습니다. 그래서 다저스를 상대하는 팀들은 그가 타석에 들어설 때마다 야수들의 위치를 바꿨습니다. 그런데 시즌 중반에 접어들자 아브람스는 슬럼프에 빠졌고 안타를 치지 못했어요. 우리가 어떻게 상황을 판단했느냐고요? 메시아는 오직 대중이 준비되어 있을 때 올 것이라고 생각했습니다. 칼 아브람스는 메시아가 되기로 되어 있었지만 당시 사람들은 그를 맞이할 자격이 없었습니다. 우리는 준비가 되어 있지 않았던 겁니다."

알겠습니다. 그런데 그 이야기가 이스라엘하고 무슨 관계가 있는 겁니까? 내가 물었다.

실러는 희끗희끗한 턱수염을 매만지면서 말했다. "이스라엘이라는 국가가 결국 칼 아브람스와 마찬가지로 되지 않기를 바랍니다. 만일 그런 일이 벌어진다고 하더라도 그것이 유대민족의 종말을 의미하지는 않습니다. 물론 저는 그렇게 되지 않도록 할 수 있는 모든 일을 할 것입니다만, 이스라엘이 또 하나의 아브람스가 되느냐 마느냐에 저의 유대주의가 좌우되는 것은 아닙니다."

자 이제 좀 알아들을 것 같습니다. 내가 말했다. 그런데 세속화된 시온주의 국가는 어째서 당신에게 핵심적인 고려사항이 아닌가요?

실러의 대답은 이랬다. "우리는 유대의 법률에 의해 운영되는 유대 국가를 원합니다. 세속화된 시온주의자들은 유대인을 위한 국가를 원합니다. 차이는 바로 이것입니다. 저는 유대 국가를 원하지만, 오늘날 세계의 모든 세속화된 노동시온주의자(Labor Zionist)들과 함께 살아가면서 또한 기꺼이 논쟁할 준비가 되어 있습니다. 그들과의 논쟁을 계속 해나가야만 그들의 자녀들 혹은 손자들이 어느 날 오르 소마야흐 혹은 이와 비슷한 곳으로 찾아올 수 있을 것이기 때문입니다. 그들의 자손들이 독실한 신자이든 아니면 여행자이든 말입니다. 그들은 결국 율법을 지키는 유대인들의 품안으로 들어올 것입니다. 유대인은 이스라엘이나 신전 없이도 2천 년을 더 살아남을 수 있습니다. 만일 우리에게 선택권이 있다면 우리는 이스라엘과 신전, 그리고 우리가 원하는 국경을 갖고 싶습니다. 그러나 우리에게 단 한 가지가 빠진다면 우리는 살아남을 수 없습니다. 바로 율법입니다. 우리가 지금까지 오랫동안 민족으로서 생존할 수 있었던 이유는 율법 때문입니다. 만일 우리가 땅에 의존했다면, 오로지 땅에만 의존했다면 다른 문화들이 그랬듯이 이미 사라졌을 것입니다."

그렇지만 이곳에 국가가 존재한다는 사실이 유대인으로서 당신에게 무언가 특별한 중요성을 지니는 것이 확실한 것 아닌가요? 적어도 땅이 당신에게는 특별한 의미를 가지지 않는다는 말입니까?

실러가 대답했다. "물론이지요. 시나이 산에서 신 앞에 섰을 당시 유대인들은 이 땅에서 민족으로서 그들이 할 수 있는 최대한의 노력을 할 사명을 부여받았습니다. 유대인은 그저 개인들의 총합이 아니라 하나의 민족입니다. 그리고 모든 민족은 자신만의 영역과 터를 가져야만 합니다. 이곳은 유대민족에게 양키 스타디움과도 같고 우리는 양키스입니다. 경기장이 없다면 플레이할 수가 없습니다. 모든 경기를 상대팀 경기장에서 하기 위해 길 위에서 힘을 소모하면서 팀을 성공적으로 이끌 수는 없는 법입니다. 결국 타석에 들어서지도 못할 수 있습니다. 이스라엘 땅에 살지 않으면서 율법을 완벽하게 지켜낼 수는 없습니다. 오직 이스라엘 땅에서만 지킬 수 있는 미츠바(계율)가 있습니다. 예컨대 안식년을 지키는 일입니다.* 그러나 이곳 이스라엘에서 살아가는 것의 이점이 단지 더 많은 계율을 지킬 수 있다는 것만은 아닙니다. 다른 어느 곳에서도 찾을 수 없는 유대의 경험을 할 수 있습니다. 외국에서 살아가는 유대인들은 주말에만 유대인들입니다. 그들이 일상생활을 멈추고 유대인으로서의 삶을 살 수 있는 것은 오로지 그들 자신이 원할 때뿐입니다. 이곳에서는 하던 일을 멈추고 유대인으로서 살아간다는 것이 없습니다. 유대인으로서의 삶이 쉼 없이 지속됩니다. 내 집 안마당에 있기 때문입니다. 예루살렘에서 길거리에 쓰레기를 아무데나 던지는 일은 종교적인 위반이지 시의 법규를 어기는 것이 아닙니다."

국토가 그렇게 중요하다면 2만 명의 하레디 남성들은 왜 군복무를 면제받

---

* 율법에 의하면 7년마다 이스라엘에서는 안식년을 지켜야 한다. 안식년 동안에는 모든 농사가 정지되고 땅은 휴경하도록 한다.

는 징병유예 조치를 받았습니까? 자신의 삶을 바쳐 이 땅을 지켜야 할 책임이 있다고 느끼지 않나요?

"우리 공동체의 그 누구라도 세속화된 국가 이스라엘이 우리를 보호하기 위해 행하는 일에 대해 감사하지 않는다면 그는 배은망덕한 사람입니다. 그러나 예시바 청년들의 공로를 인정하지 않는 사람들은 무지한 겁니다. 그 누구라도 예시바에서 생산적인 활동을 하고 배우고 있다면 군복무를 연기하는 일은 정당합니다. 유대인으로서의 정체성을 지키지 못하고 여타 문화에 동화되어버리는 것에 맞서 싸워야만 한다는 점을 충분히 배우고 인지한 사람들의 숫자가 너무도 적기 때문입니다. 다음 세대에 우리가 생존할지의 여부는 여기에도 달려 있습니다. 군복무를 하는 대신 우리 젊은이들이 매일 해변으로 놀러 가는 것이 아닙니다. 예시바의 청년들이 수행하는 엄격한 지적인 훈련과 생활방식은 양심에 따라 군복무를 반대한다는 태평스런 행동이 아닙니다. 예컨대 캐나다에는 가고 싶지 않다는 개인의 변덕스런 기분이 아니라는 말입니다. 군복무를 기피하고자 하는 것이라면 훨씬 쉬운 방법이 얼마든지 있습니다." 실러의 대답이었다.

내 질문은 계속됐다. 만일 이스라엘 땅이 당신들에게 종교적인 가치가 있다면 다수의 초정통파 저명인사들이 요르단 강 서안이나 가자지구를 반환하는 문제에서 온건한 입장을 취하는 이유는 무엇인가? 구시 에무님의 유대인 정착촌 운동으로 대표되는 시온주의 정통파가 이스라엘 땅을 모두 차지하는 것이야말로 유대인과 인류의 구원을 위해 필요한 첫 번째 단계라고 믿는 것과는 상반되지 않는가?

실러는 하레딤이 다수의 종교적 시온주의자들과 어떤 점에서 의견을 달리하는지를 설명하며 대답했다. "율법에 따라 살아가는 사회를 이루는 일이 특정지역을 차지하는 일보다 언제나 선행합니다. 구원의 과정이 시작될 수 있는 것은 특정한 장소에 돌아감으로써가 아니라 오로지 율법의 가르침에 복귀함으로써만 가능합니다. 구원이란 은혜를 입음으로써 가능한 것이지 특정한 장소를 차지함으로써 얻을 수 있는 것이 아닙니다. 이스라엘 땅에서 살아가는 일은 은혜를 받는 일의 일부입니다. 그러나 오늘날 성서에 의거하는 이상적인 국경을 만드는 일은 전혀 급한 것이 아닙니다. 우리가 원하는 국경이란 때가 무르익으면 실현될 것입니다. 유대인의 생명을 희생시키면서 그 과정을 재촉할 필요는 없습니다. 우리에게는 검손할 수 있는 용기가 필요합니다. 그런데 구시 에무님에게는 그러한 용기가 없습니다. 만일 아랍인들에게 국가의 일부를 되돌려줌으로써 국가의 연속성을 확보할 수 있다면 그렇게 하는 것이 우리의 의무입니다. 일부 사람들은 땅을 얻기 위해 싸웁니다. 그러나 어떤 사람들은 그 땅이 보호할 만한 가치가 있는 것으로 만들기 위해 투쟁합니다."

그렇다면 어떤 유대인을 위해서라는 말입니까? 하레디 공동체는 개혁주의와 보수주의적인 유대주의와 맞선 싸움에서 선봉에 서 있습니다. 단지 그들이 율법에 대해 느슨한 해석을 한다는 이유 때문입니다. 유대민족이 살아남는 일을 목표로 한다면서 어떻게 다양한 유대 그룹들의 공존을 반대할 수 있습니까?

"나는 개혁적인 혹은 보수적인 유대인들에게 개인적인 차원에서, 그리고 유대인으로서 일정한 지위를 부여하는 데에 반대하지 않습니다. 만일 이런 사고를 다원주의라고 부를 수 있다면 저는 다원주의자입니다. 그러나 다원주의에 대해 반대하는 것은 우리 모두가 동등하게 옳다는 생각입니다. 모두가 똑같이 옳을 수는 없습니다. 시나이에서 계시가 있었습니다. 말씀과 이를 해석할 계명이 세대에 세대를 거쳐 전수되었습니다. 어떻게 말씀을 해석할 것인지는 처음부터 한계가 정해져 있었습니다. 이 한도 안에서 토론이 가능합니다. 한도를 벗어날 경우 토론이란 없습니다. 개혁주의와 보수주의적 유대주의는 한계를 넘어섰습니다. 누군가가 야구팀에게 다가가 축구를 하면 어떻겠냐고 묻는 것과 마찬가지입니다. 우리는 축구팀이 아니라 야구팀입니다. 만일 누군가가 그 같은 방식의 다원주의를 시도하고자 한다면 아무런 의미도 없어집니다. 야구경기에서 사람들은 커브볼을 던지거나 빠른 공을 던질 수도 있고 스트라이크를 얻을 수도 있습니다. 그러나 축구에서나 가능한 전진패스는 할 수 없습니다. 전혀 다른 경기이기 때문입니다. 개혁주의자들과 보수주의자들은 이 모든 것을 같은 경기라고 부릅니다. 그러나 그렇지 않습니다. 나는 개혁적인 성향의 유대인을 비판하는 것이 아닙니다. 제 비판은 개혁주의적 유대주의에 관한 것입니다." 실러의 답변이었다.

그곳을 떠나기 전에 나는 예시바의 율법교육 수업에 참석하면 어떻겠느냐는 실러의 제안을 받아들였다. 수업에서 나는 많은 것을 볼 수 있었다. 율법과 관련된 것은 아니었지만 말이다. 수업에는 약 20명의 젊은 남성들이 참석했는데 그들은 모두 19세에서 39세 사이였고 미국인이거나 서유럽인 같았다. 그들 중 적어도 반은 가슴에 악어가 새겨진 라코스테 운동셔츠를 입고 있었다. 나는 남학생 사교모임에 잘못 찾아 들어온 것이 아닌가 하는 생각이 들었다. 그들의 차림새는 20년 전 여름방학을 키부츠에서 보내며 개척자 기분을 내기 위해 왔을 때 봤던 아이들의 모습과 똑같았다. 그러나 그곳은 키부츠가 아니었고 누구도 토마토를 따는 것에는 관심이 없었다.

나는 그들에게 대단히 노골적으로 질문을 던졌다. "여러분들은 여기서 뭐 하시는 거죠? 예시바에 있을 사람들이 아닌 것 같습니다. 미국인들은 예시바에 오기 위해 이스라엘을 찾지 않죠. 그동안 어디에 있었나요? 키부츠에 있어야 하는 것 아닌가요? 늪의 물을 빼고 이스라엘 공군 조종사가 되는 꿈을 꾸고, 해변에서 젊은 여자들을 따라다녀야 하는 것 아닌가요? 도대체 여기서 뭘 하는 겁니까?"

그들은 마치 한 사람이 말하는 것처럼 똑같이 대답했다. "프리드먼 씨, 그건 당신 세대의 일입니다. 우리 세대의 일이 아닙니다."

시온주의의 꿈을 실현하는 선구자가 되기 위해 이스라엘로 이민 가는 미국 출신의 세속화된 유대인 숫자가 점차 줄어들어 거의 사라져 간다는 이민국의 통계가 갑자기 내 눈앞에서 확인된 순간이었다. 어쩌면 실러가 옳은지도 몰랐다. 로큰롤 시온주의를 충원할 제브 하페츠가 더 이상은 그리 많지 않을지도 몰랐다. 실러의 예시바에서 생활하는 어떤 청년의 설명은 이랬다. 국가를 세우는 데 누구나 헌신하던 시기에는 모두를 흥분시킬 무엇이 있었다. 세속적 유대인들은 늪에서 물을 빼는 데, 그리고 정통파 유대인들은 그들의 일을 하는 데 열성이었다. 그러나 국가건설 과정이 일단락되자 세속화된 유대인들에게는 더 이상의 목표가 없어졌지만 정통파는 그렇지 않았다.

늪에서 물을 다 빼낸 후에도 정통파는 무언가 더 할 일이 있었다. 오늘날 미국이나 서유럽에서 이스라엘로 건너오는 사실상 유일한 유대인들이 초정통파이거나 혹은 초정통파에 입문하려는 사람들인 이유다.

세계 각지의 사람들이 모여드는 런던의 생활로부터 잠시 벗어나 이스라엘의 종교적 삶에 대해 알아보기로 결정한 38세의 영국인 야코브 애셔 싱클레어(Yaco'ov Asher Sinclair)는 내게 직설적으로 말했다. 싱클레어에게서 이스라엘에 온 것을 후회하는 기색을 찾아볼 수는 없었다. "다른 목적 없이 그저 영웅이 되고자 이곳에 온다면, 글쎄요 …… 이제 더 이상 그런 낭만적인 이미지를 찾기는 힘들 거라고 저는 생각합니다. 작년에 이스라엘을 찾아오고 떠난 사람들의 숫자를 아십니까? 대략 8,000명이 왔고 2만 4,000명이 떠났습니다. 떠나는 사람들이 누구인지 아세요? 허망하고 만족스럽지 않으며 지속 불가능한 세속적 시온주의의 삶을 살아온 사람들입니다. 이 사람들은 이스라엘에 관해 일종의 낭만적인 감정을 가지고 있는데, 바로 이것 때문에 이스라엘에서 그들이 원하는 것을 발견하지 못하고 있습니다. 이스라엘이 더 이상 그들에게 낭만적이지 않다는 겁니다. 이들의 감정은 일시적인 자기도취입니다. 지속가능하고 사람들의 마음을 끌며 확신을 주는 것은 율법입니다. 저는 이곳을 여러 번 방문했습니다만, 진정으로 여기에 머물고 싶어 했던 것은 저 스스로가 종교적으로 변했을 때였습니다. 제가 진정 원하는 정도로 배울 수 있는 유일한 곳이기 때문입니다. 저는 이곳에서 비행기를 몰거나 의사가 되거나 혹은 농촌에서 일을 하기 위해 온 것이 아닙니다. 스스로 거창하게 느끼고 싶거나 더 많은 자유를 느끼기 위해서 온 것도 아닙니다. 해변에서 일광욕을 하기 위해 온 것이 아닙니다. 오로지 유대주의를 배우기 위해 왔습니다. 제가 이곳에 온 것은 오직 율법을 배우기 위해서입니다. 만일 율법을 배우는 데 미국이나 남아프리카공화국 혹은 마다가스카르가 더 나은 곳이었다면 저는 아마 그곳에 있었을 겁니다. 이곳이 더 나은 곳입니다."

예시바 안에 머물면서, 초정통파가 주장하는 종교적인 시각과는 완전히 동떨어진 삶을 살아가는 이스라엘 사람들의 4분의 3, 그리고 90퍼센트에 이르는 유대 사람들을 눈감아버린다면 매력적으로 들리는 말이다. 며칠 후 텔아비브의 해변을 걸으면서 나는 스스로에게 질문했다. 할아버지 세대의 삶을 따라야만 살아남을 수 있다고 말하는 미래에 관한 실러의 생각이 많은 이스라엘 사람들에게 결국 받아들여질 수 있을까? 아무것도 없는 상태에서 국가를 건설했던 자존심 강하고 확신에 찬 이스라엘 사람들에게 실러는 언제까지 그들이 유대인으로 생존하는 것이 18세기 랍비들의 노력 덕택이라고 말할 수 있을 것인가? 실러는 도대체 언제까지 이스라엘의 고등학생들에게 예시바 학생들이 평화롭게 공부할 수 있도록 전선으로 나서야만 한다고 말할 수 있을까? 며칠 후 나는 실러에게 전화를 걸어 그가 이미 패배가 예정된 전투를 벌이고 있는 것이 아닌지 물었다. 언제나 그렇듯이 그의 답변은 이미 준비되어 있었고 이야기를 하나 들려주었다.

"저는 뉴욕에 있는 예시바에서 렙 아이작 허트너(Reb Isaac Hutner) 문하에서 공부합니다. 그가 이스라엘을 한 번 방문하러 와서 야드 모르데하이(Yad Mordechai) 키부츠에 간 적이 있습니다. 키부츠의 원로들과 토론을 하는 과정에서 그는 이렇게 말했습니다. '점차 물질화된 유대인들이 고향마을을 떠나는 것은 피할 수 없는 일이고 오랫동안 간직해온 그들의 종교를 귀중하게 여기는 마음 역시 약해질 것이라고 벤구리온은 생각했습니다. 따라서 시기가 무르익었다는 것입니다. 벤구리온은 신앙심이 깊은 사람들과의 대결을 피하고 기회가 주어질 때마다 이들을 무너뜨렸습니다. 결국 그들은 자신의 행위에 기뻐하게 될 것이라고 생각했던 것입니다. 벤구리온의 예상은 틀렸습니다. 유대역사의 오르막과 내리막을 추적해보면, 우리의 생활방식이 형체도 없이 사라질 것처럼 보이는 순간마다 우리는 언제나 재기에 성공해 부활했음을 알 수 있습니다. 여기 야드 모르데하이 키부츠에 계신 여러분들께 한 가지를 말씀드릴 수 있습니다. 여러분의 자녀들이 로스앤젤레스 혹은 오르 소마야흐 둘 중 한 곳으로 가게 될 것이란 점입니다. 자녀들은 야드 모르데하이에 머물지 않을 것입니다. 만약 머문다고 하더라도 여러분의 손자들은 머물지 않을 것이 분명합니다.'"

시대가 자신의 편이라는 것을 예감하는 사람이 가질 수 있는 굳은 확신을 가지고 실러가 말했다. "저는 허트너의 이야기 속에서 울리는 깊은 진실을 느끼지 않을 수가 없습니다. 날이 가고 시간이 갈수록 점점 더 확실하게 울리고 있습니다."

그러나 메시아가 불현듯 당나귀를 타고 나타나 율법이 완전히 지켜지는 사회를 만들 그날을 모든 유대인이 기꺼이 기다리지는 않는다. 일부는 메시아의 강림을 앞당길 계획을 세웠다.

사실 이는 단순한 계획이었다. 요르단 강 서안 정착촌의 소수 유대인들이 골란고원에 위치한 이스라엘 군부대에서 훔친 폭발물로 손수 제작한 폭탄을 이슬람교에서 세 번째로 신성시되는 바위의 돔(Dome of the Rock) 신전 아랫부분에 설치해 파란색과 금빛으로 어우러진 모스크를 산산조각으로 만들겠다는 것이었다. 바위의 돔 신전은 예루살렘의 성전 산에 위치해 있었는데 이곳은 제1유대 신전과 제2유대 신전 사이였다. 음모를 꾸민 이스라엘 사람들은 지구상에 자리 잡은 하느님의 왕좌이자 유대민족의 주권에 있어서 핵심적인 장소인 그곳으로부터 이슬람의 '신성모독'이 제거되면 메시아의 강림이 앞당겨질 것이라고 확신했다. 왕좌를 깨끗하게 하고 메시아가 일찍 올 수 있도록 만드는 그들만의 방식이었다. 이 계획의 배후였던 정착민이자 메시아주의자인 예후다 에치온(Yehuda Etzion)은 동료들에게 이렇게 말했다. "이번 일은 우리의 대의를 달성하는 데 비교할 바 없이 적절한 시발점이 될 것입니다. 우리는 스스로를 (하느님의) 왕국을 앞당기는 일에 훌륭한 소식을 가져오는 메신저로 생각해야만 합니다."*

이스라엘, 그리고 전 세계에 다행스럽게도 메시아의 강림을 재촉하고자 했던 이 음모는 실행에 옮겨지지 못했다. 그러나 그들이 시도하지 않았던 것은 아니었다. 1984년 6월 이스라엘 경찰이 음모를 꾸민 자들을 색출해 27명을 요르단 강 서안에 근거를 둔 유대인 지하 테러조직의 구성원으로 기소했을 당시 폭발물은 이미 준비된 상태였다. 후일 유죄판결을 받은 유대 테러리

---

* 하가이 세갈(Haggai Segal), 『형제들이여: 요르단 강 서안의 유대인 지하조직 Dear Brothers: The West Bank Jewish Underground』(베이트-샤마이 출판사, 1988).

스트들의 죄는 단지 바위의 돔 신전을 파괴하려던 음모만이 아니었다. 그들은 1983년 헤브론에서 벌어진 예시바 학생 하나의 죽음에 대한 복수로 헤브론에 위치한 이슬람대학에서 세 명의 팔레스타인인들을 살해했고, 요르단 강 서안에서 두 사람의 시장(市長) 바삼 샤카(Bassam Shaka)와 카림 칼레프(Karim Khalef)를 불구로 만들었으며, 예루살렘에서 아랍 버스를 파괴하려고 시도했다.

유대인 테러리스트들이 범죄를 저질렀을 당시 나는 이스라엘에 없었다. 그러나 1985년 7월 10일 그들 대부분이 사형에서 수개월의 징역형에 이르기까지 유죄를 선고받을 때 예루살렘 지방법원 법정에 있었다. 이스라엘 대통령 하임 헤르조그(Chaim Herzog)는 그들 대부분을 감형시켜주었다. 야물커를 쓰고 긴 턱수염을 기른 이들 유대인 테러리스트들이 법정 안을 돌아다니는 모습을 지켜봤던 나는 그들이 보여준 스스로에 대한 확신과 올바른 일을 했다는 태도에 충격을 받지 않을 수 없었다. 그들의 당당한 걸음걸이와 부인과 이야기하는 태도, 설익은 사과를 우적우적 씹어대고 판사 앞에서 글자 그대로 고개를 뻣뻣하게 쳐드는 모습에 분통이 터졌다. 나는 그와 똑같은 거만한 태도를 베이루트에서 신의 정당이라고 불리는 헤즈볼라 대원에게서 보았다. 법정 안에서의 모습은 유대인 버전일 따름이었다. 판사가 그들에게 선고하는 것을 지켜보면서 나는 유대역사의 어떤 어두운 면이 그들을 낳았는지 스스로 의문을 제기했다. 내가 그들과 진정으로 동일한 종교공동체에 속한다는 말인가? 미니애폴리스에서 바르 미츠바를 준비할 당시 아무도 내게 그들과 같은 유대인에 대해 언급하지 않았다.

그들이 어디에서 왔는지를 알아보기 위해 나는 랍비 엘리에제르 왈드만(Eliezer Waldman)을 찾아갔다. 그는 요르단 강 서안 정착촌 운동의 제창자 중 한 명이었고, 테러리스트들 중 일부는 그로부터 영적인 안내를 받았다고 했다. 비록 그가 유대인들의 테러리스트 음모에 가담한 것은 아니었지만 테러리스트들의 마음을 뒤흔든 종교적인 시각에 깊이 간여한 인물이었다. 앞에서 언급한 바와 같이 랍비 왈드만은 요르단 강 서안에 유대인 정착촌을 건설한 이른바 '메이플라워(Mayflower)' 가족의 일원이었다. 1968년 유월절 주말 헤브론에서 아랍인이 경영하는 파크 호텔을 전세내서 요르단 강 서안과 가자지구의 유대인 정착운동을 사실상 열어젖혔던 바로 그 사람들이었다. 그들의 행위로 인해 유대인 정착촌 운동은 단지 이 지역에서 유대인의 안전을 도모한다는 차원을 넘어 성서가 제시하는 미래상을 실현하려는 운동으로 변모되었다. 이스라엘에서 태어났지만 세 살이 되던 해부터 미국에서 자란 왈드만은 현재 헤브론의 키르야트 아르바에 거주하고 있다. 그곳에서 왈드만은 예시바를 운영하는 일과 함께 요르단 강 서안의 합병에 매진하는 극단적 민족주의 정당인 테히야에서 활동하고 있다. 이제 51세인 랍비 왈드만은 산타클로스와 같은 수염과 비둘기처럼 가벼운 목소리, 그리고 바이올린 연주자와 같은 섬세한 손을 가졌다. 그의 머릿속을 오갈 것만 같은 억제할 수 없는 메시아적 사고와는 크게 대조적이었다. 내가 가장 충격적으로 보았던 것은 책으로 가득한 그의 키르야트 아르바 아파트의 복도에 칠한 페인트가 심하게 벗겨져 있던 모습과 앞마당에 어마어마한 크기로 자란 나무였다. 스무 번의 겨울을 지냈음을 보여주는 나이테를 가진 굵은 나무들과 현관 계단에 떨어진 벗겨진 페인트 부스러기들은 유대인들이 요르단 강 서안에 정착촌을 건설해야만 하는지를 두고 벌이는 이스라엘과 국제적인 논쟁을 비웃기라도 하는 듯했다. 왈드만은 그곳에서 이미 오래 머물렀다. 그의 아파트 벽과 나무들이 그 사실을 말해주고 있었다. 성경은 그가 더 오래 그곳에 머물 것임을 말했다.

나는 랍비 왈드만에게 그가 19세의 나이로 미국에서 이스라엘로 돌아왔을 당시 왜 실러가 참여했던 것과 유사한 초정통파 예시바로 돌아가지 않고 메르카즈 하라브(Mercaz ha-Rav) 예시바를 선택했는지에 관한 질문을 하면서 그와의 논의를 시작했다. 이스라엘 땅으로 유대인들이 돌아오는 일을 유대인들, 나아가 궁극적으로는 인류가 죄악의 삶으로부터 구제받는 구원 과정, 그리고 완전한 평화와 정의가 지배하는 사회를 건설하는 과정의 시작이라고 믿었던 수수께끼 같은 랍비 아브라함 아이작 쿡(Abraham Isaac Kook)이 1924년 설립한 예시바가 메르카즈 하라브였다. 1967년 이스라엘이 전쟁을 통해 요르단 강 서안을 점령하자 랍비 쿡, 그리고 그의 아들 랍비 제비 유다 쿡

(Zevi Judah Kook)의 가르침은 구시 에무님 유대인 정착촌 건설운동의 종교적, 정치적 지침으로 채택되었다.

왈드만은 이렇게 회상했다. "제가 1956년 메르카즈 하라브에 왔을 당시 그곳에는 단 35명의 청년이 있었습니다. 예루살렘 도심, 그리고 시온광장 가까운 곳에 위치한 낡은 집이었습니다. 그곳으로 갔던 이유는 제가 원하던 이데올로기적 방향과 일치했기 때문입니다. 유대인들이 다시 깨어나 이스라엘로 돌아오고 정착촌을 건설하며 국토를 일구는 모든 현상이 구원의 과정을 시작하기 위한 하느님의 결정이라는 점을 이해했던 유일한 예시바였습니다."

구원이라는 말의 의미는 무엇입니까? 구원이란 기독교에서 사용하는 관념이 아니던가요? 내가 물었다.

랍비 왈드만의 설명은 이랬다. "기독교는 구원이라는 관념을 우리에게서 가져갔습니다. 우리 문헌에 따르면 구원이란 유대민족이 그들의 땅으로 돌아오고 유대민족, 그리고 독립된 국가로서의 삶을 새롭게 영위하며 유대의 가치관에 따라 살아가는 것을 의미합니다. 영혼과 도덕의 완성이라는 목적을 이루기 위한 유대민족의 노력을 지속할 수 있는 유일한 길입니다. 나아가 인류 전체가 영혼과 도덕의 완성을 이루는 길이 무엇인지를 알 수 있도록 하느님의 모든 명령을 인류에게 보여주는 한줄기 빛을 만드는 유일한 길이기도 합니다."

그렇다면 이스라엘 땅으로 유대민족이 돌아오는 일 자체가 이미 특정한 유대민족의 의무를 포함하고 있다는 것인가요?

"맞습니다. 선지자들은 말씀하셨습니다. 우리가 독립된 하나의 민족으로서 스스로를 책임질 수 있을 때 비로소 우리는 세상의 다른 민족들로부터 외경심을 불러일으킬 수 있다고 말입니다. 누구라도 성경을 읽어본 사람이라면 세계 모든 민족의 행복을 위해서는 유대민족이 반드시 그들의 땅으로 돌아오고 유대의 영광과 영적인 가치를 회복해야만 한다는 점을 잘 알고 이해합니다. 개인과 민족 모두가 일상생활에서 일정한 수준의 정신적, 도덕적 이상을 구현하도록 의무지우는 것은 유대교가 유일합니다. 이는 일주일에 한 번 기도하러 가는 것과 같은 문제가 아닙니다. 진정한 유대의 신성함이란 일상생활에서 개인, 그리고 민족이 함께 정신적인 가치를 구현하는 것입니다. 따라서 종교적인 민족일지라도 일상생활에서 이를 구현하지 못한다면 다른 민족에게 빛이 될 수 없습니다. 일부 세속화된 시온주의자들은 이스라엘에 돌아와 이렇게 단언합니다. 율법과 계명이란 이스라엘 땅에서 추방된 유대인들을 결속하기 위한 것에 불과하며, 이스라엘 땅에 돌아온 지금 추방시절에 필요했던 수단은 더 이상 필요하지 않다고 말입니다. 나는 그들에게 진실은 정반대일 뿐이라고 말합니다. 하느님이 우리에게 지워주신 역할을 온전하게 수행할 수 있는 것은 우리가 이스라엘 땅에 돌아왔을 때뿐이라고 말입니다." 랍비 왈드만의 답변이었다.

"이스라엘 땅으로부터 추방당했던 우리는 유대인 개인으로서의 삶을 살았습니다. 우리의 종교적인 가치를 개인과 가족, 그리고 시나고그의 삶에서만 표현할 수 있었습니다. 그러나 세계 역사에서 우리가 해야 할 역할의 핵심은 그러한 가치를 공공의 삶에서 표현하는 것입니다! 이것이 가능하려면 우리는 우리 땅에서 하나의 민족으로 살아가야만 합니다. 억압된 민족도 율법에 의거한 계명을 모두 따르는 삶을 살 수는 있습니다. 그러나 억압된 민족은 그들의 영적인 삶을 대외적으로 표출할 수 없습니다. 수백 년 동안 우리는 종교와 도덕을 지키며 추방된 삶을 살았습니다. 그런데 우리가 종교와 도덕으로 존경을 받았나요? 그렇지 않습니다. 우리는 유린당했습니다. 이런 말을 잘 아실 겁니다. '짓밟힌 자의 지혜란 조롱당할 뿐이다.' 이는 마치 교실에서 학생들 앞에 선 교사와 마찬가지입니다. 학생이 교사에게 큰 소리로 대들 수 있다면 교사는 존경받을 수 없습니다. 민족 사이의 관계 역시 마찬가지입니다. 유대민족이 여타 민족들에게 빛이 되고 유대의 가치를 세계의 모든 민족들에게 비추는 데 있어서 이스라엘 땅으로의 귀환은 필요조건일 뿐입니다."

"하느님은 아브라함에게 처음 말씀하실 때 이를 언급하셨습니다. '네 아비 집을 떠나 내가 네게 보일 땅으로 가라.' 하느님은 아브라함에게 다음과 같이 덧붙이시고 나서야 말씀을 끝맺으셨습니다. '땅의 모든 족속이 너로 말미암아 복을 얻을 것이라.' 그런데 세상의 모든 족속이 어떻게 너로 말미암아 복을 얻을 수 있습니까? 바로 네가 일정한 수준의 완전함에 도달함으로써 가능합니다. 그런 수준에 도달함 없이 다른 족속에게 복을 줄 수는 없는 일입니다. 유대가 아닌 모든 민족들이 개종할 것이란 의미가 아닙니다. 유일신에 대한 믿음과 영혼의 가치, 사람과 사람 사이에 지켜야 할 가치, 그리고 선함과 친절함 등 모든 일반 가치를 지키는 데 유대민족이 모범이 되고 결국 구원을 가져올 것이란 의미입니다."

그렇다면 메시아는 언제 강림하시는 겁니까?

"메시아는 이와 같은 구원의 과정에서 마지막 단계에 오실 겁니다. 메시아의 강림을 앞당기기 위해 할 수 있는 유일한 일은 최대한 스스로를 구원함으로써 우리가 메시아를 맞을 준비가 되어 있음을 입증하는 것입니다. 이곳 이스라엘 땅을 되찾기 위해 우리가 벌이고 있는 일들이 메시아의 강림을 앞당기는 일입니다." 왈드만의 대답이었다.

다른 모든 초정통파 하레디 공동체가 알지 못하는 이 모든 것을 랍비 쿡은 어떻게 이해한 것입니까? 대다수의 초정통파 유대인들은 시온주의를 거부했습니다. 오늘에 이르러서도 그들은 이스라엘의 현재 상황을 세속화 과정이라고 바라보면서 의심의 눈초리를 거두지 않고 있습니다.

왈드만은 당연한 것을 말하듯이 답변했다. "그들이 구원에 대한 율법과 현지들의 가르침을 깊이 탐구하지 않았기 때문이라고 생각합니다. 이러한 가르침을 이해하지 못하는 것은 대단한 실수입니다. 그들은 가르침을 이해해야 합니다. 왜 그들은 당대의 위대한 가르침을 이해하지 못하는 걸까요? 다수의 정통파 유대인들이 근원적인 주제인 구원의 문제에 관해 배우지 않기 때문입니다."

어떻게 수많은 랍비들이 그렇게 오랫동안 잘못될 수 있는 겁니까? 내가 물었다.

"수세기 동안 정통파 유대인들은 탈무드와 법전을 연구하면서도 이스라엘 땅에서의 삶에 관한 부분을 연구하지 않았습니다. 그들이 이곳에 살지 않았기 때문입니다. 그들은 추방된 곳에서의 삶과 관련된 법을 연구했던 것입니다. 이스라엘과 관련된 법전의 모든 부분을 연구하지 않은 것은 그들에게 현실적이지 않았기 때문입니다. 이러한 이유로 그들은 구원이라는 주제에 관해 연구하지 않았고 또한 종교적 유대인과 비종교적 유대인의 관계를 연구하지 않았습니다. 추방된 삶을 살아가면서 율법을 지키지 않는 유대인들을 그들이 뭐라고 부르는지 아십니까? 고이(goy)라고 부릅니다(히브리어로 이방인 혹은 이교도라는 의미다. –역자). 이방인이라고 말입니다! 그들은 시온주의에 관해 이렇게 이야기합니다. '만일 우리가 이 운동에 동참하게 된다면 우리 자신이 비종교적으로 변할 수도 있을 것이다.' 세속화된 유대인들이 주도하는 운동이라면 진정으로 하느님을 공경하는 그런 노력이 될 수 없다고도 이야기합니다. 하레딤은 과정이 완결되어야 구원이 이루어진다고 믿습니다. 모든 유대인이 회개하고 지도자들이 율법에 따라 행동할 때 구원이 이루어진다는 것입니다. 그와 같은 단계에 이루지 못했다면 아직 멀었다고 말합니다. 구원은 없다는 것입니다. 그들은 이곳이 경건한 땅이지만 메시아가 강림하고 사람들이 영혼의 완전함을 이루어내지 못하는 한 이스라엘 땅에 세운 세속적 국가로서의 이스라엘은 어떠한 진정한 종교적 중요성도 지니지 못한다고 믿습니다. 그들이 건국기념일을 축하하지 않는 이유는 바로 이 때문입니다. 그렇지만 건국기념일은 메르카즈 하라브 예시바에게 언제나 특별한 날입니다. 우리는 사실상 전 세계에서 건국일을 기념하는 유일한 예시바입니다. 우리는 구원을 하나의 과정으로 봅니다. 그 과정의 각 단계는 비록 완전하지는 않을지라도 가치를 인정받아야 합니다. 세속적 유대인들이 세운 세속적 유대 국가는 이러한 과정의 한 단계입니다. 이스라엘이 1967년 예루살렘과 유대(Judea), 그리고 사마리아를 해방시킨 일은 또 하나의 단계입니다. 이 모든 단계들은 구원에 이르는 발걸음들입니다. 위대한 발걸음들인 것입니다. 우리는 시온주의를 하나의 종교적 현상으로 바라봅니다. 그리고 테오도어 헤르츨을 샬리아, 즉 유대민족을 일깨우기 위해 신이 보낸 전령으로 생각합니다. 만일 정통파 유대인을 전령으로 보낸다면 모든 세속화된 유대인들이 그의 말에 귀 기울이지 않을 것이란 점을 하느님은 아셨습니다. 따라서 하느님은 율법을 지키지 않는 언론인이었던 헤르츨을 고르셨습니다. 시온주의는 구조선과 같습니다. 일단 모든 유대인들이 올라타게 만들어 관련을 맺게 한 후 율법과 구원에 대해 그들을 가르치고 설명할 것입니다. 그것이 하느님의 뜻입니다." 랍비 왈드만의 말이었다.

당신의 설명이 모두 진실임을 받아들인다고 하더라도 의문이 남습니다. 당신은 왜 1967년 이전의 국경 안에서 유대민족을 구원할 수 없다는 것입니까? 왜 이스라엘 땅 전부를 필요로 합니까?

랍비 왈드만은 다소 못마땅하다는 듯이 대답했다. "이스라엘 땅 전체에 유대민족이 정착하라는 것은 신의 계명입니다. 우리가 이스라엘 땅 전체를 차지하지 못한다는 것은 우리가 영혼의 완전함과 온전한 구원을 얻을 수 없다는 것을 의미합니다. 유대와 사마리아는 이스라엘 땅의 심장부입니다. 따라서 유대민족이 구원받기 위해서는 그곳에 정착해야만 합니다. 우리는 본거지가 필요합니다. 그곳이 우리의 본거지입니다. 앞서 현자들은 언제나 이스라엘에 정착해야만 한다는 계율을 여타 계율들과는 다르게 다뤘다는 점을 기억해야 합니다. 이스라엘 땅으로의 정착을 중심에 두었습니다. 이스라엘 땅에서의 정착이 다른 모든 계율들을 합친 것만큼이나 중요하다고 현자들은 말합니다. 다른 모든 계율이란 일곱 개의 계율만을 지칭합니다. 그 이유가 뭔지 아십니까? 613개의 계명 중 대부분이 오로지 독립된 이스라엘 땅에서만, 그리고 독립된 유대 국가에 의해서만 수행될 수 있기 때문입니다. 이스라엘 땅 바깥에서 지킬 수 있는 계율이란 소수에 불과합니다. 가족생활과 사적인 부분, 개인의 삶, 그리고 몇 가지 의식에 관한 계율입니다. 그러나 계율 중 상당수는 신전과 국토, 그리고 안식년과 같이 민족의 삶과 관련되어 있습니다. 민족의 계율인 것입니다. 이들 계율 없이 완전한 율법의 사회를 이룰 수는 없습니다. 이스라엘 땅이 가지는 값어치는 우리가 만든 것이 아닙니다. 모두 문헌에 나와 있습니다. 현자들은 오직 이스라엘 땅에서만 성령을 느낄 수 있다고 말합니다. 하느님의 말씀을 전달하는 것은 오직 이스라엘 땅에서만 가능합니다. 영혼의 가장 높은 단계에 도달하는 것은 오직 이곳에서만 가능하다는 의미입니다."

1967년 전쟁 이전에는 유대인으로서 불완전하다고 느꼈다는 의미입니까?

"그렇습니다. 1967년 이전에 나와 친구들은 유대민족의 삶을 회복시키는 데 기여할 수 있는 기회를 놓쳤다는 생각을 하는 편이었습니다. 1948년 해방전쟁이 벌어졌을 당시 저는 열 살이었습니다. 그러나 6일 전쟁이 벌어지자 우리는 이런 감정을 갖게 되었습니다. 지금이 바로 기회라고 말입니다. 하느님이 우리에게 이와 같은 위대한 사건에 참여할 수 있는 특권을 주셨습니다. 우리는 6일 전쟁의 결과를 다른 사람들에 비해 좀 더 종교적인 현상으로 보았고 해방전쟁보다 훨씬 거대한 진일보라고 생각했습니다. 왜냐고요? 해방전쟁이 끝나고 우리가 얻은 것은 이스라엘의 중심부가 아니었기 때문입니다. 그곳은 이스라엘 땅의 변경이었습니다. 우리의 부모와 할아버지, 그리고 그 이전의 세대가 꿈꾸던 이스라엘 땅은 무엇이었습니까? 텔아비브인가요? 하이파인가요? 모래 언덕이 곳곳에 있는 해안의 평야였던가요? 아닙니다! 그들이 꿈꿨던 땅은 유대와 사마리아, 예루살렘, 헤브론, 세겜(나블루스), 예리코, 요르단 강입니다. 바로 유대민족이 성장한 곳입니다. 1967년 이후 저는 고향에 왔다는 느낌을 받습니다. 이스라엘에서 고향에 돌아온다는 것이 어떤 의미를 가지려면 헤브론에 머물러야 합니다. 텔아비브가 아닙니다. 모든 것이 시작된 곳은 헤브론입니다. 이곳은 연합 이스라엘 왕국의 첫 번째 수도이자 아브라함과 이삭, 야곱 등 민족의 조상들이 묻힌 곳입니다. 우리는 1948년 이스라엘의 반쪽을 포기하는 영토적인 양보를 하지 않았습니다. 우리에게 다른 선택이 없었던 것입니다. 우리에게는 아무것도 없었습니다. 그들은 우리에게 일부를 제안했고 당시 우리는 일부만을 받아들이며 고통스러워했습니다. 그러나 우리는 말했습니다. 좋다. 우리는 지금을 받아들이고 앞으로 어떤 일이 벌어지는지 지켜보자. 우리는 6일 전쟁을 하느님께서 우리에게 이스라엘의 심장부로 가는 문을 열어젖혀 주신 것으로 보았습니다. 그곳에 정착하고 유대사회를 건설하는 것이 우리의 의무라고 하느님께서 말씀하시는 것으로 느꼈습니다. 이런 말씀에 등 돌리는 것은 구원의 과정 전체를 등지는 일입니다." 랍비 왈드만의 대답이었다.

평화를 얻는 대가로 땅의 일부를 팔레스타인 사람들에게 반환하는 것을 신이 원치 않는다고 확신하십니까?

나의 질문에 언제나 다른 질문으로 즉시 답변하는 왈드만이 말했다. "유대인들이 이집트에서 빠져나와 이스라엘에 도착하는 데 왜 40년이 걸렸습니까? 모세는 이스라엘에 들어가기 위한 최선의 방법이 무엇인지를 알아내기 위해 스파이들을 보냈습니다. 거의 모든 스파이들이 돌아와서 말했습니다. 그 땅에는 거인들이 살고 있다. 우리는 그들과 전쟁을 해서 이길 수 없다. 그리고 그들은 이스라엘 땅을 이렇게 묘사했습니다. '그곳에 사는 사람들을 먹어치워버리는' 땅이라고 말입니다. 경작이 어려운 곳이라는 의미였습니다. 스파이들의 말에 놀란 유대 사람들은 이스라엘로 가는 것을 멈추려고 했습니다. 상황이 이렇게 되자 우리가 성경에서 찾을 수 있는 가장 극단적인 하느님의 질책이 나옵니다. 하느님이 말씀하십니다. '내가 모든 것을 해주었는데도 이 백성은 언제까지 불신으로 나를 화나게 할 것이냐? 내가 이집트에서 너희들을 인도하고 율법을 주고 하늘의 빵을 줬거늘 아직도 나를 믿지 못하고 있다.' 그래서 하느님이 말씀하셨습니다. '너희들이 이스라엘을 원하지 않는다면 얻지 못할 것이다. 너희들의 시체가 사막에 버려질 것이다. 오로지 너희들의 자녀인 다음 세대만이 이를 이해하고 믿음을 갖게 될 것이다.' 이스라엘 사람들이 광야에서 40년을 보내야 했던 이유입니다. 그들의 자녀들이 비로소 이스라엘로 들어왔습니다. 2천 년의 추방과 홀로코스트, 그리고 5,000만 아랍인과의 전쟁 끝에 하느님은 한 세대가 적어도 이집트로부터 빠져나오는 데 필요한 일을 해주셨다고 저는 믿습니다. 마일 우리가 하느님의 말씀을 들을 수 있다면 하느님께서는 똑같이 말씀하시지 않겠습니까? 우리가 신에게 돌아가 이렇게 말할 수 있을까요? '좋습니다. 당신은 우리에게 이스라엘 땅 전체를 주셨습니다. 고맙습니다. 진정으로 감사드립니다. 그렇지만 일부는 도로 가져가셔도 좋습니다. 너무 많은 어려움이 개입되어 있습니다. 저희는 문제를 원치 않습니다. 안락한 삶을 원할 뿐입니다.' 하느님께서는 무어라고 말씀하실까요? 말씀해보세요. 뭐라고 말씀하시겠습니까?"

이스라엘 사람들의 정신세계를 탐구하는 마지막 여행은 나의 상냥한 이스라엘 사촌 기오라(Giora)의 바르 미츠바에서 시작됐다. 의식은 해변 도시 아슈켈론(Ashkelon)에 위치한 작은 시나고그에서 열렸다. 노동당이 후원하는 세속화된 집단농장에서 멀지 않은 곳이었는데 그는 이곳에서 태어나서 자랐다. 바르 미츠바가 끝나자 숙모와 삼촌은 가까운 친척들만 참석하는 점심식사 자리에 나를 초대했다. 따뜻한 분위기의 시골풍 음식으로 유명한 인근의 레스토랑이었다. 식당의 여종업원이 주문을 받으러 왔을 때 나는 바르 미츠바라는 특별한 날을 맞이한 소년이 무엇을 고를지 궁금했다. 등심 스테이크일까? 수북한 감자튀김과 함께 나오는 후라이드 치킨일까? 어쩌면 온갖 토핑을 얹은 피자? 기오라가 선택한 것은 이 모든 것이 아니었다. 그는 무엇을 먹고 싶은지 이미 결정하고 있었고, 여종업원이 그에게 무엇을 먹겠느냐고 묻자 메뉴판을 들여다보지도 않고 말했다.

"저는 화이트 스테이크를 먹겠어요." 포크 찹을 에둘러서 지칭하는 히브리어로 그가 또렷하게 말했다.

나는 빙그레 웃지 않을 수 없었다. 바르 미츠바를 치른 시나고그에서 나온 지 15분도 안 돼서 아이는 유대의 음식규정이 엄격하게 금하는 돼지고기를 입에 덥석 물겠다는 것이었다. 불쾌하다는 생각은 전혀 없었다. 나 자신도 율법에 의거한 식생활 규정을 지키지 않는다. 나는 단지 당시 상황이 보여주는 아이러니를 보았을 뿐이다. 나는 기오라의 포크 찹이 가지는 의미를 며칠 동안 생각했다. 내가 떠올릴 수 있는 것보다 더 큰 의미를 지닐지도 모른다고 생각한 나는 샬롬 하르트만 유대문화 고등연구소(the Shalom Hartman Institute for Advanced Judaic Studies)의 설립자이자 책임자인 다비드 하르트만을 찾아갔다. 그는 내가 자주 찾는 랍비로 이 책의 다른 부분에서도 언급한 적이 있다.

샬롬 하르트만 연구소는 오르 소마야흐 예시바에서 자동차로 얼마 멀지 않았지만, 셔틀 버스를 기대할 수는 없었다. 다비드 하르트만과 노타 실러는 브루클린에 있는 예시바 하임 베를린(Chaim Berlin)에 실제로 함께 다녔다. 하르트만은 당시 전설적인 농구선수였고 실러는 하르트만이 경기하는 모습을 지켜보곤 했다. 오늘날 두 사람이 가진 공통점이 있다면 농구가 전부다. 그들은 모두 브루클린에서 태어났고 정통파 랍비 아래서 교육받았지만(하르트만은 예시바대학의 저명한 탈무드 연구가 랍비 조지프 솔로베이치크(Joseph B. Soloveitchik) 밑에서 10년간 연구했다) 이스라엘이 어떤 곳이며 어떤 곳이어야만 하는지에 관한 전혀 다른 유대의 시각을 가지고 이스라엘에 매혹됐다. 이스라엘의 정통파 주류는 하르트만을 위험한 극단주의자로 간주했다. 개혁주의 혹은 보수주의적인 랍비들보다 더 위험한 존재로 생각했는데, 하르트만이 전통적인 정통파의 본류 출신이었기 때문이다. 하르트만은 1960년부터 1971년까지 몬트리올에서 탁월한 정통파 랍비였다. 이 기간 동안 그는 맥길대학에서 철학박사 학위를 취득하기도 했다. 1971년 가족과 함께 이스라엘로 이민 간 그는 유대문화 고등연구소를 열었다. 서구사상의 가장 훌륭한 부분과 유대의 고전적 탈무드 전통을 결합해낼 핵심적인 사상가와 교육가를 길러내기 위해서였다. 연구소는 유대주의를 새롭게 할 혁신적인 방안을 탐구하고 유대 공동체 내부에서 다원주의의 기반을 닦으며, 유대주의와 기독교 및 이슬람 사이의 관용을 추구했다. 연구소의 좌우명은 사실상 이런 것이었다. 유대인들은 단지 몸만 게토에서 빠져나갈 것이 아니라 그들의 정신과 영혼도 함께 게토를 떠나야만 한다.

이스라엘에서 마주치게 되는 이례적인 일들에 관해 그와 자주 대화를 나눈 기오라의 포크 찹을 이해하기 위해 하르트만을 찾은 것은 자연스러웠다. 종교적인 시온주의자인 그는 나의 질문에 답하면서 이스라엘이 무엇을 상징해야 하는지에 관한 자신의 느낌과 미래상의 윤곽을 설명했다. 그의 시각은 율법을 지키는 유대인이기 때문에 이스라엘로 왔던, 그러나 동시에 인류를 구원하겠다고 주장하지 않으면서도 세속적인 시온주의 국가에서 동등한 역할을 하고자 했던 많은 사람들이 공유하는 것이었다.

이스라엘 사람들이 내게 쉼 없이 이야기하는 주제로 그와의 대화를 시작했다. 두 세대만 더 지나면 미국의 유대인들은 모두 미국 문화에 동화되어 사라질 것이기 때문에 유대인으로서 스스로를 지키기 위해서는 이스라엘로 건너와야 한다는 이야기였다. 나는 목소리를 높여 의문을 제기했다. 이스라엘로 건너와서 하는 일이 바르 미츠바를 마치고 포크 찹을 먹는 것이라면 이민이 무슨 수로 문화적인 동화를 억제할 수 있겠습니까?

"질문에 답하기 위해서 질문을 하나 하죠. 히브리어로 말하는 일에 융화될 수 있습니까? 대답은 가능하다입니다. 미국에서 대부분의 유대인들은 적어도 1년에 3일간은 유대인이 되고자 합니다. 로쉬 하샤나의 이틀과 욤키푸르의 하루입니다. 상당수의 이스라엘 사람들은 그것마저 원치 않습니다. 이 나라를 건국한 세속적 시온주의자들은 동유럽 게토의 유대주의 전체와 그들의 할아버지 세대에게 반란을 일으켰습니다. 그들은 국가를 건설하고 국가를 위해 일하며 이스라엘의 국기를 휘날리고 군대에 합류하기를 원했으며 또한 종교적인 자기 정체성과 관련하여 전통적으로 사용하던 용어를 모두 히브리어로 말하고 싶어 했습니다. 이것이 바로 그들의 유대주의입니다. 그들에게 바르 미츠바는 종교적인 행사가 아니라 자신의 국적이 무엇인지를 표현하는 수단입니다. 부족이 함께 착용하는 머리장식물과도 같은 것입니다. 유대의 종교적인 내용이나 중요성과는 무관한 스스로의 표현입니다."

"키부츠의 결혼식에 가본 적이 있습니까? 이스라엘의 여타 결혼식과 마찬가지로 그들의 결혼식 역시 국가의 정통 랍비들에 의해 관장됩니다. 국가가 보낸 랍비가 모든 기도를 주관하고 필요한 서류를 작성합니다. 그리고 결혼식이 진행되는 동안 모든 손님들은 그저 결혼식장 주변을 서성이며 서로 이야기하고 농담을 주고받으며 차려놓은 음식을 먹습니다. 경건하다거나 종교적인 반성의 순간이라는 분위기는 없습니다. 유대교와 관련된 것들을 모두 제공하는 랍비는 치안판사의 역할을 하고 있다고 보는 것이 나을 정도입니다. 결혼식은 종교적으로 무의미하고 유대전통과의 단절을 보입니다. 만일 일반적인 이스라엘 사람들이 그들의 개인적인 삶에서 보여주는 유대문화를 로스앤젤레스 혹은 타국에서 거주하는 유대인들에게 이식한다면 아마도 유대민족은 더 이상 살아남을 수 없을 것입니다. 당신이 말한 포크 찹 이야기는 우리가 아무리 외부세계에 무언가를 보여주고자 하더라도 또한 유대주의의 미래에서 우리가 종교적인 중심이 될 것이라고 느끼고 싶더라도 율법을 따르지 않는 대다수의 이스라엘 사람들이 실제로 살아가는 모습이 어떤지를 보여줍니다. 그것이 많은 이스라엘 사람들이 스스로를 유대주의와 관련짓는 방식입니다. '군대에 입대해서 국가를 위해 복무할 것이다. 전투가 벌어지면 영웅적인 희생을 할 것이다. 무엇이 더 필요한가?'"

하르트만은 말을 이어갔다. "노동시온주의자들은 유대주의라는 핵심을 결여한 채 국가를 건설했습니다. 벤구리온은 바이츠만연구소(Weizmann Institute of Science)의 설립이 개척시대의 열정을 뒷받침할 수 있을 것이라고 생각했습니다. 저는 이 나라를 건설해낸 분들의 창조적인 업적에 무한한 존경심을 가지고 있습니다. 키부츠는 사회정의와 공동체생활에 있어서 놀랄 만한 실험입니다. 히브리 문학과 문화의 성장은 엄청난 혁명입니다. 유대인들을 연구자로부터 군인과 농부로 변모시킨 업적은 과소평가할 수 없습니다. 그러나 저는 유대민족이 문학과 과학만으로는 스스로를 지탱해나갈 수 없다고 굳게 믿습니다. 민족적 자부심만으로는 유대 국가를 건설할 수 없습니다. 유대인들의 영혼은 종교적인 자양분을 필요로 합니다. 이스라엘을 중동의 실리콘 밸리로 만들겠다고 약속함으로써 미래에 관한 유대민족의 희망을 사로잡을 수 있을 것이라고 믿는 정치지도자는 중대한 실수를 저지르는 것입니다. 사람들은 개인적 삶의 의미를 요구합니다. 그들의 가족과 삶이 현대세계를 살아가는 데 지침이 될 유대주의 위에 기반하고 있다고 느낄 수 있기를 바랍니다."

하르트만에게 내가 말했다. 당신의 말은 세속적 시온주의자들이 유대주의 없는 민족주의를 내세웠다는 의미입니다. 그들은 종교를 포기하고 하레딤에게 맡겨버렸습니다. 내 친구가 어떤 이스라엘 여성에 관해 말한 적이 있습니다. 그녀는 네게브 사막의 남쪽 끝에 위치한 에일라트 인근의 키부츠 요드파타(Yodfata)에 거주하는 여성이었습니다. 6일 전쟁이 끝난 후 키부츠 사람들이 서쪽 벽(Western Wall)을 보여주기 위해 그녀의 일곱 살 난 딸을 예루살렘으로 데려갔습니다. 그녀의 딸은 예루살렘에 처음 가보는 것이었습니다. 벽 근처에 서 있던 일행은 검은색의 긴 외투와 가죽으로 만든 모자를 쓴 하레딤 사람들에게 자연스럽게 둘러싸이게 됐습니다. 여성의 딸은 엄마의 옷소매를 잡아당기면서 이렇게 외쳤습니다. "저것 봐 엄마. 유대인이야." 딸이 하레디를 본 것은 그때가 처음이었습니다. 딸에게는 진짜 유대인이었던 것입니다.

"저로서는 놀랍지 않습니다. 벤구리온과 노동시온주의자들은 그들이 국가를 세우고 유대주의의 문제는 가장 협소하고 시대에 역행하는 동유럽의 종교관을 지닌 사람들, 즉 할아버지 세대의 마지막 유물인 하레딤과 정통파 랍비들에게 맡겨두고자 했습니다. 마치 집을 지으면서 지하에 작은 방을 하나 만들어 할아버지가 그곳에서 독서하고 개를 데리고 산책도 하며 조용하게 지내도록 하는 것과 다름없었습니다. 그런데 40년 후 어느 날 할아버지가 지하실에서 올라와 모습을 드러냈습니다. 그동안 할아버지는 지하실에서 개를 데리고 산책했던 것이 아니라 자녀들을 두느라 바빴던 것으로 드러나고, 이제 집안의 규칙을 세우겠다고 말하기 시작합니다. 주방과 침실을 차지하고, 더구나 쉬는 시간을 어떻게 보내야 한다고 말합니다. 노동시온주의자들은 현대세계에 맞춰 유대주의를 해석하려는 노력을 기울이지 않았기 때문에 이스라엘 사람들에게 그들 나름의 종교적인 시각을 제공할 만한 대안이 없습니다."

그렇다면 늪의 물을 빼고 이스라엘 여권을 소지하는 것만으로는 충분하지 않다고 생각한 구시 에무님과 하레딤이 옳습니다. 상당수의 이스라엘 사람들은 무언가 종교적인 의미를 갈구합니다. 이것을 당신이 제공하고 있습니까?

"이스라엘 사람들이 느끼는 종교적인 허망함에 대한 그들의 진단에 상당 부분 동의할 수 있습니다. 그러나 이에 어떻게 대처해야 할 것인가에 대한 처방에는 동의하지 않습니다. 구시 에무님은 이곳 사람들이 정신적으로 덧없음을 느낀다고 말합니다. 따라서 미래에 강림할 메시아를 맞을 준비를 하자고 합니다. 하레딤은 이스라엘 사람들이 허망함을 느끼니 국가와 민족에 관한 걱정은 이제 그만두고 동유럽에서 모두가 지붕 위의 바이올리니스트들처럼 살던 시절의 열정으로 돌아가자고 합니다. 이교도로부터 떨어져 게토에서 살아가던 좋은 시절로 말입니다. 한편에서는 메시아를 기다리는 몽상의 정치를 주장하고 다른 한편에서는 퇴행의 정치를 제안합니다." 하르트만이 말했다.

"말씀드리려고 하는 것은 저는 미래에 살지도 않고 과거에 살고 싶지도 않다는 점입니다. 저는 이스라엘 사람들에게 현재를 제안하고자 합니다. 우리는 지금 이 순간 살아가는 일상의 삶에 적합해야만 합니다."

그렇지만 어떻게 그것이 가능할까요? 율법을 지키며 전통적인 삶을 살아가는 사람들을 잃지 않고도 다수의 비종교적 이스라엘인들의 마음을 사로잡을 수 있는 방식으로 정통파 유대주의를 해석하는 방법이 실제로 존재할까요?

"처음부터 시작해봅시다. 우선 저는 종교적 시온주의자입니다. 이게 무슨 뜻인가요? 많은 유대인들이 제가 가진 종교 이데올로기를 공유하지 않는 국가에서 살아가며 유대주의를 해석하는 일에 전념하겠다고 마음먹었다는 것입니다. 하느님이 무엇을 의미하는지, 그리고 유대민족이 어떠해야 하는지에 관해 저와 완전히 다른 생각을 하는 유대인들과 더불어 살면서 저 자신의 종교적 삶을 개척하기로 결정했다는 뜻입니다. 이 말은 세속화된 개인들의 입장이 제 자신의 의견과 동등하게 취급될 수 있음을 받아들인다는 것이 아닙니다. 단지 저와 그들 사이의 차이가 계속될 것임을 인정한다는 의미입니다. 저는 그들이 개종해서 다시 유대의 문화유산으로 언제라도 되돌아오리라고 생각하지 않습니다. 그들은 유대인이라는 것이 무엇을 의미하는지에 관해 전혀 다른 인식을 가지고 있고 나름대로 품위를 갖춘 사람들이라고 봅니다. 따라서 저는 종교적 다원주의가 이스라엘 사회에서 계속 중요한 가치가 되어야 한다고 믿습니다. 종교적인 다양성이 이곳의 정치지형에서 계속 한 부분을 차지할 것이기 때문입니다. 나아가 모든 다양성이 공존하는 커다란 틀인 국가 이스라엘에서 살아가기로 저 스스로 결정했고, 저 자신도 그러한 틀에 책임이 있기 때문입니다. 세속화된 여성은 군복무를 해야만 하지만 율법을 지키는 저의 딸은 그럴 필요가 없다고 말할 권리가 제게는 없습니다. 날로 번영하는 이스라엘의 정치체제 아래서 삶을 같이 하자는 것이 제가 하는 말이기 때문입니다. 저는 그들에게 기생하면서 살 수 없습니다. 종교적 시온주의자가 되려면 이스라엘의 모든 면에서 그들과 함께 해야 합니다." 하르트만이 말했다.

세속화된 유대인들에게 관대해야 한다는 점을 어떻게 정통파 유대인들에게 설득할 수 있을까요? 올바른 삶의 방식은 단 하나이며 바로 그들의 방식이라고 하레딤은 말하고 있습니다.

"저는 정통파 유대인들에게 우리들 사이에는 일정한 상호 간의 의무가 존재하는데, 이는 서로 간의 차이보다 훨씬 중요하다고 말합니다. 율법을 받아들이는 일에 앞서 자신이 유대민족의 일원이라는 의식이 존재합니다. 우리는 이집트라는 기억을 공유하고 있다는 것이 솔로베이치크와 저 자신의 관점입니다. 모세에게 이끌려 사막으로 나와 시나이 산에서 율법을 받기 이전에 우리는 이집트에서 유대인으로서 모두 하나였습니다. 이집트에서 유대인은 이교도였습니다. 이들은 종교적으로 뭉친 공동체를 이루지는 못했지만 이집트에 함께 있었다는 것은 우리의 역사와 기억에서 핵심적인 부분입니다. 후일 민족이 될 사람들이 함께 있었기 때문입니다. 우리는 정치적 자유에 대한 열망과 함께 시련을 겪는다는 동지의식, 같은 민족이라는 생각, 그리고 정치적 운명을 같이한다는 의식이 공유했습니다. 우리가 어떤 종교공동체인가라는 문제를 논의하기 이전에 말입니다. 이집트가 시나이보다 앞선다는 점을 절대로 잊어서는 안 됩니다. (시나이 산에서 모세가 하느님으로부터 율법을 받았던 일을 기념하는) 오순절보다 유월절이 앞섭니다. 하레딤은 종종 이 같은 사실을 잊습니다. 하레딤에게는 세상의 시작과 끝이 시나이 산입니다. 시나이 산에 관한 그들의 해석인 것입니다. 그들의 해석이 하레딤의 모든 것을 규정합니다. 우리의 형제가 누구인가라는 질문에 대해 하레딤은 우리의 서약과 율법을 준수하는 방식을 공유하는 사람들이라고 답합니다. 유대법이 율법을 따르지 않는 유대인들 역시 유대인이라고 말한다는 사실을 그들 역시 알고 있습니다. 그러나 그들은 율법을 따르지 않는 유대인들과 어떤 관계를 맺어야 하는지에 관해 알지 못합니다. 그들에게는 시나이를 결여하는 유대민족이라는 개념이 전혀 없기 때문입니다. 시나이에 도달하기 전에 먼저 민족이 되어야 한다는 것이 저의 견해입니다. 누구도 혼자서 시나이에 갈 수는 없는 일입니다."

그렇다면 당신의 견해는 오늘날의 이스라엘과 어떻게 관련되는 것인가요?

"이곳에 존재하는 종교적 관점의 다양성에도 불구하고 우리가 하나의 민족이라는 사실을 기꺼이 받아들이겠다는 것을 의미합니다. 지금 이 나라를 움직이는 사람들이 누구입니까? 누가 우리 편입니까? 아무리 헌신성이 떨어지고 유대역사에 관한 해석이 다를지라도 이집트와 아우슈비츠에서 나와 함께 했고 유대의 역사가 계속되기를 바란다고 말하는 사람이라면 누구나 우리 편입니다. 저는 그와 같은 유대인들과 함께 나아갑니다. 이제 다음 문제로 넘어갑니다. 이제 우리는 어떻게 게임을 풀어나가야 할까요? 게임의 규칙은 어떠해야 합니까? 그것은 시나이입니다. 시나이는 우리가 규칙을 확립한 곳입니다." 하르트만의 말이었다.

그러나 이스라엘에서 내가 지켜본 정통파 유대주의에 의하면 규칙에 관한 공식적 해석이 오늘날 세계에 잘 들어맞지 않는 것 같습니다. 시나이에서 일어난 일에 관한 당신의 해석은 하레딤이나 구시 에무님의 해석과 어떻게 다릅니까?

"시나이에서 우리가 하느님으로부터 어떤 말씀을 들었는지를 둘러싼 싸움이 여전히 진행 중이라고 저는 믿고 있다는 점을 먼저 말씀드립니다. 저에게 시나이는 유대민족이 내용에 관한 질문을 던져야 한다는 것을 상징합니다. 내용이 없다면 공동의 운명과 함께 하는 시련, 그리고 함께 겪는 억압은 공동체를 유지하는 데 충분하지 않습니다. 바로 이 점을 세속적 시온주의자들은 이해하지 못합니다. 이스라엘이라는 국가를 기초했던 세속적 유대인들은 우리를 같은 민족으로 만들어준 이집트에서의 경험에 관해서만 관심을 둡니다. 그들은 시나이에서 우리에게 제시된 내용을 무시합니다. 유대주의가 개인의 생활방식에 그쳐서는 안 된다는 것이 저의 견해입니다. 정치와 경제, 사회정책, 그리고 민족 공동의 삶에서 제기되는 모든 이슈에 관해 근본적인 가치의 차원에서 지침을 제공해야만 합니다. 이게 무슨 뜻인지 아십니까? 정치적인 주권을 지닌 국가에서 번영할 수 있는 방식으로 우리의 전통을 해석해야 한다는 의미입니다. 제가 어떤 국가를 원합니까? 저는 양심의 자유를 존중하는 정치적 주권국가를 원합니다. 제가 이것을 어떻게 아느냐고요? 유대주의가 그렇게 말하냐고요? 이곳의 일부 정통파 랍비들은 민주주의가 유대주의의 가치가 아니라고 말합니다. 그러나 저는 유대주의가 민주주의를 존중해야 할 가치라고 하는지에 관해서 관심이 없다고 말합니다. 민주주의란 제가 습득한 새로운 정치적 가치입니다. 자유는 제가 미국에서 배운 중요한 정치적 가치입니다. 자율성과 개인의 양심 역시 제가 미국에서 배운 중요한 가치입니다. 저는 우리 연구소가 하는 작업이 고전적 유대주의로 하여금 스스로를 손상시키지 않으면서도 이러한 새롭고 중요한 정치적 가치를 흡수할 수 있도록 하는 방법을 찾아내고 있다고 봅니다." 하르트만의 대답이었다.

하르트만은 이렇게 덧붙였다. "우리 연구소에는 기독교도들이 연구하러 옵니다. 전 세계에서 가장 뛰어난 신약성서 연구자들과 정치철학가들도 옵니다. 우리는 서로 상대방의 경전을 함께 읽습니다. 왜 그럴까요? 제가 모든 것을 갖고 있지 못하기 때문입니다. 저는 게토를 떠났습니다. 게토에 있을 당시에는 모든 것이 제게 있었습니다. 다른 것을 보지도 않고 읽지도 않았기 때문입니다. 유대인들이 마침내 게토를 떠나게 되었을 때 일부 유대인들은 이교도들이 모든 것을 가지고 있다고 생각했고 따라서 자신이 가진 유대인으로서의 정체성을 포기했습니다. 저의 견해는 이런 것입니다. '잠시 다시 생각보자. 나는 스스로에 대한 정체성을 가지고 있다. 내게는 뿌리와 가족이 있다. 내게는 역사와 율법도 있다. 나는 그 어느 것도 부정하지 않는다. 나는 이와 같은 내가 가진 모든 것을 사랑한다. 그러나 내가 살아가는 곳에는 나의 역사와 가족, 뿌리, 율법만 존재하는 것이 아니다. 시나이에서 우리가 들은 말씀은 그것으로 최종적인 것이 아니다. 나의 율법은 세계와의 대화 속에 살아 숨쉰다. 나는 아리스토텔레스와 칸트로부터 배운다. 세계에 존재하는 모든 지혜가 시나이에서 온 것은 아니다. 시나이는 나의 시발점이지만 나는 그곳에 머물지 않는다. 시나이에서 출발한 나는 세계로부터 배우고 전 세계의 지혜를 흡수해 시나이에 동화시킨다.' 바로 이 점이 현대의 종교적 시온주의자와 하레딤의 차이입니다. 그들은 말합니다. '율법에 모든 것이 존재한다. 세계로부터 배울 것은 없다. 세상을 살아가지만 내가 그곳을 가치 있는 곳으로 생각하지 않는다. 세상이 내게 제공할 것은 전혀 없다. 칸트나 키에르케고르 혹은 프로이트가 저술한 내용 때문에 율법에 관한 나의 입장을 다시 생각해볼 필요는 없다. 이교도들이 우리에게 가르칠 내용이 무엇이란 말인가? 그들은 이교도다.' 저는 그들과 다르게 생각합니다. 유대인들은 세계에서 찾을 수 있는 모든 가치 있는 것들을 흡수하고 이들로부터 무언가를 배우는 데 있어서 이스라엘과 유대주의를 기반으로 삼아야 한다고 봅니다. 스스로의 특수성을 잃지 않으면서 말입니다. 현대성을 거부하는 사람들에게 우리 전통의 핵심을 넘겨줄 여유가 우리에게는 없습니다. 만일 그렇게 된다면 게토가 이스라엘을 장악할 것입니다. 우리는 이스라엘에서 살아가면서 결코 과거를 잊을 수 없습니다. 과거가 우리의 삶 곳곳에서, 그리고 어디서나 출몰할 것입니다. 과거를 되찾아 현대세계와 양립가능한 방식으로 해석하지 않을 경우 과거는 우리의 미래를 좌우할 것입니다."

당신은 이집트와 시나이를 언급했습니다. 그러나 시나이 이후 약속의 땅이 있었습니다. 바로 이스라엘입니다. 땅의 중요성에 관해 어떻게 생각하는지요?

"땅이 중요한 이유는 유대주의를 하나의 생활양식으로 볼 수 있도록 해주기 때문입니다. 이스라엘 땅으로 되돌아오는 일은 유대주의가 애초부터 시나고그를 기반으로 삼으려던 것이 결코 아니었음을 이야기하는 하나의 방식입니다. 일부 하레딤은 시나고그에서의 기도와 기념일 행사를 유대주의라고 느낍니다. 유대주의란 생활방식 전부가 되어야만 합니다. 병원에서 일어나는 파업을 어떻게 다룰 것인지, 그리고 권력을 어떻게 행사해야 하는지에 관해 해답을 줄 수 있는 총체적 생활양식이어야 합니다. 달리 말하자면 우리가 이스라엘 땅으로 되돌아온 것은 시나이에서 들은 말씀을 실행에 옮기기 위한 행위라는 것입니다. 저는 동유럽 게토에서 시나고그를 중심으로 했던 유대수의를 재건하기 위해 이 땅에 온 것이 아닙니다. 이스라엘 땅에 온 이유는 처음으로 돌아가기 위해서입니다. 단지 의식이 아니라 총체적 생활양식으로서의 유대주의를 이루려는 것입니다."

당신은 이스라엘 땅을 하레딤과 의식에 관한 그들의 집착에 대한 치유책이라고 봅니다. 그렇다면 유대민족과 인류의 구원에 있어서 이스라엘 땅의 역할에 관한 구시 에무님의 해석은 어떻게 생각하고 있습니까?

"땅은 구시 에무님의 잘못을 치유하는 수단이기도 하다는 것이 저의 견해입니다. 유대주의는 기독교의 핵심인 영혼의 구제와 구원과 무관하다고 땅은 이야기합니다. 땅은 사람들을 천국으로 인도하는 종교가 아닙니다. 땅이 우리에게 말하는 바는 우리가 존재해야만 하는 장소가 바로 지구상이라는 겁니다. 사라들은 공동체를 이루고 현실세계를 건설하며 지금 이 순간 민족으로 존재해야만 합니다. 우리가 이스라엘에 살지 않았던 시절에도 땅이 중요한 상징이었던 것은 이 때문입니다. 우리는 끊임없이 '내년에는 예루살렘에서'라고 말합니다. 유대주의의 정의가 바로 그것이기 때문입니다. 유대주의는 애초부터 구제와 관련된 일종의 신념으로 변화될 무언가가 아니었습니다. 언제나 사람들의 생활양식을 의미했습니다. 유대주의는 오늘날의 우리가 존재하도록 하는 디딤돌이지 다른 세계로 이끄는 무엇이 아닙니다. 바로 이 점을 구시 에무님은 이해하지 못합니다. 그들에게 이스라엘 땅은 구원과 메시아의 왕국으로 가는 데 필요한 디딤돌로서 율법에 의해 다스림을 받는 곳입니다. 저는 구시 에무님에게 이렇게 말합니다. 저에게는 하느님이 어떻게 이스라엘 혹은 세계를 구원하시게 될지에 관한 청사진이 없다고 말입니다. 이스라엘 땅이 유대민족과 유대역사를 메시아의 승리로 이끌어줄 것이기 때문에 중요한 것이 아닙니다. 이는 거창하지만 지어낸 이야기로서 저는 이를 거부합니다. 그들의 해석은 세계 역사에서 이스라엘과 유대민족의 역할을 과도하게 과장합니다." 하르트만이 말했다.

"이스라엘 땅과 십계명을 새긴 돌판이 이 사회를 구원받을 수 있는 곳으로 만들어주는 것이 아니라고 저는 생각합니다. 중요한 점은 우리가 어떠한 인간적 사랑을 베풀고 어떻게 삶을 살아가느냐입니다. 구시 에무님은 우리가 땅을 되찾는다면 하느님이 우리를 구원하실 것이라고 믿습니다. 저의 견해는 사람을 구원해야 한다는 것입니다. 그것이 전부이어야 합니다. 사람들을 구원하는 작업이 결국 어디에 이르게 될지에 관해서 저는 알 수 없습니다. 그러나 나쁜 결과가 될 리는 없습니다. 우리가 만나는 이발사와 식료품 상인, 그리고 택시 운전사를 대하는 데 오늘 좀 더 노력한다면 내일은 오늘보다 더 나을 것입니다. 이는 헤브론의 언덕을 차지하고 있기 때문이 아닙니다. 우리가 더욱 윤리적이고 도덕적으로 생활하고 다양한 문화를 가진 다른 민족들과의 공존을 신장해나간다면 우리의 내일은 오늘보다 나을 것입니다. 더 나은 미래는 국경을 확장함으로써 얻을 수 있는 것이 아닙니다. 오늘날 200만 명의 팔레스타인 아랍인들을 핍박함으로써 메시아의 강림을 가져올 수는 없습니다. 지금 제가 하는 일이 인류의 구원을 가져올 수 있을지에 관해 말씀드릴 수는 없습니다. 스탈린이 바로 그렇게 이야기하면서 200만 명을 살해했습니다. 자신이 세상을 구원하고 있다고 생각하는 사람들 모두는 매일매일 자신이 행하는 사악함을 보지 못합니다. 머나먼 미래에 눈을 고정한 사람들은 지금 옆자리에 앉은 사람을 보지 못할 수도 있습니다." 하르트만이 말했다.

"사람들의 고결함이 땅의 신성함보다 우선한다는 점을 기억하십시오. 우리가 알지 못하는 신비한 중요성이 땅에 있는 것이 아닙니다. 오직 인간이 행하는 바가 중요합니다. 유대주의의 신성함은 돌판이나 경전에서 오지 않습니다. 현재 이곳에서 살아가는 당신과 나로부터 오는 것입니다." 하르트만의 결론이었다.

13장
공동체 사이의 균열

　레바논에서 국경을 넘어 이스라엘로 걸어 들어온 사람들은 모든 것이 잘 정돈되어 있다는 첫인상을 받는다. 레바논의 무질서한 농촌 풍경과는 대조적으로 이스라엘에서는 농장에 바나나를 열을 맞춰 심었는데 각 열은 완벽하게 평행을 이뤘다. 키부츠의 가정집들도 좌우대칭으로 지어 눈으로 둘러보기가 부드럽고 자연스럽다. 도로는 반듯하고 도로의 한가운데 그은 흰색 선 역시 방금 칠한 듯 선명하다. 보이는 경치 어디서나 계획과 질서를 엿볼 수 있다. 심지어는 이스라엘의 해안선마저 레바논의 그것보다 더 반듯하게 보인다.
　이스라엘에 도착하고 나서 한동안 나는 그곳의 반듯한 선들에 속았다. 몇 달이 지나고 나서야 직각으로 정렬된 숲속 안쪽을 들여다볼 수 있는 눈을 갖게 됐고, 겉으로 보이는 이스라엘 사회의 표면 바로 아래에는 지각들이 들쭉날쭉하게 서로 맞닿은 단층(斷層)이 존재하고 이 선을 따라 화산이 분출할 수 있다는 사실을 발견했다. 레바논은 국가를 형성하는 17개의 서로 다른 기독교와 이슬람 분파들을 가르는 다수의 단층선들 위에 세워졌지만, 요르단 강 서안과 가자지구의 점령지, 그리고 이스라엘은 단 하나의 단층선 위에 서 있다. 이스라엘의 유대인과 팔레스타인 아랍인들을 가르는 균열이다. 레바논 정부는 분파 사이의 균열에서 발생하는 지진으로 항상 흔들렸다. 결국 1975

년 터져 나온 지진은 모든 균열을 일시에 벌어지게 만들 만큼 강력한 것이었고 나라 전체를 깊은 나락으로 몰아넣었다.

이스라엘 정부는 그보다 훨씬 강력하고 응집력이 강하다. 1967년 6월에서 1987년 12월에 이르는 20년 동안 이스라엘 정부는 팔레스타인 사람들과 유대인들을 가르는 균열에서 나오는 충격파와 진동을 흡수할 수 있었다. 이 작업은 대단히 성공적이어서 일부 팔레스타인 사람들은 균열이 존재한다는 사실을 잊기까지 했다. 그러나 베이루트에서의 경험으로 나는 지층의 움직임에 매우 민감했다. 지진에서 살아남은 사람들이 모두 그렇듯 나 역시 지층의 요동을 결코 잊을 수 없다.

이스라엘을 보면 레바논이 생각난다는 말을 이스라엘 사람들에게 할 때마다 그들은 발끈 화를 낸다. 예루살렘에서 참석했던 어느 저녁식사 자리에서 내가 그런 비교를 하자 허데서 병원의 저명한 신경학자가 내게 흥분하며 말했다. "도대체 무슨 소리를 하는 겁니까? 예루살렘에서 내전이 일어난다는 겁니까? 가자지구가 베이루트처럼 될 거라는 얘기인가요? 레바논에서 너무 오래 머무르셨군요."

내가 레바논에 오래 머물렀던 것은 사실이었다.

1987년 11월 6일 금요일 『예루살렘 포스트』는 예루살렘 동쪽에 위치한 레스토랑 댈러스의 주인이었던 팔레스타인 사람에 대한 기사를 실었다. 그 식당은 예루살렘에서 꽤 인기 있는 곳으로 아랍 음식을 팔았다.

"만일 모하메드 후세인(Mohammed Hussein)의 뜻대로 된다면 신앙심 깊은 유대인들이 아랍인들의 지역인 동예루살렘에서 후세인의 음식을 곧 맛볼 수 있게 될지도 모른다. 지난달 후세인은 도시 한가운데 아랍 쇼핑구역 중심부에 자리 잡은 자신의 레스토랑 댈러스가 율법에 따른 음식을 제공하고 있다는 증명서를 받도록 해달라고 지역 종교평의회에 신청했다. 후세인에 따르면 동예루살렘에는 율법에 따른 음식을 제공하는 레스토랑을 찾는 사람들이 많다고 한다. '유대인들이 자주 레스토랑에 와서는 우리가 증명서를 받았는지를 물어봅니다.'라고 그는 말했다. 살라헤딘(Salah e-Din) 거리와 법원, 그리고 법무부와 가까운 거리에 위치한 자신의 레스토랑이 계율을 따르는 음식을 즐기는 고객들을 끌어 모을 것이라고 후세인은 믿는다. 스스로도 신앙심 깊은 이슬람교도인 후세인은 음식물에 관한 제한 규정을 지켜야 하는 사람들의 부담을 이해한다. '저는 이번 일이 종교적 계율을 지키려는 사람들의 노력을 도울 수 있는 기회라고 생각합니다.'"

자신의 아랍 레스토랑을 율법에 맞는 정결한 음식을 판매하는 식당으로 만들려는 모하메드 후세인의 계획은 자기 땅을 점령한 자들의 비위를 맞추려는 어느 고립된 팔레스타인 배신자의 어처구니없는 행동이 아니었다. 정반대였다. 1967년 전쟁 이후 20년의 기간 동안 요르단 강 서안과 가자지구의 점령지에 거주하는 이스라엘과 팔레스타인 사람들이 두 민족으로 이루어진 하나의 사회로 어쩔 수 없이 혼합되어가는 과정을 상징적으로 보여주는 일이었다.

이스라엘의 입장에서 바라보면, 그들은 요르단 강 서안과 가자지구를 자신의 자치정부와 도시구획, 도시계획, 도로표지, 그리고 운송 등의 체계로 편입했다. 1967년 이전 이스라엘 땅이었던 곳으로부터 차를 타고 요르단 강 서안 지역으로 들어가도 '요르단 강 서안에 오신 것을 환영합니다.'라는 표지가 없었고 도로나 자연의 모습 역시 변화가 없었다. 두 지역은 완전히 하나로 통합돼 서로 다른 지역임을 찾아볼 수 없었다. 1967년 이후 이스라엘에서 자란 사람들이 국경이 어디인지 전혀 알지 못하고 지도에서 요르단 강 서안이 어디인지를 찾는 데 애를 먹는 것은 이 때문이다. 1980년대 말까지 약 7만 명의 이스라엘 사람들이 요르단 강 서안의 마을과 정착촌으로 이주했다(동예루살렘을 포함하지 않은 수치다). 그들 대부분은 총을 차고 다니며 메시아를 찾아 헤매는 광신도들이 아니었다. 마당이 딸린 집을 찾는 여피족으로 그들이 소지한 위험한 물건이란 텔아비브와 예루살렘으로 통근하는 데 필요한 대중교통 노선도가 가득한 서류가방이 전부였다. 실제로 오늘날 점령지역에 정착한 유대인의 85퍼센트는 텔아비브와 예루살렘에서 30분 이내의 통근거리에 위치한 10개의 도심에 거주한다. 헤브론과 베들레헴, 그리고 나블루스와 같은 요르단 강 서안의 도시에서도 하이파 혹은 텔아비브에서와 마찬가지로 쉽게 주택이나 호텔을 구입할 수 있도록 만든 히브리 버전의 모노폴리 게임이 벌어져도 이를 눈치 채지 못하는 이스라엘 사람들이 거의 대부분인 이유가 바로 이 때문일지도 모른다.

토요일마다 아랍인들의 마을과 시장에서 값싼 물건을 쇼핑하는 일은 많은 이스라엘 사람들에게 주중행사가 됐다. 실제로 내가 아는 이스라엘 군의 최고위급 정보장교 한 사람은 매주 일요일 이스라엘 내각 구성원들에게 극비 정보와 관련된 브리핑을 마친 후 총리 사무실에서 곧바로 차를 몰고 요르단 강 서안의 도시 베들레헴의 자주 가는 아랍 레스토랑을 찾아 구운 양고기와 아랍 샐러드로 배를 채우곤 한다고 말했다.

전 세계는 이스라엘이 요르단 강 서안과 가자지구의 점령지에 얼마나 깊게 뿌리를 내리고 있는지에 관해 집중하는 것처럼 보인다. 그러나 이 지역에 거주하는 팔레스타인 사람들이 이스라엘 사회에 자발적으로 혹은 무의식적으로 얼마나 뿌리를 내려가고 있는지에 대해 관심을 갖는 사람은 거의 없다. 요르단 강 서안에 위치한 비르자이트(Bir Zeit)대학에서 가르치는 팔레스타인 철학자 사리 누세이베(Sari Nusseibeh)보다 더 통찰력 있고 정직하게 팔레스타인 사람들의 동화 과정을 관찰하는 사람은 없다. 저명한 정치학자 안와르 누세이베(Anwar Nusseibeh)의 아들인 사리는 이제 30대 후반으로 1967년 이전 예루살렘이 요르단의 통제 아래 있던 시절 그곳에서 태어나고 자랐다. 그는 팔레스타인 동포들이 천천히 '이스라엘화' 되어가는 과정을 빠짐없이 지켜보았다.

그는 이스라엘 전국버스조합을 지칭하면서 이렇게 말했다. "에게드 버스(Egged bus)로부터 모든 일이 시작됐습니다. 1967년 전쟁 이후 팔레스타인 사람들은 에게드 버스 가까이 가지 않으려고 했습니다. 버스는 마치 외계로부터 난데없이 나타나서는 낯선 지역들 사이에 외계인들을 실어 나르는 무시무시한 괴물처럼 보였습니다. 어떤 사람들은 우리가 이스라엘 버스를 절대로 타서는 안 된다고 말했습니다. 만일 그들의 버스를 타면 이스라엘의 점령을 인정하는 꼴이 될 것이기 때문이라고 했습니다. 그러나 차츰 팔레스타인 사람들이 에게드 버스를 이용하기 시작했습니다. 사람들이 버스가 어디에서

와서 어디로 가는지를 알게 된 것이었습니다. 이스라엘은 에게드 버스 시스템이었고 우리는 그 시스템을 이용하는 방법을 배웠습니다."

팔레스타인 사람들은 달리 대안이 없다고 느꼈다. 에게드 버스를 이용하고 이스라엘 방식대로 장사를 하든지 아니면 이에 대항하며 굶어야 했다. 이스라엘은 천연자원을 수입하고 완제품을 수출하는 모든 수단을 통제했고, 잠재적으로 이스라엘 경제와 경쟁하거나 독립국가의 기반이 될 팔레스타인 사람들의 산업기반을 키우는 일을 허용하지 않았다. 대신 이스라엘은 팔레스타인 사람들이 이스라엘에서 임금노동자로 일하거나 이스라엘을 상대로 장사를 하고 잉여 농산물을 요르단으로 수출하는 일을 장려했다. 이런 방식으로 이스라엘은 팔레스타인인들이 개인적인 차원에서는 경제적 성공을 거둘 수 있지만 공동체로서는 계속 빈곤한 상태에 머물기를 바랐다. 팔레스타인 사람들은 언제나 이스라엘의 점령을 비난했지만, 그러면서도 이스라엘의 규칙에 따라 움직이는 게임에는 참여했다. 이는 도덕적으로 이중장부를 사용하는 팔레스타인 사람들의 방식이었다. 이로써 그들은 살아남을 수 있었고 어떤 경우에는 개인적으로 경제적 성공을 거두면서도 독립에 대한 스스로의 주장을 포기하지 않았다고 느낄 수 있었다.

누세이베의 관찰은 이러했다. "지난 20년 동안 팔레스타인 노동자들과 상업이 경험한 과정을 자세히 들여다보면 우리가 이스라엘에 통합되고 동화된 정도가 상당하다는 점이 두드러진다고 말할 수밖에 없을 것입니다. 한마디로 말하면 우리는 흡수되었고 바로 이 사실에 우리의 복지와 생존이 의존하게 됐습니다. 팔레스타인 사람들의 활동 중 어느 것을 보더라도 그 활동은 어떤 형태로든 이스라엘의 승인을 필요로 합니다. 그리고 우리는 그러한 승인을 얻어냈습니다. 개인으로서 우리는 팔레스타인의 독립과 독특함을 이야기하지만 집단으로서의 우리는 정반대로 행동합니다."

실제로 1980년대 후반에 이르자 요르단 강 서안과 가자지구에 거주하는 약 12만 명의 팔레스타인 사람들은 매일 아침에 눈을 뜨면 이스라엘에서 만든 트누바(Tnuva) 우유를 마시고 이스라엘의 엘리트 커피를 마시며, 이스라엘산 청바지를 걸치고 뒷주머니에는 이스라엘에서 발행한 신분증을 넣는다.

이스라엘 건설업자나 공장 소유자 혹은 상점 주인 소유의 픽업트럭에 올라타고, 이스라엘의 도시에서 히브리어로 말하면서 하루의 일을 한다. 시간이 더 지나자 이들 팔레스타인 사람들은 이스라엘 정부에 소득세를 납부하고 건물을 짓는 데 필요한 정부의 허가증을 받기 위해 이스라엘 관료들에게 뇌물을 주기도 했으며, 이스라엘 정부가 검열한 아랍 신문을 읽고, 이스라엘이 발급한 운전면허증을 지니고 공항으로 차를 몰고 가 역시 이스라엘 정부가 발행한 여행증명서로 해외여행에 나섰다. 부모가 외출한 사이에 아이들은 집 바깥 벽에 이스라엘산 탐부르(Tambour) 페인트로 이스라엘에 반대하는 내용의 낙서를 하곤 했다. 날이 저물면 이스라엘의 국내 담당 정보부 신베트(Shin Bet)에 매수된 일부 팔레스타인 사람들은 자신의 이웃에 관한 정보를 전달하기도 했다. 다음날 아침이면 요르단 강 서안과 가자지구의 정착촌 건설현장에서 일하기 위해 새벽부터 잠자리에서 일어난다. 심지어 일부 팔레스타인 사람들은 자신이 몰수당한 바로 그 땅에서 진행되는 정착촌 건설현장에서 일하는 경우도 있다.

예루살렘 구시가와 베들레헴, 그리고 예리코에서는 팔레스타인 상인들이 야물커와 장식촛대인 메노라, 'I Love Israel'이라는 문구가 새겨진 티셔츠, 그리고 (대부분 팔레스타인 노동자들이 만든) 기타 유대 물건과 나란히 아랍 남성의 두건인 카피에와 코란, 다른 아랍 전통 기념품을 판매했다. 베이트 사후르(Beit Sahur)에 자리 잡은 팔레스타인 사람 소유의 파스타 공장과 참깨를 갈아서 타히니라는 양념을 만드는 나블루스의 공장, 라말라(Ramallah)에 위치한 RC콜라 공장 등은 인근의 유대인 정착촌이 고용한 랍비들로부터 유대 율법에 맞는 음식을 만든다는 인증서를 받은 10여 개의 식품 제조업체들에 속한다. 인증서를 획득하는 것은 그들이 이윤을 많이 남길 수 있는 이스라엘 시장에 다가가기 위한 유일한 방법이었다. 1987년에 이르자 이스라엘에서 공식적으로 10년 이상 일했고 65세를 넘긴 800여 명의 팔레스타인 사람들이 그들이 인정하지 않는 유대 국가로부터 노후연금을 받고 있었다.

나는 예루살렘에서 북쪽으로 약 30킬로미터 정도 떨어진 곳에 위치한 요르단 강 서안의 유대인 정착촌 네베 추프(Neve Tzuf)에서 자녀들과 함께 사는 랍비 조너선 블라스(Jonathan Blass)와 그의 아내 시프라(Shifra)를 방문한 적이 있다. 정착촌에서 그들의 삶에 관해 인터뷰를 진행하는 도중 그들은 이제 열네 살인 아들 슐로모(Shlomo)가 인근의 아랍인 마을 데이에르 니잠(Deir Nizam)에 사는 무에진(muezzin)의 아들과 함께 사업을 시작했다고 자랑스럽게 말했다(무에진이란 모스크의 첨탑 위에서 하루에 다섯 번 다른 이슬람교도들에게 기도 시간을 알리는 이슬람 성직자다).

아이들이 함께 하는 사업이 무언가요?

"그들은 야물커를 만듭니다. 만든다는 말이 정확한 표현은 아니겠네요. 몇몇 여인들이 무에진의 아들에게 야물커를 만들어서 공급합니다. 저희 아들 슐로모는 그들에게 주문해서 야물커를 판매하죠. 구시 에무님 정착민들이 쓰고 있는 야물커 중 상당수는 데이에르 니잠의 여인들이 만든 것들입니다. 아이들은 얼마 전에 남아프리카에 사는 독실한 유대인들에게 500개의 야물커를 수출하기도 했습니다. 저희가 브나이 아키바(B'nai Akiva, 종교적 시온주의 청년운동)에서 펴낸 책을 무에진의 아들에게 줬는데, 그 아이는 그 책에서 야물커에 넣을 무늬를 고릅니다. 무에진의 아들은 서로 다른 그룹의 유대인들이 선호하는 색과 스타일을 잘 압니다. 예루살렘의 스카이라인을 수놓은 아름다운 야물커를 만듭니다. 그 아이는 히브리어를 수놓기도 합니다. 뭐든지 원하는 대로 해주죠." 블라스의 말이었다.

이와 같은 팔레스타인 사람들의 활발한 상거래는 점령지로부터 이득을 취하기 위해 이스라엘이 활동하도록 만든 세금징수관들의 끊임없는 감시의 눈길 아래서 행해진다. 전임 예루살렘 부시장 메론 벤베니스티(Meron Benvenisti)가 책임자로 있는 민간기관인 요르단 강 서안 데이터베이스 프로젝트(West Bank Data Base Project)가 수행한 연구는 다음과 같이 결론을 내렸다. "점령지역은 이스라엘 재무부에 재정적인 부담을 준 일이 전혀 없다. 사실은 정반대다. 팔레스타인의 인구는 이스라엘 정부의 공공지출에 크게 기여했다." 벤베니스티의 연구에 따르면 이스라엘 정부는 요르단 강 서안과 가자지구에 거주하는 사람들로부터의 조세 수입을 증대하기 위해 두 가지의 주요한 수단을 사용했다. 하나는 점령지역에서 소득세와 재산세, 부가가치세를 징수하는 것이었다. 여기서 나온 자금은 요르단 강 서안과 가자지구에 필요한 도로와 병원 및 도시의 기반시설을 확충하는 데 요구되는 자본지출, 그리고 군사비에 충당했다. 다른 하나는 팔레스타인 사람들이 이스라엘에 머무는 동안 구매하는 상품에 부가가치세를 부과하고 소비세와 수입관세, 그리고 소득공제를 하는 것이었다. 공식적으로 이스라엘 지역에서 일하는 요르단 강 서안과 가자지구 거주자들은 누구나 봉급의 약 20퍼센트를 국민보험료로 내야만 했다. 그러나 오로지 이스라엘 사람들만 보험혜택의 대상이었기 때문에 팔레스타인 사람들이 내는 보험료는 곧바로 국고에 귀속됐다. 이렇게 만든 자금의 일부는 점령에 소요되는 비용과 점령지에서 걷는 세금 사이에서 발생하는 적자를 메우는 데 사용됐다. 벤베니스티의 연구에 의하면 적자를 메우고도 남은 자금이 점령이 시작된 이후 20년간 약 5억 달러에 달하는데, 이는 이스라엘이 자국의 발전에 사용했다.

동시에 공동체로서의 팔레스타인 사람들이 이스라엘의 점령 아래에서 거의 문제를 일으키지 않아 1967년과 1987년 사이 요르단 강 서안과 가자지구에 거주하는 170만 명의 팔레스타인인들 전체를 통제하기 위해 하루에 배치한 인원은 1,200명의 군인과 수백 명의 드루즈 국경경찰, 그리고 수백 명의 신베트 요원이 전부였다. 이스라엘과 팔레스타인 사람들이 서로 부딪치는 수많은 접점들에서 팔레스타인 사람들이 자발적으로 복종함으로써 이스라엘은 비용이 적게 들면서도 효율적으로 점령을 유지했기 때문에 규칙이 지켜지도록 하기 위해 폭력이나 인력을 사용할 필요가 거의 없었다.

누세이베가 이렇게 말했다. "이스라엘이 점령지역 사람들과 부딪쳐야만 하는 수많은 접점들 중에서 95퍼센트가 효과적인 통제로 이어지기 위해서는 우리의 동의와 협력을 필요로 했습니다. 예를 들면 이렇습니다. 누군가에게 베델(Beth El)에 있는 군정장관의 사무실로 오라는 명령을 내립니다. 그 사람은 자신이 체포될 것임을 알지만 제 발로 사무실을 찾아갑니다. 명령을 무시해버리고 결국 이스라엘 부대가 마을로 자기를 체포하러 오도록 하지 않는 것입니다. 집을 증축하기 위해서는 건축허가가 필요하다고 말합니다. 대부분의 팔레스타인 사람들은 이 말을 무시하고 증축하기보다는 건축허가서를 받기 위해 해당 부처로 가서 줄을 섭니다. 아무도 그들의 머리에 총구를 겨누지 않았는데도 말입니다. 언론 검열 역시 마찬가지입니다. 가장 과격한 팔레스타인 신문도 매일 이스라엘의 검열을 받습니다. 우리는 전에 비르자이트대학교를 폐쇄하라는 명령을 받은 적이 있습니다. 그 소식을 들은 것은 신문을 통해서였는데, 사람들은 학교에 나가서 도전하지 않고 그냥 집에 머물렀습니다. 이스라엘의 점령을 우리가 말없이 동의한다는 점을 상징적으로 보여주는 일은 (이스라엘이 발급한) 신분증을 자발적으로 소지했다는 것입니다. 이스라엘이 발행한 신분증은 점령의 초석이었습니다. 신분증은 이스라엘 사람들에게 자신이 어디에서 왔고 가족이 누구이며 어디에 사는지를 말해줬습니다. 이스라엘은 우리가 신분증을 제시하지 않고서는 여행이나 운전, 상거래, 수입, 그리고 병원을 가는 일조차 할 수 없도록 만들었습니다. 우리는 이에 협력했습니다. 이스라엘의 점령에서 5퍼센트의 접점에서는 폭력이 개입했다고 말하고 싶습니다. 이스라엘 군대가 팔레스타인 사람들을 일정한 명령이나 규율에 따르게 하기 위해 물리적 폭력을 행사했습니다. 95퍼센트의 경우 우리가 스스로 따랐습니다."

 요르단 강 서안과 가자지구의 팔레스타인 사람들은 토지의 징발과 자의적인 체포, 주택파괴, 통행금지 등 이스라엘의 점령이 가져오는 불편함에 관해 끊임없이 불평을 늘어놨지만 공동체로서의 그들은 점령의 체계를 무너뜨리는 일을 거의 하지 않았다. 사회에서 가장 정치적으로 민감한 집단인 변호사와 학생들의 파업과 시위가 간혹 일어났고 이스라엘 군대와 대립하는 과정에서 가끔 사상자가 나왔지만 꾸준히 진행되거나 널리 퍼지는 일은 드물었다. 1970년대와 1980년대 점령지 전역에 배포된 PLO의 문서들은 언제나 대중적인 불복종으로 이스라엘의 점령을 흔들자고 했지만 사실상 한 번도 실행에 옮겨지지는 않았다. 1980년 군사정부가 명령 854호를 발포해 모든 대학의 커리큘럼과 강의가 이스라엘 군 당국의 통제 아래 행해져야 한다고 했을 때 팔레스타인에 있는 대학들과 학생들은 다 함께 결속해 이를 거부했다. 결국 이스라엘이 포기했다. 이 같은 경우를 진정한 공동체 차원의 저항이라고 할 수 있다. 그러나 이는 예외적인 일이었고 통상적인 경우가 아니었다.

그렇다면 팔레스타인 사람들은 왜 스스로를 조직하고 공동체로서 저항하며 이스라엘이 만든 체계로부터 단절하려고 하지 않는가? 우선 그들에게는 의지할 수 있는 안정적이고 독립된 경제기반이 없다. 대규모의 대중적 시민불복종이 이스라엘에게 실질적인 압력이 되게 하려면 경제적, 개인적 고통을 필연적으로 겪어야 한다. 그러나 이를 견디고자 하는 의지가 없었던 것이다. 두 번째 이유는 이스라엘이 군대의 힘과 국내 담당 정보부 신베트를 이용해 대중조직을 만들려는 팔레스타인의 어떠한 시도도 분쇄하고 지역의 지도자로 행동하려는 기미라도 보이면 누구든 체포했기 때문이다. 이스라엘은 팔레스타인을 위해 목소리를 높이는 사람을 묵인하기는 했지만, 그를 따르는 추종자가 세 명을 넘어서면 결국 체포하거나 추방하거나 포기하도록 괴롭혔다. 세 번째 이유는 베이루트, 나중에는 튀니스에 존재하는 PLO 게릴라 지도부 때문이었다. PLO 지도부가 이스라엘을 상대로 한 투쟁을 책임지고 모든 정치적 결정을 내린다고 주장하는 상황에서 요르단 강 서안과 가자지구의 팔레스타인 사람들로서는 민족해방은 PLO가 책임진다고 선언하고 스스로는 이스라엘의 시스템을 수용하고 나아가 거기서 이득을 취하는 일이 매우 편리했던 것이다. 요르단 강 서안에 거주하는 사람들에게 언제쯤 그들의 해방이 스스로의 책임으로 변화할 것인지를 여러 번 물어보았지만 만족할 만한 대답을 내놓는 경우는 없었다.

네 번째 이유는 레바논에서와 마찬가지로 팔레스타인 사회 역시 소수민족과 씨족, 당파와 분파, 그리고 지역 등으로 쪼개져 있어서 조직적이고 일치된 대중의 행동을 이끌어내기가 항상 어려운 데 있었다. 팔레스타인 기독교도들은 팔레스타인 이슬람교도들을 의심했다. 다른 집단들 역시 마찬가지였다. 이슬람 근본주의자들은 공산주의자들을, 친요르단론자들은 친PLO주의자들을, 그리고 헤브론 사람들은 예루살렘 사람들을 의심했다. 한 마을에 거주하는 확대가족의 구성원은 다른 가족의 구성원과 협력하기를 거부했다. 신베트가 '악취가 진동하는 놈들'이라고 부르는 팔레스타인 정보원들을 충원하는 데 아무런 어려움을 겪지 않는 이유는 바로 이와 같은 집단 사이의 적대감 때문이었다. 정보원들은 요르단 강 서안과 가자지구의 모든 마을과 난민촌에서 누가 어떤 말을 누구에게 했는지를 이스라엘 정보국이 환하게 꿰뚫을 수 있도록 해주었다.

마지막으로 요르단 강 서안과 가자지구에 거주하는 팔레스타인 사람들은 이스라엘의 점령이 그들의 동의와 협력이 아니라 폭력에 의해 유지되고 있다고 굳게 확신하고 있기 때문에 이스라엘에 도전할 힘이 그들 내부에 있다는 사실을 믿지 않았다. 텔아비브대학의 베두인 전문가인 클린턴 베일리(Clinton Bailey)는 언젠가 예루살렘 구시가에서 장사를 하는 상인과 나눈 이야기를 내게 들려줬다. 그 이야기는 팔레스타인 사람들이 스스로 느끼는 무기력감을 생생하게 보여줬다.

베일리가 말했다. "저는 예루살렘 구시가에 선물을 사러 다비드 스트리트에 있는 상점에 갔습니다. 상점 주인은 30대의 팔레스타인 상인이었는데, 그는 대단히 사교적이고 카리스마가 있는 친구였어요. 언제나 최신 유행의 청바지를 입고 지나가는 아가씨들과 시시덕거리곤 했죠. 그가 저를 불러 상점 안에서 차를 한잔 하자고 했습니다. 자리에 앉자 저는 그에게 요즘 어떠냐고 물었어요. 그가 대답했습니다. '글쎄요, 저는 이제 하지(Hajji)입니다.'"
(하지라는 말은 메카로 성지순례를 가는 모든 이슬람교도들에게 부여하는 명예로운 칭호로, 성지순례를 아랍어로 하지(Hajj)라고 부른다.)

"그래서 제가 물었죠? '언제 갔다 왔어요?' 그러자 그가 대답했습니다. '이번 여름에 다녀왔어요(1987).' 제가 말했습니다. '사우디 사람들이 성지순례 온 이란인들과 크게 충돌했을 당시에 그곳에 있었던 거군요?'"

(1987년 8월 사우디 군대가 약 400명의 이란 성지순례자들을 사살했다. 사우디에 따르면 이란 사람들이 메카로 성지순례를 가면서 폭동을 일으킨 직후였다. 그러나 이란인들은 사우디의 공격을 자극한 일이 없다고 했다.)

그 팔레스타인 상점 주인이 대답했다. "맞아요. 그곳에 있었습니다. 저는 일어난 일들을 모두 보았죠. 제가 묵던 호스텔이 메카에서 충돌이 일어난 곳에 있었거든요."

베일리가 그에게 물었다. 사우디와 이란인들 중 누가 진실을 이야기하고 있는 것이냐는 질문이었다. 베일리는 상점 주인이 정말로 경멸하는 태도로 대답했다고 한다. "물론 이란 사람들이 진실을 이야기하겠죠. 제 앞에서 아랍 사람들 이야기는 하지도 마세요. 아랍 놈들은 정말 나쁜 놈들이에요. 어머니를 두고 맹세합니다. 사우디 사람들은 아무런 경고도 없이 이란인들을 기습 공격했습니다. 많은 사람들이 총에 맞아 죽었고 다친 사람들도 아주 많습니다. 그런데 한 가지를 꼭 말씀드려야겠습니다. 이란 사람들은 한 사람도 울지 않았다는 것입니다. 저는 사람들을 도우려고 거리로 내려갔습니다. 부상당한 이란 여인을 뙤약볕에서 나올 수 있도록 도우려고 했습니다. 그녀가 말했어요. '아닙니다. 아니에요. 제게서 손을 떼세요. 남성이 여성의 몸에 손을 대는 것은 하람(금지된 것)입니다.' 제가 그 여성에게 죽을 수도 있다고 말하자 그녀는 똑같은 말을 반복했습니다. '제 몸에서 손을 떼세요.' 사우디 경찰이 어느 노인에게 다가가서 질문하는 것을 봤습니다. '당신은 이란 사람이요, 터키 사람이요?' 만일 이란 사람이라고 대답한다면 경찰관이 자신을 폭행할 것을 알고 있었지만 노인은 그냥 이란인이라고 말했습니다. 경찰은 노인이 피가 날 때까지 때렸습니다. 그렇지만 노인은 울지 않았습니다."

베일리가 상점 주인과의 대화를 회상했다. "그가 제게 들려준 이야기는 언제나 같은 말로 끝났습니다. '그렇지만 그들은 울지 않았습니다.' 그는 이란 사람들의 용기에 경외심을 가졌던 겁니다. 이란 사람들의 행동이 팔레스타인인들의 태도와 대조적이었기 때문이라고 저는 생각합니다. 레바논과 아프간, 그리고 세계 모든 곳의 시아파들은 자유를 얻기 위해 기꺼이 대가를 치르려고 합니다. 그렇지 않은 사람들이 있습니다. 오직 요르단 강 서안 사람들만 그렇지 않습니다."

요르단 강 서안에서 큰 목소리를 내는 팔레스타인 지도자들과 지역의 대변인들 중 일부는 실질적이고 의미 있는 공동체 차원의 저항을 조직하려고 하기보다는 불평을 늘어놓는 전문가가 되었다. '폭력적인' 이스라엘 아래서 겪는 그들의 고통에 관해 언제라도 미국의 텔레비전 방송국과 인터뷰할 준비가 되어 있는 인물들이다.

1970년 1월 전임 영국 외무장관 조지 브라운(George Brown)이 이스라엘의 정치가 이갈 알론의 초청으로 이스라엘과 요르단 강 서안을 방문했을 당시

나의 동료인 조너선 브로더(Jonathan Broder)는 AP통신 기자였다. 방문 일정의 일환으로 브라운이 나블루스를 방문했을 때 그를 맞이한 인물은 나블루스의 시장 함디 콰난(Hamdi Qana'an)이었다. 그는 요르단 강 서안에서 가장 부유한 상인가문 출신이었는데 커다란 그의 배가 그 사실을 잘 말해줬다.

브로더가 내게 들려준 이야기다. "대화가 시작되기 전에 브라운과 함디는 사진촬영을 위해 화려하게 꾸민 소파에 나란히 앉았습니다. 그런데 함디는 팔레스타인에 관한 '한탄'을 어서 늘어놓고 싶어 했죠. 우리가 모두 두 사람 주위에 둘러서 있는데 함디가 브라운에게 이야기를 하기 시작했습니다. '잘 아시겠지만 이스라엘 사람들이 우리들의 뼈를 부러뜨리고 있습니다. 우리 땅을 훔쳐가고 아이들을 두들겨패고 우리 입에 들어갈 음식을 빼앗아갑니다.' 함디의 마지막 말이 나오자 브라운은 더 이상 참을 수가 없었습니다. 브라운이 함디를 물끄러미 쳐다보더니 함디의 커다랗고 뚱뚱한 배를 손등으로 탁 치더니 강한 영국식 악센트로 말했어요. '여보게 자네 사정은 그리 나쁜 것 같지는 않군.' 그 순간 그는 우리 기자들을 모두 밖으로 나가달라고 했습니다."

> 라말라에 주둔한 (이스라엘의) 예비군 부대가 수일 동안 PLO 깃발과 같은 색깔의 연들을 쫓아가 총으로 떨어뜨렸다. 군인들은 그 '위험한' 연들을 수거하고 아이들로부터 빼앗아 태웠다.
>
> – 이스라엘 신문 『하레츠 Ha'aretz』의 1985년 8월 25일자 기사에서

1980년대 초 요르단 강 서안의 팔레스타인 젊은이들 사이에 티셔츠를 입는 것이 유행이었다. 티셔츠에는 올리브나무 그림이 인쇄되었고 그 위에 '나는 팔레스타인을 사랑합니다(I Love Palestine).'라는 문구가 새겨져 있었다. 그러나 그들은 대개 일반 티셔츠 아래에 문구가 적힌 티셔츠를 입었기 때문에 이스라엘인들은 이를 볼 수 없었다. 이스라엘 병사들은 그 같은 복장을 발견할 경우 티셔츠를 벗기고 체포하라는 명령을 받았다. 나는 도대체 어떤 혐의를 적용하는 것인지 항상 의아하게 생각했다. 선동적인 속옷일까? 치

안을 방해하는 내의일까? 티셔츠 테러리즘에 대한 이와 같은 이스라엘의 단속은 팔레스타인 사람들로 하여금 몇몇 창의적인 전술 대안을 개발하도록 만들었다. 한 가지 방법은 가지가 부드럽고 크지 않은 나무를 올가미로 잡아당겨 나무 꼭대기에 붉은색과 흰색, 녹색, 검은색의 팔레스타인 깃발을 묶은 후 가지를 놓아 다시 꼿꼿하게 서도록 하는 것이었다. 그리고선 이스라엘 병사들이 깃발을 어떻게 제거하는지 지켜보는 것이었다. 대개의 경우 이스라엘 병사들은 나무 전체를 도끼로 베어버렸다. 요르단 강 서안과 가자지구에서 최근 몇 년 동안 팔레스타인 깃발과 같은 색의 옷이 걸려 있지 않은 빨랫줄을 찾기는 어려웠다. 팔레스타인 젊은이들 중에서 팔레스타인 모양 혹은 깃발과 같은 색깔의 스카프나 열쇠고리, 목걸이 혹은 팔찌를 적어도 하나라도 소지하고 있지 않은 경우도 거의 없었다. 이들은 모두 비밀스런 지하 공장에서 만든 것이었다.

　요르단 강 서안에서의 이와 같은 유행은 미니스커트 혹은 애완석(pet rocks)이 등장하면서 사라져버리는 의미 없는 유행이 아니었다. 1967년에 시작한 이스라엘의 점령이 낳은 직접적인 결과로서 팔레스타인의 민족 형성과 정체성 형성의 과정을 보여주는 일이었다. 사람들은 종종 자신이 누구인가가 아니라 그들의 적이 누구인가에 의해 규정된다. 요르단 강 서안과 가자지구의 팔레스타인 사람들의 경우가 꼭 그랬다.

　어째서 그런가? 1948년 이후 팔레스타인은 서로 다른 세 개의 지역으로 나눠졌다는 사실을 기억해야만 한다. 한 부분은 유대인들이 차지했고, 가자지구의 또 한 부분은 이집트가 강탈했으며 세 번째 부분인 요르단 강 서안은 요르단이 채어갔다. 지리적인 독립체로서의 팔레스타인은 이로써 결판났고 1948년에서 1967년 사이의 기간 동안 팔레스타인 문제가 완화된 것은 이 때문이었다. 결국 추방당한 민족은 어느 한 나라로부터 땅을 되찾을 수 있을지는 모르지만, 세 나라로부터 전부 되돌려 받을 수는 없었다. 1967년 이스라엘의 요르단 강 서안과 가자지구 점령은 역설적이게도 점령지역과 이스라엘의 팔레스타인 사람들을 다시 지리적인 독립체 안에 살도록 만들었고 다시 단일한 공동체를 이룰 수 있도록 했다. 그 결과 팔레스타인을 둘러싼 모든 이슈가 활력을 찾게 됐다. 다시금 유대인과 팔레스타인 아랍인들이라는 동일한 두 공동체가 정확하게 동일한 지역을 두고 맞서게 됐다. 그들의 조상들이 20년 전 다투던 영국의 위임통치 지역이었다. 한 가지 차이가 있다면 영국이 더 이상 싸움을 관장하지 않게 되었다는 것이다. 이제는 유대인들이 책임자였다.

1967년 이스라엘의 승리는 팔레스타인 이슈를 부활시킴과 동시에 팔레스타인 사람들이 새롭게 정체성을 형성할 조건들 역시 만들었다. 1967년의 전쟁 이후 성년에 도달한 팔레스타인의 젊은 세대로부터 이 과정은 시작되었고, 부모세대로 확산됐다. 팔레스타인의 구세대는 요르단 강 서안이 요르단의 통제 아래 있고 가자지구가 이집트의 지배하에 있던 1948년에서 1967년 사이에 젊은 시절을 보냈다. 이집트와 요르단의 문화는 여러모로 팔레스타인 아랍인들의 것과 유사했기 때문에 구세대는 팔레스타인 사람으로서의 독특한 정체성을 정치적으로나 문화적으로 끊임없이 주장할 필요를 느끼지 않았다. 사실상 1948년부터 1967년까지의 기간 동안 요르단 강 서안과 가자지구에 거주하던 상당수의 구세대는 실질적으로 '요르단화' 되거나 '이집트화' 됐다. 요르단이 팔레스타인 사람들에게도 시민권을 허가했기 때문에 (이집트는 그렇지 않았다) 1967년 이전 세대의 다수는 여타 팔레스타인 지도자들보다 베두인 왕 후세인을 그들의 지도자로 보게 됐다.

그러나 이스라엘의 점령 이후 태어난 요르단 강 서안과 가자지구 출신의 팔레스타인 젊은이들은 구세대와는 전혀 다른 환경에서 스스로의 정체성을 형성했다. 아버지 세대가 직면했던 세계를 물려받을 기회가 전혀 없었던 것이다. 그들이 성년이 되었을 때 요르단 강 서안에 요르단이 없었고 가자지구에 이집트가 없었다. 두 나라를 대신한 이스라엘은 서구와 히브리가 독특하게 혼합된 문화를 가져왔다. 아버지 세대에게 요르단과 이집트 문화가 대안일 수 있었던 상황과 달리 점령지역에서 성장하는 팔레스타인 젊은이들에게 이스라엘이 가져온 문화는 대안이 될 수 없었다. 아버지 세대와는 대조적으로 이들 젊은이들은 이스라엘 사람들을 경멸했고 자신이 그들과 얼마나 다른지를 강조하고 싶어 했다. 요르단인이나 이집트인으로서의 정체성을 택할 수 없는 상황에서 팔레스타인 사람들이 그들 스스로의 뿌리를 찾고 그 어느 때보다 팔레스타인의 고유한 정치적, 문화적 유산을 강조하게 된 것은 자연스러운 일이었다.

요르단 강 서안과 가자지구의 팔레스타인 사람들이 그들 특유의 정체성을 주장하게 된 데에는 완전히 낯설고 아랍과 전혀 관련이 없던 이스라엘이라는 공동체의 압력이 필요했다고 해도 과언이 아닐 것이다. 요르단 강 서안이 요르단의 지배 아래 있을 당시 성장했고 그곳이 이스라엘의 수중에 떨어진 이후에도 계속 거주하고 있는 비르자이트대학의 학생처장 무니르 파셰(Munir Fasheh)가 내게 이렇게 언급한 적이 있다. "1947년과 1967년 사이에 저 자신이 누구인가라는 질문을 누군가 해오면 저는 항상 답변을 주저했습니다. 법적으로 저는 요르단인이었지만 정서적으로는 팔레스타인 사람이었습니다. 오늘날 아직 20세에 이르지 않은 요르단 강 서안의 젊은이 중에서 팔레스타인 사람 이외에 다른 경험을 한 사람은 없습니다. 요르단 강 서안 전체 인구의 60퍼센트가 20세 미만이라는 점을 고려한다면, 인구의 4분의 3을 차지하는 사람들에게 요르단이란 이제 존재하지 않습니다."

동시에 이스라엘이 팔레스타인에 허용한 서구 스타일의 민주주의는 비록 이스라엘의 수준에 미치지는 못한다 할지라도 팔레스타인 사람들이 요르단이나 이집트의 지배 아래서 경험했던 것보다 훨씬 더 자유로운 정도의 표현을 할 수 있게 만들었다. 표면적으로는 정치적 성격이 없는 노조와 대학, 신문, 극단, 그리고 기타 문화 결사체를 결성했던 것이다. 이스라엘의 검열을 받는 동예루살렘의 팔레스타인 아랍 신문에 야세르 아라파트의 사진과 이름이 등장하는 횟수는 암만의 언론에서보다 더 잦았을 것이다. 이와 같은 팔레스타인의 문화와 제도는 그들의 민족적 열망을 향한 도구이자 기초가 되었다.

베이루트에서의 경험을 설명하면서 이미 언급했듯이, 1967년의 전쟁은 레바논이나 요르단, 시리아 같은 팔레스타인 외부 지역에서 거주하는 팔레스타인 난민들로 하여금 희망을 잃은 난민에서 정치적 세력으로 변모하는 조건 역시 만들었다. 1948년부터 1967년까지 팔레스타인의 대의를 독점하고 이를 범아랍 차원의 이슈로 만들었던 아랍 정권들은 1967년 전쟁에서 패배하자 팔레스타인 난민들이 최초로 자신의 운명을 통제할 수 있도록 허용했다. 이스라엘에 패배한 아랍 정권들은 스스로를 재편성하는 데 다소의 시간이 필요했고 그 기간 동안 팔레스타인 사람들과 PLO로 하여금 이스라엘과의 전쟁에서 무제한의 자유를 갖도록 했다. 이와 같은 상황 변화 혹은 해방공간을 아라파트와 PLO는 최대한 활용했다.

간단히 요약하면 1967년 전쟁의 가장 큰 승리자는 요르단 강 서안과 가자지구 내외의 팔레스타인 사람들이었다. 그러나 두 개의 상이한 팔레스타인 공동체는 동일한 목적을 공유했지만 그들이 취한 경로는 서로 다르면서도 유사했다. 베이루트에 머물며 이스라엘의 지배에서 자유로웠던 PLO와 추종자들은 아랍 국가들 사이의 정치와 1960년대 후반을 풍미했던 혁명적 분위기에 크게 영향을 받았다. 아라파트와 PLO가 파리에서 바리케이드를 치던 학생들과 초강대국 미국에 도전하던 베트콩과 함께 세상에 나타났던 것이다.

그러나 요르단 강 서안과 가자지구의 팔레스타인 사람들은 전혀 다른 역사적 경험과 시련을 겪으며 형성됐다. 우선 그들은 동화되기를 원하지도 않았고 그럴 수도 없었던 이스라엘의 문화와 부딪치면서 점점 자신의 마음속에서, 그리고 공동체 조직들 속에서 팔레스타인 사람들이 되어갔다. 그러나 이스라엘이 요르단 강 서안과 가자지구를 흡수하고 난 뒤 그곳에 거주하는 팔레스타인 사람들은 경제적인 이유로 이스라엘의 시스템에 물리적으로 동화되어갔기 때문에 그들의 몸은 점점 팔레스타인의 정체성으로부터 멀어져 갔다. 이와 같은 상황으로 이들은 자신의 정체성을 찾는 데 곤경을 겪었다. 머리 위쪽으로는 야세르 아라파트에게 충성을 서약했지만 어깨 아래에서는 이스라엘 수상에 대한 의무를 다했다. 요르단 강 서안과 가자지구의 팔레스타인 사람들이 스웨터 안쪽에 입었던 티셔츠와 책상에 두었던 팔레스타인 달력, 그리고 주머니 안에 숨긴 열쇠고리는 이스라엘을 향한 것이 아니었다. 그들 자신을 위한 것이었다. 이런 물건들은 그들 스스로 만들어 스스로에게 발행한 신분증이었다. 행동만 놓고 본다면 이스라엘인처럼 보였지만, 실제로는 팔레스타인 사람이라는 점을 스스로 선언하는 증거였던 것이다.

점령지역에 거주하는 팔레스타인 사람들이 머리로는 더욱더 팔레스타인 인임을 느끼지만 더 이상 집이나 마을에서 편안함을 느끼지 못한다고 말하는 것을 듣고서 나는 그들이 겪는 정체성의 혼란을 처음 알게 됐다. 팔레스타인 사람들은 불편함이 가끔은 대수롭지 않은 일들이라고 말했다. 이스라엘이나 요르단 강 서안에서 전화를 걸었는데 그들이 이해하지 못하는 히브리어로 녹음된 목소리가 흘러나오는 경험처럼 말이다. 작은 크기의 아랍어를 사이에 두고 아래 위에 히브리어와 영어로 장소를 표기하는 도로 표지판도 그랬다. 예컨대 예루살렘 북쪽에 위치한 아랍인들만의 마을 라말라에 있는 경찰서에는 히브리어와 영어로 '경찰'이라고 표기되어 있다. 아랍어는 없다. 마치 경찰이 보호하려는 사람은 팔레스타인인이 아닌 듯했다. 가끔 그것은 작은 무례한 행동들이었다. 예루살렘 외곽의 칼란디아(Kalandia) 난민촌의 팔레스타인 10대 아이가 어느 더운 여름날 난민촌의 거주민들이 왜 정치파업을 감행했는지를 내게 말해줬다. 그날 오후 이스라엘 병사 하나가 그를 검문해서 시계와 자전거를 빼앗더니 상점 주인에게 부탁해서 상점 문을 열고 그 병사와 부대원들에게 아이스크림을 주도록 하지 않으면 아무것도 돌려주지 않겠다고 했다고 한다. 그러나 불편함이 대수롭지 않은 일인 경우도 있었다. 언제 자신의 땅을 이스라엘에게 몰수당할지 모르는 불안함이었다. 이스라엘은 1967년 이후 요르단 강 서안 땅의 50퍼센트, 그리고 가자지구의 30퍼센트 땅을 몰수하거나 사용을 제한했다. 폭탄테러가 일어난 후 실시되는 일제검거에 언제 아들이 체포될지 모르는 불안감이기도 했다. 검문소에서 이스라엘 병사에게 뭔가를 잘못 말했다가 얻어맞는 아버지를 볼지도 모르는 불안이었다.

나는 모셰 슈쿤(Moshe Shukun)이라는 이스라엘 보병을 인터뷰했던 일이 있다. 가자지구에서 행하는 그의 일에 대한 것이었다. 언제나 가장 낯선 일은 한밤중에 침대에 잠들어 있는 팔레스타인인들을 체포하는 것과 관련된 작전이라고 그가 말했다. 이는 이스라엘 군대의 관례적인 절차로 누군가가 집에 있을 확률이 가장 큰 시간이기 때문이다.

슈쿤이 내게 설명했다. "한밤중에 집으로 들어가면 사람들은 놀랍니다.

가끔은 대단히 사적인 일들이 벌어지고 있을 때 갑자기 들이닥치는 경우도 있습니다. 한번은 가자의 어느 커플을 찾아갔었는데 직전이거나 직후였습니다. 무슨 말씀인지 아실 겁니다. 그 팔레스타인 여인은 속이 훤히 비치는 잠옷을 입고 있었어요. 무언가를 상상해야 할 필요도 없을 정도로 속이 다 비치는 옷이었죠. 참으로 아름다운 여인이었습니다. 그곳에 우리가 있었고 우리는 기관총을 그녀의 남편에게 겨누고 있었죠. 남편이 침대에서 나오더니 잠시 소변을 볼 수 있도록 해달라고 부탁했습니다. 그래서 우리는 그러라고 했죠. 우리 네 병사들은 그곳에 서서 그 여인에게 총을 겨눈 채 그녀를 바라보았습니다. 솔직하게 말하면 그 커플은 우리를 그곳에서 나가라고 해야 했습니다."

그 이야기를 들으면서 나는 죄가 있든 없든 그 팔레스타인 남녀가 치욕스러운 것은 말할 필요도 없고 얼마나 두려웠을까 하는 생각을 안 할 수 없었다. 그들의 가장 사적인 장소를 그런 식으로 침해당했으니 말이다.

요르단 강 서안의 다수 팔레스타인 젊은이들에게 '고향' 혹은 본거지가 가장 두려운 곳이 되었다는 것은 놀랄 일이 아니다. 모하메드 이시테예(Mohammed Ishteyyeh)는 나블루스의 어느 마을 출신으로 키가 작고 곱슬머리를 가진 30대 초반의 남자였고 비르자이트대학 정치학과 졸업생이었다. 그는 정치선동 혐의로 집에서 세 번 체포됐다. 그에게 집은 더 이상 마음을 포근하게 해주는 곳이 아니었다.

이시테예가 내게 말했다. "집에 있어도 편안한 느낌을 가질 수 없습니다. 사실 제 가족의 집이란 저에겐 가장 위험한 곳입니다. 이스라엘인들이 저를 잡으러 오게 될 주소이기 때문입니다. 1979년 이스라엘인들이 저를 체포하러 왔을 때는 한밤중이었는데 마을의 개들이 짖기 시작했습니다. 저는 당시 몇 시간 동안 창가에 앉아 누가 오는지를 주시하고 있었습니다. 저는 24시간이 모두 낮이었으면 좋겠다고 생각했어요. 제 침대에서 잠을 청하는 것이 편안하질 않습니다. 다른 나라에 갔을 때는 언제나 편안한 잠을 잡니다. 어머니에게는 참으로 슬픈 일이지요. 제가 집에 있으면 어머니는 두려워하십니다. 그리고 제가 집에 없으면 어머니는 제가 집에 돌아오기를 바라십니다."

라말라 인근 마을 출신인 25세의 팔레스타인 젊은이 조하르 아시(Johar Assi)를 만난 것은 이스라엘 다하리야(Dahariya) 감옥의 수감자들을 인터뷰하던 중이었다. 내가 그에게 어서 집으로 돌아가고 싶지 않느냐고 물었을 때 그는 놀랄 만한 대답을 했다.

그가 화난 목소리로 말했다. "이곳으로의 여행허가를 받지 못한 삼촌이 다섯 분이나 요르단에 살고 계신데 제가 어떻게 고향을 느낄 수 있겠습니까? 마을에 있을 때 저는 마을 밖으로 걸어 나가기가 두렵습니다. 혹시라도 이스라엘 병사를 만나게 되면 저에게 신분증을 내보이게 하고 어디서 일하는지를 질문한 뒤 다음날 부대 사령부로 오라고 할지도 모르기 때문입니다. 저를 구워삶아 끄나풀로 만들려는 것이지요. 제가 길을 걷고 있다고 해보죠. 누군가 내가 모하메드와 조용히 이야기하는 것을 봅니다. 언제나 주변에는 이스라엘인들에게 일러바칠 정보원이 있는 법입니다. 일주일 후에 군대로부터 호출을 받습니다. 그들이 제게 이야기하죠. '지난주에 모하메드와 서로 귓속말을 주고받았지?' 그래서 저는 그냥 혼자 지냅니다. 집 안에서 아버지하고만 이야기를 합니다."

그러나 이스라엘은 요르단 강 서안과 가자지구의 팔레스타인 사람들이 집에서 편안하게 느끼지 못하도록 만든 것만이 아니었다. 때로는 어디에 있든 편안함을 느끼지 못하도록 만들었다. 이스라엘로부터 멀리 떨어져 있을 때조차 그러했다. 앞에서 언급했던 바와 같이 1960년대 후반 등장한 PLO는 세계인의 시선을 사로잡기 위해 테러나 항공기 납치와 같은 극적인 사건을 일으켰다. 이스라엘은 이를 이용하여 팔레스타인 민족운동과 대의 전체를 '테러리스트' 현상으로 명명했다. 결국 '팔레스타인'과 '테러리스트'라는 두 단어는 세계인들의 마음속에 하나로 합쳐졌다. 팔레스타인 사람들의 99퍼센트는 어떠한 테러리스트 활동에도 연루되지 않았지만 '테러리스트'라는 딱지는 그들이 어디를 가든 짊어져야 할 무거운 십자가가 되었다.

이와 같은 부담감은 이민국 관리나 세관 검사관, 항공사 직원 혹은 호텔 사무원이 그들의 여행 관련 서류를 보는 순간 느껴졌다. 국적 란에는 검은색 잉크로 '팔레스타인 사람'이라고 씌어 있을 뿐이었지만 보이지 않는 잉크는

'테러리스트'라고 말했다. 국적을 본 후에는 의심스런 눈초리와 함께 이렇게 말하는 경우가 많았다. "잠시 옆으로 나와주시겠습니까?" 베들레헴에서 활동하는 요르단 강 서안의 뛰어난 저널리스트 자밀 하마드(Jameel Hamad)는 자신의 미국 여행이 결국 얼마나 비참하게 끝났는지를 내게 들려줬는데, 그의 이야기에서 나는 이런 경험이 사람들을 얼마나 분노하게 할 수 있는지 이해하게 되었다.

단정하게 정돈한 콧수염과 안경, 그리고 희끗희끗한 머리를 한 하마드는 항공기 납치 용의자라기보다는 앞치마가 없어도 청과물 상인처럼 보였다. 그가 이렇게 말했다. "저는 프랑크푸르트 공항에 있었는데 뉴욕에서 집으로 가는 길이었습니다. 저는 텔아비브로 가는 비행기로 갈아타려고 했었죠. 뉴욕에서 보안 검색대를 통과한 이후 텔아비브에 도착할 때까지 그들은 제 가방을 계속 뒤졌습니다. 프랑크푸르트에서 텔아비브로 가는 비행기에 탑승하기 위해 루프트한자 항공사의 게이트로 올라갔더니 그들이 제게 비행기표와 여권을 보여달라고 했어요. 저는 이스라엘의 여행 허가증을 소지하고 여행을 하고 있었습니다(이스라엘이 팔레스타인 난민들에게 발급하는 특별 여행허가 서류다). 게이트에 있던 남자가 제게 말했습니다. '텔아비브까지 가신다고요?' 제가 말했어요. '그렇습니다.' 그랬더니 그가 그러더군요. '어디서 오는 길입니까?' 제가 뉴욕이라고 답했더니 제 가방이 어디 있냐고 했습니다. 제가 말했죠. '뉴욕에서 이미 수화물로 부쳤습니다.' 그가 말했습니다. '잠시 옆에 서 계세요.' 그러더니 다른 승객들을 모두 비행기에 탑승시켰습니다. 그러고선 저를 활주로로 데려가더군요. 비행기에서 짐을 모두 내리고는 어느 것이 저의 짐인지 물었습니다. 다른 승객들은 모두 비행기에 앉아 창밖으로 나를 주시하고 있었습니다. 직원들이 짐을 모두 내리고 저의 것을 찾도록 하는 데 약 한 시간가량 걸렸습니다. 그러고선 저를 어떤 사무실로 데려가서 저더러 옷을 모두 벗으라는 겁니다. 하나도 빠짐없이 말입니다. 제 몸을 샅샅이 살폈습니다. 심지어는 사타구니까지 전부 검사했습니다. 그러고선 결국 저를 비행기에 탑승시켰습니다. 안에 있던 사람들은 90분 동안 기다렸고 저에게 정말로 화가 나 있었어요. 그래서 제가 앉아 있던 사람들을 둘러보며 이렇게 말했습니다. '신사숙녀 여러분 대단히 죄송합니다. 저는 술집에 있었던 것이 아니고 취하지도 않았습니다. 저의 문제는 대단히 단순한 것입니다. 저는 팔레스타인 사람입니다.'"

"당시 어떤 느낌이 들던가?" 내가 물었다.

하마드는 이를 악물고 대답했다. "저 자신을 그때만큼 이방인이자 국외자로 느껴본 적이 없었습니다. 그저 저는 조화로운 세계의 일원이 아니었던 겁니다. 모든 사람들에게 분노를 느꼈습니다. 전 세계를 향한 분노였죠. 당시 제게 폭탄이 하나 있었다면 아마도 세계를 향해 던졌을 겁니다."

어느 날 오후 나는 점심식사 초대를 받아 이스라엘이 점령한 가자지구의 한복판에 위치한 이슬람대학교에 간 적이 있다. 저층의 꾸밈없는 건물들로 이루어진 곳이었다. 내가 점심식사보다 더 관심을 가졌던 것은 대학교의 모습이었다. 칠이 벗겨져가는 대학 건물의 벽을 장식한 유일한 장식은 흐르는 듯한 아라베스크 문자로 쓰인 코란의 시구를 넣은 액자 몇 개였다. 그러나 학생식당에 들어서자 그곳에는 약 4.5미터 높이에 6미터 너비의 엄청나게 큰 사진이 걸려 있었다. 야자수나무가 가득하고 하얀 모래와 청명하고 파란 하늘, 그리고 잔잔하고 푸른 대양이 담긴 그 사진은 하와이 와이키키 해변으로 보였다.

나를 초대한 팔레스타인 사람에게 물었다. "저기 저 사진은 뭡니까?"

학생처장 라티프 라드완(Ratif Radwan)이 내게 설명했다. "학생들에게 일종의 위로를 해주고 싶었습니다. 학생들은 하루 종일 비참한 광경들만 봅니다. 식사를 할 때는 뭔가 아름다운 것을 보는 것이 중요합니다."

요르단 강 서안 팔레스타인 사람들의 집에서 코란의 시구만큼이나 자주 볼 수 있는 것이 와이키키 혹은 스위스 산들의 광대한 풍경을 담은 벽에 걸린 사진이다. 달력으로 보는 이와 같은 풍경들은 팔레스타인 사람들이 세계를 내다보는 창으로 사용하는 것이 아닐까 하는 느낌을 언제나 강하게 받았다. 자신을 둘러싼 이스라엘이라는 세계로부터 얻을 수 있는 것이라고는 자기 땅에서 스스로를 이방인이라고 느끼는 감정밖에 없는 상황에서 그들은 자신의 파노라마를 밖에서 들여왔다. 유대인이 존재하지 않고 그들을 위협하지 않으며, 위안을 주고, 무엇보다 그들에게 아무 말도 하지 않는 경치였다. 어디를 가든 따라다니는 이스라엘의 그림자는 목소리를 가진 그림자였다. 모든 팔레스타인 사람들의 귀에 그 목소리는 이렇게 속삭였다. "너희들 것이 아니야. 팔레스타인은 너희 것이 아니야. 우리 것이야."

아무리 노력해봐도 대부분의 팔레스타인인은 이스라엘 그림자의 속삭임으로부터 오랫동안 벗어날 수 없었다. 얼마 지나지 않아 목소리는 문을 넘어서, 창문을 통해 혹은 전화선을 타고 들려왔다. 이 목소리는 이스라엘의 점령이 해를 넘길 때마다 더욱 강해지는 팔레스타인 사람들의 분노를 가져왔다. 팔레스타인 사람이라는 정체성이 확립되고 세계무대에서 인정받으려는 전례 없는 바로 그 순간 이를 정치적으로, 그리고 문화적으로 표출할 수 없다는 점은 팔레스타인 사람들을 몹시 분노하게 했다. 팔레스타인의 분노는 이스라엘 사회의 표면 아래서 마치 뜨거운 지열이 응축된 지점과 같이 형성되어 뜨거운 기운을 내보냈다.

예루살렘에서는 이같이 뜨거운 기운을 매일 새벽 5시 30분, 이른바 인간 '정육점'이라고 불리는 곳에서 목격할 수 있다. 동쪽의 모아브(Moab) 산 위로 해가 떠오를 즈음 팔레스타인 노동자들은 그들의 아침 의식을 시작한다. 이르게는 새벽 4시에 요르단 강 서안의 마을들에서 출발한 노동자들 중 일부는 아직 흐릿한 눈으로 예루살렘 구시가의 다마스쿠스 게이트에서 시작돼 인도를 따라 늘어선 줄에 선다. 한 손에는 점심 도시락 가방을 꼭 쥐고 다른 손으로는 값싼 담배를 피우며 폐 속으로 더운 연기를 들여보낸다. 이곳에서 그들은 몇 시간이고 알리 바바 호텔 앞에 서 있다. 건축업자를 비롯한 이스라엘의 고용주들이 차를 타고 지나가면서 그들을 훑어보고서 운 좋은 사람들을 뽑아 그날 할 일을 주기를 기다리는 구직자들의 대열이다. 어느 날 아침 나도 그들 사이에 끼었다.

처음으로 나타난 사람은 녹색 볼보를 탄 어느 이스라엘 도급업자였다. 그의 차가 지나가자 인도에서 10여 명의 팔레스타인 노동자들이 모여들어 팔꿈치로 서로를 밀쳐내며 차량의 열린 앞쪽 창문에 머리를 들이밀 기회를 노렸다. 도급업자는 불안감을 느꼈다. 사람들이 자신을 둘러싸는 상황이 싫었던 것이다.

"얼마죠? 얼마예요?" 노동자들이 이스라엘인에게 소리 질렀다.

"일당 25셰켈이오(14.50달러)." 워키토키를 한 손에 쥔 도급업자가 아랍어로 대답했다.

"무슨 일인데요?" 노동자들이 물었다.

"아스팔트 작업이오." 도급업자가 대답했다.

25셰켈을 받고 일을 하려는 사람은 거의 없었다. 노동자 대부분은 헤브론에서 버스나 택시를 타고 그곳으로 오는 데 왕복 5달러 정도를 지불한다. 그들은 조용히 머리를 흔들며 차로부터 멀어졌다. 그러나 몇몇 젊은이들이 차량의 뒷좌석에 올라탔다. 도급업자는 차의 속도를 높이더니 사라졌다. 그때 운전사 하나가 미니밴을 몰고 와서 속도를 줄였다. 노동자들이 밴을 향해 떼거리로 몰려들었다. 그런데 운전사가 갑자기 달아나버렸다. 그가 떠나가자 노동자 한 사람이 밴을 향해 침을 뱉었다.

일이 들어왔을 경우 누가 그 일을 하게 될지를 어떻게 정하는가? 헤브론 인근의 마을 야타(Yatta)에서 왔고 10명의 자녀를 둔 40세의 아버지인 모하메드에게 내가 물었다. 그의 설명은 이랬다. "우리는 그저 차량으로 돌진합니다. 누구든 먼저 탄 사람이 일을 따는 거죠. 마치 50마리의 개가 뼈다귀 하나를 쫓는 것과 마찬가지입니다. 헤브론에서라면 반값에라도 일할 수 있지만 그곳에는 일이 없어요."

나는 떼를 지어 돌아다니는 10대 소년 한 그룹에게 요르단 강 서안의 유대인 정착촌 건설현장에서 일해본 사람이 있는지 물어봤다.

"자기 자신의 장례식에는 가지 않는 법이죠." 왜 자신이 그런 일을 하지 않는지를 설명하면서 어느 소년이 한 말이었다. 그러나 친구들 대부분은 조용히 머리를 끄덕여 그런 경험이 있음을 알렸다.

"그들의 국가를 건설하는 일을 돕고 있다는 사실을 우리가 알고 있을 거라고 생각하지 않으세요?" 20세의 베들레헴대학 학생이었고 이스라엘에서 일하다 잘린 손가락을 내게 잠시 보여줬던 무하마드 나와프(Muhammad Nawaf)

가 내게 한 말이었다.

베들레헴 인근의 유대인 정착촌을 언급하면서 그가 무미건조하게 덧붙였다. "저는 에프라트(Efrat) 건설을 도왔어요. 정말 창피스런 일이죠. 이스라엘도 팔레스타인도 반기지 않는 일이고, 저 자신도 내 민족에 해가 되는 일을 한다는 점을 압니다. 그러나 먹을 것이 필요합니다."

뒤에 서 있던 누군가가 소리쳤다. "우리가 유대인을 위해서 일할 필요가 없어지도록 아라파트가 무언가를 하도록 해야 합니다."

그때 다른 차량 한 대가 나타나 하루 일을 제안하면서 짧았던 토론은 끝났다. 항상 그렇듯이 노동자들의 입은 인간으로서의 존엄과 고통에 관해 이야기하고 있었지만 그들의 몸은 다르게 반응했다. 새로 왔던 차량은 그들 모두를 싣고 내게서 멀어져갔다. 마치 자석이 철가루를 몰고 가는 것 같았다.

몸과 마음의 줄다리기에서 밧줄로 사용되는 영혼을 갖는다는 것은 쉽지 않다. 극도로 고통스러울 수 있다. 그런 사실을 아부 라일라(Abu Laila)가 내게 알려줬다. 예루살렘 북쪽에 위치한 난민촌 칼란디아에서 알게 된 20세의 더벅머리 팔레스타인 청년 아부 라일라는 친아라파트 청년조직에 몸담았다는 이유로 14세에 처음 체포된 이후 이스라엘 감옥을 들락날락했다. '밤의 아버지'라는 의미를 지닌 이름 아부 라일라는 그의 가명이었다. 그는 내게 진짜 이름을 말해준 적이 없었다. 1982년 학교를 그만둔 이후 아부 라일라는 이스라엘 감옥에 수감되어 있지 않을 때면 언제나 이스라엘의 도시에서 일을 찾았다. 그의 이중생활은 그와 같은 세대의 팔레스타인 청년들의 삶을 전형적으로 보여주었다. 밤에는 전투적 팔레스타인 운동가이고 낮에는 이스라엘의 저임금 미숙련 노동자였다.

칼란디아의 어느 거실에서 그와 친구들과 둘러앉아 있을 때 아부 라일라가 내게 말했다. "저는 1982년 이스라엘이 레바논을 침공한 직후 이스라엘에서 첫 번째 일자리를 얻었습니다. 예루살렘의 마네 예후다(Mahne Yehuda) 시장에서였죠. 저는 청과물을 운반했습니다. 제가 일자리를 잡을 수 있었던 유일한 원인은 이스라엘인들이 모두 군대에 갔기 때문이었습니다. 베이루트에서 제 형제들을 살해하고 있는 군인들을 대신해서 제가 일하고 있다는 사실을 알았습니다만 다른 대안이 없었습니다. 제가 어떻게 할 수 있겠습니까? 저는 돈이 필요했어요. 트럭을 타고 여기저기서 채소를 받아오는 날들이 가끔 있었습니다. 그럴 때면 라디오에서 히브리어로 방송이 나왔는데, 이스라엘 군대가 어느 곳으로 진입했다고 전하고 또 다른 곳으로 진입했다고 전했습니다. 어디로 진입했다는 소식만 끝없이 들렸습니다. 그럴 때면 저 자신이 한없이 작아지는 느낌을 받곤 했습니다."

요르단 강 서안과 가자지구의 팔레스타인 사람들이 중동에서 가장 혹독한 대우를 받는 아랍인들은 아니었다. 이스라엘의 점령은 중동의 몇몇 다른 정권들과 비교하면 관대한 편이었다. 그러나 그들이 느끼는 모욕감은 가장 컸다.

1986년 12월 18일 정오 무렵 거주자의 압도적 다수가 기독교도인 요르단 강 서안의 도시 라말라에서 16세의 팔레스타인 남학생이 도시 중심부의 혼잡한 마나라(Manara) 원형교차로를 순찰하는 이스라엘 병사 쪽으로 아무렇지도 않게 다가갔다.

이스라엘 병사는 갈릴리 돌격용 자동소총과 여러 개의 수류탄, 그리고 단검 등으로 완전무장하고 있었다. 팔레스타인 소년은 통상 책을 넣어가지고 다니는 그런 종류의 파란색 학교 가방을 지닌 상태였다. 이스라엘 병사에게 다가간 소년은 학교 가방에 손을 넣어 도끼를 꺼내더니 팔레스타인에 관해 무언가를 외치고 병사를 도끼로 찍기 시작했다.

공격당했던 이스라엘 병사 아리엘 하우슬러(Ariel Hausler)는 후일 기자들에게 이렇게 말했다. "누군가가 저를 뒤에서 계속 때리고 있다는 느낌을 받았습니다. 제가 뒤로 돌자 그 아이가 저를 다시 쳤는데 도끼가 제 이마를 스쳤습니다. 더 심하게 다치지 않은 것은 기적이었습니다."

머리에서 피를 흘리던 하우슬러가 가까스로 소년을 잡았고 다른 병사가 소년을 바닥으로 넘어뜨렸다. 며칠 후 몇몇 이스라엘 기자들이 군 대변인에게 그 어린 팔레스타인 소년이 누구를 위해 한 일이냐고 물었다. 어느 PLO 분파가 백주대낮에 이루어진 그런 노골적인 공격을 사주했느냐는 질문이었다. 소년을 심문해본 결과 이스라엘 사람들의 관점에서는 다소 걱정스런 사실을 알게 되었다고 대변인이 말했다. 소년이 그렇게 하도록 시키면서 돈을 준 사람이 아무도 없다는 것이었다. 소년은 혼자서 그 일을 했다. 소년은 그날 아침 잠자리에서 일어나서 이스라엘 병사의 머리에 손도끼를 박아 넣고 싶다고 생각했고 이를 실행한 것이 분명했다.

그 사건에 흥미를 느꼈던 내가 소년과의 인터뷰를 시도했지만 거절당했다. 소년의 행동에는 더 큰 메시지가 담겨 있다고 나는 느꼈다. 공동체로서의 팔레스타인 사람들, 특히 경제적으로 잃을 것이 많은 성인들은 스스로 이스라엘 시스템에 흡수되기를 거부하지 않았지만 몇몇 개인과 소그룹은 자발적으로 이스라엘에 저항하고 있었다. 비록 그들 역시 이스라엘 시스템 안에서 생활하고 있었지만 말이다. 점령 직후부터 시작된 이와 같은 개인적인 저항은 대부분 이스라엘의 시스템에서 잃을 것이 거의 없는 젊은이들에 의해 수행됐다. 팔레스타인 젊은이 상당수가 고등학교와 실업전문대학 혹은 일반 대학교에 진학했지만 졸업 후 이들에게 제공되는 일이란 청소부나 웨이터 혹은 벽돌을 쌓는 것이 고작이었다.

1987년 초 나는 한 그룹의 팔레스타인 학생들과 요르단 강 서안의 비르자이트대학에서 만나 이스라엘의 팔레스타인 사회 표면 아래서 점점 커지는 분노에 관해 대화를 나눴다. 표면을 뚫고 터져 나오는 폭발은 크지 않았지만 점점 그 빈도가 더해가는 것으로 보이던 분노였다. 자리에 모인 학생들은 그들 세대가 느끼는 좌절감을 열정적으로 토해냈다. 여전히 이스라엘의 점령 아래 있을 그들의 미래를 내다보면 정치적으로나 문화적으로 또한 그들 자신의 진로와 관련해 막다른 골목 외에는 볼 수 없는 좌절감이었다. 검은 눈을 가진 18세의 여학생 메랄(Meral)이 주먹을 불끈 쥐고 금방이라도 울음을 터뜨릴 것 같은 목소리로 말하며 분위기를 사로잡았다. "우리 세대 팔레스타인 사람들은 심리적으로 무슨 수단을 써서라도 유대인들에게 복수를 하고 싶다는 정도에 이르렀습니다. 유대인들은 그저 우리를 비참하게 만들기를 원하고 있다는 느낌을 받습니다. 팔레스타인 사람들의 폭력은 그냥 일어나는 일이 되었습니다. 계획된 일이 아닙니다. 그저 일어납니다."

메론 벤베니스티의 요르단 강 서안 데이터베이스 프로젝트는 마치 지질학자들이 지구의 온도를 기록하듯이 팔레스타인 사람들의 점증하는 분노를 실제로 기록했다. 매년 벤베니스티는 이스라엘인들을 향한 폭력행위의 숫자를 기록했다. PLO의 조직된 세포들이 벌이는 총기를 사용한 폭력을 돌팔매나 화염병 혹은 칼을 사용하는 등의 다소 충동적인 폭력과 비교했다. 1977년에서 1984년 사이에는 외부에서 계획된 폭력에 비해 충동적인 폭력이 평균 11배 많았다고 벤베니스티는 말했다. 1985년의 충동적인 폭력은 해외에서 계획된 것의 16배였다. 1986년에 이르자 그 비율은 18대 1이 됐다.

1986년 벤베니스티의 설명은 이랬다. "비율이 점점 커지는 것은 팔레스타인의 저항이 새로운 단계에 들어섰음을 의미합니다. 공동체의 내부적인 투쟁입니다. 오늘날 폭력행위는 대부분 개인이나 단체의 충동적인 감정표현으로 백주대낮에 일어납니다. 그들의 행동이 가져올 결과는 그들의 폭력을 멈추지 못합니다."

가자지구에 거주하는 70만 명의 인구를 진료하는 유일한 팔레스타인 정신과 의사인 에야드 엘사라즈(Eyad el-Sarraj) 박사에게 팔레스타인 공동체 구성원들의 영혼 속에 분노의 화산이 커나가고 있다는 점을 확신시키는 데는 어떠한 숫자도 필요하지 않았다. 1987년 여름 내가 그를 가자지구에서 인터뷰했을 당시 엘사라즈 박사는 방금 환자가 한 사람 왔었는데 그 환자를 보면서 미래가 과연 어떻게 될 것인지에 관해 몸이 벌벌 떨리는 느낌이었다고 내게 말했다.

팔레스타인 정신과 의사는 이렇게 회상했다. "클리닉으로 10대 소년 하나가 찾아왔습니다. 그 아이가 저에게 속삭였어요. '선생님, 비밀이 있습니다.' 저는 편집증 환자가 하나 더 늘었구나 하고 생각했죠. 편집증 환자들이 대체로 그런 식으로 증상을 드러내거든요. 그러더니 아이가 말했습니다. '이스라엘인 딱 한 사람만 죽이고 싶어요. 문제를 해결하는 길은 우리 모두가 딱 한 사람씩 이스라엘인을 죽여야만 하는 것이라고 결론을 내렸어요.' 아이는 제가 '영향력'이 있어서 폭탄을 구해줄 수 있을지도 모른다고 누군가에게 들었다는 겁니다. 저에게 그런 영향력이 없다고 아이에게 설명했죠. 그런데 그 아이를 검사해보는 것이 나을지도 모른다는 생각이 들었습니다. 정신병을 앓고 있는 것이 분명하다고 확신했거든요."

"그래서 한 시간 동안 아이를 검사해보았습니다. 아이는 지극히 정상이었어요." 엘사라즈 박사가 말했다.

예후다 벤토브(Yehuda Ben-Tov) 역시 지극히 정상이었다.

1987년 가자지구의 시장에서 쇼핑을 하던 이스라엘 민간인이 신원이 알려지지 않은 팔레스타인인이 쏜 총에 맞아 살해된 직후, 희생자가 살던 마을인 아슈켈론 출신의 17세의 소년 벤토브를 『예루살렘 포스트』가 인터뷰했다. 기자는 그에게 이스라엘이 가자지구의 문제를 어떻게 다뤄야 한다고 생각하냐고 물었다.

벤토브의 대답은 이랬다. "이스라엘이 해야 할 일은 공군을 보내 가자지구를 폭격하는 것입니다. 가자지구 전체를 말입니다. 토네이도가 텍사스를 얼마 전 쓸어버린 것처럼 해야만 합니다."

그런 감정을 가진 사람은 벤토브뿐만이 아니었다. 자기들을 편하게 놔두지 않는 이스라엘인들에 대한 팔레스타인 사람들의 분노가 부글거리고 지표면 위로 끓어오르는 것과 마찬가지로, 자신들이 편히 쉬면서 조국이 생겼다는 사실을 즐기지 못하게 하는 팔레스타인 사람들에 대한 이스라엘인들의 분노도 커져갔다.

이스라엘 내부에 있어서도 1967년 전쟁은 전환점이 됐다. 1967년 전쟁으로 요르단 강 서안과 가자지구가 국토에 더해짐으로써 일부 이스라엘 사람들은 그들의 조국이 공간적으로 더 넓어졌다고 생각하게 됐다. 20년 동안 아주 작은 공간에서 살아왔다고 느끼던 이스라엘인들은 마침내 발을 쭉 뻗고 자동차의 기어를 5단까지 넣고 크게 숨을 쉴 수 있게 됐다고 느꼈다. 그들은 처음으로 널찍한 느낌을 만끽했다. 잔디와 화단이 있는 정원이 있고 뒷마당이 있는 느낌이었다. 다른 이스라엘 사람들에게는 요르단 강 서안과 예루살렘, 그리고 가자지구의 점령이 종교적으로 고향이라는 느낌을 갖게 했다. 헤브론과 예루살렘 구시가, 나블루스, 그리고 예리코로 돌아온 일은 독실한 많은 이스라엘 사람들에게 시온으로의 진정한 귀환으로 받아들여졌다. 1967년까지 그들은 현관 밖의 계단에 살면서 창문을 통해서만 겨우 집 안을 들여다볼 수 있을 뿐이라고 느꼈다. 유대인 정착촌 운동의 지도자 이스라엘 하렐(Israel Harel)은 요르단 강 서안의 오프라(Ofra)에 있는 그의 집에서 어느 날 내게 이렇게 말했다. "저로서는 유대와 사마리아에 살고 있다는 사실보다 고향으로 돌아왔음을 더 크게 느끼게 해주는 것은 없습니다. 이 땅의 일부로서 살아가는 일은 심지어 황홀하기까지 합니다."

유월절 휴일에 예루살렘의 유대인 시장을 걷다보면 마초(matzo, 유월절에 유대인들이 전통적으로 먹던 넓고 얇게 구워내는 일종의 빵-역자) 굽는 냄새를 자주 맡을 수 있다. 금요일 저녁마다 예루살렘에서는 안식일이 다가옴을 알리는 사이렌 소리가 도시에 울려 퍼진다. 안식일 아침이면 예루살렘의 도로에는 자동차들이 거의 없기 때문에 시나고그에서 돌아오는 시민들은 기도할 때 어깨에 걸치는 숄을 여전히 두른 채 길 한복판을 걸어 내려오는 일이 많다. 이들보다 더 고향에 왔음을 실감하는 유대인이 어디에 있겠는가?

그러나 여기에는 함정이 있었다. 이스라엘 사람들이 고향에 왔음을 깊이 느낄 수 있도록 만든 추가적인 공간, 바로 이 지역에는 이스라엘인들을 끊임없이 불편하게 만드는 사람들이 살고 있다는 것이었다. 새로운 공간에는 170만 명의 팔레스타인 사람들이 존재했다. 이들은 스스로의 민족적 정체성을 가진 사람들로 이스라엘인들과의 접촉이 증가함에 따라 점점 더 그들이 그곳의 주인임을 주장했다.

얼마나 불운한 일인가! 이제야 추방의 삶을 끝냈고 역사상 어떤 유대인 공동체보다 더 큰 힘을 지녔다고 진정으로 믿으려고 하던 바로 그 순간 팔레스타인인들은 이스라엘 사람들에게 구두를 벗고 편히 쉴 수는 없을 것이라는 점을 끊임없이 상기시켰다.

팔레스타인 사람들의 이스라엘에 대한 정치적이고 군사적인 도전은 1948년과 1967년 사이에도 있었지만 당시의 도전은 대체로 외부로부터의 위협이라고 받아들여졌다. 당시 이스라엘 사람들은 팔레스타인인들을 자신의 존재에 도전하는 아랍 일반의 도전 중 일부로 간주했고 팔레스타인 사람이라는 독특한 정체성 역시 범아랍 연합 속에 어느 정도 흡수되었다. 그러나 일단 요르단 강 서안과 가자지구가 이스라엘의 지배 아래 들어가자, 이스라엘은 팔레스타인 사람들을 안으로 들어오지 못하도록 장벽을 두르거나 공군력을 동원해 폭격해버릴 수 있는 외부의 위협으로 더 이상 볼 수 없었다. 이제 그들은 철조망과 감시탑으로 그어놓은 경계 너머에 사는 적이 아니었다. 경계 너머의 위협이라면 안전에 관해 별로 걱정하지 않고도 하루하루를 보낼 수 있었을 것이다. 그러나 팔레스타인 사람들은 내부의 위협이 되었다. 자기의 나라 어디를 가든 이스라엘 사람들의 삶을 불편하게 만드는 존재가 된 것이다.

이와 같은 내부의 위협이 전부가 아니었다. 이미 언급했듯이 베이루트에 근거지를 두고 팔레스타인 민족의 국제적 대표기구이자 게릴라 세력으로 성장한 PLO가 1967년 이후 존재했다. 외부에서는 PLO가, 그리고 내부에서는 요르단 강 서안과 가자지구의 거주민들이 이스라엘에 저항했다. 이처럼 전체로서의 팔레스타인 사람들은 이전에는 볼 수 없었던 검은 그림자를 이스라엘에 드리웠다. 국내에서든 UN 총회 혹은 나이로비에서 개최되는 여성회의에서든 어디서나 이스라엘은 팔레스타인의 검은 그림자와 마주쳤다. 말로써, 그리고 행동으로써 그림자는 항상 이렇게 속삭였다. "그곳은 너희 것이 아니다. 팔레스타인은 너희 것이 아니다. 우리 것이다."

지속적으로 갈비뼈를 후비는 듯한 끊임없는 도전은 이스라엘 사람들에게 크게 영향을 미쳤다. 팔레스타인인들은 이스라엘의 슈퍼마켓과 항공기, 버스의 좌석 밑, 심지어는 예루살렘 한복판에 있는 오래된 냉장고 안에까지 폭탄을 설치했다. 항공기를 납치했고 올림픽 선수단을 살해했으며 대사관에 총격을 가했다. 이와 같은 위협은 이집트와 시리아가 이스라엘이라는 국가의 존재에 관해 문제제기를 하는 수준에는 결코 미치지 못했다. 그러나 어떤 면에서는 더욱 심각한 위협이었다. 이스라엘 사람들의 일체감을 파괴했고 고향의 편안함을 갈구하던 그 순간 이를 무너뜨렸으며 일상생활을 예측 불가능하게 만드는 무서운 결과를 가져왔다. 아름다운 땅에 세운 훌륭한 저택이지만 강도가 끊임없이 침입하는 곳에 사는 것과 같았다. 이스라엘 사람들은 길을 걷고 영화관에 가고, 버스를 타거나 슈퍼마켓에 들어설 때 마다 언제나 누구 것인지 모르는 꾸러미나 물건이 없는지 살펴야만 했다. 『뉴욕타임스』는 지면에 여유가 있을 때면 도심의 젊은이들에게 여름캠프를 제공하는 뉴욕의 자선기관인 프레시에어펀드(Fresh Air Fund)에 조그만 광고를 싣게 한다. 『예루살렘 포스트』의 경우 지면에 여유가 있을 때는 이런 광고를 내보낸다. "의심이 당신의 생명을 구합니다. 의심스런 물건을 조심하세요!"

이스라엘 환경보존협회(Nature Preservation Society) 대변인 달리아 드로미(Dalia Dromi)는 텔아비브 북쪽 인근의 해안도시 네탄야(Netanya)에서 태어나 성장했다. 1967년의 전쟁이 있기 전 네탄야는 전략적인 관점에서 이스라엘의 가장 위험한 곳이었다. 텔아비브와 하이파 사이의 가느다란 병목지점에 위치해 가장 가까운 요르단 영내 툴카름(Tulkam)에 자리 잡은 요르단 강 서안 전초부대와 불과 14킬로미터밖에 떨어져 있지 않았기 때문이다. 그러나 1967년의 전쟁 이후 달리아는 고향에 살고 있다는 느낌이 이전에 전혀 예상하지 못한 방향으로 송두리째 변해버렸다는 것을 알게 됐다.

달리아가 내게 설명했다. "1967년의 전쟁 전에 네탄야에서 5단 기어를 넣고 자동차를 몰면 국경을 지나버렸습니다. 그런데 참으로 우스운 것은 당시 저는 한 번도 국경을 의식하지 않았다는 겁니다. 당시 이스라엘의 국토는 세로로 좁았지만 제가 개인적으로 어떤 위협을 받고 있다는 생각은 하지 않았다는 뜻입니다. 국경이 있다는 것을 알았고 그곳에는 경계선 너머의 적으로부터 자신을 보호하는 군대가 주둔하고 있다는 사실을 알고 있기는 했지만 저의 일상생활과는 관련이 없었습니다. 지금 저는 항상 위험에 처해 있다고 느낍니다. 국경이 어디인지 적이 어디에 있는지를 알지 못합니다. 1967년 이전에는 항상 혼자서 해변으로 나가곤 했습니다. 지금은 혼자서 가는 일이 전혀 없습니다. 해변에 가더라도 사람들이 모여 있는 곳에는 앉지 않습니다. 누군가 폭탄을 설치했을지도 모르니까요. 1967년 이전에는 두려움을 느껴본 적이 없습니다. 그러나 1967년 이후 저는 항상 두렵습니다. 1967년 이전에 이스라엘은 매우 작은 나라였습니다. 그러나 지금 제가 더 작은 나라에 살고 있다는 느낌이 듭니다. 누가 저에게 '전략적인 국경'이라는 말을 하면 저는 웃습니다. 오늘날에는 모든 곳이 국경입니다. 차를 몰고 가다가 와디 아라(Wadi Ara) 마을에서 팔레스타인 사람들에게서 돌팔매를 당할 때는 그곳이 국경이고, 하이파로 향하는 도로에서 (이스라엘의 아랍 마을) 지스르 아자르카(Jisr a-Zarqa)를 지나다 돌팔매를 당할 때면 그곳이 국경입니다. 저의 침대도 사실은 국경이라는 사실을 아실 겁니다. 국경은 저를 따라 밤에는 집으로 가고 아침이면 저와 함께 눈을 뜹니다. 이곳의 이스라엘 국토가 좌우로 14킬로미터였던 과거 저는 이곳이 나의 조국이라는 느낌을 받았습니다. 당시에도 아랍 사람들이 이곳에 살았던 것은 사실이지만, 그들은 저를 개인적으로 위협하는 팔레스타인 사람들은 아니었습니다. 그들은 이스라엘의 아랍인이었고 이 국가의 시민이라고 생각했습니다. 아무런 위협을 느끼지 않고 어디든지 갈 수 있었습니다. 두려움이 제게 찾아온 것은 1967년 이후일 뿐입니다."

이스라엘 사람들의 삶을 한 장의 사진으로 표현해야 한다면, 이스라엘의 프리랜스 사진작가 토비 그린월드(Toby Greenwald)가 찍은 사진일 것이다. 미국으로 돌아오면서 내가 그곳을 떠올리기 위해 가져온 유일한 사진이다. 갈릴리 호수의 제방에 가지가 넓게 늘어진 아몬드나무를 찍은 사진이었다. 투명하고 푸른 갈릴리의 호수를 배경으로 나무는 외롭게 서 있다. 전체적으로 보면 완벽하게 고요함을 느낄 수 있는 사진이었다. 한 가지 예외가 있다면 나무의 아랫부분 옆 그늘진 곳에 강철로 만든 드럼통이 여러 개 땅에 박혀 있다는 점이었다. 드럼통 위에는 히브리어로 이렇게 적혀 있었다. '폭발물 처리 컨테이너.' 이곳은 경찰이 불발탄을 집어넣는 곳이었다. 이러한 드럼통은 이스라엘 전역에 걸쳐 산재되어 있다.

예루살렘에서 내게는 젊은 이스라엘 대학생 이웃이 있었는데 그는 금요일 밤이면 레드 제플린(Led Zeppelin)을 비롯한 헤비메탈 음악을 새벽 2시까지 동네가 떠나가도록 연주하기를 즐기는 인물이었다. 그의 스피커에서 나오는 소음으로 나는 말 그대로 침대에서 깜짝 놀라 깰 때가 종종 있었다. 그럴 때면 화가 나 일어나 앉아서 속을 부글부글 끓이곤 했다. 내 집과 내 침대에서 쉴 수가 없었던 것이다. 내게 바주카포가 있었다면 그 녀석이 사는 아파트 정면으로 포탄을 날려 보내 그의 스테레오와 스피커를 산산조각 내버리고 완전한 고요함을 얻고 싶다는 상상을 한 적이 한두 번이 아니었다. 한시도

침대에서 편하게 쉬도록 내버려두지 않고 좋은 풍경을 항상 망쳐버리는 팔레스타인 사람들에 대해 비슷한 상상을 하는 이스라엘 사람들이 많을 것으로 생각한다. 인종차별주의자이자 랍비인 메이어 카하네(Meir Kahane)는 요르단 강 서안과 가자지구의 모든 팔레스타인 사람들을 요르단으로 이주시킬 것을 요구하고는 했다. 그는 이스라엘 사람들의 눈을 똑바로 쳐다보면서 자신의 제안을 하며 항상 이렇게 끝맺었다. "잘 기억해보세요. 저는 여러분의 생각을 말하는 것입니다." 이스라엘 사람이라면 누구나 카하네와 같은 태도를 마음속에 조금씩은 품고 있었다.

루트 피르레는 이스라엘 고등학교 교사였는데 그녀의 폴란드계 부모님은 홀로코스트에서 살아남아 그녀가 갓난아기였을 때 시베리아에서 이스라엘로 그녀를 데려왔다. 부드럽고 상냥한 눈을 가진 그녀였지만 유대인을 겨냥한 팔레스타인 사람들의 폭력이라는 주제가 나오면 그녀의 얼굴은 돌처럼 굳어지고 강철의 회색과도 같이 변한 눈빛은 가차 없었고 평소 자유분방한 정치적 태도 역시 사라졌다.

이스라엘인들에 대한 팔레스타인 사람들의 공격이 다시 늘어가던 시절 그녀가 내게 말했다. "요즘 저는 예루살렘 구시가에 발길을 하지 않습니다. 그곳에서 유대인들이 칼에 찔리는 일이 많기 때문이죠. 안식일이면 쇼핑을 하면서 둘러보러 가던 곳이었습니다. 그곳에 가는 것은 마치 디즈니랜드에 가는 것과 같았어요. 현대세계에서 이국적인 동양세계에 들어서는 느낌이었습니다. 이제 두려움으로 집에만 갇혀 있어야 합니다. 소름끼치고 부끄러운 일입니다. 우리가 이 땅에 온 것은 위협으로 벗어나기 위해서입니다. 전쟁이 끝날 무렵 아버지는 미국으로 가지 않겠느냐는 제안을 받았지만 이를 거부했습니다. 그곳에서 고향의 편안함을 느낄 수 없었던 겁니다. 이교도의 나라에서 또다시 새롭게 시작하기를 원하지 않으셨지요. 아버지의 가족은 나치에게 모두 살해당했습니다. 그래서 아버지는 이곳으로 오셔서 당신의 가정을 꾸민 겁니다. 이제 팔레스타인인들이 우리에게서 고향의 편안함을 빼앗아가려고 합니다. 그러나 우리는 그렇게 내버려두지 않을 것입니다. 이곳에서 조국을 느낄 수 있는 저의 기본권을 그들이 빼앗지는 못합니다. 저는 팔레스타인 사람들과 어울려 함께 살 의향이 있습니다. 그러나 만일 그들이 텔아비브와 하이파마저 원한다면 그들은 저, 그리고 저의 두 아들과 싸워야만 할 것입니다. 우리는 마사다(Masada)에서의 경험을 다시 되풀이하지는 않을 겁니다. 절대로 그럴 수는 없습니다. (유대인들이 로마의 군대에 맞서 최후까지 항전했던 곳이다. 마지막까지 싸웠던 유대인들은 패전에 앞서 집단자살을 택했고, 이후 전 세계를 떠도는 유대민족의 방랑이 시작됐다. – 역자)"

이스라엘 사람들이 이 같은 상황을 보면서 더욱 분노하는 이유는 이스라엘이 세상에서 가장 뛰어난 기술의 공군력을 지녔고 100만 명에 가까운 남녀 병사를 동원할 수 있는 군사력을 지녔으며 수백 대의 현대식 탱크를 보유하고 있다는 점이다.

유대인 정착운동의 지도자 이스라엘 하렐이 어느 날 내게 이렇게 말했다. "저는 좌절감을 느낍니다. 엄청난 힘을 가지고도 스스로의 재산을 보호할 수 없다는 점에 좌절을 느낍니다. 1973년 전쟁 당시 수에즈운하에서 군복무를 하던 저는 직접적인 두려움을 느끼지 않았습니다. 운하를 횡단해 돌파하려는 병사들 맨 앞줄에서 싸웠습니다. 그러나 말씀드릴 것이 있습니다. 몇 년 전 저는 페타 티크바(Peta Tiqvah)에서 자동차를 몰고 (요르단 강 서안의 정착촌) 엘카나(Elkanah)로 가고 있었습니다. 도중에 (팔레스타인 마을) 크파르 카셈(Kfar Kassem)을 통과해야만 했어요. 운전을 하는데 갑자기 도로에 바리케이드가 보였습니다. 10여 명의 팔레스타인 소년들이 길을 막고 있었던 겁니다. 바리케이드를 피해서 갈 곳이 없었는데 소년들이 차에 돌을 던지기 시작했습니다. 제가 할 수 있었던 유일한 일은 차를 후진시키는 것이었죠. 후진을 시작하는데 뒤를 보니 10여 명의 다른 소년들이 뒤를 막는 겁니다. 마치 독 안에 든 쥐와 같은 느낌이었어요. 그때 이런 생각이 들더군요. 지금까지 여러 전쟁을 모두 겪었는데 내가 여기서 끝나게 되는구나. 제가 할 수 있는 유일한 일은 총을 뽑아들고 쏘기 시작하는 것이었는데 그렇게 하지는 않았습니다. 한두 명을 죽인다고 해도 저는 결국 죽게 될 테니까요. 그래서 저는 가속페달을 힘껏 밟아 아주 빠르게 후진을 했습니다. 뒤에 있던 몇 명이 차에 가볍게 치였지만 빠져나왔습니다. 이게 바로 저 이스라엘 하렐입니다. 저는 1967년 예루살렘에 투입된 최초의 낙하산부대에서 활약했고 1973년 수에즈운하를 건넌 첫 부대에 있었습니다. 저는 우리가 가진 힘을 알고 있습니다. 그런데 저는 또한 두려움을 느끼는 인물입니다. 팔레스타인 소년들에게 말입니다!"

팔레스타인 사람들에게 끝없이 도전을 받으면서도 마음의 평안을 찾기 위해서 이스라엘인들은 몇 가지 상이한 방법을 취했다. 한 가지 부류는 좌파 평화운동가로 대표되는데 이들은 조국이란 자신이 속한 민족이 다수를 차지해 다른 민족을 능가하려는 감정 없이도 자유롭고 민주적인 유대의 삶을 살아갈 수 있는 곳이고 그럴 수밖에 없다고 주장했다. 따라서 그들에게 조국은 1967년 이전의 이스라엘이었다. 그들은 요르단 강 서안과 가자지구를 아랍에게 반환해야 한다고 주장했다. 이렇게 주장하는 사람들 중 상당수는 1967년 이전 조국의 평안함을 느끼기 위해 경계선 너머의 점령지역에 발을 들이지 않으려고 의도적으로 노력했다. 나블루스로 가서 그곳 팔레스타인 사람들의 눈에 가득한 증오를 보지 않는다면 텔아비브에서 과거처럼 평온함을 얻을 수 있을 것이라고 느꼈다. 이스라엘의 사회학자이자 이스라엘 평화운동 지도자인 야네트 아비아드(Janet Aviad)는 이렇게 관찰했다. "성서에 등장하는 요르단 강 서안의 지역이 저에게 깊은 의미를 지닌다는 점에는 의심의 여지가 없습니다. 그러나 그럼에도 불구하고 저는 머릿속에 경계선을 세우고 이를 넘지 않습니다. 저는 식민지화 과정에 개입하고 싶지 않습니다. 제가 경계선을 넘은 것은 오직 시위를 하기 위해서입니다. 저는 이제껏 경계선을 재확립하기 위해 싸워왔습니다. 그런데 당황스럽게도 요즘 지도를 보면 어디에도 경계선이 보이지 않습니다."

1967년 전쟁 20주년 기념일 즈음에 한 그룹의 평화운동가들이 주말을 이용하여 녹색 페인트 통과 브러시 및 1967년 이전의 지도를 갖고 이스라엘 도시들의 길을 따라서, 그리고 들판을 가로질러 녹색의 경계선을 실제로 그렸다. 그들 스스로와 다른 사람들에게 어디가 그들의 조국인지를 상기시키기 위해서였다.

이스라엘이 점령지역을 고수하는 한 이스라엘의 진보주의자들이 마음의 평온을 찾지 못하는 것과는 반대로 메시아주의를 신봉하는 유대 정착민들을 필두로 하는 우파는 이스라엘이 점령지를 포기할 경우 결코 마음의 평화를 이룰 수 없을 것이었다. 유대 정착민들은 고향이란 자신의 민족이 다수를 점하는 곳일 필요가 없고 역사와 성경, 그리고 사람들의 영혼이 고향이라고 말하는 그런 곳이라고 주장한다. 10만 명의 아랍인들이 살고 있는 요르단 강 서안의 도시로서 나블루스를 굽어보는 곳에 위치한 유대인 정착촌 엘론 모레(Elon Moreh) 같은 곳에서 고향에 있다는 느낌을 갖기 위해서 그들은 그저 팔레스타인 사람들은 그곳에 없다는 듯한 태도를 취했다. 나는 엘론 모레를 한 번 방문한 적이 있었는데, 그곳에 사는 주민 일부에게 차를 몰고 집으로 가는 길에 나블루스를 비롯한 주변의 아랍 마을들을 지나치면 무엇이 보이는지 물었다.

엘론 모레의 교육부 책임자인 엘하난 오펜하임(Elchanan Oppenheim)은 이렇게 답변했다. "저는 성경 속의 여러 페이지를 지나고 있다는 느낌이 듭니다. 아랍 여인이 농작물을 수확하는 것을 볼 때면 밀밭에 있는 룻(Ruth)과 모아브 사람(Moabite)이 보입니다. 저는 성경 속에서 살아갑니다. 눈에 보이는 모든 것 너머를 바라봅니다."

양 극단 사이에서 침묵하는 대다수 이스라엘 사람들은 그저 주어진 조건에 맞춰 살아가는 방법을 배웠다. 상황은 대체로 꽤 살 만했기 때문이다. 그들 대부분은 점령지역을 거의 방문하는 일이 없었다. 가자지구나 나블루스를 방문하고 돌아올 때면 이스라엘 사람들은 마치 내가 미지의 먼 곳을 묘사하는 마크 트웨인(Mark Twain)이라도 되는 양 내게 이것저것을 항상 캐물었다. 사람들이 이렇게 묻고는 했다. "그곳이 정말 그래요?" 그들이 하는 일이란 기껏해야 토요일에 요르단 강 서안의 시장에서 쇼핑을 하거나 아랍 음식을 먹기 위해 베들레헴을 가끔 찾아가고, 팔레스타인 사람이 운영하는 자동차 수리점에서 싼값에 차를 고치며, 집을 증축하는 데 값싼 팔레스타인인을 고용하고, 예루살렘에서 갈릴리로 가는 지름길인 요르단 강 서안의 도로를 이용하는 것이 고작이었다. 그들 눈에도 팔레스타인 사람들이 들어왔다. 그러나 이들은 팔레스타인인들이 같은 공간에서 살아가는 또 하나의 정당한 민족공동체라고는 생각하지 않았다. 이들이 보는 팔레스타인인은 둘 중 하나였다. 하나는 총에 맞거나 감옥에 가게 될 테러리스트였고 다른 하나는 웨이터와 목수, 하녀 혹은 요리사 등 돈을 주고 쓸 수 있는 물건이었다. 앤과 내가 베이루트에서 예루살렘으로 이주했을 때 우리는 킹 다비드 호텔 바로 옆에 위치한 아주 작은 거실을 가진 아파트를 둘러봤다. 부동산 중개업자에게 거실을 넓히기 위해 벽을 허물 수 있겠느냐고 묻자 그녀는 망설이지 않고 대답했다. "물론이죠. 아무 문제도 없습니다. 아랍인을 하나 사서 벽을 허물면 됩니다." 해머로 벽을 부수는 것이 아니었다. 인부를 구하는 것도 아니었다. 아랍인을 구하면 된다는 것이었다.

* * *

라자 셰하다(Raja Shehadah)는 그저 울고만 싶었다. 1985년 8월이었고 이스라엘 정부는 얼마 전 행정구금의 관행을 부활시켰다. 이 보안조치는 영국 위임통치 시절의 관행을 이스라엘이 물려받은 것으로 정부로 하여금 말썽을 일으킬 소지가 있는 자(팔레스타인인이라는 의미다)를 기소조차 하지 않고 최장 6개월간 체포하고 구금할 수 있도록 하는 것이다. 동시에 누군가를 행정구금하기 위해 취해야만 하는 유일한 의무사항은 구금하려는 자를 군법 재판관 앞에 96시간 안에 데려가야 하는 것이었다. 판사는 피구금자에 대한 보안부대의 증거를 검토해서 구금을 허락하거나 기간을 줄이거나 구금명령을 취소해야만 했다. 행정구금의 관행이 부활한 주에 요르단 강 서안의 대표적 팔레스타인 변호사 중 하나인 셰하다는 동료 두 명이 이 법령에 의거해 체포당했다는 사실을 알게 됐다. 그는 이들을 변론하기 위해 이스라엘 군사법정으로 향했다.

요르단 강 서안에서 법률의 보호를 신장시키려는 취지의 설립된 조직을 언급하면서 셰하다가 말했다. 셰하다 역시 그 조직의 설립을 도왔었다. "첫 번째 행정 피구금자 15명이 체포된 것은 방금 전입니다. 그중 두 사람은 '시민에 복무하는 법률(Law in the Service of Man)' 소속의 현장 활동가입니다. 제가 이곳 (나블루스 인근) 예네이드(Jeneid) 교도소에 온 것은 그들을 변호하기 위해서입니다. 안내를 받아 재판정에 들어와 보니 이곳에 여덟 명의 변호사가 더 있다는 사실을 알게 됐습니다. 우리는 지금까지 어떻게 된 일인지를 몰라 서로를 바라보았습니다. 잠시 후 상당히 잔인하게 보이는 얼굴의 사내가 가슴에 서류가 가득 담긴 종이박스를 안고서 들어왔습니다. 어리석게도 저는 그 사내가 제대로 준비해온 또 한 사람의 변호사인 줄 알았습니다. 그렇게 생각하면서 저는 죄책감이 들었습니다. 제가 가지고 온 것이라곤 안보를 침해했다는 죄목으로 기소된 사람들을 군사법정이 어떻게 처리하는지를 규정한 군사명령 378호 사본 한 부가 고작이었으니까요. 우리는 모두 자리에 앉아 판사를 기다렸습니다."

마침내 이스라엘 군의 판사가 나타났다. 요르단 강 서안과 가자지구에서 일어나는 모든 보안침해와 관련된 사건은 자체의 판사와 검사를 갖춘 이스라엘 군사법정이 관장한다.

셰하다의 회상이 계속됐다. "판사가 의자에 앉아 등을 뒤로 기대더니 말했습니다. '누가 발언하겠습니까?'"

"제가 말했습니다. '도대체 무엇에 관해 말해야 하는 겁니까? 죄목이 무엇이고 증거는 무엇입니까?'"

"판사가 말했습니다. '이곳은 자유로운 장소입니다. 하고자 하는 말이 있으면 무엇이든 말하세요.'"

"그러자 변호사들이 하나씩 차례로 일어나더니 자신의 의뢰인에 관해 이야기했습니다. 판사는 아무 대꾸도 없었고 발언 내용을 받아 적는 서기도 없었습니다. 우리는 그저 어린아이들이었고 판사는 우리가 마음에 담은 이야기를 하도록 내버려둠으로써 우리를 만족시키려 했을 뿐입니다. 제가 앉은 자리는 서류가 담긴 종이상자를 의자 아래 내려놓고 있던 잔인하게 생긴 사내 바로 앞이었습니다. 이스라엘 변호사 한 명이 자신은 진정으로 정당한 논거를 가지고 있다고 생각했고, 자신의 의뢰인은 끄나풀이 되기를 거부했다는 이유로 체포되었다고 주장했어요. 그 순간 사납게 생긴 사내가 일어나 앞으로 나오더니 군 검찰관에게 무언가 말했습니다. 마침내 저는 그 사내가 (정보원들을 통해 의심스러운 팔레스타인 활동가들에 관한 증거를 수집하는) 신베트에서 온 인물이라는 것을 깨달았습니다. 우리 모두는 각자 생각하는 바를 발언했고, 판사는 우리에게 법정 밖으로 나가줄 것을 요청했습니다. 얼마 후 판사는 우리를 다시 불러들였습니다. 수감자들이 모두 법정에 있었습니다. 각 사건을 개별적으로 처리하는 것이 불필요하다고 말한 판사는 15명의 수감자 모두를 일어서게 하더니 이렇게 판결을 내렸습니다. '모두에 대한 행정구금 명령을 승인합니다.'"

이스라엘 군 당국에 의한 팔레스타인인의 보안침해 기소가 모두 그렇듯이 변호사들은 의뢰인에게 불리한 증거를 보도록 허용되지 않았다. 신베트가 정보원이나 도청장치를 이용해 은밀하게 증거를 수집했기 때문에 이를 기소된 사람이나 변호사에게 누설할 경우 증거수집에 사용된 비밀수단이 알려질 위험이 있다는 이유였다. 적어도 신베트의 주장은 그랬다. 이는 변론을 대단히 어렵게 만들었고 정당한 법의 절차에 대해 조롱하는 일이었다.

그 일이 있고 나서 셰하다가 내게 말했다. "저는 슬픔과 모욕감을 느꼈습니다. 법정을 나서면서 눈물을 흘렸습니다. 제가 맡았던 의뢰인들이 오히려 저를 격려했어요. 그들이 이렇게 말했습니다. '걱정 마세요. 6개월의 수감 기간은 그리 길지 않아요. 곧 끝날 겁니다.' 법정에서 그저 걸어 나오면서 이런 생각이 들었습니다. 도대체 내가 여기에서 무얼 하는 것인가?"

라자 셰하다 역시 마음 깊은 곳에서는 자신이 그곳에서 무엇을 하는지 알았다. 그리고 그것이 정의 혹은 자신과 거의 아무런 관련이 없다는 것을 알았다. 신베트와 군사법정은 이스라엘 대중이 팔레스타인 사람들에 대한 분노를 표출하는 수단이 됐다. 팔레스타인 사람들이 던진 돌과 버스의 좌석 아래 심어두었던 폭탄, 해외에서 이스라엘인들을 겨냥하고 자행된 모든 테러리스트 공격, 그리고 UN에서 행한 모든 연설에 대한 보복이었다. 한편에서 팔레스타인 사람들은 돌을 던지고 다른 한편에서 이스라엘은 이들에게 법전을 던져 엄벌에 처했다.

신베트와 군사법정을 통해 팔레스타인 사람들을 다루는 방식은 이스라엘에게 두 가지 이점을 가져다줬다. 첫째는 이 방식이 사실상 이스라엘인들과 세계의 눈에 띄지 않는다는 점이었다. 신베트는 마치 보이지 않는 손처럼 움직였다. 한밤중에 팔레스타인 사람들을 체포하고 정보원을 충원했으며 전화를 도청하고 심문실의 닫힌 문 안에서 팔레스타인인들의 혼을 빼놓을 정도로 구타했다. 대단히 성가신 팔레스타인인의 경우에는 폭탄을 터뜨려 살해하고서, 마치 이들이 이스라엘인을 겨냥한 폭탄을 조립하다가 스스로 '사고'를 내서 사망한 것처럼 꾸민다는 소문도 널리 퍼졌다. 이런 상황은 결국 팔레스타인 사람들이 자발적으로 이스라엘에 복종하는 결과를 가져왔다. 이스라엘인들은 팔레스타인 사람들을 어떻게 다룰 것인지를 알 필요도 없었고 그들에게 손을 댈 필요도 없었다. 더욱 좋은 점은 이스라엘의 입장에서 '합법적'이라는 것이었다. 이스라엘인들이 팔레스타인 사람들에게 복수를 하면서도 죄책감을 느끼지 않고 여전히 문명화된 민족이라고 느낄 수 있도록 군사법정은 합법이라는 외피를 제공했다. 점령지역에서 팔레스타인 사람들을 다루는 이스라엘의 보안부대가 '불법'을 행하는 일은 거의 없었다. 아무리 자의적으로 행해졌다 하더라도 모든 억압행위를 정당화할 군법 조문은 있게 마련이었다. 조문이 없을 경우에는 군법을 바꿨다. 메론 벤베니스티는 이 같은 상황을 이렇게 표현했다. "이는 법에 의거한 지배가 아니라 법을 이용한 지배입니다."

이스라엘인들은 왜 합법이라는 외피에 집착하는가? 만약 합법이라는 가면이 없어진다면, 그들과 팔레스타인 사람들 사이의 분쟁은 순전히 부족 간의 골치 아프고 오래된 반목이 될 것이고 이는 스스로에 대한 이스라엘인들의 생각, 그리고 서방세계가 자신을 그렇게 봐주었으면 하는 모습과 부합하지 않을 것이기 때문이었다. 따라서 재판장과 변호사, 법정의 좌석과 법률용어를 갖춘 군사법정이 존재했다. 팔레스타인 사람을 위해 일하는 라자 셰하다와 같은 변호사는 군사법정에 와서 재판장에게 의뢰인에 관한 진실한 이야기, 심지어 어떤 경우에는 유대인의 이야기를 들려주기도 하지만 판사는 이렇게 말하곤 했다. "이봐요. 나도 그 이야기를 듣고 싶소. 당신 의뢰인에게는 참으로 안된 일이라고 나도 생각하오." 그러나 그렇게 말하고 나서 판사는 아무도 볼 수 없는 신베트의 비밀증거에 따르면 팔레스타인인이 49개의 법률 조항을 위반했다고 말했다.

판사는 기소된 팔레스타인 사람의 눈을 보며 이렇게 말하기도 했다. "미안합니다. 개인적인 원한이 아닙니다. 제가 할 수 있는 일이 없네요. 법이 그렇습니다. 저는 법에 따를 뿐입니다. …… 징역 10년을 선고합니다. …… 다음 사건."

이스라엘과 팔레스타인이라는 두 개의 거대한 지각이 맞닿는 단층선 바로 위에 지은 엄청나게 큰 두 건물이 바로 신베트와 군사법정이라고 나는 생각하게 됐다. 두 건물의 엄청난 무게와 힘은 이스라엘 사회의 표면 아래서 쌓이는 진동과 증기를 흡수해서 폭발과 함께 단층선이 열리지 않도록 할 수 있었다. 이스라엘인들은 거리를 걸으며 두 건물을 가리키며 스스로와 그들 사회에 만족감을 느낄 수 있었다. 표면적으로는 모든 것이 정상이었다. 그러나 이스라엘 사람들이 보고 싶어 하지도 않고 보지도 않았던 점은 팔레스타인 사람들이 만들어내는 진동이 점차 그 빈도가 잦아지고 강도가 거세지고 있었다는 것이다. 두 건물이 서 있는 지반은 뒤틀리기 시작했다. 결국 우지끈하는 소리와 함께 두 구조물의 외벽에 금이 가기 시작해 모든 사람들이 이를 볼 수 있었다.

첫 번째 균열은 1984년 4월 12일과 13일 밤에 발생했다. 가자지구 출신의 18세 팔레스타인 소년 네 명이 텔아비브를 출발해 남쪽 아슈켈론으로 향하던 이스라엘의 에게드 버스를 납치했다. 이스라엘의 대테러부대가 결국 버스의 타이어에 총격을 가해 버스를 강제로 세웠다. 버스에 대한 포위는 밤새 계속됐다. 이스라엘의 특수부대가 새벽녘 버스로 들이닥쳐 납치범 두 명을 그 자리에서 사살했다. 고개를 숙이지 않고 있던 젊은 여성 병사 한 명 역시 죽었다. 다른 두 명의 팔레스타인 납치범들은 사촌 간으로 마즈디(Majdi), 그리고 수브히 아부주마(Subhi Abu-Jumaa)였다. 그들은 산 채로 버스에서 끌려 나왔다. 당시 신베트 책임자였던 아브라함 샬롬(Avraham Shalom)과 구조팀의 책임자는 현장에 있던 다섯 명의 요원과 여섯 명의 군인 및 경찰들에게 명령을 내려 두 납치범을 때려죽였다. 주먹과 소총의 개머리판, 그리고 돌을 사용한 구타로 두 납치범의 두개골이 부서졌다. 샬롬에게 이는 명백히 본능적인 부족적 충동이었고 부하들 역시 이를 명확하게 인지하고 명령에 기꺼이 따랐다. 그들 모두 이스라엘에 사형제도가 없어서 만일 현장에서 복수하지 않으면 두 명의 팔레스타인인들이 몇 년 후 포로교환이라는 방법을 통해 석방돼 다시 그들을 괴롭힐지도 모른다는 점을 잘 알았다. 눈에는 눈, 이에는 이라는 복수가 행해졌고 이스라엘 군 대변인은 이들 두 명의 납치범들이 '병원으로 이송되는 도중 사망했다'고 발표하라는 지시를 받았다.

그러나 문제가 생겼다. 새로 창간된 이스라엘의 타블로이드판 신문 『하다쇼트 Hadashot』는 수갑을 찬 납치범이 버스에서 생명에 전혀 지장이 없는 모습으로 끌려나오는 사진을 찍었고 어떻게 그가 병원으로 이송되는 도중 사망하는 일이 일어났는지 조사해야만 한다고 주장했다(또 하나의 신문 『마리브』 역시 유사한 사진을 찍었지만 기사를 내보내지 않기로 결정했다). 이 문제는 이스라엘 당국의 검열로 한동안 비밀에 부쳐졌지만 나의 전임자였던 『뉴욕타임스』 예루살렘 지국장 데이비드 시플러가 이를 거부하고 사진의 존재를 세상에 알렸다. 정부차원에서 일련의 조사가 뒤따랐다. 조사가 이뤄질 때마다 아브라함 샬롬과 세 명의 보좌관들은 치밀한 은폐를 시도했고 모든 책임을 이츠하크 모르데하이(Yitzhak Mordechai) 준장에게 떠넘겼다. 모르데하이는 당시 보병 및 낙하산병 수석장교로서 납치범들이 버스에 부비트랩을 설치했는지의 여부를 조사하는 초기 작업에 참여했던 인물이었다. 1985년 가을 진실이 처음으로 알려졌다. 신베트의 책임자 차장 레우벤 하자크(Reuven Hazak)와 동료 두 명이 페레스 총리에게 모르데하이 장군이 두 명의 팔레스타인인들을 심문 과정에서 거칠게 다뤘던 것은 사실이지만 생명에 전혀 지장이 없는 상태로 신베트에 인계했으며 아브라함 샬롬이 이들의 살해 및 은폐에 책임이 있다고 전했다. 신베트의 고위직원들은 당시 일어난 일에 대한 걱정보다는 조직을 동원한 상급자의 거짓 때문에 페레스에게 이 사실을 알리려고 했다. 사실을 전해 듣고 나서 페레스는 아무런 조치를 취하지 않았다. 한 가지 한 일이 있다면 페레스에게 정보를 제공했다는 이유로 아브라함 샬롬이 하자크와 동료들을 해고할 때 모르는 척한 것이다.

그러나 법률의 지배를 진정으로 옹호하는 다수의 인물들이 당시에나 지금에나 존재했고 그중 하나였던 법무장관 이츠하크 자미르(Yitzhak Zamir)가 이에 대한 소문을 듣고 1986년 5월, 사건에 대한 경찰의 후속조사를 주장했다. 한 달 후 샤미르와 페레스, 라빈, 그리고 대부분의 내각 구성원들이 자미르를 제거하고 사건을 덮어버릴 좀 더 유순한 법무장관으로 대체할 것을 결정하자 사건의 전모가 언론에 대서특필되기 시작했다. 해결책이 즉시 마련됐다. 샬롬이 신베트의 책임자 자리에서 사임하는 대신 대통령 하임 헤르조그가 1986년 6월 26일 샬롬과 은폐를 도왔던 세 명의 부하를 전면 사면했다. 세 명의 부하는 신베트에서 자리를 유지할 수 있었다. 이 중에는 증거를 날조한 변호사도 포함됐다. 일주일 후 헤르조그 대통령은 자신에게 도착하는 이스라엘 일반 시민의 편지 중 90퍼센트가 사면을 찬성했다고 내게 말했다.

이 사건을 비롯한 여러 개의 균열이 신베트 건물에 균열을 만들어내자 정부는 위원회를 만들어 국내 정보기관이 팔레스타인 보안침해사범을 다루고 심문하는 관행을 조사하도록 했다. 전직 대법원 판사 모셰 란다우(Moshe Landau)가 이끄는 위원회는 1987년 1월, 보고서를 제출했다. 이스라엘에 적대적인 폭력과 정치행위를 저질렀다고 의심받는 요르단 강 서안과 가자지구 출신 팔레스타인을 기소하는 통상적인 절차는 체포와 기소가 아니었다. 방법이 너무나도 다양해서 만일 관련자들을 모두 법정에 세운다면 이스라엘 군사법정의 제한된 인력으로는 다룰 수조차 없었을 것이다. 더욱 중요한 점이 있었다. 특정한 정치적 혹은 폭력적 범죄에 연루되었다고 의심받는 팔레스타인인은 대개 신베트에게 체포되었다. 비밀리에 수집되고 법정에서는 인정받기 힘들며 팔레스타인 변호사에게 알리기를 원하지 않는 신베트의 증거에 의해서였다. 이 같은 문제점을 해결하기 위해 신베트는 거의 대부분의 경우 보안침해 용의자들의 자백을 받아냈다. 재판을 할 필요도 없고, 법정에서 채택 가능한 증거를 수집하는 수고를 할 필요도 없으며, 변호사의 반대심문을 무력화시키기 위해서였다. 용의자는 법정에 끌려와 자백했음을 인정하고 형량을 선고받았다. 도대체 얼마나 더 편리할 수 있는가?

팔레스타인 사람들은 어떤 이유로 그렇게 쉽게 자백하는지에 관해 의문을 제기하는 사람들이 있을 수도 있다. 란다우 위원회가 처음으로 그 이유를 공개했다. 팔레스타인 혐의자를 체포한 신베트는 그를 방으로 데려가 둘 중 하나를 선택할 수 있다고 말했다. 범죄를 저질렀음을 자백하든지 아니면 심문을 받게 될 것이라는 말이었다. 상당수는 자백했다. 심문받기를 선택한 사람들은 결국 자백할 것에 동의할 때까지, 란다우 위원회의 표현에 따르면 '육체적 압박', 즉 고문을 당해야만 했다. 일단 자백에 동의하면 이스라엘 경찰이 방 안으로 들어와 법정에 제출하게 될 자백을 히브리어로 받아 적었다. 재판일이 다가와 이스라엘 군사법정의 재판관이 자유의지에 따라 자백한 것이냐고 용의자에게 물었다. 많은 사람들이 그렇지 않다고 대답했다. 머리에 검은 자루를 뒤집어 씌워 히브리어로 적힌 진술서를 본 적도 없다고 말했다. 그러면 판사가 자백을 받은 경찰을 법정으로 불렀고, 경찰은 여하한 고문이나 협박도 보지 못했다고 증언했다. 자신의 눈앞에서 자발적으로 자백했으며 진술서에 서명했다고 했다.

그러나 경찰이 자백을 받기 이전에 고문당했다는 팔레스타인 수감자들의 주장이 계속되자 1971년 군사법정은 각 사건마다 신베트 요원들을 소환해 그들에게 물었다.

란다우 위원회는 이렇게 보고했다. "(1971년) 현재 (신베트의) 수사관들은 처음으로 중대한 딜레마에 봉착했다. 증언대에서 그들은 자백을 강요했는지에 관한 질문에 서약한 후 답변해야만 했다. 다른 모든 증인에게 요구하는 바와 같이 법정은 이들에게도 진실만을, 오직 진실만을 말해야만 하는 의무를 지운다. …… (그러나) 진실한 증언은 (이들에게) 심문기관에서 어떤 일이 벌어졌는지를 발설하게 만들 것이다. 여기에는 심문방법이 포함될 것인데 결과적으로 이것이 적들에게 알려질 경우 향후 그 방법은 효과를 상실할 것이었다. 심문받는 자들에게 압력을 가하는 방법을 포함한 다양하고도 많은 수단에 관해 우리는 이야기하고 있다."

그래서 신베트가 여기에 어떻게 대응했는가? 란다우 위원회가 발견한 바는 이렇다. "처음부터 수사관들은 물리적 압력을 행사했다는 사실을 숨기려 했고 법정에서 거짓을 말했다." 17년 동안 팔레스타인 사람들이 자백하도록 고문과 협박을 당했다고 주장할 때마다 신베트는 용의자들이 지어낸 이야기라고 법정에서 말했다. 사실상 모든 사건에서 이스라엘 군사법정은 팔레스타인인의 주장을 기각하고 신베트의 증언을 받아들였다. 아무리 많은 상처를 보여줘도 아무런 소용이 없었다. 란다우 위원회는 신베트의 관행을 '이데올로기상의 범죄행위'라고 묘사했다. 모든 관행이 팔레스타인의 테러리즘에 맞서 싸우기 위한 동기에서 나온 것이기 때문이라는 진단이었다. 나아가 위원회는 신베트 요원들이 '단지 명령을 수행했다'는 점을 들어 이들을 고발하지 말 것을 건의했다. 보고서는 이렇게 덧붙이기도 했다. "정치와 사법, 그리고 군사당국은 신베트의 위증 관행을 알지 못했다. 따라서 위증에 대한 책임을 지울 수는 없다." 그리고 항상 그렇듯이 팔레스타인 사람들과의 싸움에서 법률이 장애가 될 경우 법률을 바꾸라고 란다우 위원회는 조언했다. 위원회는 미공개로 일련의 '제한적인…… 심리적, 육체적 압력……을 위한 지침'을 제안했다. 다시 말하면 고문과 협박을 제안한 것이었다. 내각과 의회는 이를 토의 없이 수락했다.

그러나 도덕적 이중성은 신베트의 것만이 아니었다. 유대 정착민들이 팔레스타인 사람들에게 개인적으로 복수할 경우 이스라엘 시스템은 놀라울 정도로 그들의 행위에 관대했다. 수많은 사례들 중에서 가장 악독한 사건이 1987년 10월 벌어졌다. 요르단 강 서안의 유대 정착민 니산 이시고예브(Nissan Ish-Goyev)는 나블루스 지역에서 쓰레기 트럭을 몰고 있었다. 발라타(Balata) 난민촌으로 향하는 길에 그는 지나가는 차들에 돌을 던지는 팔레스타인 아이들을 만났다. 충돌을 목격한 두 명의 경찰은 이시고예브에게 아이들이 던진 돌은 전혀 '위협적'이지 않았다고 증언했다. 그러나 이시고예브는 트럭에서 나와 아이들을 향해 우지 단(短)기관총을 두 차례 발사했다. 아이들을 정면으로 겨눈 충동적인 총격으로 90미터 이상 떨어진 곳에 서 있던 13세 소년 하셈 루트피 이브마스렘(Hashem Lutfi Ib-Maslem)이 사망했다. 이스라엘 경찰은 즉시 이시고예브의 기관총을 압수하고 입건했다.

사건이 법정으로 갔을 때 지방검사 모셰 실로(Moshe Shiloh)는 다른 정착민들이 스스로 법을 집행하는 상황을 만들지 않기 위해 10년에서 12년의 형을 선고할 것을 요구했다. 사건을 맡았던 텔아비브 지방법원의 판사 우리 스트로스만(Uri Strosman)은 상황을 달리 보았다.

재판이 진행되는 과정에서 실로 검사가 이렇게 말했다. "아이들이 돌을 던진다는 것을 인지한 순간 피고가 할 일은 단지 그곳을 떠나는 것이었습니다." 스트로스만 판사가 끼어들었다. "실로 검사, 우리는 한때 그렇게 배우지 않았다는 것을 아실 겁니다."

1988년 2월 22일, 모든 주장을 들은 후 스트로스만 판사는 선고했다. "이제 판결을 내리면서 피고가 처했던 상황에 관해 제 의견을 말하고자 합니다. 슬프게도 당시 상황은 요즘처럼 미쳐 돌아가는 세상에서 부모와 교사의 감독 아래 있었어야만 할 (팔레스타인) 아이들과 청년들이 만든 것입니다. 돌을 던져 위험을 초래하고 경찰의 출동을 불러왔습니다. 저는 피고가 살인에 대해 법이 정한 최고형으로 처벌받아야 한다고는 생각하지 않습니다. 이에 피고에게 사회봉사로 대체할 수 있는 6개월의 징역형을 선고합니다."

후일 이스라엘 대법원은 스트로스만의 선고를 뒤집고 이시고예브에게 3년의 징역형을 선고했다.

대법원 판결은 이스라엘의 군사재판 시스템과 고용법이 결코 엉터리가 아니라는 사실을 강조했다. 신베트에 의해 기소된 대부분의 팔레스타인인들은 이스라엘 사람들을 겨냥한 폭력행위를 계획했거나 수행했다는 죄목으로 유죄선고를 받았다. 증거가 불완전하거나 증거로 채택하기 어렵거나 위협에 의해 수집된 것이라 해도 그랬다. 더욱이 이스라엘이 요르단 강 서안과 가자지구의 문제를 다루는 법률조항과 재판 시스템을 유지한다는 사실만으로도 이스라엘 군 당국에 제한을 가하는 법률문화를 만들었다. 그러나 점령이 오래될수록 법률 시스템에 의한 제한은 그 기능을 제대로 발휘하는 것 같지 않았다.

솔직한 심정을 이야기하자면 나는 이스라엘이 자행하는 법률의 악용이 특별히 놀랍다고 생각하지는 않았다. 이스라엘인들은 바로 옆에서 살아가는 다른 공동체와 전쟁을 벌이고 있었다. 어떤 규칙도 지키지 않는 공동체와의 전쟁이었다. 내가 피곤하게 생각했던 점은 이스라엘의 가식이었다. 그들의 적 팔레스타인인들은 모두 비열한 테러리스트들이고 그들에게서 문명이라고는 찾아볼 수도 없다고 생각하면서 자신은 언제나 완벽하게 합법적이고 도덕적으로 올바르게 행위한다고 생각하는 자기기만이었다. 진실을 말하자면 양측 모두 그들이 공동체의 생존을 위한 전쟁을 하고 있다는 점을 이해했다. 한 편은 단검과 권총을 지녔고, 다른 한 편은 비밀요원과 재판정을 가졌다. 이들은 각자 세상을 향해 상대편이 얼마나 비열한지를 고발하며 목소리를 높였지만, 취조실에서건 뒷골목에서 칼을 꽂기 전이건 양측이 서로의 눈을 똑바로 바라볼 때는 전혀 다른 이야기를 했다. 나는 살아남기 위해 무엇이든 할 것이다. 한 치의 의심도 없다.

양측의 행동은 이렇게 20년을 이어왔다. 세상에 대고 팔레스타인 사람들은 저항을 말했다. 개인적인 저항이었다. 그러나 공동체로서는 이스라엘의 시스템에 굴복했다. 이스라엘인들은 세상을 향해 '계몽된' 점령을 이야기했다. 그러고선 닫힌 문 안에서는 팔레스타인 사람들의 입을 막기 위해 무슨 일이든 했다.

이러한 관계는 이스라엘과 팔레스타인 사람들을 친밀한 이웃이자 동시에 증오에 가득 찬 적으로 만들었다. 이스라엘 군대가 요르단 강 서안에 위치한 마을에서 18세가 넘는 남자를 모두 체포하는 날이 있기도 하고, 이웃 마을에서는 새로운 유대인 마을을 세우는 건설업자가 18세가 넘는 남자를 모두 일꾼으로 고용하기도 한다. 팔레스타인 사람을 설명하자면 요르단 강 서안에 건설하는 새로운 유대인 정착촌에서 아침에는 버스 정류장 설치작업을 하고 저녁에는 바로 그 버스 정류장 의자 아래 폭탄을 심어 그곳에 앉는 유대인을 살해하거나 불구로 만들려는 사람이다. 메론 벤베니스티는 이와 같이 이성을 상실한 싸움을 '불확실한 전쟁(twilight war)'이라고 명명했다. 참호나 전선이 없고 양측을 갈라놓을 철조망도 없으며 민간인과 군인 혹은 적과 이웃의 구분을 거부하는, 반은 전쟁이고 반은 평화인 상태를 지칭하는 것이었다. 벤베니스티는 '같은 하수도를 함께 사용하는 사람들 사이의' 전쟁이라고 말했다.

그러나 벤베니스티가 당시 알아야만 했던 사실이 있었다. 그는 예루살렘에서 돌로 만든 오래된 집들이 불규칙하게 늘어서 있고 아랍인과 유대인들이 섞여 사는 몇 안 되는 마을에 살았다. 몇 년 전 팔레스타인 이웃 주민 하나가 벤베니스티의 집에서 몇 집 떨어진 유대인 집 앞마당에 폭탄을 설치했다. 커다란 폭탄이 아니고 작은 다이너마이트 몇 개와 조잡한 뇌관을 담고 있는 조그만 비닐봉지였지만 어린아이 하나쯤은 날려버릴 수 있었을지도 모른다.

경찰이 즉시 벤베니스티 옆집에 사는 이웃 사람의 장남이자 폭탄을 설치했다고 자백한 주하이르 콰와스메(Zuhair Qawasmeh)를 체포했다. 그는 징역 18년 형을 선고받았지만 레바논에 자리 잡은 팔레스타인 게릴라와 이스라엘 사이에 벌어진 포로교환으로 4년 만에 석방됐다. 주하이르 콰와스메는 석방 직후 결혼을 하게 됐고 마치 친한 이웃이 그러듯이 벤베니스티를 결혼식에 초대했다. 벤베니스티에게 보낸 초대장은 그가 감옥에서 배운 히브리어로 씌어 있었다.

어느 날 벤베니스티가 내게 그 결혼식에 관해 말했다. "그래서 제가 결혼식장에 갔습니다. 저는 스스로에게 물었죠? 도대체 그는 누구인가? 나의 적인가 아니면 이웃인가? 그는 저의 이웃이지만 제 아이들을 살해할 수도 있는 인물이었습니다. 미국에서도 적대적인 이웃이 있을 수 있습니다. 그러나 여기처럼은 아닙니다. 그는 생명을 위협하는 적입니다. 그는 전투원입니다. 전쟁에서 그렇게 하는 것처럼 그는 자신의 민족을 위해 저의 민족과 맞서 싸웁니다. 그런데 그는 저의 이웃입니다."

불확실한 전쟁에서는 두 개의 공동체와 민족, 부족, 그리고 국가가 전선도 없이 서로 싸우기 때문에 어느 편도 민간인과 병사를 구분하지 않았다. 양측은 각자 상대 공동체의 구성원을 잠재적인 적으로 간주했고 상대편 군대의 잠재적 전투원으로 보았다. 이스라엘과 팔레스타인 사람들 사이가 이처럼 완전히 정치적인 관계로 발전하다보니 시간이 지남에 따라 그들 사이에는 범죄가 존재하지 않게 됐고 우연한 사고라는 것이 없어졌다. 오로지 전투행위만이 존재할 뿐이었다.

두 민족 사이에는 죽음이라는 개념도 없었다. 오직 순교만이 있을 뿐이었다. 텔아비브 외곽에서 15분 정도 걸리는 거리에 위치한 요르단 강 서안의 유대인 정착촌 알페이 메나셰(Alfei Menashe)에 거주하는 오프라 모세스(Ofra Moses)는 세 아이의 어머니로 35세다. 1987년 4월 11일 그녀는 유월절에 먹을 마초를 구입하기 위해 가족과 함께 차를 몰고 가고 있었다. 팔레스타인인 하나가 오렌지 과수원에 몸을 숨기고 있다가 그녀가 타고 가던 포드 에스코트 차량의 차창 안으로 화염병을 던져넣었다. 그녀는 산 채로 불에 타 죽었다. 모세스 부인은 자신이 아무 죄도 없는 민간인이라고 생각했지만 많은 팔레스타인 사람들은 그녀가 요르단 강 서안의 정착촌에 살고 있다는 것만으로도 그녀를 점령자이자 폭력의 가해자, 그리고 전투원으로 간주했고 따라서 정당한 공격목표라고 생각했다. 내가 아는 대단히 온건한 요르단 강 서안의 팔레스타인 변호사는 분개해서 내게 이렇게 말했다. "알페이 메나셰의 이웃 도시 시장이 모세스 부인의 사망에 애도를 표하기 위해 정착촌을 방문한다는 소식을 이스라엘의 아랍어 방송에서 들었습니다. 그들은 슬퍼하지 않습니다. 그녀는 정착민이고 모든 악의 근원입니다. 그녀가 살해됐다는 사실에 슬픔을 느낀다는 말을 믿으라고요? 저는 눈곱만치도 슬프지 않습니다."

모세스 부인이 사망한 지 이틀 후 요르단 강 서안의 비르자이트대학에서 팔레스타인 민족주의 시위 도중 가자지구 출신의 23세 팔레스타인인 무사 하나피(Musa Hanafi)가 이스라엘 군의 총격을 받아 사망했다. 하나피는 자신이 1968년의 버클리대학에서 반전시위에 참여하고 있다고 생각했을지도 모른다. 별다른 위협이 되지 않는 돌팔매나 타이어 불태우기 등을 하는 교내시위였다고 말이다. 그러나 돌팔매를 당하는 이스라엘 병사들은 하나피를 그런 식으로 보지 않았다.

이스라엘 군의 장교가 이렇게 말했다. "병사들은 그들을 전투복이나 탄약을 소지하지 않은 전투원으로 간주합니다. 그러나 만일 (팔레스타인 시위대가) 탄약을 가지고 있었더라면 그들은 이를 사용했을 겁니다. 이곳은 버클리가 아닙니다. 그들은 책값이나 등록금을 가지고 시위하는 것이 아닙니다. 이들 학생들은 민족의 대의를 위해 자신이 할 일을 하려는 것입니다."

민간인과 군인을 구별하지 않는 행위는 묘지까지 이어졌다. 통상 전쟁에서 죽임을 당한 민간인들은 민간인으로서 매장한다. 그러나 이곳의 불확실한 전쟁에서는 그렇지 않다. 이스라엘과 점령지역에서 민족 간의 갈등과 희미하게라도 관련해 죽은 민간인들은 순교자, 전쟁영웅으로서 매장됐다. 두 공동체는 각자 이와 같은 죽음을 그들의 대의가 올바르다는 것을 다시 한 번 되새기고 상대에 대한 복수를 정당화하는 계기로 이용했다. 팔레스타인과 이스라엘의 장례식은 너무나도 유사해서 섬뜩할 정도다. 양측은 관 주위에 서서 '권총집에서 총을 빼어 들자' 등의 낯익은 슬로건을 외친다.

모세스 부인의 장례식에서는 교통부장관 하임 코르푸(Chaim Corfu)가 추도사를 읽었다. 마초를 사러 가다가 살해된 이 여인을 위해 그는 무슨 말을 했던가?

코르푸는 이렇게 선언했다. "갈릴리의 안전을 지키기 위해 (레바논에서) 어제 죽어간 병사들과 마찬가지로 오프라 당신은 예루살렘의 안전을 위해 쓰러졌습니다. 오프라 당신은 우리의 전사이십니다."

모세스 부인을 매장한 지 일주일이 되지 않아 그녀가 희생된 장소에는 그녀를 기리는 기념비가 세워졌다.

하나피의 장례식을 치르는 데 문제가 있었다. 추도식이 얼마나 큰 힘을 지니는지를 이해했던 이스라엘은 통상 팔레스타인 학생이 사망할 경우 시신을 수거해 부검을 시행하고 친지들로 하여금 한밤중에 시신을 매장하도록 강제한다. 오직 아주 가까운 가족들만이 참석할 수 있었다(하나피가 죽기 한 달 전 나블루스에서 환전상을 하던 아와드 타퀴토퀴(Awad Taqtouq)가 이스라엘 병사에게 살해되는 '사고'를 당했다. 그날 저녁 그의 친구와 가족 500명은 해가 진 후 나블루스의 묘지에 숨어 있었다. 한밤중에 재빨리 시신을 묻으려던 이스라엘 병사들은 그들의 출현에 크게 놀랄 수밖에 없었다). 하나피의 친구들은 한 발 더 나아갔다. 그들은 라말라 병원으로 차를 가져가서 이스라엘 군인들이 도착하기 전에 하나피의 시신을 뒷문으로 빼돌렸다. 친구들은 하나피의 시신을 얼음으로 싸서 요르단 강 서안의 어느 집에 보관했다. 결국 며칠 후 그들은 이스라엘 번호판을 달고 있는 차량을 구해 이스라엘 군에게 적발되지 않고 하나피의 시신을 가자지구에 있는 그의 집으로 옮겼다. 가족은 즉시 무사가 돌아왔다고 알렸고 5,000명의 사람들이 하나피를 보기 위해 모여들었다. 하나피의 시신은 팔레스타인 깃발로 덮인 채 묘지에 안장됐다.

당시 장례식에 참석했던 모하메드 이시테예가 이렇게 말했다. "장례식은 일종의 정치축제였습니다. 사람들을 하나피를 '해방으로 가는 다리'라고 칭송했습니다. 또 다른 희생을 요구하는 강력한 압력이었습니다. 그곳에 있던 소년들의 표정에는 분노가 완연했습니다. 저는 소년들을 주시하고 있었습니다. 그들의 얼굴에서는 어린 시절의 웃음이 사라졌습니다. 모두가 당장이라도 목숨을 바칠 듯했습니다."

다음날 이스라엘 군이 하나피를 무덤에서 꺼내 부검을 위해 텔아비브로 가져갔다는 소식이 있었다. 이틀 후 그의 시신이 돌아왔고 한밤중에 다시 매장됐다.

이스라엘과 팔레스타인 사람들이 전쟁과 평화가 혼재한 상태를 이어간다면 이 같은 상황은 영원히 지속될 것 같다. 정확하게 전쟁도 아니고 완벽한 평화도 아니다. 진정으로 친구가 될 수도 없고 항상 적도 아니다. 언제나 평화를 갈망하지만 이를 위해 희생할 생각은 결코 없다.

대부분의 이스라엘 사람들은 이 같은 상황이 지속되리라고 생각하는 것이 확실하다. 1987년 6월 이스라엘의 점령 20주년 기념일을 맞아 (요르단 강 서안과 가자지구를 통치하는 군정청을 이스라엘이 완곡하게 이름 붙인) 민간행정청(Civil Administration)이 그럴듯한 소책자를 발간했다. 값비싼 종이에 컬러사진들을 담은 책자의 제목은 『민간행정 20년 20 Years of Civil Administration』이었다. 책자의 표지는 멀리서 바라본 요르단 강 서안 마을의 금빛 들녘을 담은 사진이었다. 첫눈에 그 책자가 국제 상품시장을 겨냥한 연례 보고서임을 알 수 있었다. 책자는 이스라엘이 팔레스타인 원주민들을 위해 했다는 훌륭한 일들로 가득 차 있었다. 공공서비스 개선부터 병원과 현대식 전화 설치 등이었다. 유대와 사마리아, 그리고 가자지구 정책조정관(Coordinator of Government Operations)이라는 직함은 이전에는 국방부 소속으로 점령지역을 관장하던 수석 정보장교를 좀 더 듣기 좋게 바꾼 이름이었는데, 정책조정관 슐로모 고렌(Shlomo Goren)은 서문에서 이렇게 결론지었다. "지난 20년간 이룬 성과는 민간과 군대를 망라한 민간행정청 직원들의 헌신적인 노력이 없었다면 불가능했을 것이다. 그들에게 깊은 감사를 표한다. 이 지역에 사는 모든 사람들이 나와 함께 이들에게 감사할 것이라고 믿는다."

권력의 뻔뻔함을 보여주는 한 가지 측면은 모든 것을 알고 있다는 태도를 취한다는 점이다. 고렌은 팔레스타인 '전문가'였지만 이스라엘의 점령 20주년을 맞는 팔레스타인 사람들의 마음속에 어떤 감정이 끓어오르고 있는지 전혀 알지 못했다.

역설적이게도 상당수의 팔레스타인 사람들 역시 이를 알지 못했다. 1987년 7월의 어느 날 따스한 오후 나는 사리 누세이베의 부모 집에서 석류나무 아래 자리 잡은 테라스에 앉아 그에게 팔레스타인 사람들이 어디로 가고 있는지 물었다. 전쟁도 아니고 평화도 아닌 공존을 언제까지 끌고 갈 수 있을 것인가? 누세이베 가족이 살던 집은 이스라엘이 지배하는 서예루살렘과 요르단 지배하의 동예루살렘을 가르는 경계선 바로 위에 자리 잡고 있었다. 1967년 6월에 심은 석류나무의 가지와 잎사귀 사이로 요르단 군대의 진지가 여전히 보이는 곳이었다. 팔레스타인 사람들이 이스라엘에 흡수되고 있지만 여전히 그들 마음속에는 스스로의 독특함과 차별성이 남아 있다는 우리의 대화 내용을 비유적으로 잘 보여주는 곳이었다. 고렌과 달리 사리는 급격한 변화가 임박했음을 확신했다. 다만 그가 모르는 것은 어떤 변화인가였다.

사리가 팔레스타인 사람이 이스라엘에 동화되는 현상에 관해 말했다. "단 한 가지 빠진 것이 있다면 의식입니다. 우리가 지금까지 무엇을 하고 있었는가에 관한 스스로의 인식입니다. 팔레스타인 사람들의 몸은 이제 이스라엘 시스템에 완전히 빠져들었지만 그들의 머리는 여전히 물 밖에 있습니다. 우리 몸은 이스라엘 시스템에 동화되어가지만 우리의 의식은 이를 거부합니다. 그러나 의식과 현실이 지금과 같이 동떨어진 상태는 오래 가지 않을 것입니다. 조만간 현실이 의식을 따르거나 의식이 현실을 따를 것입니다."

팔레스타인 사람들은 둘 중 하나의 길을 가게 될 것이라고 사리가 말했다. 세금납부와 예루살렘 시위원회에의 참여, 유대인 정착촌 건설, 그리고 에게드 버스 탑승 등 머리가 그들에게 말하는 바를 따라 이 모든 것들을 멈추거나 아니면 민족의 전략을 이스라엘에로의 동화로 바꾸어야만 한다는 것이었다. 다르게 표현하면 동화란 그들은 이스라엘과의 불확실한 전쟁을 멈추고 유대인과 동등한 권리를 지니는 이스라엘의 시민으로 인정할 것을 요구할 것이라는 의미였다. 사리는 후자가 될 것이라고 생각했다. 팔레스타인 사람들이 어느 날 아침 자리에서 일어나 지난 20년간 이스라엘 시스템과 침대에서 함께 자고 있었다는 사실을 깨닫고 결혼증명서를 요구할 것이라는 느낌이 든다고 말했다. 그리고 팔레스타인 사람들이 그렇게 행동했을 때, 이스라엘은 진실의 순간에 직면할 것이라는 말이었다.

사리의 판단은 옳지 않았다. 팔레스타인 사람들은 자리에서 일어나 그동안 이스라엘 시스템과 함께 자고 있었다는 점을 깨달았다. 그러나 그들은 결혼을 요구하는 대신 이혼을 요구했다.

14장
용암의 분출

가지지구의 학생들이 우리에게 알려줬다.
알고 있었지만 잊은 것들을.
사내가 되는 길을 알려줬다. 왜냐하면 사내들이
힘없는 진흙 인형이 되어버렸기 때문이다.
이성을 잃은 가자지구의 사람들, 수많은 경솔한 사람들.
정치논리의 썩은 시대로부터 우리를 풀어주었다.
그리고 우리도 미칠 수 있도록 알려줬다.
- 1988년 2월 14일 『뉴욕타임스』에 게재된 시리아 출신의 시인
니자르 키바니(Nizar Kibani)의 시 「성난 사람들 The Angry Ones」

이스라엘 관광청은 그동안 네덜란드 신문에 싣던 광고를 취소했다.
광고는 텔아비브와 예루살렘이 '돌을 던지면 닿을 만한 가까운 거리'에 있다고 선전했었다.
- 1988년 2월 18일 『USA 투데이』 기사

　야세르 아라파트에게는 힘겨운 한 주였다. 내가 아라파트를 인터뷰하기 위해 그와 자리에 마주 앉았을 때 상황이 더욱 악화되리라고는 우리 둘 다 알지 못했다. 아랍세계의 왕과 대통령들은 1987년 11월 둘째 주 요르단의 암만에서 개최된 정상회담을 막 끝냈다. 그러나 1945년 아랍연맹이 창설된 이후 처음으로 팔레스타인 문제가 정상회담의 주요 의제가 아니었다. 아야톨라 호메이니가 이끄는 혁명적 이란이 아랍세계에 던지는 가차 없는 위협에 어떻게 대처할 것인가였다.
　아라파트가 이와 같이 부차적인 지위로 떨어지자 아라파트의 오랜 경쟁자였던 요르단의 후세인 왕은 거리낌 없이 PLO 의장을 냉대했고 그를 맞으러 공항에 나가지도 않았다. 아라파트가 도착한 몇 시간 후 그가 아직 모욕감에 속이 부글거리고 있을 때 프랑스 AFP통신 베이루트 사무소에서 나온 여성 저널리스트 한 명이 암만의 팰리스 호텔 스위트에 묵고 있는 그를 인터뷰하러 갔다. 아라파트는 그녀를 따뜻하게 맞이하고 카타르 왕족에게 안부인사를 하는 15분 동안 거실에서 기다려달라고 말했다. 아라파트가 전화를 하러 자리를 비운 동안 AFP통신 기자는 인근에 위치한 스위트룸으로 가서 그녀

가 베이루트부터 알고 지내던 PLO 대변인 아베드 라보(Abed Rabbo)를 인터뷰했다. 아라파트가 돌아와서 기자가 어디 있느냐고 물었더니 보좌관이 그녀는 아베드 라보의 스위트룸에 있다고 답변했다.

"그런가? 인터뷰하고 싶은 상대가 대변인이라면 그렇게 해야지." 아라파트는 벌컥 성을 내더니 쿵쾅거리며 방으로 걸어 들어가서는 문을 꽝 닫아버렸다. 그리고 그녀와의 인터뷰를 거절했다. 기자는 정신이 혼란스러웠고 심한 모욕감을 느낀 아베드 라보는 아라파트의 스위트룸으로 들이닥쳐서 큰 소리로 고함쳤다. "뭐라고요? 나는 아무것도 아니란 말인가요? 누구도 나와는 말을 못해요?" 두 남자는 방 안에 있는 모든 사람들 앞에서 각자의 중요한 역할에 관해 한바탕 설전을 벌였다.

내가 아라파트를 인터뷰하기 위해 도착한 것은 그로부터 이틀 후였고 아랍 정상회담이 끝난 지 두 시간 후였다. 후세인 왕이 텔레비전 기자회견을 하고 있을 때 아라파트는 오후의 낮잠에서 막 깨어났다. 아라파트가 거실로 성큼성큼 걸어 들어오고 그의 경호원들은 기자회견에 집중하느라 정신이 없었다.

"무슨 이야기를 하던가?" 아라파트가 후세인 왕에 대해 물었다.

"의장님에 관해서입니다." 보좌관 중 하나가 대답했다.

사실상 후세인 왕은 '바라건대' PLO가 국제 중동평화회담에 초대되기를 바라지만 반드시 독자적인 협상주체로서 참석할 필요는 없다는 취지의 말을 기자들에게 하고 있었다. PLO는 요르단과 팔레스타인의 합동대표 일원이 될 수도 있을 것이라는 말이었다. 후세인 왕의 이 언급은 아라파트를 한 번 더 비꼰 것이었다. PLO 의장은 정상회담에서 어쩔 수 없이 PLO가 어떤 평화회담에서도 독자적이고 다른 어떤 회의참석 주체와 마찬가지의 '대등한 위치'를 가질 것임을 인정하는 양보를 해야만 했기 때문이다. 최종 공식발표문의 잉크가 마르기도 전에 후세인 왕은 다른 이야기를 하고 있었다. 후세인 왕의 회견을 들은 후 아라파트는 식당으로 걸어 들어가 길고 잘 닦인 테이블의 상석에 앉았다.

"후세인 왕이 한 말에 대해 어떻게 생각하십니까?" 내가 물었다.

아라파트는 손사래를 치며 말했다. "걱정할 것은 아무것도 없습니다. 최종 공식발표에 확실하게 명기되어 있습니다. 중요한 것은 그것입니다. 후세인 왕이 기자회견에서 하는 말이 아니라 최종 공식발표인 것입니다." 그러더니 아라파트는 자신의 말을 강조하려는 듯 내게 이렇게 물었다. "혹시 공식 발표문 사본이 있으세요?"

"그럼요, 여기 있습니다." 아라파트의 호텔로 오는 길에 요르단인들에게서 받은 영어판 발표문 사본을 그에게 건네며 내가 대답했다.

이란에 관한 사항들 아래 나오는 PLO 관련 결의안 항목들을 손가락으로 가리키며 아라파트는 안경을 쓰고서 내가 건네준 사본을 읽기 시작했다. 국제회의의 소집과 관련된 부분에 이르자 그의 목소리가 높아졌다. "여기 나오는군요. 'UN의 후원, 그리고 팔레스타인 민족해방전선을 포함한 모든 관련 참석 당사자와 함께 …… 팔레스타인 민족해방전선을 포함한'……."

마치 자신이 기대하고 있는 무언가가 거기에 없다는 듯이 아라파트는 그 구절을 반복해서 읽었다. 그리고 분노에 떨리는 목소리로 사본을 자신의 눈앞으로 가져갔다. "아니야. 무언가가 없다."

한 손으로는 염주를 돌리고 다른 손으로는 발표문을 톡톡 두드리던 아라파트가 내 앞에서 갑자기 흥분했다. 그는 아랍어로 더듬거리면서 말했다. "이것은 더러운 행위입니다. 큰 기삿거리입니다. 특종감이에요."

아라파트는 요르단이 전 세계 기자들에게 배포한 정상회담의 영문판 최종 발표문에 PLO를 지칭하면서 통상 붙이던 '팔레스타인 민족 유일의 합법적 대표'라는 문구가 생략되었음을 발견했던 것이다. 이는 귀국길의 아라파트에게 따귀를 갈기는 후세인 왕의 방식임이 분명했다. 이전에 자신이 받은 모욕을 똑같이 갚아준 것이었다.

의자에서 짜증스럽게 앞뒤로 고쳐 앉던 아라파트가 같은 말을 반복했다. "허세를 부리는 겁니다. 허세를 부리는 거예요. …… 이 사본을 어디서 구했죠?"

나는 눈앞에서 펼쳐지는 모습에 말을 제대로 못하면서 대답했다. "요르단 사람들이 줬습니다."

아라파트가 의심이 가득하고 노여운 목소리로 말했다. "맞습니다. 요르단인들에게서 받으면 안 됩니다. 아랍연맹의 사본을 받았어야 했어요. 이건 특종감입니다. …… 더러운 짓입니다. 더러운 짓이죠."

그 순간 아라파트가 상의 주머니에서 펜을 꺼내더니 나의 발표문 사본 위에 조심스럽게 몇 마디를 덧붙여서 써내려갔다. PLO를 언급한 부분 다음에 '팔레스타인 민족 유일의 합법적 대표'라는 말을 써넣었던 것이다. 적어도 기자 한 사람은 올바른 사본을 갖게 됐다! 나는 사본을 기념품으로 보관했다.

그러나 나는 아라파트를 인터뷰할 수 없었다. 사라진 문구에 정신이 팔린 아라파트는 다른 말을 거의 못할 지경이었던 것이다. 돌이켜 생각해보면 이는 놀랄 일이 아니었다. 1982년 이스라엘에 의해 베이루트에서 추방당한 이후 아라파트와 그가 상징하는 팔레스타인의 대의는 길을 잃고 떠돌았다. 멀리 떨어진 튀니스에 사령부를 둔 PLO 게릴라는 아랍세계의 네 지역에 분산되어 있었고 요르단과 이스라엘은 요르단 강 서안에 PLO의 영향력이 미치지 못하도록 차단하고 있는 상태에서 아라파트는 존재감이 축소되는 것 같았다. 암만에서 보여준 그의 심술은 아라파트 역시 이러한 사실을 알고 있음을 보여줬다. 지도자가 가지고 있던 권력의 알맹이가 사라지면 상징과 술책, 그리고 모욕 등이 엄청나게 큰 자리를 차지하게 된다. 남은 것이란 그것밖에 없기 때문이다.

아라파트가 얼마나 추락했는지를 가장 잘 보여준 사건은 런던에서 일어난 팔레스타인 신문의 유명 만화가 나지 알 알리(Naji al-Ali)의 암살일지도 모른다. 알 알리는 1987년 7월 22일 쿠웨이트 신문 『알 카바스 Al-Qabas』의 첼시 사무소 밖에서 얼굴에 총을 맞았다. 암살범이 누구인지는 밝혀지지 않았지만 런던 경찰청은 암살범이 아라파트 혹은 그와 가까운 PLO 관리가 보냈다고 의심하고 있다고 보도됐다. 알 알리는 아라파트가 안락의자에 앉아 탁상공론이나 일삼는 이름뿐인 혁명가로서 언제나 비행기 일등석을 타고 도망다니며, 돈을 밝히고 부패한 파벌에 둘러싸인 지도자라는 풍자만화를 자주 그렸다. 그가 그린 마지막 작품 중 하나는 아라파트의 여자친구로 보이는 어떤 여자가 자신의 오랜 친구들에게 PLO의 기금으로 운영되는 팔레스타인 문인작가협회 일반 사무국의 일자리를 나눠주는 만화였다. 팔레스타인 난민이었던 알 알리는 아라파트의 주장으로 1985년 쿠웨이트에서 추방됐다고 알려졌다. 아라파트는 자신의 손에 팔레스타인 사람의 피를 묻히지 않는다는 점을 언제나 자랑으로 여겼다. 그는 경쟁자를 해치우는 대신 조직에 흡수하거나 술책으로 상대를 압도하는 방법을 취했다. 만일 그가 일개 만화작가의 작품에 가슴앓이를 하다가 그를 죽였다면, 이는 아라파트의 활동반경이 얼마나 작아졌는지를 보여줄 수도 있는 일이었다. 그러나 황제라고 할지라도 옷을 전혀 입지 않고 있었다면 가시나 화살 심지어는 만화작가의 신랄한 풍자마저 총탄처럼 느껴질 수 있는 일이었다.

그날 오후 암만의 스위트룸을 찾은 모든 PLO, 그리고 아랍연맹 관리들에게 생략된 문구를 채워 넣은 나의 발표문 사본을 보여주면서 발을 굴러대던 아라파트의 모습을 지켜보던 나의 감정은 거의 당혹스러움이었다. 당시 아라파트가 했던 말들 중에서 단 한 가지가 아직 내 머리를 떠나지 않는다. 스위트룸에 있던 기자 한 사람이 요르단이 팔레스타인 지도자로서 그의 위치를 효과적으로 손상시켰다고 생각하는지의 여부를 아라파트에게 질문했다. PLO 의장의 얼굴에는 미소가 스쳐지나갔다. "요르단 강 서안과 가자지구의 팔레스타인 사람들에게 물어보시면 될 겁니다. 그들이 당신의 질문에 답해줄 것입니다." 아라파트의 확신에 찬 대답이었다.

아라파트 자신도 그 대답이 얼마나 올바른 것이었는지 상상하지 못했을 것이다. 400에서 500만 명에 이르는 전 세계 팔레스타인 사람들 중에서 반에 약간 미치지 못하는 이스라엘 점령 하의 팔레스타인 사람들이 아라파트에게 정치적 부활과 지도자로서의 역할, 그리고 베이루트 항구를 떠나던 바로 그날부터 그가 찾아 헤매던 군대를 돌려줄 것이란 점 역시 아라파트는 상상하지 못했다. 항상 그랬지만 아라파트에게 부활을 가져다준 것은 그의 위대한 결정 혹은 행위가 아니었다. 아라파트에게 정치적 활력을 다시 돌려준 것은 정치적 상징으로서 그의 역할, 그리고 이스라엘 점령 아래 있던 팔레스타인 공동체의 영혼 속에서 일어난 급격한 감정변화였다. 암만에서 팔레스타인 이슈를 회피한 후세인 왕과 아랍 지도자들, 그로부터 몇 주 후 워싱턴에서 열린 정상회담에서 역시 이를 무시했던 로널드 레이건과 미하일 고르바초프

(Mikhail Gorbachev), 그리고 이제 누구도 PLO 문제에 신경 쓰지 않는다고 거만을 떨던 이스라엘 지도자 등은 모두 요르단 강 서안과 가자지구의 팔레스타인 사람들에 대한 직접적인 모욕이었다. 결국 아라파트와 PLO가 그들의 민족적 열망을 담을 상징이었다. 세계무대에서 유일한 상징이었다. 만일 아랍 국가들과 강대국들이 아라파트와 PLO를 무시한다면 이는 팔레스타인 사람들의 모든 열망을 영원히 무시하는 처사임을 의미했다. 이와 같은 두려움은 20년간 쌓인 분노와 결합해 요르단 강 서안과 가자지구 팔레스타인 사람들이 아랍 국가들과 유대인, 그리고 세계가 툭하면 자신을 모욕한다고 느끼도록 만들었다. 너무 많은 모욕을 당하다 보면 스스로에게 이렇게 말할 때가 오는 법이다. "다음번에 내게 손대는 녀석은 대가를 치를 것이다."

경솔한 이스라엘 트럭 운전사가 바로 그 다음 사람이 될 줄을 누가 생각이나 했을 것인가?

1987년 12월 6일 북쪽의 네게브 마을인 베이트 얌(Beit Yam) 출신의 상인이자 45세의 이스라엘 유대인 슐로모 사클(Shlomo Sakle)은 쇼핑을 위해 가자지구의 시장으로 갔다. 그곳은 언제나 가격이 저렴했고 물건도 다양했다. 사클이 어느 상점에 들어가 여성용 옷을 둘러보는 사이 신원이 밝혀지지 않은 어떤 팔레스타인인이 사클의 뒤로 다가서서 칼로 그의 목 뒷부분을 찔렀다. 사클이 문을 향해 비틀거리면서 걸어가는 동안 바닥 곳곳으로 피가 튀었다. 범인은 사클을 때려 상점의 문 바깥으로 몰아낸 다음 상점이 가득한 골목길로 사라졌다. 피범벅이 된 사클을 본 주변 상인들은 이런저런 질문을 해올 이스라엘 군인들이 도착하기 전에 셔터를 내리고 사라졌다. 햇볕이 쨍쨍한 오후였다. "유감이지만 우리는 본 것이 아무것도 없습니다." 사클이 죽은 후 그들의 답변이었다.

이틀 후인 1987년 12월 8일 오후 4시경, 커다란 세미 트레일러를 몰고 가자지구를 빠져나가는 큰 도로 위를 운전하던 이스라엘인 트럭 운전사가 부주의하게 방향전환을 하다가 반대편 차도를 침범했다. 반대편 차도에서 달려오는 차량들은 모두 이스라엘에서 그날 일을 마치고 가자지구로 돌아오는 팔레스타인 노동자들과 관리인을 가득 태운 스테이션왜건들이었다. 사고로 네 명의 팔레스타인 사람이 사망하고 일곱 명이 부상당했다. 사상자 모두는 가자지구 최대의 난민촌이었던 자발리야(Jabaliya) 출신이었다. 이스라엘 경찰이 즉시 출동해 트럭 운전사를 심문했다.

자발리야 캠프와 인근 시파(Shifa) 병원에는 이스라엘 트럭 운전사가 샤클의 살해에 보복하기 위해, 달려오는 차량들 쪽으로 일부러 트레일러의 방향을 틀었다는 소문이 빠르게 퍼져나갔다. 일부 사람들은 트럭 운전사가 샤클의 동생이라고 이야기했고 사촌이라고 말하는 사람도 있었다. 어쨌거나 유대와 팔레스타인 사람들 사이에 대립이 생길 경우 우연한 사고란 없다는 것을 모두가 알았다. 오로지 전투행위만이 있을 뿐이었다.

다음날인 1987년 12월 9일 오전 8시를 막 지난 시각, 자발리야의 팔레스타인 젊은이들이 덮개가 없는 사파리 트럭에 타고 난민촌에 아침 순찰을 나가는 일군의 이스라엘 예비군들에게 돌팔매질을 했다. 현장에 있던 이스라엘 군 책임자가 군인들에게 차에서 내릴 것을 지시하고 몸소 이들을 이끌고 신기루처럼 사라져버린 팔레스타인 젊은이들을 찾아 나섰다. 이스라엘 병사들은 돌을 던진 사람들을 찾아내려고 난민촌으로 바쁘게 움직이면서 트럭을 지킬 보초 한 명을 남겼다. 수색을 마치고 돌아온 군인들이 발견한 것은 그들의 차량이 성난 팔레스타인 사람들에게 둘러싸여 있고, 그중 한 명이 혼자 남은 보초의 손에서 소총을 빼앗으려는 모습이었다. 트럭을 향해 두 개의 화염병이 어디선가 난데없이 날아왔다. 점점 더 숫자가 늘어나던 군중이 군인들을 향해 모여들었다. 팔레스타인 사람들이 병사들을 살해하려고 했을까? 아마도 그렇지는 않았을 것이다. 비슷한 양상의 대립은 이전에도 수없이 많았다. 그러나 분노에 찬 군중은 군인들에게 그들이 어떤 기분인지 맛을 보여주고 싶었음이 분명했다. 공황상태에 빠진 이스라엘 군 책임자가 발포한 두 발의 탄환이 가자지구에 거주하는 17세 소년 아부 시시(Abu Sisi)의 심장을 관통했다. 묘지에 묻힌 소년은 자신의 죽음이 아랍어로 인티파다라고 알려지게 될 전면적인 팔레스타인 저항운동을 촉발하게 될 것임을 알지 못했다. 그날 이스라엘 군은 아부 시시의 시신을 가져다 부검을 하고 평소처럼 한밤중에 매장하려고 시도했다. 그러나 성공하지 못할 일이었다. 수천 명의 가자지구 사람들이 자발리야 난민촌과 시파 병원으로 모여들었다. 어떤 사람은 3만 명이 모였다고도 했다. 이들은 아부 시시의 시신을 시체보관소에서 빼내 그들 방식의 대중적 장례식을 거행했다. 이는 곧 폭동으로 변했다. 난민촌 안의 검문소에 앉아 있던 이스라엘 예비군들은 팔레스타인 군중에 압도당했다. 병과 갈퀴, 돌, 나뭇가지로 무장한 성난 군중은 군인들이 쏘아대는 최루가스와 고무탄을 삼켜버렸다. 최루가스와 고무탄은 군중의 분노를 더 자극할 뿐이었다. 이스라엘 병사들은 군중이 '이트바추 알 야후드(Itbach al-yahud, 유대인을 참살하라)'라고 외치는 소리를 들었다고 말했다.

다음날인 1987년 12월 10일 목요일, 이웃마을 칸 유니스(Khan Yunis), 요르단 강 서안의 발라타(Balata)와 칼란디아(Kalandia) 난민촌, 그리고 소규모의 팔레스타인 도시들과 인근 마을들이 시위에 동참했다. 이스라엘 군과의 대립이 많아지면서 더 많은 사상자가 나왔고, 더 많은 타이어가 불타면서 요르단 강 서안과 가자지구의 하늘에 검은 연기가 피어올랐다. 대립은 며칠간 계속됐다. 이스라엘 점령 아래 있던 사실상 모든 팔레스타인 사람들의 감정이 삽시간에 폭발했고 전 세계에 울려 퍼졌다.

팔레스타인 사람들은 정확히 무엇을 외쳤는가?

"나는 너의 어머니를 욕보일 것이다. 나는 너의 여동생을 욕보일 것이다." 팔레스타인 10대 소년은 이스라엘 병사에게 히브리어로 외쳤다. 정확히 누구의 어머니와 여동생을 욕보이겠다는 것인지를 확실하게 알리기 위해 손가락으로 특정 병사를 가리켰다.

"너를 이 세상에 나오게 한 네 어머니의 성기가 저주스럽다." 이스라엘 병사는 낯익은 비속어를 써가면서 아랍어로 팔레스타인 소년에게 맞받아쳤다.

"나는 열 살인데 너를 강간해버리겠다. 미친 녀석아." 90미터 정도 떨어진 곳에서 다른 팔레스타인 소년이 히브리어로 다시 맞받았다.

"엿이나 먹어라." 군데군데 움푹 들어간 상처가 있는 진압용 곤봉을 움켜쥔 채 이스라엘 병사가 불쑥 내뱉었다. "네 누나의 그곳에 저주나 내려라." 그가 덧붙였다.

"네가 진짜 사나이라면 총을 내려놓고 와서 한번 붙자." 손에 돌멩이를 꼭 쥔 다른 팔레스타인 소년이 소리쳤다. 그리고 가장 큰 모욕의 말을 하려는 팔레스타인 소년이 덧붙였다. "네 애비는 아랍인이구나."

나는 팔레스타인 사람들의 폭동이 3주째 계속되던 어느 날 자발리야 난민 촌에서 이와 같은 충돌을 목격했다. 자발리야는 비참한 곳이었다. 하수도가 밖으로 드러난 동물 사육장과 주름진 양철지붕의 집들, 그리고 먼지가 피어오르는 비포장 도로 등이 가자지구의 한복판에 뒤섞여 있었다. 바로 그날 나는 거리에서 벌어지는 일들을 직접 몸으로 느끼기 위해 이스라엘 군의 순찰대와 함께 나갔다. 방송 카메라는 주위에 없었다. 아무도 내가 기자라는 사실을 몰랐기 때문에 나는 18세의 이스라엘 소년과 18세의 팔레스타인 소년 사이에서 일어나는 아무 꾸밈없는 충돌을 생생하게 볼 수 있었다. 이는 이후에도 몇 달간 요르단 강 서안과 가자지구에서 반복됐다.

이스라엘 병사들과의 초기 충돌 과정에서 팔레스타인 사람들이 말해야만 했던 바는 정치적인 것이 아니었다. 외교적인 말은 더욱 아니었다. UN결의안 '242호' 혹은 '338호'가 아니었고 '평화의 가능성을 논의해보자'라는 말도 아니었다. 원초적이고 엄청난 분노였다. 한시도 편히 쉽게 내버려두지 않는 이스라엘인들에 대한 분노이자 자신을 이용하기만 하는 아랍인들에 대한 분노였고, 그들을 망각하기를 원하는 세계에 대한 분노였다. '인티파다'의 기원이 무엇인지를 묻는 잡지 『모멘트 Moment』의 질문에 동예루살렘의 상인 에이드 카와스미(Eid Kawasmi)는 이렇게 말했다. "무엇보다 팔레스타인 사람들은 이전부터 대단히 분노한 상태였습니다. 그들의 분노가 현재의 봉기를 일으킨 거죠. 어떤 목적이 있다기보다는 분노에 의한 폭동입니다. 처음에는 어떤 목적이나 목표가 없었습니다. 그냥 일어난 겁니다."

예루살렘 북부 칼란디아 난민촌의 봉기 지도자 중 하나인 아부 라일라는 어느 날 저녁 마치 꿈을 꾸는 듯한 목소리로 이스라엘인들을 향해 돌을 던짐으로써 오는 생생한 아픔을 내게 말해줬다. "돌을 던질 때면 저의 머릿속에서 영화가 상영되는 듯한 느낌을 받습니다. 영화에서는 제가 감옥에서 겪었던 모든 고통, 저에게 언제나 신분증을 요구하던 이스라엘인들의 모습, 이스라엘 군인들에게 받았던 모든 모욕, 이스라엘 병사들에게 맞던 저와 부모님의 모습이 스쳐 지나갑니다. 이것이 바로 돌을 던지면서 제가 느끼는 것입니다."

가자지구의 이스라엘 군 사단장 야코브 '멘디' 오르(Ya'acov 'Mendy' Orr) 준장은 화산이 폭발하듯 자연발생적으로 터져 나오는 팔레스타인 사람들 마음속의 분노가 얼마나 깊고 광범한 것인지를 '인티파다' 초기 자발리야 난민촌을 순찰하다가 처음 깨달았다고 말했다. 오르 준장이 말했다. "저는 길을 따라 걷고 있다가 작은 꼬마 소년을 보았습니다. 제 생각에는 소년 같았습니다. 그 아이는 한 살을 갓 넘긴 것 같았습니다. 걸음마를 갓 배웠더군요. 아이가 손에 돌을 쥐고 있었어요. 돌멩이를 겨우 쥐고 있었는데 누군가에게 돌을 던지려고 이리저리 걷고 있더군요. 제 눈에 아이가 들어왔고 아이도 저를 봤습니다. 제가 미소를 짓자 아이가 돌을 떨어뜨렸어요. 저는 돌멩이가 너무 무거워서 그런 줄 알았습니다. 말씀드렸듯이 아이는 이제 겨우 걸음마를 배운 상태였습니다. 저는 집으로 돌아왔고 그 아이도 집으로 갔습니다. 나중에 아이에 관해 생각해보니, 그 아이에게는 분노가 삶의 일부였고 성장의 일부였습니다. 마치 밥을 먹는 것이 삶의 일부이듯 말입니다. 아마도 아이는 자신이 정확히 누구에게 분노하고 있는지 여전히 모를 겁니다. 그걸 알기에는 너무나 어리니까요. 조만간 알게 될 것입니다. 그러나 당시에도 아이는 자신이 누군가에게 분노해야만 하고 누군가에게 돌을 던져야만 한다는 것을 알고 있었던 겁니다."

오르 장군은 세 번째로 잠시 말을 멈추고 쉬더니 머리를 좌우로 흔들면서 덧붙였다. "이제 겨우 걸음마를 배운 아이였습니다."

폭동이 지속되고 광범하게 퍼져나가면서 팔레스타인 사람들은 돌멩이를 던지면서 무언가 좀 더 구체적인 것을 말하려고 그들 스스로가 노력하고 있다는 사실을 깨달았다. 노골적인 분노가 터져 나오면서 그동안 감정의 표출을 막던 마음속의 댐을 무너뜨리자, 요르단 강 서안과 가자지구 팔레스타인 사람들은 수년 동안 내부에서 자라온 온갖 감정과 생각이 무엇이었는지를 깨닫게 됐다. 이 모든 생각과 감정이 인티파다를 통해 마침내 명확하게 표현될 수 있었다. 분노를 원초적으로 발산하는 것으로 시작한 팔레스타인 사람들의 저항은 점차 대단히 이성적이고 세련된 내용으로 발전했다. 팔레스타인 민족이 벌여온 투쟁의 역사에서 여러모로 독특하고도 완성된 민족해방 전략이었다.

전략이 독특했던 이유는 요르단 강 서안과 가자지구의 팔레스타인 사람들이 표출한 감정과 그들이 결국 개발한 전략의 상당 부분이 이스라엘의 점령 아래서 20년을 살았던 이들에 의해 형성된 것이라는 점이었다. 오로지 그들만이 만들 수 있는 것이었다. 인티파다는 글자 그대로 '이스라엘에서 만들어진' 것이었다. 요르단이나 레바논, 시리아의 난민촌에 거주하는 팔레스타인 사람들과 튀니스에서 팩스로 인티파다를 쫓아가는 PLO 관리들은 1987년에서 1988년으로 넘어가는 겨울 요르단 강 서안과 가자지구의 동포들에게 어떤 일이 벌어졌는지를 온전하게 이해할 도리가 없을 것이다. 외부에 사는 팔레스타인 사람들도 점령지의 동포들이 했던 행동을 찬양하고 이를 자신의 일로 여길 수는 있었다. 그러나 왜 동포들이 그런 식으로 행동했는지를 완전히 이해할 길이 없었다. 완벽한 이해를 위해서는 20년 동안 이스라엘 점령 아래서 살아봐야만 했다.

노골적인 분노를 터뜨린 후 요르단 강 서안과 가자지구의 팔레스타인 사람들이 이스라엘에 맨 먼저 전달하고자 했던 가장 중요한 감정은 이것이었다. "나는 너희들의 일부가 아니다." 돌멩이로 이스라엘인들에게 말하고자 했던 말은 이랬다. "내가 너희들의 들판과 공장에서 20년 동안 일했을지도 모른다. 내가 히브리어로 말하고 너희의 신분증을 들고 다니고 너희들의 야물커를 팔았는지도 모른다. 그러나 지금 이 자리에서 분명하게 말하건대 나는 너희들의 일부가 아니다. 너희들의 일부가 되려는 의향이 전혀 없다."

요르단 강 서안과 가자지구의 팔레스타인 사람들이 얼마나 깊이 이스라엘에 통합되고 흡수되어왔는지를 인식하지 않고서 인티파다를 이해하는 일은 불가능하다. 그들의 봉기를 인티파다라고 명명한 사람들이 바로 팔레스타인 사람들이라는 사실에 나는 언제나 충격을 받았다. 반란에 해당하는 통상의 아랍어 타우라(thawra)라고 이름 붙이지 않았다. 이는 의외였다. 수년 동안 베이루트의 PLO 게릴라가 가장 많이 외쳤던 구호가 '타우라, 타우라, 하트 알 나스르(thawra, thawra, hat al-nasr, 혁명, 혁명, 승리할 때까지)'였기 때문이다. 아랍어 사전의 표준으로 사용되는 한스 베르(Hans Wehr)의 『현대 문어체 아랍어 사전 Dictionary of Modern Written Arabic』은 인티파다를 '진동, 떨림 혹은 전율'이라고 번역한다. 그러나 타우라가 아니라 이 용어가 선택된 실제 이유를 이해하기 위해서는 어근을 살펴야만 한다. 거의 대부분의 아랍어들은 세 글자로 이루어진 어근을 갖는다. 인티파다의 어근은 나파다(nafada)인데, 이는 눈(nun), 파(fa'), 다드(dad)에서 온 것이다. 나파다라는 말은 '흔들다, 털어내다, 동요시키다, 먼지를 털다, 게으름을 떨쳐버리다, 한계에 이르다, 끝장나다, 버리다, 어떤 관련도 부정하다, 누군가와 관계를 단절하다' 등의 의미를 지닌다.

요르단 강 서안과 가자지구 사람들은 '반란'이라는 낱말 대신 이 용어를 사용했다. 무엇보다도 레바논에 있는 동포들과는 달리, 그들은 '이스라엘에 동화된' 스스로를 씻어내지 않는 한 이스라엘을 전복시킬 수 없다고 생각했다. 이스라엘 시스템으로부터 온 습관과 언어, 통제, 상품 등 모든 것이었다. 인티파다의 지하 지도부가 내린 첫 번째 명령이 상인들의 철시였다는 점에 나는 커다란 충격을 받았다. 상황에 따라서 온종일 혹은 몇 시간의 철시였다. 철시를 하면서도 상인들은 어떤 요구도 내걸지 않았다. 나는 처음에 이러한 행동을 이해할 수 없었다. 모든 상점이 셔터를 내린 동예루살렘을 차를 타고 지나면서 나는 스스로에게 묻곤 했다. 도대체 누가 요구도 내걸지 않고 철시에 들어간단 말인가? 이는 마치 너의 입술이 파래질 때까지 내가 숨을 참겠다고 말하는 것처럼 생각됐다. 그러나 나는 곧 깨달았다. 그들의 행동은 이스라엘에 '가하는' 압력이 아니었다. 이스라엘로부터 팔레스타인 사람들을 '끊어내는' 행동이었던 것이다.

이스라엘 병사들에게 돌을 던지고 마을 입구에 돌로 바리케이드를 설치하며 철시를 단행하는 행위는 수년간 함께 호흡한 이후였지만 실제로 지배자와 피지배자 사이에는 심리적인 거리가 있음을 환기시키고 두 공동체 사이에 적대적인 상황을 새롭게 창출하는 팔레스타인 사람들의 방식이었다. 팔레스타인 상점 주인들은 이스라엘 병사들에게 정확히 이렇게 말하고 있었다. "이제부터는 우리의 지도부가 언제 상점을 열고 닫을 것인지를 결정할 것이다. 너희들이 결정하는 시기는 끝났다." 이전에는 이스라엘인들이 두 공동체 사이의 관계가 어떠해야만 하는지를 언제나 결정했다. 갑자기 팔레스타인 사람들이 자신의 조건을 스스로 결정할 것이라고 말했던 것이다. 이스라엘의 시스템에 빨려 들어갔던 그들의 신체를 회복하는 팔레스타인인들의 방식이었다.

내가 인티파다를 용암이 분출하는 지진이라고 생각했던 이유는 바로 이것이었다. 20년간 억압됐던 땅 속의 열기와 증기인 팔레스타인 사람들의 정제되지 않은 분노가 팔레스타인과 이스라엘이라는 두 지각 사이의 균열로부터 터져 나와 두 공동체 사이에 물리적으로 갈라진 틈을 만들었다. 그러나 둘 사이의 틈은 두 공동체를 완전히 단절하기에는 충분치 않았다. 그러기까지는 시간과 노력이 필요할 것이었다. 이스라엘과 팔레스타인 사람들이 너무나도 많이 한데 얽혀 있었기 때문이다.

폭동 초기 예루살렘의 비쿠르 홀림(Bikur Holim) 병원에서 일하는 심장 전문의 안드레 케렘(Andre Kerem) 박사는 헤브론 출신의 34세 팔레스타인 토건업자에게 소변이 나오도록 해주는 튜브를 삽입하고 있었다. 섬세한 수술로 국소마취가 요구되는 일이었다. 팔레스타인인 환자가 수술 테이블에 누웠고 케렘 박사는 수술을 시작하려는 참이었다. 그런데 케렘 박사를 도와야 할 간호사 중 하나가 병실로 갑자기 들어와서는 목이 터져라 소리를 질러댔다. "그들이 우리 차에 불을 질렀어요! 그들이 우리 차에 불을 질렀다고요! 아랍인들이 우리 차에 불을 질렀어요."

케렘 박사가 당시를 회상했다. "간호사는 방금 남편으로부터 전화 한 통을 받았는데, 팔레스타인 사람 몇몇이 그들의 자동차에 화염병을 던졌다는 겁니다. 그 간호사는 아랍인 마을에서 멀지 않은 예루살렘 지역에 살고 있었습니다."

"그녀는 완전히 이성을 잃은 상태였습니다. 당장 집으로 돌아가야만 해서 우리를 도울 수 없을 것이라고 말했어요. 수술실에서 그렇게 행동하는 사람은 없습니다. 저는 그녀에게 입을 다물고 수술실에서 당장 나가라고 말했습니다. 이런 소동이 벌어지는 내내 멋진 턱수염을 덥수룩하게 기른 팔레스타인 환자는 누워서 저를 쳐다보았습니다. 무척 화가 난 저의 얼굴을 볼 수 있었죠. 저는 간호사에게 분노하고 있었지만 그 환자는 그 사실을 모르고 겁에 질려 있었습니다. 제가 환자에게 얼굴을 돌렸을 때 그가 저에게 히브리어로 했던 첫 번째 말은 이랬습니다. '저는 거기 없었습니다. 저는 거기 없었어요.' 그 환자는 불에 탄 간호사의 자동차가 자기 책임이라고 제가 생각하고 화풀이를 하지나 않을까 걱정했던 겁니다. 환자에게 제가 말했습니다. '거기에 있지 않았다는 것을 압니다! 바로 여기 있었잖아요!'"

내가 알던 팔레스타인 저널리스트에 따르면 전단 10호는 인티파다의 비밀 지하 지도부인 연합지휘부(Unified Command)가 발행하는 일련의 지령문 중 하나였는데, 팔레스타인 민족주의 운동원 중 한 사람이 예루살렘의 나블루스에 위치한 이스라엘 내무부의 사무실에서 복사했다. 운동원이었던 그 젊은이는 이스라엘 지폐가 가득한 가방에 불법 전단을 숨기고 건물로 들어갔다. 그는 전단을 100부 복사하고 건물에서 나와 지나가던 팔레스타인 사람들에게 배포하기 시작했다. 문제의 복사기는 이스라엘 정부의 보조금으로 운영됐다.

요르단 강 서안과 가자지구의 전화선을 따라서 걸렸던 녹색과 붉은색, 그리고 검은색의 팔레스타인 깃발 수천 개를 만든 천의 대부분은 이스라엘 제조업자에게서 나왔다. 칼란디아에서 만난 어느 젊은이가 내게 물었다. "깃발을 만든 모든 재료를 어디서 구했을 것 같아요? 우리는 그저 상점으로 들어가서 말합니다. '네 가지 색을 주세요.' 그러면 우리가 무엇을 원하는지 대번에 알아차립니다."

팔레스타인 사람들과 이스라엘 병사들이 똑같이 히브리어를 말하고 때로는 같은 세대에 속한다는 단순한 사실은 분명 진기한 장면들을 연출하곤 했다.

칼란디아 출신의 아부 라일라가 말했다. "어느 날인가 우리는 아침 내내 군인들에게 돌을 던졌습니다. 군인들은 우리에게 돌진하곤 했죠. 일진일퇴를 했습니다. 마침내 우리는 한 사람을 병사들에게 보내 전했습니다. '너희도 가서 식사를 해라. 우리도 식사하러 가겠다. 우리는 잠시 후에 온다.' 군인들도 이에 동의했어요. 그래서 우리는 모두 집으로 갔습니다."

이스라엘의 다하리야 감옥에서 만난 30대 초반의 팔레스타인 변호사 무사 알 캄(Musa al-Kam)에게 인티파다가 성취한 가장 중요한 성과가 무엇이냐고 질문했을 때 그는 주저하지 않고 이렇게 말했다. 전혀 놀랄 만한 반응이 아니었다.

봉기가 일어난 직후 팔레스타인 민족주의를 선동했다는 죄목으로 체포됐던 알 캄이 말했다. "무엇보다도 인티파다는 이스라엘 대중에게 우리가 이스라엘 사람이 아니라는 사실을 보여주려고 했습니다. 만일 오늘날 인티파다가 일어나지 않았다면 우리는 이스라엘 사람과 다를 바 없었을 겁니다. 다른 점이 있다면 우리에게는 땅도 없고 팔레스타인 사람으로서의 정체성도 없다는 것뿐이었을 겁니다. 20년이 넘는 기간 동안 팔레스타인 사람들은 개성을 상실하고 이스라엘인들과 똑같은 사고방식을 갖게 되었을 겁니다."

이스라엘 시스템으로부터 자신의 몸을 빼내오는 것은 고통스러운 과정이었는데, 여기서 상당수 팔레스타인 사람들은 일종의 참회도 병행했다. 20년간 이스라엘에게 매수당하고 흡수되도록 스스로를 방치했던 자기 자신을 벌했다. 1988년 6월 어느 날 나는 팔레스타인 저널리스트 다우드 쿠탑(Daoud Kuttab)과 함께 요르단 강 서안에서 차를 몰고 가고 있었다. 우리는 음료수를 사기 위해 도로변의 간이음식점 앞에서 차를 세웠다. 라말라 북쪽에 위치한 곳으로 길 건너에 이스라엘의 요르단 강 서안 감옥과 베델의 민간행정청이 바로 보이는 장소였다. 그 음식점의 주인은 사미르 이브라힘 칼릴(Samir Ibrahim Khalil)이라는 35세의 팔레스타인 사람이었는데, 그는 예루살렘 지역 출신의 난민이었다. 사미르는 베델에 근무하는 이스라엘 군인들을 주 고객층으로 겨냥하고 5년 전 식당을 열었다고 설명했다. 식당의 이름도 '미프가시 베델-사미르(Mifgash Beth El-Samir)'라는 히브리어로 지었다. 대충 번역하면 '사미르가 운영하는 베델의 만남의 장소' 라는 뜻이었다. 메뉴판은 히브리어와 아랍어로 적었고 라디오 채널은 이스라엘 방송국 평화의 소리(Voice of Peace)에 고정시켰다. 사미르는 유창한 히브리어로 이스라엘 병사들과 잡담을 나누거나 농담을 주고받았다.

그러나 인티파다가 시작된 이후 사미르는 자신이 종교를 갖게 되었다고 말했다. 우리가 사미르의 간이음식점에 들어선 것은 정오가 되기 직전이었는데 그는 그날의 영업을 마치고 문을 닫으려고 하는 중이었다. 연합지도부가 전단을 통해 모든 상점이 영업시간을 반으로 줄이라는 명령을 내렸기 때문이었다. 이스라엘과는 구별되는 자신들의 시간대를 확립하려는 팔레스타인의 방식이었다. 사미르가 셔터를 내리기 위해 밖으로 나왔을 때 두 명의 이스라엘 군인이 돌격용 소총을 식탁에 내려놓은 채 RC콜라를 마시며 후머스를 가운데 채운 피타 샌드위치를 씹고 있었다.

군인 한 명이 사미르에게 소리쳤다. "왜 상점 문을 닫아요? 무서워요? 문을 닫지 않으면 샤비바(shabiba, 팔레스타인 젊은이)에게 총을 맞을 것 같아요?"

셔터 내리는 일을 멈추지 않던 사미르가 말했다. "아뇨, 저는 신념을 가지고 문을 닫는 겁니다."

군인은 툴툴거리며 식탁으로 돌아가 샌드위치를 먹었다.

군인들이 떠나려고 일어서자 나는 인티파다가 그에게 어떤 영향을 미쳤는지를 주제로 사미르와 대화를 나눴다. 사미르는 열정적으로 말했다. 나는 마치 그가 고해성사를 하고 있는 듯한 느낌을 받았다. 사미르의 설명이었다. "전에 저는 이곳에서 히브리 신문과 담배를 팔았습니다. 이상하게도 저는 당시 내 민족과 함께 조국에 있는 느낌이 들었습니다. 이곳을 찾는 이스라엘 군인들 역시 그들이 텔아비브에 있다고 느꼈어요. 그러나 인티파다가 시작된 이후 저는 이스라엘 상품을 판매하는 일을 그만뒀습니다. 더 이상 팔지 않습니다."

이스라엘 초콜릿 상자에 적힌 유효기간을 내게 보여주면서 사미르가 단언했다. "보다시피 모두 오래된 것들입니다. 이스라엘 물건을 새로 주문하지 않습니다. 끝냈어요. 이제 저는 팔레스타인 케이크와 과자를 판매합니다.

여기를 보세요. PLO 깃발과 같은 색의 물건들도 있습니다. 저는 스스로의 자존심과 자유에 대한 대가를 치르고 있습니다. 그리고 대가를 치르고 있다는 사실에서 행복을 느낍니다. 언젠가 돈이 모두 떨어지는 날이 올 것을 간절히 기다립니다. 점심을 사먹을 돈도 없을 날이 오기를 고대합니다. 저를 행복하게 만들어주는 다른 무언가를 얻기 위해 돈을 포기했다는 의미일 테니까요. 전에는 아랍 사람들보다 이스라엘인들에 저 자신이 더 가깝다고 느꼈던 적도 있었습니다. 이스라엘 사람들과 히브리어로 이야기하고 함께 식사하고 그들 중 일부와는 친구가 되었습니다. 팔레스타인 사람들이 돌을 던지는 것을 20년 동안 보아왔습니다. 전에는 돌팔매질을 하는 사람들을 보면 그만두라고 말하곤 했었죠. 돌을 던진다고 무언가가 이루어지리라고는 생각하지 않았던 겁니다. 인티파다가 시작됐을 때만 해도 제 생각은 변하지 않았습니다. 그런데 이번에는 뭔가 특별한 것이 있음을 깨닫기 시작했습니다. 이제는 저도 돌을 던지기 시작했습니다. 이후 팔레스타인 사람들 모두는 하나가 됐습니다. 전에는 사람들이 저를 시기했었죠. 제가 돈을 너무 많이 벌기 때문이었습니다. 그러나 이제는 그들이 저의 사업을 걱정해줍니다. 제가 상점을 몇 시간밖에 열지 않기 때문입니다. 이전에 팔레스타인 사람들은 민족이라는 정체성이 끝났고 각자 알아서 살아가야만 한다고 느꼈습니다. 전에는 이스라엘산 코카콜라와 팔레스타인에서 만든 RC콜라를 같은 가격에 판매했습니다. 그러나 지금 저는 코카콜라는 1.5셰켈에, 그리고 RC콜라는 0.5셰켈에 판매합니다. 민족을 돕기 위해서입니다."

사미르의 말이 끝나자 나는 간이음식점에 걸려 있던 멋들어지게 손으로 쓴 세 개의 히브리어 글씨를 누가 썼느냐고 물었다. 사미르는 자신이 직접 썼다고 고백했다. 그는 영화에서 그 표현들을 찾았다고 했다. 사미르가 아랍의 전통과 문화로부터 얼마나 멀리 벗어났었는지를 잘 보여주는 문구들이었다. 세 개의 문구는 다음과 같았다. "여기 당신 엄마는 없다. 어지른 것은 스스로 치워라." "부인일랑 집에 두고 여기서 식사하라." "먹고 즐겨라. 내일이면 죽을 테니까."

"매일 저 문구들을 볼 때면 당장 떼어버리고 싶다는 생각이 듭니다." 사미르가 한숨을 쉬며 말했다.

사미르가 잠시 문구들을 응시하더니 천장에 달린 종이들을 세 번의 손놀림으로 잡아채서 뜯어냈다. 바로 내 눈앞에서 벌어진 일이었다. 그리고는 화가 난 듯이 문구들을 갈가리 찢어 쓰레기통에 집어넣었다.

그러나 팔레스타인 사람들이 이스라엘인들에게 하고자 했던 말이 '우리는 너희가 아니다.'라는 것만은 아니었다. 그들은 스스로와 이스라엘인들에게 '그들 자신이 누구인지'를 말하고 싶어 했다. 가자지구의 난민촌에서 라말라 외곽의 부유한 팔레스타인 마을까지, 멀리 떨어진 산동네에서 가장 서구화된 도시들까지, 그리고 젊은이들에서 노인에 이르기까지 봉기가 자연발생적으로 급속하게 퍼져나갔다는 사실은 이스라엘이 언제나 부인했고 팔레스타인 사람들 스스로도 의구심을 가졌던 점, 즉 그들이 하나의 민족이라는 것을 이스라엘과 스스로에게 보여주는 팔레스타인의 방식이었다. 처음 봉기가 시작되었을 당시에는 봉기의 자연발생적인 성격이 이스라엘과 팔레스타인 사람들 중 누구에게 더 큰 충격이었을지 단언하기 힘들었다. 1988년 3월 7일 『예루살렘 포스트』의 1면에 인티파다에 관한 가장 인상적인 사진이 실렸다. 몸에 달라붙는 멋진 검은색 드레스, 그리고 스커트의 갈라진 틈으로 다리가 보이는 중년의 팔레스타인 기독교도 여성 모습의 사진이었다. 베들레헴 인근 마을 베이트 사후르에서 일요예배를 방금 마치고 나온 그녀는 벗은 하이힐 구두를 한쪽 손으로 우아하게 들고 있었다. 다른 손으로는 이스라엘 병사를 향해 돌을 던지는 중이었다. 여성 옆에는 세 명의 소년이 보였는데 그중 하나가 새총을 쏘고 있었다. 그 여성은 지난 20년 동안 매주 일요일 교회에서 예배를 보고 집으로 돌아와 점심식사를 하고 몰래 이스라엘인들을 저주했음이 틀림없었다. 그러나 인티파다와 함께 무언가가 변했다. 여성은 갑자기 경계선을 넘고 돌을 집어 들었으며 이스라엘인들에게 이렇게 말했다. "너희들은 나를 모른다. 나를 안다고 생각했을 것이다. 너희들이 아랍 사람들에 관한 '전문가'라고 생각했겠지. 그러나 너희들이 알았던 것은 식당에서 시중이나 들고 바닥이나 닦던 내 몸뚱이뿐이었다. 너희들은 내 영혼을 결코 알지 못한다. 이것이 진정한 나 자신이다. 그리고 이제부터는 나를 그렇게 봐줬으면 한다."

우파를 필두로 한 이스라엘 사람들이 팔레스타인 사람들의 봉기가 자발적인 것이 아니고 소수 선동가들의 지령에 의한 것임을 초기에 주장했던 이유는 이러했다. 만일 모든 팔레스타인 사람들이 함께 자발적으로 봉기에 참여하고 동시에 같은 감정을 느꼈다면, 그들은 과거를 공유하고 운명을 함께하는 공동체일 수밖에 없었다. 아무것도 공유하는 것이 없는 사람들은 일제히 일어서는 법이 없다. 대부분의 이스라엘인들은 요르단 강 서안이나 가자지구에 거주하는 사람들을 공통점이 없고 조직되지 않은 아랍인 개인들의 집합이라고 보았다. 마치 물건과도 같이 마음대로 부릴 수 있는 웨이터나 목수 혹은 무시하거나 다시 한 번 생각할 필요도 없이 죽일 수 있는 테러리스트 범죄자로 보았다. 따라서 하나의 민족으로서 등장한 그들은 커다란 충격으로 다가왔다.

인티파다가 대중운동으로 변화한 이후 많은 이스라엘 신문들이 이스라엘 군인들에게 살해된 일부 팔레스타인 사람들의 이름을 신문지상에 언급하기 시작한 것은 우연이 아니라고 나는 믿는다. 이전까지 그들은 그저 얼굴도 없고 이름도 없는 물건들이었다. 이스라엘 신문에서 흔히 발견할 수 있는 기사는 이랬다. '오늘 나블루스에서 팔레스타인 사람 셋이 죽었다.' 그러나 팔레스타인 사람들이 이스라엘인들에게 그들이 하나의 공동체이고 스스로 삶을 개척해나가려는 주체라는 점을 증명해 보이자, 이스라엘인들은 그들의 이름을 신문에서 자주 언급함으로써 이를 거의 무의식적으로 인정했다. 정원사와 그의 죽은 아들이 갑자기 이름을 갖게 됐다. 이스라엘인들과 같은 땅에서 살아가는 그들 공동체 전체가 이름을 갖게 됐다. 팔레스타인 사람들이었다. 인티파다가 시작된 이후 이스라엘 사람들 여러 명이 새로운 나라에 살고 있는 느낌이라고 내게 말한 것도 이 같은 상황으로 이해할 수 있었다. 한 번도 보이지 않았던 현실이 갑자기 눈앞에 나타났던 것이다. 사회가 완전히 달라 보였다.

팔레스타인 사람들에게도 마찬가지였다. 요르단 강 서안과 가자지구의 팔레스타인 사람들이 진정한 하나의 민족으로 등장한 것은 오직 인티파다를 통해서였다. 모든 민족해방운동에는 결정적인 시기가 있게 마련이다. 진정한 결속의 순간이자 모든 차이가 보류되는 순간이다. 팔레스타인 사람들에게는 인티파다가 바로 그 순간이었다. 사실상 인티파다는 요르단 강 서안과 가자지구 사람들을 기존의 요르단화된 혹은 이집트화된 팔레스타인인에서 팔레스타인 민족으로 변모시키는 과정의 정점이자 종결이었다. 억압적이고 모욕적인 취급으로 팔레스타인 사람들로 하여금 공동의 쓰라린 경험을 공유하게 만들고 역사적, 문화적 연대를 이루어 똘똘 뭉치게 한 것은 어떤 측면에서 보더라도 이스라엘이었다. 서로 간에 아무리 큰 차이가 있다 하더라도 공동체로서 이스라엘과의 차이에 비교하면 아무것도 아니라는 점을 팔레스타인 사람들은 깨달았다.

여러 해 동안 수많은 요르단 강 서안과 가자지구 사람들이 하나의 민족에 관해 이야기했지만 그들은 논의에 맞춰 행동하지 않았다. 인티파다로 상황이 달라졌다. 모든 PLO 분파가 통일된 지도부 아래서 협력하기 시작했다. 이슬람 근본주의자들은 세속화된 사람들 혹은 기독교도들과의 차이를 문제삼지 않았다. 거의 모든 마을에서 이스라엘에 협력하던 사람들이 처벌되거나 스스로 고백하고 이웃에게 사과하며 다시는 이스라엘을 위해 일하지 않을 것을 서약했다. 사실 봉기의 초기 몇 달간 팔레스타인 사람들이 끊임없이 반복해서 이야기했던 것은 이스라엘에 대한 그들의 '승리'가 아니라 그들 사이에 새롭게 형성된 연대의식이었다. 투옥됐던 팔레스타인 변호사 무사 알캄은 이렇게 말했다. "제가 아는 몇몇 친구들은 마을이나 부락 사람들이 체포될 때 스스로 나서서 함께 체포됐습니다. 그들이 원했던 바는 다른 사람들과 함께 있는 것이었습니다. 그렇지 않으면 사람들의 눈에 좋게 보이지 않았던 것입니다."

중무장한 이스라엘 군인들에 돌멩이로 맞서면서 팔레스타인 사람들이 보여준 일체감과 용기는 요르단 강 서안과 가자지구 사람들에게 이전에 느끼지 못했던 인간의 존엄, 그리고 스스로의 가치에 대한 의식을 가져왔다. PLO의 의사결정에 있어서도 커다란 비중을 차지하게 됐다. 예전에는 베이루트의 아라파트와 게릴라가 명령을 내렸고 요르단 강 서안과 가자지구의 팔레스타인 사람들은 마지막으로 지시를 받는 경우가 대부분이었다. 그러나 아라파트가 베이루트에서 쫓겨난 이후 권력의 추는 점차 이스라엘 점령 하의 팔레스타인 사람들에게로 넘어가기 시작했다. 인티파다는 이와 같은 변화를 더욱 뚜렷하게 만드는 결과를 가져왔다. 이제 요르단 강 서안과 가자지구의 팔레스타인 사람들은 아라파트와 게릴라들이 암만과 베이루트, 그리고 바그다드에서 무슨 일을 하고 있는지 소식을 듣기 위해 자리에 앉아 라디오에 귀 기울이지 않았다. 이제 자리에 앉아 라디오 뉴스에 귀 기울이는 사람은 아라파트와 게릴라들이었다. 요르단 강 서안 사람들은 PLO에서 실제로 이렇게 말했고 그럴 자격이 있었다. "우리는 사상자를 내고 있다. 그런데 너희는 비행기 1등석을 타고 다닌다."

나아가 요르단 강 서안과 가자지구 사람들은 이제 더 이상 이스라엘의 체포나 주택파괴에 우는 소리를 내지 않았다. 수백 명씩 무리를 지어 이스라엘에 맞서 자신들을 체포해보라고 자신들에게 총을 쏴보라고 도전했다. 그들은 이제 더 이상 누군가가 도와주기를 기다리지 않았다. 스스로를 구하는 책임을 기꺼이 자임했다. 개인으로서가 아니라 공동체 차원에서였다. 봉기 초기에 팔레스타인 대중이 거리로 나갔다는 사실은 이스라엘이 더 이상 170만 명의 사람들을 수백 명의 국경경찰과 신베트 요원으로 통제할 수 없게 되었음을 의미했다. 수많은 이스라엘 군인이 필요했다. 수천 명이 24시간 내내 투입되어야 했고 이는 수많은 대립으로 이어졌다. 봉기가 일어난 첫해 이스라엘 군대는 2만 명에 가까운 팔레스타인 사람들을 체포했고, 300명 이상을 죽였다. 어느 쪽의 주장을 신뢰하느냐에 따라 부상자는 3,500명에서 2만 명 사이였다(같은 기간 동안 11명의 이스라엘 군인과 민간인이 팔레스타인인들의 손에 죽었고 1,100명이 부상당했다).

나는 칼란디아 난민촌에서 자밀(Jameel)이라는 이름을 가진 청년을 만난 적이 있다. 그는 몸에 가죽 끈을 두른 근육질의 20세 청년이었는데, 그 정도 체격이라면 팔레스타인 군대의 정예 특수부대원으로도 손색이 없을 정도였다. 돌을 던지면서 이스라엘인들을 맞추려고 노력하느냐는 나의 물음에 대한 그의 대답은 돌멩이가 그 청년에게 진정으로 의미하는 것이 무엇인가를 깨닫게 해주었다. 자신의 무력감과 모욕감에서 스스로를 해방시키기 위해서 던진다는 대답이었다.

자밀이 말했다. "어느 여인이 강간당합니다. 강간당하는 동안 그 여인은 가해자의 몸을 손톱으로 할큅니다. 이것이 폭력일까요? 우리는 수년 동안 강간당했습니다. 그런데 우리 형제들은 도우려고 하지 않고 아무 일도 하지 않으면서 지켜봤습니다."

그러면 이제 당신은 자신의 운명이 스스로의 손에 달렸다고 생각하는가?

"강간의 상처가 이제 치유되기 시작했습니다. 여인이 머리를 빗고 다시 거울을 들여다보기 시작한 것입니다."

봉기가 시작됐을 때 팔레스타인 사람들은 이스라엘인들에게 돌을 던졌다. 이는 이들이 갑자기 마하트마 간디(Mahatma Gandhi)의 가르침을 읽고 비폭력주의자가 되었기 때문이 아니었고 이스라엘인들이 다치지 않기를 원했기 때문도 아니었다. 그들의 분노가 갑자기 폭발했을 때 대부분의 팔레스타인인들이 주변에서 쉽게 찾아 사용할 수 있는 것들이란 돌멩이와 곤봉, 그리고 부엌칼이 전부였기 때문이다.

점령지의 팔레스타인 사람들은 그들의 적을 잘 알고 있었다. 베이루트와 튀니스에 있는 PLO 관료들과 다르게 이들은 이스라엘의 진정한 강점과 약점이 무엇인지 알았다. 시리아와 알제리, 그리고 요르단 사람들과는 대조적으로, 이스라엘은 반란을 진압하기 위해 탱크를 보내거나 수백 명의 시위대를 향해 기관총을 난사한다거나 혹은 부락이나 마을 전체를 깔아뭉개지 않는다는 점을 그들은 알고 있었다. 이스라엘인들이 가차 없이 대응할 수도 있지만 그렇게까지 가차 없지는 않을 것임을 점령지의 팔레스타인 사람들은 알고 있었다. 이스라엘이 베이루트에서는 하마의 규칙에 의거해 행동할 수도 있지만, 텔레비전 카메라에 둘러싸여 있는 그들의 뒷마당에서는 그럴 수 없다는 점을 알고 있었다. 그렇다. 팔레스타인 사람들은 이스라엘을 골리앗이라고 불렀다. 그러나 팔레스타인 사람들은 벤베니스티가 즐겨 말한 바와 같이 이스라엘인들이 '다윗의 양심을 지닌 골리앗'이라는 점을 잘 알고 있었다.

그들이 돌멩이를 사용하는 한, 이스라엘이 항상은 아니겠지만 대체로 여기에 상응하는 수단으로 대응할 것임을 이해하고 있었다. 간헐적인 충격과 투옥, 최루가스, 고무총탄, 그리고 작은 돌멩이를 빠른 속도로 던질 수 있도록 이스라엘이 자체 개발한 기구 등이었다. 이와 같은 이스라엘의 대응수단이 때로는 치명적인 피해를 팔레스타인 사람들에게 줄 수도 있지만, 반란을 완전히 제압하기에는 결코 충분하지 않다는 점을 알고 있었다. 거리로 뛰쳐나오는 사람들을 억제하기 위해 하루에 한두 사람의 사상자는 충분하지 않았다. 팔레스타인 청년들에게 왜 돌을 던지느냐는 질문을 던지면 그들은 마틴 루서 킹 주니어(Martin Luther King Jr.)를 언급하지 않았다. 그들은 대답은 간단했다. "이스라엘 탱크와 맞서 싸우고 싶지는 않기 때문입니다." 충분한 이유였다. 만일 팔레스타인 사람들이 인티파다에서 총기를 광범하게 사용하게 된다면 어떤 일이 벌어질 것인지를 샤미르 총리에게 물어본 적이 있다. 샤미르의 짧은 대답은 이랬다. "그들은 기억에서 완전히 사라지게 될 것입니다."

요르단 강 서안과 가자지구의 팔레스타인 사람들이라면 모두 이스라엘 군대가 작전을 수행하는 데 있어서 갖게 되는 상대적인 제한요인을 알고 있었다. 팔레스타인 저널리스트 다우드 쿠탑은 요르단 강 서안의 마을 부르카(Burka)에 사는 14세의 팔레스타인 소년을 인터뷰했다. 소년은 어느 날 시위에 참여해 돌을 던지다가 이스라엘 군인들에게 체포된 적이 있었다고 말했다. 소년에게 수갑을 채우고 연행하려고 할 때 군인 한 명이 소년을 때리려고 했다. 소년은 병사에게 아랍어로 말했다. "안 돼요. 안 돼. 이미 수갑을 찬 사람을 때리는 일은 허용되지 않는다고 (국방장관 이츠하크) 라빈이 말했잖아요." 군인이 웃기 시작했다. "뭐라고? 네가 라빈과 샤미르를 안다고?" 소년이 전해준 그 군인의 말이었다. 결국 군인들은 소년의 용기, 특히 라빈의 말을 그들에게 들이대는 수완에 즐거움과 놀라움을 느꼈고, 소년의 수갑을 풀어주고 돌려보냈다.

요르단 강 서안과 가자지구 사람들이 작전상의 이유로 돌멩이를 선택했다는 사실은 외부에 있던 야세르 아라파트와 PLO 지도자들을 고무시켜 이를 이용하도록 만들었다. 외교적인 선전이 그 이유였다. 아라파트는 바보가 아니었다. 그는 텔레비전을 시청했고 그것도 샅샅이 보았다. 고작 돌멩이를 가진 팔레스타인 사람들에게 중무장한 이스라엘 군이 발포하는 저녁뉴스는 이스라엘이 팔레스타인 민족운동 전체에 붙여놓은 카인(Cain), 즉 '테러리스트'라는 딱지를 제거할 만한 잠재력이 있다는 점을 아라파트는 간파했다. 요르단 강 서안과 가자지구 사람들은 마치 다윗이 골리앗을 상대하듯 이스라엘에 감히 도전함으로써 아라파트를 부활시켰고 세계무대에서 아라파트가 이전에는 누려보지 못했던 정도의 존경을 받도록 만들었다. 이와 같은 사실을 아라파트만큼 끊임없이 되풀이하여 언급하고 싶었던 사람은 없었다. 이스라엘이 전 세계적인 테러리즘의 상징으로 만든 사람이 바로 아라파트였기 때문이다. 봉기가 시작된 직후 『플레이보이』와의 인터뷰(1988년 9월)를 필두로 하여 이후의 사실상 모든 인터뷰에서 아라파트는 이렇게 언급했다. "이제 어느 쪽이 진정한 테러리스트 조직인지 모두가 알게 되었습니다. 여성과 아이들을 살해하고 사람들의 뼈를 부러뜨리며 임산부를 죽이는 이스라엘의 군사정권입니다. 텔레비전을 틀기만 해도 이와 같은 사실을 알 수 있습니다. 이제 누가 진짜 테러리스트인지는 명백하고 확실합니다."

이스라엘의 점령 아래서 살았던 요르단 강 서안과 가자지구 사람들만 개발할 수 있었던 돌팔매질은 봉기가 전개되면서 점차 팔레스타인 저항운동을 상징하는 완전히 새로운 전략이 되었다. 총기 대신 돌멩이를 주로 사용했던 점령지의 팔레스타인 사람들이 전하고자 했던 메시지는 이스라엘에 대항하는 가장 강력한 무기는 지난 20년 동안 PLO가 실행에 옮겼으나 성과를 보지 못한 테러리즘 혹은 게릴라 전쟁이 아니라는 것이었다. 한마디로 이스라엘은 너무도 강력하기 때문에 그와 같은 전술로는 움직일 수 없다는 것이다. 오직 미숙한 해방운동만이 테러리즘이나 게릴라 전쟁의 가장 좋은 수단이라고 생각한다는 것이다.

요르단 강 서안과 가자지구 사람들의 주장은 생명에 직접적인 위협을 주지는 않지만 대중적인 시민 불복종이 가장 효과적인 수단이라는 것이었다. 바로 이 점이 돌멩이가 상징하는 바였다. 이스라엘에서 일을 하지 않는 것,

점령지역에서 이스라엘 군사정부와의 협력을 거절하는 것, 더 이상 이스라엘 상품을 구입하지 않는 것, 매일 상점 여는 시간을 반으로 줄이는 것, 이스라엘의 감옥들을 수감자로 넘쳐나게 만드는 것, 그리고 모든 불복종을 일반화해서 말하자면 이스라엘이 공동체로서의 팔레스타인을 흡수할 수 없도록 만드는 것이었다. 이런 의미에서 돌팔매는 PLO의 전술에 관한 비판이자 요르단 강 서안과 가지지구 사람들이 이전부터 이스라엘에 스스로 대항할 수 있는 힘을 가지고 있었다는 사실에 대한 자각이었다. 단지 이전에는 그 힘을 사용하지 않았을 뿐이다. 봉기의 전개 과정에서 다음과 같은 의미의 아랍어 구호가 가장 널리 사용되었다는 점은 놀랄 일이 아니다. "두려워 말라. 두려워 말라. 이제는 돌멩이가 칼라시니코프다."

사리 누세이베가 이렇게 말했다. "봉기를 통해 팔레스타인 사람들이 이해하게 된 것은 이스라엘의 점령이 어떻게 작동하는지였습니다. 바로 그들 자신, 그리고 이스라엘 시스템에 대한 그들의 협력이었던 것입니다. 인티파다의 가장 커다란 성과는 팔레스타인 사람들에게 그들을 묶고 있는 쇠사슬이 어디에 있는지, 그리고 어떻게 거기서 벗어날 수 있는지를 보여준 것입니다."

돌멩이는 이스라엘에게 전하는 그들의 정치적 메시지 역시 동시에 담고 있었다. 개략적으로 말한다면 요르단 강 서안과 가자지구의 팔레스타인 사람들은 베이루트에 근거지를 둔 아라파트의 주요 지지자가 된 요르단과 시리아, 그리고 레바논의 난민촌에 거주하는 팔레스타인 사람들과는 언제나 정치적 견해를 다소 달리했다. 요르단과 시리아, 레바논에서 살아가는 대부분의 난민들은 1967년 이전의 이스라엘에 해당하는 지역 출신이었다. 하이파와 자파 혹은 갈릴리와 같은 곳이었다. 이들이 진정으로 다시 고향을 느낄 수 있는 유일한 방법은 이스라엘이 완전히 사라져서 원래의 마을과 집, 땅으로 돌아가는 것이었다. 그들에게 요르단 강 서안과 가자지구는 마치 베이루트 남부의 외곽지역과 마찬가지로 낯선 곳일 뿐이었다. 간단히 말하면 그들의 문제는 이스라엘이 그들의 집을 차지해버렸다는 점이다.

요르단 강 서안과 가자지구에 거주하는 170만 명의 팔레스타인 사람들 상당수의 사정은 달랐다. 이들 중 3분의 1 이상은 분명 1967년 이전의 이스라엘 출신 난민이었다. 난민이라고는 하지만 이들은 적어도 팔레스타인 안에 있는 집에서 살고 있었다. 그러나 요르단 강 서안에 있는 마을과 부락에 가족이 거주하는 대다수의 팔레스타인 사람들은 여러 세대에 걸쳐 그곳에 살아왔다(가자지구의 사람들 역시 마찬가지였지만 원래부터 이 지역에서 살아온 사람들의 비율은 다소 낮았다). 1967년 이스라엘이 이 지역에 들어오기 훨씬 이전부터였다. 이들의 문제는 이스라엘의 존재라기보다는 이스라엘의 점령이었다. 이들에게 문제는 이스라엘 가족이 자기 집을 차지한 것이 아니라 이스라엘 군인들이 지붕 위에 주둔하고 있다는 점이었다. 만일 요르단 강 서안과 가자지구에 대한 이스라엘의 점령이 종료되고 이스라엘 군인들이 지붕에서 내려와 1967년 이전의 이스라엘 경계 안으로 돌아간다면 요르단 강 서안과 가자지구 사람들의 상당수는 완전히 다시 고향을 찾았다는 감정을 느낄 수 있었다. 따라서 공동체로서의 이들은 두 개의 국가라는 해결책을 받아들이는 데 훨씬 적극적이었다. 어떤 형태의 해결책이든 이스라엘이 1967년 이전의 경계선 안으로 돌아가고 요르단 강 서안과 가자지구의 팔레스타인 국가에 살 수만 있다면 말이다. 점령지역의 팔레스타인 사람들이 유대인들이 그들이 주장하는 고향 땅에 복귀할 권리가 있음을 인정하게 됐다거나 하이파나 자파를 수복하는 모든 꿈을 포기했음을 의미하는 것은 아니었다. 당장 뿌리 뽑기에는 이스라엘의 힘이 너무도 강력하기 때문에 이스라엘과 타협함으로써 눈앞의 문제를 해결할 수도 있다는 점을 인정할 뿐이었다. 요르단 강 서안과 가자지구의 팔레스타인 사람들 상당수가 돌팔매질을 함으로써 전하고자 하는 메시지는 바로 이것이라고 나는 믿는다. 그들이 거리로 나선 것은 이스라엘 사람들을 살해하기 위해서가 아니며, 이스라엘이 점령지역에서 물러나 그곳에 팔레스타인 국가를 세울 수 있도록 해준다면 이웃나라를 이루어 살아갈 용의가 있음을 이스라엘에게 말하기 위해서였다. 사실상 봉기가 시작한 순간부터 요르단 강 서안과 가자지구 사람들의 대부분은 인티파다가 목적으로 하는 것이 그러하다는 것을 개인적 차원에서 이스라엘 사람들에게 말했다. 공개적으로는 다소 윤색된 방식을 취했지만 말이다.

그러나 요르단 강 서안과 가자지구 사람들은 이와 같은 메시지를 이스라엘에게 공개적으로 말하기가 두려웠다. 타협을 통해 팔레스타인 땅의 반을 넘겨줄 권한이 그들에게는 없었기 때문이다. 오로지 PLO만이 그렇게 할 수 있었다. 또한 요르단이나 시리아, 그리고 레바논에서 살아가는 난민들은 물론 요르단 강 서안과 가자지구의 난민촌에서도 1967년 이전의 이스라엘 땅에 존재하는 원래의 고향으로 돌아갈 것을 꿈꾸고 주장하며 나아가 이러한 권리를 위해 죽기를 각오하는 많은 팔레스타인 사람들이 있다는 점을 알고 있기 때문이다.

인티파다로 연행된 팔레스타인 사람들과 이야기를 나누기 위해 다하리야 감옥을 찾아갔던 날 나는 교도소장이었던 다비드 자미르(David Zamir) 중령과 먼저 인터뷰를 시작했다. 우선 그에게 내가 인터뷰할 수 있도록 가장 흥미로운 수감자를 추천해달라고 부탁했다.

자미르가 말했다. "이곳 감옥에는 약 1,200명의 수감자들이 있습니다. 1,200명의 수감자들 중에서 1,999명은 자신이 결백하다고 말합니다. 죄가 없다는 것입니다. 아무 짓도 하지 않았다는 것이지요. 어떤 이유에서인지 이스라엘 군인들이 자신을 체포하려고 왔을 당시 그들은 집에서 잠을 자고 있었거나 샤워를 하고 있었거나 셰시베시(sheshbesh, 백개먼)라는 주사위놀이를 하고 있었다고 합니다. 돌팔매는커녕 아무런 일에도 관련이 없다고 말합니다. 한 사람만 빼고요. 자신이 유죄라고 하면서 이를 매우 자랑스럽게 여기는 사내가 한 사람 있습니다."

내가 그 사내를 인터뷰한 것은 당연했다.

몇 분 후 칼란디아 난민촌 출신의 15세 소년 마젠 카이르 아메드 라드완(Mazen Khair Ahmed Radwan)을 만났다. 그는 지난 한 해 동안 아타로트(Atarot)에 있는 이스라엘 주스 공장에서 병에 주스를 채우고 포장하는 일을 했다고 말했다.

그가 말했다. "제가 제일 큰아들이었고 가족을 위해 돈을 벌어올 사람은 저밖에 없었습니다. 그렇지만 일을 하면 이스라엘 경제를 돕는 결과가 된다는 느낌이 들었어요. 이런 느낌 때문에 이스라엘을 더 싫어하게 됐습니다. 그들은 거리에서 사람들을 살해하고 최루가스를 앞세우고 집 안으로 들이닥

칩니다. 제가 공장에서 마지막으로 일하던 날 그들은 돈이 없어서 제게 돈을 주지 못한다고 했어요."

그런데 정확히 어떤 일 때문에 이곳에 오게 된 것인가? 내가 물었다.

"어떤 유대인들에게 돌을 하나 던졌어요." 마젠이 대답했다.

왜 던졌나?

"왜냐하면 제게 수류탄이 없었기 때문입니다. 수류탄이 있었다면 그걸 던졌을 겁니다. 돌이나 수류탄이나 제게는 똑같습니다."

인티파다가 스스로에게 어떤 의미가 있다고 생각하는가?

"우리는 땅을 되찾기를 원합니다."

어떤 땅을 말하는가?

"1948년 유대인들이 빼앗아간 땅입니다."

요르단 강 서안과 가자지구 사람들은 인티파다를 통해 팔레스타인 민족해방운동 전체를 새로운 국면으로 들어서도록 만들었다. 대중적이고 상대적으로 인명피해를 초래하지 않는 시민불복종이라는 새로운 저항수단을 실행에 옮겼고, 두 개의 국가를 받아들이겠다는 점을 명확하게 하는 새로운 메시지를 전달했다. 긍정도 아니고 부정도 아닌 애매모호한 메시지는 더 이상 없었다. 그러나 그들은 팔레스타인 지도자를 필요로 했다. 국제적인 인지도가 있어서 이들의 메시지를 세계에 전달할 인물이 필요했다. 요르단 강 서안과 가자지구 사람들이 이스라엘에게 비공식적으로 전달하던 메시지를 요르단과 시리아, 레바논의 난민촌에서 살아가는 모든 팔레스타인 사람들에게, 그리고 마젠에게 전달할 수 있는 충분한 신망을 가진 인물이 필요했다. 무언가를 얻고자 한다면 우리는 공식적으로 이스라엘을 인정해야만 한다는 것이 그 메시지였다.

이 지점에서 아라파트가 등장한다. 위에서 언급한 바와 같이 아라파트는 베이루트에서 쫓겨난 이후 계속 자신이 할 수 있는 역할을 찾아왔다. 봉기가 그에게 역할을 부여했다. 만일 그가 존재하지 않았다면 요르단 강 서안과 가자지구 사람들이 그와 비슷한 인물을 만들어내야만 했을 것이다. 그러나 아라파트에게 역할을 부여하면서 요르단 강 서안과 가자지구 사람들은 난민이나 PLO 관료들이 아니라 그들 자신이 팔레스타인 정치를 추동하고 있음을 명백히 했다. 그리고 아라파트는 그들이 불러주는 대로 말해야만 한다는 점 역시 명확히 했다. 다시 말하면 아라파트가 영문 'I'로 시작하는 단어, 즉 이스라엘을 언급해야만 한다는 의미였다. 아라파트는 유대 국가를 공식적으로 인정해야 했다.

요르단 강 서안과 가자지구 사람들이 자신에게 사실상 제안한 역할을 아라파트는 기꺼이 받아들였다. 이유는 여러 가지였다. 우선 아라파트는 자신과 PLO가 인티파다의 시작에 거의 아무런 영향도 미치지 못했다는 사실을 아주 잘 알고 있었다. 다른 모든 사람들과 마찬가지로 인티파다는 아라파트에게도 충격이었다. 1930년대 이후 일어난 팔레스타인 최대의 반란이 PLO의 지도 없이 일어난 것이다. 점령지역의 팔레스타인 사람들이 거리로 나섰을 때 자신의 사진이 거의 보이지 않았다는 점 역시 아라파트는 놓치지 않았다. 그들은 자신들을 못 본 체하는 점에 있어서 세계는 물론 PLO에게도 분노하고 있었다. 만일 아라파트가 요르단 강 서안과 가자지구 사람들이 내놓은 정치적 방향에 동조하지 않는다면 팔레스타인 민족운동의 지도자, 그리고 상징으로 그가 가진 위치를 잃을 수도 있는 위험을 감수해야만 했다. 어쩌면 아라파트와 PLO를 대체하는 진정한 지도부가 점령지역에서 새롭게 등장하는 결과를 가져올 수도 있었다. 1967년 아라파트와 그의 동료들이 나타나 나약한 기존의 지도자들을 몰아낸 상황과 마찬가지로 될 수 있었다. 그러나 아라파트에게도 이스라엘을 인정할 시기로서 적절했다. 아라파트와 동료들은 길 위에서 너무 오래 떠돌았다. 그들은 금고가 완전히 닫히기 전에 가지고 있는 칩을 무엇인가로 바꿔 그동안의 노력에 보답받고 싶었다. 더욱이 아랍세계의 분위기 또한 1967년 이후 많이 부드러워졌다. 아랍세계가 이스라엘을 포용하자는 합의에 이르지는 못했지만 이스라엘의 존재를 인정하고 이를 감내하려는 분위기는 점차 무르익었다. 마지막으로 대부분의 팔레스타인 난민들, 특히 레바논의 정글에서 매일 위협에 맞닥뜨려야 하는 난민들은 그들이 살아갈 수 있는 자신들의 국가를 가질 수 있는 어떠한 실용적인 해결책이라도 기꺼이 고려하고자 했다. 비록 원래 살던 고향으로 '즉시' 돌아갈 수는 없다 하더라도 말이다. 영문자 'I'로 시작하는 단어를 언급하는 것은 이와 같은 기회를 얻는 적은 비용이었고, 언제나 그랬던 것처럼 능숙한 언어를 구사하는 아라파트는 레바논과 요르단, 시리아, 그리고 이외 지역에 거주하는 난민들에게 결국 그들이 고향으로 돌아갈 수 없다는 점을 명확하게 설명하지 않은 채 이스라엘을 언급할 것이었다. 아라파트는 이들 난민들에게 한 조각의 꿈이나마 남겨두고자 했던 것이다. 이에 관한 좀 더 자세한 이야기는 나중에 할 기회가 있을 것이다.

* * *

그것은 일종의 매복이었다. 가자지구로 들어가는 고속도로를 달리는데 오렌지색의 오펠 1900 승용차가 약 180미터 전방에서 주행 중이었다. 그때 팔레스타인 소년 하나가 길 위로 올라와 천천히 걸어갔다. 소년과 부딪치지 않으려고 오펠을 몰던 운전사가 속도를 줄이자마자 길가 덤불 속에 몸을 숨기고 있던 다른 팔레스타인 소년들이 뛰어나와 차량을 향해 돌을 던져 앞 유리를 박살냈다. 청바지와 테니스 운동화, 그리고 스키복 차림의 뚱뚱하고 키 작은 이스라엘 운전사가 화가 나서 팔짝팔짝 뛰었다. 그가 화난 이유는 유대와 아랍의 대결 같은 정치적인 문제가 아니었다. 아이들이 던진 돌이나 산산조각 난 유리에 자신이 죽을 수도 있었다는 점도 아니었다. 고속도로가 '자신'의 것이고 따라서 누구도 자신을 공격할 권리가 없다고 생각했기 때문도 아니었다. 어떤 빌어먹을 녀석이 자기 승용차의 앞유리를 박살냈기 때문이다. 250달러나 하는 유리창이었다. 운전사는 그렇게 만든 녀석을 죽이고 싶었다.

우리가 오펠 승용차 뒤에 차를 멈췄을 때 앞차의 운전사는 트렁크에 지니고 다니던 M-16 소총을 장전하고 이미 인근 마을로 사라져버린 팔레스타인 소년들을 잡으려고 나서는 중이었다. 도망친 팔레스타인 아이들을 쫓아 흙길로 들어서서 오펠에서 멀어지던 사내는 가던 길을 멈추고 몸을 꼼짝도 할 수 없도록 만드는 광경에 맞닥뜨렸다. 조금 떨어진 앞쪽에 검은색의 긴 옷을 입은 세 사람의 팔레스타인 여인이 지팡이로 20여 마리의 양을 몰고 터벅터벅 걷고 있었던 것이다. 그 모습은 사람들이 상상할 수 있는 가장 생생한 성경의 한 장면이었다. 주변에는 야자수와 선인장이 보이고 흙으로 지은 움막을 지나가는 양치는 여인들과 양떼였다. 그 모습은 기원전 1888년이나 1288년 혹은 기원전 1088년의 한 장면이라고 해도 과언이 아니었다. 이삭과 이스마엘이 살던 시절 이후 바뀐 것은 실제로 거의 없었다. 돌멩이도 바뀌지 않았고 열정 역시 그대로였다. 새로운 것이 있다면 오펠과 화려한 M-16소총일 뿐이었다. 현장에 있던 이스라엘 군인들은 결국 그 운전사를 설득해 마을로 들어가지 않도록 했다. 우리가 그곳을 떠날 때 운전사는 앞좌석에서 깨진 앞유리 파편을 치우면서 혼자 투덜거렸다. 옆으로 당나귀가 끄는 수레를 탄 젊은 팔레스타인 여인이 지나갔다. 우두커니 바라보는 눈빛의 그녀 뒤로 펼쳐진 장면은 조용히 음미할 만한 것이었다.

수개월 후 아랍과 유대의 공존에 관한 교육을 전공한 저명한 이스라엘 사회분석가 알루프 하레벤(Aluph Hareven)이 자신의 딸이 어느 택시기사와 나눈 대화를 내게 들려주었다. 내 머리 속에서 인티파다 초기에 벌어졌던 오펠 운전사의 일이 갑자기 떠올랐다. 그의 딸은 택시기사와 이스라엘이 봉기에 어떻게 대응해야 할 것인가를 놓고 토론을 벌였는데, 택시기사는 이렇게 말했다고 한다. "우리가 어떻게 해야 하는지 아세요? 곤봉을 움켜잡고 그들 머리를 내리치는 겁니다. 때리고 또 때리고 그들이 우리를 더 이상 증오하지 않을 때까지 때리는 겁니다."

팔레스타인 사람들의 인티파다는 이스라엘 측에도 비슷한 정도의 강렬한 분노의 폭발을 불러왔다. 팔레스타인과 달리 이스라엘 측이 보인 분노의 분출에는 어떤 명칭도 붙여지지 않았지만 여전히 실재했다. 이스라엘 군인들에게 맞아 부러진 많은 팔레스타인 사람들의 팔과 다리, 그리고 늑골 X-레이 사진에서 그들의 분노를 볼 수 있었다. 이스라엘 당국이 정한 시간대에 상점을 열기를 거부하자 이스라엘 군인들이 발로 차서 생긴 팔레스타인 가게들의 문과 유리창의 파손된 모습에서도 볼 수 있었다. 다리를 향해 발포해야 한다는 규칙을 어긴 이스라엘 군인들에 의해 살해된 팔레스타인 사람들의 숫자로 분노의 크기를 셀 수도 있었다.

곤봉과 총탄 속에 스며든 이스라엘인들의 분노는 몇 가지 상이한 감정이 섞인 것이었다. 한편으로 많은 이스라엘 사람들은 자신이 집주인인데 어느 날 아침 자리에서 일어나보니 함께 사는 가정부가 부부용 침실 앞에 서서 스테레오를 있는 대로 크게 틀어놓고는 자신이 이런저런 명령이나 받는 인격도 없는 물건이 아니고 동등한 권리를 가진 인격체라고 주장하는 듯한 느낌을 받았다.

이스라엘이 주장해온 '문명화된 점령'이 제공하는 '좋은 일자리'와 의료보험, 그리고 온갖 혜택을 제공했더니 어느 날 주제넘게 2등 시민의 지위를 더 이상 받아들이지 않겠다고 하는 이들 '유색인'들은 이스라엘 사람들을 격분하게 만들었다(상당수의 이스라엘인들이 팔레스타인 사람들을 보는 시각은 바로 유색인이다). '감사할 줄 모르는' 이들 팔레스타인 가정부와 웨이터들을 그들의 주제에 맞는 곳으로 돌려보내야 한다고 생각하는 이스라엘인들이 상당수에 이른다.

그러나 이스라엘 사람들의 분노에는 이와 다른 면도 존재한다. 이스라엘의 시스템을 거부하고 이스라엘 당국을 공개적으로 조롱하며 이스라엘인들이 그들 소유의 도로 위를 다니는 것을 불안하게 만듦으로써 팔레스타인 사람들은 이스라엘인들로부터 마음의 평안함을 박탈했다. 이스라엘의 곤봉이 말하고자 했던 바는 알루프 하레벤이 들려준 이야기 속의 택시기사가 말하는 바와 같았다. "나쁜 놈들. 도대체 얼마나 맞아야 될까? 도대체 얼마나 많이 뼈를 분질러줘야 할까? 내가 이곳 내 집에서 편안히 쉴 자격이 있다는 것을 인정하게 만들려면 얼마나 더 죽여줘야 할까?"

자신에게 충분한 힘이 있음에도 불구하고 신발을 벗고 편안히 쉴 수 있도록 그 힘을 사용할 수 없다는 느낌보다 더 사람을 좌절하게 만드는 것은 없다. CNN의 카메라맨인 제브 포스너(Ze'ev Posner)는 1988년 2월 요르단 강 서안의 마을 할훌(Halhul)에서 자신이 목격했던 모습을 내게 들려주었다. 그가 하려는 이야기에 꼭 맞는 사례였다. 어느 이스라엘 장군이 부관들과 함께 마을에 도착했다. 팔레스타인 사람들의 폭동을 진압하는 이스라엘 군대를 시찰하기 위해서였다. 포스너가 말했다. "카피에를 머리에 두른 팔레스타인 아이 한 명이 진정으로 용감하다는 것을 보여주려고 했는지 갑자기 앞으로 나서더니 새총으로 장군을 정통으로 겨냥해 쐈습니다. 빗나갔지요. 잔뜩 화가 난 장군은 몸소 아이를 혼내주려고 아이를 쫓아가기 시작했습니다. 그런데 장군이었던 그 사람은 배가 나오고 그랬어요. 마을에 대해 잘 아는 아이들은 골목으로 달려가 도망쳤습니다. 저는 카메라를 들고 쫓아갔어요. 갑자기 장군이 막다른 골목에 다다랐고 15미터쯤 앞에서 큰 소리로 욕을 하는 아이들 한 무리와 맞닥뜨렸습니다. 아이들이 장군을 향해 이렇게 외쳤습니다. '팔레스타인. 팔레스타인.' 아이들을 가까이에서 볼 수 있게 된 장군의 눈에 들어온 아이들은 10대 소년도 아니었습니다. 꼬마 애들이었어요. 장군은 어찌할 바를 몰랐죠. 그저 들고 있던 모토롤라 워키토키를 아이들에게 흔들면서 외쳤습니다. '집에 가라! 집에 가! 여기서 뭐하니? 집에 가!' 장군이 할 수 있는 일이란 고작 그것뿐이었습니다."

이스라엘의 곤봉 뒤에는 진정한 두려움이 존재했다.

팔레스타인 사람들은 돌멩이와 병을 던지면서 그들이 존재한다는 사실을 선언했고, 물건이 아니라 인격체로서 대우받기를 원한다는 점을 말했다. 그러나 거의 1년 동안 돌멩이와 병을 던지면서도 자신의 목표가 정확히 무엇인지를 이스라엘 사람들에게 설명하는 메시지를 전달하지는 못했다. 이스라엘 사람들의 관점에서 본다면, 가정부는 이제 지하실에서 나오겠다는 의사를 분명히 했지만 집을 어느 정도 차지해야 만족할 것인지는 말하지 않았다. 요르단 강 서안과 가자지구의 많은 사람들이 이스라엘의 점령을 끝내고 싶다는 의사를 개인적으로는 전달했지만 이를 공동체 차원에서 공개적으로 천명한 적은 없었다. 이스라엘 군대와 팔레스타인 청년들 사이의 대립에서 화력의 측면에서는 큰 불균형이 존재했지만(팔레스타인 사람들에 비해 이스라엘은 엄청나게 우월한 무기를 가지고 있었다) 서로가 얻고자 하는 바에는 불균형이 없었다. 거리에서 벌어지고 있는 서로의 대립 속에 그들 공동체의 생존이 걸려 있다는 사실을 이스라엘인들 역시 팔레스타인 사람들과 똑같이 깊게 느꼈다.

거리에 나가 팔레스타인 사람들을 곤봉으로 구타하고 여성과 아이들을 뒤쫓아야만 하는 현실에 많은 이스라엘 병사들이 깊은 괴로움을 느끼는 것은 사실이었다. 이런 전쟁에서 영웅심을 느끼는 이스라엘 병사들은 없었다. 요르단 강 서안과 가자지구에서 군복무했던 이스라엘 사람들은 전쟁에 관한 이야기를 절대로 하지 않는다. 그러나 99퍼센트의 이스라엘인들은 문제를 제기하지 않고 군복무를 했다. 팔레스타인의 돌 던지는 행위가 도대체 어디까지 갈 것인지 몰랐기 때문이다. 그들이 돌을 들고 텔아비브까지 유대인들을 쫓아오지 않을 것이라고 누구도 확신할 수 없었다. 인티파다가 진행되는 동안 이스라엘 병사들을 인터뷰할 때마다 나와 함께 움직였던 이스라엘 군의 대변인은 요르단 강 서안에서의 군 생활에 관해 항상 내게 이렇게 말했다. "우리는 그곳에서 해야 하는 일을 아주 싫어합니다. 그렇지만 그저 수행할 뿐입니다."

인티파다가 시작된 직후 나블루스에서 22일간에 걸친 근무를 마친 20대 중반의 이스라엘 병사 메나헴 로버바움(Menachem Lorberbaum)이 내게 말했다. "봉기가 일어나기 전에도 저는 가자지구에서 여러 번 근무한 적이 있습니다. 그렇지만 당시에는 카페에 둘러앉아 커피를 마시곤 했었죠. 전에는 국경경찰이 점령지역을 관리했습니다. 저희 군인들은 거의 관여할 일이 없었습니다. 이번 나블루스에서 저는 48시간 동안 잠을 못 자고 근무하기도 했습니다. 언제나 근무태세를 풀지 못했어요. 돌을 던진 팔레스타인인들을 쫓아 그들의 집 안까지 들어가야만 했습니다. 그들은 언제나 샤워실 안으로 도망갑니다. 정말이에요. 집 안으로 도망가서는 옷을 벗어젖히고 샤워를 합니다. 집에 들이닥쳐서 쫓고 있던 사람을 발견했는데 물에 흠뻑 젖어 있는 겁니다. 도망친 팔레스타인인이 말합니다. '여봐요. 나는 돌을 던지지 않았어요. 나는 여기서 샤워 중이었다고요.' 그런 식으로 사람들과 부딪혀야만 한다는 사실이 역겹습니다. 내가 그 일을 하지 말아야 한다고 생각하는 것은 아닙니다. 해야 한다는 사실을 알죠. 하지만 그저 역겨울 뿐입니다. 그동안 추상적으로는 우리가 점령하고 있다는 사실을 언제나 알고 있었습니다. 그렇지만 팔레스타인 사람들에 관해 진지하게 생각해본 적은 사실 없었습니다. 거리를 청소하고 쓰레기를 치우는 사람들일 뿐이었죠. 그러나 이제는 우리가 다른 민족을 점령하고 있다는 사실을 무시할 수 없습니다. 사람들을 체포해서 눈을 가리고 지프 뒷자리에 태우고는 나블루스 한복판으로 차를 몰고 갑니다. 마을 사람들이 모두 우리를 지켜봅니다. 제 자신이 점령자라는 느낌이 듭니다."

자신이 가르치는 학교의 계단에 서서 로버바움이 덧붙였다. "저는 집에 돌아와서 만나는 모든 사람들에게 상황이 얼마나 나쁜지 말해주고 싶었습니다. 그렇지만 저기 유모차를 밀고 가는 여인을 보세요. 그녀가 신경이나 쓸까요? 뭔가 알고 싶을까요? 그녀가 아는 것이라곤 사람들이 폭동을 일으켰고 누군가는 이를 막아야만 한다는 것뿐입니다."

결국 이스라엘 내각이 영토를 양보하게 하는 데 있어서 점령지역에서 근무하는 일에 염증을 느끼는 이스라엘 병사들로부터의 압력보다 더 큰 압력은 없을 것이다. 그러나 어느 선까지 돌팔매를 계속 할 것인지, 그리고 어디서부터 유대인의 국가가 시작하는 것인지에 관해 일말의 불확실함이 존재하는 한, 병사들로부터의 압력은 효과를 보지 못할 것이다. 점령이 아무리 도덕적으로 역겨운 것이라고 할지라도 말이다. 예컨대 1988년 11월, 21명의 이스라엘 군 장교후보생들이 버스를 타고 칼란디아 난민촌을 지나고 있는데 몇몇 젊은이들이 돌팔매를 하는 일이 벌어졌다. 사병들 중에서 특별히 선발되었고 이스라엘 군대의 향후 지도자들인 21명의 장교후보생들은 운전사에게 차를 멈출 것을 명령했다. 버스에서 우르르 내린 그들은 칼란디아를 휘젓고 다녔다. 유리창을 깨뜨리고 자동차를 뒤집었으며 아무 집에나 들이닥쳤다. 후일 후보생들은 스스로를 변호하면서 자기들은 명령에 따른 것뿐이라고 말했다. 신원을 밝힐 수 없는 군 고위장교가 후보생들이 자격을 박탈당할 것이라고 말했다는 기사가 신문에 보도되자 조치에 항의하는 이스라엘 대중의 아우성이 뒤따랐다. 국방장관 라빈이 후보생들의 부모 모두에게 편지를 보내 향후에 있을 후보생 프로그램에 그들이 참여할 수 있도록 약속해야만 한다는 압력이었다.

1987년 12월에 폭발한 팔레스타인의 분노는 요르단 강 서안과 가자지구를 가로지르는 균열뿐만 아니라 1967년 이전의 이스라엘을 관통하는 균열마저 열어젖혔다. 거의 이주일이 걸리기는 했지만, 12월 21일 70만 명의 회원의 이스라엘 아랍 공동체가 요르단 강 서안과 가자지구 동포들의 봉기에 동조하는 총파업에 돌입하자 경계선을 곧바로 가로질러 갈라진 틈이 드러났다. 파업은 전혀 평화스럽지 않았지만 사람들은 파업을 '평화의 날'이라고 불렀다. 자파에서 하이파, 그리고 나사렛(Nazareth)에 이르기까지 이스라엘에 거주하는 아랍 청년들은 거리로 나가 PLO 깃발을 흔들었고 유대인의 차량에 돌을 던졌으며 리듬에 맞춰 아랍 슬로건들을 외쳤다. "인 발라드나 야후드 칼라브나(In baladna, yahud kalabna, 이곳은 우리의 나라다. 유대인들은 우리의 개다)."

이스라엘에 거주하는 아랍인들의 반응에 많은 이스라엘인들은 충격을 받았다고 토로했다. 그들은 이곳에 존재할 권리가 없었다. 20년 동안 일부 이스라엘과 유대 정착민들은 요르단 강 서안 및 가자지구와 이스라엘 사이의 경계는 더 이상 존재하지 않으며 오로지 이스라엘이라는 거대한 땅덩어리의 일부일 뿐이라고 주장했다. 그러나 1967년의 국경이 유대인들에게 존재하지 않는다면 팔레스타인 아랍인들에게는 왜 경계가 존재해야만 한다는 말인가?

내 친구 로라 블루멘펠드(Laura Blumenfeld)는 평화의 날에 충격을 받지 않았다. 다소 실망했을 뿐이다. 어느 날 나는 세차를 하다가 로라와 만났다. 그녀는 내가 길 건너에 산다는 소식을 듣고 나와 이야기를 나누고 싶었다고 했다. 텔아비브 북서쪽에 자리 잡은 이스라엘의 아랍 마을 티라(Tira)에서 9개월째 일하던 로라는 그곳에 관해 들려줄 이야기가 많다고 했다. 티라에 관한 그녀의 이야기는 흥미진진했다. 지진이 일어났을 당시 로라는 초점이 고정된 아마추어용 소형 카메라 인스터매틱을 베란다에 설치해두고 일어나던 일들을 기록해둔 여성이나 마찬가지라는 사실을 점차 깨달았다. 이스라엘과 팔레스타인 사람들 사이의 땅이 갈라지자 그녀는 이후의 변화를 한 프레임씩 담았다. 지진의 진원지에서 당시 상황이 어떻게 보였는지를 보여줬다.

24세의 미국인으로 하버드대학 졸업생인 로라는 평화인턴(Interns for Peace)

이라는 프로그램의 일환인 '아랍과 유대인의 공존'에서 일하기 위해 이스라엘에 왔다. 프로그램은 유대인과 아랍인 인턴으로 구성된 팀을 이스라엘의 아랍인 마을과 유대인 마을에 보내 아랍과 유대인 젊은이들 사이에 대화의 장을 만들어내고 훗날 이들 사이의 균열을 완전히 봉합시킬지도 모를 개인들 간의 장기적인 교분을 쌓아나가는 것을 목표로 했다. 뉴욕의 예시바에서 교육받았고 히브리어를 완벽하게 구사하며 아랍어도 조금 할 줄 하는 로라는 1987년 9월 티라에 배치됐다. 인티파다가 일어나기 3개월 전의 일이었다. 뉴욕을 떠날 때 그녀의 오빠는 먼 길을 가는 동생에게 내가 이스라엘과 팔레스타인 사람들의 갈등에 관해 썼던 『뉴욕타임스 매거진』의 커버스토리 「나의 이웃, 나의 적」을 선물했다. 표지의 사진은 아랍 여인이 아이와 함께 밭을 갈고 있고 멀리서 한 무리의 유대인들이 깃발을 들고 행진하는 모습을 보여주었다. 로라의 오빠는 사진의 한가운데에 선과 원으로 사람을 그려 넣고는 로라라고 이름 붙였다. 사진 속 로라는 말풍선을 통해 이렇게 말하고 있었다. "모두 친구가 됩시다."

　로라는 어린 시절의 상당 부분을 이스라엘에서 보냈고 미국의 진보적 유대인 상당수가 그렇듯이 성장하면서 토착 아랍인 공동체에 커다란 흥미를 느꼈지만, 로라를 평화인턴으로 이끈 것은 그녀의 아버지가 어느 이름 모를 아랍인과 만났던 일이었다.

　처음 대화를 나누게 되었을 때 그녀는 차분한 목소리로 내게 설명했다. "어떤 아랍인이 저의 아버지에게 총을 쐈습니다. 아버지는 여행을 목적으로 이스라엘을 방문 중이셨어요. 아버지는 금요일 밤 코텔(Kotel, 통곡의 벽)을 보신 후 걸어서 호텔로 돌아가시는 중이었습니다. 다비드 거리를 걷고 계실 때 아랍 상점 주인들은 문을 막 닫고 있었습니다. 그때 정육점들이 늘어선 곳에서 누군가 총을 쐈고 아버지가 쓰러지셨죠. 아버지는 현기증을 느끼셨고 피를 흘리셨습니다. 아버지가 소리 지르기 시작했어요. '도와주세요. 도와주세요.' 그러나 상점 주인들은 그저 등을 돌리고 가게 안으로 들어갔습니다. 아버지는 가까스로 몸을 끌고 경찰서로 가셨고 경찰이 아버지를 헤서 병원으로 데려갔죠. 총탄이 아버지의 두개골을 스쳐 지나갔습니다. 참으로 이상한 일은 1986년 3월 7일 바로 그날 밤 저는 하버드-래드클리프 시온주의 연맹의 회장 자격으로 하버드 힐렐(Hillel)에서 하버드-래드클리프 아랍학생회를 위한 저녁식사 모임을 주관하고 있었습니다. 모임이 시작되기 직전에 아버지로부터 소식을 들었습니다. 아버지가 전화로 말씀하셨어요. '로라, 나는 괜찮다. 텔레비전에서 어떤 소식을 보게 되건 나는 괜찮다.' 그리고선 어떤 일이 벌어졌는지 말씀해주셨습니다. 30분 후 저는 팔레스타인 학생들이 재잘거리는 식사 테이블에 앉아 있었습니다. 아버지를 쏜 사람은 얼굴도 알 수 없고 아무것도 알려지지 않았습니다. 저는 그 사람을 만나고 싶었어요. 그 사람을 만나 눈을 바라보며 이렇게 말하고 싶었죠. 제겐 무척 중요한 일이었습니다. '이봐요. 바보 같은 사람아. 아버지는 이스라엘과 공존하는 팔레스타인 국가를 원하셨어요. 그리고 딸은 당신이 아버지를 쐈던 그날 밤 하버드 힐렐에서 팔레스타인 학생들과 회합을 갖고 있었다고요.'"

다른 동료 인턴들과 마찬가지로 로라는 충분한 교육과 접촉이 이루어진다면 아랍인과 유대인들은 그들의 차이를 극복할 수 있을 것이라고 믿기 시작했다. 로라의 설명이었다. "제가 일하던 티라의 초등학교는 요르단 강 서안을 바라보는 곳에 위치하고 있습니다. 어느 날 아랍과 유대인 학생들이 함께하는 모임에 참여하고 있었는데 아이들과 부모 뒤편 문 사이로 요르단 강 서안의 언덕이 보였습니다. 저는 이런 생각이 들었습니다. 어리석은 땅이다. 그저 땅일 뿐인데. 바보 같은 언덕들이다. 땅을 두고 서로 싸운다는 생각을 이해할 수가 없었습니다. 사람들의 영혼보다 더 귀중한 것은 없다고 저는 생각합니다. 땅을 두고 싸움을 벌이고 어떤 지역을 '해방' 시킨다고 하는 일은 미친 짓이라고 생각했어요. 도대체 무엇을 해방시킨다는 거죠? 초원을 해방시키는 건가요? 저의 생각은 대단히 미국인적인 발상이었습니다. 저는 일어나서 문을 닫으려고 했습니다. 그런데 문이 닫히지를 않는 겁니다. 문을 닫아도 슬며시 돌아가면서 다시 열렸어요. 저는 아이들을 땅으로부터 떼어놓고 싶었습니다. 아이들은 안에서 정말 귀엽게 노래를 부르고 있었죠. 계속 문을 닫으려고 하는데 문고리가 망가져서 자꾸만 다시 열렸습니다. 밖에 보이는 언덕들이 저를 비웃고 있었습니다. 저는 교실에서 언덕을 쫓아낼 수가 없었던 겁니다."

 티라에 도착한 처음 몇 달 동안 로라는 자신의 일이 많은 진전을 보았기 때문에 세상을 교실 밖으로 몰아내지 않아도 될지 모른다고 생각했다. 어느 날 그녀는 5학년 아랍 남학생들에게 『뉴욕타임스』의 사진과 기사제목들을 오려 붙여 콜라주를 만들어보라고 했다. 나중에 그녀가 내게 아이들이 만든 콜라주들을 하나씩 보여주다가 한 작품에서 멈췄다. 그녀에게 가장 큰 아픔을 주었던 작품이었다. 골란 고원에서 드루즈파의 시위를 진압하는 이스라엘 군대와 시몬 페레스의 사진, 그리고 죽음의 수용소였던 트레블링카에서 유대인을 살해한 죄로 이스라엘 법정에서 유죄선고를 받았던 나치 전범 존 이반 뎀얀유크(John Ivan Demjanjuk)의 사진을 함께 오려 붙인 아랍 소년의 작품이었다. 드루즈파의 사진 아래에 소년이 이런 글을 적었다. '골란에서 유대인들이 한 짓.' 페레스의 사진 아래 적은 글은 이랬다. '나는 페레스에게 분노한다. 자신이 할 수 없는 것에 대해 이야기하기 때문이다.' 마지막으로 뎀얀유크의 사진 옆에는 이렇게 썼다. '뎀얀유크가 너무 불쌍하다.'

 로라가 당시를 회상했다. "그래서 제가 아이에게 말했습니다. 왜 뎀얀유크가 불쌍하니? 아이가 대답했어요. '왜냐하면 저는 그가 죄가 없다고 생각하기 때문이에요.'"

 "그래서 제가 물었죠. '그 사람이 유대인을 많이 죽여서 재판을 받았다는 것을 아니?' 아이가 대답했어요. '글쎄요. 그 사람이 유대인들을 죽였다고 하더라도 그건 좋은 일이죠.' 그 아이는 제가 가르치는 학생들 중에서 가장 예민한 아이들 중 하나였습니다."

 "그 아이의 말은 바로 여기를 때리는 것이었습니다." 로라가 자신의 가슴을 치면서 말했다. "저는 분노와 두려움, 그리고 슬픈 감정을 동시에 느꼈습니다. 절망감도 들었죠. 아이에게 물었습니다. '너는 내가 유대인이라는 것을 아니?' 저는 몇 달 동안 그 아이를 가르쳐왔는데 아이는 정말로 착한 학생이었어요. 아이의 얼굴이 새빨개졌습니다. 그리고 제게 말했어요. '아, 죄송해요. 저는 선생님 같은 유대인이 있을 거라고는 상상도 못했어요.' 그러더니 아이가 제 손에서 콜라주를 가져가더니 뎀얀유크의 사진을 찢어내고 사진 옆에 파랑색 크레용으로 썼던 글이 안보이도록 마구 덧칠했습니다. 다음날 아이가 커다란 딸기 상자를 가지고 저의 집으로 찾아와서 말했습니다. '이걸 드리고 싶어요. 죄송합니다. 선생님께 정말 중요한 것을 배웠어요.' 그 일로 저는 적어도 무언가를 성취하고 있다는 느낌, 고정관념을 깨고 사람들이 인간으로서 서로 알아가도록 돕고 있다는 느낌을 받았습니다."

티라에서 로라가 했던 첫 번째 일은 아랍의 5학년 학생들과 인근 이스라엘 마을인 크파르 사바(Kfar Saba)의 유대인 5학년 학생들을 서로 만나게 하는 것이었다.

로라가 말했다. "어느 날 제가 아이들에게 물었어요. '지금까지 유대인을 한 번이라도 본 적이 있는 사람이 몇이나 되니?' 아이들이 모두 일어섰습니다. 그래서 제가 다시 물었습니다. '이 중에서 유대인과 말을 해본 사람은 몇이나 되니?' 아이들이 모두 앉더군요. 다시 물었죠. '그럼 어디서 유대인을 본 거니?' 한 아이는 텔레비전에서 군인을 본 적이 있다고 말했고 다른 아이는 티라 마을을 지나가는 이스라엘 순찰차를 봤다고 말했습니다."

그러나 아이들은 아이들인 법이었다. 크파르 사바와 티라의 5학년 학생들의 첫 번째 만남은 대성공이었다. 많은 아이들이 서로 친구가 되었다. 로라가 가장 아끼던 티라의 사이드(Said)와 크파르 사바의 에이탄(Eitan) 역시 친구가 되었다. 사이드는 에이탄에게 이것저것을 보여주느라 열심이었고 자신이 히브리어를 조금 안다는 것을 알려주려고 눈에 보이는 것은 모두 손가락으로 가리키며 말했다. "이것은 당나귀이고, 이것은 집이고, 이것은 묘다." 두 소년은 사이드의 집에서 식사를 하고 함께 모스크를 방문해 메카 성지순례의 의미에 관한 강연을 들었다. 인간적인 관계가 맺어진 것이었다.

로라가 말했다. "인티파다가 일어나고 몇 주 후까지도 우리 프로그램에는 아무런 영향이 없었습니다. 마치 외부로 통하는 문을 닫은 작은 세계 안에서 살아가는 것 같았습니다. 저는 그런 상황이 유지될 것이라고 생각했죠. 그때 평화의 날이 다가왔습니다. 그날 제가 사이드의 어머니를 방문했었는데, 사이드가 집으로 뛰어 들어오면서 말했어요. '로라 선생님, 제가 뭘 했는지 맞춰보세요. 제가요, 도로에 나가서 유대인들 자동차에 돌을 던지고 왔다고

요.' 사이드는 유대인 학생들과의 만남에서 가장 열성적인 아이였습니다. 위에 있는 돌멩이들을 열심히 치웠는데 땅이 커다란 암석으로 되어 있다는 사실을 깨닫는 순간이었습니다. 그 순간 저는 슬펐습니다. 절망감을 느꼈고 약간 무섭다는 생각도 들었습니다. 사이드의 어머니는 아무 말도 하지 않았습니다. 상황이 갑자기 변하고 있다고 느꼈죠. 그 후 티라의 벽들에 아랍어로 쓰인 낙서들이 보이기 시작했습니다. '우리 모두는 하나다. 우리 땅이 해방될 때까지 팔레스타인 형제들을 지원한다. 적들의 손목을 잘라버리자.' 그날 밤 저는 처음으로 문을 닫아걸었습니다. 며칠 후 택시를 타고 크파르 사바에서 티라로 가는데 운전사가 PLO 방송을 틀어놨습니다. 민족운동과 관련된 노래가 연이어 나오다가 잠시 일기예보를 했습니다. 아나운서가 말하기를 오늘 팔레스타인에 상당히 거센 바람이 불 것이라고 했어요. 그러자 택시 안에 함께 타고 있던 아이의 엄마가 딸을 바라보면서 이렇게 말하더군요. '알라께서 독가스를 이스라엘 병사들에게 되돌려주시는구나.'"

유대인들 쪽의 분위기 역시 즉시 변했다.

로라가 말했다. "일주일쯤 후 저는 크파르 사바에 있는 학교의 교사용 휴게실에 있었습니다. 에이탄의 어머니가 걸어 들어오시더니 말 그대로 제 어깨를 잡고 이렇게 말씀하시는 겁니다. '선생님 제게는 아들이 하나 있습니다. 아이가 18세가 되는 날 밤부터 앞으로 55세가 되는 날 아침까지 저의 삶은 잠을 이룰 수 없는 악몽이 될 겁니다(에이탄은 앞으로 군대에 가야만 하고 매년 예비군으로 복무해야 할 상황이었다). 저는 아직 밤잠을 설칠 준비가 되어 있지 않습니다. 도대체 무엇 때문에 제 아들을 끌고 티라에 가야 합니까? 에이탄은 이제 열 살입니다.' 그때 에이탄의 담임선생님이 끼어들었어요. '도대체 당신은 누굽니까? 당신은 순진한 미국인이에요. 이곳에 와서는 민주주의를 장황하게 설명하고 우리에게 이래라저래라 하고선 미국으로 돌아가 안락한 가죽소파에 앉아 텔레비전으로 우리를 보면서 이렇게 말하겠죠. 쯧쯧, 무자비한 인간들 같으니라고. 당신이 하는 일이란 고작 이것이고, 회사의 칵테일파티에서 당황할 일도 없을 겁니다.' 그들은 정말 화가 많이 나 있었습니다. 이스라엘에 거주하는 아랍인들이 유대인들과 계속 접촉하기를 원하고 있고, 만일 유대인들이 그들을 거부한다면 아랍인들은 더욱 소외될 뿐이라고 제가 설명했습니다. 에이탄의 담임선생님이 소리쳤어요. '물론 아랍인들은 접촉을 계속하고 싶겠죠! 그들이 이중인격자라는 것을 모르세요? 우리가 가서 그들의 생활수준을 높여주지만 그 대가로 돌아오는 것이 무엇인지는 아시죠? 결국 우리 모두는 맨해튼에 살게 될 겁니다.' 그러자 다른 교사 한 사람이 대화에 끼어들어서 이렇게 말했습니다. '내 아들이 가자지구에서 아랍 아이들을 때리고 있어요. 도대체 내가 어떻게 아이들을 데리고 티라에 가서 아랍 어린이들을 만나게 할 수 있겠습니까? 나는 모든 활동을 중지했으면 좋겠어요.'"

그 순간 학교의 교장 선생님이 대화에 참여했다고 로라는 회상했다. 교장이 말했다. "활동을 중지하자고 누가 그랬나요? 제가 어디 출신인지 혹시 아세요? 저는 폴란드에서 왔습니다. 게토에 살았던 거죠. 저는 여행을 할 수 없었습니다. 저의 두 형제는 1948년 티라에서 아랍인들과 싸우다가 죽었습니다. 그들의 죽음으로 인해 유대인들은 자유롭게 안전하다고 느낄 수 있었습니다. 만일 내일 버스를 타고 티라로 향하지 않는다면 우리는 모두 다시 게토로 돌아가게 될 것입니다. 게토로 다시 돌아가야만 한다는 것은 정말이지 끔찍한 일입니다."

아랍인과 유대인의 다음 모임은 예정대로 진행됐다. 40명의 유대인 아이들 중에서 단 20명이 참석했다. 아랍 아이들이 마음에 상처를 받았다고 로라가 말했다. 크파르 사바의 내 친구는 어디 있나요? 아이들이 로라에게 물었다. 친구가 저희 집에 오기가 두렵다고 하나요? 제가 어떤 아이라고 생각한대요? 일주일 후 아랍 아이들이 크파르 사바로 방문할 차례였다. 이번에는 몇몇 유대 부모가 아이들을 학교에 보내지 않고 집에 머물게 했다. 에이탄의 어머니도 그중 한 사람이었다.

로라가 말했다. "사이드는 크게 낙담했습니다. 사이드는 그 일이 완전히 자기 자신 때문이라고 받아들였습니다. 사이드가 말했습니다. '됐어요. 더 이상 모임에 나오고 싶지 않아요. 절대로요.'"

다음주 로라는 크파르 사바에 있는 유대인 학교로 돌아왔다. 로라가 말했다. "저는 아이들에게 어떤 일이 일어났었는지 설명했습니다. 부모님들이 반대하셔서 당분간 모임이 없을 것이라고 말했죠. 그렇지만 편지를 주고받을 수는 있을 것이라고 말했습니다. 아이들에게 당분간 티라의 친구들에게 편지를 쓰면 어떻겠냐고 했습니다. 이야기를 이어가는데 경보기가 갑자기 울렸어요. 윙~~~. 곧 어느 교사가 교실로 벌컥 들어오더니 말했습니다. '민방위훈련 중입니다. 아랍인들의 가상공격이에요.' 아이들이 교실에서 모두 빠져나갔습니다. 모두 방공호로 내려갔고 저는 평화인턴 티셔츠를 입은 채 천장이 낮은 시멘트 벽 속에 앉아 몸을 떨었습니다."

그 모든 과정을 겪고 나니 어떤 생각이 들던가? 내가 물었다.

"피가 물보다 진하다는 느낌이 들었습니다. 표현 그대로입니다." 로라가 말했다. 한쪽 손의 세 손가락을 펼쳐 보이면서 로라가 내게 설명했다. "여기가 티라고, 이곳은 툴카름(요르단 강 서안의 아랍인 마을), 그리고 여기는 라나나(Ra'anana, 이스라엘의 유대인 마을)입니다. 현재 상황을 살펴보면, 티라에 있는 아랍 사람들이 툴카름의 아랍인들에게 헌혈을 해주고 도움을 받은 툴카름 사람들은 라나나의 유대인들에게 돌을 던집니다. 그리고 저는 세 마을의 중간쯤 되는 곳에 서서 사람들에게 이렇게 말하고 있습니다. '모두 친구가 됩시다.'"

"예전에는 유대 아이들에게 티라와 툴카름에 사는 사람들 사이의 차이가 무엇이냐고 물어보면 아이들이 이렇게 대답했습니다. '글쎄요. 티라 사람들은 유대인 이슬람교도들 같고 툴카름 사람들은 진짜 아랍인이에요.' 저는 아이들에게 요르단 강 서안의 아랍인들이 있고 이스라엘에 거주하는 아랍인들이 있다는 사실을 끈기 있게 설명해줍니다. 그러나 평화의 날 이후 저는 이런 설명을 더 이상 하지 않습니다. 이스라엘에 거주하는 아랍인들 스스로가 정신분열과도 같은 정체성 혼란을 겪고 있습니다. 전에는 그들 머릿속의 이스라엘 측면이 지배했었는데 이제는 팔레스타인 측면이 그 자리를 차지했습니다."

로라의 말이 이어졌다. "매 주말마다 저는 티라에서 예루살렘의 집으로 쉬러 옵니다. 지난 주말에 집으로 와서 텔레비전을 켰죠. 1년 내내 텔레비전에서 어떤 시리즈를 방영하는지는 알고 계시겠죠? 「남과 북 North and South」

입니다. 미국의 남북전쟁을 다룬 미니시리즈죠. 도대체 누구 아이디어인지 모르겠습니다. 어쨌든 저는 텔레비전을 꺼버리고 방에 들어가 비발디의 음악을 틀었습니다. 제게 미국에서 가져온 초콜릿 캔디 리시스 피시스(Reese's Pieces)가 있습니다. 아주 많죠. 그 초콜릿 캔디를 조금 꺼내다 먹으면서 그저 그 맛에 빠져들었습니다."

팔레스타인과 이스라엘 사람들에 관해 로라가 자신의 결론을 내렸다. "적들이 있습니다. 그들은 확실히 적입니다. 이제 저도 더 이상은 부정할 수 없습니다. 모든 인간관계에서 우리는 모든 일이 훌륭하게 진행되고 있다는 듯이 행동합니다. 그러다가 갈등이 존재하는 어느 정도 깊숙한 곳을 건드리게 됩니다. 이를 극복할 수는 없는 일입니다. 제가 하는 일이 현실을 사실상 무시하고 있다는 생각이 확실하게 듭니다. 그렇지만 때로는 그것이 삶을 지속하게 하고 행복하게 하는 유일한 길이기도 합니다."

잠재해 있던 균열선이 벌어지면서 모습을 드러냈을 때 균열의 양쪽에 한 발씩을 딛고자 했던 사람들은 예외 없이 산산조각 났다. 티라에서 평화인턴으로 2년간 일했던 20대 중반의 유대인 미국 여성 나오미 샤피로(Naomi Shapiro)에게 물어보자. 아랍과 유대인의 평화로운 공존과 관련된 일을 했던 다른 모든 사람들과 마찬가지로 나오미는 자신이 언제나 일종의 이중생활을 하고 있다는 것을 깨달았다. 그녀는 티라의 팔레스타인 사람들과 공감했지만, 자신이 유대인이고 이스라엘인이라는 정체성을 포기할 정도까지는 아니었다. 그녀는 스스로 이스라엘인이고 시온주의자라는 정체성을 가지고 있었지만, 그렇다고 팔레스타인 사람들이 스스로의 국가를 가지려는 노력을 이해하지 못할 정도로 맹목적이지는 않았던 것이다. 이러한 균형감각은 인티파다가 시작되기 전까지 아무 문제도 없는 것 같았다. 그러나 인티파다가 양측 사이의 틈을 상당히 벌려놓자 나오미는 둘 중 하나의 편이 돼야만 했다. 어느 날 예루살렘 중심의 버스터미널에서 케이크 한 조각을 사려던 나오미에게 예상치 못한 진실의 순간이 다가왔다.

샤피로가 내게 말했다. "인티파다가 시작되고 나서 몇 달 후였습니다. 저는 히브리어와 영어, 그리고 아랍어로 '점령을 종식하라'라고 쓰인 배지를 달고 있었습니다. 주문을 하려고 카운터에 갔는데 그곳에는 제가 전부터 알던 팔레스타인 웨이터가 있었습니다. 그 사내는 하루 종일 친절하게 유대인들의 시중을 들었음이 틀림없었습니다. 제가 주문한 케이크를 유리로 만든 용기에서 꺼내던 그가 저의 티셔츠를 응시하고 있다는 것을 깨달았습니다. 제가 배지를 달고 있다는 사실이 갑자기 생각이 났어요. 우리는 히브리어로 말하고 있었는데 웨이터가 갑자기 말을 영어로 바꾸더니 말했습니다. '그 배지 어디서 구한 거죠?'"

"제가 대답했습니다. '친구에게 얻었어요.' 그러자 사내가 말했습니다. '한 개 더 있으세요?' 제가 없다고 말했습니다. 그랬더니 사내가 저에게 간청하기 시작했습니다. 거의 빌었다고 해도 될 정도였습니다. 그가 이렇게 말했습니다. '제발요. 제발 그 배지를 제게 주세요. 그 배지를 갖고 싶습니다. 저는 그 배지를 꼭 가져야만 합니다.'" 샤피로의 회상이었다.

너무도 간절한 사내를 본 샤피로는 배지를 떼서 그에게 건넸다. 케이크 값을 치를 돈과 함께였다. 팔레스타인 웨이터는 배지를 받더니 샤피로에게 돈을 돌려줬다.

샤피로가 말했다. "사내가 계속 제게 말했습니다. '고맙습니다. 정말 고맙습니다.' 그런데 카페테리아에 있던 이스라엘 사람들이 모두 우리를 보고 있었던 겁니다. 새까만 모자를 쓴 정통파 교도 남자가 있었는데, 그는 '더러운 아랍인과 같은 차림을 하고 도대체 무슨 짓을 하고 있는 거냐.'라는 눈초리로 저를 노려봤습니다."

팔레스타인 웨이터가 샤피로를 따라서 레스토랑에서 나왔을 때 그녀는 지금 벌어지는 일이 유대 미국인과 팔레스타인 사람이 마주쳤을 경우 흔히 볼 수 있는 그저 가벼운 만남이 아니라는 것을 깨달았다. 아랍어로 서로 몇 마디를 주고받고서는 웃으며 자신의 갈 길을 가는 그런 만남이 아니었던 것이다.

"우리가 밖으로 나가자 사내가 저에게 어디서 왔느냐고 물었습니다. 미국에서 왔다고 대답했죠. 그러자 사내가 말했습니다. 참으로 이상한 느낌이었습니다. '지금 어떤 일이 벌어지고 있는지 아시나요?' 마치 우리가 스파이 영화의 한 장면 속에 있는 것 같았습니다. 세상에서 인티파다의 비밀을 아는 사람이라고는 우리 둘밖에 없고 레스토랑에 있는 이스라엘인들과 버스터미널은 우리에게 얼음과 같이 싸늘한 존재인 듯한 모습이었습니다. 웨이터가 계속 낮게 속삭였습니다. '무슨 일이 일어나고 있는지 아세요?' 그래서 말했죠. '그럼요, 저도 어떤 일이 일어나고 있는지 알아요.' 우리는 그저 서로를 마주 보면서 머리를 끄덕였습니다. 저는 그와 악수를 나눴고 그가 레스토랑으로 돌아가면서 계속 말했습니다. '제발요. 제발 다시 찾아오세요.' 그가 돌아가고 난 다음, 저는 몸이 너무 떨려 셔츠에 커피의 반을 흘렸습니다."

그 상황이 왜 그렇게 혼란스러웠나? 내가 물었다.

샤피로가 설명했다. "글쎄요. 처음에는 제가 그와 같은 편이라고 하면서 이렇게 말하려고 했습니다. '알아요. 잘 알죠. 지금처럼 계속 돌을 던지고 폭력을 사용하세요.' 그러나 그때 제 몸이 떨리기 시작했습니다. 제가 알고 있는 제 자신이 그 사내가 보는 저와 다르다는 것을 깨달았기 때문입니다. 그는 저를 유대인이 아니라 그저 미국인으로 보았습니다. 유대인이 아닌 미국인으로 말입니다. 동지로 본 것이죠. 어쩌면 저를 아랍을 지지하는 미국인으로 봤는지도 모릅니다. 저는 유대인이고 이스라엘을 지지합니다. 그러나 아랍 마을에 살죠. 그 사내에게 유대인이라고 말하지 않은 것에 대해 저 자신에게 화가 났습니다. 그런데 그 남자와 제가 대화를 나눌 수 있었던 이유는 제가 스스로를 바라보는 것과 그가 저를 바라보는 시각이 달랐기 때문입니다. 저의 어머니께서 높은 곳에서 저를 내려다보시면서 제게 소리치는 목소리가 들리는 듯합니다. '그들은 우리 사람들이 아니야! 도대체 아랍인들과 무얼 하는 거냐?'"

샤피로가 괴로움이 묻어나는 목소리로 말했다. "자신의 정체성을 유지하는 것이 매우 위험한 상황입니다. 선택을 해야 하는 순간이 다가오기 전에는 배지를 달고 다니는 것이 쉬웠습니다. 그 사내는 제가 그들 편으로 넘어가기로 이미 결정했다고 생각했습니다. 저는 그렇게 선택한 적이 없습니다. 그 사람에게 이렇게 말해주지 못한 것에 대해 스스로에게 화가 납니다. '나는 당신이 생각하는 그런 사람이 아닙니다. 이 점을 똑똑히 아셔야 합니다.' 배지는 제가 그들과 공감할 수 있다는 점을 말해줍니다. 그러나 저 자신이 여전히 유대인이라는 사실을 강하게 느낍니다. 그리고 인티파다에 관해서는 공감할 수 없습니다. 이 모든 상황은 제가 선택을 해야만 한다는 점을 말해줍니다. 저의 이야기에서 한 가지 덧붙일 것은 제가 다시는 그 카페테리아에 가지 않았다는 겁니다. 만일 그곳에 다시 갔다면 저는 아마도 그에게 다가가 제가 어떤 사람이라는 사실을 밝혔을 겁니다. 제가 그렇게 하고 싶은지 확신이 서지 않습니다."

* * *

여러 번의 시도 끝에 인티파다가 일어난 지 거의 정확히 1년 후인 1988년 12월 아라파트가 결국 이스라엘이 존재할 권리가 있음을 공식적으로 인정했다. 아라파트가 극도로 민감한 이 말을 언급하도록 하는 작업은 한 달 전인 1988년 11월 알제에서 개최된 PLO의 망명 의회인 팔레스타인 민족평의회 회의에서 시작됐다. PNC 회의에서 아라파트는 PLO가 공식적으로 이스라엘을 인정하고 진정한 평화협상을 위한 조건을 마련하기를 바라는 요르단 강서안과 가자지구 사람들과 여전히 팔레스타인 전체를 되찾아야만 한다고 강경하게 요구하는 사람들 사이에 이해의 균형을 유지하는 그의 전통적인 정책을 고수했다. 결과는 PNC가 팔레스타인 독립국가를 선언하되 그 국경을 명확히 하지 않는 것이었다. 동시에 PNC는 UN 결의안 242호와 338호, 그리고 1947년의 분할안을 조건부로 받아들일 것임을 에둘러서 밝혔다. 1967년 이전의 경계 안에서 이스라엘의 존재를 인정할 것임을 함축하는 내용이었다. 그러나 PNC 회의가 끝난 후 이스라엘을 이제 인정하느냐는 직설적인 질문을 받은 아라파트는 춤을 추는 듯한 그의 화법으로 핵심을 비켜나갔다.

PNC 회의에 이어 아라파트는 PNC 결의안이 '진정으로' 의미하는 바가 무엇인지를 '명확하게' 하는 일련의 진술을 내놓았다. 온건한 아랍 지도자들, 그리고 요르단 강 서안과 가자지구 사람들은 PLO 의장이 이스라엘 문제에 관해 좀 더 구체적인 태도를 취할 것을 촉구했다. 이와 같은 명료화 과정은 제네바에서 정점에 이르렀다. 1988년 12월 13일 아라파트는 UN 특별총회에서 연설했다. 총회는 스위스에서 개최됐는데, 테러리즘을 포기하지 않는다는 이유로 미국 국무장관 조지 슐츠가 PLO 의장의 입국비자 발급을 거부했기 때문이다. 아라파트의 UN 연설은 워싱턴이 PLO와 대화하기 위한 전제조건으로 내걸었던 이스라엘의 인정, 그리고 테러리즘의 포기에 매우 근접했다. 다음날 연설 내용을 명확하게 하는 또 다른 기자회견에서 아라파트는 결국 이런 언급을 토해낼 수밖에 없었다. "중동의 갈등에 관련된 모든 관계국들은 평화롭고 안전하게 살아갈 권리가 있습니다. 제가 언급한 바와 같이 여기에는 팔레스타인과 이스라엘, 그리고 이웃 국가들이 포함됩니다." 아라파트는 "PLO는 모든 형태의 테러리즘을 완전하고도 절대적으로 부인한다."고 덧붙였다.

슐츠 국무장관은 아라파트의 언명이 PLO와 대화를 개시하기 위한 조건을 마침내 충족했다고 판단하고 튀니스의 미국 외교관에게 PLO와 즉시 대화를 개시할 것을 명령했다. 그러나 대부분의 이스라엘 국민과 정치가들은 아라파트 제안을 받아들이는 일을 서두르지 않았다.

왜 그랬을까?

이스라엘 사람들마다 이유가 달랐다. 그러나 다양한 이유들을 이해하는 것이 중요했다. 만일 이를 극복하지 못한다면 팔레스타인과 이스라엘이 평화롭게 공존할 수 있는 가능성이 없었다.

먼저 다수의 이스라엘 사람들은 아라파트가 한 말을 듣지도 못했다. '이스라엘'이라는 단어를 언급한 것을 들은 것은 맞다. 그러나 이스라엘들은 여기에 감동받지 않았다. 제네바에서 아라파트가 했던 단어와 표현은 모두 하나의 청중 오직 하나만의 청중, 즉 미국을 염두에 둔 것이었기 때문이다. 아라파트는 PLO가 워싱턴으로부터 외교적으로 고립되는 상황을 끝내고 싶었고 따라서 이를 위해 말 그대로 조지 슐츠가 불러주는 단어들을 말했을 뿐이었다. 사실상 슐츠는 아라파트에게 이렇게 말했다. "내가 무엇을 말하고 싶어 하는지 잘 생각하시오." 여러 번의 시도 끝에 아라파트는 슐츠가 원하는 말을 결국 알아냈다. 그러나 대부분의 이스라엘 사람들에게 아라파트의 말은 이미 죽은 언어였다. 아라파트가 했던 말들은 UN 결의안 '242호'와 '338호', 그리고 '인정' 등의 암호가 들어간 국제외교의 라틴어였다. 이런 표현들은 1947년 혹은 기껏해야 1967년의 것들이었다. 1988년의 표현이 아니었던 것이다. 이스라엘 사람들은 어떠한 아랍의 평화제안도 안와르 사다트의 방식이라는 관점에서 바라본다는 사실을 기억해야만 한다. 이스라엘 사람들은 사다트가 자국 의회에서 연설하는 것을 지켜봤다. 이스라엘 국기에 경의를 표하고 골다 메이어 전 이스라엘 총리의 뺨에 키스하며 야드 바셈의 홀로코스트 기념관을 방문하는 모습을 지켜봤다. 이스라엘을 인정하는 데 있어서 그의 행동은 광범하고도 너무나 명백해서 사다트의 진심을 의심하는 이스라엘인들은 전혀 없었다. 동시에 사다트는 예루살렘을 방문하는 대담한 행동을 취함으로써 이스라엘 사람들이 이를 인지하지 않을 수 없게 만들었다. 사다트는 실패할 수 없는 상황을 만들어냈다. 이스라엘을 인정하는 아라파트의 행위에는 이와 같은 대담함과 진정성이 거의 없었다. 자신에 대한 이스라엘의 두려움과 의심을 진정으로 잠재우려는 어떠한 시도도 거의 찾아볼 수 없었다.

아라파트의 선언이 있고 나서 며칠 후 나는 다비드 하르트만에게 전화를 걸어 세계를 뒤흔든 그 사건에 대한 그의 반응을 물었다. 다비드가 이렇게 언급했다. "아라파트가 저의 존재를 사실로 인정하느냐의 여부는 무의미한 일입니다. 이스라엘 사람들은 이미 이스라엘이 존재한다는 사실을 알고 있습니다. 아라파트가 그 사실을 이스라엘 사람들에게 말해줄 필요는 없습니다. 이스라엘인들이 아라파트와 팔레스타인 사람들에게서 듣고 싶은 이야기는 이스라엘의 유대인들이 그들의 조국으로 돌아왔다는 것을 받아들인다는 말입니다. 유대인들을 이스라엘로 오도록 만든 마음속 가장 깊은 곳의 욕구는 조국이 없고 역사 속에 그들의 진정한 자리가 없다는 의식입니다. 아라파트는 제가 존재하는 것이 사실이라고 말하면서 저의 정부를 임시정부라고 부릅니다. 그는 저를 인정한다면서도 외부에서 들어온 외지인이라고 합니다. 그가 우리를 인정하는 것은 우리에게 힘이 있기 때문이지 이곳이 우리의 고향이라고 생각하기 때문이 아닙니다. 팔레스타인 사람들이 스스로를 어떻게 바라보는지에 관해 아라파트가 이스라엘 사람들에게 말하지 않는 한 그가 우리에게 한 말은 아무것도 없는 것입니다."

그러나 일부 이스라엘 사람들은 아라파트가 제네바에서 어떤 식으로 말했다고 하더라고 이를 정직한 표현이라고 생각하지 않을 것이었다. 내가 자주 가는 청과물 상점의 주인이 그랬다. 자파 스트리트에는 내가 거의 매일 물건을 사러 들르던 슈퍼마켓이 하나 있었다. 상점 주인은 이라크 출신의 유대인 가족이었는데 그들은 1943년 바그다드에서 이스라엘로 이민 왔다. 가족의 가장은 나이 많은 구두쇠로 계산대를 맡았다. 사손(Sasson)이라고 불리던 그 사내는 자신이 세 가지 분야의 전문가라고 자처했다. 사과와 오렌지, 그리고 아랍인이었다. 그렇다고 이 순서대로 전문성이 더하다는 의미는 아니었다.

일생을 살아오면서 실제 경험을 통해 배운 사손의 확신은 이랬다. 아랍인들은 그들이 살아가는 땅 중간에 유대 국가를 결코 받아들이지 않을 것이며, 팔레스타인 사람들에게 어떠한 양보라도 하게 된다면 이는 결국 이스라엘을 야금야금 무너뜨리는 데 이용될 것이라는 믿음이었다. 이와 같은 자신의 주장을 강조하기 위해 사손은 오른손의 검지를 펴서 세우고 왼쪽손이 마치 정육점 칼인 것처럼 동작을 취했다. 계산대 위에 두 손을 나란히 올리고서 왼손으로 오른손 손가락을 윗부분부터 손바닥과 만나는 부분까지 조금씩 잘게 썰어나가는 시늉을 했다. 계산을 하기 위해 내 뒤에 줄을 선 사람들이 사손이 손가락을 써는 동작을 마치고 빨리 계산을 해줬으면 하는 태도를 보이면 고개를 크게 끄덕이면서 이렇게 결론을 내리곤 했다. "만일 우리가 기회를 주면 바로 이것이 팔레스타인인들이 하게 될 일입니다."

이스라엘이나 미국의 온건 평화주의자들이 팔레스타인 사람들이 유대인들과 평화롭게 살기를 진심으로 바란다는 말을 할 때면, 사손은 이는 마치 사과를 오렌지라고 부르는 것처럼 말도 안 되는 이야기로 들린다고 말했다. 이라크와 예루살렘에서 살면서 그가 배운 것과 정반대라는 것이었다. 이집트와 맺은 캠프데이비드 협정이나 야세르 아라파트의 선언도 사손의 생각을 바꿀 수 없었다.

사손의 생각에 따르면 자신과 팔레스타인 사람들 사이의 문제는 서로를 이해하지 못하는 것이 아니라 서로를 너무도 잘 이해한다는 점이었다. 사손은 자신이 팔레스타인 사람들에게 무엇을 원하는지, 그리고 그들은 자신에게서 무엇을 원하는지 잘 알고 있었다. 그는 팔레스타인 사람들로부터 땅을 가져왔다. 일부는 돈을 주고 정당하게 구입했고, 일부는 몰수했으며, 일부는 전쟁을 통해 정복했다. 그러나 어떤 방식으로 가져왔는지는 문제되지 않는다. 그가 아는 것은 팔레스타인 사람들이 땅을 되찾고자 한다는 점이다. 모두를 말이다. 애초부터 그들은 땅을 모두 되찾고자 했기 때문이다. 어느 날 아라파트가 앞으로 나오더니 사실상 이런 선언을 한다. 자신이 방금 치료를 받아서 새사람이 되었는데, 이제는 1947년의 분할안을 받아들일 용의가 있다는 것이다. 사손은 이를 믿지 않는다. 사손은 그저 고개를 끄덕거리더니 아라파트에게 말한다. "이봐요 친구. 당신은 이제 1947년 분할안을 이행하기를 원하고 분할계획에서 팔레스타인 국가가 세워지지 않은 것은 대단히 불공평한 일이라고 세계를 상대로 선언하는군요. 그런데 지난 40년 동안 당신이 분할안을 거부했다는 사실은 말하지 않네요. 당신이 분할계획을 거부했다는 점은 당신도 알고 나도 압니다. 당신의 예전 입장이 무엇이었는지 관해 정직하지 않은 태도를 취하는데, 지금은 새로운 입장이라는 당신의 말을 내가 믿을 이유가 뭡니까? 야세르, 당신이 외국인들을 속일 수는 있을지 몰라도 나는 속이지 못합니다. 우리는 서로 잘 알아요. 우리는 100년 동안이나 서로 싸워왔잖아요. 이제 새사람이 된 척하는 짓일랑 그만둡시다."

다른 많은 이스라엘 사람들은 아라파트가 해야만 했던 말에 관심이 없었다. 자기들이 가장 원하는 바를 아라파트가 실제로는 성취해줄 수 없다고 믿었기 때문이다. 이와 같은 주장은 사다트의 방식이라는 관점에서 가장 잘 이해될 수 있다. 사다트는 이스라엘에게 총체적이라고 부를 수 있을 만한 제안을 했다. 가장 큰 아랍 국가와의 전쟁을 종식하는 일이었다. 중동지역에 존재하는 힘의 균형이라는 시각에서 보았을 때 이집트와의 전쟁을 끝내는 일은 사실상 모든 아랍 국가들과의 전쟁을 종식시킨다는 의미를 지녔다. 적어도 단기적인 관점에서는 그랬다. 요르단 강 서안과 가자지구를 둘러싸고 아라파트와 협상을 벌일 것인지를 가늠하는 이스라엘은 스스로에게 이렇게 반문했다. 만일 아라파트가 하는 말이 의심의 여지가 없는 진정한 제안이고 우리가 해당 지역을 포기하겠다고 동의한다면 그것으로 팔레스타인 사람들과 우리 사이의 분쟁은 완전히 해결될 것인가? 대답은 부정적이었다. 요르단 강 서안과 가자지구에서 살기를 거부하고 그들의 고향인 1967년 이전의 이스라엘로 돌아가겠다고 주장하는 아부 니달과 아부 무사, 그리고 수많은 팔레스타인 난민들을 해결해야 할 것이었다. 따라서 이스라엘 앞에 놓인 선택에 평화는 없었다. 팔레스타인 땅 전체를 둘러싼 분쟁과 팔레스타인 땅 일부를 둘러싼 분쟁 사이에서의 선택이었다. 이렇게 생각하는 사람들의 대부분은 적어도 당장은 땅 전체를 둘러싼 분쟁을 선호했다.

이와 같은 계산법이 완전히 비이성적인 것은 아니다. 1988년 봄 어느 날 저녁 나는 칼란디아 난민촌에서 한 그룹의 팔레스타인 10대들과 인티파다에 관한 인터뷰를 진행하고 있었다. 인터뷰에 참여했던 10대들 중 한 소년의 집 거실에서 인터뷰가 진행됐다. 가구가 그리 많지 않던 거실에 둘러앉아 나는 그들에게 다음과 같은 질문을 던졌다. "내일 이스라엘이 팔레스타인을 인정하고 요르단 강 서안과 가자지구에 팔레스타인 사람들의 국가를 허용했다고 가정해보자. 그런데 그 다음날 강경노선의 팔레스타인 게릴라 지도자 조지 하바시가 와서 이렇게 말한다. 유대인들로부터 이스라엘 도시 하이파를 해방시키기 위해 게릴라 공격을 조직하려고 한다는 것이다. 여러분은 하바시에게 어떻게 말하겠나?"

인터뷰에 참여했던 10대들은 한꺼번에 말을 하기 시작했다. 내 오른편에 있던 곱슬머리의 팔레스타인 소년은 고개를 계속 끄덕이면서 아랍어로 이런 말을 반복하기만 했다. "강으로부터 바다까지. 강으로부터 바다까지." 요르단 강부터 지중해에 이르는 모든 팔레스타인 땅을 요구하는 팔레스타인 사람들의 주장을 지칭하는 것이었다. 바로 옆에 앉은 10대는 팔레스타인 민주주의에 관해 자세히 설명하고서는 그러한 공격은 다수결에 의해서만 가능할 것인데 다수의 지지를 받지 못할 것이라고 말했다. 그 옆에 앉은 20세의 청년은 마치 교차로에서 교통을 통제하는 경찰관처럼 자신의 팔을 휘저으면서 이렇게 말했다. "제발요. 제발 그렇게 하세요."

이스라엘 사람들이 아라파트와 상대하기를 주저하는 이유는 사실상 그의 이야기를 듣지 못했다거나 그를 신뢰하지 않아서만이 아니었다. 아라파트의 말을 듣고 싶지 않기 때문이기도 했다. 뉴욕 지하철을 타본 사람이라면 그 이유를 쉽게 알 수 있을 것이다. 그랜드 센트럴 스테이션에서 열차에 오른 후 마지막으로 남은 좌석에 앉았다고 생각해보자. 열차가 다음 역에 도착했는데 몸이 작은 노파가 시장에서 구입한 물건들을 담은 커다란 봉지 두 개를 들고 열차에 오른다. 당신이 제일 먼저 할 일은 무엇인가? 읽고 있던 『뉴욕 타임스』를 얼른 얼굴 앞으로 치켜들어 눈을 가리는 일이다. 당신의 눈과 노파의 눈이 마주치면 좌석을 양보해야 하기 때문이다.

이스라엘 사람들과 아라파트의 관계 역시 마찬가지다. 유대인들은 삶이라는 지하철에서 2천 년 동안이나 서 있었다. 1948년 어느 날 그들은 마침내 좌석에 앉을 수 있었다. 그런데 쇼핑백을 든 노파가 자신의 자리 바로 옆에 와 서는 계속 소리를 지른다. "이봐요 유대인. 당신은 내 자리에 앉아 있어요. 내가 그 자리를 예약했다고요. 일어나요." 유대인이 거부하자 노파는 깡통과 병을 그에게 던지기 시작한다. 그러자 차량 안에 있던 다른 사람들이 끼어들어 말한다. "이봐 유대인, 일어나. 당신은 노파의 자리에 앉아 있다고." 그러나 이런 상황이 계속되면서 40년이 흐르자 노파는 지쳤다. 깡통과 병 던지기를 멈추고는 우산으로 앉아 있는 유대인의 옆을 쑤셔댄다. 만일 유대인이 옆으로 조금만 옮겨 앉으면 이제 싸우지 않고 유대인과 좌석을 함께 사용할 용의가 있다는 말을 작은 목소리로 웅얼거린다. 그러나 유대인은 좌석 전체를 사용하는 데 익숙해졌다. 더 편안하고 안전하다. 40년간 노파와 싸우는 과정에서 유대인은 노파와 좌석을 함께 사용하는 데서 오는 심리적인 불안보다는 좌석 전체를 모두 사용하기로 마음먹었다. 노파가 자신의 옆구리를 연신 우산으로 찔러대더라도 말이다. 그래서 유대인은 『뉴욕타임스』를 자신의 얼굴 앞에 고정시킨 채 신문을 사이에 두고 작은 노파에게 웅얼댄다. "좀 큰 소리로 말해봐요. 무슨 말인지 알아들을 수가 없네!" 결국 노파가 유대인에게 소리를 지른다. "내가 좌석을 함께 쓸 용의가 있다고." 그러나 유대인은 얼굴 앞에 신문을 그대로 둔 채 앉아서 말한다. "무슨 소린지 들리지가 않아요. 들리지가 않는다고요."

너무나도 오래 열차에 서 있다가 마침내 자리에 앉았다는 유대인의 의식은 이스라엘 사람들의 영혼 깊은 곳에 자리 잡고 있다. 사실상 이스라엘은 세계 곳곳의 지하철에서 그들의 좌석으로부터 쫓겨난 사람들로 이루어진 국가다. 이들은 현재 차지하고 있는 땅에 거의 비현실적일 정도의 집착을 가지고 있다. 그리고 추방당한 후 살아오던 곳에 유대인들이 계속 머물러야만 한다고 이야기하는 사람들에게 공감하지 않는다. 나는 언젠가 야세르 아라파트가 일어서서 완벽한 히브리어로 이스라엘의 국가인 '하티크바(Hatikva)'를 부를 날이 올 것이라고 확신한다. 그렇게 되는 날 이스라엘 사람들은 고개를 가로저으며 이렇게 말할 것이다. "아이고, 우리도 당신하고 이야기를 나누고는 싶은데 우리 국가를 부르는 당신 음정이 틀렸네. 갔다가 제대로 부를 수 있을 때 다시 오시게."

이와 같은 태도는 이스라엘 지도자들에게 특히 심하다. 이들은 좌석의 얼마만큼을 양보해야 할지를 결정하는 일이 국가를 내전으로 몰아넣을 수 있다는 것을 알기 때문이다. 요르단 강 서안과 가자지구를 팔레스타인 사람들에게 자발적으로 내주려면 다음과 같은 질문에 확고하게 대답할 수 있어야만 한다. '민족으로서 우리는 무엇인가? 우리는 성서의 국경을 가질 것인가 아니면 실용적인 국경으로 만족할 것인가? 우리가 이곳에 온 것이 메시아를 맞아들이기 위한 준비를 하기 위함인가 아니면 프랑스가 통치하던 지역을 접수해 유대 국가를 세우고자 하는 것인가?' 이미 설명했던 이유들 때문에 대부분의 이스라엘 지도자들은 이러한 질문에 대답할 준비가 되어 있지 않다. 지도자들의 말은 이렇다. "도대체 내가 무슨 이유로 이런 골치 아픈 문제에 끼어들 것인가? 그들에게 국가를 세워주기 위해 우리 자신이 갈가리 찢기는 상황을 보기보다는 팔레스타인 사람들을 그저 안보상의 기술적인 문제로 처리하는 것이 낫다." 팔레스타인인들보다 더 많이 이스라엘 사람들을 죽였지만 이스라엘이 언제나 이집트와 요르단, 심지어는 시리아와도 언제든지 대화할 준비가 되어 있는 이유는 바로 이 때문이다. 이들 나라들과는 아무리 대화를 많이 한다고 해도 스스로 거울을 들여다보고 '우리는 누구인가?'라는 질문에 답변해야만 하는 상황을 초래하지 않기 때문이다.

1988년 여름 어느 날 나는 헤르즐리아(Herzliya)에서 열린 저녁식사 파티에서 노동당 출신의 원로 장관 옆에 앉게 되었다. 이스라엘의 안보문제에 깊숙이 관계된 인물이었다. 우리는 미국과 경제상황, 그리고 아랍인 등 일상적인 주제들에 관해 이야기를 나눴다. 그러다가 나는 인티파다가 이스라엘 군대 앞에 어떤 도덕적인 도전을 제기하는지 물었다. 노동당 출신의 장관은 양고기를 먹고 있었다. 포크에 여전히 양고기를 들고 있던 그는 씹는 것을 멈춘 채 내게 몸을 돌리더니 즉시 말했다. "물어보시니 말씀드립니다만, 팔레스타인인들이 다시 테러리즘으로 빨리 복귀하면 할수록 우리에게는 더 유리합니다."

이렇게 말한 장관은 다시 양고기를 씹기 시작했다.

이스라엘 사람들은 언제쯤 아라파트의 메시지에 귀를 기울일 것인가?

귀를 기울이지 않으면 안 되는 상황이 와야만 그럴 것이다. 이데올로기나 안보상의 이유로 영토를 유지할 필요를 느끼고 또한 스스로 이를 지켜낼 수 있다고 생각한 민족국가 중에서 자발적으로 영토의 일부를 포기한 사례는 역사상 없다. 이스라엘과 팔레스타인 사람들 역시 이러한 법칙의 예외가 아니다. 1947년 팔레스타인 사람들은 팔레스타인 전체 땅이 그들의 소유이며 이를 지켜낼 힘이 있다고 느꼈다. UN이 팔레스타인의 분할을 제시했을 때 팔레스타인 사람들은 즉시 거부했다. 시온주의자들이 땅을 나눌 의사가 있는지, 그리고 팔레스타인 사람들의 국가를 인정할 용의가 있는지의 여부는 고려사항이 전혀 될 수 없었다. 불행하게도 팔레스타인인들은 당시 권력의 현실을 파악하지 못했다. 시온주의자들은 보기보다 훨씬 강력했던 것이다.

이제 상황이 정반대가 되었다. 이스라엘이 땅을 모두 통제하고 팔레스타인 사람들이 분할을 요구하는 것이다. 이번에는 이스라엘이 그렇게 할 수 있는 한 팔레스타인의 요구를 무시할 차례다. 어쩌면 잔인하고 어리석어 보일지도 모르지만 바로 이것이 팔레스타인 땅 위에서 펼쳐진 게임의 규칙이다. 그 땅에 살아가는 또 다른 민족으로서의 팔레스타인 사람들과 협상을 할 수밖에 없다고 느낄 때라야만 이스라엘이 아라파트와 팔레스타인인들의 이야기에 관심을 가질 것이라고 나는 확신한다. 요르단 강 서안과 가자지구의 팔레스타인 사람들과 권력 혹은 주권을 나눠야만 한다는 점을 대다수의 이스라엘인들에게 설득할 수 있을 정도로 인티파다가 이스라엘에 충분한 압력을 가했다거나 동기를 제공하지는 못했다. 적어도 이 글을 쓰는 현재 시점까지는 그렇다.

21세에서 55세 사이의 이스라엘 남성이 부담하는 예비군 복무 최대 기간을 두 배로 늘릴 수밖에 없도록 봉기가 압력을 행사한 것은 분명하다. 경제적으로 이스라엘은 인티파다의 결과 1987년 국내총생산 성장이 1~2퍼센트 사이가 됐다. 1987년의 GDP 성장은 5.2퍼센트였다. 사상자의 측면에서, 봉기가 시작되고 첫해 동안 사망한 11명의 이스라엘인 숫자는 2주간 이스라엘 고속도로에서 교통사고로 사망하는 사람들의 숫자와 거의 비슷해졌다. 모든 상황을 종합해보더라도, 기분 좋은 변화는 아니겠지만 이스라엘을 궁지에 빠뜨렸다고 보기에는 어렵다.

1988년 어느 날 나는 텔아비브의 술집 보난자에서 제브 하페츠와 술을 한 잔 하고 있었다. 우리는 보난자의 구석자리에 앉아 주말이면 으레 찾아오는 손님들이 테이블을 채우는 모습을 지켜봤다. 이스라엘의 보통 사람들로 사업가와 시인, 파트너를 찾으려는 남녀, 기자, 무기상, 영업사원, 그리고 주말을 고향에서 보내는 군인 등이었다. 악단이 연주를 시작하기도 전에 술집은 이미 여기저기서 들려오는 사람들의 목소리로 떠들썩했다. 서로 논쟁을 하고 웃고 거짓말을 하는 등의 소리였다. 어디선가 들려오는 목소리는 검은 팬티에 관해 이야기하고 있었다. 술집 보난자에서는 인티파다와 요르단 강 서안, 그리고 팔레스타인 사람들의 돌팔매 등은 먼 나라 얘기였다. 대부분의 이스라엘 사람들에게 이와 같은 이슈는 출근하는 길에 신문에서 읽거나 금요일 저녁 친구와 만나는 자리에서 잠시 생각해보는 문제였다. 다른 대부분의 이스라엘인들과 마찬가지로 술집 보난자에 있던 사람들도 요르단 강 서안이나 가자지구를 방문해본 적이 거의 없었다. 인티파다가 시작되기 이전에도 마찬가지였다. 따라서 점령지역이 이전보다 훨씬 위험해졌다는 사실은 이들에게 군대의 전문가들이 다뤄야만 하는 문제였을 뿐이다. 요르단 강 서안에 훨씬 가깝고 도시의 절반을 차지하는 아랍인들의 거주지역에서 팔레스타인 사람들의 소요가 실제로 발생하는 예루살렘에서는 남자화장실에서 정치적인 구호를 적은 낙서를 발견할 수 있었다. '이스라엘은 잔인한 행동을 멈춰라' 등의 구호였다. 그러나 술집 보난자에서 발견할 수 있는 낙서들은 전혀 달랐다. '엿이나 먹어라' 혹은 '주차금지' 등이 전부였다.

전직 권투선수이자 유쾌한 성격의 소유자인 보난자의 주인 샤이(Shai)가 내게 실상이 어떤지 설명했다. "보난자에서 인티파다에 정말 관심을 보이는 사람은 아무도 없습니다. 이곳에서 인티파다 때문에 술에 취하는 사내는 단 한 명도 없어요. 사람들은 즐기기 위해서 이곳에 옵니다. 인티파다 전에도 그랬고 이후에도 마찬가지입니다. 참으로 단순한 팔레스타인 사람 하나가 여기에도 있는데 자신의 국가를 원합니다. 저도 그 마음을 이해합니다. 그는 유대인을 좋아하지 않지만 우리는 이곳에 건재하게 존재합니다. 이곳 주방장은 가자지구 출신입니다. 얼마 전 주방장이 며칠 동안 일하러 나오지 못했습니다만 그의 잘못이 아닙니다. 저에게 충실한 사람이거든요. 주방장과 웨이터들은 인티파다로부터 돈이 한 푼도 나오지 않는다는 것을 깨달았습니다. 저는 그들과 정치에 관해 이야기를 나누지 않습니다. 그렇지만 몇 달 전까지만 해도 주방에서는 팔레스타인 국가가 건설될 것이라는 분위기가 있었다는 점은 말씀드릴 수 있겠네요. 이제 그런 분위기는 없어졌습니다. 아랍인 종업원들 사이의 분위기는 평상시로 돌아왔습니다."

샤이는 새로운 손님들을 맞아들이기 위해 움직였고 두 사람으로 이루어진 밴드가 음악을 연주하기 시작했다. 밴드가 연주하는 메들리는 이스라엘의 인기 포크송인 「에레츠, 에레츠, 에레츠 Eretz, Eretz, Eretz」로 시작됐다. 술집의 손님들이 모두 따라 불렀다. 그러는 중에 이스라엘의 아랍 연구가인 전임 가자지구 군정청 책임자 즈비 엘 펠레그(Zvi el-Peleg)가 멀리서 나를 발견하고는 다가오더니 의자를 끌어와 옆에 앉았다. 밴드가 연주하는 음악은 시끄러웠고 사람들이 함께 부르는 노랫소리 역시 점점 요란해졌다. 펠레그가 내게 뭐라고 물었는데 나는 소음 때문에 무슨 말인지 알아듣지 못했다.

손을 모아 귀에 대면서 내가 물었다. "뭐라고요? 큰 소리로 말씀하세요. 들리지가 않아요."

결국 펠레그는 내 귀에 대고 거의 소리를 질렀다. "아부 샤리프(Abu Sharif)의 언급을 어떻게 생각하세요?"

야세르 아라파트의 부관인 아부 샤리프가 하루 전 발표한 문서에 관한 질문이었다. 아부 샤리프는 그 문서에서 PLO와 이스라엘이 국제회의에서 직접 평화회담을 가질 것을 요구했다. 당시로서는 아라파트 측이 이스라엘에 내놓은 가장 대담한 제안이었다.

"아직 읽지 못했어요." 내가 펠레그에게 소리쳤다.

그는 고개를 그저 끄덕였다.

우리는 음악이 끝날 때까지 잠시 대화를 멈추기로 했다. 내가 하페츠를 바라보며 물었다.

"이 노래의 가사는 무슨 뜻이에요? 사람들이 모두 알고 있는 것 같네요." 테이블 건너편에 있는 하페츠를 향해 내가 소리쳤다.

"가사의 주요 내용은 에레츠(땅), 에레츠, 에레츠, 우리가 태어난 곳, 어떤 일이 있어도 우리가 살아갈 곳이라는 의미입니다." 하페츠가 대답했다.

팔레스타인 사람들이 돌을 던지는 일은 인티파다의 상징이 됐다. 이는 『뉴스위크』의 표지로서는 흠잡을 데 없었다. 그러나 인티파다를 통해 팔레스타인 사람들이 무언가 가시적인 성과를 얻기 위해서는 돌과 총으로 불가능했다. 이스라엘은 팔레스타인인들의 공격이 실질적인 위협이 되기도 전에 돌과 총을 엄청나게 우월한 힘으로 언제나 누를 것이기 때문이었다. 팔레스타인 사람들이 이스라엘에 의미 있는 압박을 실제로 가할 수 있는 유일한 방법은 시민불복종이라는 애초의 전술에 집중하는 것이었다.

진정한 시민불복종이 이스라엘을 위협할 수 있는 이유는 두 가지다. 첫 번째, 한 사람 혹은 몇몇 사람으로는 이스라엘을 성공적으로 위협할 수 없기 때문이다. 공동체 차원의 행동이 되어야만 한다. 이와 관련된 누세베이의 설명은 이렇다. "한 사람의 팔레스타인인이 이스라엘에 협력하기를 거부한다면 신분증을 압수하거나 세금을 매기면 그만입니다. 한 사람의 행위는 아무런 의미를 가질 수 없다는 것입니다. 오직 10만 명의 사람들이 행동함으로써 성공할 수 있을 뿐입니다. 만일 10만 명이 참여한다면 우리의 자발적 협력을 기반으로 하는 점령의 구조 전체가 위협받게 됩니다." 만일 10만 명의 팔레스타인 사람들이 이스라엘에서 일하기를 거부하고 자신의 신분증을 불태워버리고 세금을 내지 않는다면 이스라엘 군사당국은 사실상 완전히 혼란에 빠질 것이다. 군사당국은 이들 모두를 체포하거나(이렇게 많은 사람들을 수감할 이스라엘 교도소는 없을 것이다) 이들에게 더 이상 이래라저래라 할 수 없다는 사실을 인정해야만 한다. 팔레스타인 사람들이 더 이상 이스라엘이 정한 규칙에 의해 움직이지 않는다는 것을 의미하기 때문이다. 이는 팔레스타인 사람들의 엄청난 인구, 즉 이들의 숫자가 정치적 힘으로 전환됨을 의미한다. 10명의 팔레스타인 사람들이 앞장서다가 이스라엘 군대에 사살되는 것은 이스라엘에게 전혀 중요하지 않다. 점령상태를 위협하지도 않으며 이스라엘 사람들 대부분의 관심조차 받을 수 없다. 이스라엘인들은 이들을 문제만 일으키는 인물들이라고 생각하고 총에 맞아 마땅하다고 생각하기 때문이다. 이스라엘 사람들로 하여금 팔레스타인 인구의 힘에 대적하도록 강요하지도 않기 때문이다. 100명이 사살된다고 하더라도 아무 문제가 되지 않는다. 그러나 10만 명이 이스라엘에서 일하기를 거부하거나 신분증을 찢는 일은 전혀 다른 문제다. 이스라엘인들이 이들 모두를 사살할 수 없는 일이다. 이렇게 될 경우 팔레스타인 사람들은 이스라엘에게 영원한 골칫거리가 된다. 이스라엘이 팔레스타인 사람들을 영원히 흡수하지 못할 것이라는 의미를 갖는데, 이스라엘의 입장에서 이보다 더 나쁜 상황이란 없다.

진정한 시민불복종이 위협적인 두 번째 이유는 사회적으로나 경제적으로, 그리고 정치적으로 이스라엘 시스템에서 자유로워질 수 있으려면 팔레스타인 사람들이 그들만의 자율적인 경제와 교육, 사회, 문화, 그리고 정치적 토대를 건설해야만 할 것이기 때문이다. 달리 말하면 시민불복종은 느리고도 고통스럽게 공동체 차원의 힘을 기를 것을 요구한다. 만일 이 같은 노력이 성공적으로 이루어진다면 팔레스타인 인구의 힘은 정치적 영향력으로도 전환될 것이다. 거리로 나가 독립국가를 요구하면서 외치는 팔레스타인 사람들의 행동은 이스라엘인들에게 관심을 끌지 못할 것이다. 그러나 팔레스타인 사람들이 이룬 독립적인 실체를 위한 토대를 무시할 수는 없는 일이다. 자유를 염원하는 민족공동체가 그 땅에 존재한다는 의심할 수 없는 사실을 이스라엘인들에게 입증할 것이기 때문이다. 알제에서 PNC가 행한 독립국가의 선언을 현실로 표현하는 일이 될 것이다.

인티파다는 이와 같은 시민불복종으로 시작됐다. 팔레스타인 사람들은 스스로 학교를 세우고 식량을 서로 나누는 공동체 차원의 지원 프로그램들을 실제로 시도했다. 봉기 과정에서 이스라엘 장교들이 상황에 대해 실질적으로 우려한다고 내가 느낀 적은 팔레스타인 사람들이 그들로부터 실제로 벗어날지도 모른다고 느꼈던 때뿐이다. 이스라엘은 팔레스타인 사람들이 벌이는 하루 혹은 이틀 정도의 철시는 전에도 여러 차례 경험했다. 그러나 팔레스타인 지하 지도부가 모든 상점이 매일 제한된 시간만 영업하라고 지시하면서 발생했던 인티파다 초기의 대규모 시민불복종과 같은 상황을 목격한 것은 처음이었다. 점령지역의 이스라엘 행정관청에서 경찰관이나 사무원 등으로 일하던 수백 명의 팔레스타인 사람들이 일자리를 그만뒀다. 수천 명의 팔레스타인인들이 이스라엘에서 일하기를 거부하거나 일터로 가는 것을 제지당했다. 수천 명의 팔레스타인 상인들이 세금을 거부하고 이스라엘 상품을 사지 않았다.

그러나 이와 같은 팔레스타인의 시민불복종과 분리시도는 봉기 첫해가 지나자 침체에 빠졌다. 이스라엘 시스템의 힘이란 너무도 강력한 것이어서 쉽사리 그 손아귀에서 빠져나올 수 없었던 것이다. 아주 작은 사례 하나만 들어보자. 인티파다가 일어나기 4개월 전인 1987년 8월 이스라엘 국방부는 850만 달러에 달하는 전산 데이터뱅크를 점령지역으로 가져갔다. 데이터뱅크는 팔레스타인 사람들 전체를 빠짐없이 관리하기 위한 것이었다. 재산과 부동산, 가족관계, 정치태도, 불법행위 가담여부, 면허, 직업, 소비패턴 등에 관한 자료였다. 요르단 강 서안 전문가인 메론 벤베니스티는 이 전산자료에 관해 이렇게 말했다. "인구 전체를 통제하기 위한 최고의 수단입니다."

팔레스타인 사람들이 시민불복종에 참여하려고 하자 이스라엘은 이를 분쇄하기 위해 전산자료를 이용했다. 거의 전적으로 이스라엘에서의 취업에 의존해 생계를 이어가는 가자지구 사람들에게 특히 심했다. 인티파다가 발생한 후 가자지구에 거주하는 몇몇 팔레스타인 사람들이 세금납부를 중단하자 이스라엘은 새로운 신분증을 발급할 것이라고 발표했다. 정해진 기일 안에 새로운 신분증을 취득하지 못한 팔레스타인인은 일을 하기 위해 가자지구를 벗어날 수 없음은 물론 운전면허증이나 여행허가서, 식수 배급증서 혹은 수입과 수출에 관한 허가서와 같은 중요한 문서를 받지 못할 것이라는 발표였다. 그런데 새로운 신분증을 발급받기 위해서는 세금을 모두 납부하고 가족 중 이스라엘 보안부대의 수배를 받는 사람이 없다는 점을 증명해야만 했다. 달리 말하면 컴퓨터 자판을 몇 번 두드림으로써 팔레스타인 사람들이 이스라엘의 점령 아래서 생존하기 위해 절실하게 필요로 하는 모든 문서를 무효로 만들겠다는 것이었다.

이와 같은 당근과 채찍을 병행하는 작전을 직접 확인하기 위해 어느 날 나는 가자지구로 향했다. 바다가 내려다보이는 마을인 레말(Remal)의 학교 셰이크 아즐린(Sheik Adjlin) 운동장에 이스라엘 군대가 가져다 놓은 긴 의자가 끝도 없이 늘어서 있었다. 학교는 둥글게 말린 철조망으로 둘러싸였고 이 중 한 부분을 납작하게 만들어 입구를 만들었다. 팔레스타인 사람들이 철조망을 밟고서야 안으로 들어갈 수 있도록 만든 것은 엄청난 모욕으로 보였다. 한 번에 약 1,000명을 수용할 수 있는 벤치는 이글거리는 태양으로부터 사람들을 다소 보호하기 위해 모기장으로 지붕을 쳤다. 자신의 이름이 불리기를 기다리면서 이틀이나 사흘을 기다리는 사람들이 상당수였다. 그곳은 마치 미네소타 주 박람회의 빙고 게임장을 연상하게 만들었다. 다른 점이 있다면 참가한 사람들이 게임을 운영하는 사람들에게 상품을 줘야만 한다는 점이었다. 앞에는 사람들의 이름을 큰 소리로 외치는 인물이 있었다. 호명된 사람은 마치 빙고에 당첨이라도 된 듯이 벌떡 일어나서 앞쪽에 있는 사무실로 사라졌다. 그곳에서 모든 기록을 점검받고 밀린 세금을 내라는 말을 들어야 했다. 이 과정이 모두 끝나면 새로운 신분증을 받았다. 새로운 증명서를 받기 위해 신분을 확인하는 과정에서 신베트의 수배를 받던 사람들은 모두 체포 됐다.

나는 긴 의자들 중간으로 걸어 들어가 기자신분을 밝혔다. 그러자 화가 난 가자지구 사람들이 내 주위로 즉시 모여들어 자신들이 겪고 있는 고생과 불편함을 말했다. 그들은 누군가에게 그들의 고통을 호소하고 싶었던 것이다. 아무에게라도 말이다. 그들이 내게 계속 이렇게 말했다. "우리가 당신에게 말하면 내일 미국 신문에 나오나요? 약속할 수 있어요? 내일 확실해요?"

내 주위를 둘러싼 사내들에게 내가 물었다. 이곳에 온 이유는 무엇인가? 이스라엘인들에게 너희들 멋대로 한 번 해보라고 왜 말하지 않았나?

자파의 생선요리 음식점에서 월급 400달러를 받고 웨이터로 일하는 24세의 가자지구 난민 리야드 페이살(Riyad Feisal)이 앞으로 나서서 그들이 처한 곤경을 설명했다. "만일 거부한다면 고통이 너무 심할 겁니다. 신분증이 없으면 여행할 수도 없고 일할 수도 없습니다. 저는 여섯 식구를 부양합니다. 신분증이란 저의 영혼과도 같습니다. 만약 이스라엘인들이 신분증을 가져간다면 저는 죽은 목숨입니다. 모든 팔레스타인 남성들은 아침에 일어나 일터로 가면서 신분증을 챙겼는지 확인하기 위해 자신의 뒷주머니를 만져봅니다. 우리 민족의 새로운 습관입니다."

신분증 발급을 책임졌던 이스라엘 관리는 좀 더 가차 없는 말투로 내게 말했다. "그들이 왜 이곳에 있냐고요? 근본적으로 따진다면 우리가 그들보다 힘이 강하기 때문입니다. 보세요. 매일 가자지구에서 이스라엘로 일하러 가는 사람들이 6만 명입니다. 일하러 가지 않는다면 누가 그들을 먹여 살리겠습니까? 얼마 전에 팔레스타인 지도부가 총파업을 요구했습니다. 결과가 어땠는지 아세요? 4,000명이 새로운 신분증을 얻으려고 이곳에 왔습니다. 통상 하루에 찾아오는 사람은 2,800명 정도입니다. 하루 동안 벌어진 총파업을 통해 저항하려고 했던 것이 아니고 새로운 신분증을 얻을 기회로 활용했다는 의미입니다. 그들은 착한 아이들처럼 이곳에 옵니다. 신분증은 생명입니다. 팔레스타인인들은 신분증 없이는 움직일 수가 없는 거죠. 아기들에게 탯줄이 있는 이유가 무엇이겠습니까? 어머니로부터 먹을 것을 얻기 위해서입니다.

다른 사람에게서 우유병을 얻을 수 있는 순간 아이는 탯줄 없이도 살 수 있습니다. 어머니로부터 자유로워지는 겁니다. 우리가 바로 어머니입니다. PLO는 그들에게 우유병을 제공했어야만 합니다. 그러나 결코 그러지 못합니다."

PLO는 다양한 경로를 통해 돈을 밀반입하려고 시도했다. 대부분은 이스라엘에 거주하는 아랍인들을 통해서였다. 일부는 이스라엘에게 차단당했고 일부는 반입 과정에서 누군가가 횡령했으며 일부는 성공적으로 밀반입됐다. 그러나 170만 명의 시민불복종을 지원하기에는 턱없이 부족했다. 아랍 국가들은 땡전 한 푼 보내오지 않았다.

봉기에 깊숙이 관련했던 요르단 강 서안의 어느 팔레스타인 교수가 말했다. "적절한 조직과 자금이 있었다면 우리는 놀라운 일을 해냈을 겁니다. 그러나 우리는 그중 한 가지도 가지지 못했습니다. 사람들은 진정으로 기꺼이 자신을 희생하려고 했습니다만 우리가 가진 기반은 그들의 감정을 따라잡기에 많이 부족했습니다. (1988년 3월) 민간행정청에서 일하던 팔레스타인 경찰관 몇몇이 일자리를 박차고 나왔을 때 공동체 전체가 그들에게 어떤 일이 벌어질지 주시했습니다. 이는 아이들이 거리로 몰려나가는 것과는 전혀 다른 차원의 일입니다. 성인들이 이스라엘로부터 자신을 기꺼이 끊어낼 준비가 되어 있던 겁니다. 다른 많은 사람들도 그들의 뒤를 따를 준비가 되어 있었습니다. 그러나 자리를 박차고 나왔던 경찰관들은 아무런 도움도 받지 못했습니다. 그들은 다시 일자리로 돌아가야만 했습니다. 공동체 전체가 이를 지켜봤고 다른 사람들이 그들의 뒤를 따르지 못하는 것은 이 때문입니다. 보건과 재정, 교육, 복지를 담당하는 지하 위원회들은 실질적인 네트워크로 전혀 발전하지 못했습니다. 지하 지도부는 파업을 지시할 수 있습니다. 그런데 그것이 그들이 할 수 있는 전부입니다."

모두는 아니었지만 많은 팔레스타인 사람들은 이후 이스라엘인들을 상대로 돈을 벌기 위해 혹은 이스라엘에서 일자리를 구하기 위해 돌아갔다. 이전보다 횟수나 인원은 줄어들었다. 그러나 11세 혹은 12세 아이들을 포함한 팔레스타인 아이들은 여전히 폭동을 일으키고 돌을 던졌으며 또 총에 맞았다. 아이들의 죽음은 부모들이 이스라엘로 일하러 가고 시민불복종 운동에 전면적으로 참여하지 못하는 것을 허용해주는 보증서가 되어가는 것 같았다. 매일매일 죽어가는 사람들의 숫자를 언급하면서 팔레스타인 사람들은 이렇게 말하곤 했다. "보세요. 우리는 고통을 겪고 있습니다. 이제 우리의 국가를 건설해야만 합니다."

이와 같은 이중적인 태도는 인티파다가 활발하게 진행되는 와중에 형성된 이스라엘과 팔레스타인 사람들 사이의 좀 더 특이한 관계를 설명해준다.

당신이라면 점령자로부터 중고차를 살 의향이 있는가? 인티파다가 시작된 이후 6개월 동안 에후드 골(Ehud Gol)은 이스라엘 외교부의 공식 대변인이었다. 그는 매일 전 세계의 언론사를 상대로 팔레스타인 사람들에 대한 이스라엘의 조치를 전달하고 변호해야만 했다. 1988년 봄, 리우데자네이루 총영사로 임명된 골은 출국 전에 자동차를 처분해야만 했다. 그가 처음 찾은 곳은 요르단 강 서안의 도시 라말라에 있는 팔레스타인 중고 자동차 판매상이었다.

골이 당시 상황을 내게 설명했다. "인티파다의 진행과 상관없이 그것은 비즈니스였습니다. 자동차 판매상이 외교부까지 찾아와서 저와 함께 모든 서류 작업을 했습니다. 외교부 대변인이었던 저와 아마도 돌을 던지고 있을 아들을 가진 판매상이 저의 차를 사려던 것이지요. 그것도 중고차를 말입니다!"

내가 아는 팔레스타인 교사 한 사람이 어느 날 오후 라말라에서 예루살렘으로 차를 몰고 가고 있었다. 비르자이트대학에서 동료 한 명을 발견한 그는 차에 태워주겠다고 말했다. 교사 친구가 말했다. "그 동료는 라말라 근처의 작은 마을에 삽니다. 예루살렘으로 가는 동안 그는 인티파다가 자신의 마을을 어떻게 변화시켰는지에 관해 계속 이야기했습니다. 모든 사람들이 어떻게 참여하는지, 봉기의 지역 위원회가 어떻게 마을을 운영하는지, 그리고 어떻게 이스라엘에 협력하는 자들을 제거했는지 등에 관한 이야기였습니다. 그는 대단히 열정적으로 말했고 저 역시 깊은 감동을 느꼈습니다. 예루살렘에 가까워지자 제가 그 동료에게 어디서 내리기를 원하느냐고 물었습니다. 그가 말하더군요. '히브리대학교에서 내려주세요.' 저는 정말 깜짝 놀랐습니다. 그래서 물었죠. '그곳에 무슨 일로 가는 겁니까?' 그가 대답했습니다.

'그곳에서 아랍어를 가르치고 있어요.' 인티파다에 열광하는 것과 그가 하는 일 사이에 어떤 모순이 있다는 생각이 그에게는 전혀 들지 않았던 겁니다."

여전히 히브리어를 배우는 수백 명의 가자지구 사람들도 마찬가지였다. 인티파다가 시작되고 8개월 후인 1988년 8월 4일 신문 『하레츠』는 이스라엘 정부가 가자지구에서 성인을 대상으로 실시하는 히브리어 강좌가 어느 때보다 인기를 더해가고 있으며 봉기가 일어났던 기간 중에도 가자지구 중학교들의 히브리어 수업이 지속됐다고 보도했다.

가자지구에서 전해온 『하레츠』의 보도는 다음과 같다. "놀라운 모습. 인티파다가 절정에 달한 시기임에도 팔레스타인 학생들이 아그논(S. Y. Agnon)의 단편 『적에서 친구로 From Foe to Friend』와 미칼 스누니트(Michael Snunit)의 『영혼의 새 Soulbird』, 한나 세네쉬(Hannah Senesh)의 기도 시(詩) 『하느님-끝이 없을지도 모릅니다 God-May there be no end』, 그리고 랍비 아키바(Akiva)가 칼바 사부아(Kalba Sabbua)의 딸을 사랑한 이야기 등을 배웠다. 지난달 학생들은 이 교재들로 기말시험을 치렀다."

가자에 근무하는 이스라엘 낙하산병 한 사람이 내게 이야기를 들려준 적이 있었다. 그가 샤티(Shati) 난민촌을 순찰하고 있었는데 페타 티크바(Petach Tiqvah)에 위치한 고등학교 브렌네르 스쿨(Brenner School)의 티셔츠를 입은 팔레스타인 소년 하나가 길을 따라 걸어 내려오고 있었다. 소년에게 티셔츠를 어디서 구했냐고 묻자 소년이 이렇게 대답했다고 한다. "모르겠어요. 그냥 구했어요!"

그 낙하산병이 샤티 난민촌의 입구에서 근무 중이던 어느 날 저녁의 이야기다. 당시 이스라엘은 오후 6시 이후 난민촌 전체에 통행금지를 강제로 실시하고 있었다. 이스라엘 낙하산병이 말했다. "저녁 8시경 팔레스타인 노인 한 사람이 입구에 나타났습니다. 어디에 다녀오는 길이냐고 제가 물었죠. 이스라엘에서 오는 거라고 말하더군요. 그래서 제가 말했습니다. '이스라엘에서 무엇을 했습니까?' 그랬더니 노인인 내게 히브리어로 「미 이브네 바이트 Mi Yivne Bayit」라는 노래를 들려주기 시작하는 겁니다. 저는 그저 웃음을 터뜨리고 노인을 보내줬습니다."

「미 이브네 바이트」라는 노래의 주요 가사는 이랬다. "누가 이스라엘에 집을 지을까요? 우리는 개척자들입니다. 우리가 이스라엘을 세울 겁니다. 우리와 함께 합시다."

1988년 여름 내가 미국으로 돌아왔을 때 아랍계 미국인들이 팔레스타인 봉기에 반응하는 모습을 보고 충격을 받았다. 텔레비전과 언론에 나와 인티파다를 놓고 토론을 진행하는 아랍계 미국인들의 우쭐한 태도에서 뭔가 익숙함이 느껴졌다. 1967년 전쟁에서 이스라엘이 거둔 승리에 반응하던 유대계 미국인들의 태도와 똑같다는 것을 깨달았다. 인티파다는 아랍계 미국인들에게 6일 전쟁이었던 것이다. 그들은 돌을 던지는 팔레스타인 사람들을 통해 그들의 힘과 존엄성에 대한 온갖 환상을 드러냈다. 이스라엘 군대가 거둔 승리를 통해 대리만족을 느끼던 유대계 미국인들이 보였던 태도와 마찬가지였다.

문제는 조국에 사는 사람들이 모두 해외동포들의 상상에 적극 동조하기를 원한 것은 아니라는 점이었다. 대가를 지불할 필요가 없는 사람들의 마음속에 분노의 혁명적 불길을 당기기 위한 불쏘시개가 되기를 거부했던 것이다. 미국의 지지자들은 팔레스타인 사람들을 나부끼는 깃발로 만들고 싶어 했지만, 요르단 강 서안과 가자지구의 팔레스타인인들은 중산층이 되려는 꿈과 아이들 교육을 걱정하는 사람의 삶을 살고 있었다. 서방에서 배포되는 포스터와 팸플릿을 온통 장식하는 화려한 하늘색과 붉은색이 실제로 그곳에서 살아가는 사람들에게는 훨씬 회색으로 보일 것이었다. 팔레스타인의 마을과 캠프에서 살아가는 사람들과 상점 주인들은 너무나도 곤궁하고 절박한 상태에 처해 있기 때문에 사실상 그들로서는 더 이상 잃을 것이 없다는 주장이 있다. 미국에서 안락하게 살아가는 이들이 참으로 쉽게 뱉을 수 있는 말이다. 현실세계를 들여다보면 누구나 무언가는 잃을 것이 있는 법이다. 팔레스타인 사람들 모두가 인티파다의 열망을 공유했다는 점은 분명하다. 그러나 모두가 기꺼이 부담을 질 준비가 되어 있었던 것은 아니다. 그들은 삶의 경험을 통해 역사 혹은 봉기에 별다른 신념을 갖지 않게 됐다.

1988년 4월 나는 동예루살렘의 미국 영사관에서 미국으로 가고자 하는 팔레스타인 사람들을 인터뷰하며 오전을 보낸 일이 있다. 영사관은 업무를 시작한 지 30분 만에 문을 닫아야만 했는데 미국 입국비자를 신청하거나 미국 여권을 신청한 팔레스타인 사람들이 영사관 주변에 너무 많이 몰려들었기 때문이다. 미국 영사 하워드 카발러(Howard Kavaler)에 따르면 인티파다가 시작되고 4개월 동안 미국 입국비자의 신청 건수가 이전 해 같은 기간에 비해 30퍼센트 늘어났고, 요르단 강 서안에 거주하는 7,000명의 팔레스타인계 미국인 중에서 1,000명이 미국으로 돌아갔다고 한다.

내가 사무실에 들어갔을 때 하워드는 비자 신청서류 묶음을 빠르게 넘기다가 나를 올려다보며 웃더니 이렇게 말했다. "저를 그냥 아부 비자(Abu Visa)라고 부르세요. 저는 인티파다에 관해서 모릅니다. 제가 아는 것이라고는 그들이 원하는 것을 제가 갖고 있다는 것뿐이죠. 출국비자를 받을 자격이 있는 사람들은 어떤 방식으로든 이곳에 와서 비자를 발급받습니다. 파업에 참가할 예정인 사람이든 아니든 관계없습니다. 모두 옵니다. 우리가 비자 발급을 허가한 사람들 중에서 비자를 수령하러 나타나지 않는 사람은 단 한 명도 없습니다. 이곳을 찾았다가 비자 발급을 거절당한 사람들 중에는 크게 당황하는 사람들이 있습니다. 18세에서 21세 사이의 남성들이 특히 그렇습니다. 신청자들에게 '죄송합니다. 안됩니다.'라고 말할 때가 있습니다. 그러면 일부는 정말로 낙담합니다. 대단히 슬픈 일입니다. 떠날 수 있는 사람들은 떠납니다. 그들과 이야기해보면 그들이 해방되기 직전의 감정을 느낀다고는 생각하지 않습니다. 도취감이란 없습니다. 그렇지만 만일 우리가 문호를 개방하고 미국으로 가고자 하는 사람들은 갈 수 있다고 한다면, 아라파트가 존재하고 사람들이 팔레스타인 땅을 사랑하기는 하지만 많은 수의 사람들이 이곳에 남으려고 하지는 않을 것입니다. 이런 사정은 상당수의 이스라엘 사람들의 경우에도 마찬가지입니다. 위층 대기실에서는 유대인과 아랍인들이 비자를 받기 위해 함께 기다립니다. 비자 발급을 신청한 유대와 아랍인들은 모두 형제들입니다. 미국으로 갈 수 있다는 사실을 알게 되는 순간 그들 사이에 존재했던 모든 분노는 사라집니다."

비자를 신청한 팔레스타인 사람들 중 하워드와의 인터뷰를 끝낸 몇몇 사람들과 이야기를 나눴다. 첫 번째 인물은 라말라에서 온 여인이었다. 그녀는 팔레스타인인이었는데 남편이 샌프란시스코에서 일하고 있었고, 그날 14세가 된 그녀의 딸을 여권에 등록하기 위해 그곳에 왔다.

"왜 지금 떠나려고 하십니까?" 내가 물었다.

"제 딸은 4개월간 학교에 가지 못하고 있습니다. 저는 딸아이의 교육이 걱정됩니다. 학교가 언제 다시 열릴지 알 수가 없습니다. 한 학년을 쉬어야만 할지도 모릅니다." 뾰족한 뒷굽의 하이힐을 신고 목에 하얀색 스카프를 두른 멋진 차림의 그 여인이 대답했다.

"그렇지만 지금은 팔레스타인 역사에 있어서 대단히 중요한 시기가 아닌가요?" 내가 말했다.

"대단히 무서워요. 어떤 일이 일어나게 될지 아무도 모릅니다. 밤이면 온갖 소리가 들리고 이스라엘 군인들이 오면 어쩌나 항상 걱정합니다." 깍지를 끼면서 그녀가 대답했다.

"당신이 떠나려고 하는 것에 관해서 이웃사람들이 분노합니까?"

"말도 안 되죠. 나갈 수 있는 사람은 나가야만 한다고 모두 이야기합니다. 이웃사람들도 저처럼 나갈 수 있었으면 합니다." 머리를 가로저으며 그녀가 말했다.

라말라의 기독교도 마을에서 온 사업가 역시 떠나려고 했다. 그 남자는 흰 콧수염을 넓게 기른 노인이었는데 여섯 명의 자식 중 세 명은 이미 미국에 있고 남은 세 명의 자식들 중 하나를 데리고 미국의 자식들을 방문하려고 했다. 데려가려고 하는 아이는 남자 옆에 서 있었다.

내가 물었다. "지금은 당신네 민족의 역사에서 대단히 중요한 순간입니다. 미국에 사는 아들들이 지금 이곳에 있기를 바라지 않습니까?"

"아니요. 안 됩니다. 아니죠. 그 자식들은 모두 미국에서 일하고 있습니다. 이미 미국에서 자리를 잡았어요." 남자가 단호하게 말했다.

남자를 따라온 아이는 29세의 청년으로 베들레헴대학 졸업생이었는데 뉴저지 어느 교육기관의 영문학과에서 입학허가를 받았다고 말했다.

내가 그에게 물었다. "인티파다에 관해 어떻게 생각합니까?"

"좋지 않습니다. 학생들이 공부할 수가 없어요." 얼굴을 찌푸리며 그가 대답했다.

"그런데 지금 미국으로 떠나려 하는 건가요?"

"고통스러운 일입니다. 그러나 저는 학업을 계속할 겁니다." 그의 대답이었다.

"이웃들이 뭐라고 말할 것이라고 생각합니까?"

"사람들이 저에게 화를 낼 것이라고는 생각하지 않습니다. 제가 공부를 하러 가니까요. 놀러가는 것이 아닙니다." 그의 주장이었다.

대기자들 중에서 마지막은 요르단 강 서안의 비르자이트대학 연구원인 나즈와(Najwa)였는데 인디애나에서 열리는 언니의 졸업식에 간다고 말했다.

"봉기에서 바라는 것이 있습니까?" 내가 물었다.

"저는 자유롭다고 느끼고 싶습니다. 팔레스타인 국가가 실제로 곧 건설되리라고 생각하지 않습니다. 그러나 그렇게 되기를 바랍니다."

"미국으로 떠나려는 많은 사람들에 대해 어떻게 생각합니까?"

"현재 상황으로부터 도피하려는 사람들의 생각이 마음에 들지 않습니다. 어떤 사람들은 도피하려는 사람들을 싫어하고, 어떤 사람들은 신경도 쓰지 않습니다." 나즈와가 말했다.

현실세계란 이렇다. 모호하고 그다지 용맹스럽지는 않으며 가끔은 일시적으로 격한 감정을 보이지만 대체로는 침착하다. 그러나 인티파다가 팔레스타인 사람들을 크게 변화시킨 것은 엄연한 사실이다. 가장 중요한 점은 인티파다로 인해 팔레스타인 민족운동이 올바른 길로 접어들었고 올바른 메시지를 이스라엘에 전달하게 됐다는 것이다. 사람들에게 신체적으로 치명적인 위협을 가하지 않는 대중적 시민불복종과 함께 이스라엘을 인정한다는 점을 보다 명백하게 한 것이다. 나아가 인티파다는 하나의 민족으로서 팔레스타인 사람에게 더 큰 자신감과 일체감, 더욱 개선된 국제적 이미지, 그리고 그들의 운동이 실질적인 진전을 이루고 있다는 생각을 갖게 해주었다. 이스라엘과 PLO 사이의 직접 협상으로 조만간 이어질지 누가 알겠는가? 어떤 면으로 보더라도 인티파다는 팔레스타인과 이스라엘 사이에 벌어진 갈등의 역사에서 진정으로 중대한 사건으로 다뤄져야만 한다.

그런데 인티파다가 갈등의 해결로 이어질 수 있을 것인가? 이러한 질문에 대한 확실한 대답을 얻으려면 수년을 기다려야 할 것이다. 인티파다가 팔레스타인 사람들에게 자존심이나 협상 혹은 또 다른 미국의 평화안을 넘어서는 뭔가 구체적인 성과, 즉 이스라엘이 팔레스타인인들과 권력 혹은 땅을 실질적으로 나눌 것이라는 확고한 합의를 가져다줄 방법은 단 하나라고 나는 생각한다. 봉기에 다시 활력을 불어넣고 시민불복종이라는 애초의 방법을 지속하고 확대하며 유대인을 인정하겠다는 메시지를 확실하게 하는 것이다. 이와 같은 방식과 메시지를 통해 이미 획득한 것들 이상을 협상 테이블에 가져올 방법이란 없다. 워싱턴이나 모스크바 혹은 UN을 통한 지름길이란 없을 것이다.

팔레스타인 사람들은 이스라엘이 그들을 흡수할 도리가 없어 어쩔 수 없이 팔레스타인 국가로 그들을 분리해낼 수밖에 없도록 만들어야만 한다. 동시에 팔레스타인 사람들을 분리해버려도 그것이 이스라엘인들의 자살행위가 되지 않을 것임을 확신시켜야만 한다. 이는 대단히 어려운 일로 오로지 인명을 살상하지 않는 시민불복종이라는 채찍과 이스라엘을 명확히 승인하는 당근을 통해서만 이루어질 수 있다. 팔레스타인 사람들이 이루고자 노력하는 일은 이스라엘을 파괴하는 것이 아니라 자기들 옆에 그들의 국가를 건설하려는 것이라는 점에 대해 이스라엘이 확신을 가져야만 한다. 미국의 외부적 압력이 아니라 내부적으로 이를 확신해야만 한다. 그렇게 되어야만 이스라엘 사람들 중 좌와 우를 망라하는 현저한 다수가 팔레스타인 사람들이 하는 행동을 인정하고 나아가 공감할 수 있다. 현저한 다수의 지지 없이는 어떤 해결책도 불가능하다. 팔레스타인 사람들은 스스로에 대한 재발견이 자기도취로 변하도록 내버려둬서는 안 된다. 그들 자신, 그리고 이스라엘인들과의 진정하고 전면적인 대면을 위해서다.

이와 같은 과정이 팔레스타인 사람들에게 쉽지는 않을 것이다. 시민불복종을 통해 이스라엘이 그들을 흡수하지 못하도록 만들려면 경제적, 사회적인 고통을 대단히 오랫동안 감내해야만 한다. 이후 협상 과정에 들어간다고 하더라도 협상 테이블에서 무언가 중요한 것을 잃게 된다면 또다시 정치적 희생이 요구될 것이다. 이스라엘이 가진 엄청나게 우월한 힘을 고려한다면, 대부분의 팔레스타인 사람들이 단기적으로 바랄 수 있는 것은 이스라엘의 통치 아래서 진정한 자치권을 약간 얻는 것이다. 장기적으로 본다면 예루살렘을 제외한 요르단 강 서안과 가자지구의 일부에 작은 나라를 세우는 것이다.

　요르단 강 서안과 가자지구 사람들은 고통이 심해짐에 따라 그들이 들인 노력에 대한 무언가 실질적인 대가를 더욱 원하게 될 것이다. 그들과 아라파트 사이에 긴장이 조성될 것임을 의미한다. 아라파트는 PLO에게 그동안 자양분을 공급해준 레바논과 요르단, 그리고 시리아의 팔레스타인 난민들을 대변해야만 하는 의무감을 언제나 갖고 있기 때문이다. 아랍과 팔레스타인 강경론자들에게 언젠가는 팔레스타인 전체를 온전히 되찾을 수 있다는 희망을 줘야만 하는 책임을 아라파트가 지고 있다는 뜻이다. 이는 아라파트의 오랜 공약이기도 하다. 아라파트가 팔레스타인을 떠나온 난민들에게 등을 돌리는 일은 있을 수 없다. 팔레스타인 지역을 떠나온 난민 중 한 사람이었던 아라파트는 이스라엘 점령 아래서 살아가는 팔레스타인 사람들의 어려움과 감정을 완전히 이해할 수도 없으며, 점령지역 아래서 살아본 적이 없기 때문이다. 따라서 봉기를 지속하는 데 드는 비용이 너무나도 커져서 점령자들과 어떻게든 타협해야만 한다고 생각하게 될 요르단 강 서안과 가자지구 사람들이 결국 요구하게 될 이스라엘에 대한 양보와 약속을 아라파트가 대행하는 일은 지극히 어려울 것이다. 집 안을 이스라엘에게 뺏긴 사람들과 지붕을 점령당한 사람들 사이의 진정한 차이가 드러나는 때다. 지금 당장은 두 부류의 사람들이 서로 간의 차이를 일단 보류하고 PLO의 공식 입장을 고수하고 있다. 요르단 강 서안과 가자지구, 그리고 동예루살렘에서 이스라엘이 철수하고 팔레스타인 국가가 건설된 후 이스라엘과의 평화협상을 한다는 것이다. 그러나 봉기의 대가를 치르고 있는 사람들이 언제까지 이와 같은 무지개를 좇을 것인가?

　아마도 야세르 아라파트가 생존하는 동안은 그럴지도 모른다. 야세르 아라파트가 바로 PLO이며 그는 팔레스타인 민족주의의 상징이다. 상징으로서의 아라파트는 팔레스타인에서 살아가는 사람들과 팔레스타인을 떠나간 사람들 모두를 하나로 만든다. 그러나 아라파트를 이어갈 인물이 없다. 그가 사라진다면 그가 이끌던 조직에 균열이 올 것은 거의 확실하다. PLO는 여러 개로 나뉠 가능성이 있다. 만일 그렇게 된다면, 그리고 오직 그렇게 될 때 요르단 강 서안과 가자지구 사람들 역시 그들의 PLO를 가질 수 있을 것이다. 요르단 강 서안과 가자지구 사람들이 추진하는 이스라엘과의 협상이 정당화될 수도 있는 상황이다.

한편으로 이스라엘은 팔레스타인 사람들의 삶을 좀 더 편하게 만들어줄 수도 있다. 아라파트에게 이스라엘을 좀 더 인정하도록 만들 유인을 제공하거나 상당수 팔레스타인 사람들이 받아들일 만한 영토적 양보를 선제적으로 할 수도 있다. 그러나 이와 같은 상황은 벌어지기 힘들다. 우선 이스라엘의 힘이 압도적으로 우월하다는 것이 이유다. 또한 팔레스타인 사람들과 진정으로 함께 살아갈 수 있고 영토문제를 해결하는 데 필수적인 조건, 즉 팔레스타인인들이 내부의 논쟁을 정리하고 이견을 극복해내려는 모험을 원하는지에 관해 이스라엘은 강한 의구심을 가지고 있다. 만일 팔레스타인에서 안와르 사다트와 같은 인물이 나온다면 이스라엘은 이에 반응할 것이다. 그러나 이스라엘이 스스로 그런 인물을 만드는 데 앞장서지는 않을 것이다.

다비드 하르트만이 설명했다. "이스라엘은 교착상태에 빠져 있습니다. 군대는 내각을 향해 정치적 해법이 없이는 봉기를 해결할 수 없다고 소리칩니다. 내각은 군대에게 봉기가 진압되지 않는 한 정치적 해법은 불가능하다고 대꾸합니다. 이러한 악순환을 기꺼이 끊어내고자 하는 진정한 정치인이 없습니다. 악순환을 끝내기 위해서는 다음과 같은 점을 명료하게 이야기해야만 합니다. 팔레스타인 사람들을 우리와 마찬가지로 하나의 민족으로 본다는 점, 이스라엘의 '점령 아래서 그들이 어느 때보다 편안한 생활을 했다'는 우리의 일방적인 주장이란 야비한 말이며 유대인들이 수백 년 동안 겪었던 고통을 그들에게도 강요했다는 점, 그리고 정치적 자유 없이는 팔레스타인 사람들의 존엄성이 이스라엘 사람들의 것만큼 지켜질 수 없다는 점을 인정해야만 합니다."

가능성은 없다. 당분간 이스라엘의 지도자 입에서 그와 같이 포괄적이고 깊숙한 언급이 나올 리는 없어 보인다. 팔레스타인 측 역시 마찬가지다. 팔레스타인 사람들은 인티파다가 앞을 가로막는 모든 것을 휩쓸고 지나가는 태풍이기를 원하지만 상당수의 이스라엘 사람들은 일시적인 폭풍으로 곧 평온함이 찾아올 것이라고 여전히 믿고 싶어 한다. 그러나 인티파다는 둘 다 아니었다. 만일 팔레스타인 사람들이 애초에 구상했던 새로운 방식의 저항을 지속하지 않는다거나 이스라엘인들이 우월한 힘만으로는 그들이 간절히 원하는 평화와 안식을 결코 얻지 못할 것이라는 사실을 깨닫지 못한다면, 인티파다는 현실을 변화시킨 그 무엇이 아니라 결코 변화하지 않는 현실에 주목하도록 만든 것으로 기억될 것이다. '인티파다'라는 명칭은 계속 사용될 것이지만 그 의미는 현재 상태를 지칭하는 새로운 이름이 될 것이다. 어쩌면 지금보다 훨씬 폭력적이고 고통스럽지만 양측이 그렇게 사는 데 적응해야만 하는 그런 현재 상태가 될지도 모른다. 이스라엘은 여전히 군림하고 있지만 팔레스타인 사람들은 이스라엘인들이 이를 즐기지 못하도록 만들 것이다. 이런 본질을 제외한 다른 모든 것들은 그저 이러저러한 훈수에 지나지 않게 될 것이다.

현란한 텔레비전 카메라와 민주화에 대한 자아도취의 분위기와는 달리, 점령지에서 살아가는 팔레스타인 사람들은 스스로 어디까지 왔고 얼마나 더 가야 하는지를 정확하게 알고 있다.

예루살렘 구시가에서 사탕을 판매하는 24세의 팔라(Fallah)는 이와 같은 점을 명료하게 설명했다. 내가 그의 친구를 미국 영사관에서 만나고 일주일 후 팔라를 방문했을 때였다. 팔레스타인 민족주의의 온상인 비르자이트대학 졸업생인 팔라는 인티파다가 시작됐을 때 대단한 자부심을 느꼈다. 그러나 질질 시간을 끌면서 5개월째에 들어섰을 때 그는 진절머리가 났다. 아랍시장에 있는 그의 조그만 상점에 쌓인 건포도와 사탕봉지 틈에 서서 팔라는 나의 질문에 답했다. 상점을 하루에 절반만 여는 철시를 하고 있는데 사업이 어떻게 버티고 있냐는 나의 질문이었다. 약간의 기본적인 영어를 섞어 그는 내게 상황을 납득시키려고 했다. "나쁘지는 않습니다. 아주 나쁘지는 않습니다. 너무나도 나쁩니다."

"인티파다가 중요한지의 여부를 아직은 말할 수 없습니다. 아직 그 결과를 보지 못했기 때문입니다. 어쩌면 상황이 더 나빠질지도 모릅니다. 어쩌면 반반일지도 모르고 어쩌면 나아질지도 모릅니다. 지금 저같이 물건을 파는 사람들은 전보다 상황이 안 좋습니다." 팔라의 설명이었다.

우리의 대화가 이어질수록 팔라는 당시 상황에 대해 점점 더 분노를 드러냈다. 장사라고 할 만한 것이 없었다. 그는 오래된 재고를 팔고 있었고, 상하기 쉬운 물건들은 버린 지 오래였다.

팔라가 목소리를 높이며 불만을 토로했다. "그 사람들은 외부에서 우리에게 계속 말합니다. '당신들이 이렇게 하기를 원한다. 이렇게 해라. 저렇게 해라. 이번에는 이렇게 해라.'" 팔라가 마치 10센트 동전을 쥐어짜듯이 엄지와 검지를 꼬집듯이 비비면서 덧붙였다. "글쎄요. 저는 그들로부터 아고라(이스라엘의 페니) 한 푼 도움받은 적이 없습니다. 요르단과 시리아 사람들은 환호합니다. 만세를 부릅니다. 그런데 그들이 팔레스타인 학생을 그들 대학에 한 명이라도 더 받아들인 적이 있던가요?"

입속에 건포도를 몇 개 던져넣으면서 팔라는 잠시 말을 멈췄다. 그리고 마치 내뱉듯이 이렇게 말했다. "인티파다가 뭔지 아세요? 바다에 떨어지는 물방울 하나입니다."

15장
서구언론의 주목

이스라엘 군의 암람 미츠나(Amram Mitzna) 소장은 이전에 많은 전투에 참가했지만 이번처럼 낯선 전투는 처음이었다.

요르단 강 서안을 포함하는 이스라엘 중부전선을 책임지는 사령관인 미츠나는 1988년 1월 고속도로를 타고 예루살렘에서 라말라를 향해 차량으로 이동 중이었다. 그가 타고 가던 모래 색깔의 랜드로버 사령관 차량이 예루살렘에서 약 8킬로미터 정도 북쪽에 위치한 아랍인 마을 알람(al-Ram)에 다가갈 무렵 미츠나는 앞 유리를 통해 그의 부하 병사 몇몇과 팔레스타인 10대 50여 명이 대치하고 있는 모습을 봤다. 체크무늬 카피에로 얼굴을 감싼 팔레스타인 10대들은 불이 붙은 타이어와 자동차 범퍼, 그리고 바위로 고속도로 한가운데 바리케이드를 설치하고 10명의 이스라엘 병사들에게 돌을 던지며 욕설을 퍼붓고 있었다. 약 70미터 전방에서 벌어진 일이었다.

그런데 군인들만 있었던 것이 아니었다.

미츠나가 당시를 회상했다. "현장에 도착해보니 군인들보다 기자들의 숫자가 더 많았습니다. 저와 함께 가던 병사들을 포함해서 제 부하는 대략 15명 정도였습니다. 사진기자와 카메라기자 등을 비롯해서 기자들은 적어도 25명 정도 되더군요. 저는 처음에 기자들을 무시하고 병사들에게 명령을 내려 저와 함께 시위대를 쫓아가자고 했습니다. 시위대를 해산시키려던 거였습니다. 제가 뛰어가기 시작했습니다. 그런데 첫발을 떼자마자 오른쪽에는 사진기자들이 왼쪽에는 카메라기자가 저를 둘러싸고 있는 겁니다. 기자들이 저를 따라 함께 뛰고 있는 거였어요! 저는 거의 움직일 수조차 없었습니다. 기자들이 사방에 있었습니다. 저와 부하들 사이에도 있었고 우리들 주변과 우리들 사이에도 있었습니다. 카메라기자와 스틸사진을 찍는 사진기자 등 모두 다였어요. 기자들이 없는 곳이 없었습니다. 그래서 저는 걸음을 멈추고 기자들에게 말했습니다. '기자님들, 우선 제가 뉴스거리를 만들도록 내버려 두세요. 모두 끝나고 나면 돌아와서 여러분들과 이야기하겠다고 약속드립니다. 그러니 지금 당장은 물러서서 길 저쪽 편에 서주세요.' 그러자 기자들 중 한 명이 저에게 말했습니다(그 사람은 미국인이었습니다). '이곳이 군사통제구역이라는 공식문서(군사법원의 명령)를 보여주세요. 그렇지 않으면 움직이지 않겠습니다.' 그런 뻔뻔한 사람이 세상에 어디 있습니까? 제가 그 기자에게 말했습니다. '내가 누군지 아시죠? 내가 어떤 사람인지 알 겁니다. 자 이제 비켜나세요.' 말도 안 되는 상황이었습니다. 제가 요르단 강 서안의 총사령관인데 전투를 벌이러 가기 위해 길을 비켜달라고 기자들과 입씨름을 해야 했던 겁니다."

이스라엘 병사들과 팔레스타인 사람들의 대치상황에서 기자들의 숫자가 군인의 수보다 많던 경우는 그때뿐이 아니었다. 그것이 마지막이 되지도 않을 일이었다. 몇 가지 사실만 따져보더라도 이해할 만한 일이었다. 평화로운 시절에도 이스라엘은 세계에서 가장 많은 수의 기자단을 상대한다. 예루살렘과 텔아비브에 상설 사무소를 운영하는 세계 언론사가 약 350개에 달한다. 이스라엘 공보부에 따르면 1987년과 1988년 사이 봉기가 절정에 이르는 시기에 약 700명의 언론인들이 추가적으로 이스라엘로 모여들었다고 한다. 6,100명의 이스라엘 사람당 한 명의 외국 기자가 활동한 것이다. 3만 6,000명의 특파원들이 한꺼번에 워싱턴 D.C.로 몰려든 것과 거의 같은 비율이다. 뉴욕에 자리 잡은 미디어 분석기업 A.D.T. 리서치(A.D.T. Research)는 미국의 3대 방송사인 ABC와 CBS, NBC가 개별 뉴스와 특집기사에 얼마만큼의 시간을 할애했는지를 초 단위까지 매달 조사한다. A.D.T.의 조사에 따르면 인티파다가 시작된 1987년 12월부터 절정에 도달한 1988년 2월까지 팔레스타인 사람들의 시위와 이에 대한 이스라엘의 대응에 관한 소식에 3개 방송사가 할애한 저녁뉴스 시간은 모두 합쳐 347분이라고 한다. A.D.T.의 발표에 의하면 이는 같은 기간 동안 두 번째로 가장 많은 시간을 차지한 뉴스보다 거의 100분가량 더 많은 시간이었다. 249분밖에 다뤄지지 않은 그 뉴스는 1987년 12월 로널드 레이건과 미하일 고르바초프가 가진 두 초강대국 정상 간의 회담이었다. 팔레스타인에 관한 뉴스는 세 번째로 가장 많이 다뤄졌던 뉴스인 1988년 뉴햄프셔 대통령 예비선거보다 거의 200분가량 더 많은 시간을 차지했다(139분). 대통령 후보 마이클 듀카키스(Michael Dukakis)가 1988년 8월과 9월, 그리고 10월에 걸쳐 전개한 선거운동에 관한 세 개 방송사의 총 뉴스시간은 268분에 불과했다.

언젠가 예루살렘 시장 테디 콜렉(Teddy Kollek)이 다음과 같이 언급한 것이 놀랄 일은 아니었다. "예루살렘 구시가에 자리 잡은 성묘교회(聖墓敎會, Holy Sepulchre)의 중앙 바닥에는 구멍이 하나 있습니다. 고대 사람들은 예루살렘을 세계의 중심이라고 믿었습니다. 그리고 그 구멍이 중심 중의 중심, 즉 세계의 중앙이라고 믿었습니다. 예루살렘에 주재하는 외국 특파원들, 그리고 매년 몰려오는 수백 명의 기자도 그렇게 믿는 것이 아닌가라는 느낌이 가끔 듭니다. 그렇지 않다면 수백만 명의 사람들이 이렇게 조그만 도시, 그리고 작은 나라에 관심을 집중할 이유가 무엇이겠습니까?"

콜렉의 언급이 옳다. 일반적으로 서방의 미디어 특히 미국의 언론은 이스라엘에 관한 뉴스에 매력을 느끼는 것이 틀림없다. 이스라엘의 영토에 비한다면 엄청나게 과도한 관심이다. 인티파다에 대한 이스라엘의 대응에 관한 기사를 살펴본다면 분명히 그렇다. 그러나 이전에도 과도한 관심은 명백했다.

시카고 대도시권 정도의 인구와 델라웨어 주와 비슷한 크기의 영토를 가진 조그만 나라가 어떻게 적어도 소련에 버금가는 미디어의 조명을 받을 수 있단 말인가?

이 질문에 대한 간단하고 유일한 대답은 없다. 서방의 뉴스 미디어가 이스라엘에 깊은 관심을 보이는 것은 여러 가지 이유 때문이다. 역사적이고 문화적이며 심리적, 정치적 이유들이 결합됐다. 서구 사람들이 이스라엘을 바라보는 시각과 관련되기도 하며 이스라엘이 스스로를 외부에 투영하는 방식과도 관련된다.

사람들은 현실세계를 있는 그대로 받아들이는 법이 없다. 우리의 마음이 아무것도 그리지 않은 하얀 도화지이고 실재하는 외부의 현실이 종이 위에 자신을 있는 그대로를 채색하는 것이 아니다. 그 외부의 현실이 이스라엘이든 아니면 다른 무엇이든 우리의 마음속에 들어오는 현실은 문화와 역사라는 렌즈를 통해 여과된 현실이다. 이스라엘의 정치이론가 야론 에즈라히(Yaron Ezrahi)는 이러한 렌즈를 '슈퍼스토리(super stories)'라고 부른다. 에즈라히는 슈퍼스토리가 담론 전체에 신화와 이데올로기를 결합시킨 것이라고 말한다. 우리가 세계를 이해하고 어떤 정보가 중요한지를 결정하며, 나아가 가장 중요하게는 우리의 경험을 어떻게 기억할 것인지, 그리고 우리의 가치를 어떻게 형성할 것인지를 슈퍼스토리가 도와준다. 다른 색안경과 마찬가지로 슈퍼스토리는 특정한 빛을 통과시키고 다른 빛은 통과시키지 않는다. 사람들이 가장 많이 사용하는 슈퍼스토리는 종교이지만 마르크스주의와 같은 보편적 이데올로기 역시 널리 쓰인다. 가장 오래되고 가장 광범한 서구문명의 슈퍼스토리는 공교롭게도 성경이다. 성경의 내용과 등장인물들, 그리고 그 속에 담긴 가치는 서구의 사람들이 스스로와 세계를 바라보는 가장 중요한 렌즈다. 성경이라는 슈퍼스토리에서 주요 등장인물은 고대의 이스라엘 사람들, 즉 유대인들이다.

이러한 사실만으로도 이스라엘인들이 서구 미디어의 주목을 받는 이유를 설명할 수 있다. 간단히 말하자면 서구 사람들은 다른 어느 곳의 뉴스보다 이스라엘에 관계된 뉴스를 매력적이고 이해하기 쉽다고 느낀다. 뉴스의 등장인물과 그곳의 지리, 그리고 관련된 주제가 대단히 익숙하기 때문이다. 한마디로 우리가 가진 문화라는 렌즈의 상당 부분을 차지하기 때문이다. 우리는 이미 알고 있는 사람과 장소에 관해 읽는 자연스러운 경향이 있다. 우리가 알고 있는 사람들인 유대인과 알고 있는 신성한 땅인 이스라엘 역시 그렇다. 서구세계의 구석구석에 있는 교회와 시나고그에서 주말마다 그들에 관한 이야기를 듣기 때문이다. 우리는 또한 일반 문학과 예술작품에서도 그들의 이야기를 읽고 감상한다. 성서의 이야기는 밀턴(Milton)과 렘브란트(Rembrandt)의 저작과 작품에서도 발견된다. 유대 국가를 약속하는 밸푸어선언이 발표됐던 1917년, 당시 영국 수상이었던 로이드 조지(Lloyd George)는 시온주의 지도자 하임 바이츠만(Chaim Weizmann)에게 유대와 사마리아, 예루살렘과 같은 지명들이 '자신이 어린 시절을 보낸 웨일스의 마을 이름들보다 훨씬 친숙'하다고 말한 적이 있다. 실제로 미국인들은 모두 갈릴리 호수와 같은 지명에 훨씬 친숙하다. 이보다 더 큰 호수를 가진 미국의 주들이 많이 있음에도 말이다. 그러나 어떤 나라나 민족이 서구 미디어의 관심을 받을지의 여부는 국토나 인구의 실제 크기와는 아무런 관련이 없다. 중요한 점은 슈퍼스토리 속에서 해당 국가 혹은 민족이 차지하는 비중이다. 이러한 관점에서 본다면 서구의 눈에는 중국이나 수단처럼 큰 국가들이 소국이 되고 이스라엘은 가장 큰 국가 중 하나가 된다.

이러한 과정은 정반대가 되기도 한다. 성경이라는 슈퍼스토리가 큰 비중을 차지하지 않는 극동에서는 이스라엘에 관한 뉴스가 일반적으로 그다지 중요하게 취급되지 않는다. 유대계 미국 작가인 하임 포토크(Chaim Potok)는 1965년 시나이 전쟁이 발발했을 당시 우연히 일본에 있었는데 그때 느낀 점을 내게 말해준 적이 있다. 서품을 받은 랍비였던 포토크가 말했다. "저는 무슨 일이 일어나고 있는지 알고 싶어서 미칠 것 같았습니다. 그러나 영문으로 발행되는 일본 신문에는 시나이 전쟁에 관한 기사가 사실상 전혀 없었습니다. 유대인은 그들 세계의 일부가 아니었던 것입니다. 대부분의 일본인들은 유대인이 어떤 사람들인지 몰랐고 이스라엘은 그들에게 별다른 중요성이 없었습니다. 시나이 전쟁의 전개 과정을 알아볼 수 있었던 유일한 방법은 『성조기 Stars & Stripes』(해외에 파병된 미군을 위한 신문)를 구해보는 것이었습니다."

현대 이스라엘에 관한 뉴스는 서구인들에게 친숙할 뿐만 아니라 중요한 문제이기도 하다. 대부분의 기독교인들에게 현대 이스라엘은 새로운 나라 혹은 이야기가 아니라 아주 오랜 나라, 그리고 신과 인간이 등장하는 오랜 드라마의 연장이다. 예루살렘 구시가와 그곳에 존재하는 모든 기독교와 이슬람교 및 유대교의 성지들을 유지하고 보수하는 작업을 담당하는 동예루살렘 개발회사의 책임자 이치크 야코비(Itzik Yaacoby)는 많은 기독교도들에게 예루살렘을 안내해왔는데, 대부분의 사람들이 마치 자신들이 성경의 한 페이지 속을 걷고 있는 것처럼 느낀다고 말했다. 그들은 이스라엘이 제2차 세계대전 이후 UN이 세운 20세기 민족국가 중 하나라는 생각을 전혀 하지 않는다.

독실한 기독교 신자인 우주비행사 닐 암스트롱(Neil Armstrong)이 달 탐험을 마치고 이스라엘을 방문했을 당시 이스라엘 고고학자 메이어 벤도브(Meir Bendov)가 그에게 예루살렘 구시가를 보여주기 위해 데려갔다. 성전 산으로 가는 계단의 맨 위에 자리 잡은 훌다 게이트(Hulda Gate)에 다다랐을 때 암스트롱이 벤도브에게 물었다. 예수가 주변 어디로 발걸음을 했느냐는 질문이었다.

벤도브가 당시를 떠올렸다. "제가 암스트롱에게 말했습니다. '생각해보세요. 예수님은 유대인이었습니다. 이 계단은 성전으로 향하는 길이니 예수님은 이곳에 분명 여러 번 발걸음을 했을 것입니다.'"

암스트롱은 계단이 원래의 계단들이냐고 물었고, 벤도브가 그렇다고 확인해줬다.

"그러면 예수님이 바로 이곳을 걸었다는 건가요?" 암스트롱이 다시 물었다.

"맞습니다." 벤도브가 대답했다.

"이 말씀을 꼭 드리고 싶군요. 저는 달에 발을 디뎠을 때보다 여기 계단을 밟고 있다는 사실에 더 큰 흥분을 느낍니다." 암스트롱이 이스라엘 고고학자에게 한 말이었다.

현대 이스라엘이 사실은 성서에 나오는 이스라엘의 연장이라는 생각 때문에 현대 이스라엘에서 살아가는 유대인들이 어떻게 행동하느냐는 기독교세계에 신학적으로 중요하다. 그리고 바로 이 점이 서방 언론이 이스라엘을 특별히 주목하는 두 번째 이유다. 기독교의 기본적인 주장은 계시가 유대인을 통해 시작되었는데, 즉 신이 최초 유대인을 통해 스스로를 드러냈는데, 유대인들이 신의 율법을 지키지 않아 결국 예수님의 가르침이 기존의 경전을 대체했다는 것이다. 기원후 70년 두 번째 유대 왕국이 무너지고 이후 유대인들이 2천 년 동안 세계 각지로 흩어져 살아야 했던 것은 그리스도를 메시아로 받아들이기를 거부한 유대인들에게 내린 하느님의 처벌이라고 기독교는 자주 해석한다.

따라서 유대인들이 방랑을 마치고 성경 속의 고향으로 돌아와 현대적이고 활기찬 유대 국가, 즉 세 번째 유대 왕국을 건설했다는 사실은 기독교에 있어서 매우 중요하다. 일부 복음주의적 기독교인들은 유대인들이 이스라엘로 돌아왔다는 사실이 메시아가 강림하는 데 꼭 필요한 첫 번째 단계라고 반기는 반면, 다른 기독교인들, 특히 바티칸은 이를 기존의 경전 해석에 영향을 미칠 수 있는 신학적 딜레마로 여긴다. 이유는 이렇다. 만일 유대인의 방랑이 예수를 거부한 데 대한 처벌이었고 유대인들은 기독교로 나아가는 길에서 잠시 등장하는 존재로서 부차적으로 취급해도 무방하다고 오랫동안 사람들이 믿어왔는데, 그들이 이스라엘에 돌아와 예루살렘 상공에 F-15 전투기를 날려대는 것은 도대체 무슨 일인가? 바티칸이 이스라엘이라는 국가를 인정한 적이 없다는 점은 우연이 아니다. 뉴욕의 대주교인 존 오코너 추기경(John Cardinal O'connor)이 1987년 1월 이스라엘을 방문했을 때 그가 이스라엘 대통령 하임 헤르조그를 대통령 집무실에서 만나겠다는 요청을 거부한 것 역시 우연이 아니다. 만일 헤르조그가 고향 예루살렘에 존재하는 것이 사실이라면 로마의 교황으로서는 문제가 아닐 수 없다.

기독교 신학자 폴 반 뷰렌(Paul van Buren)은 이렇게 언급했다. "현대 이스라엘은 기독교세계에게 불편함과 흥분이라는 감정을 동시에 일으키는 존재입니다. 불편한 이유는 우리가 읽은 성경 이야기에 따르면 이스라엘과 관련된 상황이 현재처럼 돌아가서는 안 되기 때문입니다. 현대 국가로서 이스라엘의 존재 자체는 다소 황당하리만큼 놀라운 일입니다. 경전에는 이러한 이야기가 없습니다. 사람들은 유대인에 관해 어느 정도 이해하고 있으며 그들이 어디에 있는지 알고 있었습니다. 그런데 그들이 이제 그곳에 존재하지 않는 겁니다. 모든 사실을 다시 곰곰이 따져보면 더욱 불편해집니다. 어쩌면 이제까지 해왔던 이야기를 다시 생각해봐야 할지도 모르기 때문입니다. 이스라엘은 이와 동시에 흥분을 일으키기도 합니다. 이스라엘이 다시 전면에 등장함으로써 성경과 관련된 이야기가 갑자기 현대적인 성격을 띠게 되었기 때문입니다. 성경의 말씀을 확고하게 믿는 사람에게 예루살렘을 수도로 하는 이 국가의 존재는 성경의 이야기가 모두 지난 일이 아닐지도 모른다는 가능성을 활짝 열어줍니다. 이러한 일들이 지금 일어나고 있습니다. 이제 우리가 생각해봐야만 하는 문제입니다. 어쩌면 신은 우리가 생각한 것처럼 죽지 않았는지도 모릅니다. 이와 같은 사고는 가장 세속화된 기독교인들의 마음속에서조차 무의적이나마 파장을 일으킵니다."

오스트리아 출신의 철학자 루드비히 비트겐슈타인(Ludwig Wittgenstein)은 만일 어떤 사람에게 2 더하기 2가 무엇이냐고 물었을 때 5라고 답했다면 그가 실수한 것이지만 만일 97이라고 답했다면 더 이상 실수가 아니라고 언급한 적이 있다. 그는 전혀 다른 논리로 사고하는 사람이라는 의미다.

인티파다 기간 동안 이스라엘이 팔레스타인 사람들을 어떻게 다루는지에 관한 서방의 뉴스미디어 보도를 볼 때마다 나는 비트겐슈타인의 이야기를 떠올렸다. 팔레스타인 사람들을 때리고 체포하고 그들에게 총을 쏴대는 이스라엘 군인들에 관한 광범한 보도는 동시대에 일어나고 있는 여타의 뉴스들과는 너무나도 달라서 이스라엘에 대한 친숙함과 중요성만으로는 설명할 수 없다. 그들에 관한 뉴스는 마치 쿠르드 족에 대한 이라크 군대의 독가스 공격이나 일주일 동안 200명 이상의 학생들을 죽음으로 몰아넣은 알제리 군대의 발포와 유사했다.

이러한 생각이 처음 든 것은 1988년 3월 22일 아침이었다. 당시 나는 런던의 호텔에서 계란과 토스트로 아침식사를 하며 『인터내셔널 헤럴드 트리뷴 International Herald Tribune』을 유심히 읽고 있었다. 그런데 신문에는 내가 이해하기 힘든 기사가 있었다. 이란과 이라크가 상대 국가의 도시들을 장거리 미사일로 공격해 무고한 시민들 수십 명이 죽었다는 1면 기사 바로 옆에 이스라엘 군인이 팔레스타인 젊은이를 체포하는 4단 크기의 사진이 실렸다. 사진설명은 이랬다. '요르단 강 서안의 도시 라말라에서 보안검색 도중 서류를 보여주려고 준비하던 팔레스타인 사람이 이스라엘 군인에게 체포되어 연행됐다. 2페이지의 국제 단신뉴스를 보라.'

달리 말하면 사진과 관련된 뉴스기사는 1면이 아닌 곳에서 두 문단으로 다룰 정도로 중요하지 않다는 의미였다. 그러나 그날 『헤럴드 트리뷴』이 1면에 올린 사진은 팔레스타인 사람을 구타하거나 죽이지는 않았지만 체포하는 이스라엘 군인의 모습이었다. 나는 이렇게 혼잣말을 할 수밖에 없었다. '보자. 오늘날 세계에는 155개 국가가 존재한다. 각 나라에서 다섯 명이 체포됐다고 생각해보자. 그렇다면 아마도 사진과 비슷한 일이 세계에서 775건은 일어났다는 이야기다. 그런데 도대체 무슨 이유로 사진에서 본 체포가 유일하게 신문에서 다뤄졌고 게다가 1면을 장식했다는 말인가?'

이스라엘이 팔레스타인의 봉기에 대응한 행동에 관해 쓴 사설들에서도 유사한 사례를 발견할 수 있었다. 요르단 강 서안에서 여러 명의 이스라엘 예비군들이 네 사람의 팔레스타인 젊은이들을 산 채로 모래에 파묻었다는 일에 관해 시사문제를 진지하게 다루는 『보스턴 글로브 Boston Globe』가 실은 사설이 한 가지 사례다(네 명의 팔레스타인 젊은이들은 심각한 부상을 입기 전에 친구들에 의해 구조됐다. 그러나 이스라엘 병사들이 그들을 살해하기 위해 땅에 묻었다는 점은 명백했고 병사들은 결과적으로 징역에 처해졌다).

『보스턴 글로브』는 사설에서 네 명의 팔레스타인 젊은이들에 관해 이렇게 단언했다. "피해자들은 팔레스타인 민족 전체의 운명을 상징한다. 고향 땅에서 쫓겨나 이리저리 흩어져야 했고 고향에서뿐만 아니라 요르단과 레바논에서도 팔랑헤와 시리아, 그리고 시아파 아말 민병대로부터 겪어야 했던 학살의 공포는 생매장이라는 이미지를 떠오르게 한다. 이는 유대민족이 겪었던 역사의 기억과 같은 이미지다. 제정 러시아에서의 대학살, 조국을 갖지 못하고 수세기를 박해 속에 살아야만 했던 운명, 바비 야르(Babi Yar)의 집단 매장지, 그리고 1945년 나치 죽음의 수용소에 쌓인 시신더미 등의 이미지다."

이스라엘이 팔레스타인 봉기를 다루는 방식은 때로 잔인하고 어리석기도

했다는 점은 확실하다. 그러나 이를 단지 유대인이라는 이유만으로 3만 3,000명을 학살한 바비 야르의 집단학살과 비교할 수 있을까? 유대인을 나치에 의해 조직적으로 제거된 600만 명의 대규모 무덤에 비교할 수 있다는 말인가? 이는 과장이다. 무언가 다른 논리가 이스라엘을 1면으로 몰고 가는 것이 틀림없었다.

현대 이스라엘을 3천 년의 역사를 갖고 있는 성경 속 드라마의 연장으로 바라보는 서구의 기독교 전통이 오늘날의 이스라엘을 서구문명에서 지난 3천 년 동안 유대인이 행한 역할의 정당한 계승자로 보기도 한다는 점이 다른 논리와 관련된다고 나는 믿는다. 과거의 유대인에게 기대했던 바를 오늘날의 이스라엘에 기대한다는 의미다.

이와 같은 사고방식은 특히 두 가지 점을 의미한다. 첫째로 역사적으로 돌이켜볼 때 유대인은 십계명을 통해 인류가 보편적으로 지켜야 할 도덕규범이라는 관념을 도입했던 사람들이다. 시나이 산에서 전파된 하느님의 법률은 이른바 유대 기독교의 도덕과 윤리의 핵심 기반을 형성했다. 따라서 사람들은 현대 이스라엘의 행위 속에 일정 정도의 정의와 도덕이 담겨 있어야 한다고 기대한다. 그러나 역사적으로 유대인은 또 다른 역할 역시 수행했으며 사람들은 이스라엘에게 이 역할 역시 기대한다. 낙관주의와 희망의 상징이라는 역할이다. 역사란 하나의 순환 과정이고 그 속에서 인간은 진보 혹은 퇴보의 일정한 방향으로 움직이는 것이 아니라고 했던 그리스 사람들의 가르침이 잘못됐다고 선언했던 이들이 바로 유대인들이다. 유대인들은 이렇게 말했다. "아니다. 역사란 도덕적 진보라는 하나의 방향을 따라 움직이는 과정이다. 그리고 그 속에서 인간은 하느님의 율법을 따르기만 한다면 스스로를 꾸준히 향상시킬 수 있고 마침내 완전한 평화와 조화를 이루는 메시아의 치세를 가져올 수 있다." 인간의 역사와 정치는 진보할 수 있다고 유대인들은 선언했다. 노예는 자유를 얻을 수 있다. 이집트로부터의 엑소더스는 가능하다. 사막이 끝나는 곳에 약속의 땅이 존재한다.

서구인들의 시각에 의하면 이스라엘은 이러한 두 가지 역할, 즉 도덕성의 기준과 희망을 계승했기 때문에 이스라엘이 행위하는 방식은 인간이 스스로를 어떻게 바라보느냐에 커다란 영향을 미치게 된다.

예컨대 다른 국가의 소식과 달리 이스라엘로부터 나온 뉴스는 심리적으로 해방감을 느끼게 할 수 있다. 지난 2천 년 동안 유대인은 다른 민족의 힘에 희생당했고, 희생자로서 그들은 언제나 당당하게 정의와 윤리에 관해 설파할 수 있었다. 도덕적인 측면에서 아무런 흠도 없는 입장에서였다. 오랜 기간 동안 유대인들의 이러한 설법을 들어야만 했던 서구인들은 마침내 바로 그 유대인들이 그들의 국가와 권력을 갖게 된 이후 그들이 자신과 타민족들에게 설정한 도덕적 기준에 얼마나 부합하도록 행동하는지를 보고 싶어 한다.

다비드 하르트만은 이렇게 말했다. "역사를 돌이켜보면 유대인들이 도덕적으로 행위하면 주변 사람들은 스스로 부족함을 느꼈습니다. 유대인들이 도덕적으로 어긋나게 행동하면 주변 사람들은 역사적으로 유대인들이 대변하는 도덕적인 요구로부터 벗어나는 느낌을 받았죠. 애초 그들이 스스로 주장했던 바와 같이 만일 이스라엘이 다른 민족들을 이끌어줄 빛으로 판명될 경우, 상황은 모든 다른 민족들의 불완전함과 결점에 대한 심판이자 도덕적 비판이 될 것입니다. 마르크스주의가 노동자들의 천국을 실제로 창조했다면 이는 자본주의를 통렬하게 비판하는 실체가 되었을 것입니다. 만일 보다 정의로운 사회적, 정치적 현실을 건설할 수 있는 대안이 실제로 존재한다면 우리는 스스로 죄책감을 느낄 것입니다. 서구의 언론에는 인간의 역사와 정치가 더 나은 상태로 변화할 수 있다는 유대인들의 메시아적 관념을 파괴하고자 하는 측면이 존재한다고 저는 믿습니다. 미디어는 이스라엘에게 남아프리카공화국이라는 딱지를 붙이면서 뒤틀어진 쾌감을 느낍니다. 주일학교 선생님의 옳지 않은 행위를 목격했을 때 느끼는 쾌감과 같은 것입니다. 주일학교 선생님이 그렇게 행동한다면 나 또한 그럴 수 있다는 것입니다. 요르단강 서안에서 일어나는 이스라엘 사람들이 구타와 발포를 집중적으로 보도함으로써 미디어는 유대인들에게 이런 메시지를 던지고자 하는 것입니다. '약속의 땅이 존재한다는 설교는 이제 그만두라. 더 나은 인간이 될 수 있다는 말이나 더 높은 기준에 맞춰 살 수 있다는 설교도 집어치워라. 너 자신의 모습을 돌아보라. 너희들이 그렇지 않다면 나 역시 그럴 필요가 없다. 이스라엘이 남아프리카공화국과 마찬가지라면 우리는 그저 테니스나 치면 그만 아닌가?"

스스로의 마음이 이러한 감정에 빠져 있다는 사실을 명확하게 의식하는 기자나 편집자는 거의 없을 것이라고 믿는다. 그러나 잠재의식이기는 하지만 확실히 실재한다. 1987년 NBC 방송국은 20년에 걸친 이스라엘의 요르단강 서안 점령을 다큐멘터리를 방영했는데 논란이 많았던 그 프로그램의 이름은 「꿈이 사라지고 있다 A Dream Is Dying」였다. 이는 우연이 아니었으며 그들의 속마음을 완벽하게 보여주는 제목이었다. 점령지역에서 이스라엘의 행동을 다루는 뉴스는 종종 뉴스기사라기보다는 장례식에서의 연회와도 같다. 열린 관을 옆에 두고 유대인들의 꿈이 끝장났음을 즐기며 축배를 드는 것이다. 어쩌면 텔레비전 방송국의 특파원들은 팔레스타인 사람들을 구타하는 이스라엘 병사들을 배경으로 시청자들에게 이렇게 전하는 것이 그들의 마음을 더 잘 표현하는 일이었을지도 모른다. "모든 것이 이곳에서 시작했고 끝났습니다. 여러분은 지금 일요 설교를 시청하시고 계십니다."

「하페즈 아사드의 시리아 Hafez Assad's Syria」라는 다큐멘터리의 제목을 「꿈이 사라지고 있다」라고 붙이는 일을 누가 상상이나 할 수 있을까? 그렇지 않을 것이다. 한 시간이나 텔레비전 앞을 지키며 무언가의 죽음을 지켜볼 가치가 있으려면 죽음 이전에 꿈이 있었음을 모두가 알고 있어야만 한다. 시리아인들이 자국민 수천 명을 하마에서 살해한다고 해도 서구 사람들에게 그 사건이 해방감 혹은 상실감을 느끼게 하지는 않는다. 서구인들은 시리아 사람들이 도덕적으로 행위하기를 기대한 적이 없고 다마스쿠스에서 어떠한 가치도 찾지 못하기 때문이다.

야론 에즈라히의 관찰은 이렇다. "시리아인들이 사람들을 살해했을 때 그 사건은 시리아 이야기입니다. 유대인이 누군가를 살해하면 이는 인류에 관한 문제가 됩니다. 다마스쿠스가 죄악으로 가득하다면 이는 시리아인들과 아랍 사람들에게 좋지 않은 일입니다. 그러나 예루살렘이 악행을 저지른다면 이는 우리가 구원받을 수 없는 세계에 살고 있는 운명이라는 것을 의미합니다."

이스라엘로부터 오는 뉴스는 홀로코스트에 대한 죄의식을 안고 살아가는 유럽인들에게 특히 해방감을 느끼게 한다. 1967년 이전 서방의 뉴스미디어가 중동 문제를 다루는 데 있어서 어떤 통일된 경향이 있었다면, 이는 이스라엘을 과도하게 낭만적이고도 감상적으로, 그리고 특히 이스라엘의 군사적인 용맹함을 강조하는 것이었다. 이 시기 이스라엘에 관한 다큐멘터리에서 이런 경향이 두드러졌다. 마치 이스라엘의 힘을 강조함으로써 유럽 사람들은 스스로에게 유대민족이 부활했으니 독일인들이 제2차 세계대전 동안 그들에게 한 죄가 다소 가벼워진 것이라고 말하는 듯했다.

그러나 이스라엘이 패배자에서 승리자로 변하자 유럽의 미디어는 그 논조를 바꿨다. 독일과 프랑스, 이탈리아의 미디어는 이스라엘을 의기양양하고 인정사정없는 점령자로, 즉 새로운 프러시아로 그리는 경향이 두드러졌다. 제2차 세계대전에서 그들이 유대인들을 잔인하게 다룬 데 대한 스스로의 죄를 가볍게 하려는 의도를 숨기려고 하지도 않았던 것이다. 사브라와 샤틸라 학살에 이스라엘이 개입되었음을 강조하는 것은 이런 메시지를 던지는 것이었다. "보라. 나치가 유별났던 것이 아니다. 민족이 다른 민족을 학살하는 일은 언제나 일어나는 법이다. 강제수용소에서 어떤 일들이 벌어지는지 전혀 알지 못했다고 말하는 우리 서구인들에게 그다지 큰 잘못이 있는 것은 아니다. 그런 일은 누구에게나 일어난다. 심지어는 유대인들에게도 말이다."

이스라엘 주재 노르웨이 대사였던 톨레이브 안다(Torleiv Anda)의 언급 근저에는 이와 같은 유럽인들의 태도가 있었다. 그는 1988년 2월 이스라엘 기자들에게 요르단 강 서안과 가자지구에 대한 이스라엘의 점령보다는 나치의 점령이 사실상 좀 더 문명화된 것이었다고 말했다. 안다는 이렇게 말했다. "수감자와 혐의자들을 구타하고 고문했던 짓을 포함한 독일의 행위는 대단히 나쁜 일입니다. 그러나 우리는 (나치가) 거리에 나가 사람들의 팔과 다리를 부러뜨리고 한밤중에 가정집에 들어가 아이들을 끌어냈다는 이야기를 들은 적은 없습니다. 이스라엘이 그런 일을 하리라고는 생각조차 하지 않았던 우리 노르웨이 국민들은 심각한 인상을 받았습니다. 아무도 그처럼 행동하는 사람들을 좋아할 수는 없는 일입니다."

안다 대사는 후일 나치가 한 일의 일부만을 언급했던 것에 관해 사과했다.

중요한 점은 이것이다. 이스라엘이 뉴스의 초점이 될 경우 누구도 빈손이 아니라는 것이다. 누구나 손에 도끼를 들고 있다. 이스라엘을 압박할 일종의 도끼를 들고 있는 것이다.

그러나 또 다른 차원에서 바라보면, 이스라엘의 악행을 즐기는 듯한 바로 그 언론인과 독자들이 이스라엘의 성공을 기원하기도 한다고 나는 믿는다. 언젠가 이스라엘이 약속한 바를 이루어내리라는 기대다. 왜 그런가? 성경 속에서 찾을 수 있는 이스라엘의 꿈과 예루살렘의 신화에 대한 사람들의 믿음, 특히 미국 문화에서의 믿음은 너무도 깊은 것이어서 언젠가 이스라엘이 예언이 지시했던 바를 성취한다면 많은 미국인들은 자신이 그 과정의 일부라고 느낄 것이기 때문이다. 이스라엘의 성공은 그들의 성공이다. 결국 청교도와 초기 미국 이주자들은 스스로를 이스라엘의 꿈을 계승한 사람들이자 영국에 존재하는 현대판 파라오의 전제에 맞서 싸우는 이들로 여겼던 것이다. 미국에 도착했을 때 그들은 '새로운 예루살렘'의 건설에 관해 이야기했다. 벤저민 프랭클린(Benjamin Franklin)과 토머스 제퍼슨(Thomas Jefferson), 존 애덤스(John Adams)와 같은 미국 헌법 제정자들은 이스라엘인들과 모세가 해변에 서 있고 파라오와 그의 병사들이 홍해에 빠지는 그림을 미합중국의 문양으로 정하고 '압제자에 대한 반란은 하느님에게 복종하는 길이다'라는 문구를 문양 주위에 둥글게 새겨 넣자고 대륙회의에서 제안하기도 했다. 문양은 결국 대머리 독수리로 결정됐다. 후일 마틴 루서 킹 주니어가 이끄는 흑인 민권운동은 속박으로부터의 엑소더스를 평등을 되찾고자 하는 그들 투쟁의 테마로 삼았다.

전임 이스라엘 워싱턴 대사 심차 디니츠(Simcha Dinitz)는 1960년대 초반 워싱턴 D.C.의 어느 흑인 교회에서 강연했던 일을 내게 들려줬다. 디니츠가 말했다. "제 이야기가 끝나자 어린 소녀 하나가 저에게 다가와서 물었습니다. '어디에 사세요?' 제가 '예루살렘'이라고 대답했습니다. 소녀는 한동안 저의 대답에 대해 생각하더니 말했습니다. '예루살렘이요? 그곳이 지구상에 있나요? 저는 천국에 있는 곳인 줄 알았어요.' 저는 그때 예루살렘이 모든 희망과 기대, 꿈, 이상을 상징한다는 것을 깨달았습니다. 사람들은 모두 저마다 보고 싶은 대로 봅니다. 예루살렘이 이스라엘의 수도이기도 하지만 미국인들 모두의 마음속에도 예루살렘이 조금씩 들어 있습니다."

사람들 특히 미국인들이 싱가포르에 관한 기사에서는 얻을 수 없는 흥분된 감정을 이스라엘에 관한 뉴스에서 찾을 수 있는 이유라고 나는 믿는다. 부정적으로 행위했을 때뿐만이 아니라 긍정적인 행동을 보였을 때도 이스라엘이 미국에서 왜 과다하게 보도되는지를 설명하는 데 도움이 된다. 이스라엘이 '사막을 녹지로 변화' 시킨 이야기이든(다른 많은 국가들 역시 유사한 일들을 했지만 이스라엘의 사례만큼 보도되지는 않았다) 엔테베(Entebbe)에서 인질을 구출했건 혹은 1967년 전쟁에서 세 개의 아랍 국가를 무찔렀건 내용은 별 관계가 없다.

1967년 6월 9일 이스라엘이 6일 전쟁에서 패배하지 않을 것이라는 점을 미국이 처음 깨달았던 순간 칼럼니스트 메리 맥그로리(Mary McGrory)는 『워싱턴 스타 Washington Star』에 백악관 건너편 라피엣(Lafayette) 공원에서 벌어진 이스라엘을 지지하는 집회에 관해 썼다. "우리들 중에는 심차(simcha, 진정한 기쁨을 의미하는 히브리 단어)가 무엇인지 전혀 알지 못하는 사람들이 있었다. 이제 모두가 알고 있다. 아랍인들이 패배를 인정했을 때 깨달았다. 라피엣 공원에는 이스라엘의 승리를 축하하기 위한 3만 명의 유대인들이 있다. 이것이 바로 심차다. 어제 공원에서 우리는 모두 유대인이었다. 즉석에서 이스라엘을 축하하는 일들이 곳곳에서 벌어졌다. …… 운행하는 버스에 급히 써 내려간 문구 등은 우리가 얼마나 의기양양한지를 보여줬다. '하느님은 중립이 아니다.' '하느님의 작은 땅 이스라엘을 지원하자.' '린든 존슨(Lyndon Johnson) 대통령이여, 우리 함께 유대인이 됩시다.' …… (이집트와의 휴전이 발표되었을 때) 우리는 미친 듯이 기뻐했다. 눈물을 흘리고 서로를 껴안았다. 이스라엘의 국가 '하티크바'를 불렀다. 전쟁에서 스러져간 사람들을 위해 잠시 묵념을 올리며 그들의 넋을 달래는 구슬픈 피리소리를 들었다."

마지막으로 이스라엘에 관한 뉴스는 사람들에게 해방감을 주고 기분을 고양시키는 것만이 아니라 비슷한 크기의 영토를 가진 여타 국가들의 뉴스와 비교해 흥미진진한 것이라는 면에서도 독특하다. 서구인들의 눈에는 이스라엘이 모든 역사, 그리고 종교운동에 연관되어 있기 때문이다. 이스라엘에는 수많은 문화와 역사의 요소가 결합되어 있어서 그곳으로부터 나오는 거의 모든 이야기는 언제나 두 가지 측면을 지닌다. 한편으로는 이스라엘 스스로에 관한 이야기지만 다른 한편으로는 이스라엘이 아닌 다른 무언가에 관한 이야기다.

1986년 스페인이 이스라엘과 외교관계를 수립했던 일이 한 가지 사례다. 한편으로 그 일은 단지 외교상의 이야기였다. 그러나 다른 한편으로 사람들은 양국 간의 외교관계 수립을 1492년 스페인으로부터 유대인을 추방함으로써 시작된 위대한 대하드라마의 결말이라고 보았다. 개혁파 랍비에 의해 유대교로 개종한 미국의 이교도에게 이스라엘의 시민권을 부여한 이스라엘 대법원의 결정은 이민과 관련된 이야기이기도 했고 누가 유대인인가에 관한 근본적인 결정이기도 했다. 이스라엘에서 요르단 강을 따라 카약을 타고 내려가는 여행 이야기마저 일부 독자들에게는 종교적인 감정을 일으켰다. 템스 강에서 카약을 타는 이야기와는 전혀 다른 것이었다. 이스라엘로부터 온 뉴스는 기사 하나 분량으로 두 개의 기사를 내보내는 것과 마찬가지인 경우가 많다는 점을 아는 편집자들은 문단 하나에 그처럼 많은 메시지를 담아낼 수 없는 다른 국가의 뉴스보다 이스라엘의 이야기를 싣고 싶어 한다.

이스라엘에 관한 뉴스가 가지는 두 개의 측면을 생각할 때마다 나는 이스라엘 시인 예후다 아미하이(Yehuda Amichai)가 내게 들려준 그의 딸과 헤롯(Herod)의 무덤 이야기가 생각난다. 아미하이는 예루살렘의 예민 모셰(Yemin Moshe) 지역에 살고 있다. 그의 집과 킹 다비드 호텔 사이에는 작은 정원이 있는데, 정원 한가운데 돌로 만든 우물 같은 것이 있다. 사실 그것은 기원전 37년부터 4년까지 유대를 다스렸고 예루살렘의 위대한 건축물들을 세웠던 헤롯왕의 무덤이다. 어느 날 아미하이가 예루살렘의 집에 앉아 있는데 네 살 난 그의 딸이 뛰어 들어오더니 그에게 소리쳤다. "아빠, 아빠, 내 공이 헤롯의 무덤에 빠졌어요." 아미하이의 딸에게는 집 옆에 있는 그 작은 돌무더기가 그저 헤롯의 무덤이라고 불리는 또 다른 놀이터였던 것이다. 딸의 놀이터가 바로 역사적으로 중요한 의미를 지니는 명소인 바로 헤롯왕의 무덤이었던 것이다!

만일 초기 시온주의자들이 이스라엘의 성스런 땅 대신 우간다에 그들의 국가를 세우라는 영국의 제안을 받아들였다면 이스라엘로부터 오는 뉴스는 덜 흥미로운 것이었을지도 모른다. 그러나 유대인들은 완전히 예외적인 땅에 '보통' 국가를 건설하기를 택했다. 이 예외적인 장소는 종교적인 의미로 가득하고 지구상의 다른 어느 곳보다도 서구문명의 모든 희망 및 불안과 역사적으로 밀접히 관련된 곳이었다. 이렇게 특별한 땅으로 유대인들이 돌아옴으로써 엄청난 열정과 수많은 기억이 봇물처럼 터져 나온다. 서구의 많은 사람들에게 너무나도 중요한 사건이다. 이스라엘은 뉴스기사로서 예외적인 가치가 있을 수밖에 없다. 예루살렘에서 그러하고, 오늘도, 그리고 내일도 마찬가지가 될 것이다.

그러나 서구인들이 가지는 이스라엘에 대한 환상은 이야기의 절반에 불과하다. 미디어가 이스라엘에 크게 주목하는 이유는 단지 서구인들의 태도 때문만은 아니다. 이스라엘이 서방 미디어의 관심을 끌기 위해 때로는 미친 듯이 노력했기 때문이기도 하다. 이스라엘이 국가로서 탄생하던 날부터 이스라엘의 지도자들은 그들 국가의 특수한 성격에 세계가 주목해줄 것과 여타 민족국가와는 다른 기준으로 봐줄 것을 요청했다.

1947년 팔레스타인 분할이라는 대안을 고려하던 UN 앞에 국가를 원한다는 유대민족의 주장을 피력하는 어려운 임무를 수행했던 이스라엘의 정치가 아바 에반(Abba Eban)보다 이러한 점을 더 잘 이해했던 인물은 없었다.

에반이 당시를 회상했다. "우리의 주장을 편다는 일이 쉽지 않았습니다. 중동지역 전체가 우리를 거부했습니다. 우리는 아직 그곳에 도착하지도 않은 사람들의 국가를 건설하려고 하는 중이었습니다. 게다가 우리는 그곳에서 다수를 점하지도 못했습니다. 우리는 세계의 이목을 집중시켜야만 했습니다. 단순히 법률적인 주장에 의존할 수는 없었습니다. 우리로서는 가나처럼 주장할 수가 없었던 겁니다. 우리의 경우는 예외적이라는 것을 보여줘야만 했습니다. 따라서 우리는 이스라엘이 지니는 예외적인 성격을 주장의 기초로 삼았습니다. 유대민족이 겪었던 예외적인 고통과 유대민족이 가진 역사적, 종교적 유산이라는 측면에서의 예외적인 성격입니다. 사실상 우리는 성경의 이야기에 친숙한 기독교도들에게 호소하고 있다는 점을 잘 알고 있었고 이 점을 최대한 활용했습니다. 서사적인 수사법과 변론 속에서 우리는 여전히 희생자였습니다. 우리는 방침을 정했습니다. 유대 국가 건설을 논의하는 초기부터 이스라엘이 고대 유대의 도덕성을 대표한다는 점을 강조하기로 방침을 정했습니다. 일부 이스라엘 사람들은 (중동의 다른 나라들과) 전혀 다른 기준으로 평가받는다는 점에 관해 불평합니다. 그러나 세계는 우리가 스스로 세워둔 기준으로 우리를 평가할 뿐입니다. 사람들에게 우리가 왕과 선지자들의 후예라고 선언하고서는 집에 돌아와 '왜 세상 사람들은 우리가 시리아와 다르게 행동해야만 한다고 요구하는가?'라고 말할 수는 없습니다."

세계의 이목을 끌려는 노력은 이스라엘의 불안감에서 비롯되었다. 세계로부터 2천 년 동안 배척당하고 어느 사회에 가든 주변인으로 살아야 했던 정신적인 충격은 이스라엘의 역사의식에 깊이 내재한다. 외부세계가 자신을 바라보는 시각에 대해 언제나 조급함을 느끼는 이유다. 이스라엘은 주목받고 사랑받고 동경의 대상이 되며 외로움에서 벗어나고자 한다. 세계가 자신의 옆구리를 팔꿈치로 툭 치며 이렇게 말해주기를 바란다. "맞아요. 우리는 당신을 보고 있어요. 당신이 그곳에 있다는 것을 알고 세계의 일부라는 점을 인정합니다." 이스라엘 외무부 직원들은 이탈리아 외무장관이 처음으로 이스라엘을 방문했을 당시의 이야기를 언급하는 일을 언제나 즐긴다. 이탈리아 외무장관이 알리탈리아(Alitalia) 항공사의 비행기에서 벤구리온 공항의 활주로에 내려와서는 곧장 공항의 기자회견장으로 향했다. 어느 다혈질의 기자가 바로 그에게 질문을 던졌다. "장관님, 우리나라를 좋아하시나요?"

특파원의 임기를 모두 마치고 작년 예루살렘을 떠날 때 거의 글을 읽지 못하는 상품 운반원에서 자동차 렌탈 회사의 여성까지 내가 만났던 사람들은 모두 이스라엘에서의 체류가 즐거웠는지 물었다. 그저 지나가는 인사가 아니라 진정으로 염려하는 질문이었다. 내가 즐거웠다고 대답하면 그들은 곁눈으로 나를 바라보면서 히브리어로 다시 물었다. "베메트(Bemet, 진심인가요)?"

존 오코너 추기경과 같은 세계적으로 명망 있는 인사가 이스라엘을 방문해서 대통령과 '공식적'으로 만나기를 거부하는 것만큼 이스라엘 사람들을 괴롭게 만드는 일은 없다. 유대 국가를 세운 것은 결국 유대인들이 세계 정치의 커다란 드라마 속에 스스로를 부각시켜 더 이상 주변인이 되지 않겠다는 의미였다. 세계적으로 유명한 인물들, 특히 제인 폰다(Jane Fonda) 혹은 프랭크 시나트라(Frank Sinatra) 같은 이교도 인사들이 이스라엘을 찾아와 그들의 국가를 인정한다는 것을 보여주는 일보다 이스라엘 사람들을 더 기쁘게 하는 일도 없다. 예루살렘에서 열리는 테니스 토너먼트에서 이스라엘에서 성장한 테니스 챔피언 아모스 만스도르프(Amos Mansdorf)가 지미 코너스(Jimmy Connors) 같은 선수와 사이좋은 모습을 연출하는 모습을 보면서 이스라엘 사람들은 특별한 즐거움을 느낀다. 스탠드에 앉은 사람들이 이런 말을 하는 것을 들을 수 있을 것이다. "저기 봐. 우리도 그들 중 하나야!"

이러한 선천적인 불안감과 미국에 대한 거의 전면적인 경제의존을 함께 고려해본다면 이스라엘이 왜 서구의 미디어 특히 미국의 미디어에 비치는 스스로의 모습에 그렇게 집착하는지 이해할 수 있다. 이스라엘 사람들과 이야기를 나누다 보면 그들은 미국 사람들이 모두 텔레비전 옆에 투표함을 갖다 두고 저녁뉴스 기사가 하나씩 나올 때마다 여전히 이스라엘을 좋아하는지의 여부에 관해 투표를 할 것이라는 상상을 하는 듯한 느낌을 받는다. 어느 이스라엘 고위관리는 이렇게 말하기도 했다. "이스라엘 사람들은 미국이 이스라엘에 대한 찬반으로 시간을 모두 보내는 나라라고 확신합니다."

『뉴욕타임스』 특파원이었던 나는 이스라엘 사람들이 가진 미국 언론에 대한 집착의 수혜자이자 피해자였다. 혜택의 측면을 보면, 이스라엘 관리들은 한 사람도 빠짐없이 내 전화에 응해줬고 요청만 하면 48시간 이내에 수상을 비롯한 누구든 만날 수 있었다. 부정적인 측면은 내가 쓴 모든 기사를 사람들이 율법서의 오타를 검사하는 편집자처럼 샅샅이 읽었다는 점이다. 내가 쓴 기사 내용에 동의하지 않는 독자들이 보내는 항의 메일의 논조는 아동 성추행범이나 나치 전범에게나 사용할 만한 수준이었다. 그중에서도 가장 무례한 항의 메일을 보낸 어떤 독자는 편지를 언제나 '카포(Kapo)에게'라고 시작했다. 나치가 운영했던 죽음의 수용소 안 시체 소각실에서 일하던 사람들을 일컫는 용어다.

내가 『뉴욕타임스』에 쓴 기사에 잘못된 점이라도 있을 경우 이를 바로잡으려는 이스라엘 사람들의 반응이 내게 오는 시간은 며칠이 아니라 몇 시간 혹은 몇 분이었다. 1984년 7월의 선거가 끝난 후 이스라엘 정부가 내각을 구성하자, 상냥한 나의 조수 모셰 브릴리안트(Moshe Brilliant)가 전화로 뉴욕에 새로운 내각 명단을 불러줬다. 명단은 밤늦게 공개됐는데 마감 직전이었다. 모셰는 전화기를 들고 총리를 시작으로 새로운 장관들의 이름을 불러나갔다. 종교부장관의 이름을 부를 차례가 됐을 때 모셰가 말했다. "경험 많은(veteran) 민족종교당(National Religious Party) 지도자인 요세프 부르그……." 뉴욕에서 모셰의 말을 받아 적은 사람이 '베테랑'을 '베두인'으로 잘못 알아들었다. 내각 명단이 신문에 실렸다. '베두인 족 출신으로 민족종교당 지도자인 요세프 부르그'라고 나왔던 것이다. 부르그가 정통파 유대인이었다는 점을 고려한다면 이보다 더 큰 실수는 있을 수 없을 정도였다. 『뉴욕타임스』 초판이 배포되기 시작한 시간은 오후 약 11시경이었다. 오후 11시 1분, 누군가가 부르그에게 전화를 했고 오후 11시 2분에 부르그 혹은 그의 보좌관이 『뉴욕타임스』에 전화했다. 오후 11시 3분에는 내각 명단이 수정됐다. 다음 판부터는 수정된 명단이 나갈 것이었다.

놀랄 일도 아니지만 이스라엘은 해외에서 자국의 이미지를 알리고 보호하기 위해서 유별난 노력을 기울인다. 이스라엘 외교부는 매년 거의 100개에 달하는 글들을 프리랜서들에게 주문한다. 이스라엘 삶의 다양한 모습과 기술, 의학에 관한 글들이다. 외교부는 낙농업자를 위한 잡지로부터 대도시의 신문에 이르기까지 약 2,000개에 달하는 미국의 출판물에 이 글들을 배포한다. 외교부가 세운 기업인 이스라엘 방송국은 이스라엘의 다양한 이슈에 관한 라디오 쇼를 만든다. 때로는 히스패닉이나 흑인 혹은 일부 지역 등 특정한 청취자를 겨냥해서 만들기도 한다. 그리고 미국의 550개 라디오 방송국, 라틴 아메리카와 유럽 및 극동의 300개 방송국에 정기적으로 라디오 쇼를 공급한다. 이스라엘 정부는 자국의 과학과 농업 발전에 관련된 다양한 모습을 90초짜리 특별 뉴스 비디오로 제작해 민간 배급업자를 통해 미국 전역의 방송국에 배포한다. 지역 방송국들은 이렇게 배급된 프로그램들을 누가 제작했는지에 관해 언급하지 않고 그대로 방영하는 일이 많다. 나아가 외교부는 여론 형성에 커다란 영향을 미칠 수 있는 인물들을 매년 대략 400에서 500명가량 자체 비용으로 불러들여 이스라엘을 돌아보게 하고 돌아가서 글을 쓰거나 말하도록 한다. 저널리스트와 성직자, 노동조합 지도자, 학생 지도자, 도시의 시장들, 지역 정치가, 학자 등 미국 전역을 대상으로 한다. 미국의 이스라엘 대사관과 아홉 곳의 영사관에서는 크고 작은 해당 지역의 모든 신문과 텔레비전 뉴스를 면밀하게 지켜본다. 만일 '적대적인' 기사 혹은 사설이 있을 경우 대사관이나 영사관 직원이 해당 언론기관의 편집자를 직접 만나고 지역의 유대인 단체 운동원들로 하여금 편집자에게 편지나 반박문을 쓰도록 독려한다. 때로는 이러한 편지가 쇄도하는 경우도 있다.

예루살렘에서는 공보부가 모든 이스라엘 신문들의 주요 기사와 사설을 영어로 번역해 제공함으로써 외국에서 온 특파원들이 이스라엘에서 일어나는 모든 뉴스를 알 수 있도록 한다. 정부에 우호적이거나 적대적인 소식을 모두 포함한다. 심지어는 특파원들의 개별 컴퓨터로 직접 전송하는 방식으로 뉴스를 배포하기도 한다. 나아가 이스라엘에 주재하는 주요 특파원과 주재 기자들은 '골렘(golem)'이라는 별명이 붙은 전화 시스템에 연결되어 있다(유대의 민간신화에 의하면 골렘이란 인위적으로 창조된 인간이다). 이스라엘 공보부는 골렘을 통해서 외신기자단 전체를 대상으로 언제라도 동시에 전화를 걸어 총리의 스케줄은 물론 누군가 방금 버스를 탈취했다는 군 대변인의 발표까지 전달할 수 있다.

이스라엘 공보부 대변인은 어느 날 새벽부터 해가 질 때까지 외신기자들에게 브리핑을 하고 난 후 이렇게 말했다. "현실을 받아들이자고요. 우리는 매일 아침 세계를 대상으로 스트립쇼를 하고 있잖아요."

이스라엘에 관한 언론의 엄청난 주목은 이스라엘과 팔레스타인 사람들이 스스로에 관해 생각하는 방식, 그리고 서구의 텔레비전 시청자나 뉴스 독자들이 팔레스타인을 둘러싼 갈등을 바라보는 시각에 깊은 영향을 끼쳐왔다.

미디어가 이스라엘에 관한 뉴스에 주목하는 현상이 너무 과도해서 시청자와 독자들이 팔레스타인과 이스라엘의 갈등을 이해할 수 있는 능력은 완전히 왜곡되어버렸다. 이스라엘과 팔레스타인 사람들이 관련된 행위와 대응, 그리고 선언 등은 현장에서 가지는 영향력에 비해 심하게 과장되는 듯하다. 이런 상황 때문에 오직 텔레비전과 인쇄 미디어의 왜곡된 렌즈를 통해서만 갈등을 바라보는 서구인들은 모든 행위, 그리고 선언들이 실제로 가지는 것보다 훨씬 큰 영향을 미칠 것이라고 기대한다.

이런 경향은 인티파다에 관한 보도에서도 명백히 드러났다. 이스라엘과 점령지역에 관해 몇 달 동안 본 것이라고는 요르단 강 서안과 가자지구의 팔레스타인 사람들이 돌을 던지고 이스라엘 군인들에게 구타당하는 모습이 전부인 서구인들은 이런 모습이 현지 삶의 모든 것이라는 인상을 받았다. 많은 시청자들이 스스로에게 이렇게 이야기했을 것이라고 나는 확신한다. "맙소사. 이것은 전쟁이군. 도대체 이스라엘은 어떻게 이런 봉기를 하루라도 더 참을 수가 있단 말인가?"

어떤 마을에서 이스라엘 병사들이 돌을 던지는 사람들과 충돌하고 있는 동안 요르단 강 서안의 대부분 다른 마을에 거주하는 팔레스타인 사람들은 이스라엘로 일하러 간다는 것을 카메라는 보여주지 않는다. 1988년 봄 인티파다에 관한 보도가 미국의 텔레비전을 뒤덮고 있을 당시 수천 명의 이스라엘인들이 매일 저녁 텔아비브 박람회장을 찾아 페리스 대회전 관람차를 타고 솜사탕을 먹었으며 이스라엘의 건국 40주년을 축하하는 문구가 쓰인 박람회의 개별 전시실을 구경했다는 사실 역시 카메라는 보여주지 않았다. 서방에서는 인티파다가 이스라엘을 불구덩이로 만든 봉기로 비쳐졌다. 텔레비전을 통해 방영된 것이라곤 오직 그런 모습뿐이었기 때문이다. 그러나 이스라엘과 팔레스타인 사람들은 언제나 봉기의 실상을 정확히 알고 있었다. 그들에게는 인티파다가 삶의 한 부분이지 삶 자체가 아니었다. 인티파다는 때로 인명의 살상에까지 이르는 간헐적인 '충돌'이었다. 일부 사람들의 삶을 뒤흔들어놓은 것은 사실이지만 수많은 다른 사람들의 삶에는 아무런 영향도 미치지 않았다.

미국에 올 때마다 미국의 미디어가 팔레스타인과 이스라엘 사이의 갈등에 대해 사태의 시시콜콜한 변화까지 들춰내며 과도하게 보도하는 것을 봐왔던 요르단 강 서안 전문가 메론 벤베니스티는 며칠이 지나면 언제나 이스라엘로 돌아가야겠다고 내게 말하곤 했다. 벤베니스티는 이렇게 불평하곤 했다. "당신네 텔레비전에서 방영하는 보도는 제가 알고 있는 그곳의 현실과 전혀 부합하지 않습니다. 저는 마치 수직으로 세운 경기장에서 테니스 경기를 하는 모습을 지켜보는 느낌입니다."

이와 같은 언론의 주목은 팔레스타인 사람들에게 축복이자 저주였다. 그들의 적이 공교롭게도 유대인이고 전투가 벌어지는 장소가 성스런 곳이라는 두 가지 측면은 서구인들의 시각에서 매우 중대한 문제이기 때문에 팔레스타인 사람들은 세계의 다른 난민들이나 민족해방운동이 상상할 수 없을 정도로 언론의 주목을 받았다. 팔레스타인 사람들에게 축복이다. 팔레스타인 사람들은 유대인을 주연으로 하는 거대하고 오랜 역사 드라마에서 조연을 맡는 커다란 행운을 가질 수 있었다. 주연으로 출연하는 유대인은 드라마의 시즌이 바뀔 때마다 고통받는 햄릿에서 리어왕, 그리고 골리앗으로 변신을 거듭했다. 패배한 다른 민족들은 시간이 지남에 따라 사람들의 기억에서 사라졌지만 팔레스타인 사람들은 언제나 자신의 목소리를 세계에 전달할 수 있었음을 의미한다. 만일 팔레스타인 사람들의 적이 불운하게도 유대인이 아니었다면 그들의 대의는 서방에 알려지지 않았을 것이었다. 터키를 상대해야만 했던 아르메니아 사람들 혹은 (제1차 세계대전 후 연합국들로부터 독립국을 약속받았지만) 결국 이라크인이 되어야만 했던 쿠르드 족의 운명과 같았을 것이다.

서방의 텔레비전 카메라들은 팔레스타인 사람들이 던지는 돌을 촬영하기 위해 모여드는 것이 아니다. 그들은 유대인의 곤봉을 찍으려는 것이다. 이스라엘 텔레비전의 아랍문제 전문기자 에후드 야리가 언젠가 알 아마리(al-Amari) 난민촌에서 목격했던 일이다. 이스라엘 군인들이 팔레스타인 사람들을 결국 어쩔 수 없이 구타하기 시작하는 장면을 기다리면서 말 그대로 몇 시간을 난민촌 주위에서 기다렸다. 팔레스타인 사람들과 인터뷰를 하기 위한 것이 전혀 아니었다.

"이스라엘 병사들은 멀리 서서 성난 팔레스타인 시위 군중을 바라보고 있었습니다. 시위대는 돌멩이와 유리병, 화염병을 던졌습니다. (미국 방송국의) 카메라맨들과 현장에서 진압을 책임졌던 장교와의 대화가 들렸습니다. 장교가 말했어요. '우리는 시위대 쪽으로 다가서지 않을 겁니다. 당신들이 기다리는 그런 일은 없을 겁니다.' 카메라맨이 말했습니다. '분명 시위대를 향해 병사들을 보낼 수밖에 없을걸요. 어차피 그렇게 될 일이니 당장 보내는 편이 나을지도 모릅니다.' 누구나 장교의 역할을 잘 알고 있었습니다. 결국 병사들이 시위대를 쫓아가기 시작했습니다. 폭동에 참가했다가 도망간 사람들을 체포하기 위해 가정집에 침입하는 순간 주변을 지키던 모든 카메라가 돌기 시작했습니다." 야리의 말이었다.

팔레스타인 사람들이 유대인이 아니라 다른 아랍인들에게 피해를 입거나 팔레스타인인들끼리 피해를 줄 경우 서방 언론은 그들의 운명에 별다른 관심을 기울이지 않았다. 지난 몇 년 동안의 신문기사를 대충 읽어보기만 해도 명백한 일이었다. 1982년 베이루트의 사브라와 샤틸라 난민촌에서 벌어진 학살에 이스라엘이 간접적으로 관련됐을 때 그 소식은 몇 주 동안 1면을 장식했다. 그러나 1985년에서 1988년 사이의 기간 동안 레바논 시아파가 팔레스타인 사람들을 살해하는 일에 직접 관련되었다는 소식은 거의 뒷면에나 실리는 기사였다. 때로는 전혀 다뤄지지도 않았다. 3년이라는 기간 동안 3,000명의 팔레스타인 사람들이 살해됐고, 그중에는 빵을 사러 나가다가 저격수의 총탄에 살해된 여인, 그리고 식량으로 삼을 개가 떨어져서 굶어죽은 사람들도 있었지만 언론의 태도는 마찬가지였다.

이스라엘에 주재하는 기자들의 숫자가 많다는 사실 역시 이스라엘이 팔레스타인 사람들을 상대로 사용하는 폭력을 제한했다. 요르단 강 서안에 근무하는 어느 이스라엘 대령은 요르단 강 서안과 가자지구 사람들을 다루는 데 텔레비전이 미치는 영향을 묻는 나의 질문에 대단히 단도직입적으로 대답했다.

"저는 레바논 남부에서 주둔했었습니다. 그곳에서 저는 거의 전능하신 하느님이었습니다. 누군가의 집을 날려버리기 전에 스스로에게 묻는 질문은 단지 다이너마이트를 50킬로그램 사용할 것인지 25킬로그램만 사용할 것인지였습니다. 이곳 요르단 강 서안에서는 아무리 작은 작전을 하더라도 열 명에게 설명을 해야만 합니다." 대령이 말했다.

요르단 강 서안의 이스라엘 군 고위 사령관은 부하들에게 다음과 같이 구체적으로 지시한다고 말했다. "텔레비전 카메라가 옆에 있을 경우 누구도 구타하지 말라. 이미 누군가를 때리고 있는데 카메라가 보이면 중단하라. 동료가 누군가를 구타하고 있는데 카메라가 보이면 동료를 말려라." 고위 장교의 말이 이어졌다. "보세요. 저의 부하들이 팔레스타인 마을에서 그들과 뭔가 합법적이지 않은 일에 연루된다고 하더라도 저는 그저 지나칠 수 있습니다. 부하가 하는 일이 마음에 들지 않더라도 지나칠 수 있다는 뜻입니다. 그러나 만일 카메라가 그곳에 있다면 지나칠 수 없습니다. 결코 그런 일은 없습니다."

그러나 그들의 적이 유대인이라는 사실 때문에 팔레스타인 사람들이 받는 언론의 주목은 엄청난 좌절과 혼란의 원인이기도 했다. 서구 사람들이 그들에 관해 많은 이야기를 하지만 팔레스타인 사람들에게 공감하지는 않는 것 같았기 때문이다. 서방은 정반대로 유대인들에게 진정으로 공감하는 것 같았다. 때로는 유대인들에게 분노하고 때로는 공감했지만 서구인들의 감정은 대체로 유대인들에 관한 것으로 보였다. 세상 사람들이 그들에 관해 이야기를 하지만 공감하지는 않는다는 것은 극히 좌절감을 안겨주는 일일 수 있다.

어느 날 나는 UN 팔레스타인난민구제사업기구(United Nations Relief and Works Agency for Palestine Refugees, UNRWA)가 가자지구에서 운영하는 레말(Remal) 보건소를 찾아 그곳 여성들이 자녀와 출산을 어떻게 생각하는지에 대해 대화를 나눴다. 주니 유세프 알 와히디(Zuhni Yusef al-Wahidi) 박사의 안내로 분만실 주변을 돌아보다가 나는 출산한 지 얼마 되지 않는 산모들과 인터뷰를 하기 위해 몇몇 침대 옆에 멈춰 섰다. 어느 산모와 이야기를 나누는

데 멀찍이 서 있던 중년의 팔레스타인 간호사가 짧게 끊어지는 아랍어를 쏟아내면서 갑자기 내게 질문을 던져왔다.

"어디서 오셨죠?" 눈살을 찌푸리며 간호사가 물었다.

"미국에서 왔습니다." 내가 대답했다.

"그래요? 그럼 제게 말씀해주실 수 있으시겠어요? 독일인들이 유대인을 살해할 때는 사람들이 모두 비명을 질렀는데, 우리가 이스라엘인들에게 죽어가는데 왜 세계는 우리더러 살인자라고 하는 겁니까?" 이어지는 그녀의 말이었다.

간호사의 질문은 분명 마음속 깊은 상처에서 나온 것이었다. 그녀 스스로 오랫동안 품어온 불만이었다. 누가 그녀를 탓할 수 있을 것인가? 산모의 침대 난간에 한 손을 얹고 다른 손으로는 수첩을 쥔 채 그곳에 서 있던 나는 그녀에게 설명해주고 싶었다. 세계가 두 사안을 다르게 취급하는 것이 이스라엘의 대의가 팔레스타인 사람들의 그것보다 도덕적으로 우월해서가 아니며 미디어의 음모와도 아무런 관계가 없다는 것을 알려주고 싶었다. 팔레스타인 사람들이 단지 성경이라는 슈퍼스토리의 일부가 아니기 때문이라는 점을 설명하고 싶었다. 누구의 경험이 사람들의 주목을 받고 누구의 경험이 무시될지, 그리고 누구의 아픔이 전해지고 누구의 아픔이 무시될지를 결정하는 것은 슈퍼스토리라는 점을 알려주고 싶었다. 팔레스타인 사람들이 아무리 노력한다고 하더라도 또한 심한 고통을 당하더라도 서구인들의 공감을 얻는 데서 유대인들과 결코 경쟁할 수 없다는 점을 설명하고 싶었다.

이와 같은 사례는 신문에서 매일 발견된다. 1988년 11월 알제에서 개최된 팔레스타인 민족평의회 회합에서, 1985년 이탈리아 유람선 아킬레 라우로(Achille Lauro)호의 납치를 계획했던 팔레스타인 게릴라 지도자 무하마드 압바스(Muhammad Abbas)는 서방 기자들의 질문공세에 시달렸다. 뉴욕에 거주하는 69세의 유대인으로 휠체어에 의존하는 승객이었던 리언 클링호퍼(Leon Klinghoffer)를 그의 부하들이 살해한 사건에 대해 후회하느냐는 질문이었다. 질문공세에 격분한 압바스가 결국 기자들을 향해 내뱉듯이 말했다. "팔레스타인 희생자와 순교자들의 이름 역시 클링호퍼만큼이나 잘 기억되기를 저는 바랍니다. 이스라엘의 독가스로 죽어간 팔레스타인 사람 열 명의 이름을 아십니까? 진압으로 살해된 열 명의 임산부들 이름을 기억하십니까?"

1982년 여름 이스라엘 군대가 PLO를 베이루트에 몰아넣었을 때 팔레스타인 문제는 세계 언론의 헤드라인을 장식했다. 당시 『댈러스타임스헤럴드』의 특파원이었던 나의 동료 빌 배럿은 코모도어 호텔에서 텍사스의 외신 편집자로부터 텔렉스를 받았다. 텔렉스에는 이렇게 적혀 있었다. "팔레스타인 사람들은 왜 팔레스타인으로 돌아갈 수 없는가? 서류 문제 등이 있는 것인가?"

빌은 한 문장으로 질문에 답했다. "왜냐하면 그들의 어머니가 유대인이 아니기 때문입니다."

후일 빌이 말해준 바에 따르면 편집자는 그의 답변에 더욱 혼란스러움을 느꼈던 모양이었다. "외신 편집자가 팔레스타인 문제에 관해 그렇게도 아는 바가 없다는 사실에 저는 다소 놀랐습니다. 그가 알지 못한다는 사실이 미국 일반대중의 무지를 반영한다는 점을 고려하더라도 그렇습니다. 몇 달 후 그 편집자는 신문사를 그만두고 언론계를 완전히 떠나 부동산 중개업자가 되었습니다." 빌의 말이었다.

이스라엘의 전임 UN 대사였던 베냐민 네타냐후(Benjamin Netanyahu) 역시 비슷한 맥락의 이야기를 내게 들려줬다. 테드 코펠(Ted Koppel)이 진행하는 시사대담 프로그램 「나이트라인 Nightline」에 출연해 아랍 대사와 논쟁을 했던 일이었다. 잘생긴 서구적 용모를 지녔으며 MIT에서 교육받았고 완벽한 영어를 구사하는 네타냐후는 아랍 대사와 워싱턴에 위치한 스튜디오에 함께 있었지만 텔레비전 화면이 둘로 나뉘어 두 사람을 각각 비췄다. 두 사람은 지금까지 많이 해오던 말들을 주고받았다. 네타냐후가 당시를 회상했다. "대담 프로그램이 끝난 후 저는 스튜디오를 떠나려고 자리에서 일어났습니다. 그런데 카메라맨 한 사람이 저에게 다가오더니 이렇게 말했습니다. '당신이 이겼어요.' 제가 말했죠. '어떻게 아십니까?' 카메라맨이 말했습니다. '프로그램이 시작하기도 전에 당신이 이미 이겼어요.' 제가 다시 물었습니다. '무슨 뜻인가요?' 그가 말했습니다. '보세요. 당신들 두 사람은 모두 성(姓)이 우스꽝스럽습니다. 그런데 당신 이름은 벤저민이고 저 사람은 압둘라잖아요. 이미 끝난 게임입니다.'"

(이스라엘이 팔레스타인 사람들에게 하는 행동에 대해 가장 일관되고도 깊이 불편함을 느끼는 듯한 사람들은 유대계 미국인들이다. 그러나 그들의 걱정은 팔레스타인 사람들에 대한 것이 아니라 유대 국가로서의 이스라엘이 어떻게 되어가느냐다.)

이스라엘에 관한 서구언론의 과도한 관심은 다른 측면에서도 팔레스타인 사람들에게 재앙이다. 언론의 주목은 팔레스타인 사람들로 하여금 그들의 힘이 실제보다 훨씬 크다고 생각하도록 만들었고, 지도자들이 시간이 그들의 편이라고 확신하도록 하는 결과를 가져왔다. 만일 당신이 야세르 아라파트라고 생각해보자. 『타임』 매거진의 편집차장이 전용 제트기에서 당신과 인터뷰하기 위해 몇 주 동안 쫓아다닌다. 상황이 이렇다면 당신이 스스로를 권력을 가진 중요한 인물이라고 느끼지 않을 수 있을까? 서구의 독자와 시청자들이 공감할 수 있도록 여러 차례에 걸쳐 팔레스타인의 이야기를 들려준다면 이스라엘이 결국 할 수 없이 팔레스타인 사람들에게 국가를 제공하도록 강제할 수 있고, 당신이 실제로 전쟁을 하거나 팔레스타인 문제 해결을 위한 실질적인 양보를 할 수 있는 상황이 올 것이라고 느끼지 않을 수 있을까? 이야기를 만들어내는 것은 쉽고 때로는 재미있기도 하다. 그러나 현실을 변화시키는 것은 어렵고 고통스러우며 위험하다. 아무도 가짜 총탄을 사용하지 않으며 위험한 연기를 대신해줄 스턴트맨이 전혀 없는 중동이라는 무대에서는 더욱 그러하다.

이스라엘의 정책결정자들 역시 팔레스타인 사람들만큼이나 그들에게 향한 언론의 주목에 영향받아왔다. 한편으로 외국 미디어의 존재는 이스라엘로 하여금 그들의 점령이 가지는 실질적인 폭력성을 돌아보지 않을 수 없도록 만들었다. 인티파다 초기 몇 달 동안 이스라엘 방송은 요르단 강 서안과 가자지구에서 팔레스타인 사람들을 곤봉으로 내리치고 그들에게 발포하는 이스라엘인들의 모습을 방영하는 미국 텔레비전 방송의 화면을 여러 차례 내보냈다. 점령지역에 배치한 미국의 네 개 방송국 직원이 이스라엘 텔레비전 방송국의 기자들보다 더 많았기 때문이다(아무리 적게 잡아도 10여 명은 더 많았다). 점령지역에 미국 미디어가 없었더라면 인티파다가 진행되는 과정에서 일어났던 가장 걱정스러운 장면들 중 몇몇은 전혀 기록되지 못했을 것이다. 네 명의 이스라엘 군인들이 나블루스에서 시위하던 두 명의 팔레스타인인들을 40분 동안 돌로 구타하던 장면을 기록한 1988년 2월 26일 CBS 뉴스가 대표적인 사례다.

다른 한편으로 세계 언론의 주목을 받고 있으며 전 세계가 그들을 평가한다는 사실을 언제나 의식하는 이스라엘의 대변인과 지도자들은 봉기가 일어나게 된 근본적인 정치적 원인을 해결하려고 하기보다는 왜 이스라엘이 팔레스타인 사람들을 그렇게 다루고 있는지를 설명하는 데 시간과 노력을 들였다. 이스라엘 지도부는 언론의 주목을 가져온 현실보다는 언론의 주목 자체에 더욱 집착하는 경우가 많았다. 이는 대단히 위험한 일이다. 무대 위에서 자신의 대사를 말하는 연기자는 결코 편안하고 비판적인 시각으로 자신을 돌아볼 수 없고 정직하고 의미 있는 방식으로 스스로의 단점을 고쳐나갈 수 없기 때문이다.

때로는 이스라엘 정부 관리들이 과도하게 그들의 판에 박힌 주장을 반복하는 데 집착한 나머지 그들이 하는 말이 얼마나 위선적으로 들리는지 알지 못했다. 1988년 2월 28일 인티파다가 정점에 도달했을 즈음 나는 오후 1시 이스라엘의 소리 방송에서 흘러나오는 영어 뉴스를 듣고 있었다. 아나운서는 천연덕스럽게 다음과 같은 기사를 읽었다.

"나블루스 남쪽 마을 부린(Burin)에서 오늘 폭동이 일어났습니다. 마을로 출동한 이스라엘 군의 순찰차는 마치 우박처럼 쏟아지는 돌을 맞았습니다. 공중을 향한 경고사격과 고무총탄으로도 군중을 해산하는 데 성공하지 못하자 순찰대의 책임자는 시위대의 '다리'를 향해 발포하라는 명령을 내렸습니다. 그 결과 시위자 한 명이 '목'에 총탄을 맞고 사망했습니다(강조는 필자의 것이다)."

1967년 전쟁 이후 이스라엘이 서방의 사랑을 받을 당시 이스라엘의 지도자들과 미국의 유대인들은 '영웅적인 작은 국가'에 대한 기사가 너무 많아 다 읽지도 못할 정도였다. 당시 이스라엘에서는 이와 같은 언론의 주목에 관해

단 한 사람도 불평하지 않았다. 20년 후 레바논과 요르단 강 서안에서 이스라엘의 행동이 부정적으로 묘사되는 일이 많아지자 이스라엘 사람들은 외국 언론에 대해 목소리를 가장 높이는 비판자가 됐다. 그들은 물었다. 왜 우리냐? 이처럼 과도하게 언론이 주목하는 이유가 무언가? 이스라엘에서는 외국 언론이 유대 국가에 대해 대단히 부정적인 편견을 갖는 이유에 관한 공개 토론회와 학술회의가 끝없이 개최된다. 마치 이스라엘이 하는 행동과는 아무런 관련이 없고 오직 외국 언론이 문제라는 듯한 모습이다.

오늘날 이스라엘의 행동에 관해 평가를 내리는 언론의 집중적인 주목을 더 이상 참아내기 힘들다고 느끼는 이스라엘 지도자들이 늘고 있다. 그러나 그들에게 요르단 강 서안과 가자지구의 비참한 현실을 치유하려는 의도는 없다. 이스라엘 지도자들은 서구언론의 따가운 눈초리에서 벗어나 점령지역의 현재 상태를 유지할 수 있도록 스스로를 가릴 수 있는 차단막을 찾는다. 그 차단막은 홀로코스트라고 부른다. 홀로코스트의 차단막 뒤에 숨어서 이스라엘인들은 세계를 향해 소리친다. "당신들은 우리를 평가할 권리가 없다. 우리는 아우슈비츠의 희생자들이다. 꺼져라! 꺼져버려라!"

인티파다가 발발하고 서방의 방송국들이 이스라엘의 폭력성에 초점을 맞추기 시작한 직후 이츠하크 샤미르 총리가 언급한 말은 이와 같은 정서를 그대로 보여준다. 팔레스타인 사람들과 마찬가지로 샤미르 역시 연기할 수 있는 역할이라고는 단 하나 리어왕뿐이었다. 어느 날 기자들이 팔레스타인 사람들에 대한 이스라엘의 대응에 관해 질문하자 샤미르는 기자들에게 고함을 쳤다. "우리에게는 죽이는 일이 허용되지 않습니다. 그들을 추방하는 것도 허용되지 않습니다. 그들을 때리는 것 역시 허용되지 않습니다. 여러분들 스스로에게 질문해보십시오. 도대체 우리에게 허용된 것은 무엇입니까? 우리에게 허용된 것이라고는 살해당하고 부상당하고 패배하는 것뿐입니다." 샤미르는 훗날 이렇게 덧붙였다. "우리에게는 전 세계에 '친구'들이 아주 많습니다. 그 '친구'들은 우리가 죽고 부상당하고 짓밟히고 억압받는 모습을 보고 싶어 합니다. 그래야만 불쌍한 유대인들을 동정하는 것이 가능하기 때문입니다. 이 나라에서 유대인들이 죽임을 당할 경우 UN이 그 문제를 논의할까요? 이제까지 그런 적이 없습니다. 우리는 누군가의 동정을 받고 싶지 않습니다. 우리의 삶을 위해 투쟁하고자 합니다."

최근 몇 년간 그들의 나라가 노르웨이처럼 언론에 보도되기를 바란다고 말하는 이스라엘 사람들이 많아졌다. 심지어는 시리아처럼 보도되기를 바란다고 말하기도 한다. 이들은 프랑스 철학자 몽테스키외의 유명한 말을 언급한다. "역사의 기록이 공백인 국민이 복될지어다." 인티파다가 시작되고 1년 정도 지나자 그들의 희망이 이루어지는 듯한 징조가 보였다. 10세와 11세의 팔레스타인 아이들이 벌인 시위를 해산하는 과정에서 이스라엘 군대가 3세짜리 남자아이에게 총격을 가했다는 뉴스가 이제는 서구인들에게 너무 지겨운 것이라서 신문의 작은 부분을 차지하게 된 것이다. 서구의 독자와 시청자들이 이제 유대인의 악행에 대해 관심을 잃어가는 것처럼 보였다. 만일 내가 이스라엘인이었다면 이처럼 주목받지 않고 넘어갈 수 있는 새로운 상황을 축하하기보다는 다시 한 번 생각해볼 것이다. 이스라엘이 팔레스타인에 가하는 억압이 더 이상 뉴스거리가 되지 않는다는 것은 서구인들이 이스라엘로부터 예외적인 무엇인가를 더 이상 기대하지 않는다는 의미이며 이스라엘 사람들 역시 스스로에게 무엇인가 예외적인 면을 기대하지 않는다는 뜻이다. 이는 이스라엘의 평판, 그리고 유대민족의 평판에서 대단히 본질적인 부분이 사멸했다는 신호일 뿐이다.

베이루트에서 예루살렘으로 가는 일이 베이루트에서 다른 어느 곳을 가는 것과 아무런 차이가 없어지는 그날은 이스라엘이 영원히 후회할 날이 될 것이다.

16장
미국과 이스라엘의 유대인들: 누가 누구를 동경하는가?

> 편집장님, 저는 다섯 달 전 이스라엘에 도착해서 아라드(Arad)의 세계유대인학생연맹(WUJS) 프로그램에 등록했습니다. 히브리어를 배우고 싶었고, 우리 민족의 역사와 전통, 문화, 종교에 관한 저의 지식이 너무도 일천했기 때문입니다. 타국을 떠돌면서 유대인이라는 정체성을 유지하는 일이 제게는 대단히 어렵게 느껴졌습니다. 그래서 적어도 이스라엘에서의 삶은 어떠한지 알아봐야겠다는 의무감이 들었습니다. 그런데 (14세에서 16세의 이스라엘) 고등학생들과 대화를 나누면서 저는 그들 모두의 꿈과 희망이 '미국에서 성공하는 것'이라는 점을 알게 되었습니다. 제가 느낀 슬픔과 당황스러움을 상상하실 수 있으신가요?……
> – 윌리엄 파인스톤(William H. Finestone),
> 「예루살렘 포스트 편집자에게 보내는 편지」, 1986년 12월 24일

어떤 사람들은 존 F. 케네디(John F. Kennedy) 대통령이 암살당한 날 자신이 어디에 있었는지 기억한다. 또 어떤 사람들은 우주왕복선 챌린저(Challenger)호가 추락하던 날 자신이 어디에 있었는지 기억한다. 내가 이스라엘을 발견한 날 내가 어디에 있었는지 나는 기억한다.

지도상에서 이스라엘을 발견했다는 의미가 아니다. 이스라엘이 나의 의식 속에 실제로 들어와 일종의 집착이 되었다는 뜻이다. 1967년 6월 6일이었다. 나는 미니애폴리스의 집 거실에 앉아 오후 5시 30분에 방영하는 CBS 저녁뉴스를 시청하고 있었다. 월터 크롱카이트(Walter Cronkite)가 6일 전쟁에서 이스라엘이 거둔 극적인 승리를 처음으로 보도했다. 이스라엘과 시나이 사막의 지도를 배경으로 앉아서 뉴스를 읽어나가던 그의 모습이 아직도 눈에 선하다.

히브리 학교를 다녔지만 그날이 오기까지 이스라엘은 내게 별다른 의미를 지니지 않았었다. 그러나 1967년 6월 6일 이후 나는 완전히 변했다. 많은 내 또래의 유대계 미국인들과 마찬가지로 이스라엘의 영웅적인 승리는 나를 순간적으로 압도했다. 나를 매료시켰고 유대인으로서의 나 자신에 대해 전혀 다르게 느끼도록 만들었다.

고등학교 시절 나는 여름방학을 하이파 남부의 하호트림 키부츠에서 항상 보냈다. 이스라엘에 가는 일이 참으로 흥분되는 시절이었다. 모든 것이 힘차게 움직였다. 경제가 상승일로에 있었다. 수에즈운하에서 이집트와의 지루한 소모전이 진행되기는 했지만 이스라엘 청년들의 뺨에는 여전히 승리의 기쁨으로 인한 홍조가 가시지 않았다. 이스라엘의 모든 사물이 실제보다 더 커 보이던 시절이었다. 모든 병사는 영웅이었고, 정치가들은 모두 오로지 국가를 위해 복무하는 지도자였다. 아가씨들마저 모두 매력적으로 보일 정도였다. 키부츠의 내 나이 또래 10대들은 시나이를 둘러보러 다니고 골란으로 하이킹을 갔으며 지중해 해변에서 긴 오후를 즐겼다. 나는 그들에게 야구를 가르쳐줬고 그들은 내게 이스라엘 공군의 다양한 전투기를 식별하는 방법을 가르쳐줬다(훗날 내가 베이루트에 가게 되었을 때 매우 유용하게 써먹은 지식이었다). 키부츠는 각지에서 온 길 잃은 유대인들로 가득했다. 일부는 유럽에서 다른 일부는 미국에서 그들은 자기 자신을 찾기 위해 이스라엘로 모여들었다. 이들은 일종의 외인부대를 형성했다. 그들 중 대다수는 여름 한 시즌을 이스라엘에서 보내고 다시 돌아오지 않았다. 그러나 나는 그곳에 사로잡혔다. 내가 무엇을 찾고 있었는지 확실치는 않지만 나는 그곳에서 무언가를 찾았던 것이다.

1967년 여름 이후 이스라엘에서 나를 맞아주던 사람들은 언제나 내게 어려운 질문을 던져왔다. "그럼 언제 이스라엘로 이주하는 거지? 미국에서 네가 할 일이 뭐가 있어? 네가 있어야 할 곳은 바로 여기야."

나는 언제나 우물쭈물하면서 이런 어려운 질문에서 빠져나오곤 했다. 주변에 호수가 많은 미니애폴리스가 얼마나 아름다운 곳인지 아느냐는 이야기로 둘러댄 적이 많았다. 이스라엘의 존재로 인해 유대계 미국인이라는 사실이 즐거웠다. 이스라엘은 내 마음속에 자부심을 불어넣었고 당당하게 고개를 들도록 만들었다. 그러나 이스라엘 국적을 갖는 것 자체가 내게 끝이 될 것인지에 관해서는 언제나 확신하지 못했다.

그리고 10년이 흘렀다. 학부와 대학원을 마치고 결국 저널리즘 직업을 갖게 되었으며 갑작스럽게 『뉴욕타임스』 특파원 자격으로 1984년 이스라엘로 돌아왔다. 그러나 1984년 봄 베이루트에서 예루살렘까지 자동차로 이동하면서 본 이스라엘은 내가 어릴 적 본 나라와는 매우 달랐다.

이스라엘에 도착했을 당시 나는 보나마나 또 듣게 될 질문에 대비했다. "그럼 언제 이스라엘로 이주한다는 겁니까?" 그러나 그 질문은 한 번도 듣지 못했다. 대신 다른 질문이 날아왔다. "그럼 언제 미국 영주권을 내가 받을 수 있는 겁니까?" "뉴욕 시에서 사는 건 어떤가요?" "제가 로스앤젤레스에서 일자리를 정말 구할 수 있을까요?"

이와 같은 질문을 수도 없이 받고서 생각해보니, 1967년 전쟁 직후의 열광적인 시절 이후 상당수의 이스라엘 사람들이 미국에 관해 근본적으로 다른 시각을 갖게 되었다는 점이 명백했다. 결국 이스라엘은 다음과 같은 명제를 기초로 건설된 나라였다. 디아스포라(Diaspora, 바빌론 유수 이후 유대민족이 세계 각지로 뿔뿔이 흩어진 일-역자)는 민족의 생존을 위한 실질적인 해결책이 되지 못한다. 떠도는 상태에서 유대민족은 문화적으로나 육체적으로 오랫동안 살아남을 수 없다. 따라서 유대민족은 스스로의 조국을 세워야만 한다. 이스라엘은 원래의 히브리 문화를 가진 세계의 중심이 될 것이었고 모든 유대인들은 조국에 정착할 것이었다. 이스라엘에게 미국이란 그저 보충적인 장소에 불과했다. 그러나 자원이 풍부하고 다원주의가 발달했으며 유대인을 포함한 소수민족에게 점점 더 많은 기회를 제공하는 미국은 이스라엘을 건국한 사람들의 명제를 반박하고 있다는 점을 나는 곧 깨달았다. 미국은 이스라엘보다 더 많은 유대인을 소련과 아르헨티나, 남아프리카공화국으로부터 끌어들이고 있을 뿐만 아니라 수천 명의 이스라엘 국민들마저 끌어들였다. 고등학교 시절로부터 상황이 얼마나 많이 변했는지를 절실하게 느꼈던 것은 미니애폴리스의 고등학교 시절 역사 교사였던 마조리 빙엄(Marjorie Bingham)이 1987년 이스라엘을 방문한 뒤 내게 이렇게 말했을 때였다. "톰, 네가 고등학생이었을 때 너와 네 친구들은 모두 이스라엘로 갔다. 현재 내가 가르치는 반에는 이스라엘에서 미국으로 이주해온 학생이 세 명이다."

이스라엘 사람들이 미국을 이전과는 다른 시각으로 본다는 사실을 깨달을 즈음 나는 유대 국가에 대한 그들의 생각을 재평가하는 유대계 미국인들을 다수 만났다. 레바논 전쟁과 워싱턴에서 이스라엘 스파이의 활동, 그리고 이스라엘 정치에서 초정통파의 점증하는 영향력 등은 유대계 미국인들이 이스라엘과의 정서적 유대, 그리고 이스라엘이라는 존재가 유대인으로서의 정체성에 미치는 영향을 심각하게 다시 생각하도록 만들었다. 이들의 재평가가 어떤 결과를 가져올지를 예측하는 일은 쉽지 않다. 그러나 부인할 수 없을 정도로 명백한 점은 1967년 6월 6일 월터 크롱카이트가 내게 유대인이라는 정체성을 느끼도록 만들고 미국에 이스라엘을 소개했던 그 시점 이후 이스라엘의 유대인들과 유대계 미국인들 사이의 관계가 급격한 변화를 겪고 있다는 것이다.

이스라엘은 유대계 미국인들의 마음속에 언제나 두 가지 감정을 불러일으킨다. 하나는 자부심이고 다른 하나는 두려움이다. 마찬가지로 이스라엘은 유대계 미국인들에게 전통적으로 두 가지 역할을 수행했다. 하나는 유대인이 어디에 있는지를 세계에 알리고 유대인들에게 자부심을 부여하는 상징적인 역할이다. 다른 하나는 적대적으로 변화된 세계로부터 유대인을 보호하는 안식처로서의 역할이다.

1948년과 1967년 6월 사이 두 가지 역할의 균형은 유대인의 정체성을 상징하는 것보다는 안전한 피난처로서의 이스라엘에 훨씬 치우쳐 있었다. 유대계 미국인들이 이스라엘의 존재에 자부심을 느낀 것은 물론이지만, 그 자부심이란 조용한 가운데 밖으로 크게 드러내지 않는 것으로 마치 선의의 자선사업에 참여하는 데서 느끼는 감정과도 같았다. 시나고그에 기부하거나 지역의 유대계 병원에 돈을 보내거나 이스라엘에 나무를 심는 사람들도 있었다. 내가 기억하는 당시의 이스라엘은 매주 히브리 학교에서 이스라엘에 심을 나무를 사는 데 보태기 위해 동전을 넣곤 했던 파란색과 흰색으로 칠한 상자로 상징됐다. 유대인 여름 캠프에서 시온주의적인 요소가 인기를 끌면서 히브리어 교육이 1948년 이후 활성화됐던 것은 사실이다. 사람들은 결혼식장에서 '하바 나길라(Hava Nagila)'를 비롯한 이스라엘 민속음악을 연주했고 왈츠와 더불어 이스라엘 민속춤 호라를 추었다. 그러나 대부분의 유대계 미국인들에게 이스라엘이 문화적으로 그들 삶에 미치는 영향이란 거기까지였다.

대부분의 유대계 미국인들의 마음속에서 이스라엘이 수행한 더욱 중요한 역할은 방공호였다. 또 다른 히틀러가 세상에 등장할 경우 유대인을 박해로부터 보호할 힘과 물리적 기반의 원천으로서의 피난처였다. 그러나 유대인들이 이스라엘을 피난처로 생각하기는 했지만 유대계 미국인들 대부분은 그곳이 다른 유대인들을 위한 안식처일 것이라고 여겼다. 난민이 되거나 살던 곳에서 쫓겨난 유대인들의 피난처가 될 것이지 자기들의 위한 곳이라고는 생각하지 않았다. 독립국가 건설을 위한 1948년 전쟁에서 거둔 이스라엘의 승리를 보면서 대부분의 유대계 미국인들이 느낀 감정은 안도 이상이 아니었던 것은 이 때문이다. 홀로코스트에서 살아남은 유대인들이 갈 곳이 생겼다는 안도감이었다. 스스로 이스라엘로 이주한 유대계 미국인들의 숫자는 극히 적었다. 어느 유대계 미국 고위관리는 다음과 같이 내게 털어놓았다. "1967년 이전 유대계 미국인들의 눈에 비친 이스라엘은 불운한 사람들이 모인 곳이었습니다. 저희 가족에게 이스라엘은 입던 옷을 보내주는 곳이었습니다. 사실입니다. 몸이 커져서 셔츠나 바지가 작아지면 상자에 담아 이스라엘로 보내곤 했습니다. 저에게 이스라엘은 그런 곳이었습니다. 입던 옷을 보내주는 그런 곳입니다."

1967년 전쟁 이후 많은 유대계 미국인들이 이스라엘을 보는 시각에 근본적인 변화가 일어났다. 다른 유대인들을 위한 피난처로서의 이스라엘에서 유대 공동체의 정체성을 지키는 상징으로서의 이스라엘로 변화했다. 이와 같은 급격한 인식의 전환이 가능했던 것은 6일 전쟁에 앞서서 많은 유대계 미국인들이 느꼈던 불길한 예감, 즉 이스라엘이 사라질 것이라고 생각했었기 때문이라고 나는 믿는다. 죽음의 수용소를 탈출했던 사람들이 다시 죽음의 그늘에 들어설 것이라는 불길한 예감이었다.

뉴욕 주 북부에서 연구 활동을 하는 정치학자 이츠하크 갈누르(Itzhak Galnoor)는 1967년 전쟁이 일어나기 몇 주 전 시러큐스의 어느 시나고그에서 열린 이스라엘을 지지하는 집회에 참석했다. 갈누르가 이렇게 전했다. "회합에서는 온통 중동에서 전개되는 상황이 주제였습니다. 저는 당시 랍비가 일어서서 이렇게 이야기하던 모습이 눈에 생생합니다. '이 자리에 참석한 우리는 이스라엘의 용맹스런 형제와 자매들에게 절대적인 지지를 표합니다. 그들이 스스로를 지켜낼 수 있을 것이라고 믿으며 우리는 그들을 돕기 위해 우리가 할 수 있는 모든 것을 할 것입니다.' 그런데 그렇게 말하고 나서 랍비가 유대민족이 이전에도 재난을 경험했다는 사실을 언급했습니다. 예루살렘의 성전이 파괴된 이야기를 하고서 이렇게 덧붙였습니다. '그런 일이 없어야 하겠지만 만일 이스라엘을 파괴할 무언가가 지금 일어나려는 것이라 할지라도 우리는 걱정할 필요가 없습니다. 로마가 예루살렘을 포위했을 때 우리의 조상이신 랍비 요하난 벤 자카이(Yohanan ben Zakkai)께서 야브네(Yavne)를 영혼의 중심지로 건설하려고 하셨듯이 우리는 미국에 우리 영혼의 중심을 만들 것이기 때문입니다.' 이런 논의들이 진행되는 것을 바라보면서 제가 어떤 생각을 했는지 짐작이 가실 겁니다. 저는 속으로 이렇게 말했습니다. '뭐라고요? 잠시만요. 우리가 이길 겁니다.'"

이스라엘이 승리했다. 그것도 대승이었다. 불투명했던 상황이 정리되면서 이스라엘의 승리가 점차 명백해지자 유대계 미국인들은 신문의 머리기사들을 꼼꼼하게 읽어보고 이스라엘 병사들이 수에즈운하를 헤엄쳐 건너는 모습을 텔레비전 방송으로 보면서 스스로 말했다. "맙소사. 우리가 어떤 민족인지 보라! 우리에게는 힘이 있다! 우리는 더 이상 샤일록(Shylock)의 이미지에 어울리지 않는다. 우리는 최정예 전투비행사다. 우리는 더 이상 남들에게 모욕이나 당하는 겁 많고 소심한 유대인이 아니다. 우리는 탱크부대 지휘관들이다. 우리는 예시바에 몸을 숨기는 창백한 겁쟁이가 더 이상 아니다. 우리는 해서웨이(Hathaway, 미국의 영화감독 및 제작자로 서부영화를 주로 만들었다. 그의 영화에는 존 웨인이 단골로 주연을 맡았다.−역자)의 영화에 등장하는 주인공과도 같이 준수한 용모에 카리스마를 지녔으며 한쪽 눈을 안대로 가린 장군이다."

언제나 쫓기는 겁 많은 유대인이라는 이미지는 6일 전쟁으로 치유됐다. 적어도 그 순간에는 그랬다. 동시에 유대계 미국인과 이스라엘 사이에 로맨스가 탄생했다. 유대계 미국인들은 이스라엘이라는 국가를 완전히 마음속에 받아들였고 이스라엘은 온전히 그들의 정체성이 되었다. 그들은 떼를 지어 이스라엘을 방문해 포획된 이집트 탱크에 올라가고 이스라엘의 팬텀 전투기 조종석에 앉아 봤으며 거리를 지나는 이스라엘 병사 아무하고나 팔짱을 끼고 사진을 찍었다. 이스라엘이 유대계 미국인들에게 미친 영향은 너무나도 강력해서 많은 이들의 마음속에 유대인이라는 정체성을 유지하기 위한 기존의 수단이었던 율법과 시나고그, 기도 대신 이스라엘이 자리 잡았다. 미국 유대사회의 역사에서 유대주의가 절대 다수의 유대인들에게 확고한 종교적 버팀목을 제공하지 못하기 시작한 시기에 이스라엘이 그들에게 다가왔다. 세속화가 급격히 진행되고 전통적인 가치들이 그 힘을 전반적으로 잃어가던 시기에 이스라엘은 유대계 미국인들에게 그들의 정체성을 새롭게 하고 여전히 유대역사에 스스로를 연결할 수 있는 새로운 방법을 가져왔다. 율법을 지키지 않으면서도, 매주 토요일 시나고그에 가느라 주말을 '망치지' 않아도 되는 그런 방법이었다.

나 자신이 이와 같은 변화의 축소판이라는 점을 나도 잘 알고 있다. 내가 유대인이라는 점을 주장하도록 만든 것이 바로 1967년의 전쟁이었다. 어린 시절 보냈던 5년간의 히브리 학교생활도 아니었고 위스콘신의 헤르츨 여름 캠프에서 보낸 다섯 번의 경험도 아니었으며, 바르 미츠바 의식 역시 아니었다. 히브리 학교는 나를 당황스런 처지로 만들기만 했다. 초등학교를 함께 다니던 이교도 아이들이 보는 앞에서 히브리 학교버스를 타야 했기 때문이다. 돈이 가득 든 봉투를 열어볼 때를 제외한다면 바르 미츠바 의식은 따분한 일이었다. 그러나 자부심의 상징으로서의 이스라엘은 유대인으로서의 나를 구했다. 내가 종교의식뿐만 아니라 유대공동체라는 정체성으로부터 완전히 떠나버리려던 시기였다.

나의 경우가 독특한 것은 아니었다. 이스라엘이 불어넣은 자부심으로 인해 전체로서의 유대계 미국인 공동체는 각자의 지역적 필요, 그리고 반유대주의에 맞서 싸우는 소심하고 조용한 소수민족에서 이스라엘에 대한 지원, 그리고 소련에 거주하는 유대인을 해방시키자는 운동에 초점을 맞추는 등 눈에 띄게 활동적이고 또한 전국적인 힘을 가진 공동체로 변모했다. 미국의 다른 유대인 지역 공동체와 마찬가지로 미니애폴리스에서도 실질적으로 모든 자선사업은 지역의 유대인연합을 통해 이뤄졌다. 매년 그해의 시작을 알리는 저녁식사 모임에서 가장 부유한 지역의 유대인들이 일어나 '이스라엘을 위해' 1년간 얼마만큼의 돈을 기부할 것인지를 발표했다. 모임에 초청돼 강연을 하는 사람들은 언제나 이스라엘과 일정한 관련을 가진 인물들이었다. 특히 전쟁에서 영웅적으로 싸운 장군들이 환영받았다. 이런 인물들이 열변을 토하고 울퉁불퉁한 근육을 조금 보여준 다음 전쟁 이야기를 들려주면 유대계 미국인들은 금고와 지갑을 열었다. 그들이 '이스라엘을 위해' 기부하는 돈의 약 50퍼센트는 사실상 미니애폴리스를 떠나지 않고 지역의 유대계 병원과 노인들의 수용시설, 유대인 주민센터 등을 운영하는 데 쓰인다는 사실을 말해주는 사람은 아무도 없었다. 이스라엘은 미국의 유대인 공동체가 전에 없이 많은 기금을 모으고 이로써 훨씬 강력하고 재정이 튼튼하며 다양한 유대인 기관들을 만들도록 했다.

그것이 전부가 아니었다. 유대인연합의 기부금 모금 캠페인은 유대인 지도자들을 위한 자금원천으로서 시나고그를 대체했다. 시나고그의 평의회 회원 직함은 이제 시대에 뒤떨어진 것이 되었고 유대인연합 이사회의 직함이 실질적인 권력과 지위를 말해줬다. 기금모금 캠페인은 유대인 지도자를 배출하는 공장이자 시험대가 됐다. 유대인연합의 지도자들은 다양했다. 청년 지도자와 장년 지도자, 독신자 지도자, 여성 지도자, 변호사 지도자, 의사지도자 등이 있었다. 이스라엘은 완전히 새로운 세대의 유대계 미국인 '지도자'들을 만들었다. 그들에게 미국에서의 지위를 부여했고 그들이 이스라엘을 방문할 경우 이에 걸맞은 대접을 했다. 사실상 내가 알아본 바에 따르면 1967년 이후에는 예전처럼 평범한 유대계 미국인들이 이스라엘을 방문하는 일이 사라졌다. 이스라엘을 방문하는 사람들은 모두 '지도자'들처럼 보였고 미국에서 건너간 지도자들은 이스라엘의 지도자들을 만나야만 했다. 따라서 기금 모금의 임무를 띠고 이스라엘을 방문할 경우 그들은 페레스와 라빈, 샤미르와 만남을 가졌다. 나는 예루살렘에서 이스라엘을 방문 중인 유대계 미국인 그룹들 앞에서 강연을 해달라는 요청을 항상 받고는 했는데, 한 번도 내게 '시카고에서 온 부유한 유대인들 앞에서 강연을 해달라'고 요청받은 일은 없었다. 언제나 '시카고에서 온 유대인 지도자들' 앞에서 강연해달라는 요청이었다.

이스라엘을 지원한다는 점을 내세워 스스로를 조직하고 활력을 얻게 된 미국의 유대인 공동체는 미국 정치에서도 실질적인 주장을 펴기 시작했다. 이른바 유대인 로비세력이라고 일컬어지는 미국이스라엘공공문제위원회(American Israel Public Affairs Committee, AIPAC)는 워싱턴에서 가장 영향력 있는 로비단체 중 하나가 됐다. 지역선거에서 이스라엘에 대한 원조, 소련의 유대인 문제에 관해 얼마나 우호적인 태도를 입후보자가 취하는지에 따라 투표하는 유대인 유권자들을 미국 전역에 걸쳐 조직할 수 있는 수완 때문이었다. 유대계 미국인들이 일련의 진보적인 입장을 지지한다고 알려졌던 이전 시절에는 유대인들로부터 선거자금을 기부받는 정치인들이 그들의 지원이 자신의 어떤 입장과 관련되는지를 실제로 잘 알지 못했다. 노동자의 권리인지 시민으로서의 권리인지, 낙태와 관련된 것인지 아니면 학교에서의 기도 허용 여부와 연관된 것인지 알지 못했다. 그러나 주요 유대인 기부자들이 정치활동위원회(political action committee, PAC)를 조직하여 기꺼이 이스라엘을 지원하려는 후보자들에게만 정치자금을 지원하려고 하자, 진보적 이데올로기와 관련된 500개의 이슈를 모두 다루는 것보다는 오직 이스라엘과 소련의 유대인에 집중하는 것이 정치자금을 조달하는 가장 효과적인 방법이라는 점이 후보자들에게 분명해졌다. 이러한 경향이 심화될수록 더 많은 유대계 미국인들은 그들이 이스라엘과 소련의 유대인이라는 이슈를 정치권력의 중심으로 끌고 갈 수 있음을 깨달았다. 백악관은 유대계 노인 문제나 학교에서 기도를 허용할지의 여부를 논의하기 위해 유대인을 초대하는 일이 없었다. 그러나 지역이나 전국 차원에서 거액을 AIPAC에 기부한 유대인에게는 해당 지역의 의원이 특정 해외원조 법안에 대해 의견을 묻는 일이 생겼다. 운이 좋은 경우에는 국무부의 초청을 받아 국무장관이 직접 행하는 연설의 청중이 되는 일도 있었다. AIPAC 총장이었던 톰 다인(Tom Dine)은 많은 유대계 미국인들이 모인 자리에서 행한 연설에서 다음과 같이 언급한 적이 있다. 자랑삼아

이야기하려던 것이 아니라 그저 솔직하게 말했을 뿐이었다. "이스라엘은 우리에게 정치적 자부심을 주었습니다. 그리고 이전에는 한 번도 서보지 못했던 무대로 진출할 수 있는 기회를 주었습니다."

역설적이게도 유대계 미국인들이 이스라엘에 고무되어 정치적으로 더욱 활기차고 강력한 공동체를 형성하게 됨에 따라 그들은 미국에서 살아가는 일이 이전보다 더욱 편안하다는 느낌을 갖게 됐다. 미국의 유대계 지도자들은 상당한 영향력을 지니고 존경받으며 스스로 미국 사회의 일원이라고 느꼈다. 나아가 그들에게는 요르단 강 서안이나 가자지구와 같은 점령지역 문제도 없었다. 유대인 상원의원과 하원의원, 그리고 미국주요유대인단체연대(Conference of Presidents of Major American Jewish Organizations)의 회원들은 사실상 언제라도 요청만 하면 미국 대통령을 만날 수 있었다. 이와 같이 모든 상황이 그들에게 유리한 방향으로 흘러가자 다수의 유대계 미국인들은 스스로에게 이렇게 묻기 시작했다. "왜 이스라엘로 이주한단 말인가? 나는 유대인으로서 내가 그동안 원했던 모든 것을 바로 이곳 미국에서 갖게 됐다. 스카스데일(Scarsdale, 뉴욕 시 북부에 위치한 교외로 정통파 유대인 공동체가 자리 잡은 곳들 중 하나다. —역자)이 존재하는데 텔아비브가 필요한 이유는 무언가?"

1967년 이후 유대계 미국인들이 이스라엘에 푹 빠진 것과 마찬가지로 이스라엘인들 역시 미국과 사랑에 빠졌다. 오늘에 이르러 1950년대 초반을 잊는 것은 쉽다. 이스라엘 정치가 노동당에 의해 좌우되던 그 시절에는 세계정치의 양극화와 미국과 소련 사이에서 이스라엘이 균형을 유지해야만 한다는 주장이 득세했다. 시온주의적 사회주의자들 상당수는 여전히 이를 '하몰레데트 하쉬니야(Ha'moledet Hashniya, 제2의 조국)라고 언급한다. 당시 소련은 유대 국가를 인정한 최초의 나라였고 동유럽 시온주의자들과 모스크바 사이의 사회적, 문화적, 이데올로기적 연계는 미국과 이스라엘의 어떤 관계보다 강한 것이었다. 전임 이스라엘 외무부 대변인 에후드 골은 내게 이렇게 말하곤 했다. "어쩌면 이제는 제가 뉴욕에서 예쁜 유대인 처녀와 결혼할 수도 있을 겁니다. 그렇지만 아침에 잠에서 깨어나 샤워를 할 때면 아마도 1950년대

(시온주의) 청년조직에서 배운 러시아 적군(赤軍)의 노래만 여전히 부르고 있을 것입니다."

소련이 이스라엘을 후원하는 잠재적 강대국으로서의 지위를 영원히 잃어버린 것은 스탈린 치하의 광기에 찬 반유대주의, 그리고 한국전쟁 중 이스라엘이 미국에 대한 지지를 시작하고 나서부터다. 그러나 이스라엘 지도자들이 본능적으로 미국으로 기울었던 것은 아니다. 1950년대 후반과 1960년대 초반 이스라엘 지도자들은 유대 국가에 대한 주요한 군수물자 공급원이었던 샤를 드골(Charles de Gaulle)의 프랑스와 밀월관계를 유지했다. 당시 프랑스 문화는 이스라엘에서 대유행이었다. 이스라엘의 엘리트들은 파리에서 휴가를 보냈고 샹송의 친구들(Compagnons de la Chanson)과 같은 가수들이 방송을 점령했다. 엘비스의 노래는 이스라엘 방송에서 거의 들리지 않았다. 유럽보다 멀리 여행할 여유가 있는 이스라엘 사람들의 숫자는 대단히 적었다. 1968년이 돼서야 이스라엘에 텔레비전이 보급됐기 때문에 미국 문화는 이스라엘 사람들에게 대체로 낯설었다. 이미 소개된 미국 문화 역시 사람들에게 거부당하는 일이 많았다. 당시 이스라엘 사람들에게 유행했던 개척자로서의 우월감 때문이었다.

제브 하페츠는 당시 상황을 이렇게 전했다. "제가 1960년대 이스라엘로 이주했을 때였습니다. 제가 미국인이라는 이유 때문에 사람들이 저를 동정했다고까지는 말하지 않겠습니다. 그러나 저에게 큰 관심을 보이는 사람들은 없었습니다. 사람들은 미국이 쇠퇴하고 있다고 생각했습니다. 인종폭동과 마약, 베트남 전쟁, 히피가 성행하던 시절이었습니다. 이스라엘 사람들은 코카콜라와 다리를 제모한 여성들, 그리고 겨드랑이 탈취제와 같은 이상한 물건들을 비웃었습니다."

그러나 1967년 이스라엘의 승리로 유대 국가에서는 당당함, 그리고 정해진 운명이라는 시대사조가 생겼다. 이로써 이스라엘 사람들의 삶에서 개척자 시기의 단순함이 사라지고 새로운 시기가 열렸다. 소비자 중심주의와 주식투자, 달러를 이용한 회계, 신용카드, 그리고 대출을 통해 현재 가진 것 이상으로 살아가는 풍조가 생겨난 것이었다. 이러한 사조는 이스라엘이 파산 직전에 도달했던 1970년대에 절정에 이르렀다. 미국이 제공하는 물질적 부가 갑자기 이스라엘 사람들에게 큰 호응을 얻게 된 것이다.

예전에는 이스라엘에서 '아메리칸 스타일'로 살아가는 것이 꼴불견으로 사람들의 시선을 받았다는 것을 뜻했다. 그러나 1967년 이후에는 '아메리칸 스타일'로 살아가지 않는 사람이 주위의 눈초리를 받게 되었다. 이스라엘 사람들은 '맥도널드' 대신 '맥데이비드(McDavid's)에서 햄버거를 사먹었고 미국 스타일의 슈퍼마켓에서 장을 봤으며, 자신의 재산을 셰켈이 아니라 달러로 계산했고, 미국의 할로윈과 비슷한 퓨림제(고대 페르시아 왕국의 총리 하만이 계획한 유대인 학살을 모면한 일을 기념하는 축제로 성경 에스더서의 이야기에 기초한다. – 역자)에서는 하만(Haman)이나 에스더(Esther) 복장을 한 사람만큼이나 람보처럼 차려입은 사람들이 많았다. 1967년 이후 이스라엘 생활의 단순하고도 개척자적인 모습에 끌려 이주해온 미국인들은 자신들이 벗어나고자 했던 바로 그런 곳으로 이스라엘이 변해가고 있다고 불평을 털어놓기 시작했다.

나는 언젠가 이스라엘의 소리 방송에서 흘러나오는 광고를 들은 적이 있다. 냉동식품에 관한 광고였는데 한 인물이 다른 사람에게 이렇게 말했다. "이것이 우리의 냉동식품이에요." 다른 사람이 대꾸했다. "뭐라고요? 미국에서 오셨어요?" 첫 번째 인물이 대답했다. "아니요. 우리가 만든 건데요. 그렇지만 어쨌든 칭찬에 감사드려요."

6일 전쟁 동안 이스라엘 군 참모총장이었던 이츠하크 라빈은 워싱턴 대사로 임명됐다. 이후 더 많은 장군들과 전쟁 영웅들, 이스라엘 청년들이 미국으로 건너왔고 미국은 거듭된 연회를 베풀면서 이들을 타락시켜갔다. 이스라엘 사람들이 미국에서 무언가 잘못된 일을 한다는 것은 생각할 수조차 없었다. 그들이 하는 일은 모두 '존경할 만한' 것이거나 '영웅적'이었다. 이스라엘 기관들이 유대계 미국인들을 모아 이스라엘로 보내라는 임무를 맡겨 미국으로 보낸 사절들 중 일부가 결국 미국에 계속 머무르기로 한 것이 놀랄 일은 아니었다. 이 중에는 미니애폴리스에서 내게 이스라엘으로의 이주를 설득했던 인물도 포함됐다.

1967년의 승리로 이스라엘 사람들만 미국에 사로잡힌 것이 아니었다. 역설적이게도 이스라엘이라는 국가 전체가 미국에 사로잡히는 결과를 낳았다. 드골과 이스라엘의 밀월은 6일 전쟁으로 끝났다. 전쟁이 시작하기 직전 프랑스 대통령이었던 드골은 이스라엘으로의 무기 수출을 금지시켰다. 숨통을 조이려는 이웃 아랍 국가들의 계획을 무산시키기 위해 선제공격을 감행한 이스라엘에 대해 드골은 격하게 분노했다. 이러한 유대 국가의 행위를 결코 용납할 수 없었던 것 같던 드골은 몇 달 후 유대민족을 일컬어 "엘리트 의식을 가진 민족으로 스스로를 과신하고 거만하다."라고 표현했다. 이런 상황은 이스라엘로 하여금 1967년 분쟁에서 주요한 3개 적대국이었던 시리아와 이집트, 요르단과 힘의 균형을 유지하기 위해 점점 더 워싱턴에 필요한 군사적 지원을 의존하도록 강제했다. 1963년까지 미국은 이스라엘에 무기를 수출하지 않았고, 떠오르는 아랍 오일 파워와의 관계에 손상이 올까봐 이스라엘의 후원자가 되는 일을 꺼렸다. 그러나 1970년 이후 소련이 이집트에의 직접 개입을 노골화하고 시리아를 도와 요르단 정국에 불안을 야기하자, 닉슨 행정부는 이스라엘을 지원하지 않을 수 없다고 느꼈다. 닉슨과 키신저가 모스크바와 함께 만들어내고자 했던 데탕트라는 국제구조를 위한 일환으로 중동지역에서 힘의 균형이 필요했기 때문이다. 닉슨은 이스라엘을 동맹국이라기보다는 중동지역의 피보호국으로 여겼다. 어떤 지역이 소련과 미국 간의 갈등을 가져오는 일이 없도록 만들기 위해 해당 지역에서 적당하게 힘을 갖추도록 도와주는 국가로 베트남이나 남한과 마찬가지의 역할을 지니는 나라였다. 예루살렘에 대한 워싱턴의 경제적, 군사적 지원이 봇물처럼 쏟아지도록 만든 요인은 닉슨의 이와 같은 인식 때문이었다. 탱크와 전투기를 잃게 되면서 이스라엘의 국방비용이 천문학적으로 치솟았던 1973년 중동전쟁 이후 미국의 원조는 유대 국가에게 생사의 문제가 됐다. 오늘날 이스라엘은 미국으로부터 매년 30억 달러에 달하는 군사 및 경제적 지원을 받는다. 이는 이스라엘 정부의 연간 가용 예산의 약 20퍼센트를 차지한다.

네게브에서 온 농부들이 총리 사무실로 찾아와 가뭄에 대해 이야기했을 당시 전임 총리 레비 에슈콜이 농부들에게 했던 이야기를 이스라엘이 끊임없이 반복했던 것은 놀랄 일이 아니다.

에슈콜이 놀라면서 말했다. "가뭄이라고요! 세상에! 어디죠?" 농부들이 말했다. "네게브입니다. 달리 어디서 가뭄이 들겠습니까?"

에슈콜이 다소 안심하는 표정이 되면서 말했다. "네게브에서 일어난 가뭄이라면 괜찮습니다. 미국에 가뭄이 든 것이 아니라면 말입니다."

1967년 이후 이스라엘 사람들과 유대계 미국인들이 서로에게 빠졌던 것은 사실이지만 그들이 결혼에 이를 정도로 가까워지지는 않았다. 그들은 서로에게 결혼과도 같은 무제한적인 헌신을 하려는 의도는 결코 없었다. 그들의 관계는 낭만적인 외도였고 불륜이었다. 모든 불륜이 그렇듯이 그들의 관계는 피상적이었다. 이들은 사실상 서로에 대해 깊게 알지 못했다. 여러 가지 측면에서 유대계 미국인들은 이스라엘의 강인한 육체를 좋아했고 이스라엘인들은 미국인들의 돈을 사랑했다. 서로에 대한 진정한 이해와 존중, 상호 헌신을 토대로 하는 관계가 아니었던 것이다. 서로가 손쉬우면서도 표면적으로 대하는 한 둘의 관계는 아무 문제도 없었다. 너무 많은 이스라엘 사람들이 미국으로 이주하지 않고 이스라엘에서의 삶에 비해 미국 생활이 훨씬 매력적이라고 생각하기 이전까지였다. 이스라엘을 방문했던 유대계 미국인들이 관광버스에서 내리지 않을 때까지였다. 버스에서 내린다 하더라도 오직 영웅을 만난다거나 이미 죽어간 사람들을 보고 바로 관광버스로 돌아오는 시기까지였다.

그러나 모든 로맨스에서 으레 그렇듯이 공상에 젖어 있던 서로가 상대방이 진정 어떤 인물인지를 깨닫는 순간이 오는 법이다. 더 중요하게는 상대방이 침실 벽장에 어떤 친척들을 숨겨두고 있는지를 알아차리는 순간이 오게 된다. 서로를 발견하는 과정이 실제로 지속될 수 있을 때라야 관계는 깨지지 않는다. 유대계 미국인들과 이스라엘 사람들 사이의 상호이해 과정은 1970년대 중반부터 시작됐다. 미국계 유대인들은 스스로가 이스라엘 사람들에게 이렇게 외치고 있다는 것을 깨달았다. "이봐요. 나는 골다 메이어와 사랑에 빠졌어요. 그런데 당신은 랍비 메이어 카하네가 당신 가족이라고 말할 참이군요! 나는 모셰 다얀과 데이트를 했어요. 그런데 당신은 초정통파 교도가 당신 가족이라고 말하는군요! 나는 사막을 푸르게 바꾼 사람을 사랑했어요. 팔레스타인 사람들의 뼈나 부러뜨리는 그런 사람을 사랑한 것이 아니라고요." 이스라엘 사람들은 그들 자신도 역시 깜짝 놀랐고 이렇게 고함을 지르고 있다는 점을 깨달았다. "이봐요, 유대계 미국인. 우리가 데이트를 즐겼다고 해서 당신이 내게 어떻게 살아야 한다고 말할 수 있는 것은 아니라고 봐요. 그리고 만일 우리가 사랑하고 있다면 다른 이유가 어찌되었든 유대계 미국인 당신은 이곳으로 와서 나와 함께 살아야만 하는 겁니다. 나와의 데이트로 이웃들이 모두 이러쿵저러쿵 떠들게 만들어놓고는 밤이 깊어가자 나를 내려놓고 가버릴 수는 없는 일이에요. 당신이 나를 위해 에어로빅으로 멋진 체격을 만들었는데, 결국 당신에게 반해버린 내 딸이 함께 살겠다고 당신 집으로 들어가겠다는 소리가 나오도록 상황을 만들 수는 없는 일이라고요! 이건 말도 안돼요."

『뉴욕타임스』예루살렘 특파원이었던 나는 이와 같은 상호이해 과정의 목격자이면서 동시에 촉매제 역할을 하는 인물이기도 했다. 때로는 우습고 때로는 비극적인 과정이었다. 시나고그에서 벌어지는 상황을 목격하기도 했고, 때로는 테니스 코트와 같은 전혀 상상하지 못할 만한 곳에서 목격하기도 했다.

예루살렘에서의 평범한 토요일 아침이었다. 『타임』매거진의 특파원 밥 슬레이터(Bob Slater)와 나는 예루살렘 테니스센터에서 늘 그랬던 것처럼 토요일 아침 테니스 경기를 하려던 참이었다. 우리는 오전 10시 정각에 코트를 예약해두었는데 정해진 시각보다 2분 일찍 도착하게 됐다. 코트에서는 이스라엘인 두 사람이 한참 경기를 하고 있었다. 우리는 코트 안으로 들어갔지만 경기를 방해하지 않기 위해 옆쪽에 비켜 서 있었다. 그러자 경기를 하던 이스라엘 사람 하나가 우리에게 밖에서 기다려주면 안 되겠냐고 부탁했다. 우리는 기꺼이 그러겠다고 말하고 코트에서 나왔다가 10시 정각이 되어 코트를 사용하려고 다시 들어갔다. 여전히 경기를 진행하고 있던 그들은 내키지 않는다는 태도로 코트를 떠났다. 나가려던 그들과 들어가던 우리가 서로 마주칠 즈음 그들 중 한 명이 씩씩거리고 나가면서 히브리어로 중얼거렸다.

'기고만장한 미국인'이 어쨌다는 그런 말이었다. 잠시 후 내가 그에게 할 말이 있으면 영어로 말하라고 했다. 그 순간 그는 악의에 가득찬 독설을 화산이 터지듯 쏟아내기 시작했다. "재수 없는 미국인들 …… 거만한 미국인들 …… 너희 나라로 돌아가라."

미국의 돈이 없었더라면 예루살렘 테니스센터 역시 존재하지 않았을 것이라는 점을 조용히 지적하자 그는 완전히 이성을 잃었다. 그와 함께 테니스를 치던 파트너는 목에 핏대를 세운 그를 말 그대로 거의 질질 끌다시피 코트 밖으로 데리고 나가야만 했다. 동료에게 끌려 나가면서도 그는 주먹을 내게 휘두르며 저주를 쏟아냈다. "가버려. 미국으로 가버리라고. 기고만장한 미국 놈 같으니…… 거만한 놈……."

그가 코트에서 결국 완전히 나갔을 때 밥과 나는 네트를 사이에 둔 채 서로를 바라보며 아무 말도 할 수 없었다. 우리는 서로에게 이렇게 묻고 있었다. "도대체 뭐가 문제지?"

그 이스라엘 남자는 테니스장에서 지켜야 할 예절 이상의 무언가에 화가 난 상태였다는 점은 분명했다. 그는 유대계 미국인들에게 오랫동안 악감정을 키우고 있었던 것이 분명했고 우리가 약간 일찍 테니스 코트에 들어갔던 일은 단지 그를 폭발시키는 도화선이 되었던 것이 확실했다. 우리가 겪은 뜻밖의 그 일은 1987년에 일어났다. 미국이 이스라엘 정부의 직원들 몇몇을 인도해달라고 요구하며 이스라엘을 강하게 압박하던 시기였다. 이스라엘 정부 직원들은 워싱턴에서 스파이 활동을 했다는 혐의를 받고 있었고 미국은 이들을 인도받아 심문하려던 것이었다. 이스라엘에 의한 스파이 작전에서 주요 역할을 담당한 인물은 젊은 유대계 미국인으로 미 해군의 정보 분석관이었던 조너선 폴러드(Jonathan J. Pollard)였다. 그는 1985년 11월 체포되어 2년 후 종신형을 선고받았다. 이스라엘 정보원에게 엄청난 양의 일급 군사기밀을 제공했다는 혐의였다. 폴러드가 체포될 당시 미국의 많은 유대계 지도자들은 이스라엘이 미국에서 스파이 행위를 했다는 사실에 매우 당황스러워했고 이스라엘 장관들에게 그와 같은 행동이 얼마나 무례한 짓인지에 관해 몇 주 동안 열변을 토했다. 그러나 많은 이스라엘 사람들은 이들의 훈계를 성가

시게 생각했다. 그들은 이스라엘 역시 다른 나라들과 마찬가지로 스파이 활동을 할 자격이 있으며 유대계 미국인들의 훈계를 참을 이유가 없다고 느꼈던 것이다.

예루살렘의 테니스 코트에서 만났던 이스라엘인이 내비친 분노는 당시 많은 이스라엘 사람들이 느꼈던 감정에 뿌리를 둔 것으로 보인다. 폴러드 사건을 비롯한 여러 일들을 통해 이스라엘 사람들은 그들이 이전에 생각했던 것만큼 미국과 유대계 미국인에 비해 스스로가 우월하지 않다는 점을 깨닫게 되면서 느꼈던 감정이다. 예루살렘에서 내 이웃으로 하버드대학에서 교육받은 이스라엘 경제학자 요람 벤포라트(Yoram Ben-Porath)는 이렇게 묘사했다. "제가 훨씬 젊었던 시절에는 이스라엘이 도약단계에 있었습니다. 엄청난 성취와 경제성장, 유대인들의 이주, 그리고 사막을 녹지대로 바꾼 시기였죠. 이 모든 성취와 함께 씩씩한 개척자 정신이 지배하던 때였습니다. 당시 우리는 유대계 미국인들보다 우월해야 한다는 일종의 콤플렉스를 가지고 있었습니다. 유대인이 있어야만 하는 가장 올바른 장소에 우리가 존재한다는 점은 의심의 여지가 없었으니까요. 이스라엘이 점점 성숙해가면서 이런 요소들 중 일부가 사라졌습니다. 1973년 전쟁 이후 생존을 위한 싸움이 한 번에 끝나는 일이 아니고 끊임없이 진행되는 투쟁이라는 점이 분명해졌습니다. 이스라엘이 유대인들을 위한 가장 안전하고도 흥분을 일으키는 곳이라는 생각은 이제 이전처럼 분명한 것이 아니었습니다. 도덕적인 측면에서 절대적으로 우월하다는 의식이 사라지기 시작했던 것입니다."

이스라엘 사람들의 비위를 맞추고 찬양하며 영웅으로 떠받드는 국가가 바로 미국이라는 낭만적인 생각에 언제나 빠져 있던 이스라엘 지도자들은 그것이 유대계 미국인들이 영위하는 삶의 한 가지 방식이라는 점을 진지하게 받아들이지 못했다. 따라서 이들은 번영을 구가하는 미국이 이스라엘에는 미치지 못할지 모르지만 유대인들을 빨아들이는 강력한 자석이 될 가능성이 있다는 것을 뒤늦게야 깨달았다. 어느 날 잠에서 깨어난 이스라엘 사람들은 유대인의 이주에 관한 통계를 보고서야 미국이 시온주의 혁명의 가장 강력한 위협이 됐다는 점을 깨달았다.

1988년까지 420만 명의 이스라엘 인구 중에서 대략 30만에서 40만 명의 이스라엘 사람들이 영구적 혹은 반영구적으로 미국에 이주한 것으로 추정된다. 캘리포니아로 이주한 사람들의 숫자만 약 10만 명이었다. 1948년 유대 국가가 건설된 이후 미국에서 이스라엘로 이주한 사람들의 전체 숫자가 대략 5만에서 6만 명이라는 사실과 비교되어야 한다(이 중 일부는 미국으로 되돌아갔다). 이스라엘 관광국의 추산에 따르면 유대계 미국인 중에서 이스라엘을 한 번이라도 방문한 사람들의 비율은 고작 25퍼센트였다. 1970년대의 10년 동안 약 26만 5,000명의 유대인들이 소련을 떠났다. 이들 중에서 약 16만 5,000명이 이스라엘로 향했고 10만 명이 미국과 캐나다로 이주했다. 최근에는 북아메리카로 향하는 유대인 이주자들의 비율이 거의 90퍼센트에 이를 정도로 치솟아 오르자 이스라엘은 소련을 떠나는 이주자들에게 모스크바에서 텔아비브로 향하는 직항 노선을 이용하도록 강제하고 있다. 이스라엘로 오기보다는 항공기를 갈아타는 유럽의 어느 공항에서 '빠져나가' 난민 자격으로 미국행 비행기에 오르는 일을 막기 위해서다.

　한때는 미국으로 이주한 이스라엘 사람에게는 낙인이 찍혔다. 미국으로 영원히 떠나는 이스라엘 사람은 아무도 없었다. 단지 '방문'을 위해서였다. 어느 이스라엘 교사가 내게 이렇게 언급했던 적이 있다. "제 여동생은 1년간 뉴욕을 방문하기 위해 미국으로 갔습니다. 15년 전 일입니다." 이제 상황이 변했다. 1988년 이스라엘 국영전화회사 베제크(Bezek)가 황금시간대에 텔레비전 광고를 내보내기 시작했다. 나이가 지긋한 이스라엘 노인이 초라하고 낡은 책상 앞에 앉아 전화기 다이얼을 돌리는 광고였다. 노인 아래쪽에는 이런 자막이 보였다. '이스라엘의 네타냐(Netanya), 오전 6시 30분.' 다음 장면은 로스앤젤레스의 어느 집이었는데 이스라엘에서 전화를 거는 노인의 손자들로 보였다. 그들은 안락하고 부유하게 보이는 집의 거실에 앉아 있었는데 거실에는 컬러텔레비전이 보이고 멀리서 미식축구를 즐기는 이스라엘 아이가 보였다. 그들의 화려한 모습 아래에 다음과 같은 자막이 나왔다. '로스앤젤레스 오후 8시 30분.' 다음 장면은 노인과 손자들이 대서양을 사이에 두고 히브리어로 통화를 하는 모습이었다.

이 광고는 예루살렘에 거주하는 사라 샤흐터(Sarah M. Schachter)라는 사람이 『예루살렘 포스트』 편집장에게 다음과 같은 편지를 보내도록 만들었다. "편집장님께. 저는 베제크의 새로운 광고를 보고 소름이 끼쳤습니다. …… 제가 보기에 거의 노골적인 메시지는 이랬습니다. '할아버지는 아직 네타냐에 살고 있지만 로스앤젤레스는 젊고 야심 있는 이들에게 기회의 땅이다.' 이스라엘로부터 이민을 나가는 사람들이 국가의 중대한 문제라는 점을 이해하고 있습니다. 그러나 이와 같은 불행한 사실을 이용하고 정당화시키는 베제크의 행동은 좋지 않습니다. 이스라엘 텔레비전의 편집진이 이런 메시지가 방송되도록 허용했다는 사실이 놀랍습니다."

이 편지 뒤에는 다음과 같은 편집자의 후기가 달렸다. "해당 광고는 이스라엘로부터의 이민을 조장할 우려가 있다는 의견에 따라 더 이상 방영되지 않고 있습니다."

미국과 경쟁하고 있다는 사실에 기뻐한 이스라엘 사람은 없었다. 그러나 이스라엘이 용기를 주고 활기를 불어넣어 활동적이고 힘이 있는 공동체로 변모시켜야 할 유대계 미국인들에게 이스라엘이 도리어 의존하고 있다는 사실은 분통터지는 일이었다.

이스라엘 정부 관리들이 공개적으로 인정하는 일은 없지만, 이들도 워싱턴이 엄청난 규모의 원조를 이스라엘에 보내는 이유가 대체로 미국의 유대인 공동체가 행사하는 영향력 때문이라는 점을 이해하고 있다. 이스라엘 입장에서는 유대계 미국인들이 의회를 상대로 벌이는 로비만 중요한 것이 아니었다. 미국 국민 전체를 대상으로 이스라엘을 미국의 주요 현안 중 하나로 만들고 이를 미국의 기본적인 가치와 밀접히 연관된 일이라고 반복해서 선전하는 로비 역시 중요했다. 미국 의회 소속으로 워싱턴의 이스라엘 대사관과의 연락업무를 담당했던 즈비 라피아(Zvi Rafiah)는 언젠가 이스라엘 사람으로서는 대단히 솔직하게 내게 인정한 적이 있다. "(미국과 이스라엘) 관계에서 유대계 미국인들을 모두 빼버린다면 양국 간의 관계는 완전히 흔들릴 것입니다." 달리 말하면 이스라엘이 그들의 안보와 경제가 미국으로부터의 지원에 부분적으로 의존하게 됐다는 사실을 깨달았다는 것이다. 미국의 유대인 공동체, 즉 이스라엘로 이주하지 않은 유대인 공동체가 활기차고 부유하며 강력한 상태를 유지해야만 미국이 대규모로 보낼 수 있는 지원이었다.

이는 이스라엘 사람들이 쉽사리 받아들이기 힘든 현실이었다. 이스라엘인들은 다양한 방식으로 여기에 반응했다. 미국이 매년 30억 달러를 이스라엘에 보내는 것은 유대계 미국인들이 가지는 선거에서의 영향력이 의회를 움직여서가 아니라 이스라엘이 미국에서 그만한 '전략적 가치'를 갖고 있기 때문이라는 주장이 그중 하나다. F-16 전투기가 그려진 유명한 이스라엘 티셔츠에 새겨진 다음과 같은 문구 역시 또 다른 반응이다. '미국이여 걱정하지 말라. 너희들 뒤에는 이스라엘이 있다.'

또 하나의 경향은 유대계 미국인들의 삶을 무시하는 것이다. 1987년 유대인 문화교육촉진협회(B'nai B'rith)의 반인종주의연맹(American Anti-Defamation League, ADL)은 유대계 미국인들의 역사 전시회를 이스라엘에서 개최했다. ADL의 예루살렘 사무소 책임자였던 해리 월(Harry Wall)은 이렇게 말했다. "미국에서 순회전시회를 가졌을 때 전시회의 명칭은 '미국에서 유대인의 삶: 아메리칸 드림의 완수'였습니다. 그러나 이스라엘에서 전시회를 열기로 결정했을 때 우리는 명칭을 바꾸는 것이 낫다고 판단했습니다. 이에 우리는 아메리칸 드림을 완수한다는 부분을 삭제했습니다. 왜냐하면 세상에는 오직 유일한 꿈, 즉 시온주의의 드림이 있을 뿐이기 때문입니다. 따라서 우리는 전시회의 명칭을 '미국에서 유대인의 삶: 독립전쟁 이전부터 오늘날까지'로 정했습니다. 저는 교육부의 고위인사들을 전시회 개막식에 초청했습니다. 그리고 전시회가 끝나면 전시된 자료들을 가져도 좋다고 말했습니다. 그랬더니 교육부 인사들이 제게 말했습니다. '아주 좋은 생각인 것 같습니다. 지금까지는 학생들의 커리큘럼에서 미국의 유대인들에 관해 다루지 않았기 때문입니다.' 제가 그들에게 말했습니다. '그래요? 미국의 유대인들에 관해 가르친 적이 없다고요?' 그들이 그렇다고 답했습니다. 이것저것 단편적인 언급이 있었지만 체계적으로 가르친 적은 없다더군요. 그래서 제가 이렇게 말했습니다. '지금 우리는 세계에서 가장 숫자가 많고 가장 성공적인 유대인 공동체에 관해 이야기하고 있는 겁니다.'"

해리의 설명이 이어졌다. "알고 보니 학생들이 매년 다른 유대인 공동체에 관해 공부하고 있었습니다. 러시아의 유대인과 유럽의 유대인, 에티오피아의 유대인에 관해 배웠더군요. 그런데 미국의 유대인에 관해서는 공부한 적이 없다는 겁니다. 어쩌면 미국의 유대인들은 너무 안전하고 번영하고 있기 때문에 이곳에서 가르칠 필요가 없는지도 모르겠습니다. 미국의 유대인들에 관해 가르치지 않는다는 것이 공식적인 입장은 아니었습니다. 누구도 이렇게 말하지는 않습니다. '미국의 유대인에 관해서는 가르치지 말라.' 그렇지만 가르치지 않는다는 점은 모두 알고 있습니다."

미국에의 의존에 대한 또 다른 이스라엘의 반응은 미국계 유대인들의 생활방식을 비판하거나 미국에서도 반유대주의가 발흥해서 미국의 유대인들이 이스라엘로 오기를 바라는 것이다.

히브리대학의 정치이론가이자 이스라엘의 평화운동에 깊이 관여하는 야론 에즈라히는 구시 에무님 정착촌 운동의 대표와 함께 토론자로 초청된 자리에서 이와 같은 경향의 적나라한 모습을 목격했다. 플로리다에서 온 '유대인 지도자' 방문단 앞에서였다.

에즈라히가 토론회를 회상했다. "토론이 시작하기 전에 저는 플로리다에서 온 유대인들에게 구시 에무님 정착촌 운동이 왜 우리의 전통 및 공동체의 정체성에 악영향을 주는지, 그리고 우리의 안전에 도움이 되지 않고 이민정책에도 해로운지를 설명하기 위해 준비했습니다. 구시 에무님에서 나온 토론자가 먼저 말문을 열었습니다. 그는 요르단 강 서안이 유대인들 것이며 에레츠 이스라엘(이스라엘의 땅)의 일부라고 말했습니다. 또한 아랍인들은 문제될 것이 없고 누구도 유대인들에게 이래라저래라 명령할 수 없다고 덧붙였습니다. 당시는 법에 어긋나는 정착촌들이 우후죽순처럼 생겨날 때였습니다. 그리고 그는 성경과 역사의 권리에 관해 열변을 토했습니다. 그러자 플로리다에서 온 사내 하나가 일어서더니 말했습니다. '당신이 말하는 계획을 실현하기 위해서는 서구로부터 많은 유대인들이 이주해야 하는 것이 맞습니까?' 토론자가 그렇다고 대답했습니다. 그러자 플로리다에서 온 사내가 다시 말했습니다. '정착촌 건설을 통해서 당신이 하려는 일이 소수 집단에 대한 고려라고는 눈곱만치도 없고 이스라엘의 이미지에 먹칠을 하는 온갖 일들을 함으로써 외국에서 반유대주의를 부추기는 결과를 가져오는데, 도대체 어떻게 서구의 자유 민주주의자들이 이민을 오리라고 기대한다는 말입니까? 당신들이 소수민족을 대하는 현재의 태도는 앞으로 당신들이 소수파 유대인들을 대할 태도이기도 하기 때문입니다. 미국에서 살아가는 소수민족으로서의 유대인들이 도대체 무슨 권리로 소수민족의 권리를 보장하라고 주장한다는 말입니까?' 그러자 구시 에무님에서 나온 토론자는 활짝 웃으며 말했습니다. '선생님은 지금 스스로 무슨 말씀을 하는지 이해하지 못하시는군요. 대규모의 유대인 이주를 가능하도록 만드는 수단이 바로 반유대주의입니다. 따라서 만일 우리가 서구에서 살아가는 여러분들 주위에 반유대주의가 퍼져나가도록 만들고 있다면 이는 우리가 여러분의 이주를 독려하고 있다는 뜻입니다. 특히 요르단 강 서안으로 말입니다. 바로 이것이 우리가 원하는 바입니다.'"

에즈라히가 덧붙였다. "미국에서 온 유대인들은 거의 구시 에무님에서 나온 토론자를 잡아먹을 듯한 기세였습니다. 그 토론자에 대한 플로리다에서 온 사람들의 분노가 너무나 강렬해서 저는 한마디도 보탤 필요가 없었습니다. 구시 에무님의 토론자와 같은 생각을 하는 이스라엘인들은 당장이라도 대참사가 벌어져야 대규모 이주가 이루어질 것이라고 믿습니다. 아마도 그들에게는 그해 최고의 뉴스가 제시 잭슨이 대통령 선거에 출마한다는 소식이었을 것입니다. 마이애미 주민이었다면 그들은 아마 잭슨에게 표를 던졌을 겁니다. 미국의 유대인에게 최악의 시나리오가 그들에게는 언제나 최고의 가능성입니다."

그러나 이와 같은 태도는 우파 미치광이들에만 한정된 것이 아니었다. 미국에 대한 이스라엘의 스파이 행위에 대한 유대계 미국인들의 비판이 고조되었던 1987년 3월 10일 저명한 이스라엘의 정치이론가 슐로모 아비네리가 『예루살렘 포스트』에 '미국의 친구들에게'라는 공개서한을 기고하자 많은 유대계 미국인들은 충격에 빠졌다. 위에서 언급했듯이 아비네리는 노동당의 대표적 이론가이며 한때 이스라엘 외무부의 사무총장을 역임한 인물이었다.

아비네리는 폴러드 사건이 가져온 결과에 관한 언급으로 공개서한을 시작했다. "개방적이고 다원적인 사회에서 자유롭고 안전하며 괴롭힘을 당하지 않고 살아온 유대계 미국인들의 전통적인 생각과는 정반대되는 일정 수준의 긴장과 불안, 나아가 두려움이 미국의 유대인 공동체에서 느껴진다. 돌려서 말하지는 않으려고 한다. 미국의 유대인 지도자들이 폴러드의 유죄선고 이후 보여준 반응들 중 일부는 나세르 치하의 이집트, 그리고 호메이니 지배하의 이란에서 유대인 몇몇이 이스라엘을 위한 스파이 행위로 체포되었을 당시 그곳의 유대인 지도자들이 보인 행동을 내게 상기시킨다. …… 여러분은 언제나 미국은 다르다고 이스라엘 사람들에게 말했다. 물론 다르다. …… 아무도 여러분을 감옥에 가두지 않을 것이고 여러분에게 해가 되는 입법을 하지 않을 것임은 분명하다. 그러나 여러분은 유대인들이 미국의 관료체계에서 책임 있는 자리를 차지하지 못하게 될 것을 두려워한다. 국방과 정보기관에 근무하는 유대인 직원들이 일종의 불리한 조건 아래 놓이게 될 것을, 그리고 유대인들이 민감한 직책을 맡지 못하지는 않을까 두려워하고 있다. 한 사람의 유대인 스파이가 체포되었다. 여러분 마음속에 갈루트(Galut, 유배자의 심적 상태)가 얼마나 뿌리깊이 스며들어 있는지 보라. …… 나의 말을 오해하지는 말라. 어떤 이유로도 나는 폴러드 사건에서 이스라엘이 한 행위를 용서할 수 없다. …… 그러나 사태의 진실은 간단하다. 미국에서 살아가는 여러분은 다른 곳의 유대인들과 다를 것이 없다. 프랑스와 독일, 폴란드, 소련, 이집트의 유대인들과 마찬가지다. 여러분의 유배생활은 다르다. 안락하고 성공과 명예로 치장되었다. 그러나 여전히 유배라는 점은 동일하다."

공개서한이 미국의 유대인들을 매우 불편하게 한 것은 단지 아비네리와 같이 명석한 인물이 그런 잘못된 주장을 했다는 점뿐만이 아니었다. 많은 이스라엘 사람들이 아비네리의 주장을 마음속 깊이 받아들였다는 사실이었다. 아비네리는 유대계 미국인들이 폴러드 사건에 대해 보인 반응을 완전히 잘못 이해했다. 우선 아비네리는 이른바 미국의 유대계 지도자들의 반응을 미국의 유대인의 반응과 동일시했다. 내가 아는 미국의 유대인 대부분은 폴러드 사건에 관해 그저 어깨를 한 번 으쓱하고는 지나쳐버렸다. 이는 그들이 미국에서 실제로 얼마나 안전하다고 느끼는지를 보여주는 사례다. 폴러드 사건에 대해 깊이 생각하고 우려를 표명했던 사람들은 주로 유대인 조직의 지도자들로서 그들은 스스로의 이익에 대한 두려움 때문에 당혹스러워했던 것이 아니다. 가장 가까운 동맹국을 상대로 스파이 행위를 감행하는 엄청난 어리석음과 이로 인해 신뢰에 금이 가게 된 현실에 당황했던 것이다. 이스라엘과 미국의 이해관계는 동일하다고 언제나 주장했던 유대계 미국인들이 워싱턴에서 설 자리가 없게 만들고 신뢰를 상실하게 만든 결과에 당혹스러웠던 것이다. 미국의 유대인들은 미래에 대한 두려움이 없었다. 그들은 폴러드 사건이 유대계 미국인들의 지위에 영향을 미치지 않을 것임을 올바르게 이해하고 있었다.

  미국의 유대인들은 매년 유대 국가에 30억 달러를 원조하라고 의회에 로비를 할 정도로 미국에서 편안함을 느꼈다. 수에즈로부터 레바논 전쟁, 그리고 인티파다에 이르기까지 입장을 난처하게 만드는 위기가 발생할 때마다 자리를 박차고 일어나 공개적으로 이스라엘을 변호할 정도로 미국의 유대인들은 미국에서 편안함을 느꼈다. 폴러드 사건이 일어나기 전에도 그랬고 이후에도 마찬가지였다. 이와 같은 유대계 미국인들의 거리낌 없는 태도를 이집트나 이란의 유대인들의 행동과 비교한다는 것 자체가 어이없는 일이다.

  대부분의 유대계 미국인들은 아비네리의 주장이 공황상태에 빠진 이데올로기가 자신의 정치생명을 보존하기 위해 내세운 분석이라고 올바르게 판단했다. 아비네리와 같은 세속적 시온주의자들은, 유대인은 스스로의 민족국가를 떠나서는 결코 평범하고 안전하며 그곳에 속한다는 느낌을 가질 수 없을 것이라고 언제나 주장한다. 유대인들이 모두 이스라엘에서 살아가야만 하는 이유다. 따라서 아비네리의 이데올로기는 유대계 미국인들의 성공으로 위협받는다. 미국의 유대인들이 미국에서 '해냈다'는 사실, 즉 평범하지 않으면서도 편안하게 삶을 영위할 수 있다는 사실이 그의 이데올로기에 대한 위협이다. 아비네리의 이데올로기는 미국의 유대인이 편안하게 느끼지 못할 것을 요구한다. 아비네리가 미국의 유대인을 러시아나 이란의 유대인과 동일하게 취급하는 이유다. 미국의 유대인들에게 이스라엘로 와서 유대의 문화와 정치, 그리고 종교적 르네상스라는 흥미진진한 모험을 하자고 말하는 대신, 그리고 유대인이 살기에는 이스라엘이 가장 재미있고 활기찬 곳이라고 말하는 대신 아비네리는 그들이 결국 이스라엘에서 살아가게 될 운명이니 지금 당장 이주하는 것이 좋을지도 모른다고 이야기한다.

유대계 미국인들이 이스라엘의 '실체'를 본격적으로 알게 된 것은 1973년 이집트가 수에즈운하에서 이스라엘 군을 물리치고 미국의 유대인들이 이스라엘에 있는 그들의 영웅들이 슈퍼맨이 아니라는 사실을 깨닫게 되면서부터다. 이러한 경향은 금융 스캔들과 노동당 정부 아래서의 부패가 드러나면서 더욱 힘을 받았다. 그러나 유대계 미국인들에게 가장 큰 충격은 1977년 찾아왔다. 메나헴 베긴과 우익 리쿠드당이 최초로 정권을 잡았다. 이스라엘의 건국 이후 유대계 미국인들이 함께 손잡고 일했던 노동당의 저명인사들, 즉 아바 에반과 골다 메이어, 시몬 페레스, 이갈 알론, 이츠하크 라빈, 심차 디니츠와 같은 노동당의 인물들을 대체했다.

베긴은 이스라엘 정부에 전혀 새로운 인물들을 등용했고 진보성향이거나 비정통파 유대계 미국인들에게는 생소한 의제들을 들고 나왔다. 베긴은 요르단 강 서안 전역에서 정착촌을 세울 것이라고 말했고 미국의 텔레비전에 출연해 삿대질을 하면서 미국은 유대인들에게 이래라저래라 할 권리가 없다고 말하면서도 전혀 부끄러운 기색이 없었다. 베긴은 메시아주의를 신봉하는 유대인 정착민들과 초정통파 랍비들이 의회를 수단으로 개혁파와 유대주의 보수분파의 정통성을 공격하도록 방치했다. 베긴은 이스라엘의 군사력을 방어는 물론 공격적인 목표에도 사용하려고 했다.

관광버스에서 내려와 유대민족의 상징으로서가 아니라 생생한 이스라엘의 실체를 바라볼 수밖에 없는 상황이 되자 유대계 미국인들은 종교적으로나 정치적으로 그들이 상상했던 것과는 이스라엘이 대단히 다르다는 것을 깨달았다. 미국의 유대인들 중 많은 사람들이 아직까지 당시의 충격을 극복하지 못하고 있다.

"매춘부들이군. 매춘부들이야. 이곳은 매춘굴이다. 난교가 벌어지는 곳이다. 매춘부들이로고. 매춘부들." 체육관을 개조한 시나고그에서 돌돌 말은 율법서 두루마리를 들고 춤을 추고 있던 남녀 교인들을 향해 검은색 코트를 입은 랍비가 역겹다는 태도로 고함을 질렀다. 대부분 미국에서 태어난 교인들이었다.

"이것은 우상숭배다. 거기 있는 너희들은 과거 홀로코스트였기 때문이다." 토라를 들고 더욱 정열적으로 춤을 추는 교인들을 향해 랍비가 고래고래 소리를 질렀다.

이 같은 모습은 이웃 시나고그의 랍비에게서 들을 수 있는 평범한 설교가 아니었다. 당시 예루살렘에서 미국식 개혁파 유대교가 갖는 예배는 그레이트 넥(Great Neck, 유대인 부자들이 많이 거주하는 뉴욕의 주택가-역자)에서 이슬람교도들이 모스크에 모이는 일과 유사했다. 그날은 심하스 토라(Simchas Torah)로서 유대교 율법서인 토라를 1년 동안 읽은 것을 기념하는 유대교의 축제일이었다. 1986년 예루살렘의 바카(Baka) 마을에 새로 생긴 임시 시나고그에서 벌어진 일이었다. 위의 이야기는 앵글로 아메리카 이민자들이 이스라엘의 수도에서 개혁파 예배를 열려고 할 경우 어떤 일이 벌어지는지를 보여준다.

미국에서 교육받은 유대주의 보수파 랍비 레비 바이만-켈만(Levi Weiman-Kelman)이 이스라엘로 이주했던 1980년대 초에 이야기가 시작된다. 키부츠에서 대학원에 이르는 다양한 스타일의 삶을 유대 국가에서 실험했던 당시 30대 초반의 랍비 켈만은 시나고그의 설교단에 다시 서려고 마음먹었다. 그런데 랍비 켈만은 자신이 소속할 비정통파 시나고그가 예루살렘 인근에 없다는 사실을 알게 되었다. 시나고그에 나가는 유대계 미국인의 약 90퍼센트가 개혁파 혹은 보수파 신도들이지만 이스라엘에서는 그런 시나고그가 거의 존재하지 않았던 것이다. 최고 랍비회의(Chief Rabbinate)라고 불리는 이스라엘의 전국 랍비 평의회가 지원하는 유일한 유대교 형식은 정통파 유대주의다. 이스라엘 정부가 최고 랍비회의를 공식적으로 인가하고 재정적으로 지원하며, 결혼과 이혼, 매장 등과 같이 국가와 관련된 모든 종교 행사를 관장하도록 하기 때문에, 미국의 보수파 혹은 개혁파 랍비들이 설 자리는 거의 없었다. 최고 랍비회의는 보수파나 개혁파 랍비가 주관한 이스라엘에서의 결혼을 인정하지 않는다. 따라서 이스라엘이라는 국가 역시 이러한 결혼을 법적으로 구속력 있는 행위로 인정하지 않는다(개혁파나 보수파 랍비 혹은 치안판사가 이스라엘 외부에서 결혼을 주관했을 경우에는 결혼으로 인정된다. 그 이유는 이스라엘과 다른 국가들 사이에 결혼을 서로 인정하는 협정이 있기 때문이다). 이스라엘에서 확고하게 자리 잡은 정통파와 초정통파 랍비들은 보수파 혹은 개혁파 랍비들이 할라카(Halacha), 즉 유대 율법 전체를 따르지 않는다고 믿는다. 따라서 이들에게 유대인의 결혼이나 이혼을 주관하도록 허용하지 않는다. 이교도를 유대교로 개종시키는 일을 허용하지 않는 것은 말할 필요조차 없다. 더욱 중요한 점이 있다. 이스라엘에서 종교적 권위를 독점하고 있는 정통파는 자신의 권력과 재정을 개혁파나 보수파와 나누기를 원하지 않는다. 결국 사업은 어디까지나 사업인 셈이다.

자신에게 맞는 시나고그를 찾지 못한 랍비 켈만은 유대인들이 수백 년 동안 해왔던 일을 시작했다. 자신의 시나고그를 열었던 것이다. 처음 그가 도움을 요청했던 보수파 운동을 하는 사람들은 랍비 켈만은 이스라엘에서 너무 과격하다고 말했다. 그래서 켈만은 미국 개혁파 운동의 이스라엘 대표와 접촉했다. 열정적으로 랍비 켈만을 돕고자 했던 그는 예루살렘의 바카 마을에서 노동당이 운영하는 회관을 사용할 수 있도록 해줬다. 바카는 교육수준이 높은 미국인, 호주인, 남아프리카공화국에서 출생한 아슈케나지 유대인(Ashkenazi Jews, 독일·폴란드·러시아계 유대인-역자), 그리고 상대적으로 가난한 모로코의 아시아계 유대인들이 함께 사는 곳이다. 마을 주변에 간단하게 예배 소식을 알린 켈만은 그의 첫 번째 욤키푸르 예배에 약 150명의 신도들을 모을 수 있었다. 영어권 국가에서 이민 온 유대인들로, 남성과 여성이 함께 앉지도 못하고 동등하게 참여할 수도 없는 엄격한 정통파 예배에 불편함을 느끼던 사람들이 대부분이었다. 랍비 켈만의 예배를 제외하고는 바카 마을 전역에서 정통파 예배가 행해졌다.

켈만이 당시를 회상했다. "가장 적당한 시기에 가장 올바른 장소에 왔다는 느낌이 들었습니다. 사람들이 필요로 하지만 이스라엘의 랍비들에게서는 얻을 수 없는 것이 있다는 점이 명백했습니다. 이스라엘로 이주한 사람들 사이에서는 이스라엘에서 행해지는 초정통파 유대주의를 대체할 수 있는 무언가에 대한 강렬한 열망이 존재했다고 저는 생각합니다. 이러한 갈망은 유대 율법을 준수하지 않는 이스라엘 사람들 사이에서도 마찬가지였습니다. 저와 함께 했던 사람들이 예배를 마치고 각자의 생활로 돌아가는 순간 마을 사람들은 정통파와 다른 유대의식을 제가 시작했다는 사실을 알아차렸습니다. 아주 오랜 기간 동안 서로 전혀 대화를 나누지 않았던 정통파 세파르디 지역의 랍비 엘리야후 아우베르길(Eliyahu Aubergil)과 아슈케나지 랍비 아브라함 아우어바흐(Avraham Auerbach)는 얼마 지나지 않아 서로 합의할 수 있는 무엇을 찾아냈습니다. 우리를 공격하는 일이었습니다. 둘은 국가의 공무원들이었습니다. 나를 비롯한 이스라엘의 납세자들에게서 재원을 마련하는 이스라엘 종교부에서 급료를 받는 사람들이었습니다. 두 사람의 정통파 랍비들은 우리들을 건물에서 내쫓으라고 노동당에 압력을 가했습니다. 그들은 개혁파 유대주의를 유대교로 인정하지 않았고 우리가 그들의 독점을 위협한다고 생각했습니다."

일주일이 채 지나지 않아 세속적 노동당이 지역의 랍비들과 그들의 배후인 초정통파 정당들의 압력에 굴복했다. 노동당은 켈만과 신도들에게 다른 장소를 찾아보라고 말했다. 서구세계의 많은 시나고그에서 행하는 기본적인 유대교 예배의식이 아니라 심령술이나 피의 의식을 하는 해괴한 종교분파처럼 취급했다. 다행스럽게도 노동당처럼 겁쟁이가 아니었던 시의회가 켈만이 건물에서 쫓겨났다는 소식을 듣자 이들 개혁파에게 장소를 제공하라고 주민센터에 지시했다. 1년이 지나지 않아 켈만이 이끄는 신도의 수는 지역에서 두 번째로 커졌다.

1년 동안 꼬박 토라를 함께 강독한 것을 기념하기 위해 켈만은 1986년 심하스 토라를 위한 특별한 저녁을 준비했다. 이미 그가 주재하는 예배에 참여하는 인원은 주민센터 건물 내부의 공간에서는 모두 수용할 수가 없을 정도로 불어나 토라 두루마기를 보관하는 상자가 농구대 아래 비치된 체육관까지 넘쳐났다. 예배 모임은 대단히 평등했기 때문에 켈만은 여성도 토라를 낭독하고 심하스 토라에서 두루마기를 들고 춤을 출 수 있도록 허용했다. 정통파 유대인들은 이와 같은 행위를 금지했다. 탈무드가 여성의 토라 낭독을 금지한다고 해석했기 때문이다.

심하스 토라를 위한 저녁에 약 150명의 신도가 모였다. 켈만은 그날 행사를 이렇게 묘사했다. "우리는 진정으로 기분 좋게 취해 있었습니다. 마약에 취한 것이 아니라 축제의 기쁨에 취했던 것입니다." 남성과 여성, 아이들이 동심원을 그리면서 춤을 췄고 차례로 토라를 높이 들어 올렸으며 이스라엘의 찬송가를 부르면서 테이블을 두드리고 발을 굴렀다.

그때 야단법석이 일어났다.

켈만이 당시를 회상했다. "랍비 아우베르길이 체육관 구석으로 갑자기 들어오는 모습이 보였습니다. 그는 키가 큰 사람이었는데 약 30명의 사람들과 함께 들어왔습니다. 아주 어린아이부터 하레딤 노인까지 갖가지 복장에 다양한 연령과 체구의 사람들이었습니다. 일부는 양복을 입고 군복이나 티셔츠를 입은 사람도 있었습니다. 아우베르길은 잠시 당황스런 표정을 지었습니다. 그러나 두 사람의 여성이 토라를 들고 춤을 추는 모습을 발견하자 그는 더 이상 당황한 표정이 아니었습니다. 오직 외곬의 분노만이 있었을 뿐입니다. 제가 생각하기에 그를 가장 분노하게 만든 것은 남성과 여성이 함께 춤을 추고 있는 모습이었습니다. 나중 이야기를 먼저 해보겠습니다. 그는 사내입니다 훗날 알고 보니 그는 평생 세속적인 책을 한 번도 본 적이 없더군요. 상상이 가실지 모르겠습니다. 『호밀밭의 파수꾼 The Catcher in the Rye』도 읽어본 적이 없는 인물이었습니다. 그가 읽은 것이라고는 오직 중세시대의 책들뿐이었습니다. 그가 개혁을 어떻게 바라볼지 저로서는 알 도리가 없습니다. 확신하건대 아마도 그는 개혁이 기독교처럼 되자는 시도라고 생각할 것입니다. 우리의 예배는 남녀가 함께 앉는다는 점을 제외하고는 완전히 유대교 행사입니다."

켈만이 말을 이었다. "아우베르길이 그곳에 서 있었습니다. 믿기지 않는 장면이었습니다. 150명의 사람들이 최면이라도 거는 듯한 선율에 맞춰 동심원을 그리면서 춤에 푹 빠져 있었습니다. 어떤 일이 일어날지를 감지했던 저는 곳곳을 돌며 모두에게 말했습니다. '절대로 비난하지 말고 계속 춤을 추세요. 어떤 일이 있더라도 우리는 그들과 충돌하지 않을 것입니다. 또한 어떤 일이 있더라도 우리는 춤을 멈추지 않을 것입니다. 그들이 우리에게 이래라저래라 할 수는 없을 것입니다.' 모든 신도들이 다시 일어나 춤을 추기 시작했습니다. 그때 아우베르길이 소리 지르기 시작했습니다. '매춘굴이로군. 매춘굴이야.' 저는 그에게 다가가 말했습니다. '실례하지만 도와드릴 일이 있습니까?' 그가 말했습니다. '사람들 앞에서 연설할 수 있도록 해주기를 요구합니다. 그들이 얼마나 구역질나는지…….' 제가 말했습니다. '잘 들으세요. 지금은 대화를 하는 시간이 아닙니다. 춤을 추는 시간입니다. 함께 춤을 추시는 게 어떠신지요?' 그가 다시 소리를 지르기 시작했습니다. 그때 아우베르길과 함께 왔던 두 사람이 원 한가운데로 들어가더니 자신들도 토라를 들고 함께 춤을 출 수 있느냐고 물었습니다. 그래서 제가 말했습니다. 토라를 줄 것이고 함께 춤을 추게 해주겠지만 절대로 원을 빠져나갈 수 없을 것이라고 말입니다. 두 사람이 토라를 받아들더니 즉시 빠져나오려고 했습니다. 원에서 탈출하려고 했던 것입니다. 나는 그중 한 사람의 뒤로 다가가 그 사내의 허리띠와 셔츠 뒷부분을 잡고서 토라를 두고 몸싸움을 벌이기 시작했던 원의 중심으로 끌고 갔습니다. 그와 함께 일종의 댄스를 췄던 것이지요. 그러다가 어느 순간 그 사내와 저는 서로를 마주보고서 토라를 사이에 두고 몸싸움을 시작했습니다. 어떤 모습이었는지 상상을 좀 해보셔야 할 겁니다. 150명의 사람들이 주변에서 동심원을 그리면서 춤추고 노래를 불렀습니다. 사실상 출정가를 불렀던 것입니다. 그리고 체육관 입구에서는 30명의 사람들이 우리를 향해 소리를 지르면서 저주를 퍼부었습니다. 그들은 이렇게 외쳤습니다. '홀로코스트가 일어난 것은 너희들 때문이다. 너희는 악마고…….' 저는 몸싸움을 벌이고 있던 사내를 바라보았습니다. 저는 아무런 생각도 하지 않고 그에게 말하기 시작했습니다. '형제여, 사랑합니다.' 사내는 제게 히브리어와 영어로 소리 질렀습니다. '죽여버리겠다.' 제가 그를 놔주지 않을 것이라는 점이 분명해지자 사내는 무릎으로 저를 차기 시작했습니다. 바로 사타구니를 향해서였습니다. 동시에 사내는 토라를 버리고 빠져

나가려고 시도했습니다."

켈만과 신도들은 천천히 원을 넓혀갔다. 결국 지역의 랍비들과 같이 왔던 사람들은 문밖으로 밀려나게 되었다. 초대받지 않았던 손님들은 체육관을 나가면서 소리 질렀다. "너희들이 예배를 보도록 내버려두지 않겠다. 너희들이 이런 매음굴을 폐쇄할 때까지 계속 괴롭히겠다."

바카 시나고그에서 일어난 사건은 이스라엘에서 전국적인 뉴스가 되었고 개혁파 유대주의가 유대 국가에서 전에 없이 사람들의 주목을 받는 결과를 가져왔다. 동시에 개혁파의 예배가 기독교와 유사하다는 정통파의 미신을 산산이 깨버렸다. 켈만은 아우베르길을 형사고발했지만 정통파 랍비였던 그가 마지못해 공개적인 사과편지를 쓰겠다고 동의하자 이를 취하했다.

노동당으로부터 외면당한 일로부터 정통파 기득권 집단으로부터 모욕을 당했던 일까지 켈만과 신도들에게 일어났던 일들은 많은 미국과 유럽의 유대인들이 유대주의를 바라보는 시각과 이스라엘 사람들이 유대주의를 바라보는 관점 사이에 존재했던 근본적인 차이를 극명하게 드러냈다.

미국에서 유대인들의 삶이란 시나고그를 중심으로 이루어진다. 그러나 오늘날 대부분의 유대계 미국인들이 시나고그에 가는 것은 종교와 제례를 위해서가 아니라 공동체의 연대감을 느끼기 위해서다. 시나고그는 이교도의 바다에서 그들에게 동화되는 것을 피하기 위해 유대계 미국인들이 집착하는 섬이다. 또한 시나고그는 유대인들이 다른 유대인들과 교제하고 자신의 민족적 정체성을 표출하는 장소이기도 하다. 대부분의 미국 유대인들에게 개혁파나 보수파 혹은 정통파 시나고그 중 어느 곳을 선택할 것인지의 문제는 어디가 가장 다니기 편리한 곳에 위치하고 있는지, 어느 곳의 보육원이 가장 좋은지, 어느 시나고그의 랍비가 설교를 가장 잘하는지 등을 기준으로 하는 판단에 달려 있다. 시나고그의 예배에서 어떤 내용이 오가느냐는 대부분의 사람들에게 부차적인 기준일 뿐이다.

그러나 이에 반해 이스라엘에서는 인구의 상당수가 유대교 의식을 지키지 않는다. 이방인에 동화되기를 피하거나 공동체 의식을 느끼기 위해 시나고그를 찾을 필요가 없다. 시나고그 혹은 유대교의 종교의식이 아니더라도 이런 목적을 이룰 수 있는 다른 수단이 있기 때문이다. 유대 국가에 세금을 납부하고 히브리어로 말하며 유대와 국가 공휴일을 준수하는 공립학교에 아이들을 보내는 것만으로도 이교도와의 동화를 피할 수 있다. 이스라엘 사람들의 대다수가 시나고그에 나가지 않고 시나고그에 들어서면 무엇을 어찌해야 하는지 모르는 이유가 바로 이것이다.

언젠가 나는 이스라엘 군 장교들 앞에서 미국인들이 이스라엘을 어떻게 바라보는지에 관해 강연을 해달라는 요청을 받은 적이 있다. 미국에서 공부하게 될 이스라엘 군의 영관급 장교들을 준비시키는 교육 세미나의 일환이었다. 강연을 시작하기에 앞서 세미나를 주관하던 장교가 어떤 초청자들이 무슨 주제로 강연하는지를 적은 프로그램 안내서를 보여주었다. 내가 할 강의의 바로 위 강의 제목은 이랬다. "시나고그에서 어떻게 행동할 것인가?"

"도대체 이런 교육이 왜 필요하죠?" 내가 이스라엘 장교에게 질문했다.

장교는 다소 당황스럽다는 듯이 대답했다. "글쎄요. 우리 군대에는 평생 한 번도 시나고그에 가보지 않은 장교들이 많습니다. 미국에 갔을 때 어떻게 행동해야 하는지를 교육시켜야만 합니다. 장교들이 시나고그에 초대받았을 경우 어떻게 해야 하는지, 그리고 토라의 한 부분을 읽도록 요청받았을 때 어떻게 해야 하는지 등을 알려줍니다. 그런데 우리에겐 문제가 있습니다. 랍비를 초청해서 장교들에게 시나고그에서 어떻게 해야 하는지를 교육시킬 수도 있긴 합니다만, 이스라엘 군대의 랍비들은 모두 정통파라서 개혁파 혹은 보수파를 인정하지 않고 또한 그런 종류의 시나고그에서 어떻게 행동해야 하는지에 관해서 이야기하기를 꺼려합니다. 그래서 우리는 온통 수소문을 해서 마침내 정통파 랍비 한 사람을 찾았습니다. 미국에서 성장한 그 랍비는 정통파는 물론 개혁파와 보수파 시나고그에서 어떻게 행동해야 하는지에 관해 이야기하겠다고 했습니다."

유대교 의식을 준수하지 않는 이스라엘 사람들은 종교의식에 신경 쓰지 않기 때문에 이스라엘에서 뿌리를 내린 유일한 유대 종교의식 형태는 수백 년 동안 이미 존재하던 초정통파와 정통파의 제례였다. 거기에 시온주의를 지지하는 현대적 정통파가 약간 존재할 뿐이다. 개혁파와 보수파 운동이 유대의식을 준수하지 않는 이스라엘 사람들에게 엄격한 정통파를 대체할 종교적 대안을 제공하기 위해 켈만처럼 새로운 형태의 종교모임을 가진 것은 불과 최근 10년의 일이다.

이와 같은 개혁파와 보수파 운동을 막아서려고 했던 것은 이스라엘의 랍비들만이 아니다. 지난 15년 동안 정통파 정당들은 이스라엘 의회를 움직여 세계의 모든 유대인들이 이스라엘로 이주할 수 있고 자동적으로 시민권을 획득할 수 있다는 귀환법(Law of Return)을 개정하려고 시도했다. 이스라엘의 정통파 정당들이 추진하는 이른바 '유대인규정' 개정안은 어머니가 유대인이고 유대 율법(할라카)에 의거해 정통파 랍비가 유대교로 개종시킨 사람만을 유대인으로 사실상 규정한다. 개혁파 혹은 보수파 랍비가 유대교로 개종시킨 이교도는 유대인으로 간주하지 않겠다는 법안이다. 이스라엘의 정통파 정당들은 노동당이나 리쿠드당을 압박할 기회가 올 때마다 이 개정안을 강행처리하려고 시도한다. 1988년 11월 이스라엘 총선이 끝나고 노동당과 리쿠드당 모두가 내각을 구성하기 위해 충분한 의회 의석을 확보하려고 혈안이 되었을 때 시몬 페레스와 이츠하크 샤미르는 각각 개정안에 찬성표를 던질 의향이 있음을 시사했다. 페레스는 다소 마지못한 태도였고 샤미르는 어떤 변명조차 하지 않았다.

개정안이 아직 통과되지는 않았지만 이러한 논란은 미국과 이스라엘의 유대인들이 자신과 유대주의, 그리고 자신과 이스라엘의 관계를 얼마나 다르게 이해하고 있는지를 보여준다. 유대인규정 개정안의 통과가 임박할 때마다 이스라엘로 달려가 이를 저지하기 위해 노력하는 미국의 유대계 지도자들로서는 샤미르와 리쿠드당이 도대체 어떻게 그렇게도 쉽사리 정통파에 굴복하고 이스라엘 정부가 개혁파와 보수파 랍비들을 공식적으로 이단으로 만드는 결과를 가져올 법안에 대해 찬성표를 던지겠다고 하는지 이해할 수가 없다. 샤미르와 대부분의 세속적 이스라엘인들이 유대인은 유대 율법에 따라 생활할 수도 있고 아닐 수도 있으며, 만일 율법을 따른다면 유럽의 할아버지 세대와 비슷한 생활을 하거나(정통파) 혹은 그렇게까지는 아닐 수 있다는 정도로만 생각한다는 점을 미국의 유대인들은 이해하지 못했다. 언젠가 유대인규정 개정안에 반대표를 던지도록 로비하기 위해 찾아온 미국 개혁파와 보수파 랍비들과의 회합에서 샤미르는 먼저 이렇게 질문했다. "미국에서는 유대교로 개종하는 일을 전화로 한다는 이야기가 사실인가요?"(수년 동안 현대 유대역사에 관한 이스라엘 중학교의 공인 교과서는 개혁파 유대교의 역사를 단 두 페이지로 다뤘다. 개혁파 유대교의 역사를 소개하는 단락의 제목은 '동화를 위한 움직임'이었다.) 나아가 샤미르는 자신을 방문한 미국 대표들에게 이렇게 말하곤 했다. 왜 그렇게 분노하는가? 개혁파나 보수파를 통해 유대교로 개종하려는 사람들의 숫자는 극히 드물다. 아마도 한 해에 25명 정도일 것이다. 개정안이 통과된다고 하더라도 여기에 영향받을 사람은 사실상 없다.

샤미르와 다수의 세속적 이스라엘 사람들은 시나고그와 이스라엘이 미국 유대인들의 삶과 정체성에 미치는 영향을 이해하지 못한다. 따라서 이스라엘 의회가 미국의 개혁파 유대인에게 그의 랍비에게는 정통성이 없다고 말하는 것이 그가 다니는 시나고그가 정통성을 결여한다고 말하는 것이라는 점을 이해할 수 없다. 이스라엘에 대한 지지와 시나고그에의 소속이 자신을 유대역사에 연결시키는 두 가지 고리인 대부분의 유대계 미국인들에게 그와 같은 선언은 이중의 충격이 아닐 수 없다. 평생 영웅으로 따랐던 사람이고 자신이 가진 정체성의 완전한 모델이었던 사람이 어느 날 '너는 가짜야. 모욕하려는 의도는 없어.' 라고 말하는 것과 마찬가지였다. 유대인규정 법안이 많은 유대계 미국인을 분노와 혼란에 빠뜨린 것은 놀라운 일이 아니다. 미국의 유대인들은 목소리를 높여 반문했다. 나 자신이 유대인이라고 느끼지 못하도록 하는 유대의 조국을 어떻게 지지할 수 있느냐고 말이다.

대부분의 이스라엘 사람들은 그들 자신과 국가가 미국의 유대인들에게 얼마나 중요한 역할을 하는지에 대해 전혀 이해하지 못할 뿐이다. 그들 자신이 국내에서 당면하고 있는 경제와 안보문제를 해결하려고 몰두한 나머지 세계의 유대인들이 실제로 어떻게 구성되어 있는지에 관해서 거의 알지 못한다. 이해할 만한 일이다. 그들은 이스라엘이 외국의 유대인들을 필요로 한다는 사실을 안다. 그러나 외국의 유대인들이 어떻게 이스라엘을 필요로 하는지에 관해서는 모른다. 이스라엘이 세계 유대인들의 삶을 얼마나 풍부하게 만들었는지, 그리고 전 세계 유대인들을 유대의 역사와 정체성에 얼마나 단단하게 결합시키는 역할을 했는지 이해하지 못한다. 이스라엘로부터 단절된다면 유대계 미국인들 중 상당수는 시나고그에 가거나 자신이 유대인이라고 생각해야 할 필요를 느끼지 못할 것이다. 유대의 종교의식이 그들을 잡아두지 못할 것이다. 그들의 진정한 동화가 시작될 것이다. 만일 유대인규정 법안이 통과된다면 이스라엘은 세계의 유대인들을 구원하는 수단이 아니라 그들을 종교적으로 제거하는 원동력이 될 것이다.

1982년 여름 나의 장인 매슈 벅스바움(Matthew Bucksbaum)은 주말을 이용해 콜로라도 애스펀(Aspen)을 방문하던 중에 좋지 않은 소식을 들었다. 그 소식은 함께 산행을 했던 사람이 전해준 것이었는데 뉴욕 시에 거주하며 사업 관계로 알고 지내는 사람이었다. 메시지는 짧지만 아주 지독했다.

"당신 사위 톰 프리드먼은 요즘 뉴욕 시에서 사람들이 가장 싫어하는 사람이라네." 장인과 함께 산행을 했던 그 지인이 매슈에게 심각한 어투로 말했다.

도대체 내가 어떤 일을 했기에 이와 같은 모욕을 받는다는 말인가? 나의 죄는 소식을 전한 것임이 나중에 밝혀졌다. 『뉴욕타임스』의 베이루트 지국장이었던 나는 이스라엘 군대가 레바논에서 보인 그리 영웅적이지 않은 행동, 사브라와 샤틸라 학살, 그리고 기타 마음을 불편하게 만들 소식들을 뉴욕 시의 유대인들에게 전했다.

그해 여름 베이루트에서 전한 뉴스기사들 중 일부는 좀 더 다듬을 수 있었다는 아쉬움이 남지만 대부분은 정확하고 냉정하게 작성한 것들이었다. 지도자들에서 일반인들까지 미국의 유대인 공동체가 뉴스 미디어와 나를 비롯한 기자들에게 보였던 분노는 그들 스스로 이스라엘이 레바논에서 취하는 행동에 깊은 걱정과 혼란스러움을 느낀 결과라고 나는 확신한다. 어떻게 걱정스럽고 혼란스럽지 않을 수 있겠는가? 이스라엘 사람들마저도 레바논 침공에 관해 내부적으로 의견이 갈라지고 혼란스러워했다. 그러나 이스라엘을 공개적으로 비판하는 것을 불편하게 여겼던 대부분의 유대계 미국인들은 그들의 분노를 여러 기자들 중에서 매슈 벅스바움의 사위에게 표출했던 것이다.

골리앗에 맞서 싸우는 다윗의 이야기, 다시 용기를 내서 주목할 만한 성과를 거둔 피해자의 이야기, 선구적이고도 개척적인 민주주의에 관한 이야기가 이스라엘에 관해 흘러나오는 한 유대계 미국인들은 세계무대에서 이스라엘이 그들을 대표하는 국가로 주목받는 데 행복감을 느꼈다. 이스라엘이 미디어로부터 어떤 관심을 받고 있는지를 유대계 미국인들이 하나도 놓치지 않고 눈여겨본 것은 당연했다. 그들은 이스라엘이 좀 더 많은 미디어의 관심을 받기를 희망했다. 이들은 이스라엘을 비판한다는 것 자체를 생각지도 못했다. 이스라엘을 비판할 만한 정당한 이유란 없다고 생각했기 때문이다.

그러나 레바논 침공과 폴러드 스파이 사건, 그리고 팔레스타인의 인티파다는 유대계 미국인들로 하여금 일시적으로 축하할 일들보다는 오늘날 이스라엘 정치생활의 매우 불편하기는 하지만 대단히 구체적이고 규칙적인 움직임에 눈을 돌리도록 만들었다. 이스라엘이 레바논에 폭격을 하거나 이스라엘 군인들이 팔레스타인 사람들의 뼈를 부러뜨리는 장면이 저녁뉴스에 방영되는 경우 유대계 미국인들은 이렇게 말하는 것 같았다. "잠깐. 만일 이런 모습이 나의 역사적 실체라면 나는 스스로를 인정하지 않는다. 도대체 나는 누구인가?" 일부 유대계 미국인들에게 이스라엘은 자기 정체성의 원천이 아니라 혼란스런 감정의 원인이 되었다.

혼란을 불러일으키는 이스라엘의 행동은 『뉴욕타임스』의 사설 면에 자주 그림이나 사진으로 보도됐는데, 가장 유명한 것은 1988년 1월 18일 우디 앨런(Woody Allen)이 기고한 기명칼럼이었다. 당시는 요르단 강 서안과 가자지구에서 벌어지는 이스라엘의 잔혹행위에 관한 기사들이 매일 언론에 오르내리는 시기였다. 자신의 기고문에서 앨런은 다음과 같은 말로 많은 유대계 미국인들의 정서를 표현했다. "이스라엘을 지지하는 한 사람으로서, 그리고 적대적인 이웃 국가들과 비열한 테러리스트들 나아가 세계 전체가 이 작은 나라에 가하는 혐오스런 행위에 분노하는 한 사람으로서 나는 유대인들이 폭동에 참가한 팔레스타인 사람들을 대하는 태도에 경악한다. 친구들이여, 말이 된다고 생각하는가? …… 더 이상 돌을 던지지 못하도록 남성과 여성의 손을 부러뜨린다는 말인가? 사람들에게 겁을 주어 입을 다물도록 하기 위해서 아무 가정집이나 들어가 시민들을 질질 끌고 나와 두들겨팰 수 있다는 말인가? …… 내가 신문을 제대로 읽고 있는 것인가? …… 우리는 지금 국가의 승인을 받은 잔인성, 그리고 고문을 목격하고 있는 것인가? 맙소사! 내가 가끔 얼마씩 슬쩍하기도 했던 파란색과 흰색의 작은 헌금 통에 들어 있던 기부금이 전해진다던 유대 조국의 사람들이 바로 이들이란 말인가? 나는 믿을 수가 없다. 정확히 무슨 조치를 취해야 하는지 나는 알 도리가 없다…….”

인티파다가 막 시작했을 당시 나는 우연히도 미니애폴리스에서 휴가를 보내고 있었다. 나는 미니애폴리스 유대인연합(Minneapolis Federation for Jewish Service)의 책임자 허먼 마코위츠(Herman Markowitz)를 잠시 찾아갔다. 고향의 유대인 공동체가 인티파다에 어떻게 반응하는지 알아보기 위해서였다. 이스라엘과 미국에서 유대인들의 생활에 헌신적이고 사려 깊은 인물이었던 마코위츠는 1980년대 이스라엘의 진정한 모습을 알게 되면서 유대계 미국인들이 겪어야만 했던 고통스런 변화를 묘사했다.

“평균적인 유대계 미국인은 이스라엘을 경이적인 국가라고 생각합니다. 이스라엘을 보면서 기독교 친구들이 자신에게 이렇게 말한다고 생각합니다. ‘우와, 너희 형제와 자매들 말이야. 그들은 뭔가 달라. 민주주의에다가 미국의 친구이고 절대로 미국에게 도움을 청하는 일도 없지. 너희들은 정말 대단해.’ 우리는 자부심으로 어깨를 활짝 펴고 다녔고 진정 대단하다는 느낌을 가졌습니다. 그러나 레바논 침공 이후 사정이 전혀 달라졌죠. 세밀하게 따져 보지 않는 유대계 미국인들의 눈에 처음으로 이스라엘이 침략자로 비쳐졌습니다. 텔레비전 뉴스를 보면 최악입니다. 사람들은 이해할 수가 없습니다. 그들은 미묘한 차이를 이해하지 못합니다. 그들이 보기에는 서구 유대인들의 가치에 상반되는 일들을 유대인들이 하는 것으로 보일 뿐입니다. 폴러드 역시 도움이 안 되기는 마찬가지였습니다. 유대계 미국인들은 이제 우리가 침략자이자 점령군이고, 사람들의 권리를 박탈하고, 11세 된 아이들의 생명을 빼앗고, 대학을 폐쇄하는 사람들이라고 느낍니다. 이제 미국의 유대인들은 이스라엘에 대해 이전과 같이 느끼지 않습니다. 기독교도 이웃들과 이스라엘에 관해 이야기를 나누는 일이 생길까봐 걱정합니다. 사람들은 어떻게 대답해야 할지 모릅니다. 그들에게는 대응할 방법이 없는 것입니다. 전에는 이스라엘이 유대인들이 가진 자신에 대한 이미지를 개선시켰습니다. 우리가 유대인이라는 사실에 훨씬 더 자부심을 가졌던 것입니다. 이스라엘 때문에 우리는 스스로가 7센티미터는 더 크다고 느꼈습니다. 그런데 이스라엘이 이제는 그 7센티미터를 도로 가져가고 있습니다."

미국의 젊은 유대인 세대 중 일부는 이스라엘의 실상에 대해 점점 더 많이 알게 되는 현상에 대해 전혀 다른 반응을 보인다. 내가 말한 젊은 세대는 40세 미만을 뜻한다.

미국 출생의 이스라엘 만화가이자 드라이 본즈(Dry Bones, 키르셴이 1973년부터 『예루살렘 포스트』에 연재하는 네 컷짜리 시사정치 만화의 제목이다.—역자)라는 필명으로 통하는 야코브 키르셴(Ya'akov Kirschen)은 이스라엘을 방문하는 유대계 미국인들에게 다음과 같은 농담을 던지기를 즐겼다. 얼마나 많은 사람들이 웃음을 터뜨리는지 보기 위해서였다.

키르셴이 미국에서 온 유대인들에게 던지곤 했던 농담이다. "이스라엘에 이주한 유대계 미국인이 있었습니다. 그 사내는 텔아비브의 고층 아파트에 입주했고 사무직을 얻었습니다. 며칠 후 그는 자신이 중동에 있으면서도 지역의 멋을 놓치고 있다고 느끼기 시작했습니다. 그래서 그는 낙타를 한 마리 구입했습니다. 이스라엘 사람들이 차를 타고 옆을 쌩쌩 지나가는 고속도로에서 그 사내는 매일 낙타를 타고 출근했습니다. 어느 날 누군가가 사내의 낙타를 훔쳐갔고, 그는 경찰서를 찾아가 도난신고를 했습니다. 이스라엘 경찰관은 낙타도난신고서를 꺼내더니 서류를 꾸미기 시작했습니다. 경찰관이 말했습니다. '당신 낙타가 무슨 색이죠?' 유대계 미국인이 말했습니다. '글쎄요. 갈색이라고도 할 수 있겠고 회색이라고도 할 수 있겠네요. 정확한 색깔은 기억나지 않습니다.' 그러자 경찰관이 이렇게 받아 적었습니다. '색깔 불명.' 경찰이 다시 물었습니다. '당신 낙타는 혹이 몇 개죠? 하나인가요? 아니면 두 개?' 유대계 미국인이 답했습니다. '글쎄요. 말씀드리기가 어렵네요. 안장을 사용했는데 낙타의 혹 두 개 사이에 안장이 있었는지, 한 개 있는 혹 위에 안장이 있었는지 정확히 기억이 나지 않습니다.' 그러자 경찰관이 다시 받아 적었죠. '혹의 개수 미상.' 경찰이 마지막으로 사내에게 물었습니다. '낙타가 암놈인가요? 수놈인가요?' 그러자 유태계 미국인이 대답했습니다. '수놈입니다.' 경찰이 말했습니다. '어디 봅시다. 낙타 색깔도 모르고 혹이 몇 개인지도 모르는데 도대체 무슨 수로 당신 낙타가 수놈이라는 것을 아십니까?' 유태계 미국인이 대답했습니다. '출근하려고 낙타를 타고 고속도로에 나갈 때마다 지나가던 이스라엘 사람들이 저와 낙타를 보고서는 이렇게 말했기 때문입니다. '저기 낙타에 달린 물건 좀 봐.'"

자신이 들려준 이야기가 농담이 되는 이유를 키르솀이 설명했다. "현대 영어에서는 '물건(schmuck)'이라는 단어가 얼간이라는 말과 동의어가 됐지만 동유럽의 유대인 언어인 이디시로는 남성의 성기를 지칭한다는 것을 알아야만 합니다. 제가 이곳에 오고 나서 처음 10년 동안은 나의 농담을 들은 미국인들 모두가 웃음을 터뜨렸습니다. 그런데 농담을 듣고 웃는 사람의 숫자, 즉 이디시를 충분히 알아듣는 사람들의 숫자가 점차 줄어들기 시작했습니다. 오늘날 이스라엘을 방문하는 새로운 세대의 유대계 미국인들 중에서는 저의 농담을 알아듣는 사람이 거의 없습니다."

나의 부모 세대와 이스라엘을 건국한 인물들 사이에는 공통점이 대단히 많았다. 1930년대와 1940년대, 1950년대의 반유대주의, 홀로코스트의 공포, 새로운 유대 국가의 탄생을 그들은 함께 경험했다. 유럽의 조상이 같은 경우도 많았다. 무엇보다 중요한 공통점은 그들이 같은 언어를 사용했다는 점이다. 이디시였다. 1968년 우리가 처음 이스라엘을 방문했을 때 나의 아버지는 나보다 적응이 더 빠르셨다. 내가 엉터리 히브리어로 의사소통할 수 있는 사람들보다 아버지가 이디시로 대화를 나눌 수 있는 이스라엘 사람들의 숫자가 훨씬 많았기 때문이다. 그러나 40세 미만의 젊은 세대 유대계 미국인과 이스라엘의 비슷한 세대 사이에는 그런 공통점이 없다. 양국의 새로운 세대들이 공유하는 것이라고는 브루스 스프링스틴(Bruce Springsteen)과 이 스트리트 밴드(E Street Band)뿐이다(1970년대 후반부터 1980년대 중반까지 최고의 인기를 누린 록 가수인 스프링스틴은 이 스트리트 밴드에서 활동했었다. - 역자).

ADL 예루살렘 대표인 해리 월이 40세 미만 세대에 관해 이렇게 말했다. "우리 세대 유대계 미국인들은 홀로코스트가 지나고 난 후 성년이 되었고 성장하면서 반유대주의를 거의 겪지 않았습니다. 우리는 안전하다고 느끼면서 미국에서 살았습니다. 마치 이스라엘 사람들이 아슈켈론에 살면서 느낀 감정과 유사할 겁니다. 또한 우리 세대는 이스라엘이라는 국가가 존재하고 앞으로도 그러할 것이라는 점을 당연하게 생각했습니다. 우리들 대부분에게는 군복무를 하고 히브리어를 말하는 이스라엘의 비슷한 또래들과 실질적으로 어떤 공통점도 없었습니다. 우리들과 이스라엘의 비슷한 세대는 문화적으로도 차이가 납니다. 우리의 부모세대와 이스라엘을 건국한 인물들은 거의 대부분 유럽 출신입니다. 그러나 오늘날 유대계 미국인들은 미국에서 출생했고 이스라엘에서 태어난 토박이들 대다수의 부모는 아랍어를 말하는 이슬람 국가 출신입니다. 현재와 같이 어려운 시기에 이와 같은 차이는 양쪽 공동체를 정서적으로 쉽게 멀어지게 만듭니다. 물론 아직까지 같은 민족이라는 의식이 깊게 자리 잡고 있고 또 이런 의식은 언제나 존재할 것입니다. 그러나 보다 활기찬 관계를 유지하고 새로운 유대계 미국인 세대가 이스라엘에 지속적으로 관심을 갖도록 만들고 이스라엘을 자신의 조국이라고 느끼게 만들기 위해서는 새로운 접근이 필요합니다. 다시 한 번 홀로코스트가 올지도 모른다는 두려움만으로는 안 됩니다. 오래된 마법을 다시 북돋울 필요가 있습니다. 두 공동체 사이의 관계에 일종의 로맨스를 다시 불러일으킬 필요가 있는 것입니다."

남아프리카공화국에서 흑인들이 부당하게 대접받을 때는 항의하지만 이스라엘이 팔레스타인 사람들을 부당하게 다뤘을 경우에는 침묵하면 된다는 생각을 가진 젊은 유대계 미국인 지식인은 별로 없다. 이는 마치 유대인 어머니가 아들에게 다음과 같이 항상 말하는 것과 같다. "아버지를 화나게 하는 말을 하지 말거라. 아버지가 심장 발작을 일으키실까 걱정되는구나." 얼마간 시간이 지나게 되면 아들은 보통 이렇게 대답하는 법이다. "어머니, 저는 아버지하고 그런 식으로 함께 살 수는 없어요. 저는 바닷가 쪽으로 나가서 살겠어요. 아버지가 돌아가시기를 바라지는 않지만 이런 식으로는 더 이상 못 살아요." 언제나 아버지를 사랑하지만 아버지와 유대관계를 사실상 만들 수 없는 아들은 그렇게 떠나간다.

나는 이와 같은 정서적 거리감이 내가 자랐던 미니애폴리스의 유대인 소년들 사이에서 특히 심했다고 생각한다. 그들은 이제 모두 30대 중반이다. 그들은 이스라엘 스포츠 팀을 응원했고 팀이 승리하면 자랑스러워했다. 그러나 팀이 몇 번 지기 시작하면 그들 대부분은 환호를 멈췄고 심지어 일부는 아예 경기장에 나오지도 않았다. 언젠가 어릴 적 나의 단짝 친구가 이렇게 말한 적이 있다. "토미, 생각해봐. 나는 당당한 이스라엘 팀의 팬이야. 저렇게 시시한 팀의 팬이 아니라고." 인티파다가 진행되는 기간 동안 이스라엘로 여행가는 사람들 중에서 유대계 미국인의 비율이 가장 많이 줄어들었다는 사실은 놀랄 일이 아니다. 그처럼 지저분하고 영웅적인 행위와는 거리가 먼 이스라엘의 모습을 차마 볼 수가 없었던 것이다.

젊은 유대계 미국인들의 다수가 정서적으로나 제도적으로 이스라엘과 아직 연결되어 있다는 것은 분명하다. 이 같은 사실은 1988년 봄 이스라엘 총리 샤미르가 워싱턴을 방문했을 때 분명하게 드러났다. 당시는 팔레스타인 사람들의 봉기에 대한 이스라엘 정부의 대응 방식이 미국의 미디어에서 뜨거운 논란의 대상이 되었던 시기였다. 워싱턴에 머물던 샤미르는 레이건 대통령과의 회담에 앞서 이스라엘 총리의 연설을 들으려고 미국 각지에서 워싱턴 힐튼 호텔로 찾아온 유대인연합(UJA)의 젊은 지도자 3,000명과 만남을 가졌다. 젊은 유대계 미국인들은 기립박수와 환호, 휘파람으로 샤미르를 맞았고 연설이 끝난 후에도 계속된 박수로 샤미르를 무대로 여러 번 다시 불러내기도 했다.

『예루살렘 포스트』는 이렇게 전했다. "샤미르는 청중이 보여준 격려와 지지에 두 손을 불끈 쥐고 승리하겠다는 몸짓을 두 번 보임으로써 감사의 마음을 전하려고 했다. 실제로 그 장면은 승리였다. 작은 체구가 두 개의 대형 스크린에 클로즈업된 샤미르는 미디어의 왜곡을 강하게 비판하고, 이스라엘이 영토를 돌려주라는 요구를 받고 있다는 사실에 자신은 '경악'한다고 말했다."

샤미르가 워싱턴에서 받은 기립박수에 깊은 인상을 받았던 『예루살렘 포스트』 특파원 메나헴 샬레브(Menachem Shalev)는 샤미르에게 보인 젊은 유대계 미국인들의 태도를 '오랫동안 기다리던 록 콘서트'에 열광하는 10대들의 행동과 비교했다. 내가 알던 이스라엘 공군 대령 역시 당시 청중석에 있었는데 그는 훗날 내게 이렇게 말했다. "저는 당시 상황이 대단히 불편하게 느껴졌습니다. 어서 예루살렘으로 돌아가고 싶은 마음뿐이었습니다. 저는 한 가지 생각밖에 안 들었습니다. 거기 모인 미국인들은 더 이상 존재하지도 않는 이스라엘을 숭배하고 있다는 생각이었습니다."

샬레브의 기사가 나가고 난 직후 『예루살렘 포스트』는 다음과 같은 편집자에게 보내는 편지를 실었다.

…… 저는 3일 동안 진행된 회의에 참석했던 거의 3,000명에 이르는 참가자 중 한 사람이었습니다. 제가 이스라엘의 실상에 대해 전혀 모르지는 않는다고 생각하는데요, 샬레브 기자에게 상황을 좀 더 깊이 들여다볼 필요가 있다고 반박하고 싶습니다. 샤미르 총리는 열렬한 환영을 받았습니다. 그러나 그곳에 모인 청중 100퍼센트가 리쿠드당을 지지했기 때문은 아닙니다. 우리가 그를 그토록 열광적으로 맞이했던 이유는 위기의 순간이 닥쳤지만 우리가 이스라엘을 포기하지 않겠다는 점을 세계에 보여주고 싶었기 때문입니다. '종교를 같이하는 사람들' 일부와는 달리 우리는 이스라엘을 대신해 사과하기 위해 그곳에 간 것이 아니라 연합전선을 보여주기 위해 그곳에 갔습니다. 한 가지 덧붙일 말이 있습니다. 그곳에서 열린 연회에서 저는 몇몇 저명한 이스라엘 인사들과 함께 자리를 했습니다. 그런데 연회장에 그들의 총리가 들어섰을 때 그들은 한 사람도 일어서지 않았고 큰 박수를 보내지도 않았습니다. 대통령 선거에서 로널드 레이건에게 찬성표를 던지지는 않았지만 미국인인 저는 그가 가진 직책에 대한 존경심을 표하기 위해 일어섭니다. 어쩌면 샬레브 기자는 이스라엘 사람들과 똑같은 태도로 우리가 샤미르 총리를 (전 세계의 카메라가 지켜보는 앞에서) 맞았으면 했을지도 모릅니다. 만일 우리가 그렇게 했다면 이스라엘에 적

대적인 국가들에게 어떤 메시지가 전해졌을까요?

- 로스앤젤레스에서 가브리엘 라빈 샤박(Gabrielle Rabin Tsabag)

그들의 조국이 미국에 더 이상 영웅적인 이미지로 비쳐지지 않는다는 점을 인식한 이스라엘 사람들 역시 다양한 반응을 보인다.

한 가지 반응은 이렇게 말하는 것이다. 만일 이스라엘이 더 이상 미국의 작은 다윗이 될 수 없다면 골리앗이 될 수도 있다. 1948년부터 1970년대 중반에 이르는 이스라엘과 미국 사이의 동맹 초기에는, 아마도 미국은 이스라엘의 철학자 아비샤이 마르갈리트(Avishai Margalit)가 즐겨 표현했던 바와 같이 이스라엘 사람들의 '아름다운 눈'을 좋아했던 것 같다. 마르갈리트는 이렇게 말했다. "미국인들은 이스라엘 사람들 자체를 좋아했고 그들이 대표하는 가치들을 좋아했습니다. 민주주의와 다원주의, 그리고 일종의 개척자 정신 등이었습니다." 이스라엘은 언제나 미국의 민주당과 진보주의, 그리고 노동운동과 동일시됐고, 주변 국가들과의 관계에서 오로지 평화를 원하며 자녀들을 위해서는 아메리칸 드림을 꿈꾸는 나라로 묘사됐다.

그러나 1977년 이스라엘에서 집권한 베긴과 리쿠드당은 이와 같은 이미지가 그들에게 어울리지 않는다는 사실을 깨달았다. 모셰 아렌스(Moshe Arens)와 에후드 올메르트(Ehud Olmert), 단 메리도르(Dan Meridor), 우지 란다우(Uzi Landau), 베냐민 네타냐후와 같은 리쿠드당의 '젊은 공화주의자들'은 '주변 모든 국가들과의 평화'라는 진부함 이상의 무엇을 원했다. 그들은 이데올로기적인 이유로 요르단 강 서안과 가자지구를 원했다. 만일 이스라엘이 점령 지역을 계속 포기하지 않고 동시에 미국과 우호적인 관계를 유지하기를 원한다면 아름다운 눈 한 가지만으로는 워싱턴의 호의를 계속 얻을 수 없다는 점을 그들은 깨달았다. 아름다운 눈이란 레바논 침공이나 군사점령과 어울리지 않았던 것이다. 이에 그들은 아름다운 눈이라는 포스터를 떼버리고 새로운 포스터를 붙였다. 항공모함으로서의 이스라엘, 전략적 가치를 지닌 국가로서의 이스라엘, 소련과 소련의 지원을 받는 시리아와 리비아 같은 정권을 두들겨팰 수 있는 미국의 몽둥이로서의 이스라엘, 그리고 테러리스트에 대항하는 군사력으로서의 이스라엘이라는 포스터였다. 이와 같은 접근은 당시 워싱턴의 시각과도 맞아떨어졌다. 레이건 행정부는 세계가 서방을 지지하는 빛의 자식들과 공산주의를 지지하는 어둠의 자식들로 분할되어 있다는 관점을 가졌다. 이스라엘을 빛의 자식으로 분류했던 레이건 행정부는 이스라엘의 도덕성을 보여주는 전구가 200와트에서 50와트로 침침해졌다고 하더라도 별다른 주의를 기울이지 않았다. 레바논 전쟁이든 요르단 강 서안이든 레이건 행정부는 이스라엘의 행위를 기꺼이 눈감아주려고 했다. 미국의 다른 행정부들이었다면 특히 레이건의 전임이었던 카터 행정부에서는 결코 용납하지 않았을 행위들이었다. 전임 이스라엘 UN 대사이자 이스라엘과 미국의 새로운 협력관계를 주창하는 주요 인물 중 하나였던 네타냐후는 이렇게 말했다. "노동당 정권 시절의 슬로건은 평화를 통한 힘이었습니다. 우리의 슬로건은 힘을 통한 평화입니다. 우리는 미국과의 관계를 보다 넓은 맥락에서 바라보려고 합니다. 노동당은 보다 광범한 의제를 갖지 못했습니다. 노동당은 소련 및 소련의 도움을 받는 중동의 정권들에 능동적으로 대처하지 못했습니다. 우리와 레이건 행정부는 그렇지 않습니다. 이에 우리는 양국 간의 관계를 보다 넓은 맥락에서 바라봅니다. 그럴 경우 요르단 강 서안과 가자지구가 차지하는 중요성이란 대단히 제한적입니다. 사실상 워싱턴에서는 좀 더 보수적인 경향의 지각변동이 이미 진행 중이었습니다. (1982년 대사로 워싱턴에 있었던) 모셰 아렌스와 나는 이스라엘과 미국의 관계 재정립에 관해 약간의 도움을 준 정도였습니다. 유대계 미국인들 역시 이러한 변화의 한 축을 담당했습니다. 열 명의 유대계 미국인을 만나보면 그중 두 명 정도가 평화를 통한 힘을 신봉하고 나머지 여덟 명은 힘을 통한 평화를 믿습니다."

레이건 행정부의 지지를 요르단과 팔레스타인인들과의 협상 테이블에서 이스라엘의 협상력을 제고하는 수단으로 사용하지 않음으로써 리쿠드당은 레바논의 아민 게마엘과 동일한 실수를 저질렀다. 리쿠드당은 사실상 이런 논리를 가지고 있었다. 내가 허약하다면 어떻게 내가 타협을 이루어낼 수 있을 것인가? 내가 강하고 미국이 내 뒤를 받쳐준다면 도대체 내가 무슨 이유로 타협을 한다는 말인가? 이스라엘에게는 레이건 행정부 기간이 메뚜기떼가 극성을 부린 시기로 기억될 수밖에 없다. 예루살렘에서 원하기만 한다면 사실상 어떠한 보장이나 조건도 기꺼이 들어주려고 했던 레이건 행정부의 도움으로 많은 것을 이루어낼 수 있었지만, 이스라엘이 모든 기회를 날려버리고 팔레스타인 사람들에게 접근해 평화협정을 끌어내려는 어떠한 시도도 하지 않았던 기간이었다. 의도했다기보다는 역사의 우연이었지만, 역설적이게도 레이건은 대통령직에서 물러나면서 워싱턴과 PLO 사이에 직접 대화의 물꼬를 터준 인물이었다. 결국 이로써 워싱턴을 정서적으로 독점했던 이스라엘의 지위는 영원히 사라졌고 '테러와의 전쟁에서 미국과 PLO의 협력'이라는 리쿠드당으로서는 최악의 악몽을 가져왔다.

리쿠드당 사람들은 미국 남부에서 여론형성에 특히 커다란 영향력이 있는, 이른바 친이스라엘 성향의 미국 기독교 근본주의자들과의 관계를 개선하려고도 시도했다. 근본주의자들은 새로 탄생한 이스라엘이 메시아의 강림에 이르는 길을 닦았다고 생각했고 이스라엘 내부의 일상생활이나 유대와 민주주의 가치 등의 세부적인 사항에는 별다른 주의를 기울이지 않았다. 메시아가 강림하면 모든 것이 해결될 일이라고 보았기 때문이다. 진보적 성향의 이스라엘인들과 유대계 미국인들 다수는 베긴이 제리 폴웰(Jerry Falwell, 침례교 목사로 미국 보수주의의 핵심 인물이자 기독교계에서 가장 논란이 많은 사람이기도 하다.—역자)이나 팻 로버트슨(Pat Robertson, 기독교 우파의 최대 조직인 미국 기독교연합의 창설자—역자)과 같은 인물들과 친교를 맺는 데 대해 깊이 우려했고 베긴에게 그런 사람들과의 관계를 단절하라고 촉구했다. 근본주의자들이 이스라엘을 지지하는 이유는 예수 그리스도가 다시 강림하는 데 있어서 이스라엘이 첫 번째 단계로 필요할 뿐이고 궁극적 목표는 기독교의 승리라고 그들은 베긴에게 설명했다. 베긴은 이들에게 다음과 같이 반응했다고 한다. "저는 이렇게 말하겠습니다. 만일 기독교 근본주의자들이 오늘 의회에서 우리를 지지한다면 나는 메시아가 강림하는 내일 그들을 지원할 것이라고 말입니다."

이스라엘의 정치 스펙트럼에서 우파를 차지하는 사람들 중 일부는 이스라엘이 나아가는 방향에 불편함을 느끼지 않을 새로운 미국의 동맹자를 찾고자 한다. 그러나 이스라엘 국민의 상당수를 차지하기는 하지만 소수파이고 그 숫자가 점점 적어져 가는 다른 사람들은 미국과 유대계 미국인들에게 이스라엘이 가장 나쁜 본성을 드러내는 방향으로 가지 않도록 그들의 힘과 영향력, 그리고 자원을 써달라고 호소했다. 예컨대 1988년 2월 21일 이스라엘에서 저명한 네 명의 작가인 예후다 아미하이와 아모스 엘론(Amos Elon), 아모스 오즈(Amos Oz), 여호수아(A. B. Yehoshua)는 편집자에게 보내는 편지를 『뉴욕타임스』에 기고해 유대계 미국인들이 요르단 강 서안에 대한 이스라엘의 정책에 관해 '용기를 가지고 목소리를 낼 것'을 요청했다. 그들은 그래야만 하는 이유를 이렇게 말했다. "현재 상태는 이스라엘 사회를 점점 더 타락시킬 것이고 결국 또 하나의 큰 전쟁을 불러올 것이기 때문입니다." 이스라엘의 작가들은 유대계 미국인들의 침묵이 가져오는 결과를 이렇게 묘사했다. "이스라엘 정치에 엄청난 개입을 하는 것입니다. 조용하지만 대단히 효과적으로 논쟁의 한쪽 입장을 지지하는 결과가 됩니다. 그것도 비극적일 정도로 잘못된 입장을 지지하는 결과입니다. 우리는 미국의 유대인들이 용기를 가지고 목소리를 높일 것을 간곡히 부탁합니다."

그 편지는 아름다운 눈으로서의 이스라엘 심장부에서 터져 나오는 부르짖음이었다. 그러나 이는 화산이 사막에게 도움을 청하는 일과 마찬가지였다. 1980년대 어느 날 일어나보니 전혀 다르게 변한 이스라엘에 너무나도 놀라고 혼란을 느꼈던 미국의 유대인들은 내부적으로 의견이 제각기 달라 이스라엘을 도대체 어떻게 해야 할지 알지 못했다.

"우리는 하나다." UJA가 미국의 유대인들로부터 모금을 할 때 사용하는 슬로건이다. 그러나 오늘날 미국의 유대인들과 이스라엘 사람들이 하나가 아니라는 점은 명확하다. 하나가 아닌 정도가 아니라 여럿이다. 가브리엘 샤박이 이스라엘 사람들에게 제발 훌륭하고 단일한 상징이 되어달라는 편지를 보내고, 슐로모 아비네리가 미국의 유대인들에게 그들이 1930년대 베를린에 살던 불안한 유대인들과 다를 바 없다고 말한 것을 생각할 때마다 이스라엘 사람들과 유대계 미국인들의 관계가 한 세대를 더 넘기지 못할 것이라는 생각이 내게 점점 더 분명해졌다. 유대계 미국인들의 눈에 비친 이스라엘은 20년 동안 대안을 제시할 수 있는 종교로부터 종교적인 정통성을 부인하는 곳으로, 정치적 정체성의 원천에서 정치적 혼란의 원천으로 변했다. 이스라엘 사람들의 눈에 비친 미국은 엄청나게 커다란 디즈니랜드에서 없어서는 안 될 생명줄로, 이스라엘로 이주할 유대인들이 잠재적으로 세계에서 가장 많은 국가에서 이스라엘 사람들을 비롯한 유대인들을 끌어들이는 가장 큰 자석이 되었다. 만일 이스라엘과 미국의 유대인들이 의미 있는 방식으로 하나가 되고자 한다면, 실질적인 단결의 기초부터 다시 쌓아야 한다. 그러기 위해서는 양쪽이 가지고 있는 사실에 근거하지 않는 믿음부터 제거해야 한다.

디아스포라는 중요하지 않고 이스라엘 이외 지역에서 유대인의 삶이란 진짜가 아니며 미국의 관용과 다원주의가 오래 가지 못할 것이라는 잘못된 믿음 아래서 이스라엘 사람들은 살아왔다. 그러나 모든 면을 살펴보았을 때 미국에서 유대인의 삶이란 지속가능하다. 초정통파를 제외한다면 미국의 유대인들 대부분은 이스라엘로 이주하지 않을 것이다. 만일 기적이라도 일어나 유대계 미국인들이 모두 이스라엘로 이주한다고 하더라도 이는 이스라엘에게 재앙이 될 가능성이 크다. 미국과 이스라엘 정부 간 관계의 기초를 무너뜨릴 것이기 때문이다. 점점 더 많은 이스라엘 사람들이 종교적으로나 인간적으로 더욱 충만한 삶을 제시함으로써 미국의 유대인과 경쟁을 펼치려고 하는 대신 유대계 미국인들의 삶을 비난하고 미국에서 대학살이 닥쳐올 것이라는 거짓경보를 외치려고 한다. 만일 이스라엘이 미국으로부터 제기되는 도전에 건설적으로 대응한다면 스스로와 미국의 유대인에게 이롭고 둘 사이의 관계에도 긍정적인 결과를 가져올 것이다. 미국의 유대인들이 미국에서 더욱 편안하게 느낄수록 그들이 이스라엘에 제기하는 도전이 그만큼 커지고, 이스라엘은 그곳이 단지 처형을 피할 수 있는 장소 이상이라는 점을 입증해야만 한다. 이제 이스라엘 땅이 '중심'이라고 선언하는 것만으로는 충분하지 않다. 미국이 존재하는 한 이스라엘은 이제 중심임을 입증해야만 한다.

어떤 의미인가? 다비드 하르트만은 내게 이렇게 설명했다. "유대민족의 구성원들에게 이스라엘에 충성심을 보이라고 요청한다거나 이스라엘이 유대역사를 이끌고 가는 중심이라고 말할 수 없다는 뜻입니다. 만일 이스라엘의 가치와 삶의 내용이 세계 각지에서 살아가는 유대인 모두에게 자신의 것이라는 감정을 불러일으키고 또한 배우고 싶어 하는 무언가가 아니라면 말입니다. 이스라엘 사람들은 그들이 오늘날 유대역사의 중심이라고 생각하고 싶어 합니다. 그들은 또한 사람들이 유대역사의 중심이 이스라엘이라고 이야기하는 것을 듣고 싶어 합니다. 그러나 중심이 되기 위해서는 책임이 따른다는 점을 언제나 좋아하지는 않습니다."

만일 이스라엘이 다른 모든 국가와 다를 바 없이 변해간다면 결국 이스라엘이 미국의 유대인들에게 제공할 만한 것은 없다.

이스라엘 사람들은 미국이 제기하는 도전을 직시해야 하는 반면, 미국의 유대인들은 그들 스스로 가진 이스라엘에 대한 근본적인 태도를 재고해야 할 것이다. 이스라엘은 유대인들이 이용하는 여름캠프가 아니다. 주말에 아이들이 잘 먹고 있는지 확인하고 집으로 돌아가는 그런 장소가 아니라는 뜻이다. 또한 이스라엘은 거실의 커피 테이블에 비치해두고 한 번도 읽지 않는 그런 부류의 책으로 아바 에반이 서문을 쓴 책이 아니다. 이스라엘은 유대역사에서 가장 어렵고도 색다른 실험이다. 한 번도 함께 살아본 경험이 없는 유대인들이 모여 유대 국가를 건설하려는 시도다. 그들이 이전부터 함께 사는 것을 꿈꿨던 것은 맞다. 함께 살 수 있는 날을 기도했던 것 역시 맞다. 그러나 급진적인 러시아 유대인과 소박한 모로코 유대인, 부유한 남아프리카공화국의 유대인, 그리고 아르헨티나의 다혈질 유대인들이 현실의 같은 공간에서 '실제로 함께 살아본 일'은 없다. 중동이라는 척박한 땅에서 함께 살아본 일이 없다는 것은 말할 필요도 없다. 다양한 문화와 도덕적 배경 아래서 살아온 유대인들을 모아놓고 그들에게 하나의 사회를 구성하고 유대의 현대사를 이끌어가라고 요청하는 것이 쉬운 일은 아니다. 미국의 유대인들이 이스라엘을 그들의 영웅적 상징으로 삼았을 때 그들은 사실상 민족형성의 과업은 이미 끝났다고 말한 것과 마찬가지다. 그들 눈에는 이스라엘이라는 조각상을 만드는 작업이 모두 끝났던 것이다. 그러나 현실은 그렇지 않다. 여전히 끝나지 않은 작업이다. 이스라엘은 여전히 차이와 시기, 이루지 못한 꿈들로 가득하다. 월말 정산을 위해 은행을 급히 찾아야 하는 사람들과 토머스 제퍼슨의 꿈꿨던 대로 성장하지 못하는 아이들은 말할 필요조차 없다. 이스라엘에는 이제 막 성장하기 시작하는 사회에서 찾을 수 있는 흥분과 넘치는 에너지, 놀라운 성취들로 가득하다.

사람들은 가끔 내게 다음과 같은 질문을 던진다. "프리드먼 씨, 베이루트에서 예루살렘으로, 그리고 이스라엘을 떠나는 여정을 통해 당신은 무엇을 느꼈습니까?" 그들의 질문에 나는 불완전한 이스라엘에서 나의 정체성을 찾고 또한 애정을 느끼는 방법을 배웠다고 대답한다. 그 이유가 바로 위에서 서술한 이스라엘의 참모습 때문이다. 나의 이야기는 어느 젊은이가 1967년 이후 유대 국가와 사랑에 빠졌고, 기존의 환상에서 깨어나는 시기를 레바논에서 보냈으며, 결국 예루살렘을 떠나며 다음과 같이 말하는 것이다. "글쎄요. 이스라엘은 완벽하지 않습니다. 저는 이스라엘이 제가 젊었을 때에 상상하던 그런 나라가 되기를 언제나 바랄 겁니다. 그러나 어쨌거나 내 나라죠. 그리고 이제 겨우 40세가 된 나라로서 그리 초라하지는 않습니다."

만화가 야코브 키르셴은 유대계 미국인들이 이스라엘의 실제 모습에 관해 불만을 늘어놓는 말을 들을 때면 다음과 같이 이야기해준다고 내게 말하곤 했다. "한 가지 말해드릴까요? 당신 말이 맞아요. 이스라엘은 정말로 구제 불능의 국가이죠. 혹시 유대 국가가 하나 더 있다면 아마도 저는 그곳에 가서 살 겁니다. 그런데 다른 유대 국가가 없네요. 우리에게 유대 국가란 이곳에 있는 이스라엘뿐입니다."

유일한 유대 국가라는 바로 그 이유 때문에, 여전히 진행되고 있는 이스라엘의 건설 과정에 어떻게 영향력을 미칠 수 있는가가 많은 유대계 미국인들의 핵심적 질문이다. 이스라엘에 실제로 거주하지 않으면서도 말이다. 이스라엘을 현대적이고 서로에게 관대하며 민주적이고 다원적인 사회로 어떻게 만들 수 있느냐의 문제다.

나는 미국의 유대인들이 이와 같이 어려운 과제를 달성하는 데 필요한 올바른 타이밍과 이해, 헌신을 찾아낼 수 있을 것이라고 특별히 낙관하는 편은 아니다. 다른 많은 사람들 역시 나와 마찬가지다. 내가 예루살렘을 떠나기 전 어느 날 오후 나는 랍비 켈만이 새로 세운 개혁파 시나고그에서, 당시 유대계 미국인과 이스라엘 사람들 간의 관계가 나아가는 방향에 대한 랍비 켈만의 고뇌에 찬 열변을 듣고 있었다.

켈만은 이렇게 말했다. "미국의 유대인들은 우리가 이곳에서 무엇을 필요로 하는지 이해하지 못합니다. 그들이 이스라엘에게서 필요로 하는 것이 우리가 이곳에서 실제로 요구하는 것과 다르기 때문입니다. 미국의 유대인들은 상징을 원합니다. 그들이 뭉치는 데 도움이 되고, 선과 악이 뚜렷한 무언가를 원합니다. 민주주의와 개인의 자유를 사랑하는 미국의 유대인들이 우리가 현실을 직시하도록 돕기는커녕 현실에 눈감아버리도록 만드는 이유입니다. 우리가 만들어낸 온화한 점령정책이라는 미신을 반박하지 않고 믿어줌으로써 그들은 우리가 현실에 눈감도록 만들었습니다. 유대계 미국인들 대다수는 단 한순간도 이러한 거짓말에 도전하지 않았습니다. 단 한 번도 그러지 않았다는 말입니다. 이스라엘 내부에서 처음부터 문제를 제기하는 목소리를 그들은 무시했습니다. 또한 그들은 같은 문제를 제기하고자 시도하는 유대계 미국인들의 입을 막았습니다. 미국의 유대인들은 백합과도 같이 하얀 상징을 원합니다. 따라서 그들은 현실을 직시하지 않습니다. 그들은 이렇게 말하지 않습니다. '형제들. 함께 우리 스스로의 유대역사를 되돌아보고 이전에는 어떻게 점령 문제를 다뤘는지 살펴봅시다.' 그들은 우리를 도울 수도 있었습니다. 그런데 그들은 어떠한 잘못을 본 적도 말한 적도 들은 적도 없다고만 합니다. 여러분 생각해보십시오. 제가 생각하는 결론은 기본적으로 이렇습니다. 저는 미국의 유대인들이 이스라엘을 진정으로 걱정한다고 생각하지 않습니다. 상징에 대해 진정으로 염려하는 사람이란 없는 법입니다. 미국의 유대인들이 이스라엘에 오지 않는 이유입니다. 우선 그들이 실제의 우리를 알지 못한다면 그들과 무엇에 관해 이야기를 나눌 수 있을지 저로서는 알 수가 없습니다. 미국의 유대인과 이스라엘에 관해 이야기를 나눌 때 저는 가장 기본적이고 간단하며 평범한 단어로만 이야기해야 합니다. 그들이 복잡한 이야기를 알고 싶어 하지 않기 때문입니다."

미국의 유대인과 이스라엘 사람들 사이의 관계는 '서로 반해버린 것'이라고 켈만은 말을 이었다. 그의 목소리는 격정과 분노로 가득했다. "고등학교 시절 사랑에 빠졌던 사람을 생각해보십시오. 그 사람에 관해 사실상 아는 것이 없습니다. 진정한 사랑이란 누군가를 알고, 그 사람의 결점을 알며, 결점이 있다는 사실을 받아들이고, 어떻게 도울 것인지를 배우고, 또한 그 사람의 말을 듣는 법을 배우는 것입니다. 이와 같은 관계는 반해버린 것이 아닙니다. 진정한 관계입니다. 제가 깊이 감동했던 이야기 하나를 들려드리고자 합니다. 몇 주 전에 일어난 일입니다. (예루살렘에 개혁파의) 세계진보유대교연합(World Union of Progressive Judaism) 건물을 짓는 데 엄청나게 많은 돈을 기부했던 리처드 슈어(Richard Scheuer)를 명예연구원(honorary fellow)으로 임명하는 행사가 예루살렘에서 열리고 있었습니다. 슈어는 우리 시나고그에도 얼마간 기부를 한 적이 있어서 저도 그 자리에 초청받았습니다. 행사장에는 150명이 조금 못 되는 사람들이 모였습니다. 4중주단이 몇 가지 음악을 연주하고 나서 히브리대학의 아베 하르만(Abe Harman)이 박학다식하고도 훌륭한 연설을 했습니다. 이어서 테디 콜렉(Teddy Kollek)이 간단한 인사말을 한 후 리처드 슈어가 연설할 차례가 왔습니다. 그는 일어서더니 이렇게 말했습니다. '저는 연설 원고를 모두 준비했습니다. 그런데 원고를 읽지는 않겠습니다.' 사실 그는 진정한 의미의 연사는 아니었습니다. '저는 그저 여러분과 함께 제가 요즘 느끼는 바를 나누고 싶습니다. 오늘날 예루살렘과 이스라엘에서 일어나는 일들에 관해 제가 얼마나 분노하고 있는가에 대한 이야기입니다. 제가 상상했던 예루살렘을 생각할 때면……' 슈어는 건축가 모셰 사프디(Moshe Safdie)와 예루살렘 시장 테디 콜렉과의 만남, 유대 및 아랍과 관련된 건축 계획 등을 언급하고 나서 말했습니다. '저는 그렇게 되리라고 생각하지 않습니다.' 그러더니 슈어는 그 자리에 서서 울음을 티뜨리는 것이었습니다. 그가 눈물을 뚝뚝 흘렸다는 말입니다! 그 사내는 그 자리에 서서 눈물을 닦아냈습니다. 행사장에 있던 사람들이 모두 망연자실했다는 것은 언급할 필요도 없을 것입니다. 테디가 일어서더니 슈어를 팔로 감쌌습니다. 잠시 동안 아무도 말이 없었습니다. 행사장에 있던 사람들 모두가 그저 눈물을 흘릴 뿐이었습니다. 한 사람의 예외가 그곳에 있었던 겁니다. 매년 이스라엘을 다녀가면서 이스라엘의 상황을 알고 걱정했던 사람입니다. 미국의 유대인들은 이스라엘의 현실에 눈물을 흘리지 않습니다. 유대계 미국인들은 돌아가는 상황을 보면서 눈물짓지 않습니다. 그들은 당황스러워할 뿐입니다. 그들은 당황하고 분노합니다. 글쎄요. 그따위 당황과 분노는 당장 집어치우라고 말하고 싶습니다. 그들은 이스라엘의 현실을 보면서 눈물짓지 않습니다. 자신의 일이 아니기 때문입니다. 자신이 반해버렸던 여인이 이교도들 앞에서 자기를 당황스럽게 만들었기 때문에 그들은 화가 났고 당황스러웠던 것입니다. 도대체 우리와 무슨 상관이란 말입니까? 사람들 앞에서 당황스럽기 때문에 현재 상황은 잘못이라고 우리에게 말한다고요? 현재 상황이 잘못인 이유는 우리가 원하는 유대 국가가 되지 못할 수도 있기 때문입니다! 미국의 유대인들이 할 수 있는 것이라고는 고작 샤미르에게 기립박수를 보내는 것입니다."

3부

워싱턴

17장
베이루트에서 예루살렘으로, 그리고 워싱턴으로

베이루트에서 예루살렘을 지나는 여정에서 내가 무엇을 알게 되었는지를 곰곰이 따져보던 나는 마크 트웨인이 지은 『철부지의 해외여행기 The Innocent Abroad』의 한 챕터에 매료되었던 것을 깨달았다. 트웨인은 그 책에서 중동을 여행하다가 요르단 강을 처음 바라보던 순간을 이렇게 그렸다.

내가 어렸을 적에는 어찌된 일인지 요르단 강의 길이가 6,400킬로미터이고 폭은 56킬로미터에 달한다고 생각했다. 실제로는 길이가 144킬로미터이고 상당히 구불구불해서 어느 쪽 강둑에 있는지 알 수 없을 때가 많다. 강의 길이는 144킬로미터였지만 직선거리로는 80킬로미터를 넘지 않는다. 폭도 뉴욕의 브로드웨이보다 넓지 않다. 갈릴리 호수와 사해 역시 길이 32킬로미터, 폭 20킬로미터를 넘지 않는다. 그런데 나는 주일학교 시절 갈릴리 호수와 사해의 지름이 9,600킬로미터라고 생각했다.

여행과 경험은 마음속의 가장 웅장한 장면들을 보잘것없이 만들고 어렸을 적 소중하게 간직하던 전설들을 앗아간다. 받아들여야지 어쩌랴. 솔로몬 왕의 제국이 펜실베이니아 크기로 줄어드는 것도 이미 보지 않았나. 바다와 호수가 줄어드는 것쯤은 견딜 수 있을 것 같다.

나 역시 그랬다. 거의 10년에 걸쳐 아랍과 이스라엘 사람들을 취재한 후인 1987년 말 『뉴욕타임스』는 내게 워싱턴으로 옮겨 국무부를 출입하고 세계의 전반적인 뉴스를 다루는 외교부 특파원으로 일해달라고 요청했다. 나는 주어진 기회에 흔쾌히 응했다. 6일 전쟁 직후 커다란 태피스트리처럼 나의 의식 속으로 들어왔던 중동이, 트웨인의 경우가 그랬듯이 내가 그곳에 더 머물면 머물수록 점점 작아지는 것 같았기 때문이다.

예루살렘에서 이사하기 몇 주 전, 세 살짜리 나의 딸 오를리(Orly)가 밖에서 점심을 먹자고 내게 졸랐다. 앤도 같이 가고 싶다고 말했다. 그래서 태어난 지 두 달 지난 아기 나탈리(Natalie)까지 데리고 온 가족이 함께 외출을 했다. 우리가 평소에 자주 가던 레스토랑에 가기로 했다. 올리브 산 정상에 자리 잡은 인터콘티넨털 호텔의 뷔페였다. 앤이 운전대를 잡고 두 딸아이는 뒷좌석에 앉았다. 우리가 탄 다이하쓰(Daihatsu) 승용차가 천천히 스코푸스 산(Mount Scopus)을 오르는데 어느 건물 벽 뒤에서 팔레스타인 10대 소년이 갑자기 걸어 나오더니 우리 차 앞에 서서 조심스럽게 조준을 하고서는 앤의 얼굴을 향해 돌멩이를 하나 던졌다. 날아온 돌은 다행스럽게도 창을 깨고 안으로 들어오지는 않았지만 앞 유리창을 마치 거미줄처럼 산산조각 냈다. 벌어질 일들을 모두 본 오를리가 뒷좌석에서 자지러지게 울기 시작했다. 앤은 두려움으로 꼼짝도 하지 않았다. 팔레스타인 소년이 인근의 아랍 마을 엘 수와네(el-Suwaneh)로 뛰어 달아날 때 내가 앤에게 큰 소리로 말했다. "계속 운전해요."

차 안쪽으로 떨어진 앞 유리창 파편에 다친 사람은 우리 중 아무도 없었다. 단지 크게 놀랐을 뿐이었다. 그 일로 인해 오래도록 남을 흉터는 오를리가 입은 마음의 상처인 것 같았다. 오를리는 아직도 '돌을 들고 있던 사람'에 관해 묻는다. 딸아이가 자라면서 어린 시절의 첫 번째 기억 중 하나가 그 사건이 될까봐 나는 두렵다. 팔레스타인 소년이 특별히 우리 가족을 겨냥한 것은 아니었다. 소년은 그저 이스라엘 자동차 번호판을 봤고, 그것만으로도 돌멩이를 던져 피해를 입히는 데 충분한 이유가 됐다. 안에 누가 탔는지는 아무런 상관이 없었다.

이후 나는 참으로 아이러니한 일이라는 생각이 들었다. 나는 이전에 여러 나라의 군인들이 베이루트를 가로질러 행진하는 모습을 보았고 첨단 전투기가 하늘을 날아다니는 것을 보아왔다. 전함 '뉴저지'가 시보레 자동차만큼 커다란 탄피를 떨어뜨리는 것도 보았고 이제까지 알려진 가장 정교한 고성능 폭발물 500그램으로 나의 아파트가 가루로 변하는 것도 목격했다. 학살과 자동차 폭탄테러, 그리고 저격수들에 관한 이야기가 거의 일상사가 될 때까지 보고 들었다. 이 모든 것들을 10년간 피해왔는데 돌멩이 하나에 얻어맞은 것이다.

그동안의 여정을 마치는 데 참으로 적당한 마침표였다. 아랍과 이스라엘 사람들이 스스로를, 그리고 세계가 그들을 대담하게 채색하고 실제보다 훨씬 크게 그려내던 1970년대의 막바지에 나는 중동으로 왔다. 그들은 큰 전투를 치렀다. 1973년 전쟁 중 시나이 사막과 골란고원에서는 현대 전쟁사에서 탱크를 동원한 가장 큰 전투가 벌어졌다. 그들은 막대한 이익도 거뒀다. 1970년대 OPEC의 영향력 증대에 힘입어 오일로 얻은 엄청난 부가 이 지역으로 흘러들었고, 상상하기 힘들 정도로 부자가 된 이곳 사람들은 새로운 태도와 유혹, 겉모습, 그리고 새로운 현대화의 꿈을 갖게 되었다. 그들은 평화를 진전시키는 데 있어서도 스케일 크게 행동했다. 내가 베이루트로 출발하기 3개월 전이었던 1979년 3월 이집트와 이스라엘은 평화조약에 서명했다. 미국의 텔레비전에서는 바버라 월터스(Barbara Walters)와 월터 크롱카이트가 메나헴 베긴과 안와르 사다트를 연결하는 역할을 하며 양국의 평화조약을 거창하게 포장했다. 미국의 힘에 의한 평화였던 것이다. 무엇보다 그들은 스케일 크게 사고했다. 처음 베이루트에 도착했을 당시 레바논인들은 그들이 서구문명의 마지막 개척자라는 이야기를 내게 많이 했다. 몇 년 후 로널드 레이건 대통령은 베이루트에서 해병대를 성급하게 조기 철군하는 일은 '자유세계가 스스로를 방어해야 할 책임을 수행할 의지가 있는지에 관해 의문을 불러일으킬 수 있다'고 선언했다. 내가 이스라엘에 도착했을 때, 요르단강 서안의 황량한 언덕에 그들이 짓고 있던 조립식 주택들이 인류의 구원으로 가는 길을 닦을 것이라고 말하는 유대인들을 많이 만났다. 그렇다. 1970

년대는 이처럼 원대한 주장과 이야기의 시대였다.

내 친구 푸아드 아자미는 내게 이렇게 말했다. "사람들은 스스로 고비를 넘고 있다고 생각했습니다. 그런데 그렇게 생각하던 그들이 직면했던 것은 무엇이었을까요? 과거입니다. 1970년대 이 지역 사람들은 무언가 새로운 것들에 맞닥뜨렸습니다. 매우 빠르게 진행되는 현대화, 엄청난 부와 기계, 미국화와 서구화, 대규모 호텔 체인점들, 원대한 생각들, 그리고 무엇보다 이전보다 부족적인 성격이 덜한 세계였습니다. 팔레스타인 사람들은 이스라엘인들 속으로 사라지고 있었고, 레바논의 이슬람교도들은 그들의 주도권을 위협하던 마론파 교도들과 경제적으로나 사회적으로 점점 닮아가고 있었습니다. 캠프 데이비드 이후 이스라엘 사람들은 중동의 일부가 되고 있었습니다. 그런데 많은 사람들이 이 같은 새로운 세계를 좋아하지 않았습니다. 그리고 새로운 세계를 위해 스스로 포기해야만 하는 것들을 희생시킬 준비가 되어 있지 않았습니다. 새로운 세계는 기존의 정체성을 희미하게 만듭니다. 사람들 사이에 존재하던 기존의 경계를 위협하고 사람들을 혼란에 빠뜨립니다. 그래서 사람들은 한발 물러서 새로운 세계를 과거와 닮은 무언가로 변화시켰습니다. 그들은 막대기와 돌을 들고 서로를 새롭게 구분지을 굵은 선을 땅 위에 그었습니다. 그 결과 1980년대에는 과거의 부족이 격렬하게 복귀했습니다. 지역과 갈등이 원래의 구분에 맞게 재편되었던 것입니다."

맞는 말이었다. 레바논은 현대적 민주주의와 서구 스타일의 정당을 잠시 실험하는 듯하더니, 1860년 드루즈와 마론파 사이에 벌어졌던 농민전쟁과 비슷한 양상의 절제되지 않고 피비린내 나는 부족 간 전쟁으로 빠져들었다. 이스라엘과 팔레스타인 사람들 역시 똑같은 경로를 밟았다. 이들 사이의 갈등은 60년 전에 시작됐다. 당시 유대인과 아랍인들은 지중해로부터 요르단강에 이르는 팔레스타인 위임통치령에 대한 주도권을 놓고 권총과 단검, 돌멩이로 싸웠다. 그러나 이스라엘이 세워진 이후 팔레스타인과 이스라엘의 갈등은 이스라엘과 주변 아랍 국가들 사이의 더 큰 전쟁 속에 포함됐다. 1967년 전쟁 이후 아랍 국가들은 점차 이스라엘과의 전투에 개입되기를 꺼리게 되었고 팔레스타인 사람들만이 남아서 이스라엘과 싸우게 됐다. 이스라엘이 요르단 강 서안과 가자지구를 점령하고 팔레스타인의 원래 영역을 다시 하나로 만들었기 때문에, 팔레스타인 사람들과 유대인들이 처음으로 돌아가 다시 시작하는 일은 어렵지 않았다. 흔히 약속의 땅이라고 불리는 이곳을 누가 지배할 것인지를 두고 그들의 조상이 100년 전 사용했던 것과 똑같은 곤봉과 권총, 돌멩이, 단검을 들고 처음부터 다시 시작했다.

1988년 후반 레바논과 팔레스타인, 이스라엘 사람들에게서 내가 받은 느낌과 정확하게 일치한다. 그들은 오랫동안 내려온 그들의 땅을 지키기 위해 칼을 빼들었다. 격정과 현대화 사이의 선택에서 그들은 격정을 택했다. 경제 성장과 부족 사이의 선택에서 그들의 선택은 부족이었다. 시가를 행진하는 군대는 사라졌다. F-15 전투기들은 비행장에 머무른다. 이제 싸움은 올리브나무와 가축을 먹일 목초지를 누가 가질 것인지를 두고 신분증과 차량 번호판으로 편을 나눠 서로를 공격하는 일로 바뀌었다. 전쟁은 사람들의 눈높이까지 내려왔다. 이스라엘과 팔레스타인 사람들이 서로 상대를 바라보고 마론파와 시아파 역시 그렇다. 살기를 품은 시선이 상대를 위협하려는 시선과 맞닥뜨린다. 쏘아보는 눈빛과 멍한 눈길이 마주친다. 약간의 친근감을 구하는 눈이 두려움으로 텅 빈 눈을 만난다. 레바논에서는 다른 누군가에게 완전한 패배를 안겨줬다고 이야기하고 싶을 때 이렇게 말한다. "내가 그놈의 눈알을 뽑아버렸다." 1967년 내가 휘말려 들어갔던 위대한 중동이 한 일이란 결국 서로의 눈알을 뽑아버리는 것이었다.

인티파다가 시작되고 3주 후 나는 나블루스를 순찰하는 이스라엘 군인들과 함께 있었다. 낙하산 장교이자 순찰대의 지휘자였던 이스라엘 중령은 팔레스타인 사람들의 봉기가 시작되던 순간부터 자신이 이전에 훈련을 통해 준비했던 것들과는 완전히 다른 새로운 종류의 전쟁을 하게 되었다는 점을 이해했다. 나블루스 외곽에 위치한 발타(Balta) 난민촌의 큰 길을 걸어가면서 그는 새로운 전쟁이 얼마나 개인적 원한의 수준으로 변화했는지를 내게 설명했다. 길 한쪽에서는 한 팔레스타인 노인이 이발소에 앉아 면도를 하기 위해 턱수염에 거품을 잔뜩 묻히고서 우리가 지나가는 모습을 올려다보고 있었다. 건너편에서는 네 아이와 그들의 어머니가 약간 열린 현관문 사이로 다닥다닥 붙어 군인들의 발걸음을 유심히 지켜봤다. 정육점과 청과물을 파는 판매대, 그리고 제과점에서 팔레스타인 사람들은 고기더미나 엄청나게 쌓아올린 얇은 빵들 뒤에서 우리를 내다보고 있었다. 그저 우리를 응시하고 있었다.

주변의 모습을 살펴보던 이스라엘 중령이 말했다. "어떤 병사 하나가 이곳에서 아침에 일어나보니 하늘이 청명합니다. 그 병사는 그저 활짝 웃고 싶습니다. 우리가 그에게 말합니다. '그래, 내키는 대로 웃어.' 거리로 나간 병사는 사람들의 눈을 봅니다. 그들 눈은 모든 것을 말해줍니다. 사람들의 눈이 무엇을 말하고 있는지 알게 된 병사는 더 이상 웃을 마음이 없어집니다."

미국에 돌아와 워싱턴에서 새롭게 만나게 된 많은 사람들 중에서 중동의 과거가 미래를 가로막아버렸고 어쩌면 앞으로도 계속 그럴 것이라는 인식을 가진 이들이 대단히 많다는 사실에 놀랐다. 중동에 평화를 정착시키겠다는 미국의 대단한 열의는 내가 미국을 떠났던 10년간 사라졌다. 월터 크롱카이트와 바버라 월터스가 미국의 텔레비전에 안와르 사다트와 메나헴 베긴을 동시에 출연시키는 모습을 지켜보던 흥분은 베이루트에 인질로 잡힌 미국인들의 가족과 나누는 고통스러운 인터뷰, 그리고 화면을 반으로 나눠 이스라엘과 팔레스타인을 옹호하는 사람들이 서로에게 노골적인 감정을 드러내며 말다툼을 하는 모습으로 대체됐다. 미국인 친구들에게 중동에 관해 언급하려 할 경우 그들이 보이는 반응은 조용히 머리를 가로젓거나 두려움으로 몸서리치거나 혹은 공항에서 팸플릿을 나눠주려는 하레 크리슈나(Hare Krishna, 미국 종교집단의 하나로 힌두교의 한 종파-역자) 신도들에게 보내는 '나에게서 떨어져'라는 눈빛으로 그저 저리 가라는 손짓이었다.

중동이 무언가 두렵고 제어할 수 없는 곳이라는 이와 같은 태도가 미국인들의 의식 속에 자리 잡은 것은 1979년이라고 생각한다. 테헤란에서 미국 대사관 직원들을 인질로 잡았던 사건을 시작으로 이 지역에서 미국이 가차 없는 공격의 타깃이 됐던 시기였다. 1983년 4월 베이루트 주재 미국 대사관에 대한 자살폭탄 공격, 해병대 사령부에 대한 폭탄공격, 1984년 동베이루트에 위치한 미국 대사관에 대한 또 다른 자살폭탄 공격, 그리고 1985년 베이루트로 향하던 TWA 제트여객기가 공중 납치되고 미국 선원 한 명을 무참히 살해해 시신을 쓰레기처럼 항공기 밖으로 버린 사건 등이 일어났다. 곧이어 유람선 아킬레 라우로 호가 납치되었고 이번에도 한 사람의 시신이 선박에서 떨어졌다. 휠체어에 의지하는 승객이었던 리언 클링호퍼였다. 1986년에는 독일 베를린의 디스코텍에서 미군을 겨냥한 폭발사건이 일어났다. 이게 다가 아닌 듯했다. 1987년 12월 미국인들은 또 하나의 나쁜 소식에 잠을 설쳐야만 했다. 요르단 강 서안과 가자지구에서 돌멩이를 던지는 팔레스타인 사람들에게 곤봉세례와 총탄을 안기는 이스라엘인들의 모습이 매일 밤 텔레비전을 통해 방영됐다. 이런 장면들을 본 미국인들은 이렇게 소리쳤을 것이라고 나는 믿는다. "이스라엘 너도 마찬가지인가? 너희 유대인들도 그런 바이러스에 감염됐단 말인가? 지금까지 수년 동안 너희가 우리와 같은 부류라고 생각했었다."

1988년 어느 날 미국은 스스로에게 이렇게 말했던 것 같다. 중동에서 손을 떼자고 말이다. 가솔린 가격이 1리터당 26센트에 불과한 시대에 중동을 필요로 할 이유가 무엇이란 말인가?

그동안 내가 목격한 모든 것들에도 불구하고 나는 그처럼 운명론적인 태도는 순진하고도 과도하게 비관적이라고 믿는다. 이 지역으로부터 완전히 등을 돌리기에는 너무도 많은 전략적이고 정서적이며 종교적인 이해관계가 얽혀 있다는 면에서 그런 태도는 세상물정을 모르는 것이다. 중동지역에서 환영받을 만한 카드를 여전히 많이 들고 있다는 면에서 미국의 그런 태도는 과도하게 비관적이다. 어쩌면 내 마음속에 아직도 미네소타의 어린 소년이 살아 있는지도 모르겠다. 그러나 나는 이 지역은 희망이 없다고 진단하기를 거부한다. 우리의 마음을 끌어당기는 그런 곳은 아닐지 모르지만 희망이 없는 곳은 아니다. 워싱턴은 미국의 관점에서 최선의 결과를 아랍과 이스라엘 사람들에게 가져다줄 수 있다. 그들의 소모적인 반목과 열정에 휩쓸리지 않고서 말이다.

문제는 어떤 방식으로 이루느냐이다. 나는 미국이 다양한 외교적 역할을 동시에 수행하는 법을 배우는 것이 답이라고 믿는다. 미국은 산부인과 의사처럼 사고하고 친구처럼 행동하며 잡화상인처럼 흥정하고 불한당처럼 싸우는 법을 배워야만 한다.

먼저 미국은 산부인과 의사처럼 사고해야만 한다. 의사를 찾아와 지난 40년 동안 아이를 갖기 위해 노력했는데 아이를 가질 수 없었다고 주장하는 부부를 진료하는 의사와 마찬가지 방식으로 미국은 아랍과 이스라엘을 생각해야 한다. 그런 환자를 진료하는 의사가 가장 먼저 할 일은 부부가 진정으로 아이를 갖기 위해 노력했는지, 아이를 낳을 때까지 함께 할 진실한 마음이 있는지, 그리고 병원에서는 그렇게 말을 해놓고 집에 돌아가서는 각방을 사용하는 것은 아닌지를 판단하는 것이다.

레바논의 평화, 그리고 이스라엘과 팔레스타인 사이의 평화를 원하는 데 있어서 미국이 당사자들보다 더 절실할 수는 없는 일이다. 아랍과 이스라엘은 지역의 평화를 가져올 해결책을 만드는 데 스스로 열의와 성의를 다해야만 하며 미국의 역할은 그들의 노력을 돕는 일에 그치는 것임을 이해해야만 한다. 그들의 노력이 선행되지 않을 경우 미국은 매우 조심스럽게 접근해야 한다. 미국은 그들을 대신해서 평화안을 만들어낼 수 없다. 외교에서 인공수정이란 있을 수 없다. 바로 이것이 해병대가 레바논에서 얻은 교훈이다. 해병대는 레바논인들이 그들의 국가를 재건하는 작업을 돕고 싶었다. 그러나 레바논인들에게는 국가 재건보다 먼저 해야 할 일이 있었다. 해묵은 원한을 푸는 것이었다. 최근 몇 년 동안 많은 아랍 국가들과 이스라엘에서도 사정이 동일했다. 베긴과 샤미르는 팔레스타인 사람들과의 평화 이상의 무언가를 원했다. 그들은 유대와 사마리아를 원했다. 많은 이스라엘 사람들 역시 여전히 그렇다. 아라파트는 지난 수년간 자신의 민족에게 조국을 되찾아 주는 것 이상의 무엇을 원했다. 그는 통합된 PLO의 권좌를 원했다. 워싱턴과의 대화를 시작하기 위해 결국 공식적으로 이스라엘의 존재를 인정하기는 했지만 아라파트가 예루살렘과 해결책을 만드는 길을 닦을 말을 할지는 여전히 미지수다.

헨리 키신저와 지미 카터는 운이 좋았다. 중동의 당사자들이 무언가 결과를 만들려는 의지가 있던 역사적인 국면에서 중동문제를 다뤘기 때문이다. 두 사람이 평화에 이르는 수단을 효과적으로 제시할 수 있었던 이유는 바로 당사자들의 태도였다고 나는 믿는다. 키신저가 등장한 것은 이집트와 이스라엘, 시리아가 견딜 수 없을 정도로 많은 비용을 치러야만 했던 분쟁으로부터 벗어날 수 있는 해결책을 어떤 형태로든 절실하게 원하던 1973년 전쟁 이후였다. 카터 대통령의 등장 역시 안와르 사다트가 예루살렘으로 날아가 공개적으로 메나헴 베긴과 포옹을 한 이후였다. 이와 대조적으로 조지 슐츠 국무장관은 당사자들 중 누구도 그를 진정으로 원하지는 않았던 시기에 평화의 중재자가 되려고 시도했다. 1988년 초 슐츠는 이스라엘과 요르단, 팔레스타인인들을 구슬려서 국제회의에 참가하도록 하기 위해 중동을 세 번 방문했다. 그러나 번번이 결과는 실패였다. 당사자들은 모두 슐츠에게 오라는 신호를 보냈고 크게 환영하기까지 했다. 그러나 이유는 슐츠가 바라던 것이 아니었다. 샤미르가 슐츠를 부른 이유는 이스라엘 국민들에게 자신이 인티파다를 종결시킬 정치적 해법을 진지하게 모색하고 있는 것처럼 보이기 위해서였다. 페레스가 슐츠를 원했던 이유는 이스라엘 총선을 앞두고 샤미르는 평화를 가로막는 인물이라는 점을 보여주기 위해서였다. 아라파트는 이스라엘과의 관계에서 지렛대로 사용하기 위해 슐츠를 필요로 했다. 워싱턴이 PLO 대신 이스라엘을 압박해서, 어떤 형태로든 해결책을 원할 경우 이스라엘이 요구하게 될 양보를 하지 않아도 되는 상황이 되기를 바랐기 때문이다. 후세인 왕은 어쩔 수 없이 애매한 태도를 취할 수밖에 없는 스스로의 입장에 대한 비난을 슐츠에게로 돌리기 위해 그를 원했다. 슐츠가 각 당사자들에게 유의미한 결과를 원하느냐고 물었을 때 그들은 모두 고개를 끄덕이며 이렇게 말했다. "그렇습니다. 물론이지요." 그러나 그들이 원한 것은 미국과의 관계에서 의미 있는 결과였다. 그들 사이에서의 유의미한 결과가 아니었던 것이다.

당사자들에게 진정한 의사가 있는지를 결정하는 데 미국이 불가능할 정도로 지나치게 높은 기준을 적용해야 한다고 말하는 것은 아니다. 중동의 당사자들이 보내는 윙크와 끄덕임, 그리고 이제는 자신이 결정할 차례라는 선언 등 그들의 움직임 하나하나를 모두 따라다니지 않을 정도로는 기준이 높아야 한다. 그러나 너무나 높은 기준을 세운 나머지 당사자들이 실제로 도와달라는 요청을 놓치거나 아주 잠시 동안만 나타났다가 사라져버릴 역사적인 기회를 놓쳐서도 안 될 것이다. 당사자들이 얼마나 진지한지를 알아보는 방법은 산부인과 의사가 하는 방법과 똑같다. 각자가 의사에게 어떤 말을 하는지가 아니라 서로 어떤 말을 주고받는지를 살피는 것이다. 어느 당사자가 평화선언을 했다고 하더라도 이를 해독하기 위해 18번은 읽어봐야만 하고 중동전문가의 설명이 필요하다면 이는 진지한 선언이라고 볼 수 없다. 회담의 형태에 관해서만 이야기하려고 하고 회담에 어떤 상대방이 참가해야 한다고 주장하는 것은 진지한 태도가 아니다. 다자간 회담이 되어야만 한다든지 직접대화라야 한다는 주장, PLO가 참가하거나 아니면 요르단과 요르단 강 서안 사람들만 회담장에 와야 한다는 주장 등이다. 내용을 가지고 이야기하고자 하고 다섯 살짜리 아이도 이해할 수 있는 문구로 평화에 대한 의지를 보이며 진실함이 본능적으로 느껴질 수 있어야만 당사자가 진지하게 문제를 고려하고 있다고 판단할 수 있다.

*　*　*

그러나 중동에서 갈등의 당사자들이 의미 있는 결과를 만들 준비가 되어 있지 않은 것 같아 보일 때에도 미국은 그저 손을 놓고 있어서는 안 된다. 미국은 언제나 당사자들의 옆구리를 찔러 그들이 친구처럼 지내도록 노력해야 한다.

이스라엘의 정치이론가 야론 에즈라히는 우방으로서의 미국이 아랍 국가들과 이스라엘에 미국식의 낙관주의를 제공하는 일이 무엇보다 중요하다고 내게 말하곤 했다. 해병대가 베이루트에 전파했던 낙관주의, 즉 그저 해낼 수 있다는 순수한 낙관주의를 말하는 것이다. 모든 문제에는 해결책이 있게 마련이고, 사람들은 분별 있는 사고에 응답할 것이며, 미래는 과거를 이겨낼 수 있을 것이라고 생각했던 거의 천진스러움에 가까웠던 해병대의 믿음은 참으로 멋진 것이었다는 사실을 야론은 내게 상기시켰다. 미국은 이 같은 순수함을 부끄럽게 여겨서는 안 된다. 아랍과 이스라엘 사람들은 미국의 낙관적 태도를 세상물정을 모르는 것이라고 자주 비웃었지만, 마음속 깊은 곳에서는 그들 역시 이러한 미국의 태도를 반겼다. 그들은 미국의 낙관적 태도를 질투하기까지 했다. 그들은 뿌리 깊은 비관주의, 그리고 깊은 상처를 가진 사회에서 살았기 때문이다. 오랜 옛날부터 내려오는 종교의 경계에 둘러싸인 그들 사회에서 가장 자주 들리는 정치적 언급은 이러했다. "안됩니다. 당신을 그럴 수 없을 것입니다."

과거에 무겁게 짓눌린 이 세계로 들어온 천진난만한 미국인은 짧게 말했다. "여러분은 할 수 있습니다." 역사란 과거가 끝없이 스스로를 반복하는 순환 과정이 아니며 꾸준한 성취로 이어지는 단선적인 과정이라고 미국은 선언했다. 미국이 전한 메시지는 이랬다. "미래는 열려 있습니다. 과거는 죽었습니다. 지금 현재, 그리고 이 장소보다 더 신성한 것은 없습니다." 과거에 얽매인 무기력으로부터 그들을 해방시키고 현재 주어진 기회에 눈을 뜨게 해줄 누군가를 필사적으로 찾는 아랍과 이스라엘 사람들에게 미국이 던진 메시지는 매우 중대한 것이었다.

우방으로서 미국이 제공할 수 있는 또 하나는 진실이다. 오직 진정한 친구만이 자신에 관한 진실을 말해줄 수 있는 법이다. 아랍과 이스라엘 사람들은 그들 각각의 부족적 세계에 사로잡혀 그곳에 안주하려는 경향이 대단히 크다. 그곳에서는 환상과 순교자, 죽어간 조상들이 현재를 규정하기 시작한다. 자신이 모두 차지할 수 있고 상대편은 사라질 것이라고 믿는 환상의 세계는 위험하다. 팔레스타인 사람들이 가진 환상의 세계에서는 이스라엘인들이 존재하지 않는다. 이스라엘 사람들의 환상에서는 팔레스타인인들이 없다. 마론파의 환상에서는 레바논의 이슬람교도가 없으며, 레바논 이슬람교도들의 환상에는 마론파가 없다.

그들의 눈앞에 현실을 비추는 거울을 끊임없이 보여줌으로써 우방으로서 미국은 그들을 환상의 세계로부터 꺼내주어야 한다. 미국은 레바논에서 아민 게마엘에게 이런 시도를 하지 않았고, 이스라엘과 팔레스타인 사람들에게 했던 노력은 미약했다. 이제 PLO와 직접대화를 시작한 이상 미국은 팔레스타인 사람들이 기존의 관념에서 빠져나와야 한다고 단도직입적으로 말해야 한다. 이스라엘은 어느 날 방패와 칼을 다시 잡고 노을을 향해 달려갈 현대판 십자군에 불과하다는 생각, 그리고 미국이 팔레스타인인들을 대신해 이스라엘에 압력을 행사할 것이라는 생각 등이다. 이스라엘인들은 그저 한때 스쳐지나가는 사람들이 아니며 그곳이 그들의 고향이라는 현실을 말해야 한다. 이스라엘 사람들에게도 팔레스타인인들에게 해준 말을 똑같이 해야 한다. 팔레스타인 사람들을 그들의 땅과 떼어 생각할 수 없으며 그들이 팔레스타인에서 마음속 깊이 고향을 느끼고 있다는 현실을 말해줘야 한다. 팔레스타인 사람들을 요르단으로 이주시킨다거나, 요르단 강 서안과 가자지구에 대한 이스라엘의 점령이 항구적으로 실시되는 체제에 그들이 순응하도록 만든다거나, PLO가 그들이 대표기구가 아니라고 말하도록 만드는 생각은 모두 환상이다.

미국은 이스라엘과 팔레스타인 사람들에게 이렇게 말해야 한다. "당신들은 두 개의 민족으로서 공통점이 전혀 없습니다. 언어와 역사, 문화, 종교가 모두 다릅니다. 저는 당신들이 서로 좋아하라고 부탁하는 것이 아닙니다. 그럴 수 있다고 생각하지도 않습니다. 더 빨리 서로 떨어져 살수록 둘 다에게 좋은 일일 것입니다. 그런데 서로 떨어져서 평화롭게 살 수 있는 날을 기대할 수 있는 유일한 방법은 이스라엘에게 안전을 보장하고 팔레스타인 사람들에게는 요르단 강 서안과 가자지구에서 스스로 결정할 수 있는 권리를 보장하는 합의안을 먼저 도출하는 것입니다."

진정한 친구는 진실을 말해줄 뿐만 아니라 이에 대처하는 것을 돕기도 한다. 학교에 처음 등교하는 날 함께 가주기도 한다. 1년 내내 함께 학교에 갈 수도 있다. 혈연과 부족적인 결속과 무관하지만 신뢰할 수 있는 세계가 존재한다는 점을 알려줄 수 있다. 이스라엘과 아랍 모두에게 이와 같은 친구의 역할을 하면서 미국은 진실을 직시하는 일이 반드시 무시무시한 나락으로 떨어지는 것이 아님을 보여줄 수 있다. 친구가 되고 인내함으로써, 항상 위협하는 것이 아니라 이해함으로써, 그리고 도움을 제공함으로써 미국은 당사자들을 협상 테이블에 앉히고 그 이상을 이루어낼 수 있다.

이런 점에서 조지 슐츠 국무장관의 행동은 교훈을 준다. 슐츠는 어떻게 친구의 역할을 해야 하는지를 알고 있었다. 적어도 이스라엘과의 관계에서는 그랬다. 이스라엘 사람들과 함께 무언가를 할 경우 '공개적'으로 그들과 정면충돌하는 일은 절대로 해서는 안 된다는 점을 슐츠는 이해하고 있었다. 내가 만난 어느 외교관보다 그는 이 점을 잘 이해했다. 공개적인 정면충돌은 완강한 고집쟁이 지도자들에게 자신의 입장에서 한 발자국도 물러서지 않음으로써 워싱턴과의 충돌을 국민들 앞에 자신이 얼마나 강한 지도자인지를 보여주는 기회로 활용하도록 만들 뿐이다. 중동지역의 몇몇 정치가들은 강대국과 맞섬으로써 자신의 정치적 경력을 쌓아올렸다. 나세르와 호메이니, 베긴, 아사드 등이 한두 번씩 이런 게임을 했다. 초강대국에게 '노'라고 말할 수 있는 사람은 누구나 스스로 막강한 힘을 갖게 된다는 사실을 그들 모두 알고 있었다.

이스라엘의 경우 공개적인 미국과의 갈등은 세상에 홀로 남겨졌다는 이스라엘 대중의 깊은 두려움을 불러일으켜 장벽을 더 높이 쌓게 만드는 결과를 가져올 뿐이다. 물론 경제와 외교적인 압력을 사용해야 할 상황이 때때로 찾아오기도 한다. 그러나 이러한 압력조차도 미묘하고 간접적으로 사용해야 하고 이스라엘을 소외시키려는 의사가 없고 여전히 애정을 가지고 있으며 분노가 아니라 슬픔을 느낀다는 점에 대한 언급과 함께 사용해야 한다. 깊은 유감을 표명한다든지 '정책에 대한 재평가'를 지적한다든지, '무기를 선적하는 데 있어서 예상치 못한 지연'이 일어났다고 언급하는 것 등이다. 이스라엘 사람들은 미국의 메시지가 무엇인지 이해할 것이다.

미국의 외교관이 이스라엘에 와서 만일 예루살렘이 당장 이것이나 저것을 하지 않는다면 내일 미국이 원조를 끊을 것이라고 선언하는 것만큼 이스라엘 국민을 단결하도록 만드는 일이란 없다. 에즈라히는 이렇게 말했다. "미국의 낙관적 태도가 중동에서 힘을 발휘하려면 신뢰관계, 특히 이스라엘과의 신뢰에 기반을 두어야 합니다. 미국은 이스라엘의 마지막 희망입니다. 드골은 우리를 배신했습니다. 잉글랜드 역시 우리를 배신했습니다. 만일 미국마저 우리를 배신한다면 중동에서의 외교는 끝장이 될 것입니다. 결국 이스라엘의 고립주의가 승리를 거두는 결과가 될 것입니다."

이스라엘에 갔던 슐츠가 미국의 중서부에서 온 친구로서 활동하고 샤미르를 초대해 함께 블루베리 팬케이크를 먹었을 때, 슐츠가 했던 일은 사실상 샤미르가 그리 크지 않은 그의 비중만큼만 행동하도록 만들고 통제할 수 없을 정도로 우쭐대지 않도록 만드는 것이었다. 동시에 이스라엘을 달래는 듯한 슐츠의 접근은 이스라엘 대중으로 하여금 미국과 슐츠 자신에 대한 커다란 신뢰를 갖게 했다. 불행하게도 슐츠는 이와 같은 신뢰가 구체적인 성과로 이어지는 것을 지켜보지는 못했다. 그는 신뢰를 구체적인 무언가로 이끌고 가지 않았다. 미국의 외교관이 해야 할 세 번째 역할을 이해하지 못했기 때문이다. 그것은 잡화상인으로서의 역할이었다.

중동의 당사자들이 평화협정을 체결하는 데 진지한 태도를 보이고 있다고 미국이 확신할 수 있거나 지역의 상황이 너무도 긴박하게 돌아가서 사태를 심각하게 지켜봐야만 하는 날이 올 경우, 미국은 당사자들이 합의안을 도출할 수 있도록 돕기 위해 발 벗고 나서야만 한다. 지저분한 앞치마를 두르고 나서는 잡화상인처럼 말이다.

왜 잡화상인인가? 아랍세계와 이스라엘의 지배적인 정치문화는 상인의 문화이기 때문이다. 중동지역에서 사람들은 전통적으로 교역과 거래, 협상의 수완을 발휘하면서 살아왔다. 중동역사에는 기본적으로 두 가지 타입의 정치가가 있다고 푸아드 아자미는 내게 항상 말하곤 했다. 메시아와 상인이다. 아랍어로 마디(mahdis)라고 부르는 메시아는 정치 시즌에 따라 왔다가 사라진다. 아랍 민족주의와 함께 나세르가 등장했고 이슬람 근본주의와 함께 아야톨라 호메이니가 등장하는 식이다. 그러나 시간이 조금 지나면 메시아는 언제나 지나간다. 마치 허리케인이 자연을 휘저어 놓고서는 바다로 빠져나가는 것과 같다. 메시아가 지나가고 남는 것은 언제나 그곳에 있던 것들이다. 바로 잡화상인이다. 이들의 오래되고 낯익은 문화는 계절에 따라 오가는 일이 없이 땅에 뿌리를 깊이 박고 살아가는 것이다.

메시아와 상인에 관한 이야기가 전하고자 하는 메시지는 이렇다. 중동 문제를 다루는 정치가는 정치구호와 이데올로기를 넘어서 상황을 볼 수 있는 능력을 길러야 하며 중동 사람들에게서 상인을 발견할 수 있어야 한다는 것이다. 그리고 솜씨 좋은 중동의 상인들이라면 다음의 두 가지를 잘 알고 있다는 점을 잊지 말아야 한다. 한 가지는 절대로 '노'라는 대답을 하지 말아야 한다는 것이다. 자신이 파는 물건에 확신이 있는 한 물건을 팔 방법이란 언제나 있게 마련이다. 손님이 '노'라고 한다고 해서 그것이 물건을 사지 않겠다는 의미는 아니다. 단지 거래가 성사될 수 있는 핵심에 도달하기 위해 미사여구를 모두 동원해야 한다는 것을 의미한다.

지금까지 내가 들어본 사례들 중에서 '잡소리는 집어치우고 요점으로 바로 들어갑시다.'라는 접근을 취한 가장 대표적인 사람은 텍사스의 변호사이자 민주당의 실력자였던 로버트 스트라우스(Robert S. Strauss)였다. 1979년 5월 카터 대통령에 의해 중동특사에 임명되었던 그는 당시 자치문제를 둘러싸고 교착상태에 빠졌던 캠프데이비드 회담의 타개책을 마련해야 하는 임무를 안고 중동으로 왔다(불행하게도 그는 자신의 노력이 어떤 결과를 맺는지를 볼 수 있을 만큼 오래 특사직에 머물지는 못했다). 중동지역에서의 외교 경험이 전혀 없었던 스트라우스는 예루살렘을 공식적으로 방문한 첫날 헬리콥터를 타고 요르단 강 서안 전체를 둘러봤다. 헬기에는 미국 기자들이 동행했다. 요르단 강 서안 지역을 모두 둘러본 스트라우스와 기자단은 예루살렘의 킹 다비드 호텔로 돌아왔다. 기자들이 그 지역을 둘러본 스트라우스의 소감을 듣고 싶어 했던 것은 자연스러운 일이었다. 정착촌과 계단식으로 늘어선 언덕들, 골짜기를 따라 구불구불하게 일군 농지 등에 대한 그의 소감을 듣고 싶었던 것이다. 아랍과 이스라엘인들이 서로 차지하려고 갈등을 일으키고 있는 고대 지역에 대한 소감을 말해달라는 기자들의 재촉에 스트라우스는 싹싹한 남부인 특유의 느린 말투로 말했다. "아, 말씀드릴 수가 없네요." 그러나 쉽사리 물러날 기자들이 아니었다. 요르단 강 서안을 어떻게 생각하는지를 묻는 질문이 나왔다. "아, 말씀드릴 수가 없어요." 스트라우스는 같은 대답을 반복했다. 결국 미국 특사의 마음이 약해졌다.

그 자리에 있었던 기자 한 사람이 요르단 강 서안에 관한 스트라우스의 대답을 이렇게 인용했다. "글쎄요, 이런 것 같습니다. 도대체 그 지역을 왜 원하는지 알 수가 없습니다. 또한 상대편은 도대체 왜 그렇게 신경을 쓰는지도 모르겠습니다."

수완 좋은 잡화상인들 모두가 알고 있는 또 하나의 사실은 모든 물건은 제각각 가격표를 달고 있다는 점이다. 그렇지 않다면 거래를 할 수 없을 것이기 때문이다. 따라서 이스라엘과 팔레스타인, 레바논 사람들을 상대하는 미국 정치가들은 자신이 제시하고자 하는 모든 것에 가격표를 붙여야 한다. '노라고 말하고 이를 유지하는 데는 비용이 있을 수밖에 없다. 마찬가지로 '예스'라고 말하는 것에는 뜻밖의 횡재가 있을 수밖에 없는 것이다.

그러나 레이건 행정부는 이스라엘과 아랍인들을 상대하면서 가격표라는 의식을 전혀 갖지 못했다. 중동식의 거래를 전혀 몰랐던 것이다. 국제평화회의에 샤미르가 참석하도록 설득하기 위해 1988년 초반 세 번이나 이스라엘을 방문했던 슐츠 국무장관은 한 번도 '노'라는 대답에 가격표를 붙인 적이 없었다. 따라서 샤미르의 대답은 당연히 '노'였다. 슐츠가 이스라엘을 방문할 때마다 샤미르와 보좌관들은 미국의 국무장관과 가격표를 둘러싸고 한바탕할 준비를 하며 초조하게 기다렸다. 그러나 샤미르는 그럴 필요가 없었다.

조지 슐츠는 극단적으로 점잖고 기품 있으며 악의라고는 없는 미국 외교관이었다. 그리고 그것이 문제였다. 슐츠의 단도직입적인 태도를 보면서 나는 언제나 카펫을 사러 아랍 상점에 들어간 미국인 관광객을 떠올렸다. 상점에 걸어 들어가 자신이 원하는 페르시아 카펫을 발견한 미국인 관광객은 상점 주인에게 묻는다. "저 카펫은 얼마죠?" 상점 주인은 머리를 앞뒤로 흔들거리면서 탐욕스럽게 말한다. "오, 슐츠 씨. 혹시 아세요? 저희 가게에서 가장 비싼 카펫을 고르셨군요. 저 카펫은 어떤 가문에서 200년 동안이나 물려 내려온 물건입니다. 저 카펫을 팔아야 할지 말아야 할지 잘 모르겠네요. 그렇지만 슐츠 씨가 원하신다니까 …… 5,000달러입니다." 카펫을 손가락으로 만져보면서 그 카펫은 파키스탄에서 만든 것으로 10달러도 되지 않는 싸구려라고 상점 주인에게 말하는 대신(상점 주인은 사실 이런 반응이 올 것이라고 기대하고 있었다) 슐츠는 여행자 수표를 꺼내더니 5,000달러를 건넨다. 상점 주인이 은행으로 가는 내내 웃음을 터뜨렸음은 물론이다. 오늘날까지도 샤미르는 조지 슐츠가 얼마나 훌륭한 인물인지를 언제나 늘어놓는다. 샤미르가 슐츠를 칭찬하는 말을 들을 때마다 나는 미국인 관광객의 돈을 모두 벗겨 먹은 시장의 상점 주인이 이렇게 말하는 듯한 느낌이 든다. "혹시 주변을 지나게 되면 언제라도 커피 한잔 하러 오세요." 나는 샤미르가 지미 카터와 헨리 키신저에 관해 그런 식으로 말하는 것을 들은 적이 없다. 그들은 돈을 지불하지 않았던 것이다.

유능한 미국 정치가가 되려면 상점 주인처럼 가격표를 잘 붙이는 방법뿐만 아니라 상대방을 속여 물건을 파는 법도 알아야 한다. 슐츠는 미국에서 날아온 친구로서 행동하면서 이스라엘 대중을 상대하는 데 대단히 능숙했다. 그러나 텔레비전 카메라의 불빛이 꺼지고 방 안에 샤미르와 단둘이 소파에 마주 앉게 되었을 때, 슐츠는 중서부에서 온 친구에서 중동의 상점 주인으로 변모했어야 했다. 그러나 슐츠는 그렇게 한 적이 없었다. 슐츠는 사적인 자리에서도 공개석상에서와 마찬가지로 샤미르를 자상하게 상대했다고 나는 들었다. 그런 방식이 효과를 볼 리가 없었던 것이다. 중동에서는, 특히 이스라엘에서는 대부분의 미국인들에게 생소하고 어쩌면 역겹게 느껴질 정도로 상대방을 공격하려는 사회적, 정치적 문화가 존재한다. 두 사람의 이스라엘인들이 화기애애하게 토론을 하는 모습은 미국인들로 치면 네 명이서 격렬하게 말싸움을 벌이는 모습과 유사한 것이다.

그와 같은 환경에서는 대중이 지켜보는 가운데서 공개적으로 충돌하는 모습을 보이는 것이 효과를 거두기 힘들 수 있지만 사적인 자리에서 고성이 오가는 충돌을 벌이는 것이 성공적일 수 있다. 총리로서 이츠하크 샤미르가 어떤 하루를 보냈을지를 잠시 생각해보자. 슐츠 같은 인물이 회담을 위해 도착하기 전에 샤미르는 아마도 세 통의 전화를 랍비 이츠하크 페레츠(Yitzhak Peretz)로부터 받았을 것이다. 초정통파 샤스당 소속인 페레츠는 샤미르와의 전화통화에서 만일 내무부 건물에 율법에 따라 음식을 만드는 주방을 저녁 6

시까지 설치하지 않는다면 정부 전체를 뒤집어엎고 샤미르의 정치생명을 끝장내겠다고 위협했을 것이다. 한 시간 후 샤미르와 같이 리쿠드당 소속인 아리엘 샤론이 잠시 총리실에 들르더니 자신도 총리가 되려고 하기 때문에 다음번 전당대회에서는 샤미르에게 표를 던지지 않을 것이라고 말했을지도 모른다. 총리실을 나서기 전 샤론은 줄자로 총리실 바닥의 카펫 길이를 쟀을 것이다. 이렇듯 뱀이 득실거리는 구덩이 속으로 슐츠가 걸어 들어와서는 정중하고도 절제된 미국식 매너로 샤미르와 이야기를 나눴을 것이다. 중동의 정치문화에서는 자신의 생각을 상대방에게 관철시키기 위해 가구 몇 개쯤은 부술 각오가 되어 있다는 점을 보여주지 않는 한 사람들은 진지하게 받아들이지 않는다.

물론 고함의 내용은 신빙성 있는 것이라야 한다. 헨리 키신저는 리처드 닉슨 대통령의 이름을 빌려 이스라엘의 가구를 부술 것이라는 식으로 말했던 것으로 유명하다. 아마도 닉슨이 알고 있었던 것보다 훨씬 자주 그랬을 것이다. 그러나 키신저는 물지 않고 짖기만 하는 일은 그저 상황을 소란스럽게만 만든다는 점을 이해하고 있었다. 아랍과 이스라엘 사람들이 익숙한 것이 하나 있다면, 바로 그런 소란이었다.

아랍인들 사이 혹은 아랍과 이스라엘 간의 합의를 성공적으로 중재하기 위해 미국의 정치가들이 알아야 할 마지막 한 가지는 합의를 손상시키고자 하는 사람들로부터 합의 자체와 미국의 이익을 지켜내는 역할을 수행하는 방법이다. 완전히 불한당처럼 행동해야만 하는 것이다. 자신이 상대하는 인물들이 그들 자신의 규칙에 따라 행동하는 상점 주인들이며, 그들의 규칙이란 바로 하마의 규칙이라는 점을 이해해야만 한다.

레바논에서 벌어졌던 미국 국민과 군인들에 대한 다양한 공격을 생각해보자. 베이루트의 아메리칸대학 총장 직무대행이었던 데이비드 도지(David Dodge)가 납치됐던 1982년 7월 19일부터 UN의 임무를 수행하던 윌리엄 히긴스(William Higgins) 중령이 납치됐던 1988년 2월 17일 사이에 17명의 미국 시민이 레바논에서 납치됐다. 서구의 정보 소식통에 의하면 이 중 일부는 쿠웨이트의 감옥에 갇혀 있던 수감자의 친척들이 갇힌 친지와 맞바꾸려고 개인적으로 일으킨 것들이고, 다른 몇몇은 단지 돈을 뜯어내려는 범죄조직의 소행이었다고 한다. 이들 가족들과 범죄조직, 그리고 중동 정부 사이의 관련이란 기껏해야 애매한 것이었다.

그러나 대부분의 납치는 이란을 지지하는 레바논의 시아파 민병대 헤즈볼라의 짓이었다. 레바논에 이슬람공화국을 건설할 것을 요구하는 헤즈볼라는 1982년 레바논 베카 계곡의 바알베크(Baalbek)에서 창설되었는데, 사이드 압바스 알 무사위(Sayyid Abbas al-Mussawi)와 셰이크 수브히 알 투파일리(Subhi al-Tufayli) 및 이란에서 교육받은 시아파 성직자들이 주동이 되었다. 표면적으로는 이스라엘과의 싸움을 위해 바알베크로 파견된 이란 혁명수비대(Pasdaran)가 제공한 훈련과 무기 덕분에 헤즈볼라는 짧은 시간 안에 효과적인 전투력을 가질 수 있었다. 이란의 혁명수비대는 다마스쿠스의 대사관을 통해 테헤란으로부터 명령과 재정지원, 보급품을 받았다.

혁명수비대는 헤즈볼라의 납치범들에게 막대한 영향력을 행사할 뿐만 아니라 이란의 외교목적을 달성하기 위해 특정 인물을 납치하라는 지시를 내렸을 것이라고 미국과 레바논 정보기관은 판단하고 있다. 이와 같은 임무의 분담 속에서 헤즈볼라는 누가 미국 시민인지를 확실히 알기 위해 베이루트의 아메리칸대학과 같은 기관의 인사파일에 대한 접근을 책임지고 타깃을 정해 납치한 후 몇 달 혹은 몇 년간 이들을 억류했다. 테헤란의 이란 혁명수비대는 '인질을 관리'하는 데 드는 비용을 제공하고 인질을 감시하는 사람들에게 봉급을 주었으며 누구를 얼마만큼의 돈을 받고 석방하거나 교환할 것인가에 대한 모든 결정을 총괄했다. 대부분의 결정은 이란의 이해관계에 따랐다. 실제로 데이비드 도지는 베이루트에서 테헤란으로 이송되어 그곳에서 인질생활을 했다.

헤즈볼라는 레바논 성직자들의 정신적 지도 아래 있다고 알려져 왔다. 그들 중 한 명인 셰이크 사이드 무함마드 후세인 파들알라(Sayyid Muhammad Hussein Fadlallah)의 경우, 중동전문가들은 납치범들이 어떤 이데올로기적 동기로 범행을 저질렀는지를 설명하기 위해 그가 쓴 팸플릿이나 설교 내용을 낱낱이 해부하기도 한다. 그러나 그의 지위는 허울에 불과하다. 베이루트의 시아파 지하조직에 접근할 수 있는 시아파 민병대의 정보원 한 사람은 이렇게 말했다. "파들알라는 가면에 불과합니다. 그는 작전이 어떻게 진행되는지 거의 알지 못합니다. 납치를 저지르는 사람들은 이데올로기와 완전히 무관합니다. 그들에게 이데올로기란 아무런 의미가 없습니다. 그들은 프로들입니다. 마치 연극과도 같습니다. 어떤 배우들은 대사를 암송할 뿐입니다. 모든 것을 조정하는 연출가가 존재합니다. 연출가와 배우를 혼동해서는 안 됩니다. 납치는 하나의 일이자 작업입니다."

중동지역에 언제나 존재했던 작업이었다. 국가적 차원의 작업, 지역적 패권을 위한 작업, 2인자가 아니라 권력의 1인자로 살아남기 위한 작업이었다. 위에서 이미 언급했던 바와 같이 미국은 1982년을 기점으로 시리아와 리비아, 이란을 하나의 축으로 하는 연합에 대항하여 이집트와 이스라엘, 사우디아라비아 연합의 배후에 서는 쪽으로 기울었다. 시리아와 리비아, 이란과 같은 국가들에게 납치와 자살폭탄은 종교적 운명론에서 나온 행동이 아니라 다른 수단을 사용한 외교행위였다. 중동지역에서 미국을 몰아내고 미국의 동맹국들의 기반을 침식하며, 향후 금전적 정치적 양보와 맞바꿀 수 있는 협상 수단을 얻어두려는 것이었다. 비용을 많이 들이지 않고도 효과를 거둘 수 있는 방법으로, 불리한 입장에 설 수밖에 없는 재래식 전쟁을 회피할 수 있는 수단이기도 했다. 미국은 그들 국가들에게 미국의 방식으로 고통을 안겨주었고 그들은 그들 방식으로 미국에 되갚았다.

이란 콘트라 사건에서 볼 수 있는 무기와 인질의 맞교환은 상인을 상대하는 일이 얼마나 까다로운 일인지를 보여주는 사례일 뿐이다. 올리버 노스(Oliver North) 대령은 이란의 '온건파'를 상대한다고 생각했다. 그러나 그가 상대한 인물들은 사실 이란의 잡화상인들이었다. 노스는 수완 있는 이란 잡화상과 어떻게 거래를 해야 하는지 전혀 알지 못했다. 그는 리비아 지도자 무아마르 카다피(Muammar Qaddafi)로부터 장사에 대한 강의를 먼저 들었어야 했다. 리비아의 지원 아래 벌어진 일련의 테러공격에 대한 보복으로 1986년 4월 15일 미국이 리비아의 트리폴리를 폭격하자 카다피는 미국인을 인질로 잡고 있는 레바논의 시아파에게 연락을 취했다. 베이루트의 아메리칸대학의 사서였던 피터 킬번(Peter Kilburn)은 1984년 12월 3일 레바논의 시아파에게 납치됐는데, 카다피는 킬번의 몸값으로 100만 달러를 지불했다고 한다. 마치 돈을 지불하고 선반에서 물건을 하나 꺼내오듯이 말이다. 미국의 정보 소식통에 의하면 1986년 4월 17일 카다피는 미국의 공습에 대한 보복으로 61세의 킬번을 레바논 시아파에게 살해하도록 했다. 카다피로서는 인질의 살해와 일정한 거리를 둘 수 있는 훌륭한 거래였다. 카다피는 복수를 했지만 다시 한 번 미국의 공격을 불러올지도 모를 지문을 남기지 않았던 것이다. 노스 대령은 프랑스로부터 어떻게 거래해야 하는지를 배울 수도 있었다. 프랑스는 1988년 5월 베이루트에 억류됐던 인질 세 명의 석방을 이끌어냈다. 그 대가로 테헤란에 3억 3,000만 달러와 이자를 지불하기로 합의했는데, 프랑스가 예전에 1억 달러를 이란 국왕으로부터 빌려간 후 다 갚지 않았던 돈이었다.

한때 중동에서 일부 엘리트들의 행동지침이었던 이슬람 근본주의와 아랍 민족주의 등의 이데올로기가 오늘날에는 지배적인 영향력을 발휘하지 못하는 것처럼 보이지만, 이란이나 레바논과 같은 국가의 도시빈민층 젊은이들 일부에게는 여전히 중요한 영향력을 행사하고 있다. 사실상 이런 이데올로기는 중동 정권들이 자살폭탄 공격이나 인질 감시 혹은 지뢰밭을 걸어가야만 하는 일들을 실제로 수행하는 젊은이들의 생명을 사면서 지불해야 하는 화폐를 대신하는 값싼 수단일 뿐이다. 도시빈민층의 젊은이들은 경제적, 사회적, 심리적으로 취약해서 천년왕국이라는 약속에 쉽게 빠져들고 신성한 종교경전에 심취하며 즉시 효과를 볼 수 있는 수단이라는 환상을 쉽게 받아들인다. 그러나 이들은 잡화상점의 배달 소년에 불과하다. 언제나 배달부의 배후에 존재하는 폭력의 도매상인들에게 눈을 돌려야만 한다. 이란과 시리아, 리비아의 정보 전문가들이다. 또한 돈을 주고 테러리스트를 고용하는 것으로 악명 높은 팔레스타인의 아부 니달과 같은 하청업자에게 눈을 돌려야만 한다. 이들이야말로 미국이 실제로 상대해야 하는 대상이다. 납치와 자살폭탄 공격을 실행하는 젊은이들을 부추기고 보고를 받는 인물들이다. 높이 들어 올린 정치구호들을 읽어보는 것만으로 이들 '혁명국가'들을 접하는 서구 사람들은 그들이 전혀 가지고 있지도 않은 이데올로기적인 동기가 그들에게 있다고 잘못 판단한다. 그들의 말이 아니라 그들의 행동을 보아야만 한다. 그들은 미치광이처럼 말하지만 잡화상인처럼 행동한다. 그들이 순교를 설파하지만 언제나 다른 사람의 자식에 관한 일일 뿐이다.

중동정치의 이런 측면을 효과적으로 다루기 위해서 미국의 정치가는 냉혹하고 매우 도전적인 일을 처리하는 법을 알아야만 한다. 미국의 이익을 위협하는 국가의 지도자에 대해서는 필요할 경우 생명이나 국내 정치기반을 직접적으로 위협하는 작전에 돌입해야만 한다는 것을 의미한다. 이런 면에서 레이건 행정부에게 점수를 줄 필요가 있다. 레이건이 새벽 2시 카다피의 천막에 폭격하라는 명령을 내려, 자신의 침대에서 거의 죽을 뻔했던 일을 겪은 카다피는 미국의 메시지가 무엇인지를 알아들었고 이후 거의 소란을 피우지 않는다. 원유 수송로를 보호한다는 명분으로 레이건이 페르시아 만에 전함을 파견하자, 이란은 할 수 없이 이라크와의 전선으로부터 병력과 물자를 철수시켰다. 이란은 점차 힘을 소진하게 되어 결국 호메이니가 이라크의 휴전 협정안을 받아들이는 중대한 결과로 이어졌다.

하키 경기에서 미식축구 규칙대로 플레이하기를 기대해서는 안 된다. 중동 외교는 몸싸움이 심한 경기다.

미국의 정치인이 산부인과 의사와 친구, 잡화상인, 불한당으로 항상 행동할 수 있는 것이 아님은 물론이다. 그래야만 하는 것도 아니다. 유능한 정치가는 각각의 역할을 '언제' 수행해야 하는지를 아는 인물이다. 언제 산부인과 의사가 되어야 하고 언제 불한당처럼 행동해야 하며, 자칫 손님을 쫓아버리는 결과를 가져올 뻣뻣한 잡화상인이 되지 않으려면 어떻게 해야 하는지, 그리고 친구 역할이 과도한 나머지 고객이 돈을 지불할 필요가 없다고 느끼게 하지 않으려면 어떻게 해야 하는지를 알아야 한다. 타이밍, 그리고 타고난 재능의 문제인 것이다. 위해한 외교는 배워서 할 수 있는 일이 아니다.

이 모든 역할을 수행하고 싶어도 미국의 정치인은 엄청난 제약 속에서 행동할 수밖에 없다는 점을 나는 잘 안다. 일부는 문화적이고 다른 일부는 제도적인 제약 요인이다. 그렇지만 내가 위에서 언급한 정책에 관한 접근과 수단에 관해 미국 국민의 기본적인 합의는 존재한다고 믿는다. 지미 카터와 헨리 키신저는 중동지역과 관련하여 명확하고도 침착하며 공정한 정책을 집행할 준비가 되어 있는 정치인, 그리고 중동의 당사자들이 진지한 태도로 임할 경우 자원과 노력을 쏟아 성과를 낼 준비가 되어 있는 정치인은 미국 국민 전체, 특히 유대계 미국인들의 폭넓은 지지를 받을 수 있다는 점을 보여줬다.

결국 중동정치에서도 끊임없는 반목과 불화 이상의 무언가가 나와야 한다. 적어도 신의 의도는 그럴 것이다. 출애굽기의 가장 중요한 부분, 즉 모세에게 이집트에 속박된 사람들을 해방시키라는 하느님이 명령이 의미하는 바는 분명 그러하다. 하느님으로부터 과제를 받은 모세가 신에게 간단한 질문을 한다. 당신의 이름은 무엇입니까? 사람들에게 어떻게 설명해야 할까요? 신은 모세에게 흥미로운 대답을 한다. 한편으로 신은 이스라엘 백성에게 자신은 그들 조상의 하느님이라고 전하라고 모세에게 말한다. '아브라함의 하느님, 이삭의 하느님, 그리고 야곱의 하느님'이라는 것이다. 현대 랍비 중 일부는 모세에게 하신 하느님의 말씀을 이렇게 해석한다. "나는 너희들의 과거와 기억, 역사적 뿌리, 조상, 그리고 내가 아는 한 너희들에게 중요한 모든 것의 하느님이다. 너희들이 고통과 환희를 겪을 때마다 나는 너희들과 함께 있었다."

그러나 다른 한편으로 하느님은 모세에게 일러 이스라엘 백성에게 자신은 또 다른 누구라고 전하라고 한다. 하느님이 이렇게 말한다. "나는 되고자 하는 대로의 나일 것이다(I will be who I will be)." 랍비들은 이와 같은 하느님의 말씀을 이렇게 해석한다. "내가 과거 너희들과 함께 있었지만, 미래의 새로운 가능성으로 너희를 부르는 하느님이기도 하다. 과거가 너희들이 누구인지에 대단히 중요하지만 너희들이 개인으로서 또한 공동체로서 될 수 있는 모든 것을 보여주지는 않았다. 내가 너희들에게 약속의 땅이 저 너머에 있다고 말했을 때 나는 너희들의 미래는 과거와 다를 수 있다는 것을 이야기한 것이다. 너와 너희들의 공동체는 새로운 무언가가 될 수 있다는 것이다."

어쩌면 미국에게는 아랍과 이스라엘 사람들을 과거의 족쇄로부터 해방시키는 데 필요한 에너지가 더 이상 없을지도 모른다. 만일 이것이 사실이라면 우리는 물론 중동 사람들에게도 불행한 일이다. 나는 중동에서 많은 악당들을 만났다. 그러나 내가 만났던 아랍과 이스라엘, 팔레스타인, 레바논 사람들 중에서 미국이 중동에 제공할 수 있는 무언가를 절실히 필요로 하는 사람들이 악당들보다 훨씬 많다. 대안에 굶주리고 미래를 낙관할 수 있게 할 무언가를 절실하게 필요로 하는 사내와 여인들이다. 미국은 그들 사이에 다리가 되어줄 수 있다. 비록 미국이 모든 해답을 가지고 있지는 못할지라도 올바른 질문을 계속 던질 수는 있다. 미국은 희망이 사라지지 않게 할 수 있다. 협상이 계속되도록 만들 수 있다. 하느님이 모세에게 전하려던 말씀이 무엇인지 사람들에게 계속 생각하도록 만들 수 있다. 내일이 오늘과 다를 수 있다는 사실을 안다는 것은 얼마나 흥분되는 일인가?

18장
어느 예루살렘 잡화상인과의 대화

> 그러므로 아브람의 가축의 목자와 롯의 가축의 목자가 서로 다투고······
> 아브람이 롯에게 이르되 우리는 한 친족이라 나나 너나 내 목자나 네 목자나
> 서로 다투게 하지 말자. 네 앞에 온 땅이 있지 아니한가? 나를 떠나가라.
> 네가 좌하면 나는 우하고 네가 우하면 나는 좌하리라.
> — 창세기 13장 7절~9절

> 나는 개인적으로 아랍 사람들을 좋아하지 않고, 아랍 사람들 역시 나를 좋아하지 않는다.
> 40년 동안 하나의 침대에서 지냈지만, 사랑도 관계도 없었다. 나는 헤어질 것을 원한다.
> — 전임 이스라엘 북부전선 사령관 아비그도르 벤갈(Avigdor Ben-Gal) 예비역 소장, 1988년

　이 책이 미국에서 처음 출판된 후 많은 독자들이 내게 편지를 보내 이스라엘과 팔레스타인 사이의 갈등에 대한 나의 진단을 높이 평가하지만 해결책을 내놓지 않은 점이 유감스럽다고 말했다. 이는 의도적인 것이었다. 무엇보다 먼저 나는 독자들이 베이루트에서 예루살렘에 이르는 나의 여정에 주목하기를 바랐고 내가 내놓은 해결책을 가지고 논쟁하기를 원하지 않았기 때문이다. 중요한 이유가 하나 더 있었다. 예루살렘에 관한 글의 마지막 장에서 내가 명확하게 언급했듯이 중동의 당사자들이 임신할 '준비'가 되어 있지 않는 한, 즉 합의안을 도출하기 위해 근본적인 타협과 희생을 할 준비가 되어 있지 않는 한 외부의 제안이란 거의 쓸모가 없기 때문이다.
　중동에서는 극도의 고통이나 기쁨, 즉 전쟁 혹은 사다트와 같은 제안만이 당사자들에게 의미 있는 결과를 만들 진지한 태도를 갖게 한다는 점을 역사에서 배운다. 현재로서는 극도의 고통이나 기쁨이 보이지 않는다. 1989년 가을 내가 이 책의 에필로그를 집필하고 있는 시점에서, 이스라엘과 팔레스타인 사람들은 팔레스타인 대표 선출방법을 논의할 회담을 어떻게 만들 것인지를 두고 입씨름을 벌이고 있다. 요르단 강 서안과 가자지구에 거주하는 아랍인들의 자치와 관련된 이스라엘의 제안을 함께 논의할 팔레스타인 대표를 선출하는 방식과 관련된 것이다. 달리 말하면 그들은 지금 임시방편의 해

결책을 위한 협상 테이블을 만들기 위한 협상에 관해 협상하고 있는 셈이다. 한두 가지 장애물이 극복된다 하더라도 합의안이 도출되기까지는 멀고 먼 길이다.

그러면 어떻게 할 것인가? 가장 그럴듯한 시나리오는 이스라엘과 팔레스타인 사람들이 아무것도 하지 않는 것이다. 온갖 불화가 뒤따를 현재 상태에서 살아가는 방법을 그저 배우는 것이다. 나는 현재 상태가 두 공동체 모두에게 대단히 해롭다고 믿는다. 그래서 당사자 한쪽이 현재의 교착상태를 타개할 담대하고도 독자적인 제안을 할 가능성과 방법에 관해 머리를 짜내 상상해보려고 한다. 극도의 고통이나 기쁨을 수반하지 않을 해결책이다.

아래서 제시하는 것들은 상상의 산물이라는 점을 먼저 언급해야겠다. 그러나 이스라엘 지도자들이 현재의 교착상태를 풀어나갈 수 있는 방법임에는 틀림없다. 내가 제시하려는 접근법을 채택한 이스라엘 지도자는 지금껏 한 사람도 없었다는 점을 강조하려고 한다. 위에서 언급한 모든 이유들 때문에 이스라엘 사람들은 극도의 고통이나 기쁨에만 반응할 것이다. 마찬가지로 팔레스타인 사람들 역시 의미 있는 합의안을 만들어내지는 못할 것이다. 이와 같은 단서조항을 미리 언급하고서 아래와 같이 나의 제안을 내놓으려고 한다.

나의 접근법은 몇 가지 가정에 기초한다. 첫째, 사실상 모든 협상 카드는 이스라엘의 손에 쥐어져 있다. 어떤 형태의 해결책이 되었든 협상의 수단이 될 요르단 강 서안과 가자지구를 이스라엘이 지배하고 있다는 의미다. 따라서 단 하나의 적절한 질문은 팔레스타인 사람들과의 안전하고 안정적인 관계를 위해 이스라엘이 점령지역의 일부 혹은 전부를 넘겨주도록 만들 만한 것은 무엇인가이다. 팔레스타인 사람들은 그들이 원하는 모든 것을 요구하고 주장할 수 있다. 그러나 오직 이스라엘만이 단독으로 해결책을 제시할 수 있는 것이 현실이다.

둘째, 팔레스타인 사람들의 입장에서는 나의 접근법 중에서 불쾌하고 심지어 잔인하다고 느낄 만한 측면들이 많을 것이라는 점이다. 나는 누군가를 잔인하게 대하고 싶지도 않고 불쾌하게 만들고 싶지도 않다. 그러나 팔레스타인 사람들도 그들이 원하는 것과 원하는 것을 얻을 수 있는 방법을 구분할 줄 알아야 한다. 누군가 우아하게 인사하며 팔레스타인 국가를 갖다 바치는 일은 없을 것이다. 모차르트 콘체르토의 조용한 선율과 함께 팔레스타인 국가를 얻을 수도 없을 것이다. 팔레스타인 사람들이 그들의 국가를 가질 수 있는 유일한 길은 이스라엘을 통해서다. 이스라엘이 자신의 이익을 이유로, 가차 없는 스스로의 이익을 위해, 반대하는 것보다 허용하는 편이 스스로에게 더 낫다는 확신을 가질 때에만 팔레스타인 사람들은 국가를 가질 수 있을 것이다.

셋째, 팔레스타인 사람들과의 새로운 관계와 점령지에서의 철수를 맞바꾸는 이스라엘의 중대한 조치는 근소한 다수의 지지로 실현되지는 않을 것이라는 점이다. 이집트와의 평화조약과 마찬가지로 팔레스타인 국가의 승인은 이스라엘 국민 3분의 2 이상의 압도적 지지를 받아야만 할 것이다. 그렇지 않을 경우 이스라엘 사회는 불안해지고 심각한 내전을 겪을 수 있다.

따라서 오늘날 중동에 평화를 가져오는 과정에서 가장 중요한 질문은 영토적 타협을 지지하는 이스라엘 국민이 다수가 될 수 있도록 어떻게 이들을 모을 수 있을 것인가이다. 압도적 다수의 지지만이 단기적인 측면에서 중동 역사를 변화시킬 수 있기 때문이다.

나의 해결책을 제시하기 전에 먼저 독자들에게 이미 언급했던 예루살렘의 잡화상인에 관한 이야기를 다시 꺼내야겠다. 14장 '용암의 분출'에서 언급했던 바와 같이 예루살렘에는 내가 거의 매일 들러 과일과 채소를 사는 잡화상이 있었다. 상점 주인은 이라크 출신의 유대인 가족이었는데 1940년대 초반 바그다드에서 이스라엘로 이주했다. 그 집안의 가장 사손은 60대의 구두쇠였다. 사손에게는 한평생을 살면서 갖게 된 확신이 있었는데, 아랍인들은 자기들이 살아가는 곳 한복판에 유대인 국가가 들어서는 일을 스스로 용납하는 일은 절대로 없을 것이고 만일 아무리 작은 것이라도 팔레스타인 사람들에게 일단 양보를 하게 되면 결국 그들은 유대 국가를 없애버릴 것이라는 생각이었다. 팔레스타인 사람들 역시 유대인들과 평화롭게 공존하고 싶어 하며 단지 공개적으로 이를 선언하지 못할 뿐이라는 이스라엘의 온건파의 주장을 들을 때마다 사손은 말도 안 되는 이야기라고 생각했다. 이라크와 예루살렘에서 그가 겪은 모든 일들과 완전히 상반되는 주장이었던 것이다. 이집트와의 캠프데이비드 협정이나 야세르 아라파트의 선언도 사손의 믿음을 바꾸지는 못했다. 팔레스타인 사람들의 봉기 역시 마찬가지였다. 위에서도 언급했지만 사손의 판단에 따르면 사손과 팔레스타인 사람들 사이의 문제는 서로가 상대방을 이해하지 못해서가 아니라 서로를 너무 잘 이해하고 있기 때문이었다. 이스라엘이 요르단 강 서안과 가자지구의 점령을 유지해야만 한다는 사손의 생각에 이데올로기적인 집착은 전혀 없어보였다는 점을 덧붙여야만 하겠다. 그는 잡화상인이었고 그의 입에서 이데올로기적인 말은 거의 나오지 않았다. 사손이 점령지역을 가본 일은 없었다고 믿는다. 다른 대다수의 이스라엘 사람들과 마찬가지로 사손은 요르단 강 서안과 가자지구의 점령을 안보라는 측면에서 주로 바라보았다.

나는 사손이야말로 팔레스타인과 이스라엘 사이의 갈등을 평화적으로 해결하는 데 있어서 핵심이라고 믿는다. 사손이라는 개인이 중요하다는 뜻이 아니라 그가 가진 시각이 그렇다는 말이다. 그는 이스라엘에서 침묵하는 다수의 하나다. 그는 이스라엘의 3분의 2를 대표한다. 사손과 같은 사람들이 하는 이야기는 거의 이스라엘 밖으로 흘러나가지 않는다. 그들은 이야기를 많이 하지 않는다. 분노로 눈이 이글거리는 요르단 강 서안의 정착민 혹은 미국식 악센트로 유창하게 말하는 피스나우의 교수들에 비해서 인터뷰하는 재미도 떨어진다. 그러나 그들이 바로 이스라엘의 토대이고 국가가 지금 그 자리에 서 있도록 만드는 중심이다. 그리고 더욱 중요한 점은 수년간 이스라엘에서 뉴스를 보도하면서 내가 배운 점이다. 이스라엘 사람들은 모두 사손과 같이 거의 원시적일 정도로 세련되지 못한 측면을 조금씩은 가지고 있다는 것이다. 이스라엘 정치 스펙트럼의 우파를 차지하는 리쿠드당만의 이야기가 아니고 다수를 차지하는 노동당 지지자들 역시 마찬가지다. 아랍 국가에서 태어난 유대인뿐만 아니라 이스라엘에서 태어난 유대인도 포함된다.

팔레스타인 사람들과의 평화라는 문제에서 이스라엘 대중이 반반으로 나뉘지는 것은 아니다. 사실 이스라엘 국민은 셋으로 나눠진다. 인구의 5퍼센트 정도를 차지하는 극좌파가 한 부류인데 이들은 내일 당장이라도 요르단 강 서안과 가자지구에 팔레스타인 국가를 허용할 용의가 있다. 또한 이들은 팔레스타인 사람들이 이스라엘과 평화적으로 공존할 준비가 되어 있다고 진심으로 믿는다. 또 하나의 부류는 인구의 약 20퍼센트를 차지하는 극우파로 이들이 요르단 강 서안과 가자지구에 팔레스타인 국가를 허용하는 일은 결코 없을 것이다. 이데올로기적인 이유다. 민족주의 혹은 메시아주의의 정서를 가진 이들은 이스라엘 땅 전체를 영원히 차지하고 있어야만 한다고 확신한다. 이들 양 극단 사이에 인구의 약 75퍼센트를 차지하는 사손이 있다. 다소 진보적인 사손은 노동당을 지지하고 다소 강경노선의 사손은 리쿠드 당을 지지한다. 그러나 그들 모두는 팔레스타인 사람들의 공동체와 죽기살기식의 투쟁에서 이스라엘이 헤어 나오지 못하고 있다는 사실을 직감적으로 느끼고 있다.

오늘날 이스라엘의 사손과 미국의 유대인 친구들은 혼란에 빠졌다. 팔레스타인 사람들의 인티파다는 현재 상태를 유지하기 위해 치러야 하는 물리적, 도덕적 비용이 매년 점점 높아져만 갈 것이라는 점을 명백하게 보여줬다. 그러나 어떤 대안도 매력적이라고 느껴지지는 않는다. 결국 1967년의 경계를 바탕으로 두 개의 국가를 받아들이겠다는 아라파트의 언급, 즉 요르단 강 서안과 가자지구, 그리고 동예루살렘에 팔레스타인 사람들의 국가를 건설한다는 제안에 이들은 별로 끌리지 않는다. 아라파트의 말을 신뢰할 수 없고 나아가 1967년의 경계로 되돌아가기를 바라지 않기 때문이다. 가자지구와 요르단 강 서안 중에서 인구밀도가 높은 지역에서만 철수한다는 노동당의 제안에 구미가 당길 듯도 하지만 이 제안을 함께 논의할 아랍이나 팔레스타인 파트너가 존재하지 않는다. 노동당 지도자들은 요르단 강 서안의 미래를 두고 요르단과 계속 협상하고 싶어 하지만 후세인 왕은 요르단 강 서안의 미래와 자신은 아무런 관련이 없을 것임을 선언해버렸다. 리쿠드당을 비롯한 우파 정당들은 요르단 강 서안과 가자지구를 영원히 점령하는 대신 캠프 데이비드 협정에 따라 팔레스타인 사람들에게 자치권을 부여하는 방안을 이야기한다. 그러나 이 제안을 받아들일 팔레스타인 사람은 없다. 상황은 교착상태에 빠진 것이다.

적절한 이스라엘 지도자가 적절한 계획을 내놓는다면 교착상태로부터 빠져나올 수 있다고 나는 생각한다. 다른 맥락이긴 했지만 리언 비젤티어(Leon Wieseltier)가 '평화를 추구하는 개자식(bastard for peace)'이라고 묘사했던 부류가 바로 내가 의미하는 적절한 지도자다. 문제를 해결하려는 불한당 같은 지도자만이 사손에게 확고한 믿음을 줄 수 있고 동시에 요르단 강 서안과 가자 지구를 영원히 점령하는 것 이외에도 이스라엘에게 대안이 있다는 점을 보여줄 수 있다. 사손이 핵심이다. 무엇이 공정한 것인지 어떤 일을 해야 하는지에 관해 이야기할 수도 있다. UN 결의안과 팔레스타인 사람들의 권리에 대해 말할 수도 있다. 평화를 가져올 환상적인 계획이나 야세르 아라파트의 선언을 언급할 수도 있다. 그러나 무엇을 이야기하든 사손을 움직일 수 없다면 혼잣말이나 다름없다. 이스라엘 평화운동의 문제점은 아주 오랫동안 자기들끼리만 이야기를 나눠왔다는 것이다. 사손이 가진 두려움과 정서를 인정하지 않고 오히려 사손과 같은 사람들을 '파시스트'로 치부했다. 그러나 사손은 파시스트가 아니며 그의 두려움 또한 비현실적인 것이 아니다. 안정적인 다수의 지지를 받으면서 평화체제를 건설하는 데서 가장 먼저 시작해야 할 일은 그들 역시 사손과 똑같은 직감을 가지고 있다는 사실을 알려주는 것이다. 일단 이 점이 공유되어야만 사손이 귀를 열기 시작할 것이다. 그리고 어쩌면 사손이 변화할지도 모른다.

이스라엘의 수많은 사손을 어떻게 움직일 수 있는가에 관해 두 가지를 제안하겠다. 하나는 공동체 사이의 전쟁에 대한 부족적 차원의 해결책이고 다른 하나는 공동체 간 전쟁에 대한 외교적인 해결책이다. 두 가지 해결책 모두 이스라엘이 단독으로 주도권을 행사하는 것임을 미리 강조해야겠다. 이스라엘이 모든 카드를 쥐고 있을 뿐만 아니라 국제회의나 외부의 중재자 심지어는 팔레스타인 파트너 없이도 자신의 미래를 만들어나갈 수 있는 힘과 인센티브를 가지고 있기 때문이다. 내가 제시하는 첫 번째 부족적 차원의 해결책에 관심이 있는 이스라엘의 지도자, 이스라엘의 '평화를 추구하는 개자식'이라면 이스라엘 국민을 향해 의회 크네세트의 연단에서 다음과 같이 연설할지도 모를 일이다.

"형제들이여. 우리는 호랑이들이 우글거리는 황무지에서 살아갑니다. 우리는 살아남기 위해 싸웁니다. 팔레스타인과 아랍인들은 우리가 이곳에서 살아가는 것을 원한 적이 없고 앞으로도 그럴 것입니다. 만약 우리를 몰아낼 기회가 주어진다면, 그리고 우리가 어떤 약점이라도 노출한다면 그들은 기회를 놓치지 않을 것입니다. 그것이 바로 그들의 진짜 모습입니다. 그러나 우리에게는 진정한 의문이 있습니다. 우리는 어떤 민족이 되고자 합니까? 우리는 유대역사에서 유일무이한 순간을 살아갑니다. 세 번째 유대 국가가 탄생한 순간이자 이스라엘의 유대인이 스스로의 미래를 결정할 수 있을 만큼 엄청난 힘을 가진 시기이기도 합니다. 우리의 남은 생애 동안, 그리고 우리 자식의 생애, 손자의 생애 동안 계속 요르단 강 서안과 가자지구에 170만 명의 팔레스타인인들을 점령 아래 두어야만 하는 그런 이스라엘, 그런 유대민족이 되기를 원합니까? 중앙통계국에 따르면 1985년 현재 이스라엘과 요르단 강 서안, 그리고 가자지구의 4세 미만 어린이 중 아랍 어린이가 유대 어린이보다 많습니다. 만일 현재의 인구구성 추이가 계속될 경우 21세기 초반에 이르면 이스라엘과 요르단 강 서안, 가자지구에서 살아가는 아랍인의 숫자는 유대인의 숫자를 넘어설 것입니다. 달리 말하면 현재 상태가 지속될 경우 이스라엘은 유대 국가, 민주국가 혹은 안전이 보장된 국가가 되지 않을 것임이 확실하다는 것입니다. 우리가 원하는 것이 그런 이스라엘입니까? 만일 여러분의 대답이 '노'라면, 만일 여러분이 원하는 나라, 여러분이 보고 싶은 나라가 그런 이스라엘이 아니라면 우리는 원점으로 다시 돌아갑니다. 우리는 아랍인들이 마음속으로는 유대 국가를 없애버리려고 한다는 것을 알고 있습니다. 나아가 가능한 방법이 있다면 우리는 우리와 자식들의 생애 내내 요르단 강 서안과 가자지구에서 아랍인들을 점령하고 살고 싶지 않다는 것 역시 알고 있습니다. 그렇다면 어떻게 해야 합니까?"

"솔직하게 말한다면 안와르 사다트가 협상 파트너였을 때 우리는 캠프데이비드에서 협상한 것과 같은 평화조약을 생각할 수 있었습니다. 그러나 팔레스타인 사람들 중에는 안와르 사다트가 없습니다. 후세인 왕이나 야세르 아라파트와 협상할 수는 없습니다. 만일 안와르 사다트와 같은 협상 파트너가 없다면 우리에게 남은 유일한 대안은 남부 레바논입니다. 1984년 우리는 레바논에서 현재 상태를 유지할 수 없는 상황에 맞닥뜨렸습니다. 우리 군대는 레바논이라는 수렁에 빠져들었고 전투부대는 경찰력으로 바뀌었습니다. 국내에서 우리는 레바논과 관련된 정책을 둘러싸고 깊고 고통스러운 분열을 겪었습니다. 상황은 더 나빴습니다. 우리가 철수한 이후 평화를 위한 합의를 실행할 수 있을 신뢰할 만한 정부나 민병대조차 없었습니다. 철수는 좋지 않은 생각처럼 보였고 그대로 머무르는 것은 더 안 좋아 보였습니다. 많은 논란 끝에 우리는 차선책을 택했습니다. 레바논 안에 머물면서 평화를 유지하는 대안이란 존재하지 않는다고 판단한 것입니다. 그러나 레바논과의 관계에서도 일정 수준의 안보는 여전히 확보할 수 있을 것이라고 판단했습니다. 우리는 어떻게 했습니까? 우리는 안보에 대한 생각을 수정했습니다. 미국 서부의 표현을 빌리자면 우리는 원형으로 마차들을 정렬시켰습니다. 방어태세를 단단히 갖춘 것입니다. 우리는 일방적으로 남부 레바논 대부분 지역에서 철수했습니다. 이스라엘 북쪽 국경에서 합리적인 정도의 안보를 확보하기 위한 좁은 지역을 제외하고는 모두 철수했습니다. 철수를 준비 중이었던 당시 많은 사람들이 이렇게 말했던 것을 기억하실 겁니다. '어떻게 그런 식으로 철수한다는 말인가? 제정신인가? 우리가 빠져나오는 순간 팔레스타인인들과 이란의 지원을 받는 시아파의 카츄샤(Katyusha) 로켓포가 갈릴리를 쑥밭으로 만들 것이다. 세상이 뒤집어질 것이다.' 이러한 반응에 이스라엘 군 참모들은 이렇게 말했습니다. '레바논의 마을마다 경찰을 배치해서 모든 가족들을 감시하는 것보다는 대포와 공군력, 헬리콥터 등 우리에게 월등한 힘이 있는 전통적인 군사행동으로 이러한 위협에 대처하는 편이 낫습니다.'"

"우리가 레바논에서 철수했을 당시 국방장관 이츠하크 라빈은 남부 레바논의 여러 레바논 및 팔레스타인 공동체에 경고했습니다. 레바논으로부터의 철수를 이스라엘의 힘이 약화된 것으로 오판하지 말라고 말입니다. 라빈은 레바논인들에게 단도직입적으로 말했습니다. 만일 그들이 이스라엘의 안보를 위협한다면 이스라엘 군대는 '그들의 삶이 살지 않느니만 못하게' 만들어 주겠다고 말입니다. 지금까지 그와 같은 억제책은 효과가 있었습니다. 물론 완벽하지는 않습니다. 그러나 제가 말씀드렸듯이 레바논 안에 머물면서 평화를 유지하는 대안이란 존재하지 않습니다. 우리에게 남은 유일한 대안은 우리가 건설하고자 하는 사회, 그리고 우리가 되고자 하는 민족의 가치와 함께 갈 수 있는 보다 효과적인 안보상황의 구축입니다."

"나는 요르단 강 서안과 가자지구에서도 남부 레바논에서와 동일하게 접근해야만 한다고 생각합니다. 단계적이고 일방적인 철군입니다. 우리의 안보에 핵심적이지 않은 지역과 정착촌부터 시작하는 단계적 철군입니다. 이스라엘은 위험을 자초하지 않으면서도 요르단 강 서안과 가자지구의 상당 부분 지역에서 철수할 수 있을 것이라고 이스라엘 군 장군들은 믿습니다. 필요할 경우 군대가 어떤 지역이든 장악할 수 있고 안보에 필요한 조치를 취할 수 있다는 조건에서 그렇게 믿습니다. 요르단 강을 따라서 배치된 진지들, 요르단 강 서안의 한복판을 관통하는 산맥의 전략 요충지들, 그리고 텔아비브와 예루살렘 인근의 완충지대를 포함합니다. 요르단 강 서안에 거주하는 유대인 정착민의 85퍼센트가 텔아비브와 예루살렘 주변의 10개 도시지역에 거주하고 있기 때문에 그들 대부분은 살던 곳에 머무를 수 있을 것입니다. 안보계획의 외부에 거주하는 정착민들은 이주하게 될 것입니다. 남부 레바논에서와 마찬가지로 우리는 일방적인 행동에 돌입할 것입니다. 철군하는 대신 그 지역에 남겨둘 안보 관련 시설에 대해 우리는 누구의 동의도 구하지 않을 것입니다. 세계 전체와 요르단, 그리고 팔레스타인 사람들 모두 마찬가지입니다. 어떤 시설을 남겨둘지는 우리가 결정할 것이고 시설의 유지 역시 오로지 우리가 책임질 것입니다. 일단 철군이 완료되면 남부 레바논에서와 동일한 게임의 규칙이 적용될 것입니다. 시카고의 규칙(Chicago Rule)입니다. 상대가 나이프를 꺼내들면 우리는 총을 뽑습니다. 상대가 우리 중 하나에게 병원신세를 지게 만들면, 우리는 상대편 200명을 무덤으로 보냅니다. 카추샤 로켓포로 도발하면 우리는 대포로 응대합니다. 국경에서 문제를 만들면 누구도 이스라엘에서 일하지 못하게 만듭니다."

"친애하는 시민 여러분, 이러한 접근법이 우리에게 평화를 가져올까요? 대답은 '노' 입니다. 남부 레바논에서 그랬던 것처럼 국경 주변에서 사건들이 발생할 것입니다. 바라건대 남부 레바논에서처럼 많지 않았으면 합니다. 지금 제가 여러분에게 제안하는 방법은 우리의 안보를 우리가 보존하려는 유대 및 민주사회와 양립 가능하게 하고 날이 갈수록 힘이 빠지고 사기가 떨어지는 우리 군대를 경찰력이 아니라 원래 그럴 목적으로 훈련받았던 전투부대로 되돌리기 위한 방법입니다. 이는 이스라엘을 한층 더 강하고 단결된 나라로 만들고, 세계 각지의 유대인들이 자랑스러워할 뿐만 아니라 살고 싶은 곳으로 만들려는 것입니다. 저는 이러한 계획을 일방적으로 실행에 옮겨야 한다고 믿습니다. 야세르 아라파트와 조지 하바시, 하페즈 아사드, 후세인 왕이 이스라엘과의 협상안에 모두 동의할 때까지 기다리는 것은 사실상 기약할 수 없기 때문입니다. 나아가 만약 이들이 모두 합의하는 기적이 일어났다고 할지라도 어쨌든 우리는 그들을 신뢰할 수 없기 때문입니다. 자 무엇을 더 기다려야 합니까?"

내가 생각하는 적절한 지도자로서의 이스라엘 총리는 팔레스타인 사람들에게 보내는 다음과 같은 메시지로 결론을 맺을 것이다. "나의 이웃이자 적이여, 우리는 당신들 없이 이스라엘 땅 전체를 차지하고 살고 싶다. 그것이 바로 우리다. 당신들에게 질문한다. 당신들은 어떤 민족이 되고 싶은가? 평생 돌이나 던지면서 피해자로 살고 싶은가? 아니면 당신들 민족의 조국을 건설하고 스스로의 존엄을 지키고 싶은가? 나는 당신들에게 기회를 준다. 우리가 철수하는 지역에서 무엇이 되었든 당신들이 원하는 국가를 건설하라. 마오쩌둥식의 국가를 원한다면 그렇게 하라. 제퍼슨의 민주국가를 원한다면 그렇게 하라. 이슬람공화국을 원한다면 그렇게 하라. 어떤 국가가 되었든 그 나라는 당신들이 원하는 만큼 크고 군사적으로 강력한 국가가 되지는 않을 것이다. 40년 동안 오로지 거부로 일관한 대가를 치르는 것이다. 오늘날 힘의 현실을 고려한다면 이것은 당신들이 가질 수 있는 최고의 기회다. 나는 당신들이 이 기회를 최대한 활용하기를 촉구한다. 그러나 한 가지를 명심하라. 이 지역에서 우리가 철수하는 것은 이스라엘이 약해서가 아니다. 우리가 가진 힘에 대한 명확한 인식 아래서, 그리고 우리가 보존하고자 하는 정체성에 대한 명확한 인식 아래서 우리는 철군을 실행하는 것이다. 우리는 당신들이 건설하는 국가와 정상적인 관계를 맺을 용의가 있다. 또한 우리는 어떤 국가 형태가 되었든 우리를 위협하는 데 국가를 이용한다면 당신들의 나라를 멸망시킬 준비가 되어 있다. 만일 내가 다시 군대를 이 지역에 보내게 된다면, 다시는 당신들이 사는 지역을 점령하는 데 그치지 않을 것이다. 나는 그런 상황에 이미 지쳤다. 당신들을 요르단 강 너머로 모두 추방할 것이다. 내 말을 명심하라."

위에서 제시한 것은 부족적 전쟁에 대한 부족 차원의 해결책이다. 사손이 이 해결책을 직관적으로 이해할 수 있는 것은 그의 직감으로부터 나온 제안이기 때문이다. 팔레스타인과 이스라엘 사람들 양측이 상대방에 대해 가정하는 최악의 상황을 상정하고 이로부터 현 상태를 타개할 수 있고 실행 가능한 방안을 이끌어낸 것이다. 여러 가지 해결책 중의 하나라고 생각한다면 그다지 좋아보이지는 않는다. 나의 어머니는 '훌륭하지는 않구나.' 라고 말씀하시곤 했다. 그러나 훌륭한 해결책을 언제나 이끌어낼 수 있는 것은 아니다. '친절한' 이스라엘인들과 '온건한' 이스라엘인들, 그리고 올바른 이유에 의해 올바른 일을 하고자 하는 이스라엘인들은 요르단 강 서안과 가자지구에서의 철수를 요구하는 해결책을 지금까지도 제안했고 앞으로도 그럴 것이다. 그러나 우리가 지금 설득하고자 하는 사람들은 그들이 아니다. 그들이 이스라엘의 다수가 아니기 때문이다. 우리가 설득해야 하는 사람들은 '잘못된' 이유와 가혹한 이유, 그리고 사손이 제시하는 이유이지만 올바른 일을 하려는 사람들이다. 그들을 설득하지 못한다면 영토의 타협을 지지할 안정적 다수를 이끌어낼 수 없기 때문이다.

이제 누군가가 정당한 의문을 제기할 수 있을 것이다. 왜 반드시 부족적 차원의 해결책이라야 하는가? 어째서 외교적 해결책이 존재할 수 없는가? 1977년 11월 사다트가 예루살렘에 오기 전까지 많은 이스라엘 사람들은 이집트인들을 노골적인 불신과 본능적인 두려움을 가지고 바라보았다. 그들이 지금 팔레스타인 사람들을 대하는 태도와 동일했다. 따라서 그들의 지적은 올바르다. 양측이 좀 더 나은 동기를 가지고 행동할 수 있을 것이라고 생각하는 사람들을 위해 내가 두 번째 대안을 제시하는 이유이기도 하다.

먼저 이스라엘 사람들 다수가 시나이로부터의 철군을 지지하도록 만드는 결과를 가져왔던 사다트의 주도적인 행위의 주요 특징을 살펴보자. 그 다음 이와 같은 특징들이 이스라엘의 사손을 설득할 수 있는 방식으로 팔레스타인과 이스라엘 사이의 갈등에서도 적용될 수 있는지 생각해보고, 마지막으로 내가 공동체 사이의 전쟁에 대한 외교적 해결책이라고 말한 방법을 이끌어내보자.

사다트가 성공할 수 있었던 것은 아랍과 이스라엘의 평화에서 제기되는 세 가지 주요 장애물을 극복할 수 있었기 때문이다. 사다트가 극복한 첫 번째 장애물은 아랍과 이스라엘 사람들이 전통적으로 집착해온 '정당한 권리'다. 정당한 이익에 반대되는 개념이다. 아랍과 이스라엘의 갈등에서 어느 한편이 오로지 역사적인 혹은 신으로부터 주어진 '권리'에 초점을 맞추게 되면 이익만을 기초로 의사결정을 할 수 없게 된다. 정당한 권리에 집착하면 언제나 문제가 발생한다. 권리란 과거 혹은 신과 조상으로부터 나오기 때문에 변화할 수도 없고 타협을 허용하지도 않기 때문이다. 반면에 이익은 현재, 스쳐지나가는 순간, 그리고 당장의 필요와 한정된 자원으로부터 나온다. 따라서 이익은 타협을 부른다.

사다트의 천재성은 이집트와의 관계에 대한 이스라엘 내부의 논쟁을 권리에 관한 논란에서 이익에 대한 논쟁으로 전환시킨 그의 능력이다. 어떻게 가능했나? 사다트는 이스라엘이 존재할 권리를 인정했다. 나아가 예루살렘을 방문함으로써 이스라엘 사람들이 스스로의 존엄성과 독립에 대해 느끼는 심리적인 압박을 풀어줬다. 이로써 신성한 권리는 협상 테이블에서 사라졌고, 이스라엘 사람들은 거의 그들의 이익만을 기초로 이집트와의 평화문제를 논쟁하도록 만들었다. 시나이라는 완충지역을 계속 장악함으로써 얻게 되는 안보와 경제적 이득, 그리고 시나이에 매장된 원유와 아랍권의 가장 큰 국가와 평화를 이루게 됨으로써 얻게 될 이득을 합리적으로 따져볼 수 있었다. 달리 표현하자면 사다트는 지하철 안에 이스라엘 사람을 위한 좌석을 하나 보장함으로써, 이스라엘인들이 예약한 좌석이 자신에게 돌아올지의 여부에 대한 걱정을 멈추고 편안하게 가려면 좌석이 몇 개나 필요한지에 집중하도록 만들었던 것이다. 이와 같은 새로운 조건 아래서 이스라엘 사람들이 깨달은 것은 더 좁은 좌석에서도 사실상 더 편안하고 이집트와의 관계에서 안전하게 느껴진다는 점이었다.

팔레스타인 땅이 역사적으로 그들의 것임을 선언하면서 그 일부로서 시나이에 대한 '권리' 역시 자신들에게 있다고 이스라엘이 주장한 적이 없는 것은 사실이다. 그러나 이스라엘의 시나이 점령은 팔레스타인에서 국가를 건설할 권리가 있다는 주장의 연장이 되었다. 이집트가 이스라엘의 존재할 권리에 도전했던 1967년, 이스라엘은 시나이를 이집트로부터 빼앗았다. 만일 사다트가 1967년 이전의 경계 안에서 이스라엘이 국가를 건설할 권리가 있음을 인정하지 않았다면 이스라엘은 아마도 어떤 대가를 치르더라도 시나이를 놓지 않았을 것이다.

사다트가 극복한 두 번째 전통적 장애물은 아랍인들이 드러낸 의도에 대한 뿌리 깊은 집착이었다. 아랍의 실제 능력과 대비되는 개념으로서의 의도다. 다른 모든 유대인들과 마찬가지로 이스라엘 사람들은 문서에 집착한다. 그들은 아랍 언론의 보도와 연설 등을 대단히 꼼꼼하게 읽는다. 이집트와 같은 아랍 국가는 이슬람 근본주의로부터 아랍 민족주의, 자유민주주의에 이르기까지 여러 정치적 성향의 집단들로 구성되기 때문에 유대 국가의 척결을 주장하는 정치가의 연설이나 시인의 작품이 있게 마련이다. 앞으로도 계속 그럴 것이다. 이와 같은 말들은 언제나 이스라엘의 사손에게 공격의 빌미를 준다. 사손은 자리에서 일어나 그런 글이 실린 기사를 흔들면서 외친다. "이런 사람들과 어떻게 평화를 유지한다는 말인가요? 그들이 우리에 대해서 뭐라고 썼는지 보세요!" 이런 행동은 놀랍지 않다. 많은 이스라엘의 유대인들은 여전히 히틀러가 『나의 투쟁 Mein Kampf』에서 제시한 유대인에 관한 계획, 그리고 권좌에 오르기 훨씬 전에 그가 썼던 출판물들에 사로잡혀 있다.

아무도 주의를 기울이지 않는데도 말이다.

아랍의 의도에 관한 이스라엘 사람들의 집착을 극복하기 위해 사다트는 시나이 사막을 무장해제하는 데 동의했다. 그는 시나이 사막에 주둔할 수 있는 이집트 군대의 병력과 소지할 수 있는 무기의 종류를 제한하는 데 동의했을 뿐만 아니라 미국이 주도하는 다국적군이 비무장화 과정을 감시하는 평화유지군으로 활동하는 것에도 동의했다. 이집트 군대의 영향력을 제한하고 나서야 이스라엘 사람들은 그들의 의도를 무시할 수 있었다. 이집트 시인의 작품을 무시할 수 있게 된 것이다.

사다트가 극복한 세 번째 장애물은 이스라엘 사람들이 지난 40년 동안 유대 국가를 파괴하려고 시도하던 국가들과 땅과 평화를 맞바꾸는 어떤 형태의 협상에 대해서도 깊은 불신을 가지고 있다는 점이었다. 사다트가 전임 이스라엘 총리 골다 메이어의 뺨에 했던 키스도 4년 동안 전쟁을 치렀던 서쪽의 이웃나라에 대해 이스라엘 사람들이 느꼈던 충격을 풀어줄 수는 없었다. 너무도 많은 말들이 너무도 오랜 시간 동안 오갔던 것이다. 너무 많은 사람들이 목숨을 잃었다. 말만으로 이 모든 것들을 풀기에는 충분하지 않았다. 새롭고 살아 숨 쉬는 현실이 필요했다. 프로이드식의 분석이 아니라 행동요법에 의한 경험의 축적만이 양측의 불신을 치유할 수 있었다. 이에 따라 캠프 데이비드 협정이 3년간 단계적으로 서서히 이행되었다. 각 단계에서 시나이로부터 이스라엘의 철수는 비무장지대화와 관계정상화를 위한 이집트의 일정한 의무이행을 조건으로 이루어졌다. 협의사항이 모두 완료되기까지 양측은 상대방이 하는 말을 들어야 했을 뿐만 아니라 상대를 느껴야 했다.

사다트가 극복한 세 가지 장애물은 이스라엘과 팔레스타인 사람들 사이에도 모두 존재한다. 한 가지 차이가 있다면 이집트와의 관계에서 극복해야만 했던 장애물보다 10배는 더 높다는 점이다. 예컨대 권리의 문제를 보자. 이집트와 이스라엘은 두 개의 완전히 다른 국가였다. 국경이 다르고 수도 역시 다르다. 양국 사이에는 자연스러운 분할선이 존재했고 따라서 상대 국가의 권리를 서로 인정하는 일 역시 상대적으로 쉬웠다. 팔레스타인과 이스라엘인들의 경우는 사정이 다르다. 둘을 구분하는 자연스런 점선이란 존재하지 않는다. 이스라엘과 팔레스타인 사람들 모두 예루살렘이 자신의 수도라고 주장한다. 양측 모두 하이파가 자신의 땅이라고 주장한다. 시나이를 팔레스타인에 국가를 건설할 권리의 연장으로 주장한 것과는 달리, 이스라엘은 요르단 강 서안을 연장이 아니라 권리의 핵심이라고 주장한다. 다수의 팔레스타인 사람들은 요르단 강 서안에 그들의 국가를 건설할 권리의 연장으로서 자파를 요구하는 것이 아니라 권리의 본질로서 요구한다.

이처럼 역사에 기초해 요구하는 지역이 중복되기 때문에 이스라엘과 팔레스타인 사람들이 팔레스타인 지역에서 서로의 기본적인 권리를 인정하는 일은 훨씬 어렵다. 양측 모두 상대방이 자신의 역사적인 권리를 침해한다고 느끼는 것이다. 만일 유럽에 베를린이나 파리가 존재하지 않았는데, 독일과 프랑스인들이 파리에 해당하는 지역을 서로 자신의 정당한 수도라고 주장한다면 문제를 해결하기가 얼마나 힘들 것인지 상상해보라.

의도와 실제 능력은 어떤가? 여기서도 팔레스타인과 이스라엘 사이의 문제는 엄청나다. 이집트는 권위주의 국가로 국내 언론과 관리들에게 일정한 영향력을 행사할 수 있다. 그러나 PLO는 중동 전역에 산재한 8개의 서로 다른 팔레스타인 분파들을 포괄하는 상부단체일 뿐이다. 이중 몇몇 분파는 야세르 아라파트가 아니라 다른 아랍 정부로부터 명령을 하달받는다. 가자지구에 많은 이슬람 근본주의자들은 누구의 지시도 받지 않고 독자적으로 움직인다. 결과적으로 이스라엘은 자신을 파멸로 몰아가야만 한다는 팔레스타인인들의 지독한 언어와 시인의 작품을 언제나 접할 수 있고, 이를 근거로 유대 국가와 평화적으로 공존할 준비가 되어 있다고 어렵게 주장하는 팔레스타인 온건파를 의심했다.

서로 간의 불신에 관해 살펴보자. 유대인과 팔레스타인 사람들 간에 벌어지고 있는 부족적 차원의 반목에 비한다면 이집트와 이스라엘의 불신이란 사소한 말다툼처럼 보인다. 유대인과 팔레스타인 사람들의 갈등이 시작된 것은 1948년이 아니라 수백 년 전으로 거슬러 올라간다. 더군다나 이들 사이의 갈등이란 300킬로미터쯤 떨어져서 살아가는 낯선 사람들끼리의 갈등이 아니었다. 이웃 간의 분쟁이고 사촌 사이의 갈등으로 상대방의 복부에 총알을 박아

넣기 직전까지 서로의 눈을 마주했던 그런 종류의 갈등이었다. 카인과 아벨과도 같은 양측의 갈등은 서로의 마음속에 너무나도 큰 불신과 증오를 가져와 야세르 아라파트가 무슨 말을 하더라도 이스라엘을 인정한다는 사다트의 한마디가 가져온 것과 같은 효과를 즉시 가져올 수 없다. 더군다나 팔레스타인 사람들은 이집트와 달리 국가를 가지지도 못했다. PLO는 비행기에서 살아가는 지도부와 10여 개의 아랍 국가들에 산재한 기관으로 이루어진 운동단체다. 정해진 주소도 없는 것이다. 이스라엘은 이집트와 같은 국가와는 평화조약을 체결할 수 있다. 수도와 국기, 군대를 가진 국가는 약속을 할 수 있고 또 이에 따른 책임을 지기 때문이다. 그러나 중동 전역에 흩어져 있는 민족운동 단체는 그럴 수가 없다. 따라서 지금처럼 흩어져 있는 상태의 팔레스타인 사람들이 이스라엘을 인정한다고 하더라도 그 말이 진정한 의미를 갖기 힘들고 이스라엘인들을 안심시킬 수 없다. 만약 PLO가 내일이라도 당장 공식적이고도 이론의 여지가 없이 이스라엘을 인정한다고 하더라도 많은 이스라엘 사람들은 이렇게 말할 것이다. 그래서 어쨌다고?

이스라엘이 요르단 강 서안에 관한 평화협상을 PLO가 아니라 요르단과 벌이려는 의도는 단지 요르단과의 협상이 팔레스타인인들을 인정하지 않는 방편이기 때문만은 아니라고 나는 생각한다. 요르단이 확실한 주소를 가진 현실적으로 존재하는 국가로서 협상 내용에 대해 책임을 질 수 있고 또한 지금까지 이스라엘과의 국경을 오랫동안 평화롭게 유지한 기록을 가지고 있기 때문이기도 하다.

* * *

이처럼 장애물이 대단히 높기는 하지만 이를 극복할 수 없는 것은 아니라고 나는 믿는다. 장애물을 뛰어넘을 적당한 장대가 필요할 뿐이다. 모든 이스라엘 사람들이 각자 마음속에 담고 있는 사손을 충족시킬 만한 외교적 해결책이 존재할 수 있다고 나는 믿는다. 그리고 이는 이스라엘의 독자적인 외교적 제스처로 시작될 수 있다고 믿는다. 이스라엘 총리는 다음과 같은 연설로 국민들 앞에 외교적 해결책을 내놓을 수 있을 것이다.

"형제들이여. 만일 우리가 지난 수백 년 동안 이어진 팔레스타인인들과의 갈등에서 배울 수 있었던 교훈이 하나 있다면 저는 이것이라고 생각합니다. 우리의 이웃이 우리의 적이기도 한 상황에서는 결코 집이 편안한 곳이 될 수 없다는 것입니다. 집은 요새가 됩니다. 요새에서 신발을 벗고 편안하게 쉴 방법이란 없습니다. 만일 팔레스타인 사람들이 편안하게 느끼지 못한다면, 우리 역시 이곳 팔레스타인에서 결코 평안을 찾을 수 없고 유랑을 끝낼 수도 없다는 것을 의미합니다. 저는 상황이 이렇게 되지 않기를 바랍니다. 우리가 그들을 구하지 않는다면 우리 스스로도 구할 수 없는 것이 현실입니다. 그들이 우리를 구하지 않는다면 그들 자신도 구할 수 없는 것이 현실이기도 합니다. 우리 스스로 자살을 하지 않으면서도 그들을 구할 방법이 있을 수 있을까요? 여기 있는 친구 사손은 결코 스스로를 죽이면서 그들을 구하려고 하지는 않을 것입니다. 그렇다면 그들은 완전히 항복함으로써 우리를 구하려고 할까요? 그들 역시 결코 그렇게 하지는 않을 것입니다."

"팔레스타인 사람들과 가능하고도 의미 있는 해결책을 마련하기 위해서는 우리 이스라엘인들이 우리 자신의 이익을 위해 안와르 사다트가 우리에게 했던 바를 우리가 팔레스타인 사람들에게 하기 시작해야 한다고 저는 믿습니다. 팔레스타인 사람들에게 지하철 좌석 하나를 줍시다. 그것이 어렵다면 그들이 예약한 좌석이 유효하다고 인정이라도 해줍시다. 구체적으로 말하면 요르단 강 서안과 가자지구의 일부 지역에 팔레스타인 국가를 건설하는 것을 받아들일 준비가 되어 있다고 선언해야만 합니다. 힘, 그리고 스스로에 대한 확신이 있었던 사다트가 자신의 이익을 위해서 자리에 앉지 못한 사람을 위해 몸을 조금 움직여 공간을 만들고 좌석 하나를 우리에게 마련해줬던 것처럼, 우리 이스라엘 사람들 역시 우리가 가진 힘과 안보를 바탕으로 몸을 조금 움직여 팔레스타인 사람들에게 약간의 정신적, 물리적 공간을 마련해줍시다. 그래야 팔레스타인 사람들도 그들의 권리에만 집착하지 않고 그들의 이득이 무엇인가에 관해 생각하기 시작할 것입니다. 잃을지도 모를 현실적인 이득이 있어야만 팔레스타인 사람들에게도 스스로의 요구수준을 낮추고 그들 내부에 존재하는 가장 극단적인 분파를 통제할 이유가 생깁니다. 오늘날 팔레스타인인들이 이스라엘을 공격하면서 감수해야만 하는 대가는 미디어의 비난과 몇몇의 사상자뿐입니다. 만일 그들이 자신의 국가를 갖게 된다면 이스라엘을 공격하는 대가는 그들이 건설한 모든 것의 상실일 것입니다."

"그러나 우리가 자선사업하자는 것은 아닙니다. 누가 되었든 팔레스타인 사람들의 대표가 다음의 세 가지 조건을 받아들일 때에만 우리 역시 그에 상응하는 조처를 취할 것입니다."

"첫째, 팔레스타인 대표는 우리에게 중동에서 유대 국가를 건설하고 살아갈 권리가 존재한다는 점을 명료하게 인정할 것에 동의해야만 합니다."

"둘째, 팔레스타인 대표는 그들의 국가가 영원히 무장을 하지 않을 것이며, 팔레스타인 국가가 이스라엘의 존립에 절대로 위협이 되지 않도록 보장하기 위해 필요하다고 이스라엘 군이 판단하는 모든 조기경보 및 안보 시스템을 이스라엘이 유지하는 데 동의해야만 합니다. 설혹 팔레스타인 국가가 이스라엘을 위협하려는 의도가 있다 하더라도 그럴 수 없도록 만들 조치입니다. 팔레스타인 국가의 비무장을 감시하는 책임은 오직 이스라엘이 지게 될 것입니다. 팔레스타인 국가에 중화기를 반입할 수 없도록 하기 위해 요르단으로 통하는 다리들과 모든 출입국 가능 지점에 최신식 감시초소와 검문소를 설치하는 수단 등이 강구될 것입니다. UN의 군대 혹은 다국적군은 존재하지 않을 것입니다. 우리의 핵심적 안보문제를 제삼자에게 맡기지 않을 것입니다. 팔레스타인의 군사능력을 완전히 통제할 수 있어야만 이스라엘 사람들 대다수가 팔레스타인의 의도와 시인들의 작품, 그리고 PLO 강령을 무시할 수 있습니다. 팔레스타인 땅에 대한 꿈을 우리가 버릴 것이라고는 팔레스타인인들도, 그리고 우리도 기대할 수 없을 것입니다. 이 꿈들은 유대인으로서 우리의 정체성에 가장 근본적인 부분입니다. 그러나 우리의 꿈이 현실세계의 해결책을 가로막도록 놔둘 수는 없습니다."

"셋째, 팔레스타인 사람들은 이와 같은 계획을 5년의 기간 동안 단계적으로 이행하는 데 동의해야 합니다. 이행의 첫 번째 단계는 요르단 강 서안과 가자지구에서 정부구성을 위한 총선거를 실시하는 일입니다(팔레스타인 지역 외부에 거주하는 사람들은 부재자투표를 할 수 있을 것입니다). 팔레스타인 사람들의 운동이 요르단 강 서안에 기반을 둔 구체적이고 국가에 준하는 자치정부로 변모해야만 그 정부는 이스라엘을 인정할 만한 능력과 동기, 그리고 신뢰성을 확보할 것입니다. 그래야만 이스라엘을 인정하는 일이 의미 있고 이스라엘 사람들을 안심시킬 수 있을 것입니다. 이집트가 그랬던 것처럼 말입니다. 계획을 이행하는 기간이 완료되면 이스라엘은 팔레스타인 사람들에게 자치정부가 관할할 지역을 모두 넘겨줄 것입니다. 이처럼 긴 이행 기간을 거쳐야만 양측의 선언이 진실한 것인지를 시험할 수 있고, 합의안을 영속적이고 실행 가능하게 만들 심리적 치유와 신뢰를 쌓을 수 있습니다."

"이제 여러분들이 제게 질문할 것입니다. 우리가 제공하는 그런 국가를 받은 팔레스타인 사람들이 이해득실에 따른 합리적 사고에 따르지 않고 그들이 주장하는 바의 권리에 의거해 행동하면 어떻게 할 것인가? 만일 그들이 팔레스타인 땅을 회복하고자 하는 그들의 꿈을 이루지 못한 상처를 치유하는 데 국가를 사용하지 않고 오히려 땅을 되찾을 꿈을 더 키우는 데 사용하면 어떻게 할 것인가? 그들은 단계적인 자치를 거쳐 국가를 갖게 될 것이고, 각 단계마다 책임 있는 이웃이 될 준비가 되었음을 증명해야만 한다는 것이 저의 대답입니다. 만일 계획이 이행되는 과정에서 그들이 어떤 형태로든 우리를 물리적으로 위협하는 상황이 발생한다면 모든 과정은 즉시 폐기될 것입니다. 그러나 그렇게 될 경우 우리 역시 팔레스타인인들과 마찬가지로 패배자가 될 것입니다."

"이웃 팔레스타인 사람들에게 몇 가지 언급하고자 합니다. 나의 이웃이자 나의 적인 팔레스타인 사람들이여. 여러분들 중 많은 사람들이 내가 제시하는 계획이 불충분하다고 생각할 것이라는 것을 잘 압니다. 여러분이 갖게 될 국가는 요르단 강 서안과 가자지구의 일부 지역에 세워지는 미니 국가입니다. 1947년 UN의 분할안이 약속했던 것보다 작은 국가입니다. 게다가 완전한 주권국가가 되지도 않을 것입니다. 사실상 이스라엘 군대에 둘러싸이고, 이스라엘의 보안조치를 받아들여야 하며, 간단한 무기를 소지하는 경찰력의 보유만 허용될 것이기 때문입니다. 그러나 이와 같은 불평에 대해 두 가지를 말하고자 합니다. 첫째, 여러분은 1947년 가질 수 있었던 것을 지금은 가질 수 없습니다. 오늘 여러분이 가질 수 있을 것을 내일은 가질 수 없을 것입니다. 무엇이 옳고 정당한지에만 초점을 맞추지 말고 무엇이 가능한지를 생각하라고 여러분께 촉구합니다. 지금 제가 제시한 계획이 오늘 여러분이 가질 수 있는 최대한입니다. 스스로의 군대를 가질 수 없다는 점이 불만일 것입니다. 선택하십시오. 여러분은 국가와 군대 중 무엇을 원합니까? 만일 군대를 원한다면 여러분에게 이미 있습니다. PLO입니다. 만일 국가를 원한다면 제가 지금 제안하는 국가입니다. 그러나 위에서 언급한 조건이 달린 국가입니다."

"저를 비판하는 이스라엘 사람들에게 말씀드립니다. 여러분에게는 저의 계획이 너무나 고상한 제안으로 보이실 겁니다. 너무 고상하고 너무 도덕적이며 세상 물정을 하나도 모르는 제안이라고 생각하실 겁니다. 그러나 저는 이 계획이 마키아벨리의 책략과도 같은 것이라고 생각합니다. 집에 있으면서도 결코 편안함을 느끼지 못하게 만드는 적을 평온하게 함께 살아갈 수 있는 이웃으로 만들려고 저는 노력하고 있습니다. 우리와 그들을 불문하고 이 갈등에서 완전히 비이성적으로 행위할 수 있다는 점을 저는 충분히 이해합니다. 저의 접근이 아무런 위험도 수반하지 않는 것이라고 말하지 않겠습니다. 위험이 도사리고 있습니다. 그렇지만 현재 상태 역시 위험을 수반합니다. 이스라엘의 진정한 안보는 결코 곤봉으로 확보할 수 있는 것이 아닙니다. 품위 있게 행동하고 책임감이 있으며 스스로 결정하는 사람들을 이웃으로 두었을 때 얻을 수 있습니다. 팔레스타인 사람들이 그런 이웃이 되려고 하지 않을 수도 있습니다. 팔레스타인 사람들이 그런 이웃이 되도록 아랍인들이 내버려두지 않을 수도 있습니다. 그러나 이웃 간에 끊임없는 전쟁을 불러올 수밖에 없고 과거가 미래를 지배하는 현재 상태를 유지하는 것보다는, 팔레스타인인들과 새로운 관계를 창조하는 것이 가능한지를 시험하는 약간의 위험을 감수하는 편이 낫습니다. 현재 상태 역시 마찬가지로 위험을 수반하기 때문입니다."

19장
평화를 정착시키기 위한 첫걸음

> 또 다른 돌파구가 중동에서 마련되었다는 소식입니다.
> 밤새 협상을 벌이던 아랍과 이스라엘 대표들이 뜻밖에도
> 야구선수들의 파업문제를 해결했다고 합니다.
> – 앵커 놈 맥도널드(Norm MacDonald),
> 「토요일 밤의 라이브 Saturday Night Live」 프로그램 중
> 「주말 업데이트 Weekend Update」에서

중동을 떠나 미국으로 돌아온 이후 아랍과 이스라엘의 갈등에 관해 이야기할 기회가 있을 때마다 나는 똑같은 농담으로 강연을 시작하곤 했다. 독실한 유대인으로 복권에 당첨되기를 고대하는 골드버그(Goldberg)라는 인물에 관한 이야기였다. 안식일마다 골드버그는 시나고그에 가서 이렇게 빌었다. "하느님, 저는 평생 독실한 유대인이었습니다. 제가 복권에 당첨된다고 나쁠 것이 무엇이겠습니까?" 그러나 당첨자를 발표하는 날이 찾아오고 골드버그는 당첨되지 못했다. 이렇게 몇 주가 흐르고 몇 달이 흘렀다. 골드버그는 여전히 시나고그를 찾아 신에게 도와줄 것을 빌었다. 그러나 추첨일이 다가오고 골드버그는 번번이 당첨되지 않았다. 결국 어느 안식일 골드버그는 더 이상 참을 수가 없었다. 그는 하늘을 바라보며 구슬프게 말했다. "하느님, 저는 평생 독실한 유대교인이었습니다. 복권에 당첨되려면 어떻게 해야 합니까?" 그러자 갑자기 하늘이 갈라지더니 하느님의 목소리가 들려왔다. "골드버그야, 내게 기회를 다오. (천국행) 티켓을 사거라."

내가 그 이야기를 하는 이유는 이스라엘과 팔레스타인 사람들이 언제나 내게 골드버그를 떠올리게 했기 때문이다. 양측은 하늘에 대고 신에게 도와달라고 간청하지만 어느 쪽도 평화안을 이끌어내는 데 필요한 타협이나 희생을 할 준비는 되어 있지 않다.

그런데 백악관에 주목할 만한 날이 찾아왔다. 1993년 9월 13일 팔레스타인 지도자 야세르 아라파트와 이스라엘 총리 이츠하크 라빈이 악수를 나누고 상징적이긴 하지만 100년에 걸친 이스라엘과 팔레스타인 사람들 사이의 갈등을 끝냈다. 희망이 역사에 승리하는 순간이었다. 또한 그들은 평화를 정착시키기 위해 필요한 실질적인 희생과 타협의 일부를 시작하기로 합의했다. 놀랄 만한 순간이었다. 나는 그 행사에 관한 기사를 『뉴욕타임스』에 실었다. 그로부터 1년이 채 지나지 않아 똑같은 장소에서 라빈과 요르단 왕 후세인이 악수하는 유사한 모습을 취재했다. 이제는 이스라엘 총리와 시리아 대통령이 악수를 나누는 모습마저 가능할 것처럼 보인다.

이제 골드버그에 대한 농담을 그만둘 때가 되었다는 생각이 든다.

라빈과 아라파트가 백악관에서 처음으로 만나는 모습을 지켜보면서 나는 수년간 국무부의 최고 중동전문가로 일했던 오랜 친구 에런 밀러(Aaron D. Miller)를 떠올렸다. 에런은 나와 함께 '평화연구회(Peace Processor)'라는 작은 규모의 동호인 모임의 회원이었는데 내부에서 평판이 좋았다. 에런과 나는 공통점이 많았다. 비슷한 연배였고 둘 다 중서부 출신 유대인이었으며(에런은 클리블랜드 출신이다) 아랍과 이스라엘의 갈등 문제에 푹 빠져서 성장했고 언젠가는 아랍과 이스라엘의 화해에 보탬이 되고 싶다는 꿈을 품고 있었다. 그는 정부로 들어가는 쪽을 택했고 나는 언론계로 갔다. 10년 정도 중동에서의 기자생활을 했던 나는 이 지역의 화해에 관해 비관적인 생각을 갖게 됐다. 위에서 언급한 적이 있지만 내가 애초부터 이와 같은 비관적 태도를 가졌던 것은 아니다. 나는 미니애폴리스 출신인데, 그곳은 미국의 타고난 낙관적 태도가 1만 개의 호수에 가득한 곳이었다. 그러나 베이루트와 예루살렘은 내가 가졌던 애초의 낙관적 태도를 가져가버렸다. 정확히 언제였는지는 모르겠다. 베이루트의 해병대 막사에서 폭발물이 터졌을 때였는지, 모하메드의 가족이 안에 있었던 내 아파트가 폭발로 날아갔을 때였는지, 어쩌면 분노한 팔레스타인 소년이 예루살렘에서 나의 자동차 앞 유리창에 돌을 던졌을 때였는지도 모른다. 비관적인 태도의 원천을 정확하게 알아낸다는 것 자체가 어려울 것이다. 너무나 많은 장례식을 목격했다. 슬픈 결말이 너무도 많았다. 허버트 험프리(Hubert Humphrey)보다는 하페즈 아사드 같은 정치가가 너무 많았다.

그러나 에런은 영원한 낙관론자였다. 기적을 믿는 사람만이 중동지역에 평화를 정착시킬 방안을 만드는 일을 할 수 있다. 에런은 국무장관 제임스 베이커(James A. Baker III)의 평화정착과정 팀에서 일했기 때문에 그와 나는 중동에서 베이커가 방문하는 곳을 모두 함께 다녔다. 에런은 보좌관으로, 나는 특파원으로서였다. 이와 같은 역할의 차이는 우리 둘을 자주 대립하게 만들었다. 나는 대체로 평화의 유리잔이 반쯤 비었다고 생각하는 반면 에런은 반쯤 찼다고 봤기 때문이다. 언젠가 우리는 예루살렘의 킹 다비드 호텔에서 주위 사람들이 귀에 거슬려 할 정도로 말다툼을 한 적이 있다. 무엇을 두고 논쟁을 벌였는지 정확하게 기억나지는 않지만, 아랍과 이스라엘 사람들이 결국 평화협정에 도달할 것이라는 에런의 분석과 관련이 있었다. 나 역시 그들이 평화에 도달하는 티켓을 샀으면 하고 바라지만 그들이 그렇게 할지 대단히 의심스럽다고 말했다. 우리의 논쟁은 결국 에런이 몹시 흥분해서 내게 이렇게 소리치는 것으로 끝났다. 우리가 논쟁할 때마다 벌어지는 결말이었다. "프리드먼, 한마디 해줄까? 자네 논리가 설득력이 있고 역사에 대한 해박한 지식도 다 좋은데 결국 자네는 놀라 자빠질 거야. 어느 날 하늘에서 10톤짜리 금고가 자네를 향해서 곧장 떨어지는 느낌일 거라고. 금고를 볼 수 있는 것은 맨 마지막 순간이야. 떨어지는 걸 봤어도 이미 늦었다는 거지. 자네 머리 바로 위에 떨어질 거야."

이후 몇 년간 평화협정을 위한 노력이 말만 많았지 별다른 진전을 보지 못하는 동안 에런과 나는 계속 대화를 나누고 논쟁을 했다. 나는 에런에게 자주 전화를 걸어 그의 속을 뒤집어놓는 말을 하곤 했다. "혹시 최근에 금고 떨어지는 것 못 봤어?" 마드리드 평화회의와 같이 평화정착 과정에서 진전을 이루는 드문 일이 일어날 때면 에런과 평화연구회 회원이기도 했던 그의 동료 댄 커처(Dan Kurtzer)는 내 눈앞에 나타나 엄지손가락으로 하늘을 가리키며 소리는 내지 않고 입모양으로만 내게 이렇게 말했다. "저기 위에 금고 조심해."

1993년 9월 백악관의 남쪽 잔디에서 아라파트와 라빈이 서로의 손을 힘차게 흔들며 악수하던 순간 결국 금고가 내 머리 위로 떨어졌다. 그동안 수없이 많이 분노로 치켜들었던 손들, 수없이 불끈 쥐었던 손들, 전투명령서에 수도 없이 많이 사인했던 손들, 그 손들이 어색했던 그 순간 화해의 표시로 서로 맞잡았던 것이다.

금고가 내 머리 위에 떨어지던 순간 나는 놀랐고 또한 놀라지 않았다. 내가 놀라지 않았던 이유는 라빈과 아라파트가 내가 바로 이 책에서 주장했던 바를 정확히 실행에 옮겼기 때문이다. 라빈은 이스라엘이 자신의 미래를 스스로 만들어나갈 힘이 있다는 사실을 인지하고 우월한 힘을 가진 입장에서 팔레스타인 사람들에게 선제적으로 양보했다. 아라파트는 팔레스타인 사람들의 힘이 이스라엘에 훨씬 미치지 못한다는 사실을 인정하고, 끝까지 모든 것을 요구하는 대신 얻을 수 있는 것은 무엇이든 받아들이겠다는 실용적인 태도로 이스라엘과 협상에 임했다. 라빈과 아라파트가 내가 주장한 바를 실행에 옮겼다고 말하는 이유다.

그러나 나는 놀랐다. 어쨌든 나는 그들이 실제로 그렇게 하리라고는 결코 믿지 않았기 때문이다. 사실 나는 수년 동안 책상 옆 벽에 『라이프 Life』 매거진의 사진을 붙여두었다. 사진합성기술이 얼마나 놀라운지를 보여주기 위한 사진이었는데, 아라파트와 전임 이스라엘 총리 이츠하크 샤미르가 따뜻한 악수를 나누고 그들 사이에 로널드 레이건 대통령이 서 있는 모습이 담겨 있었다. 『라이프』의 편집자는 사진에 담긴 모습이 가장 일어나기 힘들고 터무니없으며 제정신을 가지고는 상상하기 힘든 일이라고 생각했음이 틀림없다. 그래서 독자들에게 컴퓨터 사진합성으로 무엇을 만들어낼 수 있는지 보여주려고 선택한 사진이었다. 그런데 1993년 9월 13일 오후 『라이프』의 것과 거의 똑같은 사진이 실제로 만들어졌고 이번에는 사진합성이 필요하지 않았다.

적어도 잠시 동안이었지만 그들의 악수는 내 마음속에서 미네소타 소년을 다시 불러일으켰다.

백악관에서 열렸던 그 행사에 관해 이후에 많은 생각을 했다. 내가 왜 그 일이 그토록 놀랐던 것인지를 스스로 질문했던 것이다. 이스라엘과 팔레스타인 사람들이 어떤 행동을 취해야 한다는 점에 관해 확고한 생각을 가졌음에도 불구하고, 내가 생각했던 그런 조치들을 그들이 실제로 준비 중이었다는 것은 왜 볼 수 없었던 것인가? 내가 보지 못한 역사의 흐름은 무엇이었던가?

내가 스스로에게 던진 질문에 대해 가장 올바르게 대답할 수 있는 길은 1993년 9월 13일 백악관에서 어떤 일이 실제로 벌어졌는지를 제대로 이해하는 것이라고 생각한다. 만일 그날 일을 텔레비전으로 시청했다면 백악관의 잔디에서 악수를 나누는 야세르 아라파트와 이츠하크 라빈이라는 두 사람을 봤을 것이다. 그러나 그것은 그날 그곳에서 실제로 일어난 일이 아니었다.

그날 실제로 일어났던 일은 야세르 아라파트 한 사람이 익사하는 장면이었다. 아라파트는 파도 아래로 미끄러져 들어가고 있었던 것이다. 중요했던 그 순간 그의 입은 이미 물속에 잠겼고 이제 코마저 물속으로 들어가려던 참이었다. 아라파트가 마치 돌멩이처럼 물속으로 가라앉으려는 순간 그에게 구명 밧줄을 던져준 사람이 바로 이스라엘 총리 이츠하크 라빈이었던 것이다. 그날 백악관에서 있었던 일의 진상은 그랬다.

아라파트를 파도 속으로 잡아당기고 라빈으로 하여금 마지막 순간 구명 밧줄을 던지도록 했던 것은 국경에서 벌어진 아랍과 이스라엘의 갈등 혹은 중동 한복판에서 발생한 변화가 아니라 다양한 전 지구적 변화의 결합이었다. 소련의 붕괴로부터 걸프전쟁이 미친 악영향, 미국에서 빌 클린턴의 대통령 선출, 이슬람 근본주의의 발흥, 일본에서 렉서스 자동차의 출현 등을 포함하는 전 지구적 변화였다.

1993년 소련의 붕괴와 이른바 냉전이라고 부르던 초강대국 간 대결의 종결은 아라파트와 PLO에 심대한 영향을 미쳤다. 간단히 말하자면 이는 아라파트로부터 총과 표를 가져가버렸다. 많지는 않았지만 PLO가 한때 누렸던 소련의 군사지원은 1980년대 후반 완전히 사라졌다. 모스크바나 바르샤바 조약의 동유럽 동맹국들은 PLO와 같은 혁명운동에 무기와 자금 공급을 계속할 수 없었다. 크렘린은 서구 전체 특히 미국과의 관계 개선에 더 많은 관심을 보였다. 어느 국가도 아라파트와 같이 힘 빠진 혁명가를 위해 서구나 미국과의 관계를 희생하려 들지 않았다. 아라파트는 여전히 권총집에 총을 차고 다녔지만 총알이 없는 상태였던 것이다.

그러나 PLO는 레바논에서 패퇴한 이후 이스라엘에 군사적으로 도전하려는 희망을 사실상 포기했다. 냉전이 끝남에 따라 또 다른 아라파트의 자산이 사라지게 된 것이 더욱 중요한 의미를 가지는 이유였다. 외교력을 통해 활용할 수 있는 UN 가입국들의 표였다. 1948년 이후 팔레스타인 사람들은 소련과 동구권, 그리고 제3세계의 지지를 바탕으로 UN에서 사실상 어떤 입장이든 관철시킬 수 있었다. 시온주의가 인종주의와 마찬가지라는 입장을 내놔도 지지를 받았고, 어쩌면 지구가 평평하다는 제안을 했어도 지지를 받았을지 모를 정도였다. 그들은 UN 총회에서 거의 자동적으로 다수를 차지해 이스라엘을 고립시켰다.

소련이 무너짐에 따라 아라파트는 UN에서의 지지를 더 이상 기대할 수 없었다. 1975년 11월 UN 총회는 찬성 72, 반대 35, 기권 35표로 다음과 같은 결의안을 가결했다. '시온주의는 인종주의의 및 인종차별의 한 형태다.' 당시 PLO의 입장을 지지했던 나라들의 대부분은 소련과 동구권, 그리고 아프리카의 권위주의 독재국가들이었다. 그러나 베를린 장벽이 무너지면서 PLO가 누렸던 다수의 지지 역시 사라졌다. 1991년 12월 16일 UN 총회는 찬성 111, 반대 12, 기권 13표로 시온주의가 인종주의라는 결의안의 취소를 가결했다. 동일한 UN 총회장에서 벌어진 일이었다. 폴란드와 체코슬로바키아, 불가리아, 헝가리, 루마니아와 같은 나라가 이번에는 이스라엘 편에서 표를 던졌을 뿐만 아니라 라트비아와 리투아니아, 에스토니아 같은 신생국들 역시 이스라엘에 지지표를 던졌다. 또한 신생국 세 나라는 유대 국가와 외교 및 경제적 교류관계를 개시했다. 이들 나라들은 이스라엘 편에서 투표하면서 희열을 느끼기까지 했다. 이들 새로 등장한 민주국가의 새로운 엘리트들은 아라파트와 PLO가 기존의 공산주의 독재자들과 서로 지원을 주고받는 사이였다는 것을 잘 알았기 때문이다. 아라파트는 루마니아 독재자 니콜라에 차우셰스쿠(Nicolae Ceauçescu)와 얼마나 친한 친구였던지 부카레스트(Bucharest)에 있는 스위트룸에 옷이 가득한 트렁크 하나를 비치해두었을 정도였다. 동유럽의 새로운 민주지도자들은 이런 사실을 잘 알았고 따라서 이스라엘과 외교관계를 맺음으로써 PLO에 침을 뱉으며 즐거움을 느꼈다. 이와 동시에 기존의 비동맹 블록 역시 사정이 달라졌다. 공산주의가 붕괴하면서 이들이 더 이상 동맹을 맺고 말고 할 대상이 없어진 것이다. 인도와 중국 같은 나라들은 발 빠르게 이스라엘의 유대인들과 교역을 개시했다. PLO 입장에서는 원통한 일이었다. 전 세계의 상당 부분으로부터 이스라엘을 외교 및 경제적으로 고립시켜 압력을 가하는 일이 더 이상 불가능해진 것이다. 1991년 PLO 편에서 투표한 공산국가들은 쿠바와 북한, 베트남뿐이었다. 위기의 순간에 기댈 수 있는 세 나라는 아니었다.

 냉전의 종결이 아라파트로부터 총과 표를 뺏어갔다면 걸프전쟁은 그에게서 버터를 가져가버리는 결과를 가져왔다. 조직을 유지하는 데 필요한 현금이었다. 아라파트가 잘못된 베팅을 한 것이었다. 자신의 이해득실을 따지지 않고 아라파트는 거리의 군중과 함께했다. 1990년 8월 2일 쿠웨이트를 침공한 이라크 대통령 사담 후세인을 지지했던 것이다. 훗날 아라파트는 자신이 중립적인 입장이었고 중재자의 역할을 하려고 했을 뿐이라고 주장했다. 그러나 걸프전쟁에서 중립적인 입장이란 존재하지 않았다. 사우디아라비아와 쿠웨이트, 그리고 기반이 취약한 아랍 산유국들의 이해관계가 걸려 있는 상황에서는 특히 그러했다. 걸프지역의 아랍 국가들은 수년 동안 아라파트와 PLO에 자금을 공급했다. PLO에 애정을 가져서가 아니라 팔레스타인 급진파의 테러로부터 그들을 보호해달라고 주는 돈이었다. 그러나 아라파트의 보호가 절실히 필요하고 생명과 왕좌가 심각한 위기에 처했던 순간 그들은 아라파트가 바그다드 쪽으로 기운 것을 보았다. 걸프지역의 아랍 국가들은 즉시 PLO로 향하는 자금 흐름을 중단시켰고, 이에 따라 PLO는 정기적인 원조와 팔레스타인 사람들을 통한 송금으로 이들 국가로부터 얻을 수 있었던 매년 수억 달러에 이르는 자금을 더 이상 사용할 수 없게 됐다. 게다가 쿠웨이트는 수십 년간 잘살고 있던 팔레스타인 사람들 수천 명을 추방함으로써 아라파트를 더욱 괴롭게 만들었다. 아라파트가 갑자기 자금난에 빠졌던 것이다.

 PLO가 언제나 두 가지 기능을 담당하는 조직이었다는 점을 기억하는 것이 중요하다. 군사조직과 사회복지기관으로서의 기능이다. 부족한 자금으로 사회복지기관으로서 기능할 수 있는 능력이 상실되어갔다. 아랍세계 전체에 걸쳐 수만 명의 팔레스타인 사람들을 고용하고 학교와 병원을 운영하며 장학금제도를 유지하는 등의 능력이었다. 약 1만 5,000명에 이르는 PLO 관리와 전투원, 외교관, 장교들이 몇 개월 동안 봉급을 받지 못했다. 매달 받는 연금에 의존해서 살아가던 난민들, 그리고 이스라엘과의 투쟁에서 가장을 잃은 가족들은 점차 축소되는 튀니스로부터의 지원에 공개적으로 항의 시위를 하기 시작했다. 아라파트는 몇몇 외교활동을 포기해야 했고 지출경비를 삭감해야 했다. 가장 중요한 점은 아라파트의 '활동비'가 대폭 축소되었다는 것이다. 자신의 정치적 입지를 유지하고 거리의 소년들에게서 충성심을 사기 위해 요르단 강 서안과 가자지구 곳곳에서 뿌리고 다니던 그의 주머닛돈이었다. 예루살렘 사람으로 마드리드 평화회담에서 팔레스타인 대표단을 이끌었던 파이살 알 후세이니(Faisal al-Husseini)는 1993년 8월 헤브론에서 열린 시위에서 이렇게 불만을 털어놨다. "우리 조직은 전국적으로 완전한 붕괴를 목전에 두고 있습니다." 아라파트의 보좌관 나빌 샤스(Nabil Shaath)가 이유를 설명했다. PLO의 연간 수입이 약 5억 달러에서 3,000만 달러로 축소됐다고 그가 말했다.

아라파트의 활동비가 삭감되자 피 냄새를 맡은 그의 경쟁자들이 더욱 공개적으로 그에게 도전하기 시작했다. 오랫동안 아라파트를 후원했던 사람들이 양다리를 걸치기 시작했고 그에게서 거리를 두었으며 공개석상에서 그를 조롱하는 말을 서슴지 않고 하기 시작했다. 항상 존재했던 PLO 내부의 균열이 더 벌어졌다. 저명한 팔레스타인 시인이자 PLO 집행위원회의 가장 활동적인 구성원이었던 마무드 다르위시(Mahmoud Darwish)가 사임했다. 작품 활동에 전념하고 싶다는 이유였다. 레바논의 PLO 군 사령관 무니르 마크다(Mounir Maqdah)는 아라파트의 사임을 요구했다. 의장이 재정위기를 초래해 PLO 게릴라를 '거지'로 만들었다는 것이었다. 아라파트에 관해 마크다는 이렇게 단언했다. "그는 이제 지쳤습니다. 이제 쉬게 해줍시다." PLO를 창설한 인물 중 하나이자 가자지구에서 활동하는 저명한 지도자인 하이다르 압델 샤피(Haidar Abdel Shafi) 같은 사람도 아라파트가 물러나고 '집단지도체제'

가 들어서야 한다고 요구하며 동감을 표했다.

『뉴욕타임스』 아랍 특파원 유세프 이브라힘(Youssef Ibrahim)은 비슷한 시기에 다수의 팔레스타인 사람들이 그들의 지도자에 대해 공개적으로 경멸을 보내는 모습을 기사로 쓴 적이 있다. 한때 '위대한 노인'이라는 애칭으로 부르던 그 지도자였다. 이브라힘은 다르위시가 아라파트와 말다툼을 벌인 후 사임했다고 보도했다. PLO의 재정운용에서 발견되는 다수의 변칙에 팔레스타인 사람들이 불만을 토로하고 있다고 다르위시가 아라파트에게 말한 것이 발단이라고 전했다. 아라파트는 이렇게 답변했다고 한다. "팔레스타인 사람들은 무례하다."

보도에 따르면 다르위시는 이렇게 맞받았다고 한다. "그럼 다른 민족과 함께 일해보시지 그래요?"

아랍어 머리글자로 하마스(Hamas)로 불리는 이슬람 저항운동은 PLO와 같은 자금부족을 겪지 않았다. 하마스의 자금은 이란으로부터 흘러들었다. 1992년에서 1993년에 걸친 이란 정부의 회계연도에서 '팔레스타인 이슬람혁명에의 원조' 항목에는 2,000만 달러가 기록됐다. 이 자금은 가자지구와 헤브론의 길거리에까지 미칠 수도 있었다. 사우디아라비아의 자금 역시 하마스로 흘러들어간다고 믿는 사람들이 많다. 사우디 정부차원의 지원은 아니더라도 사우디 왕가가 용인하는 민간 이슬람 단체들이다. 그리고 미국의 이슬람 그룹에서도 자금 지원이 이루어진다고 믿는 사람들도 있다. 아라파트의 은행 잔고가 적어지자 아라파트에 대한 거리의 지지, 즉 학생 위원회나 노동조합 선거 등에서 보이는 아라파트에 대한 지지 역시 쇠퇴했다.

아라파트가 정치적으로 얼마나 허약한 입장에 처했는지, 그리고 이 때문에 실용적인 접근을 택할 수밖에 없게 되었음을 보여주는 첫 번째 정치적 신호는 1991년 10월 말 개최된 마드리드 평화회의에서 부시 행정부가 내건 조건을 마지못해 받아들이기로 한 그의 결정이었다. 걸프전쟁이 끝난 후 베이커 국무장관은 아라파트에게 외교적으로 가석방에 해당하는 제안을 했다. (당시 미국은 PLO와 직접 협상을 하지 않았기 때문에) 암묵적인 거래 내용은 아라파트가 마드리드 평화회의에 시리아와 요르단, 이집트, 레바논, 그리고 이스라엘 대표와 함께 요르단 강 서안과 가자지구를 대표하는 'PLO 소속이 아닌 팔레스타인인'의 참석을 허용한다면 국제무대에서 아라파트가 겪는 '고립'을 완화해주겠다는 것이었다. 그러나 아라파트는 그들의 참석을 승인하고 그들에게 정치적 보호와 신변안전을 제공해야만 했을 뿐만 아니라, 베이커가 내거는 조건을 사실상 하나도 빠짐없이 받아들여야 했다. PLO 관리는 협상 테이블에 앉을 수 없고 오로지 PLO의 공식직함이 없는 요르단 강 서안과 가자지구의 저명인사들만이 협상에 참여할 수 있었다. 평화회의의 전제조건으로 이스라엘이 정착촌 건설을 동결하거나 여타 행동을 취할 필요가 없었다. PLO의 UN 대표들은 눈을 가리고 입에는 테이프를 붙인 채 참관인으로만 조용히 참석할 수 있었다. 참석했던 팔레스타인 대표들마저 독립된 대표가 아니라 공식적으로는 요르단의 대표단에 포함되어야만 했다.

받아들이기 힘든 조건이었지만 그는 단 한 가지도 빠짐없이 모두 동의했다.

결국 받아들일 만한 가치가 있는 것으로 판명됐다. 마드리드 회담은 전환점이 되었다. 이스라엘이 처음으로 아랍 인접국들 모두와 직접대화를 했기 때문만은 아니었다. 회의에 참석한 팔레스타인 대표들이 협상이 시작될 때부터 휴대전화기와 팩스로 아라파트의 명령을 받고 있었다는 사실을 샤미르 총리가 이끄는 우파 리쿠드당을 포함한 모든 이스라엘들이 알고 있었기 때문이다. 마드리드에서 만난 어느 팔레스타인 사람은 이렇게 말했다. "대부분의 팩스는 이곳에서 튀니스로 향한 것이었습니다. 튀니스에서 이쪽으로 온 것이 아니었습니다." 달리 말하면 비록 위장된 것이긴 했지만 마드리드 회의에서 이스라엘과 PLO는 대화를 시작한 것이었다. 이처럼 뻔히 들여다보이는 양측의 대화가 어떤 가면이나 중개자도 필요 없는 이스라엘과 PLO의 직접대화로 이어지는 것은 시간문제였다.

내가 참석했던 평화회담 중에서 마드리드 회의만큼 흥미진진한 회담은 없었다. 회담장의 분위기가 최악으로 치달아갔을 때 시리아의 외무장관 파루크 알 샤라가 자신이 유대인 테러리스트로 활동하던 시절 사용했던 샤미르의 현상수배 포스터를 치켜들었던 것과 같이 협상 테이블에서 일어났던 일들 때문이 아니라 회담장 밖의 복도에서 일어났던 일들 때문이었다. 이스라엘에서 온 기자들이 처음으로 시리아와 요르단, 레바논, PLO 관리들과 이야기를 주고받았던 것이다. 서로 말다툼을 벌이고 인터뷰를 하고 논쟁하고 몸짓을 섞어 대화를 나누는 아랍과 이스라엘 사람들로 복도는 가득 찼다. 그 당시에는 아무도 몰랐지만 중동의 베를린 장벽 중 맨 윗부분이 내려앉는 순간이었다. 마드리드 회의에서 내가 송고했던 기사들을 다시 읽어보다가 나는 1991년 11월 3일자 기사 하나를 발견했다. 회의가 모두 끝나고 팔레스타인 대표들이 기자회견을 하는 모습을 전한 기사였는데, 회견장에서는 이스라엘과 팔레스타인, 그리고 아랍 기자들이 나란히 앉아 연단에 있는 관리에게 날카로운 질문을 퍼부었던 만큼이나 기자들끼리 서로를 인터뷰하고 있었다. 내가 가장 충격을 받았던 모습은 회견이 끝나고 나자 그 자리에 있던 모든 사람들 대부분이 너무도 자연스럽게 서로 대화를 나누는 장면이었다. 나는 이렇게 썼다. "팔레스타인 대표들의 기자회견에서 눈에 띄는 장면들이 연출됐다. 팔레스타인 대변인 알베르트 아그하자리안(Albert Aghazarian)이 이스라엘 기자들을 정확히 지목해서 불렀다. 그는 기자의 이름까지 거명했던 것이다. '다음 질문은 이스라엘 『다바르』 신문의 단 아비단(Dan Avidan)기자 차례입니다.' 마드리드에서든 워싱턴에서든, 공개적 만남이든 비밀회동이든, 이스라엘과 팔레스타인 대표들이 결국 마주 앉아 대화를 시작하게 될 것으로 보인다."

상당한 시간이 흘러야 했지만 양측은 결국 직접 대화를 시작했다. 마드리드 회의 이후, 중동외교에서 미국의 역할이 이전과 판이하게 달라진 것은 이 때문이었다. 간단히 말하면 아랍과 이스라엘 사람들은 결코 상대방과 직접 대화하지 않는다는 장애물을 마드리드에서 뛰어넘은 것이다. 일단 장애물을 넘고 나자 필요할 경우 상대방과 직접 의견을 주고받을 방법을 찾는 일은 어렵지 않았다. 결과적으로 이스라엘과 아랍의 중재자 혹은 전달자로서 미국의 중요성은 점점 줄어들었다. 미국 국무장관이 몇 주에 걸쳐 이스라엘과 주변 아랍 국가들을 끝없이 오가던 모습은 예루살렘과 아랍 국가들의 수도 사이의 직접대화와 팩스, 그리고 전화통화로 대체됐다(오직 시리아만이 미국이라는 채널을 이용하기를 고집했다. 그러나 1994년 10월 시리아 외무장관 샤라(Sharaa)가 이스라엘 텔레비전 방송에 출연하면서 시리아의 고집 역시 유지되지 않았다). 마드리드 회의 이후 아랍과 이스라엘의 갈등에서 미국의 역할은 중개자와 전달자에서 치어리더와 코치로 바뀌었다. 경기장 밖에 서서 선수들을 구슬리고 부추기며 때로는 경기장에서 금지된 일이 무엇인지를 알려주는 역할이었다. 아랍과 이스라엘인들은 때때로 그들 스스로 규칙을 만들어 경기에 임하기도 했고 때로는 경기장 밖의 코치에게 도움을 청하기도 했다. 그러나 이제 누구도 누가 경기에 임하는 선수이고 누가 경기장 밖에 있는 사람인지 의심하지 않게 됐다.

당시 많은 주목을 받지는 못했지만 마드리드 회의는 이스라엘과 최전선에서 싸우지 않던 아랍국들과 이스라엘의 접촉에 다리를 놓는 역할도 했다. 서쪽의 모로코부터 남쪽의 사우디아라비아, 그리고 동쪽의 카타르 등이었다. 베이커가 이끄는 팀이 마드리드의 평화정착 과정과 더불어 만들어낸 이른바 '다자간 대화'였다. 마드리드 회의는 이스라엘과 시리아, 레바논, 요르단, 이집트, 그리고 팔레스타인인들 등 분쟁의 당사국들 사이의 평화문제를 다뤘지만, 다자간 대화는 이스라엘과 범아랍권의 관계를 다뤘다. 다자간 대화는 중동의 모든 국가에 영향을 미치는 '지역' 문제에 관한 세미나라는 구실 아래 진행됐다. 그러나 세미나의 진정한 목적은 이스라엘로 하여금 인접국들과의 평화가 범아랍 국가들과의 평화로 나아가는 열쇠이며 이에 더하여 유대 국가는 다양한 종류의 경제와 안보 이득을 취할 수 있다는 점을 인지하도록 하는 것이었다.

다자간 대화는 다양한 주제영역으로 나눠서 진행됐고 각각의 세미나는 외부의 선진국들이 주관했다. 예컨대 일본은 중동의 환경문제에 관한 세미나를 주관했고 캐나다는 난민문제에 관한 세미나를 개최했다. 유럽 국가들은 경제협력을, 미국과 러시아는 중동의 군비관리에 관한 문제를 함께 주관했다. 각각의 세미나에서 가시적인 성과를 많이 낸 것은 아니지만, 이는 중요한 점이 아니었다. 다자간 대화가 '평화산업(industry of peace)', 즉 아랍과 이스라엘 사람들 사이에 외교와 무역의 접촉을 뒷받침할 절차와 체계를 제공하게 되었다는 것이 진정으로 중요한 점이었다. 이는 평화를 정착시킬 과정 전체를 뒷받침하고 테러리즘으로 촉발된 척박한 긴장의 시기를 무사히 넘기게 해줄 것이었다. 1990년대 중반이 되자 직접 혹은 다자간 대화 채널을 통해 이스라엘과 협상하던 12개 아랍 국가들은 75개의 다양한 위원회를 이스라엘과 함께 만들어냈다. 실무그룹과 사후점검 그룹, 감독 그룹, 그리고 경제위원회 등이었다. 이들 위원회는 스스로의 동력에 따라 일을 추진해나갔고 평화를 정착시키는 과정이라는 핵심을 둘러싸고 보존해주는 구명 기구로서의 역할을 담당했다.

마드리드 회의가 중요했던 다소 비공식적인 이유가 하나 더 있었다. 평화를 위해 희생하지 않아야 하는 가장 오래되고 자주 써먹던 변명 한 가지가 당사국들로부터 사라졌다는 점이었다. 수십 년 동안 이스라엘과 아랍 국가들은 각기 다른 상황이기는 했지만 그들이 평화를 이룰 수 없고 평화로운 체제로 가는 티켓을 살 수 없으며 또한 평화를 위해 희생할 수 없는 한 가지 이유를 주장해왔다. '대화를 나눌 상대방이 없다.'라는 이유였다. 아랍 국가들은 이를 구실로 이스라엘을 회피하려고 했고 이스라엘 역시 이를 이유로 PLO를 회피했다. 마드리드 회의 이후 누구도 이러한 변명을 더 이상 써먹을 수 없었다. 일부 국가들은 평화체제를 마련하는 데 진척을 보이지 못할 수도 있다. 그러나 대화를 나눌 수 없기 때문이라는 이유를 말하지는 않는다. 이제 평화를 정착시키지 못하는 오직 한 가지 이유는 어느 한 편이 평화보다 더 소중하게 여기는 것이 있기 때문이다. 영토와 아랍세계에서의 인기 혹은 아랍 역사에서의 위치 등을 평화보다 더 가치 있는 것으로 여기는 인물로 CNN에 비쳐지는 것은 두려운 일이다. 모든 당사자들을 타협에 보다 적극적으로 만드는 또 하나의 요인이다.

아라파트의 비중을 떨어뜨린 마지막 주요 원인은 빌 클린턴이 미국 대통령에 당선돼 조지 부시를 대신했다는 사실이다. 부시는 아랍인들이 언제나 꿈꿔왔던 그런 대통령이었다. 텍사스의 석유업자였던 부시는 정치적으로나 문화적으로 아랍인들과 가까웠고, 이스라엘에 대해서는 워싱턴을 너무 오래 맴돌고만 있다고 느껴 필요하다면 언제든지 이스라엘에 강경한 태도를 보일 준비가 되어 있는 인물이었다. 일부 유대인들은 부시와 베이커가 반유대주의자라고 비난했지만 둘 다 그렇지는 않았다. 그러나 두 사람은 상층 중의 최상층 엘리트 와스프(WASP, 미국 사회의 주류를 이루는 지배층이라고 일컬어지는 앵글로색슨계 백인 신교도-역자) 가문 출신이었고 유대인 친구도 거의 없었고 유대인들이 무엇으로 움직이는지에 관한 감도 없었다. 또한 두 사람은 모두 중동문제에 관해 비슷한 태도를 가지고 대통령과 국무장관이 되었다. 그들의 태도를 나는 이렇게 묘사한다. '평화정착을 위해 만일 내가 유대인들 앞에 무릎을 꿇고 구걸한다면 나는 사람이 아니다.' 두 사람 중 아무도 미국의 유대인 지도자들을 만나보려는 특별한 의지를 지니지 않았고, 유대인 지도자들이 미국의 중동정책을 비난하는 동안 다소곳이 손을 포개고 듣고 있을 인물들도 아니었다. 특히 부시는 요르단 강 서안과 가자지구의 정착촌 확장을 이스라엘이 그만두어야 한다고 굳게 믿었다. 부시에게 정착촌 문제는 이스라엘이 평화에 대한 의지가 있는지의 여부를 측정하는 지표였다. 부시가 취임한 후 샤미르는 부시를 찾아와 이스라엘의 정착촌은 결코 '문제가 되지 않을 것'이라고 말했다. 부시는 샤미르의 말을 이스라엘이 정착촌 확장을 중지하겠다는 뜻으로 받아들였다. 샤미르가 의미한 바는 아랍인들이 정착촌과 더불어 사는 법을 체득하게 될 것이고 정착촌이 있더라도 그들은 이스라엘과의 협상에 응할 것이라는 뜻이었다. 부시의 집권 초기에 발생한 이와 같은 오해는 두 사람 사이의 관계를 시작부터 삐걱거리게 만들었고 오래도록 괴롭혔다. 부시는 샤미르 정권이 새로 만들어낸 유대인 정착촌 하나하나를 골칫거리라고 생각했고 샤미르가 자신에게 했던 약속을 어기는 것이라고 받아들였다. 역사와 종교를 근거로 요르단 강 서안의 성경 속 명칭인 유대와 사마리아를 자신의 땅이라고 주장하는 유대인에 대해 부시는 전혀 공감하지 않았다. 냉전이 끝나자 이스라엘을 더 이상 전략적 자산으로 보지 않고 이스라엘이 아랍과의 관계에서 돌파구를 마련할 수 있는 기회를 놓쳤다고 생각하는 부시의 속마음을 샤미르 역시 알지 못했다.

이스라엘에 대한 정서적인 유대가 전혀 없었음에도 불구하고 조지 부시와 제임스 베이커는 미국 역사상 가장 친이스라엘적인 행정부였다고 나는 믿는다. 샤미르 정부를 실각시키고 걸프전쟁에서 사담 후세인에게 패배를 안겼으며 마드리드 평화회의를 만들어내는 등 두 사람은 역사상 어떤 대통령과 국무장관보다 이스라엘과 인접 아랍 국가들 사이의 평화를 더 많이 진척시

컸다. 조지 슐츠는 어떠했는가? 인품이 훌륭한 인물이었고 예루살렘에서는 그의 이름을 붙인 숲이 조성되었을 정도다. 그러나 아랍과 이스라엘 사이에 돌파구를 마련한다는 측면에서 그가 이룬 것은 단 하나도 없었다. 부시와 베이커가 이루었던 성취는 시온에 대한 그들의 애정 때문이 아니었다. 두 사람은 미국의 이익을 위해, 그리고 그들이 역사에서 받을 평가를 위해 행동했다. 그들의 동기가 무엇이었든 이스라엘과 유대민족은 두 사람에게 크게 감사해야 한다. 대부분의 유대계 미국인 지도자들 역시 샤미르 정부의 완고한 정책과 무제한적인 정착촌 건설에 대해 불편하게 생각했다. 그러나 그들은 샤미르를 전혀 비판하려 들지 않았다. 겁쟁이들이었기 때문이다. 미국의 유대인 지도자들은 샤미르 정부에게 느낀 좌절감을 미국과 이스라엘의 관계, 그리고 부시와 베이커에 대한 신랄한 비판으로 쏟아 부었다. 극도로 정직하지 못한 행동이었다. 그러나 부시와 베이커는 정서적으로 미국의 유대 지도자들과 항상 거리를 두고 접촉하지 않음으로써 그들의 비판에 개의치 않았다. 상황이 이렇게 진행되는 동안 아랍인들은 느긋하게 앉아 돌아가는 형세를 즐겼다. 그리고 아랍인들의 마음속에 미국의 중동정책이 친아랍의 성향을 띠는 것은 아닌가라는 환상마저 생겨났다.

빌 클린턴은 이와 같은 환상에 종지부를 찍었다. 전직 아칸소 주지사는 전혀 다른 감각을 지닌 정치인이었다. 클린턴에게는 언제나 유대인 친구들이 많았다. 대통령직에 오를 당시 그는 중동에 관해 고정된 시각을 가지고 있지 않았다. 한 가지 생각이 있었다면 이스라엘은 미국이 최대한 지원해야만 하는 국가라는 것이었다. 정치적으로 가장 안전한 시각이었다. 클린턴은 백악관 중동보좌관에 마틴 인다이크(Martin Indyk)를 임명했다. 한때 AIPAC의 이스라엘 지원 로비를 담당하는 연구원이었고 훗날 심도 있는 연구로 크게 인정받은 친이스라엘 싱크탱크인 워싱턴근동정책연구소(Washington Institute for Near East Policy)를 설립한 인물이었다.

수년 동안 아라파트는 예루살렘으로 가는 길이 워싱턴을 거치게 될 것이라는 전제 하에 움직였다. 그는 언제나 미국과의 평화를 원했고 미국이 이스라엘에게 일종의 해결책을 강제하기를 기대했다. 그는 미국인들에게는 영어로 말하고 싶어 했지만 이스라엘인들에게는 히브리어로 말하려고 하지 않았다. 클린턴 행정부 덕분에 아라파트는 자신의 기대가 이루어지지 않을 것이라는 점을 결국 깨달았다. 1992년 노르웨이를 통해 이스라엘과의 비밀채널을 개설했을 때 아라파트는 클린턴의 정책 팀이 워싱턴에서 그에게 공개적으로 제공했던 정보보다 오슬로의 이스라엘 측 협상가들이 제공하는 정보가 더 많다는 사실을 바로 알 수 있었다(클린턴의 중동정책 팀은 PLO와의 협상은 있을 수 없다는 과거 리쿠드당 주도의 정치적 합의를 반영하여, 라빈이 워싱턴의 지원을 등에 업고 아라파트와 벌이던 것과 같은 비밀회담을 가지려고 하지 않았다. 노르웨이인들을 통해 개설한 이스라엘과 PLO 사이의 비밀채널과 관련하여 놀라운 사실은 일반대중에게 알려지기 몇 달 전 이스라엘이 미국 정부에 비밀채널이 존재한다는 사실을 알려준 경우에도 미국 측은 여전히 개입을 회피했다는 것이다).

미국과 이스라엘을 떼어놓으려고 아무리 노력도 아라파트는 성공할 수 없었다. 아라파트는 마치 여자 친구에게 몇 년 동안 연애편지를 보냈지만 결국 그녀가 우편배달부와 결혼했다는 소식을 듣게 되는 사람 같았다. 결국 역사에 휩쓸려 파도 속으로 미끄러져 들어가던 아라파트는 예루살렘으로 직접 가는 경로를 선택했다. 그를 구제할 수 있는 유일한 인물에게 손을 내밀었던 것이다. 이츠하크 라빈이었다. 기묘한 일이었지만 라빈은 자신을 위해 아라파트에게 구명줄을 던질 준비가 되어 있었다.

라빈 역시 거대한 역사의 흐름에 의해 행동을 취할 수밖에 없었다. 우선 1989년과 1992년 사이 소련의 붕괴로 철의 장막에 갇혀 있던 50만 명의 유대인들이 이스라엘로 밀려들었다. 다른 국가에서 몰려온 10만 명의 유대 이주자들과 함께였다. 1989년 당시 이스라엘의 인구가 410만 명에 불과했다는 점을 고려한다면 엄청난 유입이었다. 이는 미국에게 3년 동안 3,000만 명의 이민자를 받아달라고 하는 것과 마찬가지였다. 새로운 이주자들은 일자리와 집, 학교, 도로를 필요로 했다. 몇 년 동안 이스라엘은 의료기관과 교육 시스템을 15퍼센트 증가시켜야 했다. 샤미르 정부는 현금이 부족해졌다. 이스라엘에는 노숙자가 없다. 이주자를 기반으로 하는 국가에서 사람들이 문밖 계단에서 잠을 잔다는 것을 정치적으로 받아들일 수 없었던 것이다. 이에 따라 샤미르는 이민으로부터 발생하는 과제를 신속하게 해결하기 위해 미국으로부터 돈을 빌렸다. 처음에는 4억 달러였고 그 다음은 100억 달러였다. 러시아와 동구권으로부터 이주한 유대인들에게 경제기반을 마련해주기 위한 자금이었다. 샤미르가 딱한 입장에 처했다는 점을 잘 알았던 부시와 베이커는 미국의 경제력을 지렛대로 삼아 샤미르로 하여금 마드리드 평화회의에 참석하고 팔레스타인인들과 직접대화를 시작하도록 압박했다. 샤미르로서는 죽어도 하기 싫은 일이었지만 어쩔 수 없었다.

많은 이스라엘 정치 분석가들은 1992년 7월 선거에서 라빈이 샤미르에게 패배를 안길 수 있었던 가장 중요한 이유가 러시아에서 이주한 사람들이 샤미르가 자신들을 받아들이는 과제를 수행하는 데 실패했다고 생각했기 때문이라고 믿는다. 1992년 라빈이 샤미르의 자리를 이어받은 이후 그가 팔레스타인 사람들에게 극적인 제안을 하게 만들었던 압력 중 하나 역시 샤미르가 받았던 압박과 정확하게 동일했다. 라빈으로서는 국내에서 러시아와 동구권의 이주민들이 정착하도록 돕는 데 더 많은 자원과 노력을 기울일 수 있어야만 했다. 그의 정치적 운명을 결정할 수 있는 과제라는 것을 라빈은 잘 알았다.

소련의 유대인을 받아들여야만 하는 압력이 이스라엘 외교에 영향을 준 것은 사실이지만, 이스라엘이 땅과 평화를 맞바꾼다는 대안을 다시 생각하게 만든 가장 중요한 원인은 다른 데 있다고 나는 생각한다. 인티파다 후반부에 팔레스타인인들이 이스라엘인들을 상대로 나이프를 들고 벌인 전쟁과 걸프전쟁이 정점에 도달했을 당시 이라크가 사용한 스커드 미사일이 결합하면서 만들어낸 압력이었다. 땅 위에서는 팔레스타인 사람들의 나이프가, 그리고 하늘에서는 이라크의 스커드 미사일이 날아들자 이스라엘은 요르단 강 서안과 가자지구의 점령지역에 대한 그들의 태도를 다시 생각하게 됐다.

1990년대 초 팔레스타인의 봉기는 점점 개인적인 원한을 표출하는 양상을 띠어갔다. 대중적인 항의시위와 돌을 던지는 군중은 급진적인 팔레스타인 전투원들이 벌이는 일대일의 전쟁에 자리를 내주기 시작했다. 팔레스타인인이 혼자 부엌에 들어가 서랍에서 칼을 꺼내들고 거리로 나가 처음 만나는 이스라엘인을 찌르는 식이었다. 이런 칼부림은 버스정류장과 공장, 고속도로, 인도를 가리지 않고 일어났다. 이스라엘인들에게 죽임을 당한 팔레스타인 사람의 가족이 복수를 하는 경우도 있었다. 이슬람 근본주의자가 신의 명령을 실행하는 것이기도 했다. 완전히 무작위적인 칼부림이 일어나기도 했다. 라말라 출신의 어느 팔레스타인 여성은 이스라엘 경찰에게 자신이 꿈을 꾸었는데 '아침에 일어나보니 두통이 심해서' 유대인 경찰관을 칼로 찔러 죽였다고 진술한 사건이 그랬다. 이유가 무엇이었든 부엌칼을 들고 벌이는 전쟁은 이스라엘의 유대인들을 엄청난 두려움으로 몰아넣었다. 이같이 대단히 개별적인 폭력에는 사실상 방어나 복수가 불가능하기 때문이었다. 팔레스타인 사람은 하나하나가 모두 잠재적인 위협이 됐고 모든 이스라엘인들은 잠재적 희생자가 되었다. 이제 어디에도 전선이란 없었다. 이스라엘 군대가 모든 이스라엘인들을 모든 팔레스타인인들로부터 보호할 수는 없는 일이었다. 이런 위협에서 할 수 있는 유일한 방어책은 요르단 강 서안과 가자지구의 점령지역으로부터 이스라엘을 적절하게 봉쇄하는 것이었다. 1967년 이전의 경계였다. 라빈 총리가 실행했던 일이 정확히 이것이었다. 그러자 대다수 이스라엘 사람들이 안도의 한숨을 쉬었다. 팔레스타인 노동자와 정원사, 웨이터가 이스라엘로 일하러 올 수 없음에도 불구하고 내쉬는 안도의 한숨이었다.

매우 중대한 순간이었다. 1967년 이전의 이스라엘을 점령지역으로부터 봉쇄하기 시작한 라빈이 실질적으로 보낸 메시지는 이스라엘 사람들은 점령지역을 가지고 있을 때보다 점령지역이 없을 때 더 안전하다는 것이었기 때문이다. 점령지역은 이스라엘의 안보를 확고하게 해주는 기반이 아니라 불안의 원천이 된 것이었다.

사람들의 분위기가 바뀌기 시작한 것은 1992년 5월 24일부터일지도 모른다. 라빈이 선출되기 직전이었던 그날 가자지구에서 온 팔레스타인인이 텔아비브 교외 중하층 계급의 사람들이 모여 사는 바트 얌(Bat Yam) 출신의 15세 소녀 헬레나 라프(Helena Rapp)를 칼로 찔러 죽였다. 소녀를 공격한 푸아드 아부 알 암린(Fuad abu al-Amrin)은 가자지구의 누세이라트(Nuseirat) 난민촌 출신으로 19세의 소년이었고 정식 노동허가증을 가지고 이스라엘에 입국했다. 과거에는 그런 잔인한 사건이 총선 직전에 발생하면 리쿠드당에게 대단히 유리한 뉴스가 되었다. 이스라엘이 아랍인들에게 점령지역을 결코 내줘서는 안 된다는 점을 증명하는 사건이라고 리쿠드당이 이용했기 때문이다. 그러나 많은 이스라엘 사람들은 걸어서 등교하다가 칼에 찔려 살해된 라프의 사건을 보면서 전혀 다른 결론을 내렸다. 라프는 1987년 12월 인티파다가 시작된 이후 팔레스타인인에게 살해된 87번째 이스라엘 유대인이었다. 그녀의 죽음 이후 예전처럼 아랍인들을 증오하는 성명서가 발표되었고 시위가 일어났다. 그러나 가장 충격적인 일은 사건을 자신의 재선에 이용하기 위해 바트 얌으로 향했던 샤미르가 지역 주민들의 비난에 직면했다는 점이었다. 사람들은 그런 살해사건이 바로 가자지구와 요르단 강 서안을 손에서 놓지 말아야 하는지를 증명하고 있다는 리쿠드당의 주장에 이제 진절머리가 났고 또한 점령지역에 사는 팔레스타인인들에게도 질렸다. 이스라엘 사람들의 분위기는 이러했다. '그들 팔레스타인인들을 내게서 멀리 좀 데려가라. 나는 이혼을 원한다. 그들이 나의 삶에서 사라졌으면 좋겠다. 나는 이제 더 이상 그들과 함께 인도를 사용하고 싶지 않다.'

이스라엘 사람들로 하여금 가자지구와 예리코를 두고 아라파트와 협상하기를 원하도록 만든 실질적인 이유는 팔레스타인인들과 함께 살고자 하는 꿈이 아니라 그들로부터 '떨어져 살고 싶은 꿈'이었다고 역사학자 메론 벤베니스티는 말했다. 라빈은 정권을 잡으면서 사람들이 가진 떨어져 살고 싶은 꿈을 본능적으로 알아차렸다. 아라파트에게 구명줄과 가자지구를 함께 던질 용기를 라빈이 가질 수 있었던 것은 바로 이 꿈이었다.

1991년 1월 말에 시작된 이라크의 스커드 미사일 공격은 점령지역의 안보적 가치가 생각보다 크지 않다는 인식을 갖게 했다. 이스라엘 사회의 가장 중요한 특징 중 하나는 전선과 일상생활을 구분할 수 있는 능력이었다. 이러한 구분은 적들에게 포위된 상태에서 건국 초기부터 살아온 민족에게는 대단히 중요한 의미를 지녔다. 모든 곳이 전선이라면 아무도 이스라엘로 오려고 하지 않았을 것이다. 골란고원에서 예비군으로 복무하는 이스라엘 사람들도 주말에는 집으로 돌아왔다. 시나이 사막과 수에즈운하, 남부 레바논, 그리고 헤브론에서 복무하던 이스라엘인들도 주말이면 집으로 돌아갔다. 전선과 일상생활이 따로 존재했고 둘 사이에는 이스라엘 사람들이 유지하고자 했던 담이 있었다. 때로는 구멍이 뚫리고 가끔은 너무 낮기도 했지만 여전히 담은 담이었다.

스커드 미사일이 중요했던 이유는 미사일 공격으로 부상당한 이스라엘 사람들이 침실에 누워 있던 이들이었다는 사실이라고 나는 항상 생각한다. 스커드 미사일이 던진 잠재적인 메시지는 이것이었다. '전선과 일상생활의 구분이란 더 이상 존재하지 않는다. 침실이 곧 전선이다.' 걸프전이 진행되는 와중에 많은 이스라엘 사람들이 스커드 미사일의 타깃이 될 텔아비브에서 많은 아랍 인구 때문에 미사일 공격에서 제외될 예루살렘으로 이동했던 현상은 이스라엘 사람들이 또 한 번의 중동전쟁에 마음의 준비가 전혀 되어 있지 않다는 점을 여실히 보여줬다. 이라크의 스커드 공격과 유사한 미사일 전쟁이 될 것이 분명했기 때문이다. 다시 한 번 전략적 자산으로서 점령지역의 가치가 이스라엘 사람들의 마음속에서 평가절하됐다. 이라크 부대가 바그다드 외곽에서 쏘아 올린 스커드 미사일이 텔아비브를 공포에 몰아넣을 수 있다면, 요르단 강 서안을 확보함으로써 얻을 수 있는 전략적인 거리란 아무런 의미가 없었다. 점령지역이 제공할 것으로 생각했던 전선과 일상생활 사이의 완충지 역할은 더 이상 보호장치가 되지 못했다.

이스라엘의 노동당 크네세트 의원 아브라함 부르그는 이렇게 말했다. "수십 년간 우리는 남성은 군대에 가고 여성은 집을 지키는 상황에서 살아왔습니다. 그런데 스커드를 사용한 전쟁이 일어나면서 남성은 더 이상 힘이 없어졌습니다. 사람들이 모두 집에 앉아 있고 여인들은 밀폐된 방에 있습니다. 아내가 말합니다. '구해줘요!' 남편이 대답합니다. '구해줄 방법이 없어.' 점령지역이 미사일로부터 우리를 방어해줄 수 없다는 것은 사실입니다. 점령지역은 이스라엘이라는 국가로 향하는 진정한 위협, 점령지역 밖에서 오는 진정한 위협으로부터 우리를 지켜줄 수 없습니다."

점령지역에 대한 이스라엘의 태도 변화는 팔레스타인 사람들에 대한 이스라엘인들의 태도 변화를 동반했다. 라빈을 움직이게 만든 또 하나의 중요한 요인이었다. 1992년 7월 선거에 출마한 라빈은 이스라엘 사람들에게 나이프와 스커드의 전쟁으로부터 벗어날 방법을 약속했다. 정권을 잡은 그에게 이스라엘 국민이 위임한 임무였다. 길은 단 한 가지밖에 없다는 사실을 라빈은 곧 인정했고 이를 이스라엘 국민들에게 밝혔다. PLO를 인정하는 것이었다.

수십 년 동안 이스라엘은 PLO를 인정하지 않으려고 모든 노력을 다했다. 일부 미국 관리들은 (그리고 미국의 유대 지도자들은) PLO 이외의 대안이 있을지도 모른다는 환상을 부추기기까지 했다. 그리 소란스럽지 않고 요구사항도 그렇게 많지 않으며 협상 테이블에 정직하게 임하는 훌륭하고 친절한 팔레스타인 사람이 있을지도 모른다는 것이었다. 그러나 총리직에 오른 라빈은 곧 스스로에게 이렇게 말한 것 같다. "잘 알지? 우리는 모든 방법을 다 써봤다. 그런데 하나도 효과를 본 방법이 없었다. 팔레스타인 사람들을 무시해보기도 하고 그들은 사람도 아니라고 해보기도 했다. 효과가 없었다. 그들 중에서 배신자를 만들어서 요르단 강 서안을 책임지게 만들기도 했지만 성과가 없었다. 레바논에서 PLO를 쫓아냈는데도 아무것도 해결되지 않았다. PLO 대신 요르단의 후세인 왕을 상대해보기도 했지만 소용없었다. 가자지구와 요르단 강 서안에서 하마스 근본주의자들을 부추겨보기도 했지만 효과가 없었다. 마드리드 회의에 요르단 강 서안과 가자지구의 저명인사들을 참석하도록 만들고 PLO가 아닌 팔레스타인 대표라고 변장도 시켜봤지만 아무런 소용이 없었다."

주사위를 던져야 할 시간이 왔다. 라빈은 이렇게 표현했다. "받아들여질지의 여부를 알 수는 없었지만 일단 해보기로 결정했습니다. 제가 (1992년) 당대표를 선출하는 노동당 예비선거에 출마하기로 결정했을 때 저는 무언가를 이루기 위해 총리라는 자리에 가야겠다고 마음먹었습니다. 국민들이 좋아하든 싫어하든, 지지여론이 올라가든 내려가든, 제 입장을 바꾸지 않을 작정이었습니다. 인티파다를 경험하면서 저는 결론에 도달했습니다. 전쟁이나 폭력을 통해 (팔레스타인 사람들이) 목적을 달성하도록 내버려두지 않겠다는 것입니다. 그들은 우리를 조금도 움직일 수 없을 것입니다. 그러나 팔레스타인 사람들 사이에서 진행되는 상황을 지켜보니 아라파트 혹은 하마스 둘 중의 하나라는 점이 명백했습니다. 이들 외에 제3의 협상 상대란 없었습니다. (요르단 강 서안 사람들과 함께) 가면극을 벌이는 일을 끝낼 시간이 되었던 것입니다. 그들은 아무것도 하지 못했기 때문입니다. 따라서 저는 중요한 결정을 내렸습니다."

라빈이 암시했듯이 그는 실제로 아라파트를 선택했다. 그를 제외한 다른 대안은 이미 효과가 없음이 드러났기 때문이다. 그런데 1980년대 후반에서 1990년대 초반 하마스 팔레스타인 이슬람 근본주의 단체가 요르단 강 서안과 가자지구에서 점점 더 많은 지지자들을 규합하게 되자 아라파트라는 대안이 점점 더 매력적이고 정치적으로 받아들일 만한 대안으로 보이기 시작했다. 수년간 이스라엘은 PLO를 약화시키기 위해 점령지역에서 이슬람 근본주의자들을 용인했을 뿐만 아니라 부추기기까지 했다. 그러나 하마스의 영향력이 커지고 아라파트보다는 유대인들을 공격하는 일이 더욱 빈번해지자 이스라엘은 그들이 커지도록 사주했던 일을 깊이 반성했다. 그러나 정치적으로 따진다면 하마스의 발흥은 중요했다. 많은 이스라엘 사람들이 하마스에 비하면 PLO와 아라파트는 합리적이라고 판단하기 시작했기 때문이다. 간단히 말하자면 PLO는 살인을 일삼는 데 반해 하마스는 자살을 불사했다. PLO에게 폭력이란 목표를 성취하기 위한 수단이었고 시간이 지남에 따라 그 목표에는 이스라엘과의 공존이 포함됐다. 하마스에게는 유대인을 상대로 하는 폭력이 목적 그 자체였다.

여러 번의 사건을 겪으면서 이스라엘 사람들이 둘 사이의 차이를 확연하게 느끼게 되었지만, 1989년 7월 6일 발생한 사건보다 양자의 차이를 더 확연하게 드러낸 일은 없었다. 팔레스타인 근본주의자가 '신은 위대하다'라고 외치면서 텔아비브에서 예루살렘으로 운행하던 에게드 버스의 운전대를 돌려 버스를 120미터 아래 계곡으로 추락시키는 일이 발생했던 것이다. 버스가 계곡 아래로 굴러 화염에 휩싸이면서 안에 타고 있던 43명의 승객 중 16명이 사망했다. 버스 기사였던 모셰 엘룰(Moshe Elul)은 후에 기자들에게 이렇게 말했다. "아부 고시(Abu Ghosh) 쪽으로 방향을 틀자 청년 하나가 제게 다가왔습니다. 저는 그 청년이 제게 뭔가를 물어보려고 하는 줄 알았습니다. 버스를 몰다보면 이것저것 묻는 사람들이 많습니다. 그가 운전대를 잡더니 외쳤습니다. '알라 아크바르.' 그러더니 운전대를 있는 힘껏 오른쪽으로 돌리는 것이었습니다. 저는 운전대를 다시 왼쪽으로 돌려놓으려고 힘을 다했습니다. 있는 힘껏 운전대를 잡아당겼습니다. 그런데 그 청년이 (운전대에) 올라타더니 발을 계기판에 대고 버텼습니다. 그리고 우리를 계속 아래로 떨어뜨렸습니다."

그런데 그 무시무시한 사건과 관련해서 내 기억에 가장 남는 것은 당시 보건부장관 야코브 추르(Yaacov Tsur)가 했던 언급이었다. 당시 생존했던 범인의 신상을 묻는 질문에 그는 이렇게 말했다. "그는 말을 하지 않습니다. 그래서 저희는 그에 대해 아무것도 아는 바가 없습니다. 누가 그를 보냈는지 그가 어디서 왔는지 아무것도 모릅니다."

그의 언급은 이슬람 근본주의자들 전체에 해당하는 말이었다. 그들은 이스라엘 사회에 몰래 숨어들었다. 그들이 누구인지 아는 이스라엘인은 거의 없었다. 라빈과 아라파트는 서로를 잘 아는 적수들이었다. 수년 동안 맞붙어 온 나이 든 두 사람의 복싱선수처럼 그들은 상대방에 대해 거의 편안한 감정을 가지고 있었다. 그들은 상대방의 주장이 무엇인지 잘 알았다. 서로의 전술 또한 잘 알고 있었다. 그들은 상대방의 사회를 속속들이 꿰고 있었던 것이다. 그러나 이슬람 근본주의자들은 이스라엘에 낯설었다. 그들은 말을 하지 않았다. 그들은 아메리칸 콜로니 호텔에서 그들 나름의 재판을 여는 일도 없었고 서구에서 온 기자들과 저녁식사를 하는 일도 없었다. 한밤중에 누군가를 폭탄으로 날려버리고 집으로 돌아가 가족과 함께 자신이 실행한 일을 조용히 음미하는 그런 부류의 사람들이었다. 이스라엘 사람들은 팔레스타인인들과 거래를 할 경우 두 가지 중 하나를 선택해야 한다는 사실을 점차 깨닫게 되었다. 체크무늬의 카피에를 쓴 게릴라와 터번을 두른 장로였다. 카피에를 쓴 게릴라 아라파트는 오랜 대립의 세월 끝에 유대 국가와 화해에 관해 대화할 준비가 되어 있었다. 터번을 두른 사내는 어떤 것에 대해서도 대화할 준비가 되어 있지 않았다. 그의 마음속에는 오직 유대 국가의 제거가 있을 뿐이었다. 하마스의 강령은 다음과 같았다. "이슬람 저항운동은 팔레스타인 땅이 여러 세대에 걸친 이슬람의 유산이며 심판의 날까지 그러할 것을 믿는다. 누구도 팔레스타인 땅을 포기할 수 없으며 그 일부라도 넘겨줄 수 없다. …… 팔레스타인 문제를 풀기 위한 이른바 평화적인 해결책 국제회의 등은 모두 이슬람 저항운동의 믿음에 반한다. '지하드(성전)' 외에 팔레스타인 문제를 풀 해결책이란 존재하지 않는다."

1994년 가을 라빈과 시몬 페레스와 대화를 나누면서 두 사람이 미래에 관해 생각하면서 이슬람 근본주의의 위협을 대단히 크게 고려하고 있다는 사실에 나는 충격을 받았다. 라빈이 내게 말했다. "저는 진정한 기회의 창이 열렸다고 생각합니다. 그러나 그 창이 얼마나 오래 열려 있을지는 모릅니다. 현재로서는 이슬람 근본주의의 영향력이 제한적이고 주요한 위협은 아닙니다. 결국은 추악하고 극단적인 이슬람 근본주의의 파도가 될 것입니다. 저는 이것을 알제리든 수단이든 장소에 관계없이 호메이니가 빠진 호메이니주의라고 부릅니다. 이스라엘을 향한 팔레스타인 사람들의 테러역량 중 90퍼센트는 이들 근본주의자들입니다. 레바논 테러역량 중 90퍼센트 역시 근본주의자들입니다. 이들은 또한 유대인과 이스라엘을 타깃으로 삼는 전 세계 테러리즘의 기반입니다. 이들은 평화조약을 맺었거나 준비 중인 온건파 아랍 국가들에게도 위협입니다. 궁극적으로 이들 그룹에게 정신적인 지주가 되고 지원하는 곳은 재래식 무기와 비재래식 무기를 갖춘 이란입니다. 지금부터 7년 혹은 15년 후 이란은 중대한 위협이 될 것입니다. 저는 이렇게 말합니다. '이란의 위협에 맞서기 위해서 평화를 정착시킵시다. 중동지역의 발전을 도모하고 아랍권 사람들의 생활수준을 높입시다. 중대한 위협에 답하는 방법은 이것입니다.'"

이슬람 근본주의의 뿌리는 세속적인 사회경제적 현상이라고 나는 확신한다. 근본주의자들 중에 진정한 종교적 열성분자가 있는 것은 사실이다. 그러나 대부분의 지지자들이 이슬람의 깃발 아래 모여든 이유는 대단히 평범한 실생활에서의 불만에 저항하기 위한 수단이라고 나는 믿는다. 실업과 부패, 빈부격차, 그리고 정부의 무자비한 통치 등이 그들의 불만이다. 이슬람 근본주의의 원인은 이집트와 알제리, 가자지구의 경제위기이지 이슬람 근본주의가 경제위기를 가져온 것이 아니다. 이들 전통적인 아랍사회에서 살아가는 사람들이 경제적인 기회를 거의 찾을 수 없고 전통적인 관습이 파도처럼 밀려드는 서구화에 도전받는 상황을 목격하게 되면 이들은 자신이 가장 잘 알고 있는 정치언어에 의지해 저항하는 것이 당연하다. 이슬람이다. 또한 그들이 항상 서로 만나고 모임을 만들어내던 신성한 장소에서 피난처를 찾는 것 역시 당연하다. 모스크다. 어느 알제리 정치인은 언젠가 내게 적나라하게 이야기한 적이 있다. "우리나라에는 실업이 만연하고 있습니다. 젊은이들은 둘 중 하나를 선택할 수밖에 없습니다. 모스크에 가거나 아니면 유럽으로 가는 것입니다. 비자와 일자리를 얻을 수 있는 젊은이들은 유럽으로 갑니다. 그러지 못한 젊은이들은 모스크로 갑니다."

이스라엘은 아랍세계의 사회경제적 문제를 해결할 수 없다. 따라서 이슬람 근본주의는 이스라엘에게 영원한 위협이 될 것이다. 그러나 라빈과 페레스는 곰곰이 따져보고 있다. 만일 그들이 팔레스타인 사람들, 그리고 주변 아랍 국가들과의 협상을 타결할 수 있다면 아랍인들은 그들의 경제문제를 다루는 데 좀 더 강력한 영향력을 발휘할 수 있을지도 모른다. 그렇게 되면 그들 사회에서 겪는 모든 고통을 이스라엘에게 돌리는 근본주의자들의 힘이 약화될지도 모른다. 그렇다면 어쩌면, 그저 가능성에 불과하지만 어쩌면 이슬람의 다수가 그들대로 살 길을 찾고 유대인들을 내버려두는 결과가 올지도 모른다. 적어도 그들의 논리는 그랬다. 페레스는 이렇게 표현했다. "20년 정도 지나면 5억의 아랍인과 20억의 이슬람교도가 존재할 것입니다. 그들의 적대감을 극복하지 않는다면 우리가 스스로를 방어할 방법이란 없습니다."

라빈과 아라파트가 평화정착을 위한 티켓을 사도록 압력을 행사한 또 하나의 포괄적인 역사적 변화가 있었다고 나는 믿는다. 국가들이 경제적으로는 더욱 커다란 블록을 형성하고 정치적으로는 더 작은 단위로 분화되는 전지구적인 현상이었다. 나는 이 현상을 렉서스와 올리브나무 사이의 선택이라고 즐겨 부르곤 했다.

1992년 5월 나는 일본 도요타 시 외곽에 위치한 최첨단 렉서스 공장을 방문했다. 대단한 광경이었다. 그곳에서는 66명의 사람과 310대의 로봇이 매일 300대의 렉서스 세단을 생산하고 있었다. 사람들은 단지 품질관리를 위해서 그곳에 있는 듯했다. 로봇이 지시하는 대로 조립라인을 따라서 각 요소 요소마다 적시에 부품을 운반하는 트럭이 있었다. 이들 로봇 트럭들은 앞에 사람이 있으면 이를 감지하고 비켜달라는 경보음을 발하기도 했다. 팔처럼 생긴 육중한 용접 로봇이 마치 지휘자처럼 앞뒤로 움직이며 바느질하듯이 자동차를 만들어갔다. 철과 레이저, 유리로 구성된 우아한 심포니 같았다. 자동차들이 공장을 떠나기 전에는 컴퓨터들이 즉시 각 부분이 제대로 작동하는지 검사했다. 마치 공상과학 소설이 눈앞에서 살아 움직이는 듯한 느낌을 받은 나는 흥분에 휩싸이지 않을 수 없었다.

공장 방문을 마친 후 나는 시속 290킬로미터로 달리는 도쿄행 초고속 열차를 탔다. 점심식사로 초밥을 조금씩 먹으면서 『인터내셔널 헤럴드 트리뷴』을 읽고 있는데 기사 하나가 눈에 들어왔다. 미국 국무부의 일일 국정브리핑에 관한 것이었다. 당시 국무부 대변인 마거릿 터트와일러(Margaret D. Tutwiler)는 팔레스타인 난민들이 이스라엘로 돌아갈 권리에 관한 UN 결의안에 대한 논란의 여지가 많은 해석을 내놨다. 그녀의 언급은 아랍과 이스라엘 사람들 모두를 당황하게 만들었고 워싱턴과 중동에서 분노를 일으켰다. 도쿄로 달리는 열차 안에서 갑자기 이런 생각이 머리에 떠올랐다. 내가 타고 있는 열차, 그리고 내가 방금 방문한 공장의 주인인 이곳 사람들은 세계에서 가장 좋은 고급차를 로봇으로 생산한다. 그런데 내가 기사를 통해 읽고 있는 사람들, 그리고 내가 오랜 기간 함께 생활했던 그곳 사람들은 여전히 올리브 나무를 사이에 두고 싸움을 벌이고 있다. 여러 가지 면에서 렉서스와 올리브 나무는 탈냉전세계의 상징이었다. 냉전이 끝나자 일부 국가들은 더 나은 렉서스를 만드는 데 열중하는 데 반해 어떤 국가들은 올리브나무가 누구의 것인지를 가리기 위해 민족적, 부족적인 반목과 다툼을 새롭게 벌이고 있다. 일부 국가들은 세계시장에서 경쟁력을 높이기 위해 그들의 경제를 합리화하고 개선하고 있는데, 다른 나라들은 올리브나무가 누구의 것인지를 가지고 벌이는 내부투쟁으로 힘을 소진하고 있다. 일본과 타이완, 싱가포르, 마스트리히트, 브뤼셀에서는 미래가 과거를 덮고 있다. 그러나 사라예보와 르완다, 나고르노카라바흐, 그루지야, 헤브론과 가자지구에서는 과거가 미래를 덮고 있는 것처럼 보인다.

렉서스와 올리브나무 사이에서 균형점을 찾기란 쉬운 일이 아니다. 한편으로 각 사회는 경제적으로 생존하기 위해 세계경제에 합류하고 외국의 투자를 유치해야만 한다. 그러나 이와 동시에 더 많은 사회가 구성원들에게 관세와 무역에 관한 일반협정(GATT)과 북미자유무역협정(NAFTA), 유럽연합(EU) 등의 멀고 아직은 빈약한 경제체제에 합류할 것을 촉구할수록, 각 사회는 구성원들이 그들의 독특한 문화와 종교, 민족적인 정체성을 표현할 수 있는 능력을 충족시킬 방법을 더욱 필요로 하게 된다. 국가란 사람들과 같다. 국가에게도 육신과 영혼이 있으며, 둘 다 건강하게 성장해야 한다.

말로 표현하지는 않지만 CNN과 스카이뉴스, MTV를 통해 세계와 이미 연결된 이스라엘과 아랍인들 역시 이와 같은 세계경제의 조류를 인식하고 있고 그 속에서 제 몫을 찾고 싶고 더 많은 렉서스, 더 적은 올리브나무를 갖고 싶어 할 것이라고 나는 확신한다. 특히 이스라엘 사회가 경제적으로 부유해질수록 더 많은 이스라엘 사람들이 스스로에게 질문을 던질 것이다. "요르단 강 서안의 척박한 언덕 위에 조립식 주택을 지어놓고 도대체 우리는 무엇을 하고 있는가? 세계시장을 놓고 싱가포르와 타일랜드, 타이완 등의 라이벌들과 경쟁해야 하는 이 시기에 우리는 무엇을 하고 있는가?"

나는 1988년 이스라엘을 떠났다. 이후 처음으로 장기간 이스라엘을 방문했던 1994년 내가 가장 놀랐던 것은 수많은 이스라엘 사람들이 휴대전화를 소지하고 있는 모습이었다. 모든 사람들이 각기 자동차에 한 대씩 비치하고 있는 것으로 보였다. 저녁식사를 하기 위해 식당에 가면 사람들이 식탁에 앉아 모토롤라 전화기에 대고 통화를 하고 있었다. 이스라엘은 첨단기술 제품을 아시아 전역에 수출할 창구로서의 가능성을 지녔다. 경제적인 측면에서 이스라엘은 이제 서유럽의 생활수준에 도달했다. 캐나다에서 출생한 금융가로 이스라엘에서 가장 큰 투자회사를 운영하는 조너선 콜버(Jonathan Kolber)는 1994년 내게 이렇게 말했다. "실질 임금으로 따지자면 이스라엘에서 일하는 중역들이 캐나다의 중역들보다 봉급을 약 10퍼센트 더 받습니다. 10년 전에는 캐나다에서 받는 봉급의 50퍼센트 정도였습니다. 캐나다에서는 성장이 없었던 데 반해 이스라엘에서는 매년 7퍼센트씩 7년에서 8년간 성장한 결과입니다. 사례를 한 가지 말씀드릴까요? 우리가 처음으로 큰 거래를 성사시켰던 1987년 이스라엘에는 팩스가 없었습니다. 텔렉스밖에 없었죠. 이제는 팩스로 먹고 삽니다. 스커드 미사일이 날아오기 시작하던 1991년 우리는 변호사 사무실에서 방독면을 쓰고 식품회사 오셈(Osem)의 매입을 마쳤습니다. 회사의 새로운 투자펀드인 르네상스 펀드는 기초 자금 총액이 1억 5,500만 달러입니다. 모두 외국 투자자들이 이스라엘에서 운용하고 싶어 하는 자금입니다. 우리 회사에 참여하는 기관들 역시 다양합니다. 퀘벡근로기금(Quebec Workers' Fund)은 2,000만 달러를 투자했고, 골드만삭스(Goldman Sachs)와 캐나다로부터 들어온 프랑스의 가톨릭 투자펀드 역시 참여하고 있습니다. 이러한 자금은 시온주의자들의 돈이 아닙니다. 오직 투자이익에만 관심을 갖고 있는 사람들의 자금입니다."

콜버가 덧붙였다. "전에는 이스라엘에서 아이비리그대학 출신의 MBA를 찾는다는 것이 불가능했습니다. 요즘은 일주일에 아이비리그 MBA의 이력서를 두 장 정도 받아봅니다. 골란고원의 5퍼센트를 잃을 것인가보다는 자본이득세율이 5퍼센트 올라갈지의 여부에 관심을 더 갖는 사람들이 늘어나고 있습니다. 저는 이스라엘 사람들이 렉서스를 만들기로 결정했다고 확신합니다."

이스라엘이 탈안보(post-security)의 시기로 들어섰다고 콜버는 주장했다. 미국이 탈냉전의 시대에 들어선 것과 마찬가지라는 것이다. 새로운 탈안보의 시대에 이스라엘 사람들은 군사전략보다는 세계경제의 복잡한 상황에 더욱 몰두하는 지도자를 요구하게 될 것이다. 말하자면 그들은 이스라엘의 빌 클린턴을 기다리고 있다. 군사작전의 성공이 아니라 예산과의 싸움으로 신뢰를 얻은 새로운 세대의 정치가다. 이스라엘은 말을 탄 지도자가 아니라 컴퓨터에 능한 지도자를 필요로 한다. 노동당의 젊은 지도자 하임 라몬(Haim Ramon)이 이러한 변화를 이끌 인물로 판명될지도 모른다. 그는 이스라엘이 대규모 노동조합인 히스타드루트(Histadrut)를 개혁함으로써 유명해졌다.

한국과 타이완, 싱가포르, 타일랜드 등 개발도상국들의 놀랄 만한 성공은 이스라엘 사람들에게 경제를 제대로 관리했을 때 얻을 수 있는 이득이 얼마나 큰 것인지를 보여줬다. 그런 이득의 일부는 새로운 성격을 지닌다. 예전에는 직접 투자되는 자본이 국가 간의 경계를 넘어서 자유롭게, 그리고 신속하게 세계로 이동하지 못했다. 어느 국가의 경제가 호황을 누리고 있다 할지라도 외국의 직접투자를 그렇게 많이 유치하지는 못했던 것이다. 그러나 사정이 달라졌다. 이제는 어느 나라의 경제가 호황을 누리면 엄청나게 많은 외국 투자를 끌어들일 수 있다. 세계시장은 훌륭한 경제실적을 내는 국가에게 상을 내리고 성적이 좋지 않은 나라들에게는 벌을 내린다. 예전에는 상상할 수 없을 정도로 신속하게 진행된다. 과거에는 시리아 같은 나라가 냉전을 이용해 동유럽과 서유럽 블록으로부터 온갖 자원 및 재정적인 지원을 짜낼 수 있었다. 지원은 직접원조의 형태로 주어지기도 했다. 국제시장에서는 아무도 사지 않을 시리아의 싸구려 수출품을 러시아와 동유럽 국가들이 구입해 주기로 하는 무역협정의 형태를 띠기도 했다. 이제는 초강대국, 즉 슈퍼파워가 아니라 슈퍼마켓이 존재하는 시대다. 도쿄와 프랑크푸르트, 월스트리트의 채권시장이다. 이런 곳들로부터 현대세계의 진정한 권력이 나온다. 과거 모스크바와 워싱턴의 싸움에서 이득을 취했던 시리아가 같은 방식으로 프랑크푸르트와 런던의 채권시장의 싸움에서 이득을 취할 가능성은 없다. 상황은 정반대다. 거대 시장들이 시리아와 같은 나라들을 대립하게 만들어 투자지들에 최선이 거래와 투자 자본에 대한 최대의 이득을 거두어간다. 도쿄와 프랑크푸르트, 월스트리트의 투자기업들은 어떤 나라가 지정학적으로 유리한가가 아니라 어떤 나라가 경제적으로 유리한가에 관심을 가진다. 매력적인 투자환경을 제공하는 나라는 보상을 받고 그렇지 못한 나라들은 국제적인 투자의 고속도로 주변에서 차에 치어 죽어간다.

전 세계를 통해 정부의 역할은 국제 민간자본을 유치하기 위해 더 좋은 공항과 법률 및 금융시스템, 더욱 숙련된 노동자, 더 나은 도로와 다리로 그들 국가를 치장하는 일이다. 20년 전 이집트와 이스라엘은 평화협정을 맺었지만 그것이 국제 민간투자라는 방식으로 보상받으리라고는 예상하지 못했다. 당시 두 국가는 미국으로부터 보상을 받았을 뿐이다. 그러나 상황이 달라졌다. 미국 정부는 이들에게 보상할 자금을 더 이상 가지고 있지 않다. 보상은 오직 민간 투자자들로부터 올 수 있을 뿐이다. 평화에 대한 금전적인 보상은 이제 정부가 아니라 시장으로부터 나온다. 국제 금융을 담당하는 미국의 어느 관리가 내게 다음과 같이 설명했다. 1960년대와 1970년대에 제3세계 국가에게 가장 중요한 손님은 국제개발처(United States Agency for International Development, AID) 대표였다. 1980년대에는 세계은행(World Bank)과 국제통화기금(IMF)의 대표였다. 1990년대의 가장 중요한 손님은 채권평가기관 무디스(Moody's) 대표다. 그들은 해당 국가의 채권의 등급을 매긴다. BBB, AA 혹은 AAA 등이다. 만일 AAA 등급을 받게 되면 저렴한 이자로 많은 투자자를 끌어들일 수 있다. 만일 투자등급을 BBB로 받게 되면 해당 국가는 정부가 추진하는 댐이나 도로 혹은 발전소 건설에 투자할 민간자본을 유치하기 위해 더 많은 이자를 지불해야만 한다.

아라파트와 라빈이 악수를 나누고 나서 6개월 후 국제적인 투자펀드들이 민영화되는 국영기업을 매입하기 위해 가자지구와 이스라엘을 돌아다녔고 벤처회사를 찾아 신생기업의 지분을 사들였다. 심지어는 세상 소식에 빠른 택시 운전사들도 정부가 정치와 경제를 올바르게 하면 국민들이 쉽게 돈을 벌 수 있다는 점을 이해했다. 나의 오랜 친구이자 히브리대학의 정치이론가인 야론 에즈라히는 이 주제와 관련해서 가장 재미있는 이야기를 내게 해주었다. 진정한 온건파였던 야론은 아랍인들과의 평화가 이득이 되는 거래라는 점을 대부분 강경론자들로 보이는 이스라엘의 모든 택시 운전사들에게 설득하는 임무를 스스로 맡았다. PLO 및 요르단과의 평화협상이 극도로 악화되었던 1994년 10월 야론은 예루살렘에서 택시를 타고 운전사와 그가 으레 벌이는 정치토론을 시작했다. 택시 운전사는 즉시 아라파트 및 후세인 왕과 거래를 벌이는 라빈과 페레스에게 울분을 터뜨렸다. 처음에는 라빈과 페레스를 옹호하던 야론이 주제를 약간 바꿨다.

야론이 택시 운전사에게 말했다. "이건 어때요. 누군가가 예루살렘에서 암만까지 가자고 하면 얼마를 받으시겠어요? 혹시 평화가 오게 돼서 그곳에 갈 일이 생기면 얼마나 내야 하는지 알고 싶네요."

택시 운전사는 잠시 생각하더니 대답했다. "예루살렘에서 암만까지요? 글쎄요 정확히는 모르겠는데요. 아마 400셰켈(130달러)쯤 될 것 같네요."

야론이 어림도 없다는 듯이 말했다. "400셰켈이라고요? 제정신이세요? 그 정도면 1,000셰켈은 받을 수 있을걸요. 다른 나라까지 가는 거잖아요! 아마 백만장자가 될 수도 있을 겁니다."

"정말이에요? 그렇게 생각하세요?" 택시 운전사가 말했다.

"물론이죠. 제가 정치학자거든요. 제가 그런 문제에 관해서는 좀 알죠." 야론이 말했다.

택시가 목적지에 도착했고 야론이 내렸다. 야론 생각으로는 그것이 이야기의 끝이었다.

야론이 기억을 더듬으며 말했다. "이주일 후 어느 날 밤 저는 같은 택시회사에 전화를 걸었습니다. 스마다르(Smadar) 택시회사였는데 집으로 와서 저를 태우고 갈 택시를 보내달라는 전화였습니다. 밖은 아주 어두웠어요. 제가 택시에 올라앉았습니다. 그런데 지난번과 같은 택시 운전사였습니다. 처음에는 운전사가 저를 알아보지 못했어요. 저도 그를 알아보지 못했습니다. 어쨌든 우리는 다시 대화를 주고받기 시작했습니다. 운전사가 저에게 물었습니다. '혹시 나중에 암만까지 택시를 타고 갈 마음이 있으세요?' 제가 말했죠. '그럼요. 그럴 생각이 있죠. 그런데 얼마나 들까요?'"

택시 운전사가 바로 대답했다. "1,500셰켈입니다."

이와 같은 거대한 역사의 흐름이 라빈과 아라파트에게 협상을 하도록 압력을 행사했던 것은 사실이지만, 협상 과정을 끌고나가 결국 결실을 맺게 할 지도자를 가졌던 두 민족은 운이 좋은 편이었다. 아랍과 이스라엘 간 갈등의 역사를 들여다보면 기회가 왔지만 부적절한 인물이 잘못된 장소에 있었던 일이 너무나 많다. 만일 이스라엘 역사의 전환기에 라빈 대신 이츠하크 샤미르가 총리였다면, 아라파트가 이스라엘의 조건을 받아들여야 할 만큼 허약하지만 자신의 지지자들로 하여금 그 조건을 지키도록 할 정도의 힘은 가지고 있던 바로 그 순간 샤미르는 아라파트에게 구명줄을 던지기보다는 파도에 휩쓸려 가라앉도록 냐뒀을 것이 거의 분명하다.

1993년 9월 그날 이후 평화를 정착시키는 과정에는 기복이 있었다. 문제는 미래를 낙관적으로 바라봐야 하는 것인지 아니면 비관적으로 바라봐야 하는 것인지에 있었다. 나도 잘 모르겠다. 내 눈에는 낙관하도록 만드는 강력한 근거들이 몇몇 보이고 또 비관할 수밖에 없도록 하는 강력한 이유들 역시 보인다. 다가오는 수년 동안 낙관론과 비관론은 팽팽하게 대립할 것이다.

미래를 낙관적으로 보게 만드는 가장 중요한 이유는 백악관에서 라빈과 아라파트가 나눈 악수가 갈등의 성격을 '권리'에 관한 것에서 '이익'에 관한 것으로 전환시켰다는 점이다. 여기에 관해서는 앞부분에서 언급한 바 있다. 서로의 존재를 인정함으로써 라빈과 아라파트는 사실상 서로에게 이런 메시지를 보냈다. "팔레스타인 땅에서 당신들의 권리를 인정한다. 이제 각자가 그 땅의 얼마만큼을 진정으로 필요로 하고 원하는지에 관해 이야기해보자." 아랍과 이스라엘 간의 갈등에서 어느 한 편이라도 자신의 역사적 혹은 신으로부터 부여받은 권리에 집착하면 이익에 기반을 둔 결정을 내릴 수 없다. 이익이란 하늘이 아니라 일상생활의 필요에서 오는 것으로 그때그때 달라지는 것이기 때문이다. 이스라엘과 팔레스타인 사람들이 상대방이 역사적인 팔레스타인 땅에서 살아갈 정당한 권리를 가지고 있다는 점을 결국 인정하고 그 문제를 협상 테이블에서 제외할 수 있게 되었으며, 이제는 각자의 이익에 따라 파이를 어떻게 분배할 것인지에 집중할 수 있게 되었다는 사실의 중요성은 아무리 강조해도 지나치지 않다.

내가 잘 아는 랍비 한 분이 어느 날 자신을 찾아온 사내에 관한 이야기를 들려줬다. 그 사내는 아내가 자신과 말다툼을 벌일 때마다 보이는 태도에 관해 불만을 늘어놓았다. "저의 아내가 자꾸 '히스토리컬(historical)'하게 변합니다."

'히스토리컬'이라는 단어를 얼른 이해하지 못한 랍비가 말했다. "잠시요. 뭐라고요? 아내가 '히스테리컬(hysterical)'하게 변한다고요?"

사내가 대답했다. "아뇨. 그게 아니고요. 아내가 '히스토리컬' 하다고요. 우리가 말다툼을 시작하면 아내는 제가 지난 20년 동안 살아오면서 잘못했던 일들을 모조리 끄집어내기 시작합니다."

아랍과 이스라엘 사람들의 관계가 그러했다. 대화를 나누기 위해 마주 앉자마자 그들은 '히스토리컬'한 태도를 취했다. 항상 들어왔던 불평거리와 주장을 장황하게 늘어놨다. 이제 그들이 그런 상태를 극복하고 서로의 상반된 이해득실만을 '히스테리컬'하게 따지게 되었다는 점은 중요한 진척이다. 전혀 다른 대화가 된 것이다. 이스라엘의 소설가 아모스 오즈는 『뉴 미들이스트 New Middle East』 매거진과의 인터뷰에서 이렇게 말했다. "저는 모든 팔레스타인 친구들과 팔레스타인 적들에게 이렇게 말합니다. 여러분과 나는 과거에 어떤 일들이 벌어졌는지에 관해 동의할 필요가 없습니다. 우리는 미래에 관해 합의할 필요가 있습니다."

미래에 관해 낙관할 수 있는 또 하나의 이유는 아라파트가 이스라엘과의 관계에서 자신이 허약하다는 사실을 결국 인정하고, 일종의 상상의 권력이 아니라 자신이 가진 실제 힘을 기반으로 협상에 임한다는 사실이다. 다시 말하자면 아라파트가 항복한 것이다. 사실상 그는 라빈에게 항복하면서 이런 메시지를 전달했다. "당신이 내게 어떤 조건을 제시하든 받아들이겠소. 이제 내가 살 수 있는 무언가를 주시오. 내 동료들을 설득하겠소."

아주 오랫동안 아라파트는 이스라엘과 팔레스타인 사람들의 실제 힘의 균형에 입각해서 협상하려 들지 않았다. 그는 마치 20만 달러짜리 집을 500만 달러에 팔려는 사람과 마찬가지였다. 그가 붙인 가격이 상식적인 수준을 너무 벗어났기 때문에 노동당이나 리쿠드당을 불문하고 이스라엘 사람들이 그와 진지한 내화를 나누는 것은 불가능했다. 이스라엘 정착촌 건설의 동결, 팔레스타인 독립국가 건설에 관한 우선적인 약속, 1967년의 경계로 이스라엘의 복귀, 팔레스타인 사람들에 의한 동예루살렘 지배 등을 그는 요구했다. 이스라엘이 팔레스타인 사람들에 비해 월등하게 우월한 힘을 가진 상황에서 어떤 이스라엘 정부도 협상 초기부터 그와 같은 양보를 하려 들지는 않았다.

아랍과 이스라엘 간의 갈등이 성경의 이야기와 종교적인 전통으로 포장되어 있기 때문에 우리는 힘의 균형이라는 논리가 그곳에서도 여전히 적용된다는 사실을 쉽게 잊는다. 이스라엘과 팔레스타인 사람들 사이에는 엄청난 힘의 불균형이 존재한다. 협상 테이블은 이러한 불균형을 쉽게 볼 수 없도록 만든다. 양측이 테이블을 사이에 두고 동등한 주체로서 마주 앉기 때문에 그들이 동일한 힘을 가진 주체들이라는 환상이 생겨난다. 그러나 실상은 전혀 다르다. 이스라엘은 전 세계에서 가장 강력한 공군력을 보유한 국가들 중 하나이고 아랍 국가 세 나라와 동시에 전쟁을 수행할 수 있는 군사력을 지녔다. 팔레스타인 사람들이 가진 것이라곤 막대기와 돌멩이, 화염병, 약간의 총과 나이프다. 팔레스타인 사람들은 유대 국가와의 전쟁에서 모조리 패배했다. 아라파트는 1973년 전쟁이 끝난 후 나왔던 만화를 언제나 상기시켰다. 당시 이스라엘 총리 골다 메이어가 이집트 대통령 안와르 사다트와 함께 권투장에 있는 모습이었다. 권투장갑을 낀 골다 메이어가 링 위에 등을 대고 누워 있는 사다트 위에 서 있었다. 그러나 사다트는 위에 있는 골다를 바라보면서 이렇게 소리를 질렀다. "내게 트로피를 줘. 대전료를 달라고. 챔피언 벨트도 내게 줘……." 이스라엘에게는 암묵적인 인정이 되겠지만, 아라파트가 스스로 등을 링에 대고 누웠다는 점을 결국 인정하고 얻을 수 있는 것이 있다면 무엇이든 받아들이겠다고 해야만 했다. 그것만이 돌파구를 마련하는 길이었다. 그러나 이와 같은 실용적인 노선을 택하지 않기 위해 아라파트는 언제나 힘든 싸움을 벌여왔다. 그는 마치 차를 몰고 가는 알코올중독자와 같았다. 술에 취한 채 상징과 상상으로 가득한 정치를 추구하던 그는 언제라도 도로 밖으로 벗어날 수 있었던 것이다.

미래를 낙관하는 나의 마지막 이유는 침묵이다.

지난 여러 해 동안 기자생활을 하면서 내가 배운 점은 중요한 기사가 때로는 소란함 속에서 발견되지만 때로는 정적 속에서 찾을 수 있다는 점이다. 사람들이 말하는 것이 중요한 이야기인 경우도 있지만 말하지 않는 것이 중요한 이야기인 경우도 있다. 라빈과 아라파트가 악수를 나눈 이후 아랍과 이스라엘 간의 갈등에서 가장 중요한 이야기는 침묵이었다. 대다수의 팔레스타인과 아랍, 그리고 이스라엘 사람들이 이를 침묵으로 받아들였던 것이다. 중동 사람들이 이 같은 협상이 이루어지기를 기대했지만 그럴 수 있을지에 대해 신중했고 의구심을 가졌다. 그러나 협상의 성공을 희망했다. 그들이 빠져 있는 교착상태에서 벗어나는 유일한 길이자 그들 자신에게 이득이 되는 일이라는 점을 이해했기 때문이다. 그들은 중동의 갈등에 신물이 났고 지쳤다. 1994년 6년 만에 내가 가자지구에 들어서는 순간 이스라엘인들이 물러간 그곳이 얼마나 편안한 분위기였는지를 느낄 수 있었다. 팔레스타인 사람들은 밤에도 거리를 자유롭게 걸을 수 있었고 날이 밝을 때까지 해변을 돌아다닐 수 있었으며 결혼식장에서 예포를 자유롭게 쏘아댈 수 있었다. 이스라엘 감옥에 갇힐 걱정 없이 그럴 수 있었다. 아라파트 행정부가 자초한 무질서와 잘못된 관리가 존재했지만 그래도 그것은 팔레스타인의 무질서였고 팔레스타인의 잘못된 행정일 뿐이었다. 히브리어가 아니라 아랍어로 표현되는 무질서와 잘못이었고 참을 만한 것이었다. 가자지구에서 예비군 복무를 더 이상 하지 않아도 되는 이스라엘 사람과 대화를 나누었을 때도 비슷한 안도를 확연하게 느낄 수 있었다.

가자지구와 텔아비브의 벽에는 팔레스타인과 이스라엘 간의 합의를 비난하는 극단주의자들의 낙서가 보이는 것은 물론 사실이다. 그러나 침묵하는 다수가 이미 의사표시를 했다. 그들의 침묵과 주변지역에서 들리는 이야기들이 그들의 악수를 승인했다는 사실은 확실했다. 침묵이 의미하는 것이 무엇인지를 모르는 사람은 없었다. 아무런 행동을 취하지 않고 언제나 형세를 그저 관망하는 것으로 유명한 요르단의 후세인 왕이 합의에 반대했던 기존의 입장에도 불구하고 1994년 10월 26일 이스라엘과 평화조약을 만들도록 용기를 준 것도 바로 사람들의 침묵이었다. 라빈과 아라파트가 악수를 나눈 식후 아랍권의 거리에서 볼 수 있었던 침묵은 후세인 왕으로 하여금 이스라엘과 관계를 개선하더라도 정치적으로 안전할 수 있을 것이라는 안도감을 갖게 만들었다. 광범한 아랍세계는 물론 대부분의 팔레스타인 사람들조차도 자신을 공격하지 않을 것이라는 안도감이었다. 장애물이 없다는 것을 감지한 후세인 왕은 재빨리 행동했다. 이스라엘과 최종적인 평화조약을 체결할 경우 클린턴 행정부가 제공하기로 왕에게 약속했던 채무감면이라는 미끼를 요르단은 간절히 원하는 상태였다. 요르단은 세계 각국으로부터 65억 달러에 이르는 채무를 지고 있었지만 미국이 암만에 빌려준 7억 달러의 채무 중 일부를 감면해주지 않는다면 여타 채권국으로부터도 채무를 감면받을 길이 없었다. 미국 입장에서는 빌려준 돈을 되돌려 받을 가능성은 거의 없었기 때문에 7억 달러의 악성 부채를 감면해주는 일이 이스라엘과 요르단 간의 평화조약 비용으로 저렴한 것이었다. 그러나 경제적인 인센티브가 평화조약의 필요조건이었던 것은 분명하지만 충분조건은 아니었다. 후세인 왕으로서는 암만으로부터 예루살렘에 이르는 길이 안전하다는 것을 알기 위해서는 거리의 침묵이 필요했다.

이스라엘과의 평화조약이 공식화된 것은 1994년 5월 19일 그가 런던의 조용한 거실에서 라빈과 비밀회동을 하던 중이었다고 후세인 왕은 나와의 인터뷰 중에 밝혔다. 백전노장 두 사람이 결국 자리를 함께하고 갈등을 끝내기로 했던 것이다. 후세인 왕의 회상에 따르면 그는 거실에서 건너편의 라빈을 바라보며 스스로에게 이렇게 말했다고 한다.

"이츠하크, 이거 알죠? 당신과 나는 참 오래도록 이 문제로 상대했어요."

실제로 그와 라빈은 이전에도 여러 차례 만났고 때로는 변장을 하고 만나기도 했다. 그러나 평화조약을 맺기 위해 필요한 타협과 희생을 하기에는 요르단이나 이스라엘 혹은 팔레스타인 사람들 중 적어도 한쪽의 준비가 미흡했다. 항상 그랬다. 5월 런던에서의 그날 밤 후세인 왕의 마음은 착잡했다. 라빈과 아라파트가 악수를 나눈 후 수개월 동안 미국과 이스라엘은 후세인 왕이 일부러 늑장을 부린다고 비난했다. 그들의 비난은 옳았다. 왕은 이스라엘과 PLO의 협상이 실제로 이행되는지 확인할 시간이 필요했다. 의심스러웠던 것이다. 동시에 그는 거대한 흐름으로부터 도망가고 싶지도 않았다. 라빈과 아라파트가 약속한 바를 실제로 이행하려고 한다는 점이 분명해지자 후세인 왕에게 이스라엘과의 평화조약이란 실행에 옮겨도 무방한 정도가 아니라 반드시 필요한 것이 되었다. 예루살렘과 요르단 강 서안의 미래에 관한 발언권을 확보하기 위해서는 아라파트뿐만 아니라 후세인 왕 자신도 이스라엘과의 관계를 매듭지을 필요가 있었기 때문이다.

다가올 수년 동안 이는 중요한 볼거리가 될 것이다. 이스라엘을 둘러쌌던 벽이 무너져 내리면서 유대 국가는 중동정치의 핵심적인 부분이 되었다. 상황이 이렇게 바뀌자 아랍 각국은 독자적으로 이스라엘과 관계를 맺어나가기 시작했다. 각자의 라이벌들과 경쟁하는 데 이스라엘이 필요했던 것이다. 결국 이스라엘은 중동의 강대국이고 이스라엘과의 관계가 용인되는 상황이 된 만큼, 아랍 정권들은 모두 이스라엘과의 관계를 어떻게 자신에게는 유리하게, 그리고 적에게는 불리하게 이용할 수 있는지를 생각해야만 했다. 후세인 왕과 아라파트는 라이벌이다. 지금까지 언제나 그랬고 앞으로도 그럴 것이다. 두 사람 모두 팔레스타인 사람들의 영혼과 정신을 대표하고 싶어 하고, 예루살렘이라는 이슬람의 성지에 관한 권한을 가지고 싶어 한다. 두 사람은 모두 이스라엘과의 관계를 이용해 상대방을 압도하려고 할 것이다.

라빈은 후세인 왕과의 런던 회동에서 요르단의 군주에게 이제 발을 담글 시기라는 점을 분명히 했다고 내게 말했다. 이스라엘과 PLO의 협상이 진전을 보이고 있는 상황에서 요르단이 뒤처지는 여유를 부릴 수는 없었다. 이스라엘과의 거래를 진지하게 검토해야만 했던 것이다.

"어떻게 내가 진지하지 않을 수 있겠소?" 런던의 거실에서 후세인 왕이 라빈에게 물었다.

이스라엘은 후세인 왕이 언제나 평화를 원했지만 이를 실행하기에는 제약 요인이 많았다는 점을 알고 있었다고 라빈은 후세인 왕에게 말했다. 지금이야말로 관망하는 자세를 완전히 버릴 때였다. 아라파트가 그렇게 했다면 그도 할 수 있었다.

"좋소. 그렇게 합시다." 후세인 왕이 대답했다.

그리고 그들은 평화조약을 체결했나.

* * *

그러나 침묵은 내가 미래를 비관적으로 보는 가장 중요한 이유이기도 하다. 침묵으로 인해 이성을 잃은 양쪽의 극단주의자들이 바로 그 침묵을 깨뜨리기 위해 전혀 새로운 수준의 극악한 테러리즘에 빠져들도록 만들었기 때문이다.

키르야트 아르바(Qiryat Arba)에 살던 광신적인 유대 정착민 바루크 골드스타인(Baruch Goldstein)은 왜 1994년 2월 24일 오후 헤브론에 위치한 조상들의 동굴(Cave of the Patriarchs)에 걸어 들어가 예배를 보던 이슬람교도들에게 총을 난사해 30명을 살해하고 수십 명을 다치게 했는가? 대부분의 이스라엘 사람들이 아라파트와의 합의를 받아들이면서 보였던 침묵이 그에게 이성을 잃게 만든 것이라고 나는 믿는다. 바루크 골드스타인은 그 침묵을 깨뜨릴 수 있는 유일한 방법은 몇몇 팔레스타인 아이들이나 임신부를 살해하는 등의 흔한 테러 행위가 아닐 것이라는 점을 이해하고 있었다고 나는 믿는다. 잔인하고 차마 입에 담지도 못할 정도의 테러 행위를 통해 팔레스타인 사람들이 대규모로 여기에 반응하고, 이는 다시 엄청난 이스라엘의 반격을 가져와 일순간에 침묵하는 다수가 소극적이고 무기력한 상태를 벗어나 스스로를 조직하고 분노하며 맹렬히 싸울 것을 기대했을 것이다. 그래서 그는 이슬람의 성스러운 장소 중 하나에 총을 난사했던 것이다.

하마스의 급진주의자 살라 압델 라힘 하산 아사위(Salah Abdel-Rahim Hassan Assawi)가 (그리고 이후 많은 급진주의자들이) 1994년 10월 19일 텔아비브 한복판에서 사람들로 붐비는 버스에 올라 자신과 주위의 모든 사람들을 산산조각 내고 버스를 기괴한 모습의 구겨진 쇳덩어리로 만드는 인간시한폭탄이 되기를 자청한 것은 왜인가? 그 역시 침묵이 전하는 메시지를 들었기 때문이라고 나는 믿는다. 이스라엘인들이 떠난 후 가자지구에 얼마나 편안한 기운이 감돌았는지, 자신의 일에만 신경 쓰는 팔레스타인 사람들이 얼마나 많이 늘어났는지, 분노에 찬 낙서로 가득한 벽에 흰색 페인트를 칠하고 그들이 삶에서 이스라엘을 지우려고 하는 사람들의 모습을 그는 똑똑히 보았을 것이라고 나는 믿는다. 팔레스타인의 침묵하는 다수가 이스라엘과의 평화협정을 수용하고 나아가 더 많은 양보를 하더라도 더 폭넓은 합의를 이끌어내기를 원한다는 것을 그는 알았다. 이러한 변화를 좌절시키기 위한 유일한 방법은 이스라엘로 하여금 가자지구와 요르단 강 서안을 봉쇄하도록 만드는 것이었다. 그렇게 되면 이스라엘에서 일할 기회를 잃고 평화로부터 얻었던 일시적이고 적은 이득도 잃게 되는 팔레스타인의 소리 없는 다수가 평화협정에 반대하게 될 것이었다. 결국 평화를 통해 경제적 이득을 얻을 수 없다면 평화를 어디에 쓴다는 말인가? 텔아비브의 버스가 폭파되고 난 후 이스라엘의 교사 프루마 레비(Fruma Levy)가 보인 반응을 봤다면 아사위는 대단히 좋아했을 것이다. 그녀는 이렇게 말했다. "그들은 우리를 증오합니다. 우리는 완전히 그들과 단절해야만 합니다. 우리와 그들 사이에 베를린과 같은 장벽을 세워야만 합니다."

이스라엘과 팔레스타인 사람들 사이에 평화정착 과정이 진행될수록 양측 반대자들은 '핵무장'을 하게 될 것이다. 훨씬 잔인한 테러행위로 진행 과정을 되돌리려고 할 것이라는 의미다. 만일 이와 같은 어처구니없는 테러행위가 계속된다면 평화를 지지하는 말 없고 소극적인 다수가 대결을 지지하는 소극적인 다수로 변할 수 있는 위험이 실제로 존재한다.

극단주의자들의 테러행위가 내가 가진 비관적 태도의 유일한 원인이었으면 좋겠다는 생각이 든다. 그러나 그렇지가 않다. 내가 미래를 걱정하는 또 하나의 이유는 요르단 강 서안과 동예루살렘에서 살아가는 팔레스타인과 이스라엘 사람들의 통합수준이다. 왜 그것이 문제인가? 평화정착 과정에서 이스라엘 사람들이 꿈꿨던 것은 분리이지 공존이 아니었기 때문이다. 분리의 꿈이 가자지구에서 실현된 것과 요르단 강 서안에서 실현해야만 하는 일은 전혀 별개였다.

가자지구의 유대인 정착민들은 그 숫자가 많지 않고 거주지역도 고립된 두 지역에 지나지 않는다. 현재로서는 그들을 보호하기 용이하고 훗날 퇴거하도록 만들기도 쉽다. 그러나 요르단 강 서안과 동예루살렘의 상황은 전혀 다르다. 몇 가지 통계를 살펴보자. 1967년 전쟁으로 이스라엘이 서예루살렘에 합병한 동예루살렘 지역에 거주하는 유대인들의 숫자는 현재 아랍인들의 숫자보다 많다. 18만 명의 유대인과 16만 명의 아랍인들이 동예루살렘에 거주하고 있는 것이다. 게다가 1992년 현재 1967년의 경계선 너머 요르단 강 서안의 130개 도시와 정착촌, 그리고 베드타운에 거주하는 유대인들의 숫자는 11만 명에 달한다. 메론 벤베니스티의 연구에 따르면 요르단 강 서안과 가자지구, 그리고 이스라엘에 거주하는 200만 명의 팔레스타인 사람들은 이 지역에서 오직 8퍼센트의 물과 13퍼센트의 땅을 사용한다고 한다. 나머지는 유대인들이 사용하고 있다는 것이다. 만일 이스라엘이 팔레스타인 사람들에게 요르단 강 서안 수자원의 적정비율을 돌려준다면 이스라엘은 전체 물 공급량의 약 25퍼센트를 잃게 된다. 이스라엘에서 이용하는 수자원의 대부분이 요르단 강 서안지역의 지하수면과 우물에서 오기 때문이다.

달리 말하면 팔레스타인 사람들과의 평화를 이루는 첫 번째 단계에서 이스라엘이 대가로 지불한 자원은 사실상 없었다는 뜻이다. 벤베니스티는 이렇게 표현했다. "라빈이 아라파트에게 가자지구를 떼어주면서 지불한 것이란 단지 상징뿐입니다. PLO와 아라파트, 팔레스타인의 깃발, 그리고 팔레스타인 사람들이 고향에서 살아갈 권리를 인정하는 것뿐이었습니다. 그러나 요르단 강 서안과 예루살렘의 경우 비용을 실제로 치르지 않으면서 평화를 가져올 방법은 없습니다. 상징으로는 아무것도 살 수 없다는 뜻입니다. 요르단 강 서안에서 이스라엘과 팔레스타인 사람들을 분리하는 작업은 관리하기가 대단히 어려울 겁니다." 요르단 강 서안과 예루살렘에서의 평화정착 과정은 유대 정착민들을 몰아내는 것을 의미할 것인데 이는 어떤 이스라엘 정부 아래서도 정치적으로 폭발적인 결과를 불러올 것이다. 반대로 일부 유대 정착민들이 여전히 그 지역에서 거주하는 것으로 결론을 내린다면 이는 어떤 팔레스타인 정부에게도 정치적으로 폭발적인 결과를 가져다줄 것이다.

이 지역에서 평화를 이뤄내는 방법이란 없다고 말하려는 것이 아니다. 양측에 정당한 제 몫을 찾아줄 일정한 수단을 찾지 못한다면 분리를 기반으로 하는 안정된 평화를 가져오는 일이 대단히 힘들 것이라는 뜻이다. 또한 이스라엘과 팔레스타인 사람들 사이에서 요르단 강 서안과 가자지구를 평등하게 분할하는 일은 대단히 힘들 것임을 뜻한다. 평등하지 않은 분리는 두고두고 갈등의 소지가 될 것이다. 현재 이스라엘은 마치 부인과 이혼하고 싶은데 재산을 평등하게 나누고 싶어 하지는 않는 사내와 유사하다. 만일 무사히 이혼이 이루어지면 사내는 형언할 수 없는 안도감을 맛볼 것이다. 그러나 일주일만 지나면 전 부인의 요구가 시작될 것이다. 위자료를 더 줘야만 하고, 일주일에 3일, 그리고 토요일과 일요일에는 아이들을 돌봐야 한다는 주장이다.

내가 미래를 비관적으로 보는 또 하나의 이유는 시리아와 관련된다. 시리아는 평화적이고 외교적인 수단을 통해 이스라엘로부터 자신의 땅을 찾아오겠다는 전략적 판단을 내린 것으로 보인다. 그러나 유대 국가와의 관계를 실질적으로 정상화시킨다는 의미에서 이스라엘과 평화를 정착시키겠다는 전략적 결정을 내렸는지에 대해서는 확신이 서지 않는다. 어쩌면 시리아는 외교적인 수단을 통해 땅을 되찾아오는 유일한 방법이 유대 국가를 포용하는 것뿐이라는 결론에 결국 도달할지도 모른다. 그러나 시리아가 어디까지 가야 하는지를 이해하고 있는지에 관해서는 확실치가 않다. 국무부의 어느 친구는 하페즈 아사드를 이렇게 표현했다. "평화정착 과정에서의 프랭크 시나트라입니다. 시나트라의 주제가 가사처럼 말입니다. '나는 내 방식대로 하겠다.'" 아사드는 언제나 자신의 방식대로 해야만 하는 인물이다. 아라파트나 후세인 왕은 말할 필요조차 없고 안와르 사다트의 발자국을 따라간다는 것은 아사드에게 생각조차 할 수 없는 일이다. 그러나 아사드가 이스라엘과의 관계에서 평화를 정착시키고, 모두는 아닐지라도 시리아 땅의 대부분을 돌려받을 수 있는 길은 단 하나다. 사다트의 방식이다. 이스라엘 사람들에게 가서 그들의 영혼과 정신을 돌려놓는 것이다. 이스라엘 지도자들과 공개적으로 대화를 나누고, 이스라엘의 기자들과 만나며, 이스라엘인들의 시리아 방문을 허용하는 것이다. 다른 길이란 없다. 아사드는 정치에 있어서 중력의 법칙에 맞설 수 없다. 그는 자신의 방식대로 할 수 없다.

사실상 아사드가 사다트와 동일한 방식을 취한다고 하더라도 시리아 땅을 모두 되찾을 수 있을지는 확실하시 않다. 어쩌면 사다트가 했던 것 이상을 해야만 할지도 모른다. 이스라엘이 생각하는 이집트와 시리아는 전혀 다르다. 시리아에 대한 불신은 훨씬 깊다. 이스라엘 사람들의 마음속에 이집트는 그곳에 3천 년간 있던 나라다. 성경에 존재하는 나라이고 유대민족의 의식 속에 항상 있었던 역사적인 나라다. 이집트는 시간을 초월해서 자신만의 방식대로 안정적으로 존재하는 피라미드와 같은 존재다. 이스라엘 사람들은 피라미드와 평화롭게 공존할 수 있는 것이다. 시리아는 흐르는 모래와 같은 존재다. 이스라엘 사람들이 흐르는 모래와 평화롭게 공존할 수 있을까? 시리아가 1973년의 전쟁 이후 이스라엘과 맺은 골란고원에 관한 휴전협정을 단 한 글자도 빼지 않고 모두 준수했다는 것은 사실이다. 아사드 대통령이 무엇인가를 원하면 그대로 실행되는 것이다. 그러나 양측 병력을 일정 지역으로부터 철수하는 협약을 준수하는 것과 시리아와 유대 국가가 정상적인 관계를 유지하는 것은 별개의 문제다.

시리아가 골란고원의 전부 혹은 일부를 반환받는 조건으로 이스라엘과 평화적인 관계를 수립하기로 하는 전략적인 결정을 내렸다 하더라도 그런 협약을 어떻게 구체화시킬 것인지는 동일한 전략적 이유 때문에 쉽지 않을 것이다. 텔아비브대학의 군사전문가 도어 골드(Dore Gold)는 이스라엘이 시나이 사막을 돌려주는 대가로 이집트에게 요구했던 것과 유사한 안보협약을 시리아에게도 요구할 것이라는 점을 지적했다. 골드가 1994년 10월 『예루살렘 포스트』에 기고한 글에서 지적한 문제는 이렇다. "골란고원을 통해서 오는 시리아로부터의 위협은 탱크다. 시리아는 골란고원에서 다마스쿠스에 이르기까지 거대한 탱크부대를 보유하고 있다. 어떤 형태의 평화협정이 되었든 이스라엘이 골란고원으로부터 이스라엘과 시리아 양쪽에 걸친 대칭적인 비무장지대를 두어야 한다고 요구할 것은 분명하다. 제한된 군사력만을 허용하는 지역을 시나이의 세 군데에 두도록 함으로써 이집트 군대의 본진은 이스라엘로부터 220킬로미터 떨어진 수에즈운하 건너편에 자리 잡고 있다. 만일 시리아 군대가 시리아 안쪽으로 220킬로미터 물러난다면 이스라엘 입장에서는 골란고원으로부터 철수함으로써 제기되는 탱크부대의 위협을 완전히 해소할 수 있을 것이다." 그러나 비무장지대를 깊게 설치한다면 비무장지대가 현재의 휴전선으로부터 약 60킬로미터밖에 떨어지지 않은 다마스쿠스 시내까지 이르게 된다는 점을 골드는 지적한다. 이스라엘의 위협보다는 내부의 적들로부터 스스로를 지키기 위해 T-72 탱크를 더 필요로 하는 시리아 정부로서는 수도 근처까지 이어지는 군사제한구역에 결코 동의하지 않을 것이다. 이스라엘이 양국 상비군의 감축과 같은 방안을 제안할 수도 있겠지만, 이는 상대방의 속임수를 감시하기 위한 상호 현장검증 수단을 필요로 할 것이 거의 확실하다.

나의 마지막 걱정은 아라파트와 그의 리더십 스타일이다. 아라파트가 알고 있는 통치술이란 단 한 가지다. 책에 나오는 가장 오랜 방법 중 하나인 이 이제이(以夷制夷, divide and conquer)다. 아라파트는 '노아의 방주' 이론이라는 조직관리 방식을 이용한다. 모든 것을 이중으로 만드는 방식이다. 경찰력과 정보기관, 그리고 재정 담당자도 모두 이중으로 만든다. 민병대 역시 이중으로 군복은 청바지와 앞쪽에 불룩한 주머니가 달린 가죽 재킷이다. 양쪽이 서로를 견제하게 함으로써 권력을 유지하는 것이다. 최종 결정을 위해서 양측은 언제나 아라파트에게 달려오게 된다. 언젠가 나의 친구 한 사람이 아라파트에게 왜 그렇게 많은 정보기관을 운영하느냐고 물었더니 아라파트가 이렇게 말했다. "아랍 지도자들은 모두 그렇게 합니다. 무바라크 대통령은 자신의 정보기관이 여섯 개라고 하더군요." 아라파트의 속마음은 민주주의를 좋아하지 않을 뿐만 아니라 민주주의를 반대한다. 아라파트가 그의 정치적 경쟁자들에게 가진 감정이란 오로지 경멸이며, 그 누구와도 결코 권력을 분점하려고 하지 않을 것이다. 아라파트가 변함없이 지키는 원칙들이란 이렇다. 누구나 불안정안 상태에 있어야 하고 자신이 어디에 있는지 정확히 알지 못해야만 하며, 그 누구도 독립적인 권력기반을 키울 수 없고 의장을 넘어서는 안 된다는 것이다. 가자지역에서 활동하던 UN 옵서버는 내게 이렇게 말했다. "아라파트는 그의 부하들을 서로 관료적으로 대립하게 만드는 정도가 아닙니다. 서로 증오하도록 만듭니다." 권력을 유지하는 데 '노아의 방주' 접근법보다 더 나은 방식은 없을지도 모른다. 그러나 외국의 원조와 투자를 끌어들일 만한 안정적인 제도와 경제구조를 절실하게 필요로 하는 새로운 국가를 운영하는 방식으로서는 끔찍한 일이 아닐 수 없다.

여러 가지 사례가 있지만 한 가지만 들어보기로 하자. 1994년 PLO는 가자지구와 예리코에 장거리전화 서비스를 제공할 기업을 선택해야만 했다. PLO가 전화회사를 발표한 다음날인 1994년 10월 26일 로이터 통신은 다음과 같은 기사를 내보냈다.

당황스러울 정도의 혼란이 계속되는 가운데, 튀니스의 PLO와 가자지구의 팔레스타인 자치정부는 두 업체 MCI와 AT&T 모두에게 전화 사업을 맡기기로 합의했다고 동시에 발표했다. PLO 대변인 아메드 압둘 카림(Ahmed Abdul

Karim)은 이렇게 말했다. "조율이 전혀 되지 않았습니다. 당황스러운 상황입니다. 현재 해결책을 마련하기 위해 가자지구와 튀니스, 그리고 미국 사이에 연락이 오가고 있습니다."

이스라엘은 아라파트의 방식에 양면적인 태도를 취한다. 한편으로 그들은 아라파트를 시험하는 중이다. 이스라엘이 편안함을 느낄 수 있을 만큼 아라파트가 안보적인 측면에서 충분한 통제력을 지니고 체계적으로 경제를 운영해 가자지구 전체와 나아가 요르단 강 서안을 영구적으로 통치할 수 있는 행정조직을 만들어나갈 수 있을지를 지켜보고 있다. 이런 측면에서 이스라엘은 아라파트가 아침 9시부터 저녁 5시까지 세계은행에서 대출을 받기 위해 제출할 신청서를 세 통씩 작성하고 후입선출(Last-In First-Out, LIFO)의 회계기준에 따라 재정문제를 처리하는 데밍(W. Edwards Deming, 20세기에 일본이 세계시장에서 우위를 점하는 데 기여한 품질관리방식을 주창한 미국의 통계학자이자 기업상담가―역자)과 같은 효율적인 경영자가 되기를 바란다. 그러나 다른 한편으로 해가 지면 새벽 2시에 가정집에 난입하고 손톱을 뽑아버리는 청바지 차림의 민병대를 아라파트가 보유하고 있다는 사실에 이스라엘은 기뻐한다. 가자지구에는 미란다 원칙이라는 것이 없다. 하마스의 도전과 관련해서는 특히 더하다.

다음과 같은 사항을 지켜봐야만 한다. 이스라엘이 가자지구를 통제하던 시절 이스라엘은 팔레스타인 급진주의자들을 철저하게 단속할 의지를 가지고 있기는 했지만 그럴 수 있는 수단이 항상 있었던 것은 아니다. 그들을 완전히 통제할 수 있을 만큼 깊숙이 가자지구 사람들 속으로 파고들 수 없었기 때문이다. 아라파트는 그럴 수 있다. 그러나 그가 그렇게 할 의지를 가졌는지는 불분명하다. 가자지구에서 팔레스타인 사람을 흠씬 두들겨패주는 일은 이스라엘인에게 적어도 국내적으로는 정치적인 지지를 받는다. 그러나 아라파트가 그렇게 한다면 그는 정치적으로 많은 것을 잃게 된다. 아라파트의 보좌관 나빌 샤스가 어느 날 내게 이렇게 말했다. "광신자들을 어떻게 해야 할지 난감합니다. 만일 우리가 알제리에 하듯이 그들을 철저하게 단속하면 그들은 우리가 '엉클 톰'이라고 선동해댑니다. 백인처럼 행동하는 흑인이라는 뜻입니다. 만일 그들을 내버려두면 우리가 무기력하게 보일 것이고 이스라엘은 우리가 원하는 것을 제공하지 않을 것입니다." 실제로 아라파트가 하마스 소속의 반대자들을 체포하기 시작하자 하마스 조직원들은 극단적인 모욕으로 대응했다. 아라파트의 교도관과 경찰관들에게 히브리어로만 이야기하려고 했던 것이다. 아라파트와 부하들이 유대인보다 나을 것이 없고 다를 것도 없다는 메시지를 전달하는 그들의 방식이었던 것이다. 히브리어로만 말하는 전술이 아라파트 측 교도관들의 사기를 꺾는 데 커다란 효과가 있었다고 가자지구의 하마스 조직원이 이야기했다고 유세프 이브라힘이 말한 적이 있다. 하마스의 사내는 이렇게 말했다고 한다. "그들은 괴로워했습니다. 우리가 그들을 아주 낙담하게 만들었죠. 일부 교도관들은 우리를 눈을 피했습니다. 똑바로 볼 수가 없었던 거죠. 공격적으로 돌변한 사람들도 있었지만, 그들의 사기는 떨어졌습니다. 팔레스타인 사람들은 가자지구의 새로운 이스라엘 추종자라고 그들을 경멸합니다."

외국에 망명중인 게릴라 지도자로서 경력을 이어오는 동안 아라파트는 팔레스타인 반대자를 죽이거나 군사적으로 대응하기보다는 매수하거나 흡수하는 방식을 언제나 취했다. 쉽사리 다루기 어려운 팔레스타인 민족운동을 하나로 단결시키는 것이 가장 중요한 우선과제였기 때문이다. 이와 같은 단일성이 없었다면 팔레스타인의 대의와 운동은 살아남지 못했을 것이다. 이제 아라파트에게는 방금 탄생한 국가가 주어졌고 그는 자신이 그 국가를 통치할 수 있다는 점을 증명해야만 한다. 증명할 수 없을 경우 이스라엘은 그에게 가자지구와 예리코 이상을 제공하려고 하지 않을 것이기 때문이다. 통치는 정적을 끌어들이는 것이 아니라 감옥에 집어넣어야 함을 의미한다. 그들이 어떤 모욕을 퍼붓는다고 하더라도 말이다.

통치는 또한 반대자들의 기반을 허물 수 있도록 경제를 운영한다는 것을 의미하기도 한다. 부패와 비효율, 기회의 부재 등 불만의 중요한 원인들을 제거함으로써 가능한 일이다. 하마스를 강력하게 단속하는 것만으로는 충분하지 않을 것이다. 하마스를 상당 정도 제압하면서도 아라파트가 정치적 정당성을 유지할 수 있는 길은 통치 능력을 최소한이라도 보여주고 팔레스타인 사람들의 경제생활을 개선하는 것이다. 아라파트가 지금껏 쌓아왔던 시스템으로 이를 이룰 수 있을지 대단히 의심스럽다. 단계마다 부패로 얼룩진 시스템이기 때문이다. 어느 UN 관리는 내게 이런 말을 해준 적이 있다. 유력한 국제 인사가 가자지구에 고층 아파트를 건설하는 프로젝트를 제공할 준비를 모두 했는데 모든 계획이 보류상태라는 것이었다. 그 이유는 아라파트가 그 아파트를 건설할 땅을 서로 다른 두 가문에게 약속을 했고, 각 가문이 그 유력 인사의 경제적 도움으로 집을 짓고 싶어 하기 때문이라는 것이다. 오늘날 가자지구에서 이런 식의 이야기는 흔하다. 이런 이야기를 들을 때마다 나는 이 책의 앞부분을 생각하게 된다. 바로 베이루트의 상황이다. 아라파트가 자신의 통치 스타일과 일하는 방식을 바꾸고 정치적 반대자들과 좀 더 친밀한 관계를 맺어야만 살아남을 수 있다고 내가 확신하는 이유다.

이스라엘과 아랍세계 간에 이루어진 이 같은 모든 변화는 이스라엘과 미국의 유대인 사이의 관계에 심대한 영향을 미쳤다. 1994년 나는 워싱턴에서 로쉬 하샤나와 욤키푸르 예배에 참석했었는데, 분위기가 놀랄 만큼 차분했다. 예배가 끝나고 나서 가진 점심식사와 저녁식사에서 나는 사람들에게 랍비의 설교가 어떠했는지를 여러 번 질문했다. 내가 질문할 때마다 사람들은 랍비의 설교에 불만인 듯했다. 어떤 랍비는 왜 유대교인으로서 생활해야만 하는지를 설파했다고 한다. 다른 랍비는 동성애자의 권리에 관해 이야기했다고 한다. 또 다른 랍비는 지역사회에서의 자원봉사가 더 필요하다는 설교를 했다. 아무도 이스라엘에 관해 이야기하지 않았다.

이들의 이야기를 들으면서 내가 살아오는 동안 미국의 유대인 공동체가 1990년대에는 퇴조하고 있는 네 가지의 대리경험에 의해 단결하고 행동에 나서게 되었다는 것을 깨달았다. 가장 중요한 대리경험은 이스라엘이었다. 모금을 하고 의회에 로비를 하며 유대 국가에게 존재할 권리가 있다는 것을 옹호하기 위해 거리에서 행진을 벌이던 일 등은 1948년 이후 미국 유대인들 다수의 종교였다. 그러나 일단 라빈이 아라파트와 악수를 나누기로 결정하고, 요르단이 이스라엘과 평화조약을 맺기로 합의하고, 시리아의 외무장관이 이스라엘 텔레비전과 인터뷰를 하는 상황에 이르자, 이스라엘을 방어하는 사람들로서의 유대계 미국인의 역할은 그 중요성을 상당 부분 잃었다. (이러한 새로운 현실에 적응하지 못하는 극우 유대그룹들은 여전히 이스라엘의 적들을 여기저기서 찾아내지만) 외부로부터의 위협에 대한 이스라엘의 안보는 거의 확고해 보인다. 물론 이스라엘이 내부적으로 어떤 삶의 내용을 채워갈 것인가라는 문제는 여전히 남아 있다. 하나의 사회와 유대생활의 지침, 그리고 종교적 영감의 원천으로서의 이스라엘의 문제다. 그러나 대부분의 유대계 미국인들은 이러한 주제에 별 관심이 없다. 이스라엘이 탈안보의 시기로 접어들자 미국의 유대인들은 스스로와 자식들을 여전히 유대 국가와 연결시킬 방법을 암중모색하는 것 같다.

로쉬 하샤나와 욤키푸르와 같은 큰 축제일에 설교하는 랍비들이 하나의 주제를 다루지 않았던 것은 놀랄 일이 아니다. 시온주의와 관련된 모든 주제는 이스라엘과의 관계에서 이제 고갈됐다. 미국인 친구 한 명이 내게 이렇게 말했다. "이스라엘로 여행을 다녀온 유대계 미국인 청년들이 이렇게 말하더군. '에일라트의 해변은 정말 훌륭해요. 자파의 생선요리 식당들 너무 근사하지 않아요?' 그들에게 이스라엘은 터키나 사이프러스 혹은 코스타 델 솔처럼 또 하나의 관광지야. 해변이 훌륭하기만 하다면 계속 가겠지. 그런데 샌디에이고 해변이 더 낫다면 어떻게 될까?"

미국의 유대인 공동체를 하나로 만든 또 하나의 요인은 수용소에 살았던 할아버지 세대의 기억이었다. 이는 『지붕 위의 바이올린 Fiddler on the Roof』유대주의였다. 얼마나 많은 유대인들이 할아버지 세대가 했던 일이기 때문에, 그리고 그들에게 존경을 표하는 방법으로 시나고그에 갔던가? 그러나 이제 중년의 유대계 미국인들에게 할아버지와 할머니의 기억은 점차 사라져 가고 더 젊은 세대 대부분에게는 존재하지도 않는다. 이에 따라 유대인들의 결속 역시 느슨해지고 있다.

소련의 유대인들을 위해 벌였던 유대계 미국인들의 영웅적인 전투가 존재했었다는 점은 물론 사실이다. 이 싸움은 많은 사람들을 단결시키고 거리로 나오게 만들었다. 소련의 외교공관 주변에서는 분노한 항의시위가 벌어졌고 소련에 여전히 묶여 있던 출국 금지자들을 위해 작은 짐을 밀수하며 흥분을 느끼는 사람들도 있었다. 그러나 이것 역시 끝났다. 소련을 떠나려는 유대인들은 모두 떠났다. 너무도 많은 소련의 유대인들이 이미 떠나왔기 때문에 1994년 이스라엘의 노동사회부장관(Minister of Labor and Social Affairs) 오라 나미르(Ora Namir)가 건강한 유대인들은 이미 이스라엘이나 서구로 모두 이주했고 아직도 이스라엘로 오고 있는 사람들은 '3분의 1은 노인들이고, 3분의 1은 장애인들이고, 나머지 3분의 1은 거의 남편 없이 아이를 키우는 여성들'이라고 불평을 토로해 이스라엘에서 커다란 소란을 불러일으켰던 적이 있다. 유대인들의 연대라는 관점에서 그녀의 말을 어떻게 평가해야만 할까?

오래도록 미국의 유대인들을 단결하도록 만들었던 홀로코스트에 대한 추모마저도 예전 같지가 않다. 부분적으로는 수백만 명의 미국 이교도들이 홀로코스트를 그렸고 아카데미상을 수상한 스티븐 스필버그(Steven Spielberg)의 영화 「쉰들러 리스트 Schindler's List」를 관람했고, 부분적으로는 워싱턴의 홀로코스트 박물관이 FBI나 조폐국, 그리고 백악관과 함께 안내원의 소개로 관람할 수 있는 장소가 되었기 때문이다. 역설적이게도 「쉰들러 리스트」와 홀로코스트 박물관은 홀로코스트를 미국 문화의 일부로 만들었다. 이제는 유대인들만이 간직한 경험이 아닌 것이다. 워싱턴에 잠시 머무르는 동안 홀로코스트 박물관을 다녀왔다는 일본 외교관을 만났던 적도 있다. 이제는 홀로코스트가 미국화되었고 나아가 국제화되었다는 점을 보여주는 일이라는 생각을 하게 되었다. 이런 현상은 박물관을 위해서나 홀로코스트를 추모한다는 측면에서는 대단히 좋은 일이다. 그러나 유대인들을 하나로 뭉치도록 만드는 역할이라는 측면에서 홀로코스트의 중요성이 점차 떨어지고 있다는 것을 느끼지 않을 수 없다. 이제는 유대 공동체가 홀로코스트의 의미를 더 이상 독점적으로 소유할 수 없다. 더 이상 가족의 사적인 이야기가 아닌 것이다.

유대계 미국인들에게는 유감스러운 일이다. 라빈은 AIPAC에게 클린턴 행정부와 이스라엘의 관계에서 빠져달라는 입장을 유지해왔다. 이스라엘 외무부차관 요시 베일린(Yossi Beilin)은 미국의 유대인들에게 이스라엘은 더 이상 그들의 돈을 필요로 하지 않는다고 말했다. 이스라엘 재무부는 어쩌면 이스라엘 국채를 더 이상 미국에서 판매하지 않을지도 모른다고 말했다. 공개시장에서 더 저렴하게 자금을 조달할 수 있기 때문이라는 것이다.

유대계 미국인과 이스라엘의 유대인들을 여전히 하나로 연결해주는 진정하고 변하지 않는 연결고리는 언제나 그랬던 것처럼 율법과 전통, 의식, 계율, 율법에 따른 음식이다. 이들은 여러 세대에 걸쳐 유대인들을 하나로 이어주었고 유대인들의 삶을 많이 차지했었다. 그러나 오늘날의 세속화된 세계에서 대부분의 유대인들은 이와 같은 전통을 점차 잊고 있다. 이스라엘과 홀로코스트, 할아버지 세대, 그리고 러시아의 유대인이 없어진 상태에서 두 가지 일이 일어나지 않을까 염려된다. 미국의 유대인들은 점점 더 미국사회에 동화되어가고 이스라엘의 유대인들은 점점 더 서구세계에 동화되어갈 것이다(피자헛과 에이스하드웨어, 토이저러스는 텔아비브 주변지역에서 이미 성업 중이다. 다른 모든 국가들과 마찬가지인 그런 국가를 이루고자 했던 헤르츨의 꿈이 마침내 이루어진 것이다). 이와 같은 경향이 지속된다면 두 공동체를 하나로 묶어주던 고립감이라는 유대는 점차 약화될 것이다.

오랫동안 이스라엘 지도자들은 세계의 유대인들에게 이스라엘로 이주함으로써 그들의 모든 문제가 해결될 것이라는 말만 하면서 어려운 문제들을 회피할 수 있었다. 유대인의 정체성에 대한 도전에 맞설 수 있는 가장 확실하고 필수적인 대응은 시온주의라고 그들은 주장했던 것이다. 1994년 6월 타국에 거주하는 유대인들과 이스라엘의 관계에 관한 회의에서 이스라엘 대통령 에제르 와이즈만은 미국의 유대 지도자들에게 이렇게 말했다. "저는 이스라엘 대통령이지 유대민족 전체의 대통령이 아닙니다. 여러분들이 더 낳은 것을 원하신다면 이스라엘로 이주하십시오." 그러나 그의 언급은 이미 지나간 시대에나 통할 공허한 말이다. 오늘날의 세속화된 이스라엘 사회는 유대인의 정체성을 어떻게 유지할 것인가라는 문제에 대한 해답을 찾을 수 있는 곳이 아니라 유대인의 정체성 문제가 적나라하게 표출된 곳이다. 나는 반인종주의연맹의 지도자 에이브러햄 폭스먼(Abraham Foxman)의 다음과 같은 글에 공감한다. "유대인의 연속성이라는 문제는 타국에서 살아가는 유대인들의 문제일 뿐만 아니라 여러 가지 면에서 이스라엘 사람들의 문제이기도 합니다. 세계는 역사상 유례가 없을 정도로 이스라엘 사람들에게 개방되어 있습니다. 이와 같은 상황에서 미국의 유대인들이 맞닥뜨리고 있는 그런 딜레마가 이스라엘의 유대인들에게는 닥치지 않을 것이라고 누가 말할 수 있겠습니까? 독실한 유대인이라면 이스라엘에 있든 미국에 있든 아무런 딜레마가 없습니다. 그들에게는 유대인이라는 정체성이 명확하고 확고하기 때문입니다. 그러나 미국과 이스라엘에서 독실한 유대인의 비율은 상대적으로 낮습니다. 점점 더 개방적으로 변화하는 중동과 세계에서 세속화된 이스라엘 사람들이 다양한 조류에 동화되는 것을 막을 방법이란 무엇입니까? 유대인이 되기 위해서는 이스라엘인이라는 사실로 충분합니까?"

정상적인 삶에 대한 추구는 게토의 담이 무너지면서 시작된 유대인의 해방 이후 유대주의에서 언제나 제기되는 주제이자 유대주의에 대한 근본적인 위협이었다. 공동의 적을 앞에 두었다는 연대감에 기반을 둔 유대인으로서의 정체성이 아니라, 종교적으로 만족스럽고 사회적으로 매력적이며 정치적으로도 타당한, 그리고 현대세계와 공존할 수 있는 긍정적이고도 지속가능한 율법의 해석에 기반을 두는 유대인으로서의 정체성을 형성하고 유지하는 것이 우리의 과제다. 이스라엘은 세속화된 미국의 유대인들의 마음을 사회적, 정치적으로 끌어들일 만한 매력적인 곳이 되든지 아니면 율법을 준수하는 유대계 미국인들에게 종교적인 영감을 제공하는 곳이 되어야만 한다. 이스라엘이 확실한 매력을 지닌 곳이 되지 못할 경우 이스라엘의 물리적 생존이 더 이상 문제가 되지 않는 평화와 동화, 그리고 개방의 시대에 미국과 이스라엘의 유대인들을 하나로 묶어줄 만한 것이 있을지 의심스럽다. 미국과 이스라엘의 유대인 공동체가 조용히 서로 멀어지는 것은 아닌지 걱정스럽다. 서로 간에 반감이 생기거나 공개적으로 상대를 소외시키는 일은 없을 것이다. 위기가 찾아오면 언제든지 부족적인 연대감이 드러날 것이다. 그러나 일상생활의 수준에서 본다면 두 공동체는 결혼은 했지만 서로 다른 침대에서 잠을 자는 김빠진 관계가 될 것이다.

아랍과 이스라엘의 관계에 대한 나의 기본적인 생각은 이렇다. 좋은 날도 흐린 날도 있을 것이다. 그저 좋은 날이 흐린 날보다 훨씬 많기를 바랄 뿐이다. 1994년 10월 나는 이스라엘과 가자지구에서 일주일을 보냈다. 닷새 동안 많은 일들을 목격했다. 투자를 위해 최초로 그 지역을 찾은 기업가를 보았다. 왕궁 발코니에서 후세인 왕과 평화조약을 마무리하기 위해 암만으로 날아가는 이스라엘 지도부를 보았다. 시리아의 외무장관이 시리아 관리로서는 최초로 이스라엘 텔레비전과 인터뷰하는 모습을 지켜봤다. 가자지구의 곳곳을 새로운 페인트로 칠하고 있는 모습을 보았다. 이스라엘과 PLO가 합동으로 가자지구의 검문소를 운영하는 모습을 목격했다. 그러나 그 닷새 동안 일어난 다른 일들도 있었다. 총을 든 하마스의 조직원들이 예루살렘의 식당가에 기관총을 난사했다. 예전에 『뉴욕타임스』 사무실이 있던 곳 바로 아래였다. 이스라엘 병사 한 사람을 납치했던 하마스 조직원들이 이스라엘 특공대의 집중사격을 받기 직전 납치했던 병사를 살해했다. 한 주를 마무리하는 사건도 있었다. 하마스 조직원이 텔아비브 한복판에서 자살폭탄으로 버스를 날려버렸다. 며칠 전 내가 쇼핑을 갔던 곳에서 아주 가까운 장소였다. 이것이 바로 이스라엘과 아랍인들의 미래가 아닐까 하는 염려가 든다. 평화를 유지하려는 세력과 극단주의 세력 간의 끊임없는 투쟁이다. 나의 친구 야론 에즈라히는 이런 상황을 훌륭하게 묘사했다. "1970년대 아랍 국가들을 상대로 소모전(war of attrition)을 벌였다면 이스라엘은 현재 '소모평화(peace of attrition)'를 벌이고 있습니다." 소모전에서만큼이나 많은 에너지가 필요할 것이고 그만큼 많은 사상자가 나올 가능성이 크다. 그러나 결국 공존을 위한 조그만 기반을 마련하기를 바란다. 이곳 사람들은 완전한 평화를 결코 알 수 없을 것이다. 다만 대부분의 사람들이 일상생활을 그럭저럭 영위하고 경제활동을 해나갈 만한 정도의 공존 속에 살아갈 것이다. 그러나 사람들이 어색한 공존에 한 걸음씩 더 가까이 접근할수록 극단주의 세력 역시 더욱 절박해지고 더욱 폭력적인 공격을 일삼을 것이다.

라빈과 아라파트가 악수를 처음 나눴을 때보다 더 큰 용기를 가지고 평화를 지키는 투쟁에 나서야만 하는 이유다. 두 사람이 이길 수 있는 유일한 길은 극단주의자들이 이미 성취한 것들을 모두 파괴하기 전에 그들과 정면대결하는 것이기 때문이다. 이는 라빈이 유대 정착민들과 맞서고 그들을 다시 불러들여 팔레스타인 사람들이 요르단 강 서안과 가자지구에 제대로 된 국가를 건설할 수 있을 정도의 공간을 마련해주는 것을 의미한다. 아라파트에게는 이슬람 근본주의운동의 폭력적인 분파가 이스라엘인들을 너무도 많이 살해한 나머지 이스라엘 국민이 평화를 정착시키는 과정에 대한 신뢰를 버리기 전에 그들을 분쇄해야만 한다는 것을 뜻한다.

내가 이 책을 쓰는 동안, 라빈은 팔레스타인 사람들과의 '분리'에 관해 자주 이야기하고 있다. 좋은 일이다. 나는 평화가 함께 어울리는 파티가 아니라 철조망에서 시작된다고 생각한다. 라빈은 자신의 주요 관심사가 요르단 강 서안과 가자지구에 거주하는 유대 정착민들이 아니라 '주권국 이스라엘'의 영토 안에서 살아가는 97퍼센트의 이스라엘인들이라고까지 언급했다. 그러나 라빈이 분리를 이야기하는 와중에 이스라엘 정부는 요르단 강 서안의 정착민을 2년 동안 10퍼센트 늘렸다. 정착민들은 라빈보다 더 용의주도하고 때로는 라빈이 이끄는 내각의 장관들 일부와도 공모한다. 암과도 같은 현상이다. 아라파트의 신뢰성을 손상시키고 팔레스타인 사람들에게 사기당하고 있다는 느낌을 갖게 만든다. 이제 라빈이 나서서 확실하게 선을 긋고 어디까지가 이스라엘이고 어디서부터 팔레스타인 사람들의 영역이 시작되는지를 보여줄 때다. 이와 같은 선이 없다면 팔레스타인 사람들은 모든 언덕을 두고 싸움을 벌여야만 하고 이스라엘 사람들의 트랙터 하나하나에 맞서야만 한다.

이스라엘은 아라파트가 모든 폭력에 종지부를 찍을 수 있다고 기대하지 않는다. 일부 폭력은 이스라엘의 영토 내부에서 발생한다는 점도 알고 있다. 그러나 자살폭탄 공격을 일삼는 무리들이 팔레스타인 공동체의 주변부이고 이탈자들인지 아니면 공동체의 영혼을 담은 사람들인지가 불분명한 상태를 적어도 제거해주기를 바란다. 그들이 이탈자들이라면 아라파트는 그렇다는 것을 보여줘야만 한다. 만약 그들이 팔레스타인 공동체의 영혼을 담은 사람들이라면 평화를 정착하는 과정의 앞날은 극히 어둡다. 그렇다면 팔레스타인 국가란 자살폭탄자들과 함께 천국에서나 있을 뿐 이곳 이스라엘 바로 옆의 땅에서는 존재할 수 없다.

라빈과 아라파트가 백악관에서 평화조약 서명식을 갖기 이틀 전 미국 대통령 전용기에서 클린턴 대통령을 인터뷰할 기회가 내게 있었다. 대통령과의 대화를 전하기 전에 먼저 독자들에게 이야기해둘 것이 있다. 지난 수년간 사람들이 팔레스타인과 이스라엘의 화해에 대한 전망을 내게 물어볼 때마다 나는 오랜 아랍 속담 하나를 내 방식대로 약간 내용을 바꿔 들려주는 것으로 답변을 대신하곤 했다. 내용은 이렇다. "팔레스타인 사람들이 가자지구와 요르단 강 서안에서 선거를 치를 수 있도록 이스라엘이 허용한다면 내 손바닥에서 머리털이 날 것이다."

그러나 라빈과 아라파트가 악수를 나눈 이후 그와 같은 선거가 현실에서 치러질 가능성이 생겨났다. 어쨌거나 내가 대통령 전용기 내부에 있는 클린턴 대통령의 전용실로 들어가자 그는 내 손을 잡고 악수를 하며 따뜻하게 맞아줬다. 그런데 대통령이 내 손을 놓아주지 않는 것이었다. 그는 이리저리 내 손을 뒤집으며 자세히 살폈다. 마치 손금을 보는 듯했다. 나는 처음에 그가 무엇을 하고 있는지 알지 못했다. 그러자 그가 빙그레 웃으며 내게 말했다. "어디 봅시다. 아직 머리털이 나지 않던가요?"

아직은 아니다. 그렇지만 곧 머리털이 날 것으로 기대한다. 나의 비관적 태도는 힘들게 얻은 것이다. 아마 낙관적 태도 역시 힘들게 얻을 수밖에 없을 것 같다. 오래도록 전쟁을 치른 두 민족 사이에 새로운 관계가 진정으로 뿌리를 내렸음을 보는 날일 것이다. 갈등의 구렁텅이에서 빠져나오는 긴 여정을 버틸 힘이 그들에게 있는지 확신이 서지 않는다. 앞으로 겪어야만 하는, 평화를 지키는 긴 싸움을 버틸 힘이 그들에게 있는지 역시 잘 모르겠다. 그러나 내가 아는 것도 한 가지 있다. 이스라엘과 팔레스타인, 그리고 요르단 사람들이 적어도 평화를 향한 티켓을 샀다는 사실이다.

| 감사의 글 |

이 책은 여행의 산물이다. 그 여행은 나의 삶 전체의 결과물이다. 오랜 여정을 통해 친구들과 가족, 그리고 동료들에게 많은 빚을 졌다. 두고두고 고마움을 전하겠지만 우선 지면을 통해 먼저 그들에게 감사의 말씀을 드린다.

여러 사람이 내가 저널리스트의 길로 들어서도록 격려해줬다. 『드모인 레지스터』의 사설 편집자 길버트 크랜버그와 『미니애폴리스 스타 Minneapolis Star』의 사설 편집자 해럴드 처커(Harold Chucker)는 내가 대학에 다니던 시절 중동정치에 관한 기명칼럼을 실을 수 있는 행운을 내게 허락했다. 일에 헌신적이고 훌륭한 기자였던 리언 다니엘은 나를 런던 UPI의 수습기자로 채용함으로써 저널리스트로 첫발을 내딛게 해줬다. 내게 처음 기회를 마련해준 그에게 평생 고마움을 느낄 것이다. 에이브 로젠탈은 UPI에 몸담고 있던 내게 『뉴욕타임스』로 옮길 기회를 제공했다. 그가 없었다면 이 책을 쓰는 일은 불가능했다. 나를 베이루트 지국장으로, 그리고 예루살렘으로 파견함으로써 그는 『뉴욕타임스』의 기존 관행을 모두 깨버렸다. 이 책을 집필할 수 있도록 1년의 안식년을 허락한 『뉴욕타임스』의 아서 옥스 설즈버거(Arthur Ochs Sulzberger) 회장과 맥스 프랑켈(Max Frankel) 편집장, 조지프 렐리벨드(Joseph Lelyveld) 외신부장에게 고마움을 전한다. 이 책을 쓰는 일에 대한 나의 집착을 세 사람 모두 잘 이해해주었고 모든 편의를 제공해줬다.

베이루트에 머물던 시절 두 사람의 도움이 없었다면 나는 그곳에서 살아남지 못했을 것이다. 나의 보조기자였던 모하메드 카스라위와 『뉴욕타임스』 현지 기자 이산 히자지였다. 모하메드는 이 책의 1장에 자주 등장하는데 의리 있고 정이 많은 사람이다. 그는 외국에서 활동하는 특파원이 바랄 수 있는 최고의 전우이기도 했다. 우리는 베이루트에서 만났다. 세상의 두 끝에서 온 인물들의 만남이었다. 나는 미네소타에서 온 유대인이었고 그는 예루살렘 출신의 팔레스타인 난민이었다. 함께 했던 몇 년 동안 그와 나는 가족이 되었다. 우리를 결속시킨 순간들 중에는 엄청난 비극의 시기도 있었지만 행복한 기억들도 많았다. 우리는 이후 각자 다른 세계로 향했지만 우리의 유대는 결코 약해지지 않을 것이다. 나와 이산의 관계 역시 마찬가지다. 이산은 현재 활동하는 최고의 아랍 저널리스트라고 나는 생각한다. 나는 기사를 쓰면서 그의 지혜로움에 힘입은 적이 많다. 베이루트에서 가장 힘들던 시기 그의 우정이 나를 견딜 수 있게 해주었다.

    네 사람의 친구들이 내가 이 책을 구상하는 데 큰 역할을 했고 또한 베이루트와 예루살렘에서 목격한 일들을 더 잘 이해할 수 있도록 도와줬다. 푸아드 아자미와 메론 벤베니스티, 야론 에즈라히, 그리고 다비드 하르트만이다. 존스홉킨스대학의 국제관계대학원에서 가르치는 푸아드는 중동연구에 관한 한 가장 뛰어난 학자 중 한 사람이다. 그의 도움이 없었다면 베이루트와 도시를 구성하는 크고 작은 공동체들을 완전히 이해하지 못했을 것이다. 그의 지적인 상상력은 내게 여러 가지 새로운 착상을 할 수 있도록 해줬다. 메론은 천재적인 인물이다. 이스라엘 사람들은 아직 그의 진가를 알아보고 있지 못하지만, 메론과 나눈 끊임없는 대화로 나는 유대와 팔레스타인 간의 갈등에 내재하는 메커니즘을 깊이 이해할 수 있었다. 정치이론에 대한 해박한 지식과 통찰력을 지닌 야론은 언제나 내가 개별적인 사건들에 매몰되지 않고 전체적인 흐름을 볼 수 있도록 도와주었다. 이스라엘이 왜 서구언론의 조명을 집중적으로 받는지, 그리고 미국이 중동을 어떻게 바라보는지에 관한 그의 시각은 내가 기존에 생각할 수 없었던 새로운 주제를 탐구할 수 있도록 했다. 그의 아내 시드라(Sidra)는 홀로코스트가 이스라엘에 미친 영향에 관해 많은 것들을 가르쳐줬다. 내가 예루살렘 시절 중에서 가장 잊지 못하는 것들 중 하나는 야론의 집 식탁에 둘러앉아 저녁식사를 하면서 벌였던 소란스런 논쟁이다. 이 책에서 가장 많이 인용한 인물은 다비드 하르트만이다. 이스라엘과 유대민족에 관해 그보다 더 많이 나를 가르쳐준 사람은 없기 때문이다.

이스라엘에 관한 나의 기사들은 그의 생각에 많은 영향을 받았고, 이 책의 거의 모든 장마다 그의 생각이 스며들어 있다. 나를 가르쳐준 교사로서, 그리고 친구로서 내가 그에게 진 빚은 헤아리기 어려울 정도다.

푸아드와 야론, 다비드, 그리고 컬럼비아대학의 박식한 역사학자 허비츠(J. C. Hurewitz) 교수가 초고를 읽어주었다. 이스라엘의 베두인 전문가 클린턴 베일리(Clinton Bailey)는 초고의 일부를 읽고 여러 가지 통찰력 있는 조언을 주었다. 하버드대학에서 학생들을 가르치는 나의 친구 마이클 샌들(Michael Sandel)과 그의 아내 키쿠 아다토(Kiku Adatto)는 초창기 원고를 차분히 읽고 논리를 다듬도록 도움을 줬다.

내가 베이루트와 예루살렘에 머무는 동안 『뉴욕타임스』에 썼던 기사들을 읽어본 사람들이라면 이 책의 몇몇 장에서 이전에 내가 기사로 내보냈던 부분이 있다는 것을 알 수 있을 것이다. 그렇지만 기사를 재인용하는 일을 최소한으로 줄이려고 노력했다. 성을 빼고 이름만을 인용한 경우가 있는데 이는 안전을 위해 해당 인물들이 내게 요청한 것이라는 점을 밝힌다.

나의 연구와 저술활동을 지원해준 두 기관에도 고마움을 표해야겠다. 존 사이먼구겐하임기념재단(John Simon Guggenheim Memorial Foundation)은 연구비를 아끼지 않고 지원해주었다. 윌슨센터(Woodrow Wilson International Center for Scholars)는 내게 연구비와 집필할 수 있는 공간을 제공하고 연구원의 도움을 받을 수 있도록 배려해줬다. 윌슨센터에서의 생활이 가능하도록 만들어주고 친근한 분위기를 제공해준 샘 웰스(Sam Wells)와 로버트 리트웍(Robert Litwak)에게 특별한 고마움을 전한다. 이 책에서 내가 제시한 묘사와 의견은 전적으로 나의 것이며 윌슨센터나 구겐하임재단의 것이 아님은 언급할 필요조차 없을 것이다.

로라 블루멘펠드(Laura Blumenfeld)는 이스라엘에서 연구자로서 나를 돕고 번역작업을 맡아주었다. 나의 작업을 위해 여러 가지 준비를 하는 과정에서 그녀는 내게 많은 것들을 새롭게 볼 수 있도록 해줬다. 그녀가 보여준 열의에 고마움을 전한다. 존 윌너(John Wilner) 역시 윌슨센터에서 연구원으로 나를 도와주었다. 『뉴욕타임스』 예루살렘 지국에서 나의 조수 역할을 해준 줄리 소메크(Julie Somech)와 데브라 레티크(Debra Retyk)는 언제나 필요할 때마다 기꺼이 나를 도와주었다.

아버지가 돌아가시고 난 후 베브(Bev) 아주머니와 하이(Hy) 삼촌, 나의 친구들 모리(Morie)와 제이크(Jake)는 내가 슬픔을 이겨낼 수 있도록 나와 함께 해주었다. 영원히 그들에게 감사할 것이다. 사돈인 매슈(Matthew)와 캐럴린 벅스바움(Carolyn Bucksbaum)은 우리가 애스펀에 위치한 그들 집 지하실에서 6주 동안 일하면서 집을 난장판을 만들도록 허락해줬다. 내가 지금까지 사회생활을 하면서 중요한 고비를 맞을 때마다 그런 식으로 나를 도와주었다.

이 책의 편집자 조너선 갈라시(Jonathan Galassi)와 그가 이끄는 파라 스트라우스 앤드 지루(Farrar, Straus and Giroux) 출판사의 팀은 이 책의 집필 과정을 처음부터 끝까지 부드럽고 애정 어린 정성으로 지원해주었다. 작가가 상상할 수 있는 최고의 편집진이었다. 나의 대리인 에스터 뉴버그(Esther Newberg)는 사업과 관련된 일을 그녀 특유의 탁월한 전문가적 솜씨로 모두 처리해주었다.

이 책을 나의 아버지 고(故) 해럴드 프리드먼과 어머니 마거릿에게 바친다. 나의 아내 앤의 격려와 사랑이 가득한 도움이 아니었다면 이 책은 세상에 나오지 못했을 것이다. 앤은 나의 여정을 처음부터 끝까지 함께 했다. 그녀가 감내한 것을 모두 쓴다면 책 한 권이 되리라는 것을 주님은 아시리라. 그녀의 사랑과 격려(그리고 편집)가 없었다면 이 책을 완성하지 못했을 것이다. 딸 오를리와 나탈리는 내가 이 책을 집필하는 동안 너무도 오래 아빠 없이 지내야만 했다. 아이들이 자라서 이 책을 읽을 나이가 되었을 때 아빠가 왜 오래 곁을 떠나 있었는지 알아주기를 바랄 뿐이다.

토머스 L. 프리드먼
워싱턴 D. C.
1989년 3월

Nous 사회와 경제를 꿰뚫는 통찰
'nous'는 '통찰'을 뜻하는 그리스어이자 '지성'을 의미하는 영어 단어로,
사회와 경제를 꿰뚫어 볼 수 있는 지성과 통찰을 전하는 시리즈입니다.

Nous 09
베이루트에서 예루살렘까지

1판 1쇄 발행 2010년 1월 25일
1판 2쇄 발행 2024년 11월 1일

지은이 토머스 프리드먼
옮긴이 이건식
펴낸이 김영곤
펴낸곳 (주)북이십일 21세기북스

정보개발팀장 이리현
정보개발팀 이수정 강문형 박종수 최수진 김설아
디자인 표지 디스커버 **본문** 박숙희
출판마케팅팀 한충희 남정한 나은경 최명열 한경화
영업팀 변유경 김영남 강경남 황성진 김도연 권채영 전연우 최유성
해외기획팀 최연순 홍희정 소은선
제작팀 이영민 권경민

출판등록 2000년 5월 6일 제406-2003-061호
주소 (10881) 경기도 파주시 회동길 201(문발동)
대표전화 031-955-2100 **팩스** 031-955-2151 **이메일** book21@book21.co.kr

ISBN 978-89-509-2182-8 13320
KI신서 2232

(주)북이십일 경계를 허무는 콘텐츠 리더

21세기북스 채널에서 도서 정보와 다양한 영상자료, 이벤트를 만나세요!
페이스북 facebook.com/jiinpill21 **포스트** post.naver.com/21c_editors
인스타그램 instagram.com/jiinpill21 **홈페이지** www.book21.com
유튜브 youtube.com/book21pub

서울대 **가**지 않아도 들을 수 있는 **명강**의! 〈서가명강〉
유튜브, 네이버, 팟캐스트에서 '서가명강'을 검색해보세요!

• 책값은 뒤표지에 있습니다.
• 이 책 내용의 일부 또는 전부를 재사용하려면 반드시 ㈜북이십일의 동의를 얻어야 합니다.
• 잘못 만들어진 책은 구입하신 서점에서 교환해드립니다.